AF548422

Core Data Services für ABAP®

Renzo Colle, Ralf Dentzer, Jan Hrastnik

Core Data Services für ABAP®

Rheinwerk Publishing

Liebe Leserin, lieber Leser,

als 2017 die 1. Auflage dieses Buches erschien, war der Generationswechsel auf SAP S/4HANA und damit die Einführung des neuen ABAP-Programmiermodells noch ganz frisch. Heute ist bereits die 3. Auflage erschienen und man kann mit Fug und Recht von einem Standardwerk sprechen.

Renzo Colle, Ralf Dentzer und Jan Hrastnik nehmen Sie an die Hand und erklären Ihnen die neue Art des Programmierens. Für die 3. Auflage haben sie ihr Buch um die neuesten Entwicklungen der ABAP-Plattform erweitert. Um nur einige zu nennen: Dem Thema CDS-Assoziationen ist jetzt ein eigenes Kapitel gewidmet. Das Kapitel über transaktionale Anwendungen basiert nun vollständig auf dem ABAP RESTful Application Programming Model. Außerdem wurde ein komplett neues Kapitel über den Lebenszyklus und die Stabilität von CDS- und ABAP RESTful Application Programming Model-Artefakten hinzugefügt.

Wir freuen uns stets über Lob, aber auch über kritische Anmerkungen, die uns helfen, unsere Bücher zu verbessern. Scheuen Sie sich nicht, mich zu kontaktieren. Ihre Fragen und Anmerkungen sind jederzeit willkommen.

Ihre Eva Wigger
Lektorat SAP PRESS

eva.wigger@rheinwerk-verlag.de
www.rheinwerk-verlag.de
Rheinwerk Verlag · Rheinwerkallee 4 · 53227 Bonn

Auf einen Blick

Wir hoffen, dass Sie Freude an diesem Buch haben und sich Ihre Erwartungen erfüllen. Falls Sie Anregungen, Wünsche und Kommentare haben, lassen Sie es uns wissen: **service@rheinwerk-verlag.de**.

Informationen zu unserem Verlag und Kontaktmöglichkeiten finden Sie auf unserer Verlagswebsite **www.rheinwerk-verlag.de**. Dort können Sie sich auch umfassend über unser aktuelles Programm informieren und unsere Bücher und E-Books bestellen.

Autoren Renzo Colle, Ralf Dentzer, Jan Hrastnik
Lektorat Nicole Hohmann, Eva Wigger
Copy-Editing Claudia Lötschert, Neuss
Typografie & Layout Vera Brauner
Satz Typographie & Computer, Krefeld
Herstellung Stefanie Häb
Covergestaltung Bastian Illerhaus
Coverbild Unsplash: li-zhang-K-DwbsTXliY
Druck Beltz Grafische Betriebe, Bad Langensalza

Dieses Buch wurde mit mineralölfreien Farben auf FSC-zertifiziertem Papier aus nachhaltiger Waldwirtschaft gedruckt. Hergestellt in Deutschland.

Bibliografische Information der Deutschen Nationalbibliothek:
Die Deutsche Nationalbibliothek verzeichnet diese Publikation in der Deutschen Nationalbibliografie; detaillierte bibliografische Daten sind im Internet über *http://dnb.dnb.de* abrufbar.

ISBN 978-3-8362-9214-6

3., aktualisierte und erweiterte Auflage 2023, 1., korrigierter Nachdruck 2025

Rheinwerk Verlag GmbH • Rheinwerkallee 4 • 53227 Bonn
service@rheinwerk-verlag.de

Inhalt

5 CDS-Zugriffskontrollen 179

6 Business-Services 235

11 Modellierung transaktionaler Anwendungen 399

12 Hierarchien in CDS 569

13 CDS-basierte Suchfunktionen 605

Einleitung

Modernes ABAP-Programmiermodell

ABAP Core Data Services (ABAP CDS) bilden die Grundlage des modernen Programmiermodells der *ABAP-Plattform* und sind somit ein wichtiger Bestandteil der aktuellen Technologiestrategie von SAP. Unter anderem erlaubt CDS als Erweiterung von SQL eine effiziente und erweiterte Nutzung der *SAP-HANA-Datenbank*. Mit ABAP CDS und der Annotationstechnologie können umfangreiche Informationen modelliert werden, die sich optimal in die Schnittstellen, speziell die SAP-Fiori-Benutzerschnittstellen, von Cloud-Anwendungen integrieren lassen, da hier mit *OData* ebenfalls ein stark modellbasiertes Protokoll verwendet wird.

SAP S/4HANA

Auch *SAP S/4HANA*, die Business-Suite der nächsten Generation, basiert auf CDS in Form des *virtuellen Datenmodells*. In diesem Buch beschreiben wir die Nutzung von CDS aus Sicht von SAP S/4HANA und dessen Gesamtarchitektur. Daher beschreiben wir nicht nur die technischen Aspekte von CDS, sondern erläutern vielmehr die Motivation hinter den beschriebenen Ansätzen. Hierzu nutzen wir realitätsnahe Beispiele aus der Anwendungsentwicklung und ergänzen diese um Empfehlungen für eine erfolgreiche Umsetzung Ihrer eigenen Projekte, die weit über die rein funktionalen Aspekte hinausreichen.

Wir behandeln die wichtigsten Aspekte und Funktionen von ABAP CDS, die in konkreten Anwendungsfällen im Umfeld von SAP S/4HANA genutzt werden. Die technische Beschreibung sämtlicher Funktionen von CDS finden Sie in der SAP-Dokumentation (siehe *http://s-prs.de/v9214005*). Diese ist (in der jeweiligen Version der ABAP-Plattform) auch ausschlaggebend bezüglich der anwendbaren Syntax und des unterstützten Funktionsumfangs.

Das CDS-basierte Programmiermodell ist ein recht junges Programmiermodell und somit noch Änderungen und signifikanten Weiterentwicklungen unterworfen. Speziell im Umfeld von transaktionalen Anwendungen steht mit dem *ABAP RESTful Application Programming Model* ein modernes in die ABAP-Sprache eingebettetes Programmiermodell zur Verfügung.

Ziel des Buchs

Mit diesem Buch möchten wir Ihnen einen Überblick über das CDS-basierte Programmiermodell und mögliche Anwendungsfälle geben. Das vermittelte grundlegende Wissen soll Sie in die Lage versetzen, CDS-Modelle nach erprobten Regeln und Empfehlungen zu definieren und sinnvoll in Ihren Anwendungen zu nutzen sowie die SAP-S/4HANA-Standardanwendungen zu verstehen und gegebenenfalls erweitern zu können. Am Ende der Lektüre sollten Sie umfassende Kenntnisse über die hierzu notwendigen Konzepte sowie ein praktisches Verständnis dafür entwickelt haben, wie diese

Konzepte beim Aufbau Ihrer produktiven Anwendungen angewandt werden können und wie SAP diese Konzepte in SAP S/4HANA nutzt.

Zielgruppe

Das Buch richtet sich daher an ABAP-Entwickler, die ABAP-basierte Anwendungen für die Nutzung in der Cloud oder in SAP-Fiori-Benutzeroberflächen (User Interfaces, kurz UIs) entwickeln oder erweitern möchten. Grundlegende Kenntnisse der ABAP-Entwicklung sowie in SQL setzen wir voraus. Aber auch als Neueinsteiger in die ABAP- und SQL-Welt sollte Ihnen dieses Buch helfen, erste Anwendungen und Services mithilfe von CDS-Modellen zu erstellen. Sie können, ohne selbst ABAP-Code zu schreiben, im Umfeld von analytischen und lesenden Anwendungen sehr schnell ansprechende Anwendungen und Schnittstellen auf Basis von CDS entwickeln.

Für den Einstieg in die transaktionale Welt ist ABAP hingegen als Programmiersprache für die Geschäftslogik unerlässlich. Auf diesen Themenkomplex werden wir im Rahmen dieses Buchs nur grundlegend eingehen. Ebenso gehen wir nicht näher auf die Benutzerschnittstelle SAP Fiori ein und zeigen nur anhand von einfachen Beispielen, wie Sie ohne viel Aufwand auf Basis Ihres CDS-Modells einen OData-Service und eine SAP-Fiori-Benutzeroberfläche erstellen können. Das notwendige Wissen können Sie sich jedoch auch durch paralleles Studium entsprechender Literatur bzw. der SAP-Dokumentation aneignen.

Dritte Auflage

In der dritten Auflage dieses Buchs haben wir die neuesten Entwicklungen der ABAP-Plattform berücksichtigt und eingearbeitet. Dabei haben wir auch die Strukturierung überarbeitet. So widmen wir dem Thema der CDS-Assoziationen nun ein eigenes Kapitel. Das Kapitel für transaktionale Anwendungen wurde von Grund auf überarbeitet und basiert nun komplett auf dem ABAP RESTful Application Programming Model. Es gibt ein gänzlich neues Kapitel für den Lebenszyklus und die Stabilität von CDS- und ABAP-RESTful-Application-Programming-Model-Artefakten, darauf aufbauend haben wir auch das Kapitel über Erweiterungen von Anwendungen komplett überarbeitet. Die anderen Kapitel haben wir ebenfalls aktualisiert; insbesondere wurden die Kapitel zur Testautomatisierung und Problembehandlung um die transaktionalen Anwendungen ergänzt. Zudem beruhen die Beispiele nun auf den sogenannten CDS-View-Entitäten, einer Weiterentwicklung der in den vorherigen Ausgaben diskutierten CDS-Views.

In eigener Sache

Die Beschreibungen und Beispiele beziehen sich auf den uns vorliegenden Stand der Technik (*ABAP-Plattform 2023* als Technologieplattform von *SAP S/4HANA 2023*, die im Gegensatz zu *SAP NetWeaver AS ABAP 7.5* nicht als eigenes Produkt vertrieben wird). Die meisten im Buch beschriebenen Ansätze und Funktionen sind auch in der ABAP-Cloud-Lösung *SAP BTP, ABAP Environment* analog lauffähig. Wir haben sie nach bestem Wissen und Gewissen erstellt, können Fehler jedoch nicht komplett ausschließen. Im Zweifelsfall konsultieren Sie die offizielle SAP-Dokumentation.

Als Entwicklungsumgebung nutzen wir *ABAP in Ecplise* (*ABAP Development Tools*, kurz *ADT*). Die Standardentwicklungssprache für Entwicklungsobjekte oder Kommentare im Quellcode ist Englisch. Für die Tests der Beispielapplikationen werden in vielen Beispielen auch deutsche Bildschirminformationen gezeigt, jedoch nicht in allen Fällen. Sämtliche für den Endanwender relevanten Texte sind übersetzbar, und somit kann jede Anwendung auch lokalisiert werden.

Aufbau dieses Buchs

Im Folgenden geben wir Ihnen einen Überblick über die Kapitelstruktur und den Inhalt der einzelnen Kapitel. Die ersten vier Kapitel sollten Sie als Grundlage sequenziell lesen, da alle anderen Kapitel und Konzepte auf diesen Grundlagen aufbauen. Danach können Sie zwischen den einzelnen Kapiteln hin- und herspringen.

In **Kapitel 1**, »Schritt für Schritt zu Ihren ersten CDS-Views«, lernen Sie im Schnelldurchlauf, wie Sie Ihre ersten einfachen CDS-Views definieren können. Dabei stellen wir Ihnen neben den wesentlichen Teilen eines CDS-Views auch die wichtigsten Entwicklungswerkzeuge kurz vor.

In **Kapitel 2**, »Grundlagen der CDS-Datenmodellierung«, lernen Sie die technischen Grundlagen der CDS-Datenmodelle kennen. Dazu stellen wir Ihnen die aus Entwicklersicht relevanten CDS-Objekte mitsamt ihren Komponenten anhand von Modellierungsbeispielen vor.

In **Kapitel 3**, »CDS-Assoziationen«, erläutern wir Ihnen anhand von Beispielen die Grundlagen der CDS-Assoziationen und wie Sie diese Beziehungen definieren und nutzen können.

In **Kapitel 4**, »CDS-Annotationen«, erläutern wir Ihnen anhand von Beispielen die Grundlagen der CDS-Annotationen sowie deren Propagationslogik. CDS-Annotationen reichern die Datenmodelle mit semantischen Informationen an. Diese Informationen werden von den CDS-Verwendern interpretiert und steuern z. B. die Darstellung auf der Benutzeroberfläche oder das Aggregationsverhalten einer analytischen Anwendung.

In **Kapitel 5**, »CDS-Zugriffskontrollen«, beschäftigen wir uns mit den Berechtigungen beim Zugriff auf die von den CDS-Modellen exponierten Daten. Die Zugriffskontrolle über die Data Control Language (DCL) ermöglicht es Ihnen, mithilfe klassischer ABAP-Berechtigungsobjekte Selektionsergebnisse von CDS-Views, entsprechend den Berechtigungen des Anwenders, einzugrenzen. Wir erläutern die Grundlagen der CDS-Zugriffskontrollen und zeigen ihren konkreten Einsatz.

In **Kapitel 6**, »Business-Services«, erhalten Sie einen Einblick in die Modellierung von Business-Services. Business-Services erlauben es Ihnen, Ihre CDS-Modelle und deren Funktionen systemexternen Konsumenten zur Verfügung zu stellen.

In **Kapitel 7**, »Native SAP-HANA-Funktionen in CDS«, beleuchten wir CDS-Tabellenfunktionen. Diese ermöglichen es Ihnen, native SAP-HANA-Funktionen über SQLScript in den CDS-View-Stack zu integrieren. Wir illustrieren beispielhaft die Modellierung von CDS-Tabellenfunktionen und heben ihre Besonderheiten hervor.

Kapitel 8, »CDS-Modelle für Anwendungsdaten«, bietet einen Überblick über die Anwendungsarchitektur in SAP S/4HANA und die Positionierung von CDS innerhalb dieser Architektur. Anhand von Beispielen zeigen wir Ihnen, wie wichtige Aspekte von Anwendungsdaten mit CDS modelliert werden, z. B. Fremdschlüsselbeziehungen und sprachabhängige Texte.

In **Kapitel 9**, »Das virtuelle Datenmodell von SAP S/4HANA«, erläutern wir das virtuelle Datenmodell (VDM) von SAP S/4HANA, das durch ausgewählte CDS-Views gebildet wird, die zentralen Qualitätsvorgaben genügen. Neu eingeführt werden die SAP-Objekttypen zur Strukturierung des VDM. Anhand von Beispielen stellen wir Ihnen die dabei angewandten Modellierungsregeln schematisch vor. Die Erläuterungen sollen Ihr Verständnis der von SAP ausgelieferten CDS-Modelle erleichtern und es Ihnen darüber hinaus ermöglichen, diese im Rahmen eigener Entwicklungen zielgerichtet zu verwenden.

In **Kapitel 10**, »Modellierung analytischer Anwendungen«, starten wir mit den ersten Anwendungsfällen. Wir gehen kurz auf die SAP-S/4HANA-Architektur für Embedded-Analytics ein und erläutern Ihnen, wie CDS-Views hierzu genutzt werden können. Das verwendete analytische Modell beruht auf einem konsistenten Geflecht miteinander verknüpfter analytischer CDS-Views. Anhand von Beispielen zeigen wir Ihnen die Zusammenhänge zwischen diesen CDS-Views sowie die Realisierung komplexer analytischer Berechnungen.

In **Kapitel 11**, »Modellierung transaktionaler Anwendungen«, beschäftigen wir uns dann mit den transaktionalen Anwendungen. Neben der Modellierung und Ausführung lesender Zugriffe ermöglicht CDS auch die Modellierung transaktionaler Aspekte. Die Einbindung einer transaktionalen Laufzeit sowie die speziellen Aspekte transaktionaler Anwendungen, wie z. B. das Sperren und die Geschäftslogik, erläutern wir Ihnen anhand entsprechender Beispiele.

In **Kapitel 12**, »Hierarchien in CDS«, stellen wir Ihnen zwei Methoden zur flexiblen Modellierung hierarchisch strukturierter Daten vor. Die Hierarchiemodelle können zum einen direkt von der Infrastruktur, zum Beispiel in analytischen Anwendungen, interpretiert werden. Zum anderen können Sie in Ihren ABAP-Programmen leistungsfähige Funktionen zur Navigation und Aggregation in diesen Hierarchien verwenden.

In **Kapitel 13**, »CDS-basierte Suchfunktionen«, zeigen wir Ihnen, dass CDS auch als Grundlage für die Modellierung von Wertehilfen und Freitextsuchen sowie im Kontext der Enterprise-Search-Funktionalität genutzt werden können. Sie erfahren, wie die Suchfunktionen in Anwendungsfälle integriert und verwendet werden können.

In **Kapitel 14**, »Lebenszyklus und Stabilität von Core Data Services«, adressieren wir die Frage, ob und wie CDS-Modelle bei einem Upgrade oder Hotfix geändert werden können. Stabilitätskontrakte geben Entwicklern und Verwendern der Modelle Sicherheit. Ein definierter Lebenszyklus regelt die Freigabe von CDS-Modellen, aber auch deren Abkündigung und Einführung innovativer Nachfolger.

Kapitel 15, »Erweiterungen von CDS-Views und weiteren Entitäten«, bietet einen Überblick über die Möglichkeiten modifikationsfreier Erweiterungen durch Kunden und Partner. In der Cloud-Distribution von SAP S/4HANA unterstützen spezielle Applikationen einen erfahrenen Benutzer mit besonderen Berechtigungen, den Key User, darin, die notwendigen Erweiterungen vorzunehmen. Diese Erweiterungen müssen aus Sicht des Lebenszyklus stabil sein, um reibungslose Upgrades zu gewährleisten. Dies setzt spezielle Vorbereitungen durch die Anwendungsentwicklung sowie das Einhalten von Stabilitätskontrakten voraus.

Kapitel 16, »Testautomatisierung«, bietet Ihnen einen Einstieg in die Erstellung automatisierter Tests für Ihre CDS-Modelle sowie der transaktionalen Laufzeit und ihrer Implementierung. Das hier vorgestellte Test-Double-Framework erlaubt es Ihnen, die Datenquellen von CDS-Views sowie bestimmte Teile der Verhaltensimplementierung auszutauschen und damit die Testausführung von den tatsächlich persistenten Daten und produktiver Logik zu entkoppeln. Wir erklären Ihnen die Testautomatisierung mit den Test-Double-Frameworks anhand von Beispielen.

In **Kapitel 17**, »Problembehandlung«, geben wir Empfehlungen aus der Praxis, wie Fehler und Probleme im Kontext von CDS und dem ABAP RESTful Application Programming Model gefunden und behoben werden können. Wir stellen Ihnen die für die Fehlersuche relevanten Werkzeuge vor und erläutern deren Verwendung.

Im Anhang finden Sie eine Übersicht über die in diesem Buch vorgestellten CDS-Annotationen als Schnellreferenz. Eine Übersicht über alle verfügbaren CDS-Annotationen finden Sie in der SAP-Dokumentation.

Außerdem finden Sie im Anhang eine Übersicht, der Sie entnehmen können, wie Sie Ihre auf Basis des *ABAP Programming Model for SAP Fiori* erstellten Anwendungen (das in der ersten und zweiten Auflage dieses Buchs die Grundlage war) in das neue ABAP RESTful Application Programming Model migrieren können.

Informationskästen

In diesem Buch verwenden wir Informationskästen, um Sie auf bestimmte Dinge gesondert hinzuweisen:

[»]

- In Kästen, die mit Hinweissymbol gekennzeichnet sind, finden Sie Informationen zu weiterführenden Themen oder wichtigen Inhalten, die Sie sich merken sollten.

[+]

- Die mit dem Tippsymbol gekennzeichneten Kästen geben Ihnen spezielle Empfehlungen, die Ihnen die Arbeit erleichtern können.

[!]

- Kästen mit dem Achtungsymbol weisen Sie auf typische Probleme oder Fallstricke hin.

Danksagung

Wir möchten uns herzlich bei unseren Kollegen Christoph Glania, Roland Lucius, Horst Schnörer, Irena Kofman, Stefan Unnebrink und Felix Wente bedanken, die sich Zeit für Diskussionen und Reviews des Inhalts des Buchs genommen haben. Ihre Anmerkungen und Hinweise haben maßgeblich zum Gelingen des Buchs beigetragen. Ganz besonders wollen wir auch unseren Familien und Freunden danken, deren Unterstützung uns den notwendigen Freiraum zur Erstellung des Buchs gegeben hat.

Los geht's!

Und nun wünschen wir Ihnen viel Spaß beim Lesen und viel Erfolg bei der Umsetzung Ihrer Entwicklungsprojekte mit CDS und dem ABAP RESTful Application Programming Model.

Renzo Colle, **Ralf Dentzer** und **Jan Hrastnik**

Kapitel 1
Schritt für Schritt zu Ihren ersten CDS-Views

Dieses Kapitel bietet Ihnen einen Schnelleinstieg in die Datenmodellierung mit Core Data Services (CDS). Sie erhalten einen Überblick über die aus Entwicklungssicht relevanten Abläufe und Werkzeuge.

In diesem Kapitel erfahren Sie im Schnelldurchlauf, wie Sie *CDS-Modelle* entwickeln und analysieren können. Mit CDS-Modellen können Sie die Datenbeschaffung Ihrer Anwendung dergestalt implementieren, dass diese Logik unmittelbar in der Datenbank ausgeführt werden kann.

CDS-Views sind innerhalb der CDS-Modelle die aktuell bedeutendsten Designtime-Objekte. Sie gestatten es Ihnen, das starre Design der Datenbanktabellen durch das Formulieren von Datenselektionen flexibel in geeignete Datenmodelle zu transformieren, auf denen Sie dann Ihre Anwendungen aufbauen können.

Sie modellieren CDS-Views in einer Syntax, die der *Structured Query Language* (SQL) ähnelt, die Sie nutzen, wenn Sie Daten aus Datenbanktabellen über die ABAP-SQL-Schnittstelle der ABAP-Laufzeitumgebung selektieren. Auf Basis Ihres modellierten CDS-Views erzeugt die ABAP-Infrastruktur einen entsprechenden *Datenbank-View* auf der SAP-HANA-Datenbank. Das generierte SAP-HANA-Objekt wird ausgeführt, wenn Sie über den CDS-View Daten in ABAP selektieren.

Schwerpunkte des Kapitels

Bei der Implementierung Ihrer CDS-Modelle können Sie auf eine Vielzahl spezialisierter Entwicklungswerkzeuge zurückgreifen. Diese sind in die ABAP-Umgebung in Eclipse, die sogenannten *ABAP Development Tools* (ADT), integriert. In diesem Kapitel lernen Sie die Arbeit mit den wichtigsten Entwicklungs- und Analysewerkzeugen anhand einer exemplarischen Referenzanwendung kennen. Dabei stehen die Details der CDS-Implementierung noch nicht im Vordergrund. Diese behandeln wir ausführlich in den Folgekapiteln. In diesem Kapitel konzentrieren wir uns vielmehr auf die im Rahmen Ihrer Entwicklungstätigkeit erforderlichen Abläufe und Vorgehensweisen sowie auf die verfügbaren Werkzeuge.

Aufbau des Kapitels

Zunächst beschäftigen wir uns in Abschnitt 1.1, »Datenmodell der Anwendung definieren«, mit dem Design des Datenmodells Ihrer Anwendung. Aufbauend auf dem Modell der Datenbanktabellen, durchlaufen wir im Anschluss in Abschnitt 1.2, »Datenmodell der Anwendung implementieren«, die einzelnen Schritte zum Anlegen und Ändern der CDS-View-Modelle. Sie erfahren dabei auf der einen Seite, wie Sie CDS-Views als grundlegende Bausteine weiterer CDS-Views nutzen können. Auf der anderen Seite lernen Sie, wie Sie die CDS-Views in Ihrer ABAP-Implementierung als Datenquelle nutzen können. Dazu selektieren Sie Daten eines CDS-Views mit der SQL-Syntax von ABAP.

Im Rahmen der dargestellten Pflegeprozesse zeigen wir Ihnen auch weitere Funktionen zur Untersuchung der CDS-Modelle. Diese sollen Ihnen künftig helfen, zielgerichtete Analysen Ihrer CDS-Modelle durchzuführen.

1.1 Datenmodell der Anwendung definieren

Designphase

Der wichtigste Schritt im Rahmen der Entwicklung von CDS-Modellen ist die Festlegung des Datenmodells, das der jeweiligen Anwendung zugrunde liegt. In dieser Designphase geht es vornehmlich darum, die verschiedenen Datenquellen bzw. die grundlegenden Entitäten, auf denen Ihre Anwendung beruhen soll, zu identifizieren und zu benennen. Die zunächst voneinander separierten Entitäten sollen dabei auch in eine semantische Beziehung, eine *Relation*, zueinander gebracht werden.

Grundlegendes Design ausarbeiten

Bevor Sie mit Ihren Implementierungstätigkeiten beginnen, sollten Sie sich Zeit nehmen, das Datenmodell Ihrer Anwendung sorgfältig auszuarbeiten und offene Fragen diesbezüglich zu klären. Sie sollten dabei mit der Persistenzebene beginnen und sich bis hinauf in die anwendungsspezifischen Verwendungen des Datenmodells vorarbeiten. Mit ein wenig Übung wird Ihnen die anschließende Übertragung des ausgearbeiteten Datenmodells in eine CDS-basierte Implementierung desselben leicht gelingen.

Wenn Sie indes verfrüht mit der Implementierung der von Ihnen gewünschten Funktionen beginnen, kann sich im Laufe Ihrer Entwicklungstätigkeiten ergeben, dass Änderungen notwendig werden. Aufgrund der nur eingeschränkten Refactoring-Möglichkeiten kann das sehr zeitaufwendige Anpassungen der bereits entwickelten CDS-Modelle nach sich ziehen.

Referenzbeispiel: Kundenauftrag

Betrachten wir als Beispiel ein vereinfachtes Modell des *Kundenauftrags*, auf das wir uns in vielen weiteren Ausführungen dieses Buchs beziehen. Einen Überblick über das Datenmodell vermittelt Abbildung 1.1. Teile dieses Referenzmodells werden Sie im Laufe dieses Kapitels anlegen. Die vollständige Implementierung der Datenbanktabellen und CDS-Views finden Sie in den Codebeispielen, die Sie von der Webseite zum Buch *www.sap-press.de/5602* herunterladen können.

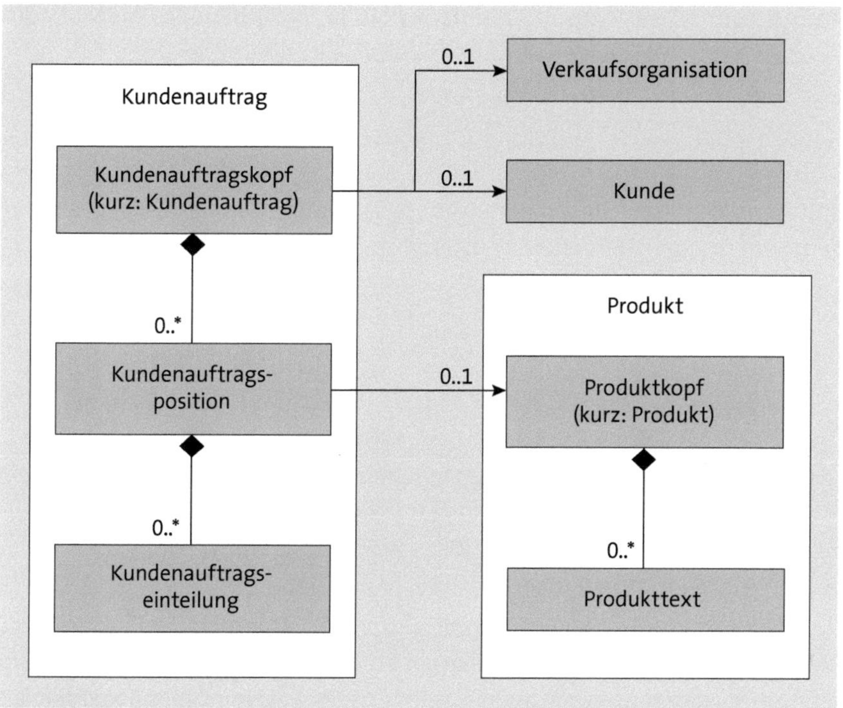

Abbildung 1.1 Referenzdatenmodell des Kundenauftrags

Entitäten des Referenzdatenmodells

Das Gesamtobjekt Kundenauftrag ist ein mehrgliedriges Dokument, das hierarchisch aus den Entitäten Kundenauftragskopf, Kundenauftragsposition und Kundenauftragseinteilung aufgebaut ist. Die Entität Kundenauftragskopf weist darüber hinaus Beziehungen zu den Entitäten Verkaufsorganisation und Kunde auf. Die Entität Kundenauftragsposition weist eine Beziehung zum Gesamtobjekt Produkt auf. Dieses besteht wiederum aus der entsprechenden Kopfentität (Produktkopf) und der zugehörigen Entität Produkttext.

Kardinalitäten der Entitätsbeziehungen

Zur Ableitung der *Kardinalitäten* der Beziehungen, d. h. der mengenmäßigen Zusammenhänge zwischen den genannten Entitäten, betrachten wir die Relationen auf der Ebene der miteinander in Verbindung stehenden Datensätze: Auf dieser Instanzenebene besitzt ein Auftrag einen Kopf, dem mehrere Positionen zugeordnet sein können (maximale Kardinalität »*«). Jeder einzelne Datensatz einer Position kann über Relationen zu mehreren Datensätzen der Einteilung verfügen (maximale Kardinalität »*«).

Zu einem Datensatz eines Kundenauftragskopfs kann es maximal eine zugeordnete Verkaufsorganisation sowie einen Kundendatensatz geben (maximale Kardinalität »1«). Einem Datensatz der Kundenauftragsposition kann maximal ein Produkt und damit ein entsprechender Datensatz des Produktkopfs zugewiesen werden (maximale Kardinalität »1«).

Für jeden Datensatz des Produktkopfs können zahlreiche, mehrsprachige Texte als Datensätze der Entität Produkttext hinterlegt werden (maximale Kardinalität »*«). Die minimalen Kardinalitäten, die in Abbildung 1.1 stets mit dem Wert »0« spezifiziert sind, reflektieren die technischen Konsistenzbedingungen der Referenzanwendung.

Gesamtobjekte und Kopfentitäten

Im Folgenden werden wir zwischen dem Gesamtobjekt Kundenauftrag und der Entität Kundenauftragskopf nicht mehr unterscheiden, sondern in beiden Fällen nur noch vom Kundenauftrag sprechen. In der Regel ist damit die Entität Kundenauftragskopf gemeint. Ähnliches gilt für die Entität Produktkopf, die im Folgenden als Repräsentant des Produkts mit diesem gleichgesetzt und vereinfacht als Produkt bezeichnet wird.

Implementierung des Referenzdatenmodells

Tabelle 1.1 zeigt eine Zusammenstellung der Objekte sowie der Entitäten des Referenzbeispiels. Sie vermittelt ferner einen Überblick darüber, wie die Entitäten des Referenzdatenmodells mit den zugehörigen Datenbanktabellen verknüpft sind. Außerdem nennt sie die grundlegenden CDS-Views, die das Datenmodell der Anwendung CDS-seitig erfassen. Diese grundlegenden CDS-Views dienen als wiederwendbare Bausteine zur Definition weiterer CDS-View-Modelle, die hierarchisch organisiert einen *CDS-View-Stack* bilden.

Bei den hier aufgeführten Tabellen und CDS-Views handelt sich um Beispiele, die Sie lokal in Ihrem System anlegen müssen, wenn Sie diese verwenden möchten.

Namen der CDS-Modelle

Wir verwenden für alle CDS-Modelle und deren Bestandteile englische Namen. Die angewandten Schreibweisen und die genutzten Präfixe orientieren sich an den Vorgaben des virtuellen Datenmodells (siehe Kapitel 9, »Das virtuelle Datenmodell von SAP S/4HANA«). Diesen Vorgaben folgt ein großer Teil der von SAP ausgelieferten CDS-Modelle. Die CDS-Modelle des Referenzdatenmodells werden im lokalen Namensraum angelegt. Der Einfachheit halber stellen wir ihren Namen das Präfix »Z« voran.

Objekt	Entität	Datenbanktabelle	Basis-CDS-View
Kundenauftrag	Kundenauftrag(skopf)	ZSALESORDER	ZI_SalesOrder
	Kundenauftragsposition	ZSALESORDERITEM	ZI_SalesOrderItem
	Kundenauftragseinteilung	ZSALESORDERSLINE	ZI_SalesOrderScheduleLine
Verkaufsorganisation	Verkaufsorganisation	ZSALESORG	ZI_SalesOrganization
Kunde	Kunde	ZCUSTOMER	ZI_Customer
Produkt	Produkt(kopf)	ZPRODUCT	ZI_Product
	Produkttext	ZPRODUCTTEXT	ZI_ProductText

Tabelle 1.1 Referenzdatenmodell mit zugehörigen Datenbanktabellen und Basis-CDS-Views

Kundennamensraum nutzen

Wenn Sie CDS-Modelle anlegen, müssen Sie diese immer in Ihrem eigenen Namensraum definieren, um Namenskollisionen mit den von SAP ausgelieferten Modellen zu vermeiden. Das bloße Voranstellen des Präfixes »Z« ist möglicherweise nicht ausreichend, um Namenskollisionen auszuschließen.

1.2 Datenmodell der Anwendung implementieren

Vorgehensweise im Überblick

Wir möchten nun einen Auszug aus dem Referenzdatenmodell implementieren. Zuerst legen wir dazu die Datenbanktabellen für die Kundenauftragsposition `ZSALESORDERITEM` und das Produkt `ZPRODUCT` an. Auf Basis der Datenbanktabelle `ZPRODUCT` definieren wir im Anschluss den CDS-View `ZI_Product`, der fortan das Produkt repräsentieren soll. Danach legen wir den CDS-View `ZI_SalesOrderItem` an, der die Kundenauftragsposition repräsentieren soll.

Die semantische Beziehung dieser beiden CDS-Views erfassen wir modellseitig als *CDS-Assoziation* `_Product`.

[»]

Assoziationen

Assoziationen sind ein wichtiger Bestandteil der CDS-Syntax (siehe Kapitel 3, »CDS-Assoziationen«). Sie dokumentieren die Beziehung zwischen den CDS-Modellen im Sinne eines *Entity-Relationship-Modells* (ERM). Ein ERM beschreibt mithilfe von Entitäten, deren Relationen und deren Eigenschaften ein semantisches Datenmodell, das Grundlage vieler Entwicklungsprojekte ist.

Die Assoziationen können darüber hinaus sowohl zur Modellbildung als auch für Laufzeitzugriffe genutzt werden. Dies werden wir Ihnen z. B. in Kapitel 3, »CDS-Assoziationen«, noch zeigen.

Schließlich legen wir einen weiteren CDS-View `ZC_SalesOrderItemWithProduct` an, der ein Beispiel für eine spezifische Konsumentensicht auf das Datenmodell der Anwendung darstellen soll. Dieser CDS-View selektiert die Daten des CDS-Views der Kundenauftragsposition und reichert sie per Join-Verknüpfung mit den Daten des CDS-Views des Produkts an. Abbildung 1.2 illustriert diese Zusammenhänge.

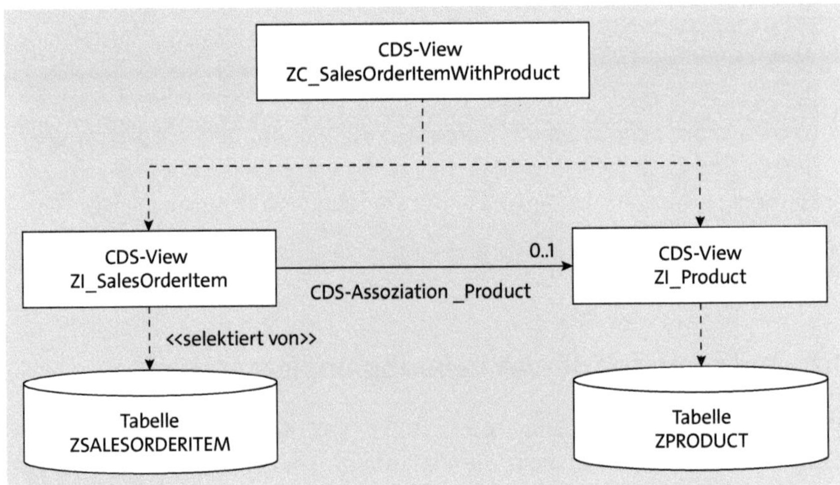

Abbildung 1.2 Ausschnitt der Implementierung des Datenmodells der Referenzanwendung

Am Ende dieses Kapitels lernen Sie, wie Sie CDS-Modelle analysieren können, und erhalten einen Überblick über wichtige Werkzeuge der CDS-Infrastruktur.

In den folgenden Abschnitten zeigen wir Ihnen nun, wie Sie die angesprochenen Schritte ausführen können.

1.2.1 Datenbanktabellen anlegen

Datenbanktabellen in SAP S/4HANA

Die Datenbanktabellen einer Anwendung existieren häufig bereits. Beispielsweise nutzen die produktiven CDS-Modelle des Kundenauftrags in SAP S/4HANA die bereits in der Vergangenheit definierte Datenbanktabelle VBAK. Wir gehen in diesem Abschnitt daher nur kurz anhand unseres Referenzbeispiels auf die Definition von Datenbanktabellen ein.

Werkzeuge zum Anlegen von Datenbanktabellen

Sie können Datenbanktabellen in der Transaktion SE11 der ABAP Workbench erfassen. Alternativ können Sie dazu die ADT-Umgebung nutzen. Darin steht Ihnen in der Perspektive **ABAP** ein Quelltexteditor für Datenbanktabellen zur Verfügung.

Wir nutzen im Folgenden die ADT-Funktionen zum Anlegen der beiden Datenbanktabellen aus Abbildung 1.2.

Um eine Datenbanktabelle anzulegen, wählen Sie den Pfad **File • New • Other...** des Hauptmenüs. Alternativ können Sie diese Funktion auch über das Kontextmenü des Projektbaums des ABAP-Entwicklungssystems, den **Project Explorer**, aufrufen. Wählen Sie im Kontextmenü des Project Explorer den Eintrag **New • Other...**.

Objekttyp auswählen

In der nun erscheinenden Selektionsmaske wählen Sie **ABAP • Dictionary • Database Table**. Sie können die Objektauswahl dabei durch die Eingabe des Filters »Database Table« einschränken. Das Ergebnis dieser Filterung wird in Abbildung 1.3 dargestellt. Sie bestätigen Ihre Auswahl durch einen Klick auf **Next >**.

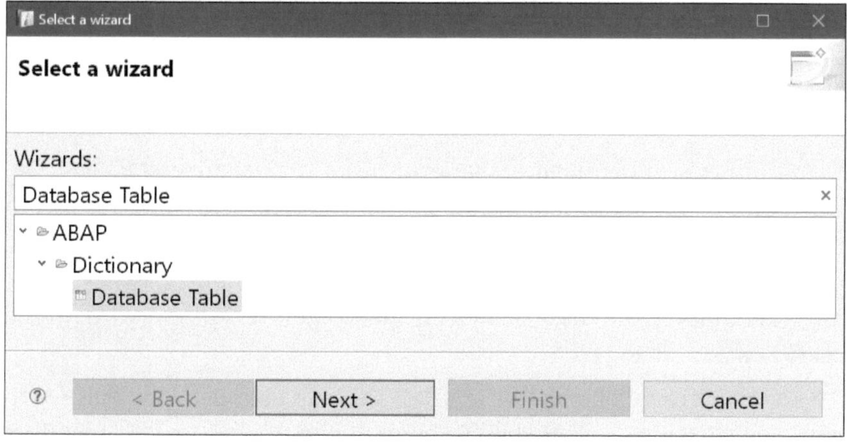

Abbildung 1.3 Wahl der Anlage einer Datenbanktabelle

Datenbanktabelle für Produkte anlegen

Die ausgewählte Funktion startet einen spezifischen Anlegedialog für Datenbanktabellen, der Sie über zwei Schritte führt:

1. Zunächst erscheint ein modales Fenster, in dem Sie das ABAP-Projekt des Entwicklungssystems, das Paket sowie den Namen der Datenbanktabelle mitsamt ihrer Beschreibung erfassen.

   Abbildung 1.4 illustriert ein Beispiel. Darin wird das lokale Paket `TEST_CDS_REFERENCE_APPLICATION` für die Anlage der Datenbanktabelle `ZPRODUCT` mit der Beschreibung »Product« genutzt. Wenn Sie das Beispiel nachvollziehen möchten, können Sie statt des angegebenen Pakets auch das lokale Paket `$TMP` verwenden. Sie bestätigen Ihre Eingaben mit **Next >**.

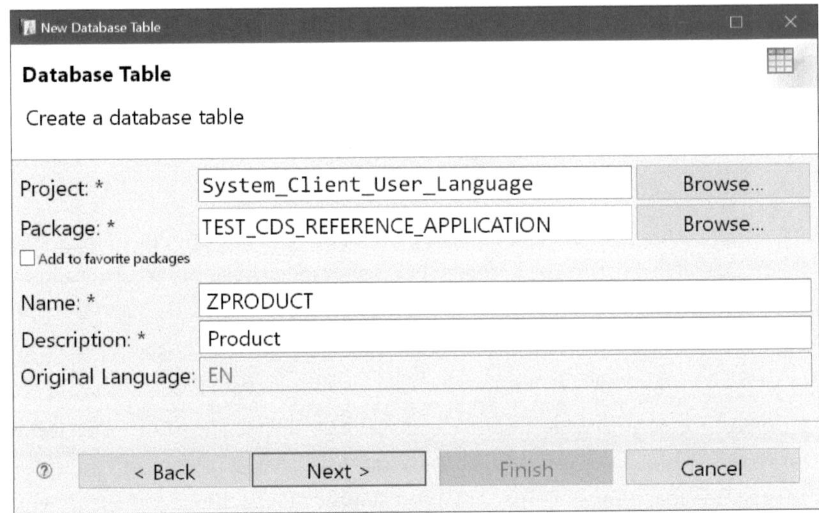

Abbildung 1.4 Erster Dialogschritt beim Anlegen einer Datenbanktabelle

2. Im nächsten Dialogschritt können Sie einen Transportauftrag auswählen, unter dem Ihre Änderungen aufgezeichnet werden. Da wir im vorliegenden Fall jedoch ausschließlich lokale Objekte definieren, können Sie den Dialog durch Anklicken des Button **Finish** abschließen.

Editor für Datenbanktabellen

Damit öffnet sich der quelltextbasierte Editor für Datenbanktabellen. Geben Sie die in Abbildung 1.5 dargestellte Definition ein. Das heißt, definieren Sie neben dem Schlüsselfeld `client` ein weiteres Schlüsselfeld `product` sowie drei weitere Felder `product_type`, `authorization_group` und `creation_date_time`. Verknüpfen Sie diese Felder mit den Datenelementen `matnr`, `mtart`, `begru` bzw. `timestampl`.

Tabellendefinition aktivieren

Sie können Ihre Tabellendefinition `ZPRODUCT` nun über den Pfad **Edit • Activate** des Hauptmenüs, über die Tastenkombination [Strg] + [F3] oder über das Icon in der Funktionsleiste aktivieren. Damit haben Sie eine transparente Datenbanktabelle für die Applikationsdaten des Produkts angelegt. Entsprechend der Definition gewährt diese Datenbanktabelle erweiterte Pflegemöglichkeiten für die Datensätze, jedoch keine Erweiterungsmöglichkeiten.


```
@EndUserText.label : 'Product'
@AbapCatalog.enhancement.category : #NOT_EXTENSIBLE
@AbapCatalog.tableCategory : #TRANSPARENT
@AbapCatalog.deliveryClass : #A
@AbapCatalog.dataMaintenance : #ALLOWED
define table zproduct {
  key client            : abap.clnt not null;
  key product           : matnr not null;
  product_type          : mtart;
  authorization_group   : begru;
  creation_date_time    : timestampl;
}
```

Abbildung 1.5 Tabellendefinition »ZPRODUCT« vor dem Sichern

Abbildung 1.6 zeigt die korrespondierende Sicht auf die Tabelle ZPRODUCT in der ABAP Workbench.

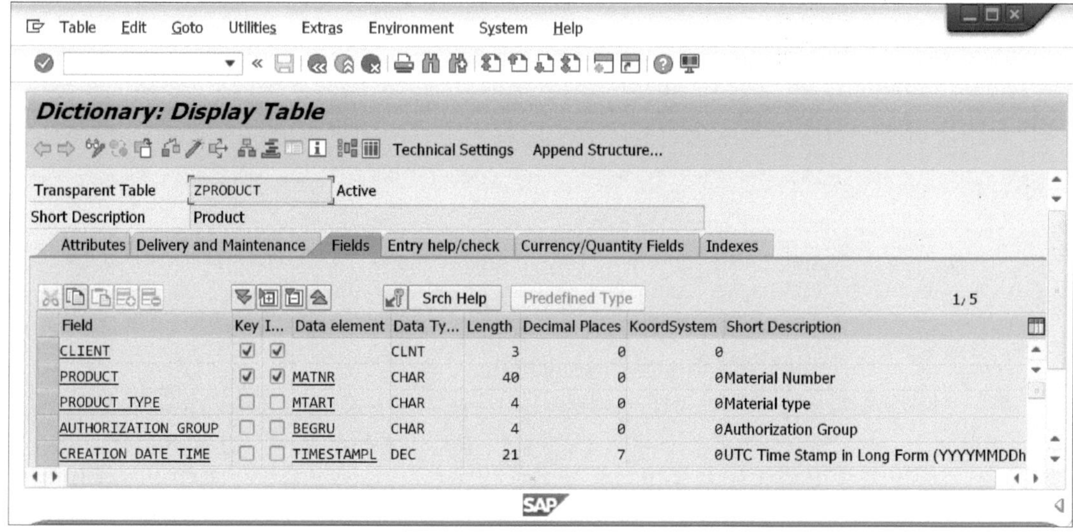

Field	Key	I...	Data element	Data Ty...	Length	Decimal Places	KoordSystem	Short Description
CLIENT	☑	☑		CLNT	3	0	0	
PRODUCT	☑	☑	MATNR	CHAR	40	0	0	Material Number
PRODUCT_TYPE	☐	☐	MTART	CHAR	4	0	0	Material type
AUTHORIZATION_GROUP	☐	☐	BEGRU	CHAR	4	0	0	Authorization Group
CREATION_DATE_TIME	☐	☐	TIMESTAMPL	DEC	21	7	0	UTC Time Stamp in Long Form (YYYYMMDDh

Abbildung 1.6 Tabelle »ZPRODUCT« in der ABAP Workbench

Datenbanktabelle für Kundenaufträge anlegen

Legen Sie nun die Tabelle der Kundenauftragsposition ZSALESORDERITEM analog zu Tabelle ZPRODUCT an. Übertragen Sie dabei die Definition aus Listing 1.1 in den Editor für Datenbanktabellen.

```
@EndUserText.label : 'Sales Order Item'
@AbapCatalog.enhancement.category : #NOT_EXTENSIBLE
@AbapCatalog.tableCategory : #TRANSPARENT
@AbapCatalog.deliveryClass : #A
@AbapCatalog.dataMaintenance : #ALLOWED
define table zsalesorderitem {
  key client           : abap.clnt not null;
  key salesorder       : vbeln not null;
  key salesorderitem   : posnr not null;
  product              : matnr;
  @Semantics.quantity.unitOfMeasure :
    'zsalesorderitem.orderquantityunit'
  orderquantity        : kwmeng;
  orderquantityunit    : vrkme;
  @Semantics.amount.currencyCode :
    'zsalesorderitem.transactioncurrency'
  netamount            : netwr_ap;
  transactioncurrency : waerk;
  creationdate         : erdat;
  @AbapCatalog.anonymizedWhenDelivered : false
  createdbyuser        : ernam;
  creationdatetime     : creation_date_time;
  @AbapCatalog.anonymizedWhenDelivered : false
  lastchangedbyuser    : aename;
  lastchangedatetime   : last_changed_date_time;
}
```

Listing 1.1 Definition der Datenbanktabelle »ZSALESORDERITEM«

[+]

Tabellendesign vereinfachen

Wenn Sie das Tabellendesign Ihrer Anwendung definieren, sollten Sie darauf achten, die anzulegenden Datenbanktabellen an den Entitäten Ihres Datenmodells zu orientieren. Insbesondere sollten Sie Daten einer Entität nicht über mehrere Tabellen verteilen, da die Konsumenten Ihres Datenmodells so zusätzliche Join-Verknüpfungen für diese erstellen müssen.

Des Weiteren sollten sich die Feldnamen der Datenbanktabellen an den in externen Schnittstellen (z. B. OData-Services) verwendeten Namen orientieren, um notwendige Transformationen und daraus resultierende Fehler auf ein Minimum zu begrenzen.

1.2.2 CDS-View anlegen

CDS-Modelle werden in der ADT-Umgebung entwickelt.

> **Einschränkungen der ABAP Workbench beachten**
>
> Die ABAP Workbench bietet Ihnen nur eine sehr rudimentäre Visualisierungsmöglichkeit für CDS-Modelle. Essenzielle Funktionen für die Entwicklung von CDS-Modellen sind in diese Umgebung nicht integriert worden. Sie sollten daher stets mit der ADT-Umgebung arbeiten.

Objekttyp auswählen

Beim Anlegen eines CDS-Modells gehen Sie ähnlich vor wie bei der zuvor erläuterten Anlage von Datenbanktabellen. Wählen Sie den Pfad **File • New • Other...** des Hauptmenüs. Im nun angezeigten Dialog wählen Sie **ABAP • Core Data Services • Data Definition** (siehe Abbildung 1.7). Sie können die Objektauswahl dabei auch durch die Eingabe des Filters »Data Definition« einschränken. Anschließend bestätigen Sie Ihre Auswahl mit **Next >**.

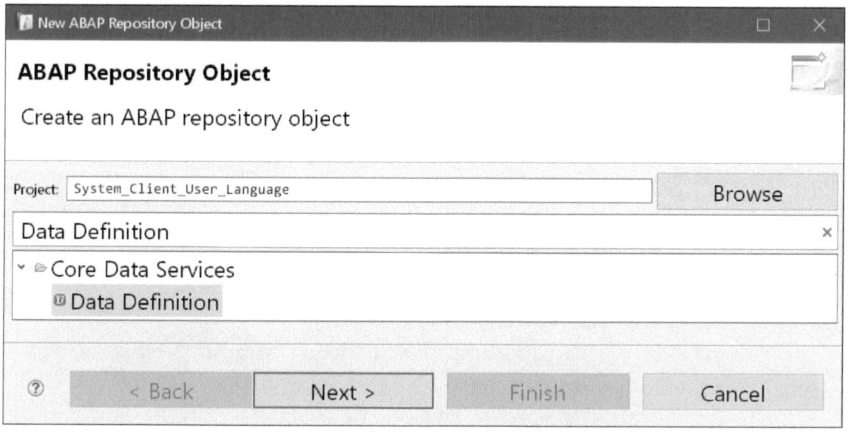

New ABAP Repository Object

ABAP Repository Object

Create an ABAP repository object

Project: System_Client_User_Language | Browse

Data Definition

Core Data Services
Data Definition

< Back | Next > | Finish | Cancel

Abbildung 1.7 Wahl der Anlage eines CDS-Datenmodells

Anlegedialog aufrufen

Die Funktion startet einen spezifischen Anlegedialog für CDS-Datenmodelle, der Sie durch mehrere Schritte führt. Zunächst erscheint ein modales Fenster, in dem Sie das ABAP-Projekt des Entwicklungssystems (Feld **Project**), das Paket (Feld **Package**), den Namen des CDS-Modells (Feld **Name**), dessen Beschreibung (Feld **Description**) sowie optional den Namen des vom CDS-Modell referenzierten Objekts (Feld **Referenced Object**) erfassen.

Geben Sie in unserem Beispiel dem CDS-View den Namen `ZI_Product` und die Beschreibung »Product«. Tragen Sie ferner für das Paket »TEST_CDS_REFERENCE_APPLICATION« und als referenziertes Objekt die Datenbanktabelle »ZPRODUCT« ein, wie in Abbildung 1.8 gezeigt.

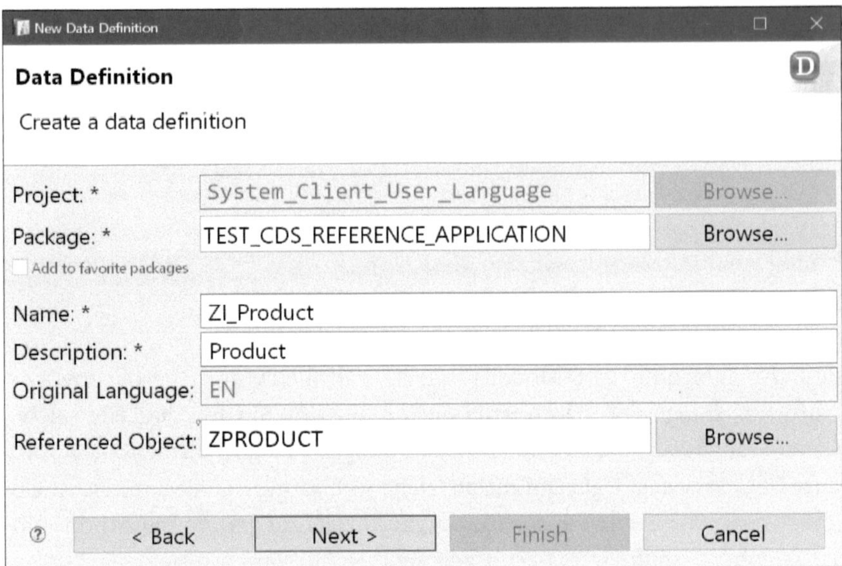

Abbildung 1.8 Erster Dialogschritt beim Anlegen eines CDS-Datenmodells

Der von Ihnen eingegebene Name `ZI_Product` definiert den Namen des Transportobjekts, der *Data Definition Language Source* (kurz DDLS). Er wird weiterhin als Vorschlagswert für den Namen des CDS-Modells genutzt. Bestätigen Sie Ihre Eingaben mit **Next >**.

[!]

Transportobjekt und CDS-Modell

Das Transportobjekt (Objekttyp `DDLS`) und das CDS-Modell (CDS-Views haben den Objekttyp `STOB`) sind zwei verschiedene Designtime-Objekte: Das anzulegende *Transportobjekt*, die `DDLS`, beinhaltet die Definition eines CDS-Modells. Ein `DDLS`-Transportobjekt könnte theoretisch auch mehrere CDS-Modelldefinitionen beinhalten. Dies wird von der ABAP-Infrastruktur jedoch nicht unterstützt.

Die Namen dieser beiden Designtime-Objekte – Transportobjekt und CDS-Modell – können in einigen Fällen technisch voneinander abweichen. Wir empfehlen Ihnen jedoch, diese beiden Namen stets so zu definieren, dass der `DDLS`-Name dem CDS-Modellnamen in Großbuchstaben entspricht. Ansonsten sind Sie bei späteren Analysen gezwungen, ein Mapping der beiden Namen zu definieren.

Im nächsten Dialogschritt können Sie einen Transportauftrag auswählen, unter dem Ihre Änderungen aufgezeichnet werden. Im vorliegenden Fall können Sie diesen Schritt mit **Next >** überspringen.

Im letzten Schritt des Anlegedialogs können Sie ein vordefiniertes Template auswählen, das Sie beim Anlegen Ihres Datenmodells unterstützt (siehe Abbildung 1.9). Da wir eine CDS-View-Entität definieren wollen, wählen Sie das Template **Define View Entity**. Bestätigen Sie Ihre Auswahl mit **Finish**.

CDS-Modell-Anlage-Templates

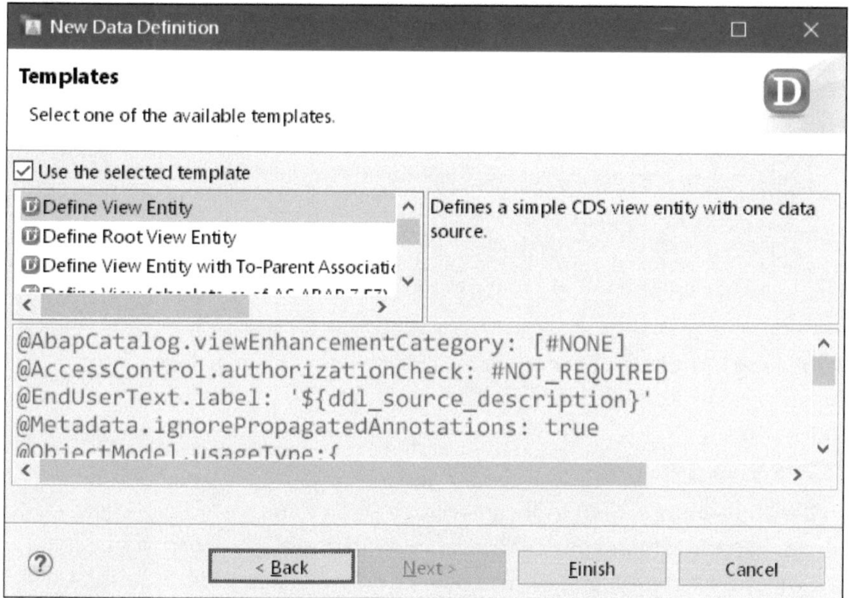

Abbildung 1.9 Auswahl eines Anlage-Templates im Anlegedialog

[«]

Verwendung der Anlage-Templates

Die verfügbaren Standard-Templates decken typische Modellierungsfälle ab. Sie sollen Ihnen helfen, die erforderlichen Informationen effizient zu erfassen. Die Verwendung dieser Templates ist optional. Sie können auf die Nutzung dieser Funktionalität auch verzichten. Möchten Sie das, entfernen Sie einfach das Häkchen bei der Option **Use the selected template**.

CDS-Editor

Damit öffnet sich der quelltextbasierte *CDS-Editor* (siehe Abbildung 1.10). Der CDS-Editor ist das Hauptentwicklungswerkzeug für CDS-Modelle.

Auswirkungen des Anlage-Templates

Da Sie zuvor die Vorlage **Define View Entity** ausgewählt haben, ist die Grundstruktur einer CDS-View-Entitätsdefinition bereits ausgeprägt. Der von Ihnen eingegebene Name für das Transportobjekt, `ZI_Product`, wird standardmäßig als Name des CDS-Modells wiederverwendet. Er findet sich hinter den Schlüsselwörtern `DEFINE VIEW ENTITY`, entsprechend der im ersten Dialogschritt von Ihnen festgelegten Schreibweise. Wir hatten den `DDLS`-Namen dort daher in Camel-Case-Schreibweise erfasst, obwohl der Name des

Transportobjekts selbst, im Gegensatz zum Namen des CDS-Modells, stets in Großbuchstaben geschrieben wird.

ZI_PRODUCT ×

```
@AbapCatalog.viewEnhancementCategory: [#NONE]
@AccessControl.authorizationCheck: #NOT_REQUIRED
@EndUserText.label: 'Product'
@Metadata.ignorePropagatedAnnotations: true
@ObjectModel.usageType:{
  serviceQuality: #X,
  sizeCategory: #S,
  dataClass: #MIXED
}
define view entity ZI_Product   as select from zproduct
{
  key product as Product,
  product_type as ProductType,
  authorization_group as AuthorizationGroup,
  creation_date_time as CreationDateTime
}
```

Abbildung 1.10 CDS-Editor nach dem Schließen des Anlegedialogs

CDS-View-Typen

Die CDS-Syntax erlaubt grundsätzlich die Definition unterschiedlicher CDS-View-Typen. Näheres dazu erfahren Sie in Abschnitt 2.1, »Überblick über die CDS-Modelle«. Im Regelfall nutzen wir, wie im hier diskutierten Beispiel, die sogenannten CDS-View-Entitäten.

Neben dem Namen wird auch der von Ihnen eingegebene, beschreibende Text »Product« des Transportobjekts automatisch in die CDS-Definition überführt. Er findet sich in der folgenden Annotation des CDS-Views:

```
@EndUserText.label:'Product'
```

In Kapitel 4, »CDS-Annotationen«, erfahren Sie mehr über die Definition und die Nutzung von Annotationen.

Die Datenbanktabelle `ZPRODUCT`, die Sie als referenziertes Objekt im Anlegedialog eingetragen haben, dient als Datenquelle des Views. Sie wurde in der Selektionsanweisung hinter dem Ausdruck `SELECT FROM` automatisch eingefügt.

Die Feldliste Ihres CDS-Views wird innerhalb der geschweiften Klammern `{...}` definiert. Darin finden Sie alle Felder der referenzierten Datenbanktabelle `ZPRODUCT` mit Ausnahme des Mandantenfelds `client`. Dies liegt an der speziellen Mandantenbehandlung der CDS-View-Entitäten, die wir Ihnen in Abschnitt. 2.9, »Mandantenbehandlung«, vorstellen werden.

Zudem können Sie Abbildung 1.10 entnehmen, dass das Feld `product` mit dem Syntaxelement `key` ausgezeichnet wurde. Dieses spezifiziert den Schlüssel des CDS-Views. Weitere Informationen zu Schlüsseldefinitionen finden Sie in Abschnitt 2.3, »Schlüsselfelder«.

CDS-Namen

Beachten Sie, dass die projizierten Felder der Datenbanktabelle mithilfe der *Aliasfunktion* `as` umbenannt werden. In diesem Zusammenhang wurden die Feldnamen der Tabelle in Kleinbuchstaben in das CDS-Modell übertragen. Im Gegensatz zum klassischen ABAP Data Dictionary unterstützen CDS-Modelle das Erfassen von Namen in der Camel-Case-Schreibweise. Dies wird vom CDS-Editor unterstützt. So wurden die Feldnamen der Tabelle dergestalt konvertiert, dass der Anfangsbuchstabe der einzelnen, durch Unterstriche abgegrenzten Begriffe in Großbuchstaben überführt wurde. Die Unterstriche wurden dabei eliminiert. Beispielsweise wurde das Tabellenfeld `product_type` in den CDS-Feldnamen `ProductType` umgesetzt (siehe Abbildung 1.10).

[«]

CDS-Namensgebung

CDS-Namen, die sich nur in Ihrer Groß- und/oder Kleinschreibung voneinander unterscheiden, werden in ABAP als identisch angesehen. Das heißt, Sie können zwei CDS-Namen nicht allein über die Groß- bzw. Kleinschreibung einzelner Buchstaben voneinander abgrenzen.

Beachten Sie jedoch, dass die CDS-Namen beispielsweise bei der Exponierung der CDS-Modelle in *OData-Services* über die *Service Adaptation Definition Language* (SADL) in ihrer Schreibweise erhalten bleiben. Wir empfehlen Ihnen daher die Nutzung der Camel-Case-Schreibweise, auch wenn diese innerhalb der ABAP-Logik keine Auswirkung hat.

CDS-View-Modell aktivieren

Sie können das CDS-View-Modell nun über den Pfad **Edit • Activate** des Hauptmenüs bzw. über die Tastenkombination [Strg] + [F3] aktivieren. Glückwunsch! Sie haben damit Ihr erstes CDS-Modell erfolgreich angelegt und aktiviert. Technisch gesehen können Sie Ihren CDS-View nun nutzen. Für ein produktives CDS-Modell würden noch eine Zugriffskontrolle und weitere Annotationen benötigt werden.

Mit dem erfolgreichen Abschluss der Aktivierung haben Sie zwei Objekte im ABAP Data Dictionary erzeugt bzw. aktiviert. Tabelle 1.2 stellt diese in einer Übersicht zusammen.

ABAP-Dictionary- Objekt	Technischer Objekttyp	Name	Bedeutung
DDLS-Objekt	DDLS	ZI_PRODUCT	Transportierbares Entwicklungsobjekt
CDS-View	STOB	ZI_Product	Träger der Modellinformationen und Datenquelle für Selektionen in ABAP und SAP-HANA

Tabelle 1.2 ABAP-Dictionary-Objekte des CDS-Modells »ZI_Product«

Das DDLS-Objekt ZI_PRODUCT dient als Transportcontainer für das darin per Quelltext definierte CDS-Modell. Der CDS-View ZI_Product beinhaltet die modellierte SQL-Selektionslogik und weiterführende Metadaten. Wie diese Metadaten von der Laufzeitumgebung sowie den Frameworks ausgewertet bzw. zur Steuerung der Laufzeitumgebung oder Frameworks genutzt werden können, erfahren Sie in den folgenden Kapiteln.

Sicht »Project Explorer«

Die beiden ABAP-Dictionary-Artefakte sind dem gleichen Paket zugeordnet. In der Sicht **Project Explorer** der ADT-Entwicklungsumgebung finden Sie die CDS-Modelle in ihren einbettenden Paketen. In unserem Beispiel ist es das Paket TEST_CDS_REFERENCE_APPLICATION. Wie Abbildung 1.11 demonstriert, finden Sie die DDLS ZI_PRODUCT bzw. den CDS-View ZI_Product ausgehend von diesem Paket über den Ordnerpfad **Core Data Services • Data Definitions**.

```
define view entity ZI_Product  as select from  zproduct {
  key product as Product,
  product_type as ProductType,
  authorization_group as AuthorizationGroup,
  creation_date_time as CreationDateTime
}
```

Abbildung 1.11 CDS-Modelle in der Sicht »Project Explorer«

Synchronisation zwischen CDS-Editor und Project Explorer nutzen

Sie können sich die Navigation zwischen den Sichten für die CDS-Modelle und dem **Project Explorer** in den ADT-Umgebung erleichtern, wenn Sie die Funktion **Link with Editor** über das Icon aktivieren. Dieses Icon wird in Abbildung 1.11 gerade angeklickt.

Generierter Datenbank-View

Wenn Sie den CDS-View in einer Datenselektion nutzen, wird der Datenzugriff von der ABAP-SQL-Laufzeitumgebung an den generierten Datenbank-View ZI_PRODUCT delegiert. Das heißt, der Datenbank-View bestimmt die tatsächliche Ausführung der Selektionsanfrage in der Datenbank.

SQL-Create-Anweisung anzeigen

Über die Funktion **Show SQL CREATE Statement** des Kontextmenüs des ADT-Editors können Sie sich die Anweisung ansehen, die zum Anlegen des entsprechenden Views in der Datenbank führt (siehe Listing 1.2). Das Kontextmenü können Sie innerhalb der Editorsicht des CDS-Views von einer beliebigen Stelle aus aufrufen.

```
CREATE OR REPLACE VIEW "ZI_PRODUCT" AS SELECT
  "ZPRODUCT"."CLIENT" AS "MANDT",
  "ZPRODUCT"."PRODUCT" AS "PRODUCT",
  "ZPRODUCT"."PRODUCT_TYPE" AS "PRODUCTTYPE",
  "ZPRODUCT"."AUTHORIZATION_GROUP" AS "AUTHORIZATIONGROUP",
  "ZPRODUCT"."CREATION_DATE_TIME" AS "CREATIONDATETIME"
FROM "ZPRODUCT" "ZPRODUCT"
WHERE "ZPRODUCT"."CLIENT" = SESSION_CONTEXT(
  'CDS_CLIENT'
)
```

Listing 1.2 Create-Anweisung zur Anlage des Datenbank-Views »ZI_PRODUCT«

1.2.3 Änderungen am CDS-View vornehmen

Im nächsten Schritt wollen wir eine Änderung am zuvor anlegten CDS-View ZI_Product vornehmen. Dabei werden Sie weitere Funktionen der ADT-Umgebung kennenlernen.

ADT-Sichten schließen

Schließen Sie dazu zunächst die geöffnete ADT-Sicht für das DDLS-Objekt ZI_PRODUCT. Nutzen Sie dazu das Icon [⊠] im oberen Bereich der jeweiligen Editorsicht. Alternativ können Sie über die Funktion **Close All** des Kontextmenüs alle Sichten auf einmal schließen.

Editor für das angelegte CDS-Modell öffnen

Öffnen Sie nun den CDS-Editor des DDLS-Objekts ZI_PRODUCT. Dazu wählen Sie den Pfad **Navigation • Open ABAP Development Object** des Hauptmenüs. Alternativ können Sie auch die Tastenkombination [Strg] + [⇧] + [A] oder das Icon in der Funktionsleiste nutzen.

In dem sich öffnenden Dialogfenster (siehe Abbildung 1.12) können Sie das DDLS-Objekt ZI_PRODUCT suchen.

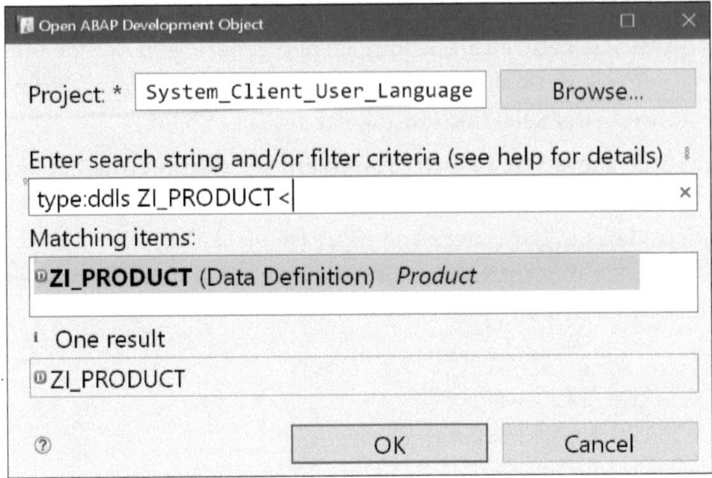

Abbildung 1.12 Ladedialog mit Auswahl des DDLS-Objekts »ZI_PRODUCT«

Zusammensetzung des Suchstrings

Grenzen Sie dazu zunächst die Suche auf das relevante ABAP-Projekt der ADT-Umgebung ein. Außerdem können Sie ein adäquates Filterkriterium spezifizieren, um die Ergebnisliste einzuschränken. Da wir gezielt nach dem angegebenen `DDLS`-Objekt suchen möchten, tragen Sie »type: ddls ZI_PRO DUCT<« in das Eingabefeld für den Filter ein.

Der erste Teil »type:ddls« Ihrer Eingabe grenzt den relevanten Bereich der Suche auf `DDLS`-Objekte ein. Der sich anschließende Name »ZI_PRODUCT« reduziert die Trefferliste auf alle `DDLS`-Objekte, deren Namen mit diesem Präfix beginnen. Das Suffix »<« bewirkt, dass die Suche exakt für den eingegebenen Namen durchgeführt wird. Demzufolge enthält das Selektionsergebnis als einzigen Eintrag das Transportobjekt `ZI_PRODUCT`, wie in Abbildung 1.12 dargestellt. Den Eintrag können Sie mit einem Klick auf den Button **OK** in den CDS-Editor laden.

CDS-Modell über den Project Explorer auswählen

Anstatt ein CDS-Modell über den gezeigten Ladedialog in den Editor zu übernehmen, können Sie auch den **Project Explorer** nutzen. Klicken Sie im **Project Explorer** doppelt auf das gewünschte Datenmodell, um es anzuzeigen.

Änderungen am CDS-Modell verfolgen

Entfernen Sie nun die Annotationen `@ObjectModel...` aus dem CDS-View `ZI_Product`. Das Ergebnis dieser Änderung zeigt Abbildung 1.13.

```
ZI_PRODUCT
@AbapCatalog.viewEnhancementCategory: [#NONE]
@AccessControl.authorizationCheck: #NOT_REQUIRED
@EndUserText.label: 'Product'
@Metadata.ignorePropagatedAnnotations: true
define view entity ZI_Product  as select from  zproduct {
  key product as Product,
  product_type as ProductType,
  authorization_group as AuthorizationGroup,
  creation_date_time as CreationDateTime
}
```

Abbildung 1.13 CDS-View »ZI_Product« unmittelbar nach dem Entfernen der Annotationen »@ObjectModel...«

Beachten Sie, dass neben dem DDLS-Namen am oberen linken Rand der Sicht nun ein kleines Schloss eingeblendet ist und dort zusätzlich noch ein Stern »*« erscheint. Das Schlosssymbol deutet darauf hin, dass das DDLS-Objekt durch Ihre Änderungen gesperrt ist, d. h., konkurrierende Änderungen an diesem Modell sind ausgeschlossen. Das Sternsymbol signalisiert Ihnen, dass Ihre Änderungen noch nicht gesichert sind. Beachten Sie, dass auf die noch nicht gesicherte bzw. noch nicht aktivierte Version keine Datenselektionen ausgeführt werden können.

Modelländerungen sichern

Sichern Sie nun Ihre Änderungen über den Menüpfad **File • Save** bzw. mit der Tastenkombination [Strg] + [S]. Mit dem erfolgreichen Sichern verschwindet das Sternsymbol. Es erscheint stattdessen eine kleine graue Raute unterhalb des Schlosssymbols (siehe auch Abbildung 1.14).

```
ZI_PRODUCT
@AbapCatalog.viewEnhancementCategory: [#NONE]
@AccessControl.authorizationCheck: #NOT_REQUIRED
@EndUserText.label: 'Product'
@Metadata.ignorePropagatedAnnotations: true
define view entity ZI_Product  as select from  zproduct {
  key product as Product,
  product_type as ProductType,
  authorization_group as AuthorizationGroup,
  creation_date_time as CreationDateTime
}
```

Abbildung 1.14 CDS-View »ZI_Product« nach dem Sichern der Modelländerungen

Sicht »Properties« nutzen

Der aktuelle Zustand eines Objekts wird auch in der Sicht **Properties** wiedergegeben (siehe Abbildung 1.15). Diese zeigt Ihnen weiterführende administrative Informationen zu den CDS-Modellen an. Aktuell ist die Löschung der

Annotationen noch nicht in das aktive CDS-View-Modell übernommen worden. Entsprechend wird die angezeigte **Version** des CDS-Views in der Sicht **Properties** als inaktiv (**Inactive**) geführt.

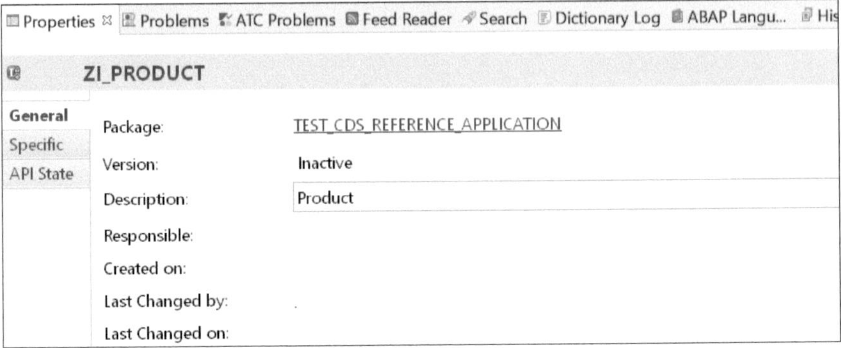

Abbildung 1.15 Sicht »Properties« nach dem Sichern der Modelländerungen

Wechsel zwischen inaktiver und aktiver Version

Sie können sich den aktiven Stand des Modells ansehen, indem Sie im CDS-Editor das Kontextmenü aufrufen und dort den Eintrag **Toggle Active and Inactive Version** auswählen. Der Inhalt des Editorfensters des DDLS-Objekts ZI_PRODUCT entspricht daraufhin der Darstellung in Abbildung 1.16. Gleichzeitig ändert sich die Information im Feld **Version** in der Sicht **Properties**. Der in Abbildung 1.16 angezeigte Text vermittelt, dass es neben der aktiven Version des CDS-Modells auch noch eine inaktive Version gibt.

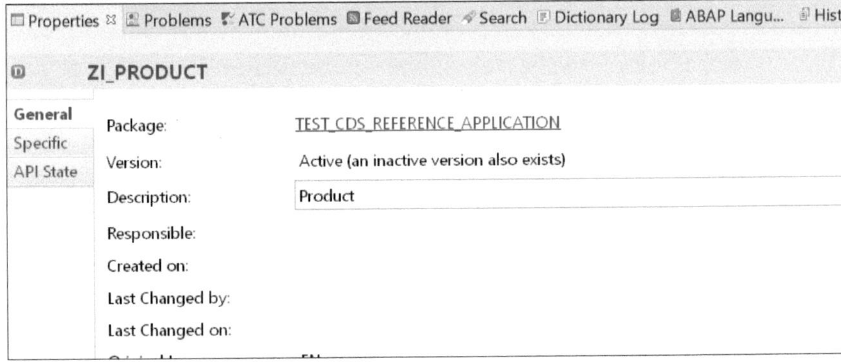

Abbildung 1.16 Sicht »Properties« nach dem Wechsel zur Darstellung der aktiven Version des CDS-Modells

Sie können nun zur inaktiven Version des CDS-Modells zurückkehren, indem Sie erneut auf den Eintrag **Toggle Active and Inactive Version** im Kontextmenü des Editors klicken. Aktivieren Sie anschließend Ihre Änderungen über die Tastenkombination [Strg] + [F3].

Wechsel zwischen Versionen nutzen

Der Wechsel zwischen der aktiven und inaktiven Version eines CDS-Modells ist insbesondere dann hilfreich, wenn Sie Aktivierungsprobleme analysieren und dabei die Veränderungen zwischen dem bereits aktivierten CDS-Modell und der aktuell inaktiven Version nachvollziehen wollen (siehe Abschnitt 17.4, »CDS-Aktivierungsprobleme behandeln«).

Automatische Vervollständigungsfunktion nutzen

Der CDS-Editor unterstützt Sie durch die Bereitstellung einer Autovervollständigungsfunktion bei der Pflege Ihrer CDS-Modelle. Um die Nutzung dieser Funktionalität demonstrieren zu können, entfernen Sie zunächst das Feld `AuthorizationGroup` aus Ihrem CDS-View `ZI_Product`. Platzieren Sie daraufhin den Cursor in der entsprechenden Zeile. Mit der Tastenkombination [Strg] + Leertaste können Sie nun einzelne selektierte Elemente oder auch alle Elemente der Datenquelle in die Projektionsliste Ihres CDS-Views übernehmen (siehe Abbildung 1.17).

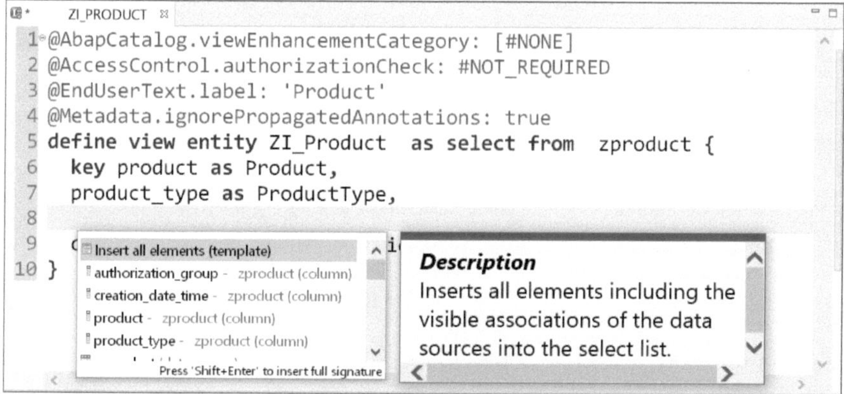

Abbildung 1.17 Autovervollständigungsfunktion des CDS-Editors

In unserem Fall möchten wir die vorherige Version des CDS-Views wiederherstellen. Selektieren Sie dazu den Eintrag **authorization_group** und nennen Sie im Anschluss das transferierte Datenbankfeld in `AuthorizationGroup` um. Aktivieren Sie dann den CDS-View.

1.2.4 CDS-View-Stack aufbauen

Im Folgenden legen wir die beiden noch fehlenden CDS-Views `ZI_SalesOrderItem` und `ZC_SalesOrderItemWithProduct` aus Abbildung 1.2 an. Dazu gehen wir schrittweise vor und beachten dabei die vorliegenden Abhängigkeitsbeziehungen zwischen den CDS-View-Modellen.

CDS-View »ZI_SalesOrderItem« anlegen

CDS-View für Kundenauftragspositionen

Legen Sie als Erstes den CDS-View ZI_SalesOrderItem an. Folgen Sie dabei der in Abschnitt 1.2.2, »CDS-View anlegen«, beschriebenen Vorgehensweise. Übertragen Sie die Definition des CDS-Views aus Listing 1.3 in den Quelltext Ihres DDLS-Objekts ZI_SALESORDERITEM.

```
@AccessControl.authorizationCheck: #CHECK
@EndUserText.label: 'Sales Order Item'
@Metadata.ignorePropagatedAnnotations: true
define view entity ZI_SalesOrderItem
   as select from zsalesorderitem
   association [0..1] to ZI_Product as _Product
     on $projection.Product = _Product.Product
{
   key salesorder           as SalesOrder,
   key salesorderitem       as SalesOrderItem,
       product              as Product,
       @Semantics.quantity.unitOfMeasure: 'OrderQuantityUnit'
       Orderquantity        as OrderQuantity,
       Orderquantityunit    as OrderQuantityUnit,
       @Semantics.amount.currencyCode: 'TransactionCurrency'
       netamount            as NetAmount,
       transactioncurrency as TransactionCurrency,
       creationdate         as CreationDate,
       _SalesOrder,
       _Product
}
```

Listing 1.3 CDS-View »ZI_SalesOrderItem«

Assoziation »_Product«

Darin finden Sie die Definition einer Assoziation mit dem Namen _Product. Diese CDS-Assoziation dokumentiert die Beziehung zwischen dem Quell-CDS-View ZI_SalesOrderItem und dem Ziel-CDS-View ZI_Product im Sinne eines ERM. Dabei werden gemäß der mit dem CDS-Schlüsselwort ON spezifizierten Bedingung die Datensätze der Quelle und des Ziels genau dann miteinander verknüpft, wenn die in ihnen erfassten Werte für das Feld Product identisch sind. Entsprechend bewegt sich die Zielkardinalität der Assoziation zwischen »0« und »1«, wenn es keinen bzw. einen korrespondierenden Datensatz des Produkts gibt.

Wenn Sie eine Assoziationsdefinition für den Verwender Ihres CDS-Views nutzbar machen wollen, müssen Sie diese, wie im vorliegenden Fall, analog zu den Feldern in die Projektionsliste des CDS-Views aufnehmen und damit exponieren. Umfassendere Informationen zur Nutzung der Assoziationen erhalten Sie in den folgenden Kapiteln. Beispielsweise erhalten Sie in Kapitel 3, »CDS-Assoziationen«, eine Einführung in die Grundlagen der CDS-Assoziationen. Abschnitt 8.4, »Fremdschlüsselbeziehungen«, erläutert Ihnen den Einsatz von Assoziationen bei der Definition von Fremdschlüsselbeziehungen.

CDS-View »ZI_SalesOrderItem« testen

Testdaten anlegen

Bevor Sie fortfahren, sollten Sie den aktivierten CDS-View `ZI_SalesOrderItem` testen. Dazu müssen Sie zunächst geeignete Daten in den Datenbanktabellen `ZPRODUCT` und `ZSALESORDERITEM` hinterlegen. Um das diskutierte Beispiel praktisch nachvollziehen zu können, legen Sie jeweils zwei Datensätze in diesen Datenbanktabellen gemäß Tabelle 1.3 an.

Tabelle	Feld		
	SALESORDER	SALESORDERITEM	PRODUCT
ZSALESORDERITEM	S1	000010	P1
	S1	000020	P2
ZPRODUCT	–	–	P1
	–	–	P2

Tabelle 1.3 Minimale Daten zum Nachvollziehen des Testbeispiels

Sicht »Data Preview« nutzen

Wählen Sie daraufhin im Kontextmenü des CDS-Editors den Pfad **Open With • Data Preview** oder drücken Sie die Funktionstaste F8. In Abbildung 1.18 sehen Sie die sich öffnende Sicht auf das Ergebnis der automatisch durchgeführten Selektion auf dem CDS-View `ZI_SalesOrderItem`. Durch ein Anklicken der Spaltenüberschriften können Sie diese Liste sortieren. Ferner können Sie das Ergebnis über zusätzliche Filterbedingungen (**Add filter**) bedarfsweise einschränken.

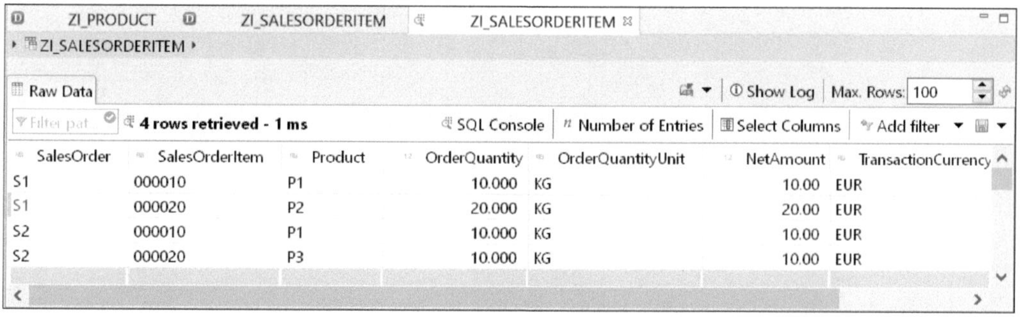

SalesOrder	SalesOrderItem	Product	OrderQuantity	OrderQuantityUnit	NetAmount	TransactionCurrency
S1	000010	P1	10.000	KG	10.00	EUR
S1	000020	P2	20.000	KG	20.00	EUR
S2	000010	P1	10.000	KG	10.00	EUR
S2	000020	P3	10.000	KG	10.00	EUR

Abbildung 1.18 Anzeige des Selektionsergebnisses in der Sicht »Data Preview«

Wählen Sie nun einen Datensatz, dem ein Produkt zugeordnet ist. Im dargestellten Beispiel wird dieser Datensatz durch die beiden Schlüsselfelder `SalesOrder` mit dem Wert »S1« und `SalesOrderItem` mit dem Wert »000020« bestimmt. Entsprechend der Anzeige und der Definition in Tabelle 1.3 beinhaltet dieser Datensatz eine Referenz auf das Produkt »P2«.

Navigation in der Sicht »Data Preview«

Oberhalb der Ergebnisliste finden Sie einen grau hinterlegten Bereich, in dem der Name des CDS-Modells in Großbuchstaben zwischen zwei Pfeilsymbolen ▶ eingebettet ist. Dabei handelt es sich um eine Breadcrumb-Navigation. Wenn Sie auf das rechte Pfeilsymbol klicken, dann erscheint eine Auswahlliste zu den im CDS-View exponierten Assoziationen (siehe Abbildung 1.19). Diese können Sie für die Navigation zum Assoziationsziel nutzen.

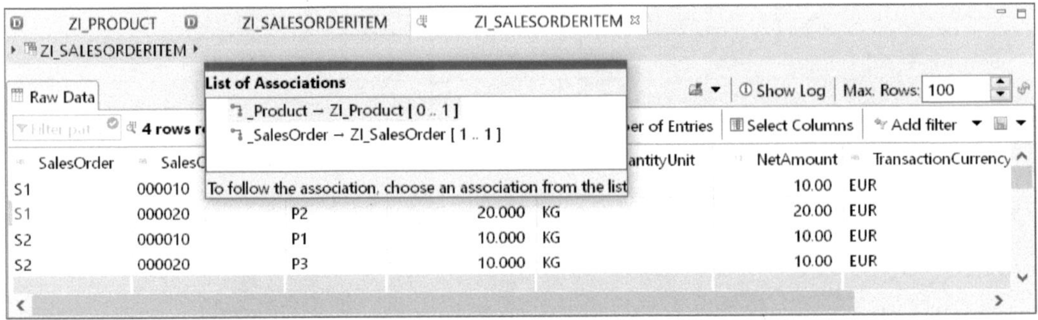

Abbildung 1.19 Auswahl von Assoziationen zur Navigation in der Sicht »Data Preview«

Navigationsziel anzeigen

Klicken Sie auf die Assoziation `_Product`. Die in Abbildung 1.20 dargestellte Ergebnisliste zeigt nun den Datensatz zum Produkt »P2« an. Sie sehen oberhalb der Ergebnisliste den verfolgten Pfad, ausgehend vom CDS-View `ZI_SALESORDERITEM` über die Assoziation `_Product` bis hin zum Ziel-CDS-View `ZI_Product`. Durch Anklicken des ersten Pfadsegments `ZI_SALESORDERITEM` können Sie zur ursprünglichen Ergebnisliste zurückkehren.

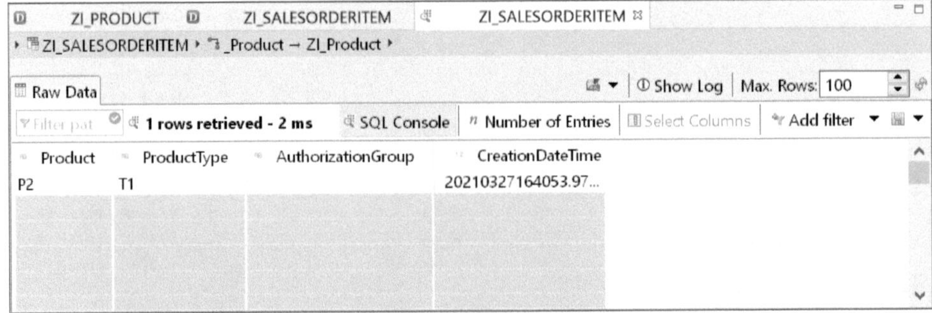

Abbildung 1.20 Anzeige des Navigationsziels in der Sicht »Data Preview«

Sicht »SQL Console« nutzen

Wir möchten uns jedoch ansehen, welche Selektionsanfrage zu dem in Abbildung 1.20 dargestellten Ergebnis geführt hat. Dazu klicken Sie auf den Button **SQL Console** oberhalb der Ergebnisliste. Es öffnet sich eine weitere Sicht (siehe Abbildung 1.21), in der Sie die dem in Abbildung 1.20 präsentierten Resultat zugrunde liegende Selektionsanweisung finden.

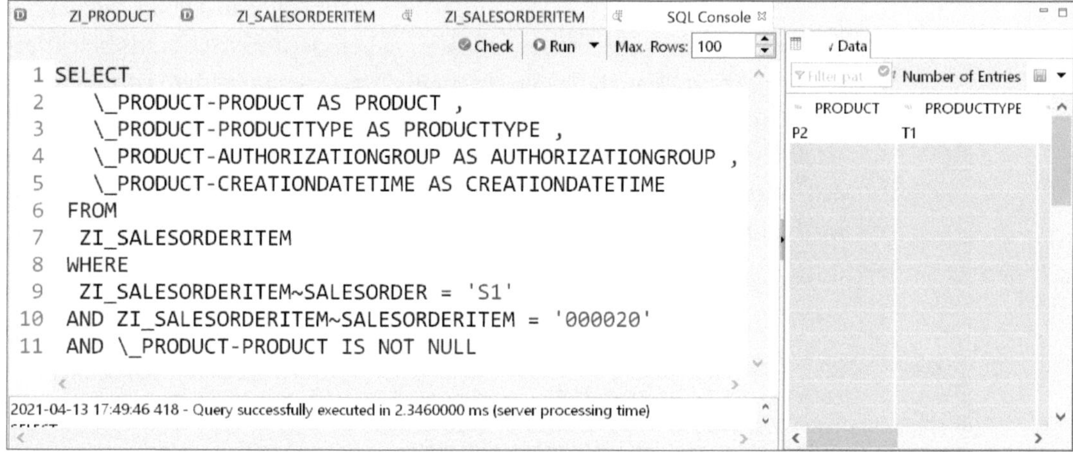

Abbildung 1.21 Sicht »SQL Console« mit Selektionsanweisung

Analyse der Selektionsanweisung

Die dargestellte Selektionsanweisung verwendet die von ABAP unterstützte SQL-Syntax (in der Dokumentation der neusten ABAP-Releases auch *ABAP SQL* genannt). Ausgehend von der Datenquelle der Selektion, dem CDS-View `ZI_SalesOrderItem`, werden darin vier Felder, `Product`, `ProductType`, `AuthorizationGroup` und `CreationDateTime`, über die Assoziation `_Product` selektiert. Dabei finden *Pfadausdrücke* Verwendung, innerhalb derer die Assoziation mit einem Schrägstrich (\) eingeleitet und über einen Bindestrich (-) vom jeweiligen Feldnamen separiert wird, z. B. `\_Product-Product`. Gemäß der mit dem CDS-Schlüsselwort `ON` definierten Bedingung der Assoziation `_Product` werden implizit nur diejenigen Datensätze aus dem CDS-View `ZI_Product` zurückgestellt, deren Feld `Product` den gleichen Wert besitzt wie das korrespondierende, namensgleiche Feld der selektierten Datensätze des Quell-CDS-Views `ZI_SalesOrderItem`.

Das Selektionsergebnis wird durch die in der Selektionsanweisung formulierte Where-Bedingung zudem auf diejenigen Einträge eingegrenzt, in denen die Datensätze der Datenquelle `ZI_SalesOrderItem` den Wert »S1« für das Feld `SalesOrder` und den Wert »000020« für das Feld `SalesOrderItem` aufweisen. Zusätzlich wird durch die Where-Bedingung mit dem Zusatz `AND \Product-Product IS NOT NULL` sichergestellt, dass es für jeden selektierten Quelldatensatz im Selektionsergebnis mindestens einen zugehörigen Datensatz des Ziel-CDS-Views `ZI_Product` gibt.

Selektionsanweisung ändern

Wir wollen diese Selektionsanfrage dahingehend anpassen, dass wir die Einschränkung auf die Auftragsposition in Zeile 10 entfernen. Nach dem Starten der geänderten Anfrage mit dem Button **Run** in der Sicht **SQL Console** (oder durch Betätigen von F8) zeigt die Ergebnisliste in Abbildung 1.22 daraufhin zwei Einträge. Diese umfassen neben dem zuvor bereits selektierten Produkt »P2« auch das Produkt »P1«. Dass hier auch der Datensatz mit dem Produkt »P1« ausgegeben wird, resultiert im Beispiel aus der zusätzlich selektierten Auftragsposition, die durch die Schlüsselfelder `SalesOrder` mit dem Wert »S1« und `SalesOrderItem` mit dem Wert »000010« identifiziert wird und deren Feld `Product` den Wert »P1« aufweist (siehe Abbildung 1.18).

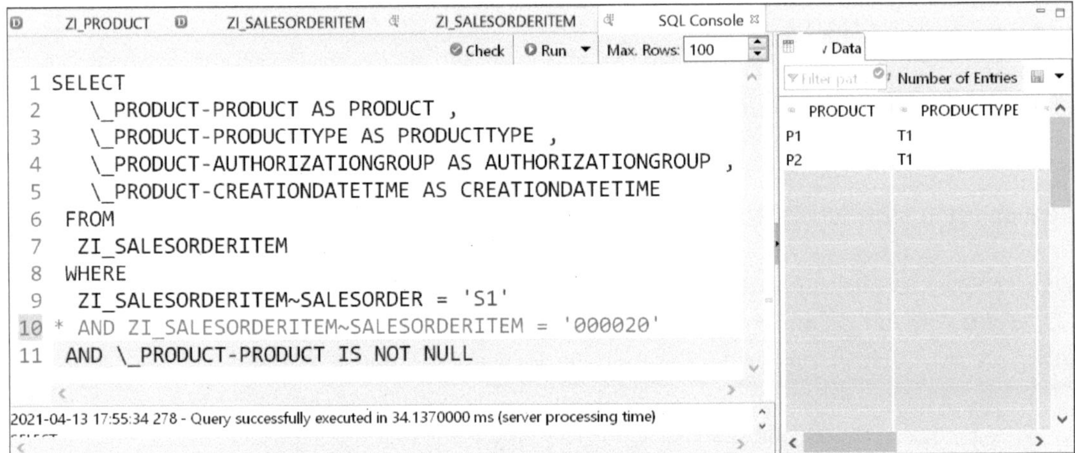

Abbildung 1.22 Sicht »SQL Console« mit veränderter Selektionsanweisung

CDS-Datenselektion in ABAP

Die in der Sicht **SQL Console** definierten Selektionsanweisungen zeigen Ihnen auch, wie Sie die CDS-Datenmodelle in Ihre ABAP-Implementierung integrieren können. Betrachten Sie dazu die in Listing 1.4 dargestellte Datenselektion in ABAP. Diese entspricht der Anfrage aus Abbildung 1.22.

```
DATA: lt_zi_product
        TYPE STANDARD TABLE OF zi_product
        WITH DEFAULT KEY.
SELECT \_product-product              AS product,
       \_product-producttype          AS producttype,
       \_product-authorizationgroup AS authorizationgroup,
       \_product-creationdatetime    AS creationdatetime
   FROM zi_salesorderitem
```

```
WHERE zi_salesorderitem~salesorder = 'S1'
  AND \_product-product IS NOT NULL
INTO TABLE @lt_zi_product.
```

Listing 1.4 Datenselektion in ABAP

Analyse der Datenselektion in ABAP

Sie können Listing 1.4 entnehmen, dass Sie die CDS-Modelle prinzipiell auch zur Typisierung von Variablen in ABAP verwenden können. Beispielsweise ist die Variable `lt_zi_product` als interne Tabelle auf Basis des aus dem CDS-View `ZI_Product` abgeleiteten Strukturtyps definiert. Anders als bei der Selektionsanweisung in der Sicht **SQL Console** muss das Ergebnis der Datenselektion explizit in eine interne Tabelle zurückgestellt werden. Die Einbindung dieser internen Tabelle erfordert die Nutzung des Symbols `@`. Dieses Symbol müssen Sie bei der Verwendung der neuen SQL-Syntax von ABAP allen in der Selektionsanweisung eingebrachten Variablen, die auch als *Hostvariablen* bezeichnet werden, voranstellen.

Des Weiteren können Sie dem Beispiel entnehmen, dass Sie CDS-Modelle als reguläre Datenquellen einer Selektionsanweisung ähnlich wie Datenbanktabellen einsetzen können. Dabei können Sie über Pfadausdrücke zusätzlich von den CDS-Assoziationen Gebrauch machen. Diese Pfadausdrücke können Sie an zahlreichen Stellen innerhalb der Selektionsanweisung einsetzen.

CDS-View »ZC_SalesOrderItemWithProduct« anlegen

CDS-View-Stack definieren

Fahren Sie nun fort mit dem Anlegen des CDS-Views `ZC_SalesOrderItemWithProduct`. Dieser verknüpft die zuvor angelegten CDS-Views `ZI_SalesOrderItem` und `ZI_Product` per Join und übernimmt dabei entsprechend des Codings aus Listing 1.5 einen Großteil der Felder.

```
@AccessControl.authorizationCheck: #CHECK
@EndUserText.label: 'Sales Order Item with Product'
@Metadata.ignorePropagatedAnnotations: true
define view entity ZC_SalesOrderItemWithProduct
  as select from ZI_SalesOrderItem as ITEM
  left outer to one join ZI_Product as PROD
    on PROD.Product = ITEM.Product
{
    key ITEM.SalesOrder,
    key ITEM.SalesOrderItem,
        ITEM.Product,
        @Semantics.quantity.unitOfMeasure: 'OrderQuantityUnit'
        ITEM.OrderQuantity,
```

```
        ITEM.OrderQuantityUnit,
        PROD.ProductType,
        PROD.CreationDateTime
}
```

Listing 1.5 CDS-View »ZC_SalesOrderItemWithProduct«

Mit der Aktivierung dieses CDS-Views haben Sie Ihren ersten CDS-View-Stack aufgebaut.

Analysemöglichkeiten

Dependency Analyzer nutzen

Den Aufbau der View-Hierarchie können Sie sich über den Pfad **Open With • Dependency Analyzer** des Kontextmenüs des CDS-Editors ansehen.

Registerkarte »SQL Dependency Tree«

Abbildung 1.23 zeigt die sich nach der Auswahl dieser Funktion öffnende Registerkarte **SQL Dependency Tree** des CDS-Views ZC_SalesOrderItemWithProduct. Darin finden Sie die aus der SQL-Perspektive bestehenden Abhängigkeiten des CDS-Views von allen seinen zugrunde liegenden Datenquellen, einschließlich der Datenbanktabellen, in einer hierarchischen Darstellung.

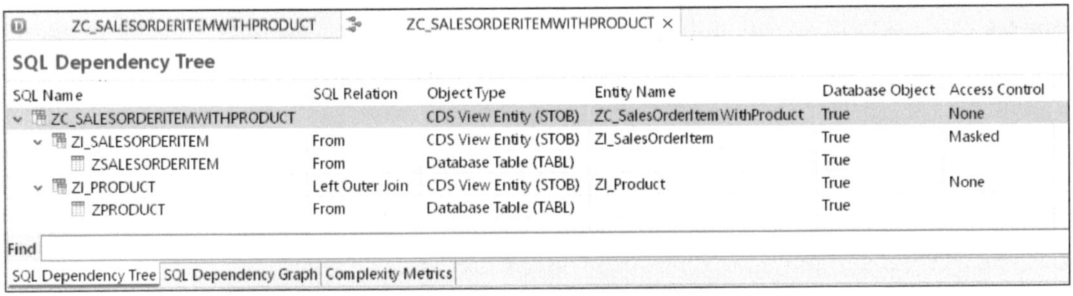

ZC_SALESORDERITEMWITHPRODUCT ZC_SALESORDERITEMWITHPRODUCT ×

SQL Dependency Tree

SQL Name	SQL Relation	Object Type	Entity Name	Database Object	Access Control
ZC_SALESORDERITEMWITHPRODUCT		CDS View Entity (STOB)	ZC_SalesOrderItemWithProduct	True	None
ZI_SALESORDERITEM	From	CDS View Entity (STOB)	ZI_SalesOrderItem	True	Masked
ZSALESORDERITEM	From	Database Table (TABL)		True	
ZI_PRODUCT	Left Outer Join	CDS View Entity (STOB)	ZI_Product	True	None
ZPRODUCT	From	Database Table (TABL)		True	

Find

SQL Dependency Tree | SQL Dependency Graph | Complexity Metrics

Abbildung 1.23 Die Registerkarte »SQL Dependency Tree«

Auf der ersten Ebene hängt der CDS-View ZC_SalesOrderItemWithProduct von den beiden per Join verknüpften Datenquellen, den CDS-Views ZI_SalesOrderItem und ZI_Product ab. Auf der nächsten Ebene finden Sie die Abhängigkeiten zu den Datenbanktabellen ZSALESORDERITEM und ZPRODUCT.

Registerkarte »SQL Dependency Graph«

Sie können die tabellarische Darstellung verlassen und sich diese Zusammenhänge auch grafisch präsentieren lassen. Wechseln Sie dazu auf die Registerkarte **SQL Dependency Graph** unterhalb der tabellarischen Darstellung. Dort werden die Zusammenhänge in einer baumartigen Darstellung veranschaulicht (siehe Abbildung 1.24).

Registerkarte »Complexity Metrics«

Kennzahlen zum Aufbau des View-Stacks liefert die Registerkarte **Complexity Metrics**. Im Rahmen der Analyse, die dieser Metrik zugrunde liegt, wird der gesamte CDS-View-Stack bis hinunter auf die Ebene der eingebundenen

Datenbanktabellen aufgelöst, und die Vorkommen von Join-Verknüpfungen, Funktionsaufrufen usw. werden aufsummiert.

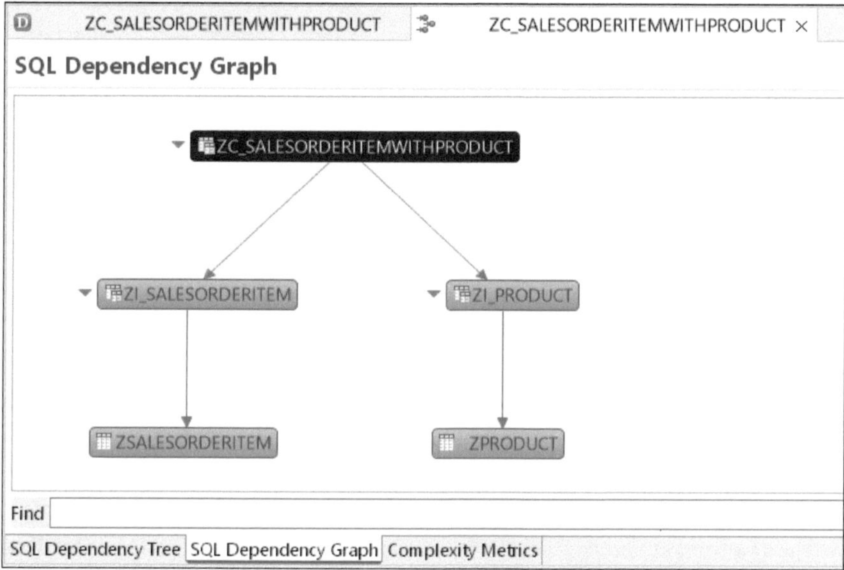

Abbildung 1.24 Die Registerkarte »SQL Dependency Graph«

Abbildung 1.25 präsentiert das Analyseergebnis für den CDS-View `ZC_SalesOrderItemWithProduct`. Die abgebildete Statistik zeigt, dass der CDS-View-Stack zwei Tabelleneinbindungen sowie zwei CDS-View-Einbindungen aufweist. Zusätzlich beinhaltet er einen Join.

ZC_SALESORDERITEMWITHPRODUCT | ZC_SALESORDERITEMWITHPRODUCT ×

Complexity Metrics

Used Data Sources	
Database tables:	2
Database views:	2
CDS views with parameter:	0
CDS table functions:	0
SQL Operations	
JOIN operations:	1
SET operations:	0
GROUP BY clauses:	0
Performance Related Function Calls and Operations	
Function calls:	0
Explicit type CAST operations:	0
CASE expressions:	0

SQL Dependency Tree | SQL Dependency Graph | Complexity Metrics

Abbildung 1.25 Die Registerkarte »Complexity Metrics«

[»]

Ergebnisse der Registerkarte »Complexity Metrics« richtig interpretieren

Beachten Sie, dass sich die Zahlen zu den aufgeführten Datenquellen in der Komplexitätsmetrik auf deren Verwendungen im CDS-View-Stack beziehen. Das heißt, wenn derselbe View z. B. zweimal per Join-Verknüpfung im View-Stack eingebunden wird, erhöht sich die in der Statistik erfasste Anzahl an verwendeten Views um zwei und nicht etwa um eins.

Verwendungsnachweis

Sie können sich nicht nur einen Überblick über den Aufbau des zugrunde liegenden CDS-View-Stacks verschaffen, sondern sich auch über die verschiedenen Verwendungen eines CDS-Views im ABAP-System informieren. Kehren Sie dazu zurück zum View `ZI_Product`. Wählen Sie dort die Funktion **Get Where-Used List** im Kontextmenü. In der sich öffnenden Sicht **Search** wird Ihnen das Ergebnis des Verwendungsnachweises präsentiert (siehe Abbildung 1.26). Darin finden sich unter anderem die Verwendungen des CDS-Views `ZI_Product` als Assoziationsziel des CDS-Views `ZI_SalesOrderItem` sowie als Datenquelle des CDS-Views `ZC_SalesOrderItemWithProduct`. Darüber hinaus erscheint der Selektionszugriff des ABAP-Programms `ZTEST_CDS_SQL_SELECT` auf diesen View in der Ergebnisliste.

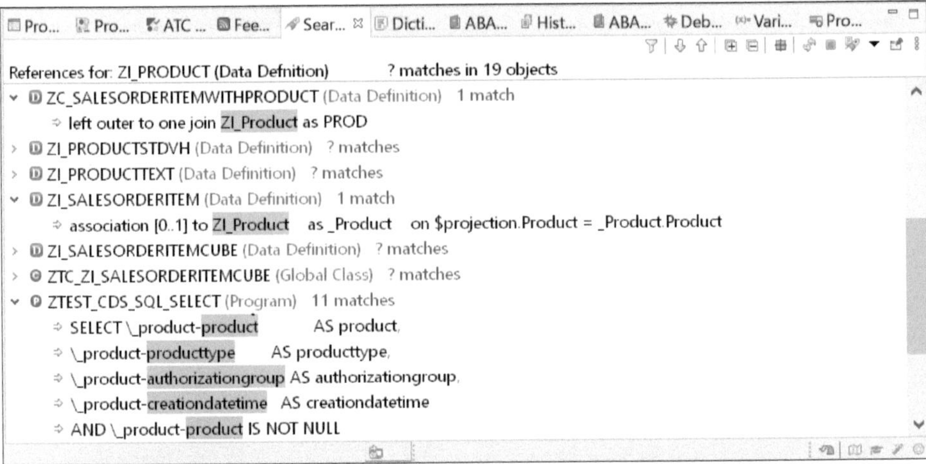

Abbildung 1.26 Ergebnisliste des Verwendungsnachweises des CDS-Views »ZI_Product«

Durch einen Doppelklick auf einen Eintrag in der Ergebnisliste können Sie bequem zu der entsprechenden Verwendungsstelle des CDS-Views `ZI_Product` navigieren.

Wir wollen uns stattdessen jedoch erneut dem CDS-View `ZC_SalesOrderItemWithProduct` zuwenden. Öffnen Sie dazu die entsprechende Editorsicht. Öffnen Sie zusätzlich die Sicht **Outline**.

Sicht »Outline«

Die Sicht **Outline** bietet Ihnen eine kompakte Darstellung der Bestandteile eines CDS-Modells ohne seine Annotationen. Insbesondere wenn Sie umfangreichere CDS-Modelle erstellen, können Sie von der darin angewandten Gruppierung und alphabethischen Sortiermöglichkeit profitieren und sich einen ersten Überblick über das CDS-Modell verschaffen. Daneben erlaubt Ihnen die Sicht **Outline** auch, zu den Details des CDS-Views zu navigieren (und umgekehrt). Um diese Funktion nutzen zu können, markieren Sie einfach das entsprechende Baumelement, z. B. das Feld **Product**. Dieses wird daraufhin im Editor hervorgehoben, wie es in Abbildung 1.27 zu sehen ist.

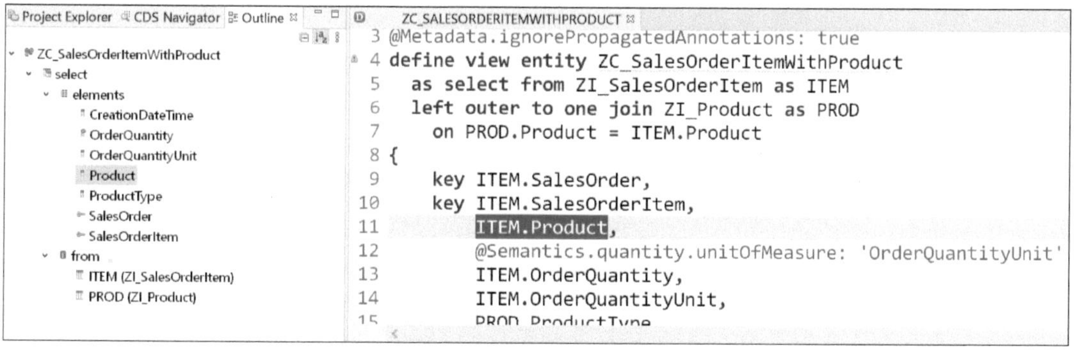

Abbildung 1.27 Nutzung der Sicht »Outline« als Navigationshilfe

Sicht »CDS Navigator«

Öffnen Sie nun die Sicht **CDS Navigator**, um einen Überblick über die mit dem CDS-Modell in Beziehung stehenden Objekte und Funktionen zu erhalten. Die angezeigten Objekte wirken sich entweder direkt auf die Funktionalität des CDS-Modells aus oder werden aus dem CDS-Modell generiert. Sie können beispielsweise eine Übersicht über alle *CDS-Zugriffskontrollen* (siehe Kapitel 5, »CDS-Zugriffskontrollen«) erhalten, die das CDS-Modell schützen.

Zusätzlich finden Sie alle *Metadatenerweiterungen* (siehe Abschnitt 4.4, »CDS-Metadatenerweiterungen«) und View-Erweiterungen (siehe Abschnitt 15.2.4, »CDS-Erweiterungen in Produktvarianten«). Wenn Sie auf ein angezeigtes Objekt klicken, wird dessen Editor geöffnet. In dem in Abbildung 1.28 dargestellten Beispiel können Sie sehen, dass der CDS-View `ZC_SalesOrderItemWithProduct` keine der genannten abhängigen Objekte aufweist.

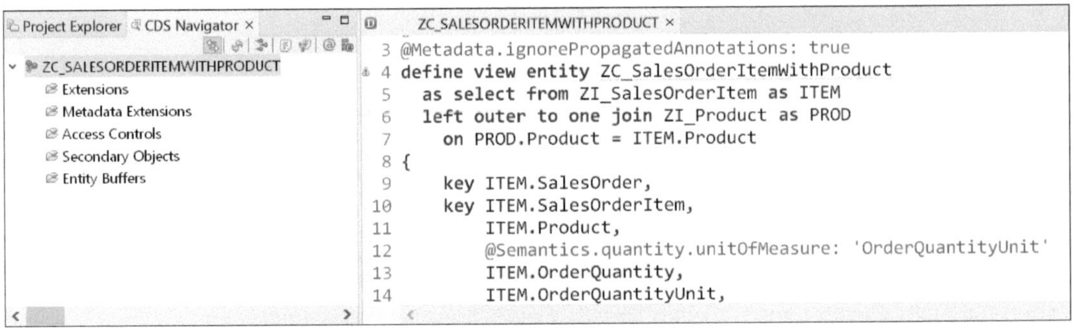
Project Explorer
CDS Navigator
ZC_SALESORDERITEMWITHPRODUCT
Extensions
Metadata Extensions
Access Controls
Secondary Objects
Entity Buffers
ZC_SALESORDERITEMWITHPRODUCT
@Metadata.ignorePropagatedAnnotations: true
define view entity ZC_SalesOrderItemWithProduct
as select from ZI_SalesOrderItem as ITEM
left outer to one join ZI_Product as PROD
on PROD.Product = ITEM.Product
{
key ITEM.SalesOrder,
key ITEM.SalesOrderItem,
ITEM.Product,
@Semantics.quantity.unitOfMeasure: 'OrderQuantityUnit'
ITEM.OrderQuantity,
ITEM.OrderQuantityUnit,

Abbildung 1.28 Nutzung der Sicht »CDS-Navigator« zur Identifizierung der dem CDS-Modell zugehörigen Objekte

Navigation zu referenzierten Objekten

Sie können aus dem CDS-Editor heraus auch direkt zu darin referenzierten Objekten abspringen. Um dies zu erreichen, platzieren Sie Ihren Cursor auf dem entsprechenden Objektnamen im CDS-Editor. Beispielsweise können Sie Ihren Cursor auf dem Namen der Datenquelle `ZI_SalesOrderItem` Ihres CDS-Views `ZC_SalesOrderItemWithProduct` positionieren. Wenn Sie nun [F3] drücken oder die Funktion **Navigate To** des Kontextmenüs ausführen, wird der CDS-View `ZI_SalesOrderItem` im CDS-Editor angezeigt.

Sicht »Relation Explorer«

Im Zusammenhang mit der Modellierung von Business-Objekten und deren Verhalten (siehe Kapitel 11, »Modellierung transaktionaler Anwendungen«) können Sie sich über die Sicht **Relation Explorer** einen Überblick über verschiedene Entwicklungsobjekte verschaffen, die Sie für die Implementierung Ihrer transaktional prozessierenden Anwendung nutzen. Sie können die Sicht **Relation Explorer** für ein Objekt öffnen, indem Sie beispielsweise die Funktion **Show In • Relation Explorer** des Kontextmenüs nutzen. Weitere Informationen zur Sicht **Relation Explorer** erhalten Sie unter *http://s-prs.co/v529400*.

Betrachten wir nun die Implementierungsdetails des CDS-Views `ZC_SalesOrderItemWithProduct`.

F1-Hilfe

Wenn Sie unsicher sind, welche Aufgaben ein Sprachelement erfüllt, können Sie aus dem Editor heraus die ABAP-Dokumentation zurate ziehen. Dazu positionieren Sie Ihren Cursor auf dem entsprechenden Sprachelement und drücken die Funktionstaste [F1]. Für das Sprachelement `KEY` erscheint daraufhin die in Abbildung 1.29 gezeigte ABAP-Hilfe.

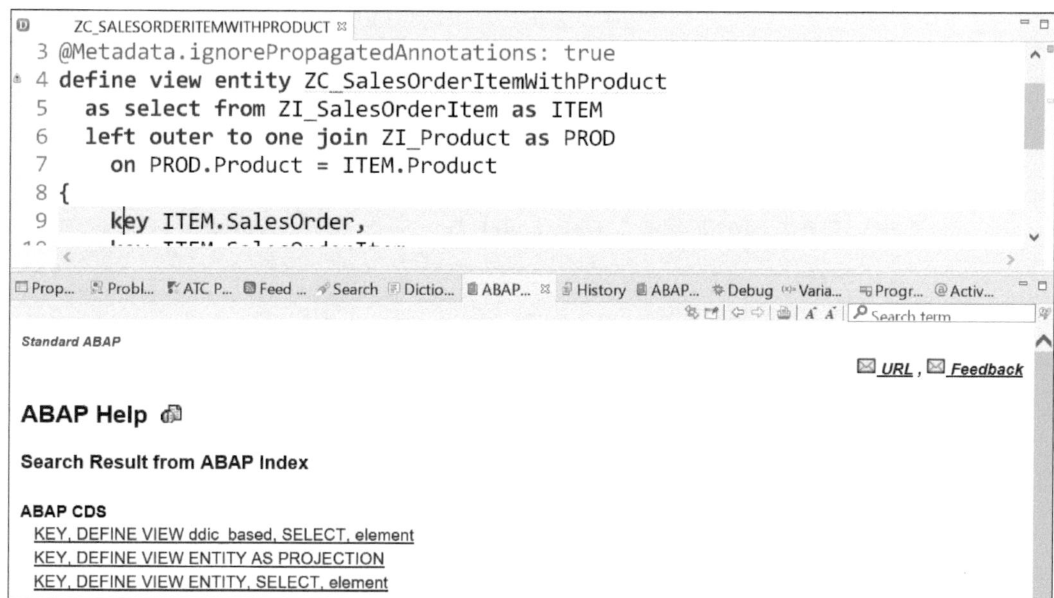

Abbildung 1.29 Integrierte ABAP-Hilfe

F2-Hilfe

Positionieren Sie nun den Cursor auf einem Feld der Projektionsliste des CDS-Views `ZC_SalesOrderItemWithProduct` und verwenden Sie die [F2]-Hilfe. Es erscheint eine kompakte Charakterisierung des Felds. Diese beinhaltet Informationen zu dem zugrunde liegenden Datenelement und dessen Eigenschaften, wie die technische Typisierung und den zugeordneten Feldbezeichner. Abbildung 1.30 illustriert dies am Beispiel des Schlüsselfelds `SalesOrder` des CDS-Views `ZC_SalesOrderItemWithProduct`, das mit dem Datenelement `VBELN` verknüpft ist.

Beachten Sie, dass Sie die über [F2] erreichbaren Informationen auch für das gesamte CDS-View-Modell anfordern können, indem Sie Ihren Cursor auf dem CDS-View-Namen positionieren.

Aktive Annotationen anzeigen

Obwohl keines der Felder des CDS-Views `ZC_SalesOrderItemWithProduct` explizite Annotationsauszeichnungen trägt, sind die Felder aus Verwendersicht dennoch mit einigen Annotationen ausgestattet. Um diese einsehen zu können, wählen Sie im Kontextmenü des CDS-Editors den Pfad **Open With • Active Annotations** aus. Dieser öffnet die Sicht **Active Annotations**, die in Abbildung 1.31 dargestellt ist.

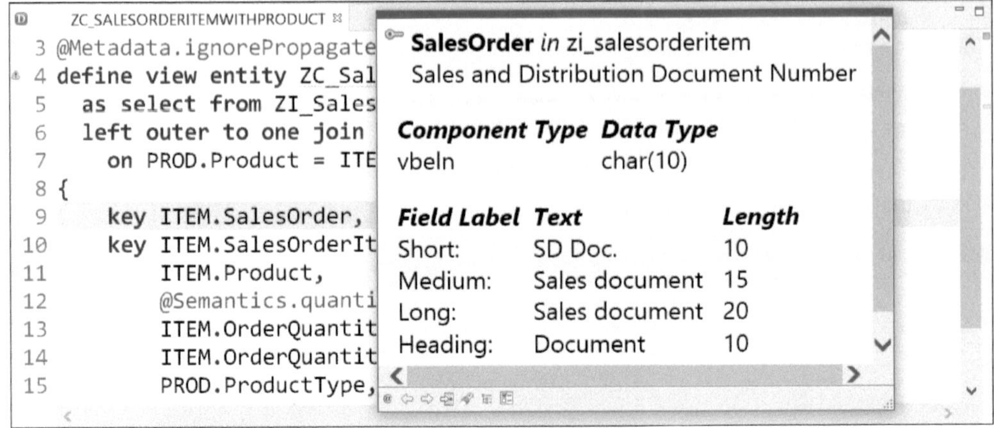

Abbildung 1.30 Informationen zum Feld »SalesOrder« des CDS-Views »ZC_SalesOrderItemWithProduct«

Prop... Probl... ATC P... Feed ... Search Dictio... ABAP... History ABAP... Debug Varia... Progr... Activ...

Active Annotations for Entity ZC_SalesOrderItemWithProduct

type filter text

Annotated Elements	Annotation Value	Translated Text	Origin Data Source	Origin Data Element
ZC_SalesOrderItemWithProduct				
Entity annotations				
SalesOrder				
@EndUserText				
quickInfo		Sales and Distributi...	ZC_SalesOrderItemWithProduct (CDS Entity)	VBELN
label		Sales document	ZC_SalesOrderItemWithProduct (CDS Entity)	VBELN
heading		Document	ZC_SalesOrderItemWithProduct (CDS Entity)	VBELN
SalesOrderItem				

Abbildung 1.31 Die Sicht »Active Annotations«

Aktive Annotationen analysieren

In der Sicht **Active Annotations** finden Sie die effektiv wirksamen Annotationen des Gesamtmodells und die effektiv wirksamen Annotationen der Elemente und Parameter des Gesamtmodells. Zum Beispiel finden Sie für das Feld `SalesOrder` die Annotationen `@EndUserText....` Die für den Anwender sichtbaren Bezeichnertexte werden durch das Datenelement `VBELN` (siehe Tabellenspalte **Origin Data Element**) definiert, das bereits in der Datenbanktabelle `ZSALESORDERITEM` in den CDS-View-Stack eingebracht wurde. Für propagierte Elementannotationen sowie CDS-Metadatenerweiterungen finden Sie in der Spalte **Origin Data Source** die Quelle der aktiven Annotationen.

Sicht »Annotation Propagation«

Um diese Zusammenhänge im Detail nachvollziehen zu können, wählen Sie im Kontextmenü des CDS-Editors den Eintrag **Open With • Annotation Propagation**. Daraufhin wird eine Sicht auf die angewandte Annotationspropagierungslogik angezeigt. Geben Sie hier im Eingabefeld **Annotations For** den CDS-Feldnamen »SalesOrder« ein. Abbildung 1.32 zeigt das Ergebnis.

Der dargestellte Inhalt der Ergebnisliste ist durch den verwandten Filter auf Annotationen des Felds `SalesOrder` eingeschränkt. Sie können die Übersicht **Annotation Propagation** flexibel an Ihre Bedürfnisse anpassen, indem Sie den Filter verändern. Die präsentierten Analyseergebnisse der Propagationslogik bestätigen in unserem Fall die bereits zuvor festgestellten Zusammenhänge. Detaillierte Hintergrundinformationen zu diesem Themenbereich können Sie dem Abschnitt 4.5, »Aktive Annotationen«, entnehmen.

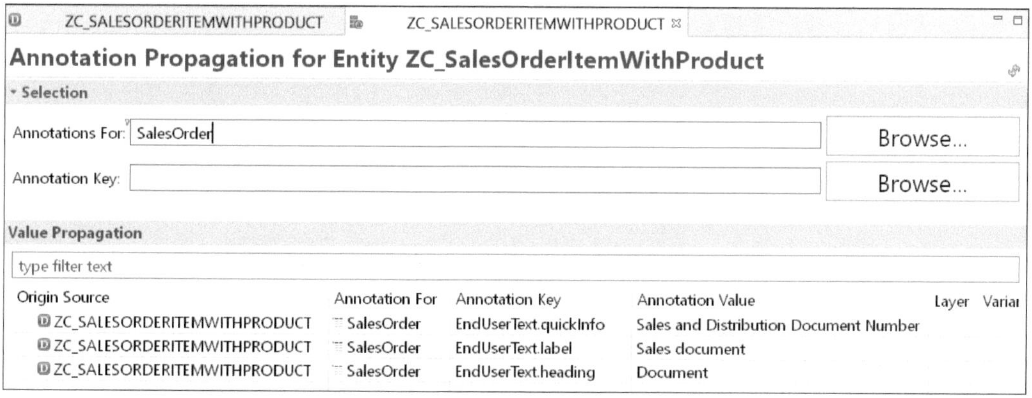

Abbildung 1.32 Analyse der Annotationspropagationslogik

Sie haben nun eine Vielzahl von Funktionen kennengelernt, die Sie im Rahmen der Entwicklung und Analyse von CDS-Modellen nutzen können. In den folgenden Kapiteln beschäftigen wir uns nun mit den Details der CDS-Modellierung.

Kapitel 2
Grundlagen der CDS-Datenmodellierung

In diesem Kapitel vermitteln wir Ihnen die technischen Grundlagen der CDS-Datenmodellierung. Dazu stellen wir Ihnen das aus Entwicklersicht wichtigste CDS-Designtime-Objekt, den CDS-View, mitsamt seinen Komponenten anhand von Modellierungsbeispielen vor.

Die wichtigsten Begriffe

Core Data Services (CDS) erlauben es Ihnen, Datenmodelle zu definieren und zu implementieren. Die dabei zur Modellierung herangezogene CDS-Syntax, die *CDS-Data Definition Language* (DDL), lehnt sich stark an die *Structured Query Language* (SQL) an. Sie ermöglicht es Ihnen, unterschiedliche *CDS-Entitätstypen* und damit verbundene Metadatenmodelle zu erfassen.

Aufbau des Kapitels

Am Anfang dieses Kapitels, in Abschnitt 2.1, »Überblick über die CDS-Modelle«, stellen wir Ihnen verschiedene CDS-Modelle und deren Einsatzgebiete kurz vor. Im übrigen Teil dieses Kapitels fokussieren wir uns aufgrund ihrer Bedeutung auf die CDS-View-Modelle. Wir erläutern Ihnen, wie Sie eine Datenselektion unter Anwendung der CDS-Syntax implementieren können. Abschnitt 2.2, »Überblick über die CDS-View-Syntax«, vermittelt Ihnen dabei einen grundlegenden Überblick über die CDS-View-Definitionen. In den darauffolgenden Abschnitten greifen wir Detailaspekte der wichtigsten CDS-Syntaxelemente, Funktionen und Konzepte auf. Dazu gehören:

- Schlüsselfelder
- Cast-Anweisungen
- typisierte Literale
- CDS-Simple-Types
- Case-Anweisungen
- CDS-Sitzungsvariablen
- Mandantenbehandlung
- Select-Distinct-Anweisungen
- Union-Views

- Intersect- und Except-Anweisungen
- Join-Verknüpfungen
- SQL-Aggregationsfunktionen
- Projektionsfelder
- Parameter
- Referenzfelder
- Konvertierungsfunktionen für Währungen und Mengeneinheiten
- CDS-Provider-Kontrakte
- Entitätspufferdefinitionen

Assoziationen Abseits der Implementierung der reinen Datenselektionen ermöglicht Ihnen die CDS-Sprache auch die semantische und funktionale Anreicherung Ihrer Modelle mithilfe von Assoziationen und Annotationen. *Assoziationen* erfassen gerichtete Relationen zwischen Ihren CDS-Modellen. Diese modellierten Beziehungen zwischen den CDS-Modellen können Sie in Ihrer CDS-View-Implementierung sowie für Ihre Selektionsanfragen in ABAP nutzen. Weiterführende Informationen zu den Assoziationen erhalten Sie in Kapitel 3, »CDS-Assoziationen«.

Annotationen Über *Annotationen* können Sie Ihre CDS-Modelle mit zusätzlichen Metadaten ausstatten. Diese werden hauptsächlich von den Implementierungs-Frameworks wie beispielsweise von der *Service Adaptation Definition Language* (SADL)-Infrastruktur im Rahmen der Ableitung von OData-Services interpretiert. Sie lernen in Kapitel 4, »CDS-Annotationen«, wie Annotationen definiert sind und eingesetzt werden können.

2.1 Überblick über die CDS-Modelle

CDS-Entitätstypen CDS-Modelle beinhalten eine Vielzahl spezialisierter CDS-Entitätstypen. Dazu zählen beispielsweise ausführbare CDS-Views sowie nicht ausführbare, abstrakte CDS-Entitäten. Die einzelnen CDS-Entitätstypen unterstützen unterschiedliche Anwendungsfälle. Üblicherweise kann bzw. sollte der gewählte Entitätstyp nach erfolgter Aktivierung des CDS-Modells nicht mehr geändert werden. Aus technischer Sicht haben alle CDS-Entitätstypen den Objekttyp `DDLS`. Die CDS-Modelle umfassen jedoch auch andere Objekte wie CDS-Metadatenerweiterungen und CDS-Simple-Types, die die davon abweichende Objekttypen `DDLX` bzw. `DRTY` aufweisen.

CDS-Modelldefinitionen Tabelle 2.1 vermittelt Ihnen einen Überblick über die verfügbaren CDS-Modelle.

CDS-Modell	Definition	Einsatzzweck
View	`define view ... as select from ...`	Datenselektion
View-Entität	`define view entity ... as select from ...`	Datenselektion; Nachfolger der Views
Projektions-View	`define view entity ... as projection on ...`	Datenselektion
transienter View	`define transient view entity ... as projection on ...`	analytische Query
View-Erweiterung	`extend view ... with ...`	Erweiterung eines CDS-Views
View-Entität-Erweiterung	`extend view entity ... with ...`	Erweiterung einer CDS-View-Entität
Tabellenfunktion	`define table function ...`	Datenselektion mit SAP-HANA-nativen Funktionen
Custom-Entität	`define custom entity ...`	Datenselektion über ABAP-Implementierung in SADL-basierten OData-Services
Custom-Entität-Erweiterung	`extend custom entity...with...`	Erweiterung einer Custom-Entität
abstrakte Entität	`define abstract entity ...`	Modellierung von Strukturen
abstrakte Entität-Erweiterung	`extend abstract entity...with...`	Erweiterung einer abstrakten Entität
Hierarchie	`define hierarchy entity ...`	Modellierung von Hierarchien
Metadatenerweiterung	`annotate view ... with ...`	Erweiterung mit Annotationen
CDS-Simple-Type	`define type ...`	Typisierung von Feldern und Parametern; Nachfolger der ABAP-Datenelemente in CDS
Entitätspufferdefinition	`define view entity buffer on ...`	Pufferdefinition für CDS-View-Entitäten

Tabelle 2.1 CDS-Modelle

Views

Wie aus der tabellarischen Darstellung hervorgeht, gibt es mehrere Varianten von CDS-View-Modellen, auf die wir im Folgenden noch einzeln genauer eingehen möchten.

Views (die bisweilen auch als V1-Views bezeichnet werden) repräsentieren die ursprüngliche Variante der von CDS unterstützen CDS-View-Modelle. *View-Entitäten* (die bisweilen auch als V2-Views bezeichnet werden) repräsentieren Nachfolger der V1-Views. Im Vergleich zu diesen generieren View-Entitäten im Zuge ihrer Aktivierung keine zusätzlichen ABAP-Dictionary-Views. Dies vermeidet Inkonsistenzen und verbessert die Aktivierungs-Performance. Weiterhin forcieren View-Entitäten eine homogenere Modellierung und striktere Syntaxprüfungen. Zum Beispiel wird eine einheitliche Mandantenbehandlung sichergestellt, die entsprechende Probleme beim Einsatz der V1-Views ausschließt. Da neue Funktionen zudem vornehmlich für View-Entitäten angeboten werden, empfehlen wir Ihnen, neue CDS-View-Modelle nicht mehr als V1-Views, sondern als View-Entitäten (oder fallweise als Projektions-Views oder transiente Views) anzulegen.

Migration von V1-Views auf V2-Views

Sie können bestehende V1-Views in V2-Views überführen. Die Migration können Sie manuell vornehmen, indem Sie die View-Definition formal von `define view ...` in `define view entity ...` ändern. Alternativ können Sie den Migrationsreport `RUTDDLSV2MIGRATION` oder die korrespondierende Funktion **Migrate to CDS View Entity...** des Kontextmenüs des **Project Explorer** der ADT-Entwicklungsumgebung nutzen.

Bevor Sie Ihre V1-Views migrieren, müssen Sie zunächst alle potenziellen Verwendungen der daraus generierten SQL-Views umstellen. Ansonsten drohen Syntaxfehler. Zusätzlich müssen Sie die V1-View-Definitionen sowie deren Erweiterungen an die strikteren Syntaxregeln und Verhaltensweisen der V2-View-Modelle anpassen. Die genannten Migrationsfunktionen unterstützen Sie bei diesen Aktivitäten. Sie prüfen und korrigieren gegebenenfalls die Metadaten der V1-Views, um auf der einen Seite mögliche Fehler zu identifizieren und auf der anderen Seite die erforderlichen manuellen Nacharbeiten an den V2-View-Modellen zu reduzieren. Sie sollten daher von diesen Werkzeugen Gebrauch machen.

Projektions-Views repräsentieren eine spezielle Form von View-Entitäten. Ihre Hauptfunktion besteht darin, Interfaces auf den ihnen zugrunde liegenden CDS-Views mit einem modellierten Mapping der Funktionalität zu definieren. Daher beschränken Projektions-Views die Funktionalität der View-Entitäten auf wechselseitig abbildbare Projektionsfunktionen. Nähere Details zu den Projektions-Views finden Sie in Abschnitt 6.1, »Projektions-Views definieren«.

Transiente Views (bisweilen auch als V3-Views bezeichnet) repräsentieren CDS-View-Entitäten, die keine direkte Datenbankabbildung haben. Es handelt sich um rein deklarative View-Modelle, deren Laufzeitverhalten z. B. von der analytischen Infrastruktur implementiert wird. Das heißt, Sie können transiente Views nicht als Datenquelle anderer CDS-Views oder für SQL-Selektionen in Ihrer ABAP-Logik verwenden. Den Einsatz von transienten Views zur Implementierung analytischer Query-Funktionen lernen Sie in Abschnitt 10.3, »Analytische Queries«, kennen.

Wenn nicht explizit anderweitig definiert, beziehen wir uns in diesem Buch auf CDS-View-Entitäten, wenn wir von CDS-Views oder einfach von Views sprechen.

View-Erweiterungen

View-Erweiterungen subsummieren die Erweiterungen aller Arten von CDS-View-Modellen. Sie ermöglichen es Ihnen, die CDS-View-Modelle mit zusätzlichen Feldern und Assoziationen auszustatten. Sie erfahren mehr über die View-Erweiterungen in Kapitel 15, »Erweiterungen von CDS-Views und weiteren Entitäten«.

Tabellenfunktionen

Im Gegensatz zu den CDS-Views, deren Definition die Logik zur Datenbeschaffung in deklarativer CDS-Syntax bereitstellt bzw. implementiert, nutzen *Tabellenfunktionen* die native SAP-HANA-SQLScript-Syntax. Die SAP-HANA-SQLScript-Syntax gewährt Ihnen eine erhöhte Flexibilität für die Implementierung Ihrer Selektionslogik. Sie können darin zudem auf Funktionen zurückgreifen, die nicht von der CDS-Syntax unterstützt werden. Allerdings birgt die Verwendung der Tabellenfunktionen auch zahlreiche Nachteile. Weitere Informationen zu den Tabellenfunktionen finden Sie in Kapitel 7, »Native SAP-HANA-Funktionen in CDS«.

Custom-Entitäten

Analog zu den Tabellenfunktionen erfasst das CDS-Modell der *Custom-Entitäten* lediglich deren Signatur. Die Implementierung der Custom-Entitäten erfolgt per ABAP-Code. Demzufolge können Sie die Logik von Custom-Entitäten nicht auf der Datenbank ausführen. Stattdessen können Sie Custom-Entitäten dafür nutzen, OData-Entity-Sets, die von der SADL-Infrastruktur prozessiert werden, zu definieren. Im SAP Help Portal finden Sie unter der URL *http://s-prs.co/v529401* nähere Details zu den Custom-Entitäten.

ABAP-Code kann nicht auf der Datenbank prozessiert werden

Sie können Ihren ABAP-Code nicht in die Logik inkludieren, die Sie auf der SAP-HANA-Datenbank ausführen. Sie können ABAP-Code grundsätzlich nur vor oder nach der auf der Datenbank prozessierten Selektionsanfrage ausführen.

Abstrakte Entitäten

Abstrakte Entitäten können Sie dazu nutzen, Signaturen ohne Implementierung zu definieren. Im Kontext des ABAP RESTful Application Programming Model werden mithilfe von abstrakten Entitäten die Datenstrukturen der Eingabe- und Rückgabeparameter von Aktionen und Funktionen sowie die Datenstrukturen von Events definiert. Darüber hinaus dienen sie als Stellvertreterobjekte für die Entitäten externer Servicemodelle. Weiterführende Informationen finden Sie im SAP Help Portal z. B. unter: *http://s-prs.de/v9214001*.

Hierarchien

Eine weitere Variante der CDS-Modelle sind die *CDS-Hierarchien*. Sie gewähren Ihnen Zugang zur entsprechenden Funktionalität der SAP-HANA-Datenbank. Das heißt, Sie können über CDS-Hierarchien die SAP-HANA-Hierarchiefunktionen in Ihrem ABAP-Code einsetzen. In Abschnitt 12.3, »CDS-Hierarchien«, erklären wir Ihnen die Modellierung und Nutzung der Hierarchien.

Metadatenerweiterungen

Im Gegensatz zu den zuvor diskutierten CDS-Modellen, die allesamt CDS-Entitätstypen vom Objekttyp DDLS repräsentieren, verfügen *Metadatenerweiterungen* über einen eigenständigen Objekttyp `DDLX`. Sie können mithilfe der Metadatenerweiterungen die Annotationen von CDS-Entitäten sowohl anreichern als auch übersteuern. Die den Metadatenerweiterungen zugrunde liegende Wirkweise stellen wir Ihnen in Abschnitt 4.4, »CDS-Metadatenerweiterungen«, vor.

CDS-Simple-Types

CDS-Simple-Types repräsentieren wiederverwendbare skalare Typdefinitionen. Aus CDS-Sicht können CDS-Simple-Types als Nachfolger der Datenelemente des ABAP Data Dictionary betrachtet werden. In Abschnitt 2.6, »CDS-Simple-Types«, demonstrieren wir Ihnen mögliche Definitionen und Nutzungen der CDS-Simple-Types.

Entitätspufferdefinition

Für CDS-View-Modelle mit einfacher Logik kann ein Puffer auf dem Applikationsserver angelegt werden. Die *Entitätspufferdefinition* erfasst dabei die administrativen Daten des Puffers analog zur Definition der vom ABAP Data Dictionary unterstützten Tabellenpuffer. Direkte Lesezugriffe auf den gepufferten View über die ABAP-SQL-Schnittstelle werden von der ABAP-Laufzeitumgebung automatisch an den Puffer delegiert, falls dieser die konkrete Selektionsanfrage bedienen kann. Dies kann helfen, die Datenbanklast zu reduzieren und gleichzeitig die Bereitstellung der Daten erheblich zu beschleunigen. Weitere Informationen zu Entitätspufferdefinitionen finden Sie in Abschnitt 2.20, »Entitätspufferdefinitionen«.

2.2 Überblick über die CDS-View-Syntax

CDS-View-Definition

CDS-Views definieren Selektionsanweisungen, die mit weiteren Metadaten angereichert werden. Listing 2.1 zeigt exemplarisch die Definition eines CDS-Views.

```
/*comment*/
//other comment
//annotations
@AccessControl.authorizationCheck: #MANDATORY
@EndUserText.label: 'View Definition'
//view definition
define view entity Z_ViewDefinition
  //parameter definition
  with parameters
   P_SalesOrderType : auart
 //data source of selection with alias name
 as select from  ZI_SalesOrderItem as ITEM
 //join
 left outer to exact one join ZI_SalesOrder as SO
   on  SO.SalesOrder = ITEM.SalesOrder
 //association definition
 association [0..1] to ZI_Product as _Product
   on $projection.RenamedProduct = _Product.Product
{
     //projected field as key
 key ITEM.SalesOrder,
     //projected field used in association definition
 key ITEM.Product                       as RenamedProduct,
     //constant
     abap.char'A'                        as Constant,
     //calculated field
     concat( ITEM.SalesOrder, ITEM.Product )
       as CalculatedField,
     //aggregate
     count(*) as NumberOfAggregatedItems,
     //projected association
     ITEM._SalesOrder,
```

```
33        //association exposure
34        _Product
35 }
36 //filter conditions based on join partner and parameter
37 where
38   SO.SalesOrderType = $parameters.P_SalesOrderType
39 //aggregation level
40 group by
41   ITEM.SalesOrder,
42   ITEM.Product
```

Analyse des Beispiels

Schauen wir uns diese Definition genauer an.

Zeile 7

Define-Anweisung

In diesem Beispiel wird der technische Typ des CDS-Modells durch die einleitende Define-Anweisung spezifiziert. Im vorliegenden Fall handelt es sich um ein CDS-View-Entitätsmodell. Daher wird die Anweisung `DEFINE VIEW ENTITY` verwendet. Das so definierte CDS-View-Modell hat den CDS-View-Namen `Z_ViewDefinition`.

Zeilen 12 bis 15

Datenquellen

Der CDS-View nutzt als erste Datenquelle innerhalb der Selektionsanweisung (`SELECT FROM`) den CDS-View der Kundenauftragsposition `ZI_SalesOrderItem` und verknüpft diesen per *Left Outer Join* mit den Kopfdaten des Auftrags `ZI_SalesOrder`. Beide Datenquellen werden durch Aliasnamen lokal umbenannt. Es werden die Aliasnamen `ITEM` und `SO` verwendet. Die verschiedenen von CDS unterstützten Join-Typen stellen wir Ihnen in Abschnitt 2.13, »Join-Verknüpfungen«, vor.

Zeilen 21 bis 32

Projektionsbildung

Aus der ersten Datenquelle werden verschiedene Elemente durch Projektionsbildung in das vorliegende CDS-View-Modell übernommen. Unter anderem zählen dazu das den Kundenauftragskopf identifizierende Feld `SalesOrder` und das Feld `Product`, über das die Auftragsposition einen Datensatz des Produktstamms referenziert. Das zuletzt genannte Feld wird mit dem Aliasschlüsselwort `AS` in `RenamedProduct` umbenannt.

Zeilen 40 bis 42

Aggregation

Durch die angewandte Verdichtung (`GROUP BY`) der Datensätze anhand der beiden Felder `SalesOrder` und `Product` legen diese Felder den Schlüssel des

CDS-Views Z_ViewDefinition fest. Die Schlüsselfelder werden entsprechend mit dem Syntaxelement KEY ausgezeichnet (siehe Zeilen 21 und 23).

Zeilen 25 bis 30

Berechnete Felder

Neben den projizierten Feldern findet sich im CDS-View-Modell auch ein berechnetes Feld Constant. Dieses beinhaltet den konstanten Wert »A«. Es ist als *typisiertes Literal* definiert und wird technisch auf den elementaren Dictionary-Typ CHAR der Länge »1« abgebildet. Informationen zu den technischen Eigenschaften dieses Typs sowie die weiteren unterstützten Dictionary-Typen finden Sie in der ABAP-Dokumentation unter der URL *http://s-prs.de/v9214002*. Näheres zu den typisierten Literalen erfahren Sie in Abschnitt 2.5, »Typisierte Literale«. Darüber hinaus beinhaltet die Projektionsliste das Feld CalculatedField, dessen Wert aus den Werten der Felder SalesOrder und Product über die Funktion CONCAT zusammengesetzt wird.

Des Weiteren wird ein Aggregat NumberOfAggregatedItems durch Abzählen (COUNT(*)) der in jedem einzelnen Datensatz des Selektionsergebnisses jeweils zusammengeführten Auftragspositionen bestimmt.

Zeilen 37 und 39

Where-Bedingung

Die Datenselektion wird durch den Einsatz einer Where-Bedingung auf den Auftragstyp, der durch das Feld SalesOrderType repräsentiert wird, eingeschränkt. Für jeden selektierten Datensatz soll dabei der Auftragstyp dem Wert des Parameters P_SalesOrderType, der in den Zeilen 9 und 10 definiert wird, entsprechen.

Zeilen 17 und 18

Assoziation

Das CDS-View-Modell beinhaltet die Definition der Assoziation _Product. Diese stellt eine benannte Verknüpfung zu dem korrespondierenden Datensatz des CDS-Views des Produktkopfs ZI_Product dar. Durch Aufnahme dieser Assoziation in die Projektionsliste des CDS-Views in Zeile 34 wird die Assoziation exponiert. Das heißt, fortan steht sie den Verwendern des CDS-Views zur Wiederverwendung zur Verfügung.

Zeilen 1 bis 3

Kommentare

Kommentare in der Quellcode-Textdatei können entweder als Einzelzeilenkommentare durch einleitende doppelte Schrägstriche // oder aber durch Einbettung in das Muster /*...*/ mehrzeilig erfasst werden.

Zeilen 4 und 5

Annotationen

Die *Annotation* @AccessControl.authorizationCheck: #MANDATORY dokumentiert, dass das Selektionsergebnis einer Zugriffskontrolle unterliegen muss. In Kapitel 5, »CDS-Zugriffskontrollen«, lernen Sie mehr darüber, wie Sie derartige Zugriffskontrollen definieren können. Die Annotation @EndUserText.label... legt einen übersetzbaren Text fest, der als Beschreibung des annotierten Views herangezogen wird.

Detailliertere Informationen

Wie Sie bereits an diesem ersten Beispiel sehen können, besteht die CDS-Syntax aus sehr vielen Elementen. Damit Sie diese Sprachelemente gezielt einsetzen können, um eigene CDS-View-Definitionen zu schreiben, schauen wir sie uns in den folgenden Abschnitten jeweils genauer an.

Transportobjekt

Die einzelnen CDS-View-Definitionen werden als Quellcodetext erfasst. Dieser ist dem Transportobjekt DDLS zugeordnet, das wir Ihnen bereits in Kapitel 1, »Schritt für Schritt zu Ihren ersten CDS-Views«, vorgestellt haben. Die in den Quellcodetexten definierten CDS-Views werden nicht transportiert, sondern im Zielsystem bei der Aktivierung des Transportobjekts als Objekttyp STOB lokal angelegt. Bei den meisten CDS-Modellen – wie im vorliegenden Fall einer CDS-View-Entität – muss der Name des Transportobjekts dem des darin definierten CDS-Modells in Großbuchstaben entsprechen.

Namensraum der CDS-Modelle beachten

Der CDS-View-Name teilt sich seinen Namensraum mit anderen ABAP-Objekten, z. B. mit den Tabellen und Views des ABAP Data Dictionary. Das müssen Sie bei der Wahl der Namen Ihrer CDS-Views und der entsprechenden Transportobjekte beachten. Entscheidend ist in diesem Zusammenhang, dass die jeweils in Großbuchstaben konvertierten Namen nicht identisch sein dürfen, um Mehrdeutigkeiten zu vermeiden.

Nutzen Sie bei der Anlage eigener Datenmodelle stets Ihren Kunden- bzw. Partnernamensraum, um Namensüberschneidungen mit den von SAP ausgelieferten CDS-Modellen zu vermeiden!

2.3 Schlüsselfelder

Schlüsseldefinition

Schlüsselfelder eines CDS-Modells werden mithilfe des ihnen vorangestellten Syntaxelements KEY definiert. Der so definierte Schlüssel kann mehrere Felder umfassen. Diese Felder müssen jedoch immer am Anfang der Feldliste eines CDS-Modells aufgeführt werden. Die Kombination der einzelnen Schlüsselfelder muss einen Datensatz des Selektionsergebnisses eindeutig identifizieren. Der Schlüssel soll dabei so kurz wie möglich, aber so lang wie notwendig definiert werden.

[«]

Mandantenfeld

CDS-View-Entitäten wenden eine automatische Filterung auf den aktuellen Mandanten an (siehe Abschnitt 2.9, »Mandantenbehandlung«). Daher wird das Mandantenfeld nicht in die definierten Schlüsselfelder des CDS-Views mit aufgenommen, selbst wenn die Datensätze der zugrunde liegenden Datenbanktabellen mandantenabhängig sind.

Beispiel: CDS-View mit Schlüsselangabe

Für das Beispiel des CDS-Views einer Kundenauftragsposition `ZI_SalesOrderItem` in Listing 2.1 besteht der Schlüssel aus den beiden Feldern `SalesOrder` und `SalesOrderItem`, da die Positionsnummer des Kundenauftrags nur im Kontext eines Auftrags eindeutig ist.

```
define view entity ZI_SalesOrderItem
  as select from zsalesorderitem
{
  key salesorder     as SalesOrder,
  key salesorderitem as SalesOrderItem,
      product        as Product
}
```

Listing 2.1 CDS-View mit Schlüsseldefinition

Die Aufnahme des Produktfelds `Product` in den Schlüssel wäre technisch möglich. Sie ist inhaltlich aber nicht erforderlich, um die Eindeutigkeit des Schlüssels sicherzustellen, und sollte daher unterbleiben.

Verwendung der Schlüsselangabe

Die Schlüsselangabe dient zunächst der Dokumentation der CDS-Modelle. Sie kann weiterhin zur Prüfung der Modellkonsistenz genutzt werden. Sie können beispielsweise die Kardinalität einer Assoziation auf der Grundlage der gebundenen Schlüsselfelder des Ziel-CDS-Modells prüfen.

Die Schlüsseldefinition wirkt sich zudem auf die CDS-Zugriffssteuerungen aus. Abhängig von der Rollendefinition werten diese Zugriffssteuerungen die Schlüsseldefinitionen beim Injizieren von Berechtigungseinschränkungen in die Selektionsanweisung aus.

Darüber hinaus wird der spezifizierte Schlüssel von verschiedenen Implementierungs-Frameworks ausgewertet, die ihre Services auf Basis des CDS-Views bereitstellen. Beispielsweise kann die Schlüsseldefinition eines CDS-Modells der Ableitung des Schlüssels eines darauf aufbauenden *OData-Entity-Sets* dienen. Näheres zur OData-Exponierung Ihrer CDS-Modelle erfahren Sie in Kapitel 6, »Business-Services«.

Transparenz der CDS-Modelle erhöhen

Sie sollten für jedes Ihrer CDS-Modelle einen Schlüssel definieren, falls dies technisch möglich ist. Falls es keine Felder gibt, die sich für eine Schlüsseldefinition eignen, sollten Sie auf die Auszeichnung eines Schlüssels jedoch gänzlich verzichten, um Fehlinterpretationen zu vermeiden.

2.4 Cast-Anweisungen

Verwendungszweck der Cast-Anweisungen

Die *Cast-Anweisung* gehört zu den wichtigsten grundlegenden SQL-Funktionen. Sie können Cast-Anweisungen verwenden, um den Typ von berechneten Feldern festzulegen oder um Typumwandlungen bestehender Felder auf der Ebene der Datenbank durchzuführen. Die CDS-Modelle unterstützen sowohl elementare ABAP-Typen als auch Datenelemente und CDS-Simple-Types als Zieltypen für die Cast-Operation. Datenelemente und CDS-Simple-Types dienen dabei nicht nur der technischen Typisierung von Feldern und Parametern, sondern legen auch deren Annotationen, wie deren Bezeichnertexte (*Label*) und einige zusätzliche technische Eigenschaften, wie Konvertierungsexits, fest.

Cast-Anweisungen ohne Typänderung

Falls die Cast-Anweisung den technischen Typ eines Felds unverändert lässt, beispielsweise um Bezeichnertexte auszutauschen, können Sie diese mit dem Zusatz `PRESERVING TYPE` versehen. Dieser Zusatz informiert den Compiler darüber, dass keine effektive Typänderung vorliegt und damit auch kein Cast in der Datenbank erforderlich ist.

Unterstützte Typumwandlungen

Nicht jede Typumwandlung wird nativ von der CDS-Sprache unterstützt. Eine aktuelle Übersicht finden Sie in der ABAP-Dokumentation unter *http://s-prs.de/v702818*.

Bestimmte Typumwandlungen können Sie nicht per Cast-Anweisung, sondern ausschließlich mit einer speziellen CDS-Funktion realisieren. Beispielsweise erfolgt die Konvertierung eines Floating-Point-Werts in einen Dezimalwert über die Funktion `FLTP_TO_DEC`.

Zuweilen können Sie Typumwandlungen, die Sie nicht in Ihrem CDS-View selbst definieren können, in eine CDS-Tabellenfunktion auslagern. In einer solchen Tabellenfunktion steht Ihnen der erweiterte Vorrat an nativen SAP-HANA-Konvertierungsfunktionen zur Verfügung.

Listing 2.2 zeigt einen CDS-View, dessen Felder unterschiedliche Typumwandlungen aufweisen.

Beispiel: CDS-View mit Typumwandlungen


```
define view entity Z_ViewWithCasts
  as select distinct from t000
{
  t000.logsys                       as ProjectedField,
  '20170809'                        as CharacterField,
  cast ( '20170809' as abap.dats )  as DateField,
  cast ( cast ( 'E' as abap.lang ) as sylangu preserving type )
    as LanguageField,
    1.2 as FloatingPointField,
  fltp_to_dec( 1.2 as abap.dec(4,2) ) as DecimalField
}
```

Listing 2.2 CDS-View mit Typumwandlungen

Analyse des Beispiel-Views

Wird ein Feld über Projektionsbildung in einen CDS-View aufgenommen, behält es standardmäßig dessen Typisierung bei. Beispielsweise besitzt das Feld ProjectedField dieselbe Typisierung wie das zugrunde liegende Basisfeld t000.logsys.

Für lokal berechnete Felder findet standardmäßig eine implizite Typermittlung statt. So wird im Beispiel das Literal »20170809« in ein Feld CharacterField mit dem Typ CHAR und der Länge »8« konvertiert.

Durch eine explizite Zuweisung des Typs DATS per Cast-Operation wird das Feld DateField, das auf dem gleichen Literalwert beruht, als Datum typisiert.

Sie können Cast-Operationen auch ineinander verschachteln, wie Sie an dem Ausdruck cast (cast ('E' as abap.lang) as sylangu preserving type) in Listing 2.2 sehen können: Der Wert »E« des Felds LanguageField, dessen Typ implizit als CHAR der Länge »1« betrachtet wird, wird zunächst auf den Typ LANG abgebildet. Im Anschluss wird das Feld mit dem Datenelement SYLANGU typisiert. Da keine technische Typkonvertierung vorliegt, wird bei dieser Konvertierung der Zusatz PRESERVING TYPE ergänzt.

Das Feld FloatingPoint erhält durch die Zuweisung des Werts »1.2« implizit eine Typisierung mit dem Typ FLTP. Durch Anwendung der Funktion FLTP_TO_DEC kann der Wert »1.2« in das Feld DecimalField vom Typ DEC konvertiert werden.

Explizite Typisierung nutzen

Sofern dies technisch möglich ist, sollten Sie berechnete Felder explizit über einen Cast typisieren, um unerwünschte Seiteneffekte, die durch eine implizite Typzuordnung hervorgerufen werden können, auszuschließen.

F2-Hilfe

Falls Sie unsicher sind, welchen Typ ein CDS-Feld hat, können Sie Ihren Cursor auf dem CDS-View oder dem entsprechenden Feld platzieren. Drücken Sie im Anschluss [F2]. Dies öffnet ein Informationsfenster, wie Sie es in Abbildung 2.1 sehen, dem Sie die zuvor diskutierten Typinformationen entnehmen können.

Z_ViewWithCasts (View)
View with Casts

Client Handling
☐ Client dependent
☐ Client session variable used

Column	***Data Element***	***Data Type***	***Description***
ProjectedField	logsys	char(10)	Logical system
CharacterField		numc(8)	
DateField		dats(8)	
LanguageField	sylangu	lang(1)	Language Key
FloatingPointField		fltp(16,16)	
DecimalField		dec(4,2)	

Abbildung 2.1 Technische Feldinformationen zum CDS-View aus Listing 2.2

2.5 Typisierte Literale

Beispiel: CDS-View mit typisierten Literalen

Typisierte Literale gestatten es Ihnen, konstante Werte mit wohldefinierten technischen ABAP-Typen in Ihre CDS-Views aufzunehmen. Um eine einfache Konstante in ein typisiertes Literal zu überführen, müssen Sie den Konstantenwert in einfachen Anführungsstrichen einfassen und diesem die technische Typisierung voranstellen. Listing 2.3 zeigt einige Beispiele.

```
define view entity Z_ViewWithTypedLiterals
  as select distinct from t000
{
  '  Char10  '                             as CharacterValue,
  cast( '  Char10  ' as abap.char(10) ) as CastCharacterValue,
  abap.char'  Char10  '                    as TypedCharacterValue,
```

```
  cast( abap.char'  Char10  '          as Char10 preserving type )
                                       as CastTypedCharacterValue,
  1234.56                              as FloatingPointValue,
  abap.fltp'1234.56'                   as TypedFloatingPointValue,
  fltp_to_dec(1234.56 as abap.dec(6,2)) as ConvertedDecimalValue,
  abap.dec'1234.56'                    as TypedDecimalValue,
  abap.dec'001234.5600'                as TypedDecimalValue2
}
```

Listing 2.3 CDS-View mit typisierten Literalen

Analyse des Beispiels

Im dargestellten Beispiel wird das Feld CharacterValue auf Basis des Konstantenwerts » Char10 « definiert. Aus CDS-Sicht ist dieses Feld implizit als Feld vom elementaren Typ CHAR mit der Länge »8« definiert. Die führenden zwei Leerzeichen werden demnach als signifikant angesehen, während die letzten beiden Leerzeichen ignoriert werden.

Zeichenkettenartige Werte

Über eine explizite Cast-Anweisung können Sie eine Feldlänge von 10 Zeichen erzwingen. Dies demonstriert das Feld CastCharacterValue. Ebenso wird das Feld TypedCharacterValue, das von dem typisierten Literal abap.char' Char10 ' abgeleitet wird, als Feld vom Typ CHAR mit der Länge »10« angesehen. Mit anderen Worten: Der gesamte in Anführungszeichen gesetzte Wert wird als signifikant angesehen.

Wenn Sie ein Feld auf Basis eines typisierten Literals einführen und dieses mit weiteren Metadaten wie z. B. Bezeichnertexten ausstatten wollen, sollten Sie das typisierte Literal in eine explizite Cast-Anweisung mit dem Zusatz TYPE PRESERVING auf ein passendes Datenelement oder einen passenden CDS-Simple-Type einbetten. Einen solchen Fall illustriert das Feld CastTypedCharacterValue.

Nicht-zeichenkettenartige Werte

Typisierte Literale sind insbesondere dann wichtig, wenn Sie Literalwerte, die keine einfachen Zeichenketten repräsentieren, in Ihre CDS-Modelle einbringen wollen. Dies möchten wir Ihnen mithilfe der übrigen Felder aus Listing 2.3 aufzeigen.

Falls Sie konstante Werte wie »1234.56« einführen, werden diese standardmäßig als Fließkommawerte interpretiert. Konsequenterweise weisen die beiden Felder FloatingPointValue und TypedFloatingPointValue die gleiche technische Typisierung auf.

Wollen Sie hingegen den Konstantenwert »1234.56« als einen Dezimalwert definieren, haben Sie dazu grundsätzlich zwei Möglichkeiten: Entweder Sie konvertieren den zuvor definierten Fließkommazahlenwert explizit über die Funktion FLTP_TO_DEC, wie es das Feld ConvertedDecimalValue zeigt, oder

Sie definieren ein entsprechend typisiertes Literal. Das Feld `TypedDecimalValue` in Listing 2.3 illustriert diese Vorgehensweise. Sie sollten jedoch beachten, dass das typisierte Literal `abap.dec'1234.56'` selbst als Dezimalzahl interpretiert wird. Im Gegensatz dazu muss die Fließkommazahl »1234.56« effektiv in eine Dezimalzahl konvertiert werden. Dies impliziert nicht nur eine zusätzlich erforderliche Prozessierungslogik, sondern kann auch dazu führen, dass sich die Werte, die Ihr CDS-View zurückliefert, unterscheiden. In unserem Beispiel exponiert das Feld `TypedDecimalValue` den modellierten Wert »1234.56«, wohingegen das Feld `ConvertedDecimalValue` den konvertierten Wert »1234.55« zurückgibt.

Typisierte Literale nutzen

Wir empfehlen Ihnen, typisierte statt untypsierte Literale zu verwenden. Dies hilft Ihnen dabei, Fehler zu vermeiden und unnötige Konvertierungen einzusparen.

Typlänge beeinflussen

Wie zuvor bereits erwähnt, ist der im typisierten Literal konkret spezifizierte Wert von Bedeutung. So leitet sich aus dem typisierten Literal `abap.dec'1234.56'` ein Feld vom Typ `DEC` mit der Länge »6« und »2« Dezimalstellen ab. Das typisierte Literal `abap.dec'001234.5600'` führt dazu, dass das Feld `TypedDecimalValue2` als Dezimalfeld der Länge »10« mit »4« Nachkommastellen angesehen wird.

2.6 CDS-Simple-Types

Definitionen von CDS-Simple-Types

CDS-Simple-Types können auf Basis unterschiedlicher Typdefinitionen spezifiziert werden. Listing 2.4 zeigt Ihnen die Definition des CDS-Simple-Types `ZBT_LanguageA`, dem der elementare Dictionary-Typ `LANG` zugrunde liegt.

```
define type ZBT_LanguageA : abap.lang;
```

Listing 2.4 CDS-Simple-Type-Definition auf Basis eines elementaren Dictionary-Typs

Listing 2.5 illustriert die Definition des CDS-Simple-Types `ZBT_LanguageB` auf Grundlage des Datenelements `SPRAS`.

```
define type ZBT_LanguageB : spras;
```

Listing 2.5 CDS-Simple-Type-Definition auf Basis eines Datenelements

Darüber hinaus lassen sich CDS-Simple-Types auch auf Basis anderer CDS-Simple-Types definieren. Dies zeigt der CDS-Simple-Type ZBT_Language**C** aus Listing 2.6.

```
@EndUserText.label: 'Language Type C'
@Semantics.language: true
define type ZBT_LanguageC : ZBT_LanguageB;
```

Listing 2.6 CDS-Simple-Type-Definition auf Basis eines anderen CDS-Simple-Types

Anreicherung mit Annotationen

Listing 2.6 demonstriert zudem, wie Sie die CDS-Simple-Type-Definition explizit mit Annotationen anreichern können. Im vorliegenden Fall wird der CDS-Simple-Type über @Semantics.language: true mit der Semantik eines Sprachcodes ausgezeichnet. Zudem wird ihm der Bezeichnertext »Language Type C« über seine Annotation @EndUserText.label zugewiesen.

Mehrstufige CDS-Simple-Type Definitionen

Sie können CDS-Simple-Types auch mehrstufig voneinander ableiten. Dies demonstriert Listing 2.7, in dem der CDS-Simple-Type ZBT_Language**D** mit dem CDS-Simple-Type ZBT_Language**C** aus Listing 2.6 typisiert wird.

```
@EndUserText.label: 'Language Type D'
@ObjectModel.sapObjectNodeTypeReference: 'Language'
define type ZBT_LanguageD : ZBT_LanguageC;
```

Listing 2.7 CDS-Simple-Type-Definition auf Basis eines anderen CDS-Simple-Types

Analog zu den Eigenschaften des zugrunde liegenden Datenelements SPRAS werden dabei auch die Annotationen des CDS-Simple-Types ZBT_Language**C** an den neu definierten CDS-Simple-Type ZBT_Language**D** übertragen. Zusätzlich wird der CDS-Simple-Type mit eigenen Annotationen angereichert.

Verwendung von CDS-Simple-Types in CDS-Views

Sie können CDS-Simple-Types zur Typisierung von Feldern und Parametern (siehe Abschnitt 2.16, »Parameter«) von CDS-Views einsetzen. In Listing 2.8 wird das Feld Language1 mit dem CDS-Simple-Type ZBT_Language**A** und das Feld Language2 mit dem CDS-Simple-Type ZBT_Language**D** verknüpft. Die Felder übernehmen dabei die technischen Eigenschaften der CDS-Simple-Types mitsamt ihren Annotationen.

```
define view entity Z_ViewWithSimpleTypes
  as select distinct from t000
{
  cast ( abap.lang'E' as ZBT_
```

```
LanguageA preserving type ) as Language1,
  cast ( abap.lang'E' as ZBT_LanguageD preserving type ) as Language2
}
```

Listing 2.8 Typisierung von CDS-View-Feldern mit CDS-Simple-Types

CDS-Annotationen über CDS-Simple-Types in CDS-Modelle einbringen

Sie können CDS-Simple-Types dazu nutzen, feld(typ)spezifische CDS-Annotationen in Ihre CDS-Modelle zu integrieren. Die CDS-Simple-Types fungieren in diesem Zusammenhang als wiederverwendbare Metadatencontainer, die Sie bei der effizienten und konsistenten Definition Ihrer CDS-Modelle unterstützen.

2.7 Case-Anweisungen

Aufbau von Case-Anweisungen

Case-Anweisungen erlauben es Ihnen, eine konditionierte Berechnung direkt in der CDS-View-Logik zu verankern. In einer Case-Anweisung können Sie verschiedene Ausführungszweige über When-Then-Anweisungen definieren. Diese beinhalten die fallweise anzuwendende Berechnungslogik. Zum Abschluss des Case-Verarbeitungsblocks können Sie auch einen weiteren Ausführungszweig durch eine unbedingte Else-Anweisung einbringen. Dieser Zweig ermöglicht es Ihnen, nicht bewertete Fälle im Selektionsergebnis auszuschließen. Anderenfalls erhalten diese, falls keine Bedingung zutrifft, den Wert »null«.

[!]

Nullwerte-Behandlung beachten

Unkonditionierte Else-Anweisungen mit Konstantenzuordnungen können in sogenannten **Non-Null-Preserving-Expressions** resultieren. Derartige Ausdrücke können den Optimierer der SAP-HANA-Datenbank daran hindern, den Ausführungsplan für die zu prozessierende Selektionsanweisung in bestmöglicher Weise umzustellen. Dies kann zu erheblichen Performance-Einbußen führen!

Beispiel: CDS-View mit Case-Anweisungen

In Listing 2.9 finden Sie ein Beispiel für einen CDS-View, der drei Case-Anweisungen beinhaltet.

```
define view entity Z_ViewWithCaseStatements
  as select from ZI_SalesOrder
{
```

```
  key SalesOrder,
      case (SalesOrderType)
        when 'TAF' then 'X'
        when 'OAF' then 'X'
        else ''
      end                    as IsStandardOrder,
      cast( case (SalesOrderType)
        when 'TAF' then 'X'
        when 'OAF' then 'X'
        else ''
      end as abap.char(3) ) as IsStandardOrderAsChar3,
      case when SalesOrderType = 'TAF' then 'X'
           when SalesOrderType = 'OAF' then 'X'
        else ''
      end as IsStandardOrder2
}
```

Listing 2.9 CDS-View mit Case-Anweisungen

Analyse des Beispiel-Views

Die erste Case-Anweisung prüft den Wert des Auftragstyps SalesOrderType. Sie bewertet das Feld IsStandardOrder mit der Konstanten »X«, falls der Auftragstyp einen der beiden Werte »TAF« oder »OAF« besitzt. Anderenfalls wird der berechnete Wert auf den Initialwert gesetzt. Beachten Sie, dass sich die Typisierung des berechneten Felds IsStandardOrder dabei implizit aus den in den Pfaden verwendeten Werten ableitet. Im vorliegenden Fall resultiert daraus eine Typisierung des Felds als Typ CHAR der Länge »1«.

Wenn Sie den Ergebnistyp beeinflussen möchten, können Sie die Case-Anweisung mit einer sie umschließenden Cast-Anweisung kombinieren. Dies sehen Sie in der zweiten Case-Anweisung in Listing 2.9. Diese ähnelt der ersten Case-Anweisung. Das berechnete Feld IsStandardOrderAsChar3 wird jedoch explizit per Cast-Anweisung auf den Typ CHAR der Länge »3« konvertiert.

Die dritte Case-Anweisung in Listing 2.9 entspricht inhaltlich der ersten Case-Anweisung. Prinzipiell können die When-Bedingungen der einzelnen Zweige der dritten Case-Anweisung jedoch auch komplexere Regeln beinhalten. Beispielsweise können Sie darin auch Mustervergleiche mit dem Like-Operator oder auch mehrerer Bedingungen mit logischen Und- bzw. Oder-Operatoren verknüpfen. Diese Variante ist damit ausdrucksstärker als die erste Case-Anweisung, die nur einen einfachen Vergleich von Operanden unterstützt.

2.8 CDS-Sitzungsvariablen

Verwendung der CDS-Sitzungsvariablen

Mit *CDS-Sitzungsvariablen* können Sie in Ihrer CDS-View-Logik auf Informationen der aktuellen Laufzeitsitzung zugreifen. Sie können die CDS-Sitzungsvariablen dabei, ähnlich wie Literalwerte, an unterschiedlichsten Stellen in die Implementierung Ihrer Datenselektion einbringen.

Beispiel: CDS-View mit Sitzungsvariablen

Listing 2.10 zeigt ein Beispiel. Darin werden eine Filterbedingung sowie mehrere Felder mithilfe von CDS-Sitzungsvariablen definiert.

```
define view entity Z_ViewWithSessionVariables
  as select from t000
{
  $session.client           as ClientField,
  $session.system_date      as SystemDateField,
  $session.system_language  as SystemLanguageField,
  $session.user             as UserField,
  $session.user_date        as UserDateField,
  $session.user_timezone    as UserTimezoneField
}
where
  mandt = $session.client
```

Listing 2.10 CDS-View mit CDS-Sitzungsvariablen

Tabelle 2.2 zeigt eine Übersicht der CDS-seitig unterstützten Sitzungsvariablen. Außerdem finden Sie in der Tabelle auch das entsprechende Systemfeld, das Sie aus Ihrer ABAP-Implementierung kennen.

CDS-Sitzungsvariable	Beschreibung	Entsprechung im ABAP-Code
$session.client	aktueller Mandant	SY-MANDT
$session.system_date	Systemdatum des Applikationsservers	SY-DATUM
$session.system_language	Anmeldesprache	SY-LANGU
$session.user	aktueller Benutzer	SY-UNAME
$session.user_date	Datum in der Benutzerzeitzone	SY-DATLO
$session.user_timezone	Benutzerzeitzone	SY-ZONLO

Tabelle 2.2 CDS-Sitzungsvariablen

[«]

CDS-Sitzungsvariablen und Parameter

Durch die Verwendung von CDS-Sitzungsvariablen wird die Selektionslogik von Faktoren beeinflusst, die der Verwender Ihres CDS-View-Modells nicht explizit steuern kann. Dies kann zu unerwarteten Seiteneffekten führen und die Nachvollziehbarkeit der Ergebnisse erschweren.

In der Regel können Sie auf den Einsatz von CDS-Sitzungsvariablen verzichten, wenn Sie stattdessen Parameter (siehe Abschnitt 2.16, »Parameter«) nutzen. Der Einsatz von Parametern erleichtert die Fehleranalyse und Wartungstätigkeit.

Die nachträgliche Einführung eines Parameters kann jedoch eine Anpassung bestehender Verwender des entsprechenden CDS-Views erfordern. Demgegenüber stellt die Einführung einer CDS-Sitzungsvariablen ein View-lokales Implementierungsdetail dar. Diese ist aus Sicht der ABAP-Verwender des CDS-Views in der Regel technisch kompatibel. Lediglich das Einführen einer Mandantenabhängigkeit durch die Nutzung der CDS-Sitzungsvariablen `$session.client` kann zu Anpassungsaufwänden führen.

2.9 Mandantenbehandlung

Standardselektionszugriffe in ABAP

Bei *Standardselektionszugriffen* auf Datenbanktabellen über die ABAP-SQL-Schnittstelle werden mandantenabhängige Daten automatisch entsprechend den aktuellen *Mandanten* der ABAP-Sitzung eingeschränkt. *Mandantenübergreifende Selektionszugriffe* müssen einen der beiden Zusätze `USING CLIENT` oder `CLIENT SPECIFIED` tragen. Listing 2.11 zeigt ein Beispiel für eine derartige Selektion in ABAP-SQL, bei der die Daten aus dem Mandanten »001« gelesen werden.

```
SELECT *
   FROM zsalesorder
   CLIENT SPECIFIED
   INTO TABLE @DATA(lt_salesorder)
   WHERE client = '001'.
```

Listing 2.11 Mandantenübergreifender Selektionszugriff in ABAP

Mandantenbehandlung in CDS-View-Entitäten

In CDS-View-Entitäten wird die entsprechende Standardbehandlung des Mandanten durch die ABAP-Dictionary-Infrastruktur erzwungen. Technisch wird dies dadurch realisiert, dass dem auf der SAP-HANA-Datenbank angelegten View eine entsprechende zusätzliche Where-Bedingung bei der Selektion von mandantenabhängigen Entitäten hinzugefügt wird.

[!]

Einschränkungen der CDS-Zugriffskontrollen beachten

Mandantenübergreifende Selektionszugriffe auf ein CDS-Modell sind nicht gestattet, wenn das CDS-Modell durch eine CDS-Zugriffskontrolle (siehe Kapitel 5, »CDS-Zugriffskontrollen«) geschützt ist.

Beispiel: Mandantenabhängige CDS-View-Entität

Listing 2.12 und Listing 2.13 zeigen ein Beispiel. Die CDS-View-Entität ZI_Product aus Listing 2.12 selektiert von der mandantenabhängigen Datenbanktabelle ZPRODUCT.

```
define root view entity ZI_Product
  as select from zproduct
{
  key product            as Product,
      product_type       as ProductType,
      creation_date_time as CreationDateTime
}
```

Listing 2.12 CDS-View, der von einer mandantenabhängigen Datenquelle selektiert

Obwohl die CDS-View-Entität keine explizite Mandantenbehandlung implementiert, verknüpft der daraus generierte Datenbank-View das Mandantenfeld CLIENT der Datenbanktabelle mit der Kontextvariablen CDS_CLIENT (siehe Listing 2.13). Diese ist gegen die CDS-Sitzungsvariable $session.client gebunden und wird beim Selektionszugriff automatisch von der ABAP-SQL-Schnittstelle gesetzt. Damit wird die mandantenspezifische Filterung entsprechend ausgeführt.

```
CREATE OR REPLACE VIEW "ZI_PRODUCT" AS SELECT
  "ZPRODUCT"."CLIENT" AS "MANDT",
  "ZPRODUCT"."PRODUCT" AS "PRODUCT",
  "ZPRODUCT"."PRODUCT_TYPE" AS "PRODUCTTYPE",
  "ZPRODUCT"."CREATION_DATE_TIME" AS "CREATIONDATETIME"
FROM "ZPRODUCT" "ZPRODUCT"
WHERE "ZPRODUCT"."CLIENT" = SESSION_CONTEXT(
  'CDS_CLIENT'
)
```

Listing 2.13 Create-Anweisung zur Anlage des Datenbank-Views zu Listing 2.12

Mandantenfeld

Da der Mandant im Regelfall fixiert ist, soll das Mandantenfeld nicht mit in die Projektionsliste der CDS-Views aufgenommen werden. Eine Ausnahme stellen lediglich CDS-View-Entitäten dar, deren alleiniger Schlüssel das Mandantenfeld ist.

Auch die Signaturen von CDS-Tabellenfunktionen, die auf mandantenspezifische Datensätze zugreifen, sollten das Mandantenfeld enthalten. Näheres dazu finden Sie in der ABAP-Dokumentation unter *http://s-prs.de/v702819*.

2.10 Select-Distinct-Anweisungen

Datensätze verdichten

Mithilfe der *Select-Distinct-Anweisung* (`SELECT DISTINCT`) können Sie doppelte Datensätze aus dem Ergebnis einer Selektionsanweisung entfernen und das Ergebnis damit verdichten. Dabei werden die Werte aller angeforderten Felder miteinander verglichen. Betrachten Sie dazu die beiden CDS-View-Definitionen aus Listing 2.14 und Listing 2.15.

Beispiel: CDS-View ohne Distinct-Anweisung

Der CDS-View `Z_ViewWithoutSelectDistinct` aus Listing 2.14 nutzt die Tabelle `T000`, die für jeden Mandanten einen Eintrag besitzt, als Datenquelle. Die implementierte Logik führt dazu, dass das Selektionsergebnis mehrere Zeilen (entsprechend der Anzahl der definierten Mandanten) mit dem Wert »A« für das Feld `Field1` aufweist. Entsprechend kann für diesen CDS-View kein Schlüssel definiert werden.

```
define view entity Z_ViewWithoutSelectDistinct
 as select from t000
{
  abap.char'A' as Field1
}
```

Listing 2.14 CDS-View ohne Select-Distinct-Anweisung

Beispiel: CDS-View mit Distinct-Anweisung

Demgegenüber erweitert der CDS-View `Z_ViewWithSelectDistinct` aus Listing 2.15 die Selektionsanfrage mit einer Distinct-Anweisung. Unabhängig von der Anzahl der Mandanten bzw. der Datensätze der Tabelle `T000` enthält das Ergebnis genau einen Eintrag (die Tabelle `T000` beinhaltet immer mindestens einen Datensatz). Entsprechend kann das Feld `Field1` auch als Schlüsselfeld (`KEY`) ausgezeichnet werden.

```
define view entity Z_ViewWithSelectDistinct
 as select distinct from t000
{
  key abap.char'A' as Field1
}
```

Listing 2.15 CDS-View mit Select-Distinct-Anweisung

2.11 Union-Views

Vereinigung von Datensätzen

Union-Views vereinen die Datensätze mehrerer Datenquellen miteinander und vereinheitlichen sie dabei. Das Resultat der Vereinigung ist eine aus Verwendersicht harmonisierte Ergebnisliste mit einheitlichen Feldern und Assoziationen, die alle Datensätze der Datenquellen beinhaltet.

2.11.1 Union-Definitionen

Aufbau der Union-Views

Sie definieren Union-Views, indem Sie mehrere Selektionsanweisungen mit der Union-Funktion aneinanderreihen. Jeder einzelne Selektionszweig muss dabei die gleichen Felder und Assoziationen in der gleichen Reihenfolge definieren. Ferner müssen die jeweils positionsgleichen Elemente der Selektionslisten die gleiche Definition haben. Neben der Namensgleichheit der Elemente impliziert diese Forderung, dass sich auch die Assoziationen der einzelnen Zweige entsprechen müssen. Das heißt, die zugrunde liegenden Assoziationsdefinitionen müssen die gleichen On-Bedingungen, Kardinalitäten und Zielentitäten aufweisen. Auch die Schlüsseldefinitionen der einzelnen Selektionszweige müssen übereinstimmen. Die Typisierung der einzelnen Felder des Union-Views muss indes nicht für jeden Zweig streng identisch sein. Die Feldtypen müssen lediglich ineinander überführbar sein. Die effektive Typisierung der Felder des Union-Views selbst wird dabei aus seinem ersten Selektionszweig abgeleitet. Auch die Annotationen der Elemente werden durch den ersten Selektionszweig bestimmt. Daher sollen nur diese Elemente annotiert werden. Es wird ferner erzwungen, dass Elementannotationen der Datenquellen nicht propagiert werden. Dazu müssen Sie Ihre Union-Views mit der Annotation `@Metadata.ignorePropagatedAnnotations: true` ausstatten. Abschnitt 4.3.2, »Propagationslogik von Elementannotationen«, erläutert Ihnen die Wirkweise der Propagationslogik.

Beispiel: CDS-Views, die als Datenquellen dienen

Lassen Sie uns diese Sachverhalte an einem Beispiel nachvollziehen. Das Beispiel umfasst den CDS-View `Z_ViewAsDataSourceA` aus Listing 2.16, den CDS-View `Z_ViewAsDataSourceB` aus Listing 2.17, den CDS-View `Z_ViewAsData`

SourceC aus Listing 2.18 sowie den CDS-View Z_UnionView aus Listing 2.19. Der CDS-View Z_ViewAsDataSource**A** aus Listing 2.16 fungiert in diesem Beispiel als Datenquelle für den Union-CDS-View Z_UnionView.

```
define view entity Z_ViewAsDataSourceA
  as select distinct from t000
  association [0..1] to Z_ViewAsDataSourceC as _ViewC
    on $projection.FieldA3 = _ViewC.FieldC1
{
  key cast( 'A' as abap.char(1) ) as FieldA1,
      cast( 'B' as abap.char(1) ) as FieldA2,
      cast( 'C' as abap.char(2) ) as FieldA3,
      _ViewC
}
```

Listing 2.16 CDS-View »Z_ViewAsDataSourceA«

Ebenso fungiert der CDS-View Z_ViewAsDataSource**B** aus Listing 2.17 als Datenquelle für den Union-CDS-View Z_UnionView.

```
define view entity Z_ViewAsDataSourceB
  as select distinct from t000
{
  key cast( 'B_X' as abap.char(3) ) as FieldB1,
      cast( 'A' as abap.char(1) )   as FieldB2
}
```

Listing 2.17 CDS-View »Z_ViewAsDataSourceB«

Beispiel: CDS-View, der als Assoziationsziel dient

Der CDS-View Z_ViewAsDataSource**C** aus Listing 2.18 dient als Assoziationsziel für den CDS-View Z_ViewAsDataSource**A** und den Union-CDS-View Z_UnionView.

```
define view entity Z_ViewAsDataSourceC
  as select distinct from t000
{
  key cast( 'C' as abap.char(2) )  as FieldC1,
      cast( 'C2' as abap.char(2) ) as FieldC2
}
```

Listing 2.18 CDS-View »Z_ViewAsDataSourceC«

Analyse der Beispiel-Views

Entsprechend ihrer Definition stellen die drei vorgestellten CDS-Views jeweils einen Datensatz bereit. Beispielsweise selektiert der View Z_ViewAsDataSource**A** durch die angewandte Anweisung SELECT DISTINCT FROM einen

Datensatz aus der Tabelle T000, die stets gefüllt ist. Er liefert dabei die konstanten Werte »A«, »B« und »C« für die Felder FieldA1, FieldA2 und FieldA3 zurück.

Tabelle 2.3 zeigt eine Übersicht der bereitgestellten Daten der drei angesprochenen CDS-Views.

CDS-View	FieldA1/B1/C1	FieldA2/B2/C2	FieldA3
Z_ViewAsDataSource**A**	»A«	»B«	»C«
Z_ViewAsDataSource**B**	»B_X«	»A«	–
Z_ViewAsDataSource**C**	»C«	»C2«	–

Tabelle 2.3 Datensätze der CDS-Views aus Listing 2.16 bis Listing 2.18

Beispiel: Union-CDS-View

Der Union-CDS-View Z_UnionView in Listing 2.19 vereinigt die CDS-Views Z_ViewAsDataSourceA und Z_ViewAsDataSourceB als Datenquellen. Ferner exponiert er eine Assoziation _ViewC zu dem CDS-View Z_ViewAsDataSourceC.

```
@Metadata.ignorePropagatedAnnotations: true
define view entity Z_UnionView
  as select from Z_ViewAsDataSourceA
  association [0..1] to Z_ViewAsDataSourceC as _ViewC
    on $projection.UnionField1 = _ViewC.FieldC1
{
      @EndUserText.label: 'Label of UnionField1'
  key FieldA1 as UnionField1,
  key FieldA2 as UnionField2,
  key FieldA3 as UnionField3,
      _ViewC
}
union select from Z_ViewAsDataSourceB
  association [0..1] to Z_ViewAsDataSourceC as _ViewC
    on $projection.UnionField1 = _ViewC.FieldC1
{
  key FieldB2  as UnionField1,
  key FieldB1  as UnionField2,
  key ''       as UnionField3,
      _ViewC
}
```

Listing 2.19 Union-CDS-View »Z_UnionView«

Analyse des Beispiel-Union-CDS-Views

Um den geforderten Abgleich der Feldnamen zu realisieren, werden die in den einzelnen Selektionszweigen des Union-CDS-Views enthaltenen Felder über die Aliasfunktion `AS` auf die Feldnamen `UnionField1`, `UnionField2` und `UnionField3` abgebildet. Alle in der Feldliste des Union-Views enthaltenen Felder besitzen den Typ `CHAR` mit der Länge »1« bzw. »2«. Diese Definition leitet sich aus der Definition der zugrunde liegenden Felder `FieldA1`, `FieldA2` und `FieldA3` des ersten Selektionszweigs des Union-CDS-Views ab.

Tabelle 2.4 zeigt die resultierenden Datensätze des Union-CDS-Views.

UnionField1	UnionField2	UnionField3
»A«	»B«	»C«
»A«	»B«	(Initialwert)

Tabelle 2.4 Datensätze des Union-CDS-Views »Z_UnionView«

Beachten Sie, dass das Feld `FieldB1` des Views `Z_ViewAsDataSource`**B**, das eine maximale Länge von »3« besitzt, bei seiner Abbildung auf das Feld `UnionField1` implizit gekürzt wird. Mithin enthält der entsprechende Datensatz des Union-Views den Wert »B« statt des ursprünglichen Werts »B_X« (vergleiche Tabelle 2.3 mit Tabelle 2.4).

Falls die Typen der aufeinander abgebildeten Felder nicht automatisch ineinander konvertierbar sind, müssten Sie eine explizite Typumwandlung, beispielsweise per Cast-Anweisung, für das betroffene Feld definieren (siehe Abschnitt 2.4, »Cast-Anweisungen«).

Da jeder Selektionszweig dieselbe Anzahl von Feldern vorweisen muss, muss auch im zweiten Selektionszweig das Feld `UnionField3` eingefügt werden. Da es keine passende Quellinformation gibt, wird dieses Feld mit dem Initialwert »« des zugrunde liegenden Datentyps belegt.

Im ersten Selektionszweig ist das Feld `UnionField1` mit `@EndUserText.label...` annotiert. Derartige Annotationen des ersten Zweigs gelten automatisch auch für die übrigen Zweige und legen damit die entsprechenden Annotationen des Union-CDS-Views fest.

Assoziationen in Union-CDS-Views

Beachten Sie, dass in Listing 2.19 die bereits definierte Assoziation `_ViewC` des Views `Z_ViewAsDataSource`**A** zum View `Z_ViewAsDataSource`**C** nicht einfach durch Projektionsbildung in den ersten Selektionszweig des Union-CDS-Views `Z_UnionView` mit aufgenommen werden kann. Der Grund dafür ist, dass die Definition der Assoziation `_ViewC` im zweiten Selektionszweig des Union-Views `Z_UnionView` dann eine andere On-Bedingung aufweisen würde als im CDS-View Z_ViewAsDataSource**A**. Aufgrund der Anforderung, dass alle Selektionszweige in Union-CDS-Views dieselben Assoziationsdefinitionen haben müssen, muss diese Assoziation auch im ersten Selektionszweig neu definiert werden.

Zweistufiges Union-CDS-View-Modell

Um Redundanzen bei den Assoziationsdefinitionen zu vermeiden, könnten Sie Ihre Union-CDS-Views in zwei aufeinander aufbauende CDS-Views zerlegen. Listing 2.20 und Listing 2.21 zeigen ein Beispiel eines derartigen zweistufigen Aufbaus.

Beispiel: Union-CDS-View ohne Assoziation

Der CDS-View Z_UnionView**WithoutAssociations** aus Listing 2.20 implementiert die Union-Funktionalität.

```
@Metadata.ignorePropagatedAnnotations: true
define view entity Z_UnionViewWithoutAssociations
  as select from Z_ViewAsDataSourceA
{
      @EndUserText.label: 'Label of UnionField1'
  key FieldA1 as UnionField1,
  key FieldA2 as UnionField2,
  key FieldA3 as UnionField3
}

union select from Z_ViewAsDataSourceB
{
  key FieldB1 as UnionField1,
  key FieldB2 as UnionField2,
  key ''      as UnionField3
}
```

Listing 2.20 Union-CDS-View ohne Assoziationsdefinitionen

Beispiel: Abhängiger CDS-View mit Assoziation

Der darauf aufbauende CDS-View Z_UnionView**WithAssociations** aus Listing 2.21 nutzt diesen Zwischen-View, um dessen Felder zu projizieren, und reichert dessen Union-Logik redundanzfrei mit der Assoziation _ViewC an.

```
define view entity Z_UnionViewWithAssociations
  as select from Z_UnionViewWithoutAssociations
  association [0..1] to Z_ViewAsDataSourceC as _ViewC
    on $projection.UnionField1 = _ViewC.FieldC1
{
  key UnionField1,
  key UnionField2,
```

```
  key UnionField3,
      _ViewC
}
```

Listing 2.21 CDS-View mit Assoziationsdefinition auf Basis des Union-CDS-Views

Assoziationsdefinitionen in Union-CDS-Views

Insbesondere wenn Sie einen größeren Umfang an Assoziationen innerhalb Ihres Union-Views definieren müssen, kann es vorteilhaft sein, die Assoziationsdefinitionen in einen eigenen übergeordneten CDS-View auszulagern. Dieser View kann über Projektionsbildung die Feldliste des Union-CDS-Views übernehmen und definiert die Assoziationen einmalig lokal.

2.11.2 Union- und Union-All-Logik

Union-Logik

Bei der Anwendung der Union-Logik werden Duplikate der Ausgangsdatensätze automatisch aus der Ergebnisliste entfernt. Beispielsweise führt die Implementierung in Listing 2.22 durch Anwendung der Union-Logik bei der Vereinigung derselben Datenquelle `Z_ViewAsDataSourceA` aus Listing 2.16 zu einem einzelnen resultierenden Datensatz.

```
@Metadata.ignorePropagatedAnnotations: true
define view entity Z_UnionViewWithoutDuplicates
  as select from Z_ViewAsDataSourceA
{
  key FieldA1
}
union select from Z_ViewAsDataSourceA
{
  key FieldA1
}
```

Listing 2.22 Union-CDS-View ohne Duplikate im Selektionsergebnis (Union-Logik)

Union-All-Logik

Ist dies nicht gewünscht, sollten Sie die *Union-All-Logik* anwenden. Die darüber definierte Vereinigung behält die Datensätze der beteiligten Datenquellen bei. Demzufolge beinhaltet das Selektionsergebnis des CDS-Views `Z_UnionViewWithDuplicates` aus Listing 2.23 im Vergleich zum Selektionsergebnis aus Listing 2.22 durch die Anwendung der Union-All-Logik zwei identische Datensätze.

```
@Metadata.ignorePropagatedAnnotations: true
define view entity Z_UnionViewWithDuplicates
  as select from Z_ViewAsDataSourceA
{
  FieldA1
}
union all select from Z_ViewAsDataSourceA
{
  FieldA1
}
```

Listing 2.23 Union-CDS-View mit Duplikaten im Selektionsergebnis (Union-All-Logik)

Performance-Optimierung

Durch den fehlenden Vergleich und die fehlende Filterung der Datensätze ist die Union-All-Logik im Allgemeinen performanter als die Union-Logik. Falls möglich, sollten Sie daher auf die Union-All-Logik zurückgreifen.

Schlüsseldefinitionen

Das Vereinigen von Selektionsergebnissen erfordert es, die Schlüsseldefinition eines Union-Views kritisch zu prüfen. Werden CDS-Views, die über eigene Schlüsseldefinitionen verfügen, zusammengeführt, entspricht der Schlüssel des Union-Views nicht zwangsläufig der Obermenge aller Schlüsselfelder der vereinigten Views: Beim Union-CDS-View `Z_UnionView` aus Listing 2.19 sind nicht nur die beiden Felder `UnionField1` und `UnionField2` Bestandteil des Schlüssels. Vielmehr ist auch das Feld `UnionField3` in den Schlüssel inkludiert. Dies ist für eine eindeutige Unterscheidung der beiden Datensätze des Selektionsergebnisses erforderlich (siehe Tabelle 2.4).

Wäre das Feld `UnionField3` für den zweiten Selektionszweig jedoch mit dem Wert »C« statt mit dem Initialwert »« belegt (und würde damit dem Wert des Datensatzes, den der View `Z_ViewAsDataSourceA` zurückliefert, entsprechen), könnte insgesamt kein eindeutiger Schlüssel für den Union-CDS-View `Z_UnionView` ausgezeichnet werden.

Für einen Union-CDS-View mit Duplikaten kann grundsätzlich kein eindeutiger Schlüssel angegeben werden. Deshalb sollte die Schlüsselauszeichnung hier stets entfallen (siehe auch Listing 2.23).

2.12 Intersect- und Except-Anweisungen

Die CDS-Syntax unterstützt Sie auch bei der Definition von Schnitt- und Differenzmengen von Datensätzen mehrerer Datenquellen.

Beispiel: CDS-Views, die als Datenquellen dienen

Betrachten wir dazu den CDS-View `Z_UnionViewAsDataSourceA` in Listing 2.24, der als Datenquelle fungieren soll. Er liefert zwei Datensätze entsprechend Tabelle 2.5 zurück.

```
@Metadata.ignorePropagatedAnnotations: true
define view entity Z_UnionViewAsDataSourceA
  as select distinct from t000
{
  key 'A' as Field1
}
union all select distinct from t100 {
  key 'B' as Field1
}
```

Listing 2.24 CDS-View »Z_UnionViewAsDataSourceA«

Z_UnionView-AsDataSourceA	Z_UnionView-AsDataSourceB	Z_ViewWith-Intersect	Z_ViewWith-Except
»A«	»A«	»A«	»B«
»B«	»C«	–	–

Tabelle 2.5 Werte des Felds »Field1« aus den Datensätzen der CDS-Views aus Listing 2.24 bis Listing 2.27

Analog dient der CDS-View `Z_UnionViewAsDataSourceB` aus Listing 2.25 als weitere Datenquelle. Er liefert ebenso zwei Datensätze entsprechend Tabelle 2.5 zurück.

```
@Metadata.ignorePropagatedAnnotations: true
define view entity Z_UnionViewAsDataSourceB
  as select distinct from t000
{
  key 'A' as Field1
}
union all select distinct from t100 {
  key 'C' as Field1
}
```

Listing 2.25 CDS-View »Z_UnionViewAsDataSourceB«

Schnittmenge definieren

Stellen Sie sich vor, dass Sie nun statt der zuvor in Abschnitt 2.11, »Union-Views«, diskutierten Vereinigungsmenge die Schnittmenge der Datensätze verschiedener Datenquellen ermitteln möchten. Dazu können Sie das CDS-Syntaxelement INTERSECT nutzen.

Beispiel: CDS-View, der eine Schnittmenge bildet

Der CDS-View Z_ViewWithIntersect aus Listing 2.26 definiert eine solche Schnittmenge der beiden Datenquellen Z_UnionViewAsDataSource**A** und Z_UnionViewAsDataSource**B**. Beide Datenquellen enthalten jeweils einen identischen Datensatz mit dem Wert »A« für das Feld Field1. Demzufolge repräsentiert dieser Datensatz das Ergebnis der Schnittstellenbildung (siehe auch Tabelle 2.5).

```
@Metadata.ignorePropagatedAnnotations: true
define view entity Z_ViewWithIntersect
  as select from Z_UnionViewAsDataSourceA
{
  key Field1
}
intersect select from Z_UnionViewAsDataSourceB
{
  key Field1
}
```

Listing 2.26 CDS-View, der eine Schnittmenge definiert

Differenzmenge definieren

Eine weitere Möglichkeit, Datensätze mehrerer Datenquellen zusammenzuführen, bietet die Differenzmengenbestimmung. Dazu können Sie das CDS-Syntaxelement EXCEPT einsetzen.

Beispiel: CDS-View, der eine Differenzmenge bildet

Der CDS-View Z_ViewWithExcept aus Listing 2.27 definiert die Differenz zwischen den Datensätzen der Datenquelle Z_UnionViewAsDataSource**A** und Z_UnionViewAsDataSource**B**. Da wie bereits erwähnt beide Datenquellen einen identischen Datensatz mit dem Wert »A« für das Feld Field1 enthalten, ist das Ergebnis der Differenzmenge durch den Datensatz des CDS-Views Z_UnionViewAsDataSource**A** determiniert, dessen Feld Field1 den Wert »B« aufweist (siehe auch Tabelle 2.5).

```
@Metadata.ignorePropagatedAnnotations: true
define view entity Z_ViewWithExcept
  as select from Z_UnionViewAsDataSourceA
{
  key Field1
}
except select from Z_UnionViewAsDataSourceB
```

```
{
  key Field1
}
```

Listing 2.27 CDS-View, der eine Differenzmenge definiert

2.13 Join-Verknüpfungen

Join-Definitionen

Mithilfe des *Join-Operators* können Sie bedingte Verknüpfungen zweier Datenquellen modellieren. Die *Join-Bedingungen* beschreiben dabei Kriterien, unter denen die Verknüpfung eines Datensatzes der ersten Datenquelle mit einem Datensatz der zweiten Datenquelle erfolgen soll.

Verwendung von Join-Verknüpfungen

Die per Join verknüpften Datenquellen Ihres CDS-Views können Sie beispielsweise dazu nutzen, Elemente in der Projektionsliste Ihres CDS-Views zu definieren. Überdies können Sie mit den Elementen der verknüpften Datenquellen die Where-Bedingungen Ihres CDS-Views anreichern.

Performance-Aspekte von Join-Verknüpfungen

Join-Verknüpfungen erschweren die Optimierung des Ausführungsplans der Selektionsanfrage in der Datenbank. Sie sollten Joins demnach nur dann in die Logik Ihres CDS-Views integrieren, wenn sie für die Funktionalität des entsprechenden CDS-Views tatsächlich erforderlich sind. Ansonsten sollten Sie auf eine *Denormalisierung* der CDS-Modelle, d. h. auf das Zusammenführen der Daten verschiedener CDS-Modelle über Join-Verknüpfungen, verzichten. Dies gilt insbesondere für CDS-Views, die Sie wiederverwenden wollen. Stattdessen sollten Sie erwägen, entsprechende Assoziationen zwischen den CDS-Modellen bereitzustellen (siehe Kapitel 3, »CDS-Assoziationen«). Diese Assoziationen kann ein Verwender Ihres Modells bedarfsweise nutzen, um die für ihn relevanten Datenanreicherungen selbstständig komfortabel vorzunehmen.

Join-Typen

CDS-Views unterstützen grundsätzlich vier Ausprägungen von Join-Verknüpfungen:

- **Left Outer Join**
  Verknüpfung einer ersten Datenquelle mit einer zweiten Datenquelle, deren Ergebnis alle Datensätze der ersten Quelle enthält
- **Right Outer Join**
  Verknüpfung einer zweiten Datenquelle mit einer ersten Datenquelle, deren Ergebnis alle Datensätze der zweiten Quelle enthält

- **Inner Join**
  Verknüpfung einer ersten Datenquelle mit einer zweiten Datenquelle, deren Ergebnis nur die Datensätze der ersten Quelle enthält, für die mindestens ein Join-Partner in der zweiten Datenquelle identifiziert werden kann
- **Cross Join**
  Verknüpfung aller Datensätze einer ersten Datenquelle mit allen Datensätzen einer zweiten Datenquelle. Die Anzahl der Ergebnisdatensätze entspricht der Anzahl der Datensätze der ersten Quelle, multipliziert mit der Anzahl der Datensätze der zweiten Datenquelle.

Anzahl der gebildeten Datensätze

Die Anzahl der durch die Join-Verknüpfung gebildeten Datensätze wird durch die Kardinalität des Join-Partners beeinflusst: Gibt es beispielsweise zu einem Datensatz der ersten Datenquelle mehr als einen korrespondierenden Datensatz in der zweiten Datenquelle, wird die Anzahl der resultierenden Datensätze durch die Anwendung der Left-Outer-Join-Logik entsprechend multipliziert.

Left Outer Joins und Inner Joins

Im Folgenden fokussieren wir uns auf Left-Outer-Join- und Inner-Join-Verknüpfungen, da diese beiden Join-Typen die größte Bedeutung haben. Die beiden CDS-Views `Z_ViewWith`**`LeftOuterJoins`** aus Listing 2.30 und `Z_ViewWith`**`InnerJoins`** aus Listing 2.32 sollen Ihnen verschiedene Aspekte der Join-Logik demonstrieren.

CDS-Views, die als Datenquellen dienen

Beide CDS-Views nutzen den CDS-View `Z_ViewAsDataSource`**`D`** aus Listing 2.28 als erste Datenquelle.

```
@Metadata.ignorePropagatedAnnotations: true
define view entity Z_ViewAsDataSourceD
  as select distinct from t000
{
  key cast( 'A' as abap.char(1) ) as FieldD1,
      cast( 'D' as abap.char(1) ) as FieldD2
}
union select distinct from t000
{
  key cast( 'C' as abap.char(1) ) as FieldD1,
      cast( 'E' as abap.char(1) ) as FieldD2
}
```

Listing 2.28 CDS-View »Z_ViewAsDataSourceD«

Der CDS-View `Z_ViewAsDataSource`**`E`** aus Listing 2.29 fungiert als zweite Datenquelle.

```
@Metadata.ignorePropagatedAnnotations: true
define view entity Z_ViewAsDataSourceE
  as select distinct from t000
{
  key cast( 'D' as abap.char(1) ) as FieldE1,
  key cast( 'H' as abap.char(1) ) as FieldE2
}
union select distinct from t000
{
  key cast( 'D' as abap.char(1) ) as FieldE1,
  key cast( 'I' as abap.char(1) ) as FieldE2
}
union select distinct from t000
{
  key cast( 'F' as abap.char(1) ) as FieldE1,
  key cast( 'I' as abap.char(1) ) as FieldE2
}
```

Listing 2.29 CDS-View »Z_ViewAsDataSourceE«

Gemäß ihrer Definition liefern die CDS-Views Z_ViewAsDataSource**D** und Z_ViewAsDataSource**E** zwei bzw. drei Datensätze. Tabelle 2.6 stellt diese schematisch dar.

CDS-View	FieldD1	FieldD2	FieldE1	FieldE2
Z_ViewAsDataSource**D**	»A«	»D«	–	–
	»C«	»E«	–	–
Z_ViewAsDataSource**E**	–	–	»D«	»H«
	–	–	»D«	»I«
	–	–	»F«	»I«
Z_ViewWith**LeftOuterJoins**	»A«	»D«	–	»H«
	»A«	»D«	–	»I«
	»C«	»E«	–	»null«
Z_ViewWith**InnerJoins**	»A«	»D«	–	»H«
	»A«	»D«	–	»I«

Tabelle 2.6 Datensätze der Datenquellen und der darauf aufbauenden Join-CDS-Views

Beispiel: CDS-View mit Left Outer Join

Werden diese beiden CDS-Views als Datenquellen wie in Listing 2.30 per Left Outer Join verknüpft, erhält die Ergebnisliste des darin definierten CDS-Views `Z_ViewWithLeftOuterJoins` drei Datensätze (siehe Tabelle 2.6).

```
define view entity Z_ViewWithLeftOuterJoins
  as select from            Z_ViewAsDataSourceD
    left outer one to many join Z_ViewAsDataSourceE
      on Z_ViewAsDataSourceD.FieldD2 = Z_ViewAsDataSourceE.FieldE1
{
  key Z_ViewAsDataSourceD.FieldD1,
  key Z_ViewAsDataSourceD.FieldD2,
  key Z_ViewAsDataSourceE.FieldE2
}
```

Listing 2.30 CDS-View mit Left Outer Join

Analyse des Beispiel-CDS-Views

Der erste Eintrag des CDS-Views `Z_ViewAsDataSourceD`, der den Wert »A« für das Schlüsselfeld `FieldD1` besitzt, ist mit zwei Datensätzen des CDS-Views `Z_ViewAsDataSourceE` verknüpft. Mithin erhält die Ergebnisliste des CDS-Views `Z_ViewWithLeftOuterJoins` zwei Datensätze zu diesem Eintrag. Dieser (mögliche) Kardinalitätssprung wird durch den Zusatz `TO MANY` der Left-Outer-Join-Anweisung bekannt gegeben. Wenn Sie die Werte der verknüpften Spalte `FieldE1` des Join-Partners `Z_ViewAsDataSourceE` genauer betrachten, werden Sie feststellen, dass es zu den entsprechenden Feldwerten keinen oder einen (d. h. maximal einen) Datensatz des CDS-Views `Z_ViewAsDataSourceD` gibt, der einen korrespondierenden Wert für das Feld `FieldD2` aufweist. Daher ist die Quellkardinalität der Left-Outer-Join-Verknüpfung in Listing 2.30 mit `ONE` ausgezeichnet. Dadurch ergibt sich insgesamt eine One-to-many-Verknüpfung.

Kardinalität der Join-Verknüpfungen angeben

Sie sollten stets die maximale Zielkardinalität (`TO ONE`, `TO EXACT ONE` oder `TO MANY`) eines Join-Partners angeben. Zusätzlich kann es sinnvoll sein, auch die Quellkardinalität `ONE`, `EXACT ONE` oder `MANY` zu spezifizieren. Diese Angaben dienen einerseits der Dokumentation des Aufbaus des CDS-Views. Andererseits können diese Informationen dazu genutzt werden, die Verarbeitung einer Selektionsanfrage in der Datenbank zu optimieren.

Falls Sie die Kardinalitätsangabe pflegen, sollten Sie allerdings darauf achten, dass diese korrekt definiert ist, da ansonsten das Selektionsergebnis fehlerhaft sein kann!

Null- und Initialwerte

Der zweite Eintrag des Views Z_ViewAsDataSource**D**, der den Wert »C« für das Schlüsselfeld FieldD1 besitzt, hat keinen Join-Partner. Gemäß der Left-Outer-Join-Semantik verbleibt dieser Datensatz dennoch in der Ergebnisliste. Das verknüpfte Feld FieldE2 des CDS-Views Z_ViewWith**LeftOuterJoins** erhält in diesem Fall auf Datenbankebene den Wert »null« .

Wenn Sie das Selektionsergebnis, wie in Listing 2.31 gezeigt, in eine interne ABAP-Tabelle transferieren, wird dieser Nullwert implizit in den Initialwert des korrespondierenden ABAP-Felds überführt. Das heißt, die ABAP-Laufzeitumgebung unterscheidet im Gegensatz zur CDS-Sprache und zur Datenbanklogik standardmäßig nicht zwischen Initialwerten und Nullwerten.

```
SELECT *
  FROM z_viewwithleftouterjoins
  INTO TABLE @DATA(lt_viewwithleftouterjoins).
```

Listing 2.31 Datenselektion in ABAP des CDS-Views aus Listing 2.30

[!]

Behandlung von Nullwerten

Auf SQL-Ebene ist der Unterschied zwischen Initialwerten und Nullwerten signifikant. Erstere stellen mit dem Initialwert bewertete Daten dar. Letztere stellen nicht bewertete Daten dar. In der Regel resultieren Nullwerte dabei aus Left-Outer-Join-Verknüpfungen ohne passenden Join-Partner.

Bei der Modellierung Ihrer CDS-View-Logik müssen Sie diese Unterscheidung beachten und gegebenenfalls gezielt behandeln. Beispielsweise kann es erforderlich sein, potenzielle Nullwerte bei der Formulierung Ihrer Where-Bedingungen zu berücksichtigen.

Nullwerte sollten Sie jedoch nicht unreflektiert durch Initialwerte in Ihrer CDS-View-Logik ersetzen. Ansonsten können gravierende Performance-Probleme auftreten.

Inner-Join-Verknüpfungen

Anders als eine Left-Outer-Join-Verknüpfung entfernt eine Inner-Join-Verknüpfung Datensätze ohne Join-Partner aus dem Selektionsergebnis. Entsprechend beinhaltet das Selektionsergebnis des CDS-Views Z_ViewWith**InnerJoins** aus Listing 2.32 lediglich zwei Datensätze (siehe Tabelle 2.6).

```
define view entity Z_ViewWithInnerJoins
  as select from Z_ViewAsDataSourceD
    inner join   Z_ViewAsDataSourceE
      on Z_ViewAsDataSourceD.FieldD2 = Z_ViewAsDataSourceE.FieldE1
{
  key Z_ViewAsDataSourceD.FieldD1,
```

```
  key Z_ViewAsDataSourceD.FieldD2,
  key Z_ViewAsDataSourceE.FieldE2
}
```

Listing 2.32 CDS-View mit Inner Join

Left Outer Join ohne Nullwerte

Ein entsprechendes Selektionsergebnis können Sie auch über eine Left-Outer-Join-Verknüpfung erzielen. Dazu müssen Sie über zusätzlich eingebrachte Where-Bedingungen die Existenz eines Datensatzes des jeweiligen Join-Partners sicherstellen. Sie können dabei ein adäquates Feld (in der Regel ein Schlüsselfeld) des Join-Partners dahingehend prüfen, dass dessen Wert vom Nullwert abweicht. Listing 2.33 illustriert dieses Vorgehen anhand des per Left-Outer-Join-verknüpften Felds `FieldE2`.

```
define view entity Z_ViewWithLeftOuterJoinsFiltrd
  as select from            Z_ViewAsDataSourceD
    left outer one to many join Z_ViewAsDataSourceE
      on Z_ViewAsDataSourceD.FieldD2 = Z_ViewAsDataSourceE.FieldE1
{
  key Z_ViewAsDataSourceD.FieldD1,
  key Z_ViewAsDataSourceD.FieldD2,
  key Z_ViewAsDataSourceE.FieldE2
}
where
  Z_ViewAsDataSourceE.FieldE2 is not null
```

Listing 2.33 CDS-View mit Left Outer Join und zusätzlicher Existenzprüfung des Join-Partners

Elemente mit Datenquellen qualifizieren

Wenn Sie mehrere Datenquellen über Join-Verknüpfungen zusammenführen, müssen Sie bei Bezügen auf die Elemente dieser Datenquellen deren Eindeutigkeit sicherstellen. Dazu können Sie den Elementnamen den Namen ihrer Datenquellen, getrennt durch einen Punkt, voranstellen. Dabei kann es auch erforderlich sein, Datenquellen, die mehrfach in die CDS-View-Logik eingebunden werden, über Aliasnamen für jede einzelne Einbindung voneinander abzugrenzen.

Beispiel: CDS-Views mit mehrfacher Join-Verknüpfung derselben Datenquelle

Listing 2.34 zeigt das Beispiel des CDS-Views `Z_ViewWithJoinsAndDataSrcAlias`, der den CDS-View `Z_ViewAsDataSourceD` zweimalig als Datenquelle verwendet. Um die beiden Einbindungen dieser Datenquelle voneinander abgrenzen zu können, werden sie mit den Aliasnamen `D1` bzw. `D2` belegt.

```
define view entity Z_ViewWithJoinsAndDataSrcAlias
  as select from            Z_ViewAsDataSourceD as D1
    left outer exact one to exact one join Z_ViewAsDataSourceD as D2
```

```
    on D1.FieldD1 = D2.FieldD1
{
  key D1.FieldD1,
      D2.FieldD2
}
```

Listing 2.34 CDS-View mit Aliasnamen für eine mehrfach eingebundene Datenquelle

2.14 SQL-Aggregationsfunktionen

SQL-Aggregationsfunktionen gestatten es Ihnen, die Berechnungen vordefinierter Aggregate effizient in der Datenbank durchführen zu lassen. Diese SQL-Funktionen können Sie auch innerhalb Ihrer CDS-View-Implementierung nutzen.

Aggregationen definieren

Dazu definieren Sie zunächst die *Aggregationsebene*, auf die Sie das Ergebnis verdichten wollen. Die Aggregationsebene erfassen Sie mit dem Syntaxelement GROUP BY. Die Group-By-Anweisung findet sich hinter der Projektionsliste und zählt alle Felder der Datenquellen auf, die in die Projektionsliste einfließen. Felder, über die das Aggregat berechnet wird, sind davon ausgenommen. Die gewünschte Aggregationsfunktion wenden Sie dann innerhalb der Projektionsliste des CDS-Views auf die zu aggregierenden Felder an.

Beispiel: Aggregation

Ein Anwendungsbeispiel illustrieren der CDS-View Z_ViewAsDataSourceF aus Listing 2.35 und der CDS-View Z_ViewWithAggregations aus Listing 2.36.

Beispiel: CDS-View, der als Datenquelle dient

Der CDS-View Z_ViewAsDataSourceF fungiert dabei als Datenquelle der Aggregation.

```
@Metadata.ignorePropagatedAnnotations: true
define view entity Z_ViewAsDataSourceF
  as select distinct from t000
{
  key abap.char'A' as Field1,
  key abap.char'A' as Field2,
      abap.int1'1' as Field3
}
union all select distinct from t000
{
  key abap.char'A' as Field1,
  key abap.char'B' as Field2,
      abap.int1'2' as Field3
```

```
}
union all select distinct from t000
{
  key abap.char'A' as Field1,
  key abap.char'C' as Field2,
      abap.int1'3' as Field3
}
```

Listing 2.35 CDS-View, der als Datenquelle einer Aggregation dient

Er definiert drei Datensätze entsprechend Tabelle 2.7.

Field1	Field2	Field3
»A«	»A«	»1«
»A«	»B«	»2«
»A«	»C«	»3«

Tabelle 2.7 Datensätze des CDS-Views »Z_ViewAsDataSourceF«

Beispiel: Aggregierender CDS-View

Der CDS-View Z_ViewWithAggregations aus Listing 2.36 beinhaltet die Aggregationslogik. Die Datensätze der Datenquelle sollen darin bis auf die Ebene des ersten Schlüsselfelds Field1 verdichtet werden. Entsprechend ist die angewandte Group-By-Anweisung des CDS-Views Z_ViewWithAggregations definiert.

```
define view entity Z_ViewWithAggregations
  as select from Z_ViewAsDataSourceF
{
  key Field1,
      min(Field3)                         as FieldWithMin,
      max(Field3)                         as FieldWithMax,
      avg( Field3 as abap.decfloat34 ) as FieldWithAvg,
      cast( sum(Field3) as abap.int4 ) as FieldWithSum,
      count( distinct Field1 )        as FieldWithCountDistinct,
      count(*)                            as FieldWithCountAll
}
  group by Field1
```

Listing 2.36 CDS-View mit Aggregationsfunktionen

Analyse des Beispiels

Im vorliegenden Fall umfasst das Resultat der Selektion des CDS-Views Z_ViewWithAggregations einen einzelnen Datensatz. Berechnet werden das Minimum MIN (FieldWithMin = »1«), das Maximum MAX (FieldWithMax = »3«), der Durchschnittswert AVG (FieldWithAvg = »2«) sowie die Summe SUM (FieldWithSum = »6«) der Werte des Felds Field3. Ferner werden für jeden Eintrag in der Ergebnisliste des aggregierenden Views Z_ViewWithAggregations die Anzahl der sich im Wert des gruppierenden Felds Field1 unterscheidenden Datensätze mit der Anweisung COUNT(DISTINCT...) (FieldWithCountDistinct = »1«) und die Anzahl der insgesamt verdichteten Datensätze mit der Funktion COUNT(*) (FieldWithCountAll = »3«) bestimmt.

Typisierung der Aggregatfelder

Beachten Sie, dass die Spalten für das Minimum FieldWithMin und das Maximum FieldWithMax die Typisierung INT1 des zugrunde liegenden Felds Field3 beibehalten. Standardmäßig würde dies auch für das Summenfeld FieldWithSum gelten. Durch die angewandte Cast-Operation wird dieses im Beispiel jedoch explizit auf den Typ INT4 verlängert. Wenn Sie Durchschnittswerte berechnen lassen, müssen Sie den Ergebnistyp explizit definieren. Im vorliegenden Fall wird das Feld FieldWithAvg mit dem Typ DECFLOAT34 definiert. Die Typisierung der Count-Felder, d. h. der Felder FieldWithCountDistinct und FieldWithCountAll, erfolgt implizit mit dem ABAP-Typ INT4.

[!]

Speicherüberläufe vermeiden

Um zur Ausführungszeit der Selektionsabfrage einen Speicherüberlauf beim Anwenden von Aggregationsfunktionen zu vermeiden, sollten Sie die erwarteten Wertebereiche und vorliegenden Typisierungen der Felder prüfen und die Wertebereiche gegebenenfalls über explizite Typkonvertierungen erweitern.

Performance-Aspekte

Wenn Sie Aggregationsfunktionen anwenden, sollten die gruppierenden Felder idealerweise keine berechneten oder per Join-Verknüpfung eingebrachten Felder beinhalten.

Des Weiteren sollten Sie versuchen, die Aggregation möglichst tief im CDS-View-Stack anzusiedeln, um den Umfang der prozessierten Daten so früh wie möglich auf ein Minimum zu reduzieren.

Konvertierungsfunktionen nutzen

Falls die zu aggregierenden Werte Beträge oder Mengen darstellen, müssen Sie diese vor einer Aggregation normieren. Das heißt, Sie müssen diese zunächst in die gleiche Einheit umrechnen oder aber die Einheit im Aufriss der Aggregationsstufe beibehalten, um ungewollte Berechnungsfehler zu vermeiden. In Abschnitt 2.18, »Konvertierungsfunktionen für Währungen und Mengeneinheiten«, erfahren Sie mehr über Konvertierungsfunktionen.

[!]

Konvertierungsfunktionen

Durch den Einsatz von Konvertierungsfunktionen auf nicht aggregierte Einzeldatensätze kann es zu erheblichen Performance-Einbußen kommen. Sie sollten in diesen Fällen erwägen, zunächst die Datensätze unter der Wahrung ihrer Einheiten zu aggregieren und die Konvertierungsfunktionen erst im Nachgang auf die vorverdichteten Datensätze anzuwenden.

2.15 Projektionsfelder

Projektionsfelder werden in der Selektionsliste eines CDS-Views definiert. Innerhalb der CDS-View-Definition können Sie auf diese Felder zugreifen, indem Sie ihren Namen den Operator $PROJECTION, getrennt von einem Punkt, voranstellen. Mithilfe der Projektionsfelder können Sie Berechnungsergebnisse innerhalb desselben Views referenzieren. Damit können Sie Berechnungen auf Basis der exponierten Felder, die als Zwischenergebnisse wiederverwendet werden, ineinander schachteln und somit als Gesamtergebnis ermitteln. Zusätzlich können Sie Projektionsfelder (mit einigen Einschränkungen) für die Definition von Assoziationen (siehe Kapitel 3, »CDS-Assoziationen«) nutzen.

Beispiel: CDS-View mit Projektionsfeldern

Listing 2.37 zeigt Ihnen die Definition des CDS-Views Z_ViewWithProjectionFields, der Projektionsfelder für weitere Berechnungen nutzt.

```
define view entity Z_ViewWithProjectionFields
  as select distinct from t000
{
  abap.char'A' as FieldA,
  abap.char'B' as FieldB,
  concat( $projection.FieldA, $projection.FieldB ) as FieldC,
  concat( abap.char'A', abap.char'B' ) as FieldC2,
  concat( $projection.FieldC, abap.char'D' ) as FieldD,
  concat( concat( abap.char'A', abap.char'B' ),
    abap.char'D' ) as FieldD2
}
```

Listing 2.37 CDS-View mit Projektionsfeldern

Analyse des Beispiels

Im dargestellten Beispiel werden zwei Felder, FieldA und FieldB, mit den konstanten Werten »A« und »B« definiert. Das Feld FieldC setzt diese beiden Felder lokal zusammen. Das Feld FieldC2, das die beiden Konstanten »A«

und »B« direkt zusammensetzt, beinhaltet dasselbe Ergebnis wie das Feld FieldC. In analoger Weise exponieren die Felder FieldD und FieldD2 identische Werte. Dabei nutzt das Feld FieldD die implementierte Logik des Felds FieldC, während der Wert des Felds FieldD2 von Grund auf neu berechnet wird.

Projektionsfelder in Datenbank-Views

Aus technischer Sicht wird die Logik der lokal wiederverwendeten Projektionsfelder bei der Ableitung der Datenbank-Views dergestalt aufgelöst, dass die resultierende Logik keine Projektionsfelder mehr beinhaltet. Listing 2.38 zeigt die Create-Anweisung des Datenbank-Views zum CDS-View Z_ViewWithProjectionFields aus Listing 2.37. Sie können darin erkennen, dass die beiden Felddefinitionen FieldC und FieldC2 bzw. FieldD und FieldD2 identisch sind.

```
CREATE OR REPLACE VIEW "Z_VIEWWITHPROJECTIONFIELDS" AS SELECT
  DISTINCT N'A' AS "FIELDA",
  N'B' AS "FIELDB",
  CONCAT(
    N'A',
    N'B'
  ) AS "FIELDC",
  CONCAT(
    N'A',
    N'B'
  ) AS "FIELDC2",
  CONCAT(
    RTRIM(
      CONCAT(
        N'A',
        N'B'
      )
    ),
    N'D'
  ) AS "FIELDD",
  CONCAT(
    RTRIM(
      CONCAT(
        N'A',
        N'B'
      )
    ),
```

```
    N'D'
  ) AS "FIELDD2"
FROM "T000" "T000"
```

Listing 2.38 Create-Anweisung zum Datenbank-View, der aus Listing 2.37 generiert wird

2.16 Parameter

Parameter sind Bestandteile der Signatur der CDS-Modelle. Sie müssen im Rahmen der Datenselektion vom Aufrufer mit skalaren Eingabewerten versorgt werden.

Parameter einsetzen

Sie haben die Möglichkeit, Parameterwerte in die Logik Ihrer CDS-Modelle einfließen zu lassen und damit dem Verwender des CDS-Modells vorgedachte Steuerungsoptionen für die Datenselektion anzubieten. Sie können die Selektionsmöglichkeiten mit Parametern aber auch bewusst eingrenzen, indem Sie diese für eine vorgedachte Zwangsfilterung des Selektionsergebnisses nutzen.

Definition von Parametern

Parameter werden unmittelbar hinter dem Namen des CDS-Modells aufgelistet. Die Parameterliste wird dabei durch das CDS-Syntaxelement `WITH PARAMETERS` eingeleitet. Die in dieser Liste definierten Parameter besitzen einen Namen und einen Typ, die durch einen Doppelpunkt voneinander getrennt werden. Die Typisierung kann sowohl auf elementaren ABAP-Typen als auch auf Datenelementen oder Simple-Types basieren. Listing 2.39 zeigt zwei dieser Typisierungsmöglichkeiten, die Nutzung des elementaren ABAP-Typs `DATS` sowie die Nutzung des Datenelements `SYLANGU`, anhand eines Beispiels.

```
define view entity Z_ViewWithParameters
  with parameters
    P_KeyDate  : abap.dats,
    P_Language : sylangu
  as select from ...
```

Listing 2.39 Definition von Parametern

Die Parameternamen müssen innerhalb eines CDS-Modells eindeutig sein und sich auch von den Namen der Elemente unterscheiden.

[+]

Parameternamen wählen

Sie sollten den Namen von Parametern vorzugsweise mit dem Präfix »P_« beginnen lassen, gefolgt von dem semantischen Namen des transportierten Werts. Damit können Sie die Namen der Parameter eindeutig von den Namen der übrigen Elemente des CDS-Modells abgrenzen.

Verwendung von Parametern in CDS-Modellen

Parameter können innerhalb eines CDS-Modells an unterschiedlichen Stellen Verwendung finden. Zum Beispiel können Parameter folgendermaßen genutzt werden:

- um Where-Bedingungen zu formulieren
- um Felder der Projektionsliste eines CDS-Views zu berechnen
- um Parameter anderer Datenquellen mit Werten zu versorgen

Innerhalb Ihrer CDS-Modelle können Sie auf deren Parameter über das ihnen vorangestellte und durch einen Punkt separierte CDS-Syntaxelement `$PARAMETERS` zugreifen. Betrachten Sie dazu die drei folgenden, miteinander in Beziehungen stehenden CDS-Views aus Listing 2.40 bis Listing 2.43 sowie die in Listing 2.44 skizzierten Datenselektionen in ABAP.

Beispiel: CDS-View als Datenquelle

Für alle Selektionen dient der CDS-View `Z_ViewWithParametersDataSource` aus Listing 2.40 als grundlegende Datenquelle. Gemäß seiner Definition liefert dieser CDS-View einen Datensatz.

```
define view entity Z_ViewWithParametersDataSource
  as select distinct from t000
{
  key abap.char'A'        as KeyField,
  key abap.lang'E'        as Language,
  key abap.dats'99580809' as ValidityEndDate,
      abap.dats'20111004' as ValidityStartDate
}
```

Listing 2.40 CDS-View, der als Datenquelle fungiert

Beispiel: CDS-View mit Parametern

Der darauf aufbauende CDS-View `Z_ViewWithParameters` aus Listing 2.41 definiert jeweils einen Parameter für den Stichtag `P_KeyDate` und die Sprache `P_Language`.

```
define view entity Z_ViewWithParameters
  with parameters
    P_KeyDate  : abap.dats,
    P_Language : sylangu
  as select from Z_ViewWithParametersDataSource
```

```
  association [0..*] to Z_ViewWithParametersAscTarget as _Target
    on  $projection.KeyField = _Target.KeyField
  association [0..1] to Z_ViewWithParametersAscTarget as _
FilteredTarget
    on  $projection.KeyField = _FilteredTarget.KeyField
    and $projection.Language = _FilteredTarget.Language
{
  key KeyField,
      ValidityEndDate,
      ValidityStartDate,
      $parameters.P_Language     as Language,
      _Target(P_ValidityDate: $parameters.P_KeyDate)
        [1:Language= $parameters.P_
Language].KeyField as TargetKeyField,
      _FilteredTarget
}
where ValidityEndDate   >= $parameters.P_KeyDate
  and ValidityStartDate <= $parameters.P_KeyDate
  and Language           = $parameters.P_Language
```

Listing 2.41 CDS-View mit Parametern

Analyse des Beispiels

Diese Parameter werden in der Where-Bedingung genutzt, um die Datenselektion einzuschränken. Der Parameter P_Language wird darüber hinaus als Feld Language in die Projektionsliste des CDS-Views eingebracht. Dieses Feld weist für alle Datensätze denselben, durch den Parameter definierten Wert auf. Über dieses Projektionsfeld gelangt der Parameterwert über den Ausdruck $projection.Language = _FilteredTarget.Language indirekt in die Definition der Assoziation _FilteredTarget. Alternativ könnten Sie den Parameter unmittelbar auf der rechten Seite eines Ausdrucks wie z. B. _FilteredTarget.Language = **$parameters.**P_Language nutzen, um die Assoziation _FilteredTarget zu definieren.

Beispiel: Assoziationsziel mit Parameter

Der in Listing 2.41 über die Assoziation _FilteredTarget assoziierte CDS-View Z_ViewWithParametersAscTarget definiert einen Parameter gemäß Listing 2.42.

```
define view entity Z_ViewWithParametersAscTarget
  with parameters
    P_ValidityDate : abap.dats
  as select from Z_ViewWithParametersDataSource
{
  key KeyField,
  key Language,
```

```
      ValidityEndDate,
      ValidityStartDate
}
where ValidityEndDate   >= $parameters.P_ValidityDate
  and ValidityStartDate <= $parameters.P_ValidityDate
```

Listing 2.42 CDS-View mit Parameter, der als Assoziationsziel dient

Parameter in Pfadausdrücken

Beim Zugriff auf das Feld KeyField des assoziierten CDS-Views Z_ViewWith ParametersAscTarget über den folgenden Pfadausdruck

```
_Target(P_ValidityDate:$parameters.P_KeyDate)
  [1:Language=$parameters.P_Language].KeyField
```

im CDS-View Z_ViewWithParameters aus Listing 2.41 muss dessen Parameter P_ValidityDate versorgt werden. Dies geschieht mithilfe der Nutzung des CDS-View-eigenen Parameters P_KeyDate.

Des Weiteren wird in dem skizzierten Pfadausdruck der zweite lokale Parameter P_Language des Quell-CDS-Views Z_ViewWithParameters dazu verwendet, einen Filter auf dem assoziierten Zielfeld Language zu applizieren. Dadurch ist der Schlüssel und damit auch der assoziierte Datensatz des Ziel-Views eindeutig fixiert. Demzufolge beträgt die maximale Kardinalität des Pfads »1«.

[«]

Fehlende Möglichkeit, Zielparameter in Assoziationsdefinitionen zu spezifizieren

Innerhalb der Definition einer Assoziation können Sie Parameter der Assoziationsziele nicht versorgen. Daraus folgt unter anderem, dass Sie keine expliziten Verknüpfungen von Parametern einander assoziierender CDS-Modelle realisieren können. Auch eine Zwangskopplung der Parameter mehrerer CDS-Modelle kann demnach nicht realisiert werden. Vielmehr muss der Verwender die voneinander technisch getrennten Parameter beim Zugriff auf ein entsprechendes CDS-Modell immer explizit mit Daten versorgen.

Beispiel: Selektion von CDS-Views mit Parametern im CDS-View-Stack

Wenn Sie das CDS-Modell Z_ViewWithParameters aus Listing 2.41 als Datenquelle einer Selektion nutzen möchten, müssen Sie alle Parameter dieses Modells mit Werten versorgen. Beispielsweise zeigt Listing 2.43 einen CDS-View Z_ViewWithParametersConsumer, der die beiden Parameter P_KeyDate und P_Language seines Basis-CDS-Views Z_ViewWithParameters mit der Sitzungsvariablen $session.system_date bzw. mit der Konstante »E« versorgt.

```
define view entity Z_ViewWithParametersConsumer
  as select from Z_ViewWithParameters(
    P_KeyDate: $session.system_date,
    P_Language: 'E')
{
  key KeyField
}
```

Listing 2.43 CDS-View, der die Parameter seiner Datenquelle versorgt

Beispiel: Selektion von CDS-Views mit Parametern in ABAP

Eine entsprechende Selektion in ABAP zeigt Listing 2.44. Darin wird analog zur CDS-Sitzungsvariablen das ABAP-Systemfeld `SY-DATUM` verwendet, um den Parameter `P_KeyDate` zu versorgen.

```
SELECT keyfield
   FROM z_viewwithparameters(
     p_keydate  = @sy-datum,
     p_language = 'E' )
   INTO TABLE @DATA(lt_viewwithparameters).
```

Listing 2.44 Datenselektion in ABAP, die der CDS-View-Modellierung aus Listing 2.43 entspricht

Verpflichtende und optionale Versorgung von Parametern

Innerhalb des CDS-View-Stacks müssen Parameter immer obligatorisch übergeben werden. Die ABAP-SQL-Schnittstelle von ABAP unterstützt im Gegensatz dazu auch die automatische Versorgung von Parametern, die die Annotation `@Environment.systemField` tragen. Die zulässigen Werte dieser Annotation, wie »SYSTEM_DATE« und »SYSTEM_LANGUAGE«, korrespondieren mit den Werten der ABAP-Systemfelder, wie `SY-DATUM` und `SY-LANGU`.

Wird ein derartig annotierter Parameter bei einem Selektionszugriff über die ABAP-SQL-Schnittstelle nicht explizit mit einem Wert versorgt, füllt die ABAP-Laufzeitumgebung den Parameter selbstständig mit dem Wert des entsprechenden ABAP-Systemfelds. Aus der ABAP-Perspektive betrachtet, scheint der entsprechende Parameter des CDS-Modells damit optional zu sein.

Beispiel: Datenselektionen in ABAP

Diesen Sachverhalt demonstriert das folgende Beispiel. Es umfasst den CDS-View `Z_ViewWithOptionalParameters` aus Listing 2.45 und die beiden darauf aufbauenden Datenselektionen aus Listing 2.46 und Listing 2.47.

Der Parameter `P_KeyDate` des CDS-Views `Z_ViewWithOptionalParameters` aus Listing 2.45 ist annotiert mit `@Environment.systemField: #SYSTEM_DATE`.

```
define view entity Z_ViewWithOptionalParameters
  with parameters
    @Environment.systemField: #SYSTEM_DATE
    P_KeyDate : abap.dats
  as select distinct from Z_ViewWithParametersDataSource
{
  key KeyField
}
where ValidityEndDate   >= $parameters.P_KeyDate
  and ValidityStartDate <= $parameters.P_KeyDate
```

Listing 2.45 CDS-View mit speziell annotiertem Parameter

In Listing 2.46 wird dieser Parameter explizit mit dem Systemfeld SY-DATUM versorgt.

```
SELECT *
   FROM z_viewwithoptionalparameters( p_keydate = @sy-datum )
   INTO TABLE @DATA(lt_viewwithoptionalparameters).
```

Listing 2.46 Datenselektion in ABAP mit expliziter Versorgung des CDS-View-Parameters

Im Gegensatz dazu bleibt der Parameter bei der Selektion in Listing 2.47 unberücksichtigt.

```
SELECT *
   FROM z_viewwithoptionalparameters
   INTO TABLE @DATA(lt_viewwithoptionalparameters).
```

Listing 2.47 Datenselektion in ABAP mit impliziter Versorgung des CDS-View-Parameters

Nichtsdestotrotz liefern beide Selektionen das gleiche Ergebnis.

[+]

Verwendung von Parametern prüfen

Da Parameter im Allgemeinen eine Versorgung ihrer Werte erzwingen, muss der Verwender die zulässigen Wertebereiche kennen, um eine Datenselektion erfolgreich durchführen zu können. Eine einfache Datenselektion ist damit nicht möglich. Zudem ist in aller Regel das Hinzufügen, Ändern oder Entfernen eines Parameters für die Verwender des betroffenen CDS-Modells inkompatibel. Das heißt, die Verwender müssen auf diese Veränderungen reagieren. Daher sollten Sie Parameter in Ihren CDS-Modellen nur dann nutzen, wenn diese für deren Funktion unabdingbar sind.

2.17 Referenzfelder

Referenzfelder sind Betrags- und Mengenfelder, die Referenzen zu ihren Währungs- und Einheitenfeldern besitzen. Derartige Referenzen sind technisch erforderlich für Felder, die den ABAP-Typ CURR oder QUAN aufweisen.

Betrags- und Mengenfelder definieren

In CDS-Modellen werden Währungs- und Einheitenbezüge über die Annotationen @Semantics.amount.currencyCode... bzw. @Semantics.quantity.unitOfMeasure... erfasst. Darin repräsentiert der annotierte Wert das referenzierte Währungs- oder Einheitenfeld. Die von Feldern mit den Typen CURR und QUAN referenzierten Felder müssen den Typ CUKY bzw. UNIT aufweisen. Die entsprechenden Währungscodes finden Sie in der Tabelle TCURC. Die zulässigen Mengeneinheiten entstammen der Tabelle T006.

Beispiel: CDS-View mit Betrags- und Mengenfeld

Listing 2.48 illustriert den CDS-View Z_ViewWithReferenceFields**A**, der ein Betrags- und Mengenfeld definiert.

```
define view entity Z_ViewWithReferenceFieldsA
  as select distinct from t000
{
  @Semantics.quantity.unitOfMeasure: 'QuantityUnit'
  abap.quan'1234.56'                        as Quantity,
  abap.unit'PC'                             as QuantityUnit,
  @Semantics.amount.currencyCode: 'Currency'
  abap.curr'1234.56'                        as Amount,
  abap.cuky'USD'                            as Currency
}
```

Listing 2.48 CDS-View mit Betrags- und Mengenfeld

[!]

Typisierung der CURR-Felder beachten

Sie sollten CURR-Felder immer nur mit zwei Dezimalstellen definieren. Anderenfalls ist die Dezimalstellenverschiebungslogik (Currency-Shift-Logik) undefiniert und kann zu unerwarteten Ergebnissen führen. Mehr dazu erfahren Sie in Abschnitt 17.2.3, »Dezimalstellen-Verschiebungslogik für Beträge«.

Berechnete Mengen

Neben einfachen Mengen, die Einheiten der Tabelle T006 referenzieren, unterstützen CDS-Modelle auch die Definition von Mengen, die aus anderen Mengen und Beträgen berechnet werden. Analog zu den Standardmengenfeldern stellen Sie die Einheitenbezüge der berechneten Mengenfelder über die Annotation @Semantics.quantity.unitOfMeasure... her. Da die entsprechenden Einheitenfelder komplexe Ausdrücke mit unterschiedlichen Einheiten und Währungen erfassen können, werden sie als zeichenartige Felder spezifiziert. Üblicherweise werden diese Felder als virtuelle Felder modelliert und per ABAP-Code mit Werten bestückt. Falls möglich, können Sie die Feldwerte jedoch auch über geeignete Zeichenkettenoperationen in Ihren CDS-Modellen implementieren. Listing 2.49 zeigt ein entsprechendes Beispiel.

Typkonvertierungen der Referenzfelder

Wenn Sie ein CURR-Feld in eine Berechnung inkludieren wollen, müssen Sie dieses zunächst mithilfe der Funktion GET_NUMERIC_VALUE in ein einfaches Feld ohne Währungsreferenz überführen. Entsprechend können Sie die genannte Funktion auch einsetzen, wenn Sie ein Mengenfeld von dessen Einheitenbezug trennen wollen. Im Falle eines Felds vom Typ CURR entfernt diese Funktion nicht nur dessen Referenzbezug, sondern konvertiert den CURR-Wert auch in einen Wert vom Typ DECFLOAT34, unter impliziter Anwendung der Dezimalstellenverschiebungslogik.

Möchten Sie den Typ des Betragsfelds von CURR nach DECFLOAT konvertieren und dabei dessen Referenzfeld beibehalten, können Sie die Funktion CURR_TO_DECFLOAT_AMOUNT nutzen. Da das resultierende Feld als Betragsfeld betrachtet wird, muss dieses auch eine Währungsreferenz über @Semantics.amount.currencyCode... deklarieren.

Beispiel: CDS-View mit Typkonvertierungen der Referenzfelder

Der CDS-View Z_ViewWithReferenceFields**B** aus Listing 2.49 basiert auf dem CDS-View Z_ViewWithReferenceFields**A** aus Listing 2.48. Er demonstriert Ihnen den Einsatz der zuvor besprochenen Konvertierungsfunktionen sowie die mögliche Definition einer berechneten Menge und deren Einheit.

```
define view entity Z_ViewWithReferenceFieldsB
  as select from Z_ViewWithReferenceFieldsA
{
  @Semantics.quantity.unitOfMeasure: 'QuantityUnit'
  Quantity,
  QuantityUnit,
  @Semantics.amount.currencyCode: 'Currency'
  Amount,
  Currency,
  get_numeric_value( Amount )       as AmountWithoutReference,
  get_numeric_value( Quantity )     as QuantityWithoutReference,
  @Semantics.amount.currencyCode: 'Currency'
  curr_to_decfloat_amount( Amount ) as DecfloatAmount,
  @Semantics.quantity.unitOfMeasure: 'CalculatedUnit'
  get_numeric_value( Amount ) / $projection.quantity
                                    as AmountPerQuantity,
  cast( concat( Currency,
```

```
                        concat( '/', QuantityUnit)
        ) as abap.char(50) )   as CalculatedUnit
}
```

Listing 2.49 CDS-View mit konvertierten Betrags- und Einheitenfeldern

Referenzfeldinformationen anzeigen

Falls Sie einen Überblick über die Referenzfelder Ihres CDS-Modells erhalten wollen, können Sie dazu Ihren Cursor auf dem entsprechenden Namen des CDS-Modells positionieren und [F2] drücken. Dies öffnet ein Informationsfenster, das die Felder mit ihren Typisierungen und Referenzen auflistet. Abbildung 2.2 präsentiert Ihnen diese Übersicht für den CDS-View `Z_ViewWithReferenceFieldsB` aus Listing 2.49.

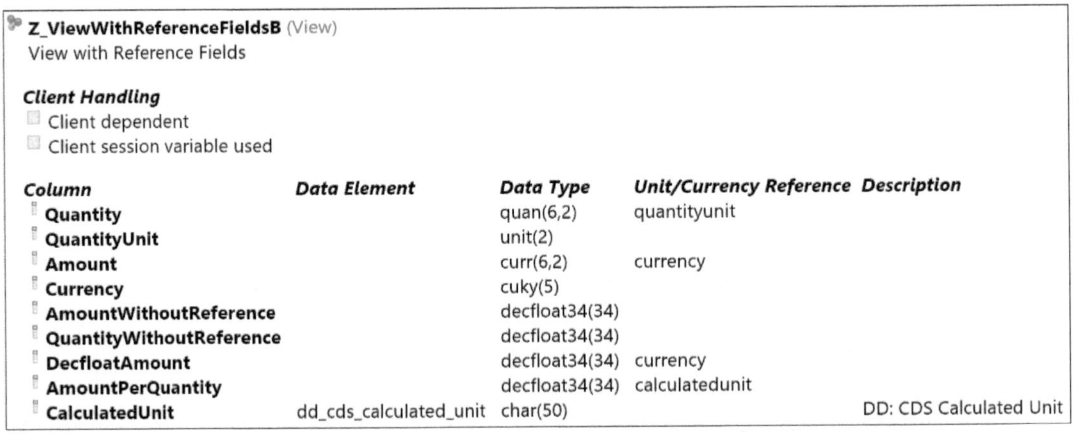

Z_ViewWithReferenceFieldsB (View)
View with Reference Fields

Client Handling
☐ Client dependent
☐ Client session variable used

Column	*Data Element*	*Data Type*	*Unit/Currency Reference*	*Description*
Quantity		quan(6,2)	quantityunit	
QuantityUnit		unit(2)		
Amount		curr(6,2)	currency	
Currency		cuky(5)		
AmountWithoutReference		decfloat34(34)		
QuantityWithoutReference		decfloat34(34)		
DecfloatAmount		decfloat34(34)	currency	
AmountPerQuantity		decfloat34(34)	calculatedunit	
CalculatedUnit	dd_cds_calculated_unit	char(50)		DD: CDS Calculated Unit

Abbildung 2.2 Technische Feldinformationen zum CDS-View aus Listing 2.49

2.18 Konvertierungsfunktionen für Währungen und Mengeneinheiten

Konvertierungsfunktionen für die Umrechnung von Währungen und Mengeneinheiten basieren auf einem Geflecht persistenter Datensätze. Diese Datensätze fließen im Rahmen der Prozessierung der Konvertierungsanfrage in die Auswertungslogik ein. Die zugrunde liegenden Datenbanktabellen erfassen z. B. die zeitabhängigen Umrechnungsfaktoren zwischen verschiedenen Landeswährungen. Diese müssen stichtagsbezogen in die Konvertierungslogik integriert werden.

Einheitenumrechnung in CDS-Views

Die CDS-Sprache erlaubt es Ihnen, die Konvertierungsfunktionen direkt in die Logik Ihrer CDS-Datenmodelle einzubetten. Eine derartige Integration ist in Listing 2.50 für eine Einheitenumrechnung dargestellt.

```
define view entity Z_ViewWithUnitConversions
  with parameters
    P_DisplayUnit : msehi
  as select from ZI_SalesOrderItem
{
  key SalesOrder,
  key SalesOrderItem,
      @Semantics.quantity.unitOfMeasure: 'OrderQuantityUnit'
      OrderQuantity,
      OrderQuantityUnit,
      @Semantics.quantity.unitOfMeasure: 'OrderQuantityDisplayUnit'
      unit_conversion( quantity       => OrderQuantity,
                       source_unit    => OrderQuantityUnit,
                       target_unit    => $parameters.P_DisplayUnit,
                       error_handling => 'FAIL_ON_ERROR' )
        as OrderQuantityInDisplayUnit,
      $parameters.P_DisplayUnit as OrderQuantityDisplayUnit
}
```

Listing 2.50 CDS-View mit Einheitenumrechnung

Währungsumrechnung in CDS-Views

Listing 2.51 zeigt ein entsprechendes Beispiel für eine Währungsumrechnung.

```
define view entity Z_ViewWithCurrencyConversions
  with parameters
    P_DisplayCurrency  : waers_curc,
    P_ExchangeRateDate : sydatum
  as select from ZI_SalesOrderItem
{
  key SalesOrder,
  key SalesOrderItem,
      @Semantics.amount.currencyCode: 'TransactionCurrency'
      NetAmount,
      TransactionCurrency,
      @Semantics.amount.currencyCode: 'DisplayCurrency'
      currency_conversion(
                 amount             => NetAmount,
                 source_currency    => TransactionCurrency,
                 target_currency    => $parameters.P_DisplayCurrency,
                 exchange_rate_date => $parameters.P_ExchangeRateDate,
                 exchange_rate_type => 'M',
                 round              => 'X',
                 decimal_shift      => 'X',
```

```
                  decimal_shift_back => 'X',
                  error_handling     => 'FAIL_ON_ERROR' )
               as NetAmountInDisplayCurrency,
      $parameters.P_DisplayCurrency as DisplayCurrency
}
```

Listing 2.51 CDS-View mit Währungsumrechnung

Analyse der Beispiele

Grundsätzlich besitzen die Konvertierungsfunktionen Pflichteingabeparameter sowie optionale Parameter, die Sie nur dann versorgen müssen, wenn Sie den ihnen standardseitig zugewiesenen Default-Wert übersteuern wollen. Abhängig vom konkreten Eingabeparameter der Konvertierungsfunktion können Sie diesen entweder mit einem Literalwert, mit einem Aktualwert des betreffenden Datensatzes oder mit einem Parameterwert belegen.

Einheitenkonvertierung

Die Einheitenkonvertierung macht sich die Funktion UNIT_CONVERSION zunutze. In Listing 2.50 fließen die Menge quantity und deren Einheit source_unit in diese Funktion ein. Ihre Werte werden an die beiden Felder OrderQuantity und OrderQuantityUnit des CDS-Views Z_ViewWithUnitConversions gebunden. Der semantische Zusammenhang zwischen diesen beiden Feldern wird über die Annotation @Semantics.quantity.unitOfMeasure:'OrderQuantityUnit' des Felds OrderQuantity ausgedrückt.

Die Zieleinheit der Umrechnung target_unit wird durch den Parameter P_DisplayUnit des CDS-Views festgelegt. Das Resultat wird in das Feld OrderQuantityInDisplayUnit zurückgestellt. Dieses wird mit dem Einheitenfeld OrderQuantityDisplayUnit, das aus dem CDS-Parameter P_DisplayUnit abgeleitet wird, über die Annotation @Semantics.quantity.unitOfMeasure: 'OrderQuantityDisplayUnit' in Beziehung gesetzt.

Währungskonvertierung

Die Währungsumrechnung mit der Funktion CURRENCY_CONVERSION in Listing 2.51 entspricht im Wesentlichen der zuvor diskutierten Einheitenumrechnung. Neben dem Betragsfeld amount, das mit dem Aktualwert aus dem Feld NetAmount belegt wird, dem Währungsfeld source_currency, das mit dem Aktualwert aus dem Feld TransactionCurrency belegt wird, und der über den Parameter P_DisplayCurrency vorgegebenen Zielwährung target_currency gehen jedoch noch weitere Parameter in die Berechnung mit ein. Insbesondere der Stichtag der Umrechnung exchange_rate_date ist durch den Aufrufer der Funktion zu spezifizieren. Im vorliegenden Fall wird dieser über den Parameter P_ExchangeRateDate vorgegeben. Als Umrechnungstyp exchange_rate_type wird der Fixwert »M« genutzt.

Des Weiteren können Sie das kaufmännische Runden (Funktionsparameter round) und die Anwendung von Dezimalstellenverschiebungen vor (Funktionsparameter `decimal_shift`) und nach der Berechnung (Funktionsparameter `decimal_shift_back`) aktivieren bzw. deaktivieren. Im skizzierten Beispiel werden diese Funktionsparameter mit dem konstanten Literalwert »X« belegt. Diese Belegung entspricht den Default-Werten der genannten Parameter.

Der Zusammenhang zwischen den Betrags- und Währungsfeldern wird über die Annotation `@Semantics.amount.currencyCode:...` erfasst.

Fehlerbehandlung

Besonderes Augenmerk im Umgang mit den Konvertierungsfunktionen erfordert die Behandlung von möglichen Fehlern. Die beiden zuvor skizzierten Beispiele verwenden als eingestellte Fehlerbehandlung den Wert `'FAIL_ON_ERROR'`. Dieser Wert entspricht der Standardbelegung des Eingabeparameters. Diese Belegung bewirkt, dass es zu einem Laufzeitfehler in der Datenbank kommt, wenn die Konvertierung nicht erfolgreich durchgeführt werden kann.

Die möglichen Ursachen für derartige Fehler sind vielfältig. Die Einheitenumrechnung kann z. B. dann nicht erfolgreich ausgeführt werden, wenn die per Parameter eingebrachte Zieleinheit nicht existiert. Die Fehlerbehandlung `'FAIL_ON_ERROR'` setzt demnach ein hohes Maß an Datenkonsistenz und -vollständigkeit sowie eine Kontrolle der Eingabeparameter voraus, um mögliche Fehlersituationen auf ein Minimum zu reduzieren.

Neben dem Wert `'FAIL_ON_ERROR'` zur Fehlerbehandlung gibt es noch die beiden Werte `'KEEP_UNCONVERTED'` und `'SET_TO_NULL'`:

- Der Wert `'KEEP_UNCONVERTED'` führt dazu, dass der ursprüngliche Wert zurückgestellt wird, falls es im Rahmen der Konvertierung zu Problemen kommt.
- Der Wert `'SET_TO_NULL'` bedingt, dass in einem solchen Fall der Nullwert zurückgeliefert wird.

Wünschen Sie eine dieser Fehlerbehandlungen, sollten Sie den Eingabeparameter der Konvertierungsfunktion entsprechend belegen. Beachten Sie jedoch, dass Sie Probleme eventuell nicht erkennen, wenn Sie eine Fehlerbehandlung wählen, die sich von der des Werts `'FAIL_ON_ERROR'` unterscheidet.

[«]

Konvertierungsfunktionen in analytischen Queries

In analytischen Query-CDS-Views werden die Umrechnungsfunktionen für Währungen und Mengeneinheiten von der *analytischen Engine* ausgeführt, nachdem die Datensätze aggregiert wurden. Verglichen mit der Anwendung derselben Konvertierungsfunktionen auf den zugrunde liegenden, nicht verdichteten Datensätzen kann dies die Performance erheblich steigern.

Zusätzlich ist in der analytischen Engine eine eigene Behandlung von Konvertierungsfehlern implementiert: Wenn Sie die Konvertierung in einem analytischen Query-CDS-View anwenden, bleibt der ursprüngliche Wert mit seiner Einheit erhalten, falls die angeforderte Konvertierung fehlschlägt.

Weitere Informationen zu den analytischen Queries und der analytischen Engine erhalten Sie in Abschnitt 10.3, »Analytische Queries«.

2.19 CDS-Provider-Kontrakte

Hintergrundinformationen

CDS-Provider-Kontrakte definieren formale Regeln, denen der Aufbau der entsprechend deklarierten CDS-Entitäten folgen muss. Diese Regeln orientieren sich an vorgedachten Nutzungsszenarien der CDS-Entitäten. Inhaltlich entsprechen die CDS-Provider-Kontrakte den korrespondierenden per Annotation `@ObjectModel.modelingPattern` erfassten Modellierungsmustern. Innerhalb einer Kompositionshierarchie darf dabei lediglich das Wurzel-CDS-Modell mit einem CDS-Provider-Kontrakt belegt werden. Die Kompositionskinder erben den CDS-Provider-Kontrakt ihrer Wurzel.

Die angesprochenen Regeln sollen sicherstellen, dass die CDS-Entitäten tatsächlich, wie spezifiziert, verwendet werden können. Sie können auf der einen Seite die zulässigen Modellierungsoptionen einschränken und auf der anderen Seite aber auch die Nutzung Framework-spezifischer Funktionen ermöglichen. Ein Großteil dieser Regeln fließt dabei in die Syntaxprüfungen ein und ist damit aktivierungsrelevant. Das heißt, falls Sie Ihrer CDS-Entität einen CDS-Provider-Kontrakt zuordnen und dabei dessen Regeln verletzen, lässt sich diese CDS-Entität eventuell nicht mehr aktivieren. Im Gegensatz zu den über CDS-Syntaxelemente erfassten CDS-Provider-Kontrakten beeinflusst die genannte Annotation `@ObjectModel.modelingPattern` die Aktivierung der CDS-Modelle nicht. Sie dient stattdessen der Dokumentation der Modelleigenschaften.

Verfügbare CDS-Provider-Kontrakte

Tabelle 2.8 präsentiert eine Übersicht über verschiedene CDS-Provider-Kontrakte und deren intendierte Nutzung.

Beispiel: CDS-Views mit CDS-Provider-Kontrakten

Listing 2.52 bis Listing 2.54 demonstrieren ein Beispiel für die Verwendung der CDS-Provider-Kontrakte. Darin dient der CDS-View `Z_ViewWithProviderContractA` aus Listing 2.52 als fundamentaler Wurzel-CDS-View einer Kompositionshierarchie.

CDS-Provider-Kontrakt	Nutzung
TRANSACTIONAL_INTERFACE	CDS-Projektions-View im Kontext des ABAP RESTful Application Programming Model, der als programmatische und modellseitige Schnittstelle zur Funktionalität der Business-Objekte fungiert. Es wird darin lediglich eine einfache Projektionsbildung der zugrunde liegenden Entität unterstützt.
TRANSACTIONAL_QUERY	CDS-Projektions-View, der eine Serviceschnittstelle auf einem CDS-View-Modell zur transaktionalen Prozessierung definiert. CDS-Projektions-Views mit diesem CDS-Provider-Kontrakt können auf einem regulären CDS-View ohne CDS-Provider-Kontrakt oder auf einem CDS-Projektions-View mit dem CDS-Provider-Kontrakt TRANSACTIONAL_INTERFACE aufsetzen.
ANALYTICAL_QUERY	Transiente Query-CDS-Projektions-Views, die von der analytischen Infrastruktur ausgeführt werden.

Tabelle 2.8 CDS-Provider-Kontrakte

```
define root view entity Z_ViewWithProviderContractA
  as select distinct from t000
{
  key abap.char'A' as KeyField
}
```

Listing 2.52 CDS-View »Z_ViewWithProviderContractA«

Der CDS-View Z_ViewWithProviderContractB aus Listing 2.53 nutzt diesen CDS als Datenquelle und definiert einen Root-Projektions-CDS-View. Diesem wird der CDS-Provider-Kontrakt TRANSACTIONAL_INTERFACE per Syntaxelement zugeordnet. Zusätzlich trägt dieser CDS-View die entsprechende Annotation @ObjectModel.modelingPattern: #TRANSACTIONAL_INTERFACE.

```
@ObjectModel.modelingPattern: #TRANSACTIONAL_INTERFACE
define root view entity Z_ViewWithProviderContractB
  provider contract transactional_interface
  as projection on Z_ViewWithProviderContractA
{
  key KeyField
}
```

Listing 2.53 CDS-Projektions-View »Z_ViewWithProviderContractB«

Der CDS-View Z_ViewWithProviderContract**B** dient seinerseits als Datenquelle für den transaktionalen Query-CDS-View Z_ViewWithProviderContract**C** aus Listing 2.54, der den CDS-Provider-Kontrakt TRANSACTIONAL_QUERY besitzt und auch entsprechend deklariert und annotiert ist.

```
@ObjectModel.modelingPattern: #TRANSACTIONAL_QUERY
define root view entity Z_ViewWithProviderContractC
  provider contract transactional_query
  as projection on Z_ViewWithProviderContractB
{
  key KeyField
}
```

Listing 2.54 CDS-Projektions-View »Z_ViewWithProviderContractC«

2.20 Entitätspufferdefinitionen

Einsatzbereich der Entitätspuffer

Entitätspufferdefinitionen ermöglichen es Ihnen, gezielt Lesezugriffe auf CDS-Views zu beschleunigen, indem die entsprechenden Selektionsanfragen direkt auf dem ABAP-Applikationsserver ausgeführt werden, anstatt an die Datenbank delegiert zu werden.

Pufferbare CDS-Views

Um einen CDS-View puffern zu können, unterliegt dieser starken Einschränkungen hinsichtlich seiner implementierten Logik. Beispielsweise können CDS-Views mit Parametern sowie CDS-Views, die Berechnungsfunktionen mit variierenden Rückgabewerten wie UTCL_CURRENT nutzen, nicht gepuffert werden. Der für den CDS-View zuständige Entwickler dokumentiert über die Annotation @AbapCatalog.entityBuffer.definitionAllowed:true, dass er sich dieser Einschränkungen bewusst ist und sie über den weiteren Lebenszyklus des CDS-Views beachten wird.

Beispiel: CDS-View mit Pufferoption

Listing 2.55 zeigt exemplarisch den CDS-View Z_ViewWithBuffer**A**, der entsprechend annotiert wurde.

```
@AbapCatalog.entityBuffer.definitionAllowed: true
define view entity Z_ViewWithBufferA as select from t000
{
  key mandt as KeyField,
      mtext as Field
}
```

Listing 2.55 CDS-View »Z_ViewWithBufferA« mit Pufferoption

Pufferung gestackter CDS-Views

Der CDS-View Z_ViewWithBuffer**A** selektiert direkt von der Datenbanktabelle T000. Falls Sie einen Puffer für einen CDS-View definieren wollen, der andere CDS-Views als Datenquellen nutzt, müssen neben dem CDS-View selbst auch alle diese Datenquellen prinzipiell eine Pufferung unterstützen.

Beispiel: CDS-View-Hierarchie mit Pufferoption

Auch der CDS-View Z_ViewWithBuffer**B** aus Listing 2.56 erlaubt das Puffern seiner Daten. Dies ist deshalb möglich, da seine Datenquelle Z_ViewWithBuffer**A** ebenfalls eine Pufferoption bietet.

```
@AbapCatalog.entityBuffer.definitionAllowed: true
define view entity Z_ViewWithBufferB as select from Z_ViewWithBufferA
{
  key KeyField,
      Field
}
```

Listing 2.56 CDS-View »Z_ViewWithBufferB« mit Pufferoption

Entitätspuffer-definition anlegen

Um eine Entitätspufferdefinition anzulegen, können Sie den entsprechenden CDS-View in der ADT-Sicht **Project Explorer** selektieren und über das Kontextmenü die Funktion **New Entity Buffer** aufrufen. Folgen Sie dann den weiteren Dialogschritten.

Beispiel: Entitäts-pufferdefinition

In unserem Fall möchten wir für den CDS-View Z_ViewWithBuffer**A** aus Listing 2.55 eine gleichnamige Entitätspufferdefinition gemäß Listing 2.57 definieren.

```
define view entity buffer on Z_ViewWithBufferA
  layer core
  type single
```

Listing 2.57 Entitätspufferdefinition für den CDS-View »Z_ViewWithBufferA« in der Schicht »Core«

Diese Entitätspufferdefinition ist in der untersten Definitionsschicht LAYER CORE angesiedelt und spezifiziert eine Pufferung der Daten auf Einzelsatzebene (TYPE SINGLE).

Schichtenmodell der Entitätspuffer-definition

Es gibt mehrere übereinander angesiedelte Schichten, in denen Entitätspufferdefinition spezifiziert werden können. Das heißt, es kann zu einem CDS-View prinzipiell mehrere Entitätspufferdefinitionen geben. Allerdings darf es zu einem CDS-View in ein und derselben Schicht nur maximal eine Entitätspufferdefinition geben. Die logisch höchste Schicht definiert dabei die effektiv angewandte Puffersteuerung.

Beispiel: Entitätspufferdefinition übersteuern

Stellen wir uns vor, dass sowohl der CDS-View `Z_ViewWithBufferA` aus Listing 2.55 als auch die gleichnamige Entitätspufferdefinition aus Listing 2.57 vorgegeben wären, Sie aber die Pufferung deaktivieren möchten. Dies können Sie dadurch erreichen, dass Sie eine weitere Entitätspufferdefinition in einer höheren Schicht anlegen und die Pufferung darüber deaktivieren. Listing 2.58 illustriert die korrespondierende Entitätspufferdefinition `ZZ1_ViewWithBufferA`.

```
define view entity buffer on Z_ViewWithBufferA
  layer customer
  type none
```

Listing 2.58 Entitätspufferdefinition für den CDS-View »Z_ViewWithBufferA« in der Schicht »Customer«

Diese ist der höchsten Schicht `CUSTOMER` zugeordnet und spezifiziert über die Anweisung `TYPE NONE`, dass keine Pufferung angewandt werden soll. Damit wird die Entitätspufferdefinition aus Listing 2.57 unwirksam.

Pufferung

Die Definition und Nutzung von Puffern sollte stets in enger Abstimmung mit den tatsächlichen Selektionszugriffen erfolgen. Zum einen schränken Puffer die weiteren Entwicklungsmöglichkeiten der gepufferten CDS-Views ein. Zum anderen müssen Sie beachten, dass selbst bei Vorhandensein eines Puffers nicht jeder Selektionszugriff tatsächlich auf dem ABAP-Applikationsserver prozessiert werden kann. Darüber hinaus kann die Pufferverwaltung einen signifikanten Zusatzaufwand implizieren und sich negativ auf den Speicherverbrauch und die Performance auswirken, insbesondere wenn große Datenmengen gepuffert werden, die Puffersteuerung nicht optimal gewählt wurde oder es zu häufigen Invalidierungen der gepufferten Daten kommt. Sie sollten ferner beachten, dass die Entitätspuffer zusätzlich zu eventuell bereits vorhandenen Tabellenpuffern aufgebaut werden. In derartigen Fällen sollten Sie kritisch prüfen, ob Sie tatsächlich beide Puffer benötigen, bzw. erwägen, Ihre Selektionszugriffe auf einen Puffer umzustellen.

Kapitel 3
CDS-Assoziationen

In diesem Kapitel erfahren Sie, wie Sie Assoziationen in CDS-Modellen definieren. Außerdem lernen Sie, wie Sie Assoziationen beim Erstellen Ihrer CDS-View-Hierarchien sowie in Ihrem ABAP-Code einsetzen.

Verwendungsmöglichkeiten von Assoziationen

Mit *Assoziationen* können Sie gerichtete Beziehungen zwischen CDS-Modellen modellseitig erfassen. Assoziationen können Sie darüber hinaus auch zur Implementierung der internen Logik Ihrer CDS-Views nutzen. Außerdem können Sie Assoziationen exponieren, damit die Verwender Ihrer CDS-Views diese ebenfalls verwenden können. Diese mögliche externe Nutzung beinhaltet dabei sowohl die Wiederverwendung der in den Assoziationsdefinitionen enthaltenen Logik innerhalb aufeinander aufbauender CDS-Views eines CDS-View-Stacks als auch die Verwendung der Assoziationen innerhalb von SQL-Selektionsanfragen in ABAP-Anwendungen.

Darüber hinaus können exponierte Assoziationen zur Dokumentation von CDS-Modellen dienen. Assoziationen sind außerdem als Träger zahlreicher Metadaten wertvoll für die sie verwendenden bzw. interpretierenden Frameworks. Diese leiten zahlreiche Funktionen aus den zugehörigen Metadaten ab. Beispielsweise können assoziierte *Dimensions-CDS-Views* als Quelle von Anzeigeattributen in analytischen Queries genutzt werden. Weiterführende Informationen zu den Dimensions-Views erhalten Sie in Abschnitt 10.2.4, »Analytische Dimensions-Views«.

CDS-Elemente

Konzeptionell werden Datenfelder und Assoziationen aus Sicht der CDS-Sprache als gleichrangig betrachtet und gemeinschaftlich als *CDS-Elemente* bezeichnet. Implementierungsseitig gibt es jedoch einige Unterschiede zwischen Datenfeldern und Assoziationen, die wir im Folgenden erörtern werden.

Aufbau dieses Kapitels

Wir konzentrieren uns zunächst auf die Definition (siehe Abschnitt 3.1, »Assoziationsdefinitionen«) und die Exponierung von Assoziationen (siehe den gleichnamigen Abschnitt 3.2). Anschließend besprechen wir besondere Formen von CDS-Assoziationen. Diese bilden Kompositionsbeziehungen (siehe Abschnitt 3.3, »Modellierung von Kompositionsbeziehungen«) und m:n-Beziehungen (siehe Abschnitt 3.4, »Modellierung von m:n-Beziehungen«) ab. Assoziationen können analog zu Feldern projiziert werden. Dies erläutern wir in Abschnitt 3.5, »Projizierte Assoziationen«. Schließlich erfahren Sie, wie Sie CDS-Assoziationen in CDS-Views (siehe Abschnitt 3.6) und ABAP-Coding (Abschnitt 3.7) verwenden können.

Technische Abbildung der Assoziationen

Technisch werden Assoziationen auf Join-Verknüpfungen abgebildet. Diese Verknüpfungen kommen allerdings erst dann zum Tragen, wenn die Assoziationen tatsächlich verwendet werden. Dies ist z. B. dann der Fall, wenn mit ihrer Hilfe ein Pfadausdruck zu einem Feld gebildet wird. Die reine Definition oder Propagation einer Assoziation im CDS-View-Stack manifestiert sich ansonsten nicht in den aus den CDS-Views generierten Datenbank-Views.

3.1 Assoziationsdefinitionen

Die *Assoziationsdefinition* beschreibt die Verknüpfung der jeweiligen Definitionsquelle mit einem Assoziationsziel auf Ebene der korrelierten Datensätze. In Listing 3.1 werden beispielsweise Datensätze des CDS-Views `ZI_SalesOrder` mit den Datensätzen des Ziel-CDS-Views `ZI_SalesOrderItem` über die Assoziation `_Item` verknüpft.

```
define view entity ZI_SalesOrder
  as select from ...
  association [0..*] to ZI_SalesOrderItem as _Item
    on $projection.SalesOrder = _Item.SalesOrder
  ...
```

Listing 3.1 Assoziationsdefinition

Assoziationsnamen

Der Name einer Assoziation kann mit der Aliasfunktion `AS` definiert werden. Im zuvor skizzierten Beispiel lautet der Name `_Item`.

Namensraum der Assoziationen beachten

Die Namen der CDS-Elemente (Felder und Assoziationen) sowie die Parameternamen teilen sich denselben Namensraum. Das heißt, sie müssen eindeutig innerhalb eines CDS-Modells definiert werden. Sie sollten daher Namen von Assoziationen von Feldnamen und Parameternamen abgrenzen. Wir empfehlen Ihnen, zu diesem Zweck dem semantischen Namen der Assoziation einen Unterstrich als Präfix voranzustellen, wie bei `_Item` in unserem Beispiel.

Die Assoziationsdefinition enthält neben dem Namen des verknüpften Ziels auch die Beziehung zwischen den Datensätzen der Quell- und Zielentität. Diese relationalen Zusammenhänge werden mithilfe einer *On-Bedingung* erfasst.

On-Bedingungen der Assoziationen

Im Beispiel aus Listing 3.1 wird dabei das Feld `SalesOrder` der Projektionsliste des Quell-CDS-Views `ZI_SalesOrder` über den Ausdruck `$projection.SalesOrder` angesprochen und durch den Pfadausdruck `_Item.SalesOrder` mit dem gleichnamigen Feld des Ziel-CDS-Views `ZI_Sales OrderItem` der Assoziation verknüpft.

Wird die Assoziation im Fall einer Navigation von der Definitionsquelle zum Ziel-CDS-View genutzt, findet eine der On-Bedingung entsprechende Filterung der Datensätze der Zielentität auf der Basis der Quelldatensätze statt.

Kardinalitätsangaben von Assoziationen

Prinzipiell kann es zu einem Datensatz der Quelle einer Assoziation, abhängig von den festgelegten On-Bedingungen, unterschiedlich viele korrespondierende Datensätze des Assoziationsziels geben.

Umgekehrt kann es zu einem Zieldatensatz unterschiedlich viele Quelldatensätze geben. Die mögliche Anzahl an korrespondierenden Datensätzen wird über eine Kardinalitätsangabe dokumentiert.

Dabei gibt es zwei mögliche Arten der Erfassung:

- Eine Kardinalitätsangabe in eckigen Klammern `[...]` (siehe Listing 3.1) beschreibt, wie viele Datensätze des Assoziationsziels minimal und maximal mit einem Datensatz der Quelle verknüpft sein können.
- Eine Kardinalitätsangabe der Form `[OF [EXACT] ONE/MANY] TO [EXACT] ONE/MANY` erlaubt es Ihnen, nicht nur die Zielkardinalität, sondern auch die Quellkardinalität zu modellieren.

[+]

Kardinalität von Assoziationen angeben

Sie sollten die Kardinalität einer Assoziation immer explizit und so präzise wie möglich spezifizieren. Geben Sie dabei sowohl den Minimal- als auch den Maximalwert an. Dies erhöht die Lesbarkeit Ihres CDS-Modells und erlaubt es, dem SAP-HANA-Optimierer den effizientesten Ausführungsplan für Ihre Selektionsanfrage zu ermitteln.

Tabelle 3.1 zeigt Ihnen einige Beispiele der in CDS-Modellen vorzufindenden Ausprägungen der Kardinalitätsangabe.

Kardinalitätsangabe	Anzahl der korrelierten Datensätze			
	Assoziationsquelle		Assoziationsziel	
	Minimal	Maximal	Minimal	Maximal
[1]	0	unbegrenzt	0	1
[0..1]	0	unbegrenzt	0	1
[1..1]	0	unbegrenzt	1	1
[0..*]	0	unbegrenzt	0	unbegrenzt
[1..*]	0	unbegrenzt	1	unbegrenzt
TO ONE	0	unbegrenzt	0	1
TO EXACT ONE	0	unbegrenzt	1	1
TO MANY	0	unbegrenzt	0	unbegrenzt
OF ONE TO ONE	0	1	0	1
OF EXACT ONE TO EXACT ONE	1	1	1	1
OF MANY TO MANY	0	unbegrenzt	0	unbegrenzt
OF MANY TO ONE	0	unbegrenzt	0	1
OF MANY TO EXACT ONE	0	unbegrenzt	1	1
keine (Default-Logik)	0	unbegrenzt	0	1

Tabelle 3.1 Kardinalitätsangaben in Assoziationsdefinitionen

[!]

Kardinalitätsangaben überprüfen

Sie sollten die Kardinalitätsangaben Ihrer Assoziationsdefinitionen kritisch prüfen. Fehlerhafte Kardinalitätsangaben können zu Folgefehlern in der Datenmodellierung führen. Ferner können daraus sowohl Duplikate als auch fehlende Datensätze sowie fehlerhafte Daten in den Selektionsergebnissen resultieren. Nicht zuletzt drohen bei fehlerhaften Kardinalitätsangaben Performance-Einbußen.

Speziell bei der Verwendung der Exact-One-Semantik sollten Sie prüfen, ob diese auch bei Anwendung außerhalb des CDS-Views, der die Assoziation definiert, gültig ist.

Generell unterstützen verschiedene Arten von CDS-Modellen die Definition von Assoziationen. Beispielsweise können Assoziationen in CDS-Views und deren Erweiterungen definiert werden. Technisch zulässige Assoziationsziele sind unter anderem:

Assoziationsquellen und -ziele

- CDS-Views
- CDS-Tabellenfunktionen
- Abstrakte CDS-Entitäten
- Datenbanktabellen

[+]

Assoziationsziele wählen

Sie sollten Assoziationen vornehmlich zwischen gleichartigen CDS-Modellen definieren, um funktionale Einschränkungen zu vermeiden. Beispielsweise können Datenbanktabellen in analytischen Anwendungen nicht als Ziel von Fremdschlüsselassoziationen genutzt werden.

3.2 Exponierung von Assoziationen

Mit der Definition einer Assoziation steht diese für die interne Implementierung eines CDS-Views bereit. Um die Assoziation auch außenstehenden Verwendern zugänglich zu machen, muss diese analog zu den Feldern in die Projektionsliste des CDS-Views aufgenommen werden. Ohne diese Exponierung handelt es sich bei der Assoziationsdefinition lediglich um ein internes Implementierungsdetail, dessen Funktion Sie auch über die Definition von entsprechenden Join-Verknüpfungen hätten realisieren können.

Beispiel: CDS-View mit exponierter Assoziation

In Listing 3.2 wird die lokal definierte Assoziation `_Item` in die Projektionsliste übernommen. Sie ist damit Bestandteil der externen Signatur des CDS-View-Modells und kann von dessen Verwendern angesprochen werden.

```
define view entity ZI_SalesOrder
  as select from ...
  association [0..*] to ZI_SalesOrderItem as _Item
    on $projection.SalesOrder = _Item.SalesOrder
{
  key SalesOrder,
      _Item,
      ...
}
```

Listing 3.2 CDS-View mit exponierter Assoziation

Nicht genutzte Assoziationen entfernen

Definierte Assoziationen, die im CDS-View-Modell weder zur Implementierung der View-Logik verwendet noch in dessen Signatur exponiert werden, bieten keine Funktion. Als Implementierungsbestandteil werden sie jedoch im Rahmen der CDS-Aktivierung geprüft. Sie sollten derartige Assoziationen löschen, um Aktivierungsprobleme zu vermeiden.

Beachten Sie, dass Assoziationen zu *Extension-Include-Views* im CDS-View nur definiert, aber nicht exponiert werden (siehe Kapitel 15, »Erweiterungen von CDS-Views und weiteren Entitäten«). Sie werden von der Extensibility-Infrastruktur zur Bildung von Pfadausdrücken genutzt.

3.3 Modellierung von Kompositionsbeziehungen

Kompositionsbeziehungen repräsentieren eine Spezialisierung der Assoziationen. Sie erfassen eine existenzielle Abhängigkeit eines Kompositionskindes von dessen Kompositionsvater. Beispielsweise gehört eine Auftragsposition (Kompositionskind) immer zu einem Auftragskopf (Kompositionsvater).

Kompositionen können mit bestimmten CDS-Syntaxelementen definiert werden. Wir erläutern die entsprechenden CDS-Syntaxelemente in den Beispiel-CDS-Views in Listing 3.3 bis Listing 3.5.

Beispiel: Wurzel-CDS-View

Listing 3.3 zeigt den Wurzel-CDS-View `Z_CompositionRootView` einer Kompositionshierarchie.

```
define root view entity Z_CompositionRootView
  as select distinct from t000
  composition [0..*] of Z_CompositionChildView as _ChildView
{
  key abap.char'R' as RootKeyField,
  _ChildView
}
```

Listing 3.3 Wurzel-CDS-View mit Kompositionsbeziehung

Dieser Wurzel-CDS-View wird durch das Schlüsselwort `ROOT` als solcher ausgezeichnet. Kompositionsbeziehungen werden mit `COMPOSITION ... OF` definiert und spannen ausgehend vom Wurzel-CDS-View die weitere Kompositionshierarchie auf.

Beispiel: Kind-CDS-View aus einer Kompositionshierarchie

In unserem Fall wird der CDS-View `Z_CompositionChildView` aus Listing 3.4 über die Kompositionsbeziehung `_ChildView` als Kind-CDS-View in diese Hierarchie aufgenommen.

```
define view entity Z_CompositionChildView
  as select distinct from t000
  association to parent Z_CompositionRootView as _RootView
    on $projection.RootKeyField = _RootView.RootKeyField
  composition [0..*] of Z_CompositionGrandchildView
    as _GrandchildView
{
  key abap.char'R' as RootKeyField,
  key abap.char'C' as ChildKeyField,
  _RootView,
  _GrandchildView
}
```

Listing 3.4 CDS-View, der das Kompositionskind definiert

Das Kompositionskind muss dabei eine korrespondierende *To-Parent-Assoziation* zu seinem Kompositionsvater definieren und exponieren. Aufgrund der existenziellen Abhängigkeit entspricht die minimale und maximale Zielkardinalität dieser Assoziation immer dem Wert »1«. Die Quellkardinalität der To-Parent-Assoziation folgt unmittelbar aus der gegenläufigen Kompositionsbeziehung. Die explizite Angabe der Kardinalität in der Definition der To-Parent-Assoziation entfällt daher.

Die On-Bedingung der To-Parent-Assoziation muss alle Schlüsselfelder der assoziierten Vaterentität binden. Sie spezifiziert sowohl die Beziehung der Datensätze des Kind-CDS-Views zu dessen Vater-CDS-View als auch die Beziehung der Datensätze des Vater-CDS-Views zu dessen Kind-CDS-View. Das heißt, die On-Bedingung der Assoziation `_RootView` in Listing 3.4 legt gleichsam die On-Bedingung der Kompositionsbeziehung `_ChildView` in Listing 3.3 fest. Letztere wird daher nicht explizit spezifiziert.

[«]

Kompositionsbeziehungen in abstrakten Entitäten

In abstrakten Entitäten können Sie auf die Definition der On-Bedingungen von Kompositionsbeziehungen gänzlich verzichten.

Beispiel: Enkel-CDS-View aus einer Kompositionshierarchie

Der in Listing 3.4 skizzierte Kind-CDS-View `Z_CompositionChildView` selbst definiert über die Kompositionsbeziehung `_GrandchildView` den Enkel-CDS-View `Z_CompositionGrandchildView` aus Listing 3.5 als weitere Hierarchiestufe.

```
define view entity Z_CompositionGrandchildView
  as select distinct from t000
  association [1..1] to Z_CompositionRootView as _RootView
    on $projection.RootKeyField = _RootView.RootKeyField
  association to parent Z_CompositionChildView as _ChildView
    on  $projection.RootKeyField  = _ChildView.RootKeyField
    and $projection.ChildKeyField = _ChildView.ChildKeyField
{
  key abap.char'R' as RootKeyField,
  key abap.char'C' as ChildKeyField,
  key abap.char'G' as GrandchildKeyField,
  _RootView,
  _ChildView
}
```

Listing 3.5 CDS-View, der den Kompositionsenkel definiert

In unserem Fall definiert der Enkel-CDS-View Z_CompositionGrandchildView die zusätzliche Assoziation _RootView, die eine direkte Verbindung zur Wurzelentität Z_CompositionRootView der Hierarchie realisiert. Diese Assoziation wird technisch nicht eingefordert. Sie finden derartige Assoziationen jedoch in vielen CDS-Modellen, da sie z. B. den Zugriff auf bzw. das Einbinden von Feldern der Wurzelentität für die Verwender Ihres Views sowie die Definition von Zugriffskontrollen (siehe Kapitel 5, »CDS-Zugriffskontrollen«) erleichtert.

[!]

Technische Einschränkungen beachten

Wenn Sie Kompositionsbeziehungen mit den entsprechenden Syntaxelementen modellieren, resultieren daraus einige Einschränkungen im Vergleich zu den Nutzungsmöglichkeiten von gewöhnlichen Assoziationen. Beispielsweise dürfen Sie die Kompositionsbeziehungen innerhalb des sie definierenden CDS-Views nicht zur Definition von Pfadausdrücken verwenden. Weiterhin unterliegen die Kompositionsbeziehungen zusätzlichen Konsistenzbedingungen: Kompositionsväter müssen auf ihre Kinder verweisen und umgekehrt, der Wurzel-View muss mit dem Schlüsselwort ROOT ausgezeichnet werden usw. Diese Konsistenzbedingungen müssen erfüllt sein, damit Sie die CDS-Modelle erfolgreich aktivieren können.

3.4 Modellierung von m:n-Beziehungen

Separate CDS-Views zur Definition von m:n-Beziehungen

Falls ein Datensatz einer Entität Beziehungen zu vielen Datensätzen einer anderen Entität aufweist und umgekehrt, stehen die beiden Entitäten in einer *m:n-Beziehung* zueinander. Wenn Sie derartige m:n-Beziehungen in Ihren CDS-Views abbilden wollen, müssen Sie in der Regel einen eigenständigen CDS-View modellieren, der die m:n-Beziehung erfasst. Dank dieser Vorgehensweise müssen Sie nicht den Quell- oder aber den Ziel-CDS-View der Relation mit der m:n-Beziehungsinformation per Join anreichern. Würden Sie stattdessen die m:n-Beziehung direkt im Quell- bzw. Ziel-CDS-View definieren, müssten Sie unerwünschte Kardinalitätssprünge in Kauf nehmen.

Beispiel: CDS-Views mit m:n-Beziehung

Betrachten Sie dazu das folgende Beispiel. Es umfasst die drei CDS-Views `Z_MToNRelationViewA` aus Listing 3.6, `Z_MToNRelationViewB` aus Listing 3.7 und `Z_MToNRelationViewC` aus Listing 3.8. Abbildung 3.1 illustriert das Beziehungsgeflecht dieser CDS-Views.

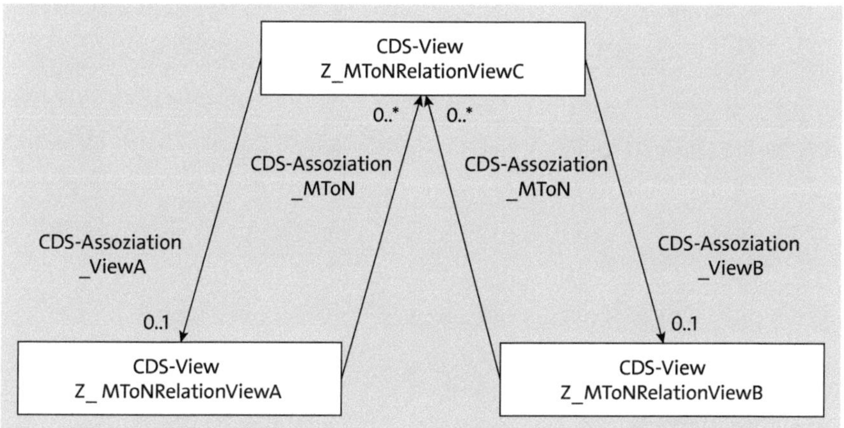

Abbildung 3.1 Assoziationen der CDS-Views, die über eine m:n-Beziehung miteinander in Verbindung stehen

Beispiel: View A

Der CDS-View `Z_MToNRelationViewA` aus Listing 3.6 (im Folgenden kurz *View A* genannt) besitzt ein einzelnes Schlüsselfeld `KeyFieldA`. Seine Assoziation `_MToN` nutzt dieses Schlüsselfeld und verknüpft den View A mit dem CDS-View `Z_MToNRelationViewC` aus Listing 3.8.

```
define view entity Z_MToNRelationViewA
  as select distinct from t000
  association [0..*] to Z_MToNRelationViewC as _MToN
    on $projection.KeyFieldA = _MToN.KeyFieldA
{
```

```
  key abap.int4'1' as KeyFieldA,
      _MToN
}
union select distinct from t000
  association [0..*] to Z_MToNRelationViewC as _MToN
    on $projection.KeyFieldA = _MToN.KeyFieldA
{
  key abap.int4'2' as KeyFieldA,
      _MToN
}
```

Listing 3.6 CDS-View »Z_MToNRelationViewA«

Der CDS-View Z_MToNRelationView**A** (View A) liefert zwei Datensätze entsprechend Tabelle 3.2, die einen Überblick über die von den drei CDS-Views dieses Beispiels bereitgestellten Datensätze vermittelt.

CDS-View	KeyFieldA	KeyFieldB
Z_MToNRelationView**A**	1	–
	2	–
Z_MToNRelationView**B**	–	3
	–	4
Z_MToNRelationView**C**	1	3
	1	4
	2	4

Tabelle 3.2 Datensätze der CDS-Views, die über eine m:n-Beziehung miteinander in Verbindung stehen

Beispiel: View B

Analog ist der CDS-View Z_MToNRelationView**B** aus Listing 3.7 (im Folgenden kurz *View B* genannt) mit dem Schlüssel KeyFieldB über eine gleichnamige Assoziation _MToN mit dem CDS-View Z_MToNRelationView**C** aus Listing 3.8 verknüpft. Auch der CDS-View Z_MToNRelationView**B** liefert entsprechend Tabelle 3.2 zwei Datensätze.

```
define view entity Z_MToNRelationViewB
  as select distinct from t000
  association [0..*] to Z_MToNRelationViewC as _MToN
    on $projection.KeyFieldB = _MToN.KeyFieldB
{
```

```
  key abap.int4'3' as KeyFieldB,
      _MToN
}
union select distinct from t000
  association [0..*] to Z_MToNRelationViewC as _MToN
    on $projection.KeyFieldB = _MToN.KeyFieldB
{
  key abap.int4'4' as KeyFieldB,
      _MToN
}
```

Listing 3.7 CDS-View »Z_MToNRelationViewB«

Beispiel: CDS-View zur Definition der m:n-Beziehung

Der assoziierte CDS-View Z_MToNRelationView**C** aus Listing 3.8 besitzt einen kombinierten Schlüssel KeyFieldA und KeyFieldB. Er bildet eine m:n-Beziehung zwischen den Views A und B aus Listing 3.6 und Listing 3.7 ab. Er definiert dazu die Assoziationen _ViewA und _ViewB zu diesen beiden CDS-Views. Diese gestatten es den Verwendern des Views Z_MToNRelationView**C**, die Datensätze des Views A mit den zugehörigen Datensätzen des Views B zu korrelieren und umgekehrt.

```
define view entity Z_MToNRelationViewC
  as select distinct from t000
  association [0..1] to Z_MToNRelationViewA as _ViewA
    on $projection.KeyFieldA = _ViewA.KeyFieldA
  association [0..1] to Z_MToNRelationViewB as _ViewB
    on $projection.KeyFieldB = _ViewB.KeyFieldB
{
  key abap.int4'1' as KeyFieldA,
  key abap.int4'3' as KeyFieldB,
      _ViewA,
      _ViewB
}
union select distinct from t000
  association [0..1] to Z_MToNRelationViewA as _ViewA
    on $projection.KeyFieldA = _ViewA.KeyFieldA
  association [0..1] to Z_MToNRelationViewB as _ViewB
    on $projection.KeyFieldB = _ViewB.KeyFieldB
{
  key abap.int4'1' as KeyFieldA,
  key abap.int4'4' as KeyFieldB,
      _ViewA,
      _ViewB
```

```
}
union select distinct from t000
  association [0..1] to Z_MToNRelationViewA as _ViewA
    on $projection.KeyFieldA = _ViewA.KeyFieldA
  association [0..1] to Z_MToNRelationViewB as _ViewB
    on $projection.KeyFieldB = _ViewB.KeyFieldB
{
  key abap.int4'2' as KeyFieldA,
  key abap.int4'4' as KeyFieldB,
      _ViewA,
      _ViewB
}
```

Listing 3.8 CDS-View »Z_MToNRelationViewC«

Analyse der Beispiel-Views

Der CDS-View `Z_MToNRelationViewC` liefert insgesamt drei Datensätze entsprechend Tabelle 3.2. Diese setzen die jeweils vorliegenden Datensätze der Views A und B miteinander in Verbindung. Wollten Sie diese Information in einen dieser beiden Views A oder B integrieren, müssten Sie dessen bestehende Datensätze entsprechend ausmultiplizieren.

Ein Verwender dieses CDS-View-Geflechts kann nun (je nach Quell-View A oder B) Pfadausdrücke der Form `_MToN._ViewB` oder `_MToN._ViewA` nutzen, um die miteinander verknüpften Datenbestände der beiden Views A und B auszuwerten.

3.5 Projizierte Assoziationen

Assoziationen projizieren

Exponierte Assoziationen eines CDS-Views können prinzipiell genauso wie die Felder des Views in die Implementierung eines darauf aufbauenden CDS-Views einfließen. Beispielsweise können Sie die exponierten Assoziationen eines zugrunde liegenden Basis-CDS-Views in die Projektionsliste Ihres eigenen CDS-Views aufnehmen und damit über diesen CDS-View ebenfalls exponieren. Falls erforderlich, können Sie dabei die projizierten Assoziationen auch mit Aliasnamen versehen.

Beispiel: CDS-View mit projizierter Assoziation

Listing 3.9 illustriert ein Beispiel für einen CDS-View mit projizierter Assoziation.

```
define view entity ZC_SalesOrder
  as select from ZI_SalesOrder
{
```

```
  key ZI_SalesOrder.SalesOrder,
      ZI_SalesOrder._Item as _SalesOrderItem
}
```

Listing 3.9 CDS-View mit projizierter Assoziation

Analyse des Beispiel-Views

Darin übernimmt der CDS-View `ZC_SalesOrder` durch Projektionsbildung die Assoziation `_Item` des Basis-CDS-Views `ZI_SalesOrder` aus Listing 3.2. Die Assoziation wird mit dem Aliasnamen `_SalesOrderItem` exponiert. Neben der Assoziation `_Item` muss dabei auch das darin eingehende Feld `SalesOrder` in die Projektionsliste des CDS-Views `ZC_SalesOrder` aufgenommen werden.

Abhängigkeiten projizierter Assoziationen beachten

Wenn Sie eine Assoziation durch Projektionsbildung in Ihren CDS-View übernehmen und exponieren, müssen Sie sicherstellen, dass auch alle Felder des Basis-Views, die in der On-Bedingung seiner Assoziationsdefinition verwendet werden, in die Projektionsliste Ihres CDS-Views mit aufgenommen werden. Sie dürfen diese Basisfelder bei Bedarf über Aliasnamen umbenennen.

3.6 Verwendung von Assoziationen in CDS-Views

Pfadausdrücke

Mithilfe der Assoziationen lassen sich Pfadausdrücke definieren. Deren Segmente werden durch Punkte voneinander abgegrenzt. Das letzte Segment dieser Pfade bildet entweder ein Feld oder eine Assoziation des Ziels der vorangestellten Assoziation. Sie erfahren in Abschnitt 3.6.1, »Pfadausdrücke definieren«, mehr über Pfadausdrücke.

Abhängigkeiten der Pfadausdrücke beachten

Wenn Sie mehrere Assoziationen in Pfadausdrücken zu Ketten verknüpfen, müssen Sie auch in diesem Fall alle Quellfelder, die in die On-Bedingungen der einzelnen Assoziationsdefinitionen eingehen, in Ihren CDS-View aufnehmen.

Aus technischer Sicht führen Pfadausdrücke zu impliziten Join-Verknüpfungen. Diese werden im Abschnitt 3.6.2, »Implizite Join-Verknüpfungen«, beschrieben. Diese impliziten Join-Verknüpfungen können die Kardinalität des Selektionsergebnisses beeinflussen. In Abschnitt 3.6.3, »Kardinalitätsänderungen durch Pfadausdrücke«, erfahren Sie Näheres zu dieser Thematik. Wenn Sie Assoziationen auf Basis lokal berechneter Felder definieren, können Sie diese nicht dazu nutzen, Pfadausdrücke im selben CDS-View zu formulieren. Entsprechende Einschränkungen behandeln wir in Abschnitt 3.6.4, »Berechnete Felder in Assoziationsdefinitionen«.

3.6.1 Pfadausdrücke definieren

Betrachten Sie exemplarisch die CDS-Views aus Listing 3.10 bis Listing 3.13, die ein Geflecht miteinander assoziierter CDS-Views repräsentieren sowie den darauf aufbauenden CDS-View aus Listing 3.14, der Pfadausdrücke auf Basis dieses Assoziationsgeflechts definiert.

Beispiel: CDS-View der Kundenauftragseinteilung

Der CDS-View `ZI_SalesOrderScheduleLine` aus Listing 3.10 beschreibt die Einteilung des Kundenauftrags. Er verfügt über die Assoziation `_SalesOrderItem` zum CDS-View `ZI_SalesOrderItem` der Kundenauftragsposition.

```
define view entity ZI_SalesOrderScheduleLine
  as select from zsalesordersline
  association [1..1] to ZI_SalesOrderItem as _SalesOrderItem
    on $projection.SalesOrder     = _SalesOrderItem.SalesOrder
    and $projection.SalesOrderItem = _SalesOrderItem.SalesOrderItem
{
  key salesorder as SalesOrder,
  key salesorderitem as SalesOrderItem,
  key salesorderscheduleline as SalesOrderScheduleLine,
      _SalesOrderItem
}
```

Listing 3.10 CDS-View der Einteilung des Kundenauftrags

Beispiel: CDS-View der Kundenauftragsposition

Der CDS-View `ZI_SalesOrderItem` aus Listing 3.11 beschreibt die Kundenauftragsposition. Er verfügt über eine Assoziation `_Product` zum CDS-View `ZI_Product` des Produkts.

```
define view entity ZI_SalesOrderItem
  as select from zsalesorderitem
  association [0..1] to ZI_Product as _Product
    on $projection.Product = _Product.Product
{
  key salesorder     as SalesOrder,
  key salesorderitem as SalesOrderItem,
```

```
      product         as Product,
      _Product
}
```

Listing 3.11 CDS-View der Kundenauftragsposition

Beispiel: CDS-View des Produkts

Der CDS-View ZI_Product aus Listing 3.12 verfügt über eine Assoziation _Text zum CDS-View ZI_ProductText des Produkttexts.

```
define view entity ZI_Product
  as select from zproduct
  association [0..*] to ZI_ProductText as _Text
    on $projection.Product = _Text.Product
{
  key product as Product,
      _Text
}
```

Listing 3.12 CDS-View des Produkts

Beispiel: CDS-View des Produkttexts

Listing 3.13 beinhaltet die Definition des CDS-Views ZI_ProductText, der den Produkttext beschreibt.

```
define view entity ZI_ProductText
  as select from zproducttext
{
  key language          as Language,
  key product           as Product,
      product_name      as ProductName
}
```

Listing 3.13 CDS-View des Produkttexts

Beispiel: CDS-View mit Pfadausdrücken

Auf Grundlage dieser vier CDS-Views wird nun in Listing 3.14 der CDS-View Z_ViewWithPathExpressions definiert.

```
define view entity Z_ViewWithPathExpressions
  as select from ZI_SalesOrderScheduleLine
{
  key SalesOrder,
  key SalesOrderItem,
  key SalesOrderScheduleLine,
      _SalesOrderItem,
      _SalesOrderItem.Product as SalesOrderItemProduct,
      _SalesOrderItem._Product,
```

```
        _SalesOrderItem._Product.Product,
        _SalesOrderItem._Product._Text
}
```

Listing 3.14 CDS-View der Kundenauftragseinteilung mit Pfadausdrücken

Analyse des Beispiels

Der CDS-View `Z_ViewWithPathExpressions` übernimmt die Assoziation `_SalesOrderItem` des CDS-Views `ZI_SalesOrderScheduleLine` aus Listing 3.10 in seine Projektionsliste. Dies erfordert gleichzeitig auch die Übernahme der Felder `SalesOrder` und `SalesOrderItem`, da diese in der On-Bedingung der Assoziationsdefinition des Basis-CDS-Views verwendet werden.

Über den Pfadausdruck `_SalesOrderItem._Product` wird eine Beziehung zum CDS-View `ZI_Product` aus Listing 3.12 hergestellt. Der CDS-View `Z_ViewWithPathExpressions` selbst besitzt damit auch eine exponierte Assoziation `_Product` zum Produktstamm. Damit diese Assoziation exponiert werden kann, muss auch das Feld `Product` aus dem CDS-View `ZI_SalesOrderItem` aus Listing 3.11 in die Projektionsliste übernommen werden, da dieses Feld in der On-Bedingung der zugrunde liegenden Assoziationsdefinition verwendet wird. Die Einbindung des Felds erfolgt über den Pfadausdruck `_SalesOrderItem.Product`. Um Namenskollisionen zu vermeiden, wird das damit aufgenommene Feld `Product` mit dem Aliasnamen `SalesOrderItemProduct` versehen.

Genauso wird nun die Assoziation zum Text-CDS-View des Produkts `ZI_ProductText` aus Listing 3.13 per Pfadausdruck `_SalesOrderItem._Product._Text` übernommen. Um die Assoziation `_Text` exponieren zu können, muss die Projektionsliste um das Feld `Product` des Views `ZI_Product` erweitert werden. Dies geschieht über den Pfadausdruck `_SalesOrderItem._Product.Product`.

3.6.2 Implizite Join-Verknüpfungen

Entstehung impliziter Join-Verknüpfungen

Bei der Aufnahme von Feldern über Pfadausdrücke werden implizit die in den Assoziationsdefinitionen hinterlegten On-Bedingungen in Join-Verknüpfungen überführt. Entsprechend resultieren aus den beiden Pfadausdrücken `_SalesOrderItem.Product` und `_SalesOrderItem._Product.Product` in Listing 3.14 zwei effektive Join-Verknüpfungen.

Entstehung impliziter Join-Verknüpfungen

Die Definition und Exponierung von Assoziationen allein führt nicht zu zusätzlichen Join-Verknüpfungen. Diese werden erst durch die Verwendung der Assoziationen in Pfadausdrücken erzeugt.

Datenbank-View mit implizit generierten Joins

Listing 3.15 veranschaulicht dies anhand der Create-Anweisung zum Datenbank-View, der aus dem CDS-View aus Listing 3.14 generiert wird.

```
CREATE OR REPLACE VIEW "Z_VIEWWITHPATHEXPRESSIONS" AS SELECT
  "ZI_SALESORDERSCHEDULELINE"."MANDT" AS "MANDT",
  "ZI_SALESORDERSCHEDULELINE"."SALESORDER",
  "ZI_SALESORDERSCHEDULELINE"."SALESORDERITEM",
  "ZI_SALESORDERSCHEDULELINE"."SALESORDERSCHEDULELINE",
  "=A0"."PRODUCT" AS "SALESORDERITEMPRODUCT",
  "=A1"."PRODUCT"
FROM (
  "ZI_SALESORDERSCHEDULELINE" "ZI_SALESORDERSCHEDULELINE"
    LEFT OUTER MANY TO ONE JOIN "ZI_SALESORDERITEM" "=A0" ON (
    "ZI_SALESORDERSCHEDULELINE"."SALESORDER" = "=A0"."SALESORDER" AND
    "ZI_SALESORDERSCHEDULELINE"."SALESORDERITEM" =
      "=A0"."SALESORDERITEM" AND
    "ZI_SALESORDERSCHEDULELINE"."MANDT" = "=A0"."MANDT"
  )
) LEFT OUTER MANY TO ONE JOIN "ZI_PRODUCT" "=A1" ON (
  "ZI_SALESORDERSCHEDULELINE"."MANDT" = "=A1"."MANDT" AND
  "=A0"."PRODUCT" = "=A1"."PRODUCT"
)
WHERE "ZI_SALESORDERSCHEDULELINE"."MANDT" = SESSION_CONTEXT(
  'CDS_CLIENT'
)
```

Listing 3.15 Create-Anweisung zur Anlage des Datenbank-Views zum CDS-View aus Listing 3.14

Analyse des Datenbank-Views

Auf Datenbankebene treten die in den Pfadausdrücken verwendeten Assoziationen `_SalesOrderItem` und `_Product` des CDS-Views `Z_ViewWithPathExpressions` aus Listing 3.14 nicht in Erscheinung. Vielmehr werden diese im generierten Datenbank-View `Z_VIEWWITHPATHEXPRESSIONS` durch Join-Verknüpfungen ersetzt. Diese übernehmen neben den On-Bedingungen auch die Kardinalitätsangaben der Assoziationen. Der Zusatz `TO ONE` signalisiert der Datenbank, dass der Join die Kardinalität des Ergebnisses der Datenselektion nicht beeinflusst. Damit muss dieser nicht zwangsläufig ausgeführt werden, sofern die Felder `SalesOrderItemProduct` und `Product` im Rahmen der Datenselektion nicht angefordert bzw. benötigt werden. Die impliziten Join-Verknüpfungen wirken sich dennoch negativ auf die statische View-Komplexität aus und können die Optimierung der Prozessierung der Selektion auf der Datenbank behindern.

Beispiel: CDS-View mit expliziten Join-Verknüpfungen

Alternativ zur Modellierung des CDS-Views Z_ViewWithPathExpressions aus Listing 3.14 mit Pfadausdrücken kann die gleiche Funktion auch ohne Pfadausdrücke allein durch die Nutzung von expliziten Join-Verknüpfungen realisiert werden. Dies zeigt Listing 3.16.

```
define view entity Z_ViewWithoutPathExpressions
  as select from           ZI_SalesOrderScheduleLine as SL
    left outer many to one join ZI_SalesOrderItem as ITEM
      on  ITEM.SalesOrder     = SL.SalesOrder
      and ITEM.SalesOrderItem = SL.SalesOrderItem
    left outer many to one join ZI_Product as PROD
      on PROD.Product = ITEM.Product
{
  key SL.SalesOrder,
  key SL.SalesOrderItem,
  key SL.SalesOrderScheduleLine,
      SL._SalesOrderItem,
      ITEM.Product as SalesOrderItemProduct,
      ITEM._Product,
      PROD.Product,
      PROD._Text
}
```

Listing 3.16 CDS-View der Kundenauftragseinteilung mit expliziten Join-Verknüpfungen

Denormalisierungen der CDS-Modelle vermeiden

Sie sollten auf (potenziell implizite) Join-Verknüpfungen der Datenquellen so weit wie möglich verzichten, um die statische Komplexität der CDS-View-Modelle so gering wie möglich zu halten. Dies gilt insbesondere für Ihre zentralen, mehrfach verwendeten CDS-Views.

Anstatt die CDS-Modelle explizit oder implizit zu denormalisieren, sollten Sie versuchen, die entsprechenden Relationen der Datenquellen über Assoziationen zu erfassen und diese dem Verwender (eventuell verteilt über mehrere assoziierte CDS-Views) zur Verfügung zu stellen. Der Verwender kann dann zweckgerichtet die exponierten Assoziationen verfolgen und sich so das gesamte Netzwerk der miteinander in Beziehung stehenden Modelle selbst erschließen und dabei nur die tatsächlich notwendigen Join-Verknüpfungen realisieren.

Typen implizit generierter Join-Verknüpfungen

Standardmäßig führen die in einem Pfadausdruck zu einem Feld verwendeten Assoziationen zu einem Left Outer Join. Wird eine Assoziation oder ein Pfadausdruck indes innerhalb der From-Anweisung eines CDS-Views genutzt, wird diese Assoziation bzw. dieser Pfadausdruck als Inner Join interpretiert.

Beispiel: CDS-View mit assoziierter Datenquelle

Listing 3.17 zeigt dies anhand eines Beispiels. Der darin definierte CDS-View Z_ViewWithPathExprDataSources verwendet, ausgehend vom CDS-View ZI_SalesOrderItem, die Assoziation _SalesOrder, um seine Datenquellen zu definieren und Elemente des Ziel-CDS-Views ZI_SalesOrder zu projizieren.

```
define view entity Z_ViewWithPathExprDataSources
  as select from ZI_SalesOrderItem._SalesOrder
{
  key SalesOrder,
      _Item as _SalesOrderItem
}
```

Listing 3.17 CDS-View mit Pfadausdruck als Datenquelle

Analyse des Beispiels

In diesem Fall dient als Datenquelle eine Inner-Join-Verknüpfung des Views ZI_SalesOrderItem mit dem View ZI_SalesOrder, entsprechend Listing 3.18.

```
CREATE OR REPLACE VIEW "Z_VIEWWITHPATHEXPRDATASOURCES" AS SELECT
  "=A0"."MANDT" AS "MANDT",
  "ZI_SALESORDER"."SALESORDER"
FROM "ZI_SALESORDERITEM" "=A0" INNER JOIN "ZI_SALESORDER"
  "ZI_SALESORDER" ON (
    "=A0"."MANDT" = "ZI_SALESORDER"."MANDT" AND
    "=A0"."SALESORDER" = "ZI_SALESORDER"."SALESORDER"
  )
WHERE "=A0"."MANDT" = SESSION_CONTEXT(
  'CDS_CLIENT'
)
```

Listing 3.18 Create-Anweisung zur Anlage des Datenbank-Views zum CDS-View aus Listing 3.17

3.6.3 Kardinalitätsänderungen durch Pfadausdrücke

Pfadausdrücke können die Anzahl der selektierten Datensätze und damit die Kardinalität des Selektionsergebnisses durch zusätzlich eingebrachte Join-Verknüpfungen und Filter beeinflussen.

Beispiel: Pfadausdruck mit Inner-Join-Verknüpfung

Der in Listing 3.19 definierte CDS-View Z_ViewWithPathExprsChngngCards nutzt den CDS-View ZI_Product aus Listing 3.12 als Datenquelle.

```
define view entity Z_ViewWithPathExprsChngngCards
  as select from ZI_Product
{
  key Product,
  key _Text[*:inner].Language
}
```

Listing 3.19 CDS-View mit kardinalitätsänderndem Pfadausdruck

Analyse des Beispiels

Über den Pfadausdruck _Text[...].Language wird die Projektionsliste des CDS-Views Z_ViewWithPathExprsChngngCards mit dem Sprachschlüssel Language des Ziel-CDS-Views ZI_ProductText angereichert. Da dieser Ziel-View potenziell Texte in mehreren Sprachen für ein einzelnes Produkt bereitstellen kann, führt die Aufnahme des Sprachschlüssels zu einem Ausmultiplizieren der Datensätze des CDS-Views ZI_Product in der Ergebnisliste des CDS-Views Z_ViewWithPathExprsChngngCards. Dieser Sachverhalt wird durch die Kardinalitätsangabe * im Pfadausdruck signalisiert.

Inner-Join-Verknüpfungen in Pfadausdrücken

Im vorliegenden Fall wird eine Inner-Join- statt einer Left-Outer-Join-Verknüpfung angewendet. Dies wird explizit durch das Sprachelement INNER ausgedrückt. Listing 3.20 illustriert die resultierende Create-Anweisung für den Datenbank-View, der aus dem CDS-View Z_ViewWithPathExprsChngngCards aus Listing 3.19 generiert wird.

```
CREATE OR REPLACE VIEW "Z_VIEWWITHPATHEXPRSCHNGNGCARDS" AS SELECT
  "ZI_PRODUCT"."MANDT" AS "MANDT",
  "ZI_PRODUCT"."PRODUCT",
  "=A0"."LANGUAGE"
FROM "ZI_PRODUCT" "ZI_PRODUCT" INNER JOIN "ZI_PRODUCTTEXT" "=A0" ON (
  "ZI_PRODUCT"."MANDT" = "=A0"."MANDT" AND
  "=A0"."PRODUCT" = "ZI_PRODUCT"."PRODUCT"
)
WHERE "ZI_PRODUCT"."MANDT" = SESSION_CONTEXT(
  'CDS_CLIENT'
)
```

Listing 3.20 Create-Anweisung zum Anlegen des Datenbank-Views zum CDS-View aus Listing 3.19

Diese Verknüpfung reduziert die resultierten Datensätze entsprechend der Inner-Join-Semantik. Das heißt, sie nimmt ebenfalls Einfluss auf die Kardinalität der Ergebnisliste des CDS-Views Z_ViewWithPathExprsChngngCards.

Beispiel: Filterkriterien in Pfadausdrücken

Wenn Sie Assoziationen in Pfadausdrücken verwenden, können Sie innerhalb dieser Pfade zusätzliche Filterkriterien definieren. Ein Beispiel sehen Sie in Listing 3.21.

```
define view entity Z_ViewWithPathExprsWithFilters
  as select from ZI_Product
{
  key Product,
  _Text[1:Language='E'].ProductName as ProductNameInEnglish,
  _Text[1:Language='E'].Product     as ProductOfEnglishText
}
```

Listing 3.21 CDS-View mit Filtereinschränkungen in Pfadausdrücken

Analyse des Beispiels

Darin verwendet der CDS-View Z_ViewWithPathExprsWithFilters die Assoziation _Text des CDS-Views ZI_Product aus Listing 3.12, um die beiden Felder ProductName und Product des Ziel-Views ZI_ProductText aus Listing 3.13 in seine Projektionsliste zu übernehmen. Die assoziierten Zieldatensätze werden jedoch auf die Datensätze eingeschränkt, deren Sprachschlüssel Language dem konstanten Wert »E« entspricht. Damit wird die in der On-Bedingung der Assoziation _Text erfasste Bindung des Felds Product des Ziel-CDS-Views um eine weitere Einschränkung ergänzt. Mithin ist der aus den Feldern Product und Language aufgebaute Schlüssel des Ziel-CDS-Views ZI_ProductText vollständig spezifiziert. Die maximale Kardinalität der Verknüpfung der Datensätze über das Pfadsegment sinkt dementsprechend auf »1«. Diese Information wird der Filterbedingung in den beiden skizzierten Pfadausdrücken vorangestellt und von dieser durch einen Doppelpunkt separiert.

Gleichartige Pfadausdrücke im generierten Datenbank-View

Da die aus beiden Pfadausdrücken resultierenden Join-Verknüpfungen augenscheinlich identisch sind, sollte der aus dem CDS-View Z_ViewWithPathExprsWithFilters abgeleitete Datenbank-View idealerweise nur einen Join enthalten. Tatsächlich findet im vorliegenden Fall eine entsprechende Kondensierung der Join-Operationen statt. In der in Listing 3.22 dargestellten Create-Anweisung zur Anlage des Datenbank-Views findet sich dementsprechend nur ein einzelner Join.

```
CREATE OR REPLACE VIEW "Z_VIEWWITHPATHEXPRSWITHFILTERS" AS SELECT
  "ZI_PRODUCT"."MANDT" AS "MANDT",
  "ZI_PRODUCT"."PRODUCT",
  "=A0"."PRODUCTNAME" AS "PRODUCTNAMEINENGLISH",
  "=A0"."PRODUCT" AS "PRODUCTOFENGLISHTEXT"
FROM "ZI_PRODUCT" "ZI_PRODUCT" LEFT OUTER MANY TO ONE JOIN
  "ZI_PRODUCTTEXT" "=A0" ON (
```

```
  "=A0"."PRODUCT" = "ZI_PRODUCT"."PRODUCT" AND
  "=A0"."LANGUAGE" = N'E' AND
  "ZI_PRODUCT"."MANDT" = "=A0"."MANDT"
)
WHERE "ZI_PRODUCT"."MANDT" = SESSION_CONTEXT(
  'CDS_CLIENT'
)
```

Listing 3.22 Create-Anweisung des Datenbank-Views zum CDS-View aus Listing 3.21

Assoziationen mit Standardfilter

Die Assoziationsdefinition kann auch mit einem Standardfilter ausgestattet werden. Dieser Standardfilter wird angewendet, wenn Sie die Assoziation in Pfadausdrücken verwenden, ohne darin einen neuen Filter zu definieren. Wenn Sie stattdessen einen Filter explizit definieren, wird der Standardfilter ignoriert.

Beispiel: Assoziationsdefinition mit Standardfilter

Im CDS-View `Z_ViewWithAscsWithDfltFilters` aus Listing 3.23 wird ein Beispiel für einen Standardfilter gezeigt.

```
define view entity Z_ViewWithAscsWithDfltFilters
  as select from ZI_Product
  association [0..*] to ZI_ProductText as _TextWithDefaultFilter
    on $projection.Product = _TextWithDefaultFilter.Product
    with default filter _TextWithDefaultFilter.Language = 'E'
  association [0..*] to ZI_ProductText as _Text
    on $projection.Product = _Text.Product
  association [0..1] to ZI_ProductText as _TextInEnglish
    on $projection.Product = _TextInEnglish.Product
    and _TextInEnglish.Language = 'E'
{
  Product,
  _TextWithDefaultFilter.ProductName as ProductNameInEnglish,
  _Text[1:Language='E'].ProductName  as ProductNameInEnglish2,
  _TextInEnglish.ProductName as ProductNameInEnglish3,
  _TextWithDefaultFilter[Language='D'].ProductName
     as ProductNameInGerman,
  _TextWithDefaultFilter[*:left outer].ProductName as ProductName,
  _TextWithDefaultFilter,
  _Text,
  _TextInEnglish
}
```

Listing 3.23 Assoziation mit Standardfilter in einem CDS-View

Analyse des Beispiels

Die Assoziation _TextWithDefaultFilter definiert den Standardfilter »E« für das Feld Language des Ziel-CDS-Views ZI_ProductText. Der Pfadausdruck _TextWithDefaultFilter.ProductName liefert demzufolge den englischen Namen ProductName des Produkts. Dies entspricht dem Ergebnis der beiden Pfadausdrücke _Text[1:Language='E'].ProductName und _TextInEnglish. ProductName. Innerhalb des ersten Pfadausdrucks wird dabei der gleiche Filter explizit definiert. Im zweiten Pfadausdruck ist die entsprechende Filterbedingung in der On-Bedingung der Assoziation _TextInEnglish verankert.

Der Pfadausdruck _TextWithDefaultFilter[Language='D'] wendet für das Feld Language explizit den Filterwert »D« an. Er liefert den deutschen Produktnamen. Der Standardfilter wird in diesem Fall ignoriert. Wenn Sie den Filter wie im Pfadausdruck _TextWithDefaultFilter[*:left outer].ProductName übersteuern, dann werden die Namen sogar in allen Sprachen zurückgeliefert.

Da der Standardfilter nicht immer angewendet wird, ist die maximale Kardinalität der Assoziation _TextWithDefaultFilter in Listing 3.23 mit »*« und nicht mit »1« angegeben.

[!]

Standardfilter von Assoziationen

Die Standardfilter von Assoziationen wirken nur dann, wenn bei der Verwendung der Assoziationen keine anderen Filter angegeben werden. In der Regel können Filter in Pfadausdrücken die Kardinalität der Assoziationsziele nur reduzieren. Im Gegensatz dazu können übersteuerte Standardfilter die Kardinalität der Assoziationsziele sogar erhöhen. Besonders dann, wenn die Konsumenten einer Assoziation die für diese Assoziation festgelegte Standardfilterung nicht kennen, können sie die zugehörigen Datensätze und damit auch die effektive Kardinalität einer solchen Assoziation nicht vorhersagen.

Im Zweifelsfall sollten Sie daher eine zusätzliche Assoziation definieren, die explizit die gewünschten Filterkriterien in einer On-Bedingung verankert, anstatt die Standardfilterlogik zu verwenden.

3.6.4 Berechnete Felder in Assoziationsdefinitionen

On-Bedingungen von Assoziationen, die nicht nur exponiert, sondern auch innerhalb des sie definierenden CDS-Views verwendet werden, dürfen keine lokal im CDS-View berechneten Felder referenzieren.

Beispiel: Referenzierung berechneter Felder in Assoziationsdefinitionen

Betrachten Sie dazu das Beispiel aus Listing 3.24.

```
define view entity Z_ViewWithAscsWithCalcFields
  as select from ZI_SalesOrderItem
  association [0..1] to ZI_Product as _Product
    on ZI_SalesOrderItem.Product = _Product.Product
  association [0..1] to ZI_Product as _ProductWithAlias
    on $projection.ProductWithAlias = _ProductWithAlias.Product
  association [0..1] to ZI_Product as _ProductWithCast
    on $projection.ProductWithCast = _ProductWithCast.Product
  association [0..1] to ZI_Product as _ProductWithCastPreservingType
    on $projection.ProductWithCastPreservingType =
      _ProductWithCastPreservingType.Product
{
  key SalesOrder,
  key SalesOrderItem,
      Product,
      _Product,
      _Product.ProductType,
      Product                              as ProductWithAlias,
      _ProductWithAlias,
      _ProductWithAlias.ProductType        as ProductTypeWithAlias,
      cast (Product as matnr)              as ProductWithCast,
      _ProductWithCast,
      cast (Product as matnr preserving type)
        as ProductWithCastPreservingType,
      _ProductWithCastPreservingType,
      _ProductWithCastPreservingType.ProductType
        as ProdTypeWithCastPreservingType
}
```

Listing 3.24 CDS-View mit Assoziationen, deren Definitionen berechnete Felder nutzen

Analyse des Beispiels

Die Assoziation `_Product` nutzt in ihrer Definition das Feld `Product` der zugrunde liegenden Datenquelle `ZI_SalesOrderItem`. Diese Assoziation kann sowohl exponiert als auch zur Bildung von Pfadausdrücken wie `_Product.ProductType` innerhalb des CDS-Views `Z_ViewWithAscsWithCalcFields` aus Listing 3.24 selbst genutzt werden.

Gleiches gilt für die Assoziation `_ProductWithAlias`, in deren Definition das Feld `ProductWithAlias` einfließt, das über einen Alias aus dem Feld `Product` der zugrunde liegenden Datenquelle `ZI_SalesOrderItem` hervorgeht.

Das Feld ProductWithCast wird aus dem Feld Product per Cast-Operation berechnet. Es geht in die Definition der Assoziation _ProductWithCast ein. Diese Assoziation kann auch exponiert werden. Allerdings ist es nicht zulässig, im CDS-View Z_ViewWithAscsWithCalcFields einen Pfadausdruck der Form _ProductWithCast.ProductType zu nutzen. Dies ist nur in den verwendenden CDS-Views gestattet.

Cast-Operationen ohne Typänderung

Beim Feld ProductWithCastPreservingType bleibt der technische Datentyp bei der Cast-Operation auf das Datenelement MATNR erhalten. Dieser Sachverhalt wird durch den Zusatz PRESERVING TYPE ausgedrückt. Wird ein derartig umgewandeltes Feld in die On-Bedingung einer Assoziation eingebracht, darf die Assoziation auch innerhalb des Views selbst zur Bildung von Pfadausdrücken, wie z. B. _ProductWithCastPreservingType.ProductType, genutzt werden.

3.7 Verwendung von Assoziationen in ABAP-Implementierungen

Assoziationen in ABAP

Exponierte Assoziationen eines CDS-Views können Sie auch im Rahmen von Selektionszugriffen aus Ihrer ABAP-Implementierung heraus nutzen. Ähnlich wie innerhalb Ihrer CDS-View-Modellierung können Sie dabei Pfadausdrücke mit den Assoziationen bilden. Über diese Pfade können Sie auf die Felder der jeweiligen Ziel-CDS-Views zugreifen. Anders als in der CDS-View-Modellierung können Sie jedoch keine Assoziation als Element in die Ergebnisliste Ihrer Selektionsanweisung übernehmen.

Wenn Sie auf eine Assoziation in ABAP zugreifen möchten, müssen Sie dieser einen Schrägstrich (\) voranstellen. Das Feld des Assoziationsziels wird durch einen Bindestrich (-) vom Assoziationsnamen abgegrenzt. Im Fall von Assoziationsketten werden die einzelnen Assoziationen, mit einem Schrägstrich beginnend, aneinandergereiht. Filterbedingungen können Sie in eckigen Klammern ([...]) erfassen.

Beispiel: Datenselektion in ABAP mit Pfadausdrücken

Listing 3.25 illustriert ein Beispiel für eine Datenselektion mit Pfadausdrücken in ABAP.

```
SELECT \_salesorder-salesordertype,
       \_salesorderitem\_product\_text[ (1) inner :
                                where language = 'E' ]-productname
  FROM zi_salesorderscheduleline
  WHERE \_salesorderitem\_product-producttype EQ 'FERT'
  INTO TABLE @DATA(lt_result).
```

Listing 3.25 Datenselektion in ABAP unter der Verwendung von Pfadausdrücken

Analyse des Beispiels

In der im Beispiel dargestellten Selektionsanweisung wird, ausgehend von dem CDS-View der Kundenauftragseinteilung `ZI_SalesOrderScheduleLine`, das assoziierte Feld `SalesOrderType` des Kundenauftrags-CDS-Views `ZI_SalesOrder` in die Ergebnisliste `lt_result` zurückgestellt. Zusätzlich wird das Feld `ProductName` aus dem CDS-View `ZI_ProductText` in die Ergebnisliste übernommen.

Durch die Pfadrestriktion `[ (1) inner : where language = 'E' ]` werden dabei entsprechend der Inner-Join-Semantik nur die Datensätze selektiert, für die es einen englischen Text (`Language = 'E'`) gibt. Die in runden Klammern erfasste Kardinalitätsangabe »1« signalisiert dabei, dass es bei der Anzahl der Datensätze im Ergebnis keine Ausmultiplizierungseffekte aufgrund des applizierten Pfadausdrucks geben wird.

Durch die angewandte Where-Bedingung mit dem Pfadausdruck `\_salesorderitem\_product-producttype` werden schließlich nur die Datensätze der Kundenauftragseinteilung berücksichtigt, deren Position ein Produkt vom Typ `ProductType` = »FERT« zugeordnet ist.

Kapitel 4
CDS-Annotationen

In diesem Kapitel lernen Sie anhand von Beispielen die Grundlagen der CDS-Annotationen sowie deren mögliche Verwendungen kennen. Darüber hinaus stellen wir Ihnen einige Besonderheiten vor, die Sie im Umgang mit den CDS-Annotationen beachten sollten.

Motivation

CDS-Annotationen reichern die SQL-Logik der CDS-Datenmodelle mit zusätzlichen Metadaten an. Sowohl die ABAP-Laufzeitumgebung als auch weitere Verwender der CDS-Modelle interpretieren diese Zusatzinformationen. Zu den Verwendern zählen Entwickler, die die CDS-Modelle verstehen wollen, und Infrastrukturkomponenten, die die CDS-Modelle ausführen. Beispielsweise nutzen analytische Anwendungen CDS-Annotationen, um das Aggregationsverhalten von Kennzahlen in analytischen Queries zu steuern.

CDS-Annotationen sind integrale Bestandteile der CDS-Modelldefinitionen. Sie erfassen Informationen, die allen potenziellen Konsumenten der Datenmodelle unmittelbar zur Verfügung stehen. Ehemals proprietäre Metadaten der unterschiedlichen Frameworks und Engines, die im Rahmen der klassischen ABAP-Programmierung verwendet wurden, sollen darin aufgehen bzw. durch eine zentrale sowie harmonisierte Beschreibung der Eigenschaften des Datenmodells ersetzt werden. Dieser Ansatz unterstützt Sie dabei, Redundanzen und Inkonsistenzen in der Modellierung und Implementierung Ihrer Anwendungen zu vermeiden.

Aufbau des Kapitels

In diesem Kapitel vermitteln wir Ihnen in Abschnitt 4.1, »Annotationsdefinitionen«, zunächst einen Überblick über die *Annotationsdefinitionen*. Diese legen neben dem Namen auch die technischen Eigenschaften der Annotationen fest. Im Anschluss daran erläutern wir Ihnen in Abschnitt 4.2, »Auswirkungen der Annotationen«, den Nutzen der Annotationen. Dieser umfasst dokumentarische Aspekte und vor allem die Steuerung generischer Framework-Funktionen.

In Abschnitt 4.3, »Propagationslogik für Annotationen«, lernen Sie daraufhin die *Propagationslogik für Annotationen* kennen. Diese gestattet es Ihnen, zentral erfasste Modellinformationen wiederzuverwenden. Gleichzeitig erfordert die erfolgreiche Anwendung der Propagationslogik aber auch eine konsistente Modellierung des gesamten CDS-View-Stacks. Dies wird anhand von zwei Beispielen illustriert.

In Abschnitt 4.4, »CDS-Metadatenerweiterungen«, besprechen wir *CDS-Metadatenerweiterungen*. Diese bieten Ihnen die Möglichkeit, Annotationen aus Ihren CDS-Entitätsdefinitionen auszulagern. Die Kernlogik der CDS-Modelle kann damit übersichtlicher gestaltet werden. Gleichzeitig können Sie mit den CDS-Metadatenerweiterungen Annotationen der von SAP ausgelieferten CDS-Entitäten Ihren Bedürfnissen anpassen, falls diese Entitäten für CDS-Metadatenerweiterungen vorbereitet sind. Obwohl Sie dabei keine technischen Modifikationen an den ausgelieferten Objekten vornehmen müssen, müssen Sie die Auswirkungen Ihrer Metadatenerweiterungen jedoch stets sorgfältig prüfen.

Zum Abschluss des Kapitels erfahren Sie in Abschnitt 4.5, »Aktive Annotationen«, wie sich die lokal im CDS-Modell definierten, durch Typisierung und Propagation geerbten und in CDS-Metadatenerweiterungen zusätzlich erfassten CDS-Annotationen zu dem aus Sicht der Verwender relevanten Gesamtbild, den *aktiven Annotationen*, zusammensetzen.

4.1 Annotationsdefinitionen

Annotationsdefinitionsobjekte

Annotationen repräsentieren ein Kernkonzept der CDS-Modellierung. Obwohl die Annotationen integraler Bestandteil der CDS-Syntax sind, werden ihre konkreten Realisierungen als Annotationsdefinitionsobjekte modelliert. Annotationsdefinitionen besitzen den technischen Objekttyp DDLA. Sie werden von SAP definiert und wie die CDS-Modelle selbst ausgeliefert.

Struktur des Abschnitts

Bevor wir Sie mit den technischen Details vertraut machen, möchten wir Ihnen in Abschnitt 4.1.1, »Syntaxübersicht«, zunächst einen Überblick über die Syntax der CDS-Annotationen vermitteln. In diesem Zusammenhang zeigen wir Ihnen, welche Syntax einerseits zur Definition der Annotationen und andererseits bei der Erfassung von Annotationen in Ihren CDS-Modellen anzuwenden ist. Sie lernen außerdem, wie Sie Annotationsdefinitionen anzeigen können.

Daraufhin gehen wir näher auf die nachfolgend aufgeführten Eigenschaften ein, die Sie in der technischen Spezifikation einer CDS-Annotation finden:

- Annotationsnamen (Abschnitt 4.1.2)
- Typisierungen und Werte der Annotationen (Abschnitt 4.1.3)

- Wertelisten von Annotationen (Abschnitt 4.1.4)
- Default-Werte der Annotationen (Abschnitt 4.1.5)
- Geltungsbereiche der Annotationen (Abschnitt 4.1.6).

4.1.1 Syntaxübersicht

Annotationsdefinition anzeigen

Sie können sich einen Überblick über die Annotationssyntax verschaffen, indem Sie eine bestehende Annotationsdefinition im ADT-Editor öffnen. Nutzen Sie dazu den Ladedialog **Open ABAP Development Object** des entsprechenden Entwicklungsobjekts, den Sie beispielsweise über die Tastenkombination [Strg]+[⇧]+[A] aufrufen können.

Geben Sie in dem sich öffnenden Fenster den Suchbegriff »Semantics« ein. Wählen Sie im Anschluss den Eintrag mit dem Icon [@], um die Annotationen der zugehörigen *Domäne* anzuzeigen (siehe Abbildung 4.1). Das Konzept der Annotationsdomänen erläutern wir im Zusammenhang mit den Annotationsnamen in Abschnitt 4.1.2, »Annotationsnamen«.

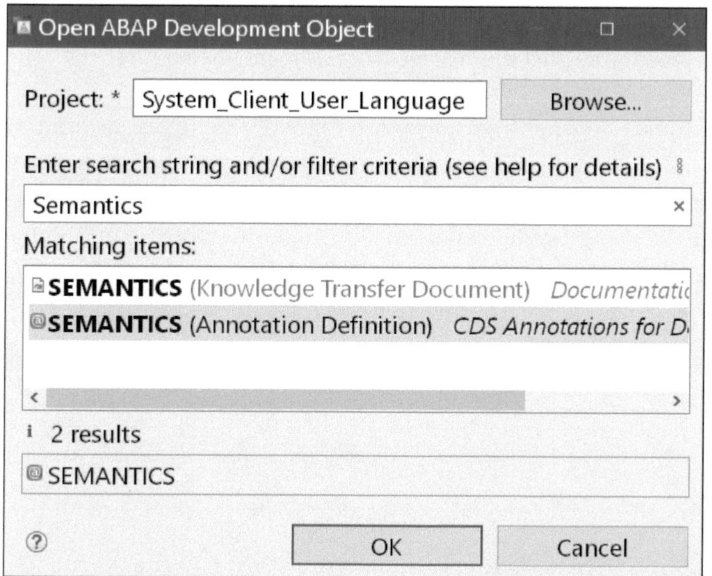

Abbildung 4.1 Öffnen des Annotationsdefinitionsobjekts der Domäne »Semantics«

Nachdem Sie Ihre Auswahl durch **OK** bestätigt haben, wird das Annotationsdefinitionsobjekt angezeigt (siehe Abbildung 4.2).

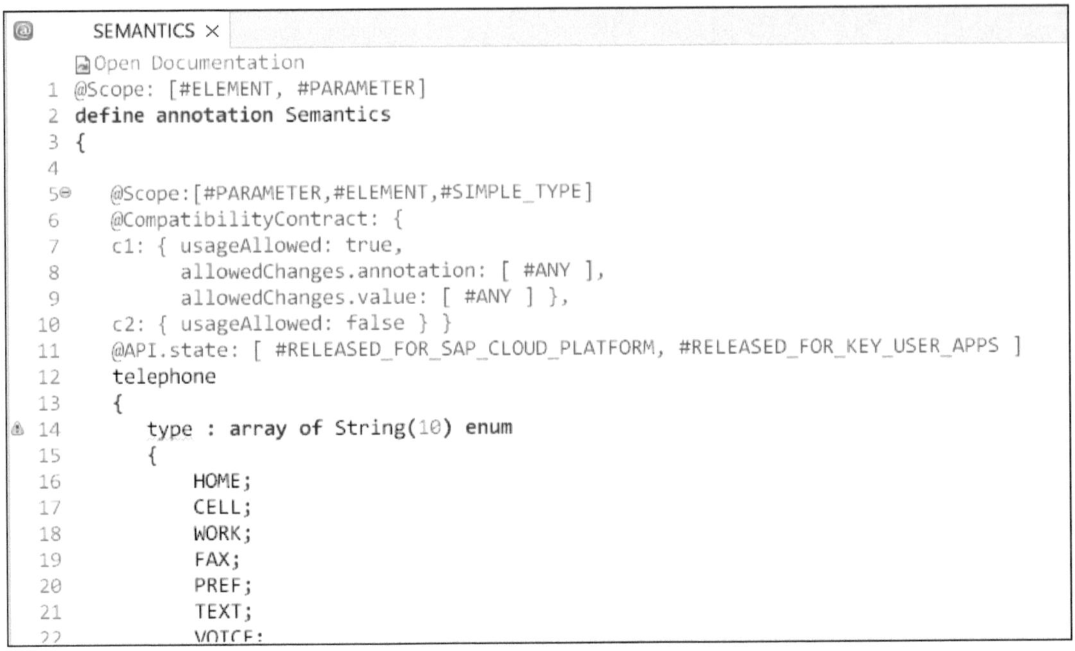

```
SEMANTICS ×
Open Documentation
@Scope: [#ELEMENT, #PARAMETER]
define annotation Semantics
{

    @Scope:[#PARAMETER,#ELEMENT,#SIMPLE_TYPE]
    @CompatibilityContract: {
    c1: { usageAllowed: true,
          allowedChanges.annotation: [ #ANY ],
          allowedChanges.value: [ #ANY ] },
    c2: { usageAllowed: false } }
    @API.state: [ #RELEASED_FOR_SAP_CLOUD_PLATFORM, #RELEASED_FOR_KEY_USER_APPS ]
    telephone
    {
       type : array of String(10) enum
       {
           HOME;
           CELL;
           WORK;
           FAX;
           PREF;
           TEXT;
           VOICE;
```

Abbildung 4.2 Annotationsdefinitionsobjekt der Domäne »Semantics«

Beispiel: Annotationsdefinitionsobjekt

Wie Sie Abbildung 4.2 entnehmen können, beinhalten Annotationsdefinitionen neben den Annotationsnamen einige zugehörige technische Eigenschaften. Diese Eigenschaften werden wir in den nächsten Abschnitten näher erläutern. An dieser Stelle wollen wir Ihr Augenmerk vorab auf einige wichtige Aspekte lenken, die wir in Listing 4.1 zusammengefasst haben.

```
...
@Scope:[#ELEMENT,#PARAMETER]
annotation Semantics
{
   ...
   systemDate
   {
       createdAt: Boolean default true;
       ...
   };
   ...
   @Scope:[#ELEMENT]
   quantity
   {
       unitOfMeasure: ElementRef;
       ...
```

```
    };
    ...
}
```

Listing 4.1 Auszug aus dem Annotationsdefinitionsobjekt der Domäne »Semantics«

Analyse des Beispiels

Listing 4.1 illustriert einen Auszug aus dem Annotationsdefinitionsobjekt der Domäne `Semantics`. Darin finden Sie eine Annotation mit dem Namen `createdAt` bzw. mit dem vollqualifizierten Namen `Semantics.systemDate.createdAt`. Außerdem finden Sie darin eine weitere strukturierte Annotation mit dem vollqualifizierten Namen `Semantics.quantity.unitOfMeasure`. Der *vollqualifizierte Name* beinhaltet dabei den kompletten Pfad von der Domäne bis zum aktuellen Annotationsnamen.

Die erste Annotation `Semantics.systemDate.createdAt` dient der Auszeichnung von CDS-Elementen und Parametern, die ein Anlagedatum repräsentieren. Der zulässige Anwendungsbereich dieser Annotation (`@Scope:[#ELEMENT,#PARAMETER]`) wird von der übergeordneten Domäne `Semantics` geerbt. Gemäß der vorliegenden Spezifikation besitzt die Annotation weiterhin einen booleschen Typ. Außerdem ist sie mit dem Default-Wert `true` ausgestattet.

Die zweite Annotation `Semantics.quantity.unitOfMeasure` stellt für ein Mengenfeld den Bezug zu dessen Mengeneinheit her. Ihre Typisierung erlaubt es, Referenzbezüge auf CDS-Elemente (`ElementRef`) zu formulieren. Ihr Anwendungsbereich ist gemäß der übergeordneten Annotation `Semantics.quantity` auf die Auszeichnung von CDS-Elementen (`@Scope:[#ELEMENT]`) eingegrenzt.

Annotationen in CDS-Modellen verwenden

Bislang haben wir uns mit der Definition der Annotationen selbst beschäftigt. Wenden wir uns nun der Verwendung der Annotationen in den CDS-Modellen zu. Innerhalb der CDS-Modelle beginnen Annotationsauszeichnungen mit dem Sonderzeichen `@`. Annotationen werden dem annotierten Modellbestandteil dabei stets vorangestellt. Der Abschluss einer verwendeten Annotation wird nicht besonders gekennzeichnet.

Beispiel: Annotationsverwendungen

Im Beispiel aus Listing 4.2 finden Sie die beiden zuvor beschriebenen Annotationen als Metadatenanreicherung zweier CDS-View-Felder wieder. Dabei bezieht sich das mit `@Semantics.quantity.unitOfMeasure:'OrderQuantityUnit'` annotierte Mengenfeld `OrderQuantity` auf das Einheitenfeld `OrderQuantityUnit`. Das Feld `CreationDate` ist über die Annotation `@Semantics.systemDate.createdAt:true` als Anlegedatum klassifiziert.

```
define view entity ZI_SalesOrderItem as select from ...
{
  ...
  @Semantics.quantity.unitOfMeasure:'OrderQuantityUnit'
  OrderQuantity,
  OrderQuantityUnit,
  @Semantics.systemDate.createdAt:true
  CreationDate,
  ...
}
```

Listing 4.2 CDS-View mit Annotationen

Autovervollständigungsfunktion für Annotationen

Der CDS-Editor unterstützt Sie beim Erfassen der Annotationen. Er bietet Ihnen eine Autovervollständigungsfunktion mitsamt integrierter Dokumentation der Annotationen an. Sie können diese nutzen, indem Sie Ihren Cursor dort positionieren, wo Sie eine Annotation oder einen Bestandteil der Annotation einfügen wollen, und die Tastenkombination [⇧] + Leertaste betätigen. Betrachten Sie dazu Abbildung 4.3.

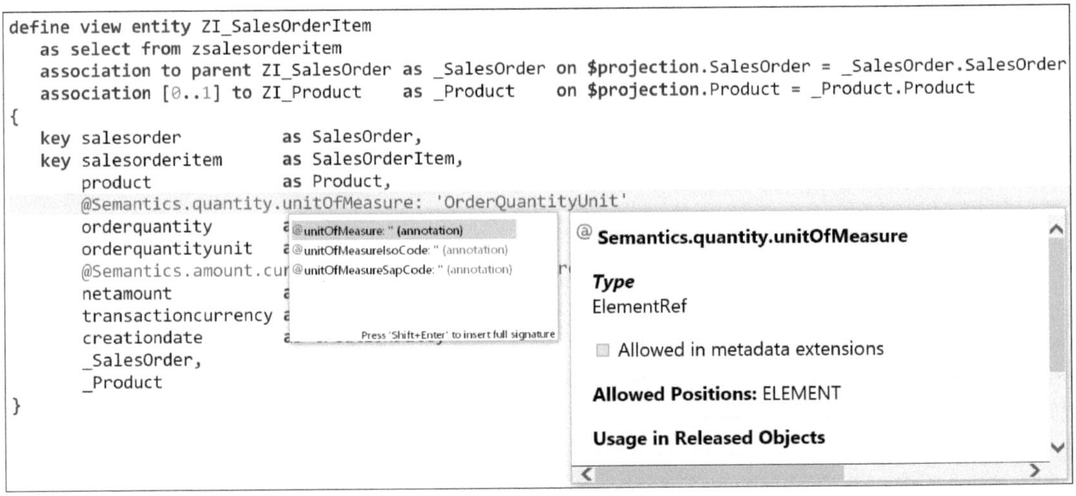

```
define view entity ZI_SalesOrderItem
  as select from zsalesorderitem
  association to parent ZI_SalesOrder as _SalesOrder on $projection.SalesOrder = _SalesOrder.SalesOrder
  association [0..1] to ZI_Product    as _Product    on $projection.Product = _Product.Product
{
  key salesorder          as SalesOrder,
  key salesorderitem      as SalesOrderItem,
      product             as Product,
      @Semantics.quantity.unitOfMeasure: 'OrderQuantityUnit'
      orderquantity
      orderquantityunit
      @Semantics.amount.cur
      netamount
      transactioncurrency
      creationdate
      _SalesOrder,
      _Product
}
```


Abbildung 4.3 Autovervollständigungsfunktion für die Annotation »Semantics.quantity«

Im aufgerufenen Informationsfenster können Sie die Dokumentation der Annotation anzeigen, indem Sie die entsprechende Blattannotation selektieren. Durch Doppelklicken auf die selektierte Blattannotation oder Drücken der Tastenkombination [⇧]+[↵] können Sie diese in Ihre CDS-Modelldefinition übernehmen.

4.1.2 Annotationsnamen

Bildung der Annotationsnamen

Annotationsnamen sind hierarchisch strukturiert. Ausgehend von einer Domänebzw. der *Wurzelannotation* oder *Hauptannotation*, z. B. `Semantics`, die thematisch verwandte CDS-Annotationen gruppiert und gleichzeitig als Name des Annotationsdefinitionsobjekts dient, werden die vollqualifizierten Annotationsnamen sukzessive über potenziell mehrere strukturierende Hierarchiestufen bzw. Zwischenelemente, den *Unterannotationen*), hinweg bis zu den Blattelementen aufgebaut. Die einzelnen Bestandteile des vollqualifizierten Annotationsnamens werden dabei durch Punkte voneinander abgegrenzt.

Der vollqualifizierte Annotationsname `Semantics. quantity.unitOfMeasure` aus Listing 4.1 setzt sich schrittweise aus dem Domänennamen `Semantics` über die Zwischenannotation `quantity` bis hin zur *Blattannotation* `unitOfMeasure` zusammen. Entsprechendes gilt für den zusammengesetzten Annotationsnamen `Semantics.systemDate.createdAt`.

Da sich die einzelnen Elemente der Annotationen verzweigen können, entsteht insgesamt ein Annotationsnamensbaum, dessen Blätter als Träger der für die Verwender relevanten Annotationswerte dienen.

Annotationsdomänen

Tabelle 4.1 zeigt eine Übersicht der wichtigsten Annotationsdomänen. Anhang A, »CDS-Annotationsreferenz«, bietet Ihnen eine Zusammenstellung der im Buch verwendeten Annotationen. Einen Gesamtüberblick über alle CDS-Annotationen finden Sie in der ABAP-Dokumentation unter *http://s-prs.de/v9214003*.

Domäne	Erläuterung/Inhalt
`ABAPCatalog`	Steuerung der ABAP-Laufzeitumgebung sowie des ABAP Data Dictionary und Definition von Erweiterungsoptionen
`AccessControl`	Dokumentation und Steuerung der Berechtigungsprüfungen für CDS-Modelle
`Aggregation`	Auszeichnung von Elementen, die auch als aggregierende Kennzahlen genutzt werden können (Nachfolger von `DefaultAggregation`)
`Analytics`	Definition analytischer Datenmodelle und Anwendungen
`AnalyticsDetails`	Definition der Details einer analytischen Query, wie deren Standardlayout und die anzuwendenden Ausnahmeaggregationen

Tabelle 4.1 Ausgesuchte CDS-Annotationsdomänen

Domäne	Erläuterung/Inhalt
`Consumption`	Hinweise für die Verwender der CDS-Modelle, die insbesondere von Implementierungs-Frameworks ausgewertet werden
`EndUserText`	Definition übersetzbarer Bezeichnertexte
`EnterpriseSearch`	Definition der unternehmensweiten Suchfunktionalität
`Environment`	Steuerung der Defaulting-Logik von Parametern mit Systemvariablen sowie spezieller SQL-Operationen
`Event`	Definition der Eigenschaften von Eventsignaturen
`Hierarchy`	Definition hierarchischer Beziehungen
`Metadata`	Steuerung der Annotationsanreicherungen eines CDS-Views durch Propagation und CDS-Metadatenerweiterungen
`ObjectModel`	Beschreibung der grundlegenden strukturellen Eigenschaften der Datenmodelle
`OData`	Exponierung von CDS-Modellen in OData-Services
`Search`	Steuerung der Suchfunktionalität
`Semantics`	Beschreibung der grundlegenden Semantik von Typen, Elementen und Parametern
`UI`	Semantische Definition einer Anzeigesicht der Benutzeroberfläche (User Interface, kurz UI), die unabhängig von der konkreten UI-Implementierungstechnologie ist
`VDM`	Klassifizierung der CDS-Modelle im virtuellen Datenmodell

Tabelle 4.1 Ausgesuchte CDS-Annotationsdomänen (Forts.)

Gruppierung von Annotationen

Teilen sich zwei Annotationen dieselben einleitenden Namensbestandteile, lassen sich diese Annotationen durch den Einsatz geschweifter Klammern (`{...}`) zusammenführen. Dies gilt abseits der Annotationsdefinitionen auch für die in den CDS-Modellen verwendeten Annotationen.

Beispiel: Annotationsgruppen

Listing 4.3 und Listing 4.4 illustrieren beispielhaft die mögliche Verwendung von gruppierenden Klammerausdrücken. Die beiden Listings demonstrieren alternative Modellierungsansätze, die inhaltlich den identischen Sachverhalt ausdrücken. In der CDS-View-Definition aus Listing 4.3

werden dabei anstelle der Klammerung einzelne, vollqualifizierte Annotationen verwendet.

```
...
@ObjectModel.dataCategory: #TEXT
@ObjectModel.representativeKey: 'Product'
define view entity ZI_ProductText
...
```

Listing 4.3 Verwendung voneinander getrennter, vollqualifizierter Annotationen

In Listing 4.4 werden dieselben Annotationen unter der Domäne `ObjectModel` gruppiert.

```
...
@ObjectModel: {
   dataCategory: #TEXT,
   representativeKey: 'Product'
}
define view entity ZI_ProductText
...
```

Listing 4.4 Verwendung gruppierter Annotationen

Array-artige Annotationen und Werte

Einzelnen Annotationen können mehrere Werte oder Unterannotationen zugeordnet sein. Derartige Array-artige Annotationselemente und -bewertungen werden mit dem Schlüsselbegriff `ARRAY OF` in den Annotationsdefinitionen erfasst. Exemplarisch zeigt Listing 4.5 derartige Annotationselemente der Domäne `ObjectModel`.

```
annotation ObjectModel {
   ...
   alternativeKey : array of
   {
      id : String(30);
      uniqueness : String(30)
        enum { UNIQUE; UNIQUE_IF_NOT_INITIAL; };
      element : array of ElementRef;
   };
   ...
};
```

Listing 4.5 Auszug aus der Annotationsdefinition der Domäne »ObjectModel«

Darin definiert die Annotation @ObjectModel.alternativeKey einen Array-Typ, dessen Struktur die drei Elemente id, uniqueness und element umfasst. Diese Elemente ihrerseits sind entweder als skalare Typen (id und uniqueness) oder als Array eines Skalartyps (element) spezifiziert. Mithin können Array-artige Annotationen prinzipiell auch ineinander geschachtelt werden.

Beispiel: Verwendung Array-artiger Annotationen in CDS-Views

Wenn Sie Array-artige Annotationen in Ihren CDS-Modellen verwenden wollen, müssen Sie die entsprechenden Unterannotationen und Werte in eckigen Klammern ([...]) erfassen. Ein Verwendungsbeispiel zeigt Listing 4.6.

```
...
@ObjectModel.alternativeKey: [
   { id : 'ObjectInternalID',
     element : [ 'ObjectInternalID' ] },
   { id : 'ObjectExternalKey',
     element : [ 'ObjectID',
                 'ObjectVersion' ] }
]
define view entity Z_ViewWithAlternativeKeys
  as select distinct from t000
{
  key hextobin('00000000000000000000000000000001')
                                         as ObjectUUID,
      1                                  as ObjectInternalID,
      1                                  as ObjectID,
      1                                  as ObjectVersion
}
```

Listing 4.6 Verwendung Array-artiger Annotationen und Annotationswerte

Analyse des Beispiels

Darin definiert die Annotation @ObjectModel.alternativeKey für den CDS-View Z_ViewWithAlternativeKeys eine Liste alternativer Schlüssel zum Primärschlüssel ObjectUUID. Der erste Eintrag in dieser Liste definiert einen alternativen Schlüssel mit dem Identifikator ObjectInternalID, der aus einem gleichnamigen Element besteht. Der zweite Eintrag dieser Liste spezifiziert einen Schlüssel mit dem Identifikator ObjectExternalKey, der sich aus den zwei Elementen ObjectID und ObjectVersion konstituiert.

[»]

Mehrfache Annotationszuweisungen

Außerhalb von Array-artigen Kontexten darf dieselbe Annotation nicht mehrfach zur Auszeichnung desselben Modells bzw. desselben Modellbestandteils genutzt werden.

4.1.3 Typisierungen und Werte von Annotationen

Annotationstypisierungen

Jede CDS-Annotation besitzt entweder eine skalare, eine strukturierte oder eine Array-artige Typisierung. Die entsprechende Typinformation wird in der Annotationsdefinition spezifiziert. Wenn Sie Ihre CDS-Modelle annotieren, sorgt die CDS-Syntaxprüfung für eine konforme Anwendung der Typisierungen.

Annotationswerte

Die für die Verwender des CDS-Modells relevanten *Annotationswerte* beruhen stets auf skalaren Typen oder Array-artigen Listen skalarer Typen. Annotationswerte gelten nur dann als zulässig, wenn sie typkonform sind.

Zulässige Einzelwerte können, je nach Typisierung, unter anderem boolesche Werte, wie bei der Annotation `Semantics.systemDate.createdAt` aus Listing 4.1, String-Werte, wie bei der Annotation `ObjectModel.alternativeKey.id` aus Listing 4.5, oder auch Referenzen auf CDS-Elemente, wie bei der Annotation `ObjectModel.alternativeKey.element` aus Listing 4.5, sein.

4.1.4 Wertelisten von Annotationen

Wertelisten dienen dazu, den durch die Typisierung technisch vorgegebenen Wertevorrat gezielt einzuschränken. Die in den Wertelisten hinterlegten Konstanten tragen eine semantische Bedeutung. Sie werden z. B. von der ABAP-Laufzeitumgebung oder den Frameworks interpretiert, die die CDS-Modelle ausführen bzw. verwenden.

Annotationsdefinitionen mit Enumerationen

Innerhalb der Annotationsdefinitionen werden derartige Wertelisten als *Enumerationen* (`ENUM`) spezifiziert. Ein konkretes Anwendungsbeispiel zeigt Listing 4.7.

```
annotation ObjectModel {
   ...
   dataCategory : String(30) enum { TEXT;
                                    HIERARCHY;
                                    VALUE_HELP; };
   ...
}
```

Listing 4.7 Annotationsdefinition mit Enumerationswerteliste

Darin wird definiert, dass die Annotation `ObjectModel.dataCategory` lediglich einen der drei Werte `TEXT` oder `HIERARCHY` oder `VALUE_HELP` aufweisen darf.

Enumerationswerte in CDS-Modellen

Soll ein Enumerationswert zur Bewertung einer Annotation in einem CDS-Modell genutzt werden, kann dieser Wert über das Sonderzeichen # direkt angesprochen werden. Listing 4.8 verdeutlicht dies.

```
...
@ObjectModel.dataCategory:#TEXT
define view entity ZI_ProductText as select ...
```

Listing 4.8 Annotation mit Enumerationswert in einer CDS-View-Definition

Darin wird die Datenkategorie des CDS-Views `ZI_ProductText` als `TEXT` mit Bezug # auf den entsprechenden Enumerationswert der Annotation `ObjectModel.dataCategory` festgelegt.

Annotationen mit Nullwert

Unabhängig von der Typisierung und den potenziell definierten Wertelisten einer Annotation für Elemente und Typen dürfen Sie diese immer mit dem Wert »null« belegen. Bei der Verwendung von Array-Typen darf indes nur der äußerste Array insgesamt als Nullwert spezifiziert werden.

Eine derartig bewertete Annotation wird so interpretiert, als ob sie im CDS-Modell gänzlich fehlen würde. Sie unterdrückt in diesem Zusammenhang auch einen für das annotierte Element bzw. den annotierten Typ propagierten Annotationswert (siehe Abschnitt 4.3, »Propagationslogik für Annotationen«).

4.1.5 Default-Werte der Annotationen

CDS-Annotationsdefinitionen können einen *Default-Wert* spezifizieren. Dieser gilt, wenn die Annotation ohne eine explizite Bewertung verwendet wird.

Modellierungsfehler vermeiden

Um Missverständnisse und Fehler zu vermeiden, sollten Sie Annotationswerte immer explizit angeben und sich nicht auf einen implizit gesetzten Default-Wert verlassen.

Beispiel: Annotation mit Default-Wert

Beispielsweise besitzt die Annotation `Semantics.systemDate.createdAt` gemäß Listing 4.1 den Default-Wert `true`. Infolgedessen haben die Annotationen in Listing 4.9 und Listing 4.10 denselben Effekt. In beiden Fällen wird das Feld `CreationDate` als Anlagedatum ausgezeichnet.

```
...
@Semantics.systemDate.createdAt:true
CreationDate,
...
```

Listing 4.9 Verwendung einer Annotation mit expliziter Bewertung

Fehlt der konkrete Annotationswert wie in Listing 4.10, müssen sowohl der Modellierer als auch der Konsument die zugrunde liegende Annotationsdefinition kennen, um die Annotation korrekt anwenden bzw. um diese richtig interpretieren zu können.

```
...
@Semantics.systemDate.createdAt
CreationDate,
...
```

Listing 4.10 Verwendung einer Annotation mit implizierter Übernahme ihres Default-Werts

[!]

Gültigkeit der Default-Werte

Der in der Annotationsdefinition spezifizierte Default-Wert einer Annotation entspricht nicht zwangsläufig dem Wert, der gilt, wenn die Annotation im CDS-Modell gänzlich fehlt. Beispielsweise zeichnet der Default-Wert der Annotation `Semantics.systemDate.createdAt` das damit annotierte Feld als Anlagedatum aus. Felder, die diese Annotation nicht tragen, werden damit aber nicht zwangsläufig als Anlagedaten betrachtet. Für diese Felder gilt stattdessen sinngemäß der Annotationswert `false`.

4.1.6 Geltungsbereiche der Annotationen

Innerhalb der CDS-Modelle können Annotationen grundsätzlich auf Kopfebene zur Auszeichnung des gesamten CDS-Modells oder auf der Ebene seiner Bestandteile (Parameter oder projizierte Felder und Assoziationen) auftreten.

Scope-Angaben von Annotationen

Mit der *Scope*-Angabe legen die Annotationsdefinitionen den Geltungsbereich der einzelnen Annotationen fest. In Listing 4.1 wird beispielsweise der Geltungsbereich der Annotation `Semantics.quantity` auf die Verwendung als Auszeichnung von CDS-Elementen (`@Scope:[#ELEMENT]`), d. h. von Feldern und Assoziationen, eingeschränkt. Damit darf diese Annotation nicht zur Auszeichnung von Parametern oder ganzen CDS-Modellen genutzt werden.

[»]

Annotationen für Assoziationen

Annotationen können nicht in die Assoziationsdefinitionen eingebracht werden. Assoziationen können nur innerhalb der Projektionslisten annotiert werden. Das bedeutet, dass nur exponierte Annotationen annotiert werden können.

Scope-Angaben erben

Die in Listing 4.1 nicht explizit mit einer eigenen Scope-Angabe spezifizierten Annotationen `Semantics.systemDate.createdAt` und `Semantics.quantity.unitOfMeasure` erben die Scope-Einstellungen ihrer übergeordneten Annotationen `Semantics.systemDate` bzw. `Semantics` und `Semantics.quantity`.

Geltungsbereich ELEMENT

Die Definition der Geltungsbereiche von Annotationen unterstützt keine dedizierte Eingrenzung auf Felder. Geltungsbereiche für Felder werden stets unter dem Scope `ELEMENT` subsummiert. Damit können Annotationen wie `Semantics.quantity.unitOfMeasure` formal auch zur Auszeichnung von Assoziationen verwendet werden. Eine derartige Verwendung wird jedoch nicht von allen Frameworks unterstützt und ist in vielen Fällen auch nicht sinnvoll. Beispielsweise können Sie eine Assoziation mit `Semantics.quantity.unitOfMeasure` weder annotieren noch referenzieren.

Kriterien für die Definition von Geltungsbereichen

Die Definition der Geltungsbereiche von Annotationen berücksichtigt zahlreiche Fragestellungen, unter anderem:

- Darf die Annotation mehrfach oder maximal einmal in einem CDS-Modell verwendet werden?
- Darf die Annotation in Erweiterungen des CDS-Views genutzt werden?
- Darf bzw. soll die Annotation über den CDS-View-Stack propagiert werden?

Entsprechend den Antworten auf diese Fragen kann der Geltungsbereich einer Annotation z. B. auf die Kopfebene oder aber auch auf die Elementebene eingegrenzt werden. Der in der Annotationsdefinition spezifizierte Geltungsbereich einer Annotation kann dabei einen Kompromiss darstellen, der unterschiedliche Anforderungen gegeneinander abwägt.

4.2 Auswirkungen der Annotationen

Die in den CDS-Annotationen hinterlegten Metadaten wirken sich sowohl auf generierte Designtime-Objekte als auch auf die Anwendung der modellierten CDS-Logik zur Laufzeit aus. Darüber hinaus können Annotationen bestimmte Eigenschaften der CDS-Modelle dokumentieren. Diese dokumentierten Eigenschaften können sowohl als Auswahlhilfe als auch für Konsistenzprüfungen der CDS-Modelle herangezogen werden.

Beispiel: Annotierter CDS-View

Listing 4.11 zeigt exemplarisch den CDS-View Z_ViewWithODataExposure, der mit zahlreichen Annotationen ausgestattet ist. Diese werden wir im Folgenden näher erläutern.

```
@ObjectModel.usageType:{ serviceQuality : #B,
                         sizeCategory   : #XL,
                         dataClass      : #TRANSACTIONAL }
@OData.entityType.name: 'ViewWithODataExposure_Type'
define view entity Z_ViewWithODataExposure
  with parameters
    @Consumption.hidden: true
    @Environment.systemField: #SYSTEM_DATE
    P_CreationDate : sydatum
  as select from ZI_SalesOrderItem
{
  key SalesOrder,
  key SalesOrderItem,
      CreationDate
} where CreationDate = $parameters.P_CreationDate
```

Listing 4.11 CDS-View »Z_ViewWithODataExposure«

Generierte Artefakte

Wie bereits erwähnt, können Implementierungs-Frameworks sowie das ABAP Data Dictionary die in den CDS-Annotationen enthaltenen Informationen dazu nutzen, Designtime-Artefakte zu generieren. Beispiele derartiger Generate sind die aus den CDS-Modellen über die SADL-Infrastruktur abgeleiteten OData-Services.

Wird der CDS-View Z_ViewWithODataExposure aus Listing 4.11 in einem OData-Service als OData-Entity-Set exponiert, erhält dessen Typ den per Annotation @OData.entityType.name festgelegten Namen ViewWithODataExposure_Type, wie in Listing 4.12 dargestellt.

```
...
<EntityType ... Name="ViewWithODataExposure_Type">
  <Key>
```

```
    <PropertyRef Name="SalesOrder"/>
    <PropertyRef Name="SalesOrderItem"/>
  </Key>
  <Property Name="SalesOrder" .../>
  <Property Name="SalesOrderItem" .../>
  <Property Name="CreationDate" .../>
</EntityType>
...
```

Listing 4.12 OData-Entity-Typ »Z_ViewWithODataExposure_Type«

Beeinflussung der Laufzeitumgebung

Des Weiteren werden CDS-Annotationen von der ABAP-Laufzeitumgebung ausgewertet und können die Ausführung einer Datenselektion beeinflussen. Zum Beispiel können Parameter von CDS-Modellen mithilfe von CDS-Annotationen mit Laufzeitvariablen verknüpft werden. Die so annotierten Parameterwerte werden von der ABAP-Laufzeitumgebung automatisch mit den entsprechenden Systemfeldern belegt, falls sie im Rahmen einer Datenselektion über die ABAP-SQL-Schnittstelle nicht explizit versorgt werden (siehe auch Abschnitt 2.16, »Parameter«).

In unserem Beispiel aus Listing 4.11 nutzen wir diesen Mechanismus, um den Parameter `P_CreationDate` des CDS-Views `Z_ViewWithODataExposure` mit dem aktuellen Systemdatum `@Environment.systemField:#SYSTEM_DATE` zu versorgen. Der entsprechende Parameter selbst soll für die Konsumenten des Service verborgen bleiben und wird daher mit `@Consumption.hidden:true` annotiert.

Dokumentierende Annotationen

Neben den CDS-Annotationen, die mittel- und unmittelbar Einfluss auf die Laufzeitausführung der Datenselektion nehmen, gibt es CDS-Annotationen, die einen rein dokumentarischen Charakter haben. Diese Annotationen unterstützen Sie bei der Auswahl geeigneter CDS-Modelle sowie bei der Analyse und Prüfungen derselben.

Beispielsweise können Sie die mit der Annotation `@ObjectModel.usageType...` gemachten Performance-Klassifizierungen als Orientierungshilfe bei der Auswahl eines CDS-Modells heranziehen, das den Anforderungen Ihrer Anwendung hinsichtlich Datendurchsatz und Verarbeitungseffizienz genügt.

Schauen wir uns dazu die CDS-View-Annotationen aus Listing 4.11 an. Die Servicequalität-Annotation `@ObjectModel.usageType.serviceQuality` beschreibt, welche Performance-Charakteristika ein CDS-Modell aufweist. Der Qualitätswert »B« besagt, dass das CDS-Modell prinzipiell innerhalb der Logik transaktionaler Anwendungen verwendet werden darf.

Die mit der Annotation `@ObjectModel.usageType.sizeCategory` angegebene Größenkategorie soll die Frage beantworten, wie viele Datensätze im Rahmen einer Selektionsanfrage typischerweise prozessiert werden. Dabei ist nicht entscheidend, wie viele Datensätze das Selektionsergebnis beinhaltet, sondern vielmehr, wie viele Datensätze zu seiner Berechnung herangezogen werden. Die gepflegte Größenkategorie vermittelt einen Anhaltspunkt zur Abschätzung des Ressourcenbedarfs einer Selektionsabfrage auf der SAP-HANA-Datenbank. Der Wert »XL« bedeutet, dass eine Verarbeitung von weniger als 100 Millionen Datensätzen erwartet wird.

Die Datenkategorie-Annotation `@ObjectModel.usageType.dataClass` kann als Indikator für Konsumenten dienen, um geeignete Cache-Strategien für die selektierten Daten festzulegen. Während sich Metadaten in der Regel nur durch Korrekturen oder Upgrades eines Systems verändern und damit für eine Pufferung geeignet sein könnten, sind die hier über den Wert `TRANSACTIONAL` ausgezeichneten transaktionalen Daten volatil. Das heißt, diese Daten können über die Zeit häufigen und großen Änderungen unterliegen. Daher darf erwartet werden, dass die entsprechenden Daten, falls gepuffert, nach kurzer Zeit veraltet sind.

4.3 Propagationslogik für Annotationen

CDS-Modelle können schichtweise aufeinander aufbauen. Das gilt sowohl für CDS-Simple-Types, die wir in Abschnitt 4.3.1, »Propagationslogik innerhalb der CDS-Simple-Type-Hierarchien«, behandeln als auch für CDS-Views, die wir in Abschnitt 4.3.2, »Propagationslogik von Elementannotationen«, besprechen. Dabei werden standardmäßig Annotationen aus den zugrunde liegenden Modellen auf das übergeordnete Modell übertragen.

4.3.1 Propagationslogik innerhalb der CDS-Simple-Type-Hierarchien

Grundlagen der Propagationslogik von CDS-Simple-Types

Wie in Abschnitt 2.6, »CDS-Simple-Types«, erläutert, können Sie CDS-Simple-Types prinzipiell auf Basis elementarer Dictionary-Datentypen, auf Basis von Datenelementen sowie auf Basis anderer CDS-Simple-Types definieren. Sowohl Datenelemente als auch CDS-Simple-Types können dabei Träger von Annotationen sein. Die Annotationen werden in die darauf aufbauenden CDS-Simple-Types übernommen und können dort redefiniert und/oder angereichert werden.

Beispiel: Annotationspropagation bei CDS-Simple-Types

Betrachten wir die beiden aufeinander aufbauenden Simple-Type-Definitionen aus Listing 4.13 und Listing 4.14. Der CDS-Simple-Type `ZBT_UnitOfMeasure` aus Listing 4.13 beruht auf dem Datenelement `MEINS`. Aus CDS-Sicht leiten sich aus der Definition dieses Datenelements im ABAP Data Dictionary einige Annotationen ab. Dazu zählen Annotationen, die die Bezeichnertexte @EndUserText... sowie den dem Datenelement über seine gleichnamig benannte DDIC-Domäne MEINS zugeordneten Konvertierungsexit @AbapCatalog.typeSpec.conversionExit:'CUNIT' gemäß Tabelle 4.2 erfassen. Diese werden in die Definition des CDS-Simple-Types ZBT_UnitOfMeasure transferiert und dort mit dessen lokaler Annotation @EndUserText.label:'Unit of Measure' überschrieben. Die aktiven Annotationen des CDS-Simple-Types ZBT_UnitOfMeasure sind entsprechend definiert (siehe Tabelle 4.2).

```
@EndUserText.label:'Unit of Measure'
define type ZBT_UnitOfMeasure : MEINS;
```

Listing 4.13 CDS-Simple-Type »ZBT_UnitOfMeasure«

Der CDS-Simple-Type ZBT_UnitOfMeasure**B** aus Listing 4.14 übernimmt diese aktiven Annotationen seiner Definitionsquelle. Seinerseits übersteuert er die geerbte Zuordnung des Konvertierungsexits mit einem Nullwert und definiert eine neue Annotation @ObjectModel.sapObjectNodeTypeReference, die eine Referenz auf den SAP-Objektknotentyp UnitOfMeasure spezifiziert.

```
@AbapCatalog.typeSpec.conversionExit: null
@ObjectModel.sapObjectNodeTypeReference: 'UnitOfMeasure'
define type ZBT_UnitOfMeasureB : ZBT_UnitOfMeasure;
```

Listing 4.14 CDS-Simple-Type »ZBT_UnitOfMeasureB«

Annotation	Artefakt		
	MEINS	ZBT_UnitOf Measure	ZBT_UnitOf MeasureB
@EndUserText.label	Base Unit of Measure	Unit of Measure	Unit of Measure
@AbapCatalog.typeSpec. conversionExit	CUNIT	CUNIT	null
@ObjectModel.sapObject-NodeTypeReference	–	–	UnitOf-Measure

Tabelle 4.2 Auszug aus den aktiven CDS-Annotationen der CDS-Simple-Types aus Listing 4.13 und Listing 4.14

Sicht »Active Annotations«

Sie können sich mithilfe der Kontextmenüfunktion **Open With • Active Annotations** einen Überblick über die aktiven Annotationen eines CDS-

Simple-Types verschaffen. Abbildung 4.4 zeigt die sich daraufhin öffnende Sicht **Active Annotations**, für den CDS-Simple-Type `ZBT_UnitOfMeasureB`.

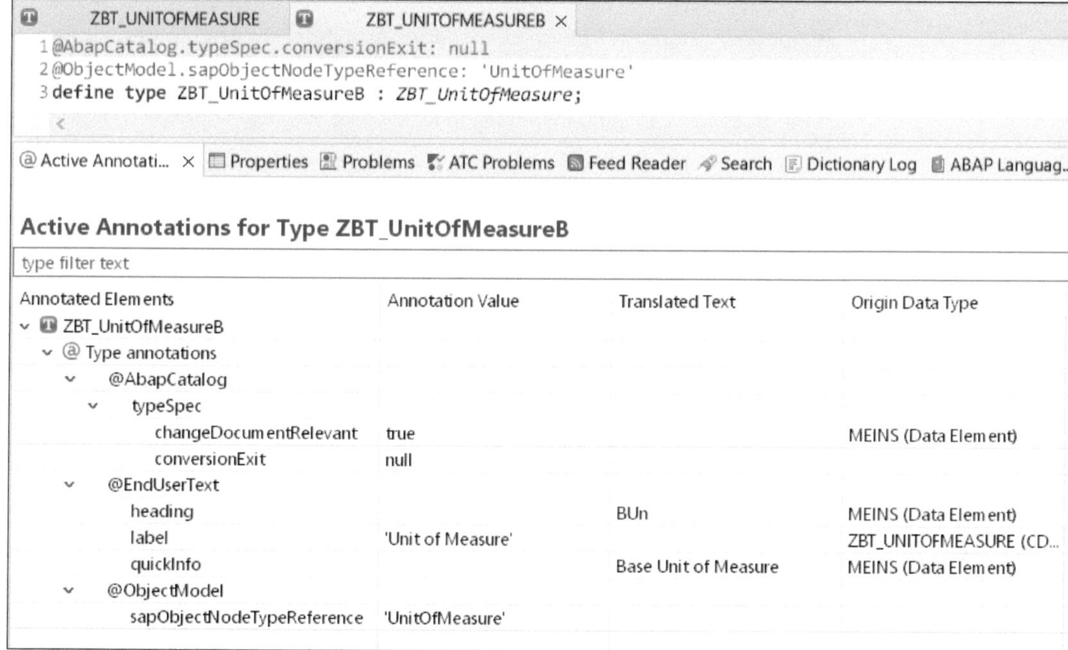

Abbildung 4.4 Aktive Annotationen des CDS-Simple-Types »ZBT_UnitOfMeasureB«

Wiederverwendung von Annotationen

Prinzipiell ermöglichen Ihnen die CDS-Simple-Types, Annotationen zentral zu hinterlegen und diese durch eine entsprechende Typisierung Ihrer CDS-Felder und -Parameter wiederzuverwenden.

Sie sollten in diesen Fällen in den CDS-Simple-Types aber nur solche Annotationen erfassen, die für alle sie nutzenden CDS-Felder und -Parameter gültig bzw. anwendbar sind.

4.3.2 Propagationslogik von Elementannotationen

Innerhalb eines CDS-View-Stacks unterliegen Annotationen von Elementen einer Propagationslogik. Übernimmt in einem solchen Stack ein übergeordneter CDS-View projizierte Felder und Assoziationen des jeweils zugrunde liegenden Modells, werden auch deren Annotationen standardmäßig übertragen. Anhand von Beispielen demonstrieren wir Ihnen im Folgenden die Prinzipien dieser Propagationslogik und deren Konsistenzaspekte.

Propagationslogik von Elementannotationen

Innerhalb des CDS-View-Stacks berücksichtigt die Propagationslogik ausschließlich Elementannotationen. Annotationen von Parametern sowie Annotationen, die auf der Kopfebene der CDS-Modelle definiert werden, sind von der Propagationslogik ausgeschlossen.

Beschreibung der Propagationslogik

Durch die Propagationslogik werden Elementannotationen einer Datenquelle automatisch in den darauf aufbauenden CDS-View übernommen. Die lokal in einem View definierten Annotationen überdecken dabei die aus seinen Datenquellen durch die Propagation geerbten Elementannotationen. Die wirksamen Annotationen entsprechen demnach den lokal definierten Annotationen sowie den nicht überlagerten, durchscheinenden Annotationen der zugrunde liegenden Modelle. Dies entspricht dem Mechanismus der im vorherigen Abschnitt diskutierten Propagationslogik von Annotationen innerhalb der Simple-Type-Hierarchien.

Anwendung der Propagationslogik unterbinden

Die beschriebene Propagationslogik wird durch bestimmte lokale CDS-View-Modellierungen teilweise oder auch vollständig aufgehoben:

- Berechnete Felder erben keine Elementannotationen ihrer Datenquelle. Wenn ein Feld der Projektionsliste zum Beispiel durch eine Cast-Operation verändert wird, erhält dieses Feld lediglich die Elementeigenschaften und damit die Annotationen des neu zugeordneten Datentyps. Beachten Sie dabei, dass das bloße Umbenennen von Feldern und Assoziationen keinen Einfluss auf die Propagationslogik hat.
- Wenn eine Elementannotation mit dem Nullwert `null` belegt ist, überdeckt dieser Wert den entsprechenden Annotationswert der Datenquelle. Der Nullwert wird als regulärer Wert in die abhängigen CDS-Views propagiert. Die Annotation wird dabei als nicht definiert betrachtet, d. h. so, als ob die Annotation gänzlich fehlen würde.
- Array-artige Annotationen werden stets als eine zusammenhängende Gruppe betrachtet. Eine lokale Definition eines einzelnen Eintrags in einer solchen Gruppe überlagert alle entsprechenden Einträge der Datenquelle.
- Die Propagationslogik von Elementannotationen kann durch die Kopfannotation `@Metadata.ignorePropagatedAnnotations:true` vollständig blockiert werden. Diese Anweisung unterdrückt jedoch nur die in den unterliegenden CDS-Modellen erfassten Annotationen. Annotationen, die durch die Typisierung mit einem Datenelement oder CDS-Simple-Type eingebracht werden, bleiben weiterhin aktiv.

Beispiel: Propagationslogik

Um diese Zusammenhänge verdeutlichen zu können, betrachten wir die Datenbanktabelle aus Listing 4.15 sowie die darauf aufbauenden CDS-Views aus Listing 4.16 bis Listing 4.19. Abbildung 4.5 vermittelt Ihnen einen Überblick über den aus diesen CDS-Views resultierenden CDS-View-Stack.

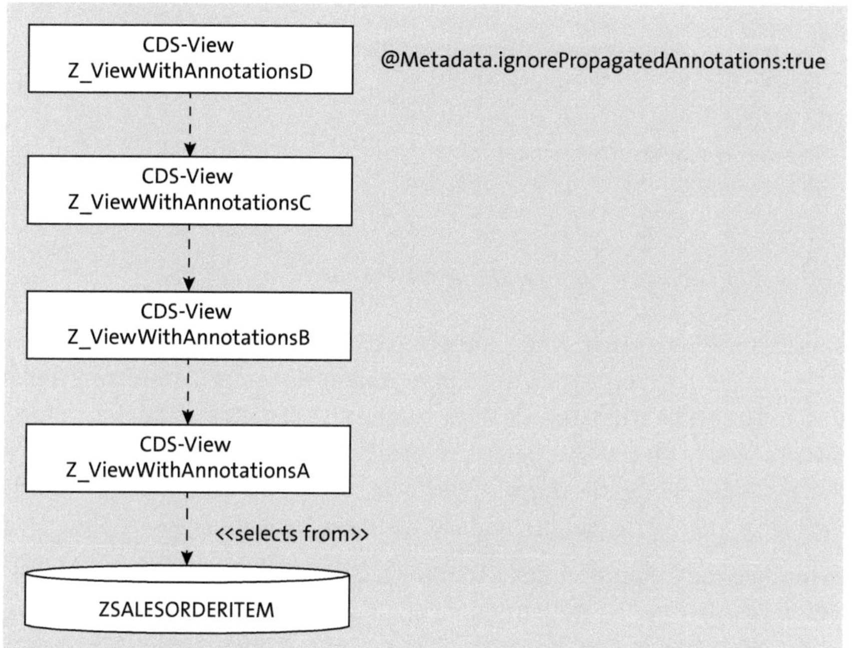

Abbildung 4.5 Zusammenhang der Datenbanktabelle und CDS-Views aus Listing 4.15 bis Listing 4.19

Zugrunde liegende Datenbanktabelle

Listing 4.15 zeigt einen Auszug aus der Definition der Datenbanktabelle ZSALESORDERITEM.

```
...
define table zsalesorderitem {
  ...
  @Semantics.quantity.unitOfMeasure:
    'zsalesorderitem.orderquantityunit'
  orderquantity     : kwmeng;
  orderquantityunit : vrkme;
  creationdate      : erdat;
  ...
}
```

Listing 4.15 Auszug aus der Definition der Datenbanktabelle »ZSALESORDERITEM«

Erster CDS-View des Stacks

Der CDS-View Z_ViewWithAnnotations**A** aus Listing 4.16 nutzt die Datenbanktabelle ZSALESORDERITEM als Datenquelle.

```
define view entity Z_ViewWithAnnotationsA
  as select from zsalesorderitem
{
  @Semantics.quantity.unitOfMeasure: 'OrderQuantityUnit'
  orderquantity        as OrderQuantity,
  orderquantityunit    as OrderQuantityUnit,
  @Semantics.systemDate.createdAt: true
  creationdate         as CreationDate
}
```

Listing 4.16 CDS-View »Z_ViewWithAnnotationsA«

Analyse des ersten CDS-Views des Stacks

Dieser CDS-View übernimmt durch Projektionsbildung die drei Felder OrderQuantity, OrderQuantityUnit und CreationDate der Datenbanktabelle ZSALESORDERITEM. Die den Feldern zugrunde liegenden Datenelemente KWMENG, VRKME und ERDAT liefern dabei beschreibende, sprachabhängige Texte. Diese Texte fließen als Werte in die CDS-Annotation @EndUserText.label der korrespondierenden CDS-View-Felder ein.

Innerhalb der Definition des CDS-Views Z_ViewWithAnnotations**A** wird das Referenzfeld OrderQuantity mit der zugehörigen Einheit OrderQuantityUnit über die Annotation @Semantics.quantity.unitOfMeasure:'OrderQuantityUnit' in Verbindung gesetzt. Zusätzlich wird das Feld CreationDate über die Annotation @Semantics.systemDate.createdAt:true als Anlagedatum ausgezeichnet.

Übersicht über die aktiven Annotationen

Tabelle 4.3 zeigt einen Auszug aus den resultierenden aktiven Annotationen der CDS-View-Felder.

Feld	Annotationsname	Annotationswert des CDS-Views			
		Z_View ...A	Z_View ...B	Z_View ...C	Z_View ...D
OrderQuantity	EndUserText.label	Order Quantity	Quantity	–	–
	Semantics.quantity.unitOf-Measure	Order-Quantity-Unit	Order-Quantity-Unit	–	–

Tabelle 4.3 Auszug aus den aktiven Elementannotationen der CDS-Views aus Listing 4.16 bis Listing 4.19

Feld	Annotationsname	Annotationswert des CDS-Views			
		Z_View ...A	Z_View ...B	Z_View ...C	Z_View ...D
Order Quantity Unit	EndUserText. label	Sales unit	Unit	Unit	Sales unit
Creation Date	EndUserText. label	Created on	Created on	Created on	–
	Semantics. systemDate. createdAt	true	true	(null)	–

Tabelle 4.3 Auszug aus den aktiven Elementannotationen der CDS-Views aus Listing 4.16 bis Listing 4.19 (Forts.)

Zweiter CDS-View des Stacks

Der CDS-View `Z_ViewWithAnnotationsB` aus Listing 4.17 nutzt den CDS-View `Z_ViewWithAnnotationsA` als Datenquelle.

```
define view entity Z_ViewWithAnnotationsB
  as select from Z_ViewWithAnnotationsA
{
  @Semantics.quantity.unitOfMeasure: 'OrderQuantityUnit'
  cast( OrderQuantity as meng15 preserving type ) as OrderQuantity,
  @EndUserText.label: 'Unit'
  OrderQuantityUnit,
  CreationDate
}
```

Listing 4.17 CDS-View »Z_ViewWithAnnotationsB«

Analyse des zweiten CDS-Views des Stacks

Er übernimmt alle Quellfelder durch Projektionsbildung. Dabei wird das Feld `OrderQuantity` per Cast-Operation mit dem Datenelement `MENG15` typisiert. Der am Datenelement `MENG15` hinterlegte Text »Quantity« definiert den Wert der Annotation `@EndUserText.label`. Die standardmäßig durch die Propagationslogik geerbte Annotation `@Semantics.quantity.unitOfMeasure: 'OrderQuantityUnit'` geht durch die Cast-Anweisung verloren. Sie muss lokal nachgetragen werden.

Die propagierten Annotationen `@EndUserText.label:'Created on'` und `@Semantics.systemDate.createdAt:true` des Felds `CreationDate` werden nicht lokal übersteuert. Infolgedessen definieren diese Annotationen die aktiven

Annotationen des gleichnamigen Felds im CDS-View Z_ViewWithAnnotationsB (siehe Tabelle 4.3).

Dritter CDS-View des Stacks

Der CDS-View Z_ViewWithAnnotationsC aus Listing 4.18 nutzt seinerseits den CDS-View Z_ViewWithAnnotationsB als Datenquelle.

```
define view entity Z_ViewWithAnnotationsC
  as select from Z_ViewWithAnnotationsB
{
  OrderQuantityUnit,
  @Semantics.systemDate.createdAt: null
  CreationDate
}
```

Listing 4.18 CDS-View »Z_ViewWithAnnotationsC«

Analyse des dritten Views des Stacks

Er übernimmt dabei die beiden Felder OrderQuantityUnit und CreationDate seines Basis-CDS-Views Z_ViewWithAnnotationsB.

Das Feld OrderQuantityUnit behält die aktiven Annotationen des zugrunde liegenden CDS-Views bei. Durch das Annotieren des Felds CreationDate mit @Semantics.systemDate.createdAt:null wird die entsprechende propagierte Annotation effektiv unterdrückt.

Es verbleibt lediglich die geerbte aktive Annotation @EndUserText.label: 'Created on', die aus dem typisierenden Datenelement ERDAT stammt.

Vierter CDS-View des Stacks

Der CDS-View Z_ViewWithAnnotationsD aus Listing 4.19 wiederum nutzt den CDS-View Z_ViewWithAnnotationsC als Datenquelle.

```
@Metadata.ignorePropagatedAnnotations:true
define view entity Z_ViewWithAnnotationsD
  as select from Z_ViewWithAnnotationsC
{
  OrderQuantityUnit
}
```

Listing 4.19 CDS-View »Z_ViewWithAnnotationsD«

Analyse des vierten CDS-Views des Stacks

Er übernimmt dessen Feld OrderQuantityUnit. Mit der Annotation @Metadata.ignorePropagatedAnnotations:true wird die Propagation von Elementannotationen ausgeschlossen. Damit dient das dem Feld OrderQuantityUnit zugrunde liegende Datenelement VRKME, ähnlich wie zuvor im CDS-View Z_ViewWithAnnotationsA, als Quelle des den Feldinhalt beschreibenden Bezeichnertexts, der als Wert »Sales unit« in die Annotation @EndUserText.label einfließt (siehe Tabelle 4.3).

Sicht »Active Annotations«

Sie können sich diese Zusammenhänge in der Sicht **Active Annotations** anzeigen lassen. Nutzen Sie dazu die Kontextmenüfunktion **Open With • Active Annotations**. Abbildung 4.6 illustriert das Ergebnis für den CDS-View `Z_ViewWithAnnotationsD`.

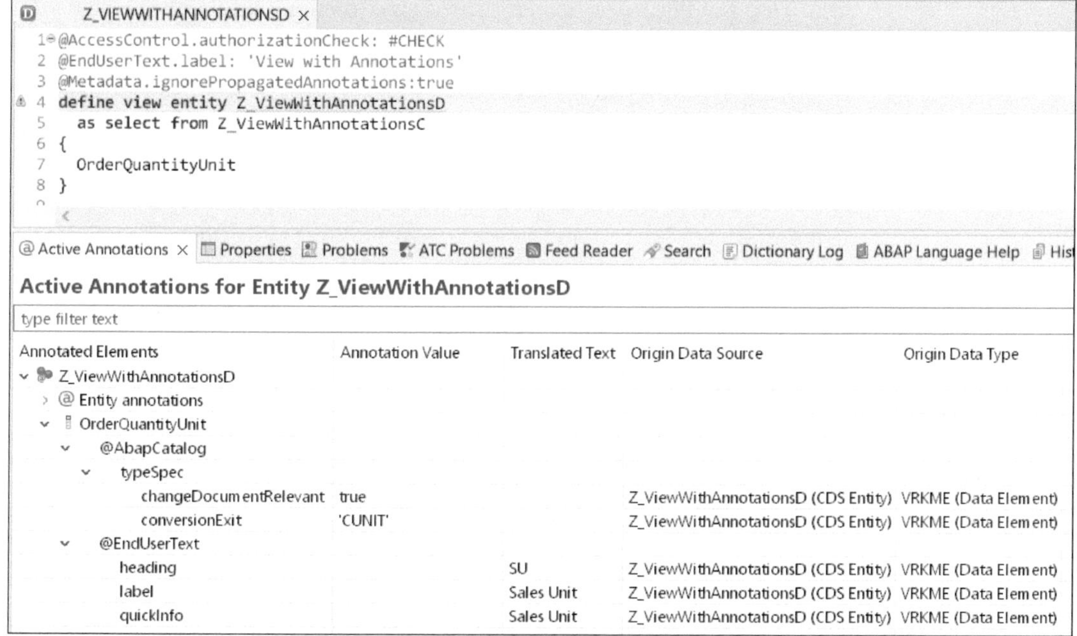

Abbildung 4.6 Sicht »Active Annotations« für den CDS-View »Z_ViewWithAnnotationsD«

4.3.3 Konsistenzaspekte der Propagationslogik

Konsistenzabhängigkeiten

Die Propagationslogik wird infrastrukturseitig ohne semantische Prüfungen rein mechanisch angewandt. Dies kann zu technischen und inhaltlichen Inkonsistenzen sowie unerwünschten Seiteneffekten führen. Davon betroffen sind insbesondere Annotationen, die nicht isolierte Eigenschaften des annotierten CDS-Simple-Types oder Elements beschreiben. Für diese Annotationen gilt z. B.:

- Die Annotationen stellen Verknüpfungen zwischen den annotierten Elementen und anderen Elementen her und unterliegen deshalb Integritätsbedingungen.
- Sie weisen einen starken Bezug zu dem annotierten Modell auf und können außerhalb dieses Kontexts nicht zwangsläufig wiederverwendet werden.

Des Weiteren können Annotationen, die semantisch eine zusammengehörige Gruppe bilden und die nicht in ihrer Gesamtheit durch lokale Redefinitionen überlagert werden, zu Problemen führen.

Zwei Beispiele für derartige Inkonsistenzen erläutern wir Ihnen im Folgenden. Den beiden diskutierten CDS-View-Modellen liegt dabei jeweils der CDS-View `Z_ViewWithAnnotationsA` aus Listing 4.16 zugrunde.

Beispiel: Inhaltliche Inkonsistenzen

In Listing 4.20 übernimmt der CDS-View `Z_ViewWithAnnotationsE` das Feld `OrderQuantity` aus dem Basis-CDS-View `Z_ViewWithAnnotationsA` in seine Feldliste. Zusätzlich definiert er ein neues Einheitenfeld `OrderQuantityUnit`, das namensgleich auch in der Datenquelle vorliegt, von diesem aber gänzlich entkoppelt ist und mit dem konstanten Wert »PC« belegt ist.

Analyse des Beispiels

Die aus dem Basis-CDS-View `Z_ViewWithAnnotationsA` für das Feld `OrderQuantity` geerbte Annotation `@Semantics.quantity.unitOfMeasure:'OrderQuantityUnit'` referenziert ungeprüft das neu eingeführte Feld `OrderQuantityUnit` des CDS-Views `Z_ViewWithAnnotationsE`. Aus technischer Sicht ist dies zwar ein konsistentes Modell. Inhaltlich suggeriert dieses Modell dem Verwender jedoch einen Einheitenbezug, der inhaltlich fehlerhaft ist, falls der Wert des ursprünglich referenzierten Basisfelds `OrderQuantityUnit` des CDS-Views `Z_ViewWithAnnotationsA` vom im CDS-View `Z_ViewWithAnnotationsE` exponierten Wert »PC« abweicht.

```
define view entity Z_ViewWithAnnotationsE
  as select from Z_ViewWithAnnotationsA
{
  OrderQuantity,
  cast( 'PC' as abap.unit(3) ) as OrderQuantityUnit
}
```

Listing 4.20 CDS-View »Z_ViewWithAnnotationsE«

Korrektur des inkonsistenten Modells

Um diese Inkonsistenz zu beheben, könnte das im betroffenen CDS-View `Z_ViewWithAnnotationsE` neu eingeführte Feld in `PieceUnit` umbenannt werden. Zusätzlich sollte der CDS-View das Basisfeld `OrderQuantityUnit` namensgleich in seine Projektionsliste übernehmen. Das entsprechend korrigierte Modell wird in Listing 4.21 als CDS-View `Z_ViewWithAnnotationsF` präsentiert.

```
define view entity Z_ViewWithAnnotationsF
  as select from Z_ViewWithAnnotationsA
{
  OrderQuantity,
```

```
  OrderQuantityUnit,
  cast( 'PC' as abap.unit(3) ) as PieceUnit
}
```

Listing 4.21 CDS-View »Z_ViewWithAnnotationsF«

4

Beispiel: Technische Inkonsistenzen

Listing 4.22 illustriert einen zweiten exemplarischen Fall, in dem die Propagationslogik zu Inkonsistenzen führt. Im dort definierten CDS-View Z_ViewWithAnnotations**G** werden die beiden aus dem Basis-CDS-View Z_ViewWithAnnotations**A** aus Listing 4.16 übernommenen Felder OrderQuantity und OrderQuantityUnit per Alias in Quantity und QuantityUnit umbenannt.

```
define view entity Z_ViewWithAnnotationsG
  as select from Z_ViewWithAnnotationsA
{
  OrderQuantity     as Quantity,
  OrderQuantityUnit as QuantityUnit
}
```

Listing 4.22 CDS-View »Z_ViewWithAnnotationsG«

Analyse des Beispiels

Grundsätzlich verhindert das Umbenennen von Feldern nicht, dass die Propagationslogik für Elementannotationen auf die betroffenen Felder angewandt wird. Demzufolge erben die umbenannten Felder auch in diesem Fall die aktiven Annotationen ihrer Bezugsfelder. Das heißt, das Feld Quantity besitzt die aktive Annotation @Semantics.quantity.unitOfMeasure:'**OrderQuantityUnit**'. Da das projizierte Basisfeld OrderQuantityUnit jedoch durch den angewandten Aliasnamen QuantityUnit verschattet ist, ist die durch die Annotation ausgedrückte Referenzbeziehung fehlerhaft.

Korrektur des inkonsistenten Modells

Um ein konsistentes Modell zu erhalten, müssen Sie das Feld OrderQuantity im CDS-View Z_ViewWithAnnotations**G** mit @Semantics.quantity.unitOfMeasure:'**QuantityUnit**' annotieren.

[!]

Propagationslogik beachten

Als Verwender eines Basis-CDS-Modells obliegt es Ihnen, die aus der Propagationslogik resultierenden Inkonsistenzen zu behandeln. Wenn Sie die von Ihnen verwendeten CDS-Modelle nicht vollständig kontrollieren können, die Annotationen Ihres darauf aufbauenden CDS-Views jedoch stabil halten wollen, sollten Sie im Zweifelsfall auf die Propagationslogik verzichten. Annotieren Sie in einem solchen Fall Ihren betreffenden CDS-View mit @Metadata.ignorePropagatedAnnotations:true und ergänzen Sie die gewünschten Annotationen lokal in Ihrem Modell.

Berücksichtigen Sie dabei auch die aus den CDS-Simple-Types und Datenelementen abgeleiteten Annotationen. Falls auch diese konstant gehalten werden sollen, müssen Sie gegebenenfalls eigene Typen definieren und diese per Cast-Operation explizit in Ihren CDS-View übernehmen.

4.4 CDS-Metadatenerweiterungen

Technische Grundlagen

CDS-Metadatenerweiterungen sind eigenständig transportierbare Entwicklungsobjekte. Die entsprechenden Transportobjekte besitzen den Typ DDLX. Prinzipiell gestatten CDS-Metadatenerweiterungen es Ihnen, die aktiven Annotationen eines CDS-Modells anzureichern bzw. bereits vorhandene Annotationen zu übersteuern, falls dieses Modell Metadatenerweiterungen unterstützt. Zu einem einzelnen CDS-Modell kann es dabei potenziell eine Vielzahl von CDS-Metadatenerweiterungen geben.

Schichtweiser Aufbau

Grundsätzlich sind die CDS-Metadatenerweiterungen schichtweise organisiert und überlagern sich abhängig von der ihnen zugeordneten Schicht. Tabelle 4.4 vermittelt Ihnen einen Überblick über die Überlagerungsbeziehungen zwischen den Schichten.

Schicht	Überlagert die Schicht (mitsamt aller darunter liegenden Schichten)
CUSTOMER	PARTNER
PARTNER	INDUSTRY
INDUSTRY	LOCALIZATION
LOCALIZATION	CORE
CORE	–

Tabelle 4.4 Mögliche Schichtzuordnungen von CDS-Metadatenerweiterungen

Zum Beispiel überlagern CDS-Metadatenerweiterungen der Schicht PARTNER alle CDS-Metadatenerweiterungen der Schicht INDUSTRY. Dies gilt einschließlich aller CDS-Metadatenerweiterungen der logisch unter der Schicht INDUSTRY angesiedelten Schichten LOCALIZATION und CORE. Innerhalb derselben Schicht ist die Überlagerungsreihenfolge von CDS-Metadatenerweiterungen nicht festgelegt und könnte sich ändern.

Lesbarkeit verbessern

Das Übertragen von Annotationen in CDS-Metadatenerweiterungen kann dazu beitragen, Ihre CDS-Modelle übersichtlicher zu gestalten. Sie sollten dabei jedoch darauf achten, unnötige Überlagerungen und undurchsichtige Verteilungen der ausgelagerten Annotationen zu vermeiden.

Wenn Sie CDS-Metadatenerweiterungen einsetzen wollen, sollten Sie z. B. Annotationen derselben Domäne möglichst nicht über mehrere CDS-Metadatenerweiterungen einer Schicht verteilen. Beispielsweise sollten Sie alle UI-Annotationen eines CDS-Modells in dieselbe Metadatenerweiterung auslagern.

Metadatenerweiterungen anlegen

Sie können CDS-Metadatenerweiterungen analog zu den CDS-View-Modellen in der ADT-Umgebung anlegen. Wählen Sie dazu den Menüpfad **File • New • Other... • ABAP • Core Data Services • Metadata Extension**.

Namensraum der Metadatenerweiterungen

CDS-Metadatenerweiterungen besitzen einen eigenen Namensraum. Das heißt, ihre Namen können prinzipiell mit dem Namen der annotierten CDS-Views übereinstimmen.

Namen von CDS-Metadatenerweiterungen festlegen

Sie sollten sich bei den Namen Ihrer CDS-Metadatenerweiterung an den Namen der darüber annotierten CDS-Entitäten orientieren, um die Zuordnungsbeziehung bereits im Namen zu verankern. Sie sollten Ihren CDS-Metadatenerweiterungen jedoch immer ein Kundenpräfix bzw. einen Kundennamensraum voranstellen, um Namenskollisionen mit ausgelieferten CDS-Metadatenerweiterungen von SAP auszuschließen.

Metadatenerweiterungen implementieren

In der erzeugten Quelltextdatei spezifizieren Sie über die Annotation `@Metadata.layer` zunächst die Schichtzuordnung Ihrer Metadatenerweiterung. Anschließend definieren Sie über die einleitenden Schlüsselwörter `ANNOTATE VIEW` den CDS-View, dessen Annotationen verändert werden sollen. Sie können nun die Annotationen des spezifizierten CDS-Views sowohl auf Kopf- als auch auf Detailebene verändern.

Beispiel: CDS-Metadatenerweiterung

Listing 4.23 zeigt exemplarisch den CDS-View `ZC_SalesOrderItem`, der über eine CDS-Metadatenerweiterung mit Annotationen ausgestattet werden soll. Er trägt daher die Annotation `@Metadata.allowExtensions:true`.

```
@Metadata.allowExtensions: true
define view entity ZC_SalesOrderItem
  as select from ZI_SalesOrderItem
```

```
{
      @EndUserText.label: 'Sales Order'
  key SalesOrder,
  key SalesOrderItem,
      Product
}
```

Listing 4.23 CDS-View »ZC_SalesOrderItem«

Listing 4.24 zeigt eine exemplarische CDS-Metadatenerweiterung dieses CDS-Views.

```
@Metadata.layer: #CUSTOMER
annotate view ZC_SalesOrderItem with
{
  @UI.lineItem: [{importance: #HIGH}]
  SalesOrder;
  @UI.lineItem: [{importance: #HIGH}]
  SalesOrderItem;
}
```

Listing 4.24 Metadatenerweiterung des CDS-Views »ZC_SalesOrderItem«

Analyse des Beispiels

Die vorliegende CDS-Metadatenerweiterung ist über die Annotation `@Metadata.layer:#CUSTOMER` der Kundenschicht zugeordnet.

Schichtzuordnung wählen

Insbesondere wenn Sie in Ihrem Kundensystem von SAP ausgelieferte CDS-View-Modelle annotieren möchten, sollten Sie Ihre CDS-Metadatenerweiterungen der Schicht `CUSTOMER` zuordnen. Für entsprechende Partnerentwicklungen ist die Schicht `PARTNER` vorgesehen. Metadatenerweiterungen für Ihre eigenen Modelle können Sie in der Schicht `CORE` definieren.

In der in Listing 4.24 dargestellten CDS-Metadatenerweiterung werden die beiden Schlüsselfelder `SalesOrder` und `SalesOrderItem` des CDS-Views jeweils mit der Annotation `@UI.lineItem:[{importance:#HIGH}]` versehen. Diese Annotation weist die annotierten Felder als besonders wichtig für eine tabellarische Darstellung der CDS-View-Daten aus. Das heißt, die entsprechenden Spalten sollten möglichst auch dann dargestellt werden, wenn nur unzureichend Platz für die Anzeige aller Spalten der Tabelle zur Verfügung steht.

Abseits der durch die CDS-Metadatenerweiterung explizit überlagerten Annotationen bleiben die übrigen Annotationen des CDS-Views ZC_SalesOrderItem unverändert aktiv. Beispielsweise behält das Feld SalesOrder seine aktive Annotation @EndUserText.label:'Sales Order' bei.

Einschränkungen der Metadatenerweiterungen

CDS-Metadatenerweiterungen dürfen nur solche CDS-Modelle annotieren, die dafür explizit vorbereitet wurden. Diese CDS-Modelle tragen die Annotation @Metadata.allowExtensions:true (siehe Listing 4.23).

Generell darf in den CDS-Metadatenerweiterungen nur eine Untermenge des insgesamt spezifizierten Annotationsvorrats verwendet werden. Zur Verwendung freigegeben sind dabei stets nur leichtgewichtige Annotationen, deren Nutzung keinerlei Aktivierung abhängiger Objekte des ABAP Data Dictionary erfordert. Als Beispiel sei auf die Annotationen der Domäne UI verwiesen, die steuernde Informationen für die Präsentation und Interaktionsmöglichkeiten des Endanwenders umfassen und die als solche in Metadatenerweiterungen prinzipiell genutzt werden dürfen.

[«]

Erlaubte Annotationen identifizieren

Falls eine Annotation in CDS-Metadatenerweiterungen nutzbar sein soll, muss dies in der entsprechenden Annotationsdefinition hinterlegt werden. Die unterstützten Annotationen tragen die Annotation @MetadataExtension.usageAllowed:true.

Metadatenerweiterungen für Standard-CDS-Modelle

Wenn Sie Metadatenerweiterungen für CDS-Modelle definieren, für die Sie nicht selbst verantwortlich sind, sollten Sie deren Auswirkungen und Abhängigkeiten immer sorgfältig überprüfen. Dies gilt insbesondere dann, wenn Sie die Metadaten der von SAP ausgelieferten CDS-Modelle verändern.

[!]

Änderungen der von SAP ausgelieferten CDS-Modelle

Obwohl Sie aus technischer Sicht die Annotationen der von SAP ausgelieferten CDS-Modelle mithilfe von Metadatenerweiterungen technisch modifikationsfrei verändern können, können Ihre Änderungen mitunter schwerwiegende funktionale Probleme verursachen. Aufgrund des Propagationsmechanismus für Annotationen können diese Probleme nicht nur in Anwendungen auftreten, die das annotierte CDS-Modell direkt verwenden, sondern auch in Anwendungen, die die daraus abgeleiteten Modelle nutzen.

Auch wenn ein von SAP ausgeliefertes CDS-Modell für Metadatenerweiterungen freigeschaltet wurde, gibt es keine Garantie für die Stabilität der entsprechenden Erweiterungen. Das annotierte CDS-Modell könnte inkompatibel geändert oder sogar gelöscht werden, sodass Ihre Metadatenerweiterungen angepasst werden müssten. Vermeiden Sie im Zweifelsfall daher die Definition von Metadatenerweiterungen für die von SAP ausgelieferten CDS-Modelle und definieren Sie stattdessen eigene CDS-Modelle.

4.5 Aktive Annotationen

Bestimmung der aktiven Annotationen

Die *aktiven Annotationen* eines CDS-Modells werden durch eine schrittweise durchgeführte Überlagerung (*Superposition*) der in unterschiedlichen Quellen erfassten Annotationen berechnet:

1. Zuerst werden die aus der Typisierung der einzelnen Felder und Parameter stammenden Annotationen ermittelt.
2. Im nächsten Schritt werden die durch die Anwendung der Propagationslogik aus den Datenquellen geerbten aktiven Elementannotationen von den aus der Typisierung abgeleiteten Annotationen überlagert. Dieser Schritt entfällt, falls die Propagationslogik durch Verwendung der Annotation `@Metadata.ignorePropagatedAnnotations:true`vollständig unterbunden oder das entsprechende Element beispielsweise durch eine Cast-Operation lokal berechnet wird.
3. Daraufhin werden die lokal im CDS-View-Modell erfassten Annotationen ausgewertet. Diese überlagern das bisherige Resultat.
4. Zum Abschluss werden die in den CDS-Metadatenerweiterungen des CDS-Views erfassten Annotationen über die bis dato ermittelten Annotationen gelegt. Dies geschieht unter Berücksichtigung des Schichtenmodells der CDS-Metadatenerweiterungen.

Beispiel: Bestimmung der aktiven Annotationen

Die daraus resultierenden aktiven Elementannotationen eines CDS-Modells werden dann als propagierte Elementannotationen bei der Berechnung der aktiven Annotationen der abhängigen CDS-Views verwendet. Abbildung 4.7 verdeutlicht diese Zusammenhänge schematisch anhand eines Beispiel-CDS-View-Stacks.

Analyse des Beispiels

In diesem Beispiel werden die lokal erfassten Annotationen des CDS-Views A durch verschiedene CDS-Metadatenerweiterungen der Schichten `CORE`, `LOCALIZATION` und `PARTNER` überlagert. Das Resultat dieser Überlagerung sind die aktiven Annotationen des CDS-Views A. Die aktiven Elementannotationen des CDS-Views A werden durch die Propagationslogik an den CDS-View B weitergereicht.

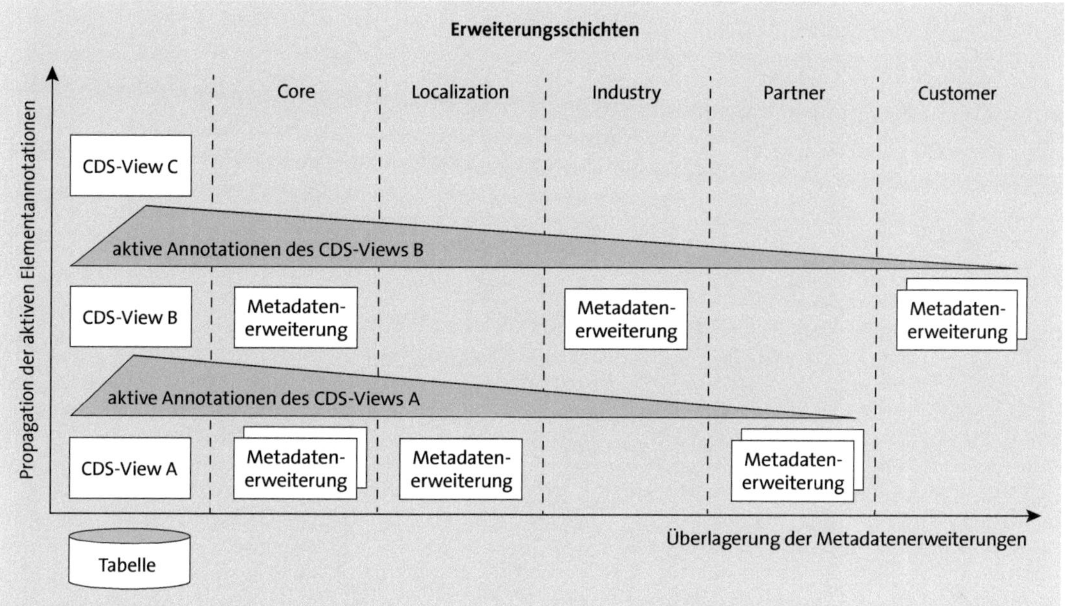

Abbildung 4.7 Bestimmung der aktiven Annotationen von CDS-Views

Diese werden dort zunächst durch die lokal erfassten Annotationen und danach von den CDS-Metadatenerweiterungen der Schichten `CORE`, `INDUSTRY` und `CUSTOMER` überdeckt. Aus den so gebildeten aktiven Annotationen des CDS-Views B werden die Elementannotationen herausgegriffen und an den CDS-View C vererbt, der diese durch seine lokalen Annotationen anreichern bzw. superponieren kann.

Kapitel 5
CDS-Zugriffskontrollen

In diesem Kapitel werden Ihnen die grundlegenden Konzepte und Funktionen der CDS-Zugriffskontrollen vorgestellt. Außerdem erfahren Sie, wie Sie CDS-Zugriffskontrollen implementieren und testen können.

Aus Berechtigungssicht sollte ein Anwender stets nur auf die Funktionen und Daten zugreifen dürfen, die er zur Erfüllung seiner betrieblich vorgesehenen Aufgaben tatsächlich benötigt (*Principle of least Privilege*). Das heißt, ein Benutzer sollte prinzipiell nur über minimale Berechtigungen verfügen.

Start- und Instanzberechtigungen

Eine systemgestützte Berechtigungssteuerung kann dabei sowohl auf funktionaler Ebene als auch auf der Ebene einzelner Datensätze bzw. auf Teilinformationen einzelner Datensätze aufsetzen. Insbesondere der Zugriff auf sensible und vor allem auf personenbezogene Daten erfordert in der Regel neben einem funktionalen Schutz der Anwendung, der im Folgenden als *Startberechtigung* bezeichnet wird, auch eine Kontrolle, die den Zugang zu schützenswerten Datensätzen anhand der darin enthaltenen Werte differenziert (*Instanzberechtigung*).

Beispiel: Startberechtigungen

Das folgende Beispiel soll Ihnen die Unterschiede zwischen den beiden genannten Stufen der Berechtigungssteuerung veranschaulichen: Prinzipiell sollen in diesem Beispiel alle Stammmitarbeiter des Vertriebs Kundenaufträge anlegen und einsehen dürfen. Demgegenüber sollen Mitarbeiter aus dem Personalwesen die entsprechenden Funktionen nicht nutzen dürfen. Dies kann erreicht werden, indem diesen Mitarbeitern der Zugriff auf die Anwendungen der Vertriebsabteilung grundsätzlich verwehrt wird. Das heißt, sie erhalten für diese Anwendungen keine Startberechtigungen.

Beispiel: Instanzberechtigungen

Falls die Vertriebsabteilung nach den einzelnen Verkaufsregionen organisiert ist, sollen Vertriebsmitarbeiter, die europäische Kunden betreuen, auf deren Auftragsdaten zugreifen dürfen. Demgegenüber sollen Vertriebsmitarbeiter, die amerikanische Kunden betreuen, nicht auf die entsprechenden Aufträge der europäischen Kunden zugreifen dürfen, obwohl diese Mitarbeiter prinzipiell die gleichen Vertriebsanwendungen nutzen, d. h., über dieselben Startberechtigungen verfügen. Die für diesen Fall erforderlichen

Berechtigungseinschränkungen setzen eine datensatzbasierte Steuerung der Zugriffsrechte voraus (Instanzberechtigungen).

Einsatz der CDS-Zugriffskontrollen

CDS-Zugriffskontrollen erlauben es Ihnen, die Zugriffsrechte der Benutzer gezielt auf einzelne Datensätze des Selektionsergebnisses eines CDS-Modells einzuschränken.

Aufbau des Kapitels

Zu Beginn dieses Kapitel lernen Sie in Abschnitt 5.1, »Grundlagen der CDS-Zugriffskontrollen«, die grundlegenden Konzepte zur Modellierung von CDS-Zugriffskontrollen kennen. Außerdem erfahren Sie in Abschnitt 5.2, »Wirkungsweise der CDS-Zugriffskontrollen«, wie CDS-Zugriffskontrollen funktionieren. In Abschnitt 5.3, »Implementierungsmuster für CDS-Zugriffskontrollen«, werden Ihnen häufig wiederkehrende Muster für die Implementierung von CDS-Zugriffskontrollen vorgestellt. Schließlich erfahren Sie in Abschnitt 5.4, »CDS-Zugriffskontrollen testen«, wie Sie CDS-Zugriffskontrollen testen können.

5.1 Grundlagen der CDS-Zugriffskontrollen

CDS-Zugriffskontrollen anlegen

CDS-Zugriffskontrollen werden mithilfe der Data Control Language (DCL) als *CDS-Rollen* definiert. Sie werden analog zu den CDS-Datenmodellen in den ABAP Development Tools (ADT) über einen geführten Dialog angelegt. Diesen erreichen Sie z. B. über den Menüpfad **File • New • Other... • ABAP • Core Data Services • Access Control**.

Erster Schritt im Anlegedialog

Im ersten Schritt des Anlegedialogs können Sie den Namen (**Name**) des `DCLS`-Objekts, seine Beschreibung (**Description**) sowie die zu schützende CDS-Entität (**Protected Entity**) eingeben. Im Beispiel aus Abbildung 5.1 entspricht der Name der `DCLS` des darüber geschützten CDS-Views `ZI_SalesOrder` in Großbuchstaben.

Die nachfolgenden Schritte im Anlegedialog entsprechen denen bei der Anlage von CDS-Modellen, die wir Ihnen bereits in Abschnitt 1.2.2, »CDS-View anlegen«, vorgestellt haben. Sie können im letzten Schritt, wie in Abbildung 5.2, auch ein geeignetes Anlage-Template selektieren und anwenden.

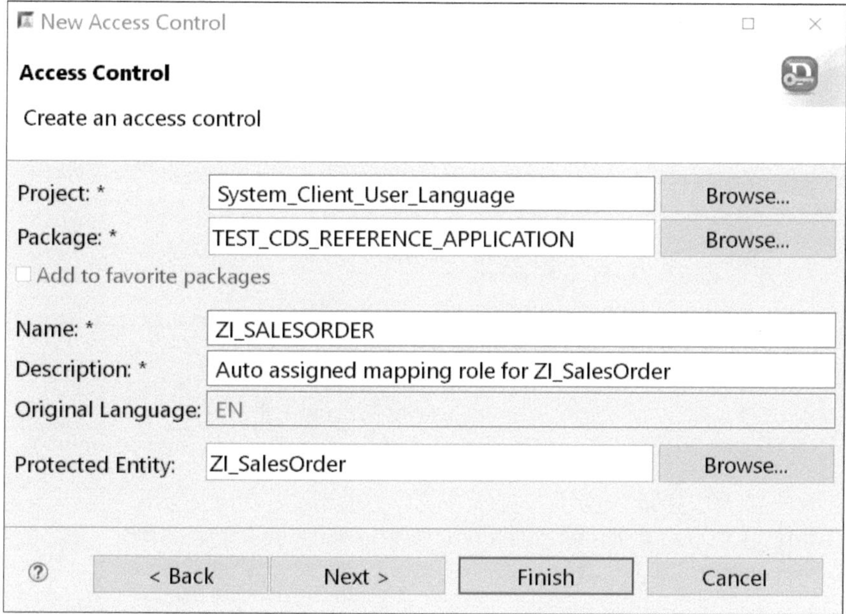

Abbildung 5.1 CDS-Zugriffskontrolle anlegen – erster Dialogschritt

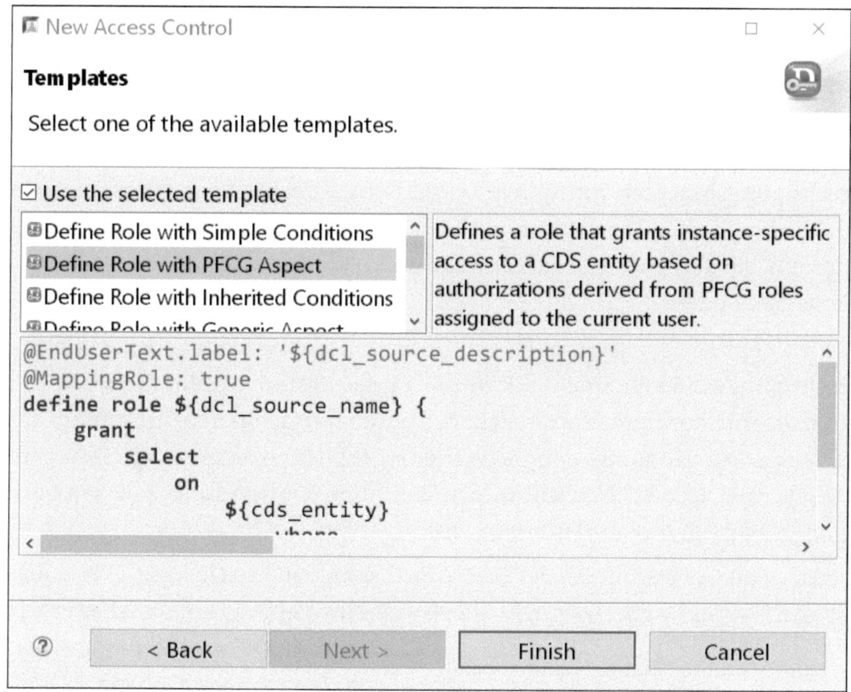

Abbildung 5.2 CDS-Zugriffskontrolle anlegen – letzter Dialogschritt

CDS-Zugriffskontrolle nach Abschluss des Anlegedialogs

Listing 5.1 zeigt die Implementierung der CDS-Zugriffskontrolle ZI_SalesOrder unmittelbar nach Beenden des Anlegedialogs durch einen Klick auf **Finish**.

```
@EndUserText.label: 'Auto assigned mapping role for ZI_SalesOrder'
@MappingRole: true
define role ZI_SALESORDER {
    grant select on ZI_SalesOrder
          where (entity_element_1,
                 entity_element_2)
              = aspect pfcg_auth(authorization_object,
                                 authorization_field_1,
                                 authorization_field_2,
                                 filter_field_1 = 'filter_value_1');
}
```

Listing 5.1 CDS-Zugriffskontrolle unmittelbar nach dem Beenden des Anlegedialogs

Zugriffsregeln und -bedingungen modellieren

Prinzipiell können CDS-Rollen dem Anwender einen uneingeschränkten Zugang zum Selektionsergebnis einräumen. In der Regel beinhalten CDS-Rollen jedoch Bedingungen, unter denen einem Benutzer der Zugriff auf die Daten eines geschützten CDS-Modells gewährt wird. Diese *Zugriffsregeln* setzen sich aus einzelnen *Bedingungen* zusammen. Letztere können durch Korrelation der Felder der CDS-Modelle mit dem angemeldeten Benutzer, mit konstanten Literalwerten oder mit den *Berechtigungsfeldern* von Berechtigungsobjekten formuliert werden. Als *Berechtigungsobjekte* werden dabei die gleichen Berechtigungsobjekte verwendet, die auch die Grundlage des auf der Rollenpflege in Transaktion PFCG basierenden Berechtigungskonzepts bilden.

Im Folgenden fokussieren wir uns zunächst auf die Verwendung von Berechtigungsobjekten und -feldern, die die häufigsten Anwendungsfälle von CDS-Zugriffskontrollen abdecken. Die übrigen Implementierungsmöglichkeiten ohne Nutzung von Berechtigungsobjekten stellen wir Ihnen in Abschnitt 5.3.3, »CDS-Zugriffskontrollen ohne Verwendung von Berechtigungsobjekten implementieren«, vor.

Generierte CDS-Zugriffskontrolle anpassen

Ändern Sie die Definition der CDS-Zugriffskontrolle aus Listing 5.1 entsprechend Listing 5.2 ab. Das heißt, Sie ersetzen die generierten Platzhalter wie entity_element_1 und authorization_object in der Where-Bedingung mit dem CDS-View-Feld SalesOrderType bzw. dem Berechtigungsobjekt V_VBAK_AAT.

```
@EndUserText.label: 'Auto assigned mapping role for ZI_SalesOrder'
@MappingRole: true
define role ZI_SalesOrder {
    grant select on ZI_SalesOrder
    where ( SalesOrderType ) =
    aspect pfcg_auth ( V_VBAK_AAT,
                       AUART,
                       ACTVT = '03' );
}
```

Listing 5.2 CDS-Rolle des Kundenauftrags

Die in Listing 5.2 erfasste CDS-Rolle ZI_SalesOrder schützt den in Listing 5.3 erfassten CDS-View ZI_SalesOrder.

```
@AccessControl.authorizationCheck: #CHECK
define view entity ZI_SalesOrder
  as select from ...
{
  key SalesOrder,
      SalesOrderType,
      ...
}
```

Listing 5.3 Zu schützender CDS-View des Kundenauftrags

Analyse der CDS-Zugriffskontrolle

Die CDS-Rolle ZI_SalesOrder schränkt den Zugriff auf die Selektionsergebnisse des geschützten CDS-Views ZI_SalesOrder auf Basis des darin erfassten Auftragstyps SalesOrderType ein. Dazu wird der Auftragstyp mit dem entsprechenden Berechtigungsfeld AUART des Berechtigungsobjekts V_VBAK_AAT aus Abbildung 5.3 verknüpft.

Ein Benutzer erhält demzufolge nur dann Zugang zu einem Datensatz des Kundenauftrags, wenn die ihm zugewiesene Berechtigung eine Aktivität ACTVT mit dem Wert »03« (*Anzeigeberechtigung*) für den entsprechenden Auftragstyp SalesOrderType beinhaltet.

CDS-Rolle mit mehreren Zugriffsbedingungen

CDS-Rollen beinhalten häufig eine Vielzahl von Berechtigungsbedingungen, deren Ergebnisse logisch miteinander verknüpft werden. Die Bedingungen können dabei auch unterschiedliche Berechtigungsobjekte einbeziehen.

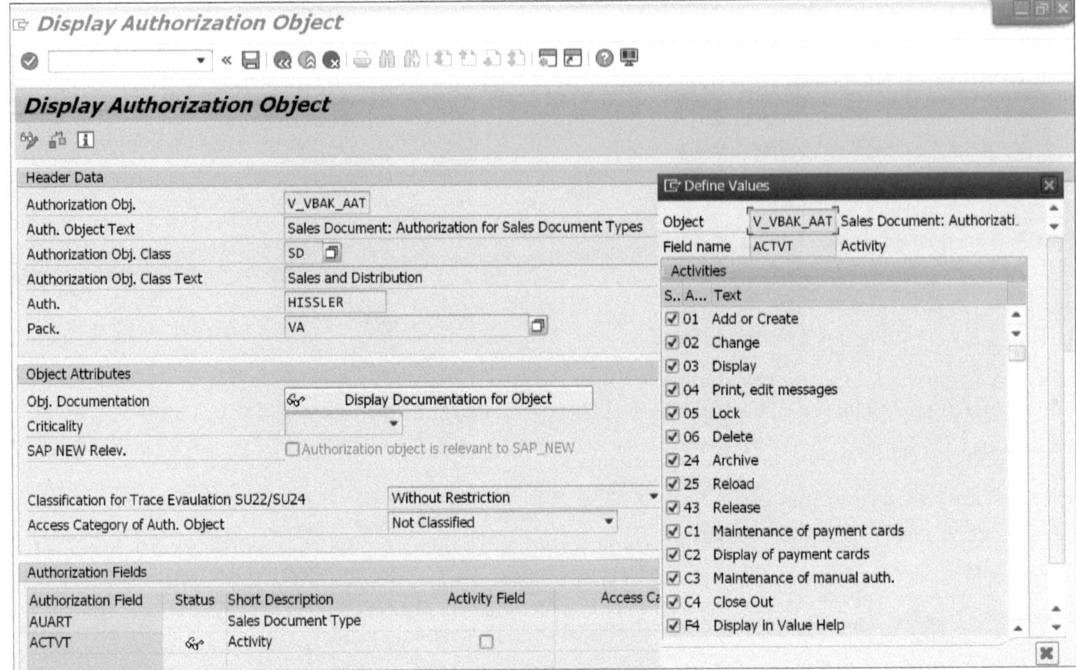

Abbildung 5.3 Berechtigungsobjekt »V_VBAK_AAT« mit zulässigen Aktivitätswerten

Listing 5.4 zeigt eine derartige komplexere CDS-Rollendefinition für den CDS-View `ZI_SalesOrder` des Kundenauftrags.

```
@MappingRole: true
define role ZI_SalesOrder {
    grant select on ZI_SalesOrder
    where ( SalesOrderType ) =
    aspect pfcg_auth ( V_VBAK_AAT,
                       AUART,
                       ACTVT = '03' )
    and ( OrganizationDivision,
          SalesOrganization,
          DistributionChannel ) =
    aspect pfcg_auth ( V_VBAK_VKO,
                       SPART,
                       VKORG,
                       VTWEG,
                       ACTVT = '03' );
}
```

Listing 5.4 CDS-Rolle, die mehrere Bedingungen umfasst

Analyse der CDS-Rolle

Diese Rollendefinition beinhaltet die Zugriffsbedingung aus Listing 5.2 und eine weitere Bedingung, die mit der ersten Bedingung per Und-Verknüpfung `AND` kombiniert wird. Die zusätzliche Berechtigungsbedingung bezieht das Berechtigungsobjekt `V_VBAK_VKO` in die Zugriffskontrolle mit ein.

Damit der Benutzer einen Lesezugriff auf die Daten des CDS-Views `ZI_SalesOrder` aus Listing 5.3 erhält, muss er demnach nicht nur für den dort erfassten Auftragstyp `SalesOrderType` über das Berechtigungsobjekt `V_VBAK_AAT`, sondern auch für die Sparte `OrganizationDivision`, die Verkaufsorganisation `SalesOrganization` und den Vertriebsweg `DistributionChannel` über das Berechtigungsobjekt `V_VBAK_VKO` berechtigt werden. Beachten Sie, dass in diesem Beispiel die CDS-View-Felder `OrganizationDivision`, `SalesOrganization` und `DistributionChannel` mit den in gleicher Reihenfolge aufgelisteten Berechtigungsfeldern `SPART`, `VKORG` und `VTWEG` implizit verknüpft und durch logische Und-Beziehungen geklammert werden.

5.2 Wirkungsweise der CDS-Zugriffskontrollen

Bei einem Selektionszugriff auf die Daten eines CDS-Modells über die ABAP-SQL-Schnittstelle in ABAP werden die den CDS-Modellen direkt zugeordneten CDS-Rollen automatisch ausgewertet.

[«]

Definition der CDS-Rollen als Mapping-Rollen

CDS-Rollen werden vom System automatisch allen Benutzern zugeordnet. Dieser Zusammenhang wird durch die Annotation `@MappingRole:true` ausgedrückt, die jede CDS-Rolle tragen muss.

Dabei wird die Selektionsanfrage von der Laufzeitumgebung bedarfsweise mit weiteren Filterbedingungen angereichert. Diese Filterbedingungen leiten sich aus den in den CDS-Zugriffskontrollen hinterlegten Regeln unter Berücksichtigung der Rechte des aktuellen Benutzers ab.

Berechtigungseinschränkungen auf Datenbankebene auswerten

Sie sollten die CDS-Zugriffskontrollen nutzen, um die Ergebnisliste einer Datenselektion berechtigungsabhängig bereits auf Datenbankebene effizient einzuschränken. Dadurch können Sie vermeiden, unnötige Berechnungen und Datentransfers auf den ABAP-Applikationsserver durchzuführen.

Beispiel: Berechtigungsrolle

Exemplarisch erlaubt die in Abbildung 5.4 skizzierte *Berechtigungsrolle* `Z_SALES_DISPLAY` Lesezugriffe (`ACTVT` = »Display«) auf Standardkundenaufträge

(Auftragsarten des Typs AUART = »TAF«), wenn das Berechtigungsobjekt V_VBAK_AAT genutzt wird.

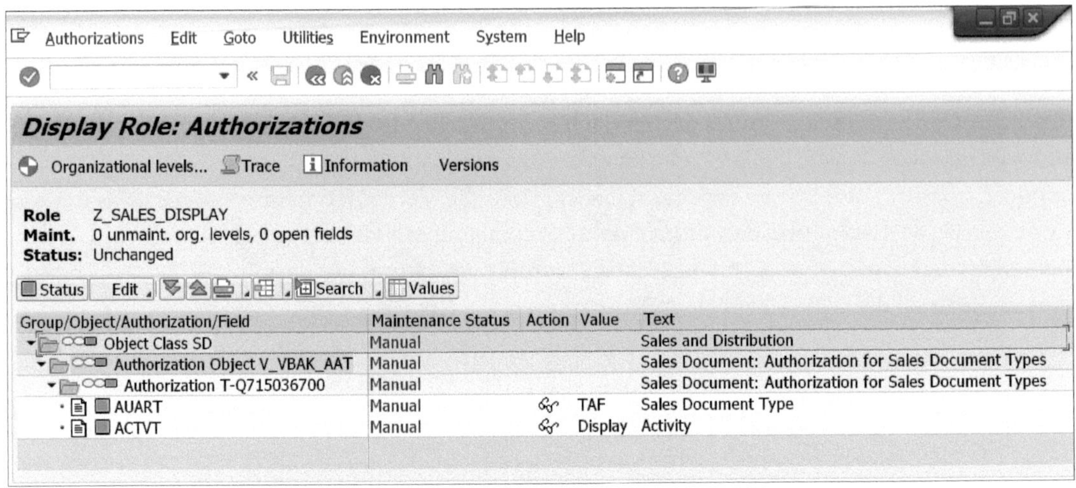

Abbildung 5.4 Beispiel für eine Berechtigungsrolle

Effektive Datenbankanfrage

Wird einem Benutzer die Berechtigungsrolle Z_SALES_DISPLAY zugewiesen, führt seine in Listing 5.5 erfasste Selektionsanweisung in ABAP effektiv zu der in Listing 5.6 skizzierten Selektionsabfrage in der Datenbank. Die Datenselektion in ABAP in Listing 5.5 beruht dabei auf dem CDS-View ZI_SalesOrder aus Listing 5.3, der über die gleichnamige CDS-Rolle aus Listing 5.2 geschützt wird.

```
SELECT *
   FROM ZI_SalesOrder
   INTO TABLE @DATA(lt_zi_salesorder).
```

Listing 5.5 Datenselektion vom CDS-View »ZI_SalesOrder« in ABAP

Die in Listing 5.6 dargestellte effektive Datenselektion in der Datenbank berücksichtigt die Benutzerrechte entsprechend Abbildung 5.4.

```
SELECT "MANDT", "SALESORDER"... *
   FROM "ZI_SALESORDER"
   WHERE "MANDT"            = '...'
     AND "SALESORDERTYPE" = 'TAF'
```

Listing 5.6 SQL-Datenselektion vom CDS-View »ZI_SalesOrder« in der Datenbank

Analyse der Datenbankanfrage

Dementsprechend wird neben der impliziten Mandantenbehandlung ("MANDT" = '...') auch die in der CDS-Rolle aus Listing 5.2 hinterlegte Einschränkung auf den zulässigen Auftragstyp ("SALESORDERTYPE" = 'TAF') in die Where-Bedingung injiziert und reduziert damit die Ergebnisliste.

Auswirkungen der Schlüsseldefinitonen

Die Art und Weise, wie eine CDS-Zugriffskontrolle die effektive Selektionsanfrage beeinflusst, hängt von zahlreichen Faktoren ab. Einer dieser Einflussfaktoren ist die Schlüsseldefinition des geschützten CDS-Modells. Aus Performance-Gründen sollten Sie, falls technisch möglich, im CDS-Modell stets einen möglichst kurzen Schlüssel (siehe Abschnitt 2.3, »Schlüsselfelder«) definieren. Fehlende oder zu lange Schlüsselangaben können bei der Verwendung von Pfadausdrücken in CDS-Zugriffskontrollen zu unnötigen, zusätzlichen Filterbedingungen führen, die sich negativ auf die Performance auswirken können.

[!]

Eindeutigkeit der Schlüssel sicherstellen

Falls Sie einen Schlüssel im geschützten CDS-Modell spezifizieren, muss dieser eindeutig einen Datensatz des Selektionsergebnisses identifizieren. Ansonsten besteht die Gefahr, dass die applizierte Filterlogik der CDS-Zugriffskontrollen Duplikate im Selektionsergebnis erzeugt.

Lokale Wirkung der CDS-Rollen

Bei einem Selektionszugriff auf CDS-Modelle aus Ihrer ABAP-Implementierung heraus wirken stets nur die modelleigenen CDS-Zugriffskontrollen. Das bedeutet, dass CDS-Rollen, die die zugrunde liegenden Datenquellen eines CDS-Views schützen, bei einem Lesezugriff auf den CDS-View keinen Effekt haben.

Beispiele für die Auswirkungen der CDS-Rollen

Anhand von Abbildung 5.5 und Listing 5.7 soll dieser Zusammenhang verdeutlicht werden.

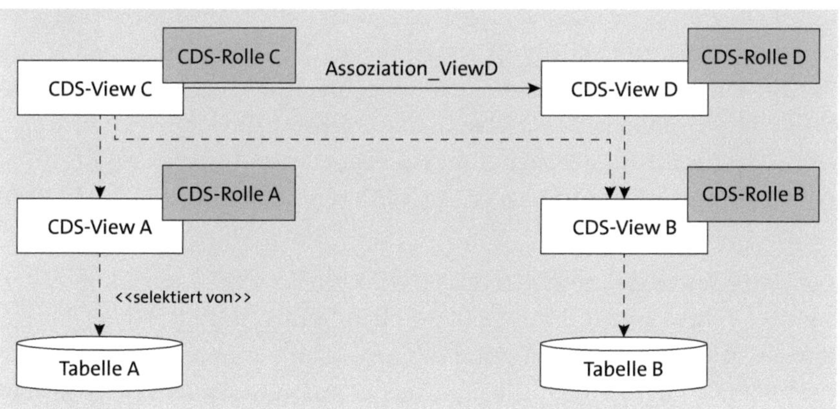

Abbildung 5.5 Beispiele von CDS-Zugriffskontrollen

```
SELECT *
  FROM ViewA
  INTO TABLE @DATA(lt_view_a).
SELECT *
  FROM ViewC
  INTO TABLE @DATA(lt_view_c).
SELECT ViewC~FieldC,
      \_ViewD-FieldD
  FROM ViewC
  INTO TABLE @DATA(lt_fields_of_views_c_and_d).
SELECT ViewB~FieldB
  FROM ViewC
  INNER JOIN ViewB
    ON ViewB~FieldC = ViewC~FieldC
  INTO TABLE @DATA(lt_field_of_view_b).
```

Listing 5.7 ABAP-Selektionsanweisungen auf die CDS-Views aus Abbildung 5.5

Analyse der Beispiele

Bei der ersten Datenselektion in Listing 5.7 wird die CDS-Rolle A des CDS-Views A berücksichtigt.

Bei der zweiten Datenselektion wird die CDS-Rolle C des CDS-Views C berücksichtigt. Die Zugriffskontrollen (CDS-Rollen A und B) der Datenquellen (CDS-Views A und B) haben indes keine Bedeutung. Dies würde auch dann gelten, wenn der CDS-View C nicht selbst durch die CDS-Rolle C geschützt wäre.

Bei der dritten Datenselektion wird durch den Pfadausdruck `\_ViewD.FieldD` neben der primären Datenquelle, dem CDS-View C, auch der assoziierte CDS-View D zu einer sekundären Datenquelle. Damit wirken effektiv beide zugehörigen CDS-Zugriffssteuerungen, die CDS-Rollen C und D. Die Einschränkungen, die durch die CDS-Rolle C definiert sind, spiegeln sich dabei in der Anzahl der Datensätze in der Ergebnisliste der Selektion wider. Fehlende Zugriffsmöglichkeiten entsprechend der Auswertung der CDS-Rolle D führen in der Ergebnisliste in ABAP zu initialen Werten für das Feld `FieldD`.

Die vierte Datenselektion in Listing 5.7 wird von den CDS-Zugriffskontrollen der CDS-Views C und B, d. h., den CDS-Rollen C und B, beeinflusst, analog zur dritten Datenselektion. Aufgrund der angewandten Inner-Join-Logik führen fehlende Zugriffsmöglichkeiten bei der Auswertung der CDS-Rolle B in der Ergebnisliste jedoch nicht zu initialen Werten für das Feld `FieldD`, sondern entfernen den gesamten Datensatz aus der Ergebnisliste.

[«]

Berechtigungsschutz definieren und nutzen

Die CDS-Zugriffskontrollen wirken nur, wenn Sie innerhalb Ihrer Datenselektion in ABAP das geschützte CDS-Modell als direkte Datenquelle nutzen. Sie müssen daher jedes einzelne CDS-Modell, das einen instanzbezogenen Berechtigungsschutz erfordert, explizit mit einer eigenen CDS-Zugriffskontrolle ausstatten.

Berechtigungsschutz annotieren

Über die Annotation `@AccessControl.authorizationCheck` der CDS-Modelle können Sie spezifizieren, ob ein Berechtigungsschutz für die Datenselektion erforderlich ist. Fehlt diese Annotation, wird erwartet, dass kein Berechtigungsschutz erforderlich ist. Dies entspricht einer impliziten Auszeichnung des CDS-Modells mit der Annotation `@AccessControl.authorizationCheck:`**`#NOT_REQUIRED`**.

Tabelle 5.1 gibt die zulässigen Werte der Annotation `@AccessControl.authorizationCheck` an.

Annotationswert	Bedeutung
`MANDATORY`	Das annotierte CDS-Modell soll eine CDS-Zugriffskontrolle aufweisen. Ohne CDS-Zugriffskontrolle führt ein Lesezugriff zu einem Laufzeitfehler.
`CHECK`	Das annotierte CDS-Modell soll eine CDS-Zugriffskontrolle aufweisen. Im Gegensatz zu `MANDATORY` findet keine Laufzeitprüfung statt.
`NOT_REQUIRED`	Entspricht dem Standardwert der Annotation. Eine CDS-Zugriffskontrolle ist im Allgemeinen nicht erforderlich.
`NOT_ALLOWED`	Eine CDS-Zugriffskontrolle ist nicht erlaubt. Dieser Wert verhindert, dass CDS-Zugriffskontrollen auf das annotierte Modell angewandt werden.
`PRIVILEGED_ONLY`	Eine direkte Datenselektion vom annotierten CDS-Modell ist nur durch einen *bevorrechtigten Zugriff* möglich, der eine besondere Form der ABAP-SQL-Selektionsanweisung erfordert (siehe Abschnitt 5.3.8, »Standarddatenselektion blockieren«).

Tabelle 5.1 Zulässige Werte der Annotation »@AccessControl.authorizationCheck«

Berechtigungsschutz dokumentieren

Sie sollten stets den erwarteten Berechtigungsschutz über die Annotation `@AccessControl.authorizationCheck` spezifizieren. Das gilt auch für den Standardwert `NOT_REQUIRED`, der ausschließlich einen dokumentarischen Charakter hat. Besitzt das so annotierte CDS-Modell entgegen seiner Auszeichnung eine CDS-Zugriffskontrolle, ist diese wirksam.

Auch wenn wir in unseren Beispielen der Einfachheit halber häufig den Wert `CHECK` verwenden, empfehlen wir Ihnen, in Ihren produktiven CDS-Modellen statt `CHECK` ausschließlich `MANDATORY` zu verwenden.

Verwendung mehrerer CDS-Rollen

Prinzipiell können Sie dasselbe CDS-Modell mit mehreren CDS-Rollen ausstatten. Diese CDS-Rollen werden standardmäßig mit einer logischen Oder-Verknüpfung zusammengeführt. Der effektive Berechtigungsschutz ist demnach weniger restriktiv, da für einen Datenzugriff nur die Bedingungen einer dieser einzelnen CDS-Rollen erfüllt sein müssen. Eine zusätzliche CDS-Rolle erweitert demzufolge üblicherweise den Umfang der auswählbaren Datensätze gegenüber einer bereits existierenden CDS-Rolle, beschränkt diesen also nicht. Durch spezielle Erweiterungen der Rollendefinition können Sie indes auch Verschärfungen des Berechtigungsschutzes realisieren (siehe Abschnitt 5.3.7, »Berechtigungsschutz der von SAP ausgelieferten CDS-Modelle verändern«).

Namensgebung

Um die Transparenz der Modelle zu steigern und Fehleranalysen zu erleichtern, sollten Sie ein CDS-Modell stets nur mit einer einzigen CDS-Rolle schützen. Des Weiteren sollten Sie den gleichen Namen für das geschützte CDS-Modell, die zugeordnete Quelldatei (das `DCLS`-Objekt) der CDS-Zugriffskontrolle sowie die darin definierte CDS-Rolle wählen.

5.3 Implementierungsmuster für CDS-Zugriffskontrollen

Vielfach folgt die Implementierung der CDS-Zugriffskontrollen wiederkehrenden *Mustern*, die im Folgenden erörtert werden. Sie lernen dabei auch einige Besonderheiten der CDS-Zugriffskontrollen in transaktionalen Anwendungen sowie analytischen Query-Services und SQL-basierten Selektionsanweisungen kennen.

5.3.1 Implementierung von CDS-Zugriffskontrollen mit Pfadausdrücken

Innerhalb der CDS-Zugriffskontrollen können Sie Assoziationen des geschützten CDS-Modells dazu nutzen, Pfadausdrücke zu definieren. In diesem Abschnitt erfahren Sie, wie Sie Pfadausdrücke zur Harmonisierung der Zugriffssteuerungen von assoziierten CDS-Modellen einsetzen können. Darüber hinaus lernen Sie, wie Sie die Standardauswertelogik von Pfadausdrücken übersteuern können. Ferner diskutieren wir die Versorgung von Parametern der CDS-Modelle im Kontext der Pfadausdrücke.

Pfadausdrücke in CDS-Zugriffskontrollen

Einheitliche CDS-Zugriffskontrollen definieren

In vielen Fällen sollen alle CDS-Modelle einer einzelnen Anwendung über die gleichen Berechtigungssteuerungen verfügen.

Ein typisches Beispiel dafür ist der Kundenauftrag, dessen Struktur aus einem Kopf sowie aus einer Position und einer Einteilung besteht. Ein Vertriebsmitarbeiter soll in der Regel das gesamte Dokument und nicht nur Teile dieses Dokuments betrachten dürfen. Das bedeutet, dass ein Benutzer sowohl die Kopfdaten eines Auftrags als auch die zugehörigen Daten der Positionen und Einteilungen einsehen dürfen soll. Dies erfordert die Implementierung einheitlicher Berechtigungsregeln für die entsprechenden CDS-Modelle.

Beispiel: Kundenauftrag

In diesem Zusammenhang können Sie die die Berechtigung steuernden Felder, die nicht bereits Bestandteil der Feldliste der zu schützenden CDS-Modelle sind, prinzipiell über Pfadausdrücke in die CDS-Rollendefinitionen einbringen.

Die Berechtigungseinschränkungen für den Kundenauftragskopf `ZI_SalesOrder` aus Listing 5.3 gemäß der CDS-Rolle `ZI_SalesOrder` aus Listing 5.2 sollen beispielsweise auch für den CDS-View der Position `ZI_SalesOrderItem` aus Listing 5.8 gelten.

Beispiel: Schutz der Auftragsposition

```
@AccessControl.authorizationCheck: #CHECK
define view entity ZI_SalesOrderItem
   as select from ...
   association [1..1] to ZI_SalesOrder as _SalesOrder
      on $projection.SalesOrder = _SalesOrder.SalesOrder
{
   key SalesOrder,
   key SalesOrderItem,
```

```
    _SalesOrder, ...
}
```

Listing 5.8 CDS-View der Kundenauftragsposition mit Assoziation zum Kundenauftragskopf

Der CDS-View `ZI_SalesOrderItem` definiert und exponiert eine Assoziation `_SalesOrder` zum Auftragskopf `ZI_SalesOrder`. Diese kann dazu verwendet werden, den Auftragstyp per Pfadausdruck `_SalesOrder.SalesOrderType` in die Definition der zugehörigen CDS-Rolle `ZI_SalesOrderItem` aus Listing 5.9 aufzunehmen.

```
@MappingRole: true
define role ZI_SalesOrderItem {
    grant select on ZI_SalesOrderItem
    where ( _SalesOrder.SalesOrderType ) =
    aspect pfcg_auth ( V_VBAK_AAT,
                       AUART,
                       ACTVT = '03' );
}
```

Listing 5.9 CDS-Rolle der Kundenauftragsposition mit Pfadausdruck

Die Datensätze der Auftragsposition werden damit auf die gleiche Art geschützt wie der jeweils zugehörige Datensatz des Auftragskopfs.

Beispiel: Schutz der Auftragseinteilung

Auf gleiche Weise kann der CDS-View der Kundenauftragseinteilung `ZI_SalesOrderScheduleLine` aus Listing 5.10 über einen Pfadausdruck geschützt werden.

```
@AccessControl.authorizationCheck: #CHECK
define view entity ZI_SalesOrderScheduleLine
   as select from ...
   association [1..1] to ZI_SalesOrder as _SalesOrder
      on $projection.SalesOrder = _SalesOrder.SalesOrder
{
   key SalesOrder,
   key SalesOrderItem,
   key SalesOrderScheduleLine,
   _SalesOrder, ...
}
```

Listing 5.10 CDS-View der Kundenauftragseinteilung mit Assoziation zum Kundenauftragskopf

Die zugehörige CDS-Rolle ZI_SalesOrderScheduleLine ist in Listing 5.11 dargestellt.

```
@MappingRole: true
define role ZI_SalesOrderScheduleLine {
    grant select on ZI_SalesOrderScheduleLine
    where ( _SalesOrder.SalesOrderType ) =
    aspect pfcg_auth ( V_VBAK_AAT,
                       AUART,
                       ACTVT = '03' );
}
```

Listing 5.11 CDS-Rolle der Kundenauftragseinteilung mit Pfadausdruck

[«]

Auswertelogik für Pfadausdrücke

Die in den Berechtigungsbedingungen der CDS-Rollen genutzten Assoziationen dürfen prinzipiell eine größere maximale Zielkardinalität als »1« aufweisen. Die damit formulierten Bedingungen werden seitens der Infrastruktur standardmäßig so ausgewertet, dass diese für mindestens einen über den Pfadausdruck erreichten Datensatz erfüllt sein müssen.

Auswertelogik von Pfadausdrücken in CDS-Zugriffskontrollen anpassen

Die Logik von CDS-Zugriffskontrollen mit Pfadausdrücken kann in vielfältiger Weise verändert werden. Dies möchten wir Ihnen anhand des folgenden Beispiels demonstrieren.

Beispiel: Geschützter CDS-View »ZC_SlsOrdWithAccessCntrlByProd«

Nehmen Sie an, dass Sie den Zugriff auf die Kundenauftragskopfdaten dergestalt schützen wollen, dass Benutzer, die Zugriff auf die Daten des Produktstamms haben, auch berechtigt sein sollen, die Daten der die jeweiligen Produkte referenzierenden Kundenaufträge einzusehen.

Den entsprechenden CDS-View ZC_SlsOrdWithAccessCntrlByProd finden Sie in Listing 5.12.

```
@AccessControl.authorizationCheck: #CHECK
define view entity ZC_SlsOrdWithAccessCntrlByProd
  as select distinct from t000
  association [0..*] to ZC_SlsOrdItemForAccessControl as _Item
    on $projection.SalesOrder = _Item.SalesOrder
{
  key 'S1' as SalesOrder,
      _Item
} union all select distinct from t000
```

```
  association [0..*] to ZC_SlsOrdItemForAccessControl as _Item
    on $projection.SalesOrder = _Item.SalesOrder
{
  key 'S2' as SalesOrder,
      _Item
} union all select distinct from t000
  association [0..*] to ZC_SlsOrdItemForAccessControl as _Item
    on $projection.SalesOrder = _Item.SalesOrder
{
  key 'S3' as SalesOrder,
      _Item
}
```

Listing 5.12 CDS-View »ZC_SlsOrdWithAccessCntrlByProd«

Analyse des CDS-Views »ZC_SlsOrdWithAccessCntrlByProd«

Der CDS-View `ZC_SlsOrdWithAccessCntrlByProd` definiert drei Kundenauftragskopfinstanzen (siehe Tabelle 5.2). Zusätzlich definiert er die Assoziation `_Item` zum CDS-View `ZC_SlsOrdItemForAccessControl` aus Listing 5.13.

```
define view entity ZC_SlsOrdItemForAccessControl
  as select distinct from t000
  association [0..1] to ZC_ProductForAccessControl as _Product
    on $projection.Product = _Product.Product
{
  key 'S1' as SalesOrder,
  key 'I1' as SalesOrderItem,
      'P1' as Product,
      _Product
} union select distinct from t000
  association [0..1] to ZC_ProductForAccessControl as _Product
    on $projection.Product = _Product.Product
{
  key 'S1' as SalesOrder,
  key 'I2' as SalesOrderItem,
      'P1' as Product,
      _Product
} union select distinct from t000
  association [0..1] to ZC_ProductForAccessControl as _Product
    on $projection.Product = _Product.Product
{
  key 'S2' as SalesOrder,
  key 'I1' as SalesOrderItem,
      'P1' as Product,
      _Product
```

```
} union select distinct from t000
  association [0..1] to ZC_ProductForAccessControl as _Product
    on $projection.Product = _Product.Product
{
  key 'S2' as SalesOrder,
  key 'I2' as SalesOrderItem,
      'P2' as Product,
      _Product
} union select distinct from t000
  association [0..1] to ZC_ProductForAccessControl as _Product
    on $projection.Product = _Product.Product
{
  key 'S3' as SalesOrder,
  key 'I1' as SalesOrderItem,
      ''   as Product,
      _Product
}
```

Listing 5.13 CDS-View »ZC_SlsOrdItemForAccessControl«

Analyse des CDS-Views »ZC_SlsOrdItemForAccess Control«

Der CDS-View ZC_SlsOrdItemForAccessControl definiert fünf Datensätze von Kundenauftragspositionen (siehe Tabelle 5.2). Diese Datensätze referenzieren die drei Datensätze des Kundenauftragskopf-CDS-Views ZC_SlsOrdWithAccessCntrlByProd sowie die zwei Datensätze des assoziierten Produkt-CDS-Views ZC_ProductForAccessControl aus Listing 5.14.

```
define view entity ZC_ProductForAccessControl
  as select distinct from t000
{
  key 'P1' as Product,
      'A1' as AuthorizationGroup
} union select distinct from t000
{
  key 'P2' as Product,
      'A2' as AuthorizationGroup
}
```

Listing 5.14 CDS-View »ZC_ProductForAccessControl«

Die beiden Produkte, die über den CDS-View ZC_ProductForAccessControl definiert werden, sind dedizierten Berechtigungsgruppen AuthorizationGroup zugeordnet (siehe Tabelle 5.2).

CDS-View	Feld			
	SalesOrder	SalesOrder Item	Product	Authorization Group
ZC_SlsOrdWithAccessCntrlByProd	»S1«	–	–	–
	»S2«	–	–	–
	»S3«	–	–	–
ZC_SlsOrdItemForAccessControl	»S1«	»I1«	»P1«	–
	»S1«	»I2«	»P1«	–
	»S2«	»I1«	»P1«	–
	»S2«	»I2«	»P2«	–
	»S3«	»I1«	»«	–
ZC_ProductForAccessControl	–	–	»P1«	»A1«
	–	–	»P2«	»A2«

Tabelle 5.2 Datensätze der CDS-Views aus Listing 5.12 bis Listing 5.14

Beispiel: CDS-Zugriffskontrolle mit einfachem Pfadausdruck

Nehmen wir nun an, dass der Benutzer berechtigt ist, Produkte zu selektieren, die der Berechtigungsgruppe (AuthorizationGroup bzw. BEGRU) mit dem Wert »A1« über das Berechtigungsobjekt M_MATE_MAT zugeordnet sind. Demzufolge dürfte der entsprechende Benutzer die Datensätze der Kundenaufträge »S1« und »S2« aus dem CDS-View ZC_SlsOrdWithAccessCntrlByProd aus Listing 5.12 lesen, wenn dieser CDS-View über die CDS-Rolle ZC_SlsOrdWithAccessCntrlByProd aus Listing 5.15 geschützt wäre. Das liegt daran, dass der Pfadausdruck _Item._Product.AuthorizationGroup den Wert »A1« für mindestens eine Kundenauftragsposition besitzt.

```
@MappingRole: true
define role ZC_SlsOrdWithAccessCntrlByProd {
  grant select on ZC_SlsOrdWithAccessCntrlByProd
    where ( _Item._Product.AuthorizationGroup )
            ?= aspect pfcg_auth ( M_MATE_MAT, BEGRU, actvt = '03' );
}
```

Listing 5.15 CDS-Rolle »ZC_SlsOrdWithAccessCntrlByProd«

Beispiel: CDS-Zugriffskontrolle mit Pfadausdruck und All-Quantifizierer

Soll der Zugriff indes so eingeschränkt werden, dass der Zugriff auf die Kundenaufträge nur dann gewährt wird, wenn alle zugeordneten Produkte der Berechtigungsgruppe »A1« angehören, müssen Sie den All-Quantifizierer einsetzen. Listing 5.16 zeigt die entsprechend angepasste CDS-Rolle ZC_SlsOrdWithAccessCntrlByProd.

```
@MappingRole: true
define role ZC_SlsOrdWithAccessCntrlByProd {
  grant select on ZC_SlsOrdWithAccessCntrlByProd
    where all ( _Item._Product.AuthorizationGroup )
            ?= aspect pfcg_auth ( M_MATE_MAT, BEGRU, actvt = '03' );
}
```

Listing 5.16 CDS-Rolle »ZC_SlsOrdWithAccessCntrlByProd« mit All-Quantifizierer

Wird diese CDS-Zugriffskontrolle angewandt, erhält der Benutzer lediglich Zugang zum Kundenauftrag »S1«.

Beispiel: CDS-Zugriffskontrolle mit Pfadausdruck und All-Quantifizierer und Bypass-Logik

Falls der Benutzer auch auf die Kundenaufträge zugreifen können soll, denen kein Produkt zugeordnet ist (»S3« in unserem Beispiel), müssen Sie Ihre CDS-Rollendefinition ZC_SlsOrdWithAccessCntrlByProd, wie in Listing 5.17 skizziert, erweitern.

```
@MappingRole: true
define role ZC_SlsOrdWithAccessCntrlByProd {
  grant select on ZC_SlsOrdWithAccessCntrlByProd
    where all ( _Item._Product.AuthorizationGroup bypass
      when is null )
            ?= aspect pfcg_auth ( M_MATE_MAT, BEGRU, actvt = '03' );
}
```

Listing 5.17 CDS-Rolle »ZC_SlsOrdWithAccessCntrlByProd« mit All-Quantifizierer und Bypass-Logik

Darin definiert die Bypass-When-Anweisung Bedingungen, unter denen das logische Ergebnis als wahr angesehen wird. In unserem Fall trifft dies zu, wenn der Pfadausdruck zur Berechtigungsgruppe zu einem Nullwert führt.

Parameter in Pfadausdrücken behandeln

Parameter in Pfadausdrücken

Wenn der Ziel-CDS-View einer Assoziation über Parameter verfügt, müssen Sie diese Parameter mit Werten versorgen, wenn Sie diese Assoziation in Pfadausdrücken von CDS-Zugriffskontrollen nutzen.

Beispiel: CDS-Views mit Parametern

Zur Illustration dieses Sachverhalts dienen die in Listing 5.18 und Listing 5.19 definierten CDS-Views. Listing 5.18 zeigt dabei den CDS-View ZC_SalesOrderWithParameters für den Kundenauftrag mit Parametern.

```
@AccessControl.authorizationCheck: #CHECK
define view entity ZC_SalesOrderWithParameters
  with parameters
    P_Parameter1A : abap.char(1),
    P_Parameter1B : abap.char(1),
    P_Parameter1C : abap.char(1)
  as select from ZI_SalesOrder
{
  key SalesOrder,
      SalesOrderType
}
```

Listing 5.18 CDS-View des Kundenauftrags mit Parametern

Listing 5.19 zeigt den CDS-View ZC_SalesOrderItemWithParams für die Kundenauftragsposition mit Parametern. Er definiert die Assoziation _SalesOrder zum CDS-View ZC_SalesOrderWithParameters aus Listing 5.18.

```
@AccessControl.authorizationCheck: #CHECK
define view entity ZC_SalesOrderItemWithParams
   with parameters
      P_Parameter2A : abap.char(1),
      P_Parameter2B : abap.char(1)
   as select from ZI_SalesOrderItem
   association [0..1] to ZC_SalesOrderWithParameters as _SalesOrder
      on $projection.SalesOrder = _SalesOrder.SalesOrder
{
   key SalesOrder,
   key SalesOrderItem,
       _SalesOrder
}
```

Listing 5.19 CDS-View der Kundenauftragsposition mit Parametern

Beispiel: CDS-Rolle mit Parametern in einem Pfadausdruck

Der CDS-View für die Auftragsposition ZC_SalesOrderItemWithParams soll hier, wie in den vorangegangenen Beispielen, dadurch geschützt werden, dass der Zugriff auf die Datensätze den Benutzern vorbehalten ist, die eine Leseberechtigung für die entsprechende Auftragsart des Kundenauftrags SalesOrderType besitzen. Da die Auftragsart nicht lokal in dem CDS-View ZC_SalesOrderItemWithParams exponiert wird, soll diese aus dem assoziierten

Ziel-CDS-View ZC_SalesOrderWithParameters bezogen werden. Diese Logik wird über die CDS-Rolle ZC_SalesOrderItemWithParams aus Listing 5.20 realisiert.

```
@MappingRole: true
define role ZC_SalesOrderItemWithParams {
   grant select on ZC_SalesOrderItemWithParams
   where ( _SalesOrder( P_Parameter1A : $parameters.P_Parameter2A,
                        P_Parameter1B : $parameters.P_Parameter2B,
                        P_Parameter1C : 'X'
                      ).SalesOrderType ) =
   aspect pfcg_auth ( V_VBAK_AAT,
                      AUART,
                      ACTVT = '03' );
}
```

Listing 5.20 CDS-Rollendefinition, die CDS-Parameter in einem Pfadausdruck nutzt

Analyse des Beispiels

In dem in Listing 5.20 modellierten Pfadausdruck _SalesOrder(...).SalesOrderType müssen Sie dazu alle drei Parameter P_Parameter1A, P_Parameter1B und P_Parameter1C des CDS-Views des Kundenauftrags ZC_SalesOrderWithParameters aus Listing 5.18 mit Werten versorgen. Im Beispiel werden die ersten beiden Parameter P_Parameter1A und P_Parameter1B des Ziel-CDS-Views mit geeigneten, semantisch passenden Parametern P_Parameter2A und P_Parameter2B des CDS-Views der Position ZC_SalesOrderItemWithParams verknüpft. Der dritte Parameter P_Parameter1C wird mit der Konstanten »X« belegt. Im Beispiel wird davon ausgegangen, dass dieser Wert den Parameter inhaltlich korrekt versorgt.

[«]

Pfadausdrücke in CDS-Rollen

Felder, die zur Definition der Zugriffsbedingungen Ihrer CDS-Rollen benötigt werden, können Sie entweder direkt in das zu schützende CDS-Modell aufnehmen oder indirekt über Pfadausdrücke in Ihren CDS-Rollen ansprechen. Beide Modellierungsoptionen haben ihre Vor- und Nachteile, die Sie abhängig vom Anwendungsfall sorgfältig gegeneinander abwägen müssen.

Eine explizite Aufnahme berechtigungssteuernder Felder in die zu schützenden CDS-Views über Join-Verknüpfungen erhöht deren statische Komplexität und führt zu Datenredundanzen.

Falls Sie die Join-Logik einsetzen, kann dies die Anzahl der Datensätze des Selektionsergebnisses darüber hinaus aufgrund von Multiplikationseffekten ungewollt erhöhen, falls die Kardinalität des eingebundenen Join-Partners größer als »1« ist.

Aus Performance-Sicht kann es vorteilhaft sein, berechtigungssteuernde Felder direkt in das zu schützende Modell aufzunehmen und nicht über Pfadausdrücke in die CDS-Rollen einzubringen. Die direkte Aufnahme der Berechtigungsfelder kann die Auswertung von Zugriffsregeln effizienter gestalten, speziell bei CDS-Modellen, die große Datenmengen verarbeiten und exponieren.

Eine weitere Performance-Steigerung für den Lesezugriff ist zu erwarten, wenn Sie die berechtigungsrelevanten Felder redundant in den zu berechtigenden Entitäten persistieren und damit auf entsprechende Join-Verknüpfungen zur Laufzeit gänzlich verzichten können.

5.3.2 Implementierung von CDS-Zugriffskontrollen erben

Die DCL-Sprache erlaubt es Ihnen, die Implementierung bestehender CDS-Rollen bei der Definition einer weiteren CDS-Rolle zu übernehmen. Im Folgenden stellen wir Ihnen die entsprechenden Implementierungsansätze vor.

Vererbungsoptionen

Die unterstützten Möglichkeiten zur Vererbung der Logik von CDS-Zugriffskontrollen demonstriert das folgende Beispiel.

Beispiel: Geschützter CDS-View

Betrachten Sie dazu den in Listing 5.21 definierten CDS-View ZC_SalesOrder, der eine Projektion des CDS-Views ZI_SalesOrder aus Listing 5.3 darstellt.

```
@AccessControl.authorizationCheck: #CHECK
define view entity ZC_SalesOrder
  as select from ZI_SalesOrder
{
  key SalesOrder,
      SalesOrderType
}
```

Listing 5.21 Spezialisierter CDS-View des Kundenauftrags

CDS-Rolle: Implementierung ohne Vererbung

Die zugehörige CDS-Rolle ZC_SalesOrder ist in Listing 5.22 dargestellt.

```
@MappingRole: true
define role ZC_SalesOrder {
    grant select on ZC_SalesOrder
    where ( SalesOrderType ) =
```

```
    aspect pfcg_auth ( V_VBAK_AAT,
                       AUART,
                       ACTVT = '03' );
}
```

Listing 5.22 CDS-Rolle »ZC_SalesOrder« mit lokaler Implementierung

Ihre Implementierung entspricht der Implementierung der CDS-Rolle ZI_SalesOrder aus Listing 5.2, die den gleichnamigen CDS-View ZI_SalesOrder aus Listing 5.3 schützt.

CDS-Rolle: Implementierung mit Vererbung

Anstatt die CDS-Rolle ZC_SalesOrder, wie in Listing 5.22 skizziert, von Grund auf neu zu implementieren, können Sie die Implementierung der CDS-Rolle ZI_SalesOrder auch wiederverwenden. Dazu stellen Ihnen die CDS-Zugriffskontrollen drei verschiedene Vererbungsalternativen zur Verfügung, die im Folgenden erläutert werden.

CDS-Rolle: Alle Zugriffsbedingungen eines CDS-Views erben

Die erste Alternative gestattet es Ihnen, alle Zugriffsbedingungen, die für den CDS-View ZI_SalesOrder definiert wurden, in die Logik der CDS-Rolle ZC_SalesOrder zu übernehmen. Listing 5.23 zeigt die entsprechende Implementierung.

```
@MappingRole: true
define role ZC_SalesOrder {
    grant select on ZC_SalesOrder
    where inheriting conditions from entity ZI_SalesOrder;
}
```

Listing 5.23 CDS-Rolle »ZC_SalesOrder«, die die Zugriffsbedingungen des CDS-Views »ZI_SalesOrder« erbt

CDS-Rolle: Alle Zugriffsbedingungen einer CDS-Rolle erben

Die zweite Alternative ermöglicht es Ihnen, alle Zugriffsbedingungen der CDS-Rolle ZI_SalesOrder für den CDS-View ZI_SalesOrder in die Logik der CDS-Rolle ZC_SalesOrder zu übernehmen. Die entsprechende Implementierung illustriert Listing 5.24.

```
@MappingRole: true
define role ZC_SalesOrder {
    grant select on ZC_SalesOrder
    where inherit ZI_SalesOrder for grant select on ZI_SalesOrder;
}
```

Listing 5.24 CDS-Rolle »ZC_SalesOrder«, die die Zugriffsbedingungen der CDS-Rolle »ZI_SalesOrder« für den CDS-View »ZI_SalesOrder« erbt

CDS-Rolle: Zugriffsregeln erben

Die dritte Alternative ermöglicht es Ihnen, die Zugriffsregeln der CDS-Rolle ZI_SalesOrder zu erben. Listing 5.25 zeigt die entsprechende Implementierung.

```
@MappingRole: true
define role ZC_SalesOrder {
    grant select on ZC_SalesOrder
    inherit ZI_SalesOrder;
}
```

Listing 5.25 CDS-Rolle »ZC_SalesOrder«, die die Zugriffsregeln der CDS-Rolle »ZI_SalesOrder« für den CDS-View »ZI_SalesOrder« erbt

Analyse des Beipiels

Beachten Sie, dass in diesem Beispiel die Auswirkungen der CDS-Rollendefinitionen aus Listing 5.22, Listing 5.23, Listing 5.24 und Listing 5.25 inhaltlich identisch sind. Die in Listing 5.25 vorgestellte dritte Alternative zur Realisierung des Vererbungsmechanismus wird jedoch als obsolet betrachtet und sollte daher nicht mehr verwendet werden.

Technische Abhängigkeiten

Die Vererbung von CDS-Zugriffskontrollen gestattet es Ihnen, die Logik einer komplexen CDS-Rolle nur einmal zu implementieren, aber mehrfach zu verwenden. Dabei müssen Sie jedoch die im Folgenden beschriebenen Abhängigkeiten beachten.

Eigenschaften der erbenden CDS-Modelle

Die erfolgreiche Anwendung des Vererbungsmechanismus setzt in der Regel eine enge semantische Beziehung der zu schützenden CDS-Modelle voraus. Häufig stehen die entsprechenden Modelle in einer Projektionsbeziehung (SELECT FROM bzw. PROJECTION ON) zueinander.

Technisch müssen alle in der Implementierung referenzierten Elemente (Felder und Assoziationen) in den zu schützenden CDS-Modellen mit dem gleichen Namen exponiert werden. Beispielsweise muss die Projektionsliste des CDS-Views ZC_SalesOrder aus Listing 5.21 das in der CDS-Rolle ZI_SalesOrder referenzierte Feld SalesOrderType mit dem gleichen Namen beinhalten. Ansonsten wären die CDS-Rollendefinitionen ZC_SalesOrder in Listing 5.22 bis Listing 5.25 syntaktisch fehlerhaft.

[!]

Seiteneffekte der Vererbung beachten

Sie sollten die Implementierung einer CDS-Rolle nur dann wiederverwenden, wenn Sie sie an die Änderungen der zugrunde liegenden CDS-Rolle koppeln wollen. Ansonsten besteht die Gefahr, dass sie unbemerkt und ungewollt Änderungen der Zugriffskontrolle erbt.

Werden bei der Pflege der vererbten CDS-Rollenimplementierung neue Referenzbezüge hergestellt, z. B. durch die Verwendung eines weiteren Felds in den Berechtigungsbedingungen, drohen Syntaxfehler in den erbenden CDS-Rollen, wenn die über sie geschützten CDS-Modelle nicht die gleichen Elemente exponieren. Sie sollten diese Abhängigkeitsbeziehung insbesondere dann beachten, wenn die wiederverwendete CDS-Rollen-Implementierung einem anderen Lebenszyklus unterliegt als die von Ihnen angelegte CDS-Rolle. Im Zweifelsfall sollten Sie die Vererbung nicht nutzen.

Technische Abhängigkeiten reduzieren

Sie können die technischen Abhängigkeiten Ihrer erbenden CDS-Rollendefinition verringern und diese damit robuster gestalten, indem Sie den darin direkt referenzierten Basis-CDS-View durch eine Assoziation bzw. einen Assoziationspfad zu diesem Basis-CDS-View ersetzen. Diese Assoziation bzw. diesen Assoziationspfad führen Sie mithilfe der Schlüsselwörter `REPLACING ROOT WITH` ein. Implizit wird damit allen in den geerbten Bedingungen verwendeten Elementen die angegebene Assoziation bzw. Assoziationskette in einem Pfadausdruck vorangestellt. Statt lokaler Elemente werden also die Elemente der referenzierten Zielentität genutzt. Damit müssen Sie diese Elemente nicht in Ihrem zu schützenden CDS-Modell aufnehmen, um die Vererbung der CDS-Zugriffskontrolle realisieren zu können.

[!]

Performance-Implikationen des Delegationsansatzes prüfen

Sie sollten die Auswirkungen dieses Delegationsansatzes auf die Performance der Datenselektion immer sorgfältig prüfen, da dieser zusätzliche Join-Verknüpfungen einführen kann, die der Datenbankoptimierer eventuell nicht eliminieren kann.

Die Nutzungsdauer Ihrer erbenden CDS-Rolle können Sie sogar noch verlängern, indem Sie die Zugriffsregel mit dem Zusatz `DEFAULT TRUE` versehen. Dieser bewirkt einen uneingeschränkten Zugang zu den Daten, falls die geerbte Rolle nicht (mehr) vorhanden ist.

Beispiel: CDS-View mit Assoziation zum Basis-CDS-View

Um den zuvor diskutierten Delegationsansatz in unserem Beispiel anwenden zu können, müssen Sie den zu schützenden CDS-View `ZC_SalesOrder` aus Listing 5.21 mit der Assoziation `_SalesOrder` zum darunter liegenden Basis-CDS-View `ZI_SalesOrder` ausstatten. Listing 5.26 zeigt den so erweiterten CDS-View.

```
@AccessControl.authorizationCheck: #CHECK
define view entity ZC_SalesOrder
  as select from ZI_SalesOrder
```

```
  association [1..1] to ZI_SalesOrder as _SalesOrder
    on $projection.SalesOrder = _SalesOrder.SalesOrder
{
  key SalesOrder,
      SalesOrderType,
      _SalesOrder
}
```

Listing 5.26 CDS-View »ZC_SalesOrder« mit Assoziation zum Basis-CDS-View »ZI_SalesOrder«

Beispiel: CDS-Rolle mit Delegationsansatz

Listing 5.27 zeigt die CDS-Rolle ZC_SalesOrder aus Listing 5.23 nach deren Anpassung.

```
@MappingRole: true
define role ZC_SalesOrder {
    grant select on ZC_SalesOrder
    where inheriting conditions from entity ZI_SalesOrder
        default true
        replacing { root with _SalesOrder };
}
```

Listing 5.27 CDS-Rolle »ZC_SalesOrder«, die die Zugriffsbedingungen des CDS-Views »ZI_SalesOrder« per Delegation erbt

Bitte beachten Sie, dass aus Sicht der CDS-Rolle ZC_SalesOrder das Feld SalesOrderType im geschützten CDS-View ZC_SalesOrder nun nicht mehr enthalten sein muss.

Weitere Anwendungen des Delegationsansatzes

Der diskutierte Delegationsansatz unter Verwendung von Assoziationen ist nicht nur hilfreich, um die technische Stabilität der Vererbungslogik zu erhöhen, sondern erlaubt auch eine flexiblere Anwendung der Vererbungslogik.

CDS-Rollen reimplementieren

Beispielsweise können Sie die Logik der beiden CDS-Zugriffskontrollen ZI_SalesOrderItem aus Listing 5.9 und ZI_SalesOrderScheduleLine aus Listing 5.11 der gleichnamigen CDS-Views aus Listing 5.8 und Listing 5.10 auf eine Vererbungslogik mit Delegationsansatz umstellen. Um dabei die Logik der CDS-Zugriffskontrolle ZI_SalesOrder aus Listing 5.2 oder aus Listing 5.4 wiederzuverwenden, können Sie jeweils die Assoziation _SalesOrder nutzen, die die zu schützenden CDS-Views mit dem CDS-View ZI_SalesOrder aus Listing 5.3 verknüpft.

Listing 5.28 zeigt die entsprechend angepasste Definition der CDS-Rolle ZI_SalesOrderItem, die die angesprochene Assoziation _SalesOrder zur Ersetzung der Wurzelinformation in den geerbten Berechtigungsbedingungen nutzt. Zusätzlich spezifiziert diese CDS-Rollendefinition eine stets erfüllte Rückfallbewertung, die gültig ist, falls die zugrunde liegende CDS-Rolle ZI_SalesOrder entfallen sollte.

Beispiel: CDS-Rolle »ZI_SalesOrder Item« mit Vererbungslogik


```
@MappingRole: true
define role ZI_SalesOrderItem {
  grant select on ZI_SalesOrderItem
  where inheriting conditions from entity ZI_SalesOrder
    default true
    replacing { root with _SalesOrder };
}
```

Listing 5.28 CDS-Rolle »ZI_SalesOrderItem« mit Vererbungslogik

In analoger Weise könnten Sie die CDS-Rolle ZI_SalesOrderScheduleLine implementieren. Da jedoch die Implementierungen der beiden CDS-Rollen für die Kundenauftragsposition und Kundenauftragseinteilung identisch sind, können Sie eine dieser beiden CDS-Rollen für die Definition der anderen CDS-Rolle wiederverwenden. Zum Beispiel könnte die CDS-Rolle ZI_SalesOrderScheduleLine die Implementierung der CDS-Rolle ZI_SalesOrderItem erben. Listing 5.29 illustriert die entsprechende Implementierung der CDS-Rolle ZI_SalesOrderScheduleLine.

Beispiel: CDS-Rolle »ZI_SalesOrder ScheduleLine« mit Vererbungslogik

```
@MappingRole: true
define role ZI_SalesOrderScheduleLine {
  grant select on ZI_SalesOrderScheduleLine
  where inherit ZI_SalesOrderItem for grant select on
    ZI_SalesOrderItem;
}
```

Listing 5.29 CDS-Rolle »ZI_SalesOrderScheduleLine« mit Vererbungslogik

Geerbte Berechtigungsbedingungen redefinieren

Wir möchten Ihnen nun aufzeigen, wie Sie geerbte Berechtigungsbedingungen an Ihre Anwendungsfälle anpassen können.

Betrachten wir dazu den dedizierten Wertehilfe-CDS-View ZC_SalesOrderVH aus Listing 5.30, der als Projektion des CDS-Views ZI_SalesOrder aus Listing 5.3 definiert ist. Der letztgenannte CDS-View ist durch die CDS-Rolle ZI_SalesOrder aus Listing 5.2 geschützt.

Beispiel: Erweiterte Vererbungslogik

```
@AccessControl.authorizationCheck: #CHECK
define view entity ZC_SalesOrderVH
  as select from ZI_SalesOrder
{
  key SalesOrder,
      SalesOrderType
}
```

Listing 5.30 CDS-View »ZC_SalesOrderVH«

Ein Benutzer soll Zugriff auf die Datensätze des CDS-Views ZC_SalesOrderVH erhalten, wenn er für die zugehörigen Kundenauftragsdokumente entweder eine Anzeigeberechtigung (ACTVT = »03«) oder eine Wertehilfeberechtigung (ACTVT = »F4«) besitzt. Eine entsprechende Zugriffsregel ist in Listing 5.31 dargestellt.

```
@MappingRole: true
define role ZC_SalesOrderVH {
    grant select on ZC_SalesOrderVH
    where inheriting conditions from entity ZI_SalesOrder
          replacing { pfcg_filter field actvt value '03' with 'F4' }
      or
          inheriting conditions from entity ZI_SalesOrder;
}
```

Listing 5.31 CDS-Rolle »ZC_SalesOrderVH« mit erweiterter Vererbungslogik

Analyse des Beispiels

Darin erbt die CDS-Rolle ZC_SalesOrderVH die Zugriffsbedingungen des CDS-Views ZI_SalesOrder. Sie kombiniert diese Zugriffsbedingungen über ein logisches Oder OR mit dem gleichen Satz von Zugriffsbedingungen, die die Wertehilfeaktivität »F4« statt der Anzeigeaktivität »03« auswerten. Die angestrebte Ersetzung der Aktivitätswerte wird dabei über den Ausdruck replacing { pfcg_filter field actvt value '03' with 'F4' } modelliert.

Effektive CDS-Rollendefinition

Listing 5.32 zeigt die daraus resultierende, effektive Rollendefinition.

```
@MappingRole: true
define role ZC_SalesOrderVH {
    grant select on ZC_SalesOrderVH
    where ( SalesOrderType ) =
    aspect pfcg_auth ( V_VBAK_AAT,
                       AUART,
                       ACTVT = 'F4' )
    or ( SalesOrderType ) =
    aspect pfcg_auth ( V_VBAK_AAT,
```

```
                     AUART,
                     ACTVT = '03' )
                     ;
}
```

Listing 5.32 Effektive CDS-Rolle »ZC_SalesOrderVH«

Optionale Elemente

Optionale Elemente definieren

Wenn Sie Ihre CDS-Rollen definieren, können Sie darin optionale Elemente über die Anweisung `WITH OPTIONAL ELEMENTS (...)` einführen. Optionale Elemente sind Elemente des zu schützenden CDS-Modells, die Sie in der Implementierung Ihrer CDS-Rollen referenzieren und mit einer Standardbewertung – wahr (`true`) oder unwahr (`false`) – belegen. Diese Standardbewertung kommt dann zum Tragen, wenn das entsprechende CDS-Element in dem CDS-Modell fehlen sollte, das die Logik der mit den optionalen Elementen definierten CDS-Rolle erbt. Die entsprechenden Berechtigungsbedingungen werden in diesem Fall je nach Standardbewertung logisch als wahr oder unwahr interpretiert.

Beispiel: CDS-Rolle mit optionalen Elementen

Um das Konzept besser verstehen zu können, wollen wir die geerbte CDS-Rolle `ZI_SalesOrder` aus Listing 5.2 mit weiteren Berechtigungsbedingungen entsprechend Listing 5.4 anreichern. Durch diese Erweiterung wird die zuvor diskutierte, erbende CDS-Rollendefinition `ZC_SalesOrder` aus Listing 5.23 technisch inkonsistent, da der darüber geschützte CDS-View `ZC_SalesOrder` aus Listing 5.21 die neu eingeführten Felder `OrganizationDivision`, `SalesOrganization` und `DistributionChannel` nicht enthält. Falls Sie diese Felder in den CDS-View `ZC_SalesOrder` temporär nicht aufnehmen wollen und stattdessen seinen alten Berechtigungsschutz aufrechterhalten möchten, können Sie die Zusatzfelder als optionale Elemente mit der Bewertung `true` in der geerbten CDS-Rolle gemäß Listing 5.33 deklarieren.

```
@MappingRole: true
define role ZI_SalesOrder {
    grant select on ZI_SalesOrder
    with optional elements ( OrganizationDivision default true,
                             SalesOrganization default true,
                             DistributionChannel default true
                           )
    where ( SalesOrderType ) =
    aspect pfcg_auth ( V_VBAK_AAT,
                       AUART,
                       ACTVT = '03' )
    and ( OrganizationDivision,
```

```
            SalesOrganization,
            DistributionChannel ) =
      aspect pfcg_auth ( V_VBAK_VKO,
                         SPART,
                         VKORG,
                         VTWEG,
                         ACTVT = '03' )
                         ;
}
```

Listing 5.33 CDS-Rolle mit optionalen Elementen

Im Ergebnis führt die Ausweisung der Felder als optionale Elemente dazu, dass die erbende CDS-Rolle `ZC_SalesOrder` aus Listing 5.23 technisch konsistent und damit ausführbar bleibt. In diesem Fall werden Sie jedoch mit einigen Warnungen im ADT-Editor konfrontiert, da die Nutzung optionaler Elemente im Regelfall auf fehlende Anpassungen der zu schützenden CDS-Modelle hinweist.

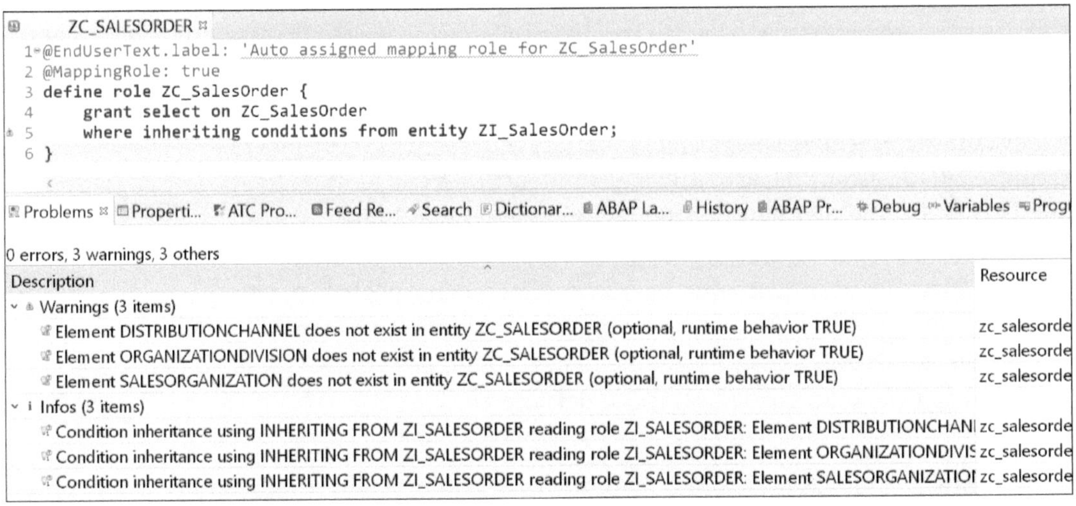

ZC_SALESORDER

```
@EndUserText.label: 'Auto assigned mapping role for ZC_SalesOrder'
@MappingRole: true
define role ZC_SalesOrder {
    grant select on ZC_SalesOrder
    where inheriting conditions from entity ZI_SalesOrder;
}
```

Problems | Properti... | ATC Pro... | Feed Re... | Search | Dictionar... | ABAP La... | History | ABAP Pr... | Debug | Variables | Prog

0 errors, 3 warnings, 3 others

Description	Resource
Warnings (3 items)	
Element DISTRIBUTIONCHANNEL does not exist in entity ZC_SALESORDER (optional, runtime behavior TRUE)	zc_salesorde
Element ORGANIZATIONDIVISION does not exist in entity ZC_SALESORDER (optional, runtime behavior TRUE)	zc_salesorde
Element SALESORGANIZATION does not exist in entity ZC_SALESORDER (optional, runtime behavior TRUE)	zc_salesorde
Infos (3 items)	
Condition inheritance using INHERITING FROM ZI_SALESORDER reading role ZI_SALESORDER: Element DISTRIBUTIONCHANI	zc_salesorde
Condition inheritance using INHERITING FROM ZI_SALESORDER reading role ZI_SALESORDER: Element ORGANIZATIONDIVIS	zc_salesorde
Condition inheritance using INHERITING FROM ZI_SALESORDER reading role ZI_SALESORDER: Element SALESORGANIZATIOI	zc_salesorde

Abbildung 5.6 Warnungen in erbenden CDS-Rollen bei fehlenden optionalen Elementen

Gerbte Bedingungen ersetzen

Falls Sie Teile der geerbten Bedingungen längerfristig nicht übernehmen wollen, sollten Sie Ihre CDS-Rollendefinitionen entsprechend anpassen. Dazu steht Ihnen die Ersetzungsfunktion `REPLACING CONDITIONS WITH` zur Verfügung. Listing 5.34 zeigt die Verwendung der Funktionalität in der zuvor diskutierten CDS-Rollendefinition `ZC_SalesOrder`.

```
@MappingRole: true
define role ZC_SalesOrder {
  grant select on ZC_SalesOrder
  where inheriting conditions from entity ZI_SalesOrder
    replacing { conditions on any of ( SalesOrganization,
                                       OrganizationDivision,
                                       DistributionChannel )
                with void };
}
```

Listing 5.34 CDS-Rolle mit teilweise geerbten Bedingungen

Im vorliegenden Fall werden die geerbten Bedingungen für die Felder SalesOrganization, OrganizationDivision und DistributionChannel durch VOID ersetzt. Damit werden die entsprechenden Bedingungen unterdrückt, und die zuvor in Abbildung 5.6 dargestellten Warnungen verschwinden.

Elemente umbenennen

Sie haben die Replacing-With-Anweisung (REPLACING WITH) im Zusammenhang mit der Stabilisierung geerbter CDS-Zugriffskontrollen sowie dem Unterdrücken geerbter Bedingungen kennengelernt (siehe Listing 5.27 und Listing 5.34). Die entsprechende Funktionalität kann jedoch auch hilfreich sein, wenn Sie Elemente, die in den geerbten Zugriffsbedingungen verwendet werden, im zu schützenden CDS-View umbenennen wollen.

Beispiel: CDS-View mit umbenannten Feldern

Listing 5.35 illustriert einen entsprechenden CDS-View ZC_SalesOrderWithRenamedFields.

```
@AccessControl.authorizationCheck: #CHECK
define view entity ZC_SalesOrderWithRenamedFields
  as select from ZI_SalesOrder
{
  key SalesOrder     as RenamedSalesOrder,
      SalesOrderType as RenamedSalesOrderType
}
```

Listing 5.35 CDS-View »ZC_SalesOrderWithRenamedFields«

Darin wird das Feld SalesOrderType, das in der CDS-Rolle ZI_SalesOrder aus Listing 5.2 verwendet wird, umbenannt in RenamedSalesOrderType.

Beispiel: Erbende CDS-Rolle mit umbenannten Elementen

Um den Vererbungsmechanismus in diesem Fall anwenden zu können, müssen Sie die umbenannten Elemente über die Anweisung REPLACING ELEMENT ... WITH miteinander in Verbindung setzen. Dies zeigt Listing 5.36 für die beiden korrespondierenden Felder SalesOrderType und RenamedSalesOrder-Type.

```
@MappingRole: true
define role ZC_SalesOrderWithRenamedFields {
    grant select on ZC_SalesOrderWithRenamedFields
    where inherit ZI_SalesOrder for grant select on ZI_SalesOrder
      replacing { element SalesOrderType with RenamedSalesOrderType }
    ;
}
```

Listing 5.36 CDS-Rolle »ZC_SalesOrderWithRenamedFields«

5.3.3 CDS-Zugriffskontrollen ohne Verwendung von Berechtigungsobjekten implementieren

Neben den rein PFCG-basierten Berechtigungsprüfungen stellen Ihnen die CDS-Zugriffskontrollen prinzipiell auch weitere Möglichkeiten zur Verfügung, eine komplette CDS-Zugriffssteuerung oder Teile daraus zu implementieren. Diese möchten wir Ihnen im Folgenden vorstellen.

CDS-Zugriffskontrollen mit direktem Bezug zum Benutzer

Sie können in der CDS-Rollendefinition einen unmittelbaren Bezug zum angemeldeten Benutzer herstellen. Dies geschieht durch die Verwendung des Syntaxelements ASPECT USER in den von Ihnen definierten Zugriffsregeln.

Beispiel: CDS-Rolle mit direktem Bezug zum Benutzer

Ein Beispiel zeigt Listing 5.37. Darin wird ein Benutzer berechtigt, die von ihm angelegten Kundenaufträge (dokumentiert über das Feld CreatedByUser) über den CDS-View ZC_SalesOrder zu lesen.

```
@MappingRole: true
define role ZC_SalesOrderCreatedByMe {
    grant select on ZC_SalesOrder
    where CreatedByUser = aspect user;
}
```

Listing 5.37 CDS-Rolle mit direktem Bezug zum Benutzer

Beispiel: CDS-View mit benutzerabhängiger Filterung

Alternativ zu dieser Modellierung können Sie, wie in Listing 5.38, einen dedizierten CDS-View ZC_SalesOrderCreatedByMe anlegen und darin eine Where-Bedingung formulieren, die die Sitzungsvariable $SESSION.USER nutzt.

```
@AccessControl.authorizationCheck: #NOT_REQUIRED
define view entity ZC_SalesOrderCreatedByMe
  as select from ZC_SalesOrder
{
  key SalesOrder,
      SalesOrderType
}
where CreatedByUser = $session.user
```

Listing 5.38 CDS-View mit benutzerabhängiger Filterung

Analyse der Beispiele

Der wesentliche Unterschied zwischen beiden Varianten ist, dass die aus der CDS-Rolle ZC_SalesOrderCreatedByMe resultierenden Einschränkungen nur bei einer direkten Datenselektion von dem CDS-View ZC_SalesOrder über die ABAP-SQL-Schnittstelle wirken. Demgegenüber wird die im CDS-View ZC_SalesOrderCreatedByMe hinterlegte Filterung bei jedem Selektionszugriff über diesen CDS-View angewandt. Sie wirkt insbesondere auch dann, wenn der CDS-View ZC_SalesOrderCreatedByMe als Datenquelle eines anderen CDS-Views verwendet wird.

CDS-Zugriffskontrollen über selbst definierte Aspekte

Sie mögen Anwendungsfälle haben, in denen Sie die Berechtigungssteuerung auf Basis eigener Datenquellen, die benutzerspezifische Informationen beinhalten, realisieren wollen. In diesen Fällen sollten Sie die Möglichkeit des Einsatzes selbst definierter *Aspekte* prüfen. Dieser erfordert neben dem zu schützenden CDS-Modell und dessen CDS-Rolle auch die Definition einer CDS-Entität, die die benutzerabhängigen Informationen bereitstellt, sowie die Definition des selbst definierten Aspekts. Die nachfolgenden Listings demonstrieren ein entsprechendes Beispiel.

Beispiel: CDS-View mit benutzerabhängigen Einstellungen

Nehmen wir an, dass Sie eine Liste von Anwendern führen, die jeweils für dedizierte Auftragstypen zuständig sind. Diese Liste soll die Grundlage für die Zugriffssteuerung auf die Auftragsdaten bilden, d. h., die für einen Auftragstyp zuständigen Mitarbeiter sollen Zugang zu den Daten der entsprechend typisierten Kundenaufträge erhalten. Eine solche Liste realisiert der CDS-View Z_ViewAsDataSourceForDclAspect aus Listing 5.39.

```
@AccessControl.auditing.specification: '...'
@AccessControl.auditing.type: #CUSTOM
define view entity Z_ViewAsDataSourceForDclAspect
  as select distinct from t000
{
```

```
    key cast( abap.char'USER_A' as vdm_userid ) as UserID,
        abap.char'TAF'          as SalesOrderType
}
union select distinct from t000
{
    key abap.char'USER_B' as UserID,
        abap.char'OAF'    as SalesOrderType
}
```

Listing 5.39 CDS-View mit benutzerabhängigen Einstellungen

Der CDS-View `Z_ViewAsDataSourceForDclAspect` liefert zwei Datensätze. Der erste Datensatz weist dem Anwender (`UserID`) »USER_A« den Auftragstyp (`SalesOrderType`) »TAF« zu. Der zweite Datensatz weist dem Anwender (`UserID`) »USER_B« den Auftragstyp (`SalesOrderType`) »OAF« zu.

Audit-Anforderungen

Um den CDS-View `Z_ViewAsDataSourceForDclAspect` in einem selbst definierten Aspekt nutzen zu können, müssen Sie diesen mit den Annotationen `@AccessControl.auditing.specification` und `@AccessControl.auditing.type` auszeichnen. Mithilfe dieser Annotationen definieren Sie, wie die Datensätze des annotierten CDS-Views auditiert werden können.

[!]

Audit-Anforderungen berücksichtigen

Es muss möglich sein, die Berechtigungen eines Benutzers zu jedem Zeitpunkt rekonstruieren zu können. Wenn Sie selbst definierte Aspekte einführen, liegt es in Ihrer Verantwortung, die entsprechenden Audit-Anforderungen für die zugrunde liegenden Datensätze der von Ihnen verwendeten Datenquellen zu erfüllen. Das Erfüllen dieser Anforderungen wird nicht automatisch von der ABAP-Infrastruktur sichergestellt! Mit anderen Worten: Sie müssen aktiv geeignete Maßnahmen ergreifen, um die geforderte Compliance zu erreichen. Falls Sie diese nicht gewährleisten können, sollten Sie keine selbst definierten Aspekte einführen!

Beispiel: Selbst definierter Aspekt

Der CDS-View `Z_ViewAsDataSourceForDclAspect` wird als Datenquelle für den selbst definierten Aspekt `Z_DCLASPECT` aus Listing 5.40 genutzt.

```
define accesspolicy Z_DCLASPECT {
  define aspect Z_DCLASPECT as
    select from Z_ViewAsDataSourceForDclAspect
      with user element UserID
      {
```

```
        SalesOrderType
      }
}
```

Listing 5.40 Selbst definierter Aspekt

Selbst definierte Aspekte werden ähnlich wie die CDS-Rollen als DCLS-Objekte definiert. Sie werden eingefasst von der Anweisung DEFINE ACCESS POLICY...{...}. Der Aspekt selbst definiert eine Selektionsanweisung auf die CDS-Entität, die die benutzerspezifischen Einstellungen bereitstellt, und führt alle Felder auf, die später zum Vergleich in den darauf aufbauenden CDS-Rollen zur Verfügung stehen. Das Feld, das später mit dem angemeldeten Benutzer korrelieren soll, muss mit der Anweisung WITH USER ELEMENT bekannt gegeben werden. Im vorliegenden Aspekt agiert der CDS-View Z_ViewAsDataSourceForDclAspect aus Listing 5.39 als Datenquelle. Dessen CDS-View-Feld UserID wird mit dem angemeldeten Benutzer verknüpft. Ferner wird das Feld SalesOrderType für die Definition von Berechtigungsbedingungen projiziert.

Beispiel: CDS-Rolle mit selbst definiertem Aspekt

Die CDS-Rolle Z_ViewWithDclAspect aus Listing 5.41 nutzt den selbst definierten Aspekt Z_DclAspect aus Listing 5.40, um die Berechtigungsbedingungen für den Zugriff auf den CDS-View Z_ViewWithDclAspect aus Listing 5.42 zu modellieren.

```
@MappingRole: true
define role Z_ViewWithDclAspect {
  grant select on Z_ViewWithDclAspect
    where
      ( SalesOrderType ) = aspect Z_DclAspect;
}
```

Listing 5.41 CDS-Rolle mit selbst definiertem Aspekt

Beispiel: CDS-View, der durch eine CDS-Rolle mit selbst definiertem Aspekt geschützt wird

Die CDS-Rolle bindet dabei das Feld SalesOrderType des CDS-Views Z_ViewWithDclAspect gegen das gleichnamige Feld des selbst definierten Aspekts SalesOrderType, das seinerseits auf dem Feld SalesOrderType des CDS-Views Z_ViewAsDataSourceForDclAspect beruht.

```
define view entity Z_ViewWithDclAspect
  as select distinct from t000
{
  key abap.char'S1' as SalesOrder,
      abap.char'TAF' as SalesOrderType
} union all select distinct from t000
```

```
{
  key abap.char'S2' as SalesOrder,
      abap.char'TAF' as SalesOrderType
} union all select distinct from t000
{
  key abap.char'S3' as SalesOrder,
      abap.char'OAF' as SalesOrderType
}
```

Listing 5.42 CDS-View, der über eine CDS-Rolle mit selbst definiertem Aspekt geschützt wird

Analyse des Beispiels

Der CDS-View Z_ViewWithDclAspect aus Listing 5.42 spezifiziert drei Datensätze. Zwei davon besitzen den Auftragstyp »TAF«, einer den Auftragstyp »OAF«. Demzufolge wird auf Basis des CDS-Views Z_ViewAsDataSourceForDclAspect der Benutzer »USER_A« Zugang zu den Kundenaufträgen »S1« und »S2« erhalten, wohingegen der Benutzer »USER_B« den Kundenauftrag »S3« einsehen darf.

CDS-Zugriffskontrollen mit Literalwerten

Anwendungsfälle

Sie können bei der Definition von Zugriffsbedingungen, die nicht vom angemeldeten Benutzer abhängen sollen, auch konstante Literalwerte nutzen. Diese eignen sich im Wesentlichen dazu, allen Benutzern den Zugang zu bestimmten Datensätzen zu ermöglichen oder aber für alle Benutzer den Zugang standardmäßig zu sperren. Im letztgenannten Fall bedarf es einer besonderen Form der Selektionsanweisung, um die betroffenen Datensätze noch auslesen zu können (siehe Abschnitt 5.3.8, »Standarddatenselektion blockieren«).

Kombination von Zugriffsbedingungen

In der Regel werden benutzerunabhängige Zugriffsbedingungen mit benutzerabhängigen Zugriffsbedingungen kombiniert. Listing 5.43 zeigt ein Beispiel für eine solche Kombination von Zugriffsbedingungen.

```
@MappingRole: true
define role ZI_SalesOrder {
    grant select on ZI_SalesOrder
    where ( SalesOrderType ) =
           aspect pfcg_auth ( V_VBAK_AAT,
                              AUART,
                              ACTVT = '03' )
        or SalesOrderType = '';
}
```

Listing 5.43 CDS-Rolle mit benutzerabhängigen und -unabhängigen Zugriffsbedingungen

Die CDS-Rolle `ZI_SalesOrder` aus Listing 5.43 gewährt allen Mitarbeitern Zugriff auf die Kundenaufträge, deren Typ `SalesOrderType` noch nicht ausgeprägt ist. Die Zugriffsrechte auf die übrigen Kundenaufträge werden über die Berechtigungen der einzelnen Benutzer ausgesteuert.

Analyse des Beispiels

Zuweilen kann es notwendig sein, in den Berechtigungsregeln statt auf Gleichheit eines Feldwerts mit einer Konstanten zusätzlich auch auf dessen Initial- und Nullwert hin zu prüfen. Dazu können Sie den Operator `?=` in Ihrer CDS-Rollendefinition einsetzen.

Verwendung des Operators »?=«

Auswirkungen des Operators »?=« prüfen

Falls Sie den Operator `?=` einsetzen, besitzt die entsprechende Berechtigungsregel insgesamt drei effektive Vergleichsoperationen, die einen Einfluss auf die Performance Ihrer Datenselektion haben können. Falls der Vergleich mit dem Nullwert und/oder Initialwert nicht erforderlich ist, sollten Sie den Operator `?=` nicht verwenden, sondern stattdessen die tatsächlich erforderlichen Vergleiche explizit in Ihrer CDS-Rolle modellieren.

Listing 5.44 und Listing 5.45 zeigen exemplarisch alternative Modellierungen der CDS-Rolle `ZI_SalesOrderItemForAnyUser`, die beide denselben Laufzeiteffekt haben. In Listing 5.44 werden explizit drei Zugriffsbedingungen über die Pfadausdrücke `_SalesOrder.SalesOrderType=...` erfasst.

Beispiele: CDS-Rollen mit und ohne Verwendung des Operators »?=«

```
@MappingRole: true
@MappingRole: true
define role ZI_SalesOrderItemForAnyUser {
    grant select on ZI_SalesOrderItem
    where _SalesOrder.SalesOrderType = ''
     or _SalesOrder.SalesOrderType is null
     or _SalesOrder.SalesOrderType = 'TAF';
}
```

Listing 5.44 CDS-Rolle ohne den Operator »?=«

Listing 5.45 drückt die gleiche Logik mit einer einzelnen modellierten Bedingung über den Operator `?=` aus.

```
@MappingRole: true
define role ZC_SalesOrderItemForAnyUser {
    grant select on ZI_SalesOrderItem
    where _SalesOrder.SalesOrderType ?= 'TAF';
}
```

Listing 5.45 CDS-Rolle mit dem Operator »?=«

5.3.4 CDS-Zugriffskontrollen für analytische Queries implementieren

Ausführung analytischer Queries

Analytische Queries werden durch CDS-Views definiert, die die Annotation `@Analytics.query:true` tragen oder den CDS-Provider-Kontrakt `ANALYTICAL_QUERY` nutzen. Die in diesen CDS-Views hinterlegten Modellinformationen werden von der *analytischen Engine* interpretiert. Dabei dienen die die Query definierenden CDS-Views als Träger für proprietäre analytische Metadaten. Die analytische Engine führt jedoch keine direkten Datenselektionen auf den Query-CDS-Views aus. Stattdessen selektiert sie zur Laufzeit die Daten unmittelbar von den den Query-CDS-Views zugrunde liegenden Datenquellen, um analytische Anfragen zu prozessieren. Daher haben die den Query-CDS-Views zugeordneten CDS-Rollen keine Auswirkung, wenn die Queries über die analytische Infrastruktur ausgeführt werden. Eine Ausführung analytischer Query-CDS-Views über die ABAP-SQL-Schnittstelle ist nicht vorgesehen. Sie können daher auch als transiente CDS-Modelle definiert werden.

Effektive Zugriffskontrollen

Um eine effektive CDS-Zugriffskontrolle für ein analytisches Anwendungsszenario einzurichten, muss vornehmlich die primäre Datenquelle (d. h. die erste Datenquelle in der Select-From- bzw. Projection-On-Anweisung) des angesprochenen Query-CDS-Views geschützt werden. Neben dieser primären Datenquelle kann die analytische Engine im Kontext der Query-Ausführung prinzipiell auch auf die dieser primären Datenquelle zugeordneten Dimensionen, Wertehilfen, Texte, Hierarchien und Hierarchieverzeichnisse zugreifen. Ob die dabei stattfindenden Selektionszugriffe auf die korrespondierenden CDS-Modelle mit oder ohne Berücksichtigung der CDS-Zugriffskontrollen ausgeführt werden, hängt von ihrer tatsächlichen Nutzung ab.

Analytisches Netzwerk

Abbildung 5.7 verdeutlicht diese Abhängigkeiten schematisch. Weitere Informationen zum analytischen Netzwerk finden Sie in Kapitel 10, »Modellierung analytischer Anwendungen«.

Berechtigungsprüfungen für primäre Datenquellen

In dem in Abbildung 5.7 dargestellten Beispiel selektiert der Query-CDS-View Daten aus einem *Cube-View* (annotiert mit `@Analytics.dataCategory: #CUBE`) oder *Dimensions-View* (annotiert mit `@Analytics.dataCategory: #DIMENSION`), der als primäre Datenquelle dient. Während die CDS-Rolle der Query keine Auswirkungen auf den Verwender der Query-Funktionalität hat (in Abbildung 5.7 weiß dargestellte Rollen), bestimmt die CDS-Rolle des Cube-Views (oder des Dimensions-Views), auf welche Datensätze der Benutzer prinzipiell zugreifen darf (farbig hinterlegte Rollen).

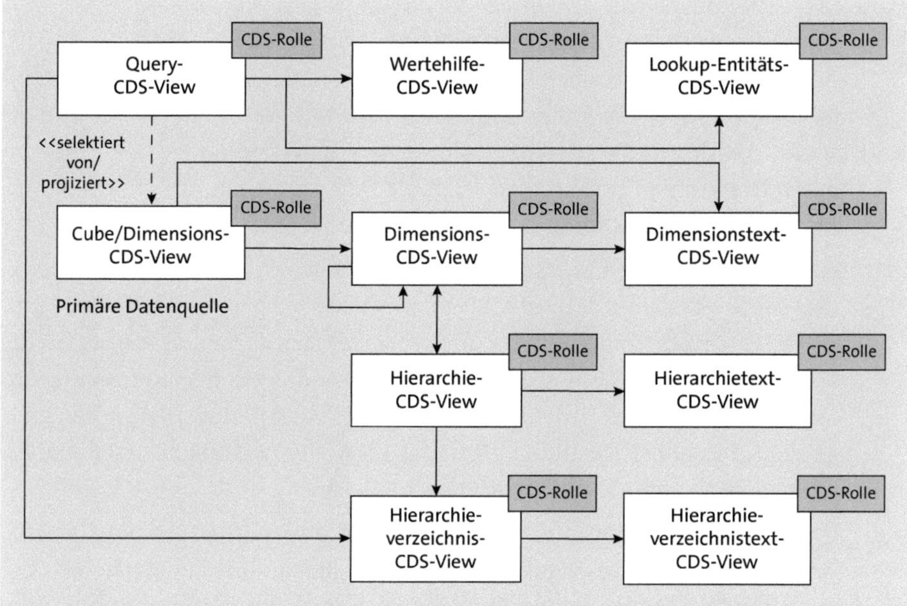

Abbildung 5.7 Analytische Query mit ihren Datenquellen und CDS-Rollen

Berechtigungsprüfungen für Anzeigeattribute

Wenn Felder aus den der primären Datenquelle zugeordneten Dimensions-Views als *Anzeigeattribute* in die Ergebnismenge der analytischen Query aufgenommen werden, werden deren Daten immer privilegiert gelesen. Das heißt, dass die dargestellten CDS-Rollen der Dimensions-Views in diesem Kontext keine Auswirkung haben.

Berechtigungsprüfungen für Wertehilfen und Lookup-Entitäten

In einer analytischen Query können Dimensions-Views jedoch auch als *Wertehilfen* fungieren. Beim Ausführen der Eingabehilfe für Query-Variablen werden die CDS-Rollen der zugeordneten Dimensions-Views ausgewertet. Ebenso wirken die CDS-Rollen von anderen CDS-Views, die als dedizierte Wertehilfen (`@Consumption.valueHelpDefinition...`) oder Lookup-Entitäten (`@Consumption.deriviation.lookupEntity...`) annotiert sind.

Berechtigungsprüfungen für Wertehilfen auf Query-Ergebnissen

Wenn die Wertehilfe für ein Merkmal aus der Ergebnisliste einer Query-Ausführung aufgerufen wird, wird die Werteliste standardmäßig in zwei Schritten aufgebaut: Zunächst werden die erreichbaren Feldwerte der primären Datenquelle der Query unter Berücksichtigung ihrer CDS-Rolle ermittelt. In einem zweiten Schritt werden die ermittelten Feldwerte dann zum Filtern der Datensätze der zugehörigen Dimensions-Views verwendet, ohne dabei die diesen Dimensions-Views zugeordneten CDS-Rollen zu berücksichtigen.

Berechtigungsprüfungen für Hierarchien und Hierarchieverzeichnisse

Die CDS-Rollen von *Hierarchie-Views* (annotiert mit `@ObjectModel.dataCategory: #HIERARCHY`) haben keine Auswirkungen auf die diese Views konsumierenden analytischen Queries. Demgegenüber sind die CDS-Rollen ihrer *Hierarchieverzeichnisse* (annotiert mit `@Hierarchy.parentChild.directory...`) wirksam. Sie schränken zum einen die Wertehilfe für die zugeordneten Hierarchien und zum anderen die Datensätze ein, auf die ein Benutzer über die sie verwendende Query zugreifen darf.

Berechtigungsprüfungen für Texte

Für Hierarchieverzeichnisse werden die CDS-Rollen der ihnen zugeordneten Texte (`@ObjectModel.dataCategory: #TEXT`) ausgewertet. Die Berechtigungssteuerung für diese Texte unterscheidet sich demnach von der für die Texte anderer CDS-Views, die innerhalb des analytischen Netzwerks verwendet werden. Texte wie die Texte der Dimensionen werden privilegiert gelesen. Das heißt, die ihnen eigenen CDS-Rollen werden von der analytischen Engine nicht berücksichtigt.

Wiederverwendung von CDS-Modellen außerhalb des analytischen Kontexts

In Ergänzung zu den Query-CDS-Views, auf die ausschließlich über die analytische Infrastruktur zugegriffen werden soll, kann das analytische Netzwerk aus CDS-Modellen bestehen, die auch in anderen Kontexten wiederverwendet werden. Für die betreffenden, wiederverwendeten CDS-Modelle kann ein geeigneter Berechtigungsschutz durch CDS-Zugriffskontrollen erforderlich sein, selbst wenn die entsprechenden CDS-Rollen beim Zugriff über die analytische Engine nicht berücksichtigt werden.

5.3.5 CDS-Zugriffskontrollen für Modelle, die das transaktionale Prozessieren von Daten unterstützen

CDS-Zugriffskontrollen werden auch bei Lesezugriffen transaktionaler Anwendungen genutzt. Dabei gelten spezielle Regeln für die Ausgestaltung transaktional genutzter CDS-Projektions-Views, die Sie in Abschnitt 11.5, »Transaktionale Projektionsobjektmodelle«, kennenlernen werden, sowie für die Zugriffssteuerung innerhalb von Draft-Dokumenten, die wir in Abschnitt 11.4.18, »Draft«, erörtern.

CDS-Projektions-Views

Abhängigkeiten

Datenmodelle, die Sie im Kontext Ihrer RAP-Anwendungen definieren, unterliegen Konsistenzbedingungen. Grundsätzlich legen Sie den Berechtigungsschutz auf Ebene der CDS-Views fest, die Sie zur Definition des Verhaltens Ihres Business-Objekts heranziehen. Darauf aufbauend können Sie Projektionen bilden, die die Zugriffsbedingungen ihrer unmittelbaren Datenquellen erben müssen.

Ein schematisches Beispiel für ein derartiges Abhängigkeitsgeflecht illustrieren die CDS-Views aus Listing 5.46 bis Listing 5.48 sowie die ihnen zugehörigen CDS-Rollen aus Listing 5.49 bis Listing 5.51.

CDS-View »Z_ViewWithProviderContractA«

Listing 5.46 zeigt den CDS-View `Z_ViewWithProviderContractA`, der das grundlegende Datenmodell der Anwendung definiert.


```
@AccessControl.authorizationCheck: #CHECK
define root view entity Z_ViewWithProviderContractA
  as select distinct from t000
{
  key abap.char'A' as KeyField
}
```

Listing 5.46 CDS-View »Z_ViewWithProviderContractA«

CDS-Projektions-View »Z_ViewWithProviderContractB«

Listing 5.47 zeigt den darauf aufbauenden CDS-Projektions-View `Z_ViewWithProviderContractB`, der mit dem CDS-Provider-Kontrakt `TRANSACTIONAL_INTERFACE` ausgestattet ist.

```
@AccessControl.authorizationCheck: #CHECK
define root view entity Z_ViewWithProviderContractB
  provider contract transactional_interface
  as projection on Z_ViewWithProviderContractA
{
  key KeyField
}
```

Listing 5.47 CDS-Projektions-View »Z_ViewWithProviderContractB«

CDS-Projektions-View »Z_ViewWithProviderContractC«

Der CDS-Projektions-View `Z_ViewWithProviderContractC` aus Listing 5.48 wiederum unterstützt eine transaktionale Query-Ausführung (`TRANSACTIONAL_QUERY`) auf dem zuvor diskutierten CDS-Projektions-View `Z_ViewWithProviderContractB`.

```
@AccessControl.authorizationCheck: #CHECK
define root view entity Z_ViewWithProviderContractC
  provider contract transactional_query
  as projection on Z_ViewWithProviderContractB
{
  key KeyField
}
```

Listing 5.48 CDS-Projektions-View »Z_ViewWithProviderContractC«

CDS-Rolle »Z_View WithProvider ContractA«

Die CDS-Rolle Z_ViewWithProviderContractA aus Listing 5.49 schützt den gleichnamigen CDS-View aus Listing 5.46.

```
@MappingRole: true
define role Z_ViewWithProviderContractA {
  grant select on Z_ViewWithProviderContractA
    where KeyField = 'A';
}
```

Listing 5.49 CDS-Rolle »Z_ViewWithProviderContractA«

CDS-Rolle »Z_View WithProvider ContractB«

Analog schützt die CDS-Rolle Z_ViewWithProviderContractB aus Listing 5.50 den korrespondierenden CDS-Projektions-View aus Listing 5.47. Dabei werden die Berechtigungsbedingungen des zugrunde liegenden CDS-Views Z_ViewWithProviderContractA durch Vererbung übernommen. Sie werden feststellen, dass die Infrastruktur Fehlermeldungen ausgibt, z. B. wenn Sie versuchen, die Implementierung dieser CDS-Rolle entsprechend der ihr zugrunde liegenden CDS-Rolle durch direkte Ausformulierung der Berechtigungsbedingungen abzuändern.

```
@MappingRole: true
define role Z_ViewWithProviderContractB {
  grant select on Z_ViewWithProviderContractB
    where inheriting conditions from entity Z_
ViewWithProviderContractA;
}
```

Listing 5.50 CDS-Rolle »Z_ViewWithProviderContractB«

CDS-Rolle »Z_View WithProvider ContractC«

Das gilt auch für die in Listing 5.51 dargestellte CDS-Rolle Z_ViewWithProviderContractC, die den CDS-Projektions-View aus Listing 5.48 schützt. Auch hier wird eine Vererbung der Berechtigungsbedingungen der direkten Datenquelle appliziert. Das Erben bzw. die Übernahme der Berechtigungsbedingungen aus Z_ViewWithProviderContractA ist jedoch unzulässig.

```
@MappingRole: true
define role Z_ViewWithProviderContractC {
  grant select on Z_ViewWithProviderContractC
    where inheriting conditions from entity Z_
ViewWithProviderContractB;
}
```

Listing 5.51 CDS-Rolle »Z_ViewWithProviderContractC«

Draft-Dokumente

CDS-Zugriffskontrollen für Draft-Daten

In transaktionalen Anwendungen können neben den aktiven Daten auch temporäre Stände als *Draft*-Dokumente gesichert werden. Dabei werden die Daten einer gesamten Instanz eines Business-Objekts in das Draft-Dokument überführt. Standardmäßig können Benutzer, die Zugriff auf die aktiven Wurzeldaten haben, neben den korrespondierenden Draft-Wurzeldaten auch alle Daten der Kompositionskinder des Draft-Dokuments einsehen.

Wenn sich innerhalb der Kompositionshierarchie Ihrer Business-Objekte die Zugriffskontrollen für die Wurzeldaten von denen für die Daten der darunter angeordneten Kompositionskinder unterscheiden und Sie diese Differenzierung auch für Ihre Draft-Dokument beibehalten wollen, müssen Sie dies dediziert instrumentieren. Dazu legen Sie zusätzliche CDS-Views an, die jeweils alle Felder der Draft-Tabellen namensgleich exponieren. Diese CDS-Views statten Sie dann mit CDS-Rollen aus, die die gewünschten Zugriffssteuerungen implementieren. Diese CDS-Views können Sie im Anschluss als Draft-Query-Views in der Behavior-Definition Ihres Business-Objekts registrieren.

Beispiel: Nutzung von Draft-Query-Views

Listing 5.52 zeigt ein schematisches Beispiel. Darin wird das transaktionale Verhalten des CDS-Views `R_<Entity>TP` mit dem Draft-Query-View `R_<Entity>Draft` für die Draft-Persistenz `<DRAFT_ENTITY_TABLE>` angereichert.

```
define behavior for R_<Entity>TP ...
  draft table <DRAFT_ENTITY_TABLE> query R_<Entity>Draft
  ...
```

Listing 5.52 Behavior-Definition mit Draft-Query-View

5.3.6 CDS-Zugriffskontrollen auf Feldebene implementieren

CDS-Zugriffskontrollen erlauben eine Steuerung der Zugriffe auf komplette Datensätze eines Selektionsergebnisses. Eine feinere Berechtigungssteuerung auf Feldebene wird von den CDS-Zugriffskontrollen aktuell nicht unterstützt. Ist eine derartige feldweise Steuerung der Berechtigungen für Ihren Anwendungsfall erforderlich, müssen Sie zusätzliche CDS-Views mit dedizierten Projektionslisten definieren und diese dann mit geeigneten CDS-Zugriffskontrollen versehen.

Allgemeine und spezialisierte CDS-Views kombinieren

Die zusätzlichen CDS-Views können Sie dabei so aufbauen, dass sie jeweils nur diejenigen Felder beinhalten, für die eine spezialisierte CDS-Zugriffskontrolle notwendig ist. Die Feldliste des bestehenden CDS-Views dünnen Sie dann zusätzlich aus. Sie sollte neben den Schlüsselfeldern lediglich die unkritischen Felder beinhalten. Schon bei der Definition dieses CDS-Views müssen Sie also vorhersehen, dass und welche Zugriffsvarianten es geben soll. Die neuen CDS-Views können Sie dann vom bestehenden CDS-View aus assoziieren.

Spezialiserte CDS-Views definieren

Alternativ können Sie für jede einzelne zu differenzierende Benutzergruppe einen eigenen CDS-View definieren, der die Gesamtheit der zugreifbaren Felder des bestehenden CDS-Views beinhaltet. Die neu entstandenen CDS-Views würden Sie dann den Benutzern gezielt zuordnen. Der Zugriff auf diese Views würde den Zugriff auf den bestehenden CDS-View ersetzen.

Berechtigungsschutz von Erweiterungsfeldern

Sie können keine dedizierten CDS-Zugriffskontrollen für CDS-View-Erweiterungen definieren. Stattdessen müssen Sie die CDS-Rolle des erweiterten CDS-Views so definieren, dass sie auch einen adäquaten Berechtigungsschutz für die Erweiterungsfelder bereitstellt. Ist der Berechtigungsschutz nicht ausreichend, sollten Sie die Erweiterungsfelder in einen separaten CDS-View auslagern und diesen mit einer geeigneten, eigenen CDS-Rolle ausstatten.

5.3.7 Berechtigungsschutz der von SAP ausgelieferten CDS-Modelle verändern

Optionen

Sie können die von SAP ausgelieferten CDS-Rollendefinitionen selbst nicht modifikationsfrei an Ihre Bedürfnisse anpassen. Allerdings können Sie den bestehenden Berechtigungsschutz eines CDS-Modells von SAP prinzipiell durch die Definition einer weiteren, eigenen CDS-Rolle verändern. Dazu stehen Ihnen grundsätzlich zwei Mechanismen zur Verfügung:

- Zum einen können Sie eine bestehende CDS-Rolle ersetzen.
- Zum anderen können Sie eine additive CDS-Rolle definieren.

Eine Ausnahme bilden lediglich die CDS-Modelle, die die Annotation `@AccessControl.authorizationCheck:#NOT_ALLOWED` tragen. Diese Annotation verhindert die effektive Anwendung der CDS-Zugriffskontrollen zur Laufzeit. Eine weitere CDS-Rolle wird demzufolge keine Auswirkung zeigen.

CDS-Zugriffskontrollen ersetzen

Im Rahmen der Redefinition von CDS-Zugriffskontrollen ersetzen Sie die bestehenden Zugriffsregeln vollständig. Ein Beispiel für den Einsatz des entsprechenden Syntaxelements `REDEFINITION` illustriert Listing 5.53.

```
@MappingRole: true
define role ZC_SalesOrderRedefined {
  grant select on ZC_SalesOrder
  redefinition
  where SalesOrderType = 'TAF';
}
```

Listing 5.53 Redefinition einer CDS-Zugriffskontrolle

Darin wird der Berechtigungsschutz des CDS-Views ZC_SalesOrder so verändert, dass die Benutzer auf alle Datensätze zugreifen dürfen, deren Auftragstyp SalesOrderType dem Wert »TAF« entspricht. Die übrigen Zugriffsbedingungen des CDS-Views ZC_SalesOrder werden ignoriert.

Kombinierte Übernahme und Redefinition von CDS-Zugriffskontrollen

Sie können diese bestehenden Zugriffskontrollen jedoch auch vollständig in die Logik der redefinierenden CDS-Rolle übernehmen. Dazu können Sie den Ausdruck INHERITING CONDITIONS FROM SUPER nutzen, wie Listing 5.54 zeigt.

```
@MappingRole: true
define role ZC_SalesOrderRedefined {
  grant select on ZC_SalesOrder
  redefinition
  where inheriting conditions from super
    and SalesOrderType = 'TAF';
}
```

Listing 5.54 Kombinierte Übernahme und Redefinition einer CDS-Zugriffskontrolle

Das Selektionsergebnis des CDS-Views ZC_SalesOrder wird bei Anwendung der CDS-Rolle ZC_SalesOrderRedefined aus Listing 5.54 nur diejenigen Datensätze beinhalten, auf die die Benutzer entsprechend der redefinierten CDS-Zugriffskontrolle ursprünglich zugreifen durften und die gleichzeitig den Auftragstyp »TAF« aufweisen.

[!]

Keine mehrfache Redefinition

Sie können pro geschützte Entität und Operation nur eine Redefinition vornehmen.

Additive CDS-Zugriffskontrollen mit Oder-Verknüpfungen

Falls Sie eine eigene CDS-Zugriffskontrolle für einen CDS-View definieren, ohne dabei eine Redefinition zu nutzen, werden die darin erfassten Zugriffsregeln standardmäßig mit den bestehenden Zugriffsregeln über eine logische Oder-Verknüpfung kombiniert. Sie können diese Oder-Verknüpfung auch explizit durch den Zusatz `COMBINATION MODE` **OR** in Ihrer CDS-Rollendefinition kenntlich machen. Dies zeigt Listing 5.55.

```
@MappingRole: true
define role ZC_SalesOrderCombined {
  grant select on ZC_SalesOrder
  combination mode or
  where SalesOrderType = 'TAF';
}
```

Listing 5.55 Additive CDS-Rolle mit Oder-Verknüpfung

Die in Listing 5.55 definierte CDS-Zugriffskontrolle `ZC_SalesOrderCombined` gewährt jedem Benutzer den uneingeschränkten Zugriff auf die Datensätze des CDS-Views `ZC_SalesOrder` mit dem Auftragstyp »TAF«. Für die übrigen Datensätze kontrollieren die restlichen CDS-Rollen den Zugang.

Additive CDS-Zugriffskontrollen mit Und-Verknüpfungen

Wenn Sie die Zugriffsregeln Ihrer CDS-Rolle statt mit einer Oder-Verknüpfung durch eine Und-Verknüpfung mit den bestehenden Zugriffsregeln kombinieren wollen, können Sie dazu den Zusatz `COMBINATION MODE` **AND** nutzen. Listing 5.56 illustriert ein entsprechendes Beispiel.

```
@MappingRole: true
define role ZC_SalesOrderCombined {
  grant select on ZC_SalesOrder
  combination mode and
  where SalesOrderType = 'TAF';
}
```

Listing 5.56 Additive CDS-Rolle mit Und-Verknüpfung

Darin wird die bestehende CDS-Zugriffskontrolle für den CDS-View `ZC_SalesOrder` dahingehend verschärft, dass Benutzer nur noch Datensätze mit dem Auftragstyp »TAF« selektieren dürfen.

Auswirkungen additiver CDS-Zugriffskontrollen

Bezüglich der Auswirkungen der additiven CDS-Zugriffskontrollen sind demzufolge drei Fälle voneinander abzugrenzen:

- Wenn Sie eine CDS-Rolle für ein bislang ungeschütztes CDS-Modell anlegen, dann unterliegen die direkten Selektionsergebnisse fortan einem Berechtigungsschutz, der die Ergebnisliste einschränken kann.
- Wenn Sie eine CDS-Rolle für ein bereits durch eine andere CDS-Rolle geschütztes Modell anlegen und dabei implizit oder explizit eine Oder-Verknüpfung der CDS-Rollen herbeiführen, wird der effektive Berechtigungsschutz herabgesetzt.

Mit einer *Vollzugriffsregel*, d. h. einer CDS-Rolle ohne Bedingung, können Sie dabei den Berechtigungsschutz einer bestehenden CDS-Zugriffskontrolle gänzlich außer Kraft setzen. Die in Listing 5.57 erfasste Rolle ZI_SalesOrderUnrestricted führt z. B. dazu, dass alle Daten des CDS-Views ZI_SalesOrder ohne eine effektive Einflussnahme weiterer eventuell vorhandener CDS-Zugriffskontrollen vollständig ausgelesen werden dürfen.


```
@MappingRole: true
define role ZI_SalesOrderUnrestricted {
    grant select on ZI_SalesOrder;
}
```

Listing 5.57 Vollzugriffsregel für den CDS-View »ZI_SalesOrder«

- Wenn Sie eine bestehende CDS-Rolle per Und-Verknüpfung mit Ihrer CDS-Rolle kombinieren, erfolgt eine schärfere Berechtigungsprüfung.

[!]

Berechtigungsschutz nur konsistent verändern

Sie sollten den bestehenden Berechtigungsschutz von ausgelieferten SAP-Modellen nur dann durch das Hinzufügen von eigenen CDS-Zugriffskontrollen verändern, wenn Sie die Auswirkungen Ihrer Änderung überblicken können. Ansonsten können daraus schwerwiegende funktionale Probleme und Dateninkonsistenzen resultieren!

Beispielsweise könnte die interne Validierungslogik einer Anwendung davon ausgehen, dass sie uneingeschränkt auf alle Daten eines ungeschützten Standard-CDS-Views zugreifen kann. Wenn Sie eine eigene Zugriffskontrolle für diesen CDS-View definieren, könnte die Logik, je nach Berechtigung des angemeldeten Benutzers, nur auf Teile der Daten zugreifen und damit falsche Rückschlüsse ziehen.

Neben funktionalen Problemen gibt es auch technische Restriktionen, die Sie bei einer Anpassung des Berechtigungsschutzes beachten sollten. Beispielsweise kann der Vererbungsmechanismus für abhängige CDS-Rollen gestört werden, wenn Sie nicht-optionale Elemente einführen. In Zweifelsfällen sollten Sie daher eigene CDS-Modelle auf Basis der von SAP ausgelieferten CDS-Modelle definieren, die Sie mit geeigneten CDS-Zugriffskontrollen ausrüsten, um unerwünschte Seiteneffekte zu vermeiden.

5.3.8 Standarddatenselektion blockieren

Ist ein direkter Selektionszugriff auf ein CDS-Modell nicht erforderlich, können Sie dieses Modell durch eine entsprechend modellierte CDS-Rolle vor den Lesezugriffen der Benutzer schützen. Praktische Anwendungsfälle sind Extension-Include-Views (siehe Kapitel 15, »Erweiterungen von CDS-Views und weiteren Entitäten«). Eine direkte Datenselektion von diesen CDS-Views in ABAP ist nicht vorgesehen bzw. nicht gewünscht. Sie repräsentieren lediglich technische Hilfs-Views. Statt die Extension-Include-Views zur direkten Datenselektion zu nutzen, sollten Sie die darüber erweiterten CDS-Views nutzen.

Nicht erfüllbare Berechtigungsbedingungen

Um die Datenselektion zu blockieren, können Sie in die CDS-Rollendefinition eine Bedingung einbringen, die niemals erfüllt werden kann. Listing 5.58 zeigt das Beispiel einer solchen CDS-Rolle `ZC_SalesOrderPrivilegedOnly`.

```
@MappingRole: true
define role ZC_SalesOrderPrivilegedOnly {
   grant select on ZC_SalesOrderPrivilegedOnly
   where  SalesOrder is null
      and SalesOrder is not null;
}
```

Listing 5.58 CDS-Rolle, deren Bedingung niemals erfüllbar ist

Die darin erfasste Berechtigungsbedingung `<Feld> is null and <Feld> is not null` kann niemals zutreffen. Eine nicht erfüllbare Bedingung kann auch durch die vereinfachte Where-Bedingung aus Listing 5.59 ausgedrückt werden.

```
@MappingRole: true
define role ZC_SalesOrderPrivilegedOnly {
   grant select on ZC_SalesOrderPrivilegedOnly
   where false;
}
```

Listing 5.59 Alternative Implementierung einer CDS-Rolle, deren Bedingung niemals erfüllbar ist

Dokumentation des geschützten CDS-Modells

Durch die so definierten CDS-Rollen wird eine Standarddatenselektion vom geschützten CDS-View `ZC_SalesOrderPrivilegedOnly` unterbunden. Um diesen Sachverhalt für alle Verwender zu dokumentieren, sollten Sie das so geschützte CDS-Modell, wie in Listing 5.60 demonstriert, mit `@AccessControl.authorizationCheck: #PRIVILEGED_ONLY` annotieren.

```
@AccessControl.authorizationCheck: #PRIVILEGED_ONLY
define view entity ZC_SalesOrderPrivilegedOnly ...
```

Listing 5.60 CDS-View, dessen Berechtigungsschutz keine direkte Datenselektion ermöglicht

Privilegierte Datenselektion in ABAP

Um dennoch Daten über den so geschützten CDS-View lesen zu können, bedarf es einer besonderen, *bevorrechtigten Datenselektion*. Um diese zu definieren, müssen Sie Ihre Selektionsanweisung in ABAP um die Schlüsselwörter `WITH PRIVILEGED ACCESS` oder `PRIVILEGED ACCESS` anreichern. Listing 5.61 zeigt eine derartig erweiterte Selektionsanweisung für den Zugriff auf den CDS-View `ZC_SalesOrderPrivilegedOnly`.


```
SELECT *
  FROM zc_salesorderprivilegedonly
  WITH PRIVILEGED ACCESS
  INTO TABLE @DATA(lt_zc_salesorderprivilegedonly).
```

Listing 5.61 Privilegierte Datenselektion in ABAP

[«]

Privilegierte Datenselektion nutzen

Mithilfe eines privilegierten Selektionszugriffs können Sie sämtliche CDS-Zugriffskontrollen in Ihrer ABAP-Implementierung umgehen. Ein privilegierter Selektionszugriff kann unter anderem notwendig sein, wenn das CDS-Modell, auf das Sie zugreifen möchten, durch eine reguläre DCL-Rolle geschützt ist, Ihre Anwendungslogik aber nicht von den Berechtigungen des aktuellen Benutzers abhängen soll.

Privilegierung des Zugangs zu einzelnen Datenquellen

Es gibt zwei mögliche Vorgehensweisen bei Ihrer Privilegierung der Datenzugriffe. Listing 5.61 zeigt die Erweiterung von Selektionsanweisen mit den Schlüsselwörtern `WITH PRIVILEGED ACCESS`. Die mit dieser Anweisung (und eventuell per Join verknüpften) angereicherten Datenquellen werden ohne die ihnen zugeordneten CDS-Zugriffskontrollen in Ihre Selektionsanweisung eingebunden. Datenquellen, die dabei keine explizite Privilegierung erfahren, behalten indes ihre CDS-Zugriffskontrollen bei.

Sie müssen dabei beachten, dass Sie in einer derartig angereicherten Selektionsanweisung keine Pfadausdrücke privilegieren können. Falls Sie auf die entsprechenden assoziierten Feldinhalte uneingeschränkt zugreifen möchten, müssen Sie die Pfadausdrücke durch privilegierte explizite Join-Verknüpfungen ersetzen.

Vollständige Privilegierung

Um eine vollständige Privilegierung zu erzielen, müssen Sie Ihrer Selektionsanweisung den Zusatz `PRIVILEGED ACCESS` nachstellen. Damit werden auch die innerhalb der Selektionsanweisung formulierten Pfadausdrücke privilegiert. Listing 5.62 zeigt die entsprechend umgestellte Selektionsausweisung aus Listing 5.61.

```
SELECT *
   FROM zc_salesorderprivilegedonly
   INTO TABLE @DATA(lt_zc_salesorderprivilegedonly)
   PRIVILEGED ACCESS.
```

Listing 5.62 Vollständig privilegierte Datenselektion in ABAP

Priviligierte Assoziationen annotieren

In Ihren CDS-Modellen können Sie Assoziationen, deren Zieldatensätze durch die Berechtigungsprüfungen der entsprechenden Quelldatensätze ausreichend geschützt sind, durch die Annotation `@AccessControl.privilegedAssociations` kennzeichnen.

Zurzeit wird diese Annotation nur von der SADL-Infrastruktur (Service Adaptation Definition Language) ausgewertet. In SADL-basierten OData-Services können Sie die aus den privilegierten CDS-Assoziationen abgeleiteten OData-Navigation-Properties nutzen, um ausgehend von den Ihnen zugänglichen Quelldatensätzen die korrespondierenden Daten der Navigationsziele indirekt abzurufen, ohne dass dabei deren CDS-Zugriffssteuerungen angewandt werden.

5.3.9 CDS-Zugriffskontrollen von Benutzereingaben entkoppeln

Bei der Definition der Berechtigungsbedingungen innerhalb Ihrer CDS-Rollen müssen Sie dafür sorgen, dass der Berechtigungsschutz nicht durch die Interaktionen der Benutzer aufgehoben werden kann.

Parameter- und Feldwerte in Zugriffsregeln

Beispielsweise kann die Verwendung von Parameter- und Feldwerten in den Berechtigungsregeln ein Sicherheitsrisiko darstellen, wenn diese ungeprüft aus externen Eingaben übernommen werden.

Beispiel: CDS-View mit exponiertem Parameterwert

Betrachten Sie dazu das CDS-View-Modell `ZC_SalesOrderWithUserInput` aus Listing 5.63. Dieses exponiert seinen Parameter `P_UserInput` als Feld `UserInput`.

```
@AccessControl.authorizationCheck: #CHECK
define view entity ZC_SalesOrderWithUserInput
   with parameters
      P_UserInput : abap.char(4)
   as select from ZI_SalesOrder
{
   key SalesOrder,
       $parameters.P_UserInput as UserInput
}
```

Listing 5.63 CDS-View für den Kundenauftrag mit inkludiertem Parameterwert

Der CDS-View `ZC_SalesOrderWithUserInput` soll durch die gleichnamige CDS-Rolle aus Listing 5.64 geschützt werden. Diese CDS-Rolle nutzt das mit dem Parameter verknüpfte Feld `UserInput` zur Definition der Zugriffsbedingungen.

Beispiel: CDS-Rolle mit exponiertem Parameterwert

```
@MappingRole: true
define role ZC_SalesOrderWithUserInput {
  grant select on ZC_SalesOrderWithUserInput
  where ( UserInput ) =
  aspect pfcg_auth ( V_VBAK_AAT,
                     AUART,
                     ACTVT = '03' );
}
```

Listing 5.64 CDS-Rolle für den Kundenauftrags-CDS-View mit inkludiertem Parameterwert

Besitzt der Benutzer eine Leseberechtigung für Kundenaufträge vom Typ »TAF« und ist er in der Lage, eine Selektionsanfrage gemäß Listing 5.65 zu formulieren, kann er über diese uneingeschränkt auf alle Kundenaufträge zugreifen.

Analyse des Beispiels

```
SELECT *
  FROM zc_salesorderwithuserinput( p_userinput = 'TAF' )
  INTO TABLE @DATA(lt_sales_order_with_user_input).
```

Listing 5.65 Selektionszugriff auf den Kundenauftrags-CDS-View mit Benutzereingabe in ABAP

Dieses stark vereinfachte Beispiel soll Sie sensibilisieren, Ihre CDS-Rollendefinitionen kritisch zu prüfen.

[!]

Eingangsdaten prüfen

Greifen Sie bei der Formulierung der Berechtigungsbedingungen stets nur auf vertrauenswürdige Datenquellen bzw. auf ausreichend geprüfte Daten zu.

5.3.10 Indirekte Verknüpfung von CDS-Feldern mit Feldern der Berechtigungsobjekte

Sie können direkte Verknüpfungen von Feldern der geschützten CDS-Modelle mit Feldern von Berechtigungsobjekten über die Syntaxelemente

Direkte Feldverknüpfungen

ASPECT PFCG_AUTH realisieren. Derartige Verknüpfungen wurden in zahlreichen der zuvor diskutierten CDS-Rollen angewandt.

Indirekte Feldverknüpfungen

Es gibt jedoch auch Fälle, in denen derartige direkte Korrelationen nicht existieren. Zum Beispiel könnte ein Benutzer Berechtigungen über eine hierarchisch organisierte Zugriffsregelung erhalten. Die Datensätze der CDS-Entitäten, von denen der Benutzer Daten selektieren will, enthalten jedoch keine entsprechenden Hierarchieinformationen. Um die Hierarchieberechtigung auf das aktuelle CDS-Modell abbilden zu können, müssen Sie eine dedizierte Zugriffsregelung über das Schlüsselwort PFCG_MAPPING anlegen. Darin inkludieren Sie eine weitere CDS-Entität, die es Ihnen gestattet, die Felder des zu schützenden Ausgangs-CDS-Modells auf die Felder des Berechtigungsobjekts abzubilden. Die Anweisung PFCG_MAPPING selbst, die Sie zur Spezifikation der Abbildungslogik nutzen, wird dabei in eine Aspektdefinition ASPECT PFCG_AUTH eingebracht. Weitere Informationen zu derartigen indirekten Verknüpfungen können Sie den produktiven Zugriffsregelabbildungen für Kostenstellenhierarchien (I_CostCenterHierAuth) und Profitcenterhierarchien (I_ProfitCenterHierAuth) von SAP S/4HANA entnehmen.

5.4 CDS-Zugriffskontrollen testen

Testumfang

Sie sollten die Funktionalität Ihrer CDS-Zugriffskontrollen im Kontext der Services testen, die die geschützten CDS-Modelle exponieren. Diese *Integrationstests* sollten beispielsweise Ihre analytischen Anwendungen und OData-Services umfassen. Von den Tests sollten idealerweise alle für die Verwender Ihrer Services nutzbaren Funktionen und Selektionsmöglichkeiten abgedeckt werden.

Testziele

Die Berechtigungsprüfungen sollten insbesondere folgende Fragestellungen beantworten:

- Darf ein Benutzer mit den ihm zugewiesenen Rechten tatsächlich alle Datensätze wie geplant selektieren?
- Darf ein Benutzer mehr Datensätze selektieren, als es die ihm zugedachte Berechtigung erlaubt?

Testautomatisierung

Um Regressionen leichter identifizieren zu können, sollten Sie Ihre Tests vorzugsweise automatisieren. Dabei können Sie von der Testautomatisierung für CDS-Modelle profitieren (siehe Kapitel 16, »Testautomatisierung«). Ist eine Testautomatisierung nicht möglich, müssen Sie Ihre Tests manuell durchführen.

Manuelle Tests der CDS-Zugriffskontrollen

Manuelle Tests der CDS-Zugriffskontrollen auf Ebene der einzelnen, geschützten CDS-Modelle können Sie mithilfe der Transaktion SACMSEL durchführen. Diese Transaktion ermöglicht es Ihnen, eine Datenselektion auf einem CDS-Modell durchzuführen und dabei die Auswirkungen der Berechtigungen des aktuellen Benutzers auf das Selektionsergebnis zu analysieren.

Einstiegsbild der Transaktion »SACMSEL«

Abbildung 5.8 zeigt das Einstiegsbild der Transaktion SACMSEL. Darin legen Sie zunächst das zu testende CDS-Modell fest. Zudem spezifizieren Sie den Benutzer, für den Sie die Analyse durchführen wollen. In unserem Fall möchten wir die Datenselektion des CDS-Views ZI_SalesOrder mit dem Benutzer DCL_TESTER testen.

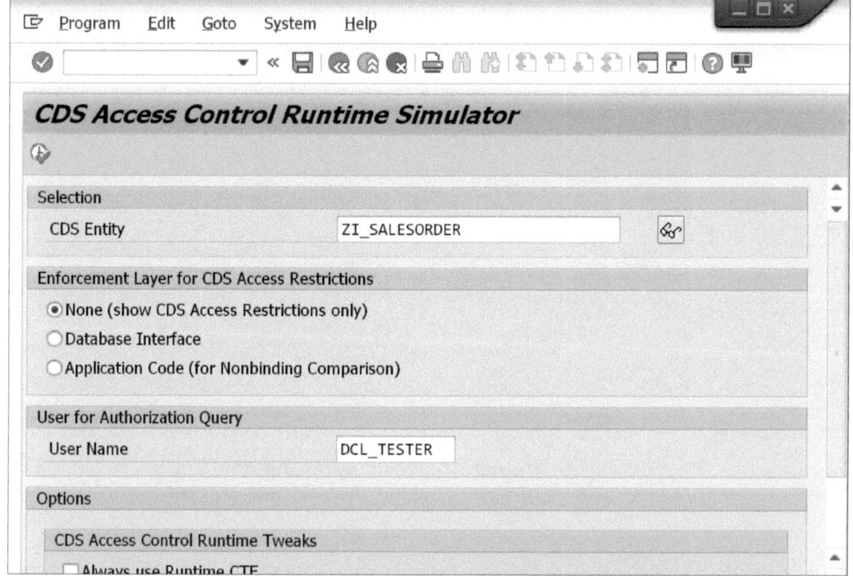

Abbildung 5.8 Einstiegsbild der Testumgebung für CDS-Zugriffskontrollen

Wirkebenen der CDS-Zugriffskontrollen

Zusätzlich müssen Sie die Wirkebene festlegen, auf der CDS-Zugriffskontrollen angewandt werden sollen. Aus Sicht des Testers sind zwei Ebenen relevant.

Wirkebene: CDS-Zugriffseinschränkungen anzeigen

Wenn Sie die Option **None (show CDS Access Restrictions only)** in der Sektion **Enforcement Layer for CDS Access Restrictions** wählen, wird keine effektive Selektion zur Laufzeit ausgeführt. Stattdessen interpretiert die Infrastruktur der CDS-Zugriffskontrollen die Rechte des Benutzers und zeigt eine Übersicht, über das ermittelte Analyseergebnis an. Sie können die Simulation durch Betätigen der Funktionstaste [F8] anstoßen. Daraufhin öffnet sich ein Übersichtsbild, das in Abbildung 5.9 dargestellt ist.

Analyse des Simulationsergebnisses

Darin finden sich folgende Informationen:

- die relevanten CDS-Rollen (**Matching Access Controls**)
- die relevanten, dem Benutzer zugewiesenen Berechtigungen (**Authorizations of User for PFCG-Aspects**)
- die zu erwartende Einbindung der CDS-Zugriffskontrolle beispielsweise innerhalb einer Where-Bedingung (**CDS Access Restrictions/SQL Trace**).

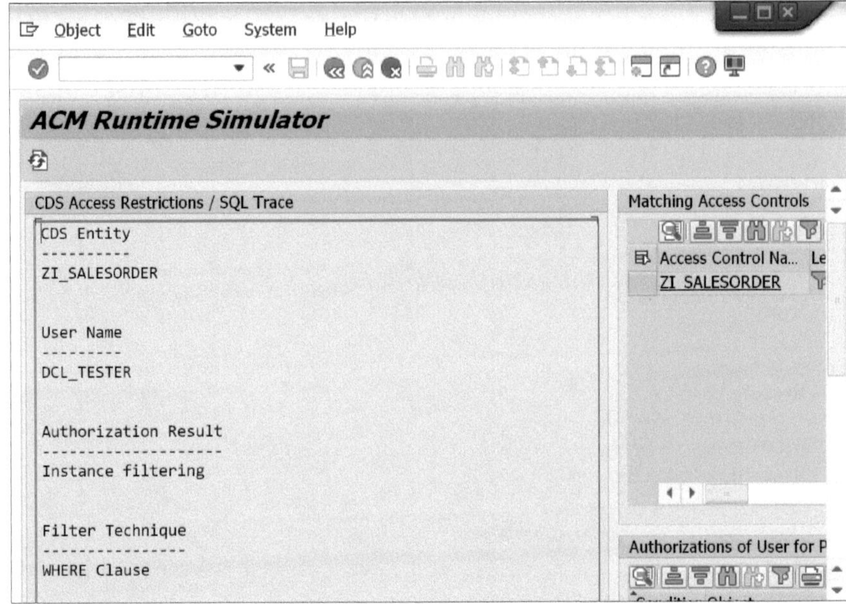

Abbildung 5.9 Ergebnis der Simulation der Anwendung der CDS-Zugriffskontrolle

Wirkebene: Datenbankschnittstelle

Falls Sie die Wirkebene **Database Interface** im Bereich **Enforcement Layer for CDS Access Restrictions** wählen, wird eine Datenselektion mit dem angegebenen Benutzer durchgeführt. Dabei mischt die Infrastruktur der CDS-Zugriffskontrollen die Berechtigungseinschränkungen des Benutzers in die Datenbankanfrage so ein, wie sie im produktiven Anwendungsfall vorgenommen wird. Die Nutzung dieser Funktion erfordert es, dass Sie das Passwort des Benutzers eingeben, für den die Datenselektion ausgeführt werden soll, wenn dieser vom angemeldeten Benutzer abweicht.

Nachdem Sie die Einstellung entsprechend abgewandelt haben, drücken Sie erneut die Funktionstaste [F8]. Abbildung 5.10 zeigt das Ergebnis.

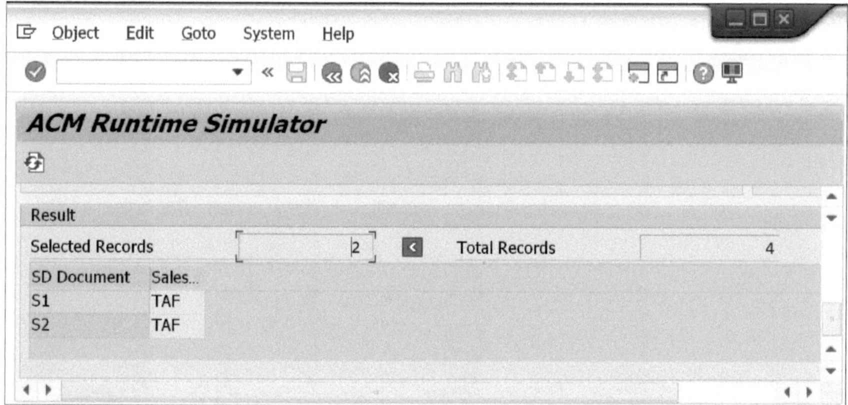

Abbildung 5.10 Ergebnis der Datenbankselektion unter Berücksichtigung der CDS-Zugriffskontrolle

Analyse des Simulationsergebnisses

Das Ergebnisfenster zeigt Ihnen einen weiteren Bereich **Result**, der die selektierten Datensätze beinhaltet. Zu diesen Datensätzen hat der Benutzer unter Berücksichtigung seiner Rechte tatsächlichen Zugang. Zusätzlich finden Sie im Abschnitt **CDS Access Restrictions/SQL Trace** die bei der Datenbankanfrage aufgezeichneten SQL-Trace-Informationen. Falls das Aufzeichnen der Daten nicht möglich ist oder die Trace-Daten nicht ermittelt werden können, vermitteln Ihnen die in diesem Bereich präsentierten Informationen, wie Sie die entsprechenden Analysen durchführen können.

Simulationsergebnisse prüfen

Sie sollten anhand der Simulationsergebnisse verifizieren, dass die einzelnen Aspekte Ihren Erwartungen entsprechen. Durch eine Variation der Rechte des Benutzers können Sie die Testabdeckung steigern. Fehler können Sie durch die Anpassung der CDS-Modelle oder CDS-Rollendefinitionen korrigieren und durch eine erneute Ausführung der Selektion nachtesten.

Kapitel 6
Business-Services

In diesem Kapitel erhalten Sie einen Einblick in die Modellierung von Business-Services. Solche Services erlauben es Ihnen, Ihre CDS-Modelle und deren Funktionen systemexternen Konsumenten, z. B. einer SAP-Fiori-UI-Anwendung, zur Verfügung zu stellen.

CDS-Modelle in Services

Die ABAP-Infrastruktur unterstützt Sie bei der Exponierung Ihrer CDS-Modelle in Servicemodellen. In diesem Zusammenhang können Ihre CDS-Modelle sowohl die Metadaten als auch die Datenbeschaffungslogik der daraus abgeleiteten Serviceentitäten definieren.

Servicespezifische CDS-Modelle

Um Ihre CDS-Modelle an ein konkretes Verwendungsszenario anzupassen, sollten Sie spezialisierte Service-CDS-Modelle definieren. Technisch können Sie dazu reguläre CDS-Views, wie wir sie Ihnen in den vorherigen Kapiteln bereits vorgestellt haben, nutzen. Darüber hinaus stehen aber auch *CDS-Projektions-Views* zur Verfügung, die speziell für diesen Einsatzzweck eingeführt wurden. Insbesondere im Kontext des *ABAP RESTful Application Programming Model* sind diese CDS-View-Typen relevant. Sie ermöglichen es der ABAP-Infrastruktur, die transaktionale Prozessierungslogik automatisch durch den CDS-View-Stack zu delegieren. In Abschnitt 6.1, »Projektions-Views definieren«, erfahren Sie daher in einem ersten Schritt, wie Sie CDS-Projektions-Views definieren können.

Servicedefinitionen

Aufbauend auf diesen maßgeschneiderten CDS-Modellen können Sie im Anschluss eine sogenannte *Servicedefinition* erstellen. Über diese Servicedefinition spezifizieren Sie die CDS-Modelle, die in Ihren Business-Service eingehen sollen. Das bedeutet, die Servicedefinition legt den Umfang Ihres Service fest. Abschnitt 6.2, »Servicedefinitionen erstellen«, vermittelt Ihnen einen Überblick über die Modellierung derartiger Servicedefinitionen.

Service-Bindings

Schließlich legen Sie mithilfe des *Service-Bindings* die Protokollversion sowie die gewünschte Nutzungsart Ihres Business-Service fest. Beispielsweise können Sie Ihre Servicedefinition auf Basis des OData-Protokolls in der Version 4.0 als UI-Service exponieren. Alternativ können Sie Ihren Business-Service z. B. auch als Web-API exponieren. In Abschnitt 6.3, »Service-Bindings festlegen«, finden Sie weitere Informationen zu diesem Thema.

Vorteile der Business-Services

Business-Services bieten Ihnen gegenüber anderen Varianten der Exponierung von CDS-Modellen als Services entscheidende Vorteile:

- Im Vergleich zu den über die Annotation `@OData.publish:true` automatisch als OData-Services exponierten CDS-Modellen bieten Ihnen die Business-Service-Definitionen die Möglichkeit, die gewünschte Protokollversion sowie den gewünschten Umfang eines Service explizit festzulegen. Letzterer wird anderenfalls über eine Service-Adaptation-Description-Language-(SADL-)spezifische Interpretation der assoziierten und referenzierten CDS-Entitäten implizit abgeleitet.
- Im Vergleich zu den in SAP-Gateway-Service-Builder-Projekten auf Basis von *Reference-Data-Source-Verknüpfungen* (RDS) definierten OData-Services entfallen zusätzliche Generate. Diese Generate müssten Sie gegebenenfalls manuell synchronisieren, wenn Sie Änderungen an Ihren CDS-Modellen vornehmen.

Sie sollten daher versuchen, Ihre Business-Services ausschließlich mithilfe der in diesem Kapitel beschriebenen Servicedefinitionen und Service-Bindings zu erstellen.

Eine Ausnahme stellen lediglich analytische Query-CDS-Views dar. Wollen Sie diese in einem OData-Service exponieren, müssen Sie den entsprechenden Query-CDS-View mit `@OData.publish:true` annotieren. Dieser steht Ihnen dann prinzipiell auch als OData-Service basierend auf der Protokollversion 2.0 zur Verfügung. Beachten Sie dabei, dass Sie die Servicedefinition sowie das Service-Binding in diesem Kontext nicht nutzen können.

Manuelle Testmöglichkeiten

Je nach Serviceart stehen Ihnen unterschiedliche Testmöglichkeiten zur Verfügung. Wir stellen Ihnen in Abschnitt 6.4, »Business-Services testen«, den Aufruf der Service-URL und eine Vorschaufunktion als Testmöglichkeiten für Ihre OData-Services vor.

6.1 Projektions-Views definieren

Projektions-CDS-Views sind eine besondere Form von CDS-View-Modellen. Ihr Haupteinsatzbereich liegt in der Definition von Schnittstellen auf Basis bestehender CDS-Modelle. Projektions-CDS-Views definieren demnach im Regelfall keine unabhängigen, neuen Funktionen. Stattdessen stellen sie die für den Konsumenten der Schnittstellen erforderlichen Funktionen in geeigneter Form zusammen. Ihr SQL-Funktionsumfang ist demzufolge – wie es ihr Name suggeriert – auf einfache Projektionsbildungen beschränkt.

Eigenschaften der Projektions-CDS-Views

Projektions-CDS-Views zeichnen sich im Vergleich zu gewöhnlichen CDS-Views durch einige Besonderheiten aus. Beispielsweise können Sie in Projektions-CDS-Views die lokal in ihnen definierten Assoziationen nicht zur Definition von Pfadausdrücken nutzen. Des Weiteren können Sie Projektions-CDS-Views als Kompositionen nur auf bestehenden Kompositionen von CDS-Views definieren (siehe Abschnitt 3.3, »Modellierung von Kompositionsbeziehungen«). Sie können Projektions-CDS-Views auch nicht als Datenquelle anderer CDS-Modelle nutzen. Eine Ausnahme stellen lediglich Projektions-CDS-Views mit dem CDS-Provider-Kontrakt TRANSACTIONAL_INTERFACE dar. Diese dürfen als Datenquelle eines CDS-Projektions-Views mit dem CDS-Provider-Kontrakt TRANSACTIONAL_QUERY genutzt werden. Sie erfahren Näheres zu den CDS-Provider-Kontrakten in Abschnitt 2.19, »CDS-Provider-Kontrakte«. Abseits des zuvor skizzierten Sonderfalls können Sie Projektions-CDS-Views nur zur Definition der obersten Ebenen Ihrer CDS-View-Hierarchien heranziehen.

Basis-CDS-Views für eine Projektions-CDS-View-Komposition

Listing 6.3 und Listing 6.4 illustrieren ein Beispiel für eine Komposition aus zwei Projektions-CDS-Views. Sie baut auf der Komposition der beiden Basis-CDS-Views aus Listing 6.1 und Listing 6.2 auf. Listing 6.1 definiert dabei den Wurzel-CDS-View ZI_Product der Komposition.

```
define root view entity ZI_Product
  as select from zproduct
  composition [0..*] of ZI_ProductText as _Text
{
  key product            as Product,
      product_type       as ProductType,
      creation_date_time as CreationDateTime,
      _Text
}
```

Listing 6.1 Wurzel-Basis-CDS-View »ZI_Product«

Listing 6.2 definiert den zugehörigen Kind-CDS-View ZI_ProductText.

```
@ObjectModel.dataCategory: #TEXT
define view entity ZI_ProductText
  as select from zproducttext
  association to parent ZI_Product as _Product
    on $projection.Product = _Product.Product
{
  key language           as Language,
  key product            as Product,
```

```
    product_name        as ProductName,
    _Product
}
```

Listing 6.2 Kind-Basis-CDS-View »ZI_ProductText«

Beispiel: Wurzel-Projektions-CDS-View

Der Wurzel-Projektions-CDS-View ZC_Product aus Listing 6.3 wird auf der Grundlage des Wurzel-Views ZI_Product aus Listing 6.1 definiert. Er projiziert dessen Felder Product und ProductType. Daneben projiziert er auch dessen Kompositionsbeziehung _Text. Mithilfe des Syntaxelements REDIRECTED TO COMPOSITION CHILD wird diese Beziehung auf den Kind-Projektions-CDS-View ZC_ProductText aus Listing 6.4 umgeleitet. Anstatt seine Kompositionsbeziehung lokal neu zu definieren, bildet der Projektions-CDS-View diese also auf die Kompositionsbeziehung des zugrunde liegenden CDS-Views ab.

```
define root view entity ZC_Product
  as projection on ZI_Product
{
  @Consumption.valueHelpDefinition: [
    { entity: { name: 'ZI_ProductStdVH',
                element: 'Product' } } ]
  @ObjectModel.text.element: ['ProductName']
  key Product,
  ProductType,
  @Semantics.text: true
  _Text.ProductName : localized,
  _Text : redirected to composition child ZC_ProductText
}
```

Listing 6.3 Wurzel-Projektions-CDS-View »ZC_Product«

Beispiel: Kind-Projektions-CDS-View

Analog bildet der Kind-Projektions-CDS-View ZC_ProductText aus Listing 6.4 die von seiner Datenquelle ZI_ProductText aus Listing 6.2 projizierte To-Parent-Assoziation _Product mithilfe des Syntaxelements REDIRECTED TO PARENT auf dessen Kompositionsvater-CDS-View ZC_Product ab.

```
@ObjectModel.dataCategory: #TEXT
define view entity ZC_ProductText
  as projection on ZI_ProductText
{
  @Semantics.language: true
  key Language,
  @ObjectModel.text.element: ['ProductName']
```

```
  key Product,
  @Semantics.text: true
  ProductName,
  _Product : redirected to parent ZC_Product
}
```

Listing 6.4 Kind-Projektions-CDS-Views »ZC_ProductText«

Textdenormalisierung in Projektions-CDS-Views

Da Schnittstellen häufig mit sprachabhängigen Texten angereichert werden, unterstützen Projektions-CDS-Views eine besondere Form der Textdenormalisierung. Diese spiegelt sich in dem Wurzel-Projektions-CDS-View `ZC_Product` aus Listing 6.3 im Ausdruck `_Text.ProductName : localized` wider. Der Ziel-CDS-View der darin einfließenden Kompositionsbeziehung `_Text` ist ein CDS-View, der sprachabhängigen Text bereitstellt. Über das Syntaxelement `LOCALIZED` wird die Infrastruktur instruiert, den Text `ProductName` in der Anmeldesprache des Benutzers auszugeben. Dies entspricht inhaltlich dem Pfadausdruck `_Text[1: Language=$session.system_language].ProductName` in einem gewöhnlichen CDS-View. Allerdings eröffnet die im Projektions-CDS-View dargestellte, formalisierte Variante der Textdenormalisierung im Vergleich zu der explizit ausgeprägten Sprachfilterung per Pfadausdruck in Zukunft weitere Optimierungsmöglichkeiten durch die Infrastruktur. Zum Beispiel könnten auf Basis dieser Textdenormalisierung statt der Anmeldesprache des Benutzers in Zukunft Sprachvektoren zur Textwerteermittlung von der Infrastruktur angewendet werden.

[«]

Nutzung von Projektions-CDS-Views

Service-spezifische CDS-Views, die das Datenmodell transaktionaler Anwendungen definieren, müssen als CDS-Views vom Typ Projektion erfasst werden. Dies gilt ebenso für analytische Query-CDS-Views, die dem CDS-Provider-Kontrakt `ANALYTICAL_QUERY` unterliegen. Letztere müssen zudem als `TRANSIENT` ausgezeichnet werden.

Für andere Service-spezifische CDS-Views ist die Nutzung von Projektions-CDS-Views nicht zwingend erforderlich. Vielmehr können Sie die erforderliche Projektionslogik auch in regulären CDS-Views implementieren. Dies erlaubt es Ihnen im Allgemeinen, Ihre Implementierung flexibler, d. h., mit weniger technischen Restriktionen, auszugestalten.

Beispiel: Wertehilfe-CDS-View definieren

Ein Beispiel für einen Standard-CDS-View, der als Wertehilfe in einem Service exponiert werden soll, sehen Sie in Listing 6.5.

```
@ObjectModel.supportedCapabilities: [#VALUE_HELP_PROVIDER]
@ObjectModel.dataCategory: #VALUE_HELP
@Search.searchable: true
define view entity ZI_ProductStdVH
  as select from ZI_Product
{
  @Search.defaultSearchElement: true
  @Search.fuzzinessThreshold: 0.8
  @ObjectModel.text.element: ['ProductName']
  key Product,
  @Search.defaultSearchElement: true
  @Search.fuzzinessThreshold: 0.8
  @Semantics.text: true
  _Text[1:Language=$session.system_language].ProductName
}
```

Listing 6.5 Wertehilfe-CDS-View »ZI_ProductStdVH«

Analyse des Beispiels

Der hier skizzierte CDS-View ZI_ProductStdVH nutzt den CDS-View ZI_Product als Datenquelle. Der CDS-View ZI_ProductStdVH wird als Wertehilfe vom Feld Product des CDS-Views ZC_Product aus Listing 6.3 über dessen Annotation @Consumption.valueHelpDefinition... referenziert. Sie lernen mehr über derartige Wertehilfen in Abschnitt 13.1, »Wertehilfen«.

Beispiel: Wertehilfe als CDS-Projektions-View definieren

Bitte beachten Sie, dass Sie den CDS-View ZI_ProductStdVH prinzipiell auch als CDS-Projektions-View hätten definieren können, da er logisch eine einfache Projektionsbildung auf SQL-Ebene implementiert. Listing 6.6 demonstriert Ihnen die notwendigen Anpassungen mitsamt der Nutzung der Textdenormalisierung über das Schlüsselwort LOCALIZED.

```
@ObjectModel.supportedCapabilities: [#VALUE_HELP_PROVIDER]
@ObjectModel.dataCategory: #VALUE_HELP
@Search.searchable: true
define root view entity ZI_ProductStdVH
  as projection on ZI_Product
{
  @Search.defaultSearchElement: true
  @Search.fuzzinessThreshold: 0.8
  @Search.ranking: #HIGH
  @ObjectModel.text.element: ['ProductName']
  key Product,
  @Search.defaultSearchElement: true
  @Search.fuzzinessThreshold: 0.8
  @Search.ranking: #HIGH
```

```
  @Semantics.text: true
  _Text.ProductName as ProductName: localized
}
```

Listing 6.6 Wertehilfe-CDS-Projektions-View »ZI_ProductStdVH«

6.2 Servicedefinitionen erstellen

Servicedefinitionen und Service-Bindings

Mithilfe einer Servicedefinition beschreiben Sie, welche Entitäten ein Business-Service exponieren soll. Theoretisch ist diese Definition unabhängig vom darauf aufbauenden Service-Binding und damit vom verwendeten Protokoll (z. B. OData) und angedachten Verwendungsszenarios (z. B. UI). Eine solche Servicedefinition kann theoretisch in verschiedenen Services genutzt werden. Praktisch ist die Servicedefinition jedoch eng an das verknüpfte Service-Binding gekoppelt, um die gewünschte Funktionalität des Business-Service zu erzielen. Bestimmte Service-Bindings setzen darüber hinaus eine bestimmte Form der technischen Modellierung der zugeordneten Servicedefinitionen voraus. Wir empfehlen Ihnen daher, für jeden Service jeweils eine eigene Servicedefinition zu erstellen.

Servicedefinition anlegen

Sie können Servicedefinitionen analog zu den CDS-Modellen über den Anlegedialog der ABAP-Development-Tools (ADT) anlegen. Wählen Sie dazu beispielsweise die Funktion **File • New • Other...** des Hauptmenüs. In der nun erscheinenden Selektionsmaske (siehe Abbildung 6.1) wählen Sie den Eintrag **ABAP • Business Services • Service Definition**. Klicken Sie dann auf den Button **Next >**.

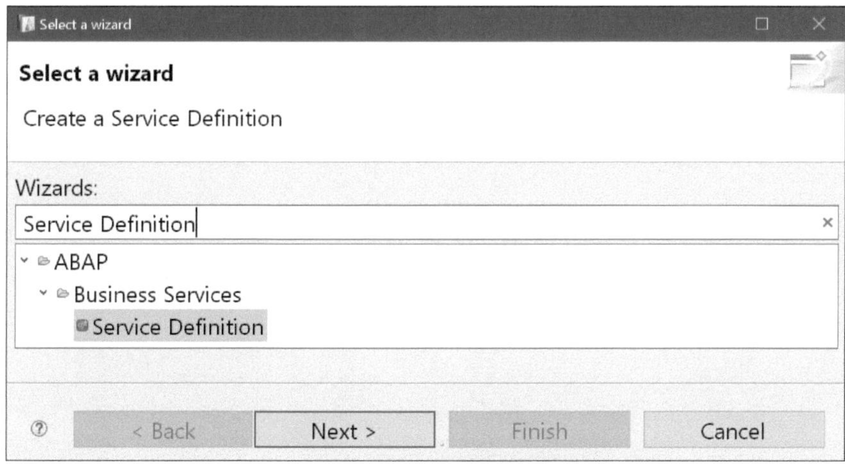

Abbildung 6.1 Wahl der Anlage einer Servicedefinition

Alternative Anlegeoption für Service-Definitionen

Noch einfacher gelangen Sie über das Kontextmenü eines zu exponierenden CDS-Modells im **Project Explorer** zum Anlegedialog. Dieses Kontextmenü sehen Sie in Abbildung 6.2. Wählen Sie hier die Option **New Service Definition**.

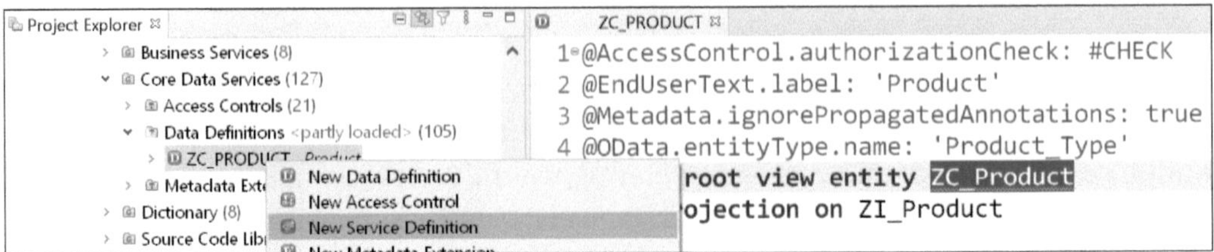

Abbildung 6.2 Anlage einer Servicedefinition über das Kontextmenü der Sicht »Project Explorer«

Servicedefinition spezifizieren

Damit wird das selektierte CDS-Modell `ZC_Product` sowie dessen einbettendes Paket `TEST_REFERENCE_CDS_APPLICATION` automatisch in die Eingabefelder **Exposed Entity** und **Package** des sich öffnenden Anlegedialogs übernommen. Sie müssen nun unter anderem einen Namen (**Name**), eine Beschreibung (**Description**) sowie den Typ (**Source Type**) für die neu anzulegende Servicedefinition festlegen. Exemplarisch legen wir hier eine Servicedefinition für die Anzeige von Produkten an. Entsprechend wählen wir den Namen `ZUI_Product_Display`, die Beschreibung »Product Display« sowie den Typ **Definition** (siehe Abbildung 6.3).

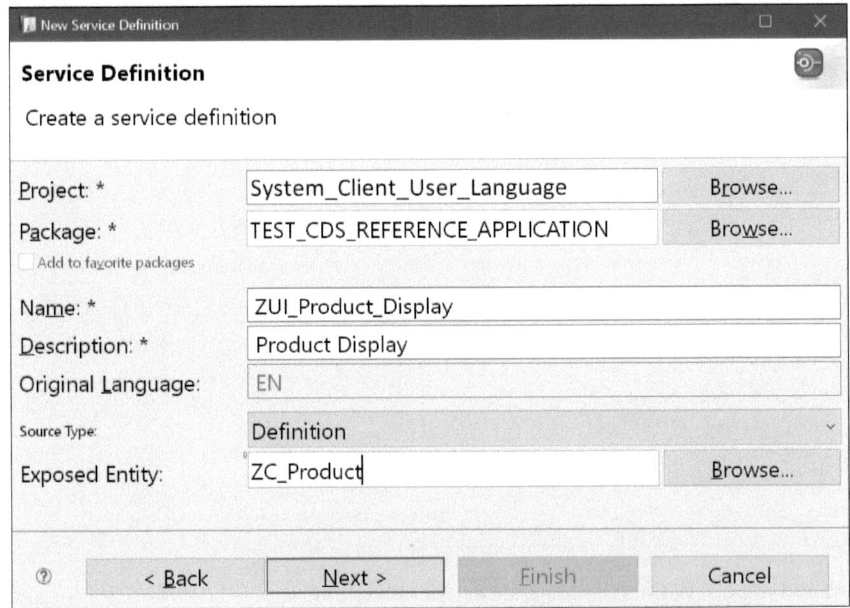

Abbildung 6.3 Erster Dialogschritt bei der Anlage einer Servicedefinition

[«]

Namenskonventionen für Servicedefinitionen festlegen

Beachten Sie, dass die Namen der Servicedefinitionen im gleichen Namensraum wie die anderer ABAP-Dictionary-Objekte liegen. Das heißt, dass Sie z. B. eine Servicedefinition und einen CDS-View nicht identisch benennen dürfen.

Im Kontext des virtuellen Datenmodells (VDM) von SAP S/4HANA erhalten Servicedefinitionen, die zur Definition von UI-OData-Services dienen, das Präfix »UI_«. InA-UI-Services erhalten das Präfix »UI_INA_«. Dagegen beginnen die Namen von Servicedefinitionen, deren Zweck die Definition einer stabilen, extern konsumierbaren Programmierschnittstelle ist, mit dem Präfix »API_«. Daran anschließend folgt häufig der semantische Name der Hauptentität, die der Service exponiert. Geeignete Suffixe steuern die Namen weiter auseinander, um Namenskollisionen zu vermeiden.

Sie können sich an diesen Namenskonventionen orientieren, wenn Sie Ihre eigenen Servicedefinitionen entwickeln. Wir empfehlen Ihnen jedoch, den so gebildeten Namen zusätzlich Ihren Kundennamensraum voranzustellen.

Anlegedialog verlassen

Im nachfolgenden Schritt des Anlegedialogs können Sie den Transportauftrag, mit dem Sie Ihre Servicedefinition verteilen wollen, spezifizieren. Da wir ausschließlich in einem lokalen Paket arbeiten, können Sie den Anlegedialog durch Betätigen des Buttons **Finish** verlassen.

Servicedefinition pflegen

Daraufhin erscheint der textbasierte Editor für Servicedefinitionen mit dem Inhalt aus Listing 6.7.

```
@EndUserText.label: 'Product Display'
define service ZUI_Product_Display {
  expose ZC_Product;
}
```

Listing 6.7 Servicedefinition nach Abschluss des Anlegedialogs

Neben dem darin automatisch übernommenen CDS-Projektions-View `ZC_Product` aus Listing 6.3 wollen wir in der Servicedefinition zusätzlich den CDS-Projektions-View `ZC_ProductText` aus Listing 6.4 exponieren. Darüber hinaus möchten wir den Namen der exponierten Entitäten über die Aliasfunktion `AS` in `Product` bzw. `ProductText` umbenennen. Listing 6.8 präsentiert die resultierende Servicedefinition.

```
define service ZUI_Product_Display {
  expose ZC_Product as Product;
  expose ZC_ProductText as ProductText;
}
```

Listing 6.8 Servicedefinition »ZUI_Product_Display«

Spezialisierte CDS-Modelle exponieren

Wir empfehlen Ihnen, in Ihren Servicedefinitionen ausschließlich auf den Anwendungsfall zugeschnittene CDS-Modelle zu exponieren. Dies ermöglicht Ihnen, unerwünschte Funktionen Ihrer nicht spezialisierten, wiederverwendbaren CDS-Modelle auszublenden sowie Ihre Serviceschnittstellen bedarfsweise stabil zu halten.

Exponierte CDS-Entitäten

Wie bereits erwähnt, spezifiziert die Servicedefinition die im daraus abgeleiteten Service exponierten CDS-Entitäten. CDS-Entitäten, die ausschließlich als Wertehilfen angeboten werden sollen, müssen bzw. sollten üblicherweise jedoch nicht explizit exponiert werden (siehe Abschnitt 6.3.1, »OData-UI-Services«).

Definition eines OData-Service

Wird die Servicedefinition zur Definition eines OData-Service genutzt, legen die in Listing 6.8 definierten Aliasnamen `Product` und `ProductText` die Namen der den CDS-Modellen `ZC_Product` und `ZC_ProductText` entsprechenden *OData-Entity-Sets* fest. Über die OData-Entity-Sets können Sie auf die Daten der korrespondierenden CDS-Modelle zugreifen.

Semantische Namen verwenden

Häufig enthalten die Namen von CDS-Entitäten technisch motivierte Präfixe und Suffixe, die die Namen eindeutig machen sollen. Derartige Namensbestandteile sollten Sie nicht für die Namen der Entitäten Ihrer Business-Services wiederverwenden. Stattdessen empfehlen wir Ihnen (falls dies technisch unterstützt wird), sprechende Namen für die exponierten Entitäten zu verwenden. Beispielsweise könnten Sie ein CDS-Modell mit dem Namen `C_SlsOrdItmTP_2` als Serviceentität mit dem Namen `SalesOrderItem` exponieren. Dieses Vorgehen erhöht die Verständlichkeit der resultierenden Servicefunktionalität. Zudem erleichtert es Ihnen später, konkrete CDS-Modellen in Ihren Services zu ersetzen und dabei die Auswirkungen inkompatibler Änderungen für bestehende Konsumenten zu reduzieren.

Beachten Sie, dass Sie dem semantischen Namen Ihren Kundennamensraum als Präfix voranstellen müssen, um Namenskollisionen zu vermeiden, falls Sie eine Servicedefinition von SAP erweitern. Ferner müssen Sie beachten, dass nicht jedes Service-Binding Aliasnamen für die darüber exponierten Entitäten unterstützt.

Namen der OData-Entity-Typen

Standardmäßig werden die Namen der *OData-Entity-Typen*, die die OData-Entity-Sets typisieren, aus den Namen der OData-Entity-Sets durch Anhängen des Suffixes »Type« gebildet. Die OData-Entity-Typen teilen sich den Namensraum mit ihren Komponenten, den *OData-Entity-Properties*. Daher kann es zu Namenskollisionen kommen, wenn die exponierten CDS-Modelle gleich benannte Elemente aufweisen.

Beispielsweise resultiert aus der Servicedefinition `ZUI_Product_Display` aus Listing 6.8 und dem darin exponierten CDS-View `ZC_Product` aus Listing 6.3 die in Listing 6.9 dargestellte Definition des zugehörigen OData-Entity-Typs. Diese Typdefinition ist formal inkonsistent, da der Name des Typs `ProductType` mit dem einer darin enthaltenen Property übereinstimmt.

```
...
<EntityType Name="ProductType" ...>
   <Key>
      <PropertyRef Name="Product"/>
   </Key>
   <Property Name="Product" Type="Edm.String" .../>
   <Property Name="ProductType" Type="Edm.String" .../>
   <Property Name="ProductName" Type="Edm.String" .../>
   <NavigationProperty Name="_Text" .../>
</EntityType>
...
```

Listing 6.9 Inkonsistente OData-Entity-Typdefinition

Namenskollisionen behandeln

Um solche Namenskollisionen zu vermeiden bzw. aufzulösen, können Sie den Namen der problematischen OData-Entity-Typen über die Annotation `@OData.entityType.name` in dem zugehörigen CDS-Modell gezielt beeinflussen.

Beispiel: CDS-View mit annotiertem OData-Entity-Typnamen

Ein Beispiel für die Anwendung dieser Annotation zeigt Listing 6.10.

```
@OData.entityType.name: 'Product_Type'
define root view entity ZC_Product
  as projection on ZI_Product
  ...
```

Listing 6.10 CDS-Modell mit benanntem OData-Entity-Typ

Analyse des Beispiels

In Listing 6.10 wird der vom CDS-View `ZC_Product` abgeleitete OData-Entity-Typ explizit mit `Product_Type` benannt. Durch diesen Eingriff ist es möglich, den CDS-View `ZC_Product` mit dem Feld `ProductType` zu exponieren und gleichzeitig das daraus abgeleitete OData-Entity-Set in `Product` umzubenennen, ohne dass es dabei zu Namenskollisionen mit dem Feld `ProductType` kommt bzw. ohne dass dabei der resultierende OData-Service inkonsistent wird.

[!]

Namenskollisionen vermeiden

Es ist wichtig, dass Sie potenzielle Namenskollisionen durch konsequente Anwendung von konsistenten Namensregeln bereits im Vorfeld vermeiden. Wir empfehlen Ihnen, stets die gewünschten Namen der OData-Entity-Typen per Annotation (`@OData.entityType.name...`) in den CDS-Modellen zu hinterlegen, die Sie in SADL-basierten OData-Services exponieren wollen.

In SAP S/4HANA werden die entsprechenden Namen aus den semantischen Namen der Entitäten und dem Suffix »Type« zusammengesetzt. Sie können sich an dieser Namenskonvention orientieren, müssen gegebenenfalls aber noch Ihren Kundennamensraum als Präfix voranstellen.

Servicedefinitionen erweitern

Sie können Servicedefinitionen prinzipiell erweitern, falls diese mit `@AbapCatalog.extensibility.extensible:true` annotiert sind.

Beispiel: Erweiterbare Servicedefinition

In Listing 6.11 sehen Sie die entsprechend angepasste Servicedefinition aus Listing 6.8.

```
@AbapCatalog.extensibility.extensible: true
define service ZUI_Product_Display {
  expose ZC_Product     as Product;
  expose ZC_ProductText as ProductText;
}
```

Listing 6.11 Servicedefinition »ZUI_Product_Display« mit Erweiterungsoption

Beispiel: Servicedefinitionserweiterung anlegen

Sie können Erweiterungen von Servicedefinitionen analog zu den Servicedefinitionen selbst anlegen. Im Anlegedialog müssen Sie dazu lediglich den **Source Type** »Extension« wählen sowie die zu erweiternde Servicedefinition im Eingabefeld **Referenced Object** eintragen. In unserem Fall wollen wir eine Erweiterung `ZX_UI_Product_Display` zur Servicedefinition `ZUI_Product_Display` anlegen. Darin wollen wir zusätzlich den CDS-View `ZI_Customer` mit dem Aliasnamen `ZZ1_Customer` exponieren. Listing 6.12 illustriert die korrespondierende Definition.

```
extend service ZUI_PRODUCT_DISPLAY with {
  expose ZI_Customer as ZZ1_Customer;
}
```

Listing 6.12 Erweiterung der Servicedefinition »ZUI_Product_Display«

6.3 Service-Bindings festlegen

Funktionalität der Service-Bindings

Das Service-Binding legt in erster Linie das Protokoll fest, über das auf den Business-Service zugegriffen werden kann. Die Funktionalität des Business-Service wird jedoch auch durch den im Service-Binding hinterlegten Anwendungsfall beeinflusst. Der Umfang der im Business-Service exponierten Entitäten und deren Relationen sowie Funktionen wird durch die Servicedefinition definiert, die dem Service-Binding zugeordnet wird.

Aufbau des Abschnitts

Im Folgenden wollen wir Ihnen zeigen, wie Sie Service-Bindings für OData-basierte UI-Services (siehe Abschnitt 6.3.1, »OData-UI-Services«) und Web-API-Services (siehe Abschnitt 6.3.2, »OData-Web-API-Services«) anlegen können. Ferner stellen wir Ihnen die weiteren verfügbaren Varianten von Service-Bindings, die InA-UI-Services sowie die SQL-Web-API-Services in Abschnitt 6.3.3, »InA-UI-Services«, bzw. Abschnitt 6.3.4, »SQL-Web-API-Services«, kurz vor.

6.3.1 OData-UI-Services

Anlegedialog aufrufen

Service-Bindings können Sie in der ADT-Umgebung anlegen. Den entsprechenden Anlegedialog öffnen Sie beispielsweise über den Pfad **File • New • Other...** des Hauptmenüs. In der daraufhin erscheinenden Selektionsmaske (siehe Abbildung 6.4) wählen Sie den Eintrag **ABAP • Business Services • Service Binding**. Über den Button **Next >** gelangen Sie zu den weiteren Schritten des Anlegedialogs.

Alternativer Aufruf des Anlegedialogs

Sie können diesen Anlegedialog alternativ auch über das Kontextmenü der Servicedefinition im **Project Explorer** aufrufen. Klicken Sie dazu mit Ihrer rechten Maustaste auf die Servicedefinition **ZUI_Product_Display** aus Listing 6.8. Wählen Sie in dem sich daraufhin öffnenden Kontextmenü den Eintrag **New Service Binding**. Dabei wird die markierte Servicedefinition sowie das die Servicedefinition beinhaltende Paket automatisch in die Eingabemaske übertragen (siehe Abbildung 6.5).

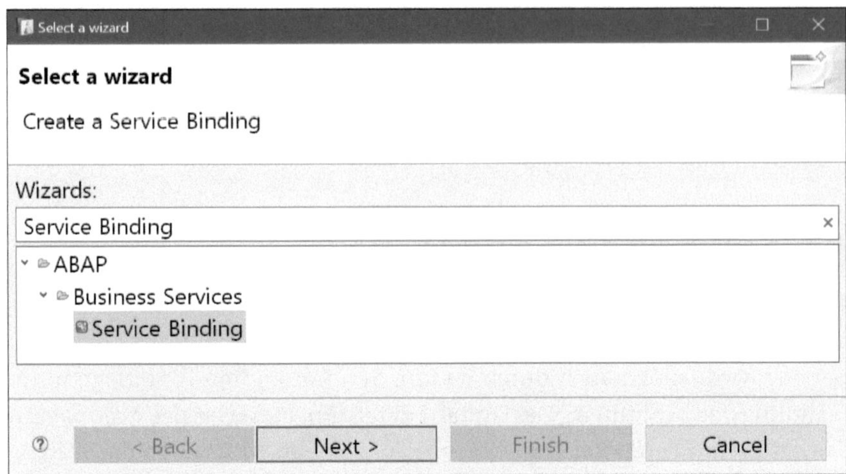

Abbildung 6.4 Wahl der Anlage eines Service-Bindings

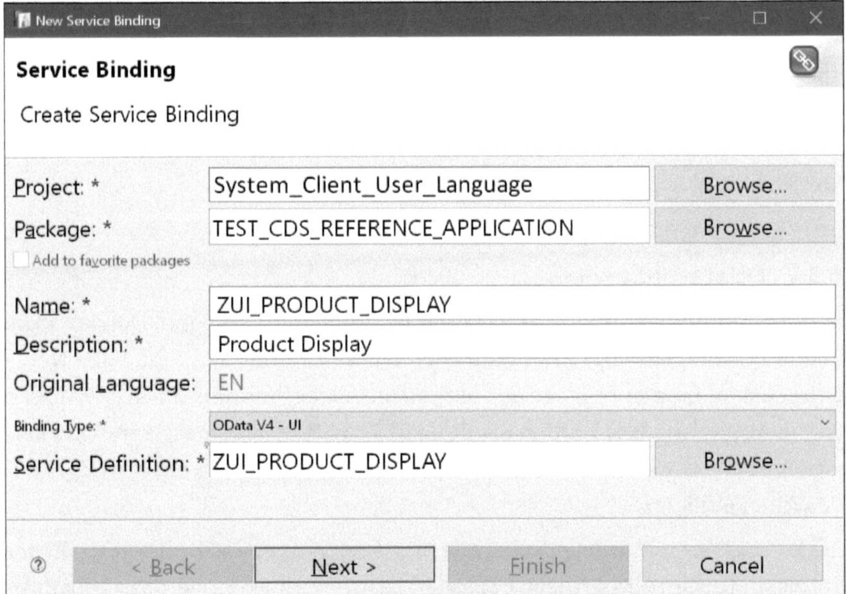

Abbildung 6.5 Erster Dialogschritt bei der Anlage eines Service-Bindings

Erster Dialogschritt im Anlegeprozess

Neben den bereits ausgefüllten Namen des Pakets (**Package**) und der dem Service zugrunde liegenden Servicedefinition (**Service Definition**) müssen Sie darin noch den Namen (**Name**) und die Beschreibung (**Description**) des Service-Bindings sowie dessen Ausprägung (**Binding Type**) festlegen.

In unserem Beispiel vergeben wir für das Service-Binding mit ZUI_PRODUCT_DISPLAY den gleichen Namen wie für die darin verwendete, im vorangegangenen Abschnitt angelegte Servicedefinition.

[+]

Namen des Service-Bindings wählen

Wir empfehlen Ihnen, das Service-Binding im Regelfall genauso wie die darin aufgenommene Servicedefinition zu nennen, um eine einfache Korrelation der Entwicklungsobjekte zu ermöglichen.

Service-Binding-Typen

Den Wert des Felds **Binding Type** können Sie über die an dieses Feld geknüpfte Auswahlliste einstellen. Analog zum Namen des Service-Bindings können Sie auch diesen Typ nach dem Verlassen des Anlegedialogs nicht mehr ändern. Die prinzipiell verfügbaren Service-Binding-Typen mitsamt Ihrer Einsatzbereiche zeigt Tabelle 6.1.

Binding-Typ	Protokoll	Beschreibung
OData V2 - UI	OData-V2	OData-Service für SAP-Fiori-UI-Anwendungen
OData V4 - UI	OData-V4	OData-Service für SAP-Fiori-UI-Anwendungen
OData V2 - Web API	OData-V2	OData-API für programmatische, systemexterne Zugriffe
OData V4 - Web API	OData-V4	OData-API für programmatische, systemexterne Zugriffe
INA - UI	Information-Access (InA)	Analytischer Query-Service für analytische UI-Anwendungen
SQL - Web API	Open Database Connectivity (ODBC)	SQL-API für programmatische, systemexterne Zugriffe

Tabelle 6.1 Service-Binding-Typen

OData-UI-Service anlegen

Als Serviceausprägung wählen wir mit der Selektion des Eintrags **ODATA V4 – UI** im Feld **Binding Type** einen UI-Service auf Basis der Version 4.0 des OData-Protokolls.

[«]

Aktuellste OData-Protokollversion nutzen

Es gibt zahlreiche funktionale Unterschiede zwischen OData-V2- und OData-V4-Services. Darüber hinaus können sich die Metadaten der korrespondierenden OData-Services z. B. aufgrund von Änderungen des Entity-

Data-Model-(EDM-)Typsystems sowie der anzuwendenden Namensregeln für Servicekomponenten unterscheiden. Beispielsweise können Sie in OData-V4-Services OData-Navigation-Properties finden, deren Namen mit einem Unterstrich beginnen. In OData-V2-Services wird diesen automatisch der Präfix »to« von der SADL-Infrastruktur vorangestellt, um die Konsistenz zum entsprechenden OData-V2-Standard zu wahren, der keinen Unterstrich an erster Stelle der Namen von OData-Navigation-Properties erlaubt.

Anlegedialog abschließen

Haben Sie alle Felder der Eingabemaske ausgefüllt, fahren Sie mit **Next >** fort. Im Folgeschritt können Sie den Transportauftrag wählen, über den Sie Ihre Änderungen transportieren können. Da wir ein lokales Objekt angelegt haben, können Sie den Dialog einfach mit **Finish** beenden.

Formularsicht des erzeugten Service-Bindings

Nach Abschluss des Anlegedialogs öffnet sich eine Formularsicht auf das erzeugte Service-Binding. Abbildung 6.6 zeigt diese Sicht exemplarisch für unseren UI-Service.

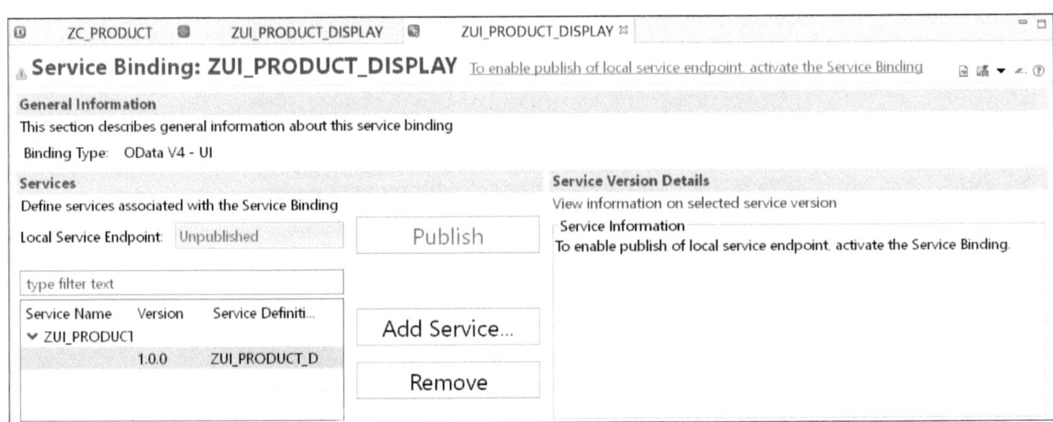

Abbildung 6.6 Service-Binding nach Beenden des Anlegedialogs

Service-Binding pflegen

Darin finden Sie neben der Information zu dem gewählten Service-Binding auch eine Übersicht über die Serviceversionen sowie deren Aktivierungsstatus. Im vorliegenden Fall liegt die initiale Version »1.0.0« (d. h. die Hauptversion »1«, Unterversion »0« sowie Korrekturversion »0«) des Business-Service vor. Diese beruht auf der Servicedefinition `ZUI_Product_Display`. Der Name der Servicedefinition legt standardmäßig auch den Namen des Service fest. Wir wollen diesen Namen jedoch in `Product` umbenennen. Um die Umbenennung durchzuführen, klicken Sie auf den Servicenamen `ZUI_PRODUCT_DISPLAY` in der Tabelle auf der linken Seite. Geben Sie dann den neuen Namen in dem sich öffnenden Eingabefeld auf der rechten Seite ein, wie in

Abbildung 6.7 dargestellt, und aktivieren Sie schließlich das Service-Binding z. B. über die Tastaturkombination [Strg] + [F3].

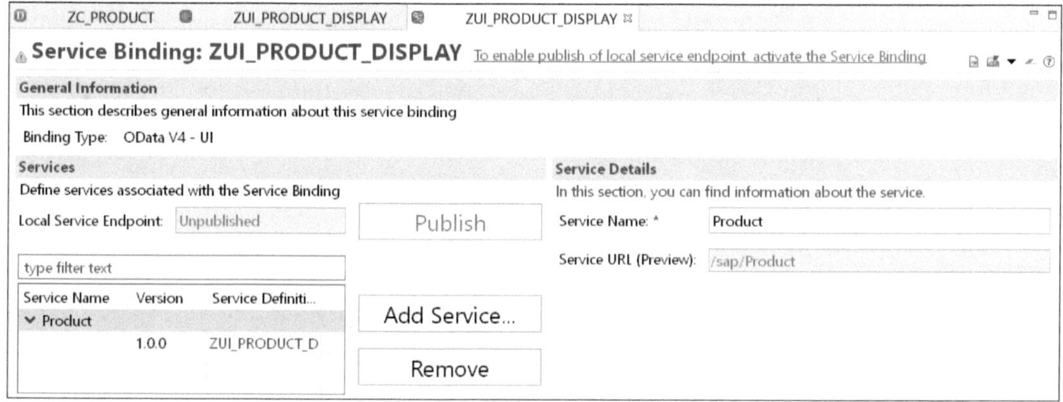

Abbildung 6.7 Service-Binding nach dem Umbenennen und Aktivieren

Service-Binding publizieren

Bitte beachten Sie, dass der entsprechend aktivierte Business-Service noch nicht nutzbar ist, da es noch keinen aktiven Serviceendpunkt gibt. Dies erkennen Sie am Status **Unpublished** im Feld **Local Service Endpoint**.

Sie können den Service nun publizieren, indem Sie auf den Button **Publish** klicken. Abbildung 6.8 zeigt das Service-Binding nach der Publikation des Serviceendpunkts.

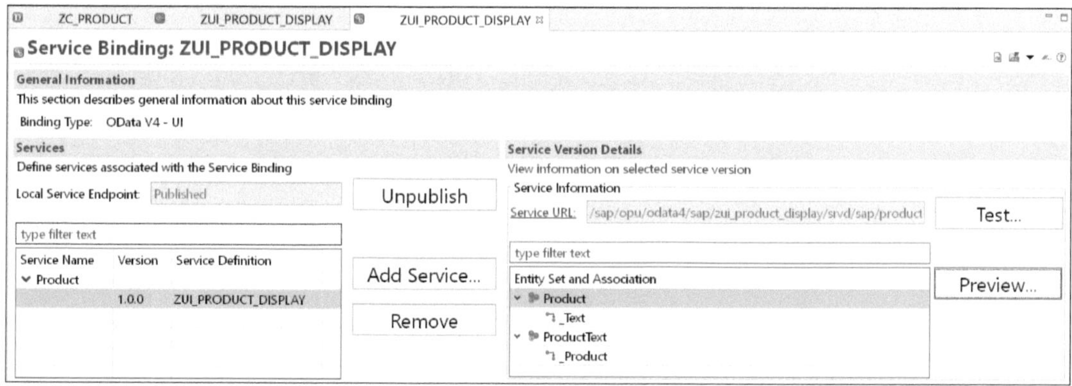

Abbildung 6.8 Service-Binding nach erfolgter Publikation des Service

Publikation von OData-Services

In einem produktiven System muss der als OData-V2-Service definierte Business-Service explizit über die Transaktion `/IWFND/MAINT_SERVICE` (»Services aktivieren und verwalten«) publiziert werden, um ihn über einen REST- oder OData-Client aufrufen zu können.

Für OData-V4-Services wird die Publikation über die Transaktion /IWFND/V4_ADMIN vorgenommen.

Die Publikation der OData-Services erfolgt dabei je nach System-Setup im Backend-System (d. h. einem lokalen SAP-Gateway-System) oder im Frontend-Server-System (d. h. einem SAP-Gateway-Hub). Weiterführende Informationen zu SAP Gateway finden Sie in der SAP-Dokumentation unter *http://s-prs.de/v702822*.

Details zum OData-UI-Service-Binding

Im Bereich **Service Version Details** des Formulars zum publizierten UI-Service-Binding finden sich einige Detailinformationen zu dem generierten OData-Service. Diese umfassen die Liste **Entity Set and Association** der in der Servicedefinition `ZUI_Product_Display` aus Listing 6.8 explizit exponierten Entitäten `Product` und `ProductText`. Des Weiteren werden die zwischen den exponierten CDS-Modellen definierten Assoziationen `_Text` und `_Product` automatisch als OData-Navigation-Properties übernommen.

Wertehilfen in OData-UI-Services

Bitte beachten Sie, dass in unserem UI-Business-Service auch ein Wertehilfeservice auf Basis des Wertehilfe-CDS-Views `ZI_ProductStdVH` aus Listing 6.5 enthalten ist, obwohl dieser CDS-View nicht explizit in der Servicedefinition `ZUI_Product_Display` aus Listing 6.8 enthalten ist und damit auch nicht in der Liste **Entity Set and Association** aufgeführt wird. Listing 6.13 zeigt den entsprechenden Auszug aus den OData-Metadaten, der einen Verweis auf den Wertehilfeservice *../../../../srvd_f4/sap/zi_productstdvh/0001...* enthält.

[»]

Unterschiedliche Wertehilferealisierung in OData-V2- und OData-V4-Services

Im Gegensatz zu dem hier diskutierten OData-V4-Service finden Sie in OData-V2-Services keinen separaten Wertehilfeservice. Stattdessen ist die gesamte Wertehilfeunterstützung in dem OData-V2-Service selbst inkludiert.

```
...
<Annotations Target="SAP__self.Product_Type/Product">
  ...
  <Annotation Term="SAP__common.ValueListReferences">
    <Collection>
      <String>../../../../srvd_f4/sap/zi_productstdvh/0001;
        ps='srvd-zui_product_display-0001';
        va='com.sap.gateway.srvd.zui_product_display.v0001.et-
        zc_product.product'/$metadata
      </String>
```

```
      </Collection>
   </Annotation>
</Annotations>
...
```

Listing 6.13 Wertehilfe-Metadaten des UI-Business-Service

Die Mechanismen für die automatische Inklusion von Wertehilfe-Entitäten erläutern wir näher in Abschnitt 13.1, »Wertehilfen«.

6.3.2 OData-Web-API-Services

Einsatzgebiete von Web-API-Services

Neben OData-UI-Services können Sie auch OData-Web-API-Services als Business-Services definieren. Web-API-Services repräsentieren extern konsumierbare Programmierschnittstellen (*Application Programming Interface*, kurz API), die von Fremdsystemen ausgerufen werden können. Aufgrund ihres Verwendungszwecks fließen, anders als bei den OData-UI-Service-Bindings, bei den OData-Web-API-Service-Bindings einige Bestandteile der zugrunde liegenden CDS-Modelle nicht mit in die resultierenden OData-Services ein. Beispielsweise werden keine UI-Annotationen exponiert.

OData-Web-API-Service-Binding anlegen

Um diese Zusammenhänge an einem Beispiel nachvollziehen zu können, legen Sie für die zuvor bereits verwendete Servicedefinition `ZUI_Product_Display` ein weiteres Service-Binding `ZAPI_PRODUCT` vom Typ eines OData-Web-API an.

Bitte beachten Sie dabei, dass die Wiederverwendung der Servicedefinition lediglich dazu dienen soll, Unterschiede der Service-Binding-Typen zu demonstrieren. In der Praxis sollten Sie UI-Servicedefinitionen nicht zur Definition von Web-API-Service-Bindings nutzen!

[«]

> **Maßgeschneiderte Business-Services definieren**
>
> Die in einem Service-Binding exponierte Servicedefinition sollte sich am zu unterstützenden Anwendungsfall orientieren. Sie sollten sich dabei nicht auf die automatische Anpassungen der Services durch die ABAP-Infrastruktur verlassen. Vielmehr sollten Sie Ihre Servicedefinitionen mitsamt der darin exponierten CDS-Modelle Verwendungsszenario-spezifisch ausprägen. In diesem Zusammenhang empfehlen wir Ihnen, für jede Serviceversion eine eigene Servicedefinition zu implementieren und einzusetzen.

OData-Web-API-Service publizieren

Sie können OData-Web-API-Service-Bindings analog zu den OData-UI-Service-Bindings anlegen. Wählen Sie dazu im Anlegedialog im Feld **Binding Type** lediglich die Option **OData V4 – Web API**. Nennen Sie den Service erneut Product. Aktivieren und publizieren Sie den Webservice dann über die Formularsicht des angelegten Service-Bindings. Das Ergebnis sehen Sie in Abbildung 6.9.

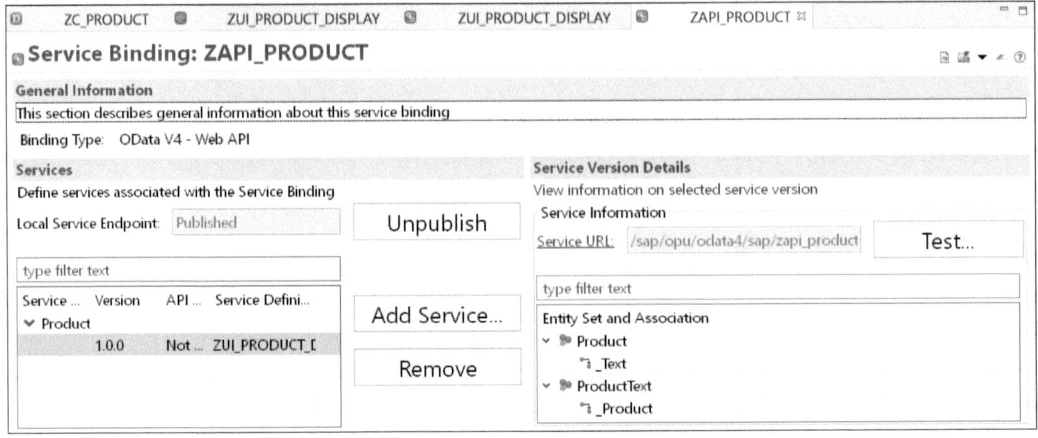

Abbildung 6.9 Publiziertes OData-Web-API-Service-Binding

Unterschiede von OData-Web-API- und OData-UI-Services

Obwohl sowohl das neu angelegte OData-Web-API-Service-Binding ZAPI_PRODUCT als auch das zuvor angelegte UI-Service-Binding ZUI_PRODUCT_DISPLAY auf derselben Servicedefinition ZUI_Product_Display beruhen, unterscheiden sich deren Service-URLs. Dieser Unterschied liegt nicht nur darin begründet, dass die Namen der Service-Bindings voneinander abweichen, sondern auch darin, dass die URLs aus unterschiedlichen Segmenten zusammengesetzt werden. Weiterhin wird für Web-API-Services im Vergleich zu UI-Services in Ermangelung der relevanten UI-Annotationen keine UI-Vorschau bereitgestellt. Wenn Sie weiterhin die OData-Metadaten des Web-API-Service genauer betrachten, werden Sie feststellen, dass darin die Wertehilfe ZI_ProductStdVH bzw. ein daraus abgeleiteter Service nicht zur Verfügung steht.

6.3.3 InA-UI-Services

InA-UI-Services dienen dazu, analytische Query-CDS-Views für analytische UI-Anwendungen nutzbar zu machen. Demzufolge dürfen die den InA-UI-Service-Bindings zugrunde liegenden Servicedefinitionen ausschließlich analytische Query-CDS-Views exponieren. Sie sollten dabei von transienten analytischen Query-CDS-Views Gebrauch machen, um die volle Funktionalität der InA-UI-Services ausschöpfen zu können.

Mit dem folgenden Beispiel wollen wir Ihnen den groben Aufbau eines derartigen InA-UI-Service demonstrieren.

Listing 6.14 zeigt die Definition eines analytischen Cube-CDS-Views ZI_SalesOrderItemCube, der Daten zu den Kundenauftragspositionen bereitstellt.

Beispiel: Analytischer Cube-CDS-View

```
@Metadata.ignorePropagatedAnnotations: true
@Analytics.dataCategory: #CUBE
define view entity ZI_SalesOrderItemCube
  with parameters
    @Consumption.defaultValue: 'EUR'
    P_DisplayCurrency : vdm_v_display_currency
  as select from           ZI_SalesOrderItem as ITEM
    left outer to one join ZI_
SalesOrder     as SO   on SO.SalesOrder = ITEM.SalesOrder
    left outer to one join ZI_
Product        as PROD on PROD.Product = ITEM.Product
{
  key ITEM.SalesOrder,
  key ITEM.SalesOrderItem,
      ITEM.Product,...
      $parameters.P_DisplayCurrency as  DisplayCurrency,
      @DefaultAggregation: #SUM
      @Semantics.amount.currencyCode: 'DisplayCurrency'
      currency_conversion(
        amount             => ITEM.NetAmount,
        source_currency    => ITEM.TransactionCurrency,
        target_currency    => $parameters.P_DisplayCurrency,
        exchange_rate_date => ITEM.CreationDate,
        exchange_rate_type => 'M',
        error_handling     => 'FAIL_ON_ERROR',
        round              => 'X',
        decimal_shift      => 'X',
        decimal_shift_back => 'X'
      )                            as  NetAmountInDisplayCurrency
}
```

Listing 6.14 Analytischer Cube-CDS-View

Auf Basis dieses Cube-CDS-Views wird der transiente analytische Query-CDS-View ZC_SalesOrderProductAmountQ aus Listing 6.15 abgeleitet.

Beispiel: Transienter analytischer Query-CDS-View

```
@AccessControl.authorizationCheck: #NOT_ALLOWED
@Metadata.ignorePropagatedAnnotations: true
define transient view entity ZC_SalesOrderProductAmountQ
  provider contract analytical_query
  with parameters
    @Consumption.defaultValue: 'EUR'
```

```
    P_DisplayCurrency : vdm_v_display_currency
  as projection on ZI_SalesOrderItemCube( P_
DisplayCurrency : $parameters.P_DisplayCurrency )
{
  SalesOrder,
  Product,
  @Semantics.amount.currencyCode: 'DisplayCurrency'
  NetAmountInDisplayCurrency,
  DisplayCurrency
}
```

Listing 6.15 Transienter analytischer Query-CDS-View

Beispiel: Servicedefinition

Dieser transiente analytische Query-CDS-View wird seinerseits in der Servicedefinition `ZUI_INA_SalesOrderProductInfo` aus Listing 6.16 ohne Spezifikation eines Aliasnamens exponiert.

```
define service ZUI_INA_SalesOrderProductInfo
  provider contracts ina {
    expose ZC_SalesOrderProductAmountQ;
}
```

Listing 6.16 Servicedefinition »ZUI_INA_SalesOrderProductInfo«

Analog zu dem am transienten analytischen Query-CDS-View hinterlegten CDS-Provider-Kontrakt finden Sie darin auch die Zuordnung zum Service-Provider-Kontrakt `INA`, die das Service-Binding für eine Einbindung in einen entsprechenden Service-Binding-Typ auszeichnet. Dies ermöglicht es der Infrastruktur, bereits auf der Ebene der Servicedefinition spezifische Konsistenzprüfungen durchzuführen, die ansonsten erst nach dem Einbinden der Servicedefinition in ein Service-Binding möglich wären.

Beispiel: Service-Binding

Abbildung 6.10 zeigt das gleichnamige darauf aufbauende Service-Binding vom Typ **InA - UI** nach dessen erfolgreicher Aktivierung.

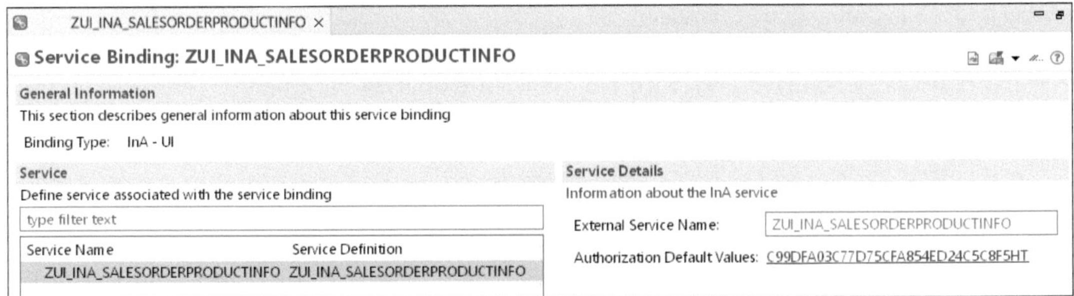

Abbildung 6.10 Service-Binding »ZUI_INA_SalesOrderProductInfo«

Wie Sie der Abbildung entnehmen können, stellt Ihnen der formularbasierte ADT-Editor des InA-UI-Service-Bindings im Gegensatz zu den OData-UI-Service-Bindings keine dedizierten Funktionen zum Zugriff auf die Metadaten und Funktionalität der InA-Services bereit.

Weitere Informationen zu den Ina-UI-Services (unter anderem auch Hinweise zur Berechtigungssteuerung) finden Sie in der SAP-Dokumentation unter *http://s-prs.de/v92140014*.

6.3.4 SQL-Web-API-Services

Sie können SQL-Web-API-Services nutzen, um per ODBC-Verbindung auf CDS-View-Entitäten zuzugreifen. Dabei agiert der ABAP-Applikationsserver ähnlich wie eine Datenbank. Sie finden weiterführende Informationen und Beispiele zu diesem Thema in der SAP-Dokumentation unter *http://s-prs.de/v9214013*.

6.4 Business-Services testen

Sie können die von Ihnen erzeugten Business-Services über unterschiedliche Wege testen. Wir zeigen Ihnen im Folgenden, wie Sie Ihre zuvor erzeugten OData-Services für manuelle Tests in Ihrem Browser nutzen können.

6.4.1 OData-Service-URLs aufrufen

OData-Service-URLs

In der Formularsicht der publizierten Service-Bindings finden Sie jeweils den Link **Service URL**. In Abbildung 6.8 führt dieser zur Adresse

.../sap/opu/odata4/sap/zui_product_display/srvd/sap/product/0001/

und in Abbildung 6.9 zur Adresse

.../sap/opu/odata4/sap/zapi_product/srvd_a2x/sap/product/0001/.

Generierten OData-Service aufrufen

Wenn Sie auf einen dieser Links klicken, rufen Sie damit direkt den generierten OData-Service auf.

Die Service-URLs können Sie jedoch auch mit Abfrageparametern ergänzen, um gezielt Informationen über den OData-Service abzurufen. Beispielsweise können Sie sich durch das Anhängen des Abfrageparameters `$metadata` an die Service-URL die OData-Metadaten des Service anzeigen lassen:

.../sap/opu/odata4/sap/zui_product_display/srvd/sap/product/0001/$metadata

Darüber hinaus können Sie auch Daten über die einzelnen OData-Entity-Sets lesen. Zum Beispiel können Sie über die folgende URL, Daten zum Produkt über den Namen `Product` des OData-Entity-Sets abfragen:

.../sap/opu/odata4/sap/zui_product_display/srvd/sap/product/0001/Product

Durch weitere Variationen der Service-URLs können Sie verschiedene Zugriffe simulieren und dabei das Verhalten und die Rückgaben Ihrer OData-Services prüfen bzw. mit Ihren Erwartungen vergleichen.

6.4.2 SAP-Fiori-Oberflächen auf Basis eines UI-OData-Service generieren

UI-Vorschau nutzen

Sie können sich über die UI-Vorschau-Funktion **Preview...** Ihres UI-OData-Service (siehe Abbildung 6.8) auch einen ersten Eindruck von einer auf *SAP Fiori Elements* basierenden Benutzeroberfläche verschaffen. Eine solche Benutzeroberfläche kann automatisch aus Ihrem UI-Service erzeugt werden. Sie können diese auch zum manuellen Testen Ihres OData-Service nutzen.

UI-Definitionen

OData-Services enthalten bereits reichhaltige Metadaten, die für die Implementierung von Benutzeroberflächen genutzt werden können. SAP verfolgt dazu mit SAP Fiori Elements (siehe *http://s-prs.de/v702802*) einen auf Templates basierenden Ansatz, der diese Metadaten nutzt, um auf einfache Weise eine SAP-Fiori-UI-Anwendung zu implementieren.

Die CDS-Syntax unterstützt diesen Ansatz. So können Sie eine Vielzahl UI-spezifischer Metadaten über Annotationen im CDS-Servicemodell definieren. Diese *UI-Annotationen* werden über die ABAP-Infrastruktur als zusätzliche OData-Metadaten bereitgestellt. Benutzeroberflächen, die auf SAP Fiori Elements basieren, interpretieren diese Metadaten. Dank dieses Mechanismus können Sie in wenigen weiteren Schritten eine lauffähige SAP-Fiori-UI-Anwendung aus Ihren CDS-Modellen heraus erzeugen.

Beispiel: Anreicherung des CDS-Modells mit UI-Annotationen

Das Vorgehen dazu zeigen wir Ihnen im Folgenden anhand des von uns bereits erstellten UI-Service `ZUI_Product_Display`. Versehen Sie im ersten Schritt zunächst den CDS-Projektions-View `ZC_Product` mit zusätzlichen Annotationen, wie in Listing 6.17 gezeigt. Diese Annotationen legen die Präsentation der Daten dieses CDS-Views im UI fest.

```
define root view entity ZC_Product
  as projection on ZI_Product
{
      @Consumption.valueHelpDefinition: [{
         entity: {
            name: 'ZI_ProductStdVH',
            element: 'Product'  } } ]
      @EndUserText.label: 'Product'
      @ObjectModel.text.element: ['ProductName']
      @UI.lineItem: [{ importance: #HIGH }]
      @UI.selectionField: [{element: 'Product'}]
  key Product,
      @EndUserText.label: 'Product Type'
      @UI.lineItem: [{ importance: #HIGH }]
      ProductType,
      @Semantics.text: true
      _Text.ProductName : localized,
      _Text : redirected to composition child ZC_ProductText
}
```

Listing 6.17 CDS-View »ZC_Product« mit UI-steuernden Annotationen

Analyse des Beispiels

Im vorliegenden Fall soll auf der Oberfläche eine Liste mit zwei Spalten für die Felder Product und ProductType dargestellt werden. Dies wird über deren Annotationen @UI.lineItem... definiert. Diese Liste soll entsprechend der Annotationen @EndUserText.label... mit den Spaltenüberschriften »Product« und »Product Type« versehen werden. Zusätzlich soll ein Eingabefilter für das Feld Product angeboten werden. Dies wird über die Feld-Annotation @UI.selectionField... ausgedrückt.

UI-Vorschau verwenden

Nachdem Sie den CDS-View entsprechend angepasst und aktiviert haben, können Sie zur ADT-Sicht des Service-Bindings ZUI_PRODUCT_DISPLAY zurückkehren. Wählen Sie dort im Bereich **Service Version Details** das Entity-Set Product aus und klicken Sie auf den Button **Preview...**, den Sie in Abbildung 6.8 erkennen können.

In der Anwendungsvorschau, die sich nun öffnet (siehe Abbildung 6.11), finden Sie die zuvor beschriebenen Elemente: Eine Wertehilfe unterstützt Sie bei der Eingabe von Filterwerten für das Produkt (**Product**). In der Ergebnisliste finden Sie neben dem Produkt (**Product**) auch Informationen zu dessen Typ (**Product Type**).

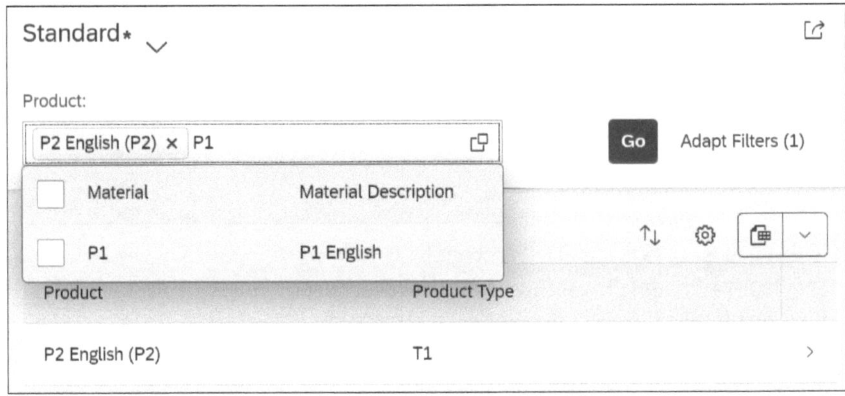

Abbildung 6.11 UI-Vorschau

Sie können über diese UI-Vorschau-Funktion insbesondere zahlreiche Effekte von Änderungen an den Annotationen Ihrer CDS-Modelle, die das UI-Layout beeinflussen, leicht verifizieren.

Kapitel 7
Native SAP-HANA-Funktionen in CDS

CDS-Views nutzen die Fähigkeiten von SAP HANA über SQL. Damit bleibt der direkte Zugriff auf einige fortgeschrittene Funktionen von SAP HANA verschlossen. Tabellenfunktionen in CDS erlauben jedoch die Ausführung von SQLScript und können in CDS-Views eingebunden werden. Sie ermöglichen dadurch die Verwendung nativer SAP-HANA-Funktionen bei der Definition Ihrer CDS-Modelle.

Die Datenbank SAP HANA ist nicht nur ein relationales Datenbanksystem, das über die *Structured Query Language* (SQL) genutzt werden kann, sondern bietet auch Werkzeuge und Funktionsbibliotheken für z. B. Textanalyse und Suche, Verarbeitung von Geodaten oder Graphen, Finanzmathematik, Prognosen und maschinelles Lernen. Sie können diese Fähigkeiten mit der SAP-HANA-eigenen Sprache *SQLScript* nutzen, die SQL und imperative Sprachelemente kombiniert.

Durch die Technik der *ABAP Managed Database Procedures* (AMDP) ist es schon seit längerer Zeit möglich, SQLScript aus ABAP-Programmen heraus auszuführen – mit Eingabeparametern und der Rückgabe eines Resultats.

Die AMDP-Technik steht in CDS für *CDS-Tabellenfunktionen* (engl. *Table Functions*) zur Verfügung. Technisch wird dabei eine *SAP-HANA-Tabellenfunktion* erzeugt und ausgeführt. Eine CDS-Tabellenfunktion kann als Datenquelle für einen CDS-View dienen. Dies ermöglicht die Verwendung nativer Fähigkeiten von SAP HANA in CDS.

Aufbau des Kapitels

Abschnitt 7.1, »Implementierung einer CDS-Tabellenfunktion«, dieses Kapitels zeigt Ihnen an einem einfachen Beispiel, wie Sie eine CDS-Tabellenfunktion implementieren und was Sie dabei beachten müssen. Wir erklären, wie eine CDS-Tabellenfunktion am besten mit anderen CDS-Views kombiniert wird. Abschnitt 7.2, »Anwendungsszenarien«, gibt Ihnen einen Überblick über typische Anwendungsfälle für CDS-Tabellenfunktionen. In Abschnitt 7.3, »Performance verbessern und Fehler vermeiden«, schließen wir das Kapitel mit Hinweisen und Empfehlungen aus der Praxis ab.

Weitere Details zu Tabellenfunktionen

In diesem Buch können wir nicht alle Aspekte von CDS-Tabellenfunktionen und AMDP abdecken. Wir stellen stattdessen ein konkretes Beispiel in den Vordergrund, das Ihnen die Grundlagen vermittelt, aber auch einige weniger offensichtliche Aspekte behandelt. In der SAP-Dokumentation für CDS-Tabellenfunktionen und AMDP (*http://s-prs.de/v9214015*) finden Sie weitere detaillierte Informationen.

7.1 Implementierung einer CDS-Tabellenfunktion

In diesem Beispiel werden wir eine Tabellenfunktion definieren, die eine Liste von Staaten repräsentiert, ähnlich dem View `I_Country` von SAP, von dem Sie einen Auszug in Listing 7.1 sehen.

```
@EndUserText.label: 'Country'
@AbapCatalog.sqlViewName: 'IFICOUNTRY'
@ClientHandling.algorithm: #SESSION_VARIABLE
define view I_Country as select from t005
{ key land1 as Country,
      intca3 as CountryThreeLetterISOCode,
      intcn3 as CountryThreeDigitISOCode
}
```

Listing 7.1 Auszug aus dem View »I_Country von SAP«

Dazu implementieren wir drei Entwicklungsobjekte in ABAP und generieren eine SAP-HANA-Tabellenfunktion. Abbildung 7.1 zeigt, wie die zu entwickelnden Objekte miteinander in Beziehung stehen.

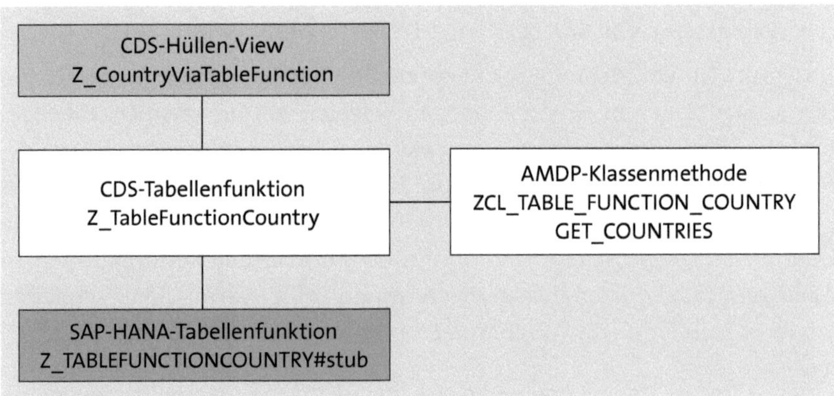

Abbildung 7.1 Objekte zu einer CDS-Tabellenfunktion

Deklaration der Tabellenfunktion

Wir beginnen mit der Deklaration der CDS-Tabellenfunktion. Die Schritte zur Anlage einer solchen Funktion entsprechen denen zur Implementierung eines CDS-Views (siehe Abschnitt 1.2, »Datenmodell der Anwendung implementieren«):

1. Legen Sie zuerst ein neues CDS-Datenmodell (Objekttyp **Data Definition**) in den ABAP Development Tools (ADT) an. Vergeben Sie einen Namen und eine Beschreibung für das Modell, z. B. `Z_TableFunctionCountry` und »Lesen von Staaten über eine Tabellenfunktion«.
2. Geben Sie im CDS-Editor die Deklaration der Tabellenfunktion aus Listing 7.2 ein.

```
@ClientHandling.type:      #CLIENT_DEPENDENT
@ClientHandling.algorithm: #SESSION_VARIABLE
define table function Z_TableFunctionCountry
  with parameters
    @Environment.systemField: #CLIENT
    P_SAPClient : vdm_v_sap_client
  returns
{ mandt                       : vdm_v_sap_client;
  Country                     : land1_gp;
  CountryThreeLetterISOCode   : intca3;
  CountryThreeDigitISOCode    : intcn3;
  CountryISOCode              : intca;
  CountryCurrency             : waers_005;
  IndexBasedCurrency          : curin;
  HardCurrency                : curha;
  TaxCalculationProcedure     : kalsm_d;
}
  implemented by method
    zcl_table_function_country=>get_countries
```

Listing 7.2 Deklaration einer CDS-Tabellenfunktion

3. Aktivieren Sie die Tabellenfunktion.

Analyse des Beispiels

Damit haben Sie die Schnittstelle der Tabellenfunktion deklariert und einige Festlegungen vorgenommen, die für die Einbindung in CDS wichtig sind. Die einzelnen Bestandteile der Tabellenfunktion aus Listing 7.2 haben folgende Bedeutung:

- **`@ClientHandling.type: #CLIENT_DEPENDENT`, `@ClientHandling.algorithm: #SESSION_VARIABLE`**
  Die erste Annotation legt fest, dass diese Tabellenfunktion einen SAP-Mandanten als Attribut besitzt. Wird die Tabellenfunktion in einer ABAP-

Laufzeitumgebung ausgeführt, werden die Selektionsergebnisse auf den SAP-Mandanten beschränkt, bei dem der Benutzer angemeldet ist. Die zweite Annotation legt hierzu eine Vorgehensweise fest, die auf der Sitzungsvariablen `CDS_CLIENT` basiert, die von der ABAP-Laufzeitumgebung in SAP HANA gesetzt wird. Diese Vorgehensweise ist in SAP S/4HANA der Standard für die Mandantenbehandlung in CDS-Views und Tabellenfunktionen. Beide Annotationen sind hier notwendig, damit unsere Tabellenfunktion solche CDS-Views und Tabellenfunktionen als Datenquelle nutzen kann.

- **`define table function`**
  Dies definiert eine CDS-Tabellenfunktion statt eines CDS-Views.
- **`Z_TableFunctionCountry`**
  Der Name der Tabellenfunktion wird zur besseren Lesbarkeit in CamelCase-Schreibweise angegeben. Sie sollten hier den gleichen Namen wie für das angelegte CDS-Datenmodell wählen. Beide Namen dürfen eine maximale Länge von 30 Zeichen haben.
- **`P_SAPClient`**
  Jede mandantenabhängige Tabellenfunktion braucht einen Eingabeparameter für den Mandanten. Die Annotation `@Environment.systemField: #CLIENT` stellt sicher, dass beim Test der Tabellenfunktion der aktuelle Mandant als Parameter mitgegeben wird. Wenn die Tabellenfunktion als Datenquelle in einem CDS-View verwendet wird, muss dieser Parameter gefüllt werden. Meist wird dazu die Sitzungsvariable `$session.client` verwendet.

  Weitere Parameter sind möglich und in SQLScript verwendbar.
- **`mandt`**
  Das Feld für den Mandanten muss explizit in der Liste der Rückgabefelder angegeben werden und den technischen ABAP-Dictionary-Typ `CLNT` haben. Sie können auch einen anderen Namen statt `mandt` für dieses Feld vergeben.
- **`Country : land1_gp;`**
  In CDS-Views werden Felder nur selten explizit typisiert, da sie den ABAP-Datentyp aus ihrer Datenquelle behalten. Bei Tabellenfunktionen ist dies anders: Sie müssen allen Feldern der Rückgabestruktur explizit einen ABAP-Datentyp zuordnen.
- **`implemented by method`**
  In der letzten Zeile der Tabellenfunktionsdeklaration ist eine Methode einer ABAP-Klasse angegeben. Wir werden diese Klassenmethode im folgenden Schritt anlegen. Die Aktivierung der Tabellenfunktion, bei der es

sich eigentlich nur um eine Deklaration ihrer Schnittstelle handelt, ist trotzdem schon jetzt möglich. Die Klassenmethode wird die Implementierung der Tabellenfunktion in SQLScript enthalten.

[«]

Assoziationen und Annotationen hinzufügen

In einer CDS-Tabellenfunktion können Sie keine Assoziationen definieren. In einer früheren Version von CDS konnten Sie auch keine Felder annotieren. Um diese wichtigen CDS-Eigenschaften implementieren zu können, sollten Sie jede CDS-Tabellenfunktion in einem CDS-View mit gleicher Rückgabestruktur verschalen. Sie können Assoziationen und Annotationen in dieser *CDS-View-Hülle* ergänzen und sollten anschließend ausschließlich diese Hülle in CDS, ABAP oder bei sonstigen Konsumenten von CDS verwenden. Die CDS-View-Hülle legen wir später gemäß Listing 7.5 an.

Implementierung der Tabellenfunktion

Als Nächstes implementieren Sie das Verhalten der CDS-Tabellenfunktion in einer AMDP-Methode:

1. Legen Sie dazu die ABAP-Klasse `ZCL_TABLE_FUNCTION_COUNTRY` und darin die Klassenmethode `GET_COUNTRIES` an, wie in Listing 7.3 angegeben.

```
CLASS zcl_table_function_country DEFINITION
  PUBLIC
  FINAL
  CREATE PUBLIC.
PUBLIC SECTION.
    INTERFACES if_amdp_marker_hdb.
    CLASS-METHODS get_countries
        FOR TABLE FUNCTION  Z_TableFunctionCountry.
PROTECTED SECTION.
PRIVATE SECTION.
ENDCLASS.

CLASS zcl_table_function_country IMPLEMENTATION.
  METHOD get_countries
      BY DATABASE FUNCTION FOR HDB
           LANGUAGE SQLSCRIPT
           OPTIONS READ-ONLY
           USING I_Country.
    RETURN
      SELECT
        :P_SAPClient AS mandt,
        Country,
        CountryThreeLetterISOCode,
```

```
        CountryThreeDigitISOCode,
        CountryISOCode,
        CountryCurrency,
        IndexBasedCurrency,
        HardCurrency,
        TaxCalculationProcedure
      FROM
        I_Country
      WHERE
        mandt = :P_SAPClient;
  ENDMETHOD.
ENDCLASS.
```

Listing 7.3 AMDP-Klasse und Klassenmethode mit SQLScript

2. Sichern und aktivieren Sie die Klasse.

Analyse der AMDP-Klasse

Damit haben Sie den Programmcode für die SAP-HANA-Tabellenfunktion in SQLScript hinterlegt. Die einzelnen Bestandteile dieser Implementierung haben folgende Bedeutung:

- Die Klasse hat das Interface `IF_AMDP_MARKER_HDB`, was sie als AMDP-Implementierung kennzeichnet.
- **`BY DATABASE FUNCTION FOR HDB LANGUAGE SQLSCRIPT`**
  CDS-Tabellenfunktionen werden immer durch eine SAP-HANA-Tabellenfunktion in der Sprache SQLScript implementiert, wie Sie es soeben getan haben. Daneben gibt es auch AMDP-Prozeduren, die von einer Datenbankprozedur implementiert werden. Diese können aus ABAP oder auch aus einer AMDP-Tabellenfunktion aufgerufen werden. Sie sind also indirekt auch in CDS nutzbar.
- **`OPTIONS READ-ONLY`**
  Eine Tabellenfunktion kann Daten nur lesen, aber sie nicht verändern. Die Verwendung einer ändernden Operation in der Implementierung führt zu einem Fehler.
- **`USING I_Country`**
  Die Implementierung verwendet den CDS-View `I_Country`. Dabei handelt es sich um ein vom ABAP Data Dictionary erzeugtes und verwaltetes Datenbankobjekt.

  Sie müssen hier alle Datenbankobjekte auflisten, die aus dem ABAP Data Dictionary stammen, um sie im SQLScript-Code der Tabellenfunktion verwenden zu können. Dazu zählen auch Tabellen oder AMDP-Prozeduren. SAP verwendet die Deklaration durch `USING` für Verwendungsnachweise und um konsistente System-Upgrades sicherzustellen.

Andere Datenbankobjekte, auch aus anderen Datenbankschemata, können Sie verwenden, ohne sie hier zu deklarieren.

- Nach dem Schlüsselwort `RETURN` folgt der Programmcode in SQLScript:
  - **`SELECT`**
    Bei unserem Beispiel handelt es sich um eine einfache SQL-Abfrage in nativer SAP-HANA-Syntax. Das Mandantenfeld wird aus dem Mandantenparameter `P_SAPClient` gefüllt und die Selektion wird auf diesen Mandanten eingeschränkt.
  - **`I_Country`**
    Als Datenquelle verwenden wir hier den mit `USING` deklarierten CDS-View. In der SAP-HANA-Datenbank selbst gibt es allerdings kein Objekt mit diesem Namen, wenn es sich wie bei `I_Country` bis Release 7.57 um einen klassischen DDIC-basierten CDS-View handelt. Die AMDP-Infrastruktur nutzt daher für die Ausführung von `I_Country` auf SAP HANA stattdessen den zugehörigen SQL-View `IFICountry`, den es in der SAP-HANA-Datenbank gibt. In SAP-NetWeaver-Versionen vor Release 7.53 gab es diesen Ersetzungsmechanismus noch nicht. Man musste statt der CDS-Views die zugehörigen SQL-Views durch `USING` deklarieren und in der Implementierung verwenden. Bei CDS-View-Entitäten gibt es hingegen auch in der SAP-HANA-Datenbank einen View mit dem gleichen Namen.

In der Implementierung der AMDP-Methode können Sie auf alle Objekte im Datenbankschema des ABAP-Systems zugreifen. Datenbankobjekte aus einem anderen Schema können Sie ebenfalls verwenden, indem Sie den Namen des Schemas voranstellen, z. B. »MEIN_SCHEMA.MEINE_TABELLE«. AMDP unterstützt auch logische Schemata für Fälle, in denen sich das physikalische Schema ändern kann.

[!]

Verwenden Sie keine SQL-Views als Datenquellen

SAP hat begonnen, klassische DDIC-basierte CDS-Views in CDS-View-Entitäten umzuwandeln. Dabei wird der zugehörige SQL-View gelöscht und steht für die Implementierung von Tabellenfunktionen nicht mehr zur Verfügung. Potenziell kann jeder CDS-View in Zukunft von SAP umgewandelt werden.

Preview der CDS-Tabellenfunktion

Nun ist Ihre CDS-Tabellenfunktion bereit und kann über die Data Preview der ADT-Umgebung getestet werden. Die Ausgabe (siehe Abbildung 7.2) ist die gleiche wie beim CDS-View `I_Country`.

Country	CountryThreeLetterISOCode	CountryThreeDigitISOCode	CountryIsoCode	CountryCurrency	IndexBasedCurrency	HardCurrency	TaxCalculationProcedure
AD	AND	020	AD	ADP			
AE	ARE	784	AE	AED			
AF	AFG	004	AF	AFA			
AG	ATG	028	AG				
AI	AIA	660	AI				
AL	ALB	008	AL	ALL			
AM	ARM	051	AM	AMD			
AO	AGO	024	AO	AON			
AQ	ATA	010	AQ				
AR	ARG	032	AR	ARS		USD	TAXAR
AS	ASM	016	AS				
AT	AUT	040	AT				
AU	AUS	036	AU	AUD			TAXAU
AW	ABW	533	AW	AWG			
AX	ALA	248	AX				
AZ	AZE	031	AZ	AZM			
BA	BIH	070	BA	BAM			
BB	BRB	052	BB	BBD			
BD	BGD	050	BD	BDT			
BE	BEL	056	BE	EUR			TAXB

Abbildung 7.2 Liste von Staaten

Platzhalter für die SAP-HANA-Tabellenfunktion

Sie können im **Catalog** des SAP HANA Studio unter dem Schema des ABAP-Systems nach der gerade angelegten SAP-HANA-Tabellenfunktion suchen (siehe Abbildung 7.3). Im Schema des ABAP-Systems finden Sie unter **Functions** eine Funktion `Z_TABLEFUNCTIONCOUNTRY#stub`.

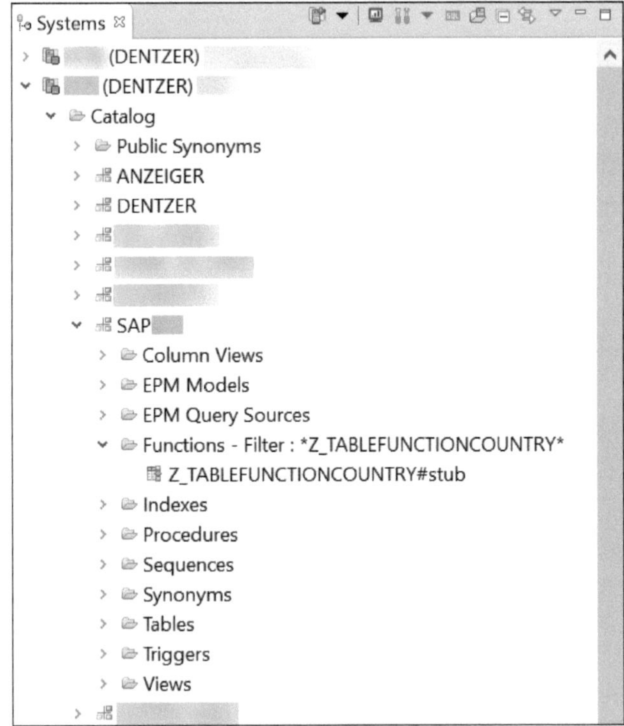

Abbildung 7.3 »Catalog« der SAP-HANA-Datenbank

Die zugehörige **Catalog Object Definition** enthält im **Create Statement** den SQL-Code der Funktion. Dieser ist in Listing 7.4 angegeben.

```
CREATE FUNCTION "Z_TABLEFUNCTIONCOUNTRY#stub" (
    "P_SAPCLIENT" NVARCHAR (000003)
  )
  RETURNS TABLE (
    "MANDT" NVARCHAR (000003),
    "COUNTRY" NVARCHAR (000003),
    "COUNTRYTHREELETTERISOCODE" NVARCHAR (000003),
    "COUNTRYTHREEDIGITISOCODE" NVARCHAR (000003),
    "COUNTRYTHREEDIGITISOCODE" NVARCHAR (000002),
    "COUNTRYCURRENCY" NVARCHAR (000005),
    "INDEXBASEDCURRENCY" NVARCHAR  (000005),
    "HARDCURRENCY" NVARCHAR (000005),
    "TAXCALCULATIONPROCEDURE"  NVARCHAR (000006)
  )
  LANGUAGE SQLSCRIPT SQL SECURITY INVOKER AS BEGIN
    RETURN SELECT
      '000'  AS "MANDT",
      ''     AS "COUNTRY",
      ''     AS "COUNTRYTHREELETTERISOCODE",
      '000'  AS "COUNTRYTHREEDIGITISOCODE",
      ''     AS "COUNTRYISOCODE",
      ''     AS "COUNTRYCURRENCY",
      ''     AS "INDEXBASEDCURRENCY",
      ''     AS "HARDCURRENCY",
      ''     AS "TAXCALCULATIONPROCEDURE"
    FROM "ABAP#DUMMY#header_only" ();
  END;
```

Listing 7.4 Platzhalter für die SAP-HANA-Tabellenfunktion

Sie erkennen die Schnittstelle Ihrer Tabellenfunktion. Dies ist jedoch nur ein Platzhalter. Der richtige SQLScript-Code wird beim ersten Aufruf aus ABAP nach SAP HANA übertragen, ausgeführt und steht danach für die folgenden Aufrufe zur Verfügung.

Test in der SQL Console

Wenn Sie eine Tabellenfunktion oder einen CDS-View, der eine Tabellenfunktion als Datenquelle nutzt, zu Testzwecken direkt in SAP HANA ausführen möchten, müssen Sie die Tabellenfunktion vorher einmal über ABAP oder CDS gestartet haben, damit die richtige SQLScript-Implementierung geladen wird. Achten Sie ebenso darauf, das richtige Schema zu wählen und den richtigen Mandanten in der Sitzungsvariablen zu setzen. Dann können

Sie die Tabellenfunktion in der **SQL Console** im SAP HANA Studio ausführen, z. B. mit folgendem Coding:

```
SET  'CDS_CLIENT' = '001';
SELECT * FROM Z_TableFunctionCountry('001');
```

SAP-HANA-Sitzungsvariablen

SAP garantiert die korrekte Ausführung von CDS-Tabellenfunktionen und CDS-Views nur aus der ABAP- oder CDS-Umgebung heraus, inklusive der Ausführung in einer AMDP-Methode. Mithilfe zusätzlicher Einstellungen können Sie generierte SAP-HANA-Tabellenfunktionen oder auch SAP-HANA-Views zu einem CDS-View nativ auf der SAP-HANA-Datenbank ausführen.

Neben der obligatorischen SAP-HANA-Sitzungsvariablen `CDS_CLIENT` mit dem ABAP-Mandanten werden öfter auch die Variablen `SAP_SYSTEM_DATE` mit dem Systemdatum und `LOCALE_SAP` mit der ABAP-Systemsprache benötigt. Setzen Sie diese vor der Verwendung direkt in SAP HANA. Auch weitere von ABAP gesetzte Sitzungsvariablen können in SAP HANA notwendig sein. Die zurzeit verwendeten Sitzungsvariablen finden Sie in Tabelle 7.1 (siehe dazu auch Tabelle 2.2 in Abschnitt 2.8, »CDS-Sitzungsvariablen«).

CDS-Sitzungsvariable	SAP-HANA-Sitzungsvariable
`$session.client`	`CDS_CLIENT`
`$session.system_date`	`SAP_SYSTEM_DATE`
`$session.system_language`	`LOCALE_SAP`
`$session.user`	`APPLICATIONUSER`
`$session.user_date`	`USER_DATE`
`$session.user_timezone`	`USER_TIMEZONE`

Tabelle 7.1 In CDS verwendete SAP-HANA-Sitzungsvariablen

CDS-View als Hülle

Für die typische Verwendung in CDS fehlen der CDS-Tabellenfunktion noch zwei wichtige Dinge: Assoziationen und Feldannotationen. In der CDS-Tabellenfunktion selbst können Sie weder Assoziationen definieren noch diese von einer Datenquelle projizieren. Daher definieren Sie Assoziationen und auch Annotationen sowie einen Schlüssel am besten in einem CDS-View, der die Tabellenfunktion kapselt.

Legen Sie daher nun den CDS-View `Z_CountryViaTableFunction`, wie in Listing 7.5 gezeigt, als *Hüllen-View* an und aktivieren Sie ihn.

```
@EndUserText.label: 'Country (via Table Function)'
@Analytics.dataCategory: #DIMENSION
@ObjectModel.representativeKey: 'Country'

define view entity Z_CountryViaTableFunction
  as select from Z_TableFunctionCountry
                 ( P_SAPClient : $session.client )
  association [0..*] to I_CountryText as _Text
    on $projection.Country = _Text.Country
  association [0..1] to I_Currency    as _CountryCurrency
    on $projection.CountryCurrency =
                                  _CountryCurrency.Currency
{
  key Country,
      CountryThreeLetterISOCode,
      CountryThreeDigitISOCode,
      CountryISOCode,
      @ObjectModel.foreignKey.association: '_CountryCurrency'
      CountryCurrency,
      IndexBasedCurrency,
      HardCurrency,
      TaxCalculationProcedure,
      _Text,
      _CountryCurrency
}
```

Listing 7.5 Hüllen-View für eine Tabellenfunktion

Achten Sie bei der Definition des Hüllen-Views darauf, dem Parameter für den Mandanten die richtige Sitzungsvariable zuzuweisen:

```
select from Z_TableFunctionCountry
                 ( P_SAPClient : $session.client )
```

Nun ist Ihre CDS-Tabellenfunktion bereit und kann, eingebunden in den Hüllen-View, wie jeder andere CDS-View verwendet werden.

7.2 Anwendungsszenarien

Die einfachsten Beispiele von CDS-Tabellenfunktionen bestehen aus einer SQL-Abfrage, nutzen in dieser Abfrage aber Funktionen, die nur in SAP HANA SQL verfügbar sind, z. B.:

- komfortable Funktionen für die Verarbeitung von Zeichenketten (Strings), etwa für reguläre Ausdrücke (Funktion REPLACE_REGEXPR usw.) oder die Verkettung von Zeichenketten von unterschiedlichen Datenzeilen (Funktion STRING_AGG)
- Funktionen für den Fabrikkalender (Funktionen ADD_WORKDAYS, WORKDAYS_BETWEEN)
- Volltextsuche mit vielen Optionen (Schlüsselwort CONTAINS)
- Window-Funktionen (Schlüsselwort OVER PARTITION BY)
- Funktionen zur Navigation und Aggregation in Hierarchien

SQLScript

Komplexere CDS-Tabellenfunktionen verwenden den imperativen Programmierstil von SQLScript mit klassischen Kontrollstrukturen, um den Ablauf der Verarbeitung explizit zu steuern. Dabei sind auch rekursive Aufrufe möglich, die für komplexe Datenstrukturen notwendig sein können. Generell erlauben die AMDP-Technik und CDS-Tabellenfunktionen die einfache Kombination spezieller Fähigkeiten von SAP HANA mit den Anwendungsdaten in ABAP.

Prognosen und maschinelles Lernen

CDS-Tabellenfunktionen werden oft für Prognosen oder Vorhersagen (*Predictive Analytics*) bzw. für maschinelles Lernen (*Machine Learning*) eingesetzt, z. B. für Umsatz- oder Liquiditätsprognosen oder für Vorhersagen zur besseren Disposition (*Contract Consumption*) im Einkauf. Diese Szenarien werden kundenindividuell mit produktiven historischen Daten angelernt (oder *trainiert*). Als Ergebnis des Trainings entsteht eine spezifisch definierte procedure in SAP HANA, eine Vorhersageprozedur, die die neu trainierte kundenspezifische Vorhersagelogik repräsentiert. Diese dient als Schnittstelle zur ABAP-Welt: Sie können die Vorhersageprozedur aus einer CDS-Tabellenfunktion oder auch aus einer AMDP-Prozedur heraus mit konkreten Anwendungsdaten als Input aufrufen und erhalten dann das Vorhersageergebnis für diese Daten zurück. In der Regel selektiert eine CDS-Tabellenfunktion in SQLScript die gewünschten Eingabedaten, ruft mit diesen die Vorhersageprozedur auf und gibt das Ergebnis der Vorhersage als Resultat zurück.

7.3 Performance verbessern und Fehler vermeiden

Die für eine erfolgreiche Implementierung einer CDS-Tabellenfunktion erforderlichen Schritte haben Sie in Abschnitt 7.1, »Implementierung einer CDS-Tabellenfunktion«, kennengelernt. Einige weitere Punkte sollten Sie dabei beachten, um Überraschungen zu vermeiden, Fehlern vorzubeugen oder die Performance Ihrer Tabellenfunktionen zu verstehen.

Nur Lesezugriffe

Die wesentlichen Funktionen der SAP-HANA-Datenbank sind mit SQLScript zugänglich und in CDS-Tabellenfunktionen verwendbar, solange nur Daten gelesen werden. Daten und Datenbankobjekte müssen schon vorhanden sein, um sie zu nutzen. Wenn Sie neue Datenbankobjekte benötigen, können Sie diese mit der ABAP-Entwicklungsumgebung oder als native SAP-HANA-Objekte direkt in SAP HANA anlegen. Bei nativen SAP-HANA-Objekten müssen Sie sich selbst um den Lebenszyklus kümmern und den Transport in Ihr Produktivsystem sicherstellen.

Verkettung von CDS-Tabellenfunktionen

Vor SAP-NetWeaver-Release 7.52 gab es die Einschränkung, dass in der Kette der Datenquellen einer CDS-Tabellenfunktion keine weitere CDS-Tabellenfunktion vorkommen durfte. Diese Limitierung besteht ab Release 7.52 nicht mehr.

Kundenfelder

Eine von SAP ausgelieferte CDS-Tabellenfunktion kann nicht durch eine CDS-View-Erweiterung um kundeneigene Felder erweitert werden. Wenn Sie bei der Implementierung der AMDP-Klassenmethode der CDS-Tabellenfunktion kundeneigene Felder aus den Datenquellen der CDS-Tabellenfunktion verwenden wollten, müssten Sie diese modifizieren. Mit der in Abschnitt 15.2.2 vorgestellten Extension-Association ist es aber möglich, den Hüllen-CDS-View der Tabellenfunktion um kundeneigene Felder zu erweitern, wenn diese über eine Assoziation erreichbar sind.

Performance

Das Laufzeitverhalten einer CDS-Tabellenfunktion kann manchmal überraschend sein. Sie können dies besser einschätzen, wenn Sie die Arbeitsweise des Optimierers der SAP-HANA-Datenbank kennen. Bei der Ausführung einer SQL-Select-Anweisung löst der Optimierer alle im Selektionsausdruck vorkommenden Datenquellen rekursiv in ihre Definitionen auf, bis hinunter zu den verwendeten Datenbanktabellen. Dabei werden auch CDS-Tabellenfunktionen aufgelöst und ihr SQLScript-Code mit dem restlichen SQL-Code kombiniert. Die resultierende Anfrage kann sehr groß sein, wird aber vor der eigentlichen Datenselektion in einen optimierten Ausführungsplan überführt.

Verwenden Sie in Ihren CDS-Tabellenfunktionen reines SQL, entstehen keine Nachteile durch die Verwendung einer CDS-Tabellenfunktion anstelle eines CDS-Views. Enthalten Ihre CDS-Tabellenfunktionen dagegen auch imperative Sprachelemente von SQLScript oder rufen sie SAP-HANA-Prozeduren auf, können diese Codebestandteile manche Optimierungen verhindern, die für reine SQL-Anweisungen möglich wären. Betrachten Sie z. B. eine Anfrage mit einer Filterbedingung. Diese Bedingung muss eigentlich als Filter auf das Resultat der Anfrage angewendet werden. Eine typische Optimierung besteht darin, diese Filterbedingung auf die Datenquellen der Tabellenfunktion anzuwenden, um die prozessierte Datenmenge klein zu halten. Bei einer komplexen, möglicherweise prozeduralen Berechnung in der implementierenden Klassenmethode kann die Datenbank nicht mehr entscheiden, ob die Resultate nach Anwendung der Optimierung noch korrekt sind, und die Ausführung erfolgt auf einer sehr großen Datenmenge mit entsprechend schlechterer Performance. Als Gegenmaßnahme können Sie z. B. einen geeigneten Filter über einen Parameter an die CDS-Tabellenfunktion übergeben und explizit bei der Datenselektion anwenden.

Mehr Fehlerquellen, mehr Tests

Die AMDP-Technik liegt im Schnittbereich zweier mächtiger Technologien, ABAP und SAP HANA, was einige Besonderheiten mit sich bringt. Entwickler brauchen Kenntnisse in beiden Technologien. Für die fortgeschrittene Programmierung in SQLScript werden Sie auch eine tiefere Expertise in SAP HANA benötigen.

Die Typsysteme von SAP HANA und ABAP sind unterschiedlich, und SAP HANA führt manche Berechnungen anders als ABAP aus – rechnet oder rundet z. B. mit einer anderen Genauigkeit. Dadurch kann es zu Abweichungen der Ergebnisse kommen. Planen Sie deshalb ausreichend Zeit für Tests ein. Denken Sie auch an den erhöhten Implementierungsaufwand für die ABAP-Klassenmethode und einen Hüllen-View sowie für die explizite Angabe von Datentypen und die Neudefinition von Assoziationen und Feldannotationen. Sie werden feststellen, dass sich dieser Mehraufwand für eine CDS-Tabellenfunktion in den relevanten Fällen lohnt.

Mit diesem Kapitel ist die Vorstellung der grundlegenden CDS-Technologien beendet, die in Kapitel 1, »Schritt für Schritt zu Ihren ersten CDS-Views«, begonnen hat. Im nächsten Kapitel zeigen wir, wie CDS zusammen mit Anwendungsdaten eingesetzt werden.

Kapitel 8
CDS-Modelle für Anwendungsdaten

Core Data Services erlauben die Modellierung semantischer Eigenschaften von Anwendungsdaten, die weit über die Möglichkeiten herkömmlicher Datenbank-Views hinausgehen. Zusammen mit einer modernen technischen Infrastruktur erleichtert dies die Entwicklung neuer Applikationen.

In den bisherigen Kapiteln haben Sie gesehen, wie Sie CDS-Entitäten definieren und in ABAP-Programmen verwenden. Damit können Sie SQL-Mengenoperationen und komplexe Berechnungen direkt in SAP HANA ausführen und profitieren von den Fähigkeiten von SAP HANA zur Verarbeitung großer Datenmengen. Zudem können Sie Ihre Anfragen mithilfe der Pfadnotation und Assoziationen bequem formulieren. Mit diesem Vorgehen bewegen Sie sich aber immer noch im Rahmen des klassischen Programmiermodells für Anwendungen, bei dem sehr viele Details durch individuelle Programmierung immer wieder neu implementiert werden müssen.

Neue Infrastrukturkomponenten im SAP NetWeaver Application Server (AS ABAP) und semantische Metadaten zu CDS-Entitäten ermöglichen dagegen ein neues Programmiermodell. Dieses reduziert die individuelle Programmierung auf ein Minimum. Gesteuert von betriebswirtschaftlich motivierten semantischen Annotationen der CDS-Entitäten führt die Infrastruktur bei diesem Modell viele sonst fehlerträchtige, wiederkehrende Programmteile aus.

Aufbau des Kapitels

Abschnitt 8.1, »Anwendungsarchitektur in SAP S/4HANA«, gibt einen kurzen Überblick über die Anwendungsarchitektur und das Programmiermodell in SAP S/4HANA. Die folgenden Abschnitte stellen verschiedene Typen von Metainformationen für Anwendungsdaten vor, die von der neuen Anwendungsinfrastruktur ausgewertet werden. Diese Metainformationen behandeln folgende Aspekte:

- Feldbezeichner (siehe Abschnitt 8.2)
- Feldeigenschaften wie Mengen und Beträge, Aggregationsverhalten, Systemzeiten, Texte in natürlicher Sprache (siehe Abschnitt 8.3)
- Fremdschlüsselbeziehungen (siehe Abschnitt 8.4)
- Textbeziehungen (siehe Abschnitt 8.5)

- Kompositionsbeziehungen (siehe Abschnitt 8.6)
- zeitabhängige Daten (siehe Abschnitt 8.7)

Ausblick

In Kapitel 9, »Das virtuelle Datenmodell von SAP S/4HANA«, zeigen wir Ihnen dann im Anschluss an dieses Kapitel, wie Metadaten und weitere Möglichkeiten von CDS genutzt werden, wie CDS-Modelle entlang betriebswirtschaftlicher Begriffe entwickelt werden und wie diese auch für ein nichttechnisches Publikum verständlich gestaltet werden können. In Kapitel 10, »Modellierung analytischer Anwendungen«, und Kapitel 11, »Modellierung transaktionaler Anwendungen«, werden wir die Besonderheiten bei analytischen und transaktionalen Anwendungen im Detail besprechen und weitere, mächtige Metadaten für CDS-Entitäten vorstellen, die diese spezifischen Anwendungstypen steuern.

8.1 Anwendungsarchitektur in SAP S/4HANA

Die Kernaufgabe einer betriebswirtschaftlichen Anwendung ist es, Daten zu lesen, für die Anzeige aufzubereiten und sie einem Benutzer anzuzeigen. Außerdem muss sie neue Eingaben oder Datenänderungen des Benutzers entgegennehmen, diese prüfen, prozessieren und schließlich die neuen Daten persistieren.

SAP-Fiori-Benutzeroberflächen

In modernen Benutzerschnittstellen wie SAP Fiori, die sich ganz an den Bedürfnissen der Benutzer orientieren, spielt der erste Teil der Benutzerinteraktion eine wichtige Rolle: Viele verschiedene Informationen sind für die Aufgabe des Benutzers relevant und sollen ihm als Entscheidungshilfe direkt zur Verfügung stehen. Die Aufbereitung der gewünschten Daten und ihre Anzeige erzeugen beträchtlichen Entwicklungsaufwand und erfordern Kenntnisse in verschiedenen Anwendungsbereichen. Für den zweiten Teil der Benutzerinteraktion, das Prüfen und Prozessieren, können hingegen meist bewährte Programmteile wiederverwendet werden.

Lesezugriffe

Erfahrungen zeigen, dass es sich bei mehr als 90 % der Datenzugriffe um Lesezugriffe handelt. Schreibzugriffe gibt es viel seltener. Um den Entwicklungsaufwand und die Programmkomplexität und damit den Wartungsaufwand zu reduzieren, wurde das Programmiermodell für SAP S/4HANA auf Lesezugriffe optimiert: Es werden CDS-Views verwendet, die in wiederverwendbarer Weise Rohdaten aufbereiten und mit semantischen Metadaten versehen. Diese Metadaten werden von Infrastrukturkomponenten ausgewertet, wodurch der Umfang der individuellen Programmierung verringert wird.

Den Unterschied zwischen den Programmiermodellen sehen Sie beim Vergleich der klassischen SAP-Fiori-Architektur in Abbildung 8.1 mit der neuen, für Lesezugriffe optimierten Architektur in Abbildung 8.2.

Programmiermodelle im Vergleich

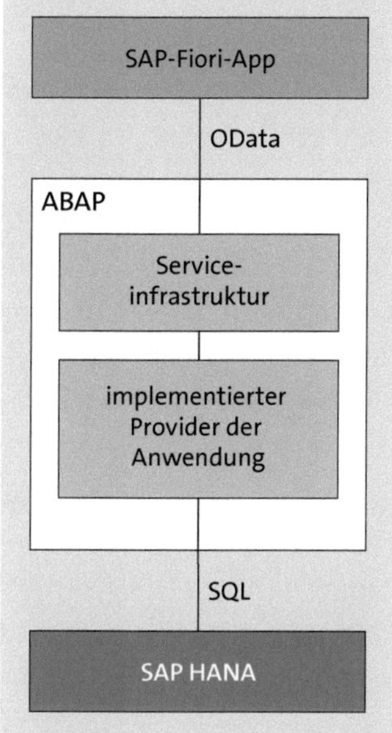

Abbildung 8.1 Klassische SAP-Fiori-Architektur

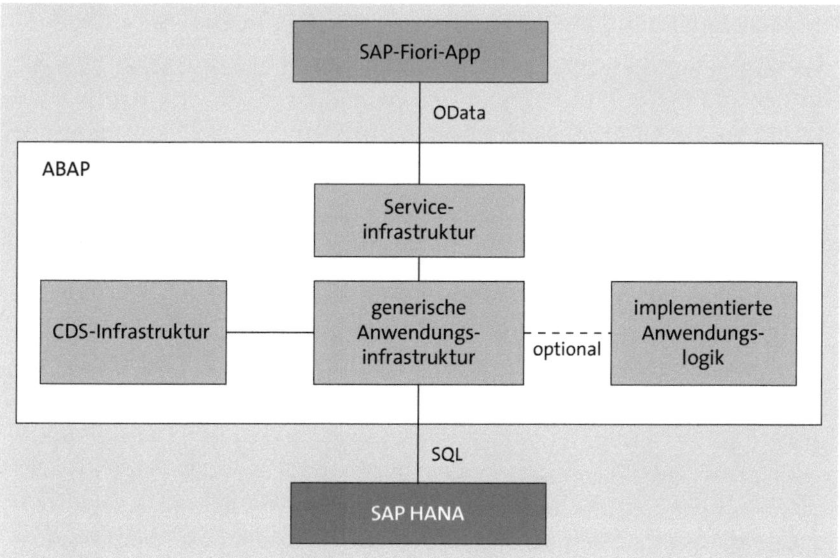

Abbildung 8.2 Neue Architektur für Lesezugriffe

In der stark vereinfachten Darstellung der beiden Programmiermodelle sehen Sie die gemeinsame Grundstruktur: SAP-Fiori-Apps verwenden OData-Services, die vom SAP NetWeaver AS ABAP bereitgestellt werden, der wiederum über SQL auf die Daten zugreift. Die technische Bereitstellung des OData-Service übernimmt in beiden Modellen die *Serviceinfrastruktur*.

OData-Service-Provider

Unterschiede gibt es bei der Implementierung des *Service-Providers* des OData-Service und bei der Definition des OData-Service selbst. Im klassischen Programmiermodell werden der OData-Service und sein Service-Provider individuell implementiert. Im neuen Modell legen CDS-Entitäten die Struktur des OData-Service und seiner Bestandteile fest. Eine generische *Anwendungsinfrastruktur* dient auf Basis der CDS-Entitäten als generischer Service-Provider. Die Definition von CDS-Entitäten, insbesondere CDS-Views, ist der wesentliche Schritt bei der Entwicklung eines neuen OData-Service.

Da die Struktur des OData-Service der Struktur der CDS-Entitäten entspricht, kann eine Leseanfrage an den OData-Service in SQL-Anfragen an diese CDS-Entitäten übersetzt werden. Das Ergebnis der SQL-Select-Anweisungen wird in entsprechende Entity Sets des OData-Service übersetzt und als Antwort auf die Leseanfrage zurückgegeben.

Sonderfälle, bei denen z. B. für die Implementierung einzelner Felder eine spezielle Logik notwendig ist, können optional in bereitgestellten Erweiterungen ausprogrammiert werden.

Metadaten

Die Metadaten der CDS-Entitäten steuern, wie der OData-Service zu den CDS-Entitäten gebildet wird, aber auch, wie eine OData-Anfrage in eine SQL-Anfrage umgesetzt wird. Manche CDS-Metadaten werden in entsprechende Metadaten des OData-Service übersetzt und stehen den Verwendern des Service zur Verfügung.

[»]

SAP Fiori Elements

Hierdurch ergibt sich weiteres Potenzial für die Vereinfachung der Entwicklung von SAP-Fiori-Apps mit *SAP Fiori Elements*. Damit kann eine SAP-Fiori-App aus wiederverwendbaren *Smart Templates* und *Smart Controls* aufgebaut werden, deren konkretes Layout durch den verwendeten OData-Service und dessen Annotationen gesteuert wird. Da die hierzu notwendigen *UI-Annotationen* schon in den verwendeten CDS-Views definiert werden können, lassen sich die wesentlichen Teile einer SAP-Fiori-App komplett in CDS definieren. Ein Beispiel dazu finden Sie in Abschnitt 11.9.2, »OData-Service für die Verwendung in der Benutzeroberfläche«.

Neue Architektur

In der Darstellung des Programmiermodells in Abbildung 8.3 haben wir Schreibzugriffe auf Daten sowie die Möglichkeit ergänzt, andere Kommunikationskanäle zu verwenden. Dies rundet das konzeptionelle Modell der Anwendungsarchitektur in SAP S/4HANA ab.

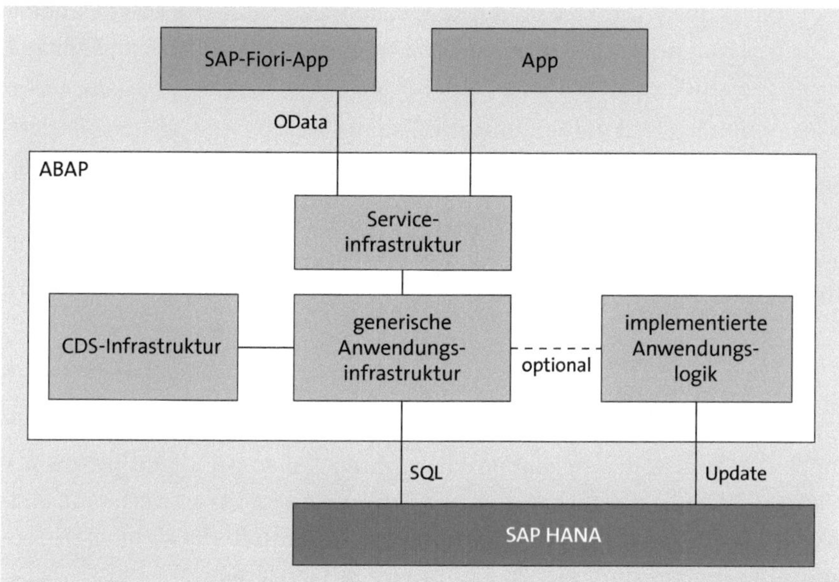

Abbildung 8.3 Neue Architektur im Überblick

Für Datenänderungen wird meist eine bestehende Anwendungslogik zur Prüfung, Prozessierung und für das Datenbank-Update angeschlossen. Die Entwicklungsarbeit liegt bei diesem Programmiermodell zu einem großen Teil in der Definition von CDS-Entitäten mit geeigneten Metadaten, dem zentralen Thema dieses Buchs.

Infrastrukturkomponenten

Den Hauptteil der generischen Anwendungsinfrastruktur bildet die *ABAP-Anwendungsinfrastruktur*, eine mit SAP NetWeaver 7.5 neu eingeführte Komponente des SAP NetWeaver AS ABAP. Ergänzt wird diese Komponente für analytische Anwendungen um die *Analytic Engine*, eine Komponente von SAP Business Warehouse (SAP BW), die auch in SAP S/4HANA verfügbar ist. Als Serviceinfrastruktur dienen *SAP Gateway* und andere Komponenten, z. B. Komponenten für das Kommunikationsprotokoll analytischer Anwendungen.

Vorteile der neuen Architektur

Die CDS-basierte Anwendungsarchitektur von SAP S/4HANA bietet im Vergleich zur klassischen Anwendungsarchitektur folgende Vorteile:

- höhere Geschwindigkeit bei der Selektion und Aufbereitung großer Datenmengen für die Benutzeroberfläche, da CDS-Views diese Schritte direkt in SAP HANA ausführen
- vereinfachte Entwicklung und hohe Konsistenz der angebotenen OData-Services durch die modellgetriebene Entwicklung, die auf einem einheitlichen Datenmodell, dem *virtuellen Datenmodell*, basiert (siehe Kapitel 9, »Das virtuelle Datenmodell von SAP S/4HANA«)
- Flexibilität durch die Nutzung implementierter ABAP-Logik bei Bedarf

Bewährte Komponenten der ABAP-Plattform, wie die integrierte Entwicklungs- und Transportumgebung sowie allgemeine Anwendungsservices wie die Benutzerverwaltung und integrierte Berechtigungsprüfungen, runden das Programmiermodell ab.

8.2 Feldbezeichner

In diesem und in den folgenden Abschnitten stellen wir einige in CDS-Modellen verwendete Metadaten vor. Wir beschreiben diese jeweils für CDS-Views, also die am häufigsten verwendete CDS-Entität. Die Metadaten können aber auch in anderen CDS-Entitäten genutzt werden.

Wir starten mit den Feldbezeichnern. Jedes Datenfeld in einer Tabelle oder in einem CDS-View benötigt nicht nur einen Feldnamen, sondern auch eine Beschreibung in der Sprache des Anwenders, einen *Feldbezeichner* (engl. *Label*). Die technischen Feldnamen in CDS-Views sollen zwar auch verständlich sein, sind aber nur in einer Sprache formuliert: in Englisch. Feldbezeichner sollen hingegen in viele Sprachen übersetzt werden.

Herkunft von Feldbezeichnern

Feldbezeichner sind eine wichtige semantische Information zu einem Datenfeld. Wie bei SAP-Anwendungen üblich, können auch im SAP-S/4HANA-Programmiermodell die Feldbezeichner aus Datenelementen stammen oder direkt auf der Benutzeroberfläche festgelegt werden. Bei CDS-Views ist es zudem möglich, einen Feldbezeichner durch eine Feldannotation zu definieren:

```
@EndUserText.label: '<Feldbezeichner>'
```

Der Feldbezeichner kann sich aber auch aus einem CDS Simple Type ergeben, der entsprechend annotiert ist (siehe Abschnitt 2.6, »CDS-Simple-Types«, Listing 2.6), wenn dieser zur Typisierung des View-Felds genutzt wird.

Ein annotierter Feldbezeichner kann wie andere Kurztexte übersetzt werden.

Der aus dem Datenelement oder dem Simple Type übernommene Feldbezeichner garantiert identische Feldbezeichner an allen entsprechend typisierten Datenfeldern. Dies erspart eine mehrfache Übersetzung und sorgt für eine konsistente Terminologie auf allen Benutzeroberflächen und in allen Apps.

8.2.1 Ermittlung eines Feldbezeichners

Datentyp oder Annotation?

In einem CDS-View kann der Feldbezeichner durch den Datentyp, Datenelement oder Simple Type, oder eine Annotation festgelegt werden. In einfachen Fällen hat eine Annotation Vorrang. Die Situation ist komplexer, wenn der Datentyp durch eine Cast-Operation geändert wird oder die Annotation von einer Datenquelle geerbt wird (siehe Abschnitt 2.4, »Cast-Anweisungen«, und Abschnitt 4.3.2, »Propagationslogik von Elementannotationen«).

Propagationslogik für Feldbezeichner

Tabelle 8.1 zeigt einen Stack von Views V1 bis V5, der diese Regeln demonstriert.

View	Annotation	Cast auf	Datenelement oder Simple Type	Feldbezeichner
V5	–	–	»D2«	»C«
V4	–	»D2«	»D2«	»C«
V3	(propagiert)	–	»D1«	»B«
V2	`@EndUserText.label: 'B'`	–	»D1«	»B«
V1	–	–	»D1«	»A«

Tabelle 8.1 Ermittlung eines Feldbezeichners

Der Feldbezeichner wird in diesem Beispiel wie folgt ermittelt:

1. Ausgangspunkt sind ein View V1 und dessen Feld F mit einem Datenelement oder Simple Type D1 als Datentyp. Dieser Typ legt den Feldbezeichner »A« fest.
2. Nun wird ein View V2 definiert, der das Feld F vom View V1 selektiert. Auch in V2 hat das Feld F den Datentyp D1. Im View V2 gibt es jedoch auch eine Annotation `@EndUserText.label: 'B'` zum Feld F. Daher erhält der Feldbezeichner den neuen Wert »B«, denn diese Annotation hat Vorrang vor dem Datentyp.
3. In einem View V3, der das Feld F von V2 selektiert, hat F weiterhin den Feldbezeichner »B«, da die Annotation propagiert wird.

4. In einem weiteren View V4, der das Feld F von V3 selektiert, erfolgt nun ein Cast des Datentyps des Felds auf ein Datenelement oder Simple Type D2. Damit erhält das Feld den Bezeichner »C« aus dem Datentyp D2. Denn der Cast hat Vorrang vor einer propagierten Annotation `@EndUserText.label`.

   Eine explizite Annotation im View V4 hätte dagegen Vorrang.
5. Im View V5, der das Feld F vom View V4 selektiert, bleibt es beim Feldbezeichner des Datentyps. Denn der Cast im View V4 hat die Propagation der Annotation gestoppt. Das Feld F dagegen behält den Datentyp D2 auch im View V5. Da es keine neue Annotation im View V5 gibt, wird der Bezeichner aus dem Datentyp übernommen.

Die technische Realisierung dieser Logik behandelt den Feldbezeichner des Datenelements oder Simple Type wie eine propagierte Annotation `@EndUserText.label`. Daher zeigt die Entwicklungsumgebung bei allen diesen Views eine aktive Annotation `@EndUserText.label` mit den jeweiligen Feldbezeichnern an. Sie können dies mit der Funktion **Active Annotations** aus dem Kontextmenü des CDS-Views in den ABAP Development Tools (ADT) überprüfen.

8.2.2 Wahl der Feldbezeichnerlänge

Textvarianten eines Feldbezeichners

Ein Datenelement bietet Feldbezeichner in drei Längen an sowie einen Feldbezeichner für eine Spaltenüberschrift und einen Text mit einer Kurzbeschreibung. Dadurch unterstützt es Benutzerschnittstellen mit verschiedenen Anforderungen an die Textlänge.

Für Felder in CDS-Views stehen hingegen nur drei Bezeichnertexte zur Verfügung, die mit den möglichen Bezeichnern der Properties von OData-Services korrespondieren:

- ein Feldbezeichner (Label)
- eine Kurzbeschreibung (QuickInfo)
- eine Spaltenüberschrift (Heading)

In CDS-Views selbst können nur zwei Bezeichnertexte durch Annotationen definiert werden:

- der Feldbezeichner durch `@EndUserText.label`
- die Kurzbeschreibung durch `@EndUserText.quickInfo`

Bei Simple Types kann zusätzlich die Spaltenüberschrift durch `@EndUserText.heading` festgelegt werden. Ist der Datentyp eines Felds durch einen

Simple Type gegeben, können diese drei Bezeichner direkt vom Datentyp übernommen werden.

Feldbezeichner eines Datenelements

Die Auswahl der Feldbezeichner eines Datenelements ist komplexer. Es gibt einfache Zuordnungen zwischen der Kurzbeschreibung des Datenelements und der Feldbezeichnervariante `quickInfo` sowie zwischen der Spaltenüberschrift und der Variante `heading`. Schwierig ist hingegen die Wahl des kurzen, mittleren oder langen Texts für die Feldbezeichnervariante `label`. Abbildung 8.4 zeigt das Beispiel eines typischen Datenelements.

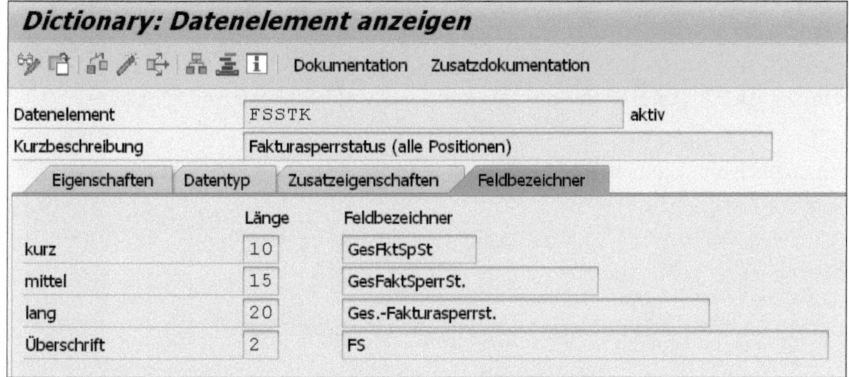

Abbildung 8.4 Feldbezeichnertexte eines Datenelements

In früheren Releases wurde in dieser Situation standardmäßig der Bezeichner mittlerer Länge des Datenelements als Feldbezeichner (Label) in einem OData-Service ausgewählt. Das führte in vielen Fällen zu kryptischen Abkürzungen. Andererseits sollen die Feldbezeichner auch nicht zu lang sein. Daher wurde die Logik angepasst. Sie selektiert nun den längsten Feldbezeichner, aber maximal einen Feldbezeichner mit einer Länge von 20 Stellen. Damit kann die Mehrzahl der Fälle behandelt werden.

Lange Feldbezeichner

In einigen Anwendungsfällen sind Bezeichner der Länge »20« aber immer noch zu kurz, um die Semantik des Felds klar auszudrücken. Längere Feldbezeichner können auf drei Arten erreicht werden:

- direkte Annotation des Felds im CDS-View
- Definition eines Datenelements ohne kurzen und mittleren Feldbezeichner, wie im Beispiel von Abbildung 8.5. Dann wird der einzige verbliebene Text als Feldbezeichner verwendet.
- Verwendung eines Simple Type, der einen längeren Bezeichner definiert, wie in Listing 8.1 gezeigt

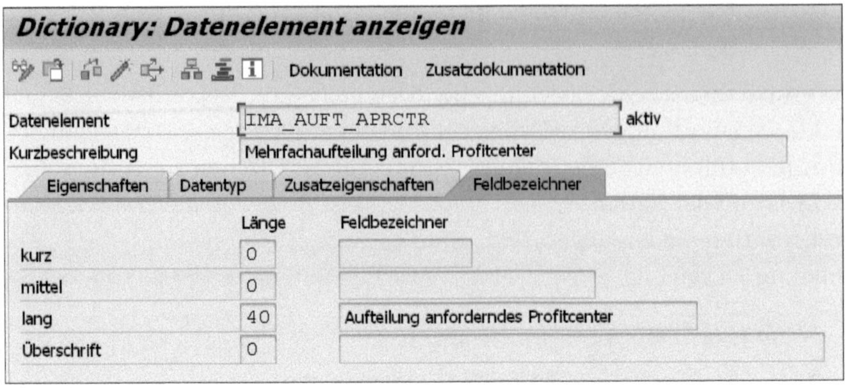

Abbildung 8.5 Datenelement mit einem langen Feldbezeichner

```
@EndUserText.label: 'Aufteilung anforderndes Profitcenter'
@EndUserText.quickInfo:
    'Mehrfachaufteilung anforderndes Profitcenter'
define type ZBT_IsDistrdToReqgPrftCtr: XFELD
```

Listing 8.1 Simple Type mit einem langen Feldbezeichner

Feldbezeichner in OData und in Analysen

Feldbezeichner, Kurzbeschreibung und Spaltenüberschrift werden durch die Anwendungsinfrastruktur in den Metadaten des OData-Service zur Verfügung gestellt. Analytische Anwendungen unterstützen in der Praxis nur den Feldbezeichner, der aus dem CDS-View übernommen wird.

Bezeichner für Parameter

Auch für Parameter eines CDS-Views gibt es Bezeichnertexte. Diese können analog den Feldbezeichnern aus dem Datentyp des Parameters entnommen oder durch die Annotationen `@EndUserText` definiert werden. Eine Propagationslogik für Annotationen von Parametern gibt es allerdings nicht.

Neben diesen Bezeichnern können Sie in Annotationen von CDS-Views weitere sprachabhängige Texte definieren, z. B. einen Bezeichner für den CDS-View selbst oder verschiedene Texte der Benutzeroberfläche durch UI-Annotationen. Für diese Texte gibt es jedoch keine alternative Herkunft aus Datentypen, sodass sie ausschließlich aus den View-Annotationen stammen.

8.3 Semantik von Feldern

Kennt man von einem Datenfeld nur den technischen Datentyp, weiß man kaum etwas über dessen betriebswirtschaftliche Semantik. Insbesondere kann eine intelligente Infrastruktur keine semantikabhängigen Funktionen anbieten, um Entwickler zu unterstützen. Die Bezeichnung oder die Dokumentation eines Felds adressiert dagegen einen menschlichen Leser. Diese Texte sind zu informell für eine automatisierte Verarbeitung.

Formalisierte Semantik

Daher führte schon das ABAP Data Dictionary zusätzlich zum Datentyp eine formalisierte Beschreibung einiger semantischer Aspekte eines Felds ein, z. B. um ein Betragsfeld und das zugehörige Währungsfeld zu identifizieren. Diese Beschreibungen ermöglichen eine automatisierte Verarbeitung durch die ABAP-Infrastruktur.

CDS geht einige Schritte weiter. Annotationen an Feldern oder Parametern eines CDS-Views können vielfältige semantische Aspekte des Datenfelds formalisieren. Diese Technik wird auf verschiedene Weisen eingesetzt, wie Sie an vielen Stellen dieses Buchs sehen werden. Im diesem Abschnitt stellen wir Ihnen einige häufig verwendete Feldannotationen vor.

8.3.1 Mengen und Beträge

Einheit und Währung

Zu einem Mengenfeld gehört ein Einheitenfeld, und zu einem Betragsfeld gehört ein Währungsfeld. Das ABAP Data Dictionary kann diese semantischen Eigenschaften und Beziehungen für Tabellen und Strukturen speichern. Für CDS-Views ist dies durch folgende CDS-Annotationen möglich:

- Ein *Einheitenfeld* wird durch die Annotation `@Semantics.unitOfMeasure: true` charakterisiert.
- Bei der Kennzeichnung eines *Mengenfelds* wird gleichzeitig das zugehörige Einheitenfeld angegeben:

  `@Semantics.quantity.unitOfMeasure: '<Einheitenfeld>'`
- Ein *Währungsfeld* wird durch die Annotation `@Semantics.currencyCode: true` charakterisiert.
- Und bei *Betragsfeldern* wird wiederum das zugehörige Währungsfeld angegeben:

  `@Semantics.amount.currencyCode: '<Währungsfeld>'`

Durch die Angabe des Referenzfelds beim Mengen- bzw. Betragsfeld können sich mehrere Felder auf das gleiche Einheiten- bzw. Währungsfeld beziehen.

Beispiele

Listing 8.2 zeigt einige Beispiele hierfür aus dem SAP-Standard-View `I_SalesOrderItem`.

```
@Semantics.unitOfMeasure: true
OrderQuantityUnit,
@Semantics.quantity.unitOfMeasure: 'OrderQuantityUnit'
OrderQuantity,
```

```
@Semantics.amount.currencyCode: 'TransactionCurrency'
NetAmount,
@Semantics.currencyCode: true
TransactionCurrency,
```

Listing 8.2 Annotationen für Mengen und Einheiten, Beträge und Währungen

[!]

Funktionale Bedeutung von Referenzfeldern

Für Betragsfelder wird oft der ABAP-Datentyp CURR verwendet. Die korrekte Interpretation eines solchen Betragsfelds ist nur zusammen mit der zugehörigen Währung möglich. Achten Sie daher darauf, ein solches Betragsfeld immer richtig mit der zugehörigen Währung zu verknüpfen. Andernfalls kann sich sogar der Wert ändern, wenn das Feld gelesen und angezeigt wird.

Servicemetadaten

Die CDS-Annotationen für Mengen, Einheiten, Beträge und Währungen werden durch die Anwendungsinfrastruktur in analoge Annotationen in den Metadaten des OData-Service umgewandelt und stehen damit Verwendern des OData-Service zur Verfügung. Auch analytische Anwendungen nutzen diese CDS-Annotationen, wie Sie in Kapitel 10 sehen werden.

8.3.2 Aggregationsverhalten

Eine SQL-Select-Anfrage kann explizit eine *Aggregation* eines Datenfelds anfordern. Abhängig vom Typ des Felds gibt es dabei folgende Möglichkeiten:

- Für zahlenartige Felder kann die Aggregation in Form einer *Summation* oder eine *Durchschnittsbildung* erfolgen.
- Für sortierbare Felder kann eine *Maximum-* oder *Minimumbildung* erfolgen.
- Für beliebige Felder kann das *Zählen* von unterschiedlichen Werten umgesetzt werden.

Standardaggregation

Manche Datenfelder in einem CDS-View werden oft aggregiert und haben eine bevorzugte Aggregationsmethode. Die Nettobeträge von Kundenauftragspositionen werden z. B. für gewöhnlich summiert, die Nettopreise aber nicht. Für die Nettopreise ist manchmal eine Minimum- oder Maximumbildung interessant, aber meist dienen sie nur als zusätzliche Information.

Durch eine CDS-Annotation können Sie bei einem Feld eine *Standardaggregation* hinterlegen, die zu seiner Semantik passt. Dies ermöglicht es der Infrastruktur, aggregierte Daten zu liefern, auch wenn keine Aggregationsmethode explizit angefordert wurde: Sie verwendet die jeweils annotierte Standardaggregation.

Aggregierende Selektion

Wenn z. B. das Feld `NetAmount` im View der Kundenauftragspositionen für die Standardaggregation »Summation« annotiert ist, liefert eine aggregierende Selektion der Sparte und des Nettobetrags als Ergebnis eine Liste der Sparten, jeweils mit der Summe der Nettobeträge aller Positionen mit dieser Sparte. Ein solches Resultat stellt schon eine einfache Analyse der betriebswirtschaftlichen Daten dar.

Zwei Annotationsversionen

Aufgrund einer Änderung an der Systematik von CDS-Annotationen gibt es zwei verschiedene Möglichkeiten, um eine Standardaggregation zu definieren: die nur noch vereinzelt anzutreffende veraltete Variante `@DefaultAggregation` und die korrekte neue Variante `@Aggregation.default`. Mögliche Typen für die Standardaggregation sind in Tabelle 8.2 angegeben.

Aggregationstyp	Beschreibung
#AVG	Durchschnittsbildung: Summe über alle Werte, geteilt durch die Anzahl der Werte
#COUNT_DISTINCT	Anzahl unterschiedlicher Werte
#FORMULA	Sonderform für analytische Queries (siehe Abschnitt 10.3.4, »Berechnung von Kennzahlen«)
#MAX	Maximum aller Werte
#MIN	Minimum aller Werte
#NONE	Das Feld soll nicht aggregiert werden.
#SUM	Summe aller Werte

Tabelle 8.2 Unterstützte Aggregationstypen

Listing 8.3 zeigt einige Beispiele dieser Annotation aus dem SAP-Standard-View `I_SalesOrderItem`.

```
@DefaultAggregation: #SUM
OrderQuantity,
@DefaultAggregation: #SUM
NetAmount,
@DefaultAggregation: #NONE
NetPriceAmount,
```

Listing 8.3 Standardaggregation

Keine Aggregation

Felder, für die keine Standardaggregation annotiert ist, werden nicht aggregiert. Das entspricht dem Verhalten der Standardaggregation `#NONE`.

Kennzahlen und Aggregation

Die Annotation einer Standardaggregation (außer `#NONE`) hat einen großen Einfluss auf die Verwender des Views. Bei analytischen Views führt dies zur Interpretation des annotierten Felds als *analytische Kennzahl*. Mehr Details dazu finden Sie in Abschnitt 10.2, »Analytische Views«.

In den Metadaten eines OData-Service (in der OData-Version 2.0) zum CDS-View wird ein Feld, das mit einer Standardaggregation annotiert ist, als Kennzahl (engl. *Measure*) markiert. Eine Leseanfrage an das Entity Set des OData-Service, das dem CDS-View entspricht, wird als aggregierende Selektion ausgeführt.

Die Art der Aggregation richtet sich nach der annotierten Standardaggregation eines Felds. Für die Ausführung der Anfrage erzeugt die Anwendungsinfrastruktur eine SQL-Anfrage mit der Standardaggregation für die annotierten Felder. Die Berechnung der Aggregation erfolgt schließlich durch SAP HANA. Durch diesen Mechanismus können OData-Services einfache Analysen ausführen.

8.3.3 Systemzeiten

Zeitpunkt der Anlage und letzten Änderung

Meist speichern Datenbanktabellen zusammen mit den Anwendungsdaten auch Informationen, wann ein Datensatz angelegt oder das letzte Mal geändert wurde. Dies ist eine wichtige semantische Information. Der Zeitpunkt der letzten Änderung kann z. B. bei der Datenreplikation oder bei optimistischen Sperrverfahren genutzt werden. Voraussetzung ist natürlich, dass diese Information beim Anlegen und jeder Änderung zuverlässig bestimmt und gespeichert wird.

Durch CDS-Annotationen können Felder mit diesen Informationen als *Systemzeiten* gekennzeichnet werden (siehe Tabelle 8.3).

Annotation	Semantik des Felds
`@Semantics.systemDateTime.createdAt`	Zeitpunkt der Datenanlage (ABAP-Typ `TIMESTAMP` oder `TIMESTAMPL`)
`@Semantics.systemDateTime.lastChangedAt`	Zeitpunkt der letzten Datenänderung (ABAP-Typ `TIMESTAMP` oder `TIMESTAMPL`)
`@Semantics.systemDate.createdAt`	Datum der Datenanlage (ABAP-Typ `DATS`)

Tabelle 8.3 CDS-Annotationen für Systemzeiten

Annotation	Semantik des Felds
@Semantics.systemDate. lastChangedAt	Datum der letzten Datenänderung (ABAP-Typ DATS)
@Semantics.systemTime. createdAt	Uhrzeit der Datenanlage (ABAP-Typ TIMS); nur sinnvoll in Kombination mit einem Anlagedatum
@Semantics.systemTime. lastChangedAt	Uhrzeit der letzten Datenänderung (ABAP-Typ TIMS); nur sinnvoll in Kombination mit einem Änderungsdatum

Tabelle 8.3 CDS-Annotationen für Systemzeiten (Forts.)

8

Systemzeiten in CDS-Views

Felder mit Systemzeiten gibt es natürlich nicht nur in Tabellen, sondern auch in CDS-Views. Bei Views, die Daten aus mehreren Tabellen zusammenführen, ist genau zu prüfen, welche Felder als Systemzeiten annotiert werden:

- Nur ein einziger Anlagezeitpunkt ist sinnvoll; er sollte sich auf die Hauptentität des Views beziehen.
- Der Zeitpunkt der letzten Änderung muss mögliche Änderungen an *allen* Datenfeldern des CDS-Views berücksichtigen, unabhängig von ihrer Herkunft.

Listing 8.4 zeigt Beispiele von Systemzeiten aus dem SAP-Standard-View I_SalesOrder.

```
@Semantics.systemDate.createdAt: true
CreationDate,
@Semantics.systemTime.createdAt: true
CreationTime,
@Semantics.systemDate.lastChangedAt: true
LastChangeDate,
@Semantics.systemDateTime.lastChangedAt: true
LastChangeDateTime,
```

Listing 8.4 Systemzeiten

8.3.4 Texte und Sprachen

Texte in natürlicher Sprache

Felder, die Text in natürlicher Sprache enthalten, möchte man von Codes oder sonstigen technischen Informationen unterscheiden. Diese Felder sollen bevorzugt einem menschlichen Benutzer angezeigt werden; sie spielen für die technische Prozessierung aber kaum eine Rolle. Für diesen Zweck steht die CDS-Annotation `@Semantics.text` zur Verfügung.

Texte in natürlicher Sprache sind meist in einer bestimmten Sprache abgefasst. Es gibt nur wenige Ausnahmen, wie z. B. Namen von Menschen oder Organisationen. Wenn die verwendete Sprache in einem anderen Feld des Views angegeben ist, annotiert man dieses Feld mit `@Semantics.language`. Eine explizite Verbindung zwischen den Feldern, wie bei Mengen oder Beträgen, ist allerdings nicht vorgesehen. Für gewöhnlich verwenden alle Textfelder eines Views die gleiche Sprache.

Listing 8.5 zeigt Beispiele hierfür aus dem SAP-Standard-View `I_CountryText`. Bei diesem View handelt es sich um einen sprachabhängigen Text-View, den Sie in Abschnitt 8.5, »Textbeziehungen«, genauer kennenlernen werden.

```
@Semantics.language
key spras as Language,
@Semantics.text: true
cast(landx50 as fis_landx50 preserving type ) as CountryName,
```

Listing 8.5 Annotationen für Text und Sprache

8.3.5 Informationen zum Geschäftsjahr

Geschäftsjahr

CDS-Annotationen können auch eine anwendungsspezifische Semantik ausdrücken. Ein Beispiel dafür sind Informationen zum *Geschäftsjahr* des Rechnungswesens und dessen Perioden. Ein Geschäftsjahr kann vom Kalenderjahr abweichen und flexibel definierte Perioden enthalten. Bei Analysen von Daten des Rechnungswesens erlaubt die Kennzeichnung von Geschäftsjahresinformationen eine dazu passende Aufbereitung der Daten.

Die Annotationen hierfür sind in Tabelle 8.4 angegeben.

Annotation	Semantik des Felds
`@Semantics.fiscal.yearVariant`	Geschäftsjahresvariante; diese legt die Eigenschaften des Geschäftsjahres fest.
`@Semantics.fiscal.period`	Geschäftsperiode, mit drei Ziffern
`@Semantics.fiscal.year`	Geschäftsjahr, mit vier Ziffern
`@Semantics.fiscal.yearPeriod`	Geschäftsjahresperiode, die Kombination aus Geschäftsjahr und Periode

Tabelle 8.4 Informationen zum Geschäftsjahr

Annotation	Semantik des Felds
@Semantics.fiscal.quarter	Geschäftsquartal, mit einer Ziffer
@Semantics.fiscal.yearQuarter	Kombination von Geschäftsjahr und Quartal
@Semantics.fiscal.week	Geschäftswoche, mit zwei Ziffern
@Semantics.fiscal.yearWeek	Kombination von Geschäftsjahr und Woche
@Semantics.fiscal.dayOfYear	Nummer eines Tages im Geschäftsjahr

Tabelle 8.4 Informationen zum Geschäftsjahr (Forts.)

Listing 8.6 zeigt Beispiele für diese Annotationen aus dem SAP-Standard-View I_JournalEntryItem.

```
@Semantics.fiscal.year: true
ryear as LedgerFiscalYear,
@Semantics.fiscal.period: true
poper as FiscalPeriod,
@Semantics.fiscal.yearVariant: true
periv as FiscalYearVariant,
@Semantics.fiscal.yearPeriod: true
fiscyearper as FiscalYearPeriod,
```

Listing 8.6 Informationen zum Geschäftsjahr

8.4 Fremdschlüsselbeziehungen

Das Konzept von *Fremdschlüsseln* kennen Sie vielleicht aus dem ABAP Data Dictionary. Im Grunde hat es zum Ziel, die möglichen Werte für ein Datenfeld einer Fremdschlüsseltabelle auf die in der Prüftabelle vorhandenen Werte eines zugeordneten Schlüsselfelds der Prüftabelle einzuschränken. Das klingt kompliziert, das Prinzip wird anhand eines Beispiels aber schnell klar (siehe Abbildung 8.6).

Im Beispiel besitzt ein Datensatz für eine Adresse ein Feld COUNTRY, um den Staat der Adresse anzugeben. Als mögliche Werte für den Staat sind nur Staaten aus der Staatentabelle zugelassen. Die Tabelle der Adressen hat daher die Rolle einer Fremdschlüsseltabelle und besitzt ein Fremdschlüsselfeld für den Staat. Die Tabelle der Staaten übernimmt die Rolle der Prüftabelle mit dem Staat als Schlüsselfeld.

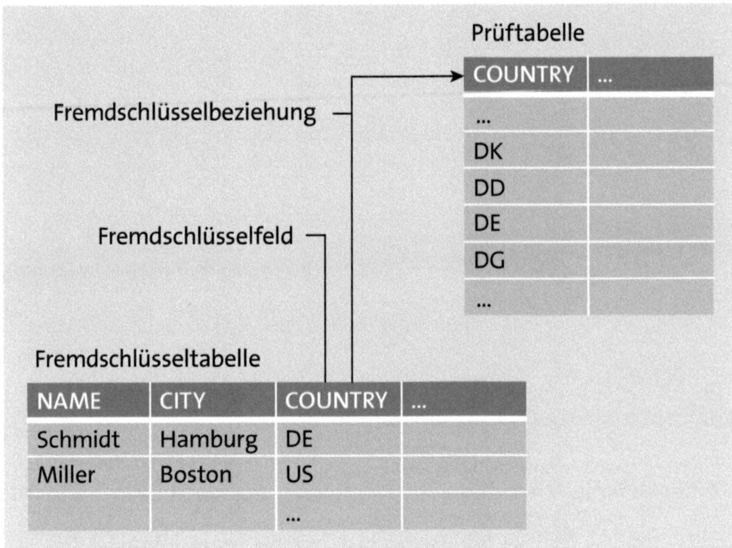

Abbildung 8.6 Fremdschlüssel im ABAP Data Dictionary

Diese Beziehung zwischen den Tabellen und den jeweiligen Feldern kann als Fremdschlüssel im ABAP Data Dictionary hinterlegt werden.

Fremdschlüssel in CDS

Auch zwischen CDS-Views kann es eine Fremdschlüsselbeziehung geben. Mithilfe einer Assoziation wird die Beziehung zwischen dem *Fremdschlüssel-View* und dem *Werte-* oder *Entitäten-View* elegant definiert. Im Kontext von CDS sprechen wir ungern von einem »Prüf-View«, da die reine Fremdschlüsselbeziehung keine Prüfung festlegt, sondern nur eine Aussage über die semantische Beziehung der persistierten Daten macht. Der Werte- oder Entitäten-View stellt die möglichen Feldwerte zur Verfügung, oder genauer: Er repräsentiert die Liste der Entitäten, auf die das Fremdschlüsselfeld verweisen kann (siehe Abbildung 8.7).

Listing 8.7 zeigt ein Beispiel für eine solche Assoziationsdefinition von View `I_ProfitCenter` zu View `I_Country`.

```
define view I_Country as select from t005
{ key cast(land1 as land1_gp preserving type ) as Country,
  ...
}
define view I_ProfitCenter  as select distinct from cepc
association[0..1] to I_Country as _Country
  on $projection.Country = _Country.Country
{ ...
```

```
  land1 as          Country,
  ...
}
```

Listing 8.7 Assoziation für eine Fremdschlüsselbeziehung

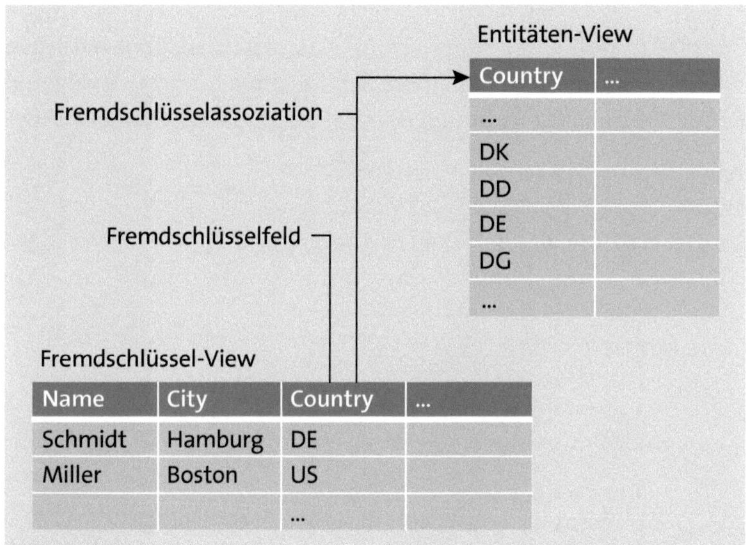

Abbildung 8.7 Fremdschlüssel in CDS

Fremdschlüssel-annotation

Damit wissen wir aber noch nicht, dass es sich um eine Fremdschlüsselbeziehung handelt. Man könnte die Assoziation auch definieren, wenn das Feld Country im View I_ProfitCenter beliebige Werte enthalten kann. Den Charakter einer Fremdschlüsselbeziehung bestätigt der Entwickler des Views erst durch die Annotation @ObjectModel.foreignKey.association am Fremdschlüsselfeld (siehe Listing 8.8). Die Assoziation wird dann *Fremdschlüsselassoziation* für dieses Feld genannt.

```
define view I_ProfitCenter  as select distinct from cepc
association[0..1] to I_Country as _Country
  on $projection.Country = _Country.Country
{ ...
  @ObjectModel.foreignKey.association: '_Country'
  land1 as          Country,
  ...
}
```

Listing 8.8 Annotieren einer Fremdschlüsselassoziation

Kardinalität

Die Kardinalität einer Fremdschlüsselassoziation muss entweder [0..1] oder [1..1] sein; es gibt also höchstens einen Staat oder genau einen Staat für ein Profitcenter. Die Kardinalität der Umkehrrichtung der Assoziation wird bei CDS im Gegensatz zum ABAP Data Dictionary nicht weiter eingeschränkt, kann also [0..*] sein, d. h., zu einem Staat kann es kein einziges oder beliebig viele Profitcenter geben.

Mehrere Schlüsselfelder

Diese Art der Definition einer Fremdschlüsselassoziation klappt natürlich auch für Werte-Views mit mehr als einem Schlüsselfeld. Listing 8.9 zeigt ein entsprechendes Beispiel für Regionen (Bundesstaaten, Bundesländer usw.).

```
define view I_Region  as select from t005s
  association [1..1] to I_Country as _Country
    on  $projection.Country = _Country.Country
{
  @ObjectModel.foreignKey.association: '_Country'
  key t005s.land1 as Country,
  key t005s.bland as Region,
  ...
}

define view I_ProfitCenter  as select distinct from cepc
association[0..1] to I_Country as _Country
  on $projection.Country = _Country.Country
association[0..1] to I_Region as _Region
  on     $projection.Country = _Region.Country
    and  $projection.Region  = _Region.Region
{ ...
  @ObjectModel.foreignKey.association: '_Country'
  land1 as          Country,
  @ObjectModel.foreignKey.association: '_Region'
  regio as          Region,
  ...
}
```

Listing 8.9 Fremdschlüsselassoziation mit zwei Schlüsselfeldern

Abbildung 8.8 zeigt, wie die drei Views aus den Listings durch Fremdschlüsselassoziationen miteinander verknüpft sind.

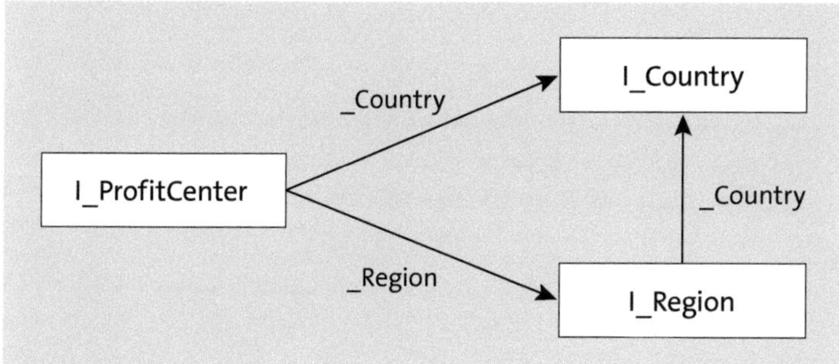

Abbildung 8.8 Fremdschlüsselassoziationen

Repräsentierendes Schlüsselfeld

Für CDS wurde das Fremdschlüsselkonzept des ABAP Data Dictionary um einen nützlichen Aspekt erweitert: die Auszeichnung eines *repräsentierenden Schlüsselfelds* durch die Annotation `@ObjectModel.representativeKey`. Die Motivation hierfür liefert das letzte Beispiel. In Listing 8.9 ist sowohl durch die Semantik als auch die Namensgebung klar, dass die Assoziation `_Country` die Fremdschlüsselassoziation zum Feld `Country` ist, und nicht die Assoziation `_Region`.

Technisch gesehen könnten Sie beim Feld `Country` auch die Assoziation `_Region` als Fremdschlüsselassoziation eintragen. Dies bringt allerdings folgende Nachteile mit sich:

- Als Wertemenge stehen nicht mehr alle Länder zur Verfügung, sondern nur die Länder, für die Regionen erfasst sind.
- Es ist für einen Verwender des Fremdschlüssel-Views nicht möglich, über die Fremdschlüsselassoziation weitere Informationen zu dem Staat im Feld `Country` anzufragen.

Diese zweite Möglichkeit ist aber eine essenzielle Eigenschaft des Datenmodells: Durch das Verfolgen von Assoziationen erschließen sich weitere Detailinformationen zu dem Ausgangspunkt, dem Fremdschlüsselfeld. Fremdschlüsselassoziationen in CDS sollen genau diesem Zweck dienen und weitere Daten der Entität beschaffen, die durch das Fremdschlüsselfeld repräsentiert wird.

Konsistenzbedingung

Durch die Kennzeichnung eines repräsentierenden Schlüsselfelds des Entitäten-Views wird die Verwendung einer falschen Assoziation als Fremdschlüsselassoziation erkannt. In einem konsistenten Modell muss die Fremdschlüsselassoziation immer das Fremdschlüsselfeld mit dem repräsentierenden Schlüsselfeld des Entitäten-Views verbinden, also die beiden Felder in der On-Bedingung der Assoziationsdefinition gleichsetzen.

Listing 8.10 zeigt die Annotation @ObjectModel.representativeKey in den Views I_Country und I_Region.

```
@ObjectModel.representativeKey: 'Country'
define view I_Country as select from t005
{ key cast(land1 as land1_gp preserving type ) as Country,
  ...
}
@ObjectModel.representativeKey: 'Region'
define view I_Region  as select from t005s
  association [1..1] to I_Country as _Country
    on  $projection.Country = _Country.Country
{
  @ObjectModel.foreignKey.association: '_Country'
  key t005s.land1 as Country,
  key t005s.bland as Region,
  ...
}
```

Listing 8.10 Annotation eines repräsentierenden Schlüsselfelds

Das repräsentierende Schlüsselfeld eines Entitäten-Views ist der Teil des Schlüssels, der semantisch eine Entität (Zeile) des Views repräsentiert. Im View der Regionen ist dies das Schlüsselfeld Region, nicht das Schlüsselfeld Country. Gewöhnlich drücken der Name des Views und der Name des repräsentierenden Schlüsselfelds die Semantik der Entität aus, daher passen die beiden meist gut zusammen.

Modellierungsmuster

Nicht jeder CDS-View braucht ein repräsentierendes Schlüsselfeld. Aber Views mit einem repräsentierenden Schlüsselfeld stellen eigenständige Entitäten dar, die über Fremdschlüssel angebunden werden können und dadurch ein Datenmodell semantisch anreichern. Aus diesem Grund bilden Fremdschlüsselbeziehungen in CDS ein elementares Modellierungsmuster.

Fremdschlüsselassoziationen werden an vielen Stellen verwendet:

- Sie sind die Standardquelle für Wertehilfen, wenn keine explizite Wertehilfe definiert ist (siehe Abschnitt 13.1, »Wertehilfen«).
- Sie definieren Dimensionen im analytischen Modell (siehe Abschnitt 10.2.4, »Analytische Dimensions-Views«).
- Sie zeichnen den View aus, der Detailinformationen zu einem Datenfeld liefert.
- Sie können auch für automatisierte Eingabeprüfungen in transaktionalen Anwendungen genutzt werden.

8.5 Textbeziehungen

Viele Datenfelder enthalten einen Verweis auf eine betriebswirtschaftliche Entität in codierter Form, z. B. als Ländercode oder als ID eines Kunden. Während Computer sehr gut darin sind, solche Codes zu verarbeiten, wollen menschliche Anwender von Software Namen oder Beschreibungen in natürlicher Sprache sehen. Diese Texte sind in separaten Feldern oder sogar separaten Tabellen abgelegt. Daher muss im Datenmodell eine Verbindung zwischen dem codierten Feld und dem Textfeld geschaffen werden, eine *Textbeziehung*. Die Definition einer solchen Beziehung ermöglicht es der Infrastruktur, Texte automatisiert zu finden, um sie Anwendern anzuzeigen.

Textuelle Beschreibungen können in mehreren Sprachen vorliegen. Aus diesen Sprachen sollte die Anmeldesprache des Benutzers ausgewählt oder eine passende Ersatzsprache verwendet werden.

CDS unterstützt zwei Varianten von Textbeziehungen: Beziehungen innerhalb eines Views oder zwischen zwei Views. Beide Varianten basieren auf Annotationen: `@ObjectModel.text.element` definiert Textbeziehungen innerhalb eines Views und `@ObjectModel.text.association` definiert Textbeziehungen zwischen zwei Views.

Textbeziehung innerhalb eines Views

Ein Beispiel für die erste Variante finden Sie im SAP-Standard-View `I_Bank` für Banken. Ein relevanter Ausschnitt ist in Listing 8.11 zu sehen.

```
define view I_Bank as select from bnka
{ ...
  @ObjectModel.foreignKey.association: '_Country'
  key banks as BankCountry,
  @ObjectModel.text.element: [ 'BankName' ]
  key bankl as BankInternalID,
      @Semantics.text: true
      banka as BankName,
  ...
}
```

Listing 8.11 Textbeziehung innerhalb eines Views

In diesem Beispiel ist `BankInternalID` eine codierte Darstellung einer Bank und `BankName` ein Textfeld mit dem Namen der Bank. Beachten Sie auch die Feldannotation `@Semantics.text` aus Abschnitt 8.3.4, »Texte und Sprachen«. Die Annotation `@ObjectModel.text.element` am Feld mit der codierten Darstellung verweist auf eine Liste von Feldern, die einen beschreibenden Text enthalten. Im konkreten Beispiel ist dies nur ein einziges Feld. Bei mehreren Textfeldern in der Liste würde die Infrastruktur das erste Textfeld auswählen. Beachten Sie, dass mit dieser Variante keine sprachabhängigen Beschreibungen möglich sind.

Textbeziehungen zwischen Views

Ein Beispiel für die zweite Variante bilden der View aller Staaten, I_Country, und der View I_CountryText mit den zugehörigen Bezeichnungen in verschiedenen Sprachen. Listing 8.12 zeigt die relevanten Teile dieser Views.

```
define view I_Country as select from t005
  association [0..*] to I_CountryText as _Text
    on $projection.Country = _Text.Country
{ @ObjectModel.text.association: '_Text'
  key cast(land1 as land1_gp preserving type ) as Country,
  ...
}

@ObjectModel.dataCategory: #TEXT
@ObjectModel.representativeKey: 'Country'
define view I_CountryText as select from t005t
{ key land1 as Country,
  @Semantics.language: true
  key spras as Language,
  @Semantics.text: true
  cast(landx50 as fis_landx50 preserving type )
    as CountryName,
  ...
}
```

Listing 8.12 Textbeziehung zu einem Text-View

Textassoziation

Das codierte Feld Country liegt im View I_Country vor; seine textliche Beschreibung CountryName, der Name des Staats, ist sprachabhängig und im View I_CountryText verfügbar. Die Verbindung zwischen den Views wird durch die Assoziation _Text hergestellt. Die Annotation @ObjectModel.text.association: '_Text' kennzeichnet die Assoziation als *Textassoziation* für das Feld Country: die Beschreibung zu diesem Feld ist im assoziierten View zu finden.

Im assoziierten View I_CountryText ist das Feld CountryName als Textfeld annotiert und wird daher als Beschreibung verwendet. Bei mehreren Textfeldern im View würde die Infrastruktur das erste Textfeld wählen.

Text-Views

Views, die im Wesentlichen nur textliche Beschreibungen enthalten, können im Datenmodell durch die View-Annotation @ObjectModel.dataCategory: #TEXT als *Text-Views* gekennzeichnet werden.

Um zu verdeutlichen, für welches Feld der Text-View einen Text bereitstellt, wird eines seiner Schlüsselfelder durch die Annotation `@ObjectModel.representativeKey` als repräsentierendes Schlüsselfeld charakterisiert (siehe Abschnitt 8.4, »Fremdschlüsselbeziehungen«). Dies präzisiert die Semantik des Views, wenn er mehrere Schlüsselfelder hat.

Textassoziationen verbinden immer das im Ausgangs-View annotierte Feld mit dem repräsentierenden Schlüsselfeld des Text-Views. Ein Text-View ist meist sprachabhängig. Das für die Sprache der Texte relevante Feld muss ein Schlüsselfeld und mit `@Semantics.language: true` annotiert sein. Die Infrastruktur filtert gewöhnlich auf die Anmeldesprache des Benutzers, wenn sie einen sprachabhängigen Text ermittelt.

Fremdschlüssel-assoziation nutzen

Der View `I_ProfitCenter` aus dem vorangegangenen Abschnitt (siehe Listing 8.8), besitzt keine Textassoziation für sein Feld `Country`. Dennoch kann die Infrastruktur automatisiert ein Textfeld dazu ermitteln. Hierzu folgt sie erst der Fremdschlüsselassoziation zum View `I_Country`. Dessen repräsentierendes Schlüsselfeld `Country` hat eine Textassoziation, über die ein Text zu finden ist (siehe Abbildung 8.9).

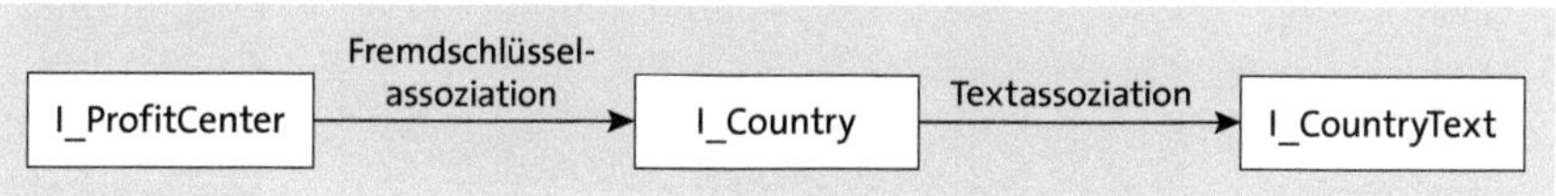

Abbildung 8.9 Fremdschlüssel- und Textassoziation

8.6 Kompositionsbeziehungen

Viele Arten von zusammengehörigen betriebswirtschaftlichen Daten sind in einer normalisierten Form in mehreren Tabellen abgelegt, z. B. die Kopfdaten und die Positionsdaten eines Kundenauftrags oder einer Bestellung. Während CDS-Views für analytische Zwecke solche Daten in einem einzigen View kombinieren, reflektieren CDS-Views für transaktionale Anwendungen eine normalisierte Verteilung der Daten über mehrere Views.

Objekte und Knoten

Im Datenmodell möchten wir ausdrücken, welche CDS-Entitäten zusammengehören und eine wohl definierte Komposition und dadurch ein gemeinsames betriebswirtschaftliches *Objekt* bilden, ein *Geschäftsobjekt* oder *Business-Objekt*. Die CDS-Entitäten oder -Views, die zu einem Business-Objekt beitragen, werden *Objektknoten* (engl. *Object Nodes*) oder *Business-Objektknoten* genannt. Um zu definieren, welche Entitäten zusammengehören, werden *Kompositionsbeziehungen* eingeführt, die zusammengehörige Views in eine hierarchische Vater-Kind-Beziehung bringen. Ein View kann höchstens einen übergeordneten Vater-View haben, aber beliebig viele untergeordnete Kind-Views. Wie in der Modellierung üblich, impliziert eine Kompositionsbeziehung auch eine existenzielle Abhängigkeit. Das heißt, eine Datenzeile eines Kind-Views kann nur angelegt werden, wenn es auch (genau) eine zugehörige Datenzeile des Vater-Views gibt, und das Löschen einer Datenzeile eines Vater-Views führt auch zum Löschen aller zugehörigen Datenzeilen in allen seinen Kind-Views.

Für jedes Objekt wird ein Knoten als *Wurzel-View* oder *Wurzelknoten* (engl. Root Node) ausgezeichnet. Dies ist der einzige Knoten, der keinen Vaterknoten besitzt. Beim Kundenauftrag ist z. B. der View mit den Daten des Auftragskopfs der Wurzelknoten. Das Objekt wird durch den Wurzelknoten identifiziert.

[»]

Neue Syntaxelemente für Kompositionen

Kompositionsbeziehungen wurden in CDS ursprünglich durch CDS-Annotationen (siehe das gleichnamige Kapitel 4) ausgedrückt. Um die Entwicklung von transaktionalen Anwendungen zu unterstützen, wurden neue Syntaxelemente für Kompositionen in CDS eingeführt, `define root`, `parent` und `composition`. Diese Elemente lernen Sie in Kapitel 11, »Modellierung transaktionaler Anwendungen«, kennen. Im Folgenden stellen wir den klassischen Ansatz mit Annotationen vor, der auch bei DDIC-basierten CDS-Views eingesetzt werden kann.

Kompositionsassoziation

Kompositionsbeziehungen zwischen Knoten werden, wie die zuvor beschriebenen Fremdschlüssel- und Textbeziehungen, als Assoziationen definiert. Die Annotation `@ObjectModel.association.type` weist den Assoziationen einen Typ zu, der sie als *Kompositionsassoziationen* kennzeichnet. Dabei werden drei Typen von Kompositionsassoziationen unterschieden:

- `#TO_COMPOSITION_PARENT` bedeutet, dass die Assoziation zum Vater-View zeigt.
- `#TO_COMPOSITION_CHILD` bedeutet, dass die Assoziation zu einem Kind-View zeigt.
- `#TO_COMPOSITION_ROOT` bedeutet, dass die Assoziation zum Wurzel-View des Objekts zeigt.

Eine Assoziation kann gleichzeitig die Typen `#TO_COMPOSITION_PARENT` und `#TO_COMPOSITION_ROOT` haben. Der Wurzel-View wird durch die Annotation `@ObjectModel.compositionRoot: true` ausgezeichnet.

Kundenauftrag als Beispiel

Ein Kundenauftrag, bestehend aus den CDS-Views `I_SalesOrder` für den Auftragskopf, `I_SalesOrderItem` für die Positionen und `I_SalesOrderSchedule`

Line für die Einteilungen, hat die in Abbildung 8.10 gezeigten Kompositionsassoziationen.

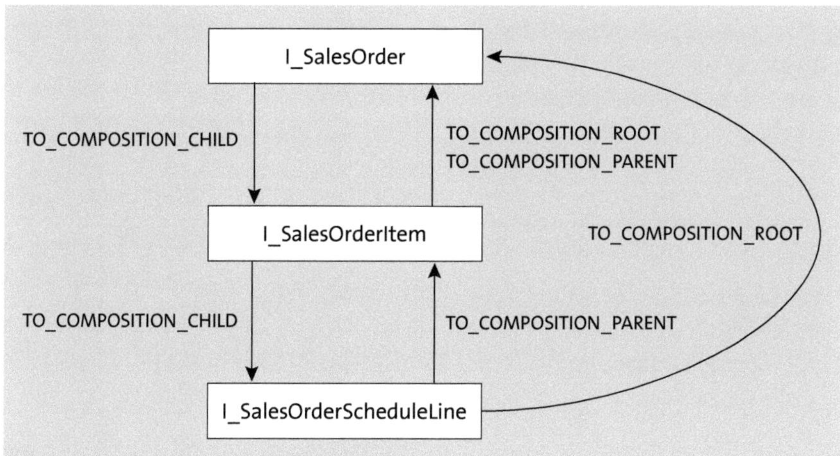

Abbildung 8.10 Kompositionsassoziationen

Die relevanten Teile der View-Definitionen finden Sie in Listing 8.13.

```
@ObjectModel.compositionRoot: true
define view I_SalesOrder ...
  association [0..*] to I_SalesOrderItem as _Item
    on $projection.SalesOrder = _Item.SalesOrder
{ ...
  @ObjectModel.association.type: [#TO_COMPOSITION_CHILD]
  _Item,
  ...
}

define view I_SalesOrderItem ...
  association [1..1] to I_SalesOrder as _SalesOrder
    on $projection.SalesOrder = _SalesOrder.SalesOrder
  association [0..*] to I_SalesOrderScheduleLine
    as _ScheduleLine
    on    $projection.SalesOrder = _ScheduleLine.SalesOrder
      and $projection.SalesOrderItem =
                                  _ScheduleLine.SalesOrderItem
{ ...
  @ObjectModel.association.type:
    [#TO_COMPOSITION_PARENT, #TO_COMPOSITION_ROOT]
  _SalesOrder,
  @ObjectModel.association.type: [#TO_COMPOSITION_CHILD]
  _ScheduleLine,
```

```
  ...
}

define view I_SalesOrderScheduleLine ...
  association [1..1] to I_SalesOrder as _SalesOrder
    on $projection.SalesOrder = _SalesOrder.SalesOrder
  association [1..1] to I_SalesOrderItem as _SalesOrderItem
    on    $projection.SalesOrderItem =
                              _SalesOrderItem.SalesOrderItem
      and $projection.SalesOrder = _SalesOrderItem.SalesOrder
{ ...
  @ObjectModel.association.type: [#TO_COMPOSITION_ROOT]
  _SalesOrder,
  @ObjectModel.association.type: [#TO_COMPOSITION_PARENT]
  _SalesOrderItem,
  ...
}
```

Listing 8.13 Views mit Kompositionsbeziehung

In Abschnitt 11.3, »Transaktionale Objektmodelle«, sehen Sie genauer, wie Kompositionen verwendet werden.

8.7 Zeitabhängige Daten

Zeitabhängige Daten oder *temporale Daten* in betriebswirtschaftlichen Anwendungen sind meist Attribute von Stammdatenobjekten, deren Werte sich zeitlich ändern, gewöhnlich an einem bestimmten Kalendertag. Typische Beispiele sind das Gehalt eines Mitarbeiters oder der Mehrwertsteuersatz eines Lands.

Betriebswirtschaftliche Zeitabhängigkeit

Dabei handelt es sich um eine *betriebswirtschaftliche*, geplante Zeitabhängigkeit, nicht um eine Versionierung der Daten mit Angabe des Änderungszeitpunkts. Diese zweite Art der Versionierung wird *Systemzeitabhängigkeit* genannt und meist für die Änderungsverfolgung oder Revisionszwecke genutzt. Eine betriebswirtschaftliche Zeitabhängigkeit wird fast immer durch Datumsangaben beschrieben, hat also die Granularität von Tagen. Zeitabhängige Daten werden meist in separaten Tabellen abgelegt, die ein zusätzliches Schlüsselfeld für die Zeitdimension haben.

Modellierungsmuster

Mit CDS-Views können die typischen betriebswirtschaftlich zeitabhängigen Daten wie folgt in ein gemeinsames Modellierungsmuster gebracht werden:

- Ein betriebswirtschaftlich zeitabhängiger View hat zwei Datumsfelder für den Gültigkeitszeitraum der zeitabhängigen Attribute. Diese Datumsfelder sind annotiert mit `@Semantics.businessDate.from: true` bzw. `@Semantics.businessDate.to: true`.
- Der Gültigkeitszeitraum umfasst das `from`-Datum und das `to`-Datum.
- Mindestens eines der Datumsfelder ist Teil des Schlüssels des Views. Der Rest des Schlüssels wird *Entitätenschlüssel* genannt.
- Bei gleichem Entitätenschlüssel dürfen sich die Gültigkeitszeiträume nicht überlappen.
- Die kombinierten Gültigkeitszeiträume aller Zeilen mit dem gleichen Entitätenschlüssel können Lücken zwischen benachbarten Zeiträumen aufweisen.

Beide Datumsfelder sollten in der Datenbank gespeichert werden, um effiziente Zugriffe zu ermöglichen.

[!]

Nur zeitabhängige Views annotieren

Achten Sie bei der Verwendung der Annotationen `@Semantics.businessDate.from` und `@Semantics.businessDate.to` darauf, dass der View tatsächlich alle genannten Eigenschaften eines betriebswirtschaftlich zeitabhängigen Views besitzt.

Die Infrastruktur erkennt an den Annotationen und dem Schlüssel des Views einen betriebswirtschaftlich zeitabhängigen CDS-View und kann bei der Verarbeitung der Daten einen geeigneten Stichtag als Filter verwenden.

Beispiel

In Listing 8.14 sehen Sie, wie der View `I_CostCenter` als betriebswirtschaftlich zeitabhängiger View gekennzeichnet ist.

```
define view I_CostCenter as select ...
{ key kokrs  as ControllingArea,
  key kostl  as CostCenter,
  @Semantics.businessDate.to: true
  key datbi  as ValidityEndDate,
  @Semantics.businessDate.from: true
  datab      as ValidityStartDate,
  ...
}
```

Listing 8.14 Betriebswirtschaftlich zeitabhängiger View

Kapitel 9
Das virtuelle Datenmodell von SAP S/4HANA

In SAP S/4HANA werden betriebswirtschaftliche Daten durch ein virtuelles Datenmodell repräsentiert, das primär durch CDS-Modelle definiert ist. Dieses Datenmodell eröffnet Ihnen einen leicht verständlichen Zugang zu Ihren Daten.

In den zahlreichen Datenbanktabellen eines betriebswirtschaftlichen Softwaresystems sind wertvolle Unternehmensdaten abgelegt. Durch die komplexe Struktur und Namensgebung dieser Tabellen erschließt sich ihre Bedeutung nur technischen Experten. Das *virtuelle Datenmodell* (VDM) von SAP S/4HANA stellt diese Daten zusammen mit ihrer betriebswirtschaftlichen Semantik in einer verständlichen und direkt nutzbaren Form zur Verfügung und wird anstelle des direkten Zugriffs auf Datenbanktabellen genutzt (siehe Abbildung 9.1). Die Datenstrukturen und Terminologie des VDM werden in externen Serviceschnittstellen, SAP-Fiori-Apps und Datenschnittstellen weitgehend beibehalten.

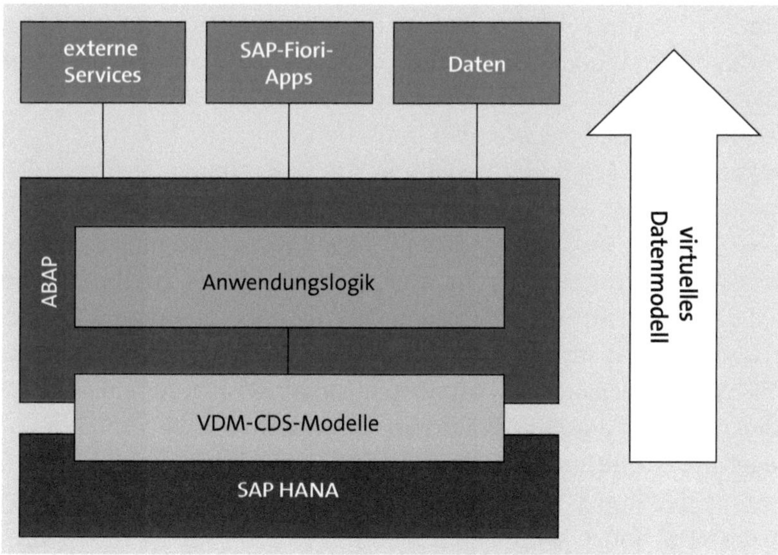

Abbildung 9.1 Virtuelles Datenmodell und seine Verwender

Das virtuelle Datenmodell besteht einerseits aus CDS-Entitäten, meist CDS-Views, die nach SAP-internen Standards entwickelt werden, und andererseits aus Modellentitäten, den sogenannten *SAP-Objekttypen* (engl. SAP Object Types), die betriebswirtschaftlichen Objekten oder Konzepten entsprechen. Dazu kommen sogenannte *SAP-Objektknotentypen* (engl. SAP Object Node Types), die SAP-Objekttypen und CDS-Entitäten des VDM miteinander verbinden. SAP-Objekttypen und SAP-Objektknotentypen sind eigenständige Entwicklungsobjekte.

SAP-Objekttypen repräsentieren wohldefinierte betriebswirtschaftliche Objekte wie Kundenaufträge, Kunden oder Produkte, aber auch Codelisten oder Konfigurationsobjekte wie Währungen oder Zahlungsbedingungen. SAP-Objektknotentypen repräsentieren die Unterstruktur der Objekttypen, z. B. Kopf, Positionen und Einteilungen eines Kundenauftrags. Mehrere CDS-Entitäten können einem SAP-Objektknotentyp zugeordnet werden und beschreiben diesen im Detail: seine Feldstruktur, seine Beziehungen (Assoziationen) zu anderen SAP-Objektknotentypen (anderen CDS-Entitäten). Für verschiedene Zwecke oder Kontexte kann es jeweils eigene CDS-Entitäten zu einem SAP-Objektknotentyp geben.

Das virtuelle Datenmodell bildet die Grundlage für Anwendungsdaten in transaktionalen Anwendungen, für analytische Modelle, externe Schnittstellen und bei externen Verwendern der Daten für Analysen oder KI.

Aufbau des Kapitels

Dieses Kapitel erläutert, worum es sich beim virtuellen Datenmodell handelt, wie Sie es nutzen können und wie es aufgebaut ist. Als Beispiel stellen wir einen kleinen Teil des VDM aus dem Umfeld des Kundenauftrags vor. In Abschnitt 9.1, »Warum ein virtuelles Datenmodell?«, erläutern wir die Motivation für das VDM und seine Bedeutung für die Entwicklung bei SAP, aber auch bei Kunden und Partnern. Abschnitt 9.2, »SAP-Objekttypen und SAP-Objektknotentypen«, behandelt die Definition von SAP-Objekttypen und -Objektknotentypen und ihre Beziehung zu CDS-Entitäten. Abschnitt 9.3, »Kategorien von CDS-Entitäten im VDM«, zeigt die verschiedenen Kategorien von Entitäten im VDM mit ihren Beziehungen untereinander. Abschnitt 9.4, »Namensgebung im virtuellen Datenmodell«, beschreibt, wie im VDM die Namen für SAP-Objekttypen, SAP-Objektknotentypen, CDS-Entitäten und ihre Elemente entstehen. In Abschnitt 9.5, »Der Basic-Interface-View für den Kundenauftrag«, betrachten wir als Beispiel für einen *VDM-View* den CDS-View des Kundenauftrags und zeigen, wie ein virtuelles Datenmodell in der Praxis aussieht. Zum Abschluss geben wir in Abschnitt 9.6, »Tipps zum Finden von VDM-Views«, Hinweise, wie Sie geeignete CDS-Entitäten des VDM finden können.

9.1 Warum ein virtuelles Datenmodell?

Ziele des VDM

Das VDM ist das zentrale Datenmodell für Anwendungsdaten. Dieses wird von transaktionalen und analytischen Apps, von Service- und Datenschnittstellen genutzt. Die Definition eigenständiger Modelle für verschiedene Verwendungszwecke kann damit entfallen oder wird durch die Wiederverwendung der VDM-Modelle stark vereinfacht. Das gemeinsame Datenmodell führt zu konsistenten Eigenschaften der verschiedenen Apps und Schnittstellen. Aber die Richtlinien für das VDM haben noch weitere Ziele: intuitive Verständlichkeit der Datenstrukturen aus betriebswirtschaftlicher Sicht, konsistente Namen, Homogenität des Gesamtmodells sowie Vermeidung von Redundanzen und Doppelentwicklungen.

Vielleicht kennen Sie solche Ziele aus anderen Modellierungsinitiativen. Beim virtuellen Datenmodell kommen zwei weitere Ziele hinzu, die seinen Wert beträchtlich erhöhen: die *effiziente Ausführbarkeit des Modells* und die *Praxistauglichkeit*. Diese werden durch die direkte Ausführung der CDS-Entitäten in SAP HANA und die konsequente Verwendung des virtuellen Datenmodells bei der Entwicklung neuer Apps und Services durch SAP sichergestellt.

Verwendung des VDM

Damit wird das virtuelle Datenmodell auch zu einer idealen Grundlage für Ihre eigenen Entwicklungen und Erweiterungen. Sie können Ihre eigenen CDS-Views aus VDM-Views nach Ihren individuellen Wünschen kombinieren und profitieren dabei von der betriebswirtschaftlichen Aufbereitung der Daten durch das VDM. Ihre neuen Views verwenden Sie, um Ihre eigenen Serviceschnittstellen, transaktionalen oder analytischen Apps zu erstellen. Dadurch erzielen Sie viel schneller Ergebnisse, brauchen nicht auf unterster Ebene mit den Datenbanktabellen zu starten und müssen weniger Teile der Anwendungen selbst implementieren.

Lebenszyklus

Richten Sie sich bei Ihrer Verwendung des VDM nach dem Lebenszyklus der CDS-Views und -Elemente (siehe Kapitel 14, »Lebenszyklus und Stabilität von Core Data Services«) und profitieren Sie von den Maßnahmen, die SAP zur Sicherung der Kompatibilität ergreift. Nutzen Sie ausschließlich freigegebene Views und achten Sie darauf, die von Ihnen genutzten Entitäten oder Elemente durch deren Nachfolger zu ersetzen, wenn sie von SAP als **Deprecated** markiert wurden.

VDM-Prinzipien

Bei der Entwicklung des virtuellen Datenmodells stehen die folgenden Aspekte im Vordergrund:

- VDM-Entitäten sind *betriebswirtschaftlich verständlich* und werden um zusätzliche *Semantik* ergänzt, z. B. um die Beziehungen zu anderen VDM-Entitäten.

- Ein wachsender Teil der VDM-Entitäten ist für die *Wiederverwendung* durch andere Entwicklungsteams und nach erfolgter Freigabe für Partner und Kunden vorgesehen.
- Das virtuelle Datenmodell ist das *führende Modell*; andere Datenmodelle werden daraus abgeleitet, z. B. Modelle von OData-Services oder analytische Modelle.
- VDM-Views werden direkt von der Datenbank *SAP HANA* ausgeführt und profitieren von deren vielfältigen Möglichkeiten und deren Geschwindigkeit.
- VDM-Entitäten werden bei der Entwicklung von allen *SAP-Standard-Apps* in SAP S/4HANA genutzt.
- VDM-Entitäten basieren auf CDS und nutzen die robuste *ABAP-Infrastruktur*.

Das virtuelle Datenmodell deckt zum Zeitpunkt der Drucklegung dieses Buchs bereits viele, aber noch nicht alle Anwendungsbereiche und deren Daten ab. Es wächst kontinuierlich mit jeder Implementierung einer neuen App oder Schnittstelle. In den folgenden Abschnitten lernen Sie mehr Details des VDM kennen.

9.2 SAP-Objekttypen und SAP-Objektknotentypen

SAP-Objekttypen (engl. SAP Object Types (SOT)) und SAP-Objektknotentypen (engl. SAP Object Node Types (SONT)) beinhalten nur wenige Informationen. Ihre wesentliche Aufgabe ist es, ein betriebswirtschaftliches Objekt zu repräsentieren, dem andere Entitäten oder Entwicklungsobjekte zugeordnet sind.

SAP-Objekttypen in ADT

SAP-Objekttypen und Objektknotentypen werden in den ABAP Development Tools (ADT) als **SAP Object Type** bzw. **SAP Object Node Type** definiert. In Abbildung 9.2 ist der Objekttyp SalesOrder dargestellt.

Object Type Code und Type Category

Das Attribut *Object Type Code* eines SAP-Objekttyps ist ein numerischer alternativer Schlüssel, der bei Integrationen zwischen Systemen beziehungsweise Cloud Services verwendet werden kann. Das Attribut *Type Category* eines SAP-Objekttyps gibt die Art des Objekttyps an (siehe Abbildung 9.3 und Tabelle 9.1).

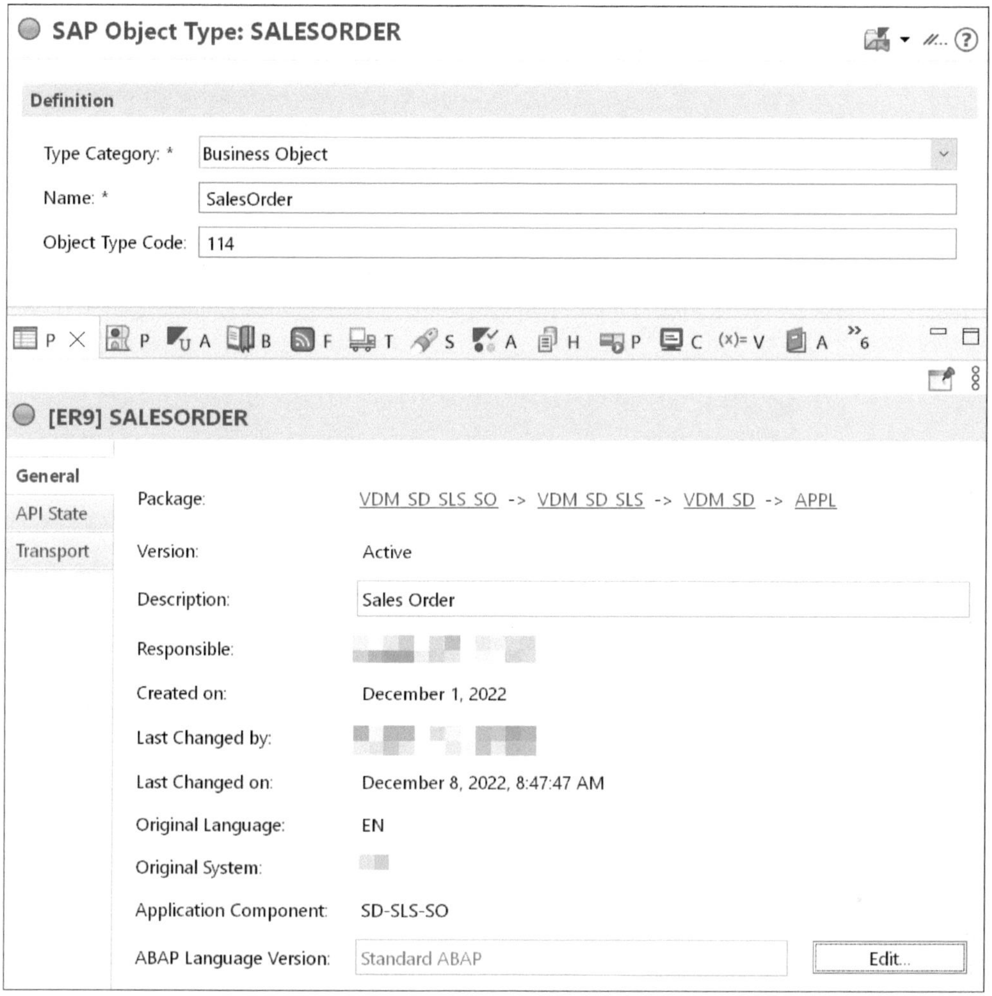

SAP Object Type: SALESORDER
Definition
Type Category: *
Business Object
Name: *
SalesOrder
Object Type Code:
114
P
P
A
B
F
T
S
A
H
P
C
(x)= V
A
»6
[ER9] SALESORDER
General
API State
Transport
Package:
VDM_SD_SLS_SO -> VDM_SD_SLS -> VDM_SD -> APPL
Version:
Active
Description:
Sales Order
Responsible:
Created on:
December 1, 2022
Last Changed by:
Last Changed on:
December 8, 2022, 8:47:47 AM
Original Language:
EN
Original System:
Application Component:
SD-SLS-SO
ABAP Language Version:
Standard ABAP
Edit...

Abbildung 9.2 SAP-Objekttyp SalesOrder

SAP Object Type: SALESORDER
Definition
Type Category: *
Business Object
Name: *
Object Type Code:
Business Object
Technical Object
Analytical Object
Configuration Object
Dependent Object

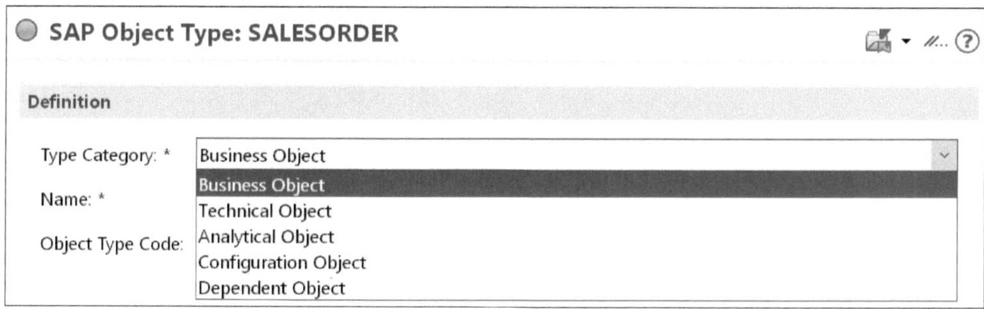

Abbildung 9.3 Type Category eines SAP-Objekttyps

Das Attribut *Type Category* eines SAP-Objekttyps kann verschiedene Werte haben, die in Tabelle 9.1 erklärt werden.

Art (Type Category)	Beschreibung
Business Object	eigenständiges betriebswirtschaftliches Objekt
Technical Object	Objekt ohne betriebswirtschaftliche Bedeutung
Analytical Object	Objekt, das durch Kombination aus anderen Daten entsteht, die dadurch eine neue Qualität erhalten
Configuration Object	Objekt der betriebswirtschaftlichen Konfiguration oder eine Codeliste
Dependent Object	abhängiges Objekt, das nur als Teil eines anderen Objekts genutzt wird

Tabelle 9.1 Arten eines SAP-Objekttyps

SAP-Objektknotentypen

Während ein SAP-Objekttyp ein komplexes Objekt, ein Aggregat, mit allen seinen Substrukturen repräsentiert, modelliert ein SAP-Objektknotentyp eine einfache Substruktur. Abbildung 9.4 und Abbildung 9.5 zeigen die SAP-Objektknotentypen **SalesOrder** und **SalesOrderItem**, die beide zum SAP-Objekttyp SalesOrder gehören.

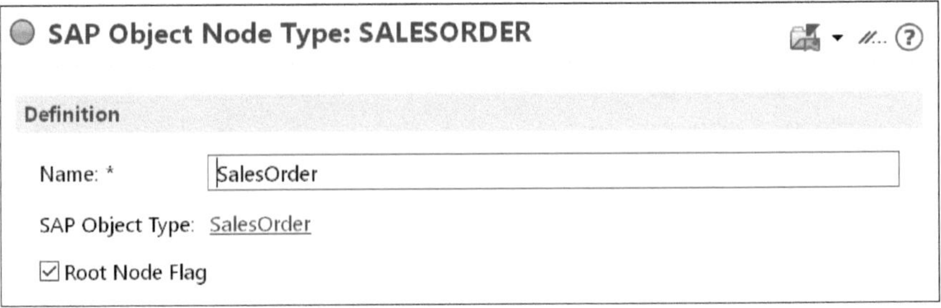

Abbildung 9.4 SAP-Objektknotentyp SalesOrder, ein Wurzelknoten

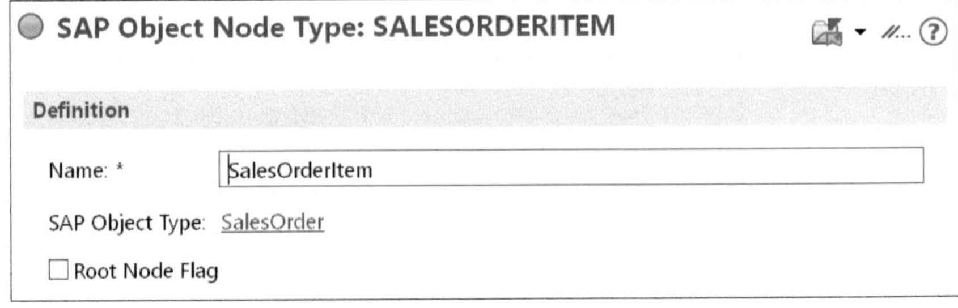

Abbildung 9.5 SAP-Objektknotentyp SalesOrderItem

Zu jedem SAP-Objekttyp gehört ein SAP-Objektknotentyp, gewöhnlich mit demselben Namen, der die Kopfdaten des Objekts repräsentiert. Dieser ist durch **Root Node Flag** als Wurzelknoten ausgezeichnet.

Wurzelknoten

Durch die CDS-Annotation `@ObjectModel.sapObjectNodeType.name` kann eine CDS-Entität einem SAP-Objektknotentyp und damit auch dessen SAP-Objekttyp zugeordnet werden. Da es oft mehrere CDS-Entitäten für gleiche betriebswirtschaftliche Sachverhalte, aber verschiedene Einsatzzwecke gibt, schafft diese Annotation Klarheit. Die annotierten CDS-Entitäten liefern reichhaltige Informationen über die Objektknotentypen: Datenfelder, Assoziationen und Annotationen. Aus den Assoziationen der CDS-Entitäten können sogar die Beziehungen zwischen SAP-Objektknotentypen und zwischen SAP-Objekttypen abgeleitet werden.

SAP-Objekttypen und CDS-Entitäten

Falls es aus technischen Gründen nicht gewünscht ist, CDS-Entitäten durch Assoziationen zu verknüpfen, beispielsweise bei Remote-API-Views (siehe Abschnitt 9.3.3, »Consumption-Views«), kann ein Code- oder ein ID-Feld mit der Annotation `@ObjectModel.sapObjectNodeTypeReference` versehen werden, die auf den SAP-Objektknotentyp verweist, den dieses Feld identifiziert. Die Annotation ist also eine Fremdschlüsselbeziehung auf einen SAP-Objektknotentyp.

9.3 Kategorien von CDS-Entitäten im VDM

Seit der Einführung von Core Data Services ist die Zahl der CDS-Entitäten und -Views im virtuellen Datenmodell stark angewachsen. Sie werden für verschiedene Zwecke eingesetzt, und neue Views für einen spezifischen Anwendungsfall können ohne viel Aufwand entwickelt werden. SAP-Objekttypen und -Objektknotentypen ordnen die CDS-Entitäten aus betriebswirtschaftlicher Sicht. Die *unterstützten Funktionen* (engl. Supported Capabilities), auf die wir in Kapitel 14, »Lebenszyklus und Stabilität von Core Data Services«, näher eingehen, teilen CDS-Entitäten nach Verwendungsszenarien ein.

In diesem Abschnitt erläutern wir die *Schichten* des virtuellen Datenmodells, deren Entitäten jeweils eigene Aufgaben haben, und einige besondere Typen von Views. Abbildung 9.6 zeigt die Schichtenstruktur mit einigen Beispielen.

Schichten des VDM

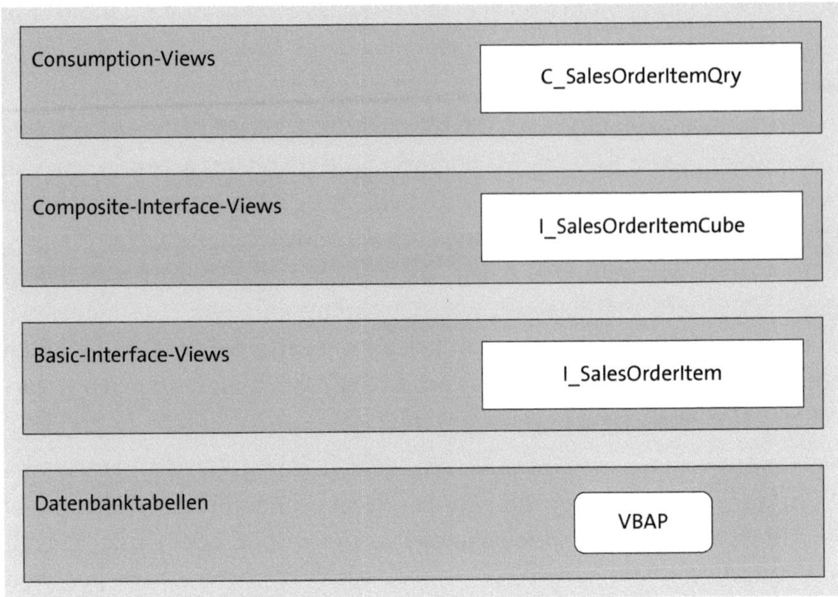

Abbildung 9.6 Schichten des VDM

9.3.1 Basic-Interface-Views

Basic-Interface-Views

Direkt auf den Datenbanktabellen setzt die Schicht der *Basic-Interface-Views* auf. Diese Views werden durch die Annotation `@VDM.viewType: #BASIC` gekennzeichnet. Nur Views aus dieser Schicht greifen direkt auf Datenbanktabellen zu. Basic-Interface-Views sind explizit für die Wiederverwendung vorgesehen, in erster Linie als Datenquellen oder Assoziationsziele bei der Definition neuer Views, und werden gewöhnlich nach dem Stabilitätskontrakt C1 freigegeben (siehe Kapitel 14). In der Cloud bilden sie die unterste Zugriffsschicht auf Daten für Kunden und Partner und verstecken die konkreten Datenbanktabellen, sodass bei Bedarf das Persistenzmodell geändert werden kann, ohne alle Zugriffe umbauen zu müssen. Alle weiteren VDM-Views basieren auf den Basic-Interface-Views.

Modelltransformation

Basic-Interface-Views transformieren das klassische Persistenzmodell der Anwendungsdaten zum virtuellen Datenmodell. Die einzelnen Maßnahmen der Transformation sind:

- Basierend auf den technischen Datenbanktabellen werden Views mit betriebswirtschaftlicher Semantik definiert.
- Eine betriebswirtschaftliche Terminologie für Objekttypen, CDS-Entitäten, Felder, Parameter und Assoziationen wird eingeführt (siehe Abschnitt 9.4, »Namensgebung im virtuellen Datenmodell«).

- An den Feldern wird ihre Semantik annotiert (siehe Abschnitt 8.3, »Semantik von Feldern«).
- Beziehungen zwischen Views werden durch Fremdschlüsselbeziehungen, Textbeziehungen oder Kompositionsbeziehungen definiert (siehe die gleichnamigen Abschnitt 8.4, Abschnitt 8.5 und Abschnitt 8.6).

Weitere Entitäten im VDM erben die transformierten Eigenschaften von den Basic-Interface-Views, sodass einheitliche Modelle und eine einheitliche Terminologie gewährleistet sind.

Redundanzfreiheit

In gewisser Weise bilden die Basic-Interface-Views innerhalb des VDM den Ersatz für die Datenbanktabellen. Ähnlich wie die Datenbankschicht soll die Schicht der Basic-Interface-Views *redundanzfrei* sein, um die Konsistenz des gesamten VDM sicherzustellen. Es darf z. B. nur einen Basic-Interface-View geben, der einen Kunden repräsentiert. Diese Redundanzfreiheit ist jedoch semantisch und nicht technisch zu verstehen. Manche Tabellen enthalten Daten verschiedener betriebswirtschaftlicher Entitäten, die durch jeweils eigene Basic-Interface-Views repräsentiert werden, z. B. Kundenauftrag und Verkaufskontrakt. Solche Generalisierungs-/Spezialisierungssituationen können durch spezifische Basic-Interface-Views leicht verständlich repräsentiert werden, z. B. durch die Views `I_SalesOrder` und `I_SalesContract`. In Abschnitt 9.5.2, »Aufbau des Views«, erklären wir das Beispiel des Kundenauftrags genauer.

9.3.2 Composite-Interface-Views

Composite-Interface-Views werden durch die Auswahl von Basic-Interface-Views oder anderen Composite-Interface-Views aufgebaut. Sie bilden neue betriebswirtschaftliche Darstellungen oder nützliche Kombinationen von Daten aus verschiedenen Datenquellen. Sie werden durch die Annotation `@VDM.ViewType: #COMPOSITE` gekennzeichnet. Analytische Cube-Views, die im gleichnamigen Abschnitt 10.2.3 genauer beschrieben werden, sind gewöhnlich Composite-Interface-Views. Auch die CDS-Entitäten der transaktionalen Objektmodelle aus Abschnitt 11.3, »Transaktionale Objektmodelle«, gehören zur Schicht der Composite-Interface-Views, werden aber durch die Annotation `@VDM.ViewType: #TRANSACTIONAL` charakterisiert, um ihre transaktionale Verwendung explizit herauszustellen.

Interface-Views

Composite-Interface-Views sind ebenso wie Basic-Interface-Views für die Wiederverwendung gedacht. Zusammen bilden sie die *Interface-Views* des VDM, also die Schnittstelle des virtuellen Datenmodells. Allerdings werden nicht alle Composite-Interface-Views von SAP für die Verwendung durch Kunden und Partner freigegeben. Einige Views dieser Schicht sind nur für die SAP-interne Verwendung vorgesehen. Üblich ist z. B. die Freigabe von analytischen Cube-Views als Provider-Views für kundeneigene analytische Queries oder als Datenquelle für die Definition von kundeneigenen Cube-Views.

[»]

Namenskonvention für Interface-Views

Ursprünglich hatten alle Interface-Views des VDM als Namenskonvention das Präfix »I_«. Dann wurde eine weitere Konvention eingeführt, um VDM-Views, die nur SAP-intern wiederverwendet werden sollen, besonders zu kennzeichnen.

Diese Views werden *Restricted-Reuse-Views* genannt und erhielten das Präfix »R_« (für *Restricted*). Diese Namenskonvention wurde um eine Annotation ergänzt. Die Annotation `@VDM.lifecycle.contract.type: #SAP_INTERNAL_API` gibt auch bei einem View mit dem Präfix »I_« an, dass für diesen View nur eine SAP-interne Verwendung vorgesehen ist. Ein solcher View wird also nie freigegeben werden. Umgekehrt tragen einige Interface-Views die Annotation `@VDM.lifecycle.contract.type: #PUBLIC_LOCAL_API`. Diese Views sind entweder schon freigegeben, oder eine Freigabe ist geplant.

Abbildung 9.7 zeigt einige Beispiele von Interface-Views. Die waagerecht ein- und ausgehenden Pfeile repräsentieren Assoziationen, und die senkrechten Pfeile kennzeichnen eine Datenselektion.

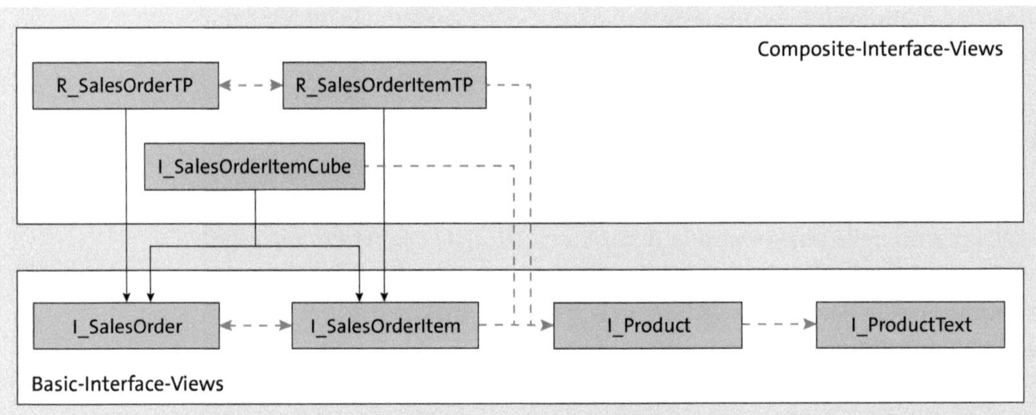

Abbildung 9.7 Beispiele von Interface-Views

9.3.3 Consumption-Views

Consumption-Views bilden die oberste Schicht von VDM-Views. Sie bauen auf den Basic- und Composite-Interface-Views auf, tragen die Annotation `@VDM.ViewType: #CONSUMPTION` und haben das Präfix »C_« vor ihrem Namen.

Verwendungs-szenarien

Consumption-Views werden in spezifischen Verwendungsszenarien eingesetzt, z. B.:

- als analytische Queries in analytischen Szenarien (siehe Abschnitt 10.3, »Analytische Queries«)
- als transaktionale Consumption-Views in transaktionalen Servicemodellen (siehe Abschnitt 11.5, »Transaktionale Projektionsobjektmodelle«)
- zum Lesen von Daten in SAP-Fiori-Apps über OData-Services

Kompatibilität

Consumption-Views sind gewöhnlich auf die Verwendung durch einen spezifischen Konsumenten der Daten zugeschnitten, also auf eine konkrete transaktionale oder analytische App. Sie sind nicht für die allgemeine Wiederverwendung gedacht, sondern stellen genau die Daten und Informationen zur Verfügung, die von der konkreten App gebraucht werden. Bei einer Änderung dieser App werden ihre Consumption-Views angepasst, meist ohne auf Kompatibilität zu achten. Daher sind Consumption-Views in der Regel nicht für die Verwendung durch Kunden oder Partner freigegeben.

Einige Consumption-Views können aber auch in mehreren Szenarien genutzt werden. Mit der gleichen analytischen Query können z. B. verschiedene Varianten, Reports oder Key Performance Indicators (KPIs) definiert werden. Für diese Zwecke können auch Consumption-Views für SAP-Kunden und Partner freigegeben sein und einen Stabilitätskontrakt einhalten.

Annotationen zur Steuerung der App

In Consumption-Views finden Sie spezielle Annotationen, die die Eigenschaften der zugehörigen App steuern, einschließlich deren Aussehen und Verhaltensweisen. Für analytische Consumption-Views sind diese Annotationen in Abschnitt 10.3, »Analytische Queries«, beschrieben, für transaktionale Consumption-Views in Abschnitt 11.5.4, »Lokalisierte Elemente«.

Remote-API-Views

In der obersten Schicht der VDM-Views gibt es einen weiteren Typ von Views, die *Remote-API-Views*, die ebenfalls auf Interface-Views aufbauen. Remote-API-Views werden von SAP verwendet, um OData- oder Webservices als Remote-APIs zu definieren, die einen Datenzugriff von anderen Systemen aus ermöglichen.

Die zu den Remote-API-Views gehörigen Remote-APIs sind gewöhnlich von SAP für die Verwendung durch Kunden und Partner freigegeben und im SAP Business Accelerator Hub (*https://api.sap.com/*) publiziert. SAP hält Remote-APIs gemäß des Stabilitätskontrakts C2 stabil (siehe Kapitel 14). Obwohl die Remote-API-Views selbst nicht für die Verwendung durch Kunden oder Partner vorgesehen sind, hält SAP auch für sie den Stabilitätskontrakt C2 ein, was technisch durch eine Freigabe in diesem Kontrakt erreicht wird.

Rollen von Remote-API-Views

Remote-API-Views sind einerseits eine Art von Consumption-Views, da sie exklusiv für ein Remote-API als Verwender definiert werden und anderweitig nicht wiederverwendet werden dürfen. Andererseits haben sie die Aufgabe, das VDM über Remote-APIs zugänglich zu machen, und entsprechen daher oft einem Basic- oder Composite-Interface-View. Um diese Entsprechung zu verdeutlichen, werden Remote-API-Views entweder mit der Annotation `@VDM.ViewType: #BASIC` oder mit der Annotation `@VDM.ViewType: #COMPOSITE` versehen, nicht aber mit der Annotation `@VDM.ViewType: #CONSUMPTION`. Sie sind außerdem an ihrer Namenskonvention zu erkennen, dem Präfix »A_«, oder an der Annotation `@VDM.lifecycle.contract.type: #PUBLIC_REMOTE_API`.

Abbildung 9.8 zeigt einige Beispiele von Consumption- und Remote-API-Views.

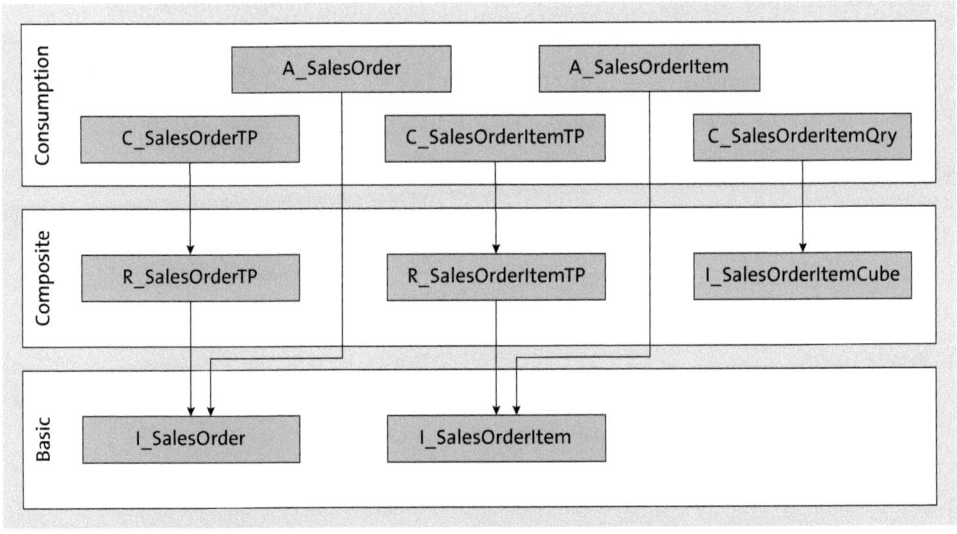

Abbildung 9.8 Beispiele für Consumption- und Remote-API-Views

9.3.4 Weitere Typen von CDS-Views

Privater VDM-View

Im virtuellen Datenmodell gibt es auch rein technische Hilfs-Views, die *privaten VDM-Views*. Diese werden für die Definition der regulären VDM-Views verwendet. Sie sind gekennzeichnet durch die Annotation `@VDM.private: true` und das Präfix »P_«. Sie dürfen nur von SAP selbst verwendet werden und können sich jederzeit ändern. Private VDM-Views kann es in allen Schichten des VDM geben.

VDM-View-Typen im Überblick

Tabelle 9.2 gibt einen Überblick über die wichtigsten Typen von CDS-Views des VDM.

Typ	Namenskonvention	Kennzeichnung
Basic-Interface-View	I_*	@VDM.viewType: #BASIC
Composite-Interface-View	I_*	@VDM.viewType: #COMPOSITE
Consumption-View	C_*	@VDM.viewType: #CONSUMPTION
Restricted-Reuse-View	R_*	@VDM.lifecycle.contract.type: #SAP_INTERNAL_API
transaktionaler Objekt-View	R_*TP	@VDM.viewType: #TRANSACTIONAL @VDM.lifecycle.contract.type: #SAP_INTERNAL_API
transaktionaler Interface-View	I_*TP	@VDM.viewType: #TRANSACTIONAL @VDM.lifecycle.contract.type: #PUBLIC_LOCAL_API
transaktionaler Consumption-View	C_*TP	@VDM.viewType: #CONSUMPTION @VDM.usage.type: [#TRANSACTIONAL_PROCESSING_SERVICE]
Remote-API-View	A_*	@VDM.lifecycle.contract.type: #PUBLIC_REMOTE_API
privater VDM-View	P_*	@VDM.private: true
CDS-Extension-Include (siehe Abschnitt 15.2.3)	E_*	@VDM.viewType: #EXTENSION
CDS-Extension (siehe Abschnitt 15.2.4)	X_*	@VDM.viewExtension: true

Tabelle 9.2 Typen von VDM-Views

9.4 Namensgebung im virtuellen Datenmodell

Das virtuelle Datenmodell bildet die Grundlage für alle spezifischen Datenmodelle von Anwendungsdaten: analytische Modelle, transaktionale Modelle, Modelle von Service-APIs, insbesondere OData-Services, und von Datenschnittstellen. In allen diesen Modellen werden die programmtechnischen Namen für Objekte, Entitäten, Felder usw. verwendet, die im VDM vergeben wurden. Dadurch wird Einheitlichkeit erzielt. Namen im VDM stellen die betriebswirtschaftliche Semantik und Verständlichkeit in den Vordergrund. Sie basieren auf Begriffen der englischen Sprache, die nach dem Schema *UpperCamelCase* zusammengesetzt werden.

Namen von SAP-Objekttypen

SAP-Objekttypen bilden den betriebswirtschaftlichen Kern des VDM. Daher werden ihre Namen nach strengen Regeln gebildet und durchlaufen einen Genehmigungsprozess. Die Namen von Objektknotentypen nutzen den Objekttypnamen (oder seine Abkürzung) als Präfix.

Namenskollisionen

Namen dürfen nicht zu generisch gewählt werden, sonst kann es zu Kollisionen zwischen ähnlichen, aber doch verschiedenen Objekten kommen. Sogenannte *Qualifier* werden in diesen Fällen vorangestellt und unterscheiden dann z. B. einen SalesOrder von einem PurchaseOrder. Es gibt bei den Namen im VDM bewusst keine Trennung durch Namensräume, sondern eindeutige Namen für betriebswirtschaftliche Konzepte.

Länder, Branchen und Produkte

Für landes- oder branchenspezifische Objekte und einige Produkte sind jedoch standardisierte Präfixe vorgesehen. Für landesspezifische Objekte wird der ISO-Code des Landes verwendet, z. B. »TW_TaxCode«, und für Branchen oder Produkte ein dreistelliges Kürzel, z. B. OIL für die Branche »Oil and Gas« oder ACM für »SAP Agricultural Contract Management«.

Abkürzungen

Feldnamen sind auf eine Länge von 30 Zeichen beschränkt. Daher besteht bei komplexeren Sachverhalten die Notwendigkeit, Abkürzungen zu verwenden. Diese Abkürzungen sind standardisiert: Zu jeder Abkürzung gibt es genau einen ausgeschriebenen Begriff, z. B. bedeutet »Qty« immer »Quantity«. Dadurch kann aus einem abgekürzten Namen der volle expandierte Name eindeutig ermittelt werden.

Namen von Entitäten und Views

Die Namen von CDS-Entitäten und -Views im VDM haben entsprechend ihrem Typ Präfixe und Suffixe, wie in Tabelle 9.2 gezeigt. Einige weitere häufige Suffixe zeigt Tabelle 9.3.

Der Kern des Entitätsnamens wird in der Regel aus einem entsprechenden SAP-Objektknotentyp abgeleitet und beschreibt eine Instanz von diesem.

Suffix	Beschreibung	Details
<Name>Text	sprachabhängiger Text	Abschnitt 8.5
<Name>Cube	analytischer Cube-View	Abschnitt 10.2
<Name>Query	analytische Query	Abschnitt 10.3
<Name>ValueHelp	Wertehilfe	Abschnitt 13.1

Tabelle 9.3 Einige häufige Suffixe von VDM-Views

Feldnamen

Feldnamen werden analog zu den Namen von Objektknotentypen gebildet. Es gibt aber eine weit größere Zahl von Datenfeldern mit individueller Semantik, für die jeweils ein eindeutiger Feldname vergeben wird. Dies ermöglicht es Ihnen, Beziehungen zwischen verschiedenen CDS-Entitäten anhand der Feldnamen zu erkennen. Dies ist besonders in analytischen Szenarien hilfreich, wenn Daten aus verschiedenen Quellen kombiniert werden. Technisch wird diese Eindeutigkeit unterstützt, indem Felder mit unterschiedlichen Datentypen im *ABAP Data Dictionary* (*DDIC*) auch unterschiedliche Feldnamen erhalten.

Representation Term

Felder identifizieren nicht nur Instanzen einer Entität oder eines Objektknotentyps, sondern bezeichnen auch Mengen, Beträge, Zeit- und Datumsangaben, Texte usw. Diese verschiedenen Kategorien werden durch den *Representation Term* eines Datenfelds unterschieden. Nach dem Representation Term richtet sich die Vergabe eines Feldnamens wie im Folgenden dargestellt.

Identifier

Ein *Identifier-Feld* dient der eindeutigen Identifikation einer Instanz einer betriebswirtschaftlichen Entität, eines SAP-Objektknotentyps. Zum Beispiel identifiziert eine Kundenauftragsnummer einen Kundenauftrag. Der Name des Objektknotentyps, die Bezeichnung für eine Instanz dieser Entität, wird auch als Feldname verwendet, z. B. `SalesOrder`. Ein Suffix »ID« am Feldnamen ist möglich, um den Representation Term zu betonen. Dieses Suffix wird aber meist weggelassen.

Wenn es neben der üblichen ID noch einen *Universally Unique Identifier* (UUID) gibt, erhält der Feldname ein Suffix »UUID«, z. B. `BusinessPartnerUUID`. Auch andere alternative Identifiers können durch ein Suffix benannt werden, z. B. `WBSElementInternalID` oder `PersonExternalID`. Manchmal gibt es Felder zur gleichen Entität in unterschiedlichen Rollen. Dann werden zusätzliche Qualifiers verwendet, z. B. `SenderCostCenter` und `ReceiverCostCenter`.

Codes und Indikatoren

Ein *Code* ist ein Wert einer stabilen Werteliste, die nur durch eine Änderung der Systemkonfiguration geändert wird, z. B. ein Code für Sprachen (engl. Language) oder Währungen (engl. Currency). Auch bei diesen Feldnamen kann das Suffix »Code« weggelassen werden. Semantische Feinheiten werden durch Qualifiers ausgedrückt, z. B. `CompanyCurrency` oder `CountryISOCode`.

Indikatoren repräsentieren boolesche Werte. Ihr Name ist eine Aussage, die mit dem Wahrheitswert des Felds korrespondiert, z. B. `OrderIsReleased` oder `NotificationHasLongText`.

Beträge und Mengen

Der Name eines *Betragsfelds* kann einen Bezug zur Währung enthalten, z. B. `NetAmountInDisplayCurrency`. Da der Währungsbezug auch durch Annotationen ausgedrückt wird, muss der Bezug nicht zwangsläufig angegeben sein, z. B. `TaxAmount`. Bei *Mengenfeldern* ist dies ähnlich, z. B. `OrderQuantity` oder `MinDeliveryQtyInBaseUnit`.

Für *Zähler*, also die Angabe der Anzahl von Dingen, wird ein Präfix `NumberOf` verwendet, z. B. `NumberOfRecipients`. Bei *Dauern* kann es ein zugehöriges Einheitenfeld geben, z. B. bei `ProcessDuration`. Ist dies nicht der Fall, sollte die Einheit in den Feldnamen aufgenommen werden, z. B. `TripDurationInDays`.

Weitere Terms

Bei *Zeitpunkten* ist der Term `DateTime` Teil des Feldnamens, z. B. `CreationDateTime`. Bei Datumsangaben wird `Date` und bei Uhrzeiten `Time` angefügt.

Bei Feldnamen für Raten oder Verhältnisse sind die Begriffe »Percentage« und »Fraction« verboten, stattdessen werden z. B. folgende Kombinationen verwendet: `ConditionRateInPercent`, `UtilizationPercent`, `ExchangeRate` und `ProbabilityRatio`.

Parameternamen

Der Name eines Parameters eines VDM-Views besteht aus einem Präfix »P_« und einem betriebswirtschaftlichen semantischen Namen. Dieser wird genau wie die Feldnamen gebildet und ist oft tatsächlich ein Feldname, z. B. beim Parameter `P_DisplayCurrency`.

Assoziationsnamen

Eine Assoziation eines VDM-Views zeigt wiederum auf einen VDM-View. Meist wird vom Namen des Ziel-Views dabei der erste Buchstabe weggelassen und der Rest als Assoziationsname genutzt, z. B. zeigt die Assoziation `_Customer` auf den View `I_Customer`. Sie können den Assoziationsnamen aber auch abkürzen, solange er im Kontext verständlich bleibt. Zum Beispiel kann die Assoziation vom View `I_SalesOrder` zu `I_SalesOrderItem` auch `_Item` heißen. Die Assoziation von einem Entitäten-View auf seinen Text-View heißt in der Regel nur `_Text`.

Wenn es mehrere Assoziationen zu dem gleichen Ziel-View gibt, müssen die Assoziationen um einen Qualifier ergänzt werden, z. B. `_SenderCostCenter` und `_ReceiverCostCenter`.

> **Namensräume für Ihre Namen**
>
> Wenn Sie eigene SAP-Objekttypen, SAP-Objektknotentypen oder CDS-Entitäten definieren, verwenden Sie Ihren reservierten Namensraum `/<name space>/` oder die Buchstaben »ZZ« oder »YY« als Präfix. Wenn Sie einen View von SAP erweitern, verwenden Sie ebenso Ihren Namensraum oder die Präfixe »ZZ« oder »YY« für Ihre Erweiterungsfelder. Andernfalls kann es zu Namenskollisionen mit Objekten oder Feldern kommen, die SAP in einer neuen Softwareversion einführt, was wiederum zu Syntaxfehlern und Problemen beim Upgrade führen kann.

9.5 Der Basic-Interface-View für den Kundenauftrag

Um die in den vorangehenden Abschnitten beschriebenen Eigenschaften von VDM-Views zu veranschaulichen, erläutern wir in diesem Abschnitt einen konkreten VDM-View genauer, und zwar den Basic-Interface-View `I_SalesOrder` für die Kopfdaten eines Kundenauftrags.

9.5.1 View-Annotationen

In diesem Abschnitt erläutern wir die Annotationen des Views. Listing 9.1 zeigt den Beginn der Definition des Views `I_SalesOrder` aus dem Release SAP S/4HANA 2023. In anderen Releases kann es Abweichungen geben.

```
@ClientHandling.algorithm: #SESSION_VARIABLE
@EndUserText.label: 'Sales Order'
@VDM: {
 viewType: #BASIC,
 lifecycle.contract.type: #PUBLIC_LOCAL_API
}
@AccessControl: {
 authorizationCheck: #CHECK
}
@AbapCatalog: {
 preserveKey: true,
 sqlViewName: 'ISDSALESORDER',
 compiler.compareFilter: true
}
```

```
15 @ObjectModel: {
16   compositionRoot:   true,
17   representativeKey: 'SalesOrder',
18   usageType: {
19     dataClass:       #TRANSACTIONAL,
20     serviceQuality: #B,
21     sizeCategory:   #L
22   },
23   supportedCapabilities: [ #ANALYTICAL_DIMENSION,
24     #CDS_MODELING_ASSOCIATION_TARGET, #SQL_DATA_SOURCE,
25     #CDS_MODELING_DATA_SOURCE, #EXTRACTION_DATA_SOURCE ],
26   modelingPattern: [ #ANALYTICAL_DIMENSION ]}
27 @Metadata.ignorePropagatedAnnotations: true
28 @Analytics.dataCategory: #DIMENSION
29 @Metadata.allowExtensions:true
30 @ObjectModel.sapObjectNodeType.name: 'SalesOrder'
31 define view I_SalesOrder
32  as select from I_SalesDocument as SalesDocument
```

Listing 9.1 View-Annotationen des SAP-Views »I_SalesOrder«

Zeile 1

Mandantenbehandlung

Durch die Annotation `@ClientHandling.algorithm: #SESSION_VARIABLE` wird der Algorithmus für die Mandantenbehandlung festgelegt. Bei VDM-Views hat man sich für die Nutzung einer Session-Variablen in SAP HANA mit dem Namen `CDS_CLIENT` entschieden. Die ABAP-Datenbankschnittstelle setzt diese Session-Variable immer auf den aktuellen Mandanten (`SY-MANDT`) oder auf den angefragten Mandanten. Der generierte Datenbank-View zum VDM-View selektiert bei mandantenabhängigen Tabellen allerdings immer nur Tabellenzeilen, deren Mandant gleich der Session-Variablen `CDS_CLIENT` ist. Dadurch liefert ein VDM-View genau die Daten eines Mandanten.

Ausführung des zugehörigen Datenbank-Views

Das Ausführen des Datenbank-Views eines CDS-Views direkt in SAP HANA wird von SAP nicht unterstützt und liefert bei undefinierter Session-Variablen auch keine Ergebnisse. Zu Testzwecken können Sie die Session-Variable `CDS_CLIENT` manuell in der SQL-Konsole von SAP HANA setzen, z. B. auf den Mandanten »001«: `set 'CDS_CLIENT' = '001';`.

Zeile 2

Übersetzter Name

Die Annotation `@EndUserText.label: 'Sales Order'` definiert eine Beschreibung für den View, die in alle Sprachen übersetzt wird. Oft ist dies im Englischen der semantische Name, aus dem die Camel-Case-Notation des CDS-View-Namens zusammengesetzt wurde. Diese Beschreibung wird in einigen Apps angezeigt, in denen CDS-Views gesucht und für Kundenerweiterungen genutzt werden können, z. B. auch im View-Browser, den Sie in Abschnitt 9.6.1, »SAP Business Accelerator Hub und View-Browser-App«, kennenlernen werden.

Zeile 3 bis 6

VDM-Annotationen

Die Annotation `@VDM.viewType: #BASIC` kennzeichnet den View als Basic-Interface-View. Die Annotation `lifecycle.contract.type: #PUBLIC_LOCAL_API` gibt an, dass dieser View für die Freigabe nach dem Stabilitätskontrakt C1 vorgesehen ist (siehe Kapitel 14). Diese Freigabe wurde schon durchgeführt. Der View ist laut dem API-Status freigegeben für eine systeminterne Verwendung nach Stabilitätskontrakt C1 in der Cloud-Entwicklung und in Key-User-Apps.

Zeile 7 bis 9

Zugriffskontrolle

Die Annotation `@AccessControl.authorizationCheck: #CHECK` kennzeichnet, dass dieser View eine Zugriffskontrolle benötigt. Details hierzu finden Sie in Abschnitt 5.2, »Wirkungsweise der CDS-Zugriffskontrollen«.

Zeile 10 bis 14

Technische Einstellungen

Die Annotation `@AbapCatalog.sqlViewName: 'ISDSALESORDER'` legt den SQL-View-Namen des CDS-Views fest, und die Annotation `@AbapCatalog.preserveKey: true` sorgt dafür, dass der SQL-View den gleichen Schlüssel wie der CDS-View erhält. Ab S/4HANA 2023 ist dieses Verhalten standardmäßig aktiv, und Sie brauchen die Annotation nicht mehr. `@AbapCatalog.compiler.compareFilter: true` weist den CDS-Compiler an, eine Optimierung der Datenbank-Joins vorzunehmen, die durch Pfadausdrücke notwendig werden. Diese Annotation sollten Sie immer setzen, wenn in der Definition des Views Felder über Assoziationspfade dazugelesen werden.

Zeile 15 bis 26

Kompositionsbaum

Die Annotation `@ObjectModel.compositionRoot: true` zeigt an, dass der View `I_SalesOrder` die Wurzel einer Hierarchie von Views ist, die durch Kompositionsassoziationen verbunden sind. Eine solche Hierarchie hat genau eine

Wurzel. Weitere Informationen hierzu finden Sie in Abschnitt 8.6, »Kompositionsbeziehungen«.

Repräsentierender Schlüssel

Die Annotation `@ObjectModel.representativeKey: 'SalesOrder'` kennzeichnet das Feld `SalesOrder`, die Kundenauftragsnummer, als repräsentierenden Schlüssel des Views. Details hierzu finden Sie in Abschnitt 8.4, »Fremdschlüsselbeziehungen«.

Laufzeitverhalten

Jeder VDM-View wird nach den folgenden drei Kriterien kategorisiert, mit deren Hilfe ein Verwender sein Laufzeitverhalten und seinen Einfluss auf die Systemlast einschätzen kann:

- `@ObjectModel.usageType.dataClass: #TRANSACTIONAL`
- `@ObjectModel.usageType.serviceQuality: #B`
- `@ObjectModel.usageType.sizeCategory: #L`

Das erste Kriterium, `dataClass`, teilt Views nach der Art ihrer Daten ein: transaktionale Daten, Stammdaten, Organisationsdaten, Customizing, Metadaten und gemischte Daten.

Das zweite Kriterium, `serviceQuality`, ist eine Charakterisierung des Laufzeitverhaltens des Views, die sich aus mehreren Komponenten ergibt und z. B. auch die Antwortzeit bei der Selektion einer einzigen Zeile berücksichtigt. Mögliche Werte sind »A«, »B«, »C«, »D« und »X«. An Kategorie »A« werden die höchsten Ansprüche gestellt, sodass diese Views universell einsetzbar sind. Aber auch Views der Kategorie »C« können noch in transaktionalen Szenarien eingesetzt werden, während die Kategorie »D« eher für analytische Zwecke geeignet ist. Views in Kategorie »X« sind nur für spezielle Szenarien gedacht.

Das dritte Kriterium, `sizeCategory`, reicht von »S« bis »XXL« und beschreibt das erwartete prozessierte Datenvolumen in einem Produktivsystem.

Unterstützte Funktionen und Modellierungsmuster

Die Annotation `@ObjectModel.supportedCapabilities` gibt mehrere unterstützte Funktionen an. Der View kann als analytische Dimension verwendet werden und als Datenquelle und Assoziationsziel bei der Entwicklung Ihrer eigenen Views. Sie können in ABAP mit einer SQL-Select-Anweisung Daten aus dem View selektieren und den View verwenden, um Daten in ein externes System zu extrahieren, z. B. in ein Data Warehouse.

Die Annotation `@ObjectModel.modelingPattern` gibt eine analytische Dimension als Modellierungsmuster an. Weitere Informationen hierzu finden Sie in Abschnitt 14.4.

Zeile 27 bis 29

Annotationsoptionen

Die Annotation `@Metadata.ignorePropagatedAnnotations: true` verhindert die Vererbung von Annotationen aus Views (siehe Abschnitt 4.3.2, »Propagationslogik von Elementannotationen«), die in der Definition von `I_SalesOrder` verwendet werden, z. B. vom View `I_SalesDocument`. Dies ist eine Vorsichtsmaßnahme, um unbeabsichtigte Änderungen an der Semantik des Views `I_SalesOrder` zu vermeiden.

Die Annotation `@Metadata.allowExtensions:true` macht es möglich, dass ein Kunde durch eine Metadatenerweiterung ausgewählte Annotationen dieses Views anpassen kann (siehe Abschnitt 4.4, »CDS-Metadatenerweiterungen«).

Analytische Eigenschaften

Die Annotation `@Analytics.dataCategory: #DIMENSION` kennzeichnet den View als analytischen Dimensions-View. Details dazu erfahren Sie in Kapitel 10, »Modellierung analytischer Anwendungen«.

Zeile 30

SAP-Objektknotentyp

Die Annotation `@ObjectModel.sapObjectNodeType.name: 'SalesOrder'` gibt den Objektknotentyp an, dessen Instanzen der View liefert (siehe Abschnitt 9.2, »SAP-Objekttypen und SAP-Objektknotentypen«).

9.5.2 Aufbau des Views

Die Daten für den Kundenauftragskopf stammen nicht aus einer einzigen Datenbanktabelle. Der Aufbau des Views `I_SalesOrder` ist komplizierter und in Abbildung 9.9 dargestellt.

Den Aufbau des Views können Sie in der ADT-Umgebung visualisieren. Wählen Sie dazu im Kontextmenü des View-Editors den Eintrag **Open With • Dependency Analyzer**. Beachten Sie, dass diese Darstellung nur Selektionsbeziehungen berücksichtigt; potenzielle Selektionen über definierte, aber nicht genutzte Assoziationen werden nicht gezeigt.

Generalisierung

Ein Kundenauftrag ist nur eine von mehreren Spezialisierungen eines Vertriebsbelegs. Daher wird der Basic-Interface-View `I_SalesOrder` nicht direkt in den Datenbanktabellen definiert, sondern als *Projektion* mit einem Filter auf dem View `I_SalesDocument`. Dieser repräsentiert einen Vertriebsbeleg, also die Generalisierung von Kundenauftrag, Kundenkontrakt usw. Der Filter des Views `I_SalesOrder` selektiert aus allen vorhandenen Vertriebsbelegen nur die Kundenaufträge.

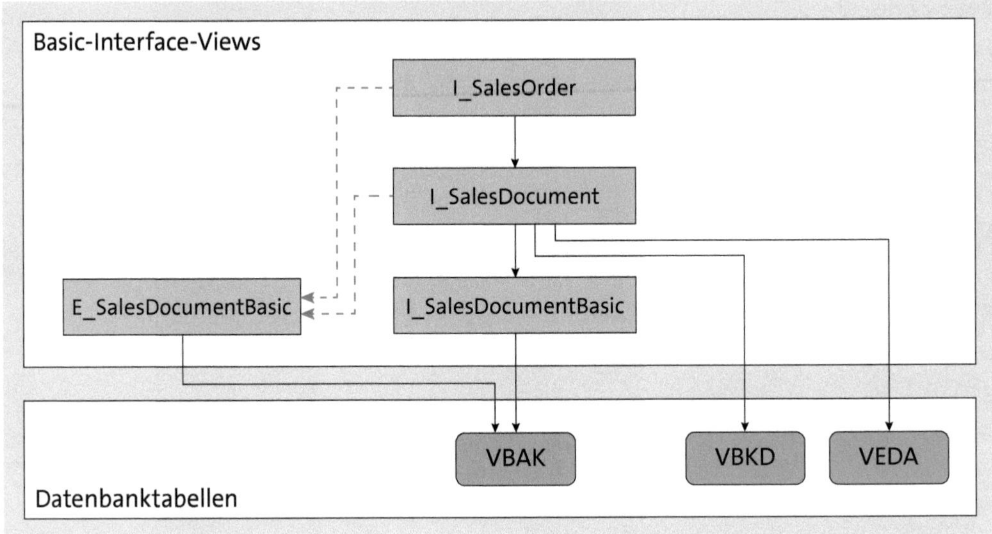

Abbildung 9.9 Aufbau des Views »I_SalesOrder«

Kombination von Tabellen

Die Daten des Vertriebsbelegkopfs stammen aus drei verschiedenen Tabellen: VBAK, VBKD und VEDA. Von diesen Tabellen wird nur die Haupttabelle VBAK direkt über einen eigenen View I_SalesDocumentBasic exponiert. Eigentlich sind alle Daten dieses Views auch im View I_SalesDocument enthalten. Dennoch hat man ihn eingeführt, da er viele Verwendungszwecke abdeckt und die statische Komplexität darauf aufbauender CDS-Views gering hält und damit das Laufzeitverhalten verbessert. Die auch im View I_SalesDocumentItem verwendeten Tabellen VBKD und VEDA werden dagegen im VDM nicht über eigene Views exponiert.

Redundanzfreiheit

Sie werden sich nun fragen, wo die Redundanzfreiheit in der Schicht der Basic-Interface-Views geblieben ist. Immerhin basieren die drei Views I_SalesOrder, I_SalesDocument und I_SalesDocumentBasic aufeinander bzw. auf der Tabelle VBAK. Hier liegen zwei unterschiedliche Sachverhalte vor:

- Zum einen gibt es eine Spezialisierungs-/Generalisierungsbeziehung zwischen den Views I_SalesOrder und I_SalesDocument. Beide Views werden als eigenständige Entitäten gebraucht und haben unterschiedliche Bedeutungen. Also können sie nebeneinander existieren.
- Der View I_SalesDocumentBasic bildet eine vereinfachte Version von I_SalesDocument und führt tatsächlich eine Redundanz ein. Diese wurde akzeptiert, da die vereinfachte Version klar als Einschränkung erkennbar ist und die Performance in wichtigen Szenarien verbessert, z. B. bei der Identifizierung von Problemen bei der Auftragserfüllung und deren Behebung.

Extension-Include-View

Für Kundenerweiterungsfelder der Tabelle VBAK ist das CDS-Extension-Include E_SalesDocumentBasic vorgesehen. Die Assoziation _Extension vom Kundenauftrags-View zum CDS-Extension-Include (siehe Listing 9.2) ermöglicht den Zugriff auf diese Erweiterungsfelder. In Kapitel 15, »Erweiterungen von CDS-Views und weiteren Entitäten«, werden Sie dies kennenlernen.

9.5.3 Spezialisierung

Spezialisierung

Bei der Spezialisierung des Vertriebsbelegs-Views hin zum Kundenauftrags-View kann das Modell des Vertriebsbelegs weitestgehend übernommen werden. Listing 9.2 zeigt einen Teil der View-Definition des Kundenauftrags I_SalesOrder.


```
define view I_SalesOrder
  as select from I_SalesDocument as SalesDocument
  association [0..*] to I_SalesOrderItem as _Item
    on $projection.SalesOrder = _Item.SalesOrder
  association [0..1] to I_SalesOrderType as _SalesOrderType
    on $projection.SalesOrderType =
      _SalesOrderType.SalesOrderType
  association [0..1] to E_SalesDocumentBasic as _Extension
    on SalesDocument.SalesDocument = _Extension.SalesDocument
{ key cast(SalesDocument as vdm_sales_order
           preserving type) as SalesOrder,
      @ObjectModel.foreignKey.association: '_SalesOrderType'
      cast(SalesDocumentType as sales_order_type
           preserving type) as SalesOrderType,
      ...
      CreatedByUser,
      LastChangedByUser,
      @Semantics.systemDate.createdAt: true
      CreationDate,
      @Semantics.systemTime.createdAt: true
      CreationTime,
      @Semantics.systemDate.lastChangedAt: true
      LastChangeDate,
      @Semantics.systemDateTime.lastChangedAt: true
      LastChangeDateTime,
      ...
      @ObjectModel.association.type: [#TO_COMPOSITION_CHILD]
      _Item,
      _SalesOrderType,
```

```
        _CreatedByUser,
        ...
}
where SalesDocument.SDDocumentCategory = 'C'
```

Listing 9.2 View »I_SalesOrder« als Spezialisierung von »I_SalesDocument«

In der Spezialisierung des Views `I_SalesDocument` werden nur die relevanten Felder ausgewählt. Die meisten Feldnamen bedürfen keiner Spezialisierung und können erhalten bleiben. Der Name des Schlüsselfelds wird jedoch von `SalesDocument` auf `SalesOrder` geändert. Dabei wird auch das zugehörige Datenelement geändert, um die Feldbezeichner anzupassen. Das CDS-Sprachelement `cast ... preserving type` stellt dabei sicher, dass der technische Datentyp gleich bleibt. Ein solcher Cast hat keinen Einfluss auf die Laufzeit.

Der vollständige View `I_SalesOrder` besitzt zahlreiche Felder und eine große Anzahl von Assoziationen. Viele dieser Assoziationen werden als Fremdschlüsselassoziationen der Felder verwendet. Die meisten Assoziationen werden von dem View `I_SalesDocument` projiziert. Nur Assoziationen mit einem Assoziationsziel, das spezifisch für Kundenaufträge ist, werden explizit definiert. Gleiches gilt für die Erweiterungsassoziation, die nie projiziert werden kann.

9.5.4 Elementannotationen

Listing 9.2 zeigt auch einige Feldannotationen des Views `I_SalesOrder`. Es werden viele Annotationen wiederholt, da keine Annotationen von dem View `I_SalesDocument` geerbt werden.

Typen von Elementannotationen

Wenn Sie sich den kompletten View `I_SalesOrder` in Ihrem System ansehen, werden Sie feststellen, dass Sie die meisten schon aus Kapitel 8, »CDS-Modelle für Anwendungsdaten«, kennen. Daneben gibt es auch folgende Annotationen:

- einige `@Consumption.valueHelpDefinition`-Annotationen, mehr dazu in Abschnitt 13.1, »Wertehilfen«
- einige `@Consumption.hidden`-Annotationen an Textassoziationen, um diese für Verwender auszublenden, da sie nur aus technischen Gründen definiert wurden
- mehrere `@Analytics.internalName: #LOCAL`-Annotationen, die einen lokalen Infoobjektnamen in Analytics erzwingen (siehe Abschnitt 10.4, »Analytische Infrastruktur«)

9.6 Tipps zum Finden von VDM-Views

In einem SAP-S/4HANA-System gibt es eine große Anzahl von CDS-Views. Es ist manchmal nicht leicht, einen View mit einer bestimmten betriebswirtschaftlichen Semantik und besonderen technischen Eigenschaften zu finden oder sich einen Überblick über die vorhandenen Views zu verschaffen. In diesem Abschnitt stellen wir verschiedene Methoden vor, die Ihnen dabei helfen.

9.6.1 SAP Business Accelerator Hub und View-Browser-App

Der *SAP Business Accelerator Hub* ist auf der Seite *https://api.sap.com* allgemein zugänglich. SAP publiziert auf dieser Seite APIs für Integrationen und Erweiterungen aller Produkte, darunter auch alle freigegebenen CDS-Views. Wenn Sie sich für einen Free Trial von SAP S/4HANA Cloud registrieren, können Sie auch zur App *View Browser* navigieren, die Ihnen auch nicht freigegebene CDS-Views in einem laufenden System zeigt.

Navigieren zu den CDS-Views

Starten Sie den SAP Business Accelerator Hub unter *https://api.sap.com*, klicken Sie in der Kopfzeile auf **Explore** und wählen Sie die Kategorie **CDS Views** aus, wie in Abbildung 9.10 gezeigt.

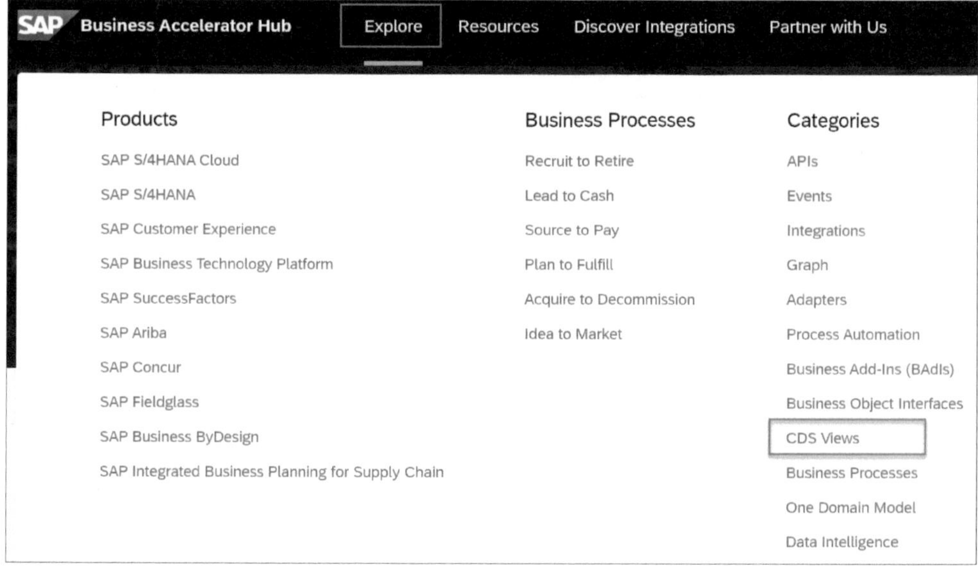

Abbildung 9.10 Navigation zu den CDS-Views

Dies führt Sie zu einer umfangreichen Liste von CDS-Views. Wenn Sie im Suchfeld Suchbegriffe wie z. B. »sales order« eingeben, wird die Liste eingeschränkt (siehe Abbildung 9.11).

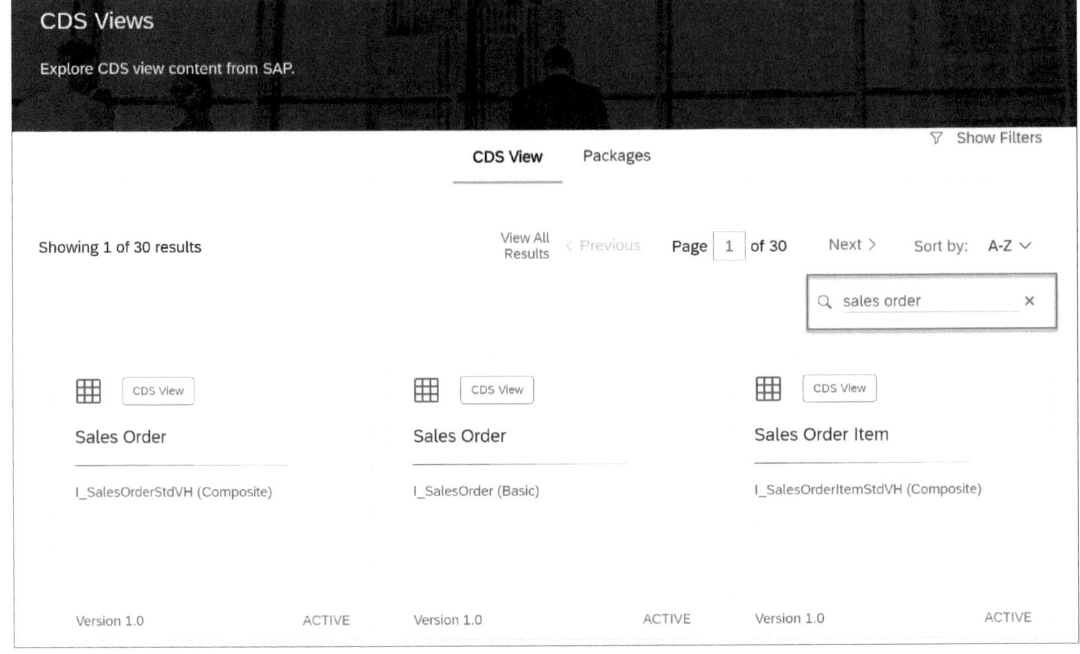

Abbildung 9.11 Suche nach CDS-Views

Details von I_SalesOrder

Klicken Sie auf eine Kachel, um Details des CDS-Views und seine Dokumentation anzuzeigen (siehe Abbildung 9.12).

Abbildung 9.12 Details zu einem CDS-View im SAP Business Accelerator Hub

Anzeige in View-Browser-App

Durch einen Klick auf den Button **Show in View Browser** gelangen Sie in die Detailansicht der App **View Browser**, wenn Sie schon in der Free-Trial-Version von SAP S/4HANA Cloud angemeldet sind. Wenn Sie noch nicht angemeldet sind, müssen Sie dies erst tun oder sich neu registrieren. Nach der Anmeldung oder Registrierung müssen Sie möglicherweise den Button **Show in View Browser** erneut anklicken.

Die View-Browser-App zeigt umfangreiche Details zu dem vorher gewählten CDS-View direkt im laufenden System (siehe Abbildung 9.13) und erlaubt auch die direkte Navigation zu anderen assoziierten CDS-Views.

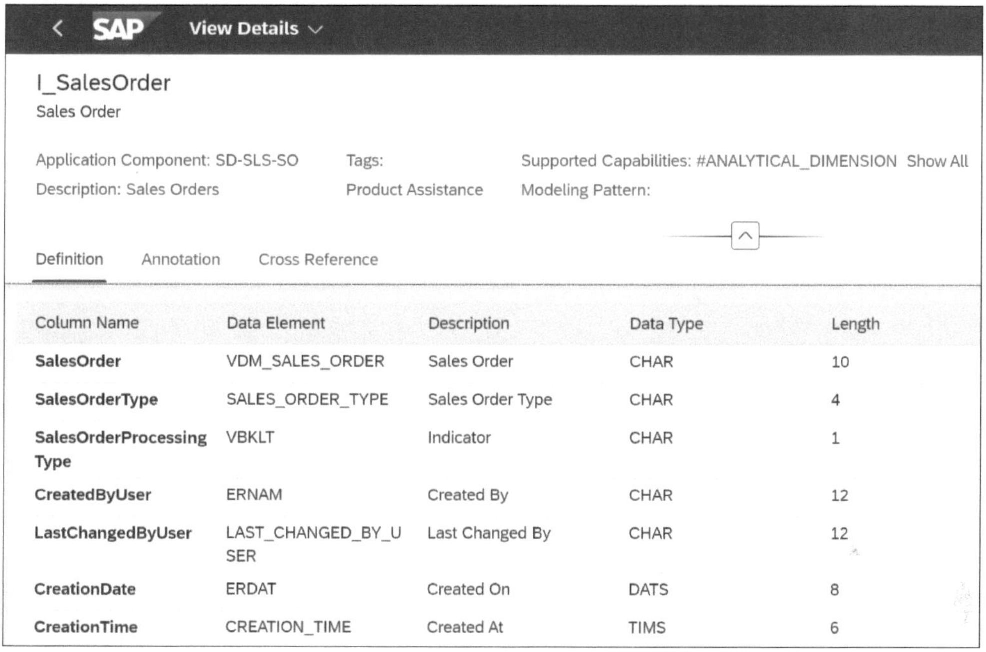
View Details
I_SalesOrder
Sales Order
Application Component: SD-SLS-SO
Description: Sales Orders
Tags:
Product Assistance
Supported Capabilities: #ANALYTICAL_DIMENSION
Show All
Modeling Pattern:
Definition
Annotation
Cross Reference
Column Name
Data Element
Description
Data Type
Length
SalesOrder | VDM_SALES_ORDER | Sales Order | CHAR | 10
SalesOrderType | SALES_ORDER_TYPE | Sales Order Type | CHAR | 4
SalesOrderProcessingType | VBKLT | Indicator | CHAR | 1
CreatedByUser | ERNAM | Created By | CHAR | 12
LastChangedByUser | LAST_CHANGED_BY_USER | Last Changed By | CHAR | 12
CreationDate | ERDAT | Created On | DATS | 8
CreationTime | CREATION_TIME | Created At | TIMS | 6

Abbildung 9.13 Details zu einem CDS-View in der View-Browser-App

Navigation zur vollen View-Browser-App

Sie können von dieser Detailsicht allerdings nicht in die View-Übersicht der App springen, um eine Übersicht der CDS-Views in Ihrem SAP S/4HANA Cloud Free Trial zu sehen. Auch auf Ihrer Homepage wird diese App nicht angezeigt. Sie können die View-Browser-App jedoch über die Suchfunktion in der Kopfzeile finden und anklicken (siehe Abbildung 9.14).

Alternativ können Sie auch direkt über eine URL in Ihrem Internetbrowser zur View-Browser-App navigieren. Ersetzen Sie dafür einfach in dieser URL *https://myxxxxxx.s4hana.ondemand.com/ui#CDSView-browse* den Platzhalter »xxxxxx« durch die Nummer Ihres Free-Trial-Accounts.

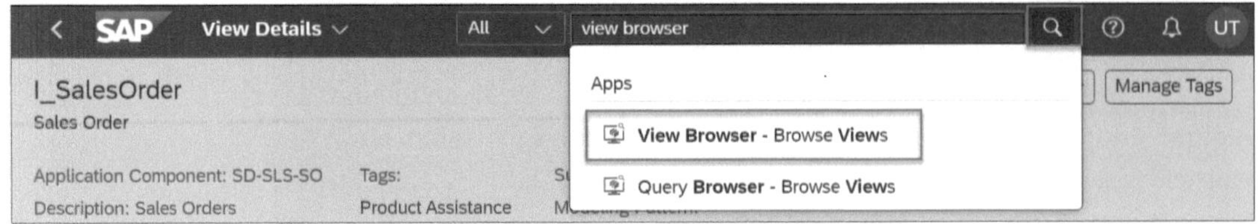

Abbildung 9.14 View-Browser-App suchen

View-Browser-App

Die View-Browser-App zeigt die CDS-Views mit ihren Feldern, Annotationen und Assoziationen an, auch wenn diese nicht freigegeben sind. Sie bietet außerdem diverse Filter und Suchmöglichkeiten. Abbildung 9.15 zeigt z. B. die Basic-Interface-Views im virtuellen Datenmodell, die für die Verwendung in den Key-User-Apps freigegeben sind.

View Browser

66283 Views · Basic · Composite · Consumption · Extension · Transactional · Undefined

Views (5,237) | Released Views for Key Users* | Search | Alternative Search | Create Application | Show Content

1 table filter active: Key User Rel. State

Favorites	Name	Description	Application Component
	I_ABCIndicator	ABC Indicator	PM-EQM-EQ
	I_ABCIndicatorText	ABC Indicator - Text	PM-EQM-EQ
	I_AcademicTitle	Academic Titles	BC-SRV-ADR
	I_AcademicTitleText	Text for Academic Title	BC-SRV-ADR
	I_AcademicTitleVH	Academic Title	BC-SRV-ADR
	I_AccDocItemCategory	Accounting Document Item Category	FI-GL-IS
	I_AccDocItemCategoryText	Accounting Document Item Category - Text	FI-GL-IS
	I_AccountAssignmentCategory	Account Assignment Category	MM
	I_AccountAssignmentType	Account Assignment Type	FI-GL-IS
	I_AccountAssignmentTypeT	Account Assignment Type - Text	FI-GL-IS

Abbildung 9.15 Freigegebene Basic-Interface-Views des VDM im View-Browser

Sie können die View-Browser-App auch in Ihrem SAP-S/4HANA-System nutzen. Weitere Informationen zur Installation und Nutzung dieser App finden Sie in der *SAP Fiori Apps Reference Library https://fioriappslibrary.hana.ondemand.com/*, in der die App unter der App-ID F2170 zu finden ist.

9.6.2 Suche in den ABAP Development Tools

Suche in ADT

Mit den Eclipse-basierten ABAP Development Tools (ADT) haben Sie Zugang zu allen CDS-Views. Deren Standarddialog zum Öffnen von Entwicklungsobjekten bietet auch Suchmöglichkeiten. Kombiniert mit den Namenskonventionen des VDM eröffnet Ihnen dies einige Möglichkeiten.

Filter nach Typen

Starten Sie den Dialog zum Öffnen eines Entwicklungsobjekts über **Navigate • Open ABAP Development Object** oder klicken Sie auf das Icon. Sie können nun einen Suchtext eingeben. Alle Entwicklungsobjekte, deren Name mit dem Suchtext beginnt, werden selektiert. Das Suchergebnis können Sie durch Eingabe eines zusätzlichen Filters »type:<type>« auf einen bestimmten Typ von Entwicklungsobjekten einschränken. Die Typen, die im Kontext von CDS relevant sind, haben wir in Tabelle 9.4 aufgeführt.

Typ	Beschreibung
DDLS	CDS-Datendefinition
STOB	CDS-View, Tabellenfunktion oder andere CDS-Entität
DCLS	CDS-Zugriffskontrolle
DDLA	CDS-Annotationsdefinition
DDLX	Metadatenerweiterung
NONT	SAP-Objektknotentyp
RONT	SAP-Objekttyp

Tabelle 9.4 Typen von Entwicklungsobjekten im Kontext von CDS

Filter nach Freigabe

Der Filter »api:released« erlaubt die Einschränkung auf freigegebene Entwicklungsobjekte (siehe Kapitel 14). Beachten Sie, dass für CDS die Datendefinition (DDLS) freigegeben wird, nicht aber die zugehörige Entität (STOB). Ein Beispiel einer Suche mit Filtern zeigt Abbildung 9.16.

Wildcards

Schließlich stehen Ihnen die Ersetzungszeichen (Wildcards) »*« und »?« zur Verfügung sowie ein Symbol »<« für das Ende des Namens. Mit einer Suche nach `c_sales*q*ry< type:ddls` können Sie z. B. Query-Views finden, die der VDM-Namenskonvention entsprechen.

Damit sind die Möglichkeiten des Öffnen-Dialogs in den ADT erschöpft. Leider können Sie die Suche nicht auf bestimmte Annotationen in den Views einschränken, die im VDM eine große Rolle zur Charakterisierung von Views spielen. Es gibt aber eine andere Möglichkeit, die wir im folgenden Abschnitt vorstellen.

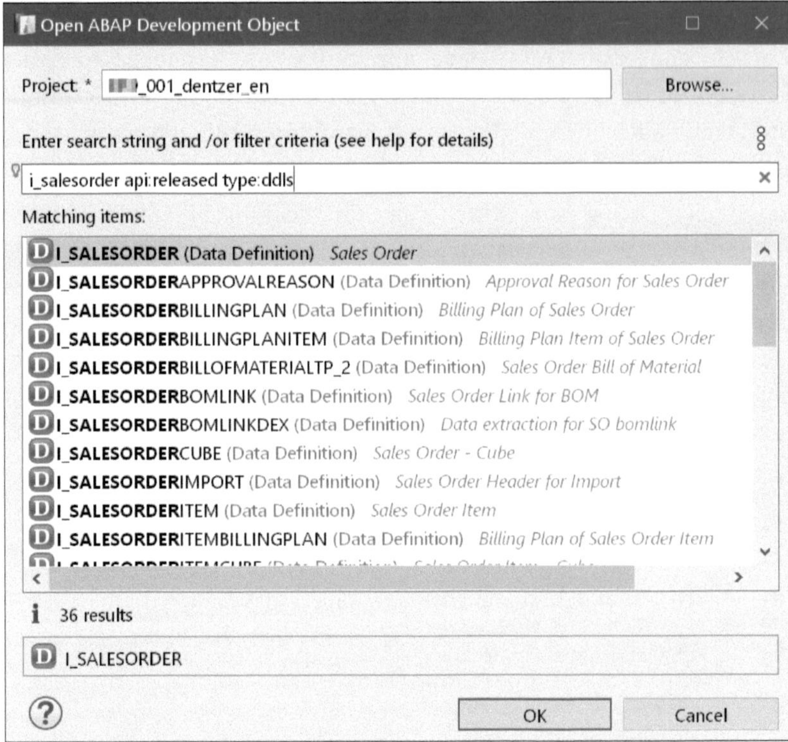

Abbildung 9.16 Suche nach freigegebenen CDS-Datendefinitionen

9.6.3 Suche von Views mit bestimmten Annotationen

Tabelle DDHEADANNO

Der im Folgenden beschriebene Weg zur Suche von CDS-Views mit bestimmten View-Annotationen wird von SAP nicht offiziell unterstützt. Er ist in der Praxis aber recht nützlich:

1. Starten Sie im SAP GUI den Data Browser (Transaktion SE16) für die Tabelle DDHEADANNO. Abbildung 9.17 zeigt das Selektionsbild.

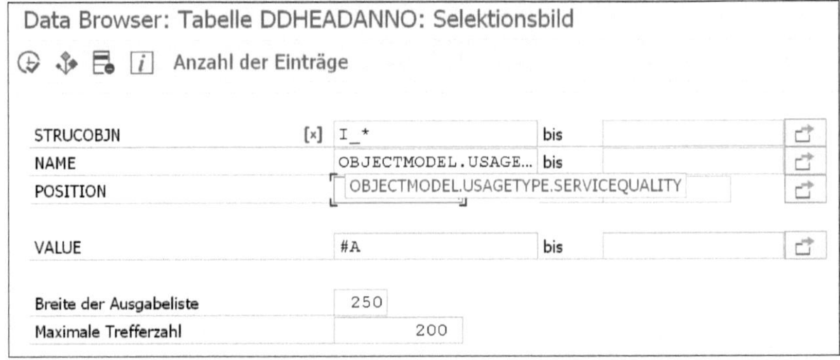

Abbildung 9.17 Selektion eines Views mit bestimmten Annotationen

2. Geben Sie im Feld **STRUCOBJN** eine Selektion für die Views an, die Sie interessieren, z. B. ein Suchmuster »I_*«.
3. Geben Sie im Feld **NAME** die Annotation ein, ohne führendes »@«, aber als vollständigen Pfad, durch ».« getrennt, z. B. »OBJECTMODEL.USAGETYPE.SERVICEQUALITY«. Bei Array-artigen Annotationen ist der Name mit den Suffixen »1«, »2« usw. für die einzelnen Einträge des Arrays abgelegt.
4. Geben Sie im Feld **VALUE** den Wert der Annotation ein, z. B. »#A«.
5. Starten Sie die Selektion.

Als Resultat erhalten Sie alle VDM-Interface-Views (aufgrund der VDM-Namenskonvention) mit der Kategorie »A« beim Laufzeitverhalten (siehe Abschnitt 9.5.1, »View-Annotationen«).

Annotations-API

Für Annotationen an Elementen können Sie analog in der Tabelle DDFIELDANNO suchen, finden dabei aber nur Annotationen, die direkt im View hinterlegt sind. Wenn Sie auch propagierte Annotationen oder Annotationen aus Metadatenerweiterungen berücksichtigen wollen, hilft Ihnen die Annotations-API: die Methoden der ABAP-Klasse CL_DD_DDL_ANNOTATION_SERVICE.

9.6.4 ABAP-Verwendungsnachweis

Eine weitere Möglichkeit zur Suche nach VDM-Views bietet der *ABAP-Verwendungsnachweis* im ABAP Data Dictionary (Transaktion SE11 im SAP GUI). Geben Sie dort z. B. die Tabelle »VBKD« ein und starten Sie den Verwendungsnachweis über den Menüpfad **Hilfsmittel • Verwendungsnachweis**. Wählen Sie im Dialog des Verwendungsnachweises die Option **Datendefinitionen** als Verwendungsbereich aus (siehe Abbildung 9.18). In der Resultatliste erkennen Sie VDM-Views an deren Namenskonvention.

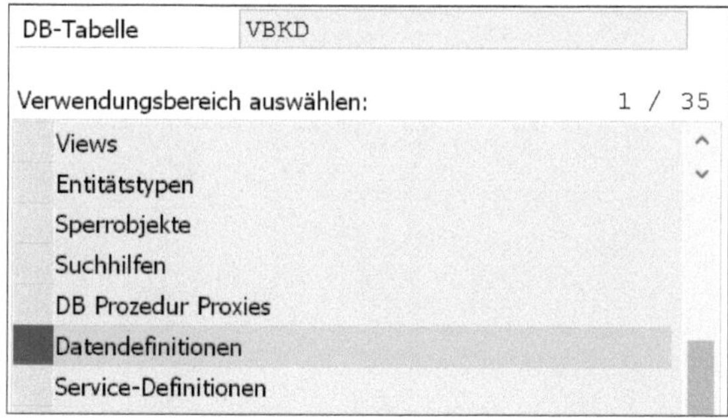

Abbildung 9.18 Suchen von CDS-Datendefinitionen im ABAP-Verwendungsnachweis

Kapitel 10
Modellierung analytischer Anwendungen

CDS-Views erschließen die umfangreichen Datenbestände moderner betriebswirtschaftlicher Anwendungen. Das analytische CDS-Modell ermöglicht Reporting und Datenanalysen direkt auf Ihren operativen Daten. Sie können leicht eigene analytische Views ergänzen und so Ihre spezifischen Anforderungen abdecken.

Mit ABAP CDS können Sie komplexe analytische Auswertungen und Berechnungen definieren und in multidimensionalen Analysen nutzen. In diesem Kapitel vermitteln wir das notwendige Wissen und ein tieferes Verständnis der Modellierung analytischer Anwendungen. Wir bauen auf den in den Vorkapiteln vermittelten Grundlagen auf und erläutern im Detail, wodurch die analytischen Eigenschaften von CDS-Views festgelegt werden.

Aufbau des Kapitels

Abschnitt 10.1 gibt eine kurze Einführung zu Analysen in SAP S/4HANA. Abschnitt 10.2 behandelt analytische Views. Zu Beginn stellen wir die Definition eines einfachen analytischen Views in CDS vor und demonstrieren seine Verwendung in der analytischen Testumgebung. Danach führen wir Schritt für Schritt die wesentlichen Typen analytischer Views ein, *Cube-Views* und *Dimensions-Views*. Wir erläutern diese mit Beispielen. Abschließend betrachten wir einige Besonderheiten des von diesen Views definierten analytischen Gesamtmodells. Abschnitt 10.3 stellt analytische Queries vor und zeigt, wie Sie damit komplexere Analysen in CDS realisieren und den Bedürfnissen Ihrer Anwender anpassen. In Abschnitt 10.4 geben wir einen kurzen Überblick der aktuellen analytischen Infrastruktur in SAP S/4HANA. Die Kenntnis dieser Infrastruktur ist nützlich, um die Ausführung analytischer Anwendungen besser zu verstehen, insbesondere bei großen Datenmengen.

Nach der Lektüre dieses Kapitels haben Sie das CDS-basierte Fundament analytischer Anwendungen in SAP S/4HANA im Detail kennengelernt und können eigene analytische CDS-Views und Queries mit leistungsfähigen Funktionen implementieren.

10.1 Analysen in SAP S/4HANA

In SAP S/4HANA können Sie eine Vielzahl analytischer Auswertungen nutzen. Diese sind in Ihre SAP-Fiori-Benutzeroberfläche eingebunden. Schon auf Ihrem Einstiegsbild können Sie die wichtigsten Key Performance Indicators (KPIs) auf speziellen Kacheln kontrollieren, wie in Abbildung 10.1 gezeigt. Über einen Klick auf diese Kacheln gelangen Sie zu detaillierten Analysen.

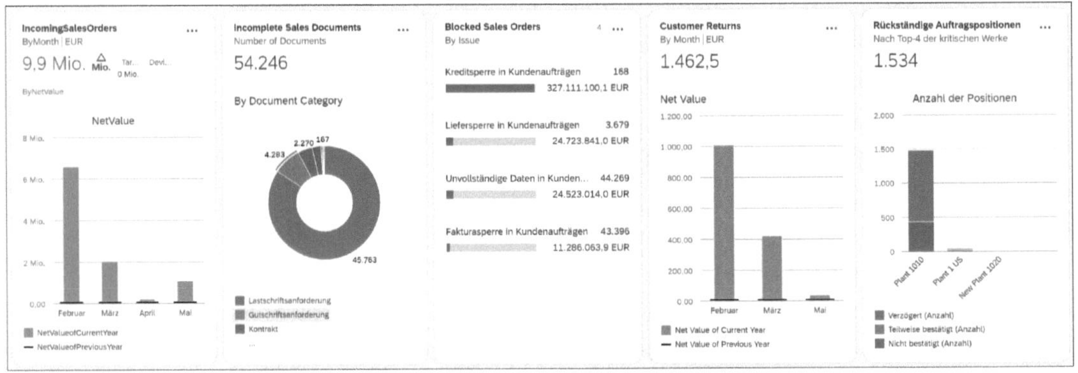

Abbildung 10.1 Analytische Kacheln im SAP Fiori Launchpad

Embedded Analytics

Hierfür ist kein separates Data Warehouse notwendig; die im System vorhandenen Daten werden direkt im System ausgewertet. SAP nennt diese Möglichkeit *Embedded Analytics*. Dadurch erhält jeder Anwender aktuelle Informationen als solide Grundlage für die Erledigung seiner Aufgaben und für betriebswirtschaftliche Entscheidungen.

Kundeneigene Analysen

Neben Standardanalysen, die von SAP vordefiniert und ausgeliefert werden, gibt es diverse Möglichkeiten, um weitere Analysen zu erstellen, die den individuellen Bedürfnissen eines Kunden angepasst sind. Um die Erstellung eigener Analysen zu erleichtern, liefert SAP nicht nur fertige analytische Anwendungen aus, sondern auch vorbereitete analytische CDS-Views, die für die Erstellung kundenspezifischer Analysen genutzt werden können.

Key User

Anwendungsexperten (*Key User*) werden hierbei durch spezielle SAP-Fiori-Apps unterstützt. Sie können z. B. mit der App **Benutzerdefinierte analytische Abfragen** eigene Queries definieren, diese in den Apps **KPI anlegen** oder **Reports anlegen** verwenden, neue Kacheln mit ihren KPIs und Reports anlegen und sie weiteren Benutzern zur Verfügung stellen.

Weitere Informationen zu Embedded Analytics

Detaillierte Informationen zu Embedded Analytics in SAP S/4HANA, dessen Einbindung in SAP Fiori und die vielfältigen analytischen Nutzungsmöglichkeiten finden Sie in dem Buch »SAP S/4HANA Embedded Analytics. Architektur, Funktionen, Anwendung« von Jürgen Butsmann, Manfred Crumbach, Jörg Franke, Benjamin Köhler und Jan Morgenthaler (SAP PRESS 2019).

Technische Hintergründe

In diesem Kapitel konzentrieren wir uns auf die Hintergründe, nämlich auf das mit CDS definierte analytische Modell, auf dem Embedded Analytics beruht. Unsere Zielgruppe sind technische Experten. Wir zeigen, wie Sie eigene analytische Views oder komplexere Analysen definieren, indem Sie in den ABAP Development Tools (ADT) neue CDS-Views erstellen. Hierbei können Sie die von SAP ausgelieferten CDS-View-Modelle wiederverwenden. Die neu erstellten Views stehen wiederum den Key Users zur Verfügung.

10.2 Analytische Views

Wir beginnen unsere Einführung in die CDS-Modellierung analytischer Views mit einem einfachen analytischen Cube-View. Nach der Definition und einer kurzen Erläuterung werden wir diesen View in der analytischen Testumgebung ausführen und demonstrieren. Dies vermittelt Ihnen ein Grundverständnis der Funktionsweise analytischer Views.

Danach studieren wir die Eigenschaften analytischer Cube- und Dimensions-Views im Detail und mit weiteren Beispielen. Am Ende dieses Abschnitts betrachten wir das analytische Modell in seiner Gesamtheit und beschreiben seine Konsistenzbedingungen.

10.2.1 Erster analytischer Cube-View

Einen analytischen View können Sie am einfachsten definieren, indem Sie die von SAP ausgelieferten CDS-Views des virtuellen Datenmodells (VDM, siehe Kapitel 9, »Das virtuelle Datenmodell von SAP S/4HANA«) verwenden. Diese sind mehrheitlich für die Verwendung in Analysen vorbereitet.

Beispiel-View

Legen Sie dazu, wie in Kapitel 1, »Schritt für Schritt zu Ihren ersten CDS-Views«, beschrieben, mit den ABAP Development Tools (ADT) einen neuen CDS-View mit dem DDLS-Namen (*Data Definition Language Source*) `ZB_SALESORDERITEMCUBE01` und dem Quelltext aus Listing 10.1 an.

DDIC-basierte CDS-Views

Wir verwenden in diesem Kapitel für viele Beispiele noch DDIC-basierte CDS-Views anstelle der neueren CDS-View-Entitäten, da diese auch mit älteren Versionen der ABAP-Plattform lauffähig sind. Die Unterschiede im analytischen Verhalten zwischen den Syntaxvarianten erläutern wir an den relevanten Stellen.

```
@AbapCatalog.sqlViewName: 'ZB_SOIC01'
@EndUserText.label:
  'Analytischer Cube 01 für Kundenauftragspositionen'
@Analytics.dataCategory: #CUBE
define view ZB_SalesOrderItemCube01
  as select from I_SalesOrderItem
{
  SalesOrder,
  _SalesOrder,
  SalesOrderItem,
  CreationDate,
  _SalesOrder.SalesOrganization,
  _SalesOrder._SalesOrganization,
  _SalesOrder.SoldToParty,
  _SalesOrder._SoldToParty,
  _SalesOrder._SoldToParty.Country as SoldToCountry,
  Material,
  _Material,
  @Aggregation.default: #SUM
  OrderQuantity,
  OrderQuantityUnit,
  _OrderQuantityUnit,
  @Aggregation.default: #SUM
  NetAmount,
  TransactionCurrency,
  _TransactionCurrency
}
```

Listing 10.1 Analytischer Cube-View »ZB_SalesOrderItemCube01«

Annotationen

Der Beispiel-View ZB_SalesOrderItemCube01 selektiert Felder und Assoziationen vom CDS-View I_SalesOrderItem und von weiteren Views über Assoziationspfade. Gegenüber den CDS-Views, die Sie bisher kennengelernt haben, hat er zwei neue Annotationen:

- `@Analytics.dataCategory: #CUBE`
  Diese View-Annotation kennzeichnet den CDS-View als *analytischen Cube-View*. Dadurch wird er im analytischen Modell berücksichtigt und kann als zentrale Datenquelle in einer Analyse dienen. Ein Cube-View wird für gewöhnlich in vielen verschiedenen Analysen verwendet.
- `@Aggregation.default: #SUM`
  Diese Feldannotation charakterisiert ein Betrags- oder Mengenfeld als *analytische Kennzahl* (engl. *Measure*) mit dem Standardaggregationsverhalten »Summation«. In einer Analyse werden solche Kennzahlen summiert, wenn nicht eine andere Art von Aggregation (z. B. Maximumbildung) in der Analyse angegeben wird.

Analytische Konsistenzprüfungen

Nach dem Aktivieren des neuen CDS-Views führen die ADT zusätzliche Konsistenzprüfungen des analytischen Modells durch. Meldungen aus der analytischen Konsistenzprüfung tragen den Zusatz **[Analytics]** und werden wie andere Meldungen im Bereich **Problems** angezeigt. Solche analytischen Fehler verhindern nicht die Aktivierung des CDS-Views und seine Ausführung in Open SQL, aber seine Verwendung in Analysen.

Wenn auch einige Sekunden nach dem Aktivieren keine Fehler angezeigt werden (die Durchführung der analytischen Prüfungen benötigt etwas Zeit), ist der neue View für die analytische Verwendung bereit.

10.2.2 Testumgebung für analytische Views

Ein analytischer View kann wie jeder CDS-View mit der Data Preview in den ADT ausgeführt werden. Dabei werden seine analytischen Eigenschaften zwar ignoriert, aber dennoch ist ein erster Test eines analytischen Views mit der Funktion **Data Preview** sinnvoll, um sicherzustellen, dass er die richtigen Daten selektiert.

Transaktion RSRTS_ODP_DIS

Zur Überprüfung des analytischen Modells und zum Test des Views mit einer multidimensionalen Analyse steht die SAP-GUI-Transaktion *Transient-Provider-Vorschau* als Testumgebung zur Verfügung (Transaktionscode RSRTS_ODP_DIS):

1. Nach dem Start von Transaktion RSRTS_ODP_DIS wählen Sie im Feld **ODP-Kontext** die Option **Core Data Services ABAP** und geben als **ODP-Name** den SQL-View-Namen des CDS-Views ein, also »ZB_SOIC01« für Ihren ersten Cube-View (siehe Abbildung 10.2). Bei einer CDS-View-Entität können Sie den Namen normalerweise direkt eingeben. Falls jedoch durch die Annotation `@Analytics.technicalName` der ODP-Name der CDS-View-Entität festgelegt wurde, müssen Sie diesen verwenden.

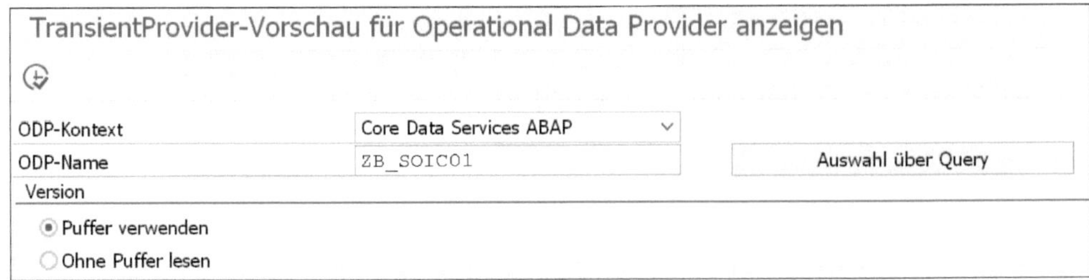

Abbildung 10.2 Start der Testumgebung für analytische Views

2. Nutzen Sie zum Ausführen der Transaktion die Funktionstaste F8.
3. Im nächsten Bild wird Ihnen das aus den CDS-Definitionen abgeleitete analytische Modell angezeigt. Diese Darstellung ist sehr technisch und für den ersten Test nicht relevant. In Abschnitt 10.2.5, »Analytisches Modell in der Testumgebung«, werden wir näher auf die gezeigten Informationen eingehen, denn sie liefern wichtige Anhaltspunkte für den Fall, dass der analytische View nicht wie gewünscht funktioniert.
4. Im Moment wollen wir auf diesem Bild nur den Cube-View testen. Wählen Sie dazu die Funktion **Standard-Query** zum Start einer Testanalyse aus (siehe Abbildung 10.3).

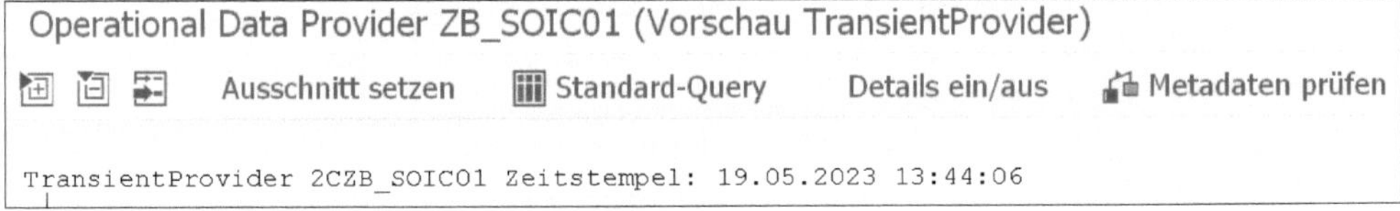

Abbildung 10.3 Start der Testanalyse

Aktivierung der Standard-Query

Aufgrund geänderter Systemeinstellungen ist es möglich, dass der Button **Standard-Query** in Ihrem System nicht sichtbar ist. Bitten Sie Ihren Systemadministrator in diesem Fall, die Einstellungen des Systems wie folgt zu ändern:

1. Führen Sie den Report `SAP_RSADMIN_MAINTAIN` in Transaktion SE38 oder SA38 aus.
2. Geben Sie »DFT_QUERY_CDS_SUPPORTED« in das Feld **OBJECT** und »X« in das Feld **VALUE** ein.
3. Stellen Sie sicher, dass **INSERT** ausgewählt ist, und starten Sie den Report mit der Funktionstaste F8.

Weitere Informationen zu diesen Einstellungen erhalten Sie in SAP-Hinweis 2745251.

5. Dies führt eine multidimensionale Analyse aus, die auf dem analytischen Cube basiert. Sie sehen das Ergebnis dieser Analyse in Abbildung 10.4. Im rechten Hauptbereich sind zunächst nur die beiden aggregierten Kennzahlen in den Spalten zu sehen. Diese sind gemäß dem annotierten Standardaggregationsverhalten in der Definition des CDS-Views über alle vorhandenen Kundenauftragspositionen summiert worden.

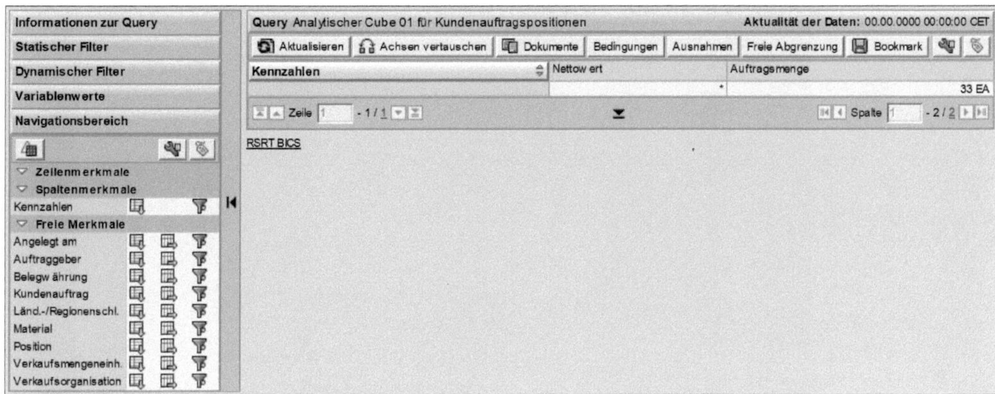

Abbildung 10.4 Multidimensionale Analyse in der Testumgebung im SAP GUI

6. Links unten im Bereich **Freie Merkmale** sind die Felder des Views zu sehen, nach denen die Kennzahlen gruppiert werden können. In der Testumgebung werden diese Felder *Merkmale* genannt; im Umfeld von SAP S/4HANA und CDS nennen wir sie *Dimensionen*.

7. Wenn Sie neben dem freien Merkmal **Material** auf das Icon klicken, werden die summierten Auftragsmengen und Nettowerte nach dem Materialfeld in den Kundenauftragspositionen gruppiert oder »aufgerissen«. Dabei werden die einzelnen Materialien in den Zeilen angezeigt (siehe Abbildung 10.5).

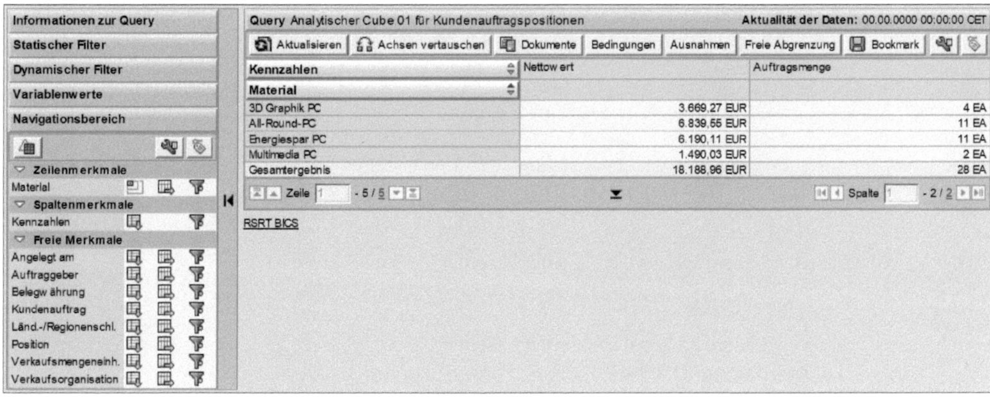

Abbildung 10.5 Gruppierung nach »Material«

8. Analog können Sie das freie Merkmal **Verkaufsorganisation** durch Anklicken des zweiten Icons [icon] als Gruppierung in die Spalten übernehmen (siehe Abbildung 10.6).

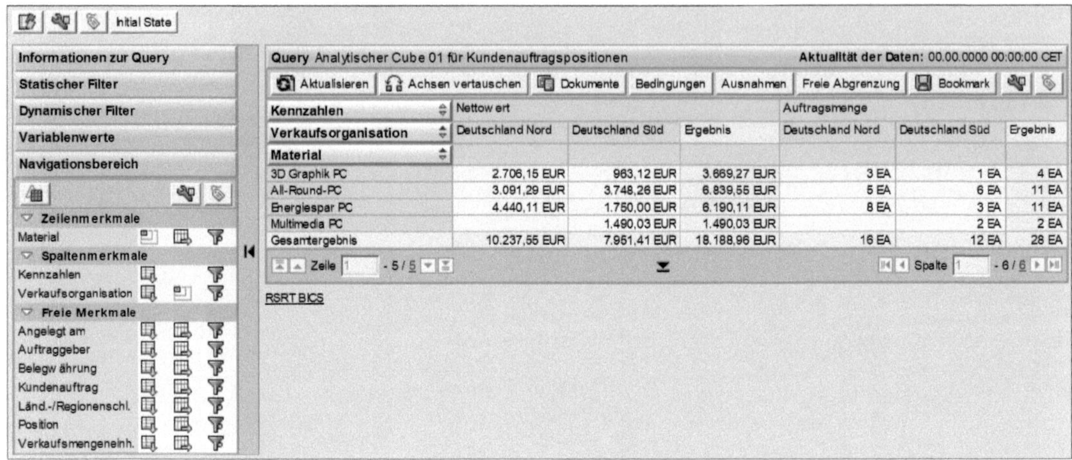

Kennzahlen	Nettowert			Auftragsmenge		
Verkaufsorganisation	Deutschland Nord	Deutschland Süd	Ergebnis	Deutschland Nord	Deutschland Süd	Ergebnis
Material						
3D Graphik PC	2.706,15 EUR	963,12 EUR	3.669,27 EUR	3 EA	1 EA	4 EA
All-Round-PC	3.091,29 EUR	3.748,26 EUR	6.839,55 EUR	5 EA	6 EA	11 EA
Energiespar PC	4.440,11 EUR	1.750,00 EUR	6.190,11 EUR	8 EA	3 EA	11 EA
Multimedia PC		1.490,03 EUR	1.490,03 EUR		2 EA	2 EA
Gesamtergebnis	10.237,55 EUR	7.951,41 EUR	18.188,96 EUR	16 EA	12 EA	28 EA

Abbildung 10.6 Gruppierung nach »Material« und »Verkaufsorganisation«

Testen in SAP-Fiori-Anwendung

Eine analytische SAP-Fiori-Anwendung für die multidimensionale Analyse mit diesem analytischen Cube würde die gleichen Werte zeigen, nur mit einer anderen grafischen Aufbereitung und vereinfachter Bedienung (siehe Abbildung 10.7). Zur Demonstration der analytischen Funktionen beschränken wir uns jedoch auf die Testumgebung im SAP GUI, da diese direkt zur Verfügung steht.

Kennzahlen	Nettowert			Auftragsmenge		
Verkaufsorganisation	Deutschland Nord	Deutschland Süd	Gesamt	Deutschland Nord	Deutschland Süd	Gesamt
Material						
3D Graphik PC	2.706,15 EUR	963,12 EUR	3.669,27 EUR	3 EA	1 EA	4 EA
All-Round-PC	3.091,29 EUR	3.748,26 EUR	6.839,55 EUR	5 EA	6 EA	11 EA
Energiespar PC	4.440,11 EUR	1.750,00 EUR	6.190,11 EUR	8 EA	3 EA	11 EA
Multimedia PC		1.490,03 EUR	1.490,03 EUR		2 EA	2 EA
Gesamtsumme	10.237,55 EUR	7.951,41 EUR	18.188,96 EUR	16 EA	12 EA	28 EA

Abbildung 10.7 SAP-Fiori-Aufbereitung der Analyse

Mit diesem Beispiel haben Sie das Grundverhalten einer Analyse kennengelernt:

- Die Kennzahlen werden nach einem definierten Verhalten aggregiert.
- Die aggregierten Werte können dabei nach frei wählbaren Dimensionen unterteilt und gruppiert werden.

Grafische Aufbereitung

Neben der Anzeige von Zahlen sind in der SAP-Fiori-App natürlich auch grafische Darstellungen möglich (siehe Abbildung 10.8).

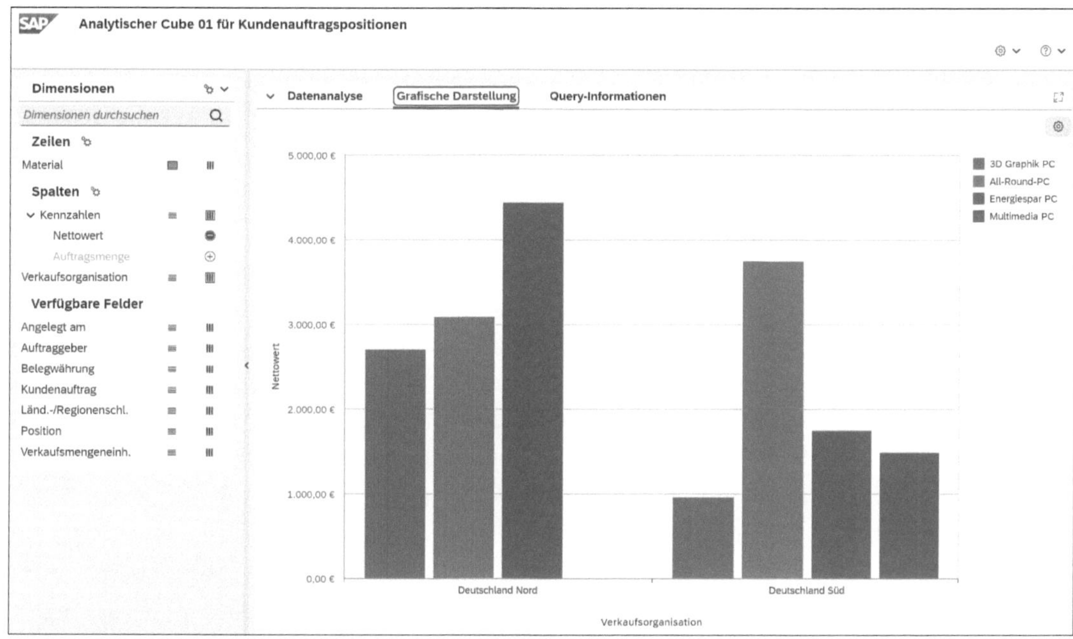

Abbildung 10.8 Grafische Darstellung der Analyseergebnisse

In den folgenden Abschnitten erläutern wir systematisch die Typen und Eigenschaften von analytischen Views und deren Modellierung in CDS.

10.2.3 Analytische Cube-Views

Datenkategorie »CUBE«

Ein *analytischer Cube-View* ist ein CDS-View der *analytischen Datenkategorie* `CUBE`. Diese wird durch die View-Annotation `@Analytics.dataCategory: #CUBE` festgelegt. Ein Beispiel für einen Cube-View ist der CDS-View `ZB_SalesOrderItemCube01` aus Listing 10.1. Ein Cube-View dient in einer Analyse als zentrale Datenquelle. Er liefert die Zahlen, die aggregiert werden. Daher muss mindestens ein Feld eines Cube-Views ein numerisches Feld sein, gewöhnlich ein Betrag oder eine Menge, die als Kennzahl ausgezeichnet sind.

Namen von Cube-Views

Verwenden Sie leicht verständliche Namen für Cube-Views. Diese können sich aus der Hauptdatenquelle des Cube-Views ergeben, z. B. aus Kundenauftragspositionen oder aus der betriebswirtschaftlichen Bedeutung seiner Kennzahlen, wenn diese im Cube durch die Kombination mehrerer Datenquellen erst berechnet werden.

Kennzahl und Aggregationsverhalten

Eine *Kennzahl* wird durch die folgende Elementannotation definiert: `@Aggregation.default`. Ein Beispiel ist `@Aggregation.default: #SUM`. Dabei wird ein Standardaggregationsverhalten festgelegt. Aktuell unterstützen analytische Cube-Views die Werte `#SUM`, `#MIN` und `#MAX`. Bei einer Aggregation wird jeweils die Summe über alle Kennzahlwerte oder deren Minimum oder deren Maximum gebildet.

Als Standardaggregation können Sie auch zwei spezielle Werte `#NONE` und `#NOP` angeben. Das annotierte Feld ist dann keine Kennzahl. Der Wert `#NONE` ist gleichbedeutend mit dem Fehlen einer Aggregationsannotation. Numerische Felder ohne eine Aggregationsannotation sind aus analytischer Sicht falsch modelliert. Für diese Felder erfolgt eine analytische Fehlermeldung, und sie können in Analysen nicht verwendet werden. Wenn für numerische Felder keine Aggregation gewünscht ist, können Sie diese aber mit `#NOP` annotieren, um sie in Analysen anzuzeigen.

Obsolete Annotation

An manchen Stellen finden Sie noch die Annotation `@DefaultAggregation`. Diese hat die gleiche Semantik wie `@Aggregation.default`, unterstützt die neuesten Entwicklungen seitens SAP aber nicht und soll daher nicht mehr verwendet werden.

Dimensionsfelder

Die anderen Felder eines Cube-Views, die nicht als Kennzahlen annotiert wurden, sind in der Regel *Dimensionsfelder* oder kurz Dimensionen. Ausnahmen sind numerische Felder, die keine Kennzahlen sind, Felder, die mit `#NOP` annotiert sind, und gewisse Spezialfelder.

Dimensionen können auf zweierlei Art genutzt werden:

- Ein Anwender kann Filterwerte für Dimensionsfelder eingeben und damit das Resultat einer Analyse einschränken.
- Ein Anwender kann die Resultatzeilen der Analyse nach den Werten der Dimensionsfelder gruppieren. Dabei werden Zwischenaggregate für diese Gruppen gemäß dem festgelegten Aggregationsverhalten gebildet.

Da die Dimensionen betriebswirtschaftliche Entitäten repräsentieren, erlaubt diese Technik die flexible multidimensionale Analyse der Unternehmensdaten. Hierdurch erklärt sich auch der Begriff *Cube*, das englische Wort für Würfel, womit an die Multidimensionalität der Daten erinnert werden soll. Allerdings sind die drei Dimensionen eines echten Würfels bei Weitem nicht ausreichend: Analytische Cube-Views in SAP S/4HANA können Hunderte von Dimensionen haben.

Dimensionen nutzen

Viele Dimensionsfelder in einem Cube-View erhöhen die Flexibilität möglicher Analysen – es gibt mehr Filter- und Gruppierungsmöglichkeiten. Ergänzen Sie daher Ihre Cube-Views um sinnvolle weitere Dimensionsfelder. Diese können Sie einfach per Pfadnotation über eine Assoziation hinzufügen oder durch einen SQL-Join ergänzen. Achten Sie dabei aber auf die Kardinalität der Assoziation bzw. des Joins: Ist diese größer als 1, führt dies zu einer Vervielfachung der Kennzahlwerte und zu falschen Resultaten. Beschränken Sie auch die Zahl der Datenquellen Ihres Cube-Views, da diese die Komplexität des Views erhöht, was die Ausführungszeit verlängern kann.

Kontext eines Cubes

Dimensionen sind für einen analytischen Cube auch in anderer Hinsicht wichtig. Sie steuern wesentliche Informationen zu einer Analyse bei. Wenn Sie sich die Analyse aus Abbildung 10.6 anschauen, sehen Sie Informationen, die der Cube-View selbst gar nicht enthält: Die Texte der Materialien und Verkaufsorganisationen gehören nicht zum Resultat einer SQL-Select-Anweisung von diesem View. Die Testumgebung bietet eine Wertehilfe beim Setzen eines Filters auf den Dimensionsfeldern, und es können weitere zusätzliche Informationen zu einem Dimensionsfeld über die Funktion **Eigenschaften** des Kontextmenüs auf dem Dimensionsfeld eingeblendet werden.

Alle diese Informationen stammen aus dem Kontext des Cubes, der durch seine Dimensionen gebildet wird. Technisch wird der Kontext durch die Dimensions-Views realisiert, die im nächsten Abschnitt vorgestellt werden, sowie durch Annotationen am Cube-View selbst. Erst alle diese Aspekte gemeinsam bilden das analytische Gesamtmodell.

Abschalten der Annotationspropagation

Bei unserem Beispiel-View `ZB_SalesOrderItemCube01` ist der Kontext vollständig vorhanden: Die notwendigen Annotationen werden von der verwendeten Datenquelle `I_SalesOrderItem` propagiert. Um den Unterschied zu sehen, können Sie die Annotationspropagation durch folgende View-Annotation abschalten: `@Metadata.ignorePropagatedAnnotations`. Im Quelltext des Views sieht das wie in Listing 10.2 aus.

```
...
@Metadata.ignorePropagatedAnnotations: true
define view ZB_SalesOrderItemCube02
...
```

Listing 10.2 Abschalten der Annotationspropagation

In Abbildung 10.9 sehen Sie die Beispielanalyse ohne ererbtes Dimensionsmodell. Texte für Verkaufsorganisationen oder Materialien stehen nicht mehr zur Verfügung. Also werden deren Schlüssel und der Code bzw. die ID zur Identifikation angezeigt.

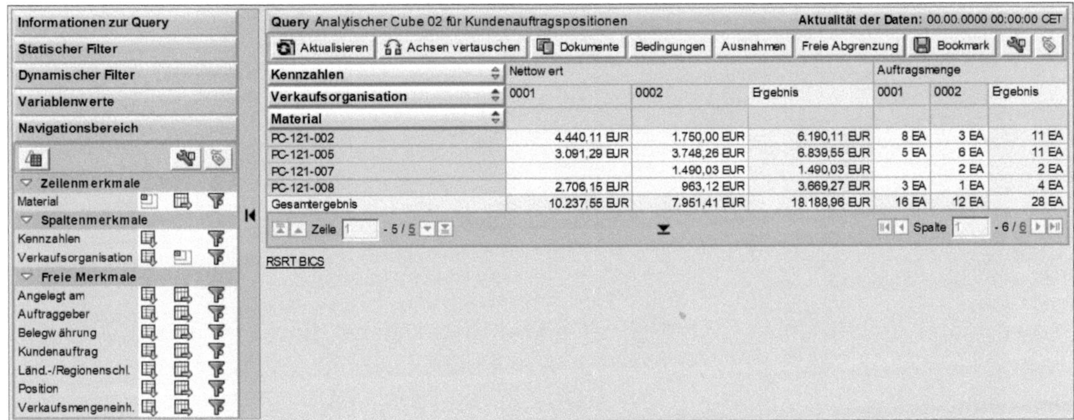

Abbildung 10.9 Analyse ohne Dimensionsmodell

Aktive Annotationen

Welche Annotationen haben Sie jetzt effektiv entfernt? Der Pfad **Open With • Active Annotations** im Kontextmenü des CDS-Views `ZB_SalesOrderItemCube01` hilft Ihnen bei dieser Frage weiter. Sie finden die beiden Fremdschlüsselannotationen für die Assoziationen `_SalesOrganization` und `_Material`. Diese sind Teil der View-Definition (siehe Listing 10.1) und haben die CDS-Views `I_SalesOrganization` bzw. `I_Material` als Ziel. Das sind zwei analytische Dimensions-Views. Ohne die Information, dass es sich hier um Fremdschlüsselassoziationen handelt, ist die Semantik des analytischen Modells stark eingeschränkt. Außerdem fehlt nun die annotierte Information über die zugehörige Währung der Betragskennzahl und die zugehörige Einheit der Menge. Daher werden diese nicht mehr direkt bei den Kennzahlen angezeigt.

Nach einer ausführlichen Erklärung der Dimensions-Views im nächsten Abschnitt werden wir noch einmal auf Cube-Views zurückkommen und den vollständigen Beispiel-View mit allen relevanten analytischen Annotationen erläutern.

10.2.4 Analytische Dimensions-Views

Datenkategorie »DIMENSION«

Ein *analytischer Dimensions-View* ist ein CDS-View der analytischen Datenkategorie `DIMENSION`. Diese wird durch folgende View-Annotation festgelegt: `@Analytics.dataCategory: #DIMENSION`.

Neben der analytischen Datenkategorie benötigt ein Dimensions-View folgende Elemente:

- eine korrekte Definition eines eindeutigen Schlüssels des Views durch das Schlüsselwort `key`
- eine Auszeichnung des repräsentierenden Schlüsselfelds durch die View-Annotation `@ObjectModel.representativeKey`

Ein Dimensions-View liefert in einem analytischen Szenario weitere Informationen zu einem Dimensionsfeld eines analytischen Views. Er repräsentiert also die Referenzdaten des Cubes, in der Regel Stammdaten oder Konfigurationsdaten.

Fremdschlüsselassoziation

Der Dimensions-View wird durch eine Fremdschlüsselassoziation mit dem Dimensionsfeld in einem Cube-View verknüpft, wie in Abbildung 10.10 dargestellt.

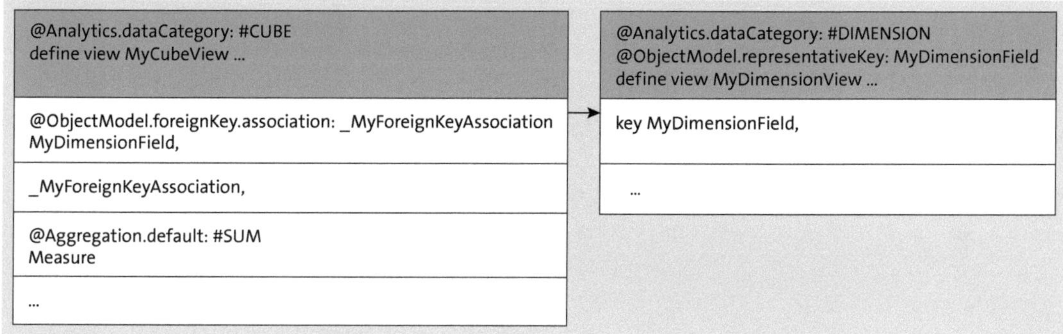

Abbildung 10.10 Cube-View und Dimensions-View

Konkret leistet ein Dimensions-View in einem analytischen Szenario Folgendes:

- Im Dimensionsfeld eines Cube-Views steht in der Regel ein technischer Code oder eine ID. Über den Dimensions-View können Sie zusätzlich oder anstelle des Codes oder der ID einen zugehörigen Text anzeigen. Auch weitere Felder des Dimensions-Views und deren zugehörige Texte können Sie in Ihrer Analyse ergänzen.
- Bei der Definition eines Filters für ein Dimensionsfeld liefert der Dimensions-View eine Auswahl möglicher Filterwerte.

- Die analytische Infrastruktur erkennt Abhängigkeiten zwischen Dimensionsfeldern mithilfe der zugehörigen Dimensions-Views und berücksichtigt diese, wenn das Ergebnis einer Analyse nach diesen Feldern gruppiert wird.

Im Beispiel am Ende dieses Abschnitts nutzen wir die ersten beiden Funktionen. Die dritte Funktion ist nur relevant bei Dimensions-Views mit mehr als einem Schlüsselfeld. Wir erläutern dies genauer in Abschnitt 10.2.6, »Konsistenz des analytischen Modells«.

Dimensions-View als Datenquelle

Ein Dimensions-View kann auch anstelle eines Cube-Views als zentrale Datenquelle einer Analyse dienen. Dabei wird die Analyse der Kennzahlen eines Cubes durch eine Analyse der Anzahl von Datensätzen des Dimensions-Views ersetzt. Eine Analyse von Kennzahlen des Dimensions-Views ist ebenfalls möglich, wenn der View solche besitzt.

Ein typisches Beispiel eines einfachen Dimensions-Views ist der VDM-View `I_SalesOrganization`. Eine vereinfachte Version dieses Views, `ZB_SalesOrganization`, die auf die notwendigen analytischen Teile reduziert wurde, ist in Listing 10.3 dargestellt.

```
@AbapCatalog.sqlViewName: 'ZB_SALESORG'
@EndUserText.label:       'Verkaufsorganisation'
@Analytics.dataCategory:  #DIMENSION
@ObjectModel.representativeKey: 'SalesOrganization'
define view ZB_SalesOrganization
  as select from tvko
  association [0..*] to ZB_SalesOrganizationText
    as _Text on   $projection.SalesOrganization
                = _Text.SalesOrganization
{
      @ObjectModel.text.association: '_Text'
  key vkorg as SalesOrganization,
      waers as SalesOrganizationCurrency,
      _Text
}
```

Listing 10.3 Vereinfachter Dimensions-View der Verkaufsorganisation

Der View ist mit der Datenkategorie `DIMENSION` annotiert. Das Feld `SalesOrganization` identifiziert eindeutig eine Zeile. Es kann also direkt als Schlüssel und als repräsentierender Schlüssel definiert werden. In Analysen können zu einem Dimensionsfeld alle weiteren Attribute des Dimensions-Views und das Textfeld aus dem zugehörigen Text-View angezeigt werden. Die Annotation `@ObjectModel.text.association` am repräsentierenden Schlüsselfeld identifiziert die Assoziation zum zugehörigen Text-View, im Beispiel zum View ZB_SalesOrganizationText.

Text-View

Dieser Text-View (siehe Listing 10.4) stellt den sprachabhängigen Text einer Verkaufsorganisation dar. Es handelt sich um eine vereinfachte Version des VDM-Views I_SalesOrganizationText.

```
@AbapCatalog.sqlViewName:    'ZB_SALESORGTEXT'
@EndUserText.label:          'Verkaufsorganisationstext'
@ObjectModel.dataCategory: #TEXT
@ObjectModel.representativeKey: 'SalesOrganization'
define view ZB_SalesOrganizationText
  as select from tvkot
  association [0..1] to ZB_SalesOrganization
    as _SalesOrganization
               on $projection.SalesOrganization =
                  _SalesOrganization.SalesOrganization
  association [0..1] to I_Language
    as _Language on $projection.Language =
                  _Language.Language
{
      @ObjectModel.foreignKey.association:
         '_SalesOrganization'
  key vkorg as SalesOrganization, _SalesOrganization,
      @ObjectModel.foreignKey.association: '_Language'
      @Semantics.language: true
  key spras as Language, _Language,
      @Semantics.text: true
      vtext as SalesOrganizationName
}
```

Listing 10.4 Vereinfachter Text-View zur Verkaufsorganisation

Ein Text-View wird durch die folgende View-Annotation definiert: @ObjectModel.dataCategory: #TEXT.

Das erste Feld des Text-Views, das mit @Semantics.text: true annotiert ist, wird als Standardtext für eine Verkaufsorganisation verwendet. Im Beispiel ist dies das Feld SalesOrganizationName.

Text-Views in analytischen Szenarien

Ein Dimensions-View ohne eigenes Textfeld besitzt eine Assoziation zu einem Text-View, eine *Textassoziation*. Diese wird durch die Annotation @ObjectModel.text.association am repräsentierenden Schlüsselfeld des Dimensions-Views ausgezeichnet. In analytischen Szenarien benötigt ein Text-View folgende Modellinformationen:

- die Definition eines eindeutigen Schlüssels durch das Schlüsselwort `key`
- eine Auszeichnung des repräsentierenden Schlüsselfelds durch die View-Annotation `@ObjectModel.representativeKey`
- ein Schlüsselfeld für die Sprache des Texts, charakterisiert durch die Feldannotation `@Semantics.language: true`
- ein Textfeld, gekennzeichnet durch die Feldannotation `@Semantics.text: true`

Der Zusammenhang zwischen Cube-View, Dimensions-View und Text-View wird in Abbildung 10.11 dargestellt.

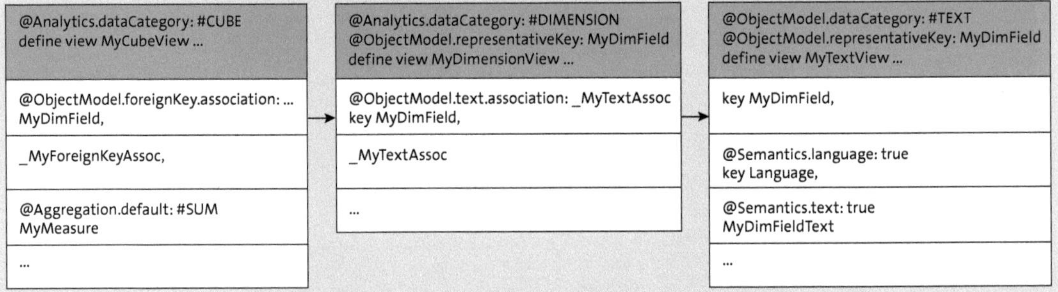

Abbildung 10.11 Cube-View, Dimensions-View und Text-View

Fremdschlüssel- und Textassoziationen

Die Fremdschlüsselassoziation muss alle Schlüsselfelder des Dimensions-Views in der On-Bedingung verbinden, insbesondere das Fremdschlüsselfeld aus dem Cube mit dem repräsentierenden Schlüsselfeld des Dimensions-Views. Eine Ausnahme bilden die Datumsfelder im Schlüssel eines zeitabhängigen Dimensions-Views. Diese müssen Sie nicht verbinden, da in Analysen die Datenbeschaffung über Assoziationen immer zu einem festen Datum erfolgt, mit dem die Assoziationen eingeschränkt werden.

Die Textassoziation verbindet in der On-Bedingung alle Schlüsselfelder des Dimensions-Views mit den entsprechenden Schlüsselfeldern des Text-Views, und insbesondere die repräsentierenden Schlüsselfelder des Dimensions-Views und Text-Views miteinander. Hier bilden die Datumsfelder im Schlüssel bei zeitabhängigen Views und der Sprachschlüssel im Text-View wieder eine Ausnahme; Texte werden implizit in der Anmeldesprache selektiert.

Komplexer Dimensions-View

Ein umfangreicheres Beispiel eines Dimensions-Views ist der VDM-View `I_Customer`, der die Stammdaten eines Kunden repräsentiert. Eine vereinfachte Version dieses Views ist in Listing 10.5 dargestellt.

```
@AbapCatalog.sqlViewName: 'ZB_CUST'
@EndUserText.label: 'Kunde'
@Analytics.dataCategory: #DIMENSION
@ObjectModel.representativeKey: 'Customer'
define view ZB_Customer as select from kna1
{
      @ObjectModel.text.element: ['CustomerName']
  key cast( kunnr as kunnr preserving type ) as Customer,
      @Semantics.text:true
      cast( concat_with_space(name1, name2, 1)
            as md_customer_name )        as CustomerName,
  ...
}
```


Listing 10.5 Vereinfachter Dimensions-View zu einem Kunden

Für den Dimensions-View der Entität »Kunde« wird kein separater Text-View benötigt, da ein Kundename sprachunabhängig ist. Stattdessen legt die Annotation `@ObjectModel.text.element` am repräsentierenden Schlüsselfeld `Customer` ein Textfeld des Views fest, das als Name des Kunden angezeigt werden soll. Im Beispiel ist dies das Feld `CustomerName`, das eigens im View durch die Textverkettung gebildet wird. Dem entstehenden Feld wird durch eine Cast-Funktion ein geeignetes Datenelement als Typ zugewiesen. Dieses Datenelement legt neben dem technischen Datentyp auch einen Feldbezeichner für die Benutzeroberflächen fest.

[+]

Namen der Dimensions-Views

Dimensionsfelder und Dimensions-Views repräsentieren für gewöhnlich betriebswirtschaftliche Entitäten. Verwenden Sie daher für eigene Dimensions-Views den Namen der Entität (im Singular) als View- oder Feldnamen zur leichten Wiedererkennung.

Anzeige von Attributen in der Analyse

Starten Sie nun wieder die Testumgebung (Transaktion RSRTS_ODP_DIS) für den View `ZB_SalesOrderItemCube01` (unter Eingabe des SQL-View-Namens `ZB_SOIC01`), wie in Abschnitt 10.2.2, »Testumgebung für analytische Views«, gezeigt. Gruppieren Sie die multidimensionale Analyse nach der Dimension (dem Merkmal) **Auftraggeber**. Dieses Feld wird standardmäßig mit seinem Text aus dem Dimensions-View, dem Kundennamen, dargestellt (siehe Abbildung 10.12).

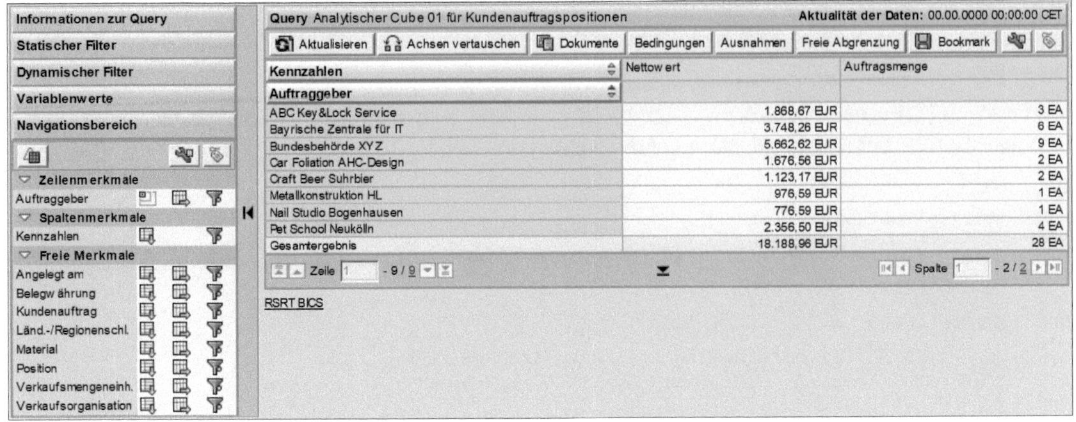

Abbildung 10.12 Analyse mit Anzeige des Kundennamens

Sie können diese Darstellung ändern und weitere Attribute für die Anzeige auswählen, indem Sie im Kontextmenü des angezeigten Felds, z. B. **Auftraggeber**, die Funktion **Eigenschaften** wählen. Dies öffnet das Fenster **Eigenschaften** (siehe Abbildung 10.13). In diesem können Sie verschiedene Darstellungsarten für ein Dimensionsfeld wählen: Sie können nur den Schlüssel, nur den Text oder beides anzeigen. Außerdem können Sie weitere Attribute aus dem Dimensions-View zur Anzeige auswählen.

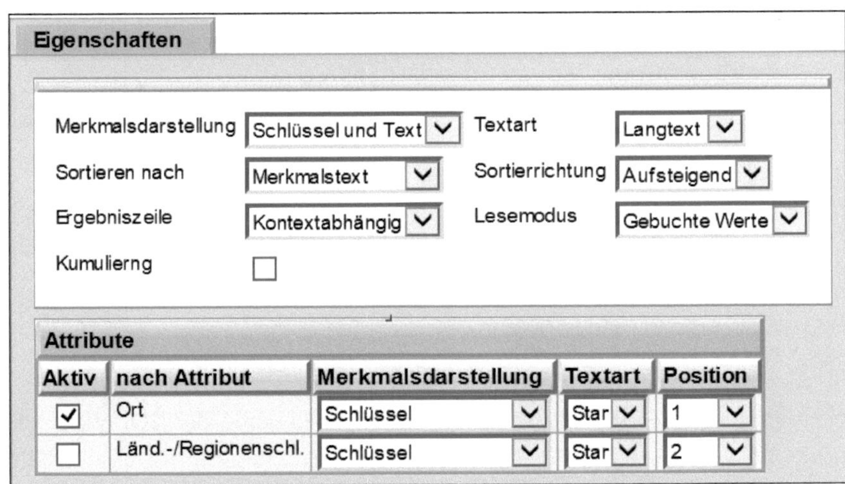

Abbildung 10.13 Auswahl der Darstellung eines Dimensionsfelds

Wählen Sie im Feld **Merkmalsdarstellung** die Option **Schlüssel und Text** aus und setzen Sie in der Spalte **Aktiv** einen Haken vor das Attribut **Ort**. Klicken Sie nun auf den Button **Übernehmen** oder das Icon ☑ unterhalb der Tabelle. Abbildung 10.14 zeigt das Ergebnis Ihrer Einstellungen.

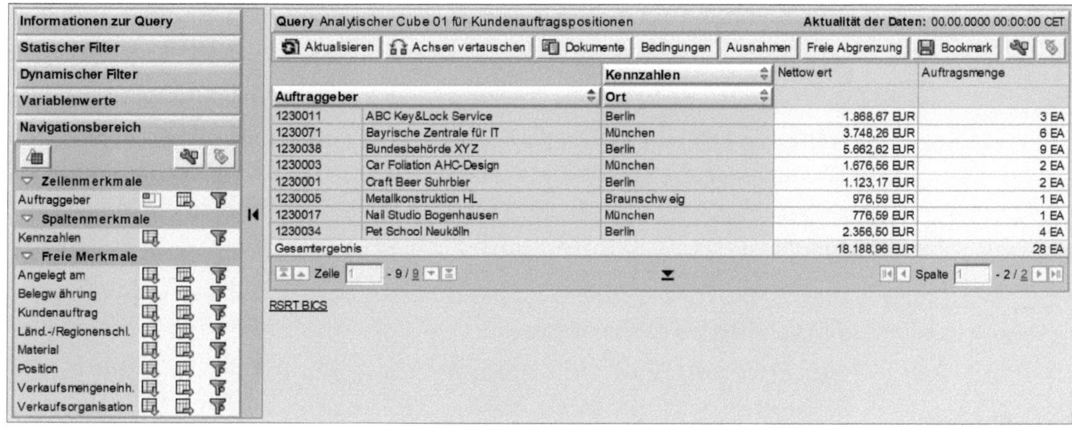

Abbildung 10.14 Analyse mit der Anzeige von Schlüssel, Text und Ort

Wertehilfe für Filter

Bei der Eingabe eines Filters, z. B. auf das Dimensionsfeld **Material**, wird der Wertevorrat des zugehörigen Dimensions-Views zur Auswahl angeboten. Klicken Sie zur Eingabe eines Filters auf das Icon rechts neben dem Dimensionsfeld. Dies öffnet die Registerkarte **Werte** (siehe Abbildung 10.15), auf der Sie Einzelwerte oder einen Wertebereich als Filter eingeben können. Dabei können Sie auch Werte ausschließen.

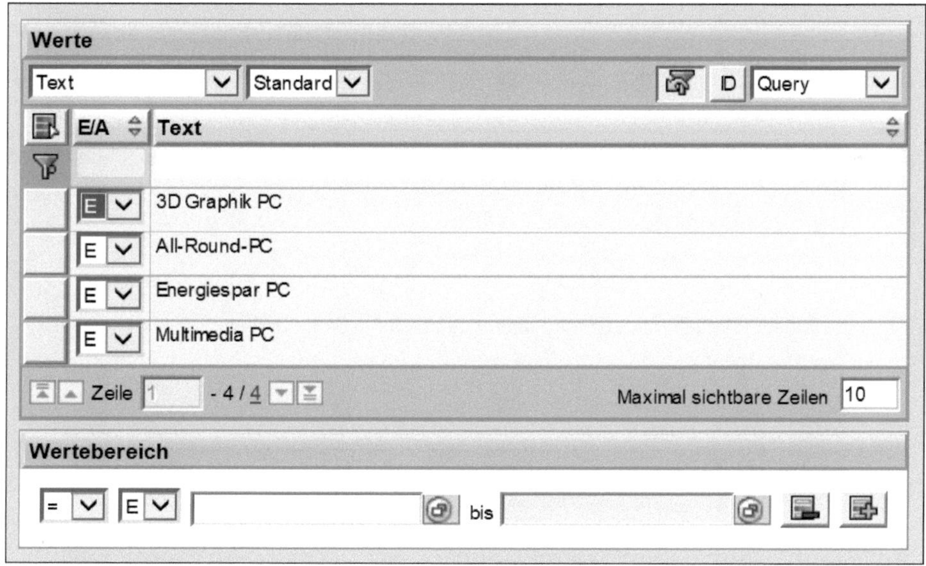

Abbildung 10.15 Eingabe eines Filters in der Testumgebung

Sie haben nun einige Anwendungsmöglichkeiten von Dimensions-Views kennengelernt. Auch im nächsten Abschnitt zum analytischen Gesamtmodell werden Dimensions-Views eine wichtige Rolle spielen.

10.2.5 Analytisches Modell in der Testumgebung

Analytische Cube-Views und Dimensions-Views bilden die Grundstruktur des analytischen Modells. Text-Views ergänzen diese Grundstruktur um weitere Informationen und Möglichkeiten. Ist einem Dimensions-View ein Hierarchie-View zugeordnet – dieser View wird in Kapitel 12, »Hierarchien in CDS«, eingeführt –, ergänzen auch diese Hierarchie und die ihr zugeordneten Views das analytische Modell.

Analytische Fakten-Views

Neben Cube-Views und Dimensions-Views gibt es CDS-Views mit einer weiteren analytischen Datenkategorie, die *Fakten-Views*. Diese werden durch die View-Annotation `@Analytics.dataCategory: #FACT` gekennzeichnet. Fakten-Views liefern meist transaktionale Daten – keine Stammdaten – und dienen als Datenquellen für Cube-Views. Die Fakten-Views sind selbst jedoch nicht Teil des analytischen Datenmodells, auf dem Analysen aufbauen.

Vollständiges Beispiel eines Cube-Views

Schauen Sie sich das analytische Modell Ihres ersten Cube-Views genauer an. Die vollständige View-Definition mit einer expliziten Angabe der im ersten Beispiel-View `ZB_SalesOrderItemCube01` ererbten Annotationen ist als View `ZB_SalesOrderItemCube03` in Listing 10.6 dargestellt.

```
@AbapCatalog.sqlViewName: 'ZB_SOIC03'
@EndUserText.label: 'Analytischer Cube 03'
@Analytics.dataCategory: #CUBE
@Metadata.ignorePropagatedAnnotations: true
define view ZB_SalesOrderItemCube03
  as select from I_SalesOrderItem
{
  @ObjectModel.foreignKey.association: '_SalesOrder'
  SalesOrder,
  _SalesOrder,
  SalesOrderItem,
  CreationDate,
  @ObjectModel.foreignKey.association: '_SalesOrganization'
  _SalesOrder.SalesOrganization,
  _SalesOrder._SalesOrganization,
  @ObjectModel.foreignKey.association: '_SoldToParty'
  _SalesOrder.SoldToParty,
  _SalesOrder._SoldToParty,
  _SalesOrder._SoldToParty.Country as SoldToCountry,
```

```
  @ObjectModel.foreignKey.association: '_Material'
  Material,
  _Material,
  @Aggregation.default: #SUM
  @Semantics.quantity.unitOfMeasure: 'OrderQuantityUnit'
  OrderQuantity,
  @ObjectModel.foreignKey.association: '_OrderQuantityUnit'
  @Semantics.unitOfMeasure: true
  OrderQuantityUnit,
  _OrderQuantityUnit,
  @Aggregation.default: #SUM
  @Semantics.amount.currencyCode: 'TransactionCurrency'
  NetAmount,
  @ObjectModel.foreignKey.association:'_TransactionCurrency'
  @Semantics.currencyCode: true
  TransactionCurrency,
  _TransactionCurrency
}
```

Listing 10.6 Vollständiges Beispiel für einen analytischen Cube-View

Modell in der Testumgebung

Sie können in Listing 10.6 deutlich die annotierten Fremdschlüsselassoziationen erkennen. Starten Sie nun erneut die Testumgebung (Transaktion RSRTS_ODP_DIS) und geben Sie, wie in Abschnitt 10.2.2, »Testumgebung für analytische Views«, gezeigt, den SQL-View-Namen ein, nun »ZB_SOIC03«. Nach dem Ausführen (Funktionstaste F8) wird das analytische Modell einschließlich der Informationen zu den Dimensions-Views in einer Baumdarstellung angezeigt (siehe Abbildung 10.16).

Abbildung 10.16 Anzeige des analytischen Modells in der Testumgebung

Hier werden die Felder des Views anhand ihrer analytischen Bedeutung kategorisiert. Kennzahlen werden im Bereich **Kennzahlen** angezeigt, mit einem Verweis auf ihre Währung bzw. Einheit. Dimensionsfelder finden Sie unter **KEY**, **DATA** und **UNIT**. Da der View keinen Schlüssel definiert hat, stehen keine Felder unter **KEY**. Einheiten und Währungen werden erkannt und unter **UNIT** angezeigt, da sie speziell behandelt werden. Felder im Bereich **nicht enthalten** können in Analysen nicht verwendet werden, z. B. numerische Felder, die nicht als Kennzahlen ausgezeichnet wurden.

Feldinformationen

Die gelben Zeilen enthalten Informationen zu den Feldern des Views. Die erste Spalte enthält den *Infoobjektnamen* des Felds. Dieser dient der Identifizierung des Felds innerhalb der analytischen Infrastruktur. Um welches Feld es sich handelt, erkennen Sie an der zweiten Spalte mit dem Feldnamen oder an der fünften Spalte mit dem Feldbezeichner. Interessant sind die grünen Icons am Ende der gelben Zeilen. An ihnen erkennen Sie schnell, welche Modellelemente bei diesem Feld vorhanden sind:

- Das Icon kennzeichnet Felder mit einer Fremdschlüsselassoziation zu einem Dimensions-View.
- Das Icon kennzeichnet die Existenz eines zugehörigen Textfelds.
- Das Icon zeigt an, dass zu diesem Dimensionsfeld eine Hierarchie existiert.

Bei Dimensionsfeldern, zu denen ein Dimensions-View gehört, können Sie den Baum weiter aufklappen. Im Aufriss werden die Felder der Dimensions-Views angezeigt.

Metadaten prüfen

Eine nützliche Funktion der Testumgebung ist das Prüfen der Metadaten, also des analytischen Modells, mit der Funktion **Metadaten prüfen**. Sie finden diese Funktion in der Button-Leiste. Sie führt Konsistenzprüfungen durch und zeigt die Ergebnisse an.

10.2.6 Konsistenz des analytischen Modells

Sternschema

Ein einzelnes analytisches Modell besteht aus einer zentralen Datenquelle, meist einem Cube-View, und den Dimensions-Views zu den Dimensionsfeldern der Datenquelle. Sie bilden damit ein *Sternschema* aus CDS-Views, nicht aus Tabellen, wie es bei Data-Warehouse-Anwendungen üblich ist.

Sie können über die Definition der Fremdschlüsselassoziation flexibel steuern, welchen Dimensions-View Sie einem Feld zuweisen. Zum Beispiel könnte ein anderer Dimensions-View notwendig sein, um weitere Felder mit anzuzeigen, oder auch, um Felder (aus Datenschutzgründen) zu entfernen.

Modellkonsistenz

Allerdings können Dimensions-Views nicht beliebig ausgetauscht werden, da sie auch Beziehungen untereinander haben, deren Konsistenz für das analytische Modell gewährleistet sein muss. Relevant wird die Konsistenzfrage, wenn ein Dimensions-View mehr als ein Schlüsselfeld hat. Um dies besser zu verstehen, betrachten wir als Beispiel den VDM-View I_Country für Staaten (siehe Listing 10.7) und den VDM-View I_Region für Regionen innerhalb eines Staats (siehe Listing 10.8).

```
@Analytics.dataCategory: #DIMENSION
@ObjectModel.representativeKey: 'Country'
define view I_Country as select from t005
{
  key Country,
      ...
}
```

Listing 10.7 Auszug aus dem VDM-View »I_Country«


```
@Analytics.dataCategory: #DIMENSION
@ObjectModel.representativeKey: 'Region'
define view I_Region as select from t005s
{
      @ObjectModel.foreignKey.association: '_Country'
  key Country,
  key Region,
      _Country
}
```

Listing 10.8 Auszug aus dem VDM-View »I_Region«

Dimension mit mehreren Schlüsselfeldern

Eine Region wird durch die Angabe des Schlüsselfelds Region nicht eindeutig festgelegt. Es wird immer auch die Angabe des Staats benötigt, in dem die Region liegt, also die Angabe des Schlüsselfelds Country. Der View I_Region hat also eine Fremdschlüsselbeziehung zum View I_Country, ausgedrückt durch die Fremdschlüsselassoziation _Country.

Ein Cube-View mit einer Region als Dimensionsfeld braucht immer auch ein Dimensionsfeld Country mit dem Staat, um die Region eindeutig zu identifizieren. Die Fremdschlüsselassoziation vom Cube-View zum Dimensions-View I_Region basiert also auch auf dem Feld Country, wie in Listing 10.9 zu sehen.

```
@Analytics.dataCategory: #CUBE
define view ZB_RegionDemoCube as select from ...
association [0..1] to I_Country as _Country
  on    $projection.Country =_Country.Country
association [0..1] to I_Region as _Region
```

```
  on    $projection.Region  =_Region.Region
    and $projection.Country =_Region.Country
{
  Country, _Country,
  Region,  _Region,
  ...
}
```

Listing 10.9 Beispiel-Cube mit den Dimensionen »Land« und »Region«

Die Views werden durch ihre Fremdschlüsselassoziationen verbunden, wie in Abbildung 10.17 gezeigt.

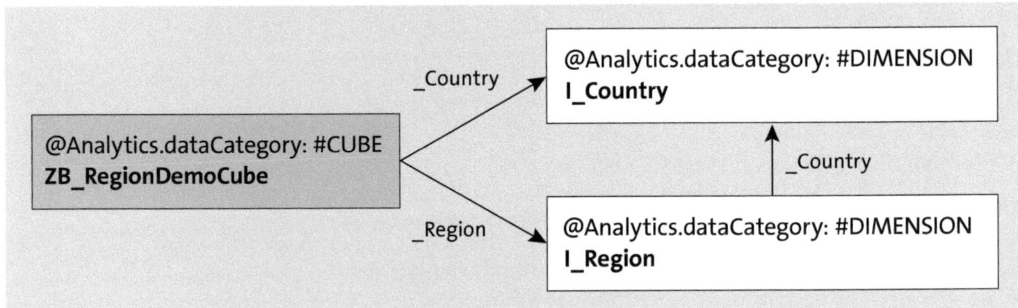

Abbildung 10.17 Assoziationen zwischen Cube, Region und Staat

Konsistenzbedingung

Bei Dimensions-Views mit mehreren Schlüsselfeldern müssen die Fremdschlüsselassoziationen der übergeordneten Schlüsselfelder im Dimensions-View bzw. der diesen Schlüsselfeldern entsprechenden übergeordneten Dimensionsfelder im Cube-View auf den gleichen Dimensions-View zeigen. Im Beispiel bedeutet dies, dass die beiden Fremdschlüsselassoziationen `_Country` des Cube-Views und `_Country` des Dimensions-Views für die Regionen auf den gleichen Dimensions-View `I_Country` zeigen müssen.

Es ist nicht erlaubt, im Cube die Fremdschlüsselassoziation `_Country` zu einem anderen View `ZB_Country` zu definieren, ohne auch das Ziel der Assoziation `_Region` auf einen neuen View `ZB_Region` zu ändern, dessen Fremdschlüsselassoziation wiederum auf `ZB_Country` zeigt.

[»]

Ersetzen von Dimensions-Views

Wenn Sie einen Dimensions-View, z. B. den Standard-View `I_Country`, durch einen anderen ersetzen wollen, müssen Sie nicht nur den Cube-View anpassen, sondern auch alle anderen von diesem Cube genutzten Dimensions-Views mit einem Schlüsselfeld, das eine Fremdschlüsselassoziation zum Dimensions-View aufweist, z. B. `I_Region`.

Dimensionen mit mehreren Schlüsselfeldern werden bei der multidimensionalen Analyse besonders behandelt. Wählt der Benutzer z. B. eine Gruppierung nach Regionen aus, erkennt die analytische Infrastruktur, dass eine Region nur innerhalb eines Staats eindeutig identifiziert ist, und aktiviert automatisch auch eine Gruppierung nach dem Staat. Dadurch werden die Analyseresultate betriebswirtschaftlich korrekt aggregiert. Ohne die Kenntnis der Modelle der Dimensions-Views könnte die analytische Infrastruktur hier nicht unterstützen, und die Analyse würde keine sinnvollen Ergebnisse liefern.

Gruppierung bei mehreren Schlüsselfeldern

10.3 Analytische Queries

Basierend auf dem analytischen Modell, das durch Cube- und Dimensions-Views definiert wird, können diverse analytische Auswertungen und Berechnungen als *analytische Queries* definiert und ausgeführt werden, um den vielfältigen Bedürfnissen der Anwender Rechnung zu tragen. Während das analytische Modell eher stabil bleibt und mehrfach wiederverwendet wird, kann es viele spezifische Queries zur Detailsteuerung des analytischen Zugriffs geben, um verschiedene Anforderungen zu erfüllen.

Query-Einstellungen

In einer Query können Sie initiale Einstellungen für eine Auswertung festlegen, wie wir sie in Abschnitt 10.2.2, »Testumgebung für analytische Views«, gesehen haben:

- **das initiale Layout der Darstellung**
  die angezeigten Zeilen und Spalten, die Anzeige von Texten, Zwischensummen und Sortierung
- **die initiale Auswahl von Daten**
  Standardwerte für Filter und Variablen, basierend auf dem aktuellen Kontext, wie z. B. dem Tagesdatum

Im Dialog kann ein Benutzer diese Standardwerte und Einstellungen bei Bedarf ändern. In der Query können Sie aber auch Kennzahlen berechnen, die im analytischen Modell selbst nicht vorhanden sind. Dadurch haben Sie viele Möglichkeiten, um die Auswertung entsprechend den betriebswirtschaftlichen Anforderungen zu gestalten: Sie können Formeln verwenden, eingeschränkte Kennzahlen definieren oder Ausnahmeaggregationen festlegen.

10.3.1 Definition einer analytischen Query

Syntaxvarianten

Eine analytische Query kann in CDS in drei Syntaxvarianten formuliert werden:

1. Als klassischer DDIC-basierter CDS-View mit der Annotation `@Analytics.query: true`, der Daten von einem analytischen View selektiert. Diese Variante verwenden wir in den folgenden Beispielen, da sie auch in älteren Versionen der ABAP-Plattform verfügbar ist.
2. Als CDS-View-Entität mit der Annotation `@Analytics.query: true`, die Daten von einem analytischen View selektiert. Diese Syntaxvariante ist technisch möglich, wir empfehlen aber, sie nicht zu verwenden.
3. Als transienter CDS-Projektions-View mit einem *Provider Contract* `analytical_query`. Diese Syntaxvariante steht erst seit 2022 zur Verfügung, wird aber von SAP empfohlen. Daher geben wir in den Beispielen auch diese neue Syntax an.

Datenquelle

In allen drei Varianten selektiert eine analytische Query Daten von einem analytischen Cube- oder Dimensions-View. Dabei ist es unerheblich, ob es sich bei diesen um DDIC-basierte CDS-Views oder View-Entitäten handelt.

Von einer DDIC-basierten Query oder einer CDS-View-Entität, die nicht transient ist, können Sie durch eine gewöhnliche SQL-Select-Anweisung Daten lesen. Dabei werden die besonderen analytischen Aspekte aber ignoriert, und der SQL-Zugriff liefert nur die Grunddaten als Ergebnis. Die analytischen Funktionen der Query und des zugrunde liegenden analytischen Modells müssen durch eine analytische Infrastruktur (siehe Abschnitt 10.4, »Analytische Infrastruktur«) ausgeführt werden.

Erste analytische Query

Eine einfache DDIC-basierte analytische Query, basierend auf Ihrem ersten analytischen Cube-View, ist in Listing 10.10 dargestellt.

```
@AbapCatalog.sqlViewName: 'ZB_SOIQ01'
@EndUserText.label: 'Query 01 für Kundenauftragspositionen'
@Analytics.query: true
define view ZB_SalesOrderItemQuery01
  as select from ZB_SalesOrderItemCube01
{
  Material,
  SoldToParty,
  SoldToCountry,
  OrderQuantity,
  NetAmount
}
```

Listing 10.10 Einfache analytische Query

Die vollen analytischen Fähigkeiten Ihrer Query können Sie im *Querymonitor* testen (Transaktionscode RSRT):

Testumgebung für analytische Queries

1. Melden Sie sich am SAP GUI an und starten Sie Transaktion RSRT.
2. Geben Sie im Feld **Query** die Zeichen »2C« ein, direkt gefolgt vom SQL-View-Namen des CDS-Views, also »2CZB_SOIQ01« für Ihre erste analytische Query, wie in Abbildung 10.18 gezeigt. Wenn Sie die Query als CDS-View-Entität oder als CDS-Projektions-View definiert haben, geben Sie stattdessen »2C« gefolgt vom Namen des CDS-Views ein. Wenn der View mit `@Analytics.technicalName` annotiert ist, so geben Sie »2C« ein, gefolgt vom technischen Namen, der durch diese Annotation spezifiziert wird. Die Zeichen »2C« sind ein technisches Hilfsmittel zur Identifikation einer CDS-basierten analytischen Query und starten deren spezifische Interpretation und Ausführung.

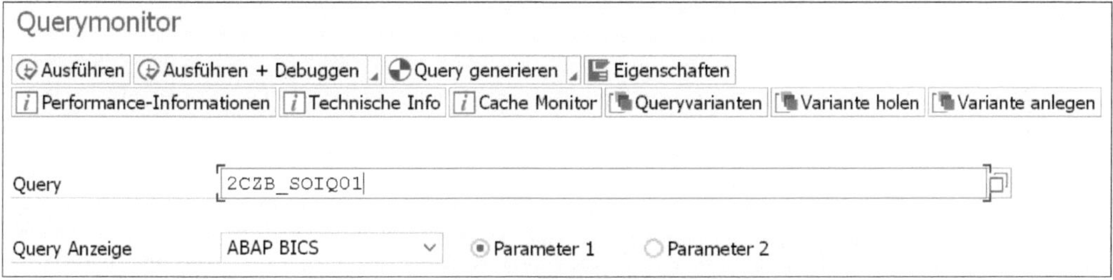

Abbildung 10.18 Start der Testumgebung für analytische Queries

3. Drücken Sie die [↵]-Taste. Das System ergänzt dann diesen systeminternen Query-Namen `2CZB_SOIQ01` um den systeminternen Cube-Namen `2CZB_SOIC01`. Dieser wird analog aus dem SQL-View-Namen des Cubes mit den vorangestellten Zeichen `2C` gebildet (siehe Abbildung 10.19). Wenn der Cube als CDS-View-Entität definiert ist, so wird entweder sein Name oder der annotierte technische Name angezeigt.

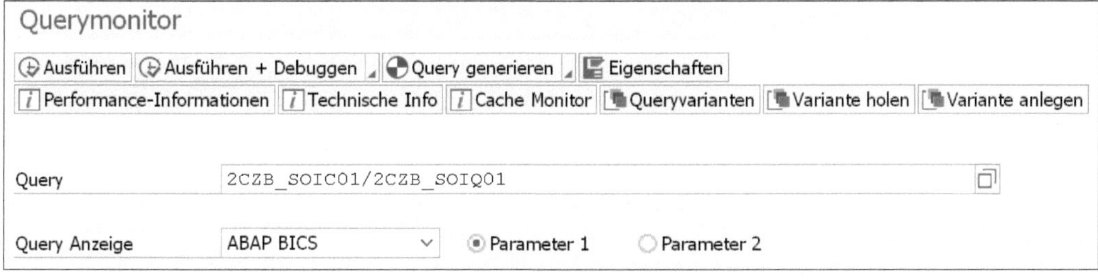

Abbildung 10.19 Anzeige von Cube-Name/Query-Name

4. Belassen Sie alle weiteren Felder bei ihren Standardwerten, insbesondere das Feld **Query Anzeige** bei dem Wert **ABAP BICS**.

5. Klicken Sie nun auf den Button **Ausführen**.
6. Dies startet die durch die Query definierte multidimensionale Analyse (siehe Abbildung 10.20). Diese ist fast identisch mit der Testanalyse Ihres ersten Cubes aus Abschnitt 10.2.2, »Testumgebung für analytische Views«, da hierfür die gleiche Technologie genutzt wird und die Query ja auf diesem Cube basiert. Die Query bietet allerdings eine kleinere Zahl von Dimensionsfeldern an und ist dadurch übersichtlicher.

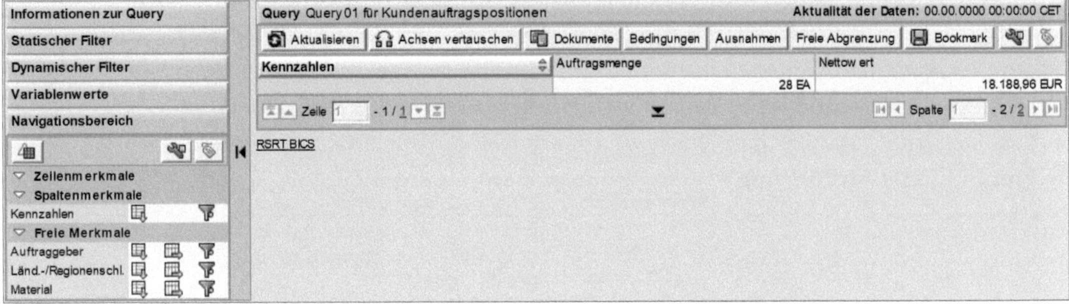

Abbildung 10.20 Analytische Query in der Testumgebung

Verwendung von BI-Tools

Wir verwenden hier den ABAP-Querymonitor zum Ausführen der Queries. Dies ist eine reine Testumgebung für analytische Queries, die nicht von den Anwendern verwendet werden soll.

Sie können Ihre in CDS definierten analytischen Queries auch auf einer regulären Business-Intelligence-Benutzeroberfläche (BI-Oberfläche) testen, z. B. in *SAP Analysis for Microsoft Office*. Verwenden Sie dabei den gleichen Query-Namen wie in der Testumgebung, also `2C`, gefolgt vom SQL-View-Namen einer DDIC-basierten Query oder gefolgt vom Namen eines transienten Projektions-Views oder gefolgt vom technischen Namen, der durch die Annotation `@Analytics.technicalName` definiert wird.

Anpassen der Darstellung

Für Queries stehen die schon bei Cubes vorgestellten Möglichkeiten zur Verfügung, um die Darstellung anzupassen (siehe Abschnitt 10.2.2, »Testumgebung für analytische Views«, und Abschnitt 10.2.4, »Analytische Dimensions-Views«):

- Anzeige von Texten oder Attributen von Dimensionsfeldern
- Gruppieren nach Dimensionsfeldern in Zeilen oder Spalten
- Filtern nach Dimensionsfeldern

Machen Sie sich mit diesen Möglichkeiten in der Testumgebung vertraut.

Nun betrachten wir eine andere Syntaxvariante. Listing 10.11 zeigt Ihre erste analytische Query in der Syntax eines transienten CDS-Projektions-Views.

Transienter CDS-Projektions-View als Query

```
@EndUserText.label: 'Query 01 für Kundenauftragspositionen'
@AccessControl.authorizationCheck: #NOT_ALLOWED
define transient view entity ZB_SalesOrderItemQuery01A
  provider contract analytical_query
  as projection on ZB_SalesOrderItemCube01
{
  Material,
  SoldToParty,
  SoldToCountry,
  OrderQuantity,
  OrderQuantityUnit,
  NetAmount,
  TransactionCurrency
}
```

Listing 10.11 Einfache analytische Query als transienter CDS-Projektions-View

Ein transienter CDS-Projektions-View als analytische Query wird durch die Syntaxelemente `transient view entity`, `provider contract analytical_query` und `as projection on` festgelegt. Alle anderen fett markierten Teile in Listing 10.11 werden von der Syntaxprüfung verlangt.

Zum Ausführen der Query in der Testumgebung verwenden Sie statt des SQL-Viewnamen den Namen des CDS-Projektions-Views, geben also im Feld **Query** »2CZB_SALESORDERITEMQUERY01A« ein.

10.3.2 Initiales Layout einer Query

Layout einer Query

In einer analytischen Query können Sie die initiale Darstellung nach dem Start einer Analyse festlegen. Die Query aus Listing 10.12 demonstriert einige Möglichkeiten, um das initiale Layout zu gestalten.

```
@AbapCatalog.sqlViewName: 'ZB_SOIQ02'
@EndUserText.label: 'Query 02 für Kundenauftragspositionen'
@Analytics.query: true
define view ZB_SalesOrderItemQuery02
  as select from ZB_SalesOrderItemCube01
{ @AnalyticsDetails.query.axis: #ROWS
  @AnalyticsDetails.query.totals: #SHOW
  @AnalyticsDetails.query.display: #KEY_TEXT
  Material,
```

```
    @AnalyticsDetails.query.axis: #COLUMNS
    _SalesOrganization._Text.SalesOrganizationName,
    @AnalyticsDetails.query.totals: #SHOW
    SoldToParty,
    @AnalyticsDetails.query.sortDirection: #ASC
    _SoldToParty.CustomerName,
    _SoldToParty.CityName,
    @EndUserText.label: 'Land des Auftraggebers'
    SoldToCountry,
    @AnalyticsDetails.query.hidden: true
    OrderQuantity,
    NetAmount
}
```

Listing 10.12 Initiales Layout einer Query festlegen

Nach dem Ausführen hat die Query das in Abbildung 10.21 dargestellte initiale Layout.

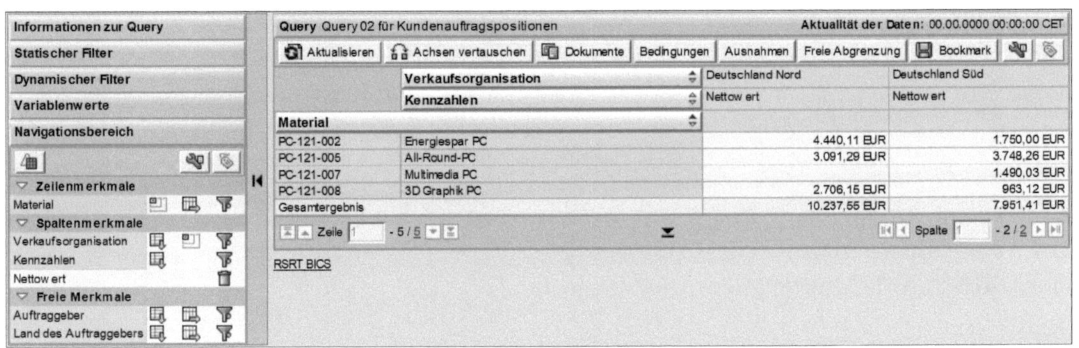

Abbildung 10.21 In einer Query-Definition festgelegtes Layout

Die Zeilen werden nach dem Dimensionsfeld `Material` gruppiert, Materialwerte werden mit ID und Materialtext angezeigt, und über alle Materialzeilen wird eine Summe gebildet. Die Spalten werden nach dem Dimensionsfeld `SalesOrganization` gruppiert; zu sehen ist aber nur der Text zur Verkaufsorganisation. Als Feldbezeichner zum Dimensionsfeld `SoldToCountry` wird der Text »Land des Auftraggebers« verwendet. Die Kennzahl `OrderQuantity` wird nicht angezeigt.

Wenn Sie jetzt nach dem Auftraggeber anstatt nach dem Material gruppieren, sieht das Layout wie in Abbildung 10.22 aus. Zum Dimensionsfeld `SoldToParty` werden nun die dazugehörige ID, der Name und die Stadt des Auftraggebers aufgelistet. Dabei erfolgt eine aufsteigende Sortierung nach dem Namen. Außerdem wird eine Summe berechnet.

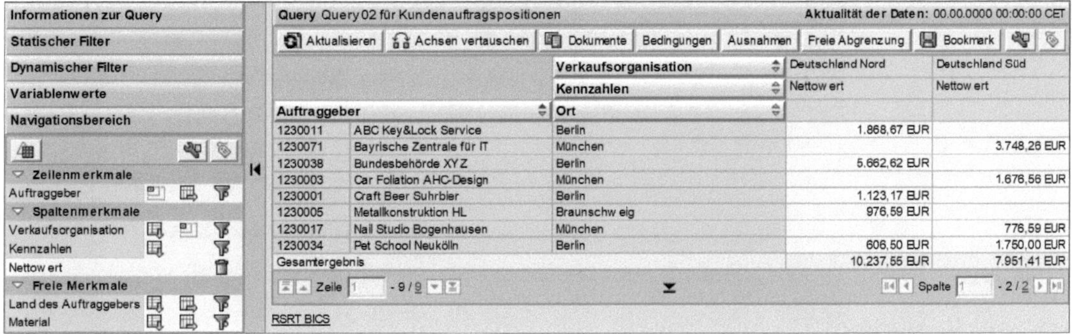

Abbildung 10.22 Layoutvariante

Layoutannotationen

In Tabelle 10.1 sind die gebräuchlichsten Annotationen erläutert, mit denen das Layout einer Query gesteuert werden kann.

Annotation	Layout
`@AnalyticsDetails.query.axis:` `#ROWS` bzw. `#COLUMNS`	Verteilung von Kennzahlen und Dimensionen auf Zeilen oder Spalten (Kennzahlen müssen immer alle gemeinsam den Zeilen oder Spalten zugeordnet werden.)
`@AnalyticsDetails.query.totals:` `#SHOW`	Anzeige von Zwischensummen bei Dimensionen
`@AnalyticsDetails.query. display:` `#KEY` bzw. `#TEXT` bzw. `#KEY_TEXT` bzw. `#TEXT_KEY`	Anzeige von ID und/oder Text bei DDIC-basierten Queries
`@UI.textArrangement: #TEXT_FIRST` bzw. `#TEXT_LAST` bzw. `#TEXT_ONLY` bzw. `#TEXT_SEPARATE`	Anzeige von ID und/oder Text bei transienten Projektions-Views
`@AnalyticsDetails.query.` `sortDirection: #ASC` bzw. `#DESC`	Sortierung
`@EndUserText.label: '<text>'`	Feldbezeichner festlegen
`@AnalyticsDetails.query.hidden:` `true`	Kennzahl initial ausblenden; kann vom Benutzer wieder eingeblendet werden

Tabelle 10.1 Annotationen zur Festlegung des Layouts in Queries

Der Text zu einem Dimensionsfeld kann auch durch die Angabe des Assoziationspfads zum Text-View und der Auswahl eines Textfelds zur Anzeige gebracht werden. Bei sprachabhängigen Text-Views wird der ADT-Editor eine Warnung anzeigen, dass die Kardinalität des Ergebnisses beeinflusst werden könnte. Diese Warnung können Sie bei DDIC-basierten Queries ignorieren, da die analytische Infrastruktur beim Lesen von Texten immer einen Filter auf die Anmeldesprache verwendet. Bei transienten Projektions-Views müssen Sie das Textfeld mit der Option `localized` versehen, z. B. so:

```
_SalesOrganization._Text.SalesOrganizationName : localized
```

Dimensionsfelder und Anzeigeattribute

Über die Fremdschlüsselassoziation eines Dimensionsfelds können Sie sich Felder des zugehörigen Dimensions-Views einblenden lassen. Diese werden *Anzeigeattribute* genannt. Sie können nach Anzeigeattributen allerdings nicht gruppieren, keinen Filter dafür definieren und auch keine weiteren Informationen außer dem Text dazu lesen. Wenn Sie z. B. das Land des Auftraggebers über die Pfadnotation `_SoldToParty.Country` in der Query anzeigen, können Sie danach weder gruppieren noch filtern. Die analytische Infrastruktur bietet diese »höherwertigen« Funktionen nur für Dimensionsfelder des Cubes an. Ebenso können Sie kein weiteres Feld zu einem Anzeigeattribut aufnehmen, auch wenn es über einen Assoziationspfad erreichbar ist, wie z. B. bei folgendem Pfadausdruck:

```
_SoldToParty.StandardAddress.AddressTimeZone
```

Wenn Sie einen solchen Pfadausdruck in Ihre Query-Definition aufnehmen, können Sie diese zwar in den ADT aktivieren, und die Data Preview zeigt sogar die Zeitzone der Adresse korrekt an. In einer Analyse jedoch kann die Zeitzone nicht über einen solchen Pfadausdruck verwendet werden: Sie erhalten eine Meldung beim Aktivieren, und das Feld wird ignoriert, wenn Sie versuchen, die Query in einer Analyse auszuführen.

Um ein Feld in Analysen vollständig nutzen zu können, müssen Sie es in Ihren analytischen Cube-View aufnehmen. Daher haben wir die Felder `SoldToCountry` und `SalesOrganization` schon als Dimensionsfelder in den Cube-View des Beispiels aufgenommen.

Dimensionsfelder nutzen

Alle Felder, nach denen Sie in einer analytischen Query gruppieren oder filtern möchten oder zu denen Sie weitere Attribute anzeigen wollen, müssen schon als Dimensionsfelder in Ihrem analytischen Cube-View vorhanden sein.

10.3.3 Filter, Selektionsoptionen, Parameter

Variablen

Im nächsten Beispiel zeigen wir, wie Sie *Variablen* für die Ausführung einer analytischen Query definieren und mit Standardwerten vorbelegen können. Ein Anwender kann über Variablen die Ergebnismenge der Query einschränken, ähnlich den Selektionsoptionen eines ABAP-Reports. Außerdem kann er Parameterwerte angeben, die für die Verarbeitung notwendig sind. Typische Parameter sind ein Stichtag für die Analyse oder eine Anzeigewährung, in die alle Beträge umgerechnet werden sollen.

In der analytischen SAP-Fiori-App in Abbildung 10.23 stehen die Variablen im oberen Bereich zur Verfügung. Ihre Werte können bei Bedarf angepasst und gesichert werden.

Abbildung 10.23 Eingabe der Variablen im SAP-Fiori-Design

Tage, Wochen, Jahre

In diesem Beispiel zu den Variablen erweitern Sie Ihren Cube-View um das Jahr und den Wochentag des Anlagedatums (Feld `CreationDate`) wie in Listing 10.13 gezeigt. Der SAP-Standard-View `I_CalendarDate` ist sehr nützlich, wenn Sie Datumsangaben in Wochen oder Wochentage, Monate, Jahre usw. umrechnen müssen.

```
@AbapCatalog.sqlViewName: 'ZB_SOIC04'
@EndUserText.label: 'Analytischer Cube 04 für Kundenauftragspositionen'
@Analytics.dataCategory: #CUBE
define view ZB_SalesOrderItemCube04
  as select from I_SalesOrderItem
  association [0..1] to I_CalendarDate as _CreationDate
    on $projection.CreationDate = _CreationDate.CalendarDate
{  SalesOrder,
  _SalesOrder,
  SalesOrderItem,
```

```
  CreationDate,
  _CreationDate.CalendarYear  as CreationYear,
  _CreationDate._CalendarYear as _CalendarYear,
  _CreationDate.WeekDay       as CreationWeekDay,
  _CreationDate._WeekDay      as _WeekDay,
  _SalesOrder.SalesOrganization,
  _SalesOrder._SalesOrganization,
  _SalesOrder.SoldToParty,
  _SalesOrder._SoldToParty,
  _SalesOrder._SoldToParty.Country as SoldToCountry,
  Material,
  _Material,
  @Aggregation.default: #SUM
  OrderQuantity,
  OrderQuantityUnit,
  _OrderQuantityUnit,
  @Aggregation.default: #SUM
  NetAmount,
  TransactionCurrency,
  _TransactionCurrency
}
```

Listing 10.13 Analytischer Cube-View, ergänzt um Datumsinformationen

Query mit Variablen

Nun kopieren Sie Ihre analytische Query, selektieren darin von Ihrem neuen Cube-View und ergänzen, wie in Listing 10.14 gezeigt, die Parameter P_Today und P_Country, das Feld CreationYear, eine Where-Bedingung und vor allem die neuen Annotationen.

```
@AbapCatalog.sqlViewName: 'ZB_SOIQ03'
@EndUserText.label: 'Query 03 für Kundenauftragspositionen'
@Analytics.query: true
define view ZB_SalesOrderItemQuery03
  with parameters
    @Consumption.hidden: true
    @Environment.systemField: #SYSTEM_DATE
    P_Today: abap.dats,
    @EndUserText.label: 'Land des Auftraggebers'
    @Consumption.valueHelpDefinition.entity:
      { name: 'I_Country', element: 'Country' }
    @Consumption.defaultValue: 'DE'
    P_Country: land1_gp
```

```
  as select from ZB_SalesOrderItemCube04
{ @AnalyticsDetails.query.axis: #ROWS
  @AnalyticsDetails.query.totals: #SHOW
  @AnalyticsDetails.query.display: #KEY_TEXT
  @Consumption.filter:
    { selectionType: #RANGE, multipleSelections: true }
  Material,
  @AnalyticsDetails.query.axis: #COLUMNS
  _SalesOrganization._Text.SalesOrganizationName,
  @AnalyticsDetails.query.totals: #SHOW
  @Consumption.filter:
    { selectionType: #SINGLE, multipleSelections: true }
  SoldToParty,
  @AnalyticsDetails.query.sortDirection: #ASC
  _SoldToParty.CustomerName,
  _SoldToParty.CityName,
  @EndUserText.label: 'Land des Auftraggebers'
  SoldToCountry,
  @AnalyticsDetails.query.axis: #ROWS
  @Consumption.filter:
    { selectionType: #INTERVAL, multipleSelections: false }
  @Consumption.derivation: {
    lookupEntity: 'I_CalendarDate',
    resultElement: 'CalendarYear',
    binding: [ { targetElement: 'CalendarDate',
                 type: #PARAMETER, value: 'P_Today' } ]
  }
  CreationYear,
  @AnalyticsDetails.query.hidden: true
  OrderQuantity,
  NetAmount
}
where SoldToCountry = $parameters.P_Country
```

Listing 10.14 Analytische Query mit Variablen

Variableneingabe

Wenn Sie die neue Query in der Testumgebung ausführen, bietet das System zunächst einen Dialog zur Auswahl der Variablenwerte an (siehe Abbildung 10.24).

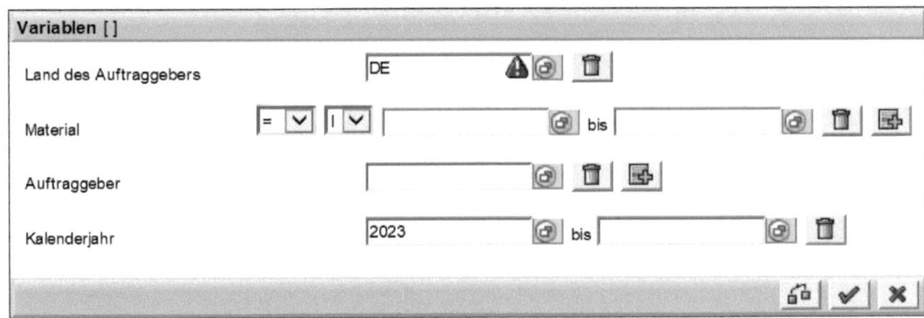

Abbildung 10.24 Variablenabfrage in der Testumgebung

Das erste Feld, **Land des Auftraggebers**, ist ein Muss-Feld, das schon mit dem Standardwert **DE** vorbelegt ist. Auch für das Feld **Kalenderjahr** wird das aktuelle Jahr als Standardwert vorgeschlagen. Sie können diese Werte ändern und für Material und Auftraggeber Filter angeben. Wenn Sie es bei den Standardwerten belassen und die Auswertung durch einen Klick auf das grüne Häkchen ☑ starten, erhalten Sie die Ausgabe aus Abbildung 10.25.

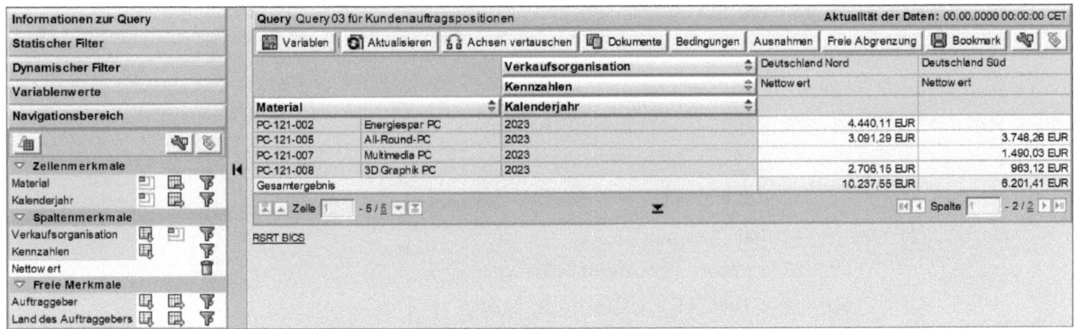

Abbildung 10.25 Analyseergebnis mit gesetzten Variablen

Variablen anzeigen und vorbelegen

Welche Variablen gezeigt und wie sie vorbelegt werden, wird in Listing 10.14 durch Annotationen gesteuert:

- Der View-Parameter `P_Today` wird als Variable behandelt, aber wegen seiner Annotation `@Consumption.hidden: true` nicht angezeigt.
- Die Annotation `@Environment.systemField: #SYSTEM_DATE` veranlasst die analytische Infrastruktur, diesem Parameter das aktuelle Tagesdatum als Wert zuzuweisen.
- Der View-Parameter `P_Country` kann als Variable eingegeben werden, sein Feldbezeichner »Land des Auftraggebers« wird durch die Annotation `@EndUserText.label` gesetzt.

- Die Wertehilfe für P_Country wird durch die Annotation @Consumption.valueHelpDefinition festgelegt: Werte für den Parameter kommen aus dem Feld Country des CDS-Views I_Country.
- Die Annotation @Consumption.defaultValue legt einen Standardwert für P_Country fest.
- Die Annotation @Consumption.filter am Feld Material veranlasst die Infrastruktur, einen Filter für dieses Feld als Variable anzubieten. Dieser Filter erlaubt mehrere Wertebereiche zur Selektion und eine Inklusions-/Exklusionslogik, wie bei einer ABAP-Selektionsoption oder beim Datentyp RANGE.
- Die gleiche Annotation mit anderen Parametern am Feld SoldToParty erlaubt nur die Angabe von (mehreren) Einzelwerten.
- Und für das Feld CreationYear ist nur die Angabe eines einzelnen Intervalls zulässig.

Feldvariablen und Parametervariablen

Filterwerte zu *Feldvariablen*, z. B. Material oder SoldToParty, werden in die Where-Bedingung der SQL-Selektion übersetzt, mit der die Daten der Analyse beschafft werden. Werte für *Parametervariablen*, z. B. P_Country können an eine Datenquelle mit Parametern übergeben werden, um deren Verhalten zu steuern oder direkt in der Query-Definition verwendet werden, in ZB_SalesOrderItemQuery03 z. B. in einer Where-Bedingung.

Dynamische Variablen

Variablen können dynamisch vorbelegt werden. Einen einfachen Mechanismus hierfür gibt es bei Parametern mit der Annotation @Environment.systemField. Tabelle 10.2 zeigt die Möglichkeiten, einen Parameter mit einem Systemfeld vorzubelegen. Achten Sie auf einen passenden Datentyp des Parameters.

Annotationswert	Parameterwert
#CLIENT	aktueller Mandant: SY-MANDT
#SYSTEM_LANGUAGE	Anmeldesprache: SY-LANGU
#SYSTEM_DATE	Systemdatum: SY-DATUM
#SYSTEM_TIME	Systemzeit: SY-UZEIT
#USER	Benutzer: SY-UNAME
#USER_DATE	Datum in der Zeitzone des aktuellen Benutzers: SY-DATLO
#USER_TIMEZONE	Zeitzone des aktuellen Benutzers: SY-ZONLO

Tabelle 10.2 Systemvariablen zur Parametervorbelegung

Derivation Einen komplexeren Mechanismus zur Ermittlung von Variablen, die *Derivation*, bietet die Annotation `@Consumption.derivation`. Sie kann bei Parametern und Feldvariablen verwendet werden und wird in Listing 10.14 für die Vorbelegung der Variablen für `CreationYear` genutzt.

[»]

Unterstützung von Derivationen

Derivationen werden nicht nur von der analytischen Infrastruktur unterstützt. Auch die ABAP-Anwendungsinfrastruktur wertet diese Annotation aus.

Eine Derivation verwendet einen oder mehrere Eingabewerte als Parameter oder Filter eines Hilfs-Views, der auch *Derivation Function* genannt wird. Im Beispiel aus Listing 10.14 wird der Parameter `P_Today` als Eingabewert zum Filtern des Felds `CalendarDate` im Hilfs-View `I_CalendarDate` genutzt, der als Derivation Function verwendet wird. Die Infrastruktur führt eine SQL-Select-Anfrage auf den Hilfs-View mit diesen Parameter- und Filterwerten aus, um die möglichen Werte für das Resultatfeld zu ermitteln. Mit diesen Werten wird dann die Variable dynamisch belegt. Im Beispiel ist `CalendarYear` das Resultatfeld. Tabelle 10.3 zeigt die Komponenten der verwendeten Derivation.

Komponente	Annotation @Consumption.derivation	Beispiel aus Listing 10.14
Quelle des Eingabewerts	`binding.type`, `binding.value`	`#PARAMETER`, `P_Today`
Hilfs-View (Derivation Function)	`lookupEntity`	`I_CalendarDate`
Gefiltertes Feld oder Parameter im Hilfs-View	`binding.targetElement` oder `binding.targetParameter`	`CalendarDate`
Resultatfeld im Hilfs-View	`resultElement` (optional `resultElementHigh`)	`CalendarYear`

Tabelle 10.3 Komponenten einer Derivation

Derivationen werden ausgeführt, bevor der Variablenbildschirm dem Benutzer gezeigt wird. Daher können Benutzereingaben nicht als Eingabewerte für eine Derivation verwendet werden. Sie brauchen gewöhnlich einen Systemwert oder eine Konstante als Ausgangspunkt für eine Derivation. Daher wird der Parameter P_Today der Beispiel-Query benötigt, der ansonsten vor dem Benutzer verborgen ist.

10.3.4 Berechnung von Kennzahlen

Core Data Services bieten diverse Möglichkeiten, um neue Kennzahlen zu definieren. Bei der Definition eines Cube-Views können Sie dazu SQL-Techniken verwenden, wie z. B. Joins, Unions oder Filter, aber auch Aggregatbildung sowie arithmetische und logische Operationen.

Für die Berechnung neuer Kennzahlen in analytischen Queries stehen die Mengenoperationen Join und Union nicht zur Verfügung, und arithmetische Operationen haben ein anderes Verhalten: Sie wirken nicht separat auf jede Zeile der Datenquelle, sondern auf die bei der Ausführung der Query gebildeten Aggregate. Diese andere Art der Aggregation eröffnet neue Möglichkeiten, eine Analyse betriebswirtschaftlichen Anforderungen anzupassen. Den Unterschied demonstrieren wir in diesem Abschnitt an Beispielen.

Berechnung im Cube-View

Im ersten Beispiel wollen wir einen Cube-View um eine Berechnung erweitern. Definieren Sie dafür einen Cube-View ZB_SalesOrderItemCube05 als Kopie von ZB_SalesOrderItemCube04 und ergänzen Sie nach der Assoziation _TransactionCurrency zwei berechnete Felder mit ihren Annotationen sowie eine Where-Bedingung, wie in Listing 10.15 gezeigt. Die Berechnung dividiert den Wert des Felds NetAmount durch den Wert des Felds OrderQuantity.

```
define view ZB_SalesOrderItemCube05
...
  _TransactionCurrency,
  @Aggregation.default: #MIN
  @Semantics.amount.currencyCode: 'TransactionCurrency'
  cast( division( NetAmount, OrderQuantity, 2 )
        as abap.curr(15,2) ) as AmountPerUnitMin,
  @Aggregation.default: #MAX
  @Semantics.amount.currencyCode: 'TransactionCurrency'
  cast( division( NetAmount, OrderQuantity, 2 )
        as abap.curr(15,2) ) as AmountPerUnitMax
}
where OrderQuantity > 0
```

Listing 10.15 Berechnung im analytischen Cube-View

Die berechneten Felder stellen beide den Einzelpreis in einer konkreten Auftragsposition dar. Im Cube haben beide den gleichen Wert. Ein Aggregationsverhalten »Summe« ist betriebswirtschaftlich sinnlos für Einzelpreise.

Die Bestimmung eines minimalen oder maximalen Einzelpreises einer Menge von Auftragspositionen ist dagegen interessant. Daher ist das Aggregationsverhalten »Minimum« bzw. »Maximum« annotiert, was die berechneten Felder voneinander unterscheidet.

[!]

Anpassung des Datentyps nach einer Betragsberechnung

Der Datentyp des Ergebnisses einer CDS-Funktion, in diesem Fall der Funktion `division`, kann vom Ausgangsdatentyp abweichen. Überprüfen Sie daher immer den Ergebnistyp einer Funktion und passen Sie ihn gegebenenfalls mit einer Cast-Operation an.

Im konkreten Beispiel hat das Ausgangsfeld `NetAmount` den Datentyp `CURR`, das Ergebnis der Division hat aber den Typ `DEC`. In diesem Fall müssen Sie dem Ergebnis wieder den Datentyp `CURR` zuweisen, da sonst die währungsgerechte Aufbereitung bei der Ausgabe nicht erfolgt. Bei Währungen mit weniger oder mehr als zwei Dezimalstellen würde das zur Ausgabe eines falschen Werts führen, z. B. beim japanischen Yen. Vergessen Sie auch nicht, die Annotation `@Semantics.amount.currencyCode` mit einem Verweis auf das zugehörige Währungsfeld für das Ergebnisfeld anzugeben.

Berechnete Felder anzeigen

Definieren Sie nun eine analytische Query, um die berechneten Felder anzuzeigen (siehe Listing 10.16).

```
@AbapCatalog.sqlViewName: 'ZB_SOIQ04'
@EndUserText.label: 'Query 04 für Kundenauftragspositionen'
@Analytics.query: true
define view ZB_SalesOrderItemQuery04
  as select from ZB_SalesOrderItemCube05
{
  @AnalyticsDetails.query.axis: #ROWS
  @AnalyticsDetails.query.totals: #SHOW
  @AnalyticsDetails.query.display: #KEY_TEXT
  Material,
  _SalesOrganization._Text.SalesOrganizationName,
  @AnalyticsDetails.query.totals: #SHOW
  SoldToParty,
  @AnalyticsDetails.query.sortDirection: #ASC
  _SoldToParty.CustomerName,
  OrderQuantity,
  OrderQuantityUnit,
  NetAmount,
  TransactionCurrency,
  @EndUserText.label: 'Minimaler Betrag pro Einheit'
```

```
  AmountPerUnitMin,
  @EndUserText.label: 'Maximaler Betrag pro Einheit'
  AmountPerUnitMax
}
```

Listing 10.16 Anzeige der im Cube berechneten Felder

Ergebnis

Führen Sie die Query aus. Sie erhalten das Ergebnis aus Abbildung 10.26.

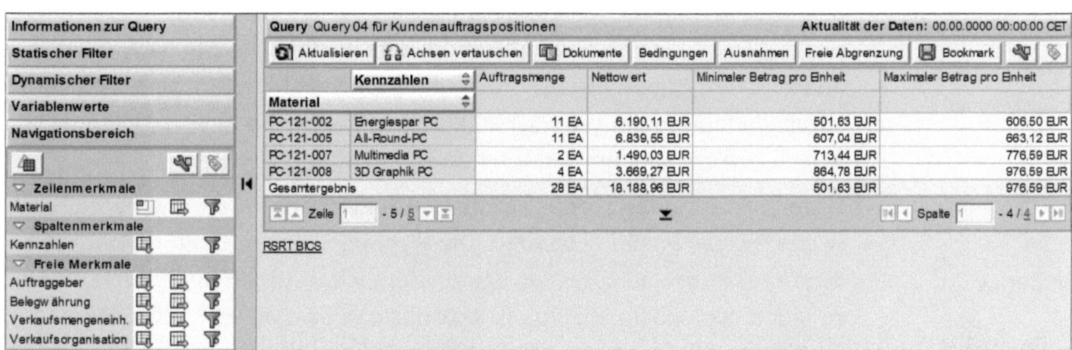

Abbildung 10.26 Berechnete Felder des Cubes

Wie erwartet, wird eine Spanne ausgegeben, in der sich die Einzelpreise bewegen. Wenn Sie die Zeilen nach den Verkaufsorganisationen gruppieren, können Sie diese Spannen miteinander vergleichen. Beachten Sie, dass die berechneten Einzelpreise nur sinnvoll miteinander verglichen werden können, wenn die Währungen und Einheiten übereinstimmen. Für die gezeigten Beispieldaten reicht die einfache Berechnungslogik aus. Anderenfalls sollten Sie die Daten entsprechend gruppieren oder eine Währungs-/Einheitenumrechnung verwenden, wie wir es in Abschnitt 10.3.7, »Währungen und Umrechnungen«, zeigen werden.

Berechnung in der Query

Im zweiten Beispiel führen wir eine ähnliche Berechnung in der Query durch und dividieren den Wert des Felds `NetAmount` durch den Wert des Felds `OrderQuantity`. Diese Division wird für die Zahlen durchgeführt, die in der multidimensionalen Analyse angezeigt werden, also für die aggregierten Werte. Kopieren Sie die Query `ZB_SalesOrderItemQuery04` in eine neue Query `ZB_SalesOrderItemQuery05` und ergänzen Sie ein neues Feld und eine dazugehörige Annotation, wie in Listing 10.17 gezeigt.

```
define view ZB_SalesOrderItemQuery05
...
  AmountPerUnitMax,
  @EndUserText.label: 'Durchschnittlicher Betrag pro Einheit'
  @AnalyticsDetails.query.formula:
```

```
        'NetAmount / OrderQuantity'
    0 as AverageAmountPerUnit
}
```

Listing 10.17 Berechnung in einem Query-View

Formel für Berechnung

Wie Sie sehen, wird die Berechnungsvorschrift in der Query durch eine Annotation `@AnalyticsDetails.query.formula` angegeben und zur Definition des Felds `AverageAmountPerUnit` im CDS-View ein konstanter Wert »0« genutzt. Diese Notation macht deutlich, dass die Berechnung nach speziellen analytischen Regeln erfolgt und andere Ergebnisse liefert, als sie eine entsprechende Formel in der CDS-Standardnotation bei einer regulären SQL-Select-Anfrage auf den CDS-View liefern würde.

In einer annotierten Formel können Sie Felder verwenden, die ebenfalls erst in der Query berechnet werden. Diese geben Sie über die Notation `$projection.<Feldname>` an. Dies ist bei gewöhnlichen CDS-Berechnungen nicht möglich, ermöglicht aber die strukturierte Definition von recht komplexen Berechnungen in analytischen Queries. Wenn Sie die Query ausführen, erhalten Sie das Ergebnis aus Abbildung 10.27.

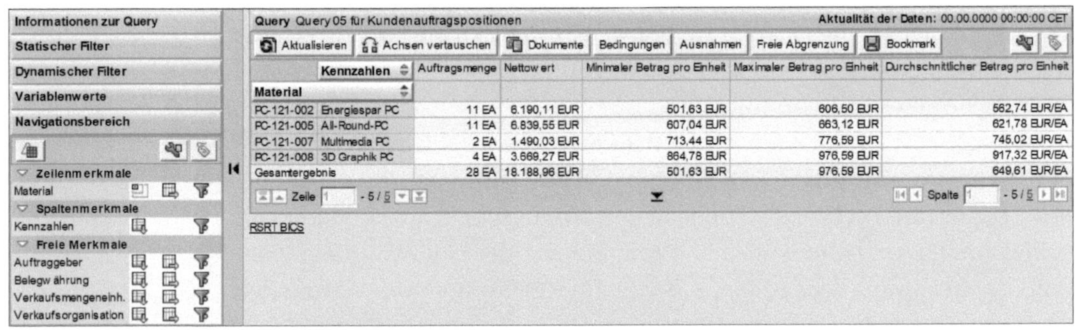

Material		Auftragsmenge	Nettowert	Minimaler Betrag pro Einheit	Maximaler Betrag pro Einheit	Durchschnittlicher Betrag pro Einheit
PC-121-002	Energiespar PC	11 EA	6.190,11 EUR	501,63 EUR	606,50 EUR	562,74 EUR/EA
PC-121-005	All-Round-PC	11 EA	6.839,55 EUR	607,04 EUR	663,12 EUR	621,78 EUR/EA
PC-121-007	Multimedia PC	2 EA	1.490,03 EUR	713,44 EUR	776,59 EUR	745,02 EUR/EA
PC-121-008	3D Graphik PC	4 EA	3.669,27 EUR	864,78 EUR	976,59 EUR	917,32 EUR/EA
Gesamtergebnis		28 EA	18.188,96 EUR	501,63 EUR	976,59 EUR	649,61 EUR/EA

Abbildung 10.27 Berechnete Felder aus Cube und Query

Zwischenergebnisse der Berechnung

Sie sehen, wie der durchschnittliche Betrag zwischen dem minimalen und dem maximalen Betrag pro Einheit liegt. Er ergibt sich immer als Quotient der Spalten **Nettowert** und **Auftragsmenge**. Die gleiche Formel wird auch auf die Zwischensummen angewendet. Probieren Sie Gruppierungen nach verschiedenen Dimensionen und machen Sie sich mit dem Verhalten vertraut.

Eine weitere Besonderheit ist die Anzeige von **Währung/Einheit** bei der Durchschnittsspalte. Die analytische Infrastruktur erkennt bei der Berechnung dieser Spalte, dass die dividierten Zahlen eine Währung bzw. Einheit besitzen, und zeigt diese mit an.

Formeln bei transienten Projektions-Views

Haben Sie die analytische Query als transienten Projektions-View definiert, können Sie die zuvor beschriebenen analytischen Berechnungen direkt in CDS formulieren und nicht in einer Annotation angeben. Die Formel aus Listing 10.17 sieht in einem transienten Projektions-View wie in Listing 10.18 aus.

```
@EndUserText.label: 'Durchschnittlicher Betrag pro Einheit'
@Aggregation.default: #FORMULA
@Semantics.quantity.unitOfMeasure: 'CurrencyPerUnit'
curr_to_decfloat_amount( NetAmount ) / OrderQuantity
  as AverageAmountPerUnit,
@EndUserText.label: 'Währung pro Einheit'
virtual CurrencyPerUnit : dd_cds_calculated_unit
```

Listing 10.18 Berechnung einer Kennzahl in einem transienten Projektions-View als analytische Query

Die Annotation `@Aggregation.default: #FORMULA` zeigt den Beginn einer *analytischen Formel* an. Beträge vom Datentyp `CURR` müssen Sie vor der Berechnung wie im analytischen Cube währungsgerecht aufbereiten, dazu steht die Funktion `curr_to_decfloat_amount` zur Verfügung. Das Resultat der Berechnung benötigt wieder eine Einheit. Diese wird von der analytischen Infrastruktur automatisch ermittelt. Sie müssen diese ermittelte Einheit als explizites `virtual`-Feld in Ihre Query aufnehmen, indem Sie es bei der Formel in der Annotation `@Semantics.quantity.unitOfMeasure` angeben. Als Datentyp der ermittelten Einheit können Sie `dd_cds_calculated_unit` verwenden.

10.3.5 Eingeschränkte Kennzahlen

Eine Variante von Berechnungen in analytischen Queries sind *eingeschränkte Kennzahlen*. Kopieren Sie für ein Beispiel die Query `ZB_SalesOrderItemQuery05` und geben Sie ihr, wie in Listing 10.19 gezeigt, den Namen `ZB_SalesOrderItemQuery06`. Selektieren Sie in der neuen Query Daten vom Cube `ZB_SalesOrderItemCube04` und ersetzen Sie die drei berechneten Kennzahlen aus Abschnitt 10.3.4, »Berechnung von Kennzahlen« durch die vier neuen Berechnungen aus Listing 10.19.

```
define view ZB_SalesOrderItemQuery06
  as select from ZB_SalesOrderItemCube04
{ ...
  TransactionCurrency,
  @EndUserText.label: 'MO-MI Menge'
```

```
    case when CreationWeekDay <= '3' then OrderQuantity
         else 0
    end as MondayToWednesdayQuantity,
    @EndUserText.label: 'DO-SO Menge'
    case when CreationWeekDay >= '4' then OrderQuantity
         else 0
    end as ThursdayToSundayQuantity,
    @EndUserText.label: 'MO-MI Wert'
    case when CreationWeekDay <= '3' then NetAmount
         else 0
    end as MondayToWednesdayAmount,
    @EndUserText.label: 'DO-SO Wert'
    case when CreationWeekDay >= '4' then NetAmount
         else 0
    end as ThursdayToSundayAmount
}
```

Listing 10.19 Eingeschränkte Kennzahlen

Eingeschränkte Kennzahlen

Eingeschränkte Kennzahlen ergeben sich durch eine CDS-Case-Funktion aus einer Kennzahl des Cubes. Dabei ist nur eine einzige When-Option erlaubt, und der Else-Fall ist immer »0«. In der Definition der When-Bedingung sind keine Kennzahlen erlaubt. Die Kennzahl wird dadurch auf die Zeilen der Datenquelle eingeschränkt, die die angegebene Bedingung erfüllen.

In der Query `ZB_SalesOrderItemQuery06` werden die Verkaufsmengen und Nettoumsätze auf die Wochentage Montag bis Mittwoch bzw. Donnerstag bis Sonntag eingeschränkt. Die Wochentagnummer wird vom zugehörigen Cube-View zur Verfügung gestellt. Die Ausgabe sehen Sie in Abbildung 10.28.

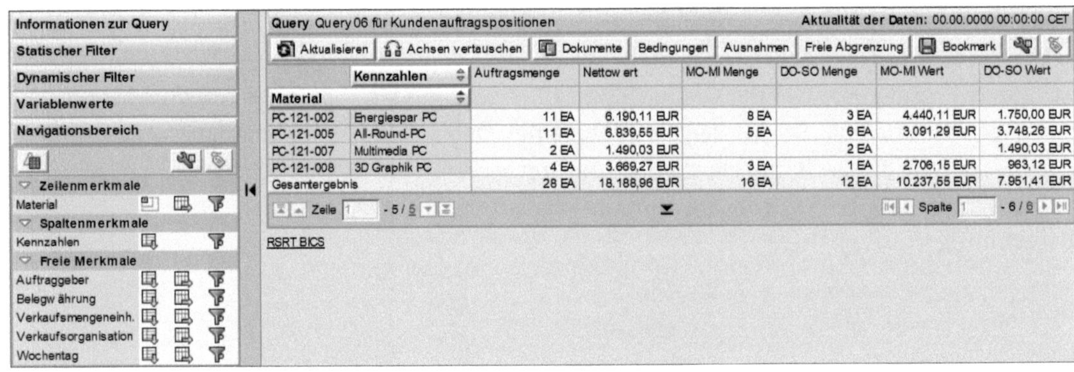

Material	Kennzahlen	Auftragsmenge	Nettow ert	MO-MI Menge	DO-SO Menge	MO-MI Wert	DO-SO Wert
PC-121-002	Energiespar PC	11 EA	6.190,11 EUR	8 EA	3 EA	4.440,11 EUR	1.750,00 EUR
PC-121-005	All-Round-PC	11 EA	6.839,55 EUR	5 EA	6 EA	3.091,29 EUR	3.748,26 EUR
PC-121-007	Multimedia PC	2 EA	1.490,03 EUR		2 EA		1.490,03 EUR
PC-121-008	3D Graphik PC	4 EA	3.669,27 EUR	3 EA	1 EA	2.706,15 EUR	963,12 EUR
Gesamtergebnis		28 EA	18.188,96 EUR	16 EA	12 EA	10.237,55 EUR	7.951,41 EUR

Abbildung 10.28 Eingeschränkte Kennzahlen

[«]

Logische Bedingungen in Formeln

In Formeln, die durch die Annotation `@AnalyticsDetails.query.formula` definiert sind, ist ebenso eine logische Bedingung mit `case` möglich. Diese unterscheidet sich in zwei Aspekten von der Bedingung bei eingeschränkten Kennzahlen:

- In Formeln sind nur Kennzahlen oder Konstanten in der Bedingung erlaubt.
- Die Bedingung wird für die aggregierten Kennzahlen bewertet, nicht für die einzelnen Zeilen der Datenquelle.

Eingeschränkte Kennzahlen bei transienten Projektions-Views

Die Syntax für eingeschränkte Kennzahlen bei transienten Projektions-Views zeigt Listing 10.20.

```
@EndUserText.label: 'MO-MI Menge'
@Semantics.quantity.unitOfMeasure: 'OrderQuantityUnit'
case when CreationWeekDay <= '3' then OrderQuantity
  else null
end as MondayToWednesdayQuantity,
@EndUserText.label: 'DO-SO Menge'
@Semantics.quantity.unitOfMeasure: 'OrderQuantityUnit'
case when CreationWeekDay >= '4' then OrderQuantity
  else null
end as ThursdayToSundayQuantity,
@EndUserText.label: 'MO-MI Wert'
@Semantics.amount.currencyCode: 'TransactionCurrency'
case when CreationWeekDay <= '3' then NetAmount
  else null
end as MondayToWednesdayAmount,
@EndUserText.label: 'DO-SO Wert'
@Semantics.amount.currencyCode: 'TransactionCurrency'
case when CreationWeekDay >= '4' then NetAmount
  else null
end as ThursdayToSundayAmount
```

Listing 10.20 Syntax für eingeschränkte Kennzahlen in einem transienten Projektions-View als analytische Query

Beachten Sie die verpflichtende Annotation von Einheiten und Währungen sowie die Verwendung von `null` statt `0`.

10.3.6 Ausnahmeaggregation

Mit der Technik der *Ausnahmeaggregation* können Sie verschiedene Aggregationsweisen, z. B. Summe oder Maximum, zur Berechnung einer Kennzahl in einer analytischen Query kombinieren. Dies ermöglicht komplexere Berechnungen, bei denen Sie mehrfach zwischen Aggregation und Berechnung wechseln und dabei die Art der Aggregation jeweils ändern können.

Aggregationsverhalten

In einem Ausnahmeaggregationsschritt kann auf verschiedene Arten aggregiert werden. Tabelle 10.4 gibt einen Überblick über die unterstützten Aggregationsverhalten (`exceptionAggregationBehavior`).

Aggregationsverhalten	Beschreibung
`#SUM`	Summation der Einzelwerte
`#MIN`	Minimum aller Einzelwerte
`#MAX`	Maximum aller Einzelwerte
`#COUNT`	Anzahl aller Einzelwerte
`#AVG`	Durchschnitt aller Einzelwerte
`#STD`	Standardabweichung aller Einzelwerte
`#FIRST`	erster Einzelwert, wenn die zu aggregierenden Zeilen aufsteigend nach den in der Annotation `exceptionAggregationElements` angegebenen Feldern sortiert werden
`#LAST`	letzter Einzelwert, wenn die zu aggregierenden Zeilen aufsteigend nach den in der Annotation `exceptionAggregationElements` angegebenen Feldern sortiert werden

Tabelle 10.4 Aggregationsverhalten in der Ausnahmeaggregation

Grundprinzip der Ausnahmeaggregation

Die Ausnahmeaggregation ist ein mächtiges Werkzeug, um Berechnungen mit besonderen Anforderungen zu realisieren. Merken Sie sich das Grundprinzip der Ausnahmeaggregation:

1. erst Zusatzdimensionen mitselektieren
2. dann Berechnungen durchführen
3. schließlich die Zusatzdimensionen mit einer speziellen Aggregation wieder eliminieren

Haben Sie dieses Prinzip verinnerlicht, fällt es Ihnen leichter, konkrete Berechnungsvorschriften mit Ausnahmeaggregationen zu modellieren.

Wir erläutern die Ausnahmeaggregation an zwei Beispielen.

Beispiel: Zähler für unterschiedliche Werte

Material nur einmal zählen

Im ersten Beispiel wird ein Zähler für unterschiedliche Materialien gebildet, d. h., jedes Material wird nur einmal gezählt, auch wenn es doppelt vorkommt. Dieses Verhalten kann durch die Annotation einer Standardaggregation in einem analytischen Cube nicht definiert werden. Mit einer Ausnahmeaggregation in einer analytischen Query ist das aber möglich. Legen Sie hierfür eine neue Query an, wie in Listing 10.21 angegeben.

```
@AbapCatalog.sqlViewName: 'ZB_SOIQ07'
@EndUserText.label: 'Query 07 für Kundenauftragspositionen'
@Analytics.query: true
define view ZB_SalesOrderItemQuery07
  as select from ZB_SalesOrderItemCube04
{ @AnalyticsDetails.query.totals: #SHOW
  @AnalyticsDetails.query.display: #KEY_TEXT
  Material,
  _SalesOrganization._Text.SalesOrganizationName,
  @AnalyticsDetails.query.totals: #SHOW
  @AnalyticsDetails.query.axis: #ROWS
  SoldToParty,
  @AnalyticsDetails.query.sortDirection: #ASC
  _SoldToParty.CustomerName,
  OrderQuantity, OrderQuantityUnit,
  NetAmount, TransactionCurrency,
  @EndUserText.label: 'Verschiedene Materialien'
  @AnalyticsDetails: {
    exceptionAggregationSteps: [{
      exceptionAggregationBehavior: #COUNT,
      exceptionAggregationElements: [ 'Material' ]
    }]
  }
  0 as DifferentMaterials
}
```

Listing 10.21 Zähler definieren durch Ausnahmeaggregation

Beim Ausführen der Query erhalten Sie die Resultate aus Abbildung 10.29.

Wie Sie sehen, wird zu jedem Kunden die Anzahl unterschiedlicher Materialien aus dessen Aufträgen angezeigt. Sie können dies überprüfen, indem Sie nach der Dimension `Material` gruppieren.

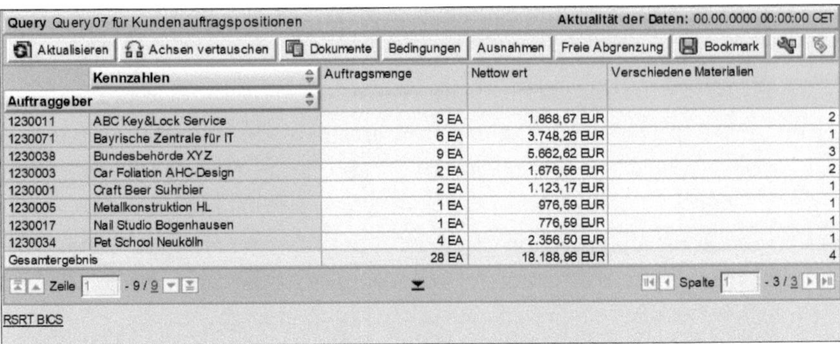

Query Query07 für Kundenauftragspositionen — Aktualität der Daten: 00.00.0000 00:00:00 CET

Aktualisieren | Achsen vertauschen | Dokumente | Bedingungen | Ausnahmen | Freie Abgrenzung | Bookmark

Auftraggeber	Kennzahlen	Auftragsmenge	Nettowert	Verschiedene Materialien
1230011	ABC Key&Lock Service	3 EA	1.868,67 EUR	2
1230071	Bayrische Zentrale für IT	6 EA	3.748,26 EUR	1
1230038	Bundesbehörde XYZ	9 EA	5.662,62 EUR	3
1230003	Car Foliation AHC-Design	2 EA	1.676,56 EUR	2
1230001	Craft Beer Suhrbier	2 EA	1.123,17 EUR	1
1230005	Metallkonstruktion HL	1 EA	976,59 EUR	1
1230017	Nail Studio Bogenhausen	1 EA	776,59 EUR	1
1230034	Pet School Neukölln	4 EA	2.356,50 EUR	1
Gesamtergebnis		28 EA	18.188,96 EUR	4

Zeile 1 - 9 / 9 — Spalte 1 - 3 / 3

RSRT BICS

Abbildung 10.29 Zähler für unterschiedliche Materialien

Definition einer Ausnahmeaggregation

Die Definition einer Ausnahmeaggregation hat mehrere Bestandteile. Zuerst brauchen Sie eine Kennzahl für das Resultat der Ausnahmeaggregation. Im Beispiel aus Listing 10.21 definiert der Ausdruck `0 as DifferentMaterials` ein neues Feld. In der Annotation `@AnalyticsDetails.exceptionAggregationSteps` werden die *Schritte* der Ausnahmeaggregation definiert. Im Beispiel gibt es nur einen Schritt.

Erweiterte Selektion

Der Ausdruck `exceptionAggregationElements: ['Material']` in der Annotation spielt eine entscheidende Rolle, da er die SQL-Select-Anweisung verändert, die zur Beschaffung der Daten verwendet wird: Es werden weitere Dimensionsfelder selektiert und auch nach diesen gruppiert. Im Beispiel wird die SQL-Select-Anfrage um die Dimension `Material` ergänzt. Ohne Ausnahmeaggregation würden die Daten mit der folgenden SQL-Select-Anweisung gelesen:

```
select SoldToParty, sum(OrderQuantity) ...
    group by SoldToParty
```

Mit der Ausnahmeaggregation wird stattdessen eine erweiterte Selektion ausgeführt:

```
select SoldToParty, Material, sum(OrderQuantity),
    0 as DifferentMaterials ...
    group by SoldToParty, Material
```

Auch die neue Kennzahl wird hier ergänzt.

Zusätzliche Aggregation

Dieses Zwischenresultat wird weiter aggregiert, wodurch die zusätzliche Dimension `Material` wieder vom Resultat der Query entfernt wird. Dabei wird für die neue Kennzahl `DifferentMaterials` das Aggregationsverhalten aus dem Ausdruck `exceptionAggregationBehavior` der Annotation verwendet.

Im Beispiel ist dies #COUNT, also werden die Materialien gezählt. Da über die SQL-Select-Anweisung nach der Dimension Material gruppiert wurde, werden nur unterschiedliche Materialien gezählt.

Wenn mehr als ein Ausnahmeaggregationsschritt (exceptionAggregationSteps) definiert ist, selektiert die initiale SQL-Select-Anweisung die exceptionAggregationElements aller Schritte und gruppiert nach diesen Elementen. Anschließend wird für jeden Schritt weiteraggregiert, jeweils mit dem Aggregationsverhalten, das im Ausdruck exceptionAggregationBehavior des Schritts angegeben ist.

Ausnahmeaggregation bei transienten Projektions-Views

Bei transienten Projektions-Views wird eine Ausnahmeaggregation auf die gleiche Art definiert. Sie benötigen aber eine zusätzliche Annotation @Aggregation.default: #FORMULA und müssen darauf achten, das neue Feld als Konstante mit dem korrekten Datentyp zu definieren. Listing 10.22 zeigt die Syntax für das erste Beispiel.

```
@EndUserText.label: 'Verschiedene Materialien'
@Aggregation.default: #FORMULA
@AnalyticsDetails: {
  exceptionAggregationSteps: [{
    exceptionAggregationBehavior: #COUNT,
    exceptionAggregationElements: [ 'Material' ]
  }]
}
abap.int4'0' as NumberOfDistinctMaterials
```

Listing 10.22 Ausnahmeaggregation in einem transienten Projektions-View

Beispiel: Summation bei unterschiedlichen Aufträgen

Im zweiten Beispiel soll nicht nur gezählt, sondern gerechnet werden. Kopieren Sie hierfür den Cube ZB_SalesOrderItemCube01 und erzeugen Sie daraus einen neuen Cube ZB_SalesOrderItemCube06. Ergänzen Sie den Auftragsnettowert, wie in Listing 10.23 gezeigt.

```
define view ZB_SalesOrderItemCube06
  as select from I_SalesOrderItem
{ ...
  _TransactionCurrency,
  @Aggregation.default: #MAX
  _SalesOrder.TotalNetAmount
}
```

Listing 10.23 Cube-View mit Auftragsnettowert

Summation bei verschiedenen Aufträgen

Dieser Auftragsnettowert wird im Beispiel benötigt. Es sollen nämlich die Auftragsnettowerte von Aufträgen summiert werden, die bestimmte Eigenschaften haben. Dabei sollen auch Eigenschaften der Auftragspositionen berücksichtigt werden, z. B. das Material einer Position. Da die Eigenschaften für die Summation bei mehreren Positionen eines Auftrags vorkommen können, können Sie nicht einfach die Auftragsnettowerte summieren, sondern dürfen nur die Auftragsnettowerte verschiedener Aufträge addieren. Dies wird durch die Ausnahmeaggregation der Query aus Listing 10.24 realisiert.

```
@AbapCatalog.sqlViewName: 'ZB_SOIQ08'
@EndUserText.label: 'Query 08 für Kundenauftragspositionen'
@Analytics.query: true
define view ZB_SalesOrderItemQuery08
  as select from ZB_SalesOrderItemCube06
{ @AnalyticsDetails.query.axis: #ROWS
  @AnalyticsDetails.query.totals: #SHOW
  @AnalyticsDetails.query.display: #KEY_TEXT
  Material,
  _SalesOrganization._Text.SalesOrganizationName,
  @AnalyticsDetails.query.totals: #SHOW
  SoldToParty,
  @AnalyticsDetails.query.sortDirection: #ASC
  _SoldToParty.CustomerName,
  @AnalyticsDetails.query.totals: #SHOW
  SalesOrder,
  OrderQuantity,
  NetAmount,
  @EndUserText.label: 'Maximaler Auftragsnettowert'
  @AnalyticsDetails.query.hidden: true
  TotalNetAmount,
  @EndUserText.label: 'Gesamter Auftragsnettowert'
  @AnalyticsDetails: {
    exceptionAggregationSteps: [{
      exceptionAggregationBehavior: #SUM,
      exceptionAggregationElements: [ 'SalesOrder' ]
    }]
  }
  @AnalyticsDetails.query.formula: 'TotalNetAmount'
  0 as DistinctTotalNetAmount
}
```

Listing 10.24 Summation nur bei verschiedenen Aufträgen

Die Ausgabe dieser Query sehen Sie in Abbildung 10.30.

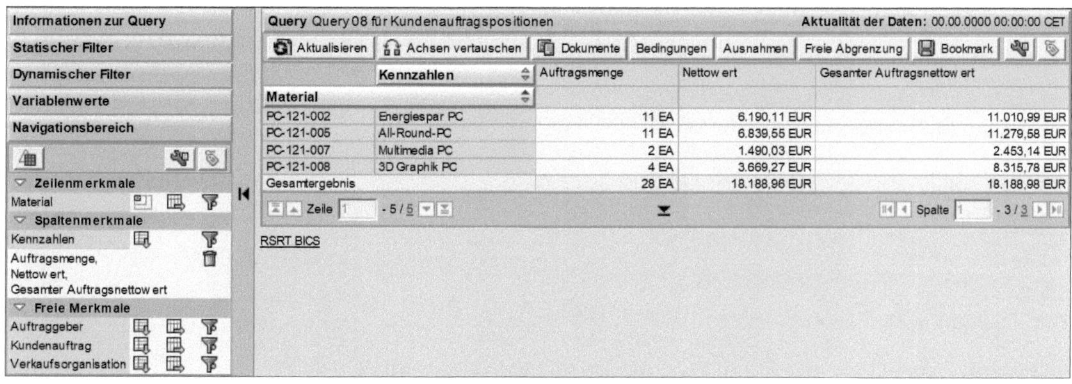

Abbildung 10.30 Summation nur bei verschiedenen Aufträgen

Ausnahmeaggregation mit Formel

Die Ausnahmeaggregation ist ähnlich definiert wie im ersten Beispiel; es gibt allerdings einige Besonderheiten. Die Kennzahl für das Resultat wird wieder mit einem konstanten Wert »0« definiert, die `formula`-Annotation legt als Quelle für den Wert von `DistinctTotalNetAmount` aber den Betrag `TotalNetAmount` aus dem Cube fest. Daher selektiert die SQL-Select-Anweisung zur Datenbeschaffung auch den Betrag im Feld `TotalNetAmount`. Eine Summation dieser Kennzahl würde ein falsches Ergebnis liefern; deswegen wurde im Cube das Aggregationsverhalten `#MAX` definiert. Die ausgeführte SQL-Select-Anweisung sieht folgendermaßen aus:

```
select Material, SalesOrder,
    max(TotalNetAmount) as DistinctTotalNetAmount ...
    group by Material, SalesOrder
```

Da nach der Dimension `SalesOrder` gruppiert wird, enthält die berechnete Kennzahl nun genau den Nettowert des Auftrags `SalesOrder`. Im Ausnahmeaggregationsschritt wird der Betrag `DistinctTotalNetAmount` zum gewünschten Resultat summiert. Da nach den Aufträgen gruppiert wurde, kommt bei jeder Summation ein Auftragsnettowert höchstens einmal vor.

Ausnahmeaggregation nachvollziehen

Wenn Sie das Merkmal (die Dimension) **Kundenauftrag** mit in die Zeilen übernehmen, können Sie die Schritte der Ausnahmeaggregation nachvollziehen (siehe Abbildung 10.31).

Da nun die Ausnahmeaggregationsspalte `SalesOrder` (aus der Annotation `exceptionAggregationElements`) als Standardspalte angefordert wird und in die Gruppierung eingeht, entfällt der Ausnahmeaggregationsschritt für die regulären Ergebniszeilen (die hellgrauen Zeilen).

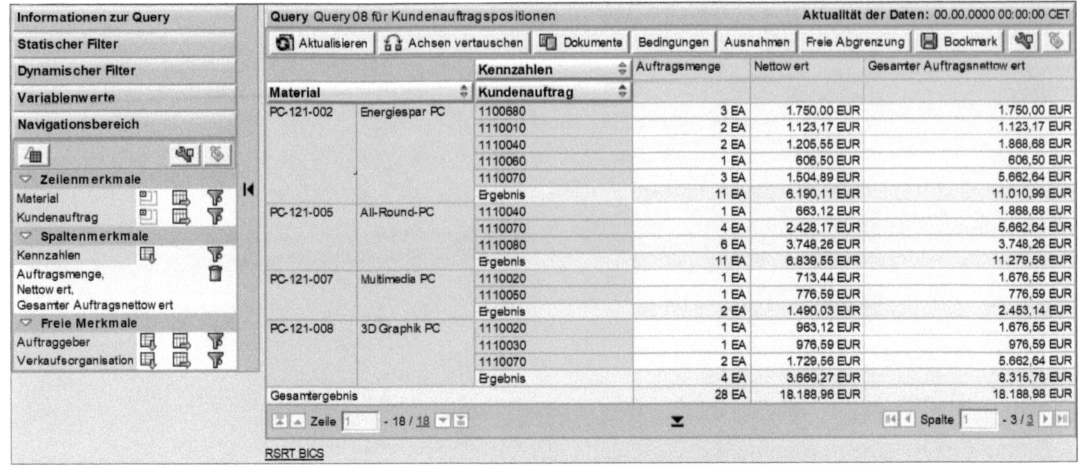

		Kennzahlen	Auftragsmenge	Nettow ert	Gesamter Auftragsnettow ert
Material		Kundenauftrag			
PC-121-002	Energiespar PC	1100680	3 EA	1.750,00 EUR	1.750,00 EUR
		1110010	2 EA	1.123,17 EUR	1.123,17 EUR
		1110040	2 EA	1.205,55 EUR	1.868,68 EUR
		1110060	1 EA	606,50 EUR	606,50 EUR
		1110070	3 EA	1.504,89 EUR	5.662,64 EUR
		Ergebnis	11 EA	6.190,11 EUR	11.010,99 EUR
PC-121-005	All-Round-PC	1110040	1 EA	663,12 EUR	1.868,68 EUR
		1110070	4 EA	2.428,17 EUR	5.662,64 EUR
		1110080	6 EA	3.748,26 EUR	3.748,26 EUR
		Ergebnis	11 EA	6.839,55 EUR	11.279,58 EUR
PC-121-007	Multimedia PC	1110020	1 EA	713,44 EUR	1.676,55 EUR
		1110050	1 EA	776,59 EUR	776,59 EUR
		Ergebnis	2 EA	1.490,03 EUR	2.453,14 EUR
PC-121-008	3D Graphik PC	1110020	1 EA	963,12 EUR	1.676,55 EUR
		1110030	1 EA	976,59 EUR	976,59 EUR
		1110070	2 EA	1.729,56 EUR	5.662,64 EUR
		Ergebnis	4 EA	3.669,27 EUR	8.315,78 EUR
Gesamtergebnis			28 EA	18.188,96 EUR	18.188,98 EUR

Abbildung 10.31 Schritte der Ausnahmeaggregation

In der Spalte **Gesamter Auftragsnettowert** wird der Nettowert des Kundenauftrags angezeigt. In den Zeilen mit Summen und Zwischensummen wird der Ausnahmeaggregationsschritt aber ausgeführt, denn auch die Werte der Summen und Zwischensummen werden mit einer Ausnahmeaggregation bestimmt. Auf diese Weise können Sie auch Fehler in einer Definition der Ausnahmeaggregation finden.

Ausnahmeaggregation bei transienten Projektions-Views

Wenn nicht nur gezählt wird, sondern Kennzahlen aggregiert werden, ist in einem transienten Projektions-View die Angabe von Währung oder Einheit des Ergebnisses verpflichtend (siehe Listing 10.25).

```
@EndUserText.label: 'Gesamter Auftragsnettowert'
@Semantics.amount.currencyCode: 'TransactionCurrency'
@Aggregation.default: #FORMULA
@AnalyticsDetails: {
  exceptionAggregationSteps: [{
    exceptionAggregationBehavior: #SUM,
    exceptionAggregationElements: [ 'SalesOrder' ]
  }]
}
$projection.totalnetamount as DistinctTotalNetAmount
```

Listing 10.25 Ausnahmeaggregation von Kennzahlen in einem transienten Projektions-View

Die Berechnung der Kennzahl für das Resultat der Ausnahmeaggregation wird nicht durch eine Annotation festgelegt, sondern direkt in CDS. Allerdings können hier keine Werte aus der Datenquelle, dem Cube-View, in die Berechnung eingehen, sondern nur Felder, die in der Query selbst definiert sind.

10.3.7 Währungen und Umrechnungen

In den Abbildungen zu den bisherigen Beispielen haben Sie ausschließlich Beträge in einer Währung gesehen, nämlich Beträge in Euro. Natürlich sind auch Beträge in anderen Währungen möglich, was einige Besonderheiten mit sich bringt.

Mehrere Währungen in einer Query

Abbildung 10.32 zeigt das Ergebnis der Query `ZB_SalesOrderItemQuery05` aus Abschnitt 10.3.4, »Berechnung von Kennzahlen«, wenn Beträge in mehreren Währungen vorhanden sind. In diesem Fall wurde nach der Belegwährung gruppiert.

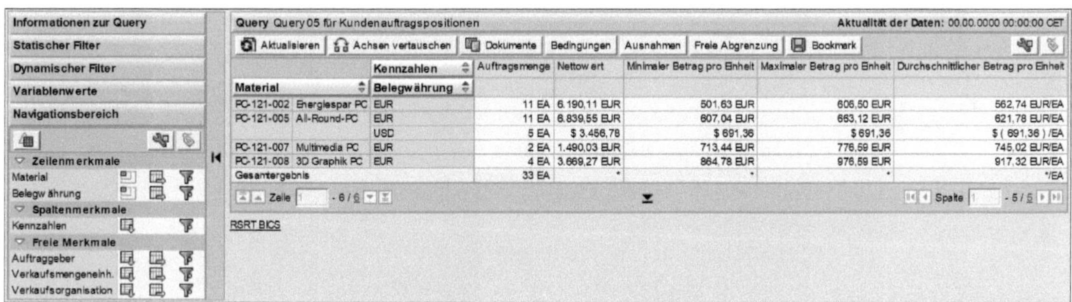

Material		Belegwährung	Auftragsmenge	Nettowert	Minimaler Betrag pro Einheit	Maximaler Betrag pro Einheit	Durchschnittlicher Betrag pro Einheit
PC-121-002	Energiespar PC	EUR	11 EA	6.190,11 EUR	501,63 EUR	606,50 EUR	562,74 EUR/EA
PC-121-005	All-Round-PC	EUR	11 EA	6.839,55 EUR	607,04 EUR	663,12 EUR	621,78 EUR/EA
		USD	5 EA	$ 3.456,78	$ 691,36	$ 691,36	$ (691,36) /EA
PC-121-007	Multimedia PC	EUR	2 EA	1.490,03 EUR	713,44 EUR	776,59 EUR	745,02 EUR/EA
PC-121-008	3D Graphik PC	EUR	4 EA	3.669,27 EUR	864,78 EUR	976,59 EUR	917,32 EUR/EA
Gesamtergebnis			33 EA	*	*	*	*/EA

Abbildung 10.32 Gruppierung und Aggregation bei mehreren Währungen

Wie Sie sehen, erfolgt eine währungsspezifische Darstellung der Beträge auch in dem berechneten Feld mit dem durchschnittlichen Betrag pro Einheit. Die Summenzeile mit dem **Gesamtergebnis** zeigt eine Besonderheit: Beträge mit unterschiedlichen Währungen können nicht einfach in einen einzigen Wert aggregiert werden. Daher wird als Summe oder Aggregatwert stattdessen das Sternsymbol * angezeigt. Wenn Sie vergleichbare, vollständige Summen sehen möchten, ist eine Umrechnung in eine vorgegebene Anzeigewährung notwendig.

Währungsumrechnung in einer Query

Zu diesem Zweck benötigen wir in unserer analytischen Query zwei neue Parameter, einen für die Anzeigewährung und einen weiteren für die gewünschte Art der Währungsumrechnung. Außerdem benötigen wir eine Umrechnungsfunktion für die Beträge, die CDS-Funktion `currency_conversion`. Listing 10.26 zeigt eine entsprechende Query mit den gleichen Ausgabefeldern wie `ZB_SalesOrderItemQuery05`.

```
@AbapCatalog.sqlViewName: 'ZB_SOIQ09'
@EndUserText.label: 'Query 09 für Kundenauftragspositionen'
@Analytics.query: true
define view ZB_SalesOrderItemQuery09
  with parameters
    @Consumption.defaultValue: 'M'
    P_ExchangeRateType : kurst,
    @Consumption.defaultValue: 'EUR'
    P_DisplayCurrency  : vdm_v_display_currency
  as select from ZB_SalesOrderItemCube05
{
  @AnalyticsDetails.query.axis: #ROWS
  @AnalyticsDetails.query.totals: #SHOW
  @AnalyticsDetails.query.display: #KEY_TEXT
  Material,
  _SalesOrganization._Text.SalesOrganizationName,
  @AnalyticsDetails.query.totals: #SHOW
  SoldToParty,
  @AnalyticsDetails.query.sortDirection: #ASC
  _SoldToParty.CustomerName,
  OrderQuantity,
  OrderQuantityUnit,
  @Semantics.currencyCode: true
  cast( :P_DisplayCurrency as vdm_v_display_currency )
    as DisplayCurrency,
  @EndUserText.label: 'Nettowert in Anzeigewährung'
  @Aggregation.default: #FORMULA
  @Semantics.amount.currencyCode: 'DisplayCurrency'
  currency_conversion (
    amount              => NetAmount,
    source_currency     => TransactionCurrency,
    target_currency     => :P_DisplayCurrency,
    exchange_rate_date  => CreationDate,
    exchange_rate_type  => :P_ExchangeRateType
  ) as NetAmountInDisplayCurrency,
  @EndUserText.label: 'Minimaler Betrag pro Einheit'
  @Aggregation.default: #FORMULA
  @Semantics.amount.currencyCode: 'DisplayCurrency'
  currency_conversion (
    amount              => AmountPerUnitMin,
    source_currency     => TransactionCurrency,
    target_currency     => :P_DisplayCurrency,
    exchange_rate_date  => CreationDate,
```

```
    exchange_rate_type  => :P_ExchangeRateType
  ) as AmountPerUnitMinInDC,
  @EndUserText.label: 'Maximaler Betrag pro Einheit'
  @Aggregation.default: #FORMULA
  @Semantics.amount.currencyCode: 'DisplayCurrency'
  currency_conversion (
    amount              => AmountPerUnitMax,
    source_currency     => TransactionCurrency,
    target_currency     => :P_DisplayCurrency,
    exchange_rate_date  => CreationDate,
    exchange_rate_type  => :P_ExchangeRateType
  ) as AmountPerUnitMaxInDC,
  @EndUserText.label: 'Durchschnittlicher Betrag pro Einheit'
  @AnalyticsDetails.query.formula:
    '$projection.NetAmountInDisplayCurrency / OrderQuantity'
  0 as AverageAmountPerUnit
}
```

Listing 10.26 Query mit Währungsumrechnung

Nach dem Start der Query können Sie die vorgeschlagenen Parameter direkt übernehmen oder anpassen (siehe Abbildung 10.33).

Abbildung 10.33 Eingabe der Query-Parameter

Danach erhalten Sie das Analyseergebnis in der gewählten Anzeigewährung (siehe Abbildung 10.34).

Query Query 09 für Kundenauftragspositionen — **Aktualität der Daten:** 00.00.0000 00:00:00 CET

Variablen | Aktualisieren | Achsen vertauschen | Dokumente | Bedingungen | Ausnahmen | Freie Abgrenzung | Bookmark

Material		Auftragsmenge	Nettowert in Anzeigewährung	Minimaler Betrag pro Einheit	Maximaler Betrag pro Einheit	Durchschnittlicher Betrag pro Einheit
PC-121-002	Energiespar PC	11 EA	6.190,11 EUR	501,63 EUR	606,50 EUR	562,74 EUR/EA
PC-121-005	All-Round-PC	16 EA	9.982,08 EUR	607,04 EUR	663,12 EUR	623,88 EUR/EA
PC-121-007	Multimedia PC	2 EA	1.490,03 EUR	713,44 EUR	776,59 EUR	745,02 EUR/EA
PC-121-008	3D Graphik PC	4 EA	3.669,27 EUR	864,78 EUR	976,59 EUR	917,32 EUR/EA
Gesamtergebnis		33 EA	21.331,49 EUR	501,63 EUR	976,59 EUR	646,41 EUR/EA

Zeile 1 - 5 / 5 — Spalte 1 - 5 / 5

RSRT BICS

Abbildung 10.34 Analyse mit Währungsumrechnung

Währungsumrechnung in einem transienten Projektions-View

Die Umstellung der DDIC-basierten analytischen Query mit Währungsumrechnung und anschließender Berechnung eines Durchschnitts zu einem transienten Projektions-View erfordert mehrere Anpassungen in der Syntax. Listing 10.27 zeigt das vereinfachte Ergebnis.

```
@EndUserText.label: 'Query 09 für Kundenauftragspositionen'
@AccessControl.authorizationCheck: #NOT_ALLOWED
define transient view entity ZB_SalesOrderItemQuery09A
  provider contract analytical_query
  with parameters
    @Consumption.defaultValue: 'M'
    P_ExchangeRateType : kurst,
    @Consumption.defaultValue: 'EUR'
    P_DisplayCurrency  : vdm_v_display_currency
  as projection on ZB_SalesOrderItemCube05
{
  @AnalyticsDetails.query.axis: #ROWS
  @AnalyticsDetails.query.totals: #SHOW
  @UI.textArrangement: #TEXT_LAST
  Material,
  _SalesOrganization._Text.SalesOrganizationName : localized,
  @AnalyticsDetails.query.totals: #SHOW
  SoldToParty,
  @AnalyticsDetails.query.sortDirection: #ASC
  _SoldToParty.CustomerName,
  OrderQuantity,
  OrderQuantityUnit,
  cast($parameters.P_DisplayCurrency
    as vdm_v_display_currency) as DisplayCurrency,
  @EndUserText.label: 'Nettowert in Anzeigewährung'
  @Aggregation.default: #FORMULA
  @Semantics.amount.currencyCode: 'DisplayCurrency'
  currency_conversion (
    amount              => curr_to_decfloat_amount( NetAmount ),
    source_currency     => TransactionCurrency,
    target_currency     => $parameters.P_DisplayCurrency,
    exchange_rate_date  => CreationDate,
    exchange_rate_type  => $parameters.P_ExchangeRateType
  ) as NetAmountInDisplayCurrency,
  @EndUserText.label: 'Durchschnittlicher Betrag pro Einheit'
  @Aggregation.default: #FORMULA
  @Semantics.quantity.unitOfMeasure: 'CurrencyPerUnit'
  $projection.NetAmountInDisplayCurrency / OrderQuantity
```

```
    as AverageAmountPerUnit,
  @EndUserText.label: 'Währung pro Einheit'
  virtual CurrencyPerUnit : dd_cds_calculated_unit
}
```

Listing 10.27 Transienter Projektions-View mit Währungsumrechnung und Durchschnittsberechnung

Beachten Sie, dass die Division mit dem Operator »/« zur Durchschnittsberechnung Argumente vom Datentyp DECFLOAT34 erwartet, aber die Funktion `curr_to_decfloat_amount` nicht auf berechnete Felder (diejenigen mit `$projection`) angewendet werden kann. Daher wird erst der Datentyp des Ausgangsbetrags geändert, dann erfolgt die Währungsumrechnung und schließlich die Durchschnittsberechnung.

Währungsumrechnung im Cube-View

Alternativ zum hier beschriebenen Vorgehen können Sie eine Währungsumrechnung schon im verwendeten Cube-View implementieren und die Parameter der Query an die Parameter des Cube-Views übergeben. In der Regel wird aber eine Query mit Währungsumrechnung schneller ausgeführt als eine Query, die einen Cube mit Währungsumrechnung verwendet. Die schnellere Ausführung erreicht die analytische Infrastruktur dadurch, dass sie die Zeilen der Datenquelle mit gleicher Währung und gleichem Umrechnungsstichtag zuerst aggregiert und dann die Währungsumrechnung für das Aggregat durchführt. Dadurch muss die verhältnismäßig teure Umrechnungsfunktion auf weniger Zeilen angewandt werden.

10.3.8 Queries auf Dimensions-Views

Queries können nicht nur auf Cube-Views definiert werden, sondern auch auf Dimensions-Views. Dabei können Sie ebenfalls die in den letzten Abschnitten vorgestellten Techniken zur Gestaltung der Query verwenden. Listing 10.28 zeigt als Beispiel eine Query auf dem Dimensions-View für die Kundendaten.

```
@AbapCatalog.sqlViewName: 'ZB_CUSTQ01'
@EndUserText.label: 'Query 01 für Kundendaten'
@Analytics.query: true
define view ZB_CustomerQuery01
  as select from I_Customer
{
  Customer,
  Country,
  @AnalyticsDetails.query.axis: #ROWS
```

```
    CityName,
    @Aggregation.default: #SUM
    1 as NumberOfCustomers
}
```

Listing 10.28 Query auf einem Dimensions-View

Zähler definieren

Eine Besonderheit bei Queries auf Dimensions-Views ist die Definition eines Zählers durch ein berechnetes Feld mit dem Wert »1« und dem Aggregationsverhalten `#SUM`. Dies ist möglich, da es sich beim Feld `Customer` um den Schlüssel des Dimensions-Views handelt. Eine Ausnahmeaggregation ist hierfür nicht notwendig, was die Laufzeit positiv beeinflussen kann. Beachten Sie, dass Sie in älteren Versionen der Software noch die alte Form der Annotation `@DefaultAggregation: #SUM` verwenden müssen. Die Ausgabe dieser Query sehen Sie in Abbildung 10.35.

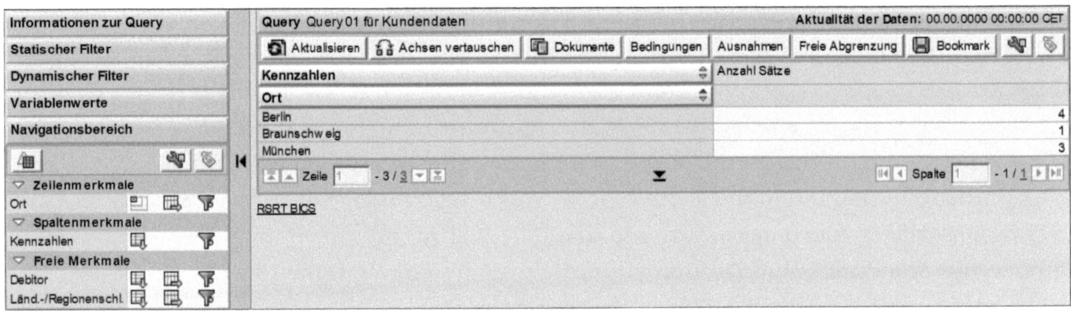

Abbildung 10.35 Query auf einem Dimensions-View mit Zähler

Transienter Projektions-View

Ein transienter Projektions-View erfordert eine leichte Präzisierung der Definition: Bei der Angabe des Literals `1` muss auch der Datentyp angegeben werden, in diesem Falle als `abap.int4'1'`.

Queries auf Cube- oder Dimensions-Views?

Meist werden Queries auf Cubes definiert. Cubes kombinieren oft verschiedene Entitäten, enthalten viele Merkmale aus unterschiedlichen Quellen und ermöglichen vielfältige Analysen. Und wenn einmal ein Merkmal fehlt, können Sie den Cube kopieren, das Merkmal hinzunehmen und Ihre Query auf dem erweiterten Cube-View definieren. Cubes sind sehr flexibel nutzbar.

Dimensions-Views repräsentieren hingegen eine einzelne Entität und haben Attribute, die betriebswirtschaftlich direkt der Entität zugeordnet sind. Indirekt verknüpfte Attribute, z. B. das Autoländerkennzeichen des Lands eines Kunden, werden nicht in den Dimensions-View aufgenommen. Das Kopieren eines Dimensions-Views oder die Definition eines neuen für die gleiche Entität ist nicht einfach, da Dimensions-Views als Ziele von Fremdschlüsselassoziationen eng miteinander verbunden sind.

Daher empfehlen wir normalerweise die Verwendung von Cube-Views als Datenquelle für analytische Query-Views.

10.4 Analytische Infrastruktur

Sie haben in den vorangehenden Abschnitten gesehen, dass analytische Views und Queries viele zusätzliche Möglichkeiten und Funktionen bieten, die sie bei einer Ausführung als gewöhnliche CDS-Views nicht haben, z. B. bei Data Preview in der ADT-Umgebung. Diese Zusatzfunktionen werden von einer *analytischen Infrastruktur* realisiert.

Unabhängigkeit von der Infrastruktur

Die Definition analytischer Views und Queries soll unabhängig von einer konkreten analytischen Infrastruktur und deren Eigenschaften möglich sein. Dies erlaubt die Nutzung der einmal definierten analytischen CDS-Views auf Plattformen mit unterschiedlicher Technologie. In den vorangegangenen Abschnitten konnten wir daher CDS-basierte Analysen ohne genauere Angabe der analytischen Infrastruktur einführen. Nur eine Testumgebung war notwendig.

Analytische Infrastruktur in SAP S/4HANA

Nun wollen wir die analytische Infrastruktur von SAP S/4HANA kurz vorstellen. Abbildung 10.36 zeigt einen Überblick ihrer Komponenten.

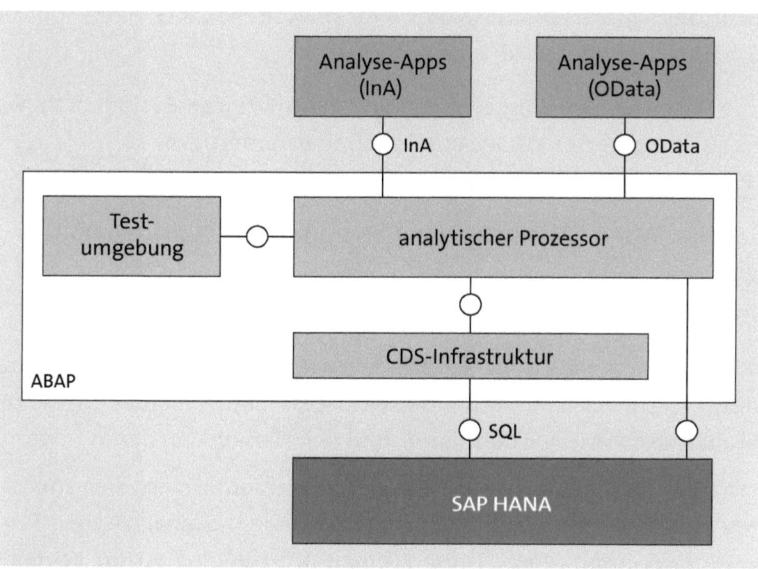

Abbildung 10.36 Analytische Infrastruktur in SAP S/4HANA

Analytischer Prozessor

Die zentrale analytische Komponente ist der *analytische Prozessor* im ABAP-Server, auch bekannt als *OLAP-Prozessor* (Online Analytical Processing) oder *Analytic Engine*. Dieser wird auch im klassischen SAP-BW-System verwendet und kommt nun für die CDS-basierte Embedded Analytics in SAP S/4HANA zum Einsatz.

Der analytische Prozessor verwendet die ABAP- und CDS-Infrastruktur für Folgendes:

- Lesen von Metadaten von CDS-Views, z. B. Annotationen, um das analytische Modell aufzubauen
- Selektion von Daten über Open SQL

Die von Ihnen schon verwendete Testumgebung ist in ABAP an den analytischen Prozessor angeschlossen.

Ab SAP S/4HANA Release 1909 wird zusätzlich ein direkter Kanal zur Selektion von Daten aus SAP HANA genutzt, der auch in SAP BW/4HANA Verwendung findet. Dieser Kanal bietet bei komplexeren Berechnungen in analytischen Queries oder bei der Ausnahmeaggregation Geschwindigkeitsvorteile gegenüber einer Datenselektion via CDS.

Analytische Schnittstellen

Für Apps zur Analyse von Daten oder andere analytische Benutzeroberflächen stehen zwei Schnittstellen zur Verfügung:

- das proprietäre *Information Access Protocol* (InA) für die Kommunikation mit analytischen Komponenten von SAP
- das global standardisierte *Open Data Protocol* (OData) als offene Kommunikationsschnittstelle, das von vielen analytischen SAP-Fiori-Apps in SAP S/4HANA genutzt wird

Analysetools

Über diese Schnittstellen können die in CDS definierten analytischen Views und Queries von diversen Analysetools genutzt werden, z. B.:

- SAP Analysis for Microsoft Office
- SAP Lumira, Designer Edition, früher bekannt als SAP BusinessObjects Design Studio
- SAP Analytics Cloud

Infoobjektnamen

Die OData-basierte analytische Schnittstelle exponiert Entitäten und ihre Properties mit den Namen der analytischen CDS-Views, die das zugrunde liegende analytische Modell definieren, und den Namen von deren Feldern.

Bei der analytischen Schnittstelle nach dem InA-Protokoll ist dies anders. Dieses verwendet die internen technischen Namen des analytischen Prozessors, die *Infoobjektnamen*. Diese können auf mehrere Arten gebildet werden.

- Der Infoobjektname eines DDIC-basierten CDS-Views wird durch einen Präfix »2C« vor dem Namen des SQL-Views des CDS-Views gebildet.
- Bei View-Entitäten oder Projektions-Views entsteht der Infoobjektname durch das Präfix »2C« vor dem Namen der View-Entität.
- Der Infoobjektname eines CDS-Views kann aber auch durch eine Annotation festgelegt werden, die Vorrang hat. Die Annotation `@Analytics.technicalName` legt einen technischen Namen fest, der zusammen mit dem Präfix »2C« den Infoobjektnamen bildet.

Infoobjektnamen von Feldern

Auch die Felder von analytischen Views haben Infoobjektnamen, die im InA-Protokoll exponiert werden. Einige Beispiele davon haben Sie in Abbildung 10.16 schon gesehen, da sie in der Testumgebung für analytische Views angezeigt werden. Der Infoobjektname einer Kennzahl entsteht durch Verkettung des Infoobjektnamens des analytischen Views mit dem Feldnamen. Ist das Ergebnis länger als 30 Zeichen, wird hinter dem Präfix »2C« ein Hash-Wert verwendet. Dieses Vorgehen wird lokale Namensvergabe genannt.

10

Der Infoobjektname eines Dimensionsfelds dagegen ist standardmäßig der Infoobjektname des zugehörigen Dimensions-Views. Wenn dies zu gleichen Infoobjektnamen bei verschiedenen Feldern führen würde, wird jeder weitere Infoobjektname genau wie bei Kennzahlen lokal vergeben, ist also unabhängig vom Infoobjektnamen des zugehörigen Dimensions-Views. Sie können die lokale Namensvergabe auch erzwingen, indem Sie das Feld oder den ganzen View mit `@Analytics.internalName: #LOCAL` annotieren.

Anwender definieren in Analysetools wie SAP Analytics Cloud oft eigene Konfigurationen für die verwendeten analytischen Queries oder Modelle. Wenn die Tools mit dem InA-Protokoll arbeiten, sind dafür stabile Infoobjektnamen erforderlich, denn eine Änderung dieser Namen invalidiert die gespeicherten Konfigurationen, und sie müssen neu definiert werden.

[+]

Verwenden Sie lokale Infoobjektnamen für Felder

Wir empfehlen, nur lokale Infoobjektnamen zu verwenden, indem Sie Ihre analytischen Cube- und Dimensions-Views mit `@Analytics.internalName: #LOCAL` annotieren. Dann bleiben die Infoobjektnamen von Feldern erhalten, auch wenn Sie diese umsortieren oder das Ziel einer Fremdschlüsselassoziation ändern.

Verarbeitung einer Analyse

Der analytische Prozessor optimiert die Datenzugriffe auf SAP HANA in vielen Situationen. Gewöhnlich liest er die Kennzahlen in der angefragten Gruppierung in aggregierter Form, entweder durch eine SQL-Select-Anweisung oder bei komplexeren Berechnungen in optimierter Form. Dadurch müssen keine großen Datenmengen von der Datenbank zu den Applikationsservern übertragen werden. Danach ergänzt der analytische Prozessor die benötigten Texte und bei Bedarf weitere Attribute aus Dimensions-Views zur Anzeige. Hierbei können Puffer des Applikationsservers genutzt werden, was die Last auf der Datenbank reduziert.

[!]

Sinnvolle Selektion von Daten

Versuchen Sie, die Selektion großer, schwach aggregierter Datenmengen zu vermeiden, da sonst der Transport der Daten zum Applikationsserver und ihre Verarbeitung im ABAP-Server längere Zeit dauern kann. Definieren Sie geeignete Variablen in Ihren analytischen Queries, um die Daten sinnvoll zu filtern.

Kapitel 11
Modellierung transaktionaler Anwendungen

In diesem Kapitel wird erläutert, wie CDS-Datenmodelle für die Entwicklung von transaktionalen Anwendungen verwendet werden können, d. h. von Anwendungen, die Daten nicht nur lesen, sondern auch ändern können, basierend auf dem ABAP RESTful Application Programming Model.

Neben der Modellierung und Ausführung von Lesezugriffen unterstützen CDS-Entitäten auch die Modellierung und Implementierung transaktionaler Aspekte und des Verhaltens der Anwendungen. Im Allgemeinen können Daten durch direkte Benutzereingaben über eine Benutzerschnittstelle (engl. User Interface, *UI*) oder Maschinenschnittstellen, z. B. in der *Anwendung-zu-Anwendung-Kommunikation* (engl. Application to Application, A2A), erstellt, geändert oder gelöscht werden. Neben den Standardoperationen zum Erstellen, Lesen, Aktualisieren und Löschen (Create, Read, Update und Delete – CRUD) können auch Aktionen und Funktionen definiert und angeboten werden. Änderungen, die vom Konsumenten einer dieser Schnittstellen explizit angefordert werden, können zu weiteren impliziten Änderungen führen, die im Kontext dieses Kapitels als Seiteneffekte bezeichnet werden.

Aufbau des Kapitels

In diesem Kapitel lernen Sie, wie Sie eine transaktionale Anwendung definieren. In Abschnitt 11.1, »Transaktionale Anwendungen«, wird erläutert, welche zusätzlichen Funktionen für transaktionale Anwendungen berücksichtigt werden müssen. In Abschnitt 11.2, »Transaktionale Infrastruktur in SAP S/4HANA«, lernen Sie dann die transaktionale Infrastruktur von *SAP S/4HANA* kennen, die auf dem *ABAP RESTful Application Programming Model* basiert, dem Programmiermodell der *ABAP Cloud*.

In Abschnitt 11.3, »Transaktionale Objektmodelle«, und in Abschnitt 11.4, »Verhaltensdefinitionen«, wird beschrieben, wie Sie transaktionale Objektmodelle sowie die zugehörige Verhaltensdefinition mit ihren statischen Eigenschaften definieren können und wie Sie die zugehörige Geschäftslogik implementieren. Die Geschäftslogik umfasst die Implementierung der Nummernvergabe, das Setzen von Sperren, Berechtigungsprüfungen,

Datenermittlungen und Datenvalidierungen, Aktionen und Funktionen, die dynamische Steuerung von Operationen und Eigenschaften sowie Events. Auch das Konzept *Draft* wird vorgestellt und detailliert beschrieben.

Anschließend lernen Sie, wie Sie diese grundlegende Geschäftslogik Ihrer Anwendung für die verschiedenen verwendungsspezifischen Szenarien durch dedizierte transaktionale Projektionsobjektmodelle und der Definition von Interface-Verhaltensdefinitionen (siehe Abschnitt 11.6) und Projektionsverhaltensdefinitionen (siehe Abschnitt 11.7) adaptieren bzw. nutzen können.

Im gleichnamigen Abschnitt 11.8 geben wir einen Überblick über die Laufzeitorchestrierung.

Die konkrete Verwendung unserer Anwendung und Implementierung zeigen wir am Beispiel einer SAPFiori-Anwendung (siehe Abschnitt 11.9, »SAP Fiori und Verwendung über OData«) sowie die Verwendung der definierten Events im lokalen System oder über den SAP Event Mesh (siehe Abschnitt 11.10, »SAP Event Mesh und lokale Event-Handler«).

11.1 Transaktionale Anwendungen

In den vorangegangenen Kapiteln haben wir erläutert, wie CDS zur Modellierung verschiedener Lesezugriffe auf der Grundlage der Möglichkeiten von SQL verwendet werden kann. Es stellt sich die Frage, ob und wie dieses semantisch reichhaltige Modell nun auch für die Unterstützung von modifizierenden Zugriffen verwendet werden kann. Insbesondere wenn man diese Modelle über REST-basierte (*Representational State Transfer*) Schnittstellen im Web nutzt, wird deutlich, dass Lese- und Schreiboperationen idealerweise auf demselben Modell und denselben Ressourcen basieren sollten. In diesem Abschnitt werden die Grundlagen und spezifischen Aspekte von transaktionalen Anwendungen diskutiert.

Geschäftsobjekte

Geschäftsobjekte dienen als logische Klammer mehrerer Entitäten. Als Beispiel für ein Geschäftsobjekt haben wir bereits den Kundenauftrag kennengelernt, der in unserem vereinfachten Beispiel aus Kopfdaten, Positionsdaten und Einteilungen besteht. Diese stehen in einer *kompositorischen Beziehung* zueinander und sind daher existenziell von der jeweiligen übergeordneten Entität abhängig. Während Geschäftsobjekte beim Lesen eine eher untergeordnete Rolle spielen, bilden sie einen Kontext, der beim modifizierenden Zugriff sehr wichtig ist. In der Regel werden mehrere Entitäten eines Geschäftsobjekts gemeinsam bearbeitet und verändert. Andere referenzierte oder assoziierte Entitäten werden oft nur gelesen oder haben eine eigene Implementierung für modifizierende Zugriffe.

Berechtigung und Sperren

Zusätzlich zu dedizierten Berechtigungsprüfungen erfordern Datenänderungen exklusive Sperren, um die *transaktionale Konsistenz* der Daten zu gewährleisten. In den meisten Fällen werden sowohl die Berechtigungskontrolle als auch das Sperrverhalten auf der Ebene des Geschäftsobjekts als Ganzes und nicht auf der Ebene der einzelnen Kindentitäten eines Geschäftsobjekts implementiert. Es gibt jedoch auch einige Anwendungsfälle, in denen eine Kindentität eine striktere Berechtigungssteuerung benötigt als die Wurzelentität. Ebenso gibt es Geschäftsobjekte, die Sperren auf Ebene der Kindentität unterstützen.

Geschäftslogik

Bei der Änderung von Daten, die von einem Benutzer eingegeben oder über eine Maschinenschnittstelle übertragen werden, werden die Daten normalerweise nicht einfach übernommen und persistiert. Stattdessen werden die eingegebenen Daten überprüft, andere Daten ermittelt und berechnet, die von den geänderten Daten oder der Geschäftskonfiguration abhängen usw. Dies wird in diesem Buch allgemein als Geschäftslogik bezeichnet. Dabei werden nicht nur Daten des direkt angesprochenen Geschäftsobjekts verändert, sondern in vielen Fällen werden auch andere Geschäftsobjekte oder ganze Geschäftsprozesse bzw. Folgeprozesse angestoßen oder bearbeitet.

Aktionen

Mit CRUD-Operationen können Sie Daten und Geschäftsobjekte verändern. In REST-basierten Zugriffen wie über das Protokoll *OData* entsprechen diese Operationen auch den entsprechenden HTTP-Anfragemethoden auf eine Ressource, also `HTTP GET`, `POST`, `PUT/PATCH/MERGE` und `DELETE`. Die angesprochene Geschäftslogik wird jedoch sehr oft auch in umfassenderen Operationen angeboten, die mehrere feingranulare Änderungen enthalten und bündeln, um eine konsistente Verarbeitung der höherwertigen Operationen zu gewährleisten. Diese Art von Operationen bezeichnen wir im Folgenden als *Aktionen*. Aktionen tragen dazu bei, dass die Geschäftslogik und konsistente Ausführung mehrerer abhängiger Änderungen nicht dem Endbenutzer oder Verwender überlassen werden. Stattdessen bieten die wiederverwendbaren Aktionen mehr Komfort, insbesondere bei wiederkehrenden Änderungen. Bei Bedarf können Aktionen auch eine explizite erweiterte Berechtigungssteuerung bieten.

Funktionen

Funktionen sind Operationen, die vom ABAP RESTful Application Programming Model und OData zusätzlich zu reinen SQL-Lesezugriffen unterstützt werden. Per Definition sind Funktionen nicht mit einem modifizierenden Zugriff verbunden und verändern keine Daten im System. Sie können ebenfalls bereitgestellt werden und sind Teil des Geschäftsobjektmodells und der Geschäftslogik. Darüber hinaus können Funktionen weitere dedizierte

Berechtigungen erfordern, die sich von reinen Leseberechtigungen unterscheiden.

Herausforderungen mit CDS und SAP S/4HANA

Es gibt einige zusätzliche Herausforderungen im Zusammenhang mit der Realisierung der Geschäftslogik über ABAP CDS und den dort bereitgestellten Features und Funktionen. Zunächst einmal bietet ABAP CDS derzeit nur die Möglichkeit, Entitäten wie CDS-Views und CDS-Tabellenfunktionen, aber keine Datenbanktabelle zu modellieren. Diese Entitäten unterstützen per se nur die Definition von Lesezugriffen. Die ABAP-Infrastruktur kann modifizierende Zugriffe nur dann automatisch an die CDS-Modelle delegieren, wenn die CDS-Modelle eine einfache Projektion dieser Datenbanktabellen darstellen. Bei der Verwendung von komplexerer SQL-Logik innerhalb der CDS-Modelle kann die ABAP-Infrastruktur die notwendigen Abbildungsaufgaben z. B. zur Identifikation, was in welche Datenbanktabelle geschrieben werden soll, nicht mehr einfach oder manchmal gar nicht mehr leisten. Im virtuellen Datenmodell (VDM) von SAP S/4HANA, das als semantisch reichhaltiges Modell exponiert wird, ist das Datenmodell jedoch an vielen Stellen in Bezug auf die vorhandenen Datenbanktabellen und das Persistenz-Modell grundlegend vereinfacht, sodass Unions, Joins und andere komplexe SQL-Funktionen zur Definition der grundlegenden CDS-Modelle des VDM verwendet werden. Rein technisch gesehen müssen die entsprechenden SQL-Operationen zur Änderung von Daten also direkt über oder auf den zugrunde liegenden Datenbanktabellen erfolgen.

11.2 Transaktionale Infrastruktur in SAP S/4HANA

Applikationsserver oder Datenbank

An dieser Stelle fragen Sie sich vielleicht, auf welcher Ebene die Geschäftslogik implementiert und integriert werden soll. Im ABAP-Umfeld ist die Antwort eindeutig. Die Geschäftslogik (wie wir sie hier verstehen) läuft auf dem ABAP-Applikationsserver und ist in ABAP implementiert ist. Gründe dafür sind die Skalierbarkeit der Applikationsserver und die umfangreiche vorhandene Geschäftslogik in SAP S/4HANA, die natürlich zur Wiederverwendung zugänglich sein soll. Dieser Ansatz steht nicht im Widerspruch zu dem Ziel, die datenintensive Logik in die Datenbank zu verlagern. Die SAP-HANA-Datenbank soll für alle Leseoperationen und Transformationen genutzt werden, die sich für eine SQL-Verarbeitung auf Datenbankebene eignen. Dies gilt z. B. für Berechtigungsprüfungen mithilfe der CDS-Zugriffskontrollsprache, um zu vermeiden, dass Daten auf den Applikationsserver übertragen werden, um sie dann wieder zu entfernen. Dieser *Pushdown-Ansatz* kann auch in der Transaktionslogik sinnvoll eingesetzt werden.

[zB]

Nutzen der SAP-HANA-Datenbank

Betrachten Sie das folgende Beispiel: In der Kundenauftragsbearbeitung soll vor der Bestätigung des Kundenauftrags das Kreditlimit des Kunden auf Basis des aktuellen Auftrags und der offenen Posten geprüft werden. Die offenen Posten werden mittels Aggregation (Summe der offenen Posten) in der SAP-HANA-Datenbank berechnet. Nur das Ergebnis der Berechnung wird an den Applikationsserver übertragen. Im Applikationsserver wird bei der entsprechenden Prüfung dieser Wert zum aktuellen Auftragswert addiert und mit dem Kreditlimit des Kunden verglichen. Wird dieses Limit überschritten, wird eine entsprechende Meldung generiert und gegebenenfalls ein entsprechender Status im Beleg gesetzt.

ABAP RESTful Application Programming Model

Die ABAP-Plattform ermöglicht die Verwendung von CDS-Modellen als Grundlage für die Modellierung transaktionaler Anwendungen. Dabei müssen alle im vorherigen Abschnitt definierten Anforderungen an transaktionale Anwendungen bzw. an eine entsprechende Infrastruktur berücksichtigt werden. Zu diesem Zweck wurde das *ABAP RESTful Application Programming Model* als logischer Nachfolger des ABAP Programming Model for SAP Fiori eingeführt.

Das ABAP RESTful Application Programming Model ist die gemeinsame Grundlage, auf der das Programmiermodell von SAP S/4HANA aufbaut. Es fördert eine strukturierte Anwendungsarchitektur, in der das Datenbankmodell und die Datenbankschicht, die Anwendungslogik (Geschäftslogik) und die Benutzeroberfläche klar getrennt sind. Während die Trennung der Benutzeroberfläche (und der damit verbundenen Benutzererfahrung (engl. User Experience, UX)) technisch durch den Technologieansatz von SAP Fiori gewährleistet wird, der OData als das Protokoll der Wahl nutzt, unterstützt das ABAP RESTful Application Programming Model eine weitere klare Separierung der Modelle und der Implementierungen der verschiedenen Schichten der Anwendungen. Auf der einen Seite steht dabei das allgemeine Grundmodell und die zugrunde liegende Anwendungslogik (Geschäftslogik). Auf der anderen Seite stehen die darauf basierenden servicespezifischen Modelle und deren spezifische ergänzende Anwendungslogik für die jeweiligen Szenarien. Gleichzeitig wird die konkrete Implementierung der Service-Protokolle (hier OData) der ABAP-Infrastruktur überlassen. Damit stellt das ABAP RESTful Application Programming Model sicher, dass die gesamte Anwendungslogik protokollunabhängig ist und auch beim Wechsel zu einem anderen Protokoll oder einer anderen Protokollversion wiederverwendet werden kann.

Wie bei den CDS-Entitäten können alle ABAP-RESTful-Application-Programming-Model-spezifischen Artefakte, die für die Implementierung transaktionaler Anwendungen benötigt werden, über ABAP in Eclipse (auch bekannt als ABAP Development Tools (ADT)) erstellt und bearbeitet werden.

Das ABAP RESTful Application Programming Model unterstützt sowohl Greenfield- als auch Brownfield-Implementierungen, was eine wesentliche Verbesserung gegenüber dem ABAP Programming Model for SAP Fiori darstellt. Die Verwendung vom ABAP RESTful Application Programming Model ist vollständig in die ABAP-Sprache integriert, und die Art der konkreten Implementierung bleibt für die Verwender der Anwendung verborgen, unabhängig davon, ob die Nutzung innerhalb von ABAP oder über verschiedene Kanäle wie OData erfolgt.

SADL und OData

Wir konzentrieren uns auf die Nutzung der Anwendung über REST und OData als Webstandard, da die ABAP-Plattform bereits eine Ende-zu-Ende-Unterstützung für diese Standards bietet. Die Infrastruktur übernimmt die komplette Protokollabwicklung und leitet alle Operationen, d. h. Lese- und Schreibanfragen, automatisch an die Datenbank oder die Provider-Implementierung weiter. Alle nicht-transaktionalen Lese- und Suchanfragen werden über die ABAP-SQL-Schnittstelle direkt an die SAP-HANA-Datenbank delegiert, indem das entsprechende CDS-Datenmodell genutzt wird. Transaktionale Anfragen zum Lesen oder Schreiben von Daten werden an die transaktionale Laufzeit und den transaktionalen Puffer im Anwendungsserver weitergeleitet. Dies kombiniert eine effiziente Verarbeitung aller persistenten Daten durch die SAP-HANA-Datenbank mit den Vorteilen der Ausführung der transaktionalen Laufzeit auf dem ABAP-Anwendungsserver und der möglichen Wiederverwendung der bestehenden Geschäftslogik und bereits gelesenen Daten.

Die *Service Adaptation Definition Language* (SADL) der ABAP-Plattform wird verwendet, um OData-`GET`-Anfragen in SQL-Abfragen zu übersetzen. SADL ist eine Infrastruktur für das modellbasierte Lesen und Verarbeiten von Daten.

Eine schematische Darstellung der ABAP-Infrastruktur für transaktionale Anwendungen mit den wichtigsten Laufzeitkomponenten sehen Sie in Abbildung 11.1.

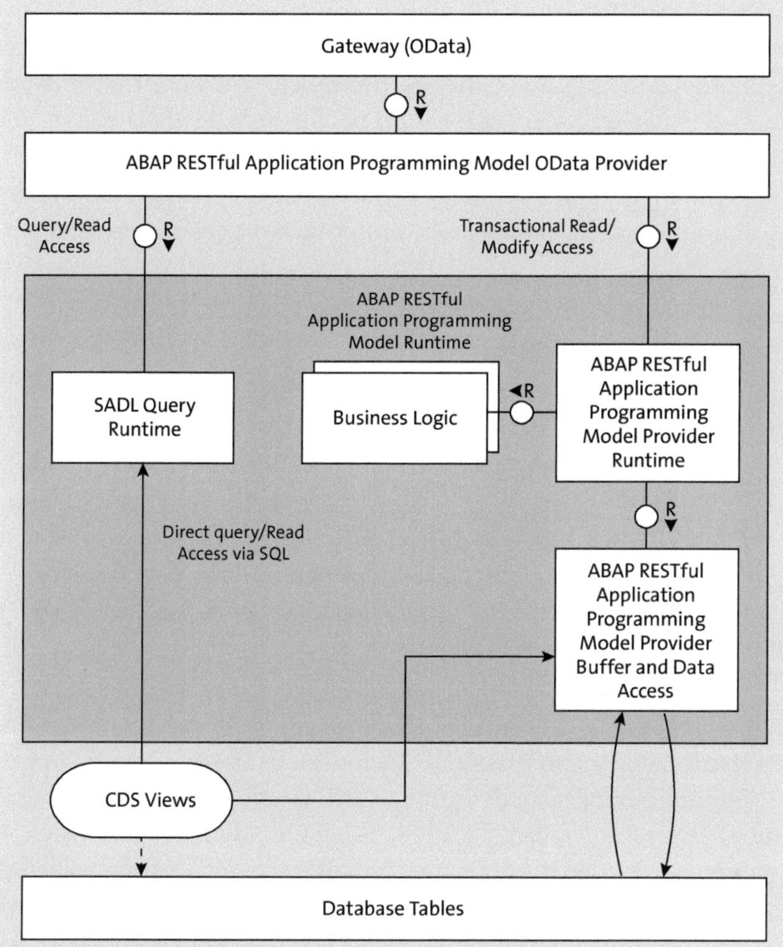

Abbildung 11.1 ABAP-Infrastruktur für transaktionale Applikationen

11.3 Transaktionale Objektmodelle

In diesem Abschnitt werden die transaktionalen Objektmodelle vorgestellt. Sie lernen, wie man ein Geschäftsobjekt und seine Geschäftslogik definiert und implementiert. Zunächst werden Sie das Datenmodell definieren und eine Objektstruktur einführen. In der transaktionalen Welt verwenden wir konsequent die neueren CDS-Entitätstypen (auch CDS-V2-Modelle genannt). Anschließend erweitern Sie das auf diese Weise definierte Geschäftsobjekt, um transaktionale Änderungen zu unterstützen.

11.3.1 Objektmodelle

Kompositionsstruktur

Wie bereits erwähnt, werden Geschäftsobjekte als Baum- oder Kompositionsstrukturen von Entitäten definiert. Um Geschäftsobjekte im Netzwerk von CDS-Entitäten und Assoziationen zu beschreiben, wird die Wurzel des Kompositionsbaums als solche definiert, und die relevanten Assoziationen werden als *Kompositionen* definiert. Diese Modellierung haben Sie bereits in Abschnitt 3.3, »Modellierung von Kompositionsbeziehungen«, kennengelernt.

[»]

Transaktionale View-Schicht

Wir empfehlen Ihnen, für Ihre transaktionale Anwendung eigene CDS-Views zu definieren, die auf Ihren grundlegenden CDS-Views basieren. Hierdurch werden das transaktionale Datenmodell und seine Verwendung übersichtlicher und lassen das Modell gleichzeitig offen für weitere Entwicklungen und neue Funktionen.

Wir empfehlen Ihnen darüber hinaus, den Namen Ihrer transaktionalen CDS-Views mit dem Suffix »TP« zu versehen, um diese gegen Ihre übrigen CDS-Modelle abzugrenzen.

Geschäftsobjekt und Wurzelentität

In der gesprochenen Sprache wird in der Regel nicht zwischen dem Geschäftsobjekt (in unserem Beispiel der Kundenauftrag) und seiner Wurzelentität (in unserem Beispiel der Kundenauftragskopf) unterschieden, und der Name des Geschäftsobjekts wird für beide synonym verwendet. Im folgenden Beispiel werden die korrekten Definitionen und Begriffe beibehalten, um begriffliche Verwirrung zu vermeiden, sodass deutlich wird, wann auf das Geschäftsobjekt oder die Wurzelentität des Geschäftsobjekts verwiesen wird.

Beispiel: Geschäftsobjekt

Lassen Sie uns das Modell des Geschäftsobjekts für den Kundenauftrag definieren. Da Sie die CDS-Views auf den bereits definierten grundlegenden Basis-CDS-Views aufbauen (siehe auch Abschnitt 1.1, »Datenmodell der Anwendung definieren«), können Sie alle darin enthaltenen Transformationen des Persistenz-Modells mitsamt den angepassten Feldnamen einfach übernehmen.

Annotationen vererben

In einem Teil unseres Beispiels fügen wir dem CDS-Modell zur besseren Lesbarkeit bzw. zum besseren Verständnis der Beispiele noch einige Annotationen hinzu, die bereits im Basisdatenmodell vorhanden sind und vererbt werden.

Definieren Sie den Kundenauftragskopf wie in Listing 11.1 gezeigt. Er enthält bereits eine Kompositionsbeziehung zur untergeordneten Kundenauftragsposition, die in Listing 11.2 definiert ist.

```
@AccessControl.authorizationCheck: #MANDATORY
@EndUserText.label: 'Sales Order'
define root view entity ZR_SalesOrderTP
  as select from ZI_SalesOrder
  composition [0..*] of ZR_SalesOrderItemTP as _Item
  association [0..1] to ZI_Customer as _SoldToParty
    on $projection.SoldToParty = _SoldToParty.Customer
  association [1]    to I_User as _CreatedByUser
    on $projection.CreatedByUser = _CreatedByUser.UserID
  association [1]    to I_User as _LastChangedByUser
    on $projection.LastChangedByUser = _LastChangedByUser.UserID
{
  key ZI_SalesOrder.SalesOrder,
      ZI_SalesOrder.SalesOrderType,
      ZI_SalesOrder.SalesOrganization,
      ZI_SalesOrder.SoldToParty,
      ZI_SalesOrder.DistributionChannel,
      ZI_SalesOrder.OrganizationDivision,
      @Semantics.amount.currencyCode: 'TransactionCurrency'
      ZI_SalesOrder.NetAmount,
      ZI_SalesOrder.TransactionCurrency,
      ZI_SalesOrder.DeliveryStatus,
      @Semantics.booleanIndicator: true
      ZI_SalesOrder.DeletionIndicator,
      @Semantics.user.createdBy: true
      ZI_SalesOrder.CreatedByUser,
      @Semantics.systemDateTime.createdAt: true
      ZI_SalesOrder.CreationDateTime,
      @Semantics.user.lastChangedBy: true
      ZI_SalesOrder.LastChangedByUser,
      @Semantics.systemDateTime.lastChangedAt: true
      ZI_SalesOrder.LastChangeDateTime,
      _Item,
      _SoldToParty,
      _CreatedByUser,
      _LastChangedByUser
}
```

Listing 11.1 CDS-Entität – Kundenauftragskopf

Listing 11.2 zeigt die Kundenauftragsposition, die sowohl mit dem Kundenauftragskopf als auch mit den in Listing 11.3 definierten Einteilungen verknüpft ist.

```
@AccessControl.authorizationCheck: #MANDATORY
@EndUserText.label: 'Sales Order Item'
define view entity ZR_SalesOrderItemTP
  as select from ZI_SalesOrderItem
  association         to parent ZR_SalesOrderTP as _SalesOrder
    on $projection.SalesOrder = _SalesOrder.SalesOrder
  composition [0..*] of ZR_SalesOrderScheduleLineTP
    as _ScheduleLine
  association [0..1] to ZI_Product as _Product
    on $projection.Product = _Product.Product
  association [1]     to I_User as _CreatedByUser
    on $projection.CreatedByUser = _CreatedByUser.UserID
  association [1]     to I_User as _LastChangedByUser
    on $projection.LastChangedByUser = _LastChangedByUser.UserID
{
      @ObjectModel.foreignKey.association: '_SalesOrder'
  key ZI_SalesOrderItem.SalesOrder,
  key ZI_SalesOrderItem.SalesOrderItem,
      ZI_SalesOrderItem.Product,
      @Semantics.quantity.unitOfMeasure: 'OrderQuantityUnit'
      ZI_SalesOrderItem.OrderQuantity,
      ZI_SalesOrderItem.OrderQuantityUnit,
      @Semantics.amount.currencyCode: 'TransactionCurrency'
      ZI_SalesOrderItem.NetAmount,
      ZI_SalesOrderItem.TransactionCurrency,
      @Semantics.user.createdBy: true
      ZI_SalesOrderItem.CreatedByUser,
      @Semantics.systemDateTime.createdAt: true
      ZI_SalesOrderItem.CreationDateTime,
      @Semantics.user.lastChangedBy: true
      ZI_SalesOrderItem.LastChangedByUser,
      @Semantics.systemDateTime.lastChangedAt: true
      ZI_SalesOrderItem.LastChangeDateTime,
      _SalesOrder,
      _ScheduleLine,
      _Product,
      _CreatedByUser,
      _LastChangedByUser
}
```

Listing 11.2 CDS-Entität – Kundenauftragsposition

Listing 11.3 zeigt die Kundenauftragseinteilung, die Assoziationen zum Kundenauftragskopf als Wurzelentität und zu den Kundenauftragspositionen als übergeordnete Entität hat.

```
@AccessControl.authorizationCheck: #MANDATORY
@EndUserText.label: 'Sales Order Schedule Line'
define view entity ZR_SalesOrderScheduleLineTP
  as select from ZI_SalesOrderScheduleLine
  association [1..1] to ZR_SalesOrderTP as _SalesOrder
    on  $projection.SalesOrder = _SalesOrder.SalesOrder
  association        to parent ZR_SalesOrderItemTP
    as _SalesOrderItem
    on  $projection.SalesOrder     = _SalesOrderItem.SalesOrder and
        $projection.SalesOrderItem = _SalesOrderItem.SalesOrderItem
  association [1]    to I_User as _CreatedByUser
    on  $projection.CreatedByUser = _CreatedByUser.UserID
  association [1]    to I_User as _LastChangedByUser
    on  $projection.LastChangedByUser = _LastChangedByUser.UserID
{
  key ZI_SalesOrderScheduleLine.SalesOrder,
  key ZI_SalesOrderScheduleLine.SalesOrderItem,
  key ZI_SalesOrderScheduleLine.SalesOrderScheduleLine,
      ZI_SalesOrderScheduleLine.DeliveryDate,
      @Semantics.quantity.unitOfMeasure: 'OrderQuantityUnit'
      ZI_SalesOrderScheduleLine.OrderQuantity,
      ZI_SalesOrderScheduleLine.OrderQuantityUnit,
      ZI_SalesOrderScheduleLine.SalesOrderScheduleLineType,
      @Semantics.user.createdBy: true
      ZI_SalesOrderScheduleLine.CreatedByUser,
      @Semantics.systemDateTime.createdAt: true
      ZI_SalesOrderScheduleLine.CreationDateTime,
      @Semantics.user.lastChangedBy: true
      ZI_SalesOrderScheduleLine.LastChangedByUser,
      @Semantics.systemDateTime.lastChangedAt: true
      ZI_SalesOrderScheduleLine.LastChangeDateTime,
      _SalesOrder,
      _SalesOrderItem,
      _CreatedByUser,
      _LastChangedByUser
}
```

Listing 11.3 CDS-Entität – Kundenauftragseinteilung

CDS-View-Aktivierung

Um Probleme bei der Aktivierung der CDS-Views zu vermeiden, empfehlen wir, dass Sie zunächst die CDS-Views ohne Assoziationen definieren und aktivieren und die Assoziationen dann im zweiten Schritt hinzufügen. Dabei müssen Sie die Assoziationen zu übergeordneten Entitäten vor den zugehörigen Kompositionen definieren.

11.3.2 CDS-Zugriffkontrolle

Beispiel: Zugriffskontrolle

Der Lesezugriff wird auch in transaktionalen Anwendungen über die bekannte CDS-Zugriffskontrolle gesteuert (siehe Kapitel 5, »CDS-Zugriffskontrollen«). Da wir die CDS-Modelle der Transaktionsschicht über unserer Basisschicht definieren, können wir die CDS-Zugriffskontrollen einfach von den zugrunde liegenden CDS-Entitäten erben. Listing 11.4 zeigt die geerbte Zugriffskontrolle für den Kundenauftragskopf.

```
@EndUserText.label: 'Sales Order'
@MappingRole: true
define role ZR_SalesOrderTP {
    grant
        select
            on
                ZR_SalesOrderTP
                    where
                        inheriting conditions from entity
                          ZI_SalesOrder;
}
```

Listing 11.4 CDS-Zugriffskontrolle – Kundenauftragskopf

Die Zugriffskontrolle für die Kundenauftragsposition ist in Listing 11.5 dargestellt.

```
@EndUserText.label: 'Sales Order Item'
@MappingRole: true
define role ZR_SalesOrderItemTP {
    grant
        select
            on
                ZR_SalesOrderItemTP
                    where
```

```
                    inheriting conditions from entity
                      ZI_SalesOrderItem;
}
```

Listing 11.5 CDS-Zugriffskontrolle – Kundenauftragsposition

Die Zugriffskontrolle auf die Kundenauftragseinteilung ist in Listing 11.6 dargestellt.

```
@EndUserText.label: 'Sales Order Schedule Line'
@MappingRole: true
define role ZR_SalesOrderScheduleLineTP {
    grant
        select
            on
                ZR_SalesOrderScheduleLineTP
                    where
                        inheriting conditions from entity
                          ZI_SalesOrderScheduleLine;
}
```

Listing 11.6 CDS-Zugriffskontrolle – Kundenauftragseinteilung

11.4 Verhaltensdefinitionen

In diesem Abschnitt erfahren Sie, wie Sie das Transaktionsverhalten zu Ihrem Geschäftsobjekt hinzufügen. Zunächst werden Sie die bereitgestellten Operationen und Funktionen definieren. Dann vervollständigen Sie Ihre Anwendung mit fortgeschrittenen Funktionalitäten wie Nummernvergabe, exklusive Sperren, Berechtigungskontrolle, Geschäftslogik, Aktionen, Funktionen und Events. Nach und nach wird eine vollständige Anwendung erstellt, indem die erforderlichen Operationen implementiert werden.

11.4.1 Verhaltensdefinition anlegen

Um eine *Verhaltensdefinition* zu erstellen, klicken Sie mit der rechten Maustaste auf die Entität der CDS-Wurzelentität und wählen **New Behavior Definition**. Der Name kann dabei nicht geändert werden. Er ist immer identisch mit dem Namen der CDS-Wurzelentität. Sie können die Beschreibung ändern und den Implementierungstyp wählen.

Der Implementierungstyp **MANAGED** ist für Greenfield-Anwendungen gedacht, die ihre Geschäftslogik nativ in das ABAP RESTful Application Programming Model integrieren. Wenn Sie diese Implementierungsart wählen, werden standardmäßig die kompletten CRUD-Operationen und die Pufferverwaltung von der ABAP-RESTful-Application-Programming-Model-Infrastruktur übernommen.

Die Implementierungsart **UNMANAGED** ist für Brownfield-Anwendungen gedacht, die ihre bestehende Geschäftslogik im ABAP RESTful Application Programming Model integrieren möchten. CRUD-Operationen und Pufferverwaltung werden von der Anwendung selbst implementiert.

Wir werden beide Optionen in den folgenden Abschnitten besprechen.

Implementierungstyp »MANAGED«

Beispiel: Implementierungstyp »MANAGED«

Lassen Sie den Implementierungstyp für das erste Beispiel auf **Managed** eingestellt, klicken Sie auf **Next >** und dann auf **Finish** (siehe Abbildung 11.2).

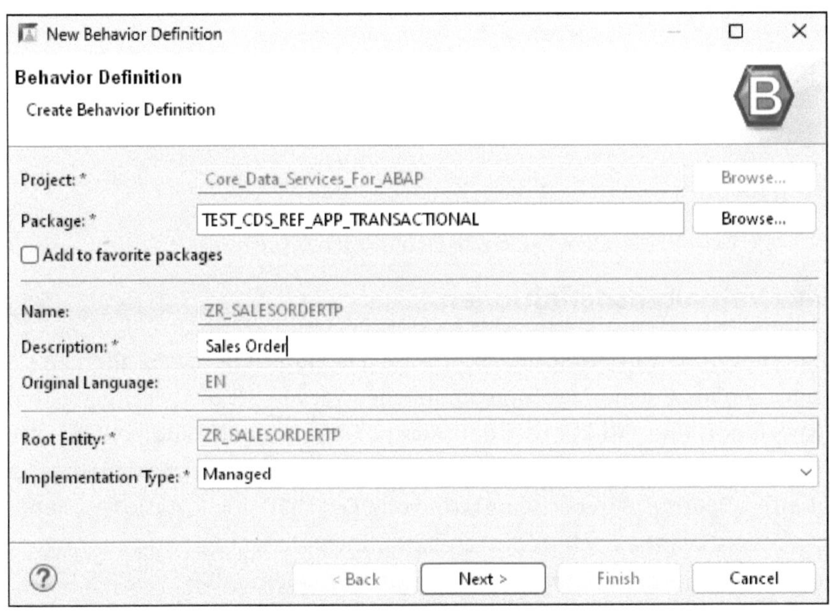

Abbildung 11.2 Verhaltensdefinition anlegen

Beispiel: Verhaltensdefinition für den Kundenauftrag mit Implementierungstyp »MANAGED«

Bei der Erstellung der Verhaltensdefinition wird bereits eine Quellcodevorlage bereitgestellt, die auf den entsprechenden CDS-Entitäten der Kompositionshierarchie basiert. Der Quellcode der Verhaltensdefinition ist in Listing 11.7 dargestellt. Er enthält bereits bestimmte Syntaxelemente, um sicherzustellen, dass der aktuelle Zustand frei von Syntaxfehlern ist und aktiviert werden kann. Wir werden diese Syntaxelemente in den nächsten Abschnitten näher erläutern.

```
managed implementation in class zbp_r_salesordertp unique;
strict ( 2 );

define behavior for ZR_SalesOrderTP alias SalesOrder
persistent table zsalesorder
lock master
authorization master ( instance )
//etag master <field_name>
{
  create;
  update;
  delete;
  field ( readonly : update ) SalesOrder;
  association _Item { create; }
}

define behavior for ZR_SalesOrderItemTP alias SalesOrderItem
persistent table zsalesorderitem
lock dependent by _SalesOrder
authorization dependent by _SalesOrder
//etag master <field_name>
{
  update;
  delete;
  field ( readonly ) SalesOrder;
  field ( readonly : update ) SalesOrderItem;
  association _SalesOrder;
  association _ScheduleLine { create; }
}

define behavior for ZR_SalesOrderScheduleLineTP alias
SalesOrderScheduleLine
persistent table zsalesordersline
lock dependent by _SalesOrder
authorization dependent by _SalesOrder
//etag master <field_name>
{
  update;
  delete;
  field ( readonly ) SalesOrder;
  field ( readonly ) SalesOrderItem;
  field ( readonly : update ) SalesOrderScheduleLine;
```

```
  association _SalesOrder;
  association _SalesOrderItem;
}
```

Listing 11.7 Verhaltensdefinition – Kundenauftrag

Die erste Zeile definiert den Providertyp (in unserem Fall MANAGED) und einen vorgeschlagenen Klassennamen für die Implementierung. Der Zusatz `unique` ist im Strict-Mode obligatorisch und stellt sicher, dass jede Operation nur einmal implementiert werden kann. Auf die Implementierungsklasse gehen wir in Abschnitt 11.4.2, »Verhaltenspool und Handler-Implementierung«, näher ein.

Strict-Mode

Es ist wichtig, dass die Verhaltensdefinition immer mit dem Schlüsselwort »`strict(2);`« bzw. dem höchsten verfügbaren Strict-Mode definiert wird, um sicherzustellen, dass die aktuellste Syntax verwendet wird und dass veraltete Syntax, Verhalten und Funktionalitäten nicht verfügbar sind.

Persistenz und Mapping

Das Schlüsselwort `define behavior` zeigt an, dass für diese Entität ein Verhaltensmodell und eine Implementierung definiert ist. Hier sollten Sie für jede Entität einen `alias` angeben, der dann auch in den Laufzeitstrukturen vorhanden ist, um Ihren Code besser lesbar zu machen. Das Element `persistent table` benennt außerdem die zugehörige Datenbanktabelle der Entität. Diese Information wird für eine MANAGED-Implementierung benötigt, bei der die Pufferung von transaktionalen Änderungen sowie alle Datenbankoperationen standardmäßig von der Infrastruktur übernommen werden.

Manchmal fängt man nicht auf der grünen Wiese an (*Greenfield*), sondern möchte die volle Funktionalität der Infrastruktur in Bezug auf die Pufferbehandlung und die Anwendungsimplementierung nutzen, während man die vorhandenen Datenbanktabellen beibehält. Es ist auch möglich, die neue Implementierung neben der vorhandenen laufen zu lassen, bis Funktionsparität erreicht ist. Das ABAP RESTful Application Programming Model bietet auch Out-of-the-Box-Funktionen für einen solchen Ansatz (manchmal auch *Bluefield*-Ansatz genannt) an. Standardmäßig muss die definierte persistente Tabelle das gleiche Schema, d. h. die gleichen Feldnamen, wie die CDS-Entität haben. Wenn die Entität selbst immer noch der Datenbanktabelle folgt, aber nur mit anderen Alias-Namen operiert, kann die volle Infrastrukturfunktionalität genutzt werden, und das Aliasing kann auch bei den Schreibzugriffen auf die Datenbank berücksichtigt werden, indem ein entsprechendes Mapping in der Verhaltensdefinition definiert wird. Ein solches Mapping (in unserem Anwendungsfall nicht erforderlich) könnte wie in Listing 11.8 aussehen:

```
mapping for zsalesorder corresponding
{
  SalesOrder = salesorder;
}
```

Listing 11.8 Verhaltensdefinition – Mapping

Hier ermöglicht der optionale Zusatz corresponding, alle Felder mit demselben Namen zu übernehmen, und erlaubt eine weitere Ausnahmeliste von Feldern über das Syntaxelement except. Wir empfehlen, in jedem Fall ein explizites Mapping zu definieren und zudem den Zusatz corresponding zu jedem definierten Mapping hinzuzufügen, um sicherzustellen, dass zukünftige Erweiterungen der Entitäten sofort funktionieren.

Wenn das Datenbankschema völlig anders aussieht, z. B. weil das neue Modell mehrere Datenbanktabellen zu einer CDS-Entität zusammenfasst (über Join- oder Union-Verknüpfungen), oder Sie gar keine relationale oder CDS-unterstützte Persistenz haben, können die Datenbank-Updates auch komplett von der Anwendung implementiert werden. Dies geschieht durch Hinzufügen der Syntax WITH UNMANAGED SAVE in der Entitätsdefinition anstelle von PERSISTENT TABLE. Auf diese Weise erhalten Sie in Ihrer Implementierungsklasse einen Saver-Handler, dem alle Änderungen beim Speichern übergeben werden, sodass Sie Ihre eigenen Datenbankänderungen ausführen oder Ihren Verbuchungsfunktionsbaustein aufrufen können. Beachten Sie, dass Sie auch in diesen Fällen die in der Verhaltensdefinition deklarierten Mapping-Definitionen in Ihrem eigenen Coding nutzen können, da das Mapping von Verhaltensdefinitionen im ABAP-Operator CORRESPONDING nativ unterstützt wird.

Schließlich gibt es auch Anwendungsfälle, in denen Sie zusätzliche Daten in die Datenbank schreiben wollen. Dies kann ebenfalls mit dem Implementierungstyp MANAGED erreicht werden. Ein gutes Beispiel für einen solchen Anwendungsfall ist das Schreiben von Änderungsbelegen. Um dies zu erreichen, können Sie die Logik des Frameworks um einen eigenen Implementierungsteil erweitern, anstatt die komplette Speicherbehandlung zu übernehmen. Dies wird erreicht, indem man WITH ADDITIONAL SAVE zur Definition der Verhaltensentität hinzufügt. In diesem Fall erhalten Sie die gleiche Handler-Methode. Ihre Handler-Implementierung wird zusätzlich nach dem Standard-Save-Handler ausgeführt.

Die weiteren Syntaxelemente LOCK MASTER und LOCK DEPENDENT sind in Abschnitt 11.4.6, »Exklusive Sperren«, AUTHORIZATION MASTER und AUTHORIZATION DEPENDENT in Abschnitt 11.4.7, »Berechtigungsprüfungen«, und FIELD in Abschnitt 11.4.4, »Statische Feldkontrolle«, beschrieben.

CUD-Operationen

Innerhalb der Verhaltensklausel können Sie nun die unterstützten und implementierten Operationen und transaktionsfähigen Assoziationen definieren. Standardmäßig sind in der Verhaltensdefinition nur unsere Kompositionen und Vaterassoziationen aufgeführt. Diese werden auf jeden Fall benötigt und müssen transaktionsfähig sein. Außerdem haben wir alle Standardoperationen aktiviert, d. h. CREATE, UPDATE und DELETE für jede Entität. Beachten Sie, dass eine direkte Anlege-Operation nur auf der Root-Entität möglich ist und die Erstellung von Instanzen für Kindentitäten nur über die Operation CREATE BY ASSOCIATION. Wenn eine Operation nicht erlaubt und implementiert wird, dann wird sie nicht deklariert. Wenn sie nur von der eigenen Implementierung ausgeführt werden darf (und nicht von externen Konsumenten), wird sie als INTERNAL deklariert. In unserem Beispiel haben wir die DELETE-Operation auf der Kundenauftragskopfebene entsprechend definiert.

Behavior Pool

Eine Syntaxwarnung weist darauf hin, dass die vorgeschlagene Implementierungsklasse noch nicht verfügbar ist. Wie in Abbildung 11.3 zu sehen ist, wird jedoch ein *Quick Fix* angeboten, um nicht nur die Klasse zu erstellen, sondern auch alle zu implementierenden Handler-Klassen und -Methoden hinzuzufügen, nachdem der bekannte Dialog zur Erstellung von Klassen und Transportaufträgen prozessiert wurde. Weitere Informationen zur Verwendung der Quick Fixes finden Sie unter *http://s-prs.de/v9214006*.

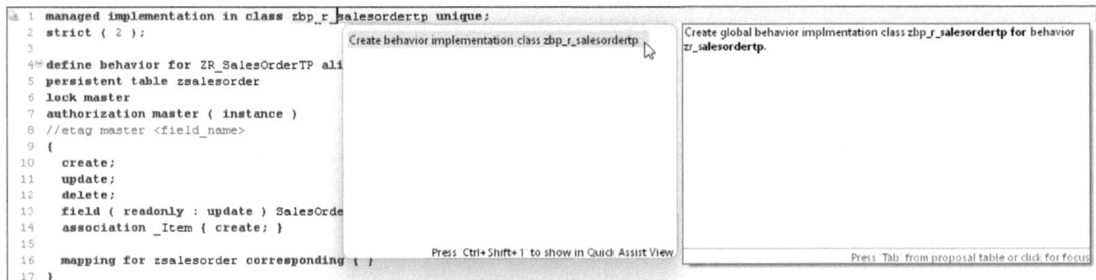

Abbildung 11.3 Verhaltensimplementierungsklasse über einen Quick Fix anlegen

Da wir das Implementierungsszenario MANAGED gewählt haben, muss derzeit noch kein Handler implementiert werden, da die gesamte CRUD-Bearbeitung von der Infrastruktur übernommen wird. Den Handler für die globale Berechtigung können Sie vorerst ignorieren, da wir uns damit später in Abschnitt 11.4.7, »Berechtigungsprüfungen«, befassen werden. Dasselbe gilt für den Saver-Handler, wenn Sie die Anweisung `WITH UNMANAGED SAVE` oder `WITH ADDITIONAL SAVE` für eine der Entitäten hinzugefügt haben. Wenn Sie möchten, können Sie also zu Abschnitt 11.4.3, »Verwendung über EML«, springen und die bestehende Implementierung bereits programmatisch nutzen oder zu Abschnitt 11.5, »Transaktionale Projektionsobjektmodelle«, und 11.7, »Projektionsverhaltensdefinitionen«, um die Projektionsschicht zu definieren, einige UI-Annotationen hinzuzufügen und die Vorschau der SAP-Fiori-Elements-Anwendung auszuführen (siehe Abschnitt 11.9.2, »OData-Service für die Verwendung in der Benutzeroberfläche«). In jedem Fall werden Sie eine funktionierende Anwendung vorfinden, die nicht nur Lesezugriff auf die persistierten Daten, sondern auch eine volle CRUD-Unterstützung bietet.

In diesem Zustand können Sie Daten eingeben oder ändern, die nicht für die Eingabe/Änderung durch den Endbenutzer bestimmt sind. Es gibt keine (Änderungs-)Berechtigungsprüfungen und keine Anwendungslogik, um z. B. die eingegebenen Daten zumindest zu validieren. Darauf werden wir nun in den weiteren Abschnitten eingehen, um die Anwendung zu vervollständigen und gleichzeitig die Konzepte und Syntax zu erklären.

Implementierungstyp »UNMANAGED«

Beispiel: Implementierungstyp »UNMANAGED«

Da die meisten Konzepte und Syntaxelemente sowohl für die Implementierungstypen `MANAGED` als auch `UNMANAGED` gelten, stellen wir in diesem Abschnitt nur kurz ein zweites Datenmodell und eine Verhaltensdefinition des Typs `UNMANAGED` vor, um die Unterschiede auf der Implementierungsseite und die weiteren Funktionen zu erläutern, die in den nächsten Abschnitten dieses Kapitels behandelt werden.

Implementierungstyp

Der Implementierungstyp ist ein Implementierungsdetail, d. h., er ist für die Verwender der Verhaltensdefinition verborgen, unabhängig davon, ob sie programmatisch oder über OData-Services für Web-APIs oder Benutzeroberflächen darauf zugreifen. Daher ist die Syntax für alles, was die Verwender-API innerhalb der Verhaltensdefinition definiert, wie z. B. die verfügbaren Operationen, für beide Implementierungstypen gleich.

Um es einfach und vergleichbar zu halten, kopieren Sie einfach die drei CDS-Entitäten des Datenmodells in ein neues Datenmodell mit dem Suffix `_2`, erstellen eine Verhaltensdefinition wie zuvor beschrieben und wählen dieses Mal den Typ **Unmanaged**. Vergessen Sie nicht, auch die Assoziationsziele anzupassen, und bedenken Sie, dass wir ein solches Suffix in der Regel nur für neue Versionen verwenden, da normalerweise nur eine Implementierung für jedes Geschäftsobjekt entwickelt werden sollte. In Listing 11.9 haben wir exemplarisch einen entsprechenden CDS-View für die Kundenauftragswurzel definiert.

```
@AccessControl.authorizationCheck: #MANDATORY
@EndUserText.label: 'Sales Order'
define root view entity ZR_SalesOrderTP_2
  as select from ZI_SalesOrder
  composition [0..*] of ZR_SalesOrderItemTP_2 as _Item
  association [0..1] to ZI_Customer           as
_SoldToParty          on $projection.SoldToParty =
_SoldToParty.Customer
  association [1]    to I_User                as
_CreatedByUser      on $projection.CreatedByUser =
_CreatedByUser.UserID
  association [1]    to I_User                as
_LastChangedByUser on $projection.LastChangedByUser =
_LastChangedByUser.UserID
{
  key ZI_SalesOrder.SalesOrder,
      ZI_SalesOrder.SalesOrderType,
      ZI_SalesOrder.SalesOrganization,
      ZI_SalesOrder.SoldToParty,
      ZI_SalesOrder.DistributionChannel,
      ZI_SalesOrder.OrganizationDivision,
      @Semantics.amount.currencyCode: 'TransactionCurrency'
      ZI_SalesOrder.NetAmount,
      ZI_SalesOrder.TransactionCurrency,
      ZI_SalesOrder.DeliveryStatus,
      @Semantics.booleanIndicator: true
      ZI_SalesOrder.DeletionIndicator,
      @Semantics.user.createdBy: true
      ZI_SalesOrder.CreatedByUser,
      @Semantics.systemDateTime.createdAt: true
      ZI_SalesOrder.CreationDateTime,
      @Semantics.user.lastChangedBy: true
      ZI_SalesOrder.LastChangedByUser,
      @Semantics.systemDateTime.lastChangedAt: true
      ZI_SalesOrder.LastChangeDateTime,
      _Item,
      _SoldToParty,
```

```
      _CreatedByUser,
      _LastChangedByUser
}
```

Listing 11.9 CDS-Entität – Kundenauftragskopf (»UNMANAGED«)

Die sich daraus ergebende Verhaltensdefinition vom Typ UNMANAGED unterscheidet sich dann nur noch durch das Schlüsselwort des Implementierungstyps und das Fehlen des Syntaxelements PERSISTENT TABLE, das ausschließlich für den Implementierungstyp MANAGED gilt (siehe Listing 11.10).

Beispiel: Verhaltensdefinition für den Kundenauftrag mit Implementierungstyp »UNMANAGED«

```
unmanaged implementation in class zbp_r_salesordertp_2 unique;
strict ( 2 );

define behavior for ZR_SalesOrderTP_2 alias SalesOrder
//late numbering
lock master
authorization master ( instance )
//etag master <field_name>
{
  create;
  update;
  delete;
  field ( readonly : update ) SalesOrder;
  association _Item { create; }
}

define behavior for ZR_SalesOrderItemTP_2 alias SalesOrderItem
//late numbering
lock dependent by _SalesOrder
authorization dependent by _SalesOrder
//etag master <field_name>
{
  update;
  delete;
  field ( readonly ) SalesOrder;
  field ( readonly : update ) SalesOrderItem;
  association _SalesOrder;
  association _ScheduleLine { create; }
}

define behavior for ZR_SalesOrderScheduleLineTP_2
alias SalesOrderScheduleLine
//late numbering
```

```
lock dependent by _SalesOrder
authorization dependent by _SalesOrder
//etag master <field_name>
{
  update;
  delete;
  field ( readonly ) SalesOrder;
  field ( readonly ) SalesOrderItem;
  field ( readonly : update ) SalesOrderScheduleLine;
  association _SalesOrder;
  association _SalesOrderItem;
}
```

Listing 11.10 Verhaltensdefinition – Kundenauftrag (»UNMANAGED«)

Verhaltensimplementierung »UNMANAGED«

Obwohl beide Verhaltensdefinitionen vom Standpunkt des Verwenders aus gesehen die gleichen Funktionen und Operationen bieten, sieht es auf der Implementierungsseite völlig anders aus. Wenn Sie nun die Implementierungsklasse für unsere neue Verhaltensdefinition mithilfe der Quick Fixes erstellen, werden einige zu implementierende Handler sichtbar. Die resultierende lokale Klassendefinition für den Verhaltens-Handler für den Kundenauftrag sollte wie in Listing 11.11 aussehen. Die zugehörige lokale Klassendefinition für den Saver-Handler sollte wie in Listing 11.12 aussehen.

```
CLASS lhc_salesorder DEFINITION INHERITING FROM cl_abap_behavior_
handler.
  PRIVATE SECTION.
    METHODS get_instance_authorizations FOR INSTANCE AUTHORIZATION
      IMPORTING keys REQUEST requested_
authorizations FOR salesorder RESULT result.
    METHODS create FOR MODIFY
      IMPORTING entities FOR CREATE salesorder.
    METHODS update FOR MODIFY
      IMPORTING entities FOR UPDATE salesorder.
    METHODS delete FOR MODIFY
      IMPORTING keys FOR DELETE salesorder.
    METHODS read FOR READ
      IMPORTING keys FOR READ salesorder RESULT result.
    METHODS lock FOR LOCK
      IMPORTING keys FOR LOCK salesorder.
    METHODS rba_item FOR READ
      IMPORTING keys_rba FOR READ salesorder\_item FULL result_
requested RESULT result LINK association_links.
```

```
    METHODS cba_item FOR MODIFY
      IMPORTING entities_cba FOR CREATE salesorder\_item.
ENDCLASS.
```

Listing 11.11 Verhaltensimplementierung – Kundenauftrag, Verhaltens-Handler (»UNMANAGED«)

Verhaltensimplementierung Saver-Handler »UNMANAGED«

Zusammen mit der Handler-Methode für die globale Berechtigung (wie bereits im MANAGED-Fall besprochen) und der Lock-Handler-Methode, die später beschrieben wird, sehen Sie, dass nun alle CRUD-Operationen entsprechend implementiert werden müssen, d. h. read sowie read by association für definierte Assoziationen, create, update, delete und create by association für Assoziationen, die das Anlegen unterstützen. Beachten Sie, dass die Delete-Operation hier aufgeführt ist, obwohl sie als intern definiert wurde, d. h., auf der Provider-Seite definiert wurde, aber nur vom Provider selbst konsumiert werden kann.

```
CLASS lsc_zr_salesordertp_2 DEFINITION INHERITING FROM cl_abap_
behavior_saver.
  PROTECTED SECTION.
    METHODS finalize REDEFINITION.
    METHODS check_before_save REDEFINITION.
    METHODS save REDEFINITION.
    METHODS cleanup REDEFINITION.
    METHODS cleanup_finalize REDEFINITION.
ENDCLASS.
```

Listing 11.12 Verhaltensimplementierung – Kundenauftrag, Saver-Handler (»UNMANAGED«)

Der Saver-Handler (wie im Beispiel in Listing 11.12), den Sie vielleicht schon aus dem MANAGED-Szenario mit einer anderen Handler-Methode für die Anweisung WITH UNMANAGED SAVE oder WITH ADDITIONAL SAVE kennen, besteht aus mehreren Handler-Methoden, die die Save-Sequenz vom ABAP RESTful Application Programming Model widerspiegeln, wie wir in Abschnitt 11.4.4, »Statische Feldkontrolle«, beschreiben werden.

[«]

»UNMANAGED«-Implementierung

Wir werden keine Implementierung für das UNMANAGED-Szenario anbieten, da dies den Rahmen dieses Buchs sprengen würde. Die Beispielimplementierung wird sich daher auf die MANAGED-Implementierung und den Greenfield-Ansatz konzentrieren. Wie bereits erwähnt, sind die meisten Dinge unabhängig von der Art der Implementierung, aber wenn ein Thema spezifisch für das eine oder andere Szenario ist, werden wir es in dem entsprechenden Abschnitt erwähnen.

11.4.2 Verhaltenspool und Handler-Implementierung

Wie im vorigen Abschnitt beschrieben, bietet das ABAP RESTful Application Programming Model spezielle Handler-Methoden, die eine typisierte Signatur anbieten, die dann von der Anwendung implementiert werden muss. Wir nennen dies üblicherweise die Provider-Implementierung.

Die Implementierung kann auf mehrere globale Verhaltenspools, mehrere lokale Handler-Klassen und mehrere Handler-Methoden aufgeteilt werden, die wir nun erläutern werden.

Globale Verhaltensklassen (Verhaltenspool)

Verhaltensimplementierungsklassen

In unserer Beispielimplementierung werden wir nur mit einer globalen Implementierungsklasse (Verhaltenspool) arbeiten, während die Verhaltens-Handler selbst in lokalen Klassen implementiert werden müssen. Diese globale Klasse implementiert in der Regel zumindest den Saver-Handler, da er nicht entitätsspezifisch ist. Sie können auch Implementierungsklassen auf Entitätsebene angeben, z. B. für jede Entität analog zu Listing 11.13.

```
define behavior for ZR_SalesOrderTP alias SalesOrder
  implementation in class zbp_r_salesorderroottp_2 unique
...
```

Listing 11.13 Verhaltensdefinition – Verhaltensimplementierungspool auf Entitätenebene

Implementierungen können durch das Gruppenkonzept (siehe Listing 11.14) noch weiter in separate Verhaltenspools aufgeteilt werden. Die Gruppe definiert eine Klammer um die zu implementierenden Operationen oder Handler.

```
group <group_name> implementation in class <class_name> unique
{
  ...
}
```

Listing 11.14 Verhaltensdefinition – Verhaltensimplementierungspool auf Gruppenebene

Mit diesem Konzept können Sie Ihre Implementierung in separate globale Verhaltenspools aufteilen, um z. B. die Implementierungsarbeit zu verteilen oder die Größe der Handler-Klassen zu reduzieren.

Lokale Verhaltensklassen und Handler-Methoden

Darüber hinaus können Sie innerhalb eines Verhaltenspools wählen, welche lokalen Klassen und Methoden die Operation implementieren. Die Implementierung der Operation selbst wird durch die importierenden (und damit verbundenen exportierenden) Parameter der Methode definiert. Sie könnten also jede einzelne Operation in einer separaten Methode implementieren und für jede Methode eine eigene lokale Klasse definieren; im anderen Extremfall könnten Sie eine einzige lokale Klasse und eine einzige Methode für alle Operationen desselben Typs (d. h. alle `MODIFY`- oder alle `READ`-Operationen) definieren. Wir empfehlen, nicht mehrere Operationen in einer einzigen Methode zu kombinieren, wenn dies nicht notwendig ist. Wenn aber z. B. die nachfolgend aufgerufene interne Legacy-API mehrere Entitäten in einem Aufruf verarbeiten kann, ist es sinnvoll, diese Operationen in dieselbe Methode zu packen, um diese kombinierte Verarbeitung zu nutzen.

Standardmäßig schlägt die Infrastruktur eine lokale Handler-Klasse pro Entität und in dieser Klasse jeweils eine Methode für jede zu implementierende Operation dieser Entität vor. Je nachdem, wie die Implementierung aussieht, könnte es besser sein, die Klassen und Methoden anders zu strukturieren. Insbesondere wenn bestehende Funktionalität (Klassen oder Funktionsbausteine) wiederverwendet wird und die Verhaltensimplementierung hauptsächlich an diese delegiert, geben die Fähigkeiten dieser APIs die sinnvolle Kombination von Handlern vor.

> **Saver-Handler**
>
> Neben den verschiedenen Verhaltens-Handlern gibt es auch immer genau einen Saver-Handler. Der Saver-Handler muss in dem Verhaltenspool implementiert werden, der auf der Ebene der Verhaltensdefinition definiert ist.

Reihenfolge der Verhaltensimplementierungen

Um den Aufruf der Handler-Implementierungen zur Laufzeit zu steuern, wenn mehrere Operationen in einem Request innerhalb eines Verhaltenspools aufgerufen werden, können Sie die Implementierungen für verschiedene lokale Handler-Klassen mit dem Syntaxelement `BEFORE` oder `AFTER` einer anderen Handler-Klasse erweitern (siehe Listing 11.15). Damit wird eine Standardreihenfolge zur Optimierung der Verarbeitung definiert, insbesondere für die Modifikationsoperationen in UNMANAGED oder für Ermittlungen (siehe ebenfalls Abschnitt 11.4.12, »Ermittlungen und Validierungen«) in MANAGED. Im letzteren Fall sollte dies jedoch keine funktionalen Auswirkungen haben, da jede Validierung und Ermittlung aufgerufen wird, wenn die Auslösebedingung erfüllt ist (unabhängig davon, ob sie zuvor bereits aufgerufen wurde oder nicht).

```
CLASS lhc_SalesOrderItem DEFINITION INHERITING FROM
  cl_abap_behavior_handler
  AFTER lhc_SalesOrder.
  ...
ENDCLASS.
```

Listing 11.15 Verhaltensimplementierung – Before- und After-Syntax

Handler-Signatur

Die Signatur der verschiedenen Handler wird auf der Grundlage des Handler-Typs definiert und bietet eine dedizierte und typisierte Eingabe und Ausgabe, die in der Definition der Handler-Methode deklariert werden müssen. Einige spezielle Ausgabeparameter können nicht explizit deklariert werden und sind automatisch in den entsprechenden Handlern vorhanden.

»FAILED« FAILED wird verwendet, um das Scheitern einer Operation anzuzeigen, sei es, weil die Instanzen nicht gefunden wurden, der Benutzer nicht autorisiert ist oder die angeforderte Änderung nicht erlaubt ist. Dieser Rückgabeparameter besteht aus einer Struktur mit allen Entitäten und ihren Schlüsseln und bietet eine Kontrollstruktur zur Angabe der fehlgeschlagenen Operation und eine FAIL CAUSE zur Unterscheidung der verschiedenen Ursachen. Auf der Grundlage des Schlüssels kann der Fehler dem entsprechenden eingehenden Schlüssel zugeordnet werden. In der OData-Exposure werden verschiedene Fehlerursachen in der Regel auch auf verschiedene HTTP-Statuscodes abgebildet. FAILED ist in jedem Handler verfügbar.

»REPORTED« REPORTED wird verwendet, um zusätzliche Meldungen bereitzustellen, hauptsächlich für Fehler, aber es können auch Warn-, Informations- oder Erfolgsmeldungen hinzugefügt werden. Der Parameter besteht aus einer Struktur aller Entitäten und deren Schlüssel, damit die Meldungen konkreten Instanzen zugeordnet werden können. Darüber hinaus können die Meldungen auch bestimmten Operationen oder Feldern zugeordnet werden. Wenn Meldungen nicht einer Instanz einer Entität zugeordnet werden können, sollte dies über den Indikator %global angezeigt werden. Wenn Meldungen nicht einmal einer Entität zugeordnet werden können, können allgemeine Nachrichten auch dem Element %others zugeordnet werden. Eine

Nachricht selbst ist als T100-Ausnahmeklasse definiert und muss das Interface IF_ABAP_BEHV_MESSAGE implementieren.

Meldungen als solche gehören zur aktuellen Operation, aber oft wollen wir Meldungen dem Zustand der Instanzen zuordnen und sie persistent oder gepuffert halten. Dies kann erreicht werden, indem das Element %state_area für eine Meldung genutzt wird, aber dies ist nur für eine Meldung möglich, die an eine Instanz gebunden ist. In diesem Fall puffert die Infrastruktur diese Meldungen, bis derselbe Zustandsbereich wieder ungültig gemacht wird oder neue Meldung bereitgestellt werden. Daher ist es wichtig, den relevanten Zustandsbereich, für den der Handler verantwortlich ist, innerhalb einer Handler-Implementierung immer zu invalidieren, indem eine leere Nachricht mit diesem Zustandsbereich in REPORTED hinzugefügt wird. Beachten Sie, dass REPORTED in jedem Handler verfügbar ist.

Für unsere Beispiele haben wir über **New • Other ABAP Repository Object • Message Class** eine ABAP-Nachrichtenklasse angelegt und die für unsere Anwendung benötigten Nachrichten hinzugefügt (siehe Abbildung 11.4). Außerdem haben wir über **New • ABAP Class** eine ABAP-Ausnahmeklasse angelegt, die das Interface IF_ABAP_BEHV_MESSAGE implementiert, und die entsprechenden Nachrichten und Variablen hinzugefügt. Die Codebeispiele finden Sie im Downloadbereich.

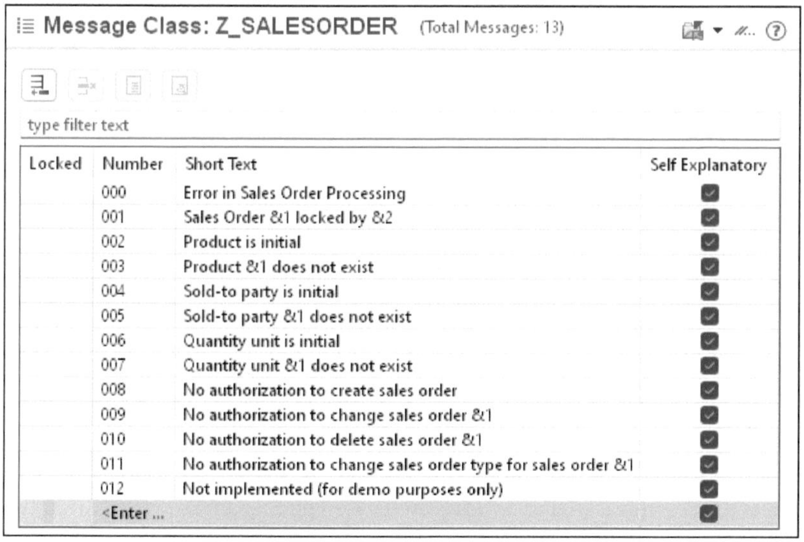

Message Class: Z_SALESORDER (Total Messages: 13)

type filter text

Locked	Number	Short Text	Self Explanatory
	000	Error in Sales Order Processing	☑
	001	Sales Order &1 locked by &2	☑
	002	Product is initial	☑
	003	Product &1 does not exist	☑
	004	Sold-to party is initial	☑
	005	Sold-to party &1 does not exist	☑
	006	Quantity unit is initial	☑
	007	Quantity unit &1 does not exist	☑
	008	No authorization to create sales order	☑
	009	No authorization to change sales order &1	☑
	010	No authorization to delete sales order &1	☑
	011	No authorization to change sales order type for sales order &1	☑
	012	Not implemented (for demo purposes only)	☑
	<Enter ...		☑

Abbildung 11.4 Nachrichtenklasse

»MAPPED«

MAPPED wird verwendet, um den Verwender über die Erstellung neuer Instanzen zu informieren, die auf der Grundlage der Verwender-Operation erstellt wurden. Jede %cid (auch als *Content-ID* bezeichnet), die in der eingehenden Anfrage angegeben wird, muss entweder MAPPED oder FAILED als Ergebnis haben. MAPPED enthält sowohl das Feld %cid als auch das Feld %tky (bestehend aus einem temporären oder vorübergehenden Instanzenschlüssel). MAPPED ist technisch gesehen in jeder ändernden Operation verfügbar, darf aber nur für Anlege-Operationen oder -Aktionen verwendet werden (siehe Abschnitt 11.4.8, »Berechtigungskontexte und privilegierter Zugriff«).

11.4.3 Verwendung über EML

Entity Manipulation Language (EML)

Der Laufzeitzugriff im ABAP RESTful Application Programming Model auf die modellierten Entitäten und Geschäftsobjekte erfolgt über die *Entity Manipulation Language* (EML). EML ist eine native Erweiterung der ABAP-Syntax, um die vom ABAP RESTful Application Programming Model definierten Implementierungen nativ zu konsumieren. Dies ermöglicht eine vollständig typisierte Nutzung aller auf dem ABAP RESTful Application Programming Model basierenden Implementierungen (unabhängig vom internen Implementierungstyp des Providers). Die EML wird verwendet, um auf die Operationen einer Implementierung sowohl intern, d. h. innerhalb der Handler- (oder Provider-) Implementierungen, als auch von der Verwender-Implementierung aus zuzugreifen. Über EML kann auf alle verfügbaren Operationen zugegriffen werden, wie z. B. Anlegen, Ändern, Löschen, jede Aktion, jede Funktion, Sperraufrufe, Datenabrufe, Feature-Kontrolle und Berechtigungsinformationen.

»IN LOCAL MODE«

Der Zugriff innerhalb der Handler-Implementierung auf der Provider-Seite erfolgt in der Regel über den Zusatz IN LOCAL MODE, da in diesem Fall in der Regel bestimmte Dinge nicht geprüft werden sollen, wie z. B. Berechtigungen (siehe Abschnitt 11.4.7, »Berechtigungsprüfungen«) oder Feature-Kontrollen (siehe Abschnitt 11.4.13, »Dynamische Feature-Kontrolle«). Dies gilt auch für statische Feature-Kontrollen, da Sie in der Lage sein müssen, z. B. auch die Werte statisch schreibgeschützte Felder aus Ihrer eigenen Verhaltensimplementierung heraus zu ändern (siehe Abschnitt 11.4.4, »Statische Feldkontrolle«).

Es ist die Aufgabe des Providers, diesen lokalen Modus korrekt zu implementieren. Das heißt, insbesondere die Lese- gegebenenfalls aber auch die Schreiboperationen in einem selbst implementierten Handler (Implementierungstyp UNMANAGED) müssen hierzu den Laufzeitkontext abfragen und entsprechend reagieren, d. h. z. B. keine Berechtigungsprüfung ausführen. Der Kontext kann dabei wie folgt ermittelt werden:

```
cl_abap_behv_aux=>get_current_context(
  IMPORTING in_local_mode = DATA(in_local_mode)
).
```

Massenfähige Operationen

Alle lesenden oder ändernden Operationen können auch in einem Aufruf gebündelt werden, um z. B. mehrere Aktionen aufzurufen, ein komplettes Geschäftsobjekt mit einer Anfrage zu erstellen oder ein komplettes Geschäftsobjekt mit einer Anfrage zu lesen. Wie in ABAP üblich, bietet EML sowohl eine statische als auch eine dynamische Syntaxvariante. Die folgenden Operationen werden unterstützt:

- `READ`
  direkt – über eine Assoziation oder über eine Funktion – auf Daten aus dem (Transaktions-)Puffer zugreifen
- `MODIFY`
  Daten im Transaktionspuffer durch Anlegen, Ändern, Löschen oder über Aktionen ändern
- `SET LOCKS`
  Sperre für Instanzen eines Geschäftsobjekts setzen
- `GET PERMISSION`
  Zugriff auf Berechtigungs- und Feature-Kontrollinformationen, die für den Verwender zusammengeführt werden, wobei der Verwender angeben kann, welche Informationen hierbei einbezogen werden sollen

Weiterführende Informationen

Die detaillierte Syntax und weitere Informationen finden Sie in der offiziellen ABAP-Hilfedokumentation: *http://s-prs.de/v9214007*.

Anhand der verschiedenen Beispielimplementierungen werden Sie bei der Erweiterung des Modells und seiner Implementierung in den nächsten Abschnitten verstehen, wie EML funktioniert und wie die konkrete Syntax aussieht.

11.4.4 Statische Feldkontrolle

Im vorigen Abschnitt haben Sie gesehen, wie man Operationen definiert, wie man sie den Verwendern zur Verfügung stellt und wie man sie nur für die interne Verwendung definiert. Dies nennen wir *statische Operationskontrolle*. Auch wenn das Anlegen oder Ändern von Instanzen erlaubt sein kann, dürfen nicht zwangsläufig alle Felder vom Verwender geändert werden, da bestimmte Felder auch für die Konsistenz einer Instanz obligatorisch sein können. Die entsprechenden Einschränkungen werden als *statische Feldkontrolle* bezeichnet.

»readonly«, »readonly:update«

Sie haben die Anweisung `field ( readonly )` gesehen, die durch die Syntax der Verhaltensdefinition für einige der Felder erzwungen wird. Im nächsten Abschnitt erfahren Sie, warum die Schlüsselfelder der zugehörigen übergeordneten Entität auf schreibgeschützt gesetzt sind. Außerdem wollen wir nicht zulassen, dass unsere administrativen Felder von außen gesetzt werden, also definieren wir auch diese als schreibgeschützt, wie folgt:

```
field ( readonly ) CreatedByUser;
field ( readonly ) CreationDateTime;
field ( readonly ) LastChangedByUser;
field ( readonly ) LastChangeDateTime;
```

Sie können auch mehrere Elemente mit denselben Einstellungen in eine Zeile bzw. Anweisung schreiben, aber wir empfehlen die Verwendung von Einstellungen pro einzelnes Feld, um die Lesbarkeit und Einfachheit zu erhöhen, wenn die Einstellung eines Felds später geändert oder erweitert wird. Die kombinierte Syntax würde wie folgt aussehen:

```
field ( readonly ) CreatedByUser, CreationDateTime, LastChangedByUser,
 LastChangeDateTime;
```

Wenn ein Feldwert nur beim Anlegen einer Instanz gesetzt werden darf und danach nicht mehr, kann dies mit der Anweisung `field ( readonly:update )` angegeben werden. Diese Einschränkung und Einstellung gilt implizit für jedes Schlüsselfeld, sollte aber auch hier explizit angegeben werden.

»mandatory«, »mandatory:create«

Wir können auch festlegen, ob Felder obligatorisch sind. Für diese Einstellung gibt es zwei verschiedene Varianten. Die Syntax `field ( mandatory )` gibt an, dass ein Feldwert für dieses Feld zum Zeitpunkt des Speicherns angegeben werden muss. Das heißt, sie bezieht sich auf die Konsistenz der Instanz. Dies sollte von einer Validierung unterstützt werden, die prüft, ob solche Felder vorhanden sind (siehe Abschnitt 11.4.12, »Ermittlungen und Validierungen«). Die recht ähnliche Syntax `field ( mandatory:create )` hingegen legt fest, dass ein Feld während der (technischen) Anlegeoperation bereitgestellt werden muss; d. h., es handelt sich nicht um eine Validierung der Daten, sondern um eine Operationsprüfung. Dies sollte normalerweise nur bei externer früher Nummernvergabe für Schlüsselfelder einer Entität verwendet werden, da Schlüsselfelder per Definition nicht nachträglich geändert werden können. Während für die Validierung derzeit noch keine Infrastrukturunterstützung zur Verfügung steht, ist die Operationsprüfung in die Infrastruktur integriert. Wenn also bei einer Anlegeoperation die zugehörigen

Felder nicht angegeben werden, führt dies zu einem Syntaxfehler, wenn er während der Implementierungszeit erkannt werden kann (statische Syntaxprüfung). Andernfalls führt dies zu einem Laufzeitfehler. Wie in unserem Kundenauftragsbeispiel ist ein Kundenauftrag ohne Kunde und ohne zu bestellende Produkte und deren Menge nicht sinnvoll, daher definieren wir diese Felder als Pflichtfelder, z. B. für den Kundenauftragskopf, wie hier abgebildet:

```
field ( mandatory ) SalesOrderType;
field ( mandatory ) SalesOrganization;
field ( mandatory ) SoldToParty;
```

Wir werden auch die andere Variante für die Operationsprüfung betrachten, wenn wir im nächsten Abschnitt das Thema Nummernvergabe erläutern.

11.4.5 Nummernvergabe

Für jede Entität innerhalb einer Verhaltensdefinition legen Sie fest, zu welchem Zeitpunkt der (endgültige) Schlüssel einer Instanz bestimmt wird und wer den Schlüssel bzw. die Schlüsselwerte definieren kann. Derzeit haben wir keine Einschränkungen für die Festlegung der Schlüsselfelder unserer Entitäten getroffen, was bedeutet, dass diese auch vom Verwender bei der Anlegeoperation gesetzt werden können. Dies bezeichnen wir als *externe Nummernvergabe* bzw. *Schlüsselvergabe*. Gleichzeitig haben wir keine Einschränkungen definiert, um den Schlüsselwert zu setzen. Das bedeutet, dieser wird bei der Anlegeoperation festgelegt und kann danach nicht mehr verändert werden. Dies bezeichnen wir als *frühe Nummern-* oder *Schlüsselvergabe*.

Damit haben Sie die beiden wesentlichen Aspekte der Nummerierung kennengelernt: zum einen, wer den Schlüssel festlegt, und zum anderen, zu welchem Zeitpunkt der Schlüssel endgültig ist. Was den ersten Aspekt betrifft, so kann die Nummer vom Verwender (externe Nummernvergabe) oder vom Provider (interne Nummernvergabe) vergeben werden. Dieser Aspekt ist kein »entweder oder«, sondern kann auch kombiniert werden. Wenn der Verwender den Schlüssel beim Anlegen nicht angibt, vergibt der Provider den Schlüssel. Für den zweiten Aspekt könnte die Nummer bereits beim Anlegen endgültig sein (was als *frühe Nummernvergabe* bezeichnet wird) oder erst beim ersten Speichern der Daten in der Datenbank (was als *späte Nummernvergabe* bezeichnet wird). »Spät« bezieht sich darauf, dass der Schlüssel während der Transaktion, in der die entsprechende Instanz erstellt wird, noch nicht endgültig ist. Die Einzelheiten und Beispiele werden in den folgenden Abschnitten näher erläutert.

Frühe Nummernvergabe

Da wir keine weiteren statischen Feldsteuerungen definiert haben, kann das Schlüsselfeld `SalesOrder` unserer Kundenauftragskopf-Entität während der Anlegeoperation gesetzt werden, es muss aber nicht zwangsläufig gesetzt werden. Das bedeutet, dass, wenn kein Wert extern gesetzt wird, die Nummer intern bereitgestellt werden muss – üblicherweise aus einem Nummernkreis. Damit wird deutlich, dass auch eine Kombination aus externer und interner Nummernvergabe für dieselbe Entität möglich ist. Bei der `UNMANAGED`-Implementierung ist dies völlig in Ordnung, da der Create-Handler von der Anwendung implementiert wird, und wenn kein Schlüssel angegeben wird, wird dieser als Teil dieser Handler-Implementierung bereitgestellt und gesetzt. Im `MANAGED`-Fall ist dies nicht möglich, da der Create-Handler nicht von der Anwendung implementiert wird. Je nach Anwendungsfall gibt es zwei Möglichkeiten, dieses Problem zu lösen.

Handelt es sich bei dem Szenario um eine rein externe Nummernvergabe, dann können wir die Notwendigkeit der Bereitstellung dieses Felds mit der statischen Feldsteuerungseinstellung `field ( mandatory:create )` angeben. Wir sollten diese Einstellung mit `field ( readonly:update )` ergänzen, wobei dies nur ein dokumentarischer Zusatz wäre, da Schlüsselfelder per Definition niemals geändert werden können. Das Gleiche gilt in ähnlicher Weise für die `UNMANAGED`-Implementierung.

Handelt es sich bei dem Szenario um eine Mischung aus externer und interner Nummerierung oder um eine reine interne Nummerierung, die durch die bereits bekannte Anweisung `field ( readonly )` definiert wird, benötigen wir einen Exit, um die Nummer im `MANAGED`-Fall bereitzustellen. Dies kann durch Hinzufügen von `EARLY NUMBERING` in der Verhaltensdefinition der Entität erreicht werden.

Beispiel: Externe und interne Nummenvergabe

In unserer Beispielimplementierung definieren wir, dass die Nummer des Kundenauftragskopfs extern vergeben wird, während wir für die Kundenauftragsposition und die Einteilung eine interne Nummernvergabe wählen. Zu diesem Zweck definieren wir das Schlüsselfeld des Kundenauftrags wie folgt:

```
field ( mandatory:create, readonly:update ) SalesOrder;
```

Damit wird festgelegt, dass die Nummer des Kundenauftragskopfs beim Anlegen extern angegeben werden muss und danach nicht mehr geändert werden kann. Für die beiden anderen Entitätsdefinitionen erweitern wir die Definition um EARLY NUMBERING.

Dabei zeigt die Verhaltensdefinition die Warnung **Early Numbering for create by association _ITEM is not implemented** an, analog für die Kundenauftragseinteilung. Eine schnelle Lösung besteht darin, die fehlenden Implementierungen in die Klasse der Verhaltensimplementierung aufzunehmen. Darin hier können wir nun eine korrekte Implementierung bereitstellen, wie in Listing 11.16 dargestellt. Als Eingabe der entsprechenden Methode wird die komplette Anlegeoperation bereitgestellt. Wenn also die Nummernvergabe von den eingehenden Daten abhängt (z. B. weil Schlüsselfelder teilweise von außen übernommen werden, wenn sie bereitgestellt werden, oder weil aufgrund einiger eingehender Daten ein anderes Nummernkreisintervall verwendet wird), kann dies entsprechend erreicht werden. Für die Kundenauftragseinteilung erhalten Sie die gleiche Warnung und müssen zur Lösung eine ähnliche Implementierungsmethode vorsehen.

11

```
CLASS lhc_salesorder DEFINITION INHERITING FROM cl_abap_behavior_
handler.
  PRIVATE SECTION.
    METHODS earlynumbering_cba_item FOR NUMBERING
      IMPORTING entities FOR CREATE salesorder\_item.
ENDCLASS.
CLASS lhc_salesorder IMPLEMENTATION.
  METHOD earlynumbering_cba_Item.
    READ ENTITIES OF zr_salesordertp IN LOCAL MODE
      ENTITY salesorder BY \_item
        FIELDS ( salesorderitem )
          WITH CORRESPONDING #( entities )
          RESULT DATA(sales_order_items)
        FAILED failed.
    LOOP AT entities ASSIGNING FIELD-SYMBOL(<sales_order>).
      " get highest item from sales order items of a sales order
      DATA(max_item_id) = REDUCE #( INIT max = CONV posnr( '000000' )
                     FOR sales_order_item IN sales_order_items
                       USING KEY entity
                       WHERE ( salesorder = <sales_order>-salesorder )
                         NEXT max = COND posnr(
                           WHEN sales_order_item-salesorderitem > max
                             THEN sales_order_item-salesorderitem
                           ELSE max )
                             ).
```

```
      "assign sales order item id
      LOOP AT <sales_order>-%target ASSIGNING
        FIELD-SYMBOL(<sales_order_item>).
        APPEND CORRESPONDING #( <sales_order_item> ) TO
          mapped-salesorderitem
          ASSIGNING FIELD-SYMBOL(<mapped_sales_order_item>).
        IF <sales_order_item>-salesorderitem IS INITIAL.
          max_item_id += 1.
          <mapped_sales_order_item>-salesorderitem = max_item_id.
        ENDIF.
      ENDLOOP.
    ENDLOOP.
  ENDMETHOD.
ENDCLASS.
```

Listing 11.16 Verhaltensimplementierung – Kundenauftragsposition mit früher Nummernvergabe

Eine besondere Funktion der MANAGED-Implementierung ist die automatische Nummernvergabe mit einem global eindeutigen Bezeichner (engl. Global Unique Identifier, GUID), der auch aus dem *Business Object Processing Framework* (BOPF) bekannt ist. Hier wird die Nummernvergabe ebenfalls von der Infrastruktur übernommen, wenn der Schlüssel ein GUID ist, und es wird keine eigene Handler-Implementierung benötigt. Um zu definieren, dass eine Nummer von der Infrastruktur bereitgestellt werden soll, kann dies über weitere Feldinformationen definiert werden:

```
field ( numbering:managed ) SalesOrderUUID;
```

Die Syntaxprüfung verifiziert, dass es sich bei dem Bezugsfeld um einen GUID handelt. In der Regel ist das Feld in diesem Fall auch schreibgeschützt, aber die Kombination mit externer Nummernvergabe wird auch hier unterstützt.

Späte Nummernvergabe

In Geschäftsanwendungen werden Nummern oft erst spät direkt beim Speichern der Daten aus einem Nummernkreis gezogen, um Lücken in den verwendeten Nummern zu vermeiden. Das Gleiche gilt für die externe Nummernvergabe, wenn die Nummer z. B. in einer Benutzeroberfläche noch editierbar sein soll, bevor das Geschäftsobjekt zum ersten Mal gespeichert wird. Die Funktion der späten Nummernvergabe wird in der Verhaltensdefinition einer Entität mit dem Syntaxelement LATE NUMBERING deklariert. Das

Hinzufügen in unserem Beispiel auf dem Kundenauftragskopf (in unserem UNMANAGED-Beispiel) führt zu einigen Warnungen. Diese besagen, dass die anderen Entitäten dieselbe Nummernvergabe ebenfalls deklarieren müssen. Dies liegt daran, dass in unserem Beispiel der Schlüssel hierarchisch aufgebaut ist, d. h., das Feld SalesOrder ist auch Teil des Schlüssels der beiden untergeordneten Entitäten. Daher müssen diese ebenfalls eine späte Nummernvergabe definieren, da der vollständige Schlüssel auch für diese Entitäten erst beim Speichern vollständig definiert ist.

Mit dieser Erweiterung in der Verhaltensdefinition wird auch eine neue Methode zum Setzen des Schlüssels in die Save-Phase aufgenommen, und wir müssen eine Redefinition im lokalen Saver-Handler aufnehmen:

```
METHODS adjust_numbers REDEFINITION.
```

Damit sind alle Schritte und Methoden der Save-Phase abgedeckt.

Da die finale Nummer nicht bereits beim Anlegen zur transaktionalen Laufzeit gezogen wird, müssen wir zwei parallel angelegte Kundenaufträge in derselben Transaktion unterscheiden. Um dies für die späte Nummernvergabe zu ermöglichen, werden die Laufzeittypen für die Entitäten um ein Feld namens %PID (preliminary ID) erweitert. Dabei handelt es sich um einen GUID vom Typ RAW 16, der bei allen Laufzeitzugriffen und gepufferten Instanzen als Handle dient und bei Anlegeoperationen anstelle des endgültigen Schlüssels zurückgegeben wird. In der Implementierung von adjust numbers wird dieser vorläufige Schlüssel beim Speichern auf den endgültigen Schlüssel abgebildet. Ebenso erhalten die Kindentitäten ein Feld namens %PID_PARENT, damit der komplette temporäre Schlüssel (%tky) der Vaterentität abgebildet werden kann. Andere Assoziationen, die als Ziel eine Entität mit später Nummernvergabe haben, benötigen analog ein entsprechendes zusätzliches Feld. Dieses wird ebenfalls automatisch ergänzt und enthält den Namen %pid_<association_name> bzw., sofern für die Assoziation eine Abkürzung über abbreviation <association_abbreviation> definiert wurde (was empfohlen wird), den Namen %pid_<association_abbreviation>.

Beispiel: Nummernkreis

Zunächst definieren wir ein neues *Nummernkreisobjekt*, indem wir ein entsprechendes Repository-Objekt erstellen. Drücken Sie dazu [Strg] + [N] und suchen Sie nach **Number Range Object**. Wählen Sie den gefundenen Eintrag aus und klicken Sie auf **Next >**. Geben Sie im folgenden Dialog einen Namen und eine Beschreibung ein, um das Nummernkreisobjekt anzulegen (siehe Abbildung 11.5), und betätigen Sie mit **Finish**.

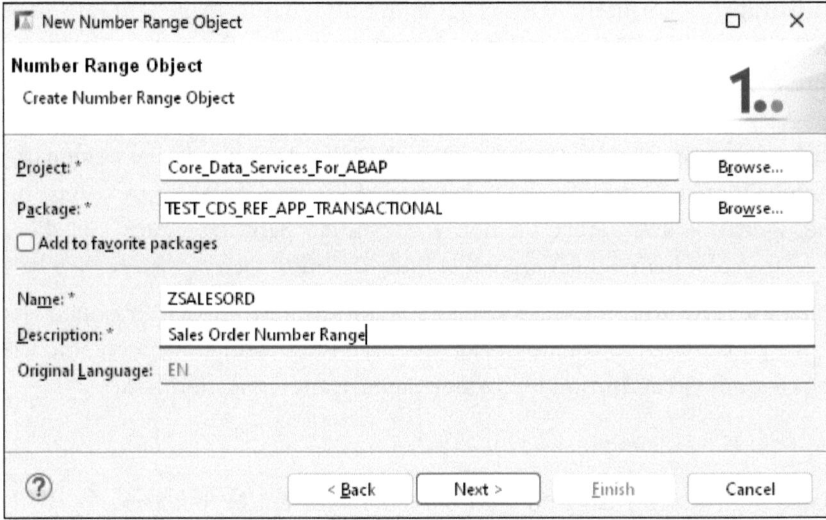

Abbildung 11.5 Nummernkreisobjekt »Kundenauftragskopf« anlegen

Um die Definition des Nummernkreises abzuschließen, ergänzen Sie die Domäne `VBELN` im Feld **Number Length Domain** und aktivieren das Nummernkreisobjekt (siehe Abbildung 11.6).

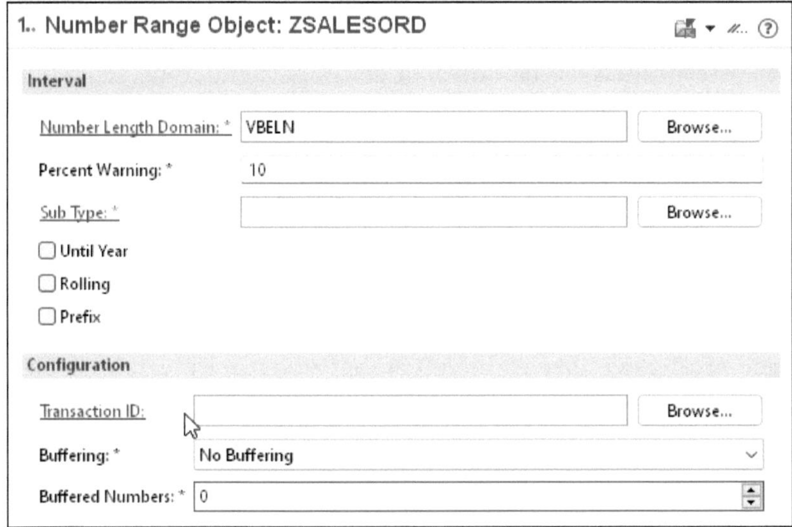

Abbildung 11.6 Nummernkreisobjekt »Kundenauftragskopf«

Darüber hinaus müssen Sie ein Nummernkreisintervall für das neu angelegte Nummernkreisobjekt einrichten. Dies kann über die Transaktion SNUM erfolgen, in der wir für unser Beispiel das Nummernkreisintervall »01« eingerichtet haben.

Beispiel: Schlüsselvergabe implementieren

Jetzt können wir eine Implementierung hinzufügen, um den Schlüssel im Saver-Handler zu setzen. Ein Beispiel für eine solche Implementierung ist in Listing 11.17 zu sehen. Hier wird der Einfachheit halber davon ausgegangen, dass der Transaktionspuffer des Kundenauftragskopfs in der Tabelle `MT_SALESORDER` verwaltet wird.

```
METHOD adjust_numbers.
  LOOP AT mt_salesorder ASSIGNING FIELD-SYMBOL(<ls_salesorder>)
    WHERE %pid IS NOT INITIAL.
    CALL FUNCTION 'NUMBER_GET_NEXT'
      EXPORTING
        nr_range_nr             = '01'
        object                  = 'ZSALESORD'
      IMPORTING
        number                  = <ls_salesorder>-SalesOrder
      EXCEPTIONS
        interval_not_found      = 1
        number_range_not_intern = 2
        object_not_found        = 3
        quantity_is_0           = 4
        quantity_is_not_1       = 5
        interval_overflow       = 6
        buffer_overflow         = 7
        OTHERS                  = 8.
    IF sy-subrc = 0.
      APPEND VALUE #( %pid       = <ls_salesorder>-%pid
                      SalesOrder = <ls_salesorder>-SalesOrder
                    ) TO mapped-salesorder.
    ELSE.
      "error handling
    ENDIF.
  ENDLOOP.
ENDMETHOD.
```

Listing 11.17 Verhaltensimplementierung – Kundenauftragskopf mit später Nummernvergabe

11.4.6 Exklusive Sperren

Als Nächstes fügen wir eine Enqueue-Sperre zu unserer Implementierung hinzu. Bei `MANAGED`-Implementierungen ist eine Sperrfunktionalität von Haus aus vorhanden, sodass keine Implementierung oder Definition eines benutzerdefinierten Sperrobjekts erforderlich ist. Bei der `UNMANAGED`-Implementierung muss dieser Handler jedoch zwingend implementiert werden. Falls erforderlich, kann das Gleiche auch für MANAGED getan werden, indem das Schlüsselwort UNMANAGED zur Definition des LOCK MASTER hinzugefügt wird:

```
lock master unmanaged
```

Bei der Erweiterung der Syntax wird eine Warnmeldung angezeigt, die besagt, dass der Sperr-Handler noch nicht implementiert ist. Mithilfe des Quick Fix kann die erforderliche Methode automatisch zur Verhalten-Handler-Klasse hinzugefügt werden.

Verwendung eines existierenden Sperrobjekts

Wenn Sie eine bestehende Anwendung mit einem bestehenden SAP-Sperrobjekt konvertieren, können und sollten Sie dieses Sperrobjekt wiederverwenden, um die Interoperabilität sowie die Datenintegrität zwischen der neuen und der alten Anwendungsimplementierung sicherzustellen.

Beispiel: Sperrobjekt

Um die Sperrfunktionalität zu implementieren, legen wir zunächst ein neues Sperrobjekt an. Dazu öffnen Sie das Kontextmenü Ihres Pakets, wählen **New • Other ABAP Repository Object** und suchen nach »Lock Object« (siehe Abbildung 11.7). Wählen Sie **Lock Object** und klicken Sie auf **Next >**.

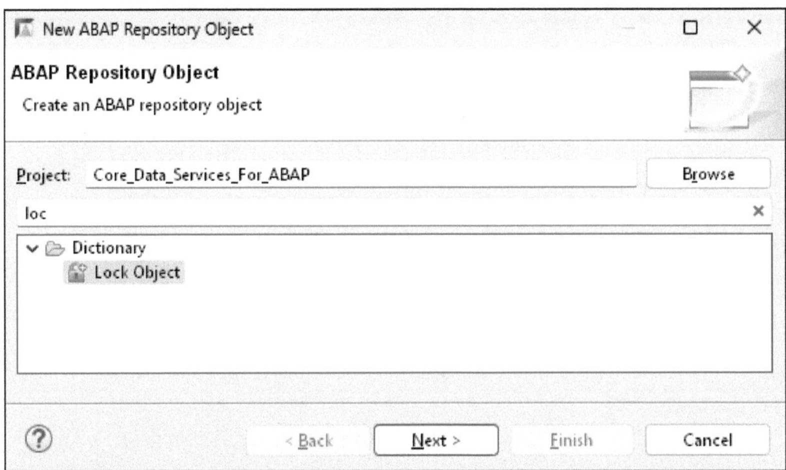

Abbildung 11.7 Sperrobjekt anlegen

Im Erstellungsdialog, wie in Abbildung 11.8 dargestellt, geben Sie »EZSALESORDER« in das Feld **Name** und eine sinnvolle Beschreibung in das Feld **Description** ein. Geben Sie »ZSALESORDER« in das Feld **Primary Table** ein, um die Datenbanktabelle der Kundenauftragskopfentität auszuwählen. Schließen Sie die Erstellung ab, indem Sie auf **Next >** und **Finish** klicken.

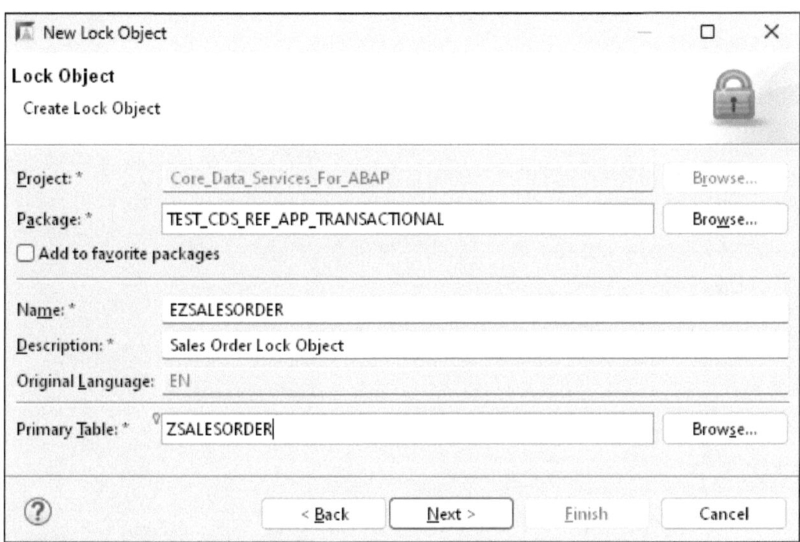

Abbildung 11.8 Sperrobjekt anlegen

Wählen Sie im Detailbild im Feld **Lock Mode** die Option **Write Lock** und aktivieren Sie dann das Sperrobjekt durch Anklicken des Buttons **Activate**. Bei der Aktivierung werden die zugehörigen Sperrfunktionsbausteine generiert (siehe Abbildung 11.9).

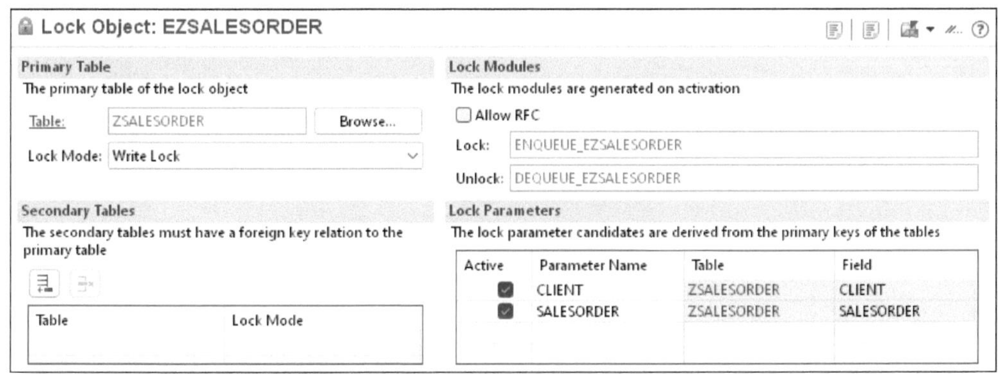

Abbildung 11.9 Sperrobjekt Kundenauftrag

Beispiel: Sperrimplementierung

Nun können wir die Sperrimplementierung in den entsprechenden Handler einfügen, wie in Listing 11.18 gezeigt. Beachten Sie, dass unsere Beispiel-Sperrimplementierung keine Existenzprüfung durchführt, da wir nur das Schlüsselfeld für die Sperrargumente verwenden, das bereits durch die Eingabesignatur bereitgestellt wird.

```
METHODS lock FOR LOCK
  IMPORTING keys FOR LOCK SalesOrder.
...
METHOD lock.
  TRY.
      DATA(lock) = cl_abap_lock_object_factory=>get_
instance(                     iv_name = 'EZSALESORDER'
                  ).

      LOOP AT keys ASSIGNING FIELD-SYMBOL(<salesorder>).
        TRY.
            lock->enqueue(
                it_parameter = VALUE #( (  name  = 'SALESORDER'
                                           value = REF #
( <salesorder>-SalesOrder ) ) )
            ).
          CATCH cx_abap_foreign_lock INTO DATA(lx_foreign_lock).
            SELECT SINGLE FROM I_User WITH PRIVILEGED ACCESS
              FIELDS UserDescription
              WHERE UserID = @sy-msgv1
              INTO @DATA(lv_user).
            APPEND VALUE #( %key = <salesorder>
                            %fail-cause = if_abap_behv=>cause-locked
                          ) TO failed-salesorder.
            APPEND VALUE #( %key = <salesorder>
                            %msg = NEW zcm_salesordertp(
                            textid     = zcm_salesordertp=>locked
                            salesorder = <salesorder>-SalesOrder
                            user       = SWITCH #( lv_user WHEN space
                                           THEN sy-msgv1 ELSE lv_user )
                            severity   =
                 zcm_salesordertp=>if_abap_behv_message~severity-
error
                                    )
                          ) TO reported-salesorder.
        ENDTRY.
      ENDLOOP.
    CATCH cx_abap_lock_failure INTO DATA(lx_exp).
      RAISE SHORTDUMP lx_exp.
  ENDTRY.
ENDMETHOD.
```

Listing 11.18 Verhaltensimplementierung – Sperre des Kundenauftragskopfs

Lock dependent

Der Sperr-Handler wird für jede modifizierende instanzenbezogene Operation aufgerufen und soll entweder eine Sperre erfolgreich setzen oder den Fehlergrund `LOCKED` und eine entsprechende Fehlermeldung zurückgeben. Wie in der Syntax der Verhaltensdefinition zu sehen ist, wird der `LOCK MASTER` nur für die Root-Entität angegeben, aber natürlich muss auch eine Änderung der Kundenauftragsposition eine ordnungsgemäße Sperre setzen. Das heißt, in diesem Fall wird erwartet, dass der Kundenauftrag gesperrt ist. Dies wird von der Infrastruktur mit der folgenden Syntax standardmäßig unterstützt:

```
lock dependent by _SalesOrder
```

Diese Anweisung verweist auf eine Assoziation von Ihrer eigenen Entität zu der Entität, die als `LOCK MASTER` fungiert. Die ABAP-Infrastruktur verwendet diese Assoziation, um im Falle einer Änderung an einer Kundenauftragsposition von der Kundenauftragsposition zum Kundenauftrag zu navigieren und dort den entsprechenden Sperr-Handler aufzurufen. Wenn der Schlüssel des `LOCK MASTER` durch die On-Bedingung der Assoziation abgedeckt wird, wird die (in diesem Falle nicht notwendige) Navigation aus Performance-Gründen nicht durchgeführt. In diesem Fall wird der Sperr-Handler von der Infrastruktur unter Verwendung der Quellinformationen aufgerufen. Schlägt die Sperre fehl, werden die entsprechenden `FAILED`-Informationen ebenfalls automatisch von der Infrastruktur auf die Original-Operationen zurückgeführt.

[«]

Lock Master auf Kindentitäten

Derzeit können Sperren nur auf der Ebene der Wurzelentität, d. h. für das gesamte Geschäftsobjekt, modelliert, implementiert und gesetzt werden. In den meisten Fällen ist dies ausreichend. Um Sperrkonflikte zu vermeiden, ist es jedoch manchmal sinnvoll, Sperren auf Kindentitäten des Geschäftsobjekts zu setzen, wenn die Anwendungslogik und die Verarbeitung eines Geschäftsobjekts dies zulassen. Ein solcher Sperrmechanismus kann zurzeit nur über verschiedene Wurzelentitäten abgebildet werden.

11.4.7 Berechtigungsprüfungen

Während exklusive Sperren verhindern, dass Daten gleichzeitig bearbeitet und dabei versehentlich überschrieben werden können, steuern Berechtigungsprüfungen den Zugriff auf die Daten. Die verschiedenen Operationen auf den zugrunde liegenden Geschäftsobjekten, wie z. B. Anlegen, Lesen, Ändern und Löschen, sowie jede spezifisch definierte Aktion, können separat berechtigt werden. Da Berechtigungen immer anwendungsspezifisch sind und von bestimmten Anwendungsdaten (Organisationseinheiten, Auftragsarten usw.) abhängen, müssen Sie das gewünschte *Berechtigungsobjekt* selbst definieren.

Implementierung

Wie Sie bereits in Kapitel 5, »CDS-Zugriffskontrollen«, gelernt haben, wird die Leseberechtigung beim Zugriff auf die Daten über ABAP-SQL mit CDS-Zugriffskontrollen modelliert. Diese Zugriffskontrollen werden automatisch angewendet, wenn Daten über die CDS-Entitäten selektiert werden. Ein solcher Berechtigungsschutz wird auch beim transaktionalen Lesezugriff für eine MANAGED-Implementierung angewendet. Da die UNMANAGED-Implementierung Lesezugriffe selbst verarbeitet, müssen die Leseberechtigungen explizit in den Read-Handler der UNMANAGED-Implementierung implementiert werden. Normalerweise greift eine UNMANAGED-Implementierung hier nicht über CDS-Entitäten auf die Daten zu, sondern über den vorhandenen Puffer und den direkten Zugriff auf die zugrunde liegenden (Legacy-)Datenbanktabellen. In solchen Fällen müssen gegebenenfalls explizite Berechtigungsprüfungen in das ABAP-Coding eingefügt werden.

Für den modifizierenden Zugriff muss immer eine entsprechende Implementierung der Berechtigungsprüfung hinzugefügt werden, da die an die Benutzer vergebenen Berechtigungen unterschiedlich sind und nicht jeder, der Daten lesen darf, automatisch auch Daten modifizieren oder eine bestimmte Aktion ausführen darf. Für die Implementierung von Berechtigungsprüfungen für modifizierende Operationen gibt es dedizierte Handler, die in der ABAP-RESTful-Application-Programming-Model-Laufzeitorchestrierung integriert sind. Wir empfehlen, diese Handler auch bei einer UNMANAGED-Implementierung zu verwenden, obwohl die Berechtigungsprüfungen theoretisch auch in den Modify-Handlern durchgeführt werden könnten (analog zu den Leseberechtigung in Read-Handlern).

[»]

Berechtigungssteuerung für Lesezugriffe

Die definierten Berechtigungs-Handler sind nur für Änderungsoperationen verfügbar. Für Leseoperationen wird erwartet, dass die jeweiligen Berechtigungsprüfungen entweder auf der Grundlage des Datenzugriffs über CDS und der zugehörigen Zugriffskontrolle aufgerufen werden oder durch Implementierung derselben in den jeweiligen Lesehandlern. Das Gleiche gilt auch für Funktionen (siehe den gleichnamigen Abschnitt 11.4.11), bei denen die Berechtigungsprüfung in der Funktionsimplementierung durchgeführt werden muss.

Globale Berechtigung

Die bereits implementierte Beispiel-Verhaltensdefinition spezifiziert eine Instanzenberechtigung, wir ergänzen aber zunächst eine nicht instanzenbezogene Berechtigungsprüfung. Diese steht für alle modifizierenden Operationen zur Verfügung, insbesondere für nicht instanzenbezogene Operationen wie das Anlegen oder statische Aktionen (die in Abschnitt 11.4.10, »Aktionen«, vorgestellt werden). Die globale Berechtigungsprüfung kann aber auch für jede instanzenbezogene Operation wie Ändern oder Löschen implementiert werden. Die globale Berechtigungsprüfung wird vor jeder instanzenbezogenen Operation in der Laufzeitorchestrierung aufgerufen, wie z. B. dem Sperren, und kann daher Anfragen frühzeitig zurückweisen. Sie ist aber auch in Anwendungsfällen nützlich, in denen die Berechtigungsprüfung selbst für diese Operationen nicht instanzenspezifisch ist.

Die Syntax in der Verhaltensdefinition zur Definition der globalen Berechtigung lautet wie folgt:

```
authorization master ( global )
```

Damit erhalten wir in der Verhaltensimplementierungsklasse einen zu implementierenden Handler. In der Signatur werden alle verfügbaren modifizierenden Operationen aufgelistet, für die die Berechtigung angefordert werden kann. Diese soll ein negatives Ergebnis zurückgeben, wenn die Berechtigung nicht erteilt wird. Darüber hinaus soll eine entsprechende Meldung zurückgegeben werden, wenn eine Operation nicht erlaubt ist.

Beispiel: Implementierung einer globalen Berechtigungsprüfung

In unserem Beispiel wird das Berechtigungsobjekt V_VBAK_AAT, das Teil der SAP-Standardfunktion ist, für die Kundenauftragsabwicklung wiederverwendet. Listing 11.19 zeigt eine Beispielimplementierung der globalen Berechtigungsprüfung.

```
METHODS get_global_authorizations FOR GLOBAL AUTHORIZATION
  IMPORTING REQUEST requested_authorizations FOR SalesOrder
          RESULT result.
...
METHOD get_global_authorizations.
    IF requested_authorizations-%create = if_abap_behv=>mk-on.
      AUTHORITY-CHECK OBJECT 'V_VBAK_AAT'
        ID 'ACTVT' FIELD '01'
        ID 'AUART' DUMMY.
      IF sy-subrc <> 0.
        result-%create = if_abap_behv=>auth-unauthorized.
```

```
      APPEND VALUE #( %global = if_abap_behv=>mk-on
                      %msg = NEW zcm_salesordertp(
                               textid   = zcm_salesordertp=>no_
auth_create
                               severity = zcm_salesordertp=>if_
abap_behv_message~severity-error
                             )
                    ) TO reported-salesorder.
    ENDIF.
  ENDIF.
  IF requested_authorizations-%update = if_abap_behv=>mk-on.
    AUTHORITY-CHECK OBJECT 'V_VBAK_AAT'
      ID 'ACTVT' FIELD '02'
      ID 'AUART' DUMMY.
    IF sy-subrc <> 0.
      result-%update = if_abap_behv=>auth-unauthorized.
      APPEND VALUE #( %global = if_abap_behv=>mk-on
                      %msg = NEW zcm_salesordertp(
                               textid   = zcm_salesordertp=>no_
auth_update
                               severity = zcm_salesordertp=>if_
abap_behv_message~severity-error
                             )
                    ) TO reported-salesorder.
    ENDIF.
  ENDIF.
ENDMETHOD.
```

Listing 11.19 Verhaltensimplementierung – globale Berechtigungsprüfung des Kundenauftragskopfs

Instanzenberechtigung

In den meisten Fällen wird die Berechtigung nicht nur auf globaler Ebene, sondern auch auf Instanzenebene gesteuert, in unserem Beispiel also für den Vertriebsbereich oder die Auftragsart. Dies wird erreicht, indem die Berechtigung wie folgt definiert wird:

```
authorization master ( instance )
```

Auch hier fehlt der zugehörige Handler, und der angebotene Quick Fix fügt unserer Handler-Klasse eine Implementierungsmethode hinzu. Die Signatur der Methode ähnelt der der globalen Berechtigungsprüfung, enthält aber nur die instanzenbezogenen Operationen und fügt die Schlüssel hinzu, für die die Berechtigungen geprüft werden sollen.

Listing 11.20 zeigt eine Beispielimplementierung der Instanzenberechtigungsprüfung. Beachten Sie, dass das Beispiel der Einfachheit halber nicht dahingehend optimiert ist, dass die Berechtigungsprüfung für jeden Auftragstyp nur einmal ausgeführt wird, sondern direkt implementiert ist, was zu einer gewissen Redundanz führt.

Beispiel: Implementierung von Instanzenberechtigungen

```
METHODS get_instance_authorizations FOR INSTANCE AUTHORIZATION
  IMPORTING keys REQUEST requested_authorizations FOR
    SalesOrder RESULT result.
...
METHOD get_instance_authorizations.
    READ ENTITIES OF zr_salesordertp IN LOCAL MODE
      ENTITY salesorder
      FIELDS ( salesordertype )
      WITH CORRESPONDING #( keys )
      RESULT DATA(salesorders)
      FAILED failed.

    LOOP AT salesorders ASSIGNING FIELD-SYMBOL(<salesorder>).
      IF requested_authorizations-%update = if_abap_behv=>mk-on.
        AUTHORITY-CHECK OBJECT 'V_VBAK_AAT'
          ID 'ACTVT' FIELD '02'
          ID 'AUART' FIELD <salesorder>-salesordertype.
        IF sy-subrc <> 0.
          APPEND VALUE #( %tky     = <salesorder>-%tky
                          %update = if_abap_behv=>auth-unauthorized
                        ) TO result.
          APPEND VALUE #( %tky = <salesorder>-%tky
                          %msg = NEW zcm_salesordertp(
                            textid     = zcm_salesordertp=>no_auth_
update
                            salesorder = <salesorder>-salesorder
                            severity   =
                    zcm_salesordertp=>if_abap_behv_message~severity-
error
                                   )
                        ) TO reported-salesorder.
        ENDIF.
      ENDIF.
    ENDLOOP.
ENDMETHOD.
```

Listing 11.20 Verhaltensimplementierung – Instanzenberechtigung des Kundenauftragskopfs

Sie können `instance` und `global` auch kombiniert nutzen.

Abhängige Berechtigungen

Generell ist es möglich, jede Entität als `AUTHORIZATION MASTER` zu definieren. In diesem Fall bekommt man für die Standardoperationen zum Anlegen, Ändern und Löschen jeweils einen Berechtigungs-Handler und die entsprechenden Operationen in der Handler-Signatur. In den meisten Fällen erfolgt die Berechtigungsprüfung aber nur auf der Wurzelentität, und alle ändernden Operationen auf Kindentitäten werden auf deren Operation `update` abgebildet. Dies lässt sich mit der Assoziation zur entsprechenden Wurzelentität modellieren:

```
authorization dependent by <AssoziationsName>
```

In diesem Falle gibt es keinen Berechtigungs-Handler auf dieser Entität bzw. für diese Operationen. Die entsprechenden Anfragen werden vielmehr von der ABAP-Infrastruktur delegiert.

Priviligierter Zugriff

Wie Sie vielleicht an der Signatur und Implementierung erkannt haben, ist der Löschvorgang des Kundenauftragskopfs nicht abgedeckt. Das liegt daran, dass wir diese Operation als intern deklariert haben und sie daher nur innerhalb des Providers mit `IN LOCAL MODE` aufgerufen werden kann, wo Berechtigungsprüfungen oder eine Prüfung der Feature-Kontrolle (siehe Abschnitt 11.4.13, »Dynamische Feature-Kontrolle«) kein Teil der Laufzeitorchestrierung sind (siehe Abschnitt 11.8, »Laufzeitorchestrierung«).

Privilegierter Zugriff aus der Anwendungslogik

Die soeben definierten und implementierten Berechtigungsprüfungen werden über den Standard-EML-Zugriff ausgeführt. Der programmatische Zugriff auf die Daten über EML `IN LOCAL MODE` ist immer privilegiert. Hintergrund ist, dass die entsprechenden Zugriffe auch in der internen Geschäftslogik erfolgreich durchgeführt werden müssen, z. B. um statische Nur-Lese-Felder zu schreiben. Ein weiteres Beispiel ist die Prüfung auf Dubletten bei externer Nummernvergabe, die ohne Berechtigungseinschränkung durchgeführt werden muss, um mögliche Dubletten zu finden.

11.4.8 Berechtigungskontexte und privilegierter Zugriff

Eigener Berechtigungskontext

Wie bereits erwähnt, sind interne Zugriffe (`IN LOCAL MODE`) immer privilegiert, unter anderem in Bezug auf Berechtigungen, allerdings möchte man gegebenenfalls auch seinen Verwendern einen ähnlichen Modus anbietet. Hierfür definieren wir zunächst einmal einen sogenannten *Berechtigungskontext*. Der eigene Berechtigungskontext gibt an, welche Berechtigungsobjekte in der Implementierung aktiv geprüft werden, und wird folgendermaßen definiert:

```
define own authorization context { ... }
```

In unserem Beispiel haben wir in der CDS-Zugriffskontrolle zwei Berechtigungsobjekte verwendet, die wir entsprechend in unseren Kontext aufnehmen:

```
define own authorization context { 'V_VBAK_AAT'; 'V_VBAK_VKO'; }
```

Berechtigungskontext für den privilegierten Zugriff

Für den privilegierten Zugriff müssen wir ebenfalls einen entsprechenden Berechtigungskontext definieren, der einen entsprechenden Namen bekommt, z. B.:

```
define authorization context NoCheckWhenPrivileged { }
```

Mit diesem können wir dann die Funktionalität eines privilegierten Zugriffs anbieten über diesen Zusatz:

```
with privileged mode disabling NoCheckWhenPrivileged;
```

Ein Verwender, der nun Operationen privilegiert aufrufen möchte (und sich natürlich selbst um die entsprechenden (eigenen) Berechtigungen kümmern muss, hat nun in EML das Schlüsselwort PRIVILEGED zur Verfügung (ähnlich wie bei SQL mit der entsprechenden Syntax WITH PRIVILEGED ACCESS).

Ein auf diese Weise definierter privilegierter Zugriff muss vom Handler dann implementiert werden. Hierzu muss die Implementierung den Laufzeitkontext ermitteln (wie beim lokalen Modus).

```
cl_abap_behv_aux=>get_current_context(
  IMPORTING privileged = data(privileged)
).
```

Mit dieser Information können dann Berechtigungsprüfungen ausgenommen werden, was je nach aufgerufenem vorhandenem Code durchaus schwierig sein kann. Glücklicherweise geht das alles auch viel einfacher. Auch dem privilegierten Kontext können Berechtigungsobjekte zugeordnet werden. In unserem Beispiel wollen wir beide Berechtigungsobjekte aufnehmen:

```
define authorization context NoCheckWhenPrivileged
  { 'V_VBAK_AAT'; 'V_VBAK_VKO'; }
```

Der Berechtigungskontext, der für den privilegierten Modus genutzt wird, muss per Definition immer eine Teilmenge des eigenen Berechtigungskontexts sein. Im besten Fall sind sie identisch, aber es gibt auch Gründe, manche Berechtigungsobjekte niemals zu privilegieren und immer zu prüfen. Zur Laufzeit werden nun bei privilegiertem Zugriff automatisch die gelisteten Berechtigungsobjekte von der ABAP-RESTful-Application-Programming-Model-Laufzeit deaktiviert. Das heißt, die Anweisung AUTHORITY-CHECK liefert den Rückgabewert »0«.

Da sich in der Definition des Berechtigungskontexts für den privilegierten Zugriff die Berechtigungsobjekte des eigenen Berechtigungskontexts wiederholen, ergibt sich, wie wir an unserem einfachen Beispiel bereits sehen, eine große Redundanz. Um dies zu vermeiden, können wir bei der Definition des eigenen Berechtigungskontexts die bereits definierten Berechtigungsobjekte inkludieren und bei Bedarf weitere ergänzen:

```
define own authorization context by privileged mode and { ... }
```

In unserem einfachen Beispiel benötigen wir die Ergänzung nicht, da die beiden Berechtigungskontexte identisch sind.

Weitere Berechtigungskontexte

Wie wir gesehen haben, ist die Definition von Berechtigungskontexten generell möglich, und erst die Verwendung z. B. für den privilegierten Zugriff definiert deren Semantik. Ein weiterer Anwendungsfall für Berechtigungskontexte ist das Deaktivieren von (unerwünschten) Berechtigungsprüfungen, die z. B. durch Aufrufe anderer Anwendungen oder APIs auftreten, die keinen privilegierten Zugriff anbieten. Auch bei diesen gibt es eine gute Unterstützung durch das ABAP RESTful Application Programming Model, da ebenso wie beim privilegierten Berechtigungskontext die gelisteten Berechtigungsobjekte in verschiedenen Handlern automatisch deaktiviert werden können. Für die Handler von lesenden oder modifizierenden Operationen wird dies wie folgt definiert:

```
define authorization context NoCheckWhenReadingOrModifying
  for disable ( modify, read ) ##WARN_OK { ... }
```

Da sich die Deaktivierung nur in Handlern vom Typ READ oder MODIFY auswirken, wird beim Implementierungstyp MANANGED eine Warnung spendiert, da hier nur die Handler für Aktionen und Funktionen selbst implementiert sind. Die Warnung können wir mit dem Pragma ##WARN_OK verstecken bzw. bestätigen. Im Implementierungstyp UNMANANGED wird zudem auch noch die frühe Phase beim Sichern unterstützt:

```
define authorization context NoCheckWhenSaving
  for disable ( save:early, save:late ) { ... }
```

Sollte das automatische Deaktivieren in speziellen Fällen nicht ausreichen, kann dies als letzte Option auch in der Implementierung selbst gemacht werden. Diese Sprachanweisung ist allerding nur in einem Verhaltenspool erlaubt, und ein offener Kontext muss in der gleichen Programmeinheit auch wieder geschlossen werden:

```
AUTHORITY-CHECK DISABLE BEGIN CONTEXT <NameOfContext>.
  ...
AUTHORITY-CHECK DISABLE END.
```

11.4.9 Assoziationen

Assoziationen vom Typ Komposition sind grundlegend und definieren den Kompositionsbaum eines Objekts. In CDS können weitere Assoziationen definiert werden, wie z. B. zu Stammdaten. In unserem konkreten Beispiel haben wir den Benutzerstamm für die administrativen Daten sowie den Geschäftspartner und das Produkt assoziiert. Diese Assoziationen stehen bisher über SQL, nicht aber über EML zur Verfügung, d. h. nur für die persistierten Daten, nicht aber die innerhalb derselben Transaktion geänderten Daten. Um die Möglichkeit zu schaffen, auch transaktional z. B. auf den Geschäftspartner über die Assoziation zuzugreifen oder gar in der gleichen Transaktion einen Geschäftspartner anzulegen, kann jede schlüsselgebundene Assoziation auch als transaktional definiert werden. Hier muss die Assoziation analog zu den Kompositionen in der Verhaltensdefinition aufgeführt werden. Dies ist nur möglich, wenn auch das Ziel der Assoziation Teil einer Verhaltensdefinition ist.

Für unser Beispiel beschränken wir uns auf neue Assoziationen innerhalb unseres Geschäftsobjekts und definieren eine Spezialisierung für jeden Typ einer Einteilung. Hierzu erweitern wir unser CDS-Modell wie folgt:

```
define view entity ZR_SalesOrderItemTP
  ...
  association [0..*] to ZR_SalesOrderScheduleLineTP as
_RequestedScheduleLine
    on $projection.SalesOrder     =
_RequestedScheduleLine.SalesOrder
    and $projection.SalesOrderItem =
_RequestedScheduleLine.SalesOrderItem
    and 'R'                        =
_RequestedScheduleLine.SalesOrderScheduleLineType
```

```
  association [0..*] to ZR_SalesOrderScheduleLineTP as
_ConfirmedScheduleLine
    on  $projection.SalesOrder     =
_ConfirmedScheduleLine.SalesOrder
    and $projection.SalesOrderItem =
_ConfirmedScheduleLine.SalesOrderItem
    and 'C'                        =
_ConfirmedScheduleLine.SalesOrderScheduleLineType
  ...
{
  ...
      _RequestedScheduleLine,
      _ConfirmedScheduleLine,
  ...
}
```

Listing 11.21 CDS-Modell – Assoziation definieren

Diese Assoziationen wollen wir nun transaktional unterstützen und nehmen sie hierzu in die Verhaltensdefinition auf.

```
define behavior for ZR_SalesOrderItemTP alias SalesOrderItem
...
{
  ...
  association _RequestedScheduleLine;
  association _ConfirmedScheduleLine;
  ...
}
```

Listing 11.22 Verhaltensdefinition – Assoziation definieren

Selbst implementierte Assoziationen

Neben dem Lesezugriff wollen wir über diese Assoziationen auch entsprechende Typen von Einteilungen anlegen. Daher definieren wir zusätzlich die Operation create für diese Assoziationen. Sie werden feststellen, dass die Erweiterung um den Zusatz create beim Implementierungstyp MANAGED zu einem Syntaxfehler **Non-composition 'ZR_SALESORDERITEMTP'\'_REQUESTEDSCHEDULELINE' cannot be create-enabled)** führt, da dieser Typ von Assoziationen für das Anlegen noch nicht unterstützt ist. Daher müssen wir diese selbst implementieren, was wir durch den Zusatz unmanaged ausdrücken:

```
define behavior for ZR_SalesOrderItemTP alias SalesOrderItem
...
{
  ...
  unmanaged association _RequestedScheduleLine { create; }
  unmanaged association _ConfirmedScheduleLine { create; }
  ...
}
```

Listing 11.23 Verhaltensdefinition – Assoziation »unmanaged«

Nach dem Hinzufügen dieser neuen Operationen werden wir nun aufgefordert, diese zu implementieren. Dabei fallen die nun erwarteten Handler für die Berechtigungen auf. Da wir diese nicht speziell implementieren wollen, sondern die normale Änderungsberechtigung ausreicht, delegieren wir diese einfach an den `AUTHORIZATION MASTER` mittels `authorization:update` (siehe Listing 11.24).


```
unmanaged association _RequestedScheduleLine
  { create ( authorization : update ); }
unmanaged association _ConfirmedScheduleLine
  { create ( authorization : update ); }
```

Listing 11.24 Verhaltensdefinition – Berechtigung delegieren

Für die bisher vorhandenen Kompositionsassoziationen ist das implizit so definiert, und daher war dieser Zusatz nicht notwendig.

In der Implementierung dieser Assoziation delegieren wir einfach an die Komposition und filtern beim Lesen die passenden Instanzen im Ergebnis bzw. setzen beim Anlegen den Wert des entsprechenden Typs. Listing 11.25 zeigt eine Beispielimplementierung für die angeforderten Einteilungen.

```
  METHOD rba_Requestedscheduleline.
    cl_abap_behv_aux=>get_current_context( IMPORTING in_local_mode =
 DATA(in_local_mode) ).
    IF in_local_mode = abap_true.
      READ ENTITY IN LOCAL MODE zr_salesorderitemtp
        BY \_scheduleline
        FROM CORRESPONDING #( keys_rba )
        RESULT DATA(salesorderschedulelines)
        LINK DATA(salesorderschedulelinelinks)
```

```
        FAILED failed
        REPORTED reported.
    ELSE.
      READ ENTITY zr_salesorderitemtp
        BY \_scheduleline ##NO_LOCAL_MODE
        FROM CORRESPONDING #( keys_rba )
        RESULT salesorderschedulelines
        LINK salesorderschedulelinelinks
        FAILED failed
        REPORTED reported.
    ENDIF.

    LOOP AT salesorderschedulelines ASSIGNING FIELD-
SYMBOL(<salesorderscheduleline>)
      WHERE SalesOrderScheduleLineType <> 'R'.
      DELETE salesorderschedulelinelinks WHERE target-%tky =
 <salesorderscheduleline>-%tky.
      DELETE salesorderschedulelines WHERE %tky =
 <salesorderscheduleline>-%tky.
    ENDLOOP.

    result = CORRESPONDING #( salesorderschedulelines ).
    association_links = CORRESPONDING #
( DEEP salesorderschedulelinelinks ).
  ENDMETHOD.

  METHOD cba_Requestedscheduleline.
    DATA create TYPE TABLE FOR CREATE zr_salesordertp\\
salesorderitem\_scheduleline.

    create = CORRESPONDING #( DEEP entities_cba ).
    LOOP AT create ASSIGNING FIELD-SYMBOL(<create>).
      LOOP AT <create>-%target ASSIGNING FIELD-SYMBOL(<target>).
        <target>-SalesOrderScheduleLineType = 'R'.
        <target>-%control-SalesOrderScheduleLineType =
if_abap_behv=>mk-on.
      ENDLOOP.
    ENDLOOP.

    MODIFY ENTITY IN LOCAL MODE ZR_SalesOrderItemTP
      CREATE BY \_ScheduleLine FROM create
      MAPPED DATA(mapped_local)
      FAILED failed
```

```
    REPORTED reported.

  mapped = CORRESPONDING #( DEEP mapped_local ).
ENDMETHOD.
```

Listing 11.25 Verhaltensimplementierung – Assoziation »unmanaged«

[«]

Alternative Modellierung

Da die Leseoperation für dieses einfache Beispiel standardmäßig bereits unterstützt ist, definiert man besser eine interne äquivalente Assoziation, die nur die Leseoperation enthält. An diese kann man dann 1 zu 1 weiter delegieren, ohne zu viele Daten zu lesen und nachträglich auszufiltern.

11.4.10 Aktionen

Neben den Standardoperationen wie Anlegen, Ändern und Löschen wollen wir in unseren Anwendungen auch höherwertige Operationen anbieten, die komfortablere Funktionen bieten und mehrere Grundoperationen konsistent bündeln. Diese Operationen werden im ABAP RESTful Application Programming Model als *Aktionen* bezeichnet. Einfach gesagt, entsprechen Aktionen in UI-basierten Anwendungen den Buttons auf der Benutzeroberfläche der Anwendung. Wie die anderen Operationen, können auch Aktionen den Konsumenten zur Verfügung gestellt oder als intern definiert werden, falls sie lediglich innerhalb der Verhaltensdefinition des Geschäftsobjekts selbst konsumiert werden sollen.

Statische und instanzenbezogene Aktionen

Aktionen können als instanzenbezogene oder als statische Aktionen (d. h. nicht instanzenbezogen) definiert werden. Instanzenbezogene Aktionen werden auf Instanzen aufgerufen (ähnlich wie die instanzenbezogenen Operationen: `create by association`, `update` oder `delete`). Daher erhalten instanzenbezogene Aktionen automatisch einen Schlüsselparameter, der aus der Signatur des Aktions-Handlers abgeleitet wird, während statische Aktionen nur ein Handle in der Signatur (`%CID`) erhalten, um das Ergebnis, Fehler oder Meldungen mit der Eingabe zu korrelieren.

In den folgenden Abschnitten werden wir die Aktionen weiter untersuchen, einschließlich Sperren, Berechtigungen, Parameter und Ergebnis, sowie einen Blick auf spezielle Typen von Aktionen werfen.

Sperren und Berechtigungen für Aktionen

Sperren

Wie Sie gesehen haben, sorgt die Infrastruktur dafür, dass aufgerufene Instanzen für die Standardoperationen gesperrt werden. Dasselbe geschieht auch automatisch für (instanzenbezogene) Aktionen. Das heißt, wenn eine Aktion auf einer Instanz aufgerufen wird, wird für diese Instanz zunächst der Sperr-Handler aufgerufen. Da statische Aktionen keinen Instanzenbezug haben, wird der Sperr-Handler für diese nicht aufgerufen. Wenn innerhalb der Aktionen weitere modifizierende Anweisungen aufgerufen werden (in der eigenen oder einer anderen Anwendung), werden die zugehörigen Instanzen natürlich entsprechend gesperrt.

Wenn das Sperren nicht von vornherein erwünscht ist (z. B. möchte man nicht unbedingt die Kopiervorlage bei einer Kopieraktion a priori sperren), kann dies wie folgt festgelegt werden:

```
action ( lock: none ) <ActionName> ...;
```

Berechtigung

Wie das Sperren sind auch die Berechtigungsprüfungen in die ABAP-RESTful-Application-Programming-Model-Laufzeit integriert. So wird beim Hinzufügen neuer Aktionen auch die Signatur des Berechtigungs-Handlers `requested_authoriziatons` um die entsprechende Aktion im Parameter `%action` erweitert. Statische Aktionen erscheinen dabei nur in der Signatur des globalen Berechtigungs-Handlers, da diese keine Instanzenbeziehung haben, während andere Aktionen sowohl im globalen als auch im Instanzenberechtigungs-Handler erscheinen.

In vielen Fällen haben Aktionen keine eigenen oder speziellen Berechtigungsprüfungen, sondern prüfen nur die Standardänderungsberechtigung. Während dieses Verhalten in der Berechtigungs-Handler-Implementierung für Aktionen, die in der Berechtigungs-Master-Entität definiert sind, leicht in der Implementierung erreicht werden kann, erfordert dies für Aktionen in den berechtigungsabhängigen Entitäten immer eine eigene Implementierung. Wenn die Aktion keine besondere Berechtigung benötigt, kann dies auch über die folgende Deklaration definiert werden:

```
action ( authorization: update ) <ActionName> ...;
```

In diesem Fall führt ein Aktionsaufruf zum Prüfen der standardmäßigen Änderungsberechtigung, ähnlich wie bei den Standardoperationen auf den berechtigungsabhängigen Entitäten.

In dem eher ungewöhnlichen Fall, dass eine Aktion keine Berechtigung erfordert, kann dies wie folgt ausgedrückt werden:

```
action ( authorization: none ) <ActionName> ...;
```

In diesem Fall wird der Berechtigungs-Handler überhaupt nicht aufgerufen, wenn eine Aktion aufgerufen wird (und die Aktion erscheint auch nicht in der Signatur dieser Handler).

Externe Aktionsnamen

Externer Name

Der Aktionsname als ABAP-bezogenes Artefakt kann bis zu 30 Zeichen lang sein, was manchmal die Verwendung von Abkürzungen für längere, aussagekräftige Aktionsnamen erfordert. In der Verhaltensdefinition können Sie daher auch einen externen Aktionsnamen definieren, der bis zu 128 Zeichen enthalten kann:

```
action <ActionName> external '<ExternalActionName>' ...;
```


Dieser externe Aktionsname wird nur in der OData-Exposure (siehe Abschnitt 11.9, »SAP Fiori und Verwendung über OData«) verwendet, wo der externe Aktionsname als Aktionsname in den OData-Metadaten verwendet wird. Wir empfehlen, den externen Aktionsnamen dann zu verwenden, wenn der interne Aktionsname Abkürzungen enthält, die im externen Namen vermieden werden sollen.

Aktionsparameter

Parameter

Im Gegensatz zu Standardoperationen können Aktionen auch weiter parametrisiert werden. Dies ermöglicht es dem Verwender (z. B. dem Endbenutzer), das Verhalten einer Aktion innerhalb eines vordefinierten Rahmens zu beeinflussen. In einer Benutzeroberfläche entspricht dies einem Benutzerdialog nach Anklicken der entsprechenden Buttons, in dem erlaubte Werte für die definierten Parameter eingegeben werden können. Ein Aktionsparameter wird als ABAP-Data-Dictionary-Struktur definiert, die mehrere Elemente unterschiedlichen Typs enthalten kann, oder als abstrakte CDS-Entität zur Definition des Parameterdatentyps.

Aktionsergebnis

Ergebnis

Aktionen können optional auch ein Ergebnis mit einer definierten Ergebnis-Kardinalität liefern. Das Ergebnis kann entweder eine Entität sein, die durch das Schlüsselwort `entity` (mit der speziellen Notation `$self` für die Entität, an der die Aktion definiert und gebunden ist) angegeben wird, oder ein beliebiger Ergebnisdatentyp Ihrer Wahl. Im letzteren Fall wird ein Aktionsergebnis als ABAP-Dictionary-Typ oder als abstrakte CDS-Entität definiert, um den Ergebnisdatentyp zu definieren.

Aktionsergebnis-Kardinalität und Massenfähigkeit

Die Kardinalität eines Parameters oder des Ergebnisses ist nicht zu verwechseln mit Massenfähigkeit, d. h. dem Aufrufen einer Aktion auf mehreren Instanzen innerhalb einer Anfrage. Das ABAP RESTful Application Programming Model ist von Haus aus massenfähig, d. h., jede Operation kann auf mehreren Instanzen aufgerufen werden und mehrere Operationen können in einer EML-Anweisung gebündelt werden (siehe Abschnitt 11.4.3, »Verwendung über EML«). Wenn z. B. eine Kopieraktion einen numerischen Parameter `NumberOfCopies` (Anzahl der Kopien) hat und dieselbe Aktion in einem Aufruf auf zwei Instanzen A und B mit einem Parameterwert von 5 aufgerufen wird, dann enthält das Ergebnis einer erfolgreichen Aktion zehn zusätzliche Instanzen, fünf Kopien von A und fünf Kopien von B.

CDS-basierte Typisierung

Aktionsparameter- und Ergebnisdatentyp

Wir konzentrieren uns hier auf den CDS-Ansatz zur Definition von Aktionsparametern und Ergebnissen, d. h. abstrakten Entitäten, die zur reinen Typisierung verwendet werden, da wir dann die CDS-Annotationsfunktionen nutzen können. Eine abstrakte Entität wird über die Schlüsselwörter `define abstract entity` definiert (siehe auch Abschnitt 2.1, »Überblick über die CDS-Modelle«) und definiert die einzelnen Felder und deren Typisierung über einen elementaren Datentyp oder ein Datenelement. Damit können wir einfache Strukturen für den Parameter und das Ergebnis definieren (wobei das Ergebnis auch mehrere Zeilen für eine Eingabe haben kann, basierend auf der definierten Kardinalität).

Wie aus dem ABAP Data Dictionary bekannt, können wir nicht nur einfache Datentypen verwenden, sondern der Aktionsparameter oder das Ergebnis kann auch Struktur- oder Tabellentypen enthalten. Das Gleiche kann auch mit abstrakten CDS-Entitäten mithilfe von Assoziationen erreicht werden. Ein tiefer Typ wird durch Hinzufügen einer Assoziation definiert, und die definierte Kardinalität `[1..1]` oder `[0..*]` gibt an, ob die assoziierte abstrakte Entität einen Struktur- oder Tabellentyp repräsentiert. Normalerweise definieren wir die zugehörigen Datentypen als Teil dieser Verwendung und verwenden die Kompositionsassoziation, aber es ist auch möglich, einen solchen Datentyp wiederzuverwenden, indem wir eine normale Assoziation verwenden. Ein Beispiel mit den verschiedenen Optionen ist in Listing 11.26 dargestellt. Wir empfehlen, der Namenskonvention zu folgen und solche Elemente auch hier mit »_« zu beginnen. Beachten Sie, dass diese abstrakten Entitäten, die für Datentypen definiert werden, keine Schlüsselfelder definieren. Die Datentypen selbst können wiederum tief sein und Strukturen und Tabellentypen enthalten (d. h. Assoziationen).

```
@VDM.usage.type: [#ACTION_PARAMETER_STRUCTURE]
define root abstract entity <NameOfDataType>
{
   ...
   Field            : <NameOfDataElement or Built-In Type>
   _Structure       : composition [1]    of <NameOfUsedDataType1>;
   _Table           : composition [0..*] of <NameOfUsedDataType2>;
   _ReuseStructure  : association [1]    of <NameOfReusedDataType>;
   _ReuseTable      : association [0..*] of <NameOfReusedDataType2>;
}
```

Listing 11.26 Abstrakte CDS-Entität – strukturierter Datentyp

Um einen solchen tiefen Typ im ABAP RESTful Application Programming Model zu verwenden, müssen wir auch eine Verhaltensdefinition für diesen Typ definieren. Während alle weiteren Datentypen, die als Komposition enthalten sind, in derselben Verhaltensdefinition definiert sind, müssen die wiederverwendeten Datentypen, die als abstrakte Wurzelentitäten über Assoziationen definiert sind, entsprechend ihre eigene Verhaltensdefinition bereitstellen. Die Verhaltensdefinition selbst ist wiederum abstrakt und kennzeichnet die Definition eines Typs mit dem Schlüsselwort `with hierarchie;`. Ein Beispiel, das sich auf die zuvor definierte abstrakte CDS-Entität bezieht, ist in Listing 11.27 dargestellt.

```
abstract;
strict ( 2 );
with hierarchy;

define behavior for <NameOfDataType>
{
  association _Structure;
  association _Table;
}
define behavior for <NameOfUsedDataType1>
{
  ...
}
define behavior for <NameOfUsedDataType2>
```

```
{
  ...
}
```

Listing 11.27 Abstrakte Verhaltensdefinition – strukturierter Datentyp

Kontrollfelder

Darüber hinaus könnte die Anwendung bei mehreren oder sogar tiefen Parametern bestimmte Parameter als optional definieren wollen oder wissen müssen, ob ein Parameter übergeben wurde oder nicht. Wenn der Initialwert gültig ist, erfordert dies bestimmte Kontrollfelder, die im ABAP RESTful Application Programming Model bereits weit verbreitet und über die `%control`-Struktur bekannt sind. Dasselbe kann auf der Entitätsebene für jede abstrakte Entität definiert, also auch in tiefen Typen erreicht werden. Ein Beispiel, das sich auf die zuvor definierte abstrakte Entität CDS bezieht, ist in Listing 11.28 dargestellt.

```
abstract;
strict ( 2 );
with hierarchy;

define behavior for <NameOfDataType> with control
{
  ...
}
```

Listing 11.28 Abstrakte Verhaltensdefinition – strukturierter Datentyp mit Kontrollfeldern

Skalare Datentypen

Mit dem gegebenen Set können wir jede Art von tiefen Strukturen als Aktionsergebnis realisieren. Aber es fehlt noch die Möglichkeit, ein Ergebnis vom Typ eines Datenelements über CDS zu definieren. Hier benötigen wir eine spezielle Verhaltenssyntax für skalare Entitäten. Die Definition der abstrakten CDS-Wurzelentität ist die gleiche und sollte normalerweise genau ein Feld enthalten (siehe Listing 11.29). Es spielt eigentlich keine Rolle, ob in der CDS-Entität weitere Elemente definiert sind, da in der zugehörigen Verhaltensdefinition die relevanten Felder explizit aufgeführt werden müssen (siehe Listing 11.30).

```
@VDM.usage.type: [#ACTION_RESULT_STRUCTURE]
define root abstract entity <NameOfDataType>
{
   Field : <NameOfDataElement or Built-In Type>
}
```

Listing 11.29 Abstrakte CDS-Entität – skalarer Datentyp

```
abstract;
strict;
with hierarchy;

scalar entity <NameOfDataType> field Field;
```

Listing 11.30 Abstrakte Verhaltensdefinition – skalarer Datentyp

[«]

Parameter- und Ergebnisdatentypen

Während Parameter- und Ergebnisdatentypen auf jeden beliebigen ABAP-Data-Dictionary-Datentyp verweisen können, empfehlen wir, nur die CDS-basierte Typisierung über abstrakte Entitäten und die bereitgestellten Optionen für tiefe Typen über die Verhaltensdefinition zu verwenden. Wenn Dictionary-Typen verwendet werden, sollten zumindest Datenreferenzen oder Boxed Components vermieden werden, da diese nicht ohne Weiteres über OData genutzt werden können. Weitere allgemeine Einschränkungen gelten für OData V2 aufgrund der verfügbaren Typisierung gemäß der Standard-OData-Spezifikation.

Beispiel: Löschaktion

Beispiel: Aktion zum Löschen von Kundenaufträgen

Fügen wir nun eine Aktion zu unserem Beispiel hinzu. Wir haben das direkte Löschen von Kundenaufträgen im Modell noch nicht erlaubt. Um die Löschung zu ermöglichen, können wir nun eine Aktion implementieren, die je nach Lieferstatus des Kundenauftrags eine physische Löschung oder eine logische Löschung durch Setzen eines Löschkennzeichens durchführt. Dazu definieren Sie eine Aktion in der Verhaltensdefinition. Die Aktion hat keinen Parameter und kein Ergebnis (da die Instanz bei erfolgreicher Ausführung der Aktion gegebenenfalls gelöscht wird und der Erfolg der Aktion als Rückgabe ausreichend ist). Fügen Sie in der Verhaltensdefinition die folgende Aktion hinzu:

```
action Delete;
```

Nach dem Speichern und Aktivieren der Verhaltensdefinition zeigt die Syntaxwarnung, dass die Aktionsimplementierung fehlt. Wir verwenden den Quick Fix, um die Methodendefinition automatisch zu erstellen. Außerdem können wir sehen, dass die Berechtigungs-Handler ein neues Feld in den `requested_authoriziatons` haben: `%action-delete`. Daher erweitern wir unsere Berechtigungs-Handler-Implementierungen entsprechend, um die Löschaktivität zu prüfen (siehe Listing 11.31 und Listing 11.32). Da der Löschvorgang einer eigenen Aktivität zugeordnet werden sollte (in unserem Fall der

Standardaktivität »06«), nutzen wir nicht die Delegation an update, sondern rufen explizit die Berechtigungsprüfung auf, wenn eine entsprechende Operation angefordert wird. Die Implementierung der globalen Berechtigungsprüfung ist hierbei optional, da es sich um eine Instanzenoperation handelt.

```
...
IF requested_authorizations-%action-Delete = if_abap_behv=>mk-on.
  AUTHORITY-CHECK OBJECT 'V_VBAK_AAT'
    ID 'ACTVT' FIELD '06'
    ID 'AUART' DUMMY.
    IF requested_authorizations-%action-delete = if_abap_behv=>mk-on.
      AUTHORITY-CHECK OBJECT 'V_VBAK_AAT'
        ID 'ACTVT' FIELD '06'
        ID 'AUART' DUMMY.
      IF sy-subrc <> 0.
        result-%action-delete = if_abap_behv=>auth-unauthorized.
        APPEND VALUE #( %global = if_abap_behv=>mk-on
                        %msg = NEW zcm_salesordertp(
                                 textid   = zcm_salesordertp=>no_
auth_delete
                                 severity = zcm_salesordertp=>if_
abap_behv_message~severity-error
                               )
                      ) TO reported-salesorder.
      ENDIF.
    ENDIF.
...
```

Listing 11.31 Verhaltensimplementierung – globale Berechtigungsprüfung für die Aktion »Delete«

```
...
LOOP AT salesorders ASSIGNING FIELD-SYMBOL(<salesorder>).
  ...
      IF requested_authorizations-%action-delete = if_abap_behv=>mk-
on.
        AUTHORITY-CHECK OBJECT 'V_VBAK_AAT'
          ID 'ACTVT' FIELD '06'
          ID 'AUART' FIELD <salesorder>-salesordertype.
        APPEND VALUE #( %tky           = <salesorder>-%tky
                        %action-delete = if_abap_behv=>auth-unauthorized
                       ) TO result.
        APPEND VALUE #( %tky = <salesorder>-%tky
```

```
                    %msg = NEW zcm_salesordertp(
                              textid     = zcm_salesordertp=>no_
auth_delete
                              salesorder = <salesorder>-salesorder
                              severity   = zcm_salesordertp=>if_
abap_behv_message~severity-error
                            )
                  ) TO reported-salesorder.
    ENDIF.
ENDLOOP.
...
```

Listing 11.32 Verhaltensimplementierung – Instanzenberechtigungsprüfung für die Aktion »Delete«

Die Methodendefinition für die Aktionsimplementierung sieht wie folgt aus:

```
METHODS delete FOR MODIFY
  IMPORTING keys FOR ACTION salesorder~delete.
```

In der Methodenimplementierung (siehe Listing 11.33) lesen wir nun die übergebenen Kundenaufträge. IN LOCAL MODE wird verwendet, da wir uns innerhalb unserer Implementierung befinden und die Berechtigungsprüfungen für die Aktion bereits durchgeführt wurden. Je nach Status des Kundenauftrags entscheiden wir, ob wir das Löschkennzeichen für den Kundenauftrag aktualisieren oder ob wir die Instanz physisch löschen. Da wir kein Ergebnis definiert haben, ist die einzige Ergebnisinformation, ob der Vorgang fehlgeschlagen ist oder ob es Fehler- oder Erfolgsmeldungen gibt (über REPORTED).

```
METHOD Delete.
  READ ENTITY IN LOCAL MODE ZR_SalesOrderTP
    FIELDS ( DeliveryStatus DeletionIndicator )
    WITH CORRESPONDING #( keys )
    RESULT DATA(salesorders)
    FAILED DATA(failed_not_found).

  DATA update TYPE TABLE FOR UPDATE zr_salesordertp\\salesorder.
  DATA delete TYPE TABLE FOR DELETE zr_salesordertp\\salesorder.

  LOOP AT salesorders ASSIGNING FIELD-SYMBOL(<salesorder>).
    IF <salesorder>-DeliveryStatus = space OR <salesorder>-
DeliveryStatus = 'A'.
```

```
      "physically delete sales orders with delivery status space or A
      APPEND VALUE #( %tky = <salesorder>-%tky ) TO delete.
    ELSEIF <salesorder>-DeletionIndicator = abap_false.
      "logically delete sales orders with delivery status B or C
      APPEND VALUE #( %tky          = <salesorder>-%tky
        DeletionIndicator           = abap_true
        %control-DeletionIndicator = if_abap_behv=>mk-on ) TO update.
    ENDIF.
  ENDLOOP.

  MODIFY ENTITY IN LOCAL MODE ZR_SalesOrderTP
    UPDATE FROM update
    DELETE FROM delete
    FAILED failed
    REPORTED reported.

    INSERT LINES OF failed_not_found-salesorder
      INTO TABLE failed-salesorder.
ENDMETHOD.
```

Listing 11.33 Verhaltensimplementierung – Kundenauftragsaktion »Delete«

Beispiel: Kopieraktion

Beispiel: Position kopieren mit einem einfachen Parameter

In unserem zweiten Beispiel betrachten wir nun eine Aktion mit einem einfachen Parameter und einem bestimmten Ergebnis. Wir wollen eine Kopieraktion auf Positionsebene definieren, die neue Positionen als Kopie einer bestehenden Position erstellt. Da es sich hierbei nur um eine Komfortoperation handelt, die dem Anlegen einer Position und der Pflege aller Daten ähnelt, nutzen wir auch die Möglichkeit, keine spezifischen Berechtigungsprüfungen für diese Aktion zu definieren und nur auf die Änderungsberechtigung zu verweisen. Unser Beispiel ist eher technischer Natur, um skalare Parameter zu zeigen.

In der Verhaltensdefinition des Kundenauftragspostens fügen wir das in Listing 11.34 gezeigte Coding ein.

```
action ( authorization : update ) Copy
  parameter ZD_SalesOrderItemCopyParameter
  result [1..*] $self;
```

Listing 11.34 Verhaltensdefinition – Kundenauftragspositionsaktion »Copy«

Wir fügen hier einen Parameter hinzu, um festzulegen, wie viele Positionen erstellt werden sollen. Die resultierende Kardinalität der Aktion ist also

[0..*], zudem verwenden wir das vordefinierte Entitätsergebnis $self, um anzugeben, dass die Aktion Instanzen der Entität zurückgibt, für die die Aktion definiert ist.

Der Parameter selbst ist als abstrakte Entität mit einem einfachen Integer-Feld definiert, wie in Listing 11.35 gezeigt.

```
@VDM.usage.type: [#ACTION_PARAMETER_STRUCTURE]
define abstract entity ZD_SalesOrderItemCopyParameter
{
  @EndUserText.label: 'Number of Copies'
  NumberOfCopies : abap.int1;
}
```

Listing 11.35 Abstrakte CDS-Entität – Parameterdatentyp der Kundenauftragspositionsaktion »Copy«

11

In der Implementierung der Kopieraktion (die wiederum per Quick Fix in der lokalen Handler-Klasse der Kundenauftragsposition erstellt wird) lesen wir schließlich die eingehende(n) Position(en) und erstellen die gewünschte Anzahl kopierter Positionen. Da wir das Ergebnis als $self definiert haben, enthält die Signatur die vollständige Positionsstruktur, die als Ergebnis zurückgegeben werden muss (siehe Abbildung 11.10). Dazu müssen wir die erstellten Elemente über EML aus dem Puffer lesen. Wir hätten allerdings auch eine eigene Ergebnisstruktur definieren können, die nur die Elementschlüssel enthält, wodurch wir die Ergebnisinformationen bereits auf der Grundlage der zurückgegebenen Daten in MAPPED der Erstellungsoperation hätten bereitstellen können. Ein Codebeispiel finden Sie in Listing 11.36.

result type table for action result zr_salesordertp\\salesorderitem~copy

%cid_ref	type abp_behv_cid
salesorder	type vbeln
salesorderitem	type posnr
%param	type structure for read result zr_salesordertp\\salesorderitem [derived type...]
Component Groups	
%key	[derived type...]
%tky	[derived type...]
%pky	[derived type...]
Primary Table Key	
primary_key	non-unique, standard, empty
Secondary Table Keys	
cid	non-unique, sorted, userdefined
%cid_ref	type abp_behv_cid
%key	[derived type...]
entity (ID)	non-unique, sorted, userdefined
%key	[derived type...]

Abbildung 11.10 Handler-Signatur – Aktionsergebnis »$self«

```
METHOD Copy.
  READ ENTITY IN LOCAL MODE ZR_SalesOrderItemTP
    ALL FIELDS
    WITH CORRESPONDING #( keys )
    RESULT DATA(salesorderitems)
    FAILED failed.

  DATA create TYPE TABLE FOR CREATE zr_salesordertp\\salesorder\_
item.

  LOOP AT keys ASSIGNING FIELD-SYMBOL(<key>).
    READ TABLE salesorderitems
      ASSIGNING FIELD-SYMBOL(<salesorderitem>)
      WITH KEY id COMPONENTS %tky = <key>-%tky.
    CHECK sy-subrc = 0.
    READ TABLE create ASSIGNING FIELD-SYMBOL(<create>)
      WITH KEY cid COMPONENTS %cid_ref = <key>-%cid_ref
        SalesOrder = <key>-SalesOrder.
    IF sy-subrc <> 0.
      APPEND VALUE #( %cid_ref   = <key>-%cid_ref
                      SalesOrder = <key>-SalesOrder ) TO
                        create ASSIGNING <create>.
    ENDIF.
      DO <key>-%param-numberofcopies TIMES.
        APPEND VALUE #( product             = <salesorderitem>-
product
                        orderquantity       = <salesorderitem>-
orderquantity
                        orderquantityunit   = <salesorderitem>-
orderquantityunit
                        netamount           = <salesorderitem>-
netamount
                        transactioncurrency =  <salesorderitem>-
transactioncurrency
                      ) TO <create>-%target.
      ENDDO.

      MODIFY ENTITY IN LOCAL MODE zr_salesordertp
        CREATE BY \_item
          FIELDS ( product orderquantity orderquantityunit netamount
transactioncurrency )
          AUTO FILL CID WITH create
        MAPPED DATA(mapped_local)
        FAILED failed
```

```
        REPORTED reported.

    READ ENTITY IN LOCAL MODE ZR_SalesOrderItemTP
      FROM CORRESPONDING #( mapped_local-salesorderitem )
      RESULT DATA(new_salesorderitems).
    LOOP AT new_salesorderitems ASSIGNING
      FIELD-SYMBOL(<new_salesorderitem>).
      APPEND VALUE #( %cid_ref = <key>-%cid_ref
                      %tky     = <key>-%tky
                      %param   = CORRESPONDING #( <new_
salesorderitem> ) ) TO result.
    ENDLOOP.
  ENDLOOP.
ENDMETHOD.
```

Listing 11.36 Verhaltensimplementierung – Kundenauftragspositionskopieraktion

Für die Kopieraktion von Positionen werden neue Instanzen angelegt. Eine wesentlich bessere Modellierung wäre es, dies auch direkt in der Syntax auszudrücken und Ergebnisparameter analog zur Create-Operation zu bekommen. Im nächsten Abschnitt lernen Sie an einem anderen Beispiel, wie man es mit Factory-Aktionen besser machen kann.

Ein Beispiel für tiefe Parameter und Ergebnisse wird in den Funktionsbeispielen gegeben (siehe Abschnitt 11.4.11, »Funktionen«).

Factory-Aktionen

Eine besondere Art von Aktionen sind Factory-Aktionen, d. h. Aktionen, die neue Instanzen erzeugen. Im Unterschied zu anderen Aktionen, die ebenfalls neue Instanzen erzeugen können, besteht die Besonderheit von Factory-Aktionen darin, dass diese verwendet werden können, um weitere Operationen auf der resultierenden Instanz bereits innerhalb der gleichen EML-Statements über Content-ID-Referenzen aufzurufen (siehe EML-Verwendung im gleichnamigen Abschnitt 11.4.3).

Factory-Aktionen sind auf das Ergebnis `$self` beschränkt (das daher weggelassen wird) und haben eine eingeschränkte Ergebnis-Kardinalität von `[1]`. Abgesehen von diesen Einschränkungen ist alles andere analog zu anderen Aktionen, d. h., Factory-Aktionen können ebenfalls statisch oder instanzengebunden sein und beliebige Parameter haben. Auf der Implementierungsseite ist der Ergebnisparameter der Aktion nicht `RESULT` (wie bei anderen Aktionen), sondern `MAPPED` (ähnlich wie bei der Create-Operation), um die Zuordnung der eingehenden Content-IDs zu den bereitgestellten Instanzenschlüsseln zu ermöglichen und Content-ID-Referenzoperationen zu erlauben. Folglich haben Factory-Aktionen %CID in ihrer Anfragesignatur.

Beispiel: Statische Factory-Aktion

Fügen wir unserem Modell eine statische Factory-Aktion für die Erstellung eines Kundenauftrags auf der Grundlage eines Vorgängerdokuments, z. B. eines Angebots, hinzu. Um die Aktion zu definieren, erweitern Sie die Verhaltensdefinition, indem Sie der Kopfentität des Kundenauftrags folgende Deklaration hinzufügen:

```
static factory action CreateFromSalesQuote deep parameter
  ZD_SalesOrderCreateFromQuoteP [1];
```

Die referenzierten Kundenangebote werden über die tiefe Parameterstruktur bereitgestellt. Je nach Anwendungsfall können mehrere Angebote in einem Kundenauftrag zusammengefasst werden, oder einzelne Angebotspositionen können übernommen und so in mehrere Kundenaufträge aufgeteilt werden. Wir beschränken uns hier auf ein einfaches Beispiel zur Übernahme von mehreren Angeboten in einen Kundenauftrag. Um einen einfachen tabellenähnlichen Parameter zu erhalten, müssen wir eine abstrakte Wurzelentität definieren, die eine Komposition mit der Kardinalität [0..*] hat, sowie eine Unterstruktur mit einem einzigen Feld (in unserem Fall den Angebotsschlüssel SalesQuote). Da wir nur eine Assoziation definieren, benötigen wir hier technisch ein Dummy-Feld, ebenso ist eine Assoziation zur Vaterentität notwendig (siehe Listing 11.37 und Listing 11.38).

```
@VDM.usage.type: [#ACTION_PARAMETER_STRUCTURE]
define root abstract entity ZD_SalesOrderCreateFromQuoteP
{
  Dummy : abap.int1;
  _SalesQuotes : composition [0..*] of
ZD_SalesOrderCreateFromQuotesP;
}
```

Listing 11.37 Abstrakte CDS-Entität – tiefer Datentyp

```
@VDM.usage.type: [#ACTION_PARAMETER_STRUCTURE]
define abstract entity ZD_SalesOrderCreateFromQuotesP
{
  SalesQuote : vbeln;
  _DummyAssociation : association to parent
ZD_SalesOrderCreateFromQuoteP;
}
```

Listing 11.38 Abstrakte CDS-Entität – tiefer Datentyp der Kindentität

Die Verwendung dieser Parameterdefinition in der Verhaltensdefinition mit dem Zusatz deep erfordert eine zugehörige Verhaltensdefinition des Typs, in dem wir die Entitäten definieren (siehe Listing 11.39).

```
abstract;
strict ( 2 );
with hierarchy;

define behavior for ZD_SalesOrderCreateFromQuoteP
{
  association _SalesQuotes;

  field ( suppress ) Dummy;
}

scalar entity ZD_SalesOrderCreateFromQuoteSP field SalesQuote;
```

Listing 11.39 Abstrakte Verhaltensdefinition – tiefer Parameterdatentyp

Damit das Dummy-Feld nicht in den Laufzeitstrukturen auftaucht, wird dieses in der zugehörigen Verhaltensdefinition per Anweisung (suppress) unterdrückt. Auf ein Implementierungsbeispiel wird hier verzichtet, da dies den Rahmen dieses Buchs sprengen und keine weiteren Erkenntnisse bringen würde.

Mehrfach aufrufbare Aktionen

Sowohl statische als auch Factory-Aktionen können sinnvollerweise auch mehrfach in einem Aufruf genutzt werden. Dies betrifft insbesondere auch instanzengebundene Factory-Aktionen, um z. B. einen Kundenauftrag mehrmals zu kopieren. Andere instanzengebundene Aktionen dürfen in einem Aufruf nicht mehrfach auf der gleichen Instanz gerufen werden. Grund dafür ist, dass ansonsten das Ergebnis der Aktion, also je nach Modellierung RESULT, insbesondere aber FAILED und REPORTED, dem einzelnen Aufruf nicht mehr zugeordnet werden kann und der Aufrufer damit z. B. nicht erkennen kann, welche bzw. ob alle Aufrufe fehlerhaft waren.

Es gibt allerdings auch Anwendungsfälle für Aktionen, die man auch mehrfach auf der gleichen Instanz aufrufen kann und die keine Factory-Aktionen sind (bzw. mit den aktuellen Einschränkungen nicht als Factory-Aktionen modelliert werden können). Um solche Aufrufe zu erlauben, kann das Verhalten entsprechend modelliert werden über:

```
repeatable action <ActionName> ...;
```

Durch diese Ergänzung stellt die Signatur der Aktion analog zu statischen oder Factory-Aktionen eine Content-ID (%CID) bereit, die der Aufrufer mitgeben muss. Die Ergebnisse der Aktion erhalten dann ebenfalls die Content-ID, sodass das konkrete Ergebnis mit dem Aufruf korreliert werden kann.

Auf ein Implementierungsbeispiel verzichten wir an dieser Stelle.

11.4.11 Funktionen

Parameter und Ergebnis

Wie Aktionen können auch Funktionen in der Verhaltensdefinition über das Schlüsselwort `function` oder `static function` definiert werden. Funktionen sind wie Nur-Lese-Aktionen zu betrachten, d. h., Sie können innerhalb einer Funktion keine modifizierenden Operationen aufrufen. Anders als Aktionen haben Funktionen also immer ein Ergebnis, ansonsten wäre ihre Funktionalität fraglich. Parameter und Ergebnisse können analog wie bei Aktionen definiert werden. Darüber hinaus steht für Funktionen die Möglichkeit, externe Namen und Kontrollfelder zu definieren, zur Verfügung. Für Funktionen stellt die ABAP-Infrastruktur (noch) keinen Exit für Berechtigungsprüfungen oder Feature-Kontrollen zur Verfügung, sodass es Aufgabe der Funktionsimplementierung ist, die notwendigen Berechtigungsprüfungen aufzurufen und zu prüfen, ob eine Funktion im aktuellen Zustand oder für die gegebenen Instanzen anwendbar ist oder nicht.

Statische Funktionen sind wiederum nicht an Instanzen gebunden und liefern daher nur ein Handle (%CID) als Anforderungsstruktur, analog zu statischen Aktionen. Auch für instanzengebundene Funktionen steht das Schlüsselwort `repeatable` bereit, um auch diese für eine Instanz mehrfach aufrufen zu können.

Da die komplette Syntax und deren abgeleitet Signaturen identisch zu Aktionen sind, verzichten wir an dieser Stelle auf weiterführende Syntaxbeschreibungen und verweisen auf den vorherigen Abschnitt.

Der Einfachheit halber fügen wir unserer Verhaltensdefinition an dieser Stelle zwei Funktionen hinzu, die aus funktionaler Sicht nicht benötigt werden, Ihnen aber ein Beispiel für die Nutzung tiefer Ergebnisdatentypen geben. In der Verhaltensdefinition definieren wir entsprechend Listing 11.40 die beiden Funktionen wie folgt:

```
function GetNumberOfItems deep result [1] ZD_
SalesOrderGetNumberofItemsR;
function GetSalesOrder deep result [1] ZD_SalesOrderGetResult;
```

Listing 11.40 Verhaltensdefinition – Funktionen definieren

Beispiel: Skalarer Ergebnistyp

Die erste Funktion gibt lediglich die Anzahl der Positionen für einen Kundenauftrag zurück. Hier möchten wir ein einfaches Ergebnis vom Typ Integer bereitstellen (siehe Listing 11.41), das ebenfalls eine Typdefinition per Verhaltensdefinition erfordert (siehe Listing 11.42). Die Verhaltensdefinition wird benötigt, damit das Ergebnis ein skalarer Typ ist; andernfalls wäre das Ergebnis eine Struktur mit einem Feld `NumberOfItems`.

```
@VDM.usage.type: [#ACTION_RESULT_STRUCTURE]
define root abstract entity ZD_SalesOrderGetNumberOfItemsR
{
  NumberOfItems : abap.int8;
}
```

Listing 11.41 Abstrakte CDS-Entität – skalarer Datentyp


```
abstract;
strict ( 2 );
with hierarchy;

scalar entity ZD_SalesOrderGetNumberOfItemsR field NumberOfItems;
```

Listing 11.42 Abstrakte Verhaltensdefinition – skalarer Datentyp

Nach der Aktivierung und Erstellung der zugehörigen Implementierungsmethode (über Quick Fix) enthält die Ergebnissignatur nur den Schlüssel `SalesOrder` (da es sich um eine gebundene und nicht um eine statische Funktion handelt), `%param` ist entsprechend typisiert (siehe Abbildung 11.11).

```
result type table for function result zr_salesordertp\\salesorder~getnumberofitems
  salesorder          type vbeln
  %param              type int8
 Component Groups
  %key                [ derived type... ]
  %tky                [ derived type... ]
  %pky                [ derived type... ]
 Primary Table Key
  primary_key         non-unique, standard, empty
 Secondary Table Keys
  entity (ID)         non-unique, sorted, userdefined
     %key             [ derived type... ]
```

Abbildung 11.11 Handler-Signatur – Funktionsergebnis mit skalarem Ergebnisdatentyp

Beispiel: Funktionsimplementierung mit skalarem Ergebnisdatentyp

Auf dieser Grundlage haben wir die Funktion einfach implementiert, indem wir die Daten über `READ BY ASSOCIATION` lesen. Da wir den lokalen Modus nicht verwenden, wird die Leseberechtigung automatisch geprüft, was für diesen Fall ausreichend ist. Um die Syntaxwarnung auszublenden, die anzeigt, dass ein Zugriff den lokalen Modus verwenden sollte, fügen wir das Pragma ##NO_LOCAL_MODE hinzu (siehe Listing 11.43).

```
METHODS GetNumberOfItems FOR READ
  IMPORTING keys FOR FUNCTION SalesOrder~GetNumberOfItems
    RESULT result.
...
METHOD GetNumberOfItems.
  READ ENTITY ZR_SalesOrderTP ##NO_LOCAL_MODE
    BY \_Item
    FROM CORRESPONDING #( keys )
    RESULT DATA(salesorderitems)
    FAILED failed.

  LOOP AT keys ASSIGNING FIELD-SYMBOL(<key>).
    READ TABLE failed-salesorder TRANSPORTING NO FIELDS
      WITH KEY id COMPONENTS %tky = <key>-%tky.
    CHECK sy-subrc <> 0.
    APPEND VALUE #( %tky   = <key>-%tky
                    %param = REDUCE #( INIT count = 0
                                FOR salesorderitem IN salesorderitems
                                WHERE ( %tky = <key>-%tky ) ##PRIMKEY
                                NEXT count += count )
                  ) TO result.
  ENDLOOP.
ENDMETHOD.
```

Listing 11.43 Verhaltensimplementierung – Funktion mit skalarem Ergebnisdatentyp

Beispiel: Tiefer Ergebnisdatentyp

Im zweiten Beispiel geben wir den kompletten Kundenauftrag als tiefe Struktur zurück. Um dies zu erreichen, müssen wir eine Ergebnisstruktur definieren, die eine Tabelle innerhalb einer Tabelle enthält. Diese zeigt zudem, dass es keine Einschränkungen hinsichtlich der Ergebnistypen gibt. Um alle drei Hauptentitäten abzudecken, benötigen wir auch drei abstrakte Entitäten. Der daraus zusammengesetzte Ergebnisdatentyp kann mit der kompositionellen Entitätsstruktur verglichen werden kann. Der Hauptunterschied besteht darin, dass wir in den Kindentitäten die vererbten Schlüsselfelder weglassen, weil diese hier nicht benötigt werden und redundant sind, da wir eine tiefe Struktur haben. Listing 11.44 zeigt die Hauptergebnisstruktur mit einigen Feldern des Kundenauftragskopfs und einer Tabelle für die Kundenauftragspositionen (dargestellt als Komposition mit der Kardinalität [0..*]).

```
@VDM.usage.type: [#ACTION_RESULT_STRUCTURE]
@EndUserText.label: 'Sales Order Get Function Result'
define root abstract entity ZD_SalesOrderGetResult
{
      SalesOrder             : vbeln;
      SalesOrderType         : auart;
      SoldToParty            : kunag;
      SalesOrganization      : vkorg;
      DistributionChannel    : vtweg;
      OrganizationDivision   : spart;
      DeliveryStatus         : lfstk;
      _Items                 : composition [0..*] of
                               ZD_SalesOrderGetItemResult;
}
```

Listing 11.44 Abstrakte CDS-Entität – tiefer Datentyp für den Kundenauftragskopf

Listing 11.45 zeigt die Kindstruktur mit einigen Feldern der Kundenauftragsposition und einer Tabelle für die zugehörigen Kundenauftragseinteilungen (dargestellt als Komposition mit der Kardinalität [0..*]).

```
@VDM.usage.type: [#ACTION_RESULT_STRUCTURE]
  @EndUserText.label: 'Sales Order Get Item Function Result'
  define abstract entity ZD_SalesOrderGetItemResult
  {
        SalesOrderItem      : posnr;
        Product             : matnr;
        @Semantics.quantity.unitOfMeasure : 'OrderQuantityUnit'
        OrderQuantity       : kwmeng;
        OrderQuantityUnit   : vrkme;
        @Semantics.amount.currencyCode : 'TransactionCurrency'
        NetAmount           : netwr_ap;
        TransactionCurrency : waerk;
        _DummyAssociation   : association to parent
                              ZD_SalesOrderGetResult;
        _ScheduleLines      : composition [0..*] of
                              ZD_SalesOrderGetScheduleLineR;
  }
```

Listing 11.45 Abstrakte CDS-Entität – tiefer Datentyp für die Kundenauftragsposition

Listing 11.46 schließlich zeigt die Struktur, die einige Felder der Kundenauftragseinteilung enthält.

```
@VDM.usage.type: [#ACTION_RESULT_STRUCTURE]
@EndUserText.label: 'Sales Order Get SLine Function Result'
define abstract entity ZD_SalesOrderGetScheduleLineR
{
      SalesOrderScheduleLine : etenr;
      @Semantics.quantity.unitOfMeasure : 'OrderQuantityunit'
      OrderQuantity          : wmeng;
      OrderQuantityUnit      : vrkme;
      DeliveryDate           : edatu;
      _DummyAssociation      : association to parent
                               ZD_SalesOrderGetItemResult;
}
```

Listing 11.46 Abstrakte CDS-Entität – tiefer Datentyp für die Kundenauftragseinteilung

Die Verhaltensdefinition aus Listing 11.47 definiert das Verhalten für die verschiedenen abstrakten Entitäten.

```
abstract;
strict ( 2 );
with hierarchy;

define behavior for ZD_SalesOrderGetResult
{
  association _Items;
}

define behavior for ZD_SalesOrderGetItemResult
{
  association _ScheduleLines;
}

define behavior for ZD_SalesOrderGetScheduleLineR
{
}
```

Listing 11.47 Abstrakte Verhaltensdefinition – tiefer Datentyp

Nach der Aktivierung und Erstellung der zugehörigen Implementierungsmethode (über Quick Fix) enthält die Ergebnissignatur nur den Schlüssel SalesOrder (da es sich um eine gebundene und nicht um eine statische

Funktion handelt), `%param` ist typisiert mit der definierten tiefen Ergebnisstruktur (siehe Abbildung 11.12).

```
result type table for function result zr_salesordertp\\salesorder~getsalesorder
    salesorder                     type vbeln
    %param
        salesorder                 type vbeln
        salesordertype             type auart
        soldtoparty                type kunag
        salesorganization          type vkorg
        distributionchannel        type vtweg
        organizationdivision       type spart
        deliverystatus             type lfstk
        _items                     type standard table of
            salesorderitem         type posnr
            product                type matnr
            orderquantity          type kwmeng
            orderquantityunit      type vrkme
            netamount              type netwr_ap
            transactioncurrency    type waerk
            _schedulelines         type standard table of
                salesorderscheduleline type etenr
                orderquantity      type wmeng
                orderquantityunit  type vrkme
                deliverydate       type edatu
  Component Groups
    %key                           [ derived type... ]
    %tky                           [ derived type... ]
    %pky                           [ derived type... ]
  Primary Table Key
    primary_key                    non-unique, standard, empty
  Secondary Table Keys
    entity (ID)                    non-unique, sorted, userdefined
        %key                       [ derived type... ]
```

Abbildung 11.12 Handler-Signatur – Funktionsergebnis mit tiefem Ergebnisdatentyp

Beispiel: Funktionsimplementierung mit tiefem Ergebnisdatentyp

In der Verhaltensimplementierung lesen wir nur die Auftragsköpfe, Positionen und Einteilungen für die Eingangsschlüssel und füllen die Ergebnisstruktur entsprechend. In diesem Fall lesen wir im lokalen Modus und rufen die Berechtigungsprüfung selbstständig im Code auf (siehe Listing 11.48).

```
METHODS GetSalesOrder FOR READ
  IMPORTING keys FOR FUNCTION SalesOrder~GetSalesOrder RESULT result.
...
METHOD GetSalesOrder.
  READ ENTITY IN LOCAL MODE ZR_SalesOrderTP
    ALL FIELDS
    WITH CORRESPONDING #( keys )
    RESULT DATA(salesorders)
    FAILED failed.
```

```
READ ENTITY IN LOCAL MODE ZR_SalesOrderTP
  BY \_Item
  ALL FIELDS
  WITH CORRESPONDING #( keys )
  RESULT DATA(salesorderitems).

READ ENTITY IN LOCAL MODE ZR_SalesOrderItemTP
  BY \_ScheduleLine
  ALL FIELDS
  WITH CORRESPONDING #( salesorderitems )
  RESULT DATA(salesorderslines).

LOOP AT keys ASSIGNING FIELD-SYMBOL(<key>).
  READ TABLE salesorders ASSIGNING FIELD-SYMBOL(<salesorder>)
    WITH KEY id COMPONENTS %tky = <key>-%tky.
  IF sy-subrc = 0.
    "authority-check
    AUTHORITY-CHECK OBJECT 'V_VBAK_AAT'
      ID 'ACTVT' FIELD '03'
      ID 'AUART' FIELD <salesorder>-SalesOrderType.
    IF sy-subrc <> 0.
      APPEND VALUE #( %tky = <salesorder>-%tky
                      %fail-cause = if_abap_behv=>cause-unauthorized
                     ) TO failed-salesorder.
      CONTINUE.
    ENDIF.
    APPEND VALUE #( SalesOrder = <salesorder>-SalesOrder )
      TO  result
      ASSIGNING FIELD-SYMBOL(<result>).
    <result>-%param = CORRESPONDING #( <salesorder> ).
    LOOP AT salesorderitems ASSIGNING
      FIELD-SYMBOL(<salesorderitem>)
      USING KEY entity WHERE SalesOrder = <salesorder>-SalesOrder.
      APPEND CORRESPONDING #( <salesorderitem> )
        TO <result>-%param-_items
        ASSIGNING FIELD-SYMBOL(<result_item>).
      LOOP AT salesorderslines ASSIGNING
        FIELD-SYMBOL(<salesordersline>)
        USING KEY entity WHERE SalesOrder     =
                                 <salesorderitem>-SalesOrder
                           AND SalesOrderItem =
                                 <salesorderitem>-SalesOrderItem.
        APPEND CORRESPONDING #( <salesordersline> )
```

```
          TO <result_item>-_schedulelines.
        ENDLOOP.
      ENDLOOP.
    ENDIF.
  ENDLOOP.
ENDMETHOD.
```

Listing 11.48 Verhaltensimplementierung – Funktion mit tiefem Ergebnisdatentyp

11.4.12 Ermittlungen und Validierungen

Seiteneffekte

In transaktionalen Anwendungen werden häufig Daten geändert, was zu Änderungen anderer Daten und Eigenschaften oder zu Meldungen über den Zustand eines Geschäftsobjekts während oder nach der Verarbeitung führt. Diese Seiteneffekte können in drei Arten auftreten:

- Änderung von abhängigen Daten
- Prüfen von Daten mit entsprechender (Fehler-)Meldung
- Änderung von (dynamischer) Feature-Kontrolle

In den folgenden Abschnitten werden wir uns mit den ersten beiden Arten von Seiteneffekten befassen. Die dynamische Feature-Kontrolle wird im gleichnamigen Abschnitt 11.4.13 vorgestellt.

Die Implementierung der Anwendungslogik ist der Hauptunterschied zwischen einer `MANAGED`- und `UNMANAGED`-Implementierung. Im letzteren Fall haben wir gesehen, dass der Modify-Handler und die Saver-Handler vollständig von der Anwendung implementiert werden. Die implementierte Logik muss nicht nur die Änderungen in den Transaktionspuffer übernehmen und später in der Datenbank speichern, sondern auch die notwendige zusätzliche Anwendungslogik aufrufen. Die zusätzliche Anwendungslogik kann sofort im Modify-Handler aufgrund der Änderungen oder während der Save-Phase, d. h. innerhalb von `FINALIZE` und `CHECK_BEFORE_SAVE`, ausgeführt werden. In einer `MANAGED`-Implementierung werden diese Handler – Pufferbehandlung und Speichern der Daten – von der Infrastruktur bereitgestellt, sodass die Anwendung Exits und Hooks benötigt, um eine zusätzliche Anwendungslogik implementieren zu können. Dies geschieht über Ermittlungen (engl. *Determinations*) und Validierungen (engl. *Validations*), ein Konzept, das wahrscheinlich auch schon aus BOPF bekannt ist. Änderungen an abhängigen Daten im ABAP RESTful Application Programming Model werden in Ermittlungen implementiert. Datenprüfungen im ABAP RESTful Application Programming Model werden über Validierungen implementiert.

Ermittlung implementieren

Ermittlungen

Betrachten wir einige einfache Beispiele für die Änderung abhängiger Daten, d. h., dass Änderungen an einigen Daten andere Änderungen erforderlich machen bzw. auslösen. So kann z. B. eine Postleitzahl eingegeben und die entsprechende Stadt ermittelt und in das dafür vorgesehene Datenfeld eingetragen werden. Als zweites Beispiel wird ein Warenkorb befüllt und der Gesamtbetrag anhand der bestellten Menge und des Preises automatisch ermittelt. Natürlich können auch weitere Änderungen durch geänderte Daten mit der Geschäftslogik ausgelöst werden, d. h., Seiteneffekte entstehen aufgrund von Änderungen aus Seiteneffekten. So könnten im Warenkorb-Beispiel die Steuern und Versandkosten durch den geänderten Gesamtbetrag automatisch neu berechnet werden.

Auslösebedingungen

Im ABAP RESTful Application Programming Model sind diese Ermittlungen bis zu einem gewissen Grad modelliert. Sie definieren sowohl die Ermittlung selbst als auch die Änderungen, die diese Ermittlung auslösen. Dies wird im ABAP RESTful Application Programming Model als *Auslösebedingung* bezeichnet. Die ABAP-Infrastruktur führt den Seiteneffekt nur dann aus und ruft die implementierende Handler-Methode auf, wenn eine entsprechende Änderung stattgefunden hat, die für die Ausführung der Ermittlung relevant ist. Die auslösenden Änderungen werden auf der betreffenden Instanz definiert, wie im ersten Beispiel der Postleitzahl und des Orts oder im Beispiel des Warenkorbs der Artikel, durch den als Seiteneffekt die Kopfdaten geändert werden. Eine Ermittlung kann auch Daten anderer verwandter Instanzen oder sogar anderer Geschäftsobjekte ändern. Sie können die Art der Änderung definieren, auf die Sie reagieren wollen. Das ABAP RESTful Application Programming Model bietet Feldbedingungen und Operationsbedingungen als Auslösebedingungen an. Feldbedingungen werden ausgewertet, wenn ein Feld geändert wird, d. h. innerhalb einer Änderungsoperation, aber auch wenn ein Feld direkt in einer Anlegeoperation gesetzt wird. Operationsbedingungen sind Anlege-, Änderungs- oder Löschbedingungen, die ausgelöst werden, wenn eine Instanz angelegt, geändert oder gelöscht wird.

Ausführungszeitpunkte für Ermittlungen

Es gibt zwei Ausführungszeitpunkte für Ermittlungen, die festlegen, wann sie aufgerufen und ausgeführt werden sollen. Die folgenden Ausführungszeitpunkte sind verfügbar:

- `on modify`
  Dieser Ausführungszeitpunkt wird verwendet, um die Geschäftslogik unmittelbar nach der Änderung der Daten auszuführen. Das Ergebnis dieses Seiteneffekts steht anderen Anwendungen unmittelbar nach dem Vorgang zur Verfügung. Dies sollte verwendet werden, wenn wesentliche

Seiteneffekte auftreten, um z. B. einige Default-Werte hinzuzufügen, die die weitere Verarbeitung direkt beeinflussen.

- `on save`
  Dieser Ausführungszeitpunkt wird verwendet, um die Geschäftslogik vor dem Speichern der Daten auszuführen, um sicherzustellen, dass die Daten konsistent sind und alle Seiteneffekte ordnungsgemäß aufgerufen werden. Dies sollte die Standardeinstellung sein, d. h. aus Performancegründen (um zu vermeiden, dass Anwendungslogik mehrfach ausgeführt wird, wenn sie nicht früher benötigt wird) oder zur Auslösung nachfolgender Geschäftsprozesse. In der Save-Phase werden alle für das Speichern definierten Ermittlungen während des `FINALIZE` ausgeführt. Die Anwendung kann den Verwendern (z. B. einem interaktiv arbeitenden Client) zusätzlich die Möglichkeit bieten, diese Geschäftslogik mithilfe von Ermittlungsaktionen (die später in diesem Abschnitt erläutert werden) früher auszuführen.

Beispiel: Determination »on save«

Als Beispiel fügen wir nun eine Ermittlung beim Speichern auf der Kundenauftragsposition hinzu, bei dem wir auf der Grundlage der Bestellmenge und des Preises des Produkts den Gesamtbetrag der Kundenauftragsposition berechnen wollen (siehe Listing 11.49).

```
define behavior for ZR_SalesOrderItemTP alias SalesOrderItem
...
{
  ...
  determination CalculateNetAmount on save { field Product, OrderQuan
tity , OrderQuantityUnit; }
  ...
}
```

Listing 11.49 Verhaltensdefinition – Nettobetrag berechnen

Die Auslösebedingungen sind hier das Produkt und die Auftragsmenge des Felds oder deren Mengeneinheit, denn wenn sich eines davon oder alle ändern, ändert sich auch der Gesamtbetrag der Position. Beachten Sie, dass der Feldauslöser sowohl erfüllt wird, wenn die Kundenauftragsposition erstellt oder aktualisiert wird, als auch, wenn ein Wert für das Produkt oder die Auftragsmenge angegeben wird.

Mithilfe des Quick Fix erstellen wir die Handler-Methode und können die Logik zur Berechnung des Nettobetrags auf der Grundlage von Produktpreis und Menge implementieren (siehe Listing 11.50).

```
METHOD CalculateNetAmount.
  "please note that for the sake of simplicity in this example
  "we assume to have only one transaction currency, e.g. USD,
  "and only one valid quantity unit for a product, e.g. PCE
  READ ENTITY IN LOCAL MODE ZR_SalesOrderItemTP
    FIELDS ( Product OrderQuantity OrderQuantityUnit )
    WITH CORRESPONDING #( keys )
    RESULT DATA(salesorderitems).

  SELECT product, price, currency
    FROM zi_product WITH PRIVILEGED ACCESS
    FOR ALL ENTRIES IN @salesorderitems
    WHERE product = @salesorderitems-Product
    INTO TABLE @DATA(products).

  DATA updates TYPE TABLE FOR UPDATE ZR_SalesOrderItemTP.

  LOOP AT salesorderitems ASSIGNING FIELD-SYMBOL(<salesorderitem>).
    READ TABLE products ASSIGNING FIELD-SYMBOL(<product>)
      WITH KEY Product = <salesorderitem>-Product.
    CHECK sy-subrc = 0.
    APPEND VALUE #(
              %tky                        = <salesorderitem>-%tky
              NetAmount                   = <salesorderitem>-
OrderQuantity * <product>-Price
              TransactionCurrency         = <product>-Currency )
      TO updates.
  ENDLOOP.

  MODIFY ENTITY IN LOCAL MODE zr_salesorderitemtp
    UPDATE FIELDS ( NetAmount TransactionCurrency ) WITH updates.
ENDMETHOD.
```

Listing 11.50 Verhaltensimplementierung – Nettobetrag berechnen

Beispiel: Determination »on modify«

Außerdem wollen wir ein Beispiel für eine Ermittlung geben, die sofort ablaufen soll. Wenn sich der Nettobetrag auf der Positionsebene ändert, wollen wir auch den Gesamtnettobetrag des gesamten Auftrags berechnen. Um dies zu erreichen, fügen wir unserer Kundenauftragspositionsdefinition eine Ermittlung hinzu, wie in Listing 11.51 dargestellt.

```
define behavior for ZR_SalesOrderItemTP alias SalesOrderItem
...
{
```

```
  ...
  determination CalculateTotalNetAmount on modify
    { field NetAmount, TransactionCurrency; }
  ...
}
```

Listing 11.51 Verhaltensdefinition – Gesamtbetrag berechnen

Die Auslösebedingung ist hier nur das Feld Nettobetrag, denn wenn dieses geändert wird, wollen wir den gesamten Nettobetrag berechnen. Beachten Sie, dass die Auslösebedingungen immer für die Entität und Instanz definiert werden, in denen die Änderung auftritt, während die Seiteneffekte sich auf jede andere Entität und Instanz auswirken können. Im gegebenen Fall betrifft die Auswirkung den Kundenauftragskopf, aber die Auswirkung hätte auch auf andere Positionen oder sogar andere Geschäftsobjekte erfolgen können. Mithilfe des Quick Fix erstellen wir wieder die Handler-Methode und implementieren sie entsprechend (siehe Listing 11.52).

```
METHOD CalculateTotalNetAmount.
  "please note that for the sake of simplicity in this example
  "we assume to have only one transaction currency, e.g., USD
  READ ENTITY IN LOCAL MODE ZR_SalesOrderTP BY \_Item
    FIELDS ( NetAmount TransactionCurrency )
    WITH CORRESPONDING #( keys )
    RESULT DATA(salesorderitems).

  DATA updates TYPE TABLE FOR UPDATE ZR_SalesOrderTP.

  LOOP AT salesorderitems ASSIGNING FIELD-SYMBOL(<salesorderitem>).
    READ TABLE updates ASSIGNING FIELD-SYMBOL(<update>)
      WITH KEY id COMPONENTS %tky = CORRESPONDING #
( <salesorderitem>-%tky ).
    IF sy-subrc <> 0.
      APPEND VALUE #( %tky = CORRESPONDING #( <salesorderitem>-
%tky ) )
      TO updates ASSIGNING <update>.
    ENDIF.

    <update>-TransactionCurrency = <salesorderitem>-
TransactionCurrency.
    <update>-NetAmount += <salesorderitem>-NetAmount.
  ENDLOOP.
```

```
    MODIFY ENTITY IN LOCAL MODE ZR_SalesOrderTP
      UPDATE FIELDS ( netamount transactioncurrency ) WITH updates.
ENDMETHOD.
```

Listing 11.52 Verhaltensimplementierung – Gesamtbetrag berechnen

Ermittlungs-abhängigkeiten

Im ABAP RESTful Application Programming Model werden die definierten Ermittlungen ausgelöst, sobald eine zugehörige Auslösebedingung erfüllt ist. Daher ist die Reihenfolge der Ermittlungen funktional nicht so wichtig, sie kann sich jedoch auf die Laufzeit auswirken. Um eine definierte Reihenfolge der Ermittlungen zu erreichen, können die Verhaltensimplementierungsklassen mit einer Vorher-nachher-Syntax auf der Ebene der Verhaltens-Handler-Klassen angegeben werden (siehe Abschnitt 11.4.2, »Verhaltenspool und Handler-Implementierung«). Wenn die Reihenfolge wichtig ist oder sogar von der Operation abhängt, können alternativ verschiedene Ermittlungen innerhalb desselben Handlers implementiert werden, sodass die richtige Ausführung durch den implementierten Programmablauf sichergestellt werden kann.

»MANAGED«-Ermittlungen: Verwaltungsdaten

Wie die MANAGED-Nummernvergabe mit GUIDs bietet die ABAP-RESTful-Application-Programming-Model-Infrastruktur eine automatische Ermittlung von Systemverwaltungsdaten (Erstellungsdatum, letzte Änderung usw.) durch Modellierung dieser Informationen als semantische Annotationen im CDS-Modell. Die ABAP-RESTful-Application-Programming-Model-Infrastruktur nutzt die CDS-Informationen, um die entsprechenden Feldwerte automatisch und korrekt zur Laufzeit zu füllen. Diese Felder sind als nicht änderbar definiert, da sie vom System und nicht vom Benutzer oder einer anderen Anwendung gesetzt werden sollen.

Um die angesprochene Funktionalität nutzen zu können, müssen Sie die in Listing 11.53 hervorgehobenen semantischen Annotationen zu den entsprechenden CDS-Feldern jeder relevanten Entität hinzufügen.

```
define view entity ZR_SalesOrderTP
...
{
    ...
    @Semantics.user.createdBy: true
    CreatedByUser,
    @Semantics.systemDateTime.createdAt: true
    CreationDateTime,
    @Semantics.user.lastChangedBy: true
    LastChangedByUser,
```

```
    @Semantics.systemDateTime.lastChangedAt: true
    LastChangeDateTime,
    ...
}
```

Listing 11.53 CDS-Entität – Kundenauftrag mit Annotationen für die Systemverwaltungsdaten

Validierungen implementieren

Konsistenzvalidierungen

Während Ermittlungen die eingegebenen Daten anreichern, ist es auch notwendig, die Daten vor dem Speichern in der Datenbank zu prüfen und gegebenenfalls das Speichern aufgrund von Dateninkonsistenzen zu verhindern. In der Regel sollte die betriebswirtschaftliche Konsistenz in den Daten gewährleistet sein. Einfache Prüfungen, die Fehleingaben verhindern, sind Prüfungen auf zulässige Werte, wie Festwerte oder Fremdschlüssel. Selbst wenn alle Einzelwerte korrekt sind, kann die Kombination von Werten, die Überschreitung von Grenzen usw. zu einem betriebswirtschaftlich inkonsistenten Zustand führen, z. B. wenn Postleitzahl und Ort zusammen eingegeben werden, aber nicht zueinanderpassen, oder wenn die Gesamtsumme der in den Warenkorb gelegten Waren ein bestimmtes Budget oder eine Grenze überschreitet. Validierungen können nur für das Speichern definiert werden und werden in der Save-Phase während des `CHECK_BEFORE_SAVE` aufgerufen. Wenn eine Validierung fehlschlägt, wird der Speichervorgang abgelehnt.

Auslösebedingungen

Konsistenzvalidierungen sind im ABAP RESTful Application Programming Model modelliert und werden wie Ermittlungen durch Änderungen ausgelöst, d. h., bei relevanten Änderungen können automatisch entsprechende Prüfungen durchgeführt werden. So können Validierungen analog zu Ermittlungen auf Basis von Änderungen von Feldwerten oder auf Instanzenebene für angelegte, geänderte oder gelöschte Instanzen ausgelöst werden.

Zustandsmeldungen

Wenn eine Validierung fehlschlägt, sollte in der Regel zusätzlich eine Fehlermeldung ausgegeben werden, die das Problem erklärt und den Benutzer bei der Eingabe konsistenter Daten unterstützt. Da sich diese Meldungen auf den Zustand der Instanzen beziehen, werden sie auch als Zustandsmeldungen bezeichnet, was durch das Feld `%state_area` in der `REPORTED`-Struktur angezeigt wird, das von der Anwendung mit einem eindeutigen (und empfohlenen) lesbaren Bezeichner zu füllen ist. Zustandsmeldungen werden von der Infrastruktur zwischengespeichert und können von den Anwendungen über die Anweisung `READ ENTITY` abgerufen werden, wenn der Rückgabeparameter `REPORTED` angefordert wird. Wenn dieselbe Validierung erneut abläuft, z. B. weil die betreffenden Daten korrigiert wurden, sollte die

Meldung verschwinden, was auf der Grundlage desselben Zustandsbereichs %state_area geschieht. Um sicherzustellen, dass der Meldungspuffer korrekt invalidiert und gelöscht wird, muss daher in der Implementierung als erste Operation immer ein leerer Eintrag mit dem Zustandsbereich vorgesehen werden (siehe Listing 11.55 weiter unten in diesem Abschnitt).

Beispiel: Konsistenzprüfung

In unserem Modell fügen wir nun eine Beispielvalidierung für jede Entität hinzu, indem wir die Validierung und die zugehörige Auslösebedingung definieren (siehe Listing 11.54).

```
define behavior for ZR_SalesOrderTP alias SalesOrder
...
{
  ...
  validation VerifySoldToParty on save { field SoldToParty; }
  ...
}

define behavior for ZR_SalesOrderItemTP alias SalesOrderItem
...
{
  ...
  validation VerifyProduct on save { field Product; }
  ...
}

define behavior for ZR_SalesOrderScheduleLineTP
  alias SalesOrderScheduleLine
...
{
  ...
  validation VerifyQuantityUnit on save { field OrderQuantityUnit; }
  ...
}
```

Listing 11.54 Verhaltensdefinition – Validierung

Mit dem bekannten Quick Fix können die entsprechenden Handler-Methoden erstellt werden, die Sie anschließend implementieren können. Ein Beispiel für die Methodendefinition und -implementierung für eine der zuvor skizzierten Validierungen finden Sie in Listing 11.55. Hier fokussieren wir uns auf den Auftraggeber und prüfen, ob ein Wert spezifiziert wurde und ob der Wert existiert. Außerdem können Sie sehen, dass wir für jede geprüfte Instanz zu Beginn einen leeren Eintrag in REPORTED für den zugehörigen Zustandsbereich dieser Validierung hinzufügen, um existierende Meldungen aus vorangegangenen Prüfungen zu invalidieren.

```
METHODS VerifySoldToParty FOR VALIDATE ON SAVE
  IMPORTING keys FOR salesorder~verifysoldtoparty.
...
METHOD VerifySoldToParty.
  READ ENTITY IN LOCAL MODE ZR_SalesOrderTP
    FIELDS ( SoldToParty )
    WITH CORRESPONDING #( keys )
    RESULT DATA(salesorders).

  SELECT customer FROM ZI_Customer WITH PRIVILEGED ACCESS
    FOR ALL ENTRIES IN @salesorders
    WHERE customer = @salesorders-SoldToParty
    INTO TABLE @DATA(customers).

  LOOP AT salesorders ASSIGNING FIELD-SYMBOL(<salesorder>).
    APPEND VALUE #( %tky        = <salesorder>-%tky
                    %state_area = 'VERIFYSOLDTO' )
      TO reported-salesorder.

    IF <salesorder>-SoldToParty IS INITIAL.
      APPEND VALUE #( %tky = <salesorder>-%tky ) TO failed-
salesorder.
      APPEND VALUE #( %tky = <salesorder>-%tky
                      %msg = NEW zcm_salesordertp(
                                 textid   = zcm_salesordertp=>sold_
to_party_initial
                                 severity = zcm_salesordertp=>if_
abap_behv_message~severity-error
                             )
                      %element-SoldToParty = if_abap_behv=>mk-on
                      %state_area = 'VERIFYSOLDTO' )
        TO reported-salesorder.
    ELSE.
      READ TABLE customers TRANSPORTING NO FIELDS
        WITH KEY customer = <salesorder>-SoldToParty.
      IF sy-subrc <> 0.
        APPEND VALUE #( %tky = <salesorder>-%tky )
          TO failed-salesorder.
        APPEND VALUE #( %tky = <salesorder>-%tky
                        %msg = NEW zcm_salesordertp(
```

11

```
                                          textid        = zcm_
salesordertp=>sold_to_party_does_not_exist
                                          sold_to_party = <salesorder>-
SoldToParty
                                          severity      = zcm_
salesordertp=>if_abap_behv_message~severity-error
                                        )
                              %element-SoldToParty = if_abap_behv=>mk-on
                              %state_area = 'VERIFYSOLDTO' )
          TO reported-salesorder.
      ENDIF.
    ENDIF.
  ENDLOOP.
ENDMETHOD.
```

Listing 11.55 Verhaltensimplementierung – Validierung

Ermittlungsaktionen

Anwendungslogik explizit ausführen

In der Regel wollen Sie solche Prüfungen nicht nur als Seiteneffekt von Änderungen, sondern auch als explizite Anforderung durchführen. Dies gilt insbesondere dann, wenn es sich um ein interaktives Szenario handelt oder wenn eine verwendete Anwendung die Daten überprüfen möchte, bevor sie die Save-Phase startet. Ein weiterer Grund dafür ist, dass manche Fehler nicht im Geschäftsobjekt selbst durch Änderung der Daten behoben werden können, sondern auf Änderungen im Umfeld, wie z. B. der Systemkonfiguration, der Stammdaten oder anderer Geschäftsobjekte, reagieren müssen. Das Gleiche gilt für Ermittlungen, wenn der Verwender möchte, dass eine bestimmte Logik ausgeführt wird, bevor die Save-Phase gestartet wird. Darüber hinaus können auch Änderungen im Umfeld relevant sein. Das ABAP RESTful Application Programming Model bietet daher die Möglichkeit, Ermittlungen und Validierungen mithilfe der Auslösebedingung always im Kontext einer Ermittlungsaktion durchzuführen, was der expliziten Anforderung entspricht, eine Prüfung durchzuführen.

Ermittlungsaktionen sind spezielle Aktionen, die weder einen Parameter noch einen Ergebnisdatentyp haben. In einer UNMANAGED-Implementierung werden diese wie jede andere Aktion implementiert. Bei einer MANAGED-Implementierung werden diese Ermittlungsaktionen vollständig modelliert, d. h., es ist keine Implementierung möglich und notwendig. Stattdessen können Sie, wie bereits erwähnt, diesen Ermittlungsaktionen Ermittlungen und Validierungen zuordnen. Die definierten Auslösebedingungen von Ermittlungen und Validierungen werden auf der Grundlage der aktuellen Änderungen im Transaktionspuffer berücksichtigt, es sei denn, es wird der Zusatz always verwendet. In diesem Falle werden die so gekennzeichneten Ermittlungen und Validierungen immer ausgeführt auf den entsprechenden Instanzen, für die die Ermittlungsaktion aufgerufen wird.

Sie können den Ermittlungsaktionen Ermittlungen und Validierungen derselben Entität oder von Entitäten weiter unten in der Kompositionshierarchie zuordnen, indem Sie den Alias der Entität der entsprechenden Ermittlung bzw. Validation voranstellen.

Beispiel: Konsistenzprüfung

Als Beispiel definieren wir eine Ermittlungsaktion auf der Kopfebene des Kundenauftrags, um die Gesamtkonsistenz explizit zu prüfen, indem wir ihr alle zuvor definierten Validierungen zuweisen (siehe Listing 11.56).

```
determine action Check
{
  validation ( always ) VerifySoldToParty;
  validation ( always ) SalesOrderItem ~ VerifyProduct;
  validation ( always ) SalesOrderScheduleLine ~ VerifyQuantityUnit;
}
```

Listing 11.56 Verhaltensdefinition – Ermittlungsaktion

Diese Aktion kann wie jede andere Aktion der Verhaltensdefinition verwendet werden.

Ermittlungsaktionen als SAP Fiori Elements-Seiteneffekte

Um On-Save-Ermittlungen sowie Validierungen während der Interaktion aufzurufen, kann die Anwendung Ermittlungsaktionen definieren, die auch Ende-zu-Ende über SAP Fiori Elements als UI-Seiteneffekt-Trigger-Aktion unterstützt werden (siehe Abschnitt 11.4.19, »Seiteneffekte«).

11.4.13 Dynamische Feature-Kontrolle

Anwendungsspezifische Einschränkungen

Neben Änderungen an Daten und Prüfungen als Seiteneffekt von Änderungen können sich auch die Eigenschaften einer Instanz des Geschäftsobjekts ändern. So könnte beispielsweise durch eine Änderung oder durch eine Aktion ein Status gesetzt werden, der weitere Änderungen an einer Entität oder bestimmten Feldern nicht mehr zulässt. Andererseits können einige Felder nur eingegeben und geändert werden, wenn ein anderes Feld, z. B. die Art eines Kundenauftrags, eingegeben wurde. Diese Seiteneffekte beschreiben anwendungsspezifische Einschränkungen, die auf den konkreten Daten einer Instanz beruhen. Neben den Daten des eigenen Geschäftsobjekts können hier auch andere Daten berücksichtigt werden, wie z. B. die Konfiguration der Anwendung, durch die Daten unabhängig von einer bestimmten Instanz nicht verändert werden können oder nicht sichtbar sein sollen. In diesem Abschnitt wird erläutert, wie Sie Ihr Modell erweitern können, um die entsprechende Logik zur Steuerung der Funktionen einer Anwendung zu definieren.

Exklusive Sperre und Berechtigung

Neben den anwendungsspezifischen Einschränkungen auf Basis von Daten haben Sie in den vorangegangenen Abschnitten bereits weitere Einschränkungen kennengelernt und umgesetzt. Einerseits sollen parallele Änderungen verschiedener Benutzer an denselben Entitäten und Instanzen durch das Sperrkonzept vermieden werden (siehe Abschnitt 11.4.6, »Exklusive Sperren«). Andererseits sind nicht alle Benutzer berechtigt, Änderungen vorzunehmen, oder aber sie dürfen nur bestimmte Daten auf bestimmten Instanzen ändern und ausgewählte Operationen durchführen (siehe Abschnitt 11.4.7, »Berechtigungsprüfungen«). Das ABAP RESTful Application Programming Model fügt der anwendungsspezifischen Feature-Kontrolle die Einschränkungen aus der Berechtigungsimplementierung automatisch hinzu. Daher erfordern Sperren und Berechtigungen keine eigene Implementierung zur Steuerung der dynamischen Eigenschaften, die über die anwendungsspezifische Implementierung hinausgeht.

»GET PERMISSIONS«

Die Unterscheidung, ob Änderungen aufgrund fehlender Berechtigung oder über Feature-Kontrolle verhindert werden und ob dies für eine dedizierte Instanz oder unabhängig von den Instanzen (d. h. global) gilt, sind providerspezifische Implementierungsdetails. Der Konsument ist in der Regel nur an der Gesamtinformation interessiert, ob z. B. eine Aktion für eine dedizierte Instanz aufgerufen werden kann oder nicht. Daher bietet EML für den Verwender eine Anweisung, die die zusammengefassten Informationen zwischen globaler und instanzenbezogener Berechtigung und Feature-Kontrolle zurückgibt:

```
GET PERMISSIONS [ONLY { GLOBAL |
                        GLOBAL FEATURES |
                        GLOBAL AUTHORIZATION |
                        INSTANCE |
                        INSTANCE FEATURES |
                        INSTANCE AUTHORIZATION |
                        FEATURES |
                        AUTHORIZATION
                      }] ...
```

Mit dem vorgesehenen Zusatz kann der Verwender die Anforderung auch auf nur globale, nur Instanz-, nur Berechtigungs- oder nur Feature-Kontrollinformationen einschränken.

Modellierung und Implementierung

Die *Feature-Kontrolle* umfasst die Deaktivierung von Operationen (*Operation Control*) sowie von Aktionen (*Action Control*) und die Kontrolle von Feldern, um diese dynamisch auf obligatorisch, editierbar oder schreibgeschützt zu setzen (*Field Control*). Die Verhaltensmodellierungen sowie die Implementierungs-Handler sind der Berechtigung sehr ähnlich. Dabei ist aber neben Operationen auch eine Steuerung auf Feldebene möglich. Darüber hinaus kann die Feature-Kontrolle global oder pro Instanz definiert werden. Während für statische Operationen (z. B. Anlegen oder statische Aktionen) nur eine globale Feature-Kontrolle zur Verfügung steht und sinnvoll ist, können für beliebige Instanzenoperationen (z. B. Anlegen durch Assoziation, Ändern, Löschen und Aktionen) sowie für Feld-Kontrolle sowohl eine globale als auch eine Instanzenkontrolle definiert werden.

Die globale Feature-Kontrolle kann verwendet werden, wenn z. B. eine Aktion aufgrund von Konfigurationseinstellungen nicht ausführbar ist und daher keine Instanzeninformationen benötigt werden, um diese Aktion zu deaktivieren und nicht zuzulassen.

Die statischen Operationen können mit dem Zusatz `( features : global )` in der Verhaltensdefinition erweitert werden:

```
create ( features : global );
static [factory] action ( features : global ) ... ;
```

Die Instanzenoperationen können mit der folgenden Syntax in der Verhaltensdefinition erweitert werden (wir beschränken uns hier auf die instanzenbezogene Feature-Kontrolle, wobei die globale Feature-Kontrolle auch für Instanzenoperationen definiert werden kann):

```
association ... { create ( features : instance ); }
update ( features : instance );
delete ( features : instance );
[factory] action ( features : instance ) ... ;
```

Für Ermittlungsaktionen kann keine Feature-Kontrolle definiert werden. Diese sind per Definition immer erlaubt.

Auf Feldebene sieht die Syntax identisch aus, wobei es nicht erlaubt und nicht sinnvoll ist, eine dynamische Instanzenkontrolle zu definieren, wenn ein Feld statisch als `readonly` oder `readonly:update` definiert ist:

```
field ( features : instance ) ...;
```

Beispiel: Globale Feature-Kontrolle

In unserem Beispiel fügen wir nun die globale Feature-Kontrolle zu unseren nicht instanzenbezogenen Operationen hinzu, wie in Listing 11.57 gezeigt.

```
create ( features : global );
...
static factory action ( features : global ) CreateFromQuote
  deep parameter ZD_SalesOrderCreateFromQuoteP [1];
```

Listing 11.57 Verhaltensdefinition – globale Feature-Kontrolle

Das Hinzufügen der Feature-Kontrolle und anschließende Aktivieren der Verhaltensdefinition offenbaren eine fehlende Implementierung für den globalen Feature-Kontroll-Handler für die entsprechenden Operationen. Die Handler-Methode können wir über den Quick Fix anlegen. Für beide Operationen enthält die Handler-Methode jeweils einen Kontrollindikator in der Eingabe (siehe Abbildung 11.13) sowie in der Ergebnissignatur (siehe Abbildung 11.14).

```
requested_features type structure for global features request zr_salesordertp\\salesorder
    %create                  type abp_behv_flag
    %action
        createfromsalesquote type abp_behv_flag
```

Abbildung 11.13 Handler-Signatur – Anforderung für globale Feature-Kontrolle

```
result type structure for global features result zr_salesordertp\\salesorder optional
    %create                  type abp_behv_flag
    %action
        createfromsalesquote type abp_behv_flag
```

Abbildung 11.14 Handler-Signatur – Ergebnis für globale Feature-Kontrolle

Da es sich in beiden Fällen um Operationen handelt, die einen Kundenauftrag erstellen, prüfen wir in der Implementierung, ob dies im aktuellen System zulässig ist. Ist dies nicht der Fall, geben wir einfach die identischen Anforderungskontrollfelder zurück, da die Semantik so definiert ist, dass gesetzte Kontrollfelder als deaktiviert interpretiert werden. Auf diese Weise wird sichergestellt, dass die Operationen nutzbar sind und nicht deaktiviert werden, wenn keine Implementierung vorhanden ist. In unserem Beispiel, das in Listing 11.58 gezeigt wird, bieten wir keine echte Funktionalität an.

```
METHODS get_global_features FOR GLOBAL FEATURES
  IMPORTING REQUEST requested_features FOR salesorder RESULT result.
...
METHOD get_global_features.
  DATA(salesordercreationswitchedoff) = abap_false.
```

```
  "read system configuration to check if creation is allowed
  "...
  IF salesordercreationswitchedoff = abap_true.
    result = CORRESPONDING #( requested_features ).
  ENDIF.
ENDMETHOD.
```

Listing 11.58 Verhaltensimplementierung – globale Feature-Kontrolle

Beispiel: Instanzenbasierte Feature-Kontrolle

Was die Instanzenoperationen betrifft, so erweitern wir unser Beispiel, um alle Instanzenoperationen entsprechend zu steuern. Hierbei ist die Definition der Feature-Kontrolle für Operationen, die `internal` definiert wurden, nicht verfügbar, da diese Operationen per Definition nur `IN LOCAL MODE` aufgerufen werden können und für externe Verwender nicht verfügbar sind. Daher wird hier niemals ein Handler für Feature-Kontrolle aufgerufen. Listing 11.59 zeigt unsere erweiterte Verhaltensdefinition.

```
...
define behavior for ZR_SalesOrderTP alias SalesOrder
...
{
  ...
  update ( features : instance );
  delete ( features : instance );
  ...
  association _Item { create ( features : instance ); }
  ...
  action ( features : instance ) Delete;
  ...
}
define behavior for ZR_SalesOrderItemTP alias SalesOrderItem
...
{
  update ( features : instance );
  delete ( features : instance );
  ...
  association _ScheduleLine { create ( features : instance );
  unmanaged association _
RequestedScheduleLine { create ( authorization : update, features : i
nstance ); }
  unmanaged association _
ConfirmedScheduleLine { create ( authorization : update, features : i
nstance ); }
 }
```

```
  ...
  action ( authorization : update, features : instance ) Copy
    parameter ZD_SalesOrderItemCopyParameter result [1..*] $self;
  ...
}

define behavior for ZR_
SalesOrderScheduleLineTP alias SalesOrderScheduleLine
...
{
  update ( features : instance );
  delete ( features : instance );
  ...
}
```

Listing 11.59 Verhaltensdefinition – Instanzen-Feature-Kontrolle

Wir erstellen nun die zugehörigen Implementierungsmethoden für die Feature-Kontroll-Handler über den Quick Fix. Auf der Elementebene sind die zugehörigen Kontrollfelder Teil der Eingabesignatur (siehe Abbildung 11.15), die keinen Instanzenbezug haben, d. h., die Anforderung erfolgt immer homogen für alle Instanzen, die über den Parameter für die Schlüssel angefordert werden. In der Ergebnissignatur der Methode (siehe Abbildung 11.16) ist der Instanzenbezug natürlich gegeben, da die Werte abhängig von der Instanz unterschiedlich sein können.

```
requested_features type structure for instance features request zr_salesordertp\\salesorder
  %update  type abp_behv_flag
  %delete  type abp_behv_flag
  %action
    delete type abp_behv_flag
  %assoc
    _item  type abp_behv_flag
```

Abbildung 11.15 Handler-Signatur – Anforderung der Instanzen-Feature-Kontrolle

Um es in unserer Beispielimplementierung einfach zu halten, deaktivieren wir einfach alle Vorgänge, nachdem der Lieferstatus auf »vollständig geliefert« gesetzt wurde. Um dies zu erreichen, lesen wir den Lieferstatus, und wenn dieser den Wert »C« enthält, setzen wir alle angeforderten Kontrollfelder (siehe Listing 11.60 für die Kundenauftragsposition). Die Implementierungen auf Kopf- und Einteilungsebene sehen ähnlich aus.

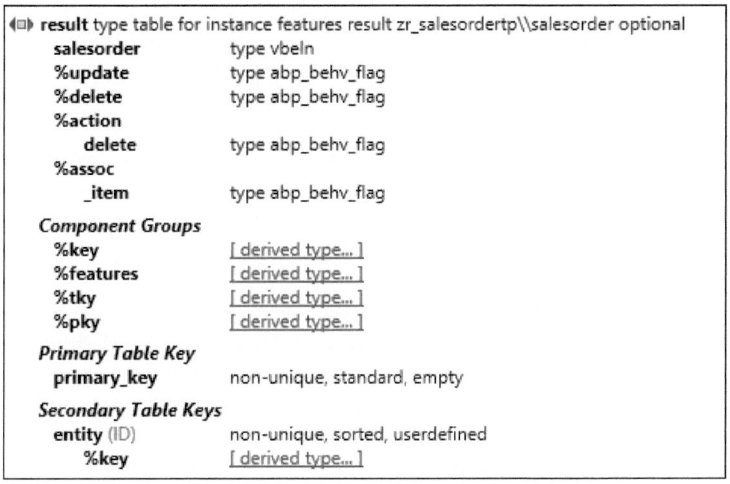

result type table for instance features result zr_salesordertp\\salesorder optional	
salesorder	type vbeln
%update	type abp_behv_flag
%delete	type abp_behv_flag
%action	
delete	type abp_behv_flag
%assoc	
_item	type abp_behv_flag
Component Groups	
%key	[derived type...]
%features	[derived type...]
%tky	[derived type...]
%pky	[derived type...]
Primary Table Key	
primary_key	non-unique, standard, empty
Secondary Table Keys	
entity (ID)	non-unique, sorted, userdefined
%key	[derived type...]

Abbildung 11.16 Handler-Signatur – Ergebnis der Instanzen-Feature-Kontrolle

```
METHODS get_instance_features FOR INSTANCE FEATURES
  IMPORTING keys REQUEST requested_
features FOR SalesOrderItem RESULT result.
...
METHOD get_instance_features.
  READ ENTITY IN LOCAL MODE ZR_SalesOrderItemTP BY \_SalesOrder
    FIELDS ( DeliveryStatus )
    WITH CORRESPONDING #( keys )
    RESULT DATA(salesorders)
    FAILED failed.

  LOOP AT keys ASSIGNING FIELD-SYMBOL(<key>).
    READ TABLE salesorders ASSIGNING FIELD-SYMBOL(<salesorder>)
      WITH KEY id COMPONENTS %tky = CORRESPONDING #( <key>-%tky ).
    CHECK sy-subrc = 0 AND <salesorder>-DeliveryStatus = 'C'.
    APPEND VALUE #( %tky      = <key>-%tky
                    %features = CORRESPONDING #( requested_
features ) ) TO result.
  ENDLOOP.
ENDMETHOD.
```

Listing 11.60 Verhaltensimplementierung – Instanzen-Feature-Kontrolle

11.4.14 Mappings

Da CDS-Entitäten zur Modellierung des Geschäftsobjekts verwendet werden, möchten Sie das Geschäftsobjekt möglicherweise anders als die zugrunde liegenden Datenbanktabellen modellieren, anstatt es einfach 1 zu 1 aus den Datenbanktabellen abzuleiten. Dies ist insbesondere bei Brownfield- oder Bluefield-Implementierungen häufig der Fall. Im Prinzip können Sie bei der CDS-Modellierung verschiedene SQL-Funktionen wie Joins, Unions, SQL-Funktionen usw. verwenden. Wenn beim Schreiben in die Datenbank ein bijektives Mapping möglich ist, wäre die Verwendung dieser SQL-Funktionen durchaus denkbar. In einer UNMANAGED-Implementierung stellt die Transformation des Datenmodells meist kein Problem dar, da Ihre internen Transaktionspuffer oder Datenbankänderungen in der Regel in der Legacy-Logik angesiedelt sind und Sie das Mapping in Ihren Handlern entsprechend implementieren können. Um diese Aufgabe zu erleichtern, können Sie mit der Verhaltensdefinition ein wiederverwendbares Mapping definieren, das direkt im ABAP-Operator CORRESPONDING verwendet werden kann. Damit können Sie z. B. ein Mapping für die Entitäten, aber auch für Aktions- und Funktionsparameter sowie Aktions- und Funktionsergebnisse entsprechend definieren. Ein Beispiel für ein derartiges Mapping ist in Listing 11.61 dargestellt.

```
mapping for zsalesorder corresponding [except ...]
  {
   DistributionChannel = distributionchannel;
   ...
  }
```

Listing 11.61 Verhaltensdefinition – Mapping

In unserem Fall ist die Mapping-Definition nicht erforderlich, da wir eine neue Datenbanktabelle mit identischen Feldnamen erstellt haben. Wie bereits erwähnt, kann das Mapping direkt vom ABAP-Operator CORRESPONDING verwendet werden, wobei das richtige Mapping automatisch auf der Grundlage des Quell- und Zieldatentyps ausgewählt wird.

```
<target_type> = CORRESPONDING #( <behavior_
type> MAPPING FROM ENTITY [USING CONTROL] ).
<behavior_type> = CORRESPONDING #( <source_type> MAPPING TO ENTITY
  [CHANGING CONTROL] ).
```

Persistenz-Mapping

Auch in einer MANAGED-Implementierung ist das vorgestellte Mapping sehr nützlich. Wenn sich die Felder in der Datenbank nur in ihren Feldnamen unterscheiden (z. B. aufgrund von Aliasing in den zugehörigen CDS-Entitäten), kann ein Mapping für die definierte Datenbanktabelle (persistent table) definiert werden, das von der Infrastruktur automatisch berücksichtigt wird. Falls dies nicht ausreicht, können die Datenbankänderungen (direkt oder via Update-Task-Funktionen) von der Anwendung selbst mit dem Zusatz UNMANAGED SAVE durchgeführt werden. Hier muss die Methode SAVE_MODIFIED im Saver-Handler implementiert werden, in dem die notwendige Logik und das Mapping angewendet werden können. Die Infrastruktur stellt die Änderungen auf Entitätsebene bereits aufgeteilt in die Parameter create, update und delete zur Verfügung (siehe Abbildung 11.17). Für delete werden nur die Schlüssel bereitgestellt, während für create und update neben den Datenfeldern auch die Kontrollfelder vorhanden sind.

```
save_modified
  importing create   type request for change zr_salesordertp        [ derived type... ]
            update   type request for change zr_salesordertp        [ derived type... ]
            delete   type request for delete zr_salesordertp        [ derived type... ]
  changing  reported type response for reported late zr_salesordertp [ derived type... ]
```

Abbildung 11.17 Handler-Signatur – Unmanaged Save oder Additional Save

Die gleiche Methode und Signatur werden für den ADDITIONAL SAVE bereitgestellt, bei der die Infrastruktur weiterhin das Speichern in die definierte Persistenz des Geschäftsobjekts kontrolliert und Sie zusätzliche Dinge wie das Schreiben von Änderungsdokumenten usw. ausführen können.

Mapping mit »CORRESPONDING«-Logik

Wir empfehlen, bei der Definition des Mappings immer den Zusatz CORRESPONDING zu verwenden, um sicherzustellen, dass weitere hinzugefügte Felder, z. B. Erweiterungsfelder, bei zukünftigen Erweiterungen der Anwendung nicht übersehen bzw. vergessen werden.

11.4.15 Berechnete Felder

Zusätzlich zu den reinen persistierten Entitäten und Feldern, die oft im transaktionalen Modell enthalten sind, werden weitere Hilfsfelder benötigt, um einige transaktionale Daten innerhalb eines Geschäftsvorgangs während der Transaktion zu puffern. Solche Felder können durch einfaches Hinzufügen von Konstanten, Ausdrücken oder Berechnungen im transaktionalen CDS-Modell definiert werden. Wenn Sie diese Felder einführen, müssen Sie jedoch sicherstellen, dass die Ergebnismenge der CDS-Entität (d. h. die Anzahl der Zeilen im Ergebnis) nicht geändert wird. Daher benötigen diese Felder kein Mapping (siehe Abschnitt 11.4.14, »Mappings«), sondern müssen im Transaktionspuffer und in der Anwendungslogik behandelt werden. Häufig sind diese Felder schreibgeschützt, was aber keine notwendige Voraussetzung ist, da eine Änderung solcher Felder auf der Verwenderseite zu

Seiteneffekten führen kann, die andere Daten verändern, die schließlich persistiert werden.

Berechnungen in der Datenbank

Die Verwendung von berechneten Feldern kann z. B. sinnvoll sein, wenn der Gesamtbetrag des Kundenauftrags direkt in der Datenbank über eine Aggregatfunktion unter Verwendung der zugehörigen Kundenauftragspositionen berechnet wird, um die Werte beim Lesen effizient zu ermitteln (insbesondere bei vielen Kundenaufträgen). Ein weiteres Beispiel ist die Umwandlung eines Feldwerts, um Ihren Verwendern Informationen zu liefern, die leichter als der persistierte Wert zu konsumieren sind. Listing 11.62 zeigt ein Beispiel, bei dem wir einen speziellen Wert als separates Feld `DeliveryIsCompleted` ausgeben, das vom Status des Kundenauftrags mit mehreren Werten abgeleitet ist. Außerdem haben wir das Feld in der Verhaltensdefinition auf schreibgeschützt gesetzt.

```
define view ZR_SalesOrderTP
...
{
    ...
    DeliveryStatus,
    @Semantics.booleanIndicator: true
    cast ( case DeliveryStatus
             when 'C' then 'X' else ' ' end
             as compl_ind preserving type ) as DeliveryIsCompleted,
    ...
}
```

Listing 11.62 CDS-Entität – Kundenauftragskopf mit berechnetem Feld

Berechnungen in ABAP

Beachten Sie, dass bei den in der Datenbank berechneten Feldern die Daten beim transaktionalen Zugriff nicht unbedingt direkt aus der Datenbank kommen. Daher kann die Berechnung nicht ausschließlich dort stattfinden. Zudem können sich z. B. die Kundenauftragspositionen während der Transaktion ändern. Auch in diesem Fall soll beim transaktionalen Zugriff der korrekte Wert für den Gesamtbetrag berechnet und zurückgegeben werden. Dies gilt auch in unserem Beispiel für das Feld `DeliveryIsCompleted`. Sie müssen also noch eine Ermittlung bereitstellen, die in ABAP die gleiche Berechnung durchführt wie in der CDS-Entität. Trotz der redundanten Implementierung ist dieses Vorgehen in vielen Fällen sinnvoll, da die ABAP-Berechnung nur bei transaktionalen Zugriffen durchgeführt wird, während die CDS-Berechnung beim reinen Lesen der Daten in der Datenbank durchgeführt wird und damit z. B. auch analytischen Anwendung zur Verfügung steht.

[«]

Berechnung von Daten exklusiv in ABAP

Wenn Sie Felder haben, die Sie nur in ABAP berechnen können, können Sie dies derzeit nicht auf der Ebene des transaktionalen Objektmodells definieren. Sie können solche Felder nur im transaktionalen Servicemodell hinzufügen und implementieren. Einzelheiten dazu finden Sie in Abschnitt 11.5.5, »Kalkulierte und virtuelle Felder«. Es ist derzeit auch nicht möglich, komplette Entitäten auf der Ebene des transaktionalen Objektmodells zu definieren und zu implementieren, die die Daten nicht über SQL bereitstellen (d. h. CDS-Custom-Entities).

11.4.16 Prechecks

Sie haben bereits gelernt, dass eine Operation automatisch von der Infrastruktur abgelehnt wird, wenn der Vorgang durch eine Berechtigungsprüfung oder eine Feature-Kontrollprüfung oder aufgrund von gleichzeitigen Bearbeitungs- und Sperrkonflikten deaktiviert wird. Diese Ablehnungen sind unabhängig von den in der Operation bereitgestellten Daten und basieren auf den aktuellen Daten und dem Zustand der Instanzen. Im Allgemeinen ist dies in Ordnung, und normalerweise werden alle Änderungen in den Transaktionspuffer übernommen und erst überprüft, wenn sie in der Datenbank gespeichert werden sollen. Wenn die Daten nicht konsistent sind, wird das Speichern durch Validierungen verhindert. Es kann aber auch Gründe geben, eine Operation frühzeitig abzulehnen, d. h., die Daten gar nicht erst in den transaktionalen Puffer zu übernehmen. Ein Grund könnte die Änderung von berechtigungsrelevanten Feldern sein, z. B. die Änderung der Verkaufsorganisation des Kundenauftrags. Hier könnte man von vornherein verhindern, dass ein Benutzer in eine Verkaufsorganisation wechselt, für die keine Berechtigung besteht. Ein anderes Beispiel ist ein Verstoß gegen definierte Kardinalitäten von Assoziationen; wenn z. B. nur eine Einteilung erlaubt ist, sollten Sie das Anlegen weiterer Einteilungen verhindern, wenn bereits eine Einteilung existiert.

Precheck-Handler

Während in einer UNMANAGED-Implementierung diese zusätzliche Logik innerhalb des Modify-Handlers implementiert werden kann, gibt es diese Möglichkeit für MANAGED-Implementierungen nicht. Daher können die Anlege-, Änderungs- und Löschvorgänge um eine Operationsprüfung erweitert werden, um solche Anwendungsfälle zu behandeln und Operationen frühzeitig abzulehnen. Darüber hinaus kann für Aktionen und sogar statische Aktionen eine Operationsprüfung definiert werden. Hier besteht der Anwendungsfall darin, die eingehenden Parameterwerte zu prüfen. In diesem Fall könnte die Logik sogar in einer MANAGED-Implementierung in die Aktionsimplementierung eingefügt werden, aber wir empfehlen generell, diese Prüfungen im Precheck-Handler zu implementieren.

Beispiel: Precheck

In unserem Beispiel implementieren wir eine Operationsprüfung für den erwähnten Anwendungsfall, um zu prüfen, ob die Änderung einer Auftragsart erlaubt ist, d. h., ob der Benutzer eine Berechtigung für die Zielauftragsart hat. Wir erweitern die Verhaltensdefinition (siehe Listing 11.63) und erstellen den Implementierungs-Handler über den Quick Fix.

```
define behavior for ZR_SalesOrderTP alias SalesOrder
...
{
  ...
  update ( features : instance, precheck );
  ...
}
```

Listing 11.63 Verhaltensdefinition – Precheck

In der Implementierung prüfen wir, ob das interessierende Feld geändert wurde, und verifizieren den neuen Wert entsprechend (siehe Listing 11.64). Im Fall eines fehlerhaften Werts lehnen wir den Vorgang ab und geben eine erklärende Meldung aus.

```
METHODS precheck_update FOR PRECHECK
  IMPORTING entities FOR UPDATE salesorder.
...
METHOD precheck_update.
  LOOP AT entities ASSIGNING FIELD-SYMBOL(<salesorder>)
    WHERE %control-SalesOrderType = if_abap_behv=>mk-on.
    AUTHORITY-CHECK OBJECT 'V_VBAK_AAT'
      ID 'ACTVT' FIELD '02'
      ID 'AUART' FIELD <salesorder>-SalesOrderType.
    IF sy-subrc <> 0.
      APPEND VALUE #( %cid        = <salesorder>-%cid_ref
                      %tky        = <salesorder>-%tky
                      %fail-cause = if_abap_behv=>cause-unspecific
                      %update     = if_abap_behv=>mk-on
                    ) TO failed-salesorder.
      APPEND VALUE #( %tky = <salesorder>-%tky
                      %msg = NEW zcm_salesordertp(
                                    textid     = zcm_salesordertp=>no_
auth_update_type
```

```
                                    salesorder = <salesorder>-
SalesOrder
                                    severity   = zcm_salesordertp=>if_
abap_behv_message~severity-error
                                 )
                  ) TO reported-salesorder.
    ENDIF.
  ENDLOOP.
ENDMETHOD.
```

Listing 11.64 Verhaltensimplementierung – Precheck

11.4.17 HTTP-ETags

Wie der Name ABAP RESTful Application Programming Model schon andeutet, wird ein wichtiger Verwendungskanal unserer Anwendung OData sein. Dies impliziert, dass die Interaktion zwischen Konsumenten (z. B. Webbrowser) und Server (in unserem Fall der ABAP-Server) zustandslos ist. Das heißt, sobald Datenänderungen über eine OData-Anfrage gesendet werden, werden diese verarbeitet und sofort gespeichert. Technisch gesehen ist jedes OData-Change-Set eine ABAP Logical Unit of Work (LUW) und endet jeweils mit einem separaten `COMMIT WORK` oder `ROLLBACK WORK`. Die Verwendung einer solchen Anwendung als solches basiert nicht auf exklusiven Sperren, wie sie innerhalb der ABAP-Verarbeitung bekannt sind. Nur während der Verarbeitung eines Request können parallele Änderungen über die Standard-ABAP-Enqueue-Mechanismen oder Datenbanksperren (falls ausreichend) verhindert werden. Um dem OData-Verwender dennoch eine zuverlässige Modifikationsoption auf Basis der zuvor gelesenen Daten zu ermöglichen, kann eine *Optimistic Concurrency Control* über HTTP-ETags verwendet werden. Das ABAP RESTful Application Programming Model unterstützt diesen Ansatz, indem es ein dediziertes Feld der Anwendung als ETag-Feld in der Verhaltensdefinition auf Entitätsebene definiert. Dabei folgt das ABAP RESTful Application Programming Model wiederum dem Ansatz `Master` und `Dependent by`:

```
etag master <field_name>
```

Das ETag-Feld muss darin als solches benannt werden. Es muss konsequent aktualisiert bzw. geändert werden, wenn die Entitätsinstanz aktualisiert wird. In den meisten Fällen ist das ETag-Feld der Zeitstempel der letzten Änderung. Dies ist auch die klare Empfehlung und wird zudem im ABAP RESTful Application Programming Model standardmäßig nativ unterstützt (siehe Abschnitt 11.4.12, »Ermittlungen und Validierungen«). Für Legacy-Anwendungen, die z. B. getrennte Felder für das Änderungsdatum LastChangeDate und die Änderungszeit LastChangeTime persistieren, kann der Änderungszeitstempel als berechnetes Feld über CDS-Funktionen definiert werden, wie in Listing 11.65 gezeigt.

```
cast( dats_tims_to_tstmp( LastChangeDate, LastChangeTime, 'UTC',
  $session.client, 'NULL' )
  as LastChangeDateTime
```

Listing 11.65 CDS-Entität – Berechnung des Zeitstempels der letzten Änderung

Ein geeignetes Feld für die ETag-Verwendung könnte auch ein Änderungsindikator oder eine Version sein, die bei jeder Änderung erhöht wird. Es gibt auch andere Möglichkeiten, einen ETag zu berechnen, z. B. durch Verkettung bestehender Felder, aber wenn kein geeignetes Feld verfügbar ist, empfehlen wir die Einführung eines eigenen Zeitstempelfelds.

Auf der Ebene der Kindentität können Sie auf ähnliche Weise ein eigenes ETag-Feld dieser Kindentität benennen, und wir empfehlen, diesem Ansatz zu folgen. Wenn kein entsprechendes Feld lokal vorhanden ist, können Sie das ETag-Feld einer übergeordneten Entität über die Anweisung dependent by nutzen:

```
etag dependent by <association_to_etag_master>
```

Die konkrete Verwendung des ETag wird dann in Abschnitten 11.7, »Projektionsverhaltensdefinitionen«, und 11.9, »SAP Fiori und Verwendung über OData«, beschrieben.

Beispiel: ETag

In unserem einfachen Beispiel verwenden wir für jede Entität einen Zeitstempel für die letzte Änderung, sodass wir nicht auf den übergeordneten ETag zurückgreifen, sondern den vorhandenen Zeitstempel als ETag-Master verwenden (siehe Listing 11.66).

```
define behavior for ZR_SalesOrderTP alias SalesOrder
...
etag master LastChangeDateTime
{
...
}
define behavior for ZR_SalesOrderItemTP alias SalesOrderItem
...
etag master LastChangeDateTime
{
...
```

```
}
define behavior for ZR_
SalesOrderScheduleLineTP alias SalesOrderScheduleLine
...
etag master LastChangeDateTime
{
...
}
```

Listing 11.66 Verhaltensdefinition – ETag-Felder

11.4.18 Draft

Zustandslose Kommunikation

Wir verfolgen das Ziel, neue Anwendungen über OData und SAP-Fiori-Apps bereitzustellen, und wie im vorherigen Abschnitt erläutert, ist die Interaktion zwischen der Benutzeroberfläche (Webbrowser) und dem Backend (in unserem Fall dem ABAP-Server) zustandslos. Die Nutzung unserer Anwendung über diese Entkopplung hat für den Endbenutzer die Auswirkung, dass einerseits gleichzeitige Änderungen von Daten nur durch Optimistic Concurrency Control verhindert werden und andererseits jegliche Art von Seiteneffekten erst ausgeführt werden, nachdem die Daten an das Backend gesendet und gespeichert wurden.

Dieses Verhalten kommt dadurch zustande, dass die komplette Verarbeitung auf der Client-Seite mit den vom Backend gelesenen Daten durchgeführt wird. Alle Datenänderungen werden erst während des Speichervorgangs an das Backend gesendet, dort verarbeitet, geprüft und gespeichert. Die auf der Backend-Seite implementierte Anwendungslogik wird also spät durchlaufen. Für einfache Anwendungen mit sehr wenigen Eingabefeldern oder Anwendungen, die Änderungen rein über Aktionen anbieten, kann diese Prozessierung aus Endanwendersicht akzeptabel sein. Darüber hinaus könnten einige den Endanwender unterstützende einfache Anwendungslogiken auch direkt auf der UI-Seite (Rich Client) implementiert werden, um z. B. einfache Berechnungen oder Validierungen der eingegebenen Daten gegenüber den über eine entsprechende Wertehilfe bereitgestellten Werten zu realisieren. Darüber hinaus könnte funktionale Backend-Logik über OData-Funktionen aufgerufen werden, um erwartungskonforme Benutzerinteraktionen zu ermöglichen. Aber all diese Erweiterungen und Client-basierten Implementierungen erfordern, dass immer mehr – auch interne – Daten zur ordnungsgemäßen Verarbeitung an den Client übertragen werden, was zu mehr Datenverkehr führt.

Draft-Konzept

Insbesondere in der ABAP-Welt wird in der Regel eine große Menge an vorhandener Anwendungslogik genutzt, und es wird vom Endbenutzer erwartet, dass bei der Dateneingabe viele Interaktionsschritte unter Berücksichtigung von Seiteneffekten ohne den Verlust der eventuell noch unvollständigen Eingaben stattfinden. In vielen Fällen erwarten die Benutzer auch eine Rückmeldung über die Konsistenz der Daten, bevor sie die Daten persistieren. Wenn die Bearbeitung bei komplexeren Anwendungen oder Geschäftsobjekten länger dauert, erwarten die Endbenutzer auch die exklusive Bearbeitung eines Geschäftsobjekts, um zu vermeiden, dass ihre Änderungen nicht gespeichert werden können, aufgrund paralleler Änderungen anderer Benutzer. All dies erforderte einen anderen Ansatz, und das Konzept, das zur Lösung dieses Problems eingeführt wurde, ist das *Draft-Konzept*. Mit dem Draft-Konzept wird die Dateneingabe sofort an den Server gesendet, wodurch die Anwendungslogik, d. h. insbesondere die für die Interaktionsphase relevante Anwendungslogik, sofort auf der Serverseite ausgeführt werden kann. Die eingegebenen Daten werden nicht in den primären Anwendungstabellen gespeichert, sondern in einer separaten Persistenz, den sogenannten *Draft-Tabellen*. Dabei handelt es sich ebenfalls um eine relationale Persistenz, die aus dem Transaktionsobjektmodell und seinen CDS-Entitäten abgeleitet ist. Theoretisch hätten die Daten aber auch auf eine vollkommen andere Weise persistiert werden können.

Mit der Draft-Unterstützung kann dem REST-Paradigma gefolgt werden, bestehende Anwendungslogik kann genutzt werden, und es besteht keine Notwendigkeit, diese Logik auf der Client-Seite neu und redundant zu implementieren. Letzteres ist oft auch nicht möglich, da dem Client viele Daten zur Verfügung gestellt werden müssten, einschließlich Informationen und Funktionen aus anderen verbundenen Anwendungen.

Draft-Konzept auf UI-Ebene

Die volle Leistungsfähigkeit des Draft-Konzepts zeigt sich vor allem in der damit verbundenen UI-Orchestrierung und -Funktionalität, die wir bei der Darstellung unserer ABAP-RESTful-Application-Programming-Model-Anwendung für die Entwicklung einer SAP-Fiori-Elements-Benutzeroberfläche in Abschnitt 11.9.2, »OData-Service für die Verwendung in der Benutzeroberfläche«, noch einmal im Detail an einem Beispiel erläutern werden.

Timeout, Datenverlust und exklusive Sperren

Das Draft-Konzept folgt nicht nur den REST-Grundsätzen, sondern bietet darüber hinaus weitere Vorteile und Funktionen, die damit inhärent verfügbar sind. In Anlehnung an REST gibt es per Definition kein Timeout, da die Kommunikation zustandslos ist, selbst wenn die Bearbeitung aus irgendeinem Grund unterbrochen wird. Da die Daten sofort gesendet und gespeichert werden, wird ein Datenverlust verhindert. Darüber hinaus ermöglicht das Draft-Konzept auch die Definition einer exklusiven Sperre, um gleichzeitige Änderungen zu verhindern. Während für ein bestehendes Dokument die Existenz des Draft bereits das Indiz dafür ist, dass ein Benutzer an diesem Dokument arbeitet, wird in der ABAP-Plattform zusätzlich auch eine Standard-Enqueue-Sperre verwendet. Im Unterschied zu den bekannten Enqueue-Sperren ist die Sperre nicht an die Sitzung und den Benutzer, sondern an die Draft-Instanz (d. h. den Draft eines aktiven Dokuments) gebunden und lebt daher länger als die klassische ABAP-Sitzung. Das verwendete Sperrobjekt und Argument sind die gleichen wie bei der Bearbeitung des aktiven Dokuments ohne Draft. Dies ermöglicht die Interoperabilität der Bearbeitung über den Draft oder direkt, z. B. aufgrund von Legacy-Anwendungen (klassische UIs) oder anderen Eingabekanälen (z. B. B2B- oder A2A-Integration).

Exklusiver Draft

Eine Draft-Instanz oder ein -Dokument ist immer genau einem Benutzer zugeordnet und kann nur von diesem angezeigt und bearbeitet werden (ähnlich wie bei der Bearbeitung über eine ABAP-Sitzung). Alle anderen Benutzer können nur auf das aktive Dokument zugreifen, wissen aber als Besonderheit, dass ein anderer Benutzer gerade an diesem Dokument arbeitet, da ein Draft existiert (was eine sichtbare Information ist, insbesondere in einem SAP-Fiori-Elements-UI; siehe Abschnitt 11.9.2, »OData-Service für die Verwendung in der Benutzeroberfläche«). Andere Benutzer sehen also noch die unveränderten Daten, und erst wenn der Draft endgültig gespeichert wird, werden die Änderungen für alle Benutzer sichtbar und fließen in die Folgeprozesse ein, werden z. B. sichtbar in analytischen Auswertungen oder zum Auslöser für weitere Prozessschritte.

Draft-Modellierung

Da der Draft mehr oder weniger nur eine Persistenz ist, während sich die komplette Anwendungslogik und Interaktionslaufzeit und deren Orchestrierung nicht ändern, muss, um den Draft anzubieten, die Verhaltensdefinition nur geringfügig erweitert werden, wenn es sich um eine `MANAGED`-Anwendung handelt, um den Draft zu aktivieren. Der Draft wird einfach durch Hinzufügen von `with draft;` in der Verhaltensdefinition deklariert. Daraufhin führen Syntaxprüfungen und -fehler durch die weiteren erforderlichen Anpassungen, wie das notwendige Hinzufügen von `with draft` auch für die zugehörigen Assoziationen, die Definition der Draft-Datenbanktabellen zum Persistieren des Draft, die Definition der Draft-Aktionen und die Definition eines `total etag`.

Wie für jede Entität muss eine Draft-Tabelle bereitgestellt und in der Verhaltensdefinition wie folgt deklariert werden:

```
draft table <draft_table_name>
```

Wir schlagen vor, für Draft-Tabellen den Namen der Standard-Anwendungstabellen gefolgt von dem Suffix »D« zu verwenden. In unserem Beispiel haben wir die Datenbanktabelle für den Kundenauftragskopf als ZSALEDORDER und die zugehörige Draft-Tabelle als ZSALESORDERD definiert. Durch Hinzufügen dieser Anweisung und eines Tabellennamens bietet die ADT einen Quick Fix, um die Draft-Tabelle direkt mit dem richtigen Datenbankschema zu erstellen. Die Draft-Tabelle wird von der zugehörigen CDS-Entität abgeleitet und muss alle Felder der CDS-Entität sowie ein definiertes Admin-Include vom Typ sych_bdl_draft_admin_inc enthalten, das einige technische Felder enthält, die von der Infrastruktur benötigt werden.

[»]

Verwendung von »%tky«

Mit der Einführung des Draft-Features werden die Datenstrukturen der Handler-Implementierungen um das Schlüsselfeld %is_draft erweitert, um die aktive Instanz und ihre Draft-Instanz zu unterscheiden. Um die Erweiterung mit Draft zu gewährleisten, sind in der Regel keine Codeänderungen erforderlich, aber es wird dringend empfohlen, beim Zugriff auf die Instanzen immer die %tky-Struktur zu verwenden, sofern vorhanden, da diese Struktur entsprechend erweitert wird und damit die implementierte Logik bei nachträglicher Einführung des Draft korrekt funktioniert.

Draft-Aktionen

Darüber hinaus erfordert die Draft-Einführung eine Reihe von Aktionen, die für die Draft-Orchestrierung relevant sind. Die Erstellung einer Draft-Instanz erfolgt in ähnlicher Weise über eine standardmäßige Create- oder Factory-Aktion. Zur Laufzeit werden Draft- und aktive Instanzen durch ein neues Element in der Schlüsseldefinition namens %IS_DRAFT unterschieden. Dasselbe kann in den Anlegeoperationen gesetzt werden und wird auch in der Signatur von Factory-Aktionen als zusätzlicher Parameter abgeleitet, um die Erstellung sowohl von Draft-Instanzen als auch von aktiven Instanzen zu ermöglichen.

Die Aktionen sind implizit definiert und haben einen festen reservierten Namen, müssen aber trotzdem explizit angegeben werden. Die folgenden Draft-Aktionen, die wir hier erläutern werden, existieren und müssen als solche auf der Wurzelentität hinzugefügt werden, wie in Listing 11.67 gezeigt.

```
draft action Activate optimized;
draft action Edit;
draft action Resume;
```

```
draft action Discard;
draft determine action Prepare;
```

Listing 11.67 Verhaltensdefinition – Draft-Aktionen

Alle diese Draft-Aktionen werden von der Infrastruktur verwaltet, sodass eine Implementierung weder erforderlich noch möglich ist. Die Draft-Determine-Aktion Prepare ist eine spezielle Determine-Aktion, die zur Laufzeit aus den zugeordneten Ermittlungen oder Validierungen besteht (siehe Abschnitt 11.4.12, »Ermittlungen und Validierungen«).

Um die Draft-Daten in die Anwendung zu übernehmen, steht die Aktion Activate zur Verfügung. Dabei werden die geänderten Daten im Draft als ein *MODIFY*-Aufruf an die aktive Implementierung (sei es MANAGED oder UNMANAGED) übergeben. In der Orchestrierung von SAP Fiori Elements wird immer die Draft-Ermittlungsaktion Prepare in einem separaten Change-Set aufgerufen, um die Draft-Daten im Vorfeld zu prüfen. Die Ergänzung optimized bewirkt, dass alle der Aktion Prepare zugeordneten Ermittlungen und Validierungen beim Sichern der aktiven Instanz nicht mehr ausgeführt werden (sofern sich nicht anderweitig nochmals Daten ändern, die diese auslösen).

Die Aktion Edit ist für aktive Instanzen zulässig, um einen Draft für eine bestehende Instanz zu erstellen. Wenn die Edit-Aktion aufgerufen wird, wird immer die gesamte Kompositionshierarchie einer Wurzelinstanz (d. h. die gesamte Instanz des Geschäftsobjekts) in den Draft kopiert.

Die Aktion Resume wird aufgerufen, wenn eine exklusive Sperre abgelaufen ist. Sie haben sich vielleicht gefragt, was passiert, wenn ein Benutzer die Anwendung verlässt und noch einen offenen Draft und vor allem eine exklusive Sperre hat. Tatsächlich ist die exklusive Sperre nur für einen bestimmten Zeitraum vorhanden, da sie das gleichzeitige Bearbeiten von Drafts verhindern soll, aber für die Draft-Funktionalität als solche nicht unbedingt erforderlich ist. Standardmäßig läuft die exklusive Sperre nach 30 Minuten ab. Nach dieser Zeit der Inaktivität wird die exklusive Sperre aufgehoben, und der Draft geht in die Optimistic Concurrency Control über. Wenn nun ein anderer Benutzer oder Prozess das aktive Dokument ändert, kommt es zu keinem Sperrkonflikt, und die Änderungen können vorgenommen werden. Nimmt der Benutzer hingegen die Bearbeitung wieder auf, kann die Sperre wieder erlangt werden, und wenn keine gleichzeitigen Änderungen vorgenommen wurden, kann der Benutzer fortfahren, ohne zu wissen, dass die exklusive Sperre zwischenzeitlich aufgehoben wurde. Der Übergang vom Zustand der Optimistic Concurrency Control zum Zustand der exklusiven Sperre erfolgt auf der Grundlage der folgenden Punkte:

1. Die exklusive Sperre wird erfolgreich gesetzt.
2. Das aktive Dokument wurde zwischenzeitlich nicht verändert (geprüft durch Vergleich des `total etag`).
3. Weitere anwendungsspezifische Prüfungen des Umfelds oder von veränderten Berechtigungen oder hieraus abgeleitete Änderungen der Draft-Daten werden erfolgreich ausgeführt (durch Angabe des Syntaxzusatzes `with additonal implementation` der Aktion `Resume`).

Total ETag Für die Erkennung, ob das aktive Dokument geändert wurde, kommt der zuvor erwähnte `total etag` ins Spiel. Der `total etag` ist wie ein ETag, spiegelt aber die gesamte Kompositionshierarchie wider. Während der ETag auf der Ebene des Kundenauftragskopfs nur Änderungen am Kundenauftragskopf widerspiegeln kann, sich aber möglicherweise nicht ändert, wenn Kundenauftragspositionen hinzugefügt, geändert oder entfernt werden, muss in diesem Fall der `total etag` geändert werden. Oft ist die Verwendung desselben Felds sinnvoll, da aufgrund von Seiteneffekten Änderungen an untergeordneten Entitäten in der Regel auch zu Änderungen an der Wurzelentität führen.

Aus syntaktischer Sicht wird der `total etag` zum `lock master` hinzugefügt:

```
lock master [unmanaged] total etag <etag_field>
```

Um eigene weitere Prüfungen einzubinden, können Sie in einem dritten Schritt die Deklaration der Aktion `Resume` über `with additonal implementation` erweitern. In diesem Fall können Sie eine entsprechende Handler-Klasse erstellen und implementieren.

Die Draft-Aktion `Discard` wird aufgerufen, um ein Draft-Dokument zu verwerfen, d. h., um es aus den Draft-Tabellen zu löschen. Sie kann explizit vom Benutzer aufgerufen werden, um einen Draft zu löschen, der nicht als solcher aktiviert wird. Zudem wird diese Aktion implizit von der ABAP-Infrastruktur als Teil der Draft-Orchestrierung nach erfolgreicher Draft-Aktivierung aufgerufen. Schließlich wird diese Aktion auch vom *Draft Lifecycle Handler* aufgerufen, der Draft-Instanzen entfernt, die über einen bestimmten Zeitraum hinweg nicht mehr geändert wurden. Die Standardablaufzeit eines Draft beträgt 28 Tage.

[»]

Draft-Sperre und Draft-Ablaufzeiträume

Der Standardablaufzeitraum für Sperren und das Verwerfen des Draft sind vordefiniert, können aber auch spezifisch auf Objektebene über CDS-Annotationen definiert werden:

```
@ObjectModel.lifecycle.enqueue.expiryInterval: 'PT15M'
@ObjectModel.lifecycle.draft.expiryInterval: 'P28D'
```

Der Wert der Annotation muss entsprechend der in ISO 8601 definierten Darstellung für Dauern erfolgen. Wir empfehlen Ihnen, diese Standardeinstellungen nicht zu ändern, da dies normalerweise auch nicht erforderlich ist.

Additional Implementations

Der Syntaxzusatz `with additonal implementation` der Draft-Aktionen kann nicht nur zur Draft-Aktion `Resume`, sondern auch zu den anderen Draft-Aktionen `Edit`, `Activate` und `Discard` hinzugefügt werden. Die Hauptanwendung ist die Integration von Anwendungen, die nicht mit dem ABAP RESTful Application Programming Model implementiert wurden und das Draft-Konzept und die Orchestrierung unterstützen. Da es sich hierbei um ein recht spezielles Szenario handelt, das nach Möglichkeit vermieden werden sollte, indem diese Anwendungen im ABAP RESTful Application Programming Model integriert werden, möchten wir es hier nur erwähnen, ohne auf ein echtes Codebeispiel oder einen Anwendungsfall einzugehen.

Berechtigungs- und Feature-Kontrolle

Die Berechtigungs- und Feature-Kontrolle für Draft-Aktionen kann nur für die Draft-Aktion `Edit` spezifisch definiert werden. Hier gilt das Gleiche wie für jede andere Aktion, und Sie können prüfen, ob ein Benutzer berechtigt ist, das Dokument zu ändern (in der Regel wird hier die Änderungsberechtigung aufgerufen) und ob die Bearbeitung z. B. aufgrund des Status des Dokuments überhaupt erlaubt ist. Bei allen anderen Draft-Aktionen können diese Zusätze nicht angegeben werden. `Discard` kann nicht deaktiviert werden, da es immer möglich sein muss, den Draft zu verwerfen. Die Draft-Ermittlungsaktion `Prepare` folgt den Regeln für alle anderen Ermittlungsaktionen, die ebenfalls nicht über die Feature-Kontrolle deaktiviert werden können. Schließlich kann die Draft-Aktion `Activate` einige weitere Berechtigungsprüfungen durchführen, aber da die Daten übernommen werden und die aktive Implementierung als eine `MODIFY`-Anweisung aufgerufen wird, werden alle zugehörigen Prüfungen in Bezug auf die Berechtigung und die Feature-Kontrolle automatisch auf der Grundlage der Standard-`MODIFY`-Implementierung prozessiert.

»UNMANAGED« versus »MANAGED«

Da der Draft selbst immer eine Implementierung vom Typ `MANAGED` ist, gilt die eingangs dieses Abschnitts gemachte Aussage bezüglich der über Ermittlungen und Validierungen implementierten Anwendungslogik nur für `MANAGED`. Für eine Implementierung vom Typ `UNMANAGED` ist die Draft-Modellierung mit Draft-Tabellen, Draft-Aktionen usw. identisch, aber die Anwendungslogik ist in Modify-Handlern und nicht in Ermittlungen und Validierungen implementiert. Daher wird diese Logik nicht für Draft-Instanzen ausgeführt, sondern nur während der Draft-Aktion Activate. Die reine Draft-Aktivierung einer solchen Anwendung ermöglicht also die ausschließliche Bearbeitung sowie die Vermeidung von Datenverlusten, aber keine interaktive Anwendungslogik, da die gesamte Logik nur während des Aktivierungsschritts aufgerufen wird. Die gesamte Anwendungslogik, die in den dedizierten Handlern implementiert ist, wie z. B. die Berechtigung oder die Kontrolle von Features, funktioniert ohne Probleme. Nichtsdestotrotz kann die notwendige Anwendungslogik für den Draft schrittweise in die Ermittlungen und Validierungen eingefügt werden, was auch einen guten Ausgangspunkt für das Refactoring einer solchen Legacy-Anwendung darstellt.

Beispiel: Einführung des Draft

Wir erweitern nun das Anwendungsmodell um die Draft-Funktionalität und fügen die entsprechenden Erweiterungen in der Verhaltensdefinition hinzu. Die entsprechenden Änderungen sind in Listing 11.68 fett markiert. Hier fügen wir alle unsere Ermittlungen und Validierungen beim Speichern zur Draft-Ermittlungsaktion Prepare hinzu.

```
managed implementation in class zbp_r_salesordertp unique;
strict ( 2 );
with draft;

define behavior for ZR_SalesOrderTP alias SalesOrder
persistent table zsalesorder
draft table zsalesorderd
with additional save
lock master unmanaged total etag LastChangeDateTime
...
{
  ...
  association _Item { create ( features : instance ); with draft; }
  ...
  draft action Activate optimized;
  draft action ( features : instance ) Edit;
  draft action Resume;
  draft action Discard;
  draft determine action Prepare
  {
    determination SalesOrderItem~CalculateNetAmount;
    validation VerifySoldToParty;
    validation SalesOrderItem~VerifyProduct;
    validation SalesOrderScheduleLine~VerifyQuantityUnit;
  }
```

```
  ...
}
define behavior for ZR_SalesOrderItemTP alias SalesOrderItem
persistent table zsalesorderitem
draft table zsalesorderitemd
...
{
  ...
  association _SalesOrder { with draft; }
  association _
ScheduleLine { create ( features : instance ); with draft; }
  unmanaged association _
RequestedScheduleLine { create ( authorization : update, features : i
nstance ); with draft; }
  unmanaged association _
ConfirmedScheduleLine { create ( authorization : update, features : i
nstance ); with draft; }
  ...
}
define behavior for ZR_
SalesOrderScheduleLineTP alias SalesOrderScheduleLine
persistent table zsalesordersline
draft table zsalesorderslind
...
{
  ...
  association _SalesOrder { with draft; }
  association _SalesOrderItem { with draft; }
  ...
}
```

Listing 11.68 Verhaltensdefinition – Draft

Beispiel: Draft-Tabellen

Mithilfe des Quick Fix erstellen wir nun die drei erforderlichen Draft-Tabellen. In dem Anlege-Pop-up (siehe Abbildung 11.18) sind alle notwendigen Informationen vorgefüllt, und wir können die Anlage direkt abschließen, indem wir auf **Next >** und auf **Finish** klicken.

Die erstellte Draft-Tabelle (siehe Listing 11.69) kann dann sofort aktiviert werden. Das Vorgehen wird für die Draft-Tabellen der beiden anderen Entitäten wiederholt.

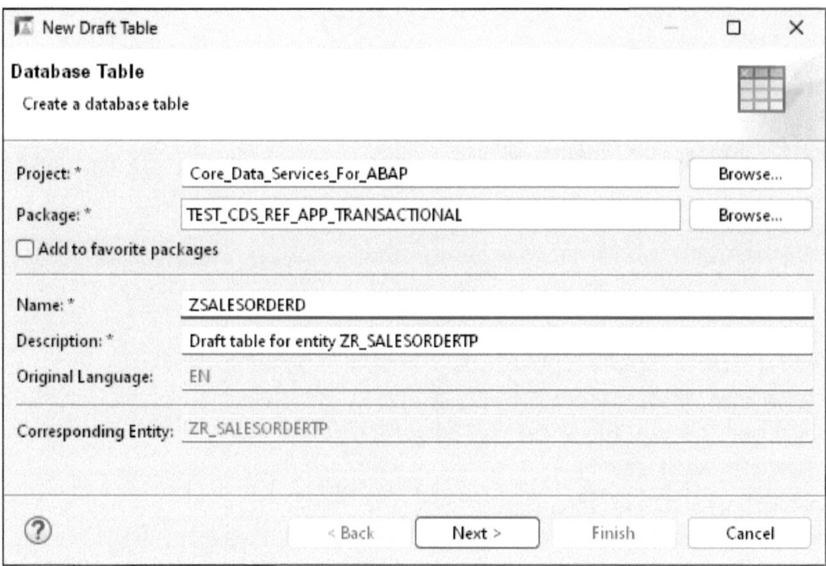

Abbildung 11.18 Draft-Tabelle anlegen

```
@EndUserText.label : 'Draft table for entity ZR_SALESORDERTP'
@AbapCatalog.enhancement.category : #EXTENSIBLE_ANY
@AbapCatalog.tableCategory : #TRANSPARENT
@AbapCatalog.deliveryClass : #A
@AbapCatalog.dataMaintenance : #RESTRICTED
define table zsalesorderd {
  key mandt             : mandt not null;
  key salesorder        : vbeln not null;
  salesordertype        : auart;
  salesorganization     : vkorg;
  soldtoparty           : kunag;
  distributionchannel   : vtweg;
  organizationdivision : spart;
  @Semantics.amount.currencyCode : 'zsalesorderd.transactioncurrency'
  netamount             : netwr_ap;
  transactioncurrency   : waerk;
  deliverystatus        : lfstk;
  deliveryiscompleted   : compl_ind;
  deletionindicator     : loekz;
  @AbapCatalog.anonymizedWhenDelivered : true
  createdbyuser         : abp_creation_user;
  creationdatetime      : abp_creation_utcl;
  @AbapCatalog.anonymizedWhenDelivered : true
  lastchangedbyuser     : abp_lastchange_user;
```

```
  lastchangedatetime    : abp_lastchange_utcl;
  "%admin"              : include sych_bdl_draft_admin_inc;
}
```

Listing 11.69 Datenbanktabelle – Draft-Tabelle

Beispiel: Berechtigung der »Edit«-Aktion

Wir vervollständigen die Draft-Bearbeitung und erweitern den Berechtigungshandler, um auch die Draft-Aktion Edit entsprechend abzudecken, wie in Listing 11.70 gezeigt. Die Implementierung der Instanzen-Feature-Kontrolle muss in unserem vereinfachten Beispiel nicht erweitert werden, da wir jeden Vorgang auf der Grundlage eines einzigen Feldwerts deaktivieren.

```
...
LOOP AT salesorders ASSIGNING FIELD-SYMBOL(<salesorder>).
  IF requested_authorizations-%update = if_abap_behv=>mk-on
  OR requested_authorizations-%action-Edit = if_abap_behv=>mk-on.
...
  ENDIF.
ENDLOOP.
...
```

Listing 11.70 Verhaltensimplementierung – Berechtigung der »Edit«-Aktion

Damit ist die Einführung der Draft-Funktionalität abgeschlossen, und wir können die Draft-Funktion z. B. über EML-Zugriffe in unserer Implementierung nutzen.

11.4.19 Seiteneffekte

Insbesondere für den Draft und die Nutzung in SAP Fiori Elements (siehe Abschnitt 11.9.2, »OData-Service für die Verwendung in der Benutzeroberfläche«) sind Seiteneffekte essenziell, denn nur durch diese können relevante Daten bedarfsweise nachgelesen werden, und die Benutzerschnittstelle muss nicht nach jeder Änderung komplett aktualisiert werden.

Folgende Seiteneffekt können durch Änderung (also direkte ändernde Operationen) oder Aktionen und Ermittlungsaktionen im Speziellen auftreten:

- Änderungen von Daten, z. B.:
  - Felder der gleichen Entität und Instanz
  - Felder anderer assoziierter Instanzen der selben oder anderer Entitäten
  - Anlegen von (assoziierten) Instanzen der selben oder anderer Entitäten

- Löschen von (assoziierten) Instanzen der selben oder anderer Entitäten
- Änderung der Zielinstanz einer Assoziation (Beispiel: Fremdschlüsselassoziation)

- Änderungen der Feature-Kontrolle, z. B.:
  - Felder werden verpflichtend, editierbar oder nicht änderbar.
  - Operationen wie `create by association`, `update` oder `delete` werden ausführbar oder deaktiviert.
  - Aktionen werden ausführbar oder deaktiviert.
- Änderung von (Zustands-)Meldungen, z. B.:
  - Existierende (Zustands-)Meldungen sind nicht mehr relevant und verschwinden.
  - Neue (Zustands-)Meldungen entstehen.

In eine Implementierung vom Typ `MANAGED` erfolgen Änderung von Daten als Seiteneffekte in der Regel in Ermittlungen. Die Änderungen der Zustandsmeldungen erfolgen in Validierungen. Die Feature-Kontrolle ändert sich implizit und wird erst neu berechnet, wenn sie auch explizit angefordert wird.

Gewisse Seiteneffekte müssen nicht explizit definiert werden, sondern sie ergeben sich aus der Operation selbst. So ist es z. B. implizit klar, dass bei einer erfolgreichen Anlege-Operation eine neue Instanz erzeugt wurde (deren Schlüssel auch immer als Ergebnis zurückgegeben wird) oder dass bei einer erfolgreichen Löschoperation die entsprechende Instanz nicht mehr vorhanden ist. Gleiches gilt bei Fremdschlüsselbeziehungen, wenn der Fremdschlüssel verändert wird, sodass die Assoziation auf eine andere Instanz zeigt.

Die zuvor genannten möglichen Seiteneffekte werden in der Syntax über `affects` adressiert. Seiteneffekte können für Änderungen von Feldern oder Entitäten, sowie für Aktionen und Ermittlungsaktionen definiert werden. Bei Letzteren lassen sich auch mehrere Auslösebedingungen hinterlegen, die den Seiteneffekt auslösen:

```
  side effects {
    field <Feldname>
      affects $self,
entity <Assoziationspfad>,
                field <Feldname>,
                field <Assoziationspfad>.<Feldname>,
                permissions ( create <Assoziation>,
```

```
                                update,
                                delete,
                                field <Feldname>,
                                field <Assoziationspfad>.<Feldname>,
                                action <Aktionsname> ),
                  messages;

      $self
        affects ...;

      action <Aktionsname>
        affects ...;

      determine action <Actionname>
        executed on
          $self,
          entity <Assoziationspfad>,
          field <Feldname>,
          field <Assoziationspfad>.<Feldname>
        affects ...;
    }
```

Listing 11.71 Verhaltensdefinition – Syntax für Seiteneffekte

Ein spezieller Seiteneffekt für eine Ermittlungsaktion ist der globale Seiteneffekt, der keine auslösenden Änderungen hat, sondern der explizit z. B. in der Benutzerschnittstelle durch [↵] oder einen Button ausgelöst werden kann:

```
determine action <Actionname>
      executed on global affects ...;
```

In unserem konkreten Anwendungsbeispiel wollen wir nun exemplarisch einige Seiteneffekte definieren.

Im Kundenauftragskopf haben wir eine Aktion zum Löschen definiert. Da die Semantik dieser Aktion (anders als bei der Operation `delete`) nicht mehr bekannt ist, wird nun ein expliziter Seiteneffekt nötig (siehe Listing 11.72), der angibt, dass sich die eigene Entität als auch die darunter befindlichen Kindentitäten verändern können. Des Weiteren ist nach dem (logischen) Löschen die Aktion `Delete` nicht mehr sinnvoll und ausführbar, daher wird auch die entsprechende Feature-Kontrolle durch die Operation verändert.

Zudem haben wir die spezielle Ermittlungsaktion Prepare, die Teil der Draft-Orchestrierung ist, und daher definieren wir diese als globalen Seiteneffekt (siehe Listing 11.72) und geben als Effekte im Wesentlichen alle Änderungen an, die durch die zugeordneten Ermittlungen und Validierungen möglich sind.

```
define behavior for ZR_SalesOrderTP alias SalesOrder
...
{
  ...
  side effects
  {
    action Delete
      affects $self,
              entity _Item,
              entity _Item._ScheduleLine,
              permissions ( action Delete ),
              messages;
    determine action Prepare executed on global
      affects field SoldToParty,
              field NetAmount,
              field TransactionCurrency,
              field _Item.NetAmount,
              field _Item.TransactionCurrency,
              field _Item.OrderQuantity,
              field _Item.OrderQuantityUnit,
              field _Item.Product,
              field _Item._ScheduleLine.OrderQuantity,
              field _Item._ScheduleLine.OrderQuantityUnit,
              messages;
  }
}
```

Listing 11.72 Verhaltensdefinition – Seiteneffekte für Kundenauftragskopf

Auf der Kundenauftragsposition haben wir eine Aktion Copy definiert, die eine Position und deren Einteilungen kopiert. Daher geben wir auch hier sowohl die eigene Entität als auch die Kindentität im entsprechenden Seiteneffekt an (siehe Listing 11.73). Für die Ermittlung, die direkt bei der Änderung läuft, geben wir ebenfalls einen einfachen Seiteneffekt an.

```
define behavior for ZR_SalesOrderItemTP alias SalesOrderItem
...
{
  ...
  side effects
  {
    action Copy
      affects $self,
              entity _ScheduleLine;
    field NetAmount
      affects field _SalesOrder.NetAmount,
              field _SalesOrder.TransactionCurrency;
  }
}
```

Listing 11.73 Verhaltensdefinition – Seiteneffekte für Kundenauftragsposition

Wie sich die Seiteneffekte auswirken, werden wir später in Abschnitt 11.9.2, »OData-Service für die Verwendung in der Benutzeroberfläche«, sehen.

11.4.20 Änderungsbelege

Wenn Daten eines Geschäftsobjekts geändert werden, ist es oftmals erwünscht und wichtig, zu wissen, wer Daten verändert hat, was verändert wurde und wann diese Änderungen erfolgt sind. Diese Funktionalität wird in der ABAP-Plattform durch sogenannte *Änderungsbelege* abgedeckt.

Wenn man ein Änderungsbelegobjekt definiert, wird eine entsprechende Klasse generiert, die dann beim Sichern der geänderten Daten aufgerufen werden kann. Diesen Aufruf könnten wir über die bereits kennengelernte Funktionalität des `additional save` realisieren. Es geht aber auch einfacher und eleganter, denn es gibt eine nahtlose Integration der Änderungsbelege im ABAP RESTful Application Programming Model, die wir uns nun anschauen.

Zunächst definieren wir für unsere Geschäftsobjekt ein neues Änderungsbelegobjekt. Dazu starten wir den Anlegedialog z. B. über das Kontextmenü unseres Pakets und wählen **New • Other Repository Object**. Im Dialog wählen wir dann **Change Document Object** (siehe Abbildung 11.19).

Wir vergeben einen Namen und eine Beschreibung für das Änderungsbelegobjekt (siehe Abbildung 11.20).

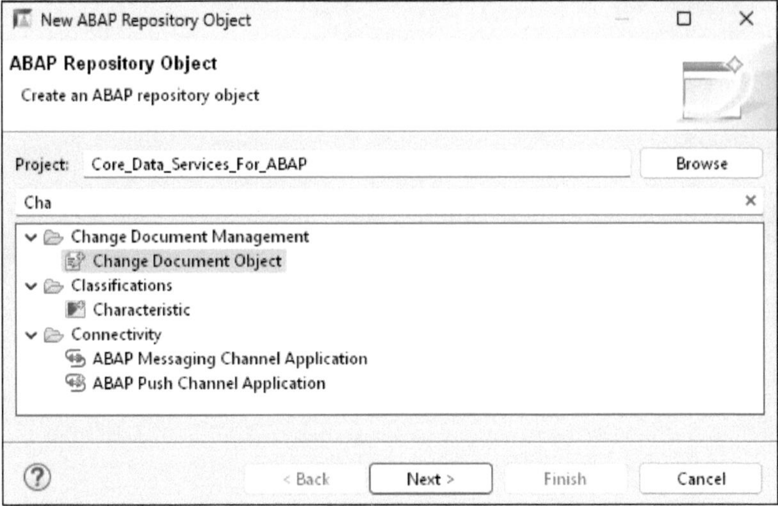

Abbildung 11.19 Änderungsbeleg anlegen

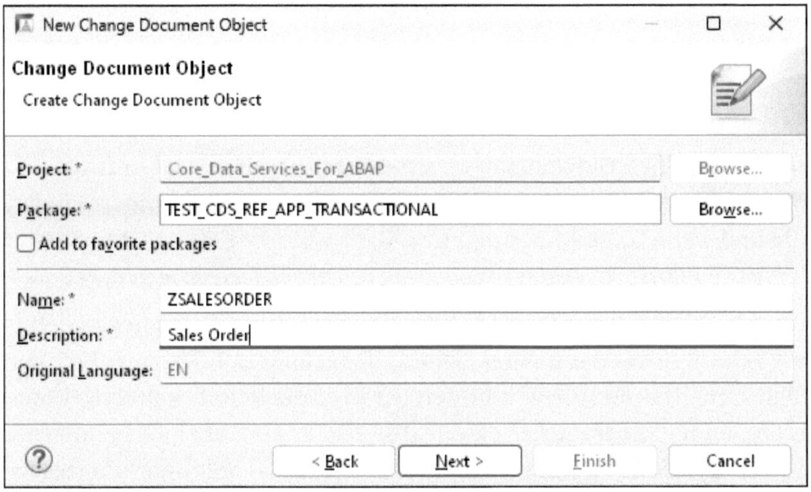

Abbildung 11.20 Änderungsbeleg anlegen – Name und Beschreibung

Als Letztes ergänzen wir die relevanten Tabellen und welche Art von Änderungen wir im Änderungsbeleg erfassen wollen (siehe Abbildung 11.21).

Durch die Aktivierung wird eine Klasse generiert, die wir beim Sichern aufrufen können. Da wir die integrierte Funktionalität nutzen wollen, hinterlegen wir unsere Änderungsbelegobjekt in der Verhaltensdefinition. An der Hauptentität (in der Regel die Wurzelentität), der das Änderungsbelegobjekt zugehörig ist, erfolgt dies durch folgende Syntax:

```
changedocuments master ( <ChangeDocumentObjectName> )
```

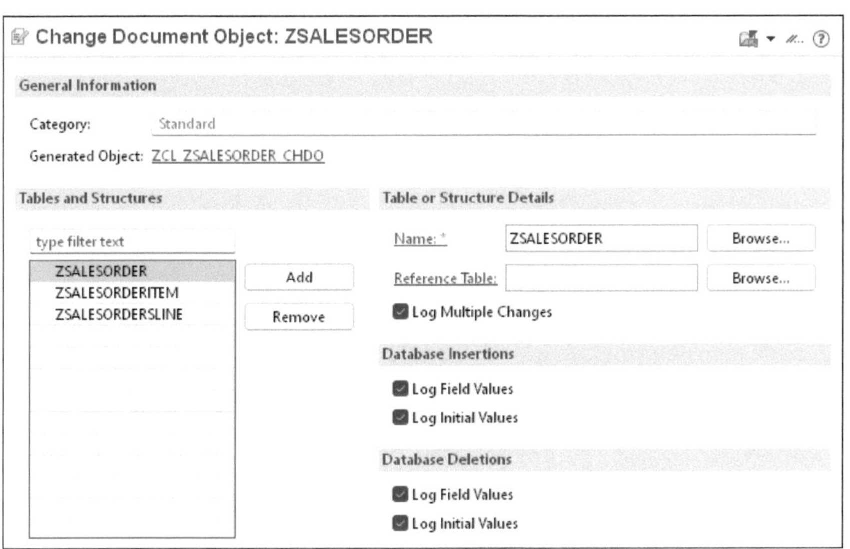

Abbildung 11.21 Änderungsbeleg anlegen – Tabellenzuordnung

Bei abhängigen Entitäten gibt es wie gewohnt die entsprechende Syntax:

```
changedocuments dependent by <AssociationToMasterEntity>
```

Damit sind wir schon fertig, und nun werden für unser Geschäftsobjekt Änderungsbelege geschrieben, die z. B. mit der entsprechenden SAP-Fiori-Anwendung angezeigt oder in Ihre eigene SAP-Fiori-Anwendung integriert werden können (siehe auch *http://s-prs.de/v9214008*).

Relevante Felder für Änderungsbelege

Ob ein Feld bzw. eine Änderung der Werte eines Felds für das Protokollieren in einem Änderungsbeleg relevant ist, wird am Datenelement des Feldes definiert. Sie finden diese Einstellung unter **additional properties** und dort unter **Change Document Logging**. Bei CDS Simple Types wird dies entsprechend über Annotationen definiert.

11.4.21 Events

Neben transaktionalen Änderungen, die sich speziell bei Nutzung des Draft in der Interaktion auswirken und über Seiteneffekte statisch einem Client bekannt gemacht werden können, möchte man auch bei der Änderung der Daten nicht nur deren Änderungen protokollieren, sondern auch asynchrone Folgeprozesse anstoßen. Wir schauen uns hier unter den möglichen Optionen die (asynchronen) Events an.

Event-Definition

Ein Event wird an einer Entität in der Verhaltensdefinition über folgende Anweisung definiert:

```
event <EventName>
```

Event-Parameter

Wird das Event zur Laufzeit ausgelöst, enthält es standardmäßig den Schlüssel der entsprechenden Entität, auf der das Event definiert wurde. Optional kann das Event auch eine erweiterte Payload haben, um z. B. Verwendern des Events die Auswertung zu vereinfachen und ohne weiteres Nachlesen von Daten zu entscheiden, ob das Event interessant ist oder nicht. Die Struktur des Event-Parameters wird dabei über die bereits bekannten abstrakten Entitäten definiert und wie folgt hinterlegt:

```
event <EventName> parameter <NameOfDataType>
```

Event-Auslösung

Zur Laufzeit wollen wir nun auf Basis der Änderungen das Event auslösen. Dafür können wir die folgende ABAP-Anweisung, z. B. im Handler für `additional save`, nutzen:

```
RAISE ENTITY EVENT <BehaviorDefinitioName>~<EventName> FROM <Data>.
```

Beispiel: Event-Definition

Für unser Beispiel beschränken wir uns auf die drei Standard-Events für das Anlegen, Ändern und Löschen eines Kundenauftrags. Beim Event für das Anlegen wollen wir noch ein paar Zusatzdaten über Parameter ergänzen. Hierfür legen wir eine abstrakte Entität an, die wir als Event-Signatur per Annotation kennzeichnen (siehe Listing 11.74).

```
@EndUserText.label: 'Sales Order Created'
@Event: {
   description: 'Sales Order Created',
   sapObjectNodeType: 'SalesOrder',
   implementedBy    : ['ABAP:RAP_EVENT']
}
@VDM.usage.type: [#EVENT_SIGNATURE]
define abstract entity ZD_SalesOrderCreated
{
  SalesOrderType         : auart_unv;
  SalesOrganization      : vkorg;
  DistributionChannel    : vtweg;
  OrganizationDivision   : spart;
  SoldToParty            : kunnr;
  EventRaisedDateTime    : abp_creation_utcl;
}
```

Listing 11.74 Event-Datentyp

In der Verhaltensdefinition definieren wir nun die drei Events, wie Sie in Listing 11.75 sehen können.

```
define behavior for ZR_SalesOrderTP alias SalesOrder
...
{
  ...
  event Created parameter ZD_SalesOrderCreated;
  event Changed;
  event Deleted;
}
```

Listing 11.75 Verhaltensdefinition – Event

Beispiel: Event-Auslösung

Die Events lösen wir nun in unserer Implementierung aus. Im einfachsten Fall kann man die eingehenden Änderungsinformationen direkt in der entsprechenden Anweisung verwenden (wie man am Event für neu angelegte Kundenaufträge in Listing 11.76 sieht). Da wir logisch gelöschte Kundenaufträge als gelöscht ansehen wollen, lösen wir für diese kein Event für eine Änderung, sondern das Event für die Löschung aus.

```
METHOD save_modified.
  DATA changed TYPE TABLE FOR EVENT ZR_SalesOrderTP~Changed.
  DATA deleted TYPE TABLE FOR EVENT ZR_SalesOrderTP~Deleted.

  IF create-salesorder IS NOT INITIAL.
    RAISE ENTITY EVENT ZR_SalesOrderTP~Created
      FROM CORRESPONDING #( create-salesorder
       MAPPING EventRaisedDateTime = CreationDateTime ).
  ENDIF.

  deleted = CORRESPONDING #( delete-salesorder ).

  LOOP AT update-salesorder ASSIGNING FIELD-SYMBOL(<salesorder>).
    IF <salesorder>-DeletionIndicator = abap_true.
      APPEND VALUE #( SalesOrder = <salesorder>-SalesOrder )
        TO deleted.
    ELSE.
      APPEND VALUE #( SalesOrder = <salesorder>-SalesOrder )
        TO changed.
    ENDIF.
  ENDLOOP.

  IF changed IS NOT INITIAL.
```

```
    RAISE ENTITY EVENT ZR_SalesOrderTP~Changed FROM changed.
  ENDIF.

  IF deleted IS NOT INITIAL.
    RAISE ENTITY EVENT ZR_SalesOrderTP~Deleted FROM deleted.
  ENDIF.
ENDMETHOD.
```

Listing 11.76 Verhaltensimplementierung – Event-Auslösung

Abgeleitete Events

Neben den Events für die Standardoperationen können wir auch weitere spezifische Events z. B. für spezielle Statusübergänge wie Freigabe oder Abschluss eines Kundenauftrags oder Ähnliches definieren. In diesem Zusammenhang geht es dann auch um dedizierte Zeitpunkte, zu denen ein Event ausgelöst wird, um spezifischer darauf reagieren zu können. Ein anderer Anwendungsfall ist die Frage, ob die Daten eines Events ausreichen, um darauf reagieren zu können, oder ob dazu weitere Information nachgelesen werden müssen. Um dies in einfachen Fällen zu vermeiden, kann man sich ein dediziertes Event mit einem erweiterten Parameter definieren, das dann selbst in der Implementierung ausgelöst wird. Es gibt aber auch die Möglichkeit, abgeleitete Events zu definieren, die basierend auf einem anderen Event auslösen (also unter denselben Bedingungen), aber eigene Parameter haben:

```
managed event <ManagedEventName> on <EventName>
  parameter <EntityName>;
```

Diese Events werden vom ABAP RESTful Application Programming Model automatisch ausgelöst basierend auf dem referenzierten Event. Um den Event-Parameter zu versorgen, müssen Daten gelesen werden. Daher ist der Event-Parameter in diesem Fall keine abstrakte Entität, sondern eine CDS-View-Entität, die von der definierenden CDS-Entität der Verhaltensdefinition, in der das Event definiert ist, selektieren muss. Die Daten werden in diesem Rahmen also über SQL gelesen.

Der skizzierte Anwendungsfall ist eher für Erweiterungen gedacht (siehe Kapitel 15, »Erweiterungen von CDS-Views und weiteren Entitäten«). Dennoch definieren wir zu Illustrationszwecken in unserem Beispiel ein derartiges Event, bei dem der Verwender nur auf spezielle Kunden reagieren möchte. Hierzu definieren wir wie in Listing 11.77 einen Event-Parameter:

```
@AbapCatalog.viewEnhancementCategory: [#NONE]
@AccessControl.authorizationCheck: #NOT_ALLOWED
@EndUserText.label: 'Sales Order Created Derived'
```

```
@Metadata.ignorePropagatedAnnotations: true
@ObjectModel.usageType:{
  serviceQuality: #B,
  sizeCategory: #L,
  dataClass: #TRANSACTIONAL
}
define view entity ZD_SalesOrderCreatedDerived
  as select from ZR_SalesOrderTP
{
  key SalesOrder,
      SoldToParty
}
```

Listing 11.77 CDS-Entität – Parameterdefinition des abgeleitetes Events

Das Event in der Verhaltensdefinition kann dann entsprechend definiert werden:

```
managed event CreatedWithSoldToParty on Created
   parameter ZD_SalesOrderCreatedDerived;
```

Um die Auslösung des Events müssen wir uns – wie beschrieben – nicht kümmern.

Wer und wie diese Events konsumiert werden können, werden wir in Abschnitt 11.10.1, »Lokale Event-Handler«, erläutern.

11.5 Transaktionale Projektionsobjektmodelle

Geschäftsobjekte verwenden

In diesem Abschnitt lernen Sie die *transaktionalen CDS-Projektionsobjektmodelle* kennen, über die Sie Ihr Geschäftsobjekt verwendungsspezifisch adaptieren können. Sie wollen das Geschäftsobjekt und die zugehörige Geschäftslogik nur einmal implementieren, um Redundanzen zu vermeiden und die Konsistenz des Systems zu gewährleisten. Gleichzeitig werden Sie aber das Geschäftsobjekt in verschiedenen Geschäftsprozessen, in verschiedenen Anwendungen, in externen Web-APIs und UIs verwenden. Darüber hinaus stellen Sie nur bestimmte Teile Ihres Transaktionsmodells in einer bestimmten API oder Benutzeroberfläche zur Verfügung und definieren Einschränkungen sowohl auf der Datenebene als auch auf der Verhaltensebene sowie der Ebene der verfügbaren Funktionen.

11.5.1 Projektionsobjektmodelle

CDS-Projektionen

Die Projektionsdatenmodelle werden über CDS definiert (siehe dazu auch Abschnitt 6.1, »Projektions-Views definieren«). Die entsprechenden CDS-Entitäten werden als Projektionen der CDS-Entitäten der transaktionalen Objektmodelle definiert. In den transaktionalen Projektionsmodellen können Sie hauptsächlich das transaktionale Objektmodell Ihrer Anwendung einschränken, um einen ausgewählten Teil Ihrer Gesamtanwendung zu exponieren. Die folgenden Einschränkungen und Änderungen des zugrunde liegenden Geschäftsobjekts und seiner Funktionalität sind dabei erlaubt:

- **Aliasing (Schlüsselwort `AS`)**
  Felder können umbenannt werden.
- **Projizierte Felder (Spalten; Schlüsselwort `SELECT`)**
  Die Auswahl der Felder der zugrunde liegenden Entitäten kann eingeschränkt werden.
- **Ergebnismenge (Zeilen; Schlüsselwort `WHERE`)**
  Die Ergebnismenge kann durch Bedingungen eingeschränkt werden.
- **Projizierte Entitäten**
  Nicht alle Entitäten des Geschäftsobjekts müssen offengelegt werden.
- **Projizierte und gefilterte Assoziationen**
  Nicht alle Assoziationen des transaktionalen Objektmodells müssen exponiert werden. Existierende Assoziationen können durch Filterbedingungen weiter eingeschränkt werden.

Neben reinen Projektionen können Sie abhängig von der Verwendung auch Felder aus dem zugrunde liegenden Modell hinzufügen, indem Sie Assoziationen mit maximaler Kardinalität »1« oder eingeschränkt auf maximale Kardinalität »1« basierend auf weiteren Assoziationsfiltern folgen (*Denormalisierung*). Eine speziell unterstützte Art der Denormalisierung ist das sprachabhängige Textfeld, das nach der aktuellen Anmeldesprache gefiltert wird, was wir in Abschnitt 11.5.3, »Denormalisierte (sprachunabhängige) Texte«, beschreiben.

In gewissem Umfang können Sie das Projektionsdatenmodell auch um projektionsspezifische Informationen erweitern. Sie können in ABAP berechnete Felder hinzufügen (siehe Abschnitt 11.5.5, »Kalkulierte und virtuelle Felder«), während CDS-berechnete Felder über SQL-Ausdrücke nicht erlaubt sind. Sie können auch weitere Assoziationen zu anderen CDS-Entitäten definieren und exponieren. Aber die direkte Verwendung dieser Assoziationen ist dabei innerhalb der Projektionsentität selbst, ebenso wenig wie Joins, nicht erlaubt.

Regeln für transaktionale Projektionsobjektmodelle

Ferner müssen Sie die folgenden Einschränkungen bei der Modellierung beachten:

- Der Schlüssel der CDS-Entitäten des Projektionsmodells muss mit dem Schlüssel im Objektmodell übereinstimmen. Insbesondere müssen alle Schlüsselfelder der zugrunde liegenden CDS-Entität in der Projektionsliste des Projektionsmodells vorhanden und als Schlüssel definiert sein.
- Der Wurzelknoten muss immer exponiert werden. Um dasselbe in kompositionellen Modellen auszudrücken, wird das Schlüsselwort `root` auch auf der Projektionsebene benötigt. Außerdem müssen im Projektionsmodell für jede einbezogene Entität alle Entitäten auf dem Pfad zum Wurzelknoten vorhanden sein. Dies bedeutet, dass nur Blätter oder ganze Teilbäume des Kompositionsbaums weggelassen werden können.
- Da für jede exponierte Entität eine neue CDS-Entität im Projektionsmodell eingeführt wird, können die kompositionsähnlichen Assoziationen nicht 1 zu 1 projiziert werden, da sie sich auf die CDS-Entität des Objektmodells als Ziel und nicht auf dessen Projektion beziehen würden. Daher müssen diese Assoziationen entsprechend umgelenkt werden (`redirect`). Gleichzeitig können Kompositions- und Vaterassoziationen nicht nur umgeleitet werden, sondern müssen auch einer ähnlichen Syntax in Bezug auf ihren Typ folgen, d. h. `redirected to composition child` und `redirected to parent`.

Aggregationsfunktionen und Berechnungen unter Verwendung der entsprechenden CDS-Funktionen sind nicht zulässig, ebenso wenig wie Unions oder Joins für die CDS-Entitäten des transaktionalen Projektionsmodells. Grundsätzlich sind Funktionen nicht erlaubt, die eine eindeutige Abbildung der Ergebnismenge einer CDS-Entität im Projektionsmodell auf die Ergebnismenge der zugrunde liegenden CDS-Entität des Objektmodells verhindern.

Providerkontrakt

Der CDS-Provider-Kontrakt (siehe auch Abschnitt 2.19, »CDS-Provider-Kontrakte«) definiert die möglichen Verwendungen eines Projektionsmodells bzw. dessen Einschränkungen. Aktuell gibt es die Providerkontrakte `transactional_interface` und `transactional_query`. Bei `transactional_interface` für die Nutzung in Verhaltens-Interfaces (siehe Abschnitt 11.6, »Interface-Verhaltensdefinitionen«) sind neben der beschriebenen reinen Projektionsfunktionalität keine Erweiterungen mehr möglich. Bei `transactional_query` ist das Hinzufügen von Feldern zur Projektionsliste mithilfe von Pfadausdrücken erlaubt, wenn die resultierende Denormalisierung die Kardinalität der Ergebnismenge nicht verändert. Darüber hinaus sind auch das Definieren von neuen Assoziationen und die Nutzung von lokalisierten Feldern (siehe Abschnitt 11.5.4, »Lokalisierte Elemente«) oder virtuellen Feldern (siehe Abschnitt 11.5.5, »Kalkulierte und virtuelle Felder«) möglich.

Beispiel: Transaktionales Projektionsobjektmodell

In unserem Beispiel exponieren wir nun das transaktionale Objektmodell des Kundenauftrags für den internen Zugriff und nutzen einige der zuvor genannten Funktionen. Wir wollen nur den Kundenauftragskopf und die Kundenauftragsposition exponieren, die Einteilung weglassen und die Feldliste reduzieren. Für den Kundenauftragskopf ändern wir außerdem einen Feldnamen über einen Alias und reduzieren die Ergebnismenge, indem wir logisch gelöschte Kundenaufträge nicht exponieren (siehe Listing 11.78).

```
@EndUserText.label: 'Sales Order'
@AccessControl.authorizationCheck: #MANDATORY
define root view entity ZI_SalesOrderTP
  provider contract transactional_interface
  as projection on ZR_SalesOrderTP
{
  key SalesOrder,
      SalesOrderType,
      SalesOrganization,
      SoldToParty as Customer,
      DistributionChannel,
      OrganizationDivision,
      NetAmount,
      TransactionCurrency,
      DeliveryStatus,
      @Consumption.hidden: true
      LastChangeDateTime,
      _Item : redirected to composition child ZI_SalesOrderItemTP,
      _SoldToParty
}
where
  DeletionIndicator = ''
```

Listing 11.78 CDS-Projektionsentität – Kundenauftragskopf

Beispiel: Kundenauftragsposition

Listing 11.79 zeigt die Projektion der Kundenauftragsposition.

```
@EndUserText.label: 'Sales Order Item'
@AccessControl.authorizationCheck: #MANDATORY
define view entity ZI_SalesOrderItemTP
  as projection on ZR_SalesOrderItemTP
{
  key SalesOrder,
  key SalesOrderItem,
```

```
        Product,
        OrderQuantity,
        OrderQuantityUnit,
        NetAmount,
        TransactionCurrency,
        @Consumption.hidden: true
        LastChangeDateTime,
        _SalesOrder : redirected to parent ZI_SalesOrderTP,
        _Product
}
```

Listing 11.79 CDS-Projektionsentität – Kundenauftragsposition

Wir planen außerdem, dieselbe Anwendung über OData als Web-API sowie für eine SAP-Fiori-Benutzeroberfläche bereitzustellen. Da diese Anwendungen einem anderen CDS-Provider-Kontrakt folgen und daher mehr Implementierungsmöglichkeiten bieten, erstellen wir ähnliche Modelle mit einer 1:1-Projektion des zugrunde liegenden Modells für die Web-API und die Benutzeroberfläche, wobei wir den aus dem VDM bekannten Namenskonventionen mit den Präfixen »A« und »C« folgen. In den Abschnitten 11.9.1, »OData-Service für die Verwendung als Web-API«, und 11.9.2, »OData-Service für die Verwendung in der Benutzeroberfläche«, werden wir diese Modelle nutzen.

Alle Codebeispiele können Sie von der Webseite zum Buch herunterladen: *www.sap-press.de/5602*.

11.5.2 CDS-Zugriffskontrolle

Auch die Projektionsentitäten benötigen ihre eigenen CDS-Zugriffskontrollen. Bei transaktionalen Projektionsmodellen müssen die definierten Zugriffskontrollen per Definition die Zugriffskontrollen von der jeweils zugrunde liegenden transaktionalen Objektentität erben. Ein entsprechendes Beispiel finden Sie in Listing 11.80.

```
@EndUserText.label: 'Sales Order'
@MappingRole: true
define role ZI_SalesOrderTP {
  grant
    select
      on
        ZI_SalesOrderTP
```

```
        where
          inheriting conditions from entity ZR_SalesOrderTP;
}
```

Listing 11.80 CDS-Rolle – Projektion des Kundenauftragskopfs

Die CDS-Zugriffskontrollen für die anderen Entitäten und Projektionsmodelle, die für die OData-Services als Web-API oder UI erstellt werden, werden analog definiert.

11.5.3 Denormalisierte (sprachunabhängige) Texte

Ab hier wechseln wir auf das Projektionsmodell für den späteren UI-OData-Service mit dem CDS-Provider-Kontrakt `transactional_query`, um die weiteren Funktionen zu erläutern. Wir verzichten auf die Definition weiterer Assoziationen, aber denormalisieren einige sprachunabhängige Texte für die Benutzerschnittelle.

Als Beispiel dient hier der Kundenauftragskopf mit dem Namen des Kunden und dem Benutzernamen des Anlegers und letzten Änderers. Die anderen Entitäten, ebenso wie die CDS-Zugriffskontrolle werden analog zu Listing 11.81 modelliert.

```
@EndUserText.label: 'Sales Order'
@AccessControl.authorizationCheck: #MANDATORY
@Metadata.allowExtensions: true
@OData.entityType.name: 'SalesOrder_Type'
@ObjectModel.semanticKey: ['SalesOrder']
define root view entity ZC_SalesOrderTP
  provider contract transactional_query
  as projection on ZR_SalesOrderTP
{
  key SalesOrder,
      SalesOrderType,
      SalesOrganization,
      @ObjectModel.text.element: ['CustomerName']
      SoldToParty,
      _SoldToParty.CustomerName,
      DistributionChannel,
      OrganizationDivision,
      @Semantics.amount.currencyCode: 'TransactionCurrency'
      NetAmount,
      TransactionCurrency,
      DeliveryStatus,
```

```
      @Semantics.booleanIndicator: true
      DeliveryIsCompleted,
      @Semantics.booleanIndicator: true
      DeletionIndicator,
      @ObjectModel.text.element: ['CreatedByUserDescription']
      CreatedByUser,
      _CreatedByUser.UserDescription     as CreatedByUserDescription,
      CreationDateTime,
      @ObjectModel.text.element: ['LastChangedByUserDescription']
      LastChangedByUser,

      _
LastChangedByUser.UserDescription as LastChangedByUserDescription,
      LastChangeDateTime,
      _Item : redirected to composition child ZC_SalesOrderItemTP
}
```

Listing 11.81 CDS-Projektionsentität – denormalisierter Text

11.5.4 Lokalisierte Elemente

Wie bereits erwähnt, ermöglicht die Syntax der Projektionsentität auch die gezielte Denormalisierung von sprachabhängigen Textfeldern aus assoziierten Entitäten. Dies wird angegeben, indem das Schlüsselwort `localized` zum Feld hinzugefügt wird. Das funktioniert genau dann, wenn das Assoziationsziel ein Schlüsselfeld für die Sprache (ABAP-Datentyp `LANG`) hat und alle anderen Schlüsselfelder des Assoziationsziels entlang des Assoziationspfads gebunden sind.

Beispiel: Lokalisiertes Element

In unserem Beispiel folgen wir der Assoziation zum Produkt und von dort zum Produkttext, um den sprachabhängigen Produktnamen hinzuzufügen (siehe Listing 11.81). Wenn es mehrere sprachabhängige Felder gibt, können Sie auch jedes einzelne dieser Felder hinzufügen, z. B. einen kurzen und einen langen Namen. Die Verwendung des Schlüsselworts `localized` ist derzeit gleichwertig zur Verwendung einer explizit mit der Anmeldesprache gefilterten Assoziation, was Sie leicht überprüfen können, indem Sie ein zweites Feld hinzufügen, wie in Listing 11.81 gezeigt. Neben einer besser lesbaren Syntax besteht der Vorteil der ersten Option darin, dass sie nicht an die Systemsprache gebunden ist, sodass eine Fallback-Sprachimplementierung sofort funktioniert, sofern diese Funktionalität von der ABAP-Infrastruktur unterstützt wird.

```
define view entity ZC_SalesOrderItemTP
  as projection on ZR_SalesOrderItemTP
{
```

```
  key SalesOrder,
  key SalesOrderItem,
      Product,
      _Product._Text.ProductName : localized,
      _Product._Text[1:Language=$session.system_
language].ProductName as ProductNameViaFilter,
      ...
}
```

Listing 11.82 CDS-Projektionsentität – Kundenauftragsposition mit lokalisiertem Element

11.5.5 Kalkulierte und virtuelle Felder

Virtuelle Elemente

Wie bereits in Abschnitt 11.4.15, »Berechnete Felder«, erläutert, kann es insbesondere im Umfeld transaktionaler Anwendungen erforderlich sein, auch Felder in das Datenmodell aufzunehmen, die nicht persistiert werden. Dies können z. B. transformierte Felder sein, die für eine vereinfachte oder zusätzliche Darstellung im UI verwendet werden, oder Kontrollfelder, um UI-Elemente dynamisch auf Basis bestimmter Instanzinformationen auszublenden. Im Gegensatz zum Objektmodell ist es möglich, solche Felder im Projektionsmodell hinzuzufügen und über eine ABAP-Implementierung mit Werten zu versorgen. Da dies durch einen ABAP-Exit von SADL erreicht wird, wird es nur von der OData-Laufzeit, nicht aber von der SQL-Laufzeit beachtet, sodass diese Funktionalität nur in Projektionsmodellen verwendet und konsumiert werden kann, die über SADL-basierte OData-Services exponiert sind.

Das Hinzufügen eines solchen Felds kann in Projektionsentitäten über das Syntaxelement `virtual` erfolgen, in dem der entsprechende Datentyp angegeben werden muss. Die implementierende Klasse, die das Feld zur Laufzeit korrekt füllt, wird mit der folgenden Annotation im CDS-Modell hinterlegt:

```
@ObjectModel.virtualElementCalculatedBy:'...'
```

Die annotierte ABAP-Klasse muss das Interface `IF_SADL_EXIT_CALC_ELEMENT_READ` implementieren. In der Methode `GET_CALCULATION_INFO` wird festgelegt, welche Felder der eigenen Entität für die Berechnung benötigt werden, damit die Daten von der Datenbank gelesen werden und für die Berechnung zur Verfügung stehen, auch wenn sie nicht explizit vom Konsumenten angefordert werden. In der Methode `CALCULATE` werden dann die gelesenen Daten zur Verfügung gestellt und können hier um das zu berechnende Feld erweitert werden.

Suchen, Sortieren und Filtern von virtuellen Elementen

Da virtuelle Elemente nicht von SQL implementiert werden und keinen Wert liefern, sind die betroffenen Datenbankoperationen, wie Suchen, Filtern, Sortieren usw., nicht verfügbar. Wenn der OData-Service definiert wird, wird diese Einschränkung der virtuellen Elemente automatisch berücksichtigt, und die entsprechenden OData-Eigenschaften in den OData-Entitätstypen werden als nicht suchbar, nicht filterbar und nicht sortierbar annotiert.

Die Einschränkungen beim Sortieren und Filtern können aufgehoben werden, wenn diese Operationen einfach und eindeutig auf persistente Felder in der CDS-Ansicht abgebildet werden können. Sie können die Abbildungsregeln in einer ABAP-Klasse implementieren, indem Sie die folgenden Annotationen anwenden:

```
@ObjectModel.sort.transformedBy:'...'
@ObjectModel.filter.transformedBy:'...'
```

Die implementierende Klasse muss das Interface `IF_SADL_EXIT_SORT_TRANSFORM` für den Sortier-Exit bzw. das Interface `IF_SADL_EXIT_FILTER_TRANSFORM` für den Filter-Exit implementieren.

Sortier- und Filter-Exits

Beachten Sie, dass die Sortier- und Filter-Exits nicht nur für virtuelle Elemente, sondern auch für jedes beliebige Element verwendet werden können. Ein ähnlicher Anwendungsfall könnte die Verbesserung der Performance durch Sortieren oder Filtern auf CDS-berechneten Feldern sein, die nur auf persistierte Informationen umgeleitet werden können, um aufwendige Berechnungen oder die Materialisierung einer vollständigen berechneten Tabellenspalte zu verhindern.

Beispiel: Virtuelles Element

Das Beispiel sollte nun auf der Ebene der Kundenauftragsposition erweitert werden, um ein solches Feld exemplarisch aufzunehmen. Da diese Funktion nur für die OData-Exponierung zur Verfügung steht, fügen wir sie nicht in unsere für den internen Zugriff definierte Projektion ein, sondern in die Projektion für den UI-basierten Service (siehe Abschnitt 11.9.2, »OData-Service für die Verwendung in der Benutzeroberfläche«). Daher erweitern wir das Modell wie in Listing 11.83 gezeigt.

```
define view entity ZC_SalesOrderItemTP
  as projection on ZR_SalesOrderItemTP
{
  ...
        @Semantics.booleanIndicator: true
        @ObjectModel.virtualElementCalculatedBy:
'ABAP:ZCL_F_SALESORDERITEMTP'
  virtual OrderIsFreeOfCharge:abap.char(1),
  ...
  }
```

Listing 11.83 CDS-Projektionsentität – Kundenauftragsposition mit virtuellem Element

Beispiel: Implementierung des virtuellen Elements

In der Implementierung dieses Felds setzen Sie dann den Wert mit Standard-ABAP-Mitteln. In dem Beispiel aus Listing 11.84 definieren wir das Feld NETAMOUNT als notwendiges Feld für die Berechnung. Die Berechnung selbst prüft nun, ob der Wert »0« ist, und setzt in diesem Fall das virtuelle Feld ORDERISFREEOFCHARGE.

```
METHOD if_sadl_exit_calc_element_read~get_calculation_info.
  INSERT CONV #('NETAMOUNT') INTO TABLE et_requested_orig_elements.
ENDMETHOD.

METHOD if_sadl_exit_calc_element_read~calculate.
  LOOP AT it_original_data ASSIGNING FIELD-SYMBOL(<ls_
salesorderitem>).
    ASSIGN COMPONENT 'NETAMOUNT'
      OF STRUCTURE <ls_salesorderitem>
      TO FIELD-SYMBOL(<lv_netamount>).
    CHECK sy-subrc = 0.
    CHECK <lv_netamount> IS INITIAL.
    ASSIGN COMPONENT 'ORDERISFREEOFCHARGE'
      OF STRUCTURE ct_calculated_data[ sy-tabix ]
      TO FIELD-SYMBOL(<lv_orderisfreeofcharge>).
    CHECK sy-subrc = 0.
    <lv_orderisfreeofcharge> = abap_true.
  ENDLOOP.
ENDMETHOD.
```

Listing 11.84 ABAP-Implementierung – Berechnung eines virtuellen Elements

Da in diesem einfachen Beispiel Sortier- und Filterdelegationen möglich sind, erweitern wir das Modell nun auch um die entsprechenden Annotationen, indem wir Sortieren und Filtern aktivieren und die Implementierungsklasse bereitstellen (siehe Listing 11.85).

Beispiel: Sortier- und Filterdelegation eines virtuellen Elements

```
define view entity ZC_SalesOrderItemTP
  as projection on ZR_SalesOrderItemTP
{
  ...
          @Semantics.booleanIndicator: true
          @ObjectModel.virtualElementCalculatedBy:
            'ABAP:ZCL_F_SALESORDERITEM'
          @ObjectModel.sort.enabled: true
          @ObjectModel.sort.transformedBy:
            'ABAP:ZCL_F_SALESORDERITEMTP'
          @ObjectModel.filter.enabled: true
          @ObjectModel.filter.transformedBy:
            'ABAP:ZCL_F_SALESORDERITEMTP'
  virtual OrderIsFreeOfCharge :abap.char(1),
  ...
}
```

Listing 11.85 CDS-Projektionsentität – Kundenauftragsposition mit filterbarem und sortierbarem virtuellem Element

Folglich implementieren wir die beiden anderen notwendigen Schnittstellen in derselben Klasse. Die Implementierung der Beispielsortierung ist recht einfach, da wir die Sortierung einfach an das zugehörige Feld NetAmount delegieren können, indem wir eine DESCENDING-Sortierung in ASCENDING umwandeln und umgekehrt (siehe Listing 11.86). Die Implementierung des Beispielfilters könnte etwas komplexer sein, aber da wir einen booleschen Indikator haben, ist nur der Gleichheitsoperator in einem Filter anwendbar. In Listing 11.87 wandeln wir die booleschen Werte in die entsprechende einfache Bedingung von NetAmount um.

Beispiel: Implementierung der Sortierung und Filter für das virtuelle Element

```
METHOD if_sadl_exit_sort_transform~map_element.
  ASSERT iv_entity = 'ZC_SALESORDERITEMTP'.
  ASSERT iv_element = 'ORDERISFREEOFCHARGE'.
  APPEND VALUE #( name = 'NETAMOUNT' reverse = abap_true )
  TO et_sort_elements.
ENDMETHOD.
```

Listing 11.86 ABAP-Implementierung – Sortierung für virtuelles Element

```
METHOD if_sadl_exit_filter_transform~map_atom.
  ASSERT iv_entity = 'ZC_SALESORDERITEMTP'.
  ASSERT iv_element = 'ORDERISFREEOFCHARGE'.
  CASE iv_operator.
    WHEN if_sadl_exit_filter_transform~co_operator-equals.
      IF iv_value = abap_true.
        DATA(isfree) = abap_true.
      ELSE.
        isfree = abap_false.
      ENDIF.
    WHEN if_sadl_exit_filter_transform~co_operator-greater_than.
      IF iv_value = abap_true.
        RETURN.
      ELSE.
        isfree = abap_true.
      ENDIF.
    WHEN if_sadl_exit_filter_transform~co_operator-less_than.
      IF iv_value = abap_true.
        isfree = abap_false.
      ELSE.
        RETURN.
      ENDIF.
    WHEN if_sadl_exit_filter_transform~co_operator-is_null.
      ASSERT 1 = 0. "may never happen
    WHEN if_sadl_exit_filter_transform~co_operator-covers_pattern.
      ASSERT 1 = 0. "may never happen
  ENDCASE.
  DATA(condition) =
    cl_sadl_cond_prov_factory_pub=>create_simple_cond_factory( ).
  IF isfree = abap_true.
    condition->element( iv_name = 'NETAMOUNT' )->equals(
      iv_value = 0 ).
  ELSE.
    condition->element( iv_name = 'NETAMOUNT' )->greater_than(
    iv_value = 0 ).
  ENDIF.
ENDMETHOD.
```

Listing 11.87 ABAP-Implementierung – Filter für virtuelles Element

11.6 Interface-Verhaltensdefinitionen

Nachdem wir das Datenmodell der Projektion definiert haben, wollen wir dieses nun auch mit einem dedizierten Verhalten erweitern. In diesem Abschnitt erfahren Sie mehr über die Definition einer Interface-Verhaltensdefinition und darüber, wie die Funktionalität Ihres Geschäftsobjekts in einer dedizierten Projektion dargestellt werden kann und welche Erweiterungen auf dieser Ebene möglich sind.

11.6.1 Interface-Verhaltensdefinition anlegen

Wie bereits erwähnt sind die Funktionalitäten in Projektionen mit dem CDS-Provider-Kontrakt `transactional_interface` eingeschränkt. So können keine Felder oder Assoziationen neu hinzugefügt werden. Ebenso ist es in Interface-Verhaltensdefinitionen nicht möglich, neue Operationen oder andere Funktionalitäten zu ergänzen. Es können hier nur Funktionalitäten aus der Basisverhaltensdefinition exponiert und dabei gegebenenfalls umbenannt werden. Insbesondere kann (und muss) für eine Interface-Verhaltensdefinition nichts implementiert werden, sodass auch keine implementierende Klasse angegeben werden kann.

Beispiel: Interface-Verhaltensdefinition anlegen

Um eine Interface-Verhaltensdefinition zu erstellen, klicken Sie mit der rechten Maustaste auf die CDS-Projektions-Wurzelentität mit CDS-Provider-Kontrakt `transactional_interface` und wählen **New Behavior Definition**. Der Name kann nicht geändert werden, da er mit der CDS-Wurzelentität identisch ist, und der Implementierungstyp ist als **Interface** definiert, sodass nur die Beschreibung geändert werden kann (siehe Abbildung 11.22).

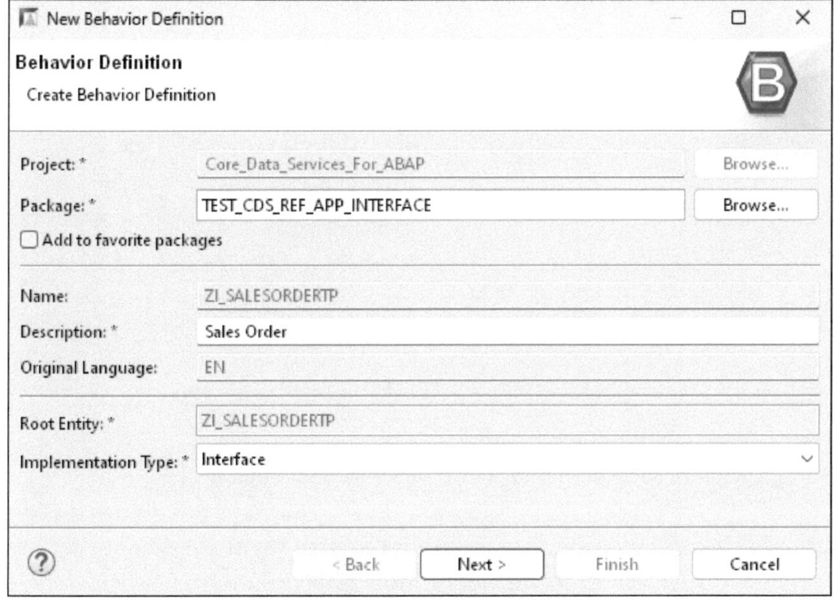

Abbildung 11.22 Interface-Verhaltensdefinition anlegen

Beispiel: Interface-Verhaltensdefinition

Die resultierende Interface-Verhaltensdefinition enthält bereits die als Projektionen definierten Entitäten sowie alle Operationen und Eigenschaften aus der zugrunde liegenden Basisverhaltensdefinition (siehe Listing 11.88).

```
interface;
use draft;

define behavior for ZI_SalesOrderTP alias SalesOrder
{
  use create;
  use update;

  use action Delete;
  use action CreateFromQuote;
  use action Check;

  use action Activate;
  use action Discard;
  use action Edit;
  use action Prepare;
  use action Resume;

  use function GetSalesOrder;
  use function GetNumberOfItems;

  use association _Item { create; with draft; }
}

define behavior for ZI_SalesOrderItemTP alias SalesOrderItem
{
  use update;
  use delete;

  use action Copy;

  use association _SalesOrder { with draft; }
}
```

Listing 11.88 Interface-Verhaltensdefinition – Kundenauftrag

In den nächsten Abschnitten werden wir Ihnen die Syntaxelemente der Definition der Interface-Verhaltensdefinition näher erläutern.

11.6.2 Statische Feldkontrolle

Zusammen mit den Einschränkungen des CDS-Datenmodells durch Projektionsbildung kann es auch gewünscht sein, dass das Verhalten nicht alle verfügbaren Funktionen exponiert. In der Definition der Interface-Verhaltensdefinition ist es daher bis zu einem gewissen Grad möglich, die statische Feldsteuerung einzuschränken. Ein Feld, das in der Basisverhaltensdefinition änderbar ist, kann in einer speziellen Projektion statisch schreibgeschützt werden, was mit der folgenden Syntax erreicht werden kann:

```
field ( readonly ) <field_name>;
```

Ebenso kann das Feld auch nur nach dem Anlegen nicht mehr änderbar sein:


```
field ( readonly : update ) <field_name>;
```

Andererseits kann es auch sein, dass ein editierbares Feld bei der Erstellung einer Instanz zwingend gefüllt werden soll, aber in der Basisverhaltensdefinition nicht entsprechend als solches definiert ist oder nur beim Speichern auf einen zwingenden Wert geprüft wird. Das Gleiche kann durch die folgende Syntax erreicht werden:

```
field ( mandatory:create ) <field_name>;
```

Andere Werte der statischen Feldsteuerung sind in der Definition der Interface-Verhaltensdefinition nicht zulässig. Auch die Beeinflussung oder Definition der dynamischen Feature-Kontrolle von darunterliegenden Feldern oder Operationen ist hier nicht möglich.

Felder unterdrücken

Eine Besonderheit für Felder ist die Möglichkeit, sie aus dem Projektionsdatentyp der ABAP-Laufzeitstrukturen zu entfernen, wenn das Feld nur aus technischen Gründen, z. B. für die Definition einer CDS-Zugriffskontrolle oder für eine Assoziationsdefinition, zu den CDS-Entitäten hinzugefügt wurde, aber für den EML-Zugriff nicht angeboten werden soll. Das Feld ist dann technisch in der CDS-Entität und für den SQL-Zugriff verfügbar, aber nicht im entsprechenden ABAP-Datentyp für den EML-Zugriff. Felder, die unterdrückt werden sollen, können wie folgt definiert werden:

```
field ( suppress ) <field_name>;
```

Aufgrund der möglichen Exponierung in OData-Services sollte das zugehörige Feld in der CDS-Entität zusätzlich auch mit der nachfolgenden Annotation versehen werden, um sicherzustellen, dass dieses nur aus technischen Gründen enthaltene Feld auch in den OData-Metadaten nicht verfügbar ist:

```
@Consumption.hidden:true
```

In unserem Beispiel haben wir ein Feld mit diesen Eigenschaften versehen, um Ihnen diese Funktionalität veranschaulichen zu können.

```
field ( mandatory : create, readonly : update ) Customer;
```

11.6.3 Operationen

Operationen und Features verwenden

Wie im Beispiel bereits vorgeschlagen, können Sie entscheiden, welche Operationen über die Interface-Verhaltensdefinition bereitgestellt werden sollen. Dies gilt für das Anlegen, Ändern und Löschen sowie für Assoziationen und deren Anlegeoperationen, Aktionen und Funktionen. Das Hinzufügen von Operationen zur Definition der Interface-Verhaltensdefinition erfolgt über das Schlüsselwort use, wie in Listing 11.89 gezeigt.

```
use create;
use update;
use delete;
use assocation <association_name>;
use assocation <association_name> { create; }
use action <action_name>;
use function <function_name>;
```

Listing 11.89 Interface-Verhaltensdefinition – Operationen exponieren

Externe Namen und Projektionsergebnisentitäten

Darüber hinaus können die Namen der externen Aktionen und Funktionen auch in der Definition der Interface-Verhaltensdefinition festgelegt werden (siehe auch Abschnitt 11.4.10, »Aktionen«):

```
use action <ActionName> external '<ExternalActionName>';
use function <FunctionName> external '<ExternalFunctionName>';
```

Dies ist praktisch, wenn die Anwendung über OData V2 exponiert wird, da hier sowohl Aktionen als auch Funktionen als Funktionsimporte exponiert werden. Daher befinden sie sich im selben Namensraum, und dieselben Aktionsnamen auf verschiedenen Entitäten führen zu Namenskonflikten. Daher empfehlen wir, in Projektionen, die für OData-V2-Services bestimmt sind, den Entitätsnamen dem Aktionsnamen voranzustellen.

Neben dem externen Namen müssen wir uns auch um die richtige Ergebnisentität kümmern, wenn die Aktion oder Funktion eine Entität als Ergebnis hat. Wie Sie bereits auf der CDS-Seite für Assoziationen gelernt haben, gibt es ein spezielles Schlüsselwort redirected, um dies auszudrücken. Bei Aktions- und Funktionsergebnissen wird es durch die (Neu-)Definition der Ergebnisentität wie folgt angegeben:

```
use action <ActionName> result entity <EntityName>;
use function <FunctionName> result entity <EntityName>;
```

Beachten Sie, dass dies für die spezielle Ergebnisentität $self implizit auf der Grundlage der CDS-definierten Projektion erfolgt. Das Ersetzen von nicht entitätsbasierten Ergebnisdatentypen ist derzeit nicht möglich.

11.6.4 Draft, ETag und Seiteneffekte

Draft verwenden

Wenn die Basisverhaltensdefinition einen Draft vorsieht, kann dieser auch exponiert werden. Der Draft selbst gilt für die gesamte Verhaltensdefinition; die Assoziationen, die Draft-fähig sind, müssen auch als solche auf der Entitätsebene modelliert werden:

```
use draft;
use assocation <association_name> { with draft; }
```

Darüber hinaus müssen auch die Draft-Aktionen explizit in die Definition der Interface-Verhaltensdefinition aufgenommen werden, wie in Listing 11.90 gezeigt.

```
use action Edit;
use action Activate;
use action Resume;
use action Discard;
use action Prepare;
```

Listing 11.90 Interface-Verhaltensdefinition – Draft-Aktionen exponieren

Seiteneffekte verwenden

Seiteneffekte, die bereits in der Basis-Verhaltensdefinition definiert sind, können auch auf die Interface-Verhaltensdefinition übernommen werden. Die entsprechende Syntax ist:

```
use side effects;
```

ETag verwenden

Für OData-Services kann die ETag-Fähigkeit der Basisverhaltensdefinition auf Entitätenebene wie folgt genutzt werden:

```
use etag;
```

Das ist sinnvoll, da auch die Interface-Verhaltensdefinitionen als Basismodell für die Projektionsverhaltensdefinition (siehe Abschnitt 11.7.1, »Projektionsverhaltensdefinition anlegen«) dienen, die dann ihrerseits für OData-Services genutzt wird. Das zugrunde liegende Feld muss zwingend in die entsprechende Projektion übernommen werden.

11.6.5 Events

Auch Events können über Interface-Verhaltensdefinitionen exponiert werden über:

```
use event <EventName>;
```

Dies ist insbesondere für die Verwendung von Erweiterungen, die nur freigegebene Objekte verwenden können, sinnvoll und notwendig (siehe auch Abschnitt 11.6.7, »Freigabe für die Verwendung«).

In unserem Beispiel exponieren wir die drei definierten Standard-Events (siehe Listing 11.91).

```
define behavior for ZI_SalesOrderTP alias SalesOrder
use etag
{
  ...
  use event Created;
  use event Changed;
  use event Deleted;
}
```

Listing 11.91 Interface-Verhaltensdefinition – Events exponieren

11.6.6 Verwendung über EML

Alles, was in Abschnitt 11.4.3, »Verwendung über EML«, beschrieben ist, gilt auch für Interface-Verhaltensdefinitionen. Somit kann eine Interface-Verhaltensdefinition wie jede andere Verhaltensdefinition auch über EML konsumiert werden. Speziell für andere Anwendungen oder Erweiterungen (siehe Kapitel 15, »Erweiterungen von CDS-Views und weiteren Entitäten«) ist es sinnvoll, eine stabile Interface-Verhaltensdefinition zu verwenden (siehe Abschnitt 11.6.7, »Freigabe für die Verwendung«), um mögliche inkompatible Änderungen bei Weiterentwicklungen der Basisverhaltensdefinition zumindest vorübergehend zu kompensieren.

11.6.7 Freigabe für die Verwendung

Wie in Kapitel 14, »Lebenszyklus und Stabilität von Core Data Services«, bereits erwähnt, können Artefakte mit einem Stabilitätskontrakt versehen werden, um deren Nutzung von anderen Entwicklungen wie z. B. Kundenentwicklungen auf SAP- oder Partnerfunktionalität kompatibel zu halten.

Neben CDS-Entitäten können auch Verhaltensdefinitionen mit dem C1-Stabilitätskontrakt versehen werden. Technisch gesehen können Basisverhaltensdefinitionen ebenso wie Interface-Verhaltensdefinition und auch Projektionsverhaltensdefinition (die Sie im nächsten Abschnitt kennenlernen) mit diesem Kontrakt versehen werden. Wir empfehlen allerdings, ausschließlich Interface-Verhaltensdefinition für die Nutzung freizugeben.

Um den Stabilitätskontrakt für eine Interface-Verhaltensdefinition zu definieren, wählen Sie z. B. im Projekt-Explorer im Kontextmenü **API State • Add Use System-Internally (Contract C1)**. Im darauffolgenden Dialog wählen Sie **Use in Cloud Development** und **Enable Configuration of Authorization Default Values** (siehe Abbildung 11.23).

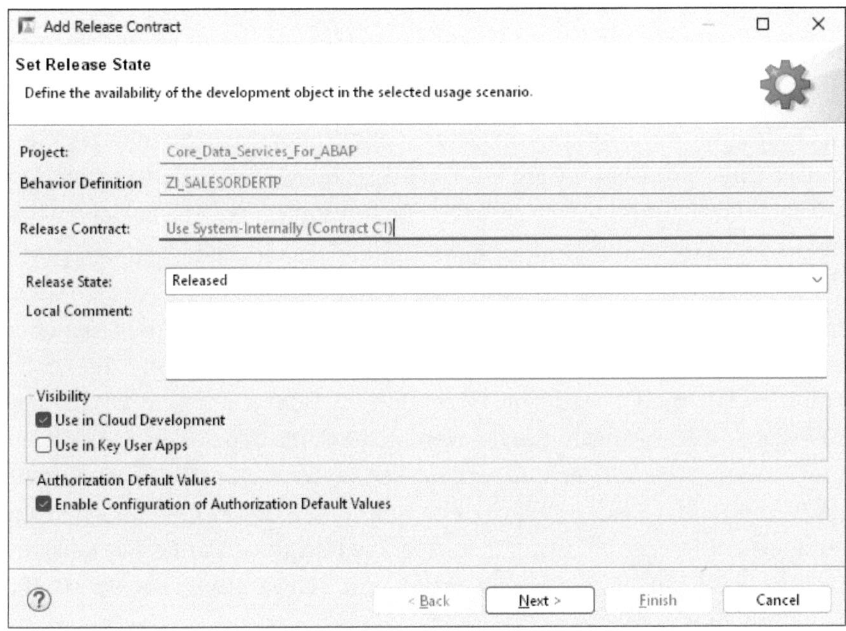

Abbildung 11.23 Verhaltensdefinition – Stabilitätskontrakt definieren

In der nachfolgenden Prüfung werden Sie feststellen, dass im Zuge der Freigabe einer Verhaltensdefinition auch das zugrunde liegende Datenmodell, d. h. die verwendeten CDS-Entitäten, entsprechend freigegeben werden muss. In unserem Falle sind dies die beiden CDS-Projektions-Views sowie die Parameter- und Ergebnisdatentypen, der in der Interface-Verhaltensdefinition verwendeten Aktionen, Funktionen und Events inklusive deren abstrakte Verhaltensdefinitionen.

11.7 Projektionsverhaltensdefinitionen

Die Definition einer Projektionsverhaltensdefinition ist zunächst einmal sehr ähnlich zur Definition einer Interface-Verhaltensdefinition, lässt aber wesentlich mehr Funktionalität zu, wie wir in diesem Abschnitt lernen werden. Die einzige Einschränkung von Projektionsverhaltensdefinitionen im Vergleich zu Interface-Verhaltensdefinitionen ist, dass keine weiteren Verhaltensdefinitionen darauf aufgesetzt werden können, während Interface-Verhaltensdefinition wiederum in Projektionsverhaltensdefinitionen verwendet werden können. Es ist also ein (maximal) dreistufiges Modell möglich von Basisverhaltensdefinition, Interface-Verhaltensdefinition und Projektionsverhaltensdefinition.

11.7.1 Projektionsverhaltensdefinition anlegen

Wie bereits erwähnt wollen wir neben der Interface-Verhaltensdefinition noch dedizierte Projektionsverhaltensdefinitionen für unsere OData-Services definieren. Das Anlegen einer entsprechenden Verhaltensprojektion erfolgt analog zur Interface-Verhaltensdefinition, dieses Mal jedoch auf einer CDS-Entität mit dem CDS-Provider-Kontrakt `transactional_query` und dem Resultat einer Verhaltensdefinition des Typs `projection`.

Beispiel: Projektionsverhaltensdefinition

In unseren Beispielen verwenden wir die ETag-Funktion für die OData-bezogenen Projektionen `ZA_SalesOrder` und `ZC_SalesOrderTP` und die Draft-Funktion für die UI-bezogene Projektion `ZC_SalesOrderTP`. In OData-Services für SAP-Fiori-Anwendungen werden die tiefen Typen, die für Aktionen und Funktionsparameter und -ergebnisse verwendet werden, noch nicht nativ unterstützt. Daher stellen wir hier nur die Aktionen mit einfachen abstrakten Entitäten vor. Listing 11.92 zeigt die Definition der Projektionsverhaltensdefinition für die UI-Projektion mit Schwerpunkt auf der Draft-Funktionalität.

```
projection;
strict ( 2 );
use draft;

define behavior for ZC_SalesOrderTP alias SalesOrder
use etag
```

```
{
  use create;
  use update;

  use action Delete;
  use action Check;

  use action Edit;
  use action Activate;
  use action Resume;
  use action Discard;
  use action Prepare;

  use association _Item { create; with draft; }
}

define behavior for ZC_SalesOrderItemTP alias SalesOrderItem
use etag
{
  use update;
  use delete;

  use action Copy;

  use association _SalesOrder { with draft; }
  use association _ScheduleLine { create; with draft; }
}

define behavior for ZC_SalesOrderScheduleLineTP
  alias SalesOrderScheduleLine
use etag
{
  use update;
  use delete;

  use association _SalesOrder { with draft; }
  use association _SalesOrderItem { with draft; }
}
```

Listing 11.92 Projektionsverhaltensdefinition – UI-Projektion des Kundenauftrags

11.7.2 Aktionen und Funktionen

Sie können neue Assoziationen im Datenmodell in der Projektionsschicht für den reinen Lesezugriff ohne transaktionales Verhalten hinzufügen wie auch bestimmte Verhaltensoperationen. Die projektionsspezifischen Aktionen und Funktionen nutzen dieselbe Syntax und denselben Funktionsumfang wie in den Abschnitten 11.4.10, »Aktionen«, und 11.4.11, »Funktionen«, für die Definition des Basisverhaltens beschrieben. Da eine Implementierung benötigt wird, muss auch eine Implementierungsklasse bereitgestellt und zugewiesen werden, wobei dazu die gleiche Syntax zu verwenden ist:

```
projection implementation in class <class_name> unique;
```

Beispiel: Neue Aktion in Projektion

In unserem Projektionsbeispiel für die Benutzeroberfläche wollen wir eine Aktion CreateFromQuote mit einem einfachen Parameter erstellen, der nur ein Verkaufsangebot als Eingabe zulässt, anstatt eine Liste von Verkaufsangeboten (siehe Listing 11.93). Damit schränken wir die Funktionalität für das UI ein, da dies für unser Beispiel ausreichend ist, und können damit auch die Standardfunktionalität von SAP Fiori Elements nutzen, ohne einen Breakout am UI implementieren zu müssen. Der Einfachheit halber können wir sogar die zugrunde liegende Detailstruktur der Aktionsparameter wiederverwenden.

```
projection implementation in class zbp_c_salesordertp unique;
...

define behavior for ZC_SalesOrderTP alias SalesOrder
{
  ...
  static factory action ( features : global ) CreateFromSalesQuote
    parameter ZD_SalesOrderCreateFromQuotesP [1];
...
}
```

Listing 11.93 Projektionsverhaltensdefinition – neue Aktion für Kundenauftragskopf

Wie Sie sehen, lässt sich die Operationskontrolle auch für diese Aktion auf ähnliche Weise implementieren. Mithilfe des Quick Fix wird die Implementierungsklasse bereitgestellt, in der wir die Aktionsausführung einfach an die zugrunde liegende Aktion der Basisverhaltensdefinition delegieren. Die Delegation des Feature-Handlers ist in Listing 11.94 dargestellt, und die Delegation des Aktionsaufrufs in Listing 11.95.

```
METHODS get_global_features FOR GLOBAL FEATURES
  IMPORTING REQUEST requested_features FOR SalesOrder RESULT result.
...
METHOD get_global_features.
  GET PERMISSIONS ONLY GLOBAL FEATURES OF ZR_SalesOrderTP
    ENTITY SalesOrder REQUEST CORRESPONDING #( requested_features )
    RESULT   DATA(result_base)
    REPORTED DATA(reported_base).
  Result   = CORRESPONDING #( DEEP result_base ).
  Reported = CORRESPONDING #( DEEP reported_base ).
ENDMETHOD.
```

Listing 11.94 Projektionsverhaltensimplementierung – Feature-Kontrolle

```
METHODS CreateFromQuote FOR MODIFY
  IMPORTING keys FOR ACTION SalesOrder~CreateFromSalesQuote.
...
METHOD CreateFromQuote.
  DATA keys_base TYPE TABLE FOR ACTION IMPORT zr_
salesordertp~createfromsalesquote.
  LOOP AT keys ASSIGNING FIELD-SYMBOL(<key>).
    APPEND VALUE #( %cid                = <key>-%cid
                    %param-%is_draft    = <key>-%param-%is_draft
                    %param-_salesquotes =
                              VALUE #( ( <key>-%param-salesquote ) )
                  ) TO keys_base.
  ENDLOOP.

  MODIFY ENTITY ZR_SalesOrderTP
    EXECUTE CreateFromSalesQuote FROM keys_base
    MAPPED   DATA(mapped_base)
    FAILED   DATA(failed_base)
    REPORTED DATA(reported_base).
  mapped   = CORRESPONDING #( DEEP mapped_base ).
  failed   = CORRESPONDING #( DEEP failed_base ).
  reported = CORRESPONDING #( DEEP reported_base ).
ENDMETHOD.
```

Listing 11.95 Projektionsverhaltensimplementierung – Aktion

11.7.3 Prechecks

Da eine Projektion in der Regel für einen bestimmten Zweck definiert wird, könnten Operationsprüfungen nicht nur erforderlich sein, um die Editierbarkeit eines Felds statisch einzuschränken oder es obligatorisch zu machen, sondern auch, um weitere Prüfungen durchzuführen. Ein gültiger Anwendungsfall könnte darin bestehen, die Operationen der Projektion auf bestimmte Typen von Instanzen zu beschränken. Zum Beispiel könnte es gewünscht sein, nur die Erstellung solcher Typen zuzulassen, die in einer Operationsprüfung verifiziert werden konnten.

Die Definition und die Implementierung derartiger Operationsprüfungen sind ähnlich wie in Abschnitt 11.4.16, »Prechecks«, beschrieben, sodass wir hier kein eigenes Beispiel geben werden.

11.7.4 Augmentierung

Wie Sie bereits gelernt haben, können Sie den Funktionsumfang einschränken und Aktionen und Funktionen hinzufügen, die an die Basisverhaltensdefinition delegiert werden. Sie werden sich vielleicht fragen, ob es auch möglich ist, die Standardoperationen Anlegen, Ändern oder Löschen neu zu definieren oder zu erweitern. Dies ist bis zu einem gewissen Grad mithilfe der *Augmentierung* möglich, bei der Sie z. B. zusätzliche Entitätsinstanzen erstellen können, die für eine bestimmte Projektionsentität spezifisch und daher nicht bereits als Standard auf der Basisebene vorgesehen sind.

Denormalisierte Felder

Betrachten wir dazu denormalisierte, sprachabhängige, transaktionale Textfelder, die zu Ihrem eigenen Objekt gehören und die Sie in Ihre Projektionsentität über das Schlüsselwort `localized` aufgenommen haben. Die Nutzung dieses Felds funktioniert in einem Standard-SAPUI5-UI nur dann korrekt, wenn die zugehörige Instanz existiert, in der das Textfeld definiert ist. Mithilfe der Augmentierung können Sie, wenn eine Instanz der Entität angelegt wird, sofort im selben Request eine Instanz der sprachabhängigen Textentität für die aktuelle Anmeldesprache anlegen und damit die gewünschte Funktionalität realisieren.

Die Augmentierung kann zu jeder Anlege- und Änderungsoperation mit der folgenden Syntax hinzugefügt werden:

```
use create ( augment );
use update ( augment );
use association <association_name> { create  ( augment ); }
```

Ebenso können Sie auch Zusatzfelder über deren Augmentierung änderbar machen. Hinzugefügte Felder in den Projektionsentitäten, wie z. B. denormalisierte Felder, spezielle Denormalisierung über `localized` oder virtuelle Elemente, die über `virtual` hinzugefügt werden, sind nicht Teil des transaktionalen Projektionsmodells und werden daher per Definition automatisch auf nicht änderbar gesetzt. Mit der folgenden Anweisung können Sie diese zum transaktionalen Projektionsmodell hinzufügen:

```
field ( modify ) <field_name>;
```

EML-Syntax für Augmentierungsoperationen

In unserem Beispiel mit denormalisiertem Text wollen wir nicht nur eine (leere) Standardinstanz für die Anmeldesprache erstellen, sondern auch die eingegebene Beschreibung richtig übernehmen. Dies kann erreicht werden, indem man die Editierbarkeit des denormalisierten Beschreibungsfelds modelliert und es in der Augmentierungsimplementierung an die richtige Entitätsinstanz und das richtige Feld der Basisebene delegiert. Zu diesem Zweck bietet EML eine spezielle Syntax `MODIFY AUGMENTING`, um Augmentierungsoperationen zu implementieren.

Beispiel: Augmentierung

Da wir in unserem Beispiel keine denormalisierte editierbare Beschreibung haben, sondern diese Funktion nur für die Beschreibung der Produktdaten verwenden, erweitern wir unser virtuelles Element, um die Benutzerführung zu verbessern. Wenn `OrderIsFreeOfCharge` noch nicht gesetzt ist, definieren wir es als editierbar; wenn es angekreuzt ist, setzen wir das Feld `NetAmount` auf »0«. Dazu müssen wir das Feld als editierbar kennzeichnen und eine Erweiterung für die zugehörige Anlege- (über Assoziation) und Änderungsoperation hinzufügen (siehe Listing 11.96).

```
define behavior for ZC_SalesOrderTP alias SalesOrder
...
{
  ...
  use association _Item { create  ( augment ); with draft; }
}
define behavior for ZC_SalesOrderItemTP alias SalesOrderItem
...
{
  use update ( augment );
  ...
  field ( modify, features : instance ) OrderIsFreeOfCharge;
}
```

Listing 11.96 Projektionsverhaltensdefinition – Augmentierung

Beispiel: Augmentierung implementieren

Wie Sie sehen, können Sie auch eine Feldkontrolle für diese zusätzlichen Felder hinzufügen, die, wie in Abschnitt 11.4.13, »Dynamische Feature-Kontrolle«, beschrieben, in der Projektionsverhaltensdefinition implementiert werden kann. Wir verwenden dies für unser vereinfachtes Beispiel, um die Eingabe nur dann zu ermöglichen, wenn der Wert nicht gesetzt ist, da das

Entfernen des Werts eine weitere Logik erfordern würde, um einen bestimmten Standard für den Betrag bereitzustellen.

Die Implementierungs-Handler können über den Quick Fix erstellt werden, und eine Standardimplementierung für die Augmentierung findet sich in Listing 11.97 für `create by association` und Listing 11.98 für `update`. Die Implementierung der Feldkontrolle folgt dem Standardansatz, den wir bereits in Abschnitt 11.4.13, »Dynamische Feature-Kontrolle«, erläutert haben.

```
METHODS augment_cba_Item FOR MODIFY
  IMPORTING entities FOR CREATE SalesOrder\_Item.
...
METHOD augment_cba_Item.
  DATA creates TYPE TABLE FOR CREATE zr_salesordertp\\salesorder\_
item.
  DATA create  TYPE STRUCTURE FOR CREATE zr_salesordertp\\salesorder\
_item.

  LOOP AT entities ASSIGNING FIELD-SYMBOL(<entity>).
    LOOP AT <entity>-%target ASSIGNING FIELD-SYMBOL(<target>)
      WHERE %control-OrderIsFreeOfCharge = if_abap_behv=>mk-on
        AND %control-NetAmount           = if_abap_behv=>mk-off
        AND OrderIsFreeOfCharge          = abap_true.
      APPEND VALUE #( %cid                 = <target>-%cid
                      %key                 = <target>-%key
                      %is_draft            = <target>-%is_draft
                      NetAmount            = 0
                      %control-NetAmount = if_abap_behv=>mk-on
                    ) TO create-%target.
    ENDLOOP.
    IF create-%target IS NOT INITIAL.
      create-%cid_ref = <entity>-%cid_ref.
      create-%tky     = <entity>-%tky.
      APPEND create TO creates.
    ENDIF.
  ENDLOOP.

  IF creates IS NOT INITIAL.
    MODIFY AUGMENTING ENTITY ZR_SalesOrderTP
      CREATE BY \_Item FROM creates.
  ENDIF.
ENDMETHOD.
```

Listing 11.97 Verhaltensimplementierung – Augmentierung von Create

```
METHODS augment_update FOR MODIFY
  IMPORTING entities FOR UPDATE SalesOrderItem.
...
METHOD augment_update.
  DATA updates TYPE TABLE FOR UPDATE zr_salesordertp\\salesorderitem.

  LOOP AT entities ASSIGNING FIELD-SYMBOL(<entity>)
    WHERE %control-OrderIsFreeOfCharge = if_abap_behv=>mk-on
      AND %control-NetAmount           = if_abap_behv=>mk-off
      AND OrderIsFreeOfCharge          = abap_true.
    APPEND VALUE #( %cid_ref           = <entity>-%cid_ref
                    %tky               = <entity>-%tky
                    NetAmount          = 0
                    %control-NetAmount = if_abap_behv=>mk-on
                  ) TO updates.
  ENDLOOP.

  IF updates IS NOT INITIAL.
    MODIFY AUGMENTING ENTITY ZR_SalesOrderItemTP UPDATE FROM updates.
  ENDIF.
ENDMETHOD.
```

Listing 11.98 Verhaltensimplementierung – Augmentierung des Updates

11.7.5 Seiteneffekte

Seiteneffekte, die bereits in der Basisverhaltensdefinition definiert sind, können auch auf die Projektion übernommen werden. Die entsprechende Syntax ist wie gehabt:

```
use side effects;
```

Da in der Projektion nicht notwendigerweise alle Operationen und Elemente vorhanden sind, werden bei den Seiteneffekten nur die relevanten und vorhandenen Operationen und Elemente auf die Projektion übernommen. Dies passiert automatisch durch die ABAP-Infrastruktur. Ein Seiteneffekt einer Aktion, die nicht in die Projektion exponiert wird, ist also hier gar nicht vorhanden, oder ein Feld im Effekt eines Seiteneffekt, das nicht projiziert wurde, wird ebenso entfernt.

Es können auch Seiteneffekte auf der Projektion selbst definiert werden. Das ist z. B. notwendig, wenn in der Projektion selbst Aktionen definiert werden oder wenn sich die Seiteneffekte auf die in der Projektion definierten virtuellen Elemente auswirken.

Für unser Beispiel haben wir auf der Kundenauftragsposition ein virtuelles Element ergänzt, dass sich auf genau ein anderes Element der Basisverhaltensdefinition bezieht. Da wie beide Felder änderbar gelassen haben, müssen wir auch beide Seiteneffekte definieren (siehe Listing 11.99).

```
define behavior for ZC_SalesOrderItemTP alias SalesOrderItem
use etag
{
  ...
  side effects
  {
    field NetAmount
      affects field OrderIsFreeOfCharge;
    field OrderIsFreeOfCharge
      affects field NetAmount;
  }
}
```

Listing 11.99 Verhaltensprojektion – Seiteneffekte der Kundenauftragsposition

Zudem ergänzen wir noch den globalen Seiteneffekt, da auch dort das Feld vorhanden ist. Da der Zusatz global aktuell in Projektionen nicht erlaubt ist, nutzen wir ein nicht änderbares Feld als Workaround (siehe Listing 11.100).

```
define behavior for ZC_SalesOrderTP alias SalesOrder
     use etag
     {
     ...
       side effects
       {
         determine action Prepare executed on field CreationDateTime
           affects field _Item.OrderIsFreeOfCharge;
       }
     }
```

Listing 11.100 Verhaltensprojektion – Seiteneffekte des Kundenauftragskopfs

Seiteneffekte aus verschiedenen Quellen werden additiv ergänzt, d. h., in unserem Falle bekommt der Seiteneffekt der Aktion Prepare einfach noch einen weiteren Effekt.

11.7.6 Events

Events können in Projektionen nicht exponiert werden, da deren Nutzung, wie wir in Abschnitt 11.10, »SAP Event Mesh und lokale Event-Handler«, sehen werden, über Basis- oder Interface-Verhaltensdefinitionen vorgesehen sind.

11.7.7 Verwendung über EML

Technisch gesehen könne Projektionen genauso über EML verwendet werden wie Basis- oder Interface-Verhaltensdefinitionen. Allerdings sollten hierfür möglichst Interface-Verhaltensdefinitionen verwendet werden, wenn keine projektionsspezifischen Funktionalitäten benötigt werden. Denn es gibt Einschränkung bei Exits, die für den Query-Zugriff aufgerufen werden, wie beispielsweise virtuelle Elemente, denn diese sind nicht Teil der EML-Laufzeitstrukturen (ähnlich wie jedes denormalisierte Feld). Nachdem solche Felder durch Augmentierung editierbar gemacht wurden (siehe Abschnitt 11.7.4, »Augmentierung«), werden sie Teil der EML-Laufzeitstrukturen für die Entität, während es derzeit keine Möglichkeit gibt, für EML-Leseoperationen entsprechende Werte für diese Felder bereitzustellen.

11.8 Laufzeitorchestrierung

Nachdem Sie nun die verfügbare Funktionalität im ABAP RESTful Application Programming Model kennengelernt und gesehen haben, wie sie implementiert werden kann, ist es sinnvoll, auch die gesamte Laufzeitorchestrierung zu betrachten, um zu verstehen, wie all diese Dinge zusammenwirken.

Der Zugriff auf ein Geschäftsobjekt oder eine seiner Projektionen ist identisch, sogar die interne Laufzeit führt eine direkte Delegation durch, und aus Sicht der Anwendung wird kein zusätzlicher Aufruf-Stack erzeugt. Der Zugriff über EML erfolgt in der Regel aus anderen Anwendungen bzw. Geschäftsobjekten, Integrationstests, generischen Verwendern wie Datenmigration oder spezifischen Verwendern (z. B. OData oder SOAP-Services). Für die OData-Nutzung bietet die ABAP-Plattform eine Ende-zu-Ende-Unterstützung, wie in Abschnitt 11.9, »SAP Fiori und Verwendung über OData«, beschrieben. Die Orchestrierung ist unabhängig von der Art der Provider-Implementierung.

11.8.1 Orchestrierung der Interaktionsphase

Interaktionsphase

Wenn eine Operation aufgerufen wird (z. B. über EML oder OData), folgt die interne Verarbeitung einer definierten Sequenz, die teilweise von der ABAP-RESTful-Application-Programming-Model-Laufzeit erzwungen und bereitgestellt und teilweise von der Provider-Implementierung implementiert wird.

Betrachtet man das Beispiel eines Aktionsaufrufs für eine instanzengebundene Aktion, werden folgende Schritte durchgeführt, um diese Aktion zu prozessieren:

1. **Globale Berechtigung prüfen**
   Ist der User generell für diese Aktion berechtigt?
2. **Globale Feature-Kontrolle prüfen**
   Ist die Aktion generell ausführbar?
3. **Instanz sperren**
   Sperren der Instanz (bzw. der entsprechenden Instanz des Sperrmasters)
4. **ETag prüfen**
   Stimmt das angegebene ETag mit dem aktuelle ETag überein? Dieser Schritt ist nur für den HTTP-Zugriff relevant.
5. **Applikationsspezifische Operationsprüfung (Precheck)**
   Prüfung der eingehenden Daten wie z. B. geänderte Feldwerte oder Parameter der Aktion
6. **Applikationsspezifische Augmentierung**
   Delegieren der Operationen oder Feldänderung auf die Basisverhaltensdefinition. Dieser Schritt ist nur im Falle von Projektionsverhaltensdefinitionen relevant.
7. **Instanzenberechtigung prüfen**
   Ist der Benutzer für diese Aktion auf der konkreten Instanz berechtigt?
8. **Instanzen-Feature-Kontrolle prüfen**
   Ist die Aktion für diese konkrete Instanz ausführbar?
9. **Applikationsspezifische Aktionsimplementierung:**
   - Änderungen durchführen (über EML)
   - Seiteneffekte ausführen

Die aufgeführten Provider-Schritte werden allesamt von der ABAP-RESTful-Application-Programming-Model-Infrastruktur orchestriert, die die entsprechenden Handler-Implementierungen aufruft. Für eine Aktion oder beim Implementierungstyp `UNMANAGED` im Allgemeinen könnten all diese Dinge auch mit im Aktions- oder dem Modify-Handler implementiert werden, aber wir empfehlen in jedem Fall die Nutzung der Infrastruktur-Orchestrierung und der dedizierten Handler. Mit Seiteneffekten beziehen wir uns auf Anwendungslogik, die aufgrund von Änderungen aufgerufen wird (z. B. wenn die Menge eines bestellten Artikels geändert wird, wird der Preis berechnet und aktualisiert), was durch Ermittlungen und Validierungen im ABAP RESTful Application Programming Model reflektiert wird.

Für alle anderen Operationen ist die dargelegte Reihenfolge dieselbe. Aber nicht alle Schritte sind immer relevant, und je nach Operation werden unterschiedliche Anwendungshandler aufgerufen. Zum Beispiel sind instanzenbezogene Schritte für eine statische Operation oder Aktion nicht relevant, und Sperren, Berechtigungen und Feature-Kontrolle sind für Leseoperationen und Funktionen nicht relevant.

Innerhalb der Interaktionsphase können mehrere Operationen aufgerufen werden, die zu Änderungen des Transaktionspuffers im Provider führen, bis irgendwann die Bearbeitung abgeschlossen ist und die Daten schließlich geprüft und in der Datenbank gespeichert werden.

11.8.2 Orchestrierung der Save-Phase

Save-Phase

Der Abschluss der Transaktion und die Verarbeitung und das Sichern der geänderten Daten erfolgt über die EML-Anweisung `COMMIT ENTITIES`. Dabei werden alle beteiligten Geschäftsobjekte innerhalb einer Transaktion von der ABAP-Laufzeit in einer definierten Reihenfolge aufgerufen. Die Reihenfolge, in der die verschiedenen Geschäftsobjekte aufgerufen werden, richtet sich nach ihrem ersten Auftreten innerhalb der Transaktion, aber man darf sich nie auf eine festgelegte Reihenfolge verlassen. Sie besteht aus den folgenden Schritten/Methoden:

- `Finalize`
- `Check Before Save`
- `Cleanup Finalize`
- `---point of no return---`
- `Adjust Numbers`
- `Save`
- `---cleanup---`
- `Cleanup`

Frühe Save-Phase

Diese Methoden werden für jede beteiligte Verhaltensdefinition nacheinander aufgerufen, wobei das Sichern abgelehnt wird, wenn eine Methode oder Verhaltensimplementierung fehlschlägt. Während des Schritts `Fina` lize werden alle noch nicht ausgeführten Seiteneffekte und die Anwendungslogik aufgerufen. Beim Implementierungstyp MANAGED laufen hier alle Ermittlung, die on save definiert sind und deren Auslösebedingung erfüllt ist. Im Schritt Check Before Save wird alles auf Konsistenz geprüft und festgestellt, ob es überhaupt gespeichert werden kann. Beim Implementierungstyp MANAGED laufen hier alle Validierungen, die on save definiert sind und deren Auslösebedingung erfüllt ist. Tritt nach diesen beiden Phasen ein Fehler auf, kehrt die Transaktion in die Interaktionsphase zurück, sodass der Verwender die Möglichkeit hat, die Probleme zu beheben und das Sichern erneut auszuführen. Hier kann optional das Cleanup Finalize implementiert werden, um Änderungen rückgängig zu machen, die nur während des Speicherns erfolgen sollten.

Späte Save-Phase

Wenn alles in Ordnung ist, geht die Verarbeitung in die späte Save-Phase über und überschreitet den Point of no Return. Sobald dieser überschritten ist, werden die Transaktion und die ABAP LUW in jedem Fall mit einem COMMIT oder ROLLBACK beendet, sodass es keine Möglichkeit gibt, von hier aus zur Interaktionsphase zurückzukehren. Es wird also erwartet, dass alle Prüfungen in der frühen Save-Phase stattfinden.

Zunächst werden im Schritt Adjust Numbers nun Nummern aus Nummernkreisen gezogen (bei Anwendungen mit später Nummernvergabe, z. B. aufgrund gesetzlicher Vorgaben zur lückenlosen Nummernvergabe). Diese Nummern können während der Save-Phase von anderen Providern oder auf der Verwenderseite vom Transaktionseigentümer, der COMMIT ENTITIES ausgeführt hat, über die ABAP-Anweisung CONVERT KEYS abgefragt werden.

Schließlich werden im Schritt Save die Daten in der Datenbank gespeichert (z. B. über die Registrierung eines Verbuchungs-Funktionsbausteins). Nach Abschluss des Speicherns sorgt ein CLEANUP dafür, dass auch die Transaktionspuffer bereinigt und in den richtigen Zustand zurückgesetzt werden. Tritt in diesen späten Phasen ein Problem auf, führt dies zu einem Abbruch der Transaktion und einem impliziten ROLLBACK.

[»]

»COMMIT WORK« versus »COMMIT ENTITIES«

Die Save-Sequenz vom ABAP RESTful Application Programming Model ist auch in der Standard-Commit-Work-Verarbeitung integriert, d. h., wenn während der Transaktion bzw. der ABAP LUW ein EML-Aufruf erfolgt ist, wird die Save-Sequenz vom ABAP RESTful Application Programming Model ausgeführt. Dies ermöglicht Interoperabilität und die Verwendung des ABAP RESTful Application Programming Model auch in Legacy-Szenarien und anderen Programmiermodellen. Der Unterschied besteht darin, dass jeder Fehler während COMMIT WORK (selbst in der frühen Save-Phase) zu einem Laufzeitfehler führt, während COMMIT ENTITIES mit einem SY-SUBRC = 4 und weiteren Informationen in FAILED und REPORTED zur Interaktionsphase zurückkehrt, wobei die ungesicherten Änderungen erhalten bleiben. Daher müssen die Anwendungen im Vorfeld sicherstellen, dass alles konsistent ist, sofern eine ABAP-RESTful-Application-Programming-Model-Anwendung mit im Spiel ist. Eine Möglichkeit, dies zu gewährleisten, ist die Verwendung von COMMIT ENTITIES IN SIMULATION MODE, das die frühe Save-Phase durchläuft und dann in jedem Falle in die Interaktionsphase zurückkehrt.

Wenn ein Verwender die Transaktion bereinigen und Änderungen zurücknehmen möchte, kann dies über die Anweisung ROLLBACK ENTITIES (oder ROLLBACK WORK in ähnlicher Weise) erfolgen. In diesem Fall wird nur die Methode CLEANUP aufgerufen.

11.8.3 Überblick über die Laufzeitkomponenten

Eine vereinfachte Übersicht über die verschiedenen Laufzeitkomponenten für die verschiedenen Verwendungsszenarien und Handler-Klassen ist in Abbildung 11.24 dargestellt.

Laufzeit und Handler

In der Mitte befindet sich die ABAP-RESTful-Application-Programming-Model-Laufzeit, die als Transaktionshandler fungiert und alles orchestriert. Von hier aus werden die verschiedenen Handler, die wir in Abschnitt 11.8.1, »Orchestrierung der Interaktionsphase«, beschrieben haben, aufgerufen. Die von der Provider-Implementierung unabhängigen Handler sind auf der rechten Seite abgebildet, z. B. der globale Berechtigungs-Handler. Die vom Puffer- und CRUD-Provider implementierten Handler sind unterhalb der ABAP-RESTful-Application-Programming-Model-Laufzeit abgebildet. Je nach Implementierungsart kann der Provider MANAGED, BOPF MANAGED (siehe hierzu auch Anhang B) oder UNMANAGED sein. Der Provider implementiert die Handler für die CRUD-Operationen und verwaltet den transaktionalen Puffer mit den Änderungen, um diese später in die Datenbank zu schreiben.

Datenbank-Layer

Der Provider liest und schreibt Daten in die Datenbank, je nach Instanz in die Draft- oder aktiven Datenbanktabellen. Die ABAP-RESTful-Application-Programming-Model-Laufzeitschicht greift bei Query-Zugriffen (siehe linker Pfeil) über die modellierten CDS-Entitäten oder Draft-Tabellen direkt auf die persistierten Daten zu.

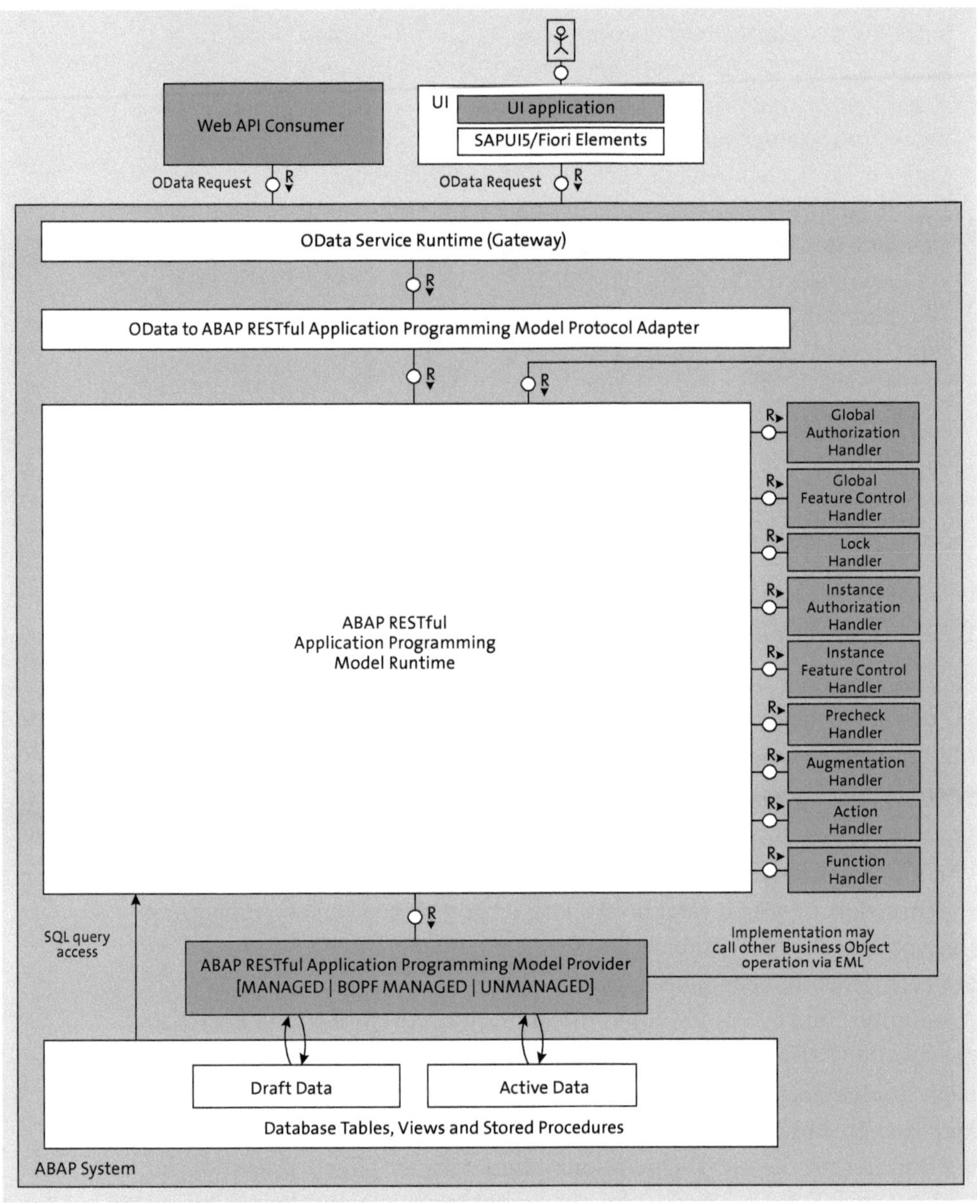

Abbildung 11.24 ABAP-Infrastruktur – Überblick über die Laufzeitkomponenten

Verwendung

Die Implementierung des ABAP RESTful Application Programming Model kann intern über EML konsumiert werden, z. B. von Ihrer eigenen Implementierung oder von anderen ABAP-RESTful-Application-Programming-Model-Implementierungen (dargestellt durch die rechte Verbindung) oder von jedem anderen ABAP-Code (außerhalb des ABAP RESTful Application Programming Model). Darüber hinaus kann die Verwendung mit OData über die SAP-OData-Laufzeit und den mitgelieferten OData-Adapter erfolgen. Je nach Anwendungsfall kann der Konsument ein anderes System oder eine Benutzeroberfläche bzw. Browser sein (siehe auch Abschnitt 11.9, »SAP Fiori und Verwendung über OData«).

11.8.4 Verwendung über OData

Wie bereits erwähnt, bietet das ABAP RESTful Application Programming Model für die Nutzung über einen OData-Service eine vollständige Ende-zu-Ende-Unterstützung für OData V2 und OData V4. Wenn also ein OData-Service über Service-Binding (siehe Abschnitt 11.9, »SAP Fiori und Verwendung über OData«) definiert wird, wird die komplette Protokollschicht von der ABAP-Plattform bereitgestellt, die jede Art von Anfrage entweder in SQL (für den Lesezugriff auf Queries) oder EML (für den transaktionalen Zugriff) übersetzt. Mit diesem architektonischen Ansatz ist die Anwendungsimplementierung unabhängig vom Protokoll und der Protokollversion, sodass der Aufwand für die Unterstützung zusätzlicher Kanäle oder die Umstellung des Protokolls oder der Protokollversion mit sehr geringem Aufwand erreicht werden kann. Darüber hinaus kann sich die Anwendung auf die eigentliche Anwendungslogik konzentrieren, anstatt sich mit der technischen Protokollimplementierung zu befassen.

11.9 SAP Fiori und Verwendung über OData

Schließlich wollen wir unsere ABAP-RESTful-Application-Programming-Model-Anwendung über OData für die verschiedenen Anwendungsfälle von Web-APIs und Benutzeroberflächen zugänglich machen. Aus technischer Sicht gibt es keinen Unterschied zwischen diesen Anwendungsfällen in Bezug darauf, wie diese OData-Services definiert oder konsumiert werden. Der Unterschied liegt vielmehr darin, welche Informationen in der entsprechenden Projektionsschicht für verschiedene Zwecke modelliert und welche Informationen von der Infrastruktur auf der Grundlage des gewählten Bindungstyps bereitgestellt werden.

11.9.1 OData-Service für die Verwendung als Web-API

OData-Service

Da wir unsere Projektionsschicht für die Web-API-Nutzung definiert haben, können wir diese nun über einen *OData*-Service bereitstellen. Wie Sie in Kapitel 6, »Business-Services«, gelernt haben, definieren wir eine Service Definition durch die Exponierung der zugehörigen Entitäten, die wir gegebenenfalls über einen Alias umbenennen, sowie ein Service-Binding ZAPI_SALESORDER, wobei wir **OData V4 -Web API** als Bindungstyp gewählt haben. In diesem Service möchten wir keinen Draft exponieren. Da der Service als externe API stabil gehalten werden soll, sollte hier auch eine Freigabe mit Stabilitätskontrakt C2 erfolgen.

Nach der Exponierung (entweder lokal direkt aus dem Service-Binding über **Publish** oder über die Transaktion /IWFND/V4_ADMIN) enthält der Dienst nun alle Metadaten, die sich aus dem CDS-basierten Projektionsmodell ableiten lassen (siehe Abbildung 11.25). So werden beispielsweise einige CDS-Annotationen direkt in OData-Annotationen übersetzt und das Modell entsprechend angereichert. Im Detail wird jede CDS-Entität in OData zu einem OData-Entity-Set mit dem entsprechenden Entity-Typ, das die Felder der CDS-Entität als OData-Properties mit dem entsprechenden Namen und Typ sowie denselben Schlüsselinformationen enthält. CDS-Assoziationen werden als OData-Assoziationen oder OData-Assoziationssets und OData-Navigation-Properties abgebildet. Da wir ein transaktionales Objektmodell haben, das neben CDS auch Aktionen und Funktionen enthalten kann, die in der Verhaltensdefinition definiert sind, wollen wir auch diese exponieren. Dies geschieht ebenfalls automatisch. In OData V2 werden sowohl Aktionen als auch Funktionen als Funktionsimporte abgebildet, während diese in OData V4 als gebundene Aktionen und gebundene Funktionen abgebildet werden. Denken Sie daran, die potenziellen Namenskonflikte für Aktions- und Funktionsnamen in OData V2 zu berücksichtigen, wie bereits in Abschnitt 11.7.2, »Aktionen und Funktionen«, beschrieben.

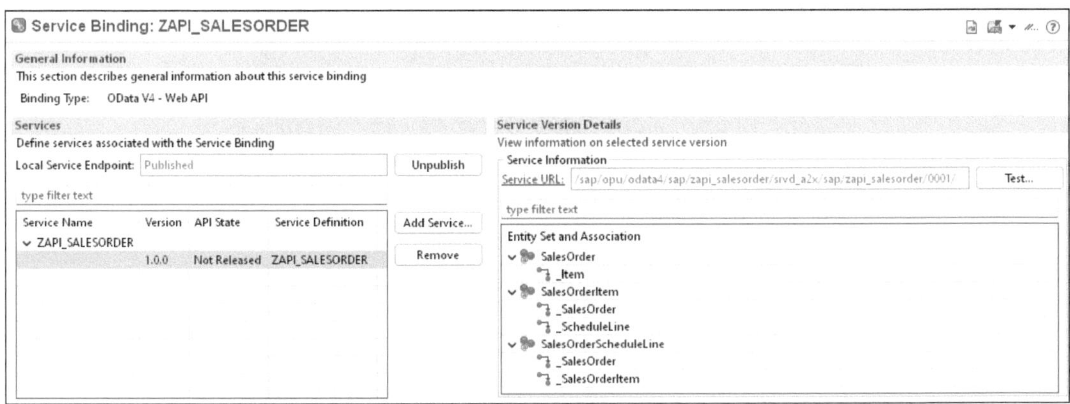

Abbildung 11.25 Service-Binding – OData-V4-Web-API

OData-Service-Test

Sie können direkt auf die Metadaten des Diensts über den Link **Service URL** zugreifen und den publizierten OData-Service über einen beliebigen REST-

Client oder direkt über Swagger testen, indem Sie auf den Button **Test** klicken.

11.9.2 OData-Service für die Verwendung in der Benutzeroberfläche

SAP Fiori Elements

Zum Abschluss dieses Kapitels wollen wir einen kurzen Ausflug in Richtung einer SAP-Fiori-Anwendung machen. Da wir unsere Projektionsschicht für die UI-Verwendung definiert haben, wollen wir auch einen OData-Service für unsere SAP-Fiori-Elements-App definieren. Um sicherzustellen, dass wir von Anfang an eine brauchbare Benutzeroberfläche haben, haben wir das Projektionsmodell mit weiteren Informationen angereichert, wie Sie sie in früheren Kapiteln kennengelernt haben, z. B. durch Hinzufügen von Textannotationen, Wertehilfeannotationen usw. Aber das ist noch nicht alles.

Über die OData-Services stehen bereits umfangreiche Metadaten zur Verfügung, die bei der Implementierung von UI-Anwendungen genutzt werden können. Mit SAP Fiori Elements (siehe SAP Fiori for Web Design Guidelines unter *http://s-prs.de/v9214009*) bietet SAP einen Template-basierten Ansatz, der diese Metadaten zur einfachen Implementierung einer UI-Anwendung nutzt. Mit CDS und der ABAP-Infrastruktur können Sie zusätzliche UI-spezifische Metadaten über CDS-Annotationen im CDS-Servicemodell definieren; diese Metadaten werden als separate Metadaten über OData bereitgestellt. Ein SAP-Fiori-UI, das auf SAP Fiori Elements basiert, nutzt diese Metadaten, sodass Sie mit wenigen zusätzlichen Schritten eine lauffähige SAP-Fiori-App erstellen können, mit der Sie Ihre Anwendung testen können.

UI-Annotationen

Wir beschränken uns hier auf ausgewählte Annotationen aus dem großen Pool der UI-Annotationen, um in das Thema einzuführen. Im Detail geht es darum, für jede Entität in einer Tabellen- oder Formulardarstellung zu definieren, welche Felder in einer Standarddarstellung zur Verfügung stehen und in welcher Reihenfolge diese Felder dargestellt werden sollen. Darüber hinaus müssen wir definieren, welche Felder als Standardauswahlfelder zum Filtern im Fiori List Report zur Verfügung gestellt werden. Natürlich sind alle exponierten Felder im OData-Service verfügbar, sodass ein Benutzer weitere Felder hinzufügen oder die Reihenfolge mithilfe der Personalisierung festlegen kann.

Gehen wir nun wie folgt auf unsere ausgewählten Annotationen ein:

- `@UI.selectionField`
  Diese Annotation und ihre Elemente definieren die Darstellung von Selektionsfeldern für den Filter.

- `@UI.lineItem`
  Diese Anmerkung und ihre Elemente definieren die Darstellung einer Entität in einer tabellarischen Präsentation.
- `@UI.headerInfo`
  Dieser Vermerk und seine Elemente definieren die Darstellung einer Entität auf der Objektseite.
- `@UI.facet`
  Diese Annotation und ihre Elemente definieren die Facetten einer Objektseite.
- `@UI.identification`
  Diese Annotation und ihre Elemente definieren die Darstellung einer Entitätsinstanz in einer formularbasierten Darstellung.
- `@UI.fieldGroup`
  Diese Annotation und ihre Elemente definieren die Darstellung einer Entitätsinstanz in einer formularbasierten Darstellung innerhalb einer Feldgruppe.

Die jeweilige Reihenfolge legen Sie mit `position` fest. Mit `importance` können Sie die Wichtigkeit eines Felds deklarieren. Letzteres dient dazu, weniger wichtige Felder standardmäßig in der Benutzeroberfläche auszublenden, wenn der Platz begrenzt ist, z. B. auf einem Tablet oder einem mobilen Gerät (*Responsive Design*).

Schließlich möchten Sie auch die in Abschnitt 11.4.10, »Aktionen«, definierte Aktion als Button in Ihre Benutzeroberfläche einfügen. Dies wird durch eine spezielle CDS-Annotation erreicht. Wenn Sie möchten, dass die Aktion in der Liste erscheint, fügen Sie einfach die folgende Annotation zu einem der annotierten Felder hinzu:

```
@UI.lineItem: { type: #FOR_ACTION,
                dataAction: '<name of action>',
                label: '<label of action button>' }
```

Wenn Sie möchten, dass die Aktion auf der Detailseite erscheint, können Sie die folgende Annotation verwenden:

```
@UI.identification: { type: #FOR_ACTION,
                      dataAction: '<name of action>',
                      label: '<label of action button>' }
```

Wir verwenden CDS-Metadatenerweiterungen (siehe Abschnitt 4.4, »CDS-Metadatenerweiterungen«) für die Definition von UI-spezifischen Annotationen. Um dies zu ermöglichen, fügen wir allen Projektions-Views, die für die UI-Projektion definiert sind, sofern noch nicht geschehen, die folgende Annotation hinzu:

```
@Metadata.allowExtensions: true
```

Beispiel: Metadatenerweiterungen mit UI-Annotationen

Erst dann können wir eine Metadatenerweiterung für die Definition von UI-spezifischen Annotationen anlegen. Listing 11.101 zeigt exemplarisch eine derartige CDS-Metadatenerweiterung für den Kundenauftragskopf.

```
@Metadata.layer: #CORE
@UI.headerInfo.typeName: 'Sales Order'
@UI.headerInfo.typeNamePlural: 'Sales Orders'
@UI.headerInfo.title.label: 'Sales Order'
@UI.headerInfo.title.value: 'SalesOrder'
annotate view ZC_SalesOrderTP with
  {
  @UI.facet: [{
    id:        'SalesOrderGeneralData',
    purpose:   #STANDARD,
    type:      #FIELDGROUP_REFERENCE,
    label:     'General Data',
    targetQualifier: 'GeneralData',
    position: 10
  },
  {
    id:        'SalesOrderAdminData',
    purpose:   #STANDARD,
    type:      #FIELDGROUP_REFERENCE,
    label:     'Administrative Data',
    targetQualifier: 'AdminData',
    position: 20
  },
  {
    id:        'SalesOrderItem',
    purpose:   #STANDARD,
    type:      #LINEITEM_REFERENCE,
    label:     'Items',
    position: 30,
    targetElement: '_Item'
  }]
  @UI.identification: [{position: 10, importance: #HIGH,
                         type:#FOR_
ACTION, dataAction: 'DELETE', label: 'Delete' },
                        {position: 11, importance: #HIGH,
```

```
                        type:#FOR_
ACTION, dataAction: 'CHECK', label: 'Check' }]
  @UI.lineItem: [{position: 10, importance: #HIGH}]
  @UI.fieldGroup: [
{qualifier: 'GeneralData', position: 10, importance: #HIGH }]
  @UI.selectionField: [{position: 10}]
  SalesOrder;
  @UI.lineItem: [{position: 20, importance: #HIGH}]
  @UI.fieldGroup: [
{qualifier: 'GeneralData', position: 20, importance: #HIGH }]
  @UI.selectionField: [{position: 20}]
  SalesOrderType;
  @UI.lineItem: [{position: 30, importance: #HIGH}]
  @UI.fieldGroup: [
{qualifier: 'GeneralData', position: 30, importance: #HIGH }]
  @UI.selectionField: [{position: 30}]
  SalesOrganization;
  @UI.lineItem: [{position: 40, importance: #HIGH}]
  @UI.fieldGroup: [
{qualifier: 'GeneralData', position: 40, importance: #HIGH }]
  @UI.selectionField: [{position: 40}]
  DistributionChannel;
  @UI.lineItem: [{position: 50, importance: #HIGH}]
  @UI.fieldGroup: [
{qualifier: 'GeneralData', position: 50, importance: #HIGH }]
  @UI.selectionField: [{position: 50}]
  OrganizationDivision;
  @UI.lineItem: [{position: 60, importance: #HIGH}]
  @UI.fieldGroup: [
{qualifier: 'GeneralData', position: 60, importance: #HIGH }]
  @UI.selectionField: [{position: 60}]
  SoldToParty;
  @UI.lineItem: [{position: 70, importance: #HIGH}]
  @UI.fieldGroup: [
{qualifier: 'GeneralData', position: 70, importance: #HIGH }]
  NetAmount;
  @UI.hidden:true
  TransactionCurrency;
  @UI.fieldGroup: [
{qualifier: 'GeneralData', position: 80, importance: #HIGH }]
  DeliveryIsCompleted;
  @UI.fieldGroup: [
{qualifier: 'GeneralData', position: 90, importance: #HIGH }]
```

```
  DeliveryStatus;
  @UI.fieldGroup: [
{qualifier: 'GeneralData', position: 100, importance: #HIGH }]
  DeletionIndicator;
  @UI.fieldGroup: [
{qualifier: 'AdminData', position: 110, importance: #LOW }]
  CreatedByUser;
  @UI.fieldGroup: [
{qualifier: 'AdminData', position: 111, importance: #LOW }]
  CreationDateTime;
  @UI.fieldGroup: [
{qualifier: 'AdminData', position: 112, importance: #LOW }]
  LastChangedByUser;
  @UI.fieldGroup: [
{qualifier: 'AdminData', position: 113, importance: #LOW }]
  LastChangeDateTime;
}
```

Listing 11.101 CDS-Metadatenerweiterung – Kundenauftragskopf mit UI-Annotationen

OData-Service

Analog zum OData-Service für ein Web-API definieren wir nun ein Service-Binding ZUI_SALESORDERMANAGE, wobei wir **OData V4 - UI** als Bindungstyp wählen, damit wir einen OData-Service für das UI zu erhalten (siehe Abbildung 11.26).

Abbildung 11.26 Service-Binding – OData V4 UI

Test von SAP Fiori Elements

Neben den Metadaten oder dem Test können Sie für diesen Bindungstyp darüber hinaus die komplette Benutzeroberfläche von SAP Fiori Elements testen, die über die Schaltfläche **Preview...** oder durch Doppelklick auf die Root-Entität im Detailbaum gestartet werden kann.

SAP Fiori Elements List Report

Die spezifizierten UI-Annotationen stellen Ihnen eine SAP-Fiori-Elements-App zur Verfügung, in der die annotierten Felder standardmäßig angezeigt werden und über die Sie Kundenaufträge über spezifische Interaktionen erstellen, ändern und löschen können. Die Ausgangsliste mit umfangreichen Filter- und Selektionsmöglichkeiten ist ähnlich wie in Abbildung 11.27 dargestellt. Darüber hinaus können neue Kundenaufträge über die Schaltfläche **Create** oberhalb der Liste erzeugt werden.

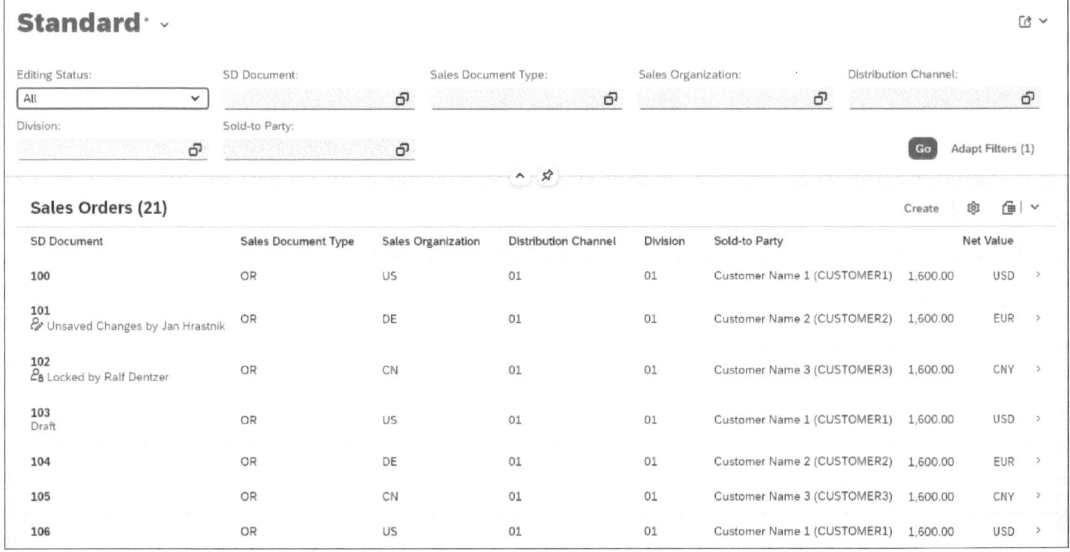

Abbildung 11.27 SAP Fiori Elements List Report

Wertehilfen

Die in Abschnitt 13.1, »Wertehilfen«, beschriebenen Eingabehilfen stehen auch für die Auswahlfelder als Type-Ahead- und Wertehilfe-Pop-ups zur Verfügung (siehe Abbildung 11.28).

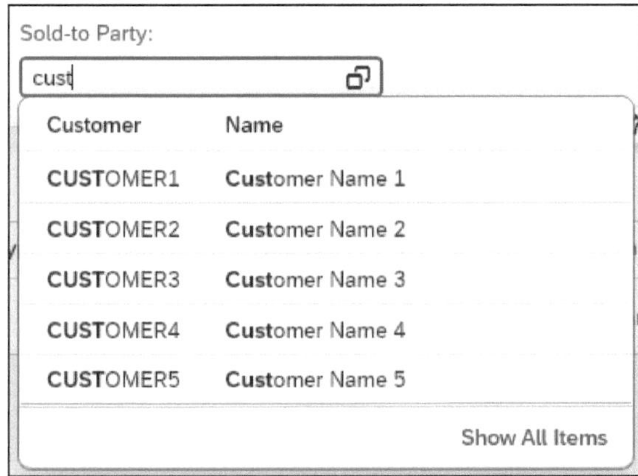

Abbildung 11.28 SAP Fiori Elements List Report – Wertehilfe

Bearbeitungsstatus

Da wir das Draft-Konzept unterstützen und im OData-Service exponieren, sehen Sie ein eigenes und zusätzliches Filterfeld **Editing Status** (siehe Abbildung 11.29), mit dem Sie z. B. nach Ihren eigenen Drafts filtern können.

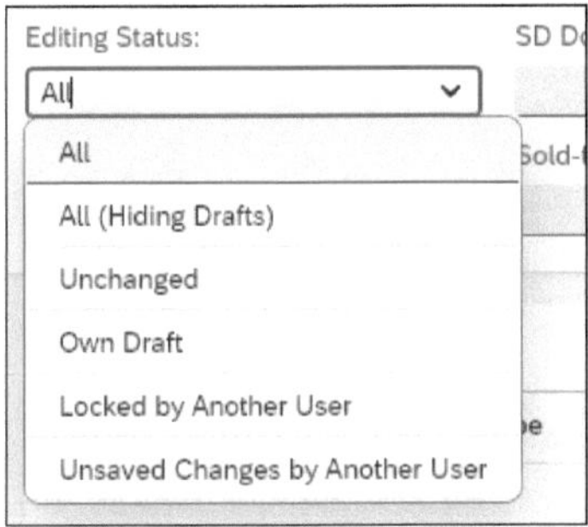

Abbildung 11.29 SAP Fiori Elements List Report – Filter für den Bearbeitungsstatus

Draft-Details

Weiter wird in der Liste der Bearbeitungszustand angezeigt und an die Spalte gebunden, die als semantischer Schlüssel definiert ist, in unserem Fall die Spalte zum Feld `SalesOrder`. Hier werden zusätzliche Informationen zu Ihren eigenen Drafts angezeigt (siehe Abbildung 11.30). Wird der Kundenauftrag von einem anderen Benutzer bearbeitet (d. h., es liegt ein Draft vor) und ist dieser Kundenauftrag gesperrt, werden weitere Informationen benötigt, um den Benutzer zu kontaktieren (siehe Abbildung 11.31). Ist die Exklusivsperre aufgehoben, wird dies als ungesicherte Änderungen angezeigt (siehe Abbildung 11.32).

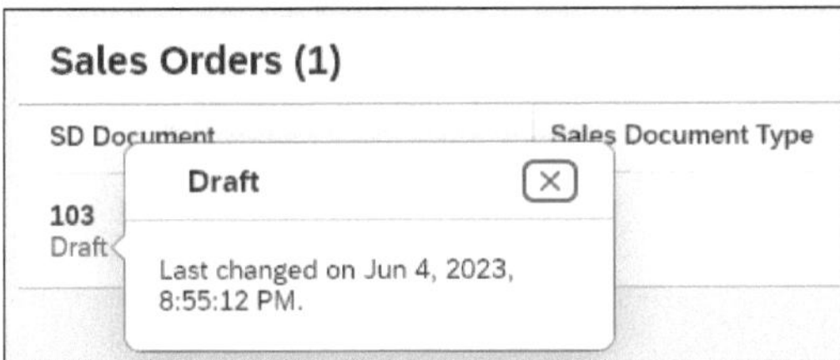

Abbildung 11.30 SAP Fiori Elements – List Report mit Informationen zum Draft

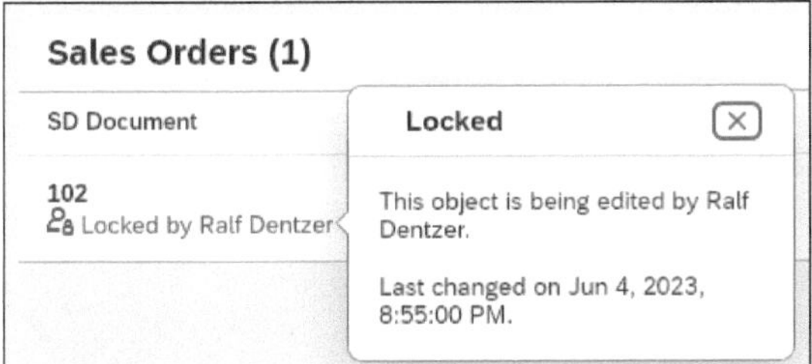

Abbildung 11.31 SAP Fiori Elements – List Report mit Informationen zur Sperre

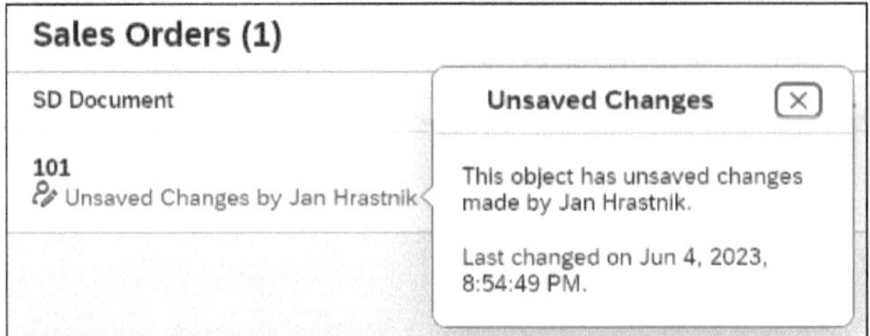

Abbildung 11.32 SAP Fiori Elements – List Report mit Informationen zu ungesicherten Änderungen

SAP Fiori Elements Object Page

Abbildung 11.33 zeigt eine mögliche Darstellung der formularbasierten Benutzeroberfläche beim Navigieren zu einem Kundenauftrag. Da Sie im Projektionsmodell die Bearbeitung zugelassen und in den UI-Annotationen die von Ihnen definierte Aktion zum Löschen angegeben haben, stehen für diese Operationen entsprechende Schaltflächen zur Verfügung (in der rechten oberen Bildhälfte).

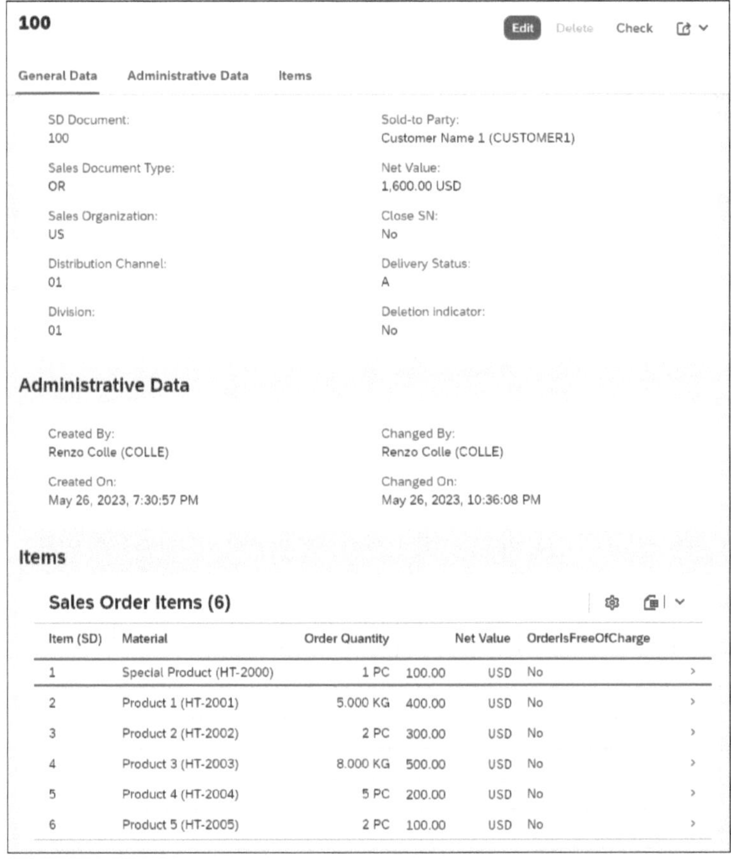

Abbildung 11.33 SAP Fiori Elements Object Page – Anzeigemodus

Um den Kundenauftrag zu bearbeiten, klicken Sie auf die Schaltfläche **Edit**, woraufhin ein Draft für diesen Kundenauftrag erstellt wird. So können nun änderbare Felder geändert werden, und Operationen, die nur im Bearbeitungsmodus erlaubt sind, wie das Erstellen oder Löschen von Instanzen, sind zugänglich (siehe Abbildung 11.34).

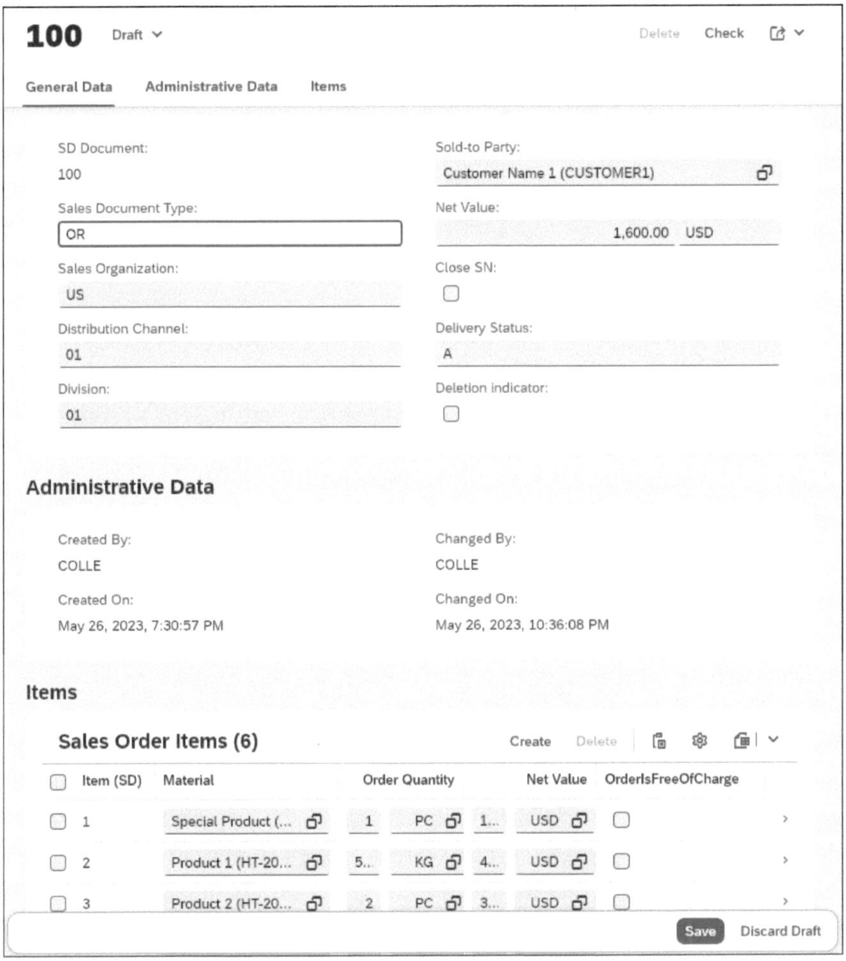

Abbildung 11.34 SAP Fiori Elements Object Page – Änderungsmodus

Alle eingegebenen oder geänderten Daten werden sofort an das Backend gesendet und im Draft gespeichert. Dies wird neben der Schaltfläche **Save** angezeigt, wie Sie in Abbildung 11.35 und Abbildung 11.36 sehen können.

Abbildung 11.35 SAP Fiori Elements Object Page – Draft sichern

Abbildung 11.36 SAP Fiori Elements Object Page – Draft gesichert

Draft sichern

Wenn Sie auf die Schaltfläche **Save** klicken, wird der Draft durch den technischen Aufruf der Aktivierungsaktion in der primären Persistenz gespeichert. Dabei laufen alle Prüfungen der Anwendung, um sicherzustellen, dass nur konsistente Daten gespeichert werden. Treten Fehler auf, werden diese in der Regel auch im Vorfeld und nicht erst während des Speicherns angezeigt, was auf einem Konzept beruht, das als Seiteneffekte bezeichnet wird (siehe den gleichnamigen Abschnitt 11.4.19). Nach erfolgreichem Speichern steht der Kundenauftrag wieder für andere Benutzer zur Bearbeitung zur Verfügung.

Draft verwerfen

Wenn Sie nicht speichern wollen, sondern Ihre Änderungen verwerfen möchten, können Sie dies über die Schaltfläche **Discard** tun. Nach der Bestätigung (siehe Abbildung 11.37) wird der Draft verworfen, und der Kundenauftrag steht wieder für andere Benutzer zur Bearbeitung zur Verfügung.

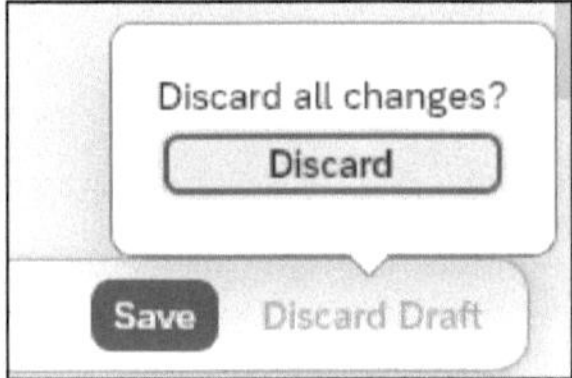

Abbildung 11.37 SAP Fiori Elements Object Page – Änderungen verwerfen

Sperre

Wenn Sie versuchen, einen Kundenauftrag zu bearbeiten, der gerade von einem anderen Benutzer bearbeitet wird (wie bereits in der Listenansicht angezeigt), hängt das Verhalten der Benutzeroberfläche davon ab, ob der Kundenauftrag noch mit einer Schreibsperre versehen ist oder nicht. Wenn eine fremde Sperre besteht, ist die Bearbeitung erst möglich, wenn der andere Benutzer die Bearbeitung beendet und die Änderungen gespeichert oder verworfen hat, wie in Abbildung 11.38 gezeigt. Wenn die exklusive Sperre aufgehoben ist, warnt Sie das System, dass ungesicherte Änderungen eines anderen Benutzers vorhanden sind (siehe Abbildung 11.39). Sie können dann entscheiden, ob Sie die Änderungen überschreiben möchten (was dazu führt, dass Sie den Draft des anderen Benutzers löschen und Ihren eigenen Draft erstellen) oder den Benutzer kontaktieren wollen, um die Situation zu klären.

Error
You cannot edit this object at the moment
It is locked by Ralf Dentzer
Close

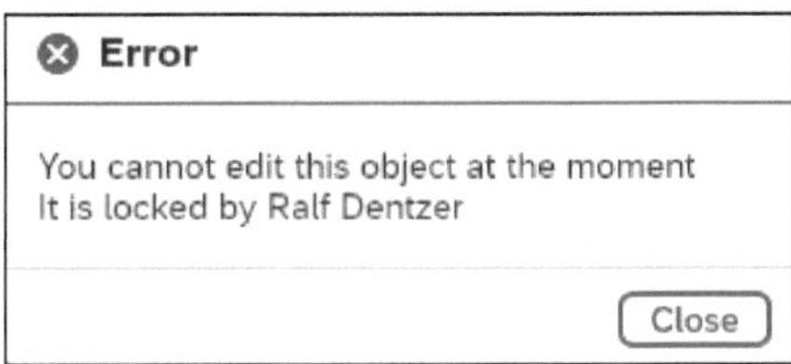

Abbildung 11.38 SAP Fiori Elements Object Page – Sperrinformation

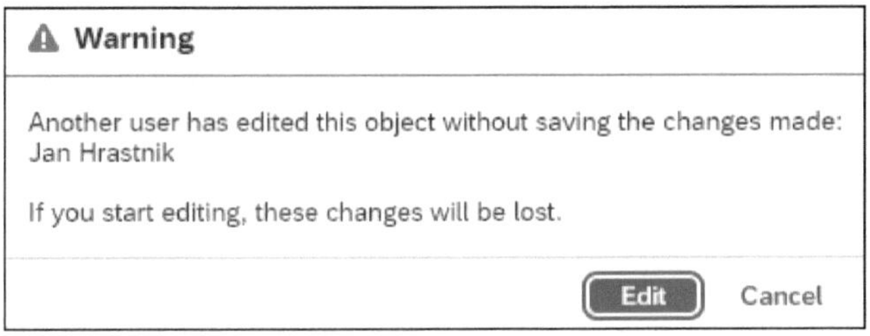

Warning
Another user has edited this object without saving the changes made:
Jan Hrastnik
If you start editing, these changes will be lost.
Edit
Cancel

Abbildung 11.39 SAP Fiori Elements Object Page – ungesicherte Änderungen

Beispiel: Kundenauftrag anlegen

Das Anlegen eines neuen Kundenauftrags erfolgt schließlich über die Listenansicht durch Klicken auf den Button **Anlegen**. Da wir uns (für dieses Beispiel) entschieden haben, dass die externe Kundenauftragsnummer sofort angegeben werden muss (`mandatory:create`), bietet die Benutzeroberfläche ein Pop-up-Fenster, in das die Kundenauftragsnummer direkt eingegeben werden kann, bevor der Request zur Anlage an das Backend gesendet wird, wie in Abbildung 11.40 dargestellt.

Create
SD Document: *
200
Continue
Cancel

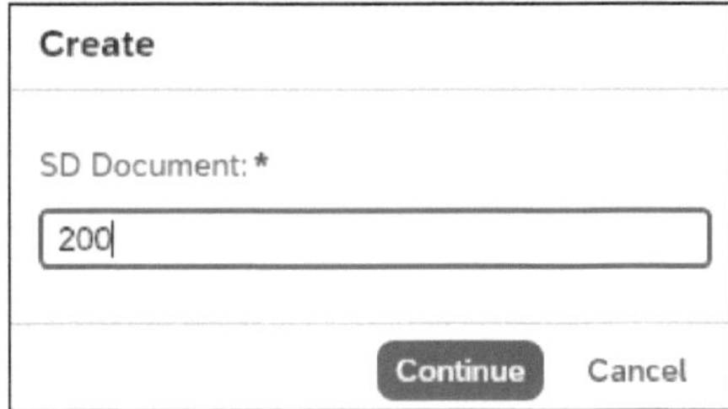

Abbildung 11.40 SAP Fiori Elements List Report – Anlegedialog

Wenn Sie mit dem Button **Continue** auf dem Pop-up bestätigen, wird ein Draft erstellt, und Sie navigieren zur Object Page, auf der Sie die Daten eingeben und den Kundenauftrag schließlich entweder speichern oder Ihre Änderungen verwerfen können. Wie bereits erwähnt, werden dem Endbenutzer während der Bearbeitung alle von der Backend-Implementierung bereitgestellten Prüfungen und Informationen angezeigt, die idealerweise an Felder oder Abschnitte gebunden sind (siehe Abbildung 11.41).

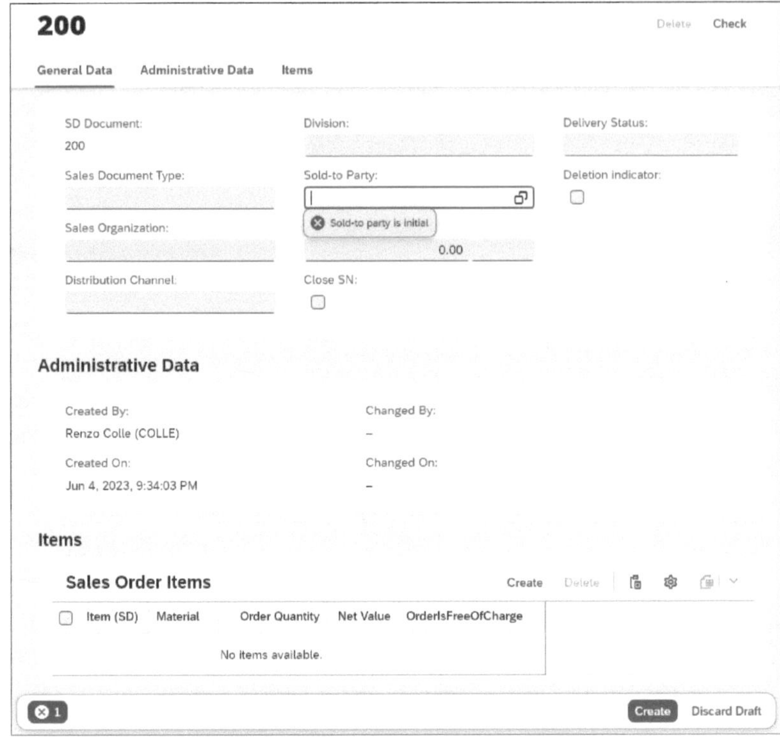

Abbildung 11.41 SAP Fiori Elements Object Page – Anlegemodus

SAP-Fiori-Elements-App definieren

Um Ihre spezielle SAP-Fiori-Elements-App zu erstellen, verwenden Sie das SAP Business Application Studio (siehe *http://s-prs.de/v9214010*) oder Microsoft Visual Studio Code in der SAP Business Technology Platform (SAP BTP), die mit Ihrem Backend-System oder dem SAP Gateway Hub verbunden ist.

[»]

Weiterführende Informationen

Weitere Informationen zu SAPUI5, SAP Fiori und SAP Fiori Elements finden Sie unter anderem in der SAP Help Dokumentation.

11.10 SAP Event Mesh und lokale Event-Handler

Nachdem Sie in Abschnitt 11.4.21, »Events«, gelernt haben, wie Sie Events definieren und auslösen, wollen wir nun noch kurz darauf eingehen, wie diese Events verwendet werden können. Die in der Verhaltensdefinition definierten Events sind für eine asynchrone Verarbeitung vorgesehen, synchrone Interaktion oder das Reagieren auf Änderungen erfolgt in der Regel über Ermittlungen und Validierungen und deren Auslösebedingungen. Dies gilt auch und insbesondere für Erweiterungen (siehe Kapitel 15, »Erweiterungen von CDS-Views und weiteren Entitäten«).

Asynchrone Verarbeitung bedeutet nicht notwendigerweise, dass die Verarbeitung in einem anderen System erfolgt. Sie können Events daher im System über lokale Event-Handler konsumieren oder die Events auf den SAP Event Mesh publizieren, sodass andere externe Verwender die Events konsumieren können.

11.10.1 Lokale Event-Handler

Die Implementierung eines lokalen Event-Handlers ist sehr einfach möglich, da auch das Behandeln von Events aus Verhaltensdefinitionen in die ABAP-Syntax integriert ist. Eine Klasse zum Behandeln dieser Events wird durch folgende Anweisung definiert:

```
CLASS <ClassName> DEFINITION PUBLIC ABSTRACT FINAL
  FOR EVENTS OF <BehaviorDefinitionName>.
```

Hier gibt man entsprechend die Verhaltensdefinition an, auf deren Events reagiert werden soll.

Für das konkrete Event und die Implementierung des Event-Handlers legt man eine lokale Klasse an, die von `cl_abap_behavior_event_handler` erbt und deklariert Methoden wie in Listing 11.102 skizziert.

```
CLASS <LocalClassName> DEFINITION
  INHERITING FROM cl_abap_behavior_event_handler.
  PRIVATE SECTION.
    METHODS <MethodName> FOR ENTITY EVENT
      <ImportParameterName> FOR <BehaviorDefinitionName>~<EventName>.
ENDCLASS.
```

Listing 11.102 Lokaler Event-Handler – Definition

Die Methodensignatur ist entsprechend der Definition des Events und dessen Parameterstruktur typisiert. Natürlich können Sie in der gleichen Methode auch auf mehrere Events reagieren, indem Sie für mehrere Events einen Importparameter definieren. Das kann nützlich sein, wenn z. B. sowohl beim Anlegen oder beliebigen Änderungen etwas passieren soll.

Beispiel: Lokaler Event-Handler

Für unser Beispiel legen wir nun einen Event-Handler an (siehe Listing 11.103) und definieren für alle definierten Events eine entsprechende Handler-Methode in der lokalen Handler-Klasse (siehe Listing 11.104).

```
CLASS zcl_salesorder_eventhandler DEFINITION
  PUBLIC ABSTRACT FINAL
  FOR EVENTS OF ZR_SalesOrderTP.
  PUBLIC SECTION.
  PROTECTED SECTION.
  PRIVATE SECTION.
ENDCLASS.
CLASS zcl_salesorder_eventhandler IMPLEMENTATION.
ENDCLASS.
```

Listing 11.103 Event-Handler – Beispiel: Globale Klasse

```
CLASS lhe_salesorder DEFINITION INHERITING FROM cl_abap_behavior_
event_handler.
  PRIVATE SECTION.
    METHODS on_created FOR ENTITY EVENT
       created          FOR SalesOrder~Created
       created_specific FOR SalesOrder~CreatedWithSoldToParty.
    METHODS on_changed FOR ENTITY EVENT
       changed FOR SalesOrder~changed.
    METHODS on_deleted FOR ENTITY EVENT
       deleted FOR SalesOrder~deleted.
ENDCLASS.
CLASS lhe_salesorder IMPLEMENTATION.
  METHOD on_changed.
    "do something
  ENDMETHOD.
  METHOD on_created.
    "do something
  ENDMETHOD.
  METHOD on_deleted.
    "do something
  ENDMETHOD.
ENDCLASS.
```

Listing 11.104 Event-Handler – Beispiel: Lokale Klasse

Auf eine konkrete Implementierung der Handler verzichten wir hier, da es sich um Standard-ABAP-Coding handelt und im Rahmen dieses Buchs keine weiteren Erkenntnisse liefert. Wir werden im Kapitel 16, »Testautomatisierung«, sehen, wie der Event-Handler zur Laufzeit funktioniert.

Technisch werden die Events über *bgRFCs* prozessiert. Entsprechend kann man deren Abarbeitung und insbesondere Fehler z. B. im bgRFC-Monitor sehen (Transaktion SBGRFCMON).

11.10.2 SAP Event Mesh

Während die Behandlung von Events im System sowohl für eigene Anwendungen als auch Erweiterungen sinnvoll ist, ist ein zweiter nativ unterstützter Use Case die Publizierung der Events auf *SAP Event Mesh*.

Event-Binding

Um ein Event zu publizieren, muss ein sogenanntes Event-Binding angelegt werden. Dies erfolgt z. B. über das Kontextmenü über **New • Other Repository Object** und **Event Binding** im Dialogfenster. Dort geben Sie einen Namen und eine Beschreibung an. Wir empfehlen Ihnen, im Namen des Event-Bindings das Objekt und den Namen des Events zu benennen (siehe Abbildung 11.42).

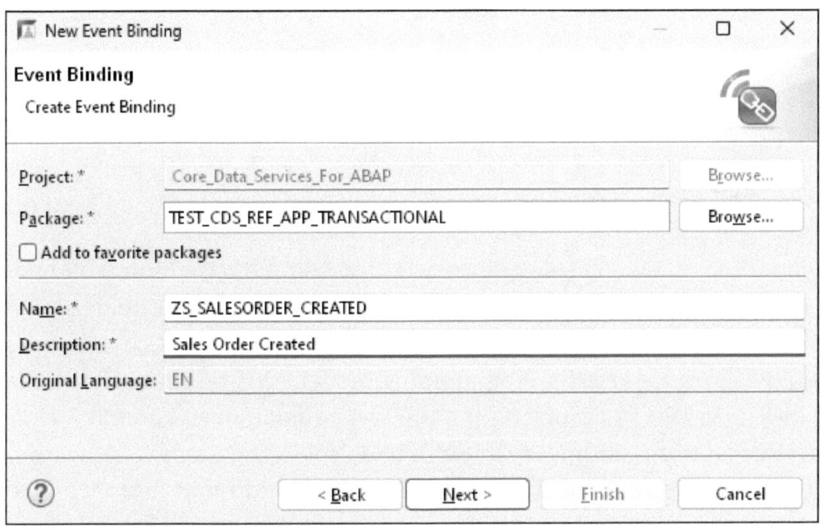

Abbildung 11.42 Event-Binding anlegen

Im Event-Binding selbst geben Sie dann einen Namensraum an, den *SAP Object Type*, sowie die Operation. Wir empfehlen, hier den Namen des zu publizierenden Events als Operationsnamen wiederzuverwenden. Nun legen wir die erste Version des Events an und wählen den Ursprung des Events, d. h. die Verhaltensdefinition und das dort definierte Event. Nach dem Sichern und Aktivieren des Event-Bindings wird automatisch der **Type** bzw. das **Topic** erstellt (siehe Abbildung 11.43).

Nun wird das Event, wenn es ausgelöst wird, automatisch an SAP Event Mesh übertragen. Vorrausetzung hierfür ist natürlich, dass die Kommunikation entsprechend eingerichtet ist und unser neues Topic im Outbound-Binding des Channels hinterlegt wurde. Auf diesen Teil werden wir hier nicht weiter eingehen, sondern verweisen auf die offizielle Dokumentation,

z. B. unter *http://s-prs.de/v9214011*. Weitere Details zu SAP Event Mesh finden Sie unter *http://s-prs.de/v9214012*.

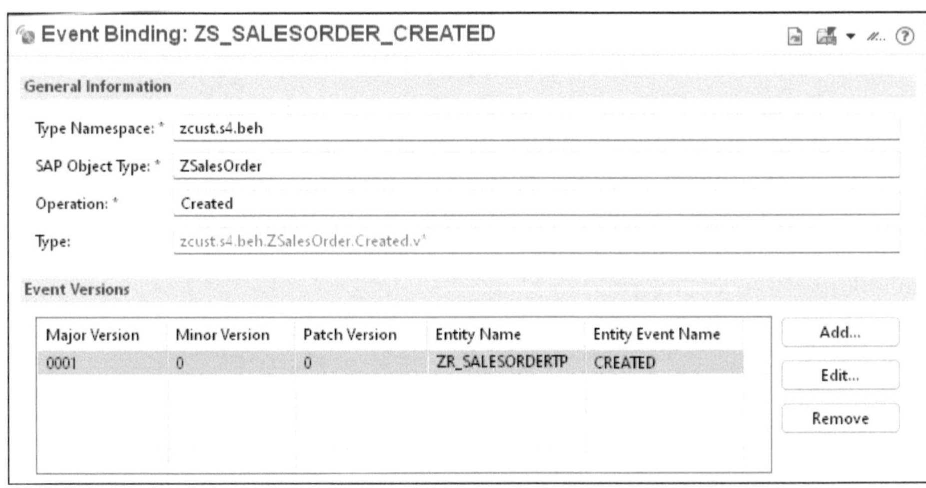

Abbildung 11.43 Event-Binding

In diesem Kapitel haben Sie gelernt, wie Sie CDS für die Definition und Implementierung von transaktionalen Anwendungen nutzen können. Sie haben einen Überblick über die transaktionale Laufzeit auf der Grundlage des ABAP RESTful Application Programming Model erhalten und gelernt, wie Sie die transaktionale Laufzeit für Ihre Anwendung nutzen können. Sie haben sich mit transaktionalen Objekten und Projektionsmodellen sowie der zugehörigen Verhaltensdefinition und der Definition von Interface- und Projektionsverhaltensdefinitionen vertraut gemacht. Wir haben beschrieben, wie Sie statische und dynamische Eigenschaften festlegen, wie Sie Nummernvergabe, exklusive Sperren, Berechtigungsprüfungen und Feature-Kontrolle implementieren, wie Sie Ihre Geschäftslogik unter Berücksichtigung von Seiteneffekten implementieren und wie Sie Aktionen und Funktionen definieren und implementieren. Darüber hinaus haben wir gezeigt, wie Sie Events definieren und für die lokale Verwendung auslösen oder publizieren können. Sie haben gelernt, wie Sie Ihre Anwendungsimplementierung programmatisch über EML konsumieren und Ihre Anwendung als OData-Service für Web-APIs und für Benutzeroberflächen bereitstellen können, um eine einfache SAP-Fiori-Elements-Anwendung darauf aufsetzen.

Im nächsten Kapitel werden wir uns mit Hierarchien in CDS beschäftigen.

Kapitel 12
Hierarchien in CDS

Betriebswirtschaftliche Daten sind oft hierarchisch strukturiert. Es gibt z. B. Hierarchien von Organisationseinheiten, eine Berichtshierarchie von Mitarbeitern, Hierarchien von Finanzkonten in der Bilanz, Hierarchien von Produkten und Produkttypen und viele mehr.

Hierarchische Strukturen erleichtern dem Benutzer den Überblick und die Bearbeitung größerer Datenmengen. Analytische Anwendungen können Kennzahlen für einen besseren Überblick auf Hierarchieknoten aggregieren und bei Bedarf ausgewählte Teile der Hierarchie feiner darstellen.

Hierarchien in CDS

CDS bietet zwei Techniken für die Modellierung und Verarbeitung von Hierarchien: *annotationsbasierte Hierarchien* und *CDS-Hierarchien*:

- **Annotationsbasierte Hierarchien** basieren auf CDS-Views und sind seit der Einführung von CDS verfügbar. Allerdings benötigen sie den analytischen Prozessor (die Analytic Engine), den wir in Abschnitt 10.4, »Analytische Infrastruktur«, vorgestellt haben. Daher werden diese Hierarchien fast ausschließlich in analytischen Anwendungen verwendet.
- **CDS-Hierarchien** wurden erst mit dem Release SAP S/4HANA 1809 als neuer Typ von CDS-Entitäten eingeführt, der ausschließlich für diesen Zweck verwendet wird. Sie basieren auf nativen Hierarchien von SAP HANA und werden auch von SAP HANA prozessiert. CDS-Hierarchien sind in ABAP SQL integriert, das einige neue Funktionen zum Traversieren und Aggregieren von Hierarchien bietet.

Aufbau des Kapitels

In Abschnitt 12.1, »Grundbegriffe und Typen von Hierarchien«, werden Sie zwei verschiedene Typen von Hierarchien, *Stufenhierarchien* und *Vater-Kind-Hierarchien*, sowie einige Grundbegriffe im Kontext von Hierarchien kennenlernen. In den folgenden Abschnitten zeigen wir Ihnen die Definition und den Einsatz von annotationsbasierten Hierarchien und CDS-Hierarchien.

12.1 Grundbegriffe und Typen von Hierarchien

Stufenhierarchie

Bei Stufenhierarchien gibt es zu jeder Hierarchiestufe ein eigenes Datenfeld. Ein einfaches Beispiel ist die zweistufige Hierarchie von Ländern und Regionen, die durch den View `I_Region` mit den Schlüsselfeldern `Country` und `Region` für die Stufen dargestellt wird. Da für jede Hierarchiestufe ein Feld vorhanden ist, sind gewöhnliche SQL-Abfragen ausreichend, um typische Hierarchieanfragen zu beantworten, etwa um Kennzahlen zu aggregieren, die auf der untersten Stufe definiert sind. Sie können z. B. alle Regionen eines Staats durch eine SQL-Abfrage ermitteln und deren Werte dabei aggregieren. Besondere Hierarchiefunktionen werden nicht benötigt. Daher konzentrieren wir uns im Folgenden auf den zweiten Typ von Hierarchien.

Vater-Kind-Hierarchie

Eine Vater-Kind-Hierarchie (engl. Parent-Child Hierarchy) besteht aus einer Menge von *Hierarchieknoten* (engl. Hierarchy Nodes) und einer Menge von *Vaterbeziehungen* von einem Kindknoten zu einem Vaterknoten. In Abbildung 12.1 sehen Sie ein Beispiel.

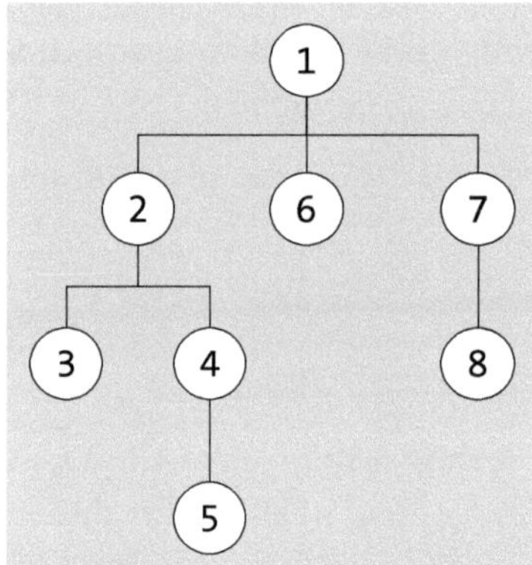

Abbildung 12.1 Vater-Kind-Hierarchie

Eigenschaften von Hierarchien

Der oberste Knoten in der Beispielhierarchie ist ein *Wurzelknoten* (engl. Root Node), er hat keinen eigenen Vater. Es kann mehrere Wurzelknoten in einer Hierarchie geben. Knoten ohne eigene Kinder heißen *Blätter* (engl. Leaf) der Hierarchie. Die *Abkömmlinge* (engl. Descendants) eines Knotens sind seine Kinder, Enkel usw. mit Ausnahme des Knotens selbst.

In Hierarchien kann es zwei besondere Situationen geben:

- Ein Knoten besitzt mehr als einen Vater.
- Es gibt *Zyklen*.

Verfolgt man ausgehend von einem Knoten die Vaterbeziehung (gegebenenfalls mehrmals hintereinander), erreicht man bei einem Zyklus wieder den Ausgangsknoten.

Strikte Hierarchien

Eine Hierarchie, in der diese Situationen nicht auftreten, nennen wir *strikte Hierarchie*. Strikte Hierarchien bieten Vorteile in der Verarbeitung und können außerdem auch leichter in Benutzerschnittstellen dargestellt werden. Abschnitt 12.3.6, »Hierarchie mit mehreren Vaterknoten«, und Abschnitt 12.3.7, »Hierarchie mit Zyklen«, zeigen Beispiele für Hierarchien, die nicht strikt sind.

Stufe eines Knotens

In einer strikten Hierarchie hat jeder Knoten genau einen Wurzelknoten. Diesen erreicht man durch Verfolgen der Vaterbeziehungen. Die Anzahl der Schritte bis zum Wurzelknoten definiert die *Stufe eines Hierarchieknotens* (engl. Level). Die Stufe der Wurzelknoten ist, je nach Konvention, 0 oder 1: Im ersten Fall nimmt man die Anzahl der Schritte direkt als Wert der Stufe, im zweiten Fall addiert man noch eine 1 hinzu.

Datenmodell von Knoten

Das relationale Datenmodell für eine Vater-Kind-Hierarchie, in der jeder Knoten höchstens einen Vater besitzt, basiert auf einer Knotenentität mit einer Vaterbeziehung auf sich selbst: Jede Datenzeile besitzt dabei neben ihrem eigenen Schlüssel auch Felder für den Schlüssel des Vaterknotens. In CDS bietet sich eine Modellierung der Knotenentität durch einen View und eine Modellierung der Vaterbeziehung durch eine Assoziation an.

Betriebswirtschaftliche Semantik

In der betriebswirtschaftlichen Praxis findet man die wichtigen Entitäten, z. B. Mitarbeiter oder Kostenstellen, in vielen verschiedenen hierarchischen Anordnungen, oft kombiniert mit anderen betriebswirtschaftlichen Entitäten. Daher besitzen Hierarchieknoten selbst gewöhnlich keine betriebswirtschaftlichen Attribute, sondern haben eine Relation (Assoziation) zu einer separaten Entität, die den Mitarbeiter oder die Kostenstelle repräsentiert. Auf diese Art können auch verschiedene betriebswirtschaftliche Entitäten in einer gemeinsamen Hierarchie dargestellt werden.

Hierarchieverzeichnis

Diese Trennung erlaubt auch die Definition mehrerer unterschiedlicher Hierarchiestrukturen für die gleichen Entitäten, z. B. Planvarianten oder historische Versionen. Die gleiche Kostenstelle kann von verschiedenen Hierarchievarianten oder -versionen assoziiert werden. Gewöhnlich nutzt man neben der Entität für die Hierarchieknoten eine separate Entität, ein *Hierarchieverzeichnis* (engl. Hierarchy Directory), um diese verschiedenen hierarchischen Strukturen zu verwalten.

Hierarchieprozessor

Vater-Kind-Hierarchien haben einen wichtigen Vorteil gegenüber Stufenhierarchien: Die Zahl von Hierarchiestufen ist bei Vater-Kind-Hierarchien unabhängig von den Feldern des Views und theoretisch unbegrenzt. Diese

Eigenschaft erfordert jedoch eine rekursive Verarbeitung der Hierarchie, was durch Standardabfragen in SQL nicht möglich ist. Für die Nutzung der Vater-Kind-Hierarchien ist daher eine zusätzliche Unterstützung durch einen *Hierarchieprozessor* notwendig.

Für analytische Anwendungen wird schon länger der Hierarchieprozessor der Analytic Engine genutzt. Dieser kommt bei den annotationsbasierten Hierarchien zum Einsatz, die wir in Abschnitt 12.2, »Annotationsbasierte Vater-Kind-Hierarchien«, vorstellen. Bei CDS-Hierarchieentitäten, deren Vorstellung im gleichnamigen Abschnitt 12.3 folgt, wird dagegen der Hierarchieprozessor von SAP HANA verwendet.

12.2 Annotationsbasierte Vater-Kind-Hierarchien

Annotationen zur Beschreibung hierarchischer Eigenschaften von CDS-Modellen wurden schon früh in CDS eingeführt, um Vater-Kind-Hierarchien zu modellieren. Sie hatten aber nur in analytischen Anwendungen praktische Bedeutung, da für die Vater-Kind-Hierarchie ein Hierarchieprozessor notwendig ist, den es nur in der analytischen Infrastruktur gab. Dieser Abschnitt stellt die Annotationen für Hierarchien und ihre Verwendung vor.

CDS-Views für Hierarchien

Für annotationsbasierte Hierarchien wird eine der zugeordneten betriebswirtschaftlichen Entitäten als *Grundentität* ausgezeichnet. Die folgenden Typen von CDS-Views werden verwendet:

- ein View für die Grundentität
- ein View für die Hierarchieknoten
- optionale Views für weitere betriebswirtschaftliche Entitäten, die von Hierarchieknoten repräsentiert werden
- optional ein View für das Hierarchieverzeichnis
- optional Text-Views für die Grundentität, für die Hierarchieknoten, für weitere Entitäten und für das Hierarchieverzeichnis

Diese Views sind durch Assoziationen miteinander verknüpft, wie Sie in Abbildung 12.2 sehen können. Dort sind auch die Typen der relevanten Assoziationen vermerkt.

In einfachen Fällen repräsentiert ein und derselbe View die Grundentität und die Hierarchieknoten, z. B. bei der Berichtshierarchie für Mitarbeiter, und es gibt keine weiteren Views. Die Beziehung zwischen der Grundentität und ihrem Hierarchieknoten-View wird durch eine Assoziation realisiert. Sie wird durch die Annotation `@ObjectModel.hierarchy.association` am repräsentierenden Schlüsselfeld der Grundentität festgelegt.

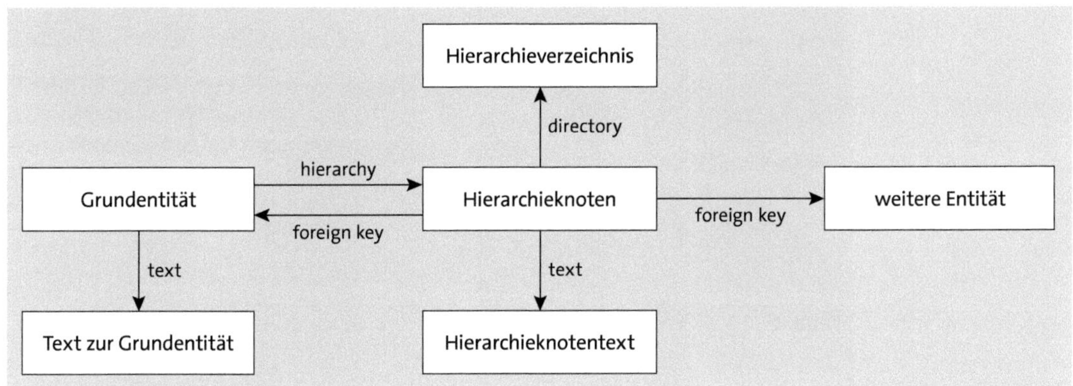

Abbildung 12.2 CDS-Views für Hierarchien

Die zentrale Stelle für die Definition der Hierarchiestruktur ist der View der Hierarchieknoten. Wenn er nicht mit dem View der Grundentität zusammenfällt, wird er durch die Annotation `@ObjectModel.dataCategory: #HIERARCHY` als *Hierarchieknoten-View* gekennzeichnet. Die strukturierte View-Annotation `@Hierarchy.parentChild` legt die Struktur der Hierarchie fest. Details zu den möglichen Ausprägungen dieser Annotation finden Sie in Tabelle 12.1.

Hierarchiestruktur

12

Annotation	Bedeutung
`@Hierarchy.parentChild.name`	Angabe eines technischen Namens für die Hierarchie. Dieser wird benötigt, wenn kein Hierarchieverzeichnis genutzt wird.
`@Hierarchy.parentChild.label`	Bezeichnung für die Hierarchie (optional)
`@Hierarchy.parentChild.recurseBy`	Beziehung zum Vaterknoten wird durch eine Assoziation des Views auf sich selbst definiert; wird alternativ zu den Annotationen `recurse.parent` und `recurse.child` verwendet.
`@Hierarchy.parentChild.recurse.parent` `@Hierarchy.parentChild.recurse.child`	Beziehung zum Vaterknoten wird durch die Aufzählung korrespondierender Felder definiert; wird alternativ zur Annotation `recurseBy` verwendet.
`@Hierarchy.parentChild.siblingsOrder.by`	Feld zur Festlegung der Geschwisterreihenfolge

Tabelle 12.1 Annotationen zur Definition der Hierarchiestruktur

Annotation	Bedeutung
`@Hierarchy.parentChild.siblingsOrder.direction`	Sortierrichtung für die Geschwisterreihenfolge: Der Wert »ASC« steht für aufsteigend, der Wert »DESC« für absteigend; der Default-Wert ist »ASC«.
`@Hierarchy.parentChild.directory`	Assoziation zum Hierarchieverzeichnis (optional)

Tabelle 12.1 Annotationen zur Definition der Hierarchiestruktur (Forts.)

Beziehung zum Vaterknoten

Die wichtigste Information ist die Beziehung zu einem Vaterknoten. Hierfür ist die Verwendung einer Selbst-Assoziation mit der Annotation `@Hierarchy.parentChild.recurseBy` am elegantesten. Diese Assoziation muss die Kardinalität `[0..1]` haben und die Schlüsselfelder des Ziels binden. Alternativ werden bei der Annotation `@Hierarchy.parentChild.recurse.child` die Schlüsselfelder des Views aufgezählt und bei der Annotation `@Hierarchy.parentChild.recurse.parent` die Felder des Views, die den Vaterknoten identifizieren und den Schlüsselfeldern entsprechen.

12.2.1 Beispiel einer Vater-Kind-Hierarchie

Kostenstellenhierarchie

Als Beispiel für eine Vater-Kind-Hierarchie soll uns hier die Kostenstellenhierarchie dienen, wie sie von SAP ausgeliefert wird. Listing 12.1 zeigt den relevanten Teil der Grundentität `I_CostCenter`. Beachten Sie die Assoziation `_CostCenterHierarchyNode` zum Knoten-View und die Annotation am repräsentierenden Schlüsselfeld.

```
@ObjectModel.representativeKey: 'CostCenter'
define view I_CostCenter as select ...
association[0..*] to I_CostCenterText  as _Text
  on  $projection.ControllingArea     = _Text.ControllingArea
  and $projection.CostCenter          = _Text.CostCenter
  and $projection.ValidityEndDate     = _Text.ValidityEndDate
association[0..*] to I_CostCenterHierarchyNode
  as _CostCenterHierarchyNode
  on  $projection.ControllingArea     = ... .ControllingArea
  and $projection.CostCenter          = ... .CostCenter
{ key kokrs  as ControllingArea,
      @ObjectModel.text.association: '_Text'
      @ObjectModel.hierarchy.association:
        '_CostCenterHierarchyNode'
  key kostl  as CostCenter,
```

```
      @Semantics.businessDate.to: true
  key datbi  as ValidityEndDate,
      @Semantics.businessDate.from: true
      datab  as ValidityStartDate,
  ...
}
```

Listing 12.1 Grundentität der Kostenstelle »I_CostCenter« mit Hierarchiebezug

Beispiel: Knoten-View

Den zugehörigen Knoten-View `I_CostCenterHierarchyNode` sehen Sie in Listing 12.2. Beachten Sie, dass gleiche Schlüsselfelder des Kind- und Vaterknotens bei der Definition der Vaterbeziehung durch `recurse` weggelassen werden können.

```
@ObjectModel.dataCategory: #HIERARCHY
@Hierarchy.parentChild:
{ recurse:          {   parent: 'ParentNode',
                        child:  'HierarchyNode'   },
  siblingsOrder:    {   by: 'HierarchyNodeSequence',
                        direction: 'ASC'   },
  directory:        '_Hierarchy'
}
define view I_CostCenterHierarchyNode ...
  association [0..*] to I_CostCenterHierarchyNodeT as _Text
  on  $projection.CostCenterHierarchy = ..CostCenterHierarchy
  and $projection.HierarchyNode       = ..HierarchyNode
  and $projection.ControllingArea     = ..ControllingArea
  and $projection.CostCenter          = ''
  association [0..*] to I_CostCenter as _CostCenter
  on  $projection.CostCenter          = ....CostCenter
  and $projection.ControllingArea     = ....ControllingArea
  association [1..1] to I_CostCenterHierarchy as _Hierarchy
  on  $projection.CostCenterHierarchy = ..CostCenterHierarchy
  and $projection.ControllingArea     = ..ControllingArea
  and $projection.ValidityEndDate     = ..ValidityEndDate
  association [0..1] to I_ControllingArea as _ControllingArea
  on  $projection.ControllingArea     = ....ControllingArea
{
      @ObjectModel.foreignKey.association: '_ControllingArea'
  key ... as ControllingArea,
      @ObjectModel.foreignKey.association: '_Hierarchy'
  key ... as CostCenterHierarchy,
      @ObjectModel.text.association: '_Text'
  key ... as HierarchyNode,
  key ... as ValidityEndDate,
```

```
        ... as ParentNode,
        ... as ValidityStartDate,
        @ObjectModel.foreignKey.association: '_CostCenter'
        ... as CostCenter,
        ... as HierarchyNodeSequence,
        _Text,
        _CostCenter,
        _Hierarchy,
        _ControllingArea
        ...
}
```

Listing 12.2 Hierarchieknoten-View der Kostenstellenhierarchie

Beispiel: Hierarchieverzeichnis

Das zugehörige Hierarchieverzeichnis, der View `I_CostCenterHierarchy`, ist in Listing 12.3 angegeben.

```
define view I_CostCenterHierarchy ...
{ key ... as ControllingArea,
  key ... as CostCenterHierarchy,
      @Semantics.businessDate.to: true
  key ... as ValidityEndDate,
      @Semantics.businessDate.from: true
      ... as ValidityStartDate,
      ...
}
```

Listing 12.3 Hierarchieverzeichnis für Kostenstellenhierarchien

Abbildung 12.3 zeigt die Views des Beispiels.

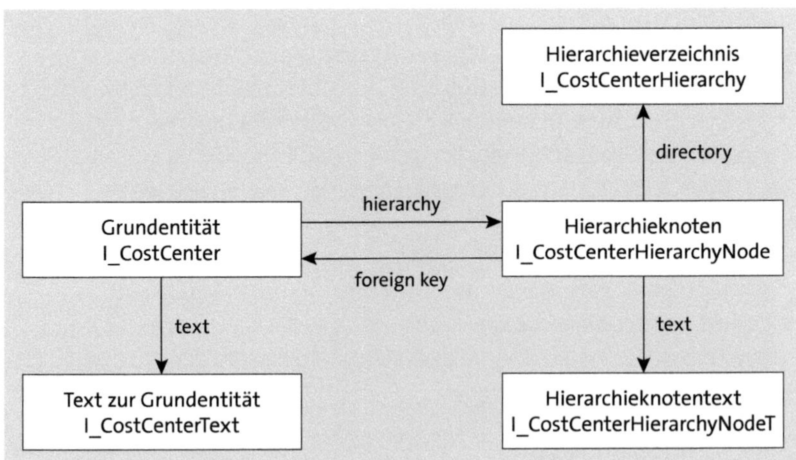

Abbildung 12.3 Hierarchiebeispiel mit Assoziationstypen

12.2.2 Bestimmung einer Hierarchie

Auswertung der Hierarchiedefinition

Aus den View-Definitionen kann die Infrastruktur (oder ein Entwickler) ablesen, wie die Hierarchie gebildet wird. Bei der Kostenstellenhierarchie geschieht dies folgendermaßen:

1. In der Hierarchieannotation des Knoten-Views ist eine Assoziation auf ein Hierarchieverzeichnis angegeben; also besitzt die Hierarchie ein solches Verzeichnis. Daher muss der Verwender einen Eintrag aus dem Verzeichnis auswählen, d. h. eine bestimmte Kostenstellenhierarchie.

   Das Hierarchieverzeichnis ist zeitabhängig (siehe Abschnitt 8.7, »Zeitabhängige Daten«); die Auswahl eines Eintrags erfolgt daher mit einem Stichtag.
2. Nun werden alle Hierarchieknoten zu der ausgewählten Kostenstellenhierarchie gelesen. Dazu werden die Felder `ControllingArea`, `CostCenterHierarchy` und `ValidityEndDate` mit den Werten der ausgewählten Kostenstellenhierarchie gefiltert, denn auf diesen Feldern ist die Assoziation zum Hierarchieverzeichnis definiert.
3. Die hierdurch selektierten Knoten haben identische Werte in den Schlüsselfeldern `ControllingArea`, `CostCenterHierarchy` und `ValidityEndDate`. Damit ist das Schlüsselfeld `HierarchyNode` der effektive Schlüssel dieser Knoten.

   Wie in der Hierarchieannotation angegeben, verweist das Datenfeld `ParentNode` auf den Vaterknoten, der nun durch `HierarchyNode` eindeutig identifiziert ist. Dadurch werden die Knoten in eine hierarchische Struktur gebracht. Die Infrastruktur baut hierfür eine optimierte Hierarchierepräsentation auf, die bei Anfragen effizient verarbeitet werden kann.
4. Im nächsten Schritt müssen die einzelnen Kostenstellen, die Instanzen der Grundentität, den Hierarchieknoten zugeordnet werden. Diese wichtige Zuordnung erfolgt zurzeit durch eine komplexe Logik. Dabei wird jedem einzelnen Knoten ein *Knotentyp* zugewiesen.

   Jeder mögliche Knotentyp wird durch eine Assoziation des Knoten-Views repräsentiert. Für jeden Knoten der Hierarchie und jede Assoziation wird in der Reihenfolge der Assoziationsdefinitionen geprüft, bei welcher Assoziation die On-Bedingung der Assoziationsdefinition gültig ist. Wird eine gültige Assoziationsbedingung identifiziert, legt diese den Typ der Hierarchieknoteninstanz fest, und es werden keine weiteren Assoziationen mehr geprüft.

   Im Knoten-View der Kostenstellen enthält die Definition der Textassoziation eine zusätzliche Bedingung `$projection.CostCenter = ''`. Daher erhalten alle Knoten mit einer initialen Kostenstelle den Typ `_Text`. Alle

Knoten mit einer nicht initialen Kostenstelle erhalten den Typ der als Nächstes geprüften Assoziation, `_CostCenter`.

Die Assoziation zum Hierarchieverzeichnis wird bei dieser Logik ausgeschlossen, und die Assoziation zum Kostenrechnungskreis spielt hier keine Rolle mehr, da sie am Ende steht.

[»]

Gemischte Hierarchien

Mithilfe des Knotentyps können auch gemischte Hierarchien dargestellt werden, bei denen verschiedene Entitäten, z. B. Kostenstellen, Profitcenter oder Buchungskreise, als Knoten in derselben Hierarchie vorkommen.

[!]

Typische Fehlerquelle bei einer Hierarchiedefinition

Wenn die Assoziation zum Kostenrechnungskreis direkt als erste Assoziation definiert worden wäre, hätten alle Knoten den Typ `_ControllingArea` zugewiesen bekommen. Alle Knoten würden im folgenden Schritt den gleichen Text, die Bezeichnung des Kostenrechnungskreises, erhalten, und die Hierarchie würde nicht korrekt arbeiten.

5. Nun erhalten alle Knoten einen Text, denn der Knotenschlüssel allein ist nicht sehr aussagekräftig. Dieser Text wird abhängig vom Knotentyp vergeben und über die zum Typ gehörige Assoziation ermittelt. Für den Typ `_Text` ist dies klar. Bei den anderen Knotentypen wird erwartet, dass es sich um Fremdschlüsselassoziationen handelt. Dann kann der Text der zugehörigen Entität herangezogen werden, im Fall der Kostenstelle also der zugehörige Kostenstellentext.

Nun ist die Hierarchie für die Infrastruktur ausreichend beschrieben. Eine Benutzeroberfläche kann die Hierarchie in einer geeigneten Form abfragen und Knoten auf- oder zuklappen. Analytische Anwendungen können Summen über Teilbäume anfordern.

12.2.3 Testen einer annotationsbasierten Hierarchie

Analytische Testumgebung

Zum Testen der Hierarchiedefinition können Sie am einfachsten die Testumgebung für analytische Views verwenden, die Transaktion RSRTS_ODP_DIS im SAP GUI. Ihre Verwendung wird in Abschnitt 10.2.2, »Testumgebung für analytische Views«, ausführlich erläutert. Unsere Beispielhierarchie testen Sie darin wie folgt:

1. Stellen Sie sicher, dass die Grundentität der Hierarchie durch die Annotation `@Analytics.dataCategory: #DIMENSION` als analytischer Dimensions-View gekennzeichnet ist.
2. Starten Sie nun die Transaktion RSRTS_ODP_DIS und geben Sie im Feld **ODP-Name** den ODP-Namen der Grundentität ein. Bei DDIC-basierten Views also den SQL-View-Namen, z. B. »IFICOSTCENTER« für die Kostenstelle, bei einer CDS-View-Entität direkt ihren Namen oder den per Annotation `@Analytics.technicalName` festgelegten ODP-Namen. Führen Sie die Transaktion aus.
3. Sie sehen nun das analytische Modell des Views `I_CostCenter` (siehe Abbildung 12.4). In der unteren rechten Ecke neben der Zeile zum Kostenstellenfeld zeigt ein baumartiges grünes Icon an, dass es eine Hierarchiedefinition zu diesem Feld gibt. Da dieses Feld das repräsentierende Schlüsselfeld ist, bezieht sich die Information auf den View selbst – er besitzt eine Hierarchie.


```
TransientProvider 2CIFICOSTCENTER Zeitstempel: 22.05.2023 23:35:48
  IFICOSTCENTER Kostenstelle
    KEY
      2CIFICONTAREA    CONTROLLINGAREA   CHAR(000004)  Kostenrechnungskreis
      2CIFICOSTCENTER  COSTCENTER        CHAR(000010)  Kostenstelle
```

Abbildung 12.4 Analytisches Modell des Views »I_CostCenter«

4. Starten Sie nun einen analytischen Test des Views über die Funktion **Standard-Query**.
5. Im nächsten Bild wird eine multidimensionale Analyse dargestellt. Gruppieren Sie die Zeilen nach der Kostenstelle.
6. Öffnen Sie dann die Registerkarte **Eigenschaften** zur Kostenstelle über das Kontextmenü des Felds **Kostenstelle**. Sie gelangen zu dem Eigenschaftendialog aus Abbildung 12.5.

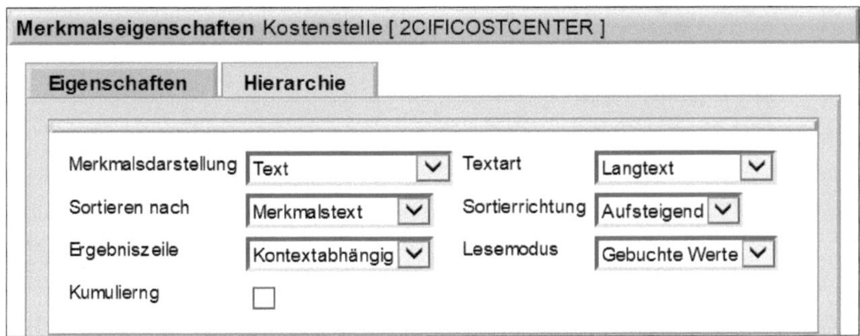

Abbildung 12.5 Analytische Eigenschaften des Felds »Kostenstelle«

7. Wenn Sie auf die Registerkarte **Hierarchie** wechseln, können Sie einen Eintrag aus dem Hierarchieverzeichnis wählen (siehe Abbildung 12.6). Im Beispiel gibt es eine Hierarchie für Demonstrationszwecke. Beachten Sie, dass diese Registerkarte nur angezeigt wird, wenn auch Einträge im Hierarchieverzeichnis vorhanden sind.

Abbildung 12.6 Hierarchieverzeichnis

8. Übernehmen Sie den gewählten Eintrag, hier die **Demo Hierarchie**, wird die Liste der Kostenstellen hierarchisch dargestellt (siehe Abbildung 12.7).

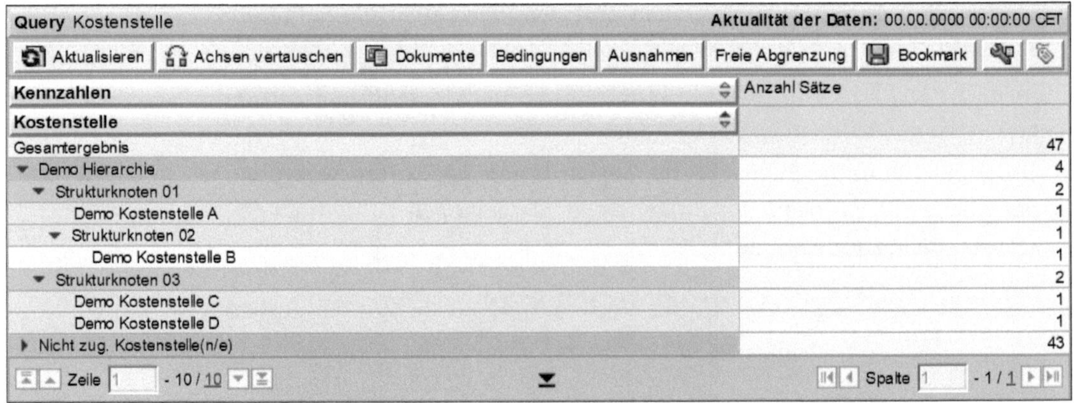

Abbildung 12.7 Kostenstellenhierarchie

Beachten Sie, dass die analytische Infrastruktur zusätzlich zu der Hierarchie einen künstlichen Wurzelknoten mit der Bezeichnung **Nicht zug. Kostenstelle(n/e)** anzeigt. Dieser hat alle Instanzen der Grundentität als Kinder, die keinem Knoten der gewählten Hierarchie zugeordnet sind. Dadurch werden auch bei einer Hierarchiedarstellung alle selektierten Daten angezeigt.

Ausblick

Am Beispiel der Hierarchieannotation haben Sie gesehen, dass durch Annotationen an Ihren CDS-Views ein komplexer Sachverhalt dargestellt und von der Infrastruktur verarbeitet werden kann. Annotationsbasierte Hierarchien sind allerdings stark auf die Verwendung in analytischen Anwendungen zugeschnitten. Sie bieten einem Entwickler nur wenig Flexibilität und keine Möglichkeit, Hierarchien in eigenen Programmen einzusetzen. Daher entwickelte SAP eine Hierarchieentität in CDS, die wir im nächsten Abschnitt vorstellen.

12.3 CDS-Hierarchien

Seit SAP S/4HANA Release 1809 (SAP-Basis 7.53) gibt es eine neue Kategorie von Entitäten in CDS, die Hierarchien nativ in die Syntax von CDS einbettet. Diese bieten mehr Flexibilität als annotationsbasierte Hierarchien, können von ABAP-Programmen in mächtigen Hierarchiefunktionen verwendet werden und werden durch den SAP-HANA-Hierarchieprozessor mit besserer Performance verarbeitet. Dieser Abschnitt führt in die CDS-Hierarchien ein und demonstriert deren Funktionsweise an einigen Beispielen.

Die Beispiele implementieren eine einfache Berichtshierarchie innerhalb der Mitarbeiter eines Unternehmens:

- Mitarbeiter sind die Knoten dieser Hierarchie.
- Die Vaterbeziehung der Hierarchie zeigt von einem Mitarbeiter zu seinem direkten Vorgesetzten.

12.3.1 Beispieldaten für die Berichtshierarchie

Hierarchiedaten definieren

Wir wollen in diesem Abschnitt auch einige ungewöhnliche Aspekte von CDS-Hierarchien demonstrieren und definieren daher passende Hierarchiedaten selbst. Wir brauchen dazu eine Datenquelle für Mitarbeiter und deren Attribute sowie eine zweite Datenquelle für die hierarchische Beziehung der einzelnen Mitarbeiter zu ihren Vorgesetzten. Das Anlegen von Datenbanktabellen können wir vermeiden, indem wir dieses Datenmodell direkt in CDS-Views definieren. Die View-Entität `ZHP_Employee` in Listing 12.4 bildet die Datenquelle für die Mitarbeiterdaten.

```
@Metadata.ignorePropagatedAnnotations: true
define view entity ZHP_Employee as select from t000
{ '0001'                              as Employee,
  cast( 'Anne' as text40 )            as EmployeeName,
  cast( 'F'    as char1)              as Gender,
```

```
  cast( 100 as abap.dec( 15, 2 )) as PartTimePercent
} where mandt = '000'
union all select from t000 { '0002' as Employee,
'Ben' as EmployeeName, 'M' as Gender, 80 as PartTimePercent }
where mandt = '000'
...
```

Listing 12.4 CDS-View als Datenquelle für Mitarbeiterdaten

Mitarbeiterdaten

Ergänzen Sie die Implementierung dieser Datenquelle um weitere Mitarbeiter, deren Daten in Tabelle 12.2 angegeben sind. Neben der ID eines Mitarbeiters und seinem Namen gibt es die Attribute Gender für sein Geschlecht und PartTimePercent zur Angabe seines Arbeitszeitanteils (Teilzeit oder Vollzeit).

Mitarbeiter	Name	Geschlecht	Teilzeitprozentsatz
0001	Anne	F	100
0002	Ben	M	80
0003	Carmen	F	100
0004	David	M	100
0005	Elisabeth	F	100
0006	Frank	M	60
0007	Greta	F	100
0008	Harald	M	80
0009	Isabell	F	90
0010	Jon	M	100
0011	Kim	F	50
0012	Linus	M	100

Tabelle 12.2 Mitarbeiterdaten für unsere Beispielhierarchie

Kennzahl FTE

Basierend auf dieser Datenquelle definiert Listing 12.5 eine CDS-View-Entität ZHI_Employee für die Entität Mitarbeiter, die mit semantischen Annotationen versehen ist. Diese View-Entität enthält auch das berechnete Feld FullTimeEquivalent, das Vollzeitäquivalent, das in einer hierarchischen Analyse als Kennzahl für den Beschäftigungsumfang genutzt werden soll.

```
@ObjectModel.representativeKey: 'Employee'
define view entity ZHI_Employee as select from ZHP_Employee
{     @ObjectModel.text.element: ['EmployeeName']
      @EndUserText.label: 'Mitarbeiter'
  key Employee,
      @Semantics.text: true
      @EndUserText.label: 'Mitarbeitername'
      EmployeeName,
      @EndUserText.label: 'Geschlecht'
      Gender,
      @EndUserText.label: 'Teilzeitprozentsatz'
      PartTimePercent,
      @Aggregation.default: #SUM
      @EndUserText.label: 'Vollzeitäquivalent'
      division(PartTimePercent, 100, 2)
        as FullTimeEquivalent
}
```

Listing 12.5 CDS-View für einen Mitarbeiter

Vaterbeziehungen

Definieren Sie nun eine View-Entität `ZHP_EmployeeRelation` als Datenquelle für die Vaterbeziehung, wie in Listing 12.6 gezeigt.

```
@Metadata.ignorePropagatedAnnotations: true
define view entity ZHP_EmployeeRelation as select from t000
{ '0001' as Employee,
  '0000' as Manager
} where mandt = '000'
union all select from t000 { '0002' as Employee,
  '0001' as Manager } where mandt = '000'
...
```

Listing 12.6 Datenquelle für die Vaterbeziehung

Ergänzen Sie die Definition um die weiteren, in Tabelle 12.3 angegebenen Vaterbeziehungen.

Employee	Manager
0001	0000
0002	0001
0003	0001

Tabelle 12.3 Vaterbeziehungen für eine Mitarbeiterhierarchie

Employee	Manager
0004	0003
0005	0001
0006	0005
0007	0005
0008	0007
0009	0000
0010	0009
0011	0009

Tabelle 12.3 Vaterbeziehungen für eine Mitarbeiterhierarchie (Forts.)

Abbildung 12.8 zeigt die Hierarchie, die sich aus diesen Vaterbeziehungen ergibt.

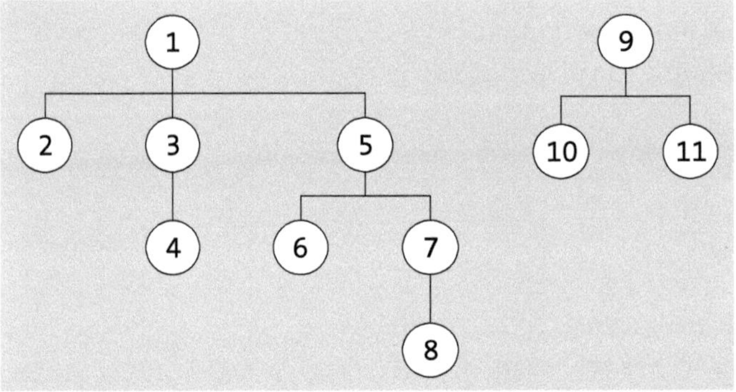

Abbildung 12.8 Beispielhierarchie aus den Vaterbeziehungen zwischen den Mitarbeitern

Vaterassoziation

Definieren Sie nun die CDS-View-Entität `ZHI_EmployeeRelation`, wie in Listing 12.7 gezeigt. Diese View-Entität ergänzt Assoziationen, die bei der Definition der Hierarchie benötigt werden, insbesondere die Selbstassoziation zum Vaterknoten, die *Vaterassoziation*.

```
define view entity ZHI_EmployeeRelation
  as select from ZHP_EmployeeRelation
  association [0..1] to ZHI_EmployeeRelation
    as _Manager  on $projection.Manager  = _Manager.Employee
  association [0..1] to ZHI_Employee
    as _Employee on $projection.Employee = _Employee.Employee
```

```
{ Employee,
  _Employee,
  Manager,
  _Manager
}
```

Listing 12.7 CDS-View der Vaterbeziehungen mit Vaterassoziation

12.3.2 CDS-Hierarchie definieren

CDS-Hierarchie

Nun stehen die Datenquellen für unser Beispiel bereit, und Sie können eine CDS-Hierarchie definieren. Legen Sie dazu in den ABAP Development Tools (ADT) eine CDS-Datendefinition mit dem Namen ZHI_HIERARCHICALEMPLOYEE01 an und geben Sie den Quelltext aus Listing 12.8 ein. Sichern und aktivieren Sie die Hierarchie.


```
define hierarchy ZHI_HierarchicalEmployee01
  as parent child hierarchy(
    source ZHI_EmployeeRelation
    child to parent association _Manager
    start where Manager is initial
    siblings order by Employee
  )
{
      @ObjectModel.foreignKey.association: '_Employee'
  key Employee,
      _Employee,
      Manager,
      _Manager
}
```

Listing 12.8 Einfache CDS-Hierarchie

Hierarchiedefinition

Die Syntax der Hierarchiedefinition ist wie in CDS üblich aufgebaut. Der größte Unterschied zu anderen CDS-Entitäten liegt in der Angabe der Datenquelle: Statt durch as select wie bei herkömmlichen CDS-Views erfolgt dies bei einer Hierarchie durch as parent child hierarchy(...) mit mehreren Parametern. Die CDS-Datendefinition ZHI_HierarchicalEmployee01 verwendet die folgenden Parameter:

- **source ZHI_EmployeeRelation**
  Dieser Parameter gibt die Datenquelle der Vaterbeziehungen an, die *Hierarchiedatenquelle*.

- `child to parent association _Manager`
  Die angegebene Selbstassoziation der Datenquelle, die Vaterassoziation definiert die Vaterbeziehung innerhalb der Datenquelle, wodurch die Hierarchie entsteht.
- `start where Manager is initial`
  Die hier angegebene *Startbedingung* der Datenquelle identifiziert die Startknoten für die Bestimmung der Hierarchie. Ausgehend von den angegebenen Startknoten werden die Kinder, Kindeskinder usw. in die Hierarchie aufgenommen. Im Beispiel sind die Mitarbeiter mit einer initialen Manager-ID (0000) die Startknoten.
- `siblings order by Employee`
  Alle Knoten einer Hierarchie werden in eine definierte Reihenfolge gebracht. Damit diese Reihenfolge auch bei Geschwisterknoten immer gleich ist, müssen Sie ein streng monotones Sortierkriterium angeben. Die Employee-ID ist hierfür gut geeignet.

[»]

Einschränkungen der CDS-Syntax

In CDS-Hierarchien stehen nicht alle Möglichkeiten von CDS zur Verfügung. Sie können z. B. keine Assoziationen in der Hierarchie definieren und auch keine Felder berechnen. Verlagern Sie dies am besten in die Hierarchiedatenquelle, in diesem Beispiel also in den View `ZHI_EmployeeRelation`.

Verarbeitung der Hierarchie

Wenn Sie die gerade definierte Hierarchie in der Data Preview der ADT ausführen, erhalten Sie die gleichen Daten wie bei der Ausführung der Data Preview für die Datenquelle `ZHI_EmployeeRelation` mit den beiden Feldern `Employee` und `Manager`. Die Resultate können aber auch abweichen, denn die Knoten der Hierarchie werden folgendermaßen bestimmt:

Standard-Traversierung

1. Selektieren Sie alle Zeilen der Hierarchiedatenquelle, die der Startbedingung genügen, sortiert gemäß der `siblings order`. Das Resultat sind die Wurzelknoten der Hierarchie. Verarbeiten Sie die Wurzelknoten in dieser Reihenfolge gemäß Schritt 2.
2. Selektieren Sie zu einem Knoten alle Kinder, indem die Vaterassoziation in der inversen Richtung verfolgt wird. Sortieren Sie die Kinder gemäß der `siblings order`. Verarbeiten Sie die Kinder rekursiv in dieser Reihenfolge gemäß Schritt 2.

Man nennt diese Art der Verarbeitung der Hierarchie auch *Standard-Traversierung*. Dabei kann es abhängig von der Startbedingung und der konkreten Vaterassoziation vorkommen, dass nicht alle Zeilen der Datenquelle zu einem Knoten in der Hierarchie führen. Dies wird in Abschnitt 12.3.5, »Hierarchie mit einem verwaisten Knoten«, genauer untersucht.

Knoten in nicht strikten Hierarchien

In einer nicht strikten Hierarchie dagegen kann die gleiche Zeile der Hierarchiedatenquelle zu mehreren Zeilen der CDS-Hierarchie, also zu mehr Knoten führen. Dieses Phänomen ist eine Folge davon, dass der Hierarchieprozessor von SAP HANA eine nicht strikte Hierarchie in ein striktes Format bringt, das effizienter prozessiert werden kann und direkt für eine Anzeige im UI geeignet ist. Das klingt erst mal überraschend und wird in den Abschnitten 12.3.6, »Hierarchie mit mehreren Vaterknoten«, und 12.3.7, »Hierarchie mit Zyklen«, weiter vertieft.

12.3.3 Hierarchieattribute

Neben den Feldern der Hierarchiedatenquelle gibt es für jeden Knoten, genauer jede Datenzeile der CDS-Hierarchie, weitere spezielle *Hierarchieattribute*. Diese können unter reservierten Namen von einer CDS-Hierarchie selektiert werden. Innerhalb der Hierarchiedefinition sind diese Attribute über die Struktur `$node` verfügbar. Sie können auch unter einem anderen Namen exponiert werden.

Wir wollen die Hierarchieattribute in unserem Beispiel mithilfe eines kleinen ABAP-Programms selektieren und anzeigen. Legen Sie dazu das Programm `ZH_EMPLOYEE_HIER_SELECT` aus Listing 12.9 an.

```
REPORT zh_employee_hier_select.
SELECT FROM zhi_hierarchicalemployee01
  FIELDS
    employee,
    \_employee-employeename AS node_text,
    node_id,
    parent_id,
    hierarchy_level,
    hierarchy_tree_size,
    hierarchy_rank,
    hierarchy_parent_rank,
    hierarchy_is_orphan,
    hierarchy_is_cycle
  ORDER BY hierarchy_rank
  INTO TABLE @DATA(gt_hier).
cl_demo_output=>write_data( gt_hier ).
cl_demo_output=>display( ).
```

Listing 12.9 Selektion der Hierarchieattribute in ABAP

Ausgabe der Hierarchieattribute

Tabelle 12.4 gibt die Ausgabe des Programms wieder. Die erste Spalte stammt aus der Hierarchiedatenquelle und die zweite Spalte aus den Mitarbeiterdaten. Die restlichen Spalten zeigen die Hierarchieattribute.

EMPLOYEE	NODE_TEXT	NODE_ID	PARENT_ID	HIERARCHY_ LEVEL	HIERARCHY_ TREE_SIZE	HIERARCHY_ RANK	HIERARCHY_ PARENT_RANK	HIERARCHY_ IS_ORPHAN	HIERARCHY_ IS_CYCLE
0001	Anne	0001	0000	1	8	1	0	0	0
0002	Ben	0002	0001	2	1	2	1	0	0
0003	Carmen	0003	0001	2	2	3	1	0	0
0004	David	0004	0003	3	1	4	3	0	0
0005	Elisabeth	0005	0001	2	4	5	1	0	0
0006	Frank	0006	0005	3	1	6	5	0	0
0007	Greta	0007	0005	3	2	7	5	0	0
0008	Harald	0008	0007	4	1	8	7	0	0
0009	Isabell	0009	0000	1	3	9	0	0	0
0010	Jon	0010	0009	2	1	10	9	0	0
0011	Kim	0011	0009	2	1	11	9	0	0

Tabelle 12.4 Ausgabe der Hierarchieattribute im Beispiel

Die Hierarchieattribute eines Ausgabeknotens haben folgende Bedeutung:

- `node_id` ist die vom Hierarchieprozessor verwendete technische ID eines Hierarchieknotens. Sie wird aus den Feldern gebildet, die einen Vater in der Vaterassoziation identifizieren, im Beispiel aus dem Feld `Employee`.
- `parent_id` ist die `node_id` des zugehörigen Vaterknotens.
- `hierarchy_level` ist die Stufe der Hierarchie, zu der der Knoten gehört. Wurzelknoten haben die Stufe 1, deren Kinder die Stufe 2 usw.
- `hierarchy_tree_size` ist die Größe des Teilbaums der Hierarchie, die an diesem Knoten startet. Sie ist um 1 größer als die Zahl der Abkömmlinge des Knotens.
- `hierarchy_rank` ist die *Hierarchieordnungsnummer* eines Knotens der CDS-Hierarchie. Sie beginnt bei 1 und entsteht durch Abzählen aller Knoten der Hierarchie bei der Standard-Traversierung.

Die Hierarchieordnungsnummer ist eine eindeutige ID für die Datenzeilen einer CDS-Hierarchie, auch wenn die Hierarchie nicht strikt ist. Sie ist keine stabile ID, da jede Änderung an der Struktur der Hierarchie die Reihenfolge der Knoten ändern kann.

- hierarchy_parent_rank ist die Hierarchieordnungsnummer des Vaterknotens.
- hierarchy_is_orphan hat den Wert 1, wenn der Knoten *verwaist* ist, d. h., wenn er in der Hierarchie keinen Vaterknoten hat und wenn er auch kein Wurzelknoten gemäß der Hierarchiedefinition ist. Bei allen anderen Knoten ist der Wert 0. Ein Beispiel hierfür folgt in Abschnitt 12.3.5, »Hierarchie mit einem verwaisten Knoten«.
- hierarchy_is_cycle hat den Wert 1, wenn dieser Ausgabeknoten einen Zyklus abschließt. Dann hat der Knoten die gleiche node_id wie der startende Knoten des Zyklus, aber keine Kinder. Bei allen anderen Knoten ist der Wert 0. Ein Beispiel folgt in Abschnitt 12.3.6, »Hierarchie mit mehreren Vaterknoten«.

12

12.3.4 Visualisierung einer Hierarchie

ALV Tree

In ABAP können Sie die Ausgabeknoten einer CDS-Hierarchie sehr einfach durch ein *ALV Tree Control* darstellen, wenn die Hierarchie nicht zu groß ist. ALV steht hier für den *SAP List Viewer*. Listing 12.10 zeigt einen entsprechenden ABAP-Report zur Anzeige der Hierarchie ZHI_HierarchicalEmployee01.

```
REPORT zh_employee_alv_tree.
TYPES:
  BEGIN OF ty_gs_hierarchy_display,
    employee              TYPE char4,
    node_text             TYPE text40,
    node_id               TYPE char20,
    parent_id             TYPE char20,
    hierarchy_level       TYPE i,
    hierarchy_tree_size   TYPE i,
    hierarchy_rank        TYPE i,
    hierarchy_parent_rank TYPE i,
    hierarchy_is_orphan   TYPE int1,
    hierarchy_is_cycle    TYPE int1,
    alv_node_key          TYPE salv_de_node_key,
  END OF ty_gs_hierarchy_display.
TYPES: ty_gt_hierarchy_display
         TYPE STANDARD TABLE OF ty_gs_hierarchy_display.
* read from hierarchy
```

```
DATA: gt_hierarchy_display  TYPE ty_gt_hierarchy_display.
SELECT FROM zhi_hierarchicalemployee01
FIELDS
  employee, \_employee-employeename AS node_text,
  node_id, parent_id,
  hierarchy_level, hierarchy_tree_size,
  hierarchy_rank, hierarchy_parent_rank,
  hierarchy_is_orphan, hierarchy_is_cycle
ORDER BY hierarchy_rank
INTO CORRESPONDING FIELDS OF TABLE @gt_hierarchy_display.
* display hierarchy in ALV tree
DATA: gr_tree                TYPE REF TO cl_salv_tree.
DATA: gt_hierarchy_display2  TYPE ty_gt_hierarchy_display.
DATA: lr_alv_node            TYPE REF TO cl_salv_node.
* create empty tree
cl_salv_tree=>factory( IMPORTING  r_salv_tree = gr_tree
              CHANGING   t_table = gt_hierarchy_display2 ).
* add nodes to the tree
DATA(gr_alv_nodes) = gr_tree->get_nodes( ).
DATA: lv_tree_text TYPE lvc_value.
LOOP AT gt_hierarchy_display
        ASSIGNING FIELD-SYMBOL(<ls_node_data>).
  IF <ls_node_data>-hierarchy_level = 1.
    lv_tree_text = <ls_node_data>-node_text.
    lr_alv_node = gr_alv_nodes->add_node(
         related_node = space
         relationship = cl_gui_column_tree=>relat_last_child
         text         = lv_tree_text ).
    <ls_node_data>-alv_node_key = lr_alv_node->get_key( ).
    lr_alv_node->set_data_row( <ls_node_data> ).
  ELSE.
    READ TABLE gt_hierarchy_display WITH KEY
      hierarchy_rank = <ls_node_data>-hierarchy_parent_rank
      ASSIGNING FIELD-SYMBOL(<ls_parent_data>).
    lv_tree_text = <ls_node_data>-node_text.
    lr_alv_node = gr_alv_nodes->add_node(
         related_node = <ls_parent_data>-alv_node_key
         relationship = cl_gui_column_tree=>relat_last_child
         text         = lv_tree_text ).
    <ls_node_data>-alv_node_key = lr_alv_node->get_key( ).
    lr_alv_node->set_data_row( <ls_node_data> ).
  ENDIF.
ENDLOOP.
* set column width and labels
DATA(lr_columns) = gr_tree->get_columns( ).
```

```
lr_columns->set_optimize( 'X' ).
DATA: lr_column TYPE REF TO cl_salv_column_tree.
lr_column ?= lr_columns->get_column( 'NODE_TEXT' ).
lr_column->set_short_text('Name').
lr_column->set_technical(  ).
lr_column ?= lr_columns->get_column( 'NODE_ID' ).
lr_column->set_short_text('NodeID').
lr_column ?= lr_columns->get_column( 'PARENT_ID' ).
lr_column->set_short_text('ParentID').
lr_column ?= lr_columns->get_column( 'HIERARCHY_LEVEL' ).
lr_column->set_short_text('Lvl').
lr_column ?= lr_columns->get_column( 'HIERARCHY_TREE_SIZE' ).
lr_column->set_short_text('TrSz').
lr_column ?= lr_columns->get_column( 'HIERARCHY_RANK' ).
lr_column->set_short_text('Rnk').
lr_column ?= lr_columns->get_column( 'HIERARCHY_PARENT_RANK' ).
lr_column->set_short_text('PaRnk').
lr_column ?= lr_columns->get_column( 'HIERARCHY_IS_ORPHAN' ).
lr_column->set_short_text('Orph').
lr_column ?= lr_columns->get_column( 'HIERARCHY_IS_CYCLE' ).
lr_column->set_short_text('Cycle').
lr_column ?= lr_columns->get_column( 'EMPLOYEE' ).
lr_column->set_short_text('Employee').
lr_column ?= lr_columns->get_column( 'ALV_NODE_KEY' ).
lr_column->set_short_text('ALVKey').
lr_column->set_technical(  ).
* display the tree
gr_tree->display( ).
```

Listing 12.10 Anzeige der Hierarchie mit dem ALV Tree Control

Die Ausgabe des Reports zeigt Abbildung 12.9.

	Employee	NodeID	ParentID	Lvl	TrSz	Rnk	PaRnk	Orph	Cycle
Anne	0001	0001	0000	1	8	1	0	0	0
Ben	0002	0002	0001	2	1	2	1	0	0
Carmen	0003	0003	0001	2	2	3	1	0	0
David	0004	0004	0003	3	1	4	3	0	0
Elisabeth	0005	0005	0001	2	4	5	1	0	0
Frank	0006	0006	0005	3	1	6	5	0	0
Greta	0007	0007	0005	3	2	7	5	0	0
Harald	0008	0008	0007	4	1	8	7	0	0
Isabell	0009	0009	0000	1	3	9	0	0	0
Jon	0010	0010	0009	2	1	10	9	0	0
Kim	0011	0011	0009	2	1	11	9	0	0

Abbildung 12.9 Hierarchische Ausgabe mit Hierarchieattributen

12.3.5 Hierarchie mit einem verwaisten Knoten

Verwaister Knoten

Ergänzen Sie nun die Hierarchiedatenquelle `ZHP_EmployeeRelation` um eine weitere Zeile (siehe Tabelle 12.5) und selektieren Sie in der Data Preview der ADT-Umgebung erneut von der Hierarchie `ZHI_HierarchicalEmployee01`. Obwohl es eine Vaterbeziehung für den Mitarbeiter 0012 gibt, wird er nicht in die Hierarchie aufgenommen, denn der zugehörige Hierarchieknoten ist nicht von den Startknoten der Hierarchiedefinition aus erreichbar. Er ist aus Sicht dieser Definition verwaist, und verwaiste Knoten (engl. *Orphans*) werden standardmäßig ignoriert.

Employee	Manager
0012	1000

Tabelle 12.5 Beispieldaten für einen verwaisten Knoten

Orphans

Durch die Orphans-Option innerhalb der Hierarchiedefinition können Sie dieses Verhalten ändern. Ergänzen Sie diese Option, wie in Listing 12.11 gezeigt.

```
define hierarchy ZHI_HierarchicalEmployee02
  as parent child hierarchy(
    source ZHI_EmployeeRelation
    child to parent association _Manager
    start where       Manager is initial
    siblings order by Employee
    orphans root
  )
{     @ObjectModel.foreignKey.association: '_Employee'
  key Employee,
      _Employee,
      Manager,
      _Manager
}
```

Listing 12.11 CDS-Hierarchie mit einer Option für verwaiste Knoten

Wenn Sie die Hierarchie nun im ABAP-Ausgabereport ersetzen, erhalten Sie die Ausgabe aus Abbildung 12.10. Der verwaiste Knoten wurde als Wurzelknoten aufgenommen, obwohl er nicht der Startbedingung entspricht. An seinem Hierarchieattribut `hierarchy_is_orphan` (hier ausgegeben durch den Wert »1« in der Spalte **Orph**) können Sie aber erkennen, dass es ein verwaister Knoten ist.

	Employee	NodeID	ParentID	Lvl	TrSz	Rnk	PaRnk	Orph	Cycle
Anne	0001	0001	0000	1	8	1	0	0	0
Ben	0002	0002	0001	2	1	2	1	0	0
Carmen	0003	0003	0001	2	2	3	1	0	0
David	0004	0004	0003	3	1	4	3	0	0
Elisabeth	0005	0005	0001	2	4	5	1	0	0
Frank	0006	0006	0005	3	1	6	5	0	0
Greta	0007	0007	0005	3	2	7	5	0	0
Harald	0008	0008	0007	4	1	8	7	0	0
Isabell	0009	0009	0000	1	3	9	0	0	0
Jon	0010	0010	0009	2	1	10	9	0	0
Kim	0011	0011	0009	2	1	11	9	0	0
Linus	0012	0012	1000	1	1	12	0	1	0

Abbildung 12.10 Hierarchie mit einem verwaisten Knoten

12.3.6 Hierarchie mit mehreren Vaterknoten

Mehrere Vaterknoten

Nun wollen wir die bisher strikte Hierarchie unseres Beispiels mit einer doppelten Vaterbeziehung versehen. Ersetzen Sie dazu den verwaisten Knoten 0012 aus dem vorangegangenen Abschnitt in der Hierarchiedatenquelle `ZHP_EmployeeRelation` durch den Eintrag aus Tabelle 12.6. Die Datenquelle liefert dann zwei Zeilen zum Mitarbeiter 0010 mit verschiedenen Vorgesetzten.

Employee	Manager
0010	0007

Tabelle 12.6 Beispieldaten für einen zusätzlichen Vaterknoten

Wenn Sie die CDS-Hierarchie `ZHI_HierarchicalEmployee01` oder `ZHI_HierarchicalEmployee02` ausführen, erhalten Sie eine Fehlermeldung der Datenbank, da diese Hierarchiedefinitionen mehrere Väter ablehnen. Sie müssen die Option `multiple parents allowed` in der CDS-Hierarchiedefinition ergänzen, um solche Hierarchien zuzulassen. Legen Sie dafür einen neuen Hierarchie-View an (siehe Listing 12.12).

```
define hierarchy ZHI_HierarchicalEmployee03
  as parent child hierarchy(
    source ZHI_EmployeeRelation
    child to parent association _Manager
    start where       Manager is initial
    siblings order by Employee
    multiple parents allowed
```

```
)
{ @ObjectModel.foreignKey.association: '_Employee'
  Employee,
  _Employee,
  Manager,
  _Manager
}
```

Listing 12.12 Hierarchie mit mehreren Vaterknoten

Verwenden Sie nun im ABAP-Ausgabereport die Hierarchie ZHI_HierarchicalEmployee03 als Datenquelle der Selektion, so erhalten Sie die Ausgabe aus Abbildung 12.11.

	Employee	NodeID	ParentID	Lvl	TrSz	Rnk	PaRnk	Orph	Cycle
Anne	0001	0001	0000	1	9	1	0	0	0
Ben	0002	0002	0001	2	1	2	1	0	0
Carmen	0003	0003	0001	2	2	3	1	0	0
David	0004	0004	0003	3	1	4	3	0	0
Elisabeth	0005	0005	0001	2	5	5	1	0	0
Frank	0006	0006	0005	3	1	6	5	0	0
Greta	0007	0007	0005	3	3	7	5	0	0
Harald	0008	0008	0007	4	1	8	7	0	0
Jon	0010	0010	0007	4	1	9	7	0	0
Isabell	0009	0009	0000	1	3	10	0	0	0
Jon	0010	0010	0009	2	1	11	10	0	0
Kim	0011	0011	0009	2	1	12	10	0	0

Abbildung 12.11 Mehrere Vaterknoten für Mitarbeiter 0010

Mehrfache Ausgabeknoten

Für den Mitarbeiter 0010 entstehen zwei Ausgabeknoten, jeweils unterhalb der beiden Vaterknoten. Kinderknoten des Mitarbeiters 0010 würden ebenfalls doppelt ausgegeben und an beiden Stellen in die Hierarchie eingefügt werden. Testen Sie dies mit entsprechenden Einträgen in der Hierarchiedatenquelle, wenn Sie möchten.

Die node_id ist nun kein eindeutiger Schlüssel für die Ausgabeknoten mehr, daher können Sie das Feld Employee nicht mehr als key auszeichnen. Die doppelt ausgegebenen Knoten erhalten aber jeweils eine eigene Hierarchieordnungsnummer bzw. einen hierarchy_rank (im Beispiel 9 bzw. 11) entsprechend ihrer Position in der Hierarchie. Die Hierarchieordnungsnummer eines Knotens kann nach jeder Änderung der Hierarchiedaten eine andere sein. Daher ist sie als Schlüssel der CDS-Hierarchie nicht geeignet. In der hierarchy_tree_size werden die doppelt ausgegebenen Knoten beide mitgezählt.

Ausgabeknoten und semantische Knoten

Diese Verdopplung von Knoten führt zu der Frage: Was sind eigentlich Hierarchieknoten? Relativ einfach ist die Definition eines *Ausgabeknotens*, dies ist jede Ergebniszeile bei der Datenselektion durch einen SQL-Request von einer CDS-Hierarchie. Aus betriebswirtschaftlicher Sicht sind die Knoten die Mitarbeiter. Manchmal hat ein Mitarbeiter zwar auch mal zwei Vorgesetzte, aber dadurch wird er selbst nicht verdoppelt. Eine gute technische Definition erhält man über die Vaterassoziation der Hierarchiedatenquelle. Diese ordnet einem Knoten seinen Vater eindeutig zu. Daher können die Felder, die einen Vater eindeutig identifizieren, auch als Schlüssel für einen *semantischen Knoten* genutzt werden. Im Beispiel ist der Schlüssel das Feld `Employee`, und das entspricht dann auch unserem betriebswirtschaftlichen Verständnis.

12.3.7 Hierarchie mit Zyklen

Knotenzyklen

Als letztes Beispiel wollen wir eine Hierarchie mit einem Zyklus definieren. Ändern Sie dazu die Hierarchiedatenquelle `ZHP_EmployeeRelation` so ab, dass sie nur noch die Einträge aus Tabelle 12.7 liefert. Beachten Sie die geänderte Zuordnung des Vorgesetzten zu Mitarbeiter 0001. Die Berichtshierarchie enthält nun einen Zyklus: 0001 → 0006 → 0005 → 0001.

Employee	Manager
0001	0006
0002	0001
0003	0001
0004	0003
0005	0001
0006	0005
0007	0005
0008	0007

Tabelle 12.7 Beispieldaten für eine Hierarchie mit einem Zyklus

Für diese Hierarchiedatenquelle liefert die Ausgabe der ersten Hierarchie `ZHI_HierarchicalEmployee01` keine Daten, da die Startbedingung bei keiner Datenzeile zutrifft und verwaiste Knoten ignoriert werden. Unsere zweite Hierarchie `ZHI_HierarchicalEmployee02` führt dagegen zu einem Datenbankfehler bei der Verarbeitung der verwaisten Knoten im Zusammenhang mit dem Zyklus.

Verarbeitung von Zyklen

Der Hierarchieprozessor ist in der Lage, Zyklen aufzulösen, benötigt dafür aber einen definierten Einstieg, also die Angabe eines Wurzelknotens durch die Startbedingung und die Option `cycles breakup` in der Hierarchiedefinition. Listing 12.13 definiert eine geeignete Hierarchie.

```
define hierarchy ZHI_HierarchicalEmployee04
  as parent child hierarchy(
    source ZHI_EmployeeRelation
    child to parent association _Manager
    start where Employee = '0001'
    siblings order by Employee
    multiple parents allowed
    cycles breakup
  )
{ @ObjectModel.foreignKey.association: '_Employee'
  Employee,
  _Employee,
  Manager,
  _Manager
}
```

Listing 12.13 Definition einer CDS-Hierarchie mit Zyklen

Ende des Zyklus

Wenn Sie den ABAP-Ausgabereport auf die neue Hierarchie `ZHI_HierarchicalEmployee04` hin anpassen, liefert er das Ergebnis aus Abbildung 12.12. Sie sehen, dass unterhalb des Mitarbeiters 0006 ein weiterer Ausgabeknoten für den Mitarbeiter 0001 hinzugekommen ist. Dieser neue Ausgabeknoten bildet das Ende des Zyklus, daher hat bei ihm das Hierarchieattribut `hierarchy_is_cycle` den Wert 1 (hier in der Spalte **Cycle** zu erkennen).

	Employee	NodeID	ParentID	Lvl	TrSz	Rnk	PaRnk	Orph	Cycle
Anne	0001	0001	0006	1	9	1	0	0	0
Ben	0002	0002	0001	2	1	2	1	0	0
Carmen	0003	0003	0001	2	2	3	1	0	0
David	0004	0004	0003	3	1	4	3	0	0
Elisabeth	0005	0005	0001	2	5	5	1	0	0
Frank	0006	0006	0005	3	2	6	5	0	0
Anne	0001	0001	0006	4	1	7	6	0	1
Greta	0007	0007	0005	3	2	8	5	0	0
Harald	0008	0008	0007	4	1	9	8	0	0

Abbildung 12.12 Hierarchie mit Zyklus bei Mitarbeiter 0001

12.3.8 Weitere Optionen für die Definition von Hierarchien

Durch die bisherigen Beispiele haben Sie ein Grundverständnis für die CDS-Hierarchien und die Wirkungsweise des Hierarchieprozessors gewonnen. Bei der Definition von Hierarchien gibt es noch eine Reihe weiterer Optionen, die wir hier kurz vorstellen wollen:

- CDS-Hierarchien können genau wie CDS-Views Parameter haben. Gewöhnlich werden diese an Parameter der Hierarchiedatenquelle weitergereicht und bestimmen, welche Daten die Quelle liefert. Sie können damit das Datenvolumen einschränken und die Verarbeitungszeit des Hierarchieprozessors verkürzen.
- Die Option `directory ... filter by ...` gibt an, wie ein Konsument der Hierarchie ein Hierarchieverzeichnis nutzen soll. Der Schlüssel einer ausgewählten Zeile des Hierarchieverzeichnisses wird über Parameter an die CDS-Hierarchie übergeben.
- Mit dem Sprachelement `period from ... to ... valid from ... to ...` steuern Sie die Verarbeitung zeitabhängiger hierarchischer Beziehungen. Da diese Hierarchien meist nicht strikt sind, sind die Fähigkeiten des Hierarchieprozessors für deren Verarbeitung entscheidend.
- Die Option `depth` begrenzt den Aufbau der Hierarchie auf eine vorgegebene Anzahl von Stufen unterhalb der Wurzelknoten.
- Wenn eine Hierarchie Knoten mit unterschiedlichen betriebswirtschaftlichen Bedeutungen enthält, z. B. Projekte, Aufgaben und zugeordnete Mitarbeiter, können Sie die unterschiedlichen Knoten in Ihrer Datenquelle durch ein Feld für den Knotentyp kennzeichnen. Mit der Option `nodetype` können Sie dieses Feld für Konsumenten transparent machen.
- Mithilfe der Optionen `load` und `cache` können Sie die Verarbeitung Ihrer Hierarchie optimieren.
- Und schließlich können Sie durch die Option `generate spantree` die Verarbeitung von Hierarchien mit mehreren Vätern steuern. Ist diese Option angegeben, entfällt die Vervielfachung von Knoten mit mehreren Vätern. Sie werden nur einmal als Ausgabeknoten aufgenommen, und zwar dort, wo Ihr Pfad ausgehend vom Wurzelknoten am kürzesten ist.

Weiterführende Informationen zu den CDS-Hierarchieoptionen

Die neuesten Informationen zu den weiteren Optionen finden Sie in der SAP-Dokumentation zu CDS-Hierarchien für die SAP BTP, ABAP Edition, unter: *http://s-prs.de/v9214016*.

12.3.9 CDS-Hierarchien in ABAP SQL

Hierarchien in ABAP SQL

Über die ABAP-SQL-Schnittstelle können Sie Daten von CDS-Hierarchien inklusive der Hierarchieattribute selektieren. Darüber hinaus bietet ABAP SQL einige mächtige *Navigationsfunktionen* für Hierarchien, mit denen Abkömmlinge, Vorfahren oder Geschwister ermittelt oder für hierarchische Aggregationen genutzt werden können. Sie können in ABAP SQL sogar eine Hierarchie definieren und wie eine vordefinierte Hierarchie verwenden. In diesem Abschnitt zeigen wir diese Funktionen an zwei Beispielen: Bestimmung von Abkömmlingen und hierarchische Aggregation einer Kennzahl.

[»]

Weiterführende Informationen zu den Hierarchienavigationsfunktionen in ABAP SQL

Die komplette Dokumentation der Hierarchienavigationsfunktionen in ABAP SQL finden Sie unter: *http://s-prs.de/v9214017.*

Beispiel: Abkömmlinge

Als Erstes wollen wir alle Abkömmlinge eines Knotens, d. h. seine Kinder, Kindeskinder usw., bestimmen. Dazu verwenden wir die Hierarchienavigationsfunktion `HIERARCHY_DESCENDANTS`, wie in Listing 12.14 gezeigt.

```
REPORT zh_employee_hier_descendants.
SELECT FROM HIERARCHY_DESCENDANTS(
    SOURCE  zhi_hierarchicalemployee01
    START WHERE employee = '0005'
  )
  FIELDS
    employee,
    \_employee-employeename,
    node_id, parent_id, hierarchy_level,
    hierarchy_tree_size, hierarchy_rank
  ORDER BY hierarchy_rank
  INTO TABLE @DATA(gt_desc).
cl_demo_output=>write_data( gt_desc ).
cl_demo_output=>display( ).
```

Listing 12.14 Hierarchienavigation zur Bestimmung von Abkömmlingen

Die Ausgabe des Reports ist in Tabelle 12.8 dargestellt. Es handelt sich um eine Teilmenge der Ausgabeknoten der Hierarchie mit unveränderten Hierarchieattributen.

EMPLOYEE	EMPLOYEENAME	NODE_ID	PARENT_ID	HIERARCHY_ LEVEL	HIERARCHY_ TREE_SIZE	HIERARCHY_ RANK
0005	Elisabeth	0005	0001	2	4	5
0006	Frank	0006	0005	3	1	6
0007	Greta	0007	0005	3	2	7
0008	Harald	0008	0007	4	1	8

Tabelle 12.8 Durch eine Navigationsfunktion ermittelte Abkömmlinge

Neben der Selektion von Abkömmlingen gibt es ähnliche Navigationsfunktionen für die Geschwister (HIERARCHY_SIBLINGS) und für die Vorfahren (HIERARCHY_ANCESTORS).

Beispiel: Hierarchische Aggregation

Im zweiten Beispiel wollen wir Kennzahlen hierarchisch aggregieren. Dazu verwenden wir das Vollzeitäquivalent eines Mitarbeiters als Kennzahl und eine Navigationsfunktion, bei der die Navigation mit einer Aggregation kombiniert wird. Listing 12.15 zeigt ein Beispiel mit einer Aggregation über alle Abkömmlinge.

```
REPORT zh_hier_descendants_aggregate.
SELECT FROM HIERARCHY_DESCENDANTS_AGGREGATE(
    SOURCE zhi_hierarchicalemployee01 AS h
    JOIN   zhi_employee AS t ON h~employee = t~employee
    MEASURES SUM( t~FullTimeEquivalent )
               AS AggFullTimeEquivalent
  )
  FIELDS
    employee, \_employee-employeename,
    \_employee-parttimepercent,
    AggFullTimeEquivalent
  INTO TABLE @DATA(gt_aggr).
cl_demo_output=>write_data( gt_aggr ).
cl_demo_output=>display( ).
```

Listing 12.15 Navigationsfunktion mit hierarchischer Aggregation

Achten Sie darauf, die Datenquelle für die Vaterbeziehungen wieder auf den Stand von Tabelle 12.3 zu bringen, bevor Sie den Report ausführen. Das Ergebnis dieses Reports sehen Sie in einer hierarchisch aufbereiteten Form in Abbildung 12.13. Zu jedem Knoten wird die Summe der Vollzeitäquivalente seiner Abkömmlinge, einschließlich des Knotens selbst, angegeben. Die Navigationsfunktion ermittelt diese Werte in einer optimierten Weise und bietet mehrere Optionen.

	Employee	Part-time	Agg. FTE
Anne	1	100,00	7,20
Ben	2	80,00	0,80
Carmen	3	100,00	2,00
David	4	100,00	1,00
Elisabeth	5	100,00	3,40
Frank	6	60,00	0,60
Greta	7	100,00	1,80
Harald	8	80,00	0,80
Isabell	9	90,00	2,40
Jon	10	100,00	1,00
Kim	11	50,00	0,50

Abbildung 12.13 Ergebnis einer hierarchischen Aggregation über die Abkömmlinge

12.3.10 OData Service für CDS-Hierarchien

Hierarchischer OData-Service

Ab dem Hauptrelease des Jahres 2023 unterstützt das ABAP RESTful Application Programming Model (siehe Kapitel 11, »Modellierung transaktionaler Anwendungen«) das Exponieren von CDS-Hierarchien durch *hierarchische OData-Services* der OData-Version 4. Dies ermöglicht die Anzeige einer Hierarchie in der SAP-Fiori-Benutzeroberfläche mithilfe des SAP-Fiori-Controls *Tree Table*. Für das Jahr 2024 ist auch das Draft-basierte Ändern einer Hierarchie über OData geplant.

In diesem Abschnitt zeigen wir, wie Sie hierfür eine geeignete Hierarchie, ein Projektionsmodell, eine zugehörige Servicedefinition und ein Service-Binding definieren.

Strikte Hierarchie

Für die Verwendung in einem OData-Service muss die CDS-Hierarchie strikt sein. Achten Sie daher darauf, für die Hierarchiedatenquelle `ZHI_EmployeeRelation` wieder die Vaterbeziehungen aus Tabelle 12.3 zu nutzen. Damit definieren Sie eine schlanke CDS-Hierarchie `ZHI_HierarchicalEmployee05`, die keine weiteren Felder oder Assoziationen projiziert (siehe Listing 12.16).

```
define hierarchy ZHI_HierarchicalEmployee05
  as parent child hierarchy(
    source ZHI_EmployeeRelation
```

```
    child to parent association _Manager
    start where       Manager is initial
    siblings order by Employee
  )
{
  key Employee,
      Manager
}
```

Listing 12.16 Schlanke CDS-Hierarchie für einen hierarchischen OData-Service

Projektionsmodell

Für eine gute Performance ist es vorteilhaft, wenn die Hierarchiedefinition keine überflüssigen Daten enthält. Im Projektionsmodell können Sie zusätzliche Informationen aufnehmen. Definieren Sie dieses auf der Hierarchiedatenquelle `ZHI_EmployeeRelation`, wie in Listing 12.17 gezeigt.

```
@OData.hierarchy.recursiveHierarchy:
  [{ entity.name: 'ZHI_HIERARCHICALEMPLOYEE05' }]
define root view entity ZHC_HierarchicalEmployee
  provider contract transactional_query
  as projection on ZHI_EmployeeRelation
{ key Employee,
      _Employee,
      Manager,
      _Manager : redirected to ZHC_HierarchicalEmployee,
      _Employee.EmployeeName,
      _Employee.PartTimePercent
}
```

Listing 12.17 CDS-Projektionsmodell für hierarchischen OData-Service

Servicedefinition und Binding

Eine dazu passende Servicedefinition `ZHUI_HIERARCHICALEMPLOYEE` sehen Sie in Listing 12.18.

```
define service ZHUI_HIERARCHICALEMPLOYEE {
  expose ZHC_HierarchicalEmployee as HierarchicalEmployee;
}
```

Listing 12.18 Servicedefinition für hierarchischen OData-Service

Definieren Sie nun ein Service-Binding `ZHUI_HIEREMPLOYEE_V4` mit dem Binding-Type **OData V4 – UI** zur Servicedefinition gemäß Abbildung 12.14 und publizieren Sie den lokalen Serviceendpunkt.

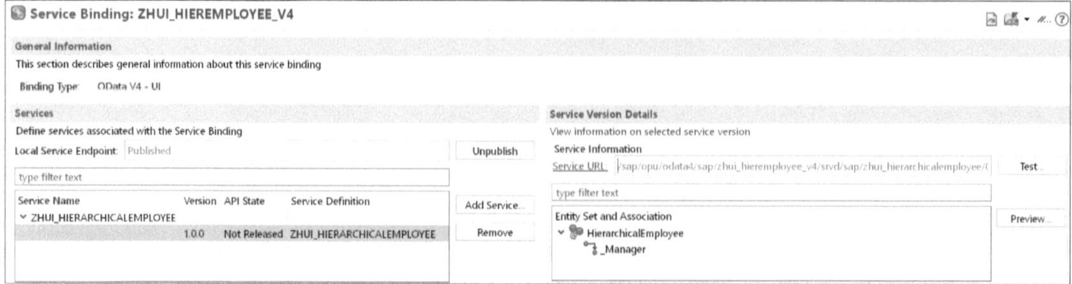

Abbildung 12.14 Service-Binding für hierarchischen OData-Service

Den hiermit definierten OData-Service können Sie wie gewohnt verwenden und auch im Preview die Knoten der Hierarchie in einer einfachen Liste anzeigen.

Hierarchische OData-Services

Dieser Service unterstützt aber auch hierarchische OData-Requests, wie in der OASIS- Spezifikation *OData Extension for Data Aggregation Version 4.0* definiert (siehe Section 5.5.2 von *http://s-prs.de/v9214018*). Hierarchische Requests werden von UI-Controls wie Tree Table verwendet, um Daten zusammen mit Hierarchieinformationen zu lesen und hierarchisch anzuzeigen.

Metadaten des Service

Die Metadaten des Service können Sie, z. B. im SAP-Gateway-Client (SAP-GUI-Transaktion /IWFND/GW_CLIENT), durch folgenden Request anzeigen:

```
/sap/opu/odata4/sap/zhui_hieremployee_v4/srvd/sap/zhui_
hierarchicalemployee/0001/$metadata
```

Der Annotation zum Term `SAP__hierarchy.RecursiveHierarchy` in diesen Metadaten können Sie wichtige Informationen entnehmen:

- der Qualifier, durch den die Hierarchie identifiziert wird, in unserem Beispiel durch `ZHI_HierarchicalEmployee05`
- die Property, durch die ein Knoten in der Hierarchie identifiziert wird, im Beispiel `__HierarchyPropertiesForZHI_HierarchicalEmployee05/NodeId`
- Properties, die die hierarchischen Attribute eines Hierarchieknotens im OData-Service enthalten. Im Beispiel wird etwa die Anzahl der Abkömmlinge eines Knotens durch die Property `__HierarchyPropertiesForZHI_HierarchicalEmployee05/DescendantCount` angegeben.

Aufruf des Service

Einen hierarchischen OData-Request können Sie auch manuell ausführen, z. B. durch den Request aus Listing 12.19.

```
/sap/opu/odata4/sap/zhui_hieremployee_v4/srvd/sap/zhui_
hierarchicalemployee/0001/HierarchicalEmployee?
$apply=com.sap.vocabularies.Hierarchy.v1.TopLevels(
  HierarchyNodes=$root/HierarchicalEmployee,
  HierarchyQualifier='ZHI_HierarchicalEmployee05',
  NodeProperty=
'__HierarchyPropertiesForZHI_HierarchicalEmployee05/NodeId',
  Levels=2)
```

Listing 12.19 Auruf eines hierarchischen OData-Service

Die Hierarchie wird dabei durch eine Funktion angefragt, im Beispiel durch die Funktion `TopLevels`. Sie hat folgende Parameter:

- `HierarchyNodes`: die Menge der Hierarchieknoten, im Beispiel die Knoten des CDS-Projektionsviews `ZHC_HierarchicalEmployee`, der über den Alias `HierarchicalEmployee` verwendet wird
- `HierarchyQualifier`: die relevante CDS-Hierarchie, hier `ZHI_HierarchicalEmployee05`
- `NodeProperty`: OData-Property, die einen Hierarchieknoten eindeutig identifiziert
- `Levels`: Hierarchiestufe, bis zu der alle Knoten selektiert werden sollen

Resultat

Listing 12.20 zeigt zwei Knoten aus dem Resultat des OData-Request. Beachten Sie die Properties, die für eine hierarchische Darstellung benötigt werden.

```
{
  "Employee" : "1",
  "Manager" : "0",
  "EmployeeName" : "Anne",
  "PartTimePercent" : 100.00,
  "__HierarchyPropertiesForZHI_HierarchicalEmployee05" : {
    "NodeId" : "0001",
    "DescendantCount" : 7,
    "LimitedDescendantCount" : 3,
    "DrillState" : "expanded",
    "DistanceFromRoot" : 0
  }
},
{
  "Employee" : "2",
  "Manager" : "1",
  "EmployeeName" : "Ben",
```

```
    "PartTimePercent" : 80.00,
    "__HierarchyPropertiesForZHI_HierarchicalEmployee05" : {
      "NodeId" : "0002",
      "DescendantCount" : 0,
      "LimitedDescendantCount" : 0,
      "DrillState" : "leaf",
      "DistanceFromRoot" : 1
    }
  }, ...
```

Listing 12.20 Resultate des hierarchischen OData-Request

Anzeige von Knoten

Die Properties NodeId, DescendantCount und DistanceFromRoot kennen Sie schon. Die anderen beiden werden spezifisch für den hierarchischen OData-Request ermittelt. Property DrillState gibt an, wie ein Hierarchieknoten in der Benutzeroberfläche angezeigt werden soll: aufgeklappt (expanded), zugeklappt (collapsed) oder als Blatt (leaf). Dies richtet sich danach, ob der Knoten überhaupt Kinder hat (Blatt) und ob diese in der Ergebnismenge des Request enthalten sind (aufgeklappt) oder nicht (zugeklappt).

Auch die Property LimitedDescendantCount richtet sich nach der Ergebnismenge des Request und gibt die Zahl der Abkömmlinge des Knotens an, die in der Ergebnismenge enthalten sind.

Tree Table

Abbildung 12.15 zeigt die Hierarchie aus unserem Beispiel im SAP-Fiori-UI-Control Tree Table.

Employee	Employee Name	Part-Time Percentage	
⌄ 1	Anne	100.00	›
2	Ben	80.00	›
› 3	Carmen	100.00	›
⌄ 5	Elisabeth	100.00	›
6	Frank	60.00	›
› 7	Greta	100.00	›
› 9	Isabell	90.00	›

Abbildung 12.15 Anzeige der Hierarchie in einem UI-Control Tree Table

Kapitel 13
CDS-basierte Suchfunktionen

Das Spektrum der Suchfunktionen reicht von einfachen Eingabehilfen für Felder bis hin zu komplexen Auswertungen zum Auffinden relevanter Informationen im unternehmensweiten Datenbestand und darüber hinaus. In diesem Kapitel erläutern wir Ihnen die von CDS unterstützten Suchfunktionen.

Überblick über das Kapitel

Dieses Kapitel bietet Ihnen eine Einführung in die Modellierung von CDS-basierten Wertehilfen und Freitextsuchen in OData-Services, die von der SADL-Infrastruktur (Service Adaption Description Language) implementiert werden. Selbst implementierte OData-Services sowie OData-Services, die auf analytischen Queries (annotiert mit `@Analytics.query:true` oder deklariert mit dem CDS-Provider-Kontrakt `ANALYTICAL_QUERY`) basieren, werden in diesem Kapitel nicht behandelt.

Analytische Queries

Die CDS-basierte Wertehilfe-Unterstützung für Filtervariablen (`@Consumption.filter...`) einer analytischen Query leitet sich primär aus den in ihrer Datenquelle modellierten Fremdschlüsselbeziehungen (`@ObjectModel.foreignKey.association...`) ab. Die CDS-Parameter einer analytischen Query können Sie darüber hinaus über die Annotation `@Consumption.valueHelpDefinition...` mit einer dedizierten Wertehilfe ausstatten. Analytische Queries unterstützen keine Freitextsuchen. Darüber hinaus unterstützt die analytische Infrastruktur lediglich eine Wertehilfe pro Filtervariable, wohingegen SADL die Zuordnung mehrerer Wertehilfen an ein einzelnes CDS-Feld bzw. OData-Property erlaubt.

Abseits der SADL-basierten Funktionen in OData-Services stellen wir Ihnen auch die Enterprise-Search-Funktionalität vor.

Wertehilfen

Wertehilfen werden CDS-seitig über dedizierte Wertehilfe-Annotationen modelliert. In Abschnitt 13.1, »Wertehilfen«, lernen Sie die wesentlichen Möglichkeiten der Wertehilfe-Modellierung kennen.

Freitext-Suchfunktionen

Freitext-Suchfunktionen erlauben es Ihnen, einen Suchbegriff in mehreren Feldern der Datenquellen gleichzeitig zu suchen. Die Datensätze können Sie dabei nicht nur mit exakt formulierten Filterbedingungen, sondern auch mit unscharfen Selektionskriterien auffinden (*Fuzzy-Suche*). Sie erfahren in Abschnitt 13.2, »Freitext-Suchfunktionen in OData-Services«, wie Sie die Freitext-Suchfunktionalität in Ihren CDS-basierten OData-Services modellieren können.

Enterprise-Search-Modelle

Enterprise-Search-Modelle erlauben es Ihren Anwendern, komplexe Suchanfragen auszuführen, deren Ergebnisse als Ausgangspunkt für den Einstieg in Ihre weiterführenden Anwendungen genutzt werden können. In Abschnitt 13.3, »Enterprise-Search-Funktion«, erläutern wir Ihnen, wie Sie derartige Modelle implementieren und adaptieren können.

13.1 Wertehilfen

In diesem Abschnitt möchten wir Ihnen anhand eines Beispiels verschiedene Modellierungsaspekte der CDS-basierten Wertehilfen erläutern. Das Beispiel umfasst mehrere CDS-Modelle, eine Servicedefinition und ein Service-Binding sowie einen daraus generierten OData-Service.

Aufbau des Abschnitts

Sie lernen zunächst in Abschnitt 13.1.1, »Elementare Wertehilfen modellieren«, wie Sie Wertehilfe-CDS-Views definieren können. Abschnitt 13.1.2, »Wertehilfen in CDS-Modelle integrieren«, zeigt Ihnen, wie Sie Wertehilfen in die CDS-Modelle einbringen können, die diese Wertehilfen später exponieren sollen. In Abschnitt 13.1.3, »Sammelsuchhilfen modellieren«, erfahren Sie, wie Sie mehrere Wertehilfen zwecks Wiederverwendung zusammenfassen können. Danach erfahren Sie in Abschnitt 13.1.4, »Wertehilfen in OData-Services exponieren«, wie Sie Ihre OData-Services mit CDS-basierten Wertehilfen anreichern können. Abschließend lernen Sie in Abschnitt 13.1.5, »Wertehilfen verwenden«, wie sich die Wertehilfe-Informationen in den Metadaten Ihrer OData-Services niederschlagen und wie diese in Ihren UI-Anwendungen genutzt werden.

13.1.1 Elementare Wertehilfen modellieren

Beispiel: Erster Wertehilfe-CDS-View

Unsere Beispielapplikation soll Wertehilfen auf Basis zweier CDS-Views anbieten, um ein komplexeres Szenario abzubilden. Der CDS-View `Z_ValueHelpViewA` aus Listing 13.1 bildet die Grundlage für die erste Wertehilfe.

```
@ObjectModel.supportedCapabilities: [#VALUE_HELP_PROVIDER]
@ObjectModel.dataCategory: #VALUE_HELP
@ObjectModel.representativeKey: 'FieldA1'
@Metadata.ignorePropagatedAnnotations: true
define view entity Z_ValueHelpViewA
  as select distinct from t000
{
      @EndUserText.label: 'Field A1'
  key 'A1_1' as FieldA1,
      @Consumption.valueHelpDefinition: [{
        entity : {name : 'Z_ValueHelpViewB',
                  element : 'FieldB1'} }]
      @EndUserText.label: 'Field A2'
      'B1_1' as FieldA2
} union select distinct from t000
{
  key 'A1_2' as FieldA1,
      'B1_1' as FieldA2
} union select distinct from t000
{
  key 'A1_3' as FieldA1,
      'B1_3' as FieldA2
}
```

Listing 13.1 Wertehilfe-CDS-View »Z_ValueHelpViewA«

Analyse des Beispiels

Dieser View Z_ValueHelpView**A** liefert drei Datensätze, wie Tabelle 13.1 zeigt.

CDS-View	FieldA1	FieldA2	FieldB1	FieldB2	FieldB3
Z_ValueHelp-View**A**	»A1_1«	»B1_1«	–	–	–
	»A1_2«	»B1_1«	–	–	–
	»A1_3«	»B1_3«	–	–	–
Z_ValueHelp-View**B**	–	–	»B1_1«	»B2_1«	»B3_1«
	–	–	»B1_2«	»B2_2«	»B3_2«
	–	–	»B1_3«	»B2_3«	»B3_3«

Tabelle 13.1 Datensätze der Wertehilfe-Views

Klassifizierung der Wertehilfe-CDS-Views

Die Annotation @ObjectModel.dataCategory:#VALUE_HELP bzw. die Annotation @ObjectModel.supportedCapabilities:[#VALUE_HELP_PROVIDER] drückt die Rolle des Views als Wertehilfe-Lieferant aus. Über die Annotation @ObjectModel. representativeKey... wird das Schlüsselfeld angegeben, für das die Wertehilfe genutzt werden soll. Im vorliegenden Fall ist dies das Feld FieldA1. Die genannten Annotationen dienen lediglich der Klassifizierung des CDS-Modells. Sie haben keine funktionale Auswirkung im Kontext der Wertehilfen.

Spezialisierte Wertehilfe-CDS-Views nutzen

Um eine optimierte Wertehilfe-Unterstützung für den Anwender anbieten zu können, sollten Sie spezialisierte Wertehilfe-CDS-Views definieren. In der SAP-Standardauslieferung sind derartige CDS-Views am Namenssuffix »ValueHelp« oder kurz »VH« zu erkennen.

Wertehilfen schachteln

Über die Annotation @Consumption.valueHelpDefinition... in Listing 13.1 wird der CDS-View Z_ValueHelpView**B** als Wertehilfe in den Wertehilfe-CDS-View Z_ValueHelpView**A** für dessen Feld FieldA2 eingebunden. Ferner wird das lokale CDS-View-Feld FieldA2 mit dem Feld FieldB1 des zweiten Wertehilfe-Views Z_ValueHelpView**B** verknüpft. Damit entsteht eine geschachtelte Wertehilfe, bei der ein Benutzer innerhalb einer Wertehilfe eine weitere Wertehilfe-Unterstützung aufrufen kann.

[»]

Wertehilfe-Annotationen

Sie sollten Wertehilfen in CDS-Entitäten stets über die Annotation @Consumption.**valueHelpDefinition...** modellieren.

Die Annotation @Consumption.**valueHelp...** ist veraltet und sollte aufgrund funktionaler Einschränkungen nicht mehr verwendet werden.

Beispiel: Zweiter Wertehilfe-CDS-View

Die Definition des bereits angesprochenen zweiten Wertehilfe-CDS-Views Z_ValueHelpView**B** finden Sie in Listing 13.2.

```
@ObjectModel.supportedCapabilities: [#VALUE_HELP_PROVIDER]
@ObjectModel.dataCategory: #VALUE_HELP
@ObjectModel.representativeKey: 'FieldB1'
@Metadata.ignorePropagatedAnnotations: true
define view entity Z_ValueHelpViewB
  as select distinct from t000
{
      @EndUserText.label: 'Field B1'
      @Consumption.valueHelpDefault.binding.usage: #FILTER_AND_RESULT
```

```
  key 'B1_1' as FieldB1,
      @EndUserText.label: 'Field B2'
      @Consumption.valueHelpDefault.display: true
      'B2_1' as FieldB2,
      'B3_1' as FieldB3
} union select distinct from t000
{
  key 'B1_2' as FieldB1,
      'B2_2' as FieldB2,
      'B3_2' as FieldB3
} union select distinct from t000
{
  key 'B1_3' as FieldB1,
      'B2_3' as FieldB2,
      'B3_3' as FieldB3
}
```

Listing 13.2 Wertehilfe-CDS-View »Z_ValueHelpViewB«

Analyse des Beispiels

Der CDS-View `Z_ValueHelpViewB` liefert insgesamt drei Datensätze gemäß Tabelle 13.1. Er ist ähnlich wie der CDS-View `Z_ValueHelpViewA` aus Listing 13.1 als Wertehilfe klassifiziert. Zusätzlich spezifiziert er einige Standardeigenschaften für seine Einbindung als Wertehilfe, die wir Ihnen im Folgenden kurz erläutern möchten.

Standard-Feldverknüpfungen

Die Annotation `@Consumption.valueHelpDefault.binding.usage: #FILTER_AND_RESULT` legt fest, dass das damit annotierte Feld `FieldB1` sowohl zur Filterung der Werteliste als auch zum Rücktransfer des Werts des selektieren Wertelisteneintrags genutzt werden soll. Durch diese Deklaration können Sie den Wertehilfe-CDS-View `Z_ValueHelpViewB` einbinden, ohne dass Sie dabei Quell- und Zielfelder der beteiligten CDS-Modelle explizit miteinander verknüpfen müssen. Die Voraussetzung dafür ist jedoch, dass beide Felder gleich benannt sind, d. h., dass das Quellfeld auch `FieldB1` heißt.

Standard-Anzeigeattribute

Typischerweise werden ungebundene Felder der Wertehilfe-CDS-Views als Anzeigeattribute interpretiert. Falls Sie dies nicht wünschen, können Sie die Felder, die Sie als Anzeigeattribute nutzen wollen, mit der Annotation `@Consumption.valueHelpDefault.display:true` ausstatten. Die übrigen ungebundenen Felder werden dann innerhalb der Wertehilfe unterdrückt.

In unserem Beispiel ist lediglich das Feld `FieldB2` entsprechend annotiert. Infolgedessen wird dieses angezeigt, wohingegen das nicht annotierte Feld `FieldB3` im Wertehilfe-Dialog nicht erscheint.

13.1.2 Wertehilfen in CDS-Modelle integrieren

In diesem Abschnitt demonstrieren wir Ihnen, wie Sie Wertehilfe-CDS-Views in andere CDS-Views integrieren können, um Ihre Anwender dabei zu unterstützen, Filterbedingungen für eine nachgelagerte Datenselektion von diesen CDS-Views zu spezifizieren oder Daten über Eingabehilfen zu pflegen.

Beispiel: CDS-View, der als Datenquelle dient

Der CDS-View Z_ViewWithValueHelps**A** aus Listing 13.3 dient in unserem Beispiel als Datenquelle.

```
@Metadata.ignorePropagatedAnnotations: true
define view entity Z_ViewWithValueHelpsA
  as select distinct from t000
{
  key 'K1' as KeyField,
      'A1_1' as FieldA,
      'B1_1' as FieldB
} union select distinct from t000
{
  key 'K2' as KeyField,
      'A1_3' as FieldA,
      'B1_3' as FieldB
} union select distinct from t000
{
  key 'K3' as KeyField,
      'A1_3' as FieldA,
      'B1_3' as FieldB
}
```

Listing 13.3 Datenquelle für den CDS-View, der Wertehilfen integriert

Analyse des Beispiels

Der CDS-View Z_ViewWithValueHelps**A** definiert drei Datensätze. Darin sind die Werte seines Felds FieldA Teil der Werteliste des Felds FieldA1 des Wertehilfe-CDS-Views Z_ValueHelpView**A** aus Listing 13.1. Ebenso sind die Werte seines Felds FieldB in der Werteliste des Felds FieldB1 des Wertehilfe-CDS-Views Z_ValueHelpView**B** aus Listing 13.2 enthalten (siehe auch Tabelle 13.1).

Beispiel: CDS-View mit Wertehilfen

Der CDS-View Z_ViewWithValueHelps**B** aus Listing 13.4 nutzt den CDS-View Z_ViewWithValueHelps**A** als Datenquelle. Er exponiert die zuvor diskutierten Wertehilfen.

```
@Metadata.ignorePropagatedAnnotations: true
define view entity Z_ViewWithValueHelpsB
  as select from Z_ViewWithValueHelpsA
  association [0..1] to Z_ValueHelpViewA as _ValueHelpViewA
```

```
    on $projection.FieldA3 = _ValueHelpViewA.FieldA1
{
      @UI.lineItem: [{importance: #HIGH}]
  key KeyField,
      @UI.lineItem: [{importance: #HIGH}]
      @UI.selectionField: [{position:1}]
      @Consumption.valueHelpDefinition: [{
        entity : {name    : 'Z_ValueHelpViewA',
                  element : 'FieldA1'} }]
      FieldA,
      @UI.lineItem: [{importance: #HIGH}]
      @UI.selectionField: [{position:2}]
      @Consumption.valueHelpDefinition: [{
        association : '_ValueHelpViewA'}]
      FieldA as FieldA3,
      @UI.lineItem: [{importance: #HIGH}]
      @UI.selectionField: [{position:3}]
      @Consumption.valueHelpDefinition: [{
        entity : {name    : 'Z_ValueHelpViewA',
                  element : 'FieldA1'},
        additionalBinding: [{ localElement : 'FieldB1',
                              element      : 'FieldA2',
                              usage        : #RESULT }]}]
      FieldA as FieldA4,
      @UI.lineItem: [{importance: #HIGH}]
      @UI.selectionField: [{position:4}]
      @Consumption.valueHelpDefinition: [{
        entity : {name : 'Z_ValueHelpViewB' }}]
      FieldB as FieldB1,
      _ValueHelpViewA
}
```

Listing 13.4 CDS-View mit Wertehilfen

Analyse des Beispiels

Die Wertehilfen `Z_ValueHelpViewA` aus Listing 13.1 und `Z_ValueHelpViewB` aus Listing 13.2 werden dabei in diesen Verwender-CDS-View unterschiedlich eingebettet.

Wertehilfe des Felds »FieldA«

Für das lokale Feld `FieldA` wird die Wertehilfe-Unterstützung durch einen direkten Bezug zum CDS-View `Z_ValueHelpViewA` über die Annotation `@Consumption.valueHelpDefinition.entity.name` aufgebaut. Über die Annotation `@Consumption.valueHelpDefinition.entity.element` wird darüber hinaus das annotierte Feld `FieldA` mit dem Feld `FieldA1` der Wertehilfe verknüpft.

Wertehilfe des Felds »FieldB1«

Das Feld FieldB1 ist ähnlich annotiert wie das Feld FieldA. Ihm ist der Wertehilfe-CDS-View Z_ValueHelpViewB zugeordnet. Allerdings fehlt in diesem Fall eine explizite Verknüpfung des lokalen Felds FieldB1 mit dem korrespondierenden Feld des Wertehilfe-CDS-Views.

Diese Modellierung ist möglich, da der referenzierte Wertehilfe-CDS-View Z_ValueHelpViewB eine Standardverknüpfung für dessen eigenes Feld FieldB1 definiert (siehe auch Listing 13.2). Sie sollten jedoch beachten, dass Sie, wenn Sie das von der Datenquelle übernommene Feld FieldB nicht in den lokalen Feldnamen FieldB1 umbenannt hätten, eine explizite Verknüpfung der Felder analog zum Feld FieldA hätten definieren müssen.

Wertehilfe des Felds »FieldA4«

Auch das lokale Feld FieldA4 nutzt den Wertehilfe-CDS-View Z_ValueHelpViewA. Anders als beim lokalen Feld FieldA wird hier jedoch noch eine zusätzliche Verknüpfung des lokalen Felds FieldB1 mit dem Feld FieldA2 des Wertehilfe-CDS-Views über die Annotation @Consumption.valueHelpDefinition.additionalBinding... realisiert. Dabei wird der Abbildungstyp als #RESULT festgelegt. Dieser Typ legt fest, dass der entsprechende Feldwert des selektierten Eintrags der Wertehilfe in das lokale Feld FieldB1 übertragen werden soll.

Wertehilfe des Felds »FieldA3«

Die Wertehilfe für das lokale Feld FieldA3 wird über die Annotation @Consumption.valueHelpDefinition.association... mithilfe der Assoziation _ValueHelpViewA zum Wertehilfe-CDS-View Z_ValueHelpViewA definiert. Die Verknüpfung der Felder leitet sich in diesem Fall aus der On-Bedingung der Assoziationsdefinition ab. Das heißt, dass das lokale Feld FieldA3 gegen das Feld FieldA1 des Wertehilfe-CDS-Views gebunden ist.

[»]

Verwendung von assoziierten Wertehilfen

Assoziierte CDS-Views sollten nur dann als Wertehilfen in Services über die Annotation @Consumption.valueHelpDefinition.**association**... eingebunden werden, wenn sie gleichzeitig auch anderen Zwecken dienen als bloße Wertehilfen. In OData-UI-Servicedefinitionen müssen Sie die Ziel-CDS-Views explizit exponieren, damit diese als Wertehilfen interpretiert werden.

Generell empfehlen wir Ihnen, auf den Einsatz assoziierter Wertehilfen zu verzichten. Stattdessen sollten Sie Wertehilfen stets über die Annotation @Consumption.valueHelpDefinition.**entity**... einbinden.

UI-Layout

Der CDS-View Z_ViewWithValueHelpsB ist ergänzend zu seinen Wertehilfe-Annotationen mit einigen weiteren, das UI steuernden Annotationen versehen. Diese sorgen dafür, dass die annotierten Felder sowohl als Filterkriterien @UI.selectionField... als auch als Spalten in der Ergebnisliste einer

Selektionsanfrage @UI.lineItem... in SAP-Fiori-Elements-basierten UIs dargestellt werden.

13.1.3 Sammelsuchhilfen modellieren

Motivation

Sie können das Feld eines CDS-Modells prinzipiell nicht nur mit einer einzigen, sondern mit einer Vielzahl von Wertehilfen ausstatten. Dazu erfassen Sie die entsprechenden Wertehilfen in der Array-artigen Annotation @Consumption.valueHelpDefinition. Wird eine Wertehilfe-Unterstützung angefordert, kann der Anwender eine der annotierten Wertehilfen auswählen, um darüber Werte zu selektieren. Wenn Sie diesem Ansatz folgen, müssen Sie die entsprechenden Wertehilfe-Einbindungen für das gleiche Feld in unterschiedlichen CDS-Modellen potenziell an zahlreichen Stellen wiederholen. Sie können die Definition der Wertehilfe-Anbindungen jedoch auch auslagern und ein einziges Mal als wiederverwendbare *Sammelsuchhilfe* erfassen. Dies fördert die Konsistenz und kann gleichzeitig die Pflege Ihrer CDS-Modelle erleichtern.

Beispiel: Sammelsuchhilfe definieren

Eine Sammelsuchhilfe wird technisch als abstrakte CDS-Entität modelliert. Darin wird ein Feld über die Annotation @ObjectModel.collectiveValueHelp.for.element ausgezeichnet, für das die Sammelsuchhilfe Wertehilfen definiert. In Listing 13.5 wird das Feld FieldD1 entsprechend referenziert.

```
@ObjectModel.supportedCapabilities: [#COLLECTIVE_VALUE_HELP]
@ObjectModel.collectiveValueHelp.for.element: 'FieldD1'
define abstract entity Z_CollectiveValueHelp
{
  @Consumption.valueHelpDefinition:[
    {entity:{name:'Z_ValueHelpViewA',element:'FieldA1'}},
    {entity:{name:'Z_ValueHelpViewC',element:'FieldC1'}}]
  key FieldD1 : abap.char(4);
}
```

Listing 13.5 Sammelsuchhilfe

Analyse des Beispiels

Über die Annotation @Consumption.valueHelpDefinition... werden diesem Feld sowohl der Wertehilfe-CDS-View Z_ValueHelpView**A** aus Listing 13.1 zugeordnet und mit dessen Feld FieldA1 verknüpft als auch der Wertehilfe-CDS-View Z_ValueHelpView**C** aus Listing 13.6 zugeordnet und mit dessen Feld FieldC1 verknüpft.

Sie können auch weitere Felder in Ihre Sammelsuchhilfe integrieren, um damit weitere Verknüpfungen mit den eingebetteten Wertehilfen über die

Annotation @Consumption.valueHelpDefinition.additionalBinding... zu realisieren.

```
@ObjectModel.supportedCapabilities: [#VALUE_HELP_PROVIDER]
@ObjectModel.dataCategory: #VALUE_HELP
@ObjectModel.representativeKey: 'FieldC1'
@Metadata.ignorePropagatedAnnotations: true
define view entity Z_ValueHelpViewC
  as select distinct from t000
{
  key 'A1_1' as FieldC1
} union select distinct from t000
{
  key 'A1_4' as FieldC1
}
```

Listing 13.6 Wertehilfe-CDS-View »Z_ValueHelpViewC«

Sammelsuchhilfe integrieren

Sammelsuchhilfen können Sie wie gewöhnliche Wertehilfe-CDS-Views in andere CDS-Modelle integrieren, die Sie über SADL-basierte OData-Services exponieren. Sie können indes eine Sammelsuchhilfe nicht direkt in die Wertehilfe-Definition einer anderen Sammelsuchhilfe nutzen. Das heißt, Sie können Sammelsuchhilfen nicht ineinander schachteln.

Beispiel: Sammelsuchhilfe verwenden

Listing 13.7 demonstriert Ihnen die Nutzung der zuvor diskutierten Sammelsuchhilfe aus Listing 13.5 als Wertehilfe für das lokale Feld FieldA.

```
@Metadata.ignorePropagatedAnnotations: true
define view entity Z_ViewWithCollectiveValueHelps
  as select from Z_ViewWithValueHelpsA
{
  key KeyField,
  @Consumption.valueHelpDefinition:[{entity:
    {name:'Z_CollectiveValueHelp',element:'FieldD1'}}]
  FieldA,
  @Consumption.valueHelpDefinition:[
    {entity:{name:'Z_ValueHelpViewA',element:'FieldA1'}},
    {entity:{name:'Z_ValueHelpViewC',element:'FieldC1'}}]
  FieldA as FieldA2
}
```

Listing 13.7 CDS-View mit Sammelsuchhilfeunterstützung

Analyse des Beispiels

Dieses Feld ist über seine Annotation @Consumption.valueHelpDefinition.entity.element an das Feld FieldD1 der Sammelsuchhilfe gekoppelt, das wiederum auf die Felder FieldA1 bzw. FieldC1 der darin referenzierten Wertehilfe-CDS-Views Z_ValueHelpView**A** bzw. Z_ValueHelpView**C** abgebildet wird.

Bei der Ableitung der Metadaten des OData-Service werden diese mittelbaren Verknüpfungen von der SADL-Infrastruktur kondensiert. Im Ergebnis wird das Feld FieldA direkt mit den Wertehilfen und deren Feldern verknüpft. Dies entspricht inhaltlich der expliziten Annotation des Felds FieldA2 mit den entsprechenden Wertehilfen gemäß Listing 13.7.

[«]

Verwendung von Sammelsuchhilfen

Sammelsuchhilfen stellen durch ihre Wiederverwendungsmöglichkeit sowie ihre impliziten Verknüpfungen erhöhte Anforderungen an die konsistente Modellierung Ihrer CDS-Modelle. Da Sie zudem lediglich von der SADL-Infrastruktur unterstützt werden, sollten Sie den Einsatz gezielt abwägen.

13

13.1.4 Wertehilfen in OData-Services exponieren

Sie können Wertehilfen in OData-Services mit dem Service-Binding-Typ »UI« exponieren.

Beispiel: UI-Servicedefinition

In unserem Fall wollen wir ein derartiges Service-Binding auf Basis der Servicedefinition ZUI_ServiceWithValueHelps aus Listing 13.8 definieren.

```
define service ZUI_ServiceWithValueHelps {
  expose Z_ViewWithValueHelpsB;
  expose Z_ValueHelpViewA;
}
```

Listing 13.8 Servicedefinition

Analyse des Beispiels

Darin wird der CDS-View Z_ViewWithValueHelps**B** mit annotierten Wertehilfen als Hauptentität exponiert. Zusätzlich wird auch der assoziierte CDS-View Z_ValueHelpView**A** als Wertehilfe für das Feld FieldA3 exponiert.

Beispiel: UI-Service-Binding

Diese Servicedefinition wollen wir nun ihrerseits über ein gleichnamiges Service-Binding als UI-Service auf Basis der Version 4.0 des OData-Protokolls exponieren. Wie Sie ein derartiges Service-Binding anlegen können, ist in Abschnitt 6.3.1, »OData-UI-Services«, beschrieben.

Abbildung 13.1 zeigt das UI-Service-Binding nach der erfolgreichen Publikation des OData-Service. Darin finden Sie die exponierten CDS-Modelle sowie deren Assoziation.

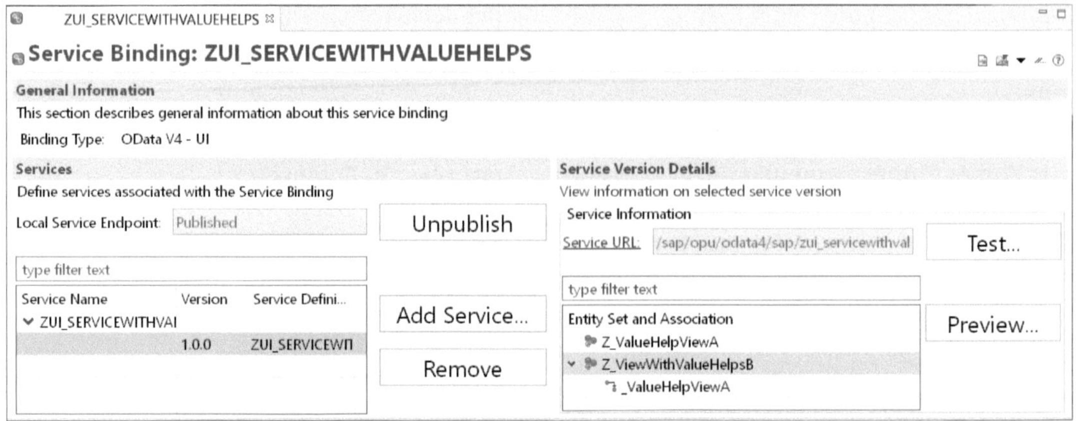

Abbildung 13.1 UI-Service-Binding vom Typ OData V4

[»]

Auswirkungen der Service-Binding-Typen

Sowohl der Verwendungstyp als auch die Protokollversion der Service-Bindings haben einen Einfluss auf die Wertehilfen der daraus abgeleiteten Services: OData-API-Services exponieren keine Wertehilfen, wohingegen OData-UI-Services dies tun. Wenn Sie die OData-Protokollversion 2.0 nutzen, werden Wertehilfe-Entitäten dem Service selbst direkt hinzugefügt. Im Falle eines OData-V4-Service werden indes dedizierte Wertehilfe-Services erzeugt, die dann von den OData-Properties des Haupt-OData-Service referenziert werden.

13.1.5 Wertehilfen verwenden

Wir möchten uns nun die Auswirkungen der zuvor vorgestellten Modellinformationen im Detail ansehen. Dazu betrachten wir zunächst die Metadaten des publizierten OData-Service. Im Anschluss wenden wir uns der Wirkweise der modellierten Wertehilfen in SAP-Fiori-Elements-basierten UIs zu.

OData-Metadata der Wertehilfen

Öffnen Sie das Metadatendokument Ihres zuvor generierten OData-Service. Rufen Sie dazu die Service-URL des OData-Service auf, die Sie in dem Feld **Service URL** der ADT-Sicht des Service-Bindings aus Abbildung 13.1 finden. Fügen Sie an diese URL die Endung */$metadata* an.

OData-Entity-Sets

Unser OData-Service umfasst zwei Entity-Sets. Dies erkennen Sie einerseits im entsprechenden Überblick im Editor des Service-Bindings (siehe Abbildung 13.1), andererseits finden Sie diese Information in den Metadaten des OData-Service. Listing 13.9 zeigt den entsprechenden Auszug aus den OData-Metadaten.

```
...
<EntityContainer ...>
  <EntitySet Name="Z_ValueHelpViewA"
    EntityType="...Z_ValueHelpViewAType".../>
  <EntitySet Name="Z_ViewWithValueHelpsB"
    EntityType="... Z_ViewWithValueHelpsBType".../>
  ...
</EntityContainer>
...
```

Listing 13.9 Auszug aus den Metadaten des OData-Service: Entity-Sets und zugehörige Typen

OData-Wertehilfe-Referenzen

Fokussieren wir uns nun auf das Haupt-OData-Entity-Set Z_ViewWithValueHelpsB. Seine OData-Property FieldA besitzt eine Wertehilfe-Unterstützung. Diese Unterstützung wird über seine OData-Annotation <Annotation Term="SAP__common.**ValueListReferences**">, die sich im Extrakt der OData-Metadaten aus Listing 13.10 findet, erfasst.

```
...
<Annotations Target="SAP__self.Z_ViewWithValueHelpsBType/FieldA">
   <Annotation Term="SAP__common.ValueListReferences">
      <Collection>
         <String>../../../../srvd_f4/sap/z_valuehelpviewa/0001;ps=
'srvd-zui_servicewithvaluehelps-0001';va='com.sap.gateway.srvd.zui_
servicewithvaluehelps.v0001.et-z_viewwithvaluehelpsb.fielda'/
$metadata</String>
      </Collection>
   </Annotation>
</Annotations>
<Annotations Target="SAP__self.Z_ViewWithValueHelpsBType/FieldA3">
   <Annotation Term="SAP__common.ValueListReferences">
      <Collection>
         <String>../../../../srvd_f4/sap/z_valuehelpviewa/0001;ps=
'srvd-zui_servicewithvaluehelps-0001';va='com.sap.gateway.srvd.zui_
servicewithvaluehelps.v0001.et-z_viewwithvaluehelpsb.fielda3'/
$metadata</String>
      </Collection>
   </Annotation>
</Annotations>
<Annotations Target="SAP__self.Z_ViewWithValueHelpsBType/FieldA4">
```

```
    <Annotation Term="SAP__common.ValueListReferences">
        <Collection>
            <String>../../../../srvd_f4/sap/z_valuehelpviewa/0001;ps=
'srvd-zui_servicewithvaluehelps-0001';va='com.sap.gateway.srvd.zui_
servicewithvaluehelps.v0001.et-z_viewwithvaluehelpsb.fielda4'/
$metadata</String>
        </Collection>
    </Annotation>
</Annotations>
<Annotations Target="SAP__self.Z_ViewWithValueHelpsBType/FieldB1">
    <Annotation Term="SAP__common.ValueListReferences">
        <Collection>
            <String>../../../../srvd_f4/sap/z_valuehelpviewb/0001;ps=
'srvd-zui_servicewithvaluehelps-0001';va='com.sap.gateway.srvd.zui_
servicewithvaluehelps.v0001.et-z_viewwithvaluehelpsb.fieldb1'/
$metadata</String>
        </Collection>
    </Annotation>
</Annotations>
...
```

Listing 13.10 Auszug aus den Metadaten des OData-Service: Wertehilfe-Referenzen

OData-Wertehilfe-Services

Die OData-Annotation verweist dabei auf einen dedizierten Wertehilfe-Service:

```
../../../../srvd_f4/sap/z_valuehelpviewa/0001;ps='srvd-zui_
servicewithvaluehelps-0001';va='com.sap.gateway.srvd.zui_
servicewithvaluehelps.v0001.et-z_viewwithvaluehelpsb.fielda'/
$metadata
```

Dieser Service leitet sich aus dem Wertehilfe-CDS-View `Z_ValueHelpViewA` ab und wird speziell für das damit annotierte OData-Property `FieldA` generiert. Analog werden auch die OData-Properties `FieldA3`, `FieldA4` und `FieldB1` mit jeweils eigenen Wertehilfe-Services ausgestattet.

OData-Wertehilfe-Service der OData-Property »FieldA«

Der Wertehilfe-Service der OData-Property `FieldA` exponiert seinerseits zwei OData-Entity-Sets. Dies illustriert Listing 13.11.

```
<EntityContainer Name="Container">
    <EntitySet Name="Z_ValueHelpViewA"
              EntityType="....Z_ValueHelpViewAType"/>
```

```
   <EntitySet Name="Z_ValueHelpViewB"
              EntityType="....Z_ValueHelpViewBType"/>
</EntityContainer>
```

Listing 13.11 Auszug aus den OData-Metadaten: OData-Entity-Sets des Wertehilfe-Service der OData-Property »FieldA«

OData-Wertehilfe-Service: OData-Entity-Sets

Das OData-Entity-Set Z_ValueHelpViewA repräsentiert die Wertehilfe des damit direkt annotierten Felds FieldA des CDS-Views Z_ViewWithValueHelpsB aus Listing 13.4. Das OData-Entity-Set Z_ValueHelpViewB leitet sich aus der Wertehilfe des Felds FieldA2 des Wertehilfe-CDS-Views Z_ValueHelpViewA aus Listing 13.1 ab.

OData-Wertehilfe-Service: Verknüpfungen der OData-Properties

In den OData-Metadaten des Wertehilfe-Service finden Sie weiterhin Informationen zu den intendierten Verknüpfungen bei einer Nutzung der Wertehilfe-Funktion. Die entsprechenden Abbildungsvorschriften werden über die OData-Annotation <Annotation Term="SAP__common.**ValueListMapping**">... erfasst. Listing 13.12 illustriert Ihnen die Nutzung dieser OData-Annotationen in einem Auszug der OData-Metatendaten des Wertehilfe-Service.

13

```
<Annotations Target="SAP__ParentService.Z_ViewWithValueHelpsBType/
FieldA">
   <Annotation Term="SAP__common.ValueListMapping">
      <Record>
         <PropertyValue Property="Label" String="Value Help View"/>
         <PropertyValue Property="CollectionPath"
                        String="Z_ValueHelpViewA"/>
         <PropertyValue Property="Parameters">
            <Collection>
               <Record Type="SAP__common.ValueListParameterInOut">
                  <PropertyValue Property="LocalDataProperty"
                                 PropertyPath="FieldA"/>
                  <PropertyValue Property="ValueListProperty"
                                 String="FieldA1"/>
               </Record>
               <Record Type="SAP__common
.ValueListParameterDisplayOnly">
                  <PropertyValue Property="ValueListProperty"
                                 String="FieldA2"/>
               </Record>
            </Collection>
         </PropertyValue>
```

```
    </Record>
  </Annotation>
</Annotations>
```

Listing 13.12 Wertehilfe-Unterstützung für die OData-Property »FieldA« des OData-Entity-Sets »Z_ViewWithValueHelpsB«

OData-Wertehilfe: gleichzeitige Ein- und Ausgabeparameter

Für die OData-Property FieldA des Haupt-OData-Entity-Sets Z_ViewWithValueHelpsB dient das OData-Entity-Set Z_ValueHelpViewA als Wertehilfe-Lieferant. In diesem Zusammenhang wird die lokale OData-Property FieldA gegen die Wertehilfe-OData-Property FieldA1 gebunden, indem ein entsprechender Wertehilfe-Parameter vom Typ eines gleichzeitigen Eingabe- sowie Rückgabeparameters (ValueListParameter**InOut**) spezifiziert wird.

Dieser Parametertyp drückt aus, dass ein Eingabewert des Benutzers für die OData-Property FieldA als Filter in die Wertehilfe Z_ValueHelpViewA einfließt. Er schränkt damit die dem Benutzer angebotene Werteliste ein.

Hat der Anwender einen Datensatz aus der Werteliste ausgewählt, soll des Weiteren der Wert der OData-Property FieldA1 als Ergebnis der Wertehilfe-Ausführung in die Quell-Property FieldA zurückgestellt werden. Der geschilderte Zusammenhang der beiden OData-Properties FieldA und FieldA1 wird automatisch aus der Wertehilfe-CDS-Annotation in Listing 13.4 abgeleitet.

OData-Wertehilfe: Anzeigeparameter

Neben der OData-Property FieldA1 findet sich im Wertehilfe-OData-Entity-Set noch die OData-Property FieldA2. Diese ungebundene OData-Property wird als reiner Anzeigeparameter (ValueListParameter**DisplayOnly**) genutzt.

Wertehilfen in OData-Wertehilfe-Services

Die OData-Metadaten des Wertehilfe-Service weisen selbst Verknüpfungsinformationen zu einer geschachtelten Wertehilfe für die OData-Property FieldA2 aus dem OData-Entity-Set Z_ValueHelpViewA aus. Listing 13.13 demonstriert die Verknüpfungen.

```
<Annotations Target="SAP__self.Z_ValueHelpViewAType/FieldA2">
  <Annotation Term="SAP__common.ValueListMapping">
    <Record>
      <PropertyValue Property="Label" String="Value Help View"/>
      <PropertyValue Property="CollectionPath"
                     String="Z_ValueHelpViewB"/>
      <PropertyValue Property="Parameters">
        <Collection>
          <Record Type="SAP__common.ValueListParameterInOut">
            <PropertyValue Property="LocalDataProperty"
                           PropertyPath="FieldA2"/>
            <PropertyValue Property="ValueListProperty"
```

```
                              String="FieldB1"/>
            </Record>
            <Record Type="SAP__common
.ValueListParameterDisplayOnly">
              <PropertyValue Property="ValueListProperty"
                              String="FieldB2"/>
            </Record>
          </Collection>
        </PropertyValue>
      </Record>
    </Annotation>
</Annotations>
```

Listing 13.13 Wertehilfe-Unterstützung für die OData-Property »FieldA2« des OData-Entity-Sets »Z_ValueHelpViewA«

Analyse der Wertehilfe-Unterstützung

Danach ist die OData-Property FieldA2 des Wertehilfe-OData-Entity-Sets Z_ValueHelpViewA mit der OData-Property FieldB1 des Wertehilfe-OData-Entity-Sets Z_ValueHelpViewB durch die Definition eines kombinierten Ein- und Rückgabeparameters (ValueListParameter**InOut**) verknüpft. Die OData-Property FieldB2 der integrierten Wertehilfe ist als reiner Anzeigeparameter (ValueListParameter**DisplayOnly**) spezifiziert.

Bitte beachten Sie, dass das Feld FieldB3 des CDS-Views Z_ValueHelpViewB aus Listing 13.2 nicht als weiterer Anzeigeparameter in die Wertehilfe-Definition einfließt. Das liegt daran, dass das Feld FieldB2 über die Annotation @Consumption.valueHelpDefault.display:true explizit als alleiniges Anzeigefeld festgelegt wurde. Durch Nutzung der Annotation wurde die implizite Standardlogik zur Bestimmung der Anzeigefelder übersteuert.

OData-Wertehilfe für die OData-Property »FieldA3«

Der Wertehilfe-Service der OData-Property FieldA3 ähnelt dem entsprechenden Service der OData-Property FieldA. Sie sollten sich jedoch vor Augen führen, dass, wenn Sie den Ziel-CDS-View Z_ValueHelpViewA der Assoziation _ValueHelpViewA des CDS-Views Z_ViewWithValueHelpsB aus Listing 13.4 nicht explizit in die Servicedefinition aus Listing 13.8 übernommen hätten, die OData-Property FieldA3 keine Wertehilfe-Unterstützung anbieten würde.

OData-Wertehilfe für die OData-Property »FieldA4«

Im Großen und Ganzen korrespondiert auch die Wertehilfe-Unterstützung für die OData-Property FieldA4 zu der der OData-Property FieldA. Allerdings können Sie Listing 13.14 entnehmen, dass die OData-Property FieldA2 des Wertehilfe-OData-Entity-Sets Z_ValueHelpViewA einen weiteren Verknüpfungstyp besitzt. Die Ursache dafür liegt in der in Listing 13.4 hinterlegten CDS-Annotation @Consumption.valueHelpDefinition.additionalBinding.usage: #RESULT.

```
<Annotations Target="SAP__ParentService.Z_ViewWithValueHelpsBType/
FieldA4">
   <Annotation Term="SAP__common.ValueListMapping">
      <Record>
         <PropertyValue Property="Label" String="Value Help View"/>
         <PropertyValue Property="CollectionPath"
                        String="Z_ValueHelpViewA"/>
         <PropertyValue Property="Parameters">
            <Collection>
               <Record Type="SAP__common.ValueListParameterInOut">
                  <PropertyValue Property="LocalDataProperty"
                                 PropertyPath="FieldA4"/>
                  <PropertyValue Property="ValueListProperty"
                                 String="FieldA1"/>
               </Record>
               <Record Type="SAP__common.ValueListParameterOut">
                  <PropertyValue Property="LocalDataProperty"
                                 PropertyPath="FieldB1"/>
                  <PropertyValue Property="ValueListProperty"
                                 String="FieldA2"/>
               </Record>
            </Collection>
         </PropertyValue>
      </Record>
   </Annotation>
</Annotations>
```

Listing 13.14 Wertehilfe-Unterstützung für die OData-Property »FieldA4« des OData-Entity-Sets »Z_ViewWithValueHelpsB«

Analyse der Wertehilfe-Unterstützung

Gemäß den OData-Metadaten aus Listing 13.14 ist die OData-Property `FieldA2` der Wertehilfe als Ausgabeparameter (`ValueListParameter`**`Out`**) definiert. Dieser ist mit der OData-Property `FieldB1` des OData-Entity-Sets `Z_ViewWithValueHelpsB`, das die Wertehilfe konsumiert, verknüpft. Mit anderen Worten soll im Rahmen der Wertehilfe-Ausführung der Wert der OData-Property `FieldA2` des selektierten Wertehilfe-Datensatzes in die lokale OData-Property `FieldB1` übertragen werden.

OData-Wertehilfe-Service für die OData-Property »FieldB1«

Der Wertehilfe-Service der OData-Property `FieldB1` umfasst ein einzelnes OData-Entity-Set `Z_ValueHelpViewB`. Listing 13.15 zeigt den entsprechenden Auszug aus den OData-Metadaten des Service.

```
...
<EntityContainer Name="Container">
   <EntitySet Name="Z_ValueHelpViewB"
              EntityType="....Z_ValueHelpViewBType"/>
</EntityContainer>
...
```

Listing 13.15 Auszug aus den OData-Metadaten: OData-Entity-Set des Wertehilfe-Service der OData-Property »FieldB1«

OData-Wertehilfe für die OData-Property »FieldB1«

Die zugehörigen Verknüpfungsinformationen für die Wertehilfe-Einbindung präsentiert Listing 13.16.

```
<Annotations Target="SAP__ParentService.Z_ViewWithValueHelpsBType/
FieldB1">
   <Annotation Term="SAP__common.ValueListMapping">
      <Record>
         <PropertyValue Property="Label" String="Value Help View"/>
         <PropertyValue Property="CollectionPath"
                        String="Z_ValueHelpViewB"/>
         <PropertyValue Property="Parameters">
            <Collection>
               <Record Type="SAP__common.ValueListParameterInOut">
                  <PropertyValue Property="LocalDataProperty"
                                 PropertyPath="FieldB1"/>
                  <PropertyValue Property="ValueListProperty"
                                 String="FieldB1"/>
               </Record>

               <Record Type="SAP__common
.ValueListParameterDisplayOnly">
                  <PropertyValue Property="ValueListProperty"
                                 String="FieldB2"/>
               </Record>
            </Collection>
         </PropertyValue>
      </Record>
   </Annotation>
</Annotations>
```

Listing 13.16 Wertehilfe-Unterstützung für die OData-Property »FieldB1« des OData-Entity-Sets »Z_ViewWithValueHelpsB«

Analyse der Wertehilfe-Unterstützung

Die lokale OData-Property `FieldB1` ist darin mit der gleichnamigen OData-Property `FieldB1` der Wertehilfe über einen kombinierten Ein- und Ausgabeparameter (`ValueListParameter`**`InOut`**) verknüpft. Diese Verknüpfung resultiert aus der im CDS-View `Z_ValueHelpViewB` aus Listing 13.2 annotierten Standardeinstellung `@Consumption.valueHelpDefault.binding.usage: #FILTER_AND_RESULT` des Felds `FieldB1`. Bitte beachten Sie, dass bei ungleichen Namen der CDS-Felder bzw. OData-Properties die Wertehilfe-Einbindung des Felds `FieldB1` im CDS-View `Z_ViewWithValueHelpsB` aus Listing 13.4 unvollständig wäre.

Wie bereits zuvor erläutert, wird auch innerhalb dieser Wertehilfe-Einbindung lediglich die OData-Property `FieldB2` des Wertehilfe-OData-Entity-Sets `Z_ValueHelpViewB` aufgrund ihrer expliziten Annotation `@Consumption.valueHelpDefault.display:true.` als Anzeigeparameter interpretiert (`ValueListParameter`**`DisplayOnly`**).

Wertehilfen in UI-Anwendungen

Verwender der OData-Services

Die Konsumenten der OData-Services sind angehalten, die in deren Metadaten enthaltenen Wertehilfe-Annotationen auszuwerten und darauf aufbauend eine Wertehilfe-Unterstützung für den Anwender zur Verfügung zu stellen. Diese Annotationen werden z. B. in den über SAP Fiori Elements erzeugten UI-Applikationen unterstützt. Diese Art der Verwendung wollen wir im Folgenden näher erörtern. Dabei werden wir insbesondere die verschiedenen Ausprägungen der Wertehilfe-Parameter als Eingabe-, Rückgabe- und Anzeigewerte verdeutlichen.

»Preview«-Funktionalität

Selektieren Sie zunächst das Entity-Set `Z_ViewWithValueHelpsB` im ADT-Editor des Service-Bindings `ZUI_SERVICEWITHVALUEHELPS`. Starten Sie anschließend die Vorschaufunktion (**Preview**). Es öffnet sich die in Abbildung 13.2 dargestellte SAP-Fiori-Beispielanwendung.

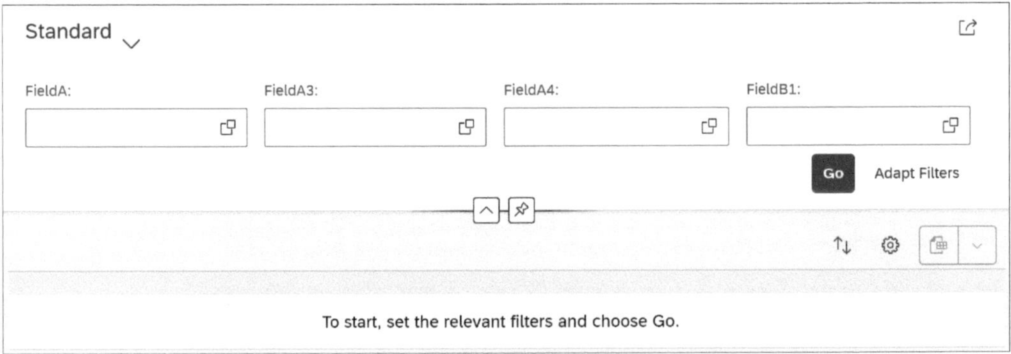

Abbildung 13.2 UI-Vorschau unmittelbar nach deren Aufruf

Wertehilfe für das Filterfeld »FieldA« nutzen

Um die Anwendung und das Verhalten des zugrunde liegenden Service zu testen, können Sie nun beispielsweise die Wertehilfe des Filterfelds `FieldA` durch einen Klick auf das Icon ⧉ aufrufen. Daraufhin öffnet sich der Wertehilfe-Dialog aus Abbildung 13.3.

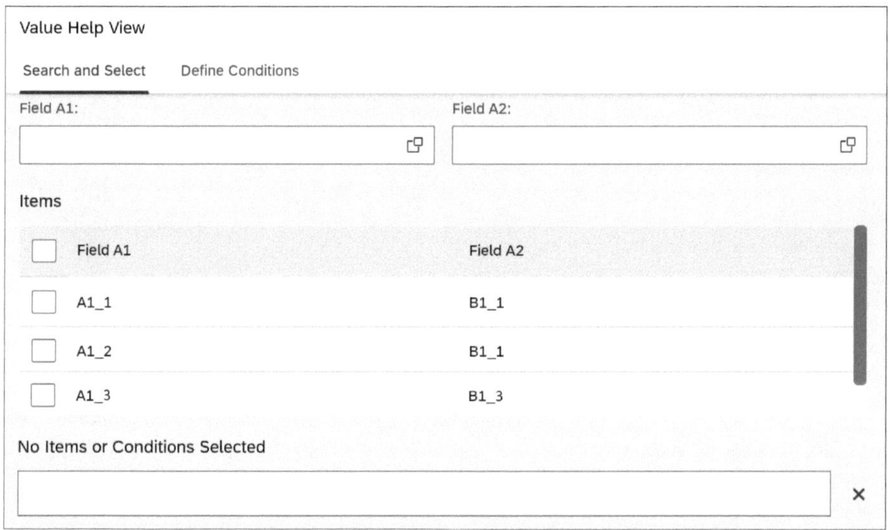

Abbildung 13.3 Wertehilfe des Filterfelds »FieldA« unmittelbar nach deren Aufruf

Die dargestellte Werteliste umfasst die in Tabelle 13.1 aufgeführten Datensätze aus unserem Wertehilfe-CDS-View `Z_ValueHelpViewA` aus Listing 13.1. Dabei werden beide Spalten **Field A1** und **Field A2** mit ihren zugehörigen Werten anzeigt.

Geschachtelte Wertehilfe aufrufen

Die OData-Property `FieldA2` des Wertehilfe-Service bietet eine eigene Wertehilfe-Unterstützung. Sie können diese aufrufen, indem Sie das Icon ⧉ des Filterfelds **Field A2** aus Abbildung 13.3 anklicken.

Daraufhin erscheint ein neuer Wertehilfe-Dialog. Selektieren Sie darin den ersten Eintrag entsprechend Abbildung 13.4.

Datenselektion in der geschachtelten Wertehilfe

Drücken Sie nun die **OK**-Taste. Damit wird der zuvor selektierte Wert »B1_1« des Felds **Field B1** in das zugeordnete Filterfeld **Field A2** des ersten Wertehilfe-Dialogs transferiert und reduziert darin die Liste der auswählbaren Einträge (siehe Abbildung 13.5).

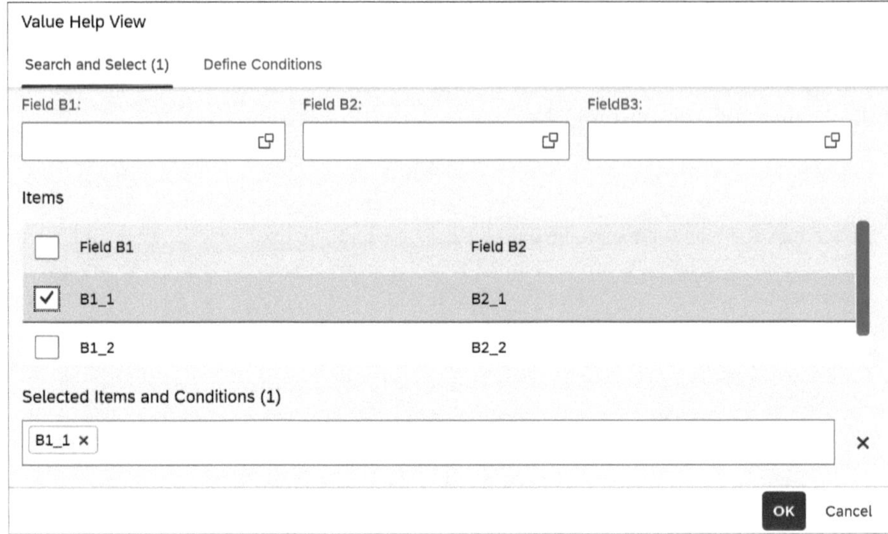

Abbildung 13.4 Wertehilfe des Filterfelds »FieldA2« nach der Auswahl des ersten Eintrags der Werteliste

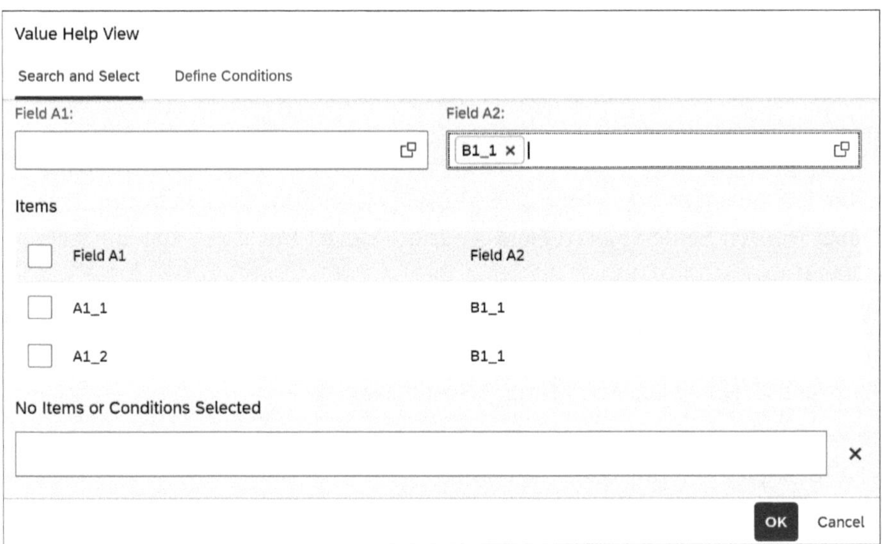

Abbildung 13.5 Wertehilfe des Filterfelds »FieldA« nach dem Ausführen der geschachtelten Wertehilfe

Datenselektion in der Wertehilfe

Wählen Sie nun erneut den ersten Eintrag in der dargestellten Werteliste aus, wie in Abbildung 13.6 zu sehen.

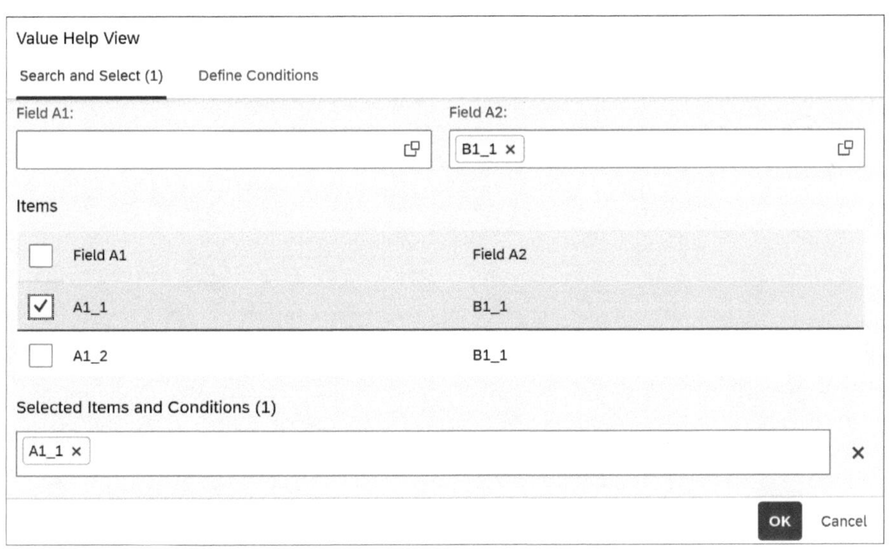

Abbildung 13.6 Wertehilfe des Filterfelds »FieldA« nach der Auswahl des ersten Eintrags der Werteliste

UI-Vorschau nach der Ausführung der Wertehilfen

Bestätigen Sie im Anschluss Ihre Auswahl durch Drücken der Taste **OK**. Damit wird der Wert »A1_1« des Wertehilfe-Felds **Field A1** an das Filterfeld **FieldA** der UI-Anwendung übertragen (siehe Abbildung 13.7).

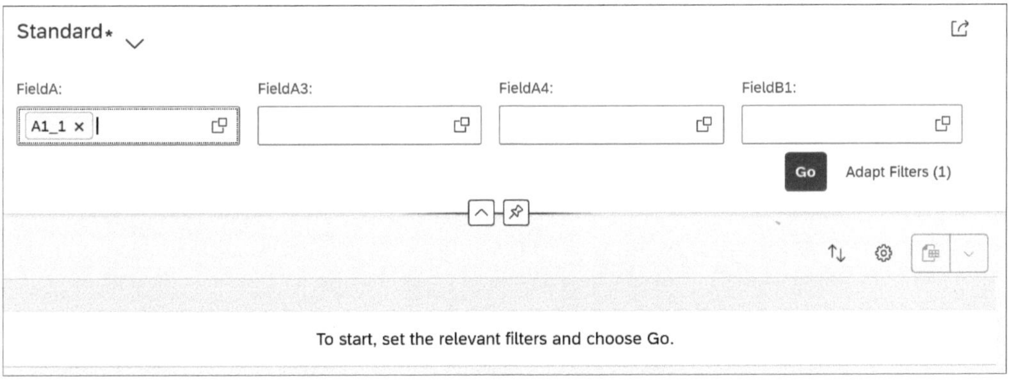

Abbildung 13.7 UI-Vorschau nach der Ausführung der Wertehilfe für das Filterfeld »FieldA«

Wertehilfe für das Filterfeld »FieldA4«

Führen Sie nun die Wertehilfe für das Filterfeld **FieldA4** in analoger Weise aus. Sie werden feststellen, dass dabei im Vergleich zur Ausführung der Wertehilfe für das Filterfeld **FieldA** nicht nur das Filterfeld **FieldA4** mit dem Wert »A1_1« belegt wird, sondern gleichzeitig auch das Filterfeld **FieldB1** den Wert »B1_1« aus dem selektierten Wertehilfe-Datensatz übernimmt (siehe Abbildung 13.8). Die Ursache für das beobachtete Verhalten liegt darin begründet, dass die OData-Property `FieldB1` als Rückgabeparameter im entsprechenden Wertehilfe-Service deklariert wurde (siehe Listing 13.14).

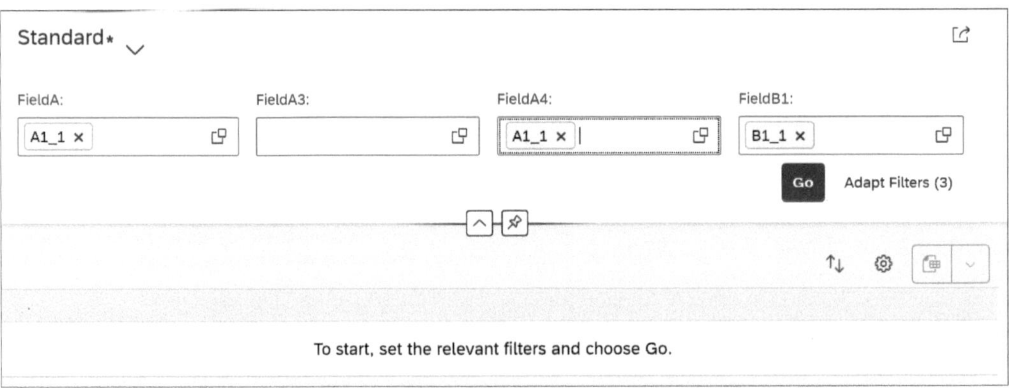

Abbildung 13.8 UI-Vorschau nach der Ausführung der Wertehilfe für das Filterfeld »FieldA4«

Wertehilfe für das Filterfeld »FieldB1«

Im letzten Schritt möchten wir die Wertehilfe für das Filterfeld **FieldB1** ausführen. Wie in Abbildung 13.9 demonstriert wird dabei der bereits erfasste Filterwert »B1_1« als Ein- und Rückgabeparameter in den Wertehilfe-Dialog übertragen.

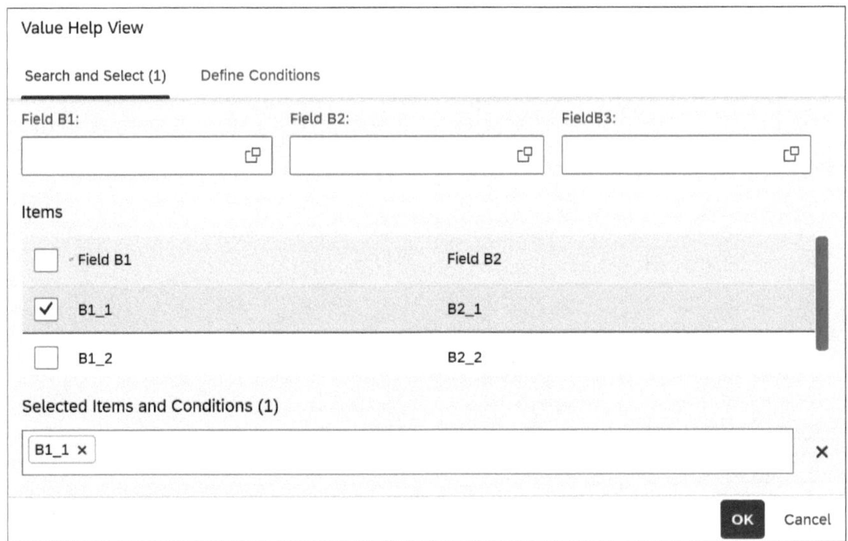

Abbildung 13.9 Wertehilfe-Dialog des Filterfelds »FieldB1« unmittelbar nach dem Aufruf der Wertehilfe

Damit haben Sie die grundlegenden Mechanismen der OData-Wertehilfen und ihrer Parameter kennengelernt.

13.2 Freitext-Suchfunktionen in OData-Services

Search-Annotationen

Sie können Ihre CDS-View-Modelle für die Bereitstellung von Freitext-Suchfunktionen mit den Annotationen der Domäne `Search` ausstatten.

Beispiel: CDS-View mit Search-Annotationen

Betrachten Sie dazu den CDS-View `Z_ViewWithSearchSupport` aus Listing 13.17 als Beispiel.

```
@Metadata.ignorePropagatedAnnotations: true
@Search.searchable: true
define view entity Z_ViewWithSearchSupport
  as select from ZI_SalesOrderItem
{
    @Search.defaultSearchElement: true
    @Search.fuzzinessThreshold: 0.4
    @Search.ranking: #HIGH
    key SalesOrder,
    @Search.defaultSearchElement: true
    @Search.fuzzinessThreshold: 0.7
    @Search.ranking: #HIGH
    key SalesOrderItem,
    @Search.defaultSearchElement: true
    @Search.fuzzinessThreshold: 1.0
    @Search.ranking: #MEDIUM
    Product,
    _Product.ProductType,
    @Semantics.quantity.unitOfMeasure: 'OrderQuantityUnit'
    OrderQuantity,
    OrderQuantityUnit
}
```

Listing 13.17 CDS-View mit Search-Annotationen

Analyse des Beispiels

Hierin finden Sie auf der Kopfebene die Annotation `@Search.searchable:true`. Sie zeichnet den CDS-View `Z_ViewWithSearchSupport` als Datenquelle einer Freitextsuche aus.

Suchfelder

Die Felder des CDS-Views, deren Werte im Rahmen einer Suchanfrage berücksichtigt werden sollen, kennzeichnen Sie durch die Annotation `@Search.defaultSearchElement:true`. Im vorliegenden Fall werden auf der Grundlage dieser Annotation die Felder `SalesOrder`, `SalesOrderItem` und `Product` als *Suchfelder* spezifiziert. Diese Felder werden aufgrund ihrer Auszeichnung in die Auswertelogik der Suchanfragen einbezogen, während z. B. das nicht entsprechend ausgezeichnete Feld `ProductType` keinen Einfluss auf die Findungslogik nimmt.

Verwendung assoziierter Suchfelder

Neben lokalen Suchfeldern können Sie in Ihre Suche auch Suchfelder assoziierter Suchmodelle integrieren. Dazu annotieren Sie die entsprechenden Assoziationen analog zu den Feldern mit `@Search.defaultSearchElement:true`.

Sie sollten sich allerdings vor Augen führen, dass die Inklusion assoziierter Suchmodelle unerwünschte Seiteneffekte nach sich ziehen sowie zu Performance- und Speicherproblemen führen kann. Dies gilt insbesondere dann, wenn Sie selbst nicht die Sucheigenschaften der assoziierten CDS-Modelle kontrollieren.

Weiterhin sollten Sie beachten, dass es neben den expliziten Aufnahmen assoziierter Suchmodelle auch eine implizite automatische Übernahme von suchbaren Texten in den Suchumfang durch die SADL-Infrastruktur gibt.

Unschärfeangabe

In der Regel sollen Suchbegriffe innerhalb einer Suchanfrage nicht nur exakt auf die Werte der Datenquelle abgebildet werden. Vielmehr soll eine gewisse Unschärfe bei der Suche zugelassen werden, um Werte, die dem Suchbegriff ähneln, in das Suchergebnis einzubeziehen. Diese Unschärfe können Sie mit der Annotation `@Search.fuzzinessThreshold...` an den relevanten Suchfeldern hinterlegen. Der zulässige Wertebereich dieser Unschärfeklassifizierung liegt zwischen »0« und »1«. Je höher der vorgegebene Wert liegt, desto genauer muss der Suchbegriff mit den verglichenen Werten der Datensätze übereinstimmen, um diese in die Ergebnisliste der Suche mit aufzunehmen.

Beispiel: Unschärfeangaben und deren Auswirkungen

In Listing 13.17 besitzt das Feld `SalesOrder` mit »0.4« den niedrigsten Wert, während das Feld `SalesOrderItem` mit »0.7« einen mittleren Wert und das Feld `Product` mit »1« den höchsten Wert für die Unschärfeangabe aufweist.

Um den Effekt dieser Einstellungen deutlich zu machen, betrachten wir die vier exemplarischen Datensätze aus Tabelle 13.2. Um Suchanfragen auf diese Datensätze nachstellen zu können, müssen diese in der Datenbanktabelle `ZSALESORDERITEM` persistiert werden.

Datensatz	SalesOrder	SalesOrderItem	Product	...
1	S1	000010	P1	...
2	S1	000020	P2	...

Tabelle 13.2 Daten der Datenbanktabelle »ZSALESORDERITEM« bzw. des CDS-Views »Z_ViewWithSearchSupport«

Datensatz	SalesOrder	SalesOrderItem	Product	...
3	S2	000010	P1	...
4	S2	000020	P3	...

Tabelle 13.2 Daten der Datenbanktabelle »ZSALESORDERITEM« bzw. des CDS-Views »Z_ViewWithSearchSupport« (Forts.)

Beispiel: OData-Service mit Suchfunktionalität anlegen

Um Suchanfragen ausführen zu können, müssen Sie den CDS-View Z_ViewWithSearchSupport aus Listing 13.17 als Entität eines OData-Service exponieren. Legen Sie dazu die Servicedefinition aus Listing 13.18 an.

```
define service ZUI_ServiceWithSrchSupport {
   expose Z_ViewWithSearchSupport;
}
```

Listing 13.18 Servicedefinition

Nutzen Sie diese Servicedefinition, um über ein gleichnamiges Service-Binding ZUI_SERVICEWITHSRCHSUPPORT einen UI-Service auf Basis des OData-Protokolls 4.0 zu generieren. Erstellen Sie das entsprechende Service-Binding. Aktivieren und publizieren Sie dann den Service.

Beispiel: OData-Metadaten des OData-Service analysieren

Fordern Sie im Anschluss die OData-Metadaten des Service an. Rufen Sie dazu die im Editor des Service-Bindings im Feld **Service URL** hinterlegte URL *.../sap/opu/odata4/sap/zui_servicewithsrchsupport/srvd/sap/zui_servicewithsrchsupport/0001* mit dem hinten angefügten Zusatz */$metadata* auf. In dem angefragten OData-Metadatendokument finden Sie das OData-Entity-Set Z_ViewWithSearchSupport, das aus dem gleichnamigen CDS-View Z_ViewWithSearchSupport abgeleitet wurde. Dieses OData-Entity-Set unterstützt eine Freitext-Suchfunktion. Aus diesem Grund ist es mit der OData-Property `<PropertyValue Property="Searchable" Bool="true"/>` ausgezeichnet.

Listing 13.19 zeigt den entsprechenden Ausschnitt aus den OData-Metadaten des OData-Service.

```
...
<EntityContainer Name="Container">
   <EntitySet Name="Z_ViewWithSearchSupport"
              EntityType="...Z_ViewWithSearchSupportType"/>
</EntityContainer>
...
<Annotations Target="SAP__self.Container/Z_ViewWithSearchSupport">
   <Annotation Term="SAP__capabilities.SearchRestrictions">
```

```
      <Record>
         <PropertyValue Property="Searchable" Bool="true"/>
         ...
      </Record>
   </Annotation>
   ...
</Annotations>
...
```

Listing 13.19 OData-Entity-Set mit Suchhilfe-Unterstützung

Überblick über verschiedene Suchanfragen

Wird über den erzeugten OData-Service eine Suchanfrage der Form *.../sap/opu/odata4/sap/zui_servicewithsrchsupport/srvd/sap/zui_servicewithsrchsupport/0001/Z_ViewWithSearchSupport?$search=<SearchTerm>*, abgesetzt, die das aus dem CDS-View `Z_ViewWithSearchSupport` aus Listing 13.17 abgeleitete OData-Entity-Set nutzt, so führt diese Anfrage in Abhängigkeit vom Suchbegriff »<SearchTerm>« zu den in Tabelle 13.3 dargestellten Ergebnissen.

Suchbegriff	Datensätze im Suchergebnis
S1	1, 2, 3, 4
S	1, 2, 3, 4
2	3, 4
P	–
P2	2
000010	1, 2, 3, 4

Tabelle 13.3 Ergebnisse der Suchanfrage (Datensätze aus Tabelle 13.2) in Abhängigkeit vom verwendeten Suchbegriff

Analyse der Suchergebnisse

Demnach liefert eine Suchanfrage mit dem Suchbegriff »S1« dieselben vier Datensätze wie eine Suchanfrage mit dem Suchbegriff »S«, obwohl »S1« nur exakt dem Feldwert zweier Datensätze entspricht. Eine Suche mit dem Suchbegriff »2« liefert hingegen nur die Datensätze drei und vier, die den Wert »S2« für das Feld `SalesOrder` beinhalten, obwohl auch der zweite Datensatz in den Werten der Felder `SalesOrderItem` und `Product` eine »2« enthält.

Wird die Anfrage mit dem Suchbegriff »P« durchgeführt, bleibt das Selektionsergebnis leer. Erst wenn mit »P2« der exakte Wert als Suchbegriff verwendet wird, wird der zweite Datensatz aufgrund einer genauen Übereinstimmung mit dem Wert des Felds `Product` ins Suchergebnis übernommen.

Die Suche nach dem Begriff »000010« liefert alle Datensätze zurück, obwohl bei einer exakten Suche nur die Datensätze eins und drei im Ergebnis erscheinen sollten.

Gewichtung der Suchergebnisse

Mit dem Ranking `@Search.ranking` geben Sie eine relative Gewichtung der Suchergebnisse für die einzelnen Felder vor, die in die Suche eingehen. Im vorliegenden Fall sollen Werte für die Felder `SalesOrder` und `SalesOrderItem`, die unter Berücksichtigung der zulässigen Unschärfe mit dem Suchbegriff übereinstimmen, höher gewichtet werden (`HIGH`) als die entsprechenden Werte des Felds `Product` (`MEDIUM`).

[«]

Verwendung von Search-Annotationen

Um nachvollziehbare und erwartungskonforme Ergebnisse bei Suchanfragen zu erhalten, müssen Sie die in die Suche eingehenden Felder und ihre Eigenschaften dem konkreten Anwendungsfall anpassen. Dies gilt speziell für die über die Search-Annotation `@Search.fuzzinessThreshold` definierte zulässige Unschärfe sowie für die Gewichtung der Suchergebnisse über die Annotation `@Search.ranking`. Diese können in der Regel erst in einem applikationsspezifischen CDS-View und nicht in einem zur Wiederverwendung vorgesehenen CDS-View sinnvoll definiert werden.

Contains-Funktion

Die Freitext-Suchfunktionalität basiert technisch auf der Contains-Funktion der SAP-HANA-Datenbank. Die SADL-Infrastruktur wendet diese Funktion unter Berücksichtigung der Search-Annotationen des CDS-Views bei einer Suchanfrage automatisch an.

Damit die Contains-Funktion auf den Suchfeldern eines CDS-Views prinzipiell angewandt werden kann, unterliegt die Implementierung des CDS-Views zahlreichen technischen Einschränkungen. So können berechnete Felder nicht in eine Contains-Abfrage eingebunden werden.

Würde beispielsweise das Feld `SalesOrderItem` in Listing 13.17 über eine Concat-Operation gemäß Listing 13.20 berechnet, würde die Suchfunktion nicht mehr zur Verfügung stehen. Stattdessen würde bei einer Suchanfrage ein Laufzeitfehler auftreten.

```
...
@Search.defaultSearchElement: true
@Search.fuzzinessThreshold: 0.7
```

```
@Search.ranking: #HIGH
key concat( SalesOrder, SalesOrderItem ) as SalesOrderItem,
...
```

Listing 13.20 Fehlende Unterstützung von Suchfeldern, deren Werte berechnet werden

[!]

Suchfunktion prüfen

Sie sollten insbesondere bei komplex aufgebauten CDS-View-Modellen überprüfen, ob eine Freitext-Suchhilfe tatsächlich angeboten werden kann. Konsultieren Sie dazu die Dokumentation der SAP-HANA-Funktion `CONTAINS` unter *https://s-prs.de/v9214019*, um weitere Informationen zu deren technischen Einschränkungen zu erhalten.

Sie können die entsprechenden Suchfunktionen Ihres OData-Service auch manuell testen. Alternativ können Sie testweise Contains-Abfragen unter Einbeziehung der entsprechenden Suchfelder direkt auf der SAP-HANA-Datenbank ausführen. Beachten Sie jedoch, dass derartige Tests, selbst wenn diese erfolgreich durchgeführt werden konnten, nur eine notwendige, aber keine hinreichende Voraussetzung für eine erfolgreiche Anwendung der Suchfunktionen darstellen, da das Auftreten von Laufzeitfehlern auch von der konkreten Datenkonstellation abhängen kann.

Laufzeitfehler vermeiden

Falls Laufzeitfehler nur für bestimmte Suchfelder auftreten, sollten Sie diese, wie in Listing 13.21 skizziert, durch das Entfernen oder Auskommentieren der Search-Annotationen aus dem Suchumfang entfernen.

Hilfsfelder zur Unterstützung der Suche

Um die gewünschte Suchfunktionalität dennoch realisieren zu können, können Sie die betroffenen Felder in manchen Fällen durch geeignete Hilfsfelder für die Suche ersetzen. Listing 13.21 zeigt ein Beispiel für ein solches Hilfsfeld `SalesOrderItemForSearch`. Dieses Hilfsfeld dupliziert das Basisfeld des durch eine Concat-Funktion berechneten Schlüsselfelds `SalesOrderItem`. Es trägt neben den erforderlichen Search-Annotationen auch die Annotation `@Consumption.hidden:true`. Diese Annotation bewirkt, dass das Feld nur als ABAP-internes Implementierungsdetail genutzt und nicht als OData-Property im generierten OData-Service exponiert wird.

```
...
    //@Search.defaultSearchElement: true
    //@Search.fuzzinessThreshold: 0.7
    //@Search.ranking: #HIGH
key concat( SalesOrder, SalesOrderItem ) as SalesOrderItem,
    @Search.defaultSearchElement: true
```

```
    @Search.fuzzinessThreshold: 0.7
    @Search.ranking: #HIGH
    @Consumption.hidden:true
    SalesOrderItem as SalesOrderItemForSearch,
...
```

Listing 13.21 Hilfsfeld »SalesOrderItemForSearch« zur Unterstützung der Suchfunktionalität

Sollte der CDS-View so implementiert worden sein, dass er grundsätzlich keine Suchfunktionen unterstützt, sollten Sie alle seine Search-Annotationen entfernen.

Beispiel: Wertehilfe mit Freitextsuche

Sie können auch eine Wertehilfe mit einer Freitext-Suchfunktion ausstatten. Reichern Sie dazu z. B. den CDS-View `Z_ValueHelpViewB` aus Listing 13.2 mit Search-Annotationen entsprechend Listing 13.22 an. Bitte beachten Sie dabei, dass das so angepasste Beispiel lediglich die technischen Aspekte der Suchfunktionalität in Wertehilfen illustrieren soll. Da die Suchfunktionalität, wie bereits erwähnt, nicht auf berechneten Feldern, auf denen die Wertehilfe `Z_ValueHelpViewB` basiert, angewendet werden kann, wird darin ein weiteres Feld `FieldB4`, dessen Werte von der zugrunde liegenden Datenbanktabelle übernommen werden, eingeführt und als Suchfeld ausgezeichnet, obwohl inhaltlich die übrigen Felder der Wertehilfe abweichende Werte haben können.

```
@ObjectModel.supportedCapabilities: [#VALUE_HELP_PROVIDER]
@ObjectModel.dataCategory: #VALUE_HELP
@ObjectModel.representativeKey: 'FieldB1'
@Metadata.ignorePropagatedAnnotations: true
@Search.searchable: true
@Consumption.ranked:true
define view entity Z_ValueHelpViewB
  as select from t000
{
      @EndUserText.label: 'Field B1'
      @Consumption.valueHelpDefault.binding.usage: #FILTER_AND_RESULT
  key 'B1_1' as FieldB1,
      @EndUserText.label: 'Field B2'
      @Consumption.valueHelpDefault.display: true
      'B2_1' as FieldB2,
      'B3_1' as FieldB3,
      @Search.defaultSearchElement: true
      @Search.fuzzinessThreshold: 0.8
      @Search.ranking: #HIGH
```

```
        @Consumption.hidden: true
        t000.logsys as FieldB4
}
where t000.mandt = $session.client
union select from t000
{
  key 'B1_2' as FieldB1,
      'B2_2' as FieldB2,
      'B3_2' as FieldB3,
      t000.logsys as FieldB4
}
where t000.mandt = $session.client
union select from t000
{
  key 'B1_3' as FieldB1,
      'B2_3' as FieldB2,
      'B3_3' as FieldB3,
      t000.logsys as FieldB4
}
where t000.mandt = $session.client
```

Listing 13.22 CDS-View »Z_ValueHelpViewB« aus Listing 13.2 mit Search-Annotationen

[»]

Sortierreihenfolge der Wertehilfe-Einträge

Mithilfe der Annotation `@Consumption.ranked:true` können Sie die SADL-Infrastruktur instruieren, die Sortierreihenfolge der Ergebnisliste der Wertehilfe über die per Annotation `@Search.ranking` hinterlegte Gewichtung der Suchresultate zu beeinflussen. Allerdings sollten Sie beachten, dass die Nutzung dieser Funktionalität zu Performance-Einbußen führen kann.

OData-Metadaten

Nachdem Sie den angepassten CDS-View `Z_ValueHelpViewB` aktiviert haben, werden Sie feststellen, dass die OData-Metadaten des Wertehilfe-Service zur OData-Property `FieldB1` automatisch angepasst wurden. Dies sehen Sie in Listing 13.23.

```
...
<Annotations Target="SAP__self.Container/Z_ValueHelpViewB">
   <Annotation Term="SAP__capabilities.SearchRestrictions">
      <Record>
         <PropertyValue Property="Searchable" Bool="true"/>
         ...
```

```
      </Record>
    </Annotation>
    ...
</Annotations>
...
```

Listing 13.23 Auszug der OData-Metadaten: Wertehilfe der OData-Property »FieldB1« mit Freitext-Suchfunktion

Analyse der OData-Metadaten

Das OData-Entity-Set `Z_ValueHelpViewB` unterstützt nach dieser Anpassung prinzipiell die Freitextsuche (`<PropertyValue` **`Property="Searchable" Bool="true"`**`/>`).

Auswirkungen auf UI-Anwendungen

Auf der Anwendungsoberfläche zeigt sich die Suchfunktion z. B. an einem zusätzlich eingebundenen Suchfeld im Wertehilfe-Dialog. In Abbildung 13.10 sehen Sie den Unterschied zu dem in Abbildung 13.9 gezeigten Wertehilfe-Dialog.

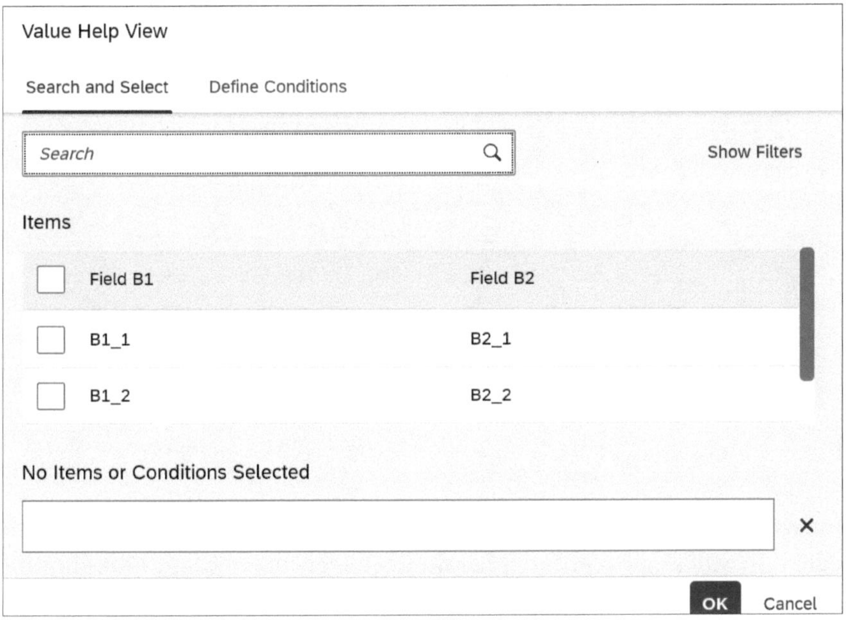

Abbildung 13.10 Wertehilfe-Dialog mit Suchfeld für das Filterfeld »FieldB1«

13.3 Enterprise-Search-Funktion

Überblick

Enterprise-Search-Modelle vereinen jeweils alle Datenquellen, die für die Prozessierung der Suchanfrage sowie für die Ausgabe des Suchergebnisses erforderlich sind, in einem CDS-View. Dabei unterstützt die SAP-HANA-Infrastruktur nur die Nutzung ausgesuchter SQL-Funktionen bei der Realisierung der Enterprise-Search-Funktion. Dazu zählen einfache Projektionen von Datenbanktabellen sowie einfache Join-Verknüpfungen. Im Kontext der SAP-S/4HANA-Lösung finden Sie daher dedizierte Enterprise-Search-Modelle separiert von den Kern-VDM-Modellen.

In Abschnitt 13.3.1, »Enterprise-Search-Modelle definieren«, erfahren Sie, wie Sie eigene Enterprise-Search-Modelle innerhalb der ADT-Umgebung erstellen. In Abschnitt 13.3.2, »Enterprise-Search-Modelle von SAP anpassen«, lernen Sie Key-User-Funktionen kennen, mit deren Hilfe Sie die Enterprise-Search-Modelle von SAP an Ihre Bedürfnisse anpassen können.

13.3.1 Enterprise-Search-Modelle definieren

Enterprise-Search-Modelle werden mit der CDS-Annotation `@EnterpriseSearch.model:true` ausgezeichnet.

Auszeichnung der Enterprise-Search-Modelle

Wenn Sie neue Enterprise-Search-Modelle im ADT-Editor anlegen, dann empfehlen wir Ihnen, diese falls technisch möglich mit `@EnterpriseSearch.model:true` zu annotieren und auf dedizierte Annotationen der Domäne `EnterpriseSearch` zurückzugreifen.

Enterprise-Search-Modelle lassen sich prinzipiell auch über die Annotation `@EnterpriseSearch.enabled:true` deklarieren. Der Einsatz dieser Annotation setzt jedoch ein spezielles Wissen zur Kombination der Annotationen der Domäne `@EnterpriseSearch` mit den Annotationen anderer Domänen voraus, um die von Ihnen gewünschte Enterprise-Search-Funktionalität realisieren zu können. Entsprechende Zusammenhänge erläutern wir kurz in Abschnitt 13.3.2, »Enterprise-Search-Modelle von SAP anpassen«.

CDS-Annotationen der Domäne »EnterpriseSearch«

Innerhalb dieser CDS-Views können Sie Datensätze verschiedener Datenquellen unabhängig von deren Kardinalität über einfache Join-Verknüpfungen zusammenführen. Wie bereits erwähnt, müssen die dabei verwendeten Datenquellen einfach aufgebaut sein.

Die Granularität des Suchergebnisses wird durch die in der Annotation `@EnterpriseSearch.resultItemKey` hinterlegten Felder des CDS-Views erfasst und von der Enterprise-Search-Infrastruktur entsprechend verdichtet. Die Basis für die Suche bilden die mithilfe der Annotation `@EnterpriseSearch.freeStyleField...` annotierten Suchfelder. Felder, die relevant für die

Anzeige der Suchergebnisse sind, können Sie mit der Annotation @EnterpriseSearch.responseField... erfassen. Auch weitere spezielle Eigenschaften der Enterprise-Search-Modelle werden mithilfe der Annotationen der Domäne EnterpriseSearch definiert.

Listing 13.24 illustriert ein Beispiel.

Beispiel: Enterprise-Search-Modell

```
@AccessControl.authorizationCheck: #CHECK
@Metadata.ignorePropagatedAnnotations: true
@EnterpriseSearch.model: true
@EnterpriseSearch.modelName: 'Sales Order'
@EnterpriseSearch.modelNamePlural: 'Sales Orders'
@EnterpriseSearch.resultItemKey: ['SalesOrder']
@EnterpriseSearch.title: { titleField:  'SalesOrder' }
@Consumption.semanticObject: 'SalesOrder'
define root view entity ZESH_S_SalesOrder
  as select from zsalesorder
  left outer to many join zsalesorderitem
    on zsalesorderitem.salesorder = zsalesorder.salesorder
  left outer to one join zproduct
    on zproduct.product = zsalesorderitem.product
{
      @EnterpriseSearch.freeStyleField: { withAutoCompletion: true,
importance: #HIGH }
  key zsalesorder.salesorder          as SalesOrder,
  key zsalesorderitem.salesorderitem  as SalesOrderItem,
      @EnterpriseSearch.navigation.intentBased.semanticObject:
'Product'
      @EnterpriseSearch.responseField.standard: {displayPosition: 1}
      @EnterpriseSearch.freeStyleField: { withAutoCompletion: true,
importance: #MEDIUM }
      zsalesorderitem.product         as Product,
      @EnterpriseSearch.responseField.standard: {displayPosition: 2}
      zproduct.product_type          as ProductType
}
```

Listing 13.24 Enterprise-Search-Modell »ZESH_S_SalesOrder«

Analyse des Beispiels

Der in Listing 13.24 definierte CDS-View ZESH_S_SalesOrder greift auf mehrere Datenbanktabellen als Datenquellen zurück. Mithilfe der Annotationen der Domäne EnterpriseSearch wird der CDS-View nicht nur als Enterprise-Search-Modell ausgezeichnet (@EnterpriseSearch.model:true), sondern es werden darüber auch seine Eigenschaften im Kontext der Enterprise-Search-Funktionalität festgelegt. Zum Beispiel liefert die Suche Instanzen von Kundenaufträgen @EnterpriseSearch.resultItemKey:['SalesOrder'], obwohl technisch der CDS-View Datensätze auf der Granularität der Kundenauftragsposition liefert. Sowohl das Feld SalesOrder als auch das Feld Product werden im Rahmen der Suchanfrage auf der Datenbank ausgewertet (@EnterpriseSearch.freeStyleField...). Die übrigen Annotationen der Domäne EnterpriseSearch steuern die Visualisierung und Integration der Suchfunktionalität.

13.3.2 Enterprise-Search-Modelle von SAP anpassen

Key-User-Anwendung

Mithilfe der Key-User-Applikation **Manage Enterprise Search Models** können Sie Enterprise-Search-Modelle von SAP an Ihre Bedürfnisse anpassen sowie neue Enterprise-Search-Modelle für Ihre Datenmodelle erstellen. Die Anwendung unterstützt Sie durch geführte Interaktionen bei der Pflege der erforderlichen Annotationen und bietet darüber hinaus integrierte Prüffunktionen, die die technischen Eigenschaften der Enterprise-Search-Modelle validieren.

Beispiel: Enterprise-Search-Modell von SAP

An dieser Stelle wollen wir anhand eines Beispiels kurz auf das Adaptieren der Enterprise-Search-Modelle von SAP eingehen. Betrachten Sie dazu den CDS-View ESH_S_PRODUCT aus Listing 13.25.

```
...
@ObjectModel.semanticKey: ['PRODUCT']
@ObjectModel.supportedCapabilities: [#ENTERPRISE_SEARCH_PROVIDER]
@Metadata.allowExtensions: true
@Search.searchable: true
@EnterpriseSearch.enabled: true
@Metadata.ignorePropagatedAnnotations: true
define view ESH_S_PRODUCT ...
  as select from ESH_N_PRODUCT...
{
    ...
key PRODUCT,...
    @Search.defaultSearchElement: true
    CHARACTERISTIC,...
}
```

Listing 13.25 Enterprise-Search-Modell »ESH_S_PRODUCT«

Analyse des Beispiels

Der CDS-View ESH_S_PRODUCT ist als Enterprise-Search-Modell über die Annotation @EnterpriseSearch.enabled:true ausgezeichnet. Die Datensätze des Ergebnisses sollen gemäß der Annotation @ObjectModel.semanticKey auf das Feld PRODUCT verdichtet werden. Das Feld CHARACTERISTIC ist als Suchfeld über `@Search.defaultSearchElement:true` annotiert.

Enterprise-Search-Modell anpassen

Wir wollen nun das Suchfeld CHARACTERISTIC deaktivieren. Melden Sie sich dazu zunächst an Ihrem SAP-S/4HANA-System an. Öffnen Sie dann die Key-User-Applikation **Manage Enterprise Search Models**. Suchen Sie dort nach dem Modell »Products« (siehe Abbildung 13.11).

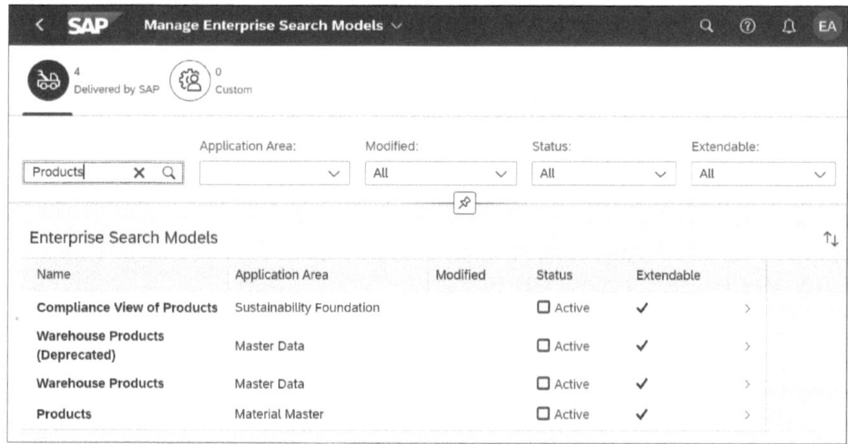

Abbildung 13.11 Suche nach dem Enterprise-Search-Modell »Products«

Feldeigenschaften ändern

Klicken Sie im Anschluss auf den Tabelleneintrag des entsprechenden Modells. Schalten Sie daraufhin die Anwendung in den Änderungsmodus, indem Sie auf den Button **Modify** drücken. Filtern Sie danach die Feldliste mit dem Begriff »Characteristic« (siehe Abbildung 13.12).

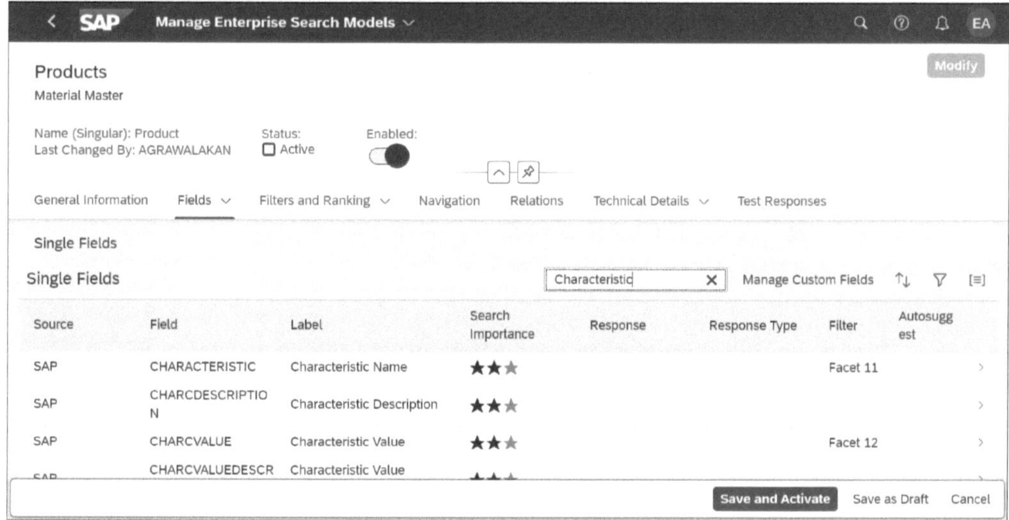

Abbildung 13.12 Details des Enterprise-Search-Modells »Products«

Suchfeld deaktivieren

Klicken Sie nun auf das Feld CHARACTERISTIC. Deaktivieren Sie in der sich öffnenden Detailsicht die Suchfunktion des Felds durch Umsetzen des Schalters **Field Enabled** (siehe Abbildung 13.13).

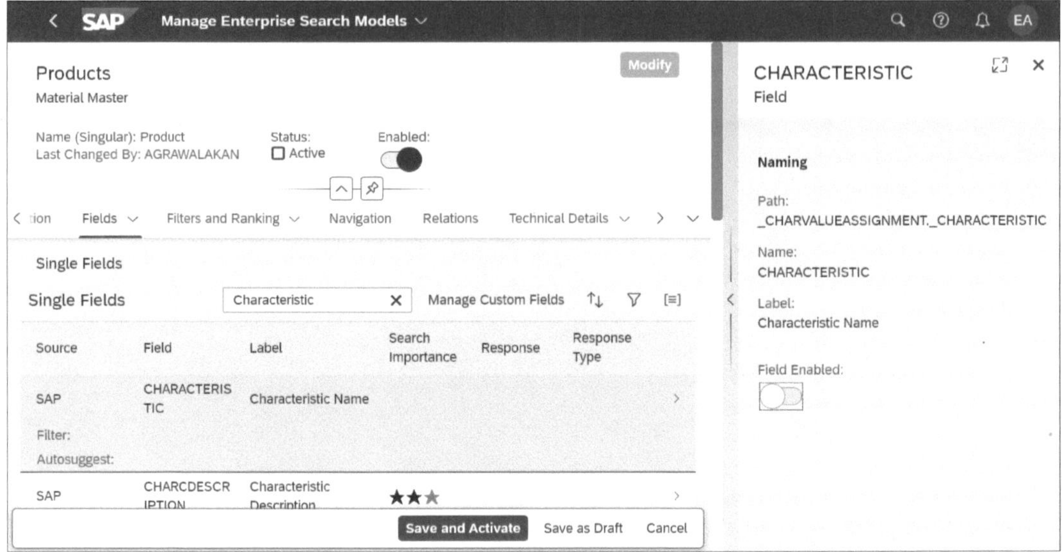

Abbildung 13.13 Eigenschaften des Felds »CHARACTERISTIC« des Enterprise-Search-Modells »Products«

Enterprise-Search-Modell aktivieren

Nachdem Sie Ihre Änderung durch Anwahl von **Save and Activate** gesichert und aktiviert haben, ist das Feld CHARACTERISTIC nicht mehr relevant für die Suche.

Technische Anpassung des Enterprise-Search-Modells

Im Hintergrund hat die Anwendung dazu eine CDS-Metadatenerweiterung gemäß Listing 13.26 generiert und aktiviert.

```
@Metadata.layer: #CUSTOMER
annotate view ESH_S_PRODUCT with
{
  @Search.defaultSearchElement: false
  ...
  CHARACTERISTIC;
}
```

Listing 13.26 CDS-Metadatenerweiterung des CDS-Views »ESH_S_PRODUCT«

Diese hat das Feld CHARACTERISTIC mit der Annotation `@Search.defaultSearchElement:`**`false`** belegt und damit seine von SAP vordefinierte Eigenschaft als Suchfeld übersteuert.

Kapitel 14
Lebenszyklus und Stabilität von Core Data Services

Verwendung von CDS-Modellen

Als Anwender von SAP-Software möchten Sie die Entwicklungsobjekte von SAP auch in Ihren eigenen Projekten nutzen. Stabilitätskontrakte und ein klar definierter Lebenszyklus bilden eine verlässliche Grundlage für Ihre Entwicklungen und ermöglichen SAP gleichzeitig weitere Innovationen.

Die Entwicklung von Software wird erst durch die Einbindung und Verwendung von fremden Komponenten effizient. Bei betriebswirtschaftlicher Software werden oft die vom Hersteller entwickelten Datenmodelle und Entwicklungsobjekte genutzt. CDS-Modelle erlauben eine einfache Wiederverwendung von Daten und Semantik, da sie sehr flexibel kombiniert werden können.

Zielkonflikt

Dies bringt den klassischen Zielkonflikt auch in die Core Data Services: Entwickler eines Entwicklungsobjekts möchten oder müssen dieses weiterentwickeln, neue Anforderungen und Innovationen integrieren; insbesondere betriebswirtschaftliche Anforderungen ändern sich kontinuierlich. Die Verwender hingegen erwarten Stabilität, denn jede Änderung am verwendeten Objekt könnte die eigenen Entwicklungen invalidieren, sodass er nachbessern muss. Dies ist nicht nur aufwendig und zeitkritisch für die Verwender, sondern könnte sogar zu Ausfallzeiten führen, die es strikt zu vermeiden gilt.

Stabilitätskontrakte und Lebenszyklus

Aus diesem Grund führte SAP für CDS-Modelle und andere ABAP-Entwicklungsobjekte *Stabilitätskontrakte* (oder *Release Contracts*) für mehrere Verwendungsszenarien ein sowie einen *Lebenszyklus*, der die Gültigkeit der Stabilitätskontrakte für einzelne Modelle oder Objekte regelt. Der Lebenszyklus garantiert Perioden der Stabilität, beginnend mit der *Freigabe*, dem *Release*, eines Objekts. Im Lebenszyklus ist aber auch eine *Abkündigung*, eine *Deprecation* von Objekten vorgesehen, um inkompatibel geänderte neue Versionen einzuführen und Verwendern ausreichend Zeit für Anpassungen zu geben.

Supported Capabilities

CDS-Modelle können Sie für verschiedenste Zwecke einsetzen. *unterstützte Funktionen* (oder *Supported Capabilities*) geben Ihnen eine Orientierung über die vorgesehenen Verwendungsmöglichkeiten. Diese werden bei allen für die Verwendung durch Kunden freigegebenen CDS-Modellen angegeben.

Aufbau des Kapitels

Abschnitt 14.1 gibt einen Überblick der verschiedenen Stabilitätskontrakte, und Abschnitt 14.2 erläutert den Lebenszyklus von Entwicklungsobjekten mit Freigabe und Abkündigung. Die Abkündigung von Entwicklungsobjekten wird in Abschnitt 14.3 vertieft. Zum Abschluss stellt Abschnitt 14.4 die aktuelle Liste von unterstützten Funktionen vor, die bei freigegebenen CDS-Views dokumentiert sind.

14.1 Stabilitätskontrakte

Stabilitätskontrakte legen fest, welche Änderungen an einem freigegebenen Entwicklungsobjekt als kompatibel angesehen werden und welche nicht. Es gibt keine absolute Stabilität, freigegebene Objekte können sich kompatibel ändern. Ein Verwender muss kompatible Änderungen, z. B. ein neues optionales Feld, akzeptieren; seine Entwicklungen müssen auch mit dem neuen Feld fehlerfrei arbeiten. Wenn sowohl der Lieferant (SAP) als auch der Verwender die Regeln des Stabilitätskontrakts einhalten, können Regressionen bei einem Upgrade vermieden werden.

Es gibt verschiedene Stabilitätskontrakte für unterschiedliche Szenarien, die jeweils eigene Anforderungen an Kompatibilität haben. Das Hinzufügen eines neuen optionalen Felds zu einer Struktur ist z. B. in den meisten, aber nicht in allen Stabilitätskontrakten kompatibel und damit erlaubt.

Stabilitätskontrakte

Zurzeit gibt es fünf verschiedene Stabilitätskontrakte für SAP-Entwicklungsobjekte. Tabelle 14.1 gibt einen Überblick über die Kontrakte. Eine Dokumentation der Stabilitätskontrakte finden Sie im SAP Help Portal zur SAP Business Technology Platform unter: *http://s-prs.de/v9214020*.

Stabilitätskontrakt	Szenario	Entwicklungsobjekte	Verwendung durch
C0	Erweiterung eines Objekts	CDS-, ABAP- und DDIC-Objekte	Kunden und Partner
C1	Entwicklung neuer Softwareobjekte in einem ABAP-System	CDS-, ABAP- und DDIC-Objekte	Kunden und Partner

Tabelle 14.1 Stabilitätskontrakte

Stabilitäts-kontrakt	Szenario	Entwicklungs-objekte	Verwendung durch
C2	Unterstützt die Entwicklung von stabilen externen APIs	CDS-Views und Service-Bindings	Nur SAP-intern
C3	Ablage von Konfigurationsinhalten	Datenbanktabellen und Customizing-Views	Kunden und Partner
C4	Nutzung von ABAP-Klassen und Interfaces sowie BAdI-Definitionen in ABAP-Managed Database Procedures (AMDP)	ABAP-Klassen und Interfaces und AMDP-bezogene BAdI-Definitionen	Kunden und Partner

Tabelle 14.1 Stabilitätskontrakte (Forts.)

Kompatibilität

Einen groben Überblick der erlaubten bzw. verbotenen Änderungen in einem Stabilitätskontrakt finden Sie in Tabelle 14.2. Die Kontrakte C3 und C4 sind für spezielle Szenarien vorgesehen und hier nur der Vollständigkeit halber angegeben. Generell verboten ist eine Änderung des Verhaltens oder der Semantik eines Objekts. Was dies genau bedeutet, hängt vom spezifischen Entwicklungsobjekt ab. Ein CDS-View z. B. muss im Kontrakt C1 bei gleicher voll qualifizierter SQL-Abfrage (d. h. ohne *-Selektion) und gleichen Daten auch die gleiche Ergebnismenge liefern.

Änderung	C0	C1	C2	C3	C4
Umbenennen oder Löschen des Objekts	verboten ❌	❌	❌	❌	❌
Umbenennen oder Löschen eines Felds, Ändern des technischen Datentyps, Verkürzung der Länge oder der Stellenanzahl	eingeschränkt erlaubt ⚠	❌	❌	❌	❌
Verlängern eines Felds oder Erhöhen der Stellenanzahl	erlaubt ✅	⚠	❌	⚠	❌

Tabelle 14.2 Erlaubte und verbotene Änderungen bei Stabilitätskontrakten

Änderung	C0	C1	C2	C3	C4
Hinzufügen eines optionalen Felds	erlaubt ✓	✓	✓	✓	✗
Umbenennen oder Löschen eines Parameters	eingeschränkt erlaubt ⚠	✗	✗	nicht relevant	✗
Umbenennen, Löschen oder relevantes Ändern einer Assoziation, die dem Stabilitätskontrakt unterliegt	eingeschränkt erlaubt ⚠	✗	✗	nicht relevant	nicht relevant
Hinzufügen einer optionalen Assoziation	erlaubt ✓	✓	✓	nicht relevant	nicht relevant

Tabelle 14.2 Erlaubte und verbotene Änderungen bei Stabilitätskontrakten

Stabilität von Assoziationen

Assoziationen verbinden zwei Objekte, z. B. zwei CDS-Views. Ihre Definition beruht auf Eigenschaften beider Objekte. Somit kann eine Assoziation nur dann stabil sein, wenn beide Objekte, die Quelle und das Ziel der Assoziation, stabil sind. Ein Stabilitätskontrakt Cx gilt daher erst dann für eine Assoziation, wenn Cx für ihre Quelle und für ihr Ziel gilt. Nur in diesem Fall kann sie sicher verwendet werden.

Kontrakte für CDS-Annotationen

Das Vorhandensein und die Werte von Annotationen in CDS-Entitäten spielen eine große Rolle für deren Semantik und Verhalten. Daher schränken die Stabilitätskontrakte auch Änderungen an Annotationen ein oder verbieten sogar deren Verwendung.

Was im Detail erlaubt oder verboten ist, kann für die Kontrakte C0, C1 und C2 bei den jeweiligen Annotationsdefinitionen, siehe den gleichnamigen Abschnitt 4.1, angegeben werden. Hierfür werden Meta-Annotationen `@CompatibilityContract` verwendet. Wir empfehlen aber auch bei stabilen Annotationen an Elementen, diese nicht über Vererbung in Ihren eigenen CDS-Views zu nutzen, sondern sie explizit anzugeben, um ungewollte Seiteneffekte zu vermeiden.

Feldverlängerung

Eine Besonderheit innerhalb der Stabilitätskontrakte C1 und C3 betrifft die Länge von Attributen (Feldern). SAP möchte im Rahmen dieser Stabilitätskontrakte Attribute in begründeten Fällen verlängern können, z. B. mehr Zeichen für Betragsfelder, Codes oder Identifier vorsehen, ohne die bestehenden Felder oder Entwicklungsobjekte abkündigen zu müssen. Wenn Sie

Standard-CDS-Views wiederverwenden, sollten Sie darauf vorbereitet sein, z. B. indem Sie zur Typisierung der Daten auf den verwendeten SAP-View Bezug nehmen.

Kontrakt C0

Der Kontrakt C0 regelt das Hinzufügen von Erweiterungsfeldern, Assoziationen oder anderen Unterstrukturen zu Standardobjekten von SAP. Wir werden in Kapitel 15, »Erweiterungen von CDS-Views und weiteren Entitäten«, im Detail auf diesen Kontrakt eingehen. Er kann mit anderen Kontrakten kombiniert werden.

Kontrakt C1

Kontrakt C1 ist für die Entwicklung von eigener Software durch Kunden oder Partner in SAP S/4HANA oder in der ABAP-Umgebung der SAP Business Technology Platform (SAP BTP) essenziell. C1-freigegebene CDS-Views bilden den einzigen stabilen SQL-Zugang zu Daten, da Datenbanktabellen selbst nicht C1-freigegeben werden.

Beachten Sie, dass der Kontrakt C1 bei einem CDS-View die Änderung der Implementierung erlaubt, einschließlich der Datenquellen. Dies ermöglicht SAP bei Bedarf die Migration auf optimierte Persistenzmodelle unter Beibehaltung des CDS-Views als Zugang zu den Daten.

Kontrakt C2

Kontrakt C2 wird SAP-intern für die Entwicklung von stabilen externen APIs genutzt, meist für OData-Services. CDS-Modelle mit diesem Kontrakt sind nicht für Entwicklungen durch Kunden und Partner vorgesehen. Es ist allerdings möglich, diese CDS-Modelle zu erweitern, wenn sie im Kontrakt C0 freigegeben sind.

Kontrakte C3 und C4

Die Kontrakte C3 und C4 werden nur in speziellen Szenarien eingesetzt und hier daher nicht genauer erläutert.

Kontrakte anzeigen

Die Anzeige der Stabilitätskontrakte eines spezifischen Entwicklungsobjekts erfolgt zusammen mit Informationen zum Lebenszyklus als sogenannter *API State*.

In der ADT-Entwicklungsumgebung erreichen Sie die Anzeige entweder über das Kontextmenü eines Entwicklungsobjekts über den Eintrag **API State** (siehe Abbildung 14.1), oder in der Registerkarte **Properties** unter **API State** (siehe Abbildung 14.2).

Ob für ein Entwicklungsobjekt ein Stabilitätskontrakt gilt, hängt von seiner aktuellen Phase im Lebenszyklus ab, in Abbildung 14.2 angegeben als **Release State**. Dieser wird im nächsten Abschnitt erläutert.

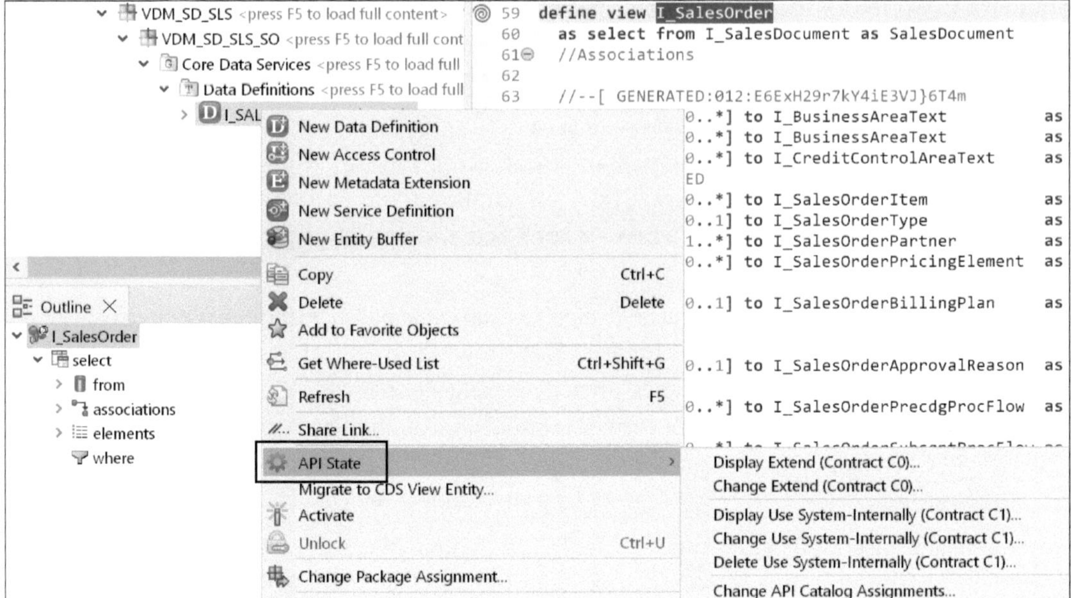

Abbildung 14.1 API State im Kontextmenü

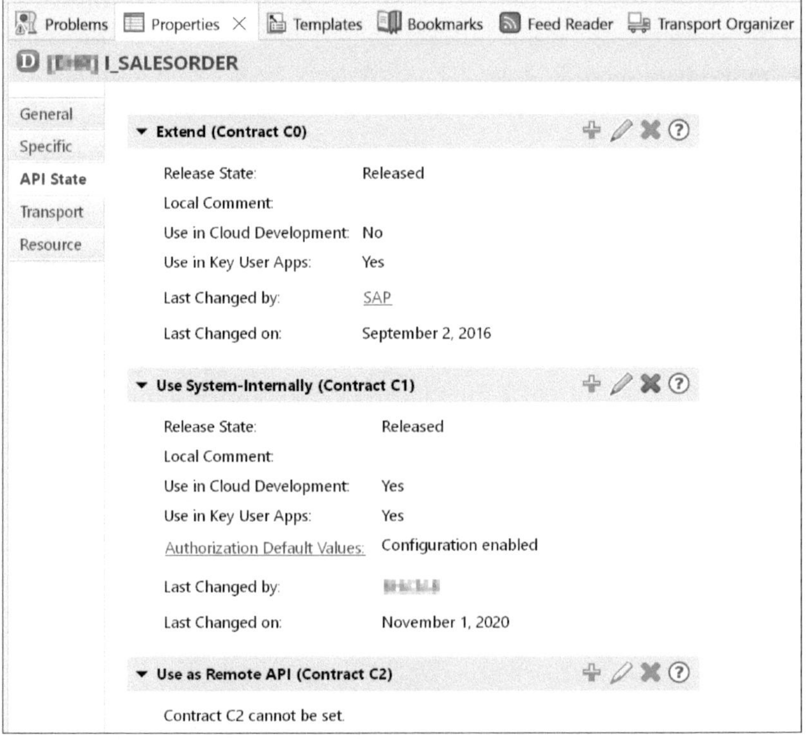

Abbildung 14.2 API State mit Stabilitätskontrakten und Lebenszyklus

14.2 Lebenszyklus von Entwicklungsobjekten

Lebenszyklen für Schnittstellen (APIs) mit einer Freigabe für die Verwendung und einer möglichen Abkündigung sind eine bewährte Methode, um eine kontrollierte Verwendung durch externe Entwickler und externe Software zu ermöglichen. SAP hat diesen Lebenszyklus schon länger unter dem Namen *SAP API Deprecation Policy* dokumentiert (*http://s-prs.de/v9214021*).

Die als CDS-Views implementierten betriebswirtschaftlichen Modelle sollen aber auch von Entwicklern bei Partnern und Kunden genau wie APIs kontrolliert verwendet werden. Aus diesem Grund hat SAP auch hierfür einen Lebenszyklus, die *SAP CDS-View Deprecation Policy* (*http://s-prs.de/v9214033*) eingeführt, die sinngemäß auch für andere Entwicklungsobjekte in ABAP, ABAP Data Dictionary oder CDS gilt.

Technisch gesehen gibt es einen Lebenszyklus pro Stabilitätskontrakt. In der Praxis ist aber maximal einer der Kontrakte C1 bis C4 für ein Entwicklungsobjekt relevant, zusätzlich ist der Kontrakt C0 möglich.

Freigabestatus

Die verschiedenen Phasen im Lebenszyklus heißen *Freigabestatus* oder *Release State*. In ADT werden sie als **API State** angezeigt (siehe Abbildung 14.1 und Abbildung 14.2).

Tabelle 14.3 zeigt und erläutert die verschiedenen Freigabestatus.

Freigabestatus	Bedeutung
NOT_RELEASED **Contract Cx not yet set** **Contract Cx cannot be set**	Nicht freigegeben. Das Objekt ist nicht stabil. Es kann sich ändern oder sogar gelöscht werden. In einer späteren Softwareversion kann es freigegeben werden. Dies ist der Standardstatus eines neu angelegten Objekts.
NOT_TO_BE_RELEASED **Not to Be Released**	Nicht freizugeben. Das Objekt ist nicht stabil. Es kann sich ändern oder sogar gelöscht werden. Eine Freigabe des Objekts in einer späteren Softwareversion ist nicht geplant.
NOT_TO_BE_RELEASED_STABLE **Not to Be Released, Stable**	Nicht freizugeben, stabil. Das Objekt ist nicht für die Verwendung außerhalb der internen SAP-Entwicklung vorgesehen. Für interne Zwecke wird es kompatibel gehalten.

Tabelle 14.3 Phasen im Lebenszyklus eines Entwicklungsobjekts

Freigabestatus	Bedeutung
RELEASED_WITH_FEATURE_TOGGLE **Released with Feature Toggle**	Das Objekt ist nicht generell freigegeben. Es ist Teil einer Produktneuerung, die in einer zukünftigen Softwareversion oder für ausgewählte Pilotkunden verfügbar ist. Das Objekt ist stabil, aber nur von Pilotkunden verwendbar.
RELEASED **Released**	Das Objekt ist freigegeben und hält den Stabilitätskontrakt ein.
DEPRECATED **Deprecated**	Das Objekt ist abgekündigt und soll nicht mehr verwendet werden. Es hält den Stabilitätskontrakt noch für eine begrenzte Zeitspanne ein.
DECOMMISSIONED **Decommissioned**	Das Objekt darf nicht mehr verwendet werden. Es kann syntaktisch noch kompatibel sein, bietet aber nicht mehr die ursprüngliche Funktionalität. Es wird keine Garantie für den Fortbestand oder die korrekte Funktionalität gewährt.

Tabelle 14.3 Phasen im Lebenszyklus eines Entwicklungsobjekts (Forts.)

Fristen

Eine Abkündigung oder sogar Dekommissionierung eines Entwicklungsobjekts kann nicht unmittelbar nach seiner Freigabe erfolgen. Dafür müssen die Fristen in Tabelle 14.4 eingehalten werden.

Zeitraum	Freigabestatus	Frist
von der Freigabe bis zur Dekommissionierung	RELEASED und DECOMMISSIONED	wenigstens 24 Monate
von der Abkündigung bis zur Dekommissionierung	DEPRECATED	wenigstens 12 Monate

Tabelle 14.4 Fristen im Lebenszyklus

Geplante Freigaben

Das Leben eines Entwicklungsobjekts beginnt im Freigabestatus NOT_RELEASED. In dieser Phase ist unklar, ob SAP eine spätere Freigabe plant oder nicht. Einige Annotationen geben einen Hinweis auf die Planung:

- SAP plant keine Freigabe im C1-Kontrakt für CDS-Views, die mit der Annotation `@VDM.lifecycle.contract.type: #SAP_INTERNAL_API` oder `@VDM.private: true` versehen sind. Diese Views sind für die SAP-interne Verwendung reserviert.
- SAP plant die Freigabe von Views, die annotiert sind mit `@VDM.lifecycle.contract.type: #PUBLIC_LOCAL_API`, im Stabilitätskontrakt C1.

Verwendung von freigegebenen Entwicklungsobjekten

Bei einer klassischen Installation von SAP S/4HANA, On-Premise-Version oder als Private Cloud kann ein Kunde oder Partner alle von SAP ausgelieferten ABAP-, DDIC- oder CDS-Objekte für eigene Entwicklungen verwenden, auch solche, die nicht freigegeben sind. Er muss sich aber auch darum kümmern, wenn inkompatible Änderungen Probleme beim Upgrade auf eine neue Softwareversion verursachen und Entwicklungen invalidiert werden.

Für SAP S/4HANA Cloud, Public Edition, und SAP BTP, ABAP Environment will SAP solche Probleme ausschließen und lässt nur die Nutzung von freigegebenen Entwicklungsobjekten für die eigenen Entwicklungen zu. Dafür sind zwei unterschiedliche Szenarien vorgesehen:

- Key User Apps, die durch vordefinierte Szenarien führen
- Cloud Development, basierend auf der vollen ADT-Entwicklungsumgebung

Hierbei können freigegebene Objekte mit den Stabilitätskontrakten C0 und C1 verwendet werden. Da es zwischen den beiden Szenarien technische Unterschiede gibt, kann die Verwendung auf eines der beiden eingeschränkt sein. Ein Beispiel sehen Sie in Abbildung 14.2.

14

14.3 Abkündigung von Entwicklungsobjekten

Manchmal kann die Abkündigung (engl. *Deprecation*) von Entwicklungsobjekten nicht vermieden werden. Es gibt neue Anforderungen von Kunden, und betriebswirtschaftliche oder technische Verbesserungen werden notwendig. SAP versucht, diese Innovationen kompatibel in bestehende freigegebene Objekte zu integrieren, aber das ist nicht immer möglich, und neue Objekte müssen entwickelt und freigegeben werden. Oft decken die neuen Objekte auch die bestehende Funktionalität ab, und es entsteht eine Redundanz, die SAP vermeiden möchte. Freigegebene Objekte sollen keine limitierte oder veraltete Funktionalität anbieten. Daher werden sie als solche gekennzeichnet und ihr Freigabestatus auf DEPRECATED gesetzt.

[!]

Unterschiedliche Arten von Abkündigungen

Bei einer Cloud-Software gibt es unterschiedliche Arten von Abkündigungen. Neben den hier besprochenen Entwicklungsobjekten können auch APIs, Elemente des Benutzer- und Berechtigungsmanagements (Identity und Access Management) oder komplette Apps abgekündigt werden. Im

Vergleich mit der Abkündigung von Entwicklungsobjekten gibt es für diese teils deutlich kürzere Fristen im Lebenszyklus und in der Regel eine zeitnahe Dekommissionierung.

Nachfolger

Bei einer Abkündigung wird gewöhnlich der verbesserte freigegebene *Nachfolger* angegeben. Abbildung 14.3 zeigt ein Beispiel.

Die Information über Abkündigung und Nachfolger wird z. B. von den Key User Apps genutzt, um Sie bei der Migration Ihrer Entwicklungen auf die Nachfolger zu unterstützen.

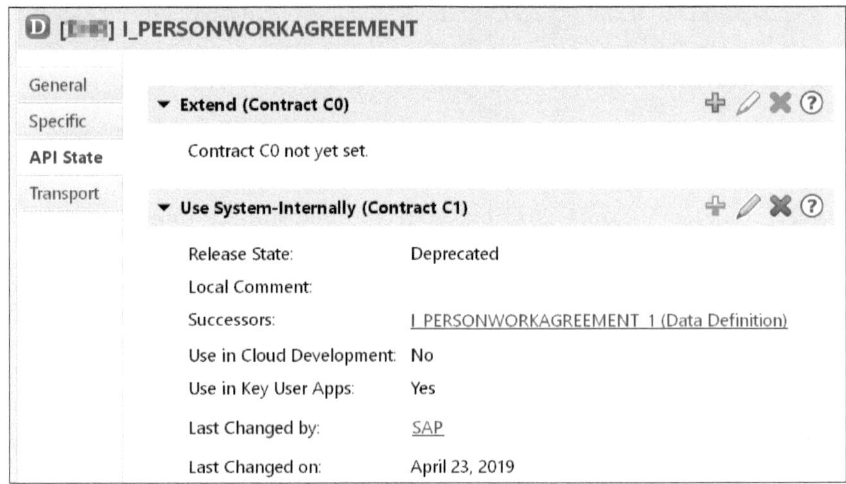

Abbildung 14.3 Abgekündigter View mit Nachfolger

SAP-interne Abkündigung

Zur Vorbereitung einer Abkündigung oder zur SAP-internen Abkündigung von nicht freigegebenen CDS-Entitäten nutzt SAP die Annotationen `@VDM.lifecycle.status` und `@VDM.lifecycle.successor`. Ein Beispiel dafür zeigt Listing 14.1.

```
...
@VDM.lifecycle.status: #DEPRECATED
@VDM.lifecycle.successor: 'I_PersonWorkAgreement_1'
define view I_PersonWorkAgreement
...
```

Listing 14.1 SAP-interne Abkündigung

Fortpflanzung von Abkündigungen im Kontrakt C1

CDS-Entitäten sind durch ihre Assoziationen eng verknüpft. Daher kann im Stabilitätskontrakt C1 die Abkündigung einer CDS-Entität andere Entitäten betreffen, die mit dieser assoziiert sind, und zwar wie folgt: Im Stabilitätskontrakt C1 ist eine Assoziation von einer freigegebenen Entität A auf eine abgekündigte Entität B nicht sinnvoll, da ein Verwender von A über die Assoziation weiterhin Attribute von B konsumieren kann. SAP möchte solche Konstellationen deswegen vermeiden. Da der Stabilitätskontrakt C1 verbietet, das Ziel der Assoziation durch den Nachfolger von B zu ersetzen, müsste SAP auch die Entität A abkündigen, obwohl diese selbst noch völlig aktuell ist. Und die Abkündigung von A hätte wiederum weitere unnötige Abkündigungen zur Folge.

Abkündigung von Elementen

Um solche unsinnigen Abkündigungen von Entitäten zu vermeiden, ermöglichte SAP im Stabilitätskontrakt C1 die Abkündigung von einzelnen Feldern oder Assoziationen in CDS-Entitäten. In freigegebenen CDS-Modellen steht hierfür die Annotation `@API.element.releaseState: #DEPRECATED` zur Verfügung. Auch die Dekommissionierung eines Elements kann durch den Annotationswert `#DECOMMISSIONED` ausgedrückt werden. Die Annotation `@API.element.successor` erlaubt die Angabe eines Nachfolgefelds oder einer Nachfolgeassoziation. Für SAP-interne CDS-Modelle oder die SAP-interne Vorbereitung von Abkündigungen werden auch für Elemente die Annotationen `@VDM.lifecycle.status` und `@VDM.lifecycle.successor` genutzt. In Listing 14.2 sehen Sie ein Beispiel für die Abkündigung einer Assoziation.

14

```
define view I_WorkforcePerson
...
  association [1..*] to I_PersonWorkAgreement
    as _PersonWorkAgreement
    on $projection.Person = _PersonWorkAgreement.Person
  association [1..*] to I_PersonWorkAgreement_1
    as _PersonWorkAgreement_1
    on $projection.Person = _PersonWorkAgreement_1.Person
...
      @API.element.releaseState: #DEPRECATED
      @API.element.successor: '_PersonWorkAgreement_1'
     _PersonWorkAgreement,
     _PersonWorkAgreement_1,
...
```

Listing 14.2 Abkündigung einer Assoziation mit Nachfolger

Abkündigungen in der Praxis

Aus Rücksicht auf mögliche Verwender von abgekündigten Entwicklungsobjekten hat SAP bisher nur in seltenen Fällen die Dekommissionierung eines abgekündigten Entwicklungsobjekts durchgeführt und hält die abgekündigten Objekte weit über die Fristen des Lebenszyklus hinaus stabil. Am Freigabestatus im Lebenszyklus können Sie heute leider nicht erkennen, ob ein abgekündigtes Objekt sofort nach der Frist dekommissioniert werden soll oder es noch länger neben seinen Nachfolgern erhalten bleiben wird. Diese Information sollte in der »What's New«-Information zur Abkündigung des Entwicklungsobjekts im SAP Help Portal enthalten sein.

14.4 Verwendung von CDS-Modellen und unterstützte Funktionen

SAP hat viele verschiedene Arten von CDS-Views und -Entitäten für die Verwendung gemäß Stabilitätskontrakt C1 freigegeben, aber nicht alle sind gleichermaßen für alle Einsatzzwecke geeignet. Einige davon sind nur für eine bestimmte Aufgabe gedacht, und andere haben vielleicht besondere Einschränkungen. Es ist z. B. nicht sinnvoll, eine freigegebene analytische Query als Datenquelle für einen kundeneigenen View zu verwenden: Analytische Queries müssen durch die analytische Infrastruktur ausgeführt werden, und nur die analytischen Resultate bleiben stabil.

Unterstützte Funktionen

SAP führte das Konzept der *unterstützten Funktionen* (engl. *Supported Capabilities*) für CDS-Views und Entitäten ein, um explizit zu zeigen, was Sie von einem freigegebenen CDS-Modell erwarten können. Die Annotation `@ObjectModel.supportedCapabilities` an einem CDS-Modell gibt an, welche von SAP unterstützten Funktionen dieses anbietet.

Ein CDS-Modell kann mehrere Funktionen unterstützen. Unterstützte Funktionen unterliegen dem Stabilitätskontrakt C1 und müssen von einem freigegebenen CDS-Modell auf Dauer unterstützt werden.

Modellierungsmuster

Die Entwicklung eines CDS-Modells folgt oft einem bestimmten Muster, auch wenn die entwickelte CDS-Entität verschiedene Funktionen unterstützen kann. Ein *Modellierungsmuster* (engl. *Modeling Pattern*) kann durch die Annotation `@ObjectModel.modelingPattern` für ein CDS-Modell angegeben werden.

Unterstützte Funktionen und Modellierungsmuster stehen in einem engen Zusammenhang. Zum Beispiel gibt es ein Modellierungsmuster für analytische Cubes. Ein solcher Cube bietet dann die Funktion eines analytischen Providers, unterstützt aber auch oft die Funktion einer Datenquelle für andere Views oder ermöglicht SQL-Selektionen in ABAP. Manchmal stimmen Modellierungsmuster und eine unterstützte Funktion überein.

Unterstützte Funktionen

Wir empfehlen, freigegebene CDS-Modelle von SAP nur entsprechend den unterstützten Funktionen zu verwenden. Dies hilft Ihnen, passende CDS-

Modelle mit permanenten Funktionen zu wählen. SAP berücksichtigt bei der Zuordnung von unterstützten Funktionen auch nicht-funktionale Aspekte wie zum Beispiel Performance.

Die Key User Apps schlagen Ihnen basierend auf dem gewählten Szenario CDS-Modelle vor, die die benötigten Funktionen auch unterstützen.

Liste der unterstützten Funktionen und Muster

Die aktuelle Liste der unterstützten Funktionen und Modellierungsmuster finden Sie in Tabelle 14.5.

Weitere Informationen finden Sie im SAP Help Portal unter: *http://s-prs.de/v9214022*

Name	F = Funktion M = Muster	Beschreibung
SQL_DATA_SOURCE	F	Sie können Daten durch ein SQL-SELECT oder einen Pfadausdruck in ABAP selektieren.
CDS_MODELING_DATA_SOURCE	F	Sie können die CDS-Entität als Datenquelle bei der Definition eines CDS-Modells mit JOIN, UNION und Pfadausdrücken verwenden.
CDS_MODELING_ASSOCIATION_TARGET	F	Sie können die CDS-Entität als Ziel einer Assoziation verwenden.
DATA_STRUCTURE	F, M	Sie können die CDS-Entität als Datenstruktur im ABAP RESTful Application Programming Model oder in ABAP verwenden.
LANGUAGE_DEPENDENT_TEXT	F, M	Die Entität stellt sprachabhängige Texte zur Verfügung (siehe Abschnitt 8.5, »Textbeziehungen«).
VALUE_HELP_PROVIDER	F, M	Die Entität bietet eine Wertehilfe für die Dateneingabe an (siehe Abschnitt 13.1.1, »Elementare Wertehilfen modellieren«).
EXTRACTION_DATA_SOURCE	F	Sie können mithilfe dieser Entität Daten in ein externes System, z. B. ein Data Warehouse, extrahieren.

Tabelle 14.5 Unterstützte Funktionen und Modellierungsmuster

Name	F = Funktion M = Muster	Beschreibung
DERIVATION_FUNCTION	F, M	Sie können diese Entität in einer Derivation verwenden als Wert der Annotation `@Consumption.derivation.lookupEntity` (siehe Abschnitt 10.3.3, »Filter, Selektionsoptionen, Parameter«).
PARENT_CHILD_HIERARCHY_NODE_PROVIDER	F, M	Mit dieser Entität können Sie in einer Hierarchie navigieren und aggregieren sowie Hierarchieattribute ermitteln (siehe Abschnitt 12.3, »CDS-Hierarchien«).
SEARCHABLE_ENTITY	F	Sie können Suchfunktionen auf diese Entität anwenden (siehe Abschnitt 13.2, »Freitext-Suchfunktionen in OData-Services«).
ANALYTICAL_QUERY	F, M	Sie können diese Entität in analytischen Apps als Query ausführen (siehe Abschnitt10.3, »Analytische Queries«).
ANALYTICAL_PROVIDER	F	Basierend auf dieser Entität können Sie eigene analytische Queries definieren (siehe Abschnitt 10.3, »Analytische Queries«).
ANALYTICAL_CUBE	M	Diese Entität wurde als analytischer Cube entwickelt (siehe Abschnitt 10.2.3, »Analytische Cube-Views«).
ANALYTICAL_DIMENSION	F, M	Sie können die Entität als analytische Dimension eines analytischen Provider-Views verwenden (siehe Abschnitt 10.2.4, »Analytische Dimensions-Views«).
ANALYTICAL_FACT	M	Diese Entität stellt normalisierte Daten für Analytics zur Verfügung, die in analytischen Cubes oder für die Extraktion von Daten genutzt werden können.

Tabelle 14.5 Unterstützte Funktionen und Modellierungsmuster (Forts.)

Name	F = Funktion M = Muster	Beschreibung
ANALYTICAL_PARENT_CHILD_HIERARCHY_NODE	F, M	Sie können diese Entität als Hierarchie in Analytics verwenden (siehe Abschnitt 12.2, »Annotationsbasierte Vater-Kind-Hierarchien«).
TRANSACTIONAL_PROVIDER	F	Diese Entität unterstützt transaktionale Zugriffe in ABAP (siehe Abschnitt 11.4, »Verhaltensdefinitionen«).
TRANSACTIONAL_QUERY	M	Diese Entität wurde als transaktionale Query entwickelt (siehe Abschnitt 11.5, »Transaktionale Projektionsobjektmodelle«).
TRANSACTIONAL_INTERFACE	M	Diese Entität wurde als transaktionales Interface entwickelt (siehe Abschnitt 11.6, »Interface-Verhaltensdefinitionen«).
OUTPUT_FORM_DATA_PROVIDER OUTPUT_EMAIL_DATA_PROVIDER OUTPUT_PARAMETER_DETERMINATION_DATA_SOURCE	F, M	Diese Funktionen und Modellierungsmuster werden im SAP S/4HANA Output Management verwendet (siehe *http://s-prs.de/v9214023*).
SITUATION_ANCHOR SITUATION_TRIGGER SITUATION_DATACONTEXT	F, M	Diese Funktionen und Modellierungsmuster werden in der Situationsverarbeitung verwendet (siehe *http://s-prs.de/v9214024*).
KEY_USER_COPYING_TEMPLATE	F	Diese Entität steht in den Key User Apps als Kopiervorlage zur Verfügung. Diese Funktion wird primär bei analytischen Queries genutzt.
NONE	M	Diese CDS-Entität folgt keinem besonderen Modellierungsmuster.

Tabelle 14.5 Unterstützte Funktionen und Modellierungsmuster (Forts.)

Definition von Services

Vielleicht ist Ihnen aufgefallen, dass es keine unterstützte Funktion zur Definition einer Service-API gibt. Dies liegt daran, dass die von SAP ausgelieferten CDS-Entitäten dafür nicht verwendet werden sollen.

Freigegebene CDS-Views zur Definition von Services

Vermeiden Sie die direkte Verwendung von C1-freigegebenen CDS-Views bei der Definition von Services, z. B. zur Definition der Business-Services aus Kapitel 6, »Business-Services«, oder anderer OData-Services. Da der C1-Kontrakt für eine ABAP-systeminterne Nutzung gedacht ist, können einige durch den Stabilitätskontrakt C1 erlaubte Änderungen, insbesondere Feldverlängerungen, inkompatible Änderungen und notwendige Anpassungen bei diesen Services verursachen.

Verwenden Sie stattdessen die freigegebenen CDS-Views von SAP als Datenquellen für Ihre eigenen Views, mit denen Sie dann Ihre Services definieren. Versehen Sie dabei Ihre eigenen CDS-Views mit den gewünschten Annotationen und entkoppeln Sie diese durch die Annotation `@Metadata.ignorePropagatedAnnotations: true` von der Propagationslogik (siehe Abschnitt 4.3, »Propagationslogik für Annotationen«).

Kapitel 15
Erweiterungen von CDS-Views und weiteren Entitäten

Anwender von betriebswirtschaftlicher Software müssen in der Lage sein, eigene Datentypen zu definieren, die Datenstrukturen des Standards um Datenfelder zu erweitern und die Anwendungslogik des Standards zu ergänzen. Dabei muss ein reibungsloser Betrieb auch mit neuen Versionen der Software gewährleistet sein.

In den bisherigen Kapiteln haben Sie eigene CDS-Views und -Entitäten implementiert und dabei auch Views und andere Entwicklungsobjekte von SAP verwendet. Es fehlt aber noch die Möglichkeit, CDS-Views und Apps von SAP um Ihre eigenen Datenfelder und Datentypen zu erweitern. Vielleicht möchten Sie einen Kundenauftrag um ein Feld erweitern, das es im SAP-Standard nicht gibt, und dessen mögliche Werte und Texte Sie in einer eigenen Tabelle festlegen. Dieses Feld wollen Sie in den Standard-Apps eingeben können und in Reports oder Analysen anzeigen. Dabei ist Ihnen wichtig, dass Ihr eigenes Feld auch nach dem Upgrade auf eine neue Version der Software von SAP noch vorhanden und verwendbar ist.

Stabilität beim Upgrade

So einfach dieser Wunsch klingt, so komplex ist seine Umsetzung. Schon bei der Verwendung von CDS-Views müssen Sie darauf achten, dass diese nach dem Stabilitätskontrakt C1 freigegeben sind (siehe Kapitel 14, »Lebenszyklus und Stabilität von Core Data Services«), SAP muss diese auch stabil halten, sonst kann es nach einem Upgrade unangenehme Überraschungen geben. Bei Erweiterungen ist die Situation nicht einfacher, da diese die innere Struktur von CDS-Views verändern und auch von dieser abhängig sind, während bei C1 nur die exponierte Signatur eines CDS-Views genutzt wird, nicht sein Innenleben.

Zur Lösung hat SAP Entwicklungsobjekte speziell für Erweiterungen eingeführt, einen Stabilitätskontrakt C0 für Erweiterungen festgelegt und Datenbanktabellen und CDS-Views der Anwendungsdaten für Erweiterungen vorbereitet.

In diesem Kapitel erläutern wir die Vorbereitungen von SAP und zeigen Ihnen, wie Sie diese optimal für Ihre Erweiterungen nutzen können. Dabei konzentrieren wir uns auf CDS-Views und andere CDS-Entitäten sowie die zugrunde liegende Datenbankpersistenz, zeigen aber auch, wie Sie ein transaktionales Modell erweitern können.

Damit decken wir nur einen Ausschnitt der gesamten Erweiterungsthematik ab. Einen breiteren Überblick vermittelt Ihnen z. B. das Buch »Erweiterungen für SAP S/4HANA. Das Praxishandbuch« von Thomas Schneider und Werner Wolf (SAP PRESS 2018). Aktuellere Informationen finden Sie im Blog-Post von SAP unter: *http://s-prs.de/v9214025* und im ABAP Extensibility Guide unter: *http://s-prs.de/v9214026*

Aufbau des Kapitels

Abschnitt 15.1, »Produkte und Sprachversionen«, gibt einen kurzen Überblick der Erweiterungsmöglichkeiten in verschiedenen Varianten von ABAP-basierten Produkten von SAP. Abschnitt 15.2, »Stabile CDS-Erweiterungen«, erläutert die Voraussetzungen und die Implementierung von stabilen CDS-Erweiterungen. Abschnitt 15.3, »Erweiterungen von transaktionalen Modellen«, zeigt schließlich, wie eine transaktionale Anwendung erweitert wird.

15.1 Produkte und Sprachversionen

Produktvarianten

In den letzten Jahren hat SAP Anwendungen und die ABAP-Plattform für den Betrieb in der Cloud angepasst. Dadurch sind Varianten der ABAP-basierten Lösungen von SAP sowie verschiedene Sprachversionen von ABAP entstanden. Heute sind folgende Lösungen zu unterscheiden:

- SAP S/4HANA, On-Premise-Version, die klassisch vom Kunden selbst betrieben wird
- SAP S/4HANA Cloud, private edition, die in der Cloud betrieben wird, aber technisch und funktional der On-Premise-Variante sehr ähnlich ist
- SAP S/4HANA Cloud, public edition, die in der Cloud betrieben wird und technische Details für den Kunden regelt
- SAP Business Technology Platform, ABAP Environment, eine Cloud-Plattform für die Entwicklung und den Betrieb von ABAP-basierten Anwendungen

Erweiterungen

Diese Lösungen unterscheiden sich deutlich in ihren Erweiterungsmöglichkeiten. Bei SAP S/4HANA, On-Premise-Version und bei SAP S/4HANA Cloud, private edition gibt es in ABAP kaum technische Einschränkungen, die Software zu ändern und zu erweitern. Anwender haben die volle Verantwortung für die Konsequenzen dieser Änderungen, insbesondere beim nächsten Software-Upgrade.

In der SAP S/4HANA Cloud, public edition und auf der SAP BTP, ABAP Environment soll dagegen von vorneherein ausgeschlossen werden, dass es zu Problemen beim Upgrade kommt. Daher werden die Erweiterungsmöglichkeiten eingeschränkt.

Key-User-Apps

In den ersten Versionen der SAP S/4HANA Cloud, public edition gab es deshalb keinen Zugang mehr für Kunden zur ABAP-Entwicklungsumgebung. Stattdessen führen bei der sogenannten *Key User Extensibility* speziell entwickelte *Key-User-Apps* einen erfahrenen Anwender des Kunden, den Key User, durch vordefinierte Szenarien. Abbildung 15.1 zeigt einige davon.

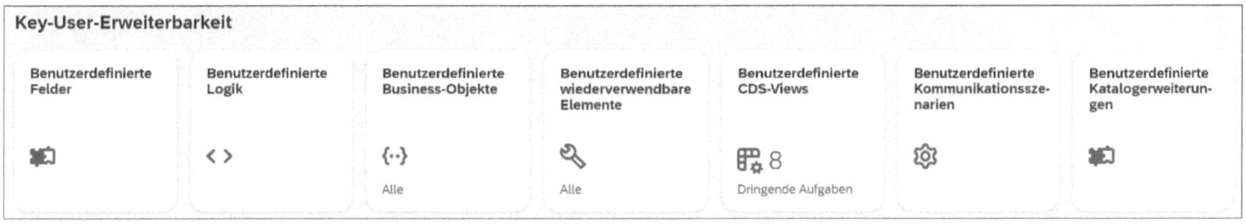

Abbildung 15.1 Key-User-Apps für Erweiterungen

Stabile Erweiterungen

Dabei wurden Techniken und Vorschriften für die Softwareerstellung bei SAP implementiert, die stabile Erweiterungen und Entwicklungen durch Cloud-Kunden, z. B. von CDS-Views, ermöglichen und Probleme beim Upgrade vermeiden. Einen Aspekt davon, die Stabilitätskontrakte und den dazugehörigen Lebenszyklus, haben Sie schon in Kapitel 14 kennengelernt. Die technische Vorgehensweise für solche Erweiterungen stellen wir Ihnen in Abschnitt 15.2, »Stabile CDS-Erweiterungen«, vor. Verwender der Key-User-Apps werden damit jedoch nicht konfrontiert. Sie definieren die gewünschten Erweiterungen, und die Apps übernehmen die technischen Details.

ABAP-Sprachversionen

Für die Implementierung von *benutzerdefinierter Logik*, d. h. einfachem Code an vorgedachten Punkten in der Anwendungslogik (BAdIs), benötigen die Key-User-Apps eine Programmiersprache. Dies sollte wieder ABAP sein. In der klassischen Version kann ABAP jedoch auf alle Tabellen und vieles mehr zugreifen, was den reibungslosen Betrieb gefährden könnte. Um dies zu verhindern, wurde eine neue eingeschränkte Sprachversion von ABAP entwickelt, die Zugriffe nur auf freigegebene Ressourcen, APIs und Entwicklungsobjekte erlaubt, genannt *ABAP-Sprachversion 2*.

Anders als die Key-User-Apps bietet die SAP Business Technology Platform, ABAP Environment als Plattform für Entwicklungen natürlich eine vollständige Entwicklungsumgebung an, die ABAP Development Tools. Um auch hier den Betrieb der Plattform nicht zu stören, wird ebenfalls eine eingeschränkte Sprachversion von ABAP verwendet, genannt *ABAP-Sprachversion 5, ABAP for Cloud Development* oder kurz *ABAP Cloud*.

Diese Sprachversionen erlauben weiterhin die ABAP-typische Softwareentwicklung, führen aber auch entscheidende Neuerungen ein:

- Als Entwicklungsumgebung werden ausschließlich die ABAP Development Tools (ADT) unterstützt.
- Der Sprachumfang ist reduziert, veraltete Sprachelemente wurden entfernt.
- Veraltete Technologien wie Dynpro und Web Dynpro werden nicht unterstützt; stattdessen wird das ABAP RESTful Application Programming Model (siehe Kapitel 11, »Modellierung transaktionaler Anwendungen«) verwendet.
- Die Modifikation von SAP-Entwicklungsobjekten ist verboten.
- Nur freigegebene SAP-Entwicklungsobjekte (siehe Kapitel 14, »Lebenszyklus und Stabilität von Core Data Services«) dürfen verwendet werden.

Visibility von Freigaben

Mittlerweile steht ABAP Cloud bei neuen Installationen der SAP S/4HANA Cloud, public edition zusätzlich zu den Key-User-Apps zur Verfügung. Kunden können ABAP Cloud für die sogenannte *Developer Extensibility*, auch *Cloud Development* genannt, nutzen. In beiden Sprachversionen erfolgt die Freigabe von Entwicklungsobjekten gemäß den Stabilitäts- und Freigabekonzepten, die Sie in Kapitel 14 kennengelernt haben. Bei der Verwendung von freigegebenen SAP-Entwicklungsobjekten gibt es jedoch unterschiedliche Anforderungen an Key-User-Apps und Developer Extensibility. Durch die verschiedenen Sprachversionen ist eine separate Freigabe möglich. Diese wird bei der Anzeige eines API-State als *Visibility* angezeigt, wie Sie später in Abbildung 15.3 sehen werden.

Private Cloud und On-Premise

Der ABAP Extensibility Guide (*http://s-prs.de/v9214027*) erläutert, wie Sie Key-User-Apps und ABAP Cloud auch in einer SAP S/4HANA Cloud, private edition oder in der On-Premise-Variante einsetzen können, um Aufwände beim Upgrade zu vermeiden.

15.2 Stabile CDS-Erweiterungen

Die Erweiterung von Software durch Kunden führte in der Vergangenheit oft zu Problemen beim Upgrade oder schon beim regelmäßigen Einspielen von Korrekturen. Wir wollen uns einige dieser Schwierigkeiten ansehen und uns schrittweise einer Lösung für stabile Erweiterungen nähern.

Modifikationen und Erweiterungsobjekte

Ohne besondere Vorkehrungen durch den Hersteller der Software hat eine Kunde nur die Möglichkeit, die bei ihm installierte Software zu verändern, zu modifizieren, wenn er sie erweitern möchte. Beim nächsten Upgrade der Software werden diese Modifikationen aber überschrieben und müssen erneut durchgeführt werden. Dies bedeutet einen großen Aufwand für den Anwender. Um dies zu vermeiden, führte SAP zu den von Kunden gerne erweiterten Entwicklungsobjekten separate *Erweiterungsobjekte* ein. Diese liegen ganz in der Verantwortung des Kunden und werden beim Upgrade nicht überschrieben. Bei der Verwendung der Software wird immer eine Kombination aus Entwicklungsobjekt von SAP und Erweiterungsobjekt des Kunden ausgeführt. Für CDS-Views z. B. gibt es *CDS-Extensions* als Erweiterungsobjekte, die kundeneigene Felder und Assoziationen zu einem CDS-View beisteuern. Aber was passiert, wenn SAP ein Entwicklungsobjekt löscht oder so verändert, dass das Erweiterungsobjekt nicht mehr dazu passt? Die Erweiterung funktioniert nicht mehr, oder schlimmer, es kommt zu Verzögerungen und Mehraufwand beim Upgrade.

Stabilitätskontrakt C0

Um diese Schwierigkeiten zu verhindern, muss es Regeln geben, die das Zusammenwirken von Standardsoftware und Erweiterungen kontrollieren. Bei CDS-Views, oder allgemein bei aktueller ABAP-basierter Software von SAP, ist dies der *Stabilitätskontrakt C0*, der schon in Kapitel 14 kurz eingeführt wurde. Sein Fokus liegt darauf, *Erweiterungspunkte* zu identifizieren, d. h. stabile Punkte, an denen Erweiterungsobjekte möglich sind, diese für die Erweiterung durch Kunden und Partner freizugeben und die relevanten Eigenschaften eines Erweiterungspunkts stabil zu halten, sodass ein Erweiterungsobjekt durch ein Upgrade nicht invalidiert wird. Details des Kontrakts, insbesondere für CDS-Views, werden bei den folgenden Beispielen erläutert. Der Lebenszyklus des Stabilitätskontrakts C0 umfasst zurzeit nur zwei API-States: freigegeben und nicht freigegeben.

Abhängigkeiten

Oft hängen Entwicklungsobjekte voneinander ab oder bauen aufeinander auf, wie z. B. gestackte CDS-Views. Entsprechend müssten dann auch Erweiterungen aufeinander aufbauen, um z. B. ein Erweiterungsfeld von der Datenbank durch den View-Stack durchzureichen. Wenn der Entwickler nun den Aufbau des View-Stacks ändert und einen beteiligten View durch einen neuen ersetzt, wird die Kette der Erweiterungen unterbrochen. Der Stabilitätskontrakt muss also auch Abhängigkeiten regeln, aber dem Entwickler dennoch genügend Freiraum für innovative Umbauten lassen.

15.2.1 Stabile Erweiterungen von CDS-Views

Abbildung 15.2 zeigt, wie Daten des SAP-Standards erweitert werden. Dafür werden eine Datenbanktabelle und ein CDS-View für stabile Erweiterungen vorbereitet. Ein vollständiges Beispiel mit allen Vorbereitungen und Erweiterungen werden Sie in den Abschnitten 15.2.2, »Beispiel für stabile Erweiterungspunkte«, und 15.2.3, »Erweiterung des Beispiels«, implementieren.

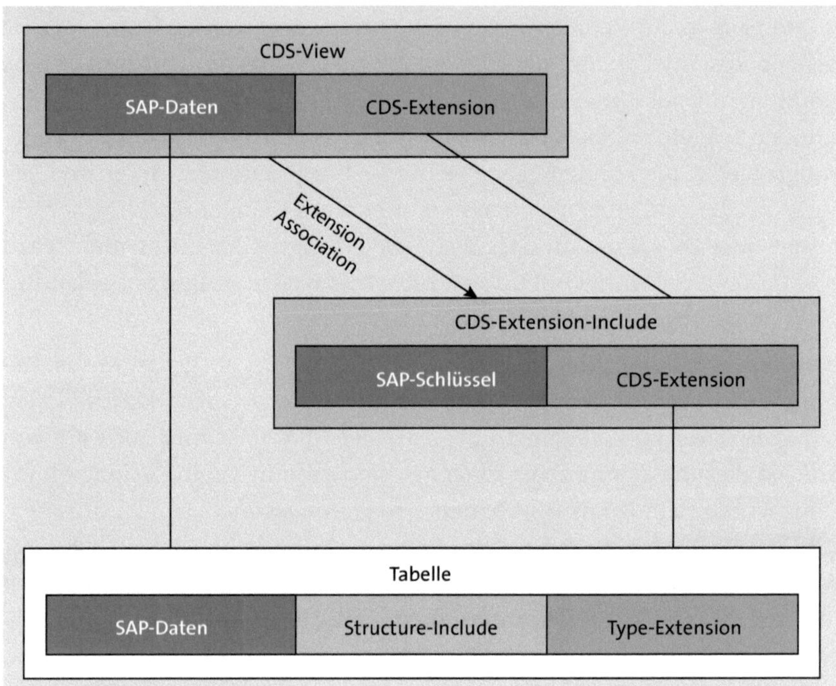

Abbildung 15.2 Erweiterung von Datenbanktabelle und CDS-View

Persistenz

Eine Datenbanktabelle ist kein stabiler Erweiterungspunkt, da SAP sich Änderungen des Persistenzmodells vorbehält. Aber eine Datenstruktur, vielleicht nur eine Gruppe von Feldern oder eine Tabellenzeile, kann als Erweiterungspunkt festgelegt werden. Dieser Erweiterungspunkt wird technisch durch eine ABAP-Datenstruktur repräsentiert, durch ein *Structure-Include*, das in eine Tabelle inkludiert wird. Es bleibt immer mit den SAP-Daten verbunden, auch wenn sich das Persistenzmodell ändert. Sogar wenn die SAP-Daten alternativ in einer separaten Tabelle für transaktionale Draft-Daten gespeichert sind, wird es ebenfalls dort inkludiert. Diese Vorgehensweise macht das Structure-Include zu einem stabilen Erweiterungspunkt, und es kann durch eine *Type-Extension* um kundeneigene Felder erweitert werden. Dadurch stehen Erweiterungsfelder sofort in allen vorgesehenen Tabellen zur Verfügung und können bei einem Umbau der Persistenz zusammen mit den SAP-Daten automatisch verschoben werden.

Ein CDS-View kann durch eine *CDS-Extension* erweitert werden. Wie das im Detail erfolgt, erläutern wir in Abschnitt 15.2.3, »Erweiterung des Beispiels«. Die SAP-Daten liest der View aber oft über einen Stack von CDS-Views, der sich ändern könnte. Für eine stabile Erweiterung müsste jede einzelne Stufe stabil bleiben, was in der Praxis meist nicht sichergestellt werden kann.

CDS-View

Als Alternative beziehen CDS-Extensions ihre Daten häufig von speziellen CDS-Views, *CDS-Extension-Includes*. Dies sind CDS-Views, die den Structure-Includes entsprechen. Sie bilden selbst einen Erweiterungspunkt und werden im Kontrakt C0 freigegeben. Sie selektieren nur den Schlüssel der SAP-Daten direkt von der Datenbanktabelle. Durch eine CDS-Extension können sie um Erweiterungsfelder ergänzt werden, die diese über einen stabilen Aliasnamen von der Tabelle selektiert.

CDS-Extension-Include

Der zu erweiternde CDS-View definiert eine Assoziation zum CDS-Extension-Include, die *Extension-Association*. Eine CDS-Extension des Views kann diese als stabile Abkürzung zur Persistenz der SAP-Daten nutzen und Erweiterungsfelder von dort projizieren.

Extension-Association

15

Die folgenden Beispiele zeigen, wie die neu eingeführten Entwicklungsobjekte für eine Erweiterung mit kundeneigenen Feldern eingesetzt werden.

15.2.2 Beispiel für stabile Erweiterungspunkte

In diesem Abschnitt erläutern wir die Vorbereitungen für stabile Erweiterungen. Diese werden vom Lieferanten der Software, also von SAP oder einem Entwicklungspartner, durchgeführt.

Für die Erweiterung von Datenbanktabelle und CDS-View werden drei stabile Erweiterungspunkte benötigt:

- Structure-Include in der Datenbanktabelle
- CDS-Extension-Include
- CDS-View

Am Beispiel des Views `ZI_SalesOrderItem` aus Kapitel 1, »Schritt für Schritt zu Ihren ersten CDS-Views«, zeigen wir, wie diese aussehen müssen. Wir bereiten den View für die Developer Extensibility vor und diskutieren in Abschnitt 15.2.4, »CDS-Erweiterungen in Produktvarianten«, andere Erweiterungsvarianten.

Structure-Include

Definieren Sie in ADT eine **Structure** `ZSALESORDERITEM_EXT_INCLUDE` wie in Listing 15.1 angegeben, die als Structure-Include verwendet werden soll.

```
@EndUserText.label:
  'Structure Include for Table ZSALESORDERITEM'
@AbapCatalog.enhancement.category:
  #EXTENSIBLE_CHARACTER_NUMERIC
@AbapCatalog.enhancement.fieldSuffix: 'ZSI'
@AbapCatalog.enhancement.quotaMaximumFields: 400
@AbapCatalog.enhancement.quotaMaximumBytes: 5000
@AbapCatalog.enhancement.quotaShareCustomer: 50
@AbapCatalog.enhancement.quotaSharePartner: 50
define structure zsalesorderitem_ext_include {
  dummy_zsalesorderitem_ext_incl : dummy;
}
```

Listing 15.1 Structure-Include »ZSALESORDERITEM_EXT_INCLUDE« für Tabelle »ZSALESORDERITEM«

Rahmenbedingungen für Erweiterungen

Mit der Annotation `@AbapCatalog.enhancement` werden einige Rahmenbedingungen für mögliche Erweiterungen festgelegt:

- die Erweiterungskategorie, die Sie aus dem DDIC kennen
- ein verpflichtendes Suffix für Erweiterungsfelder. Dieses ist eindeutig für ein Structure-Include und verhindert Namenskollisionen, wenn in einer Tabelle mehrere Structure-Includes kombiniert werden.
- Quotaregeln für Erweiterungsfelder, um technische Limits für Datenbanktabellen nicht zu verletzen

Aus technischen Gründen muss ein Structure-Include ein Feld haben, Sie können dieses aber ignorieren.

C0-Freigabe

Geben Sie diese Struktur für den Stabilitätskontrakt C0 frei, indem Sie die Option **Extend (Contract C0)** mit dem **+**-Symbol hinzufügen (siehe Abbildung 15.3). Setzen Sie den **Release State** auf **Released** und wählen Sie **Use in Cloud Development** als **Visibility** aus.

Die Visibility **Use in Key User Apps** kann noch nicht über ADT gesetzt werden, hierfür verwendet SAP eine interne Registrierung (Transaktion SCFD_REGISTRY).

Datenbanktabelle

Nehmen Sie die Struktur nun als Include in Ihre Datenbanktabelle `ZSALESORDERITEM` auf (siehe Listing 15.2). Überprüfen Sie dabei auch die Erweiterungskategorie der Tabelle.

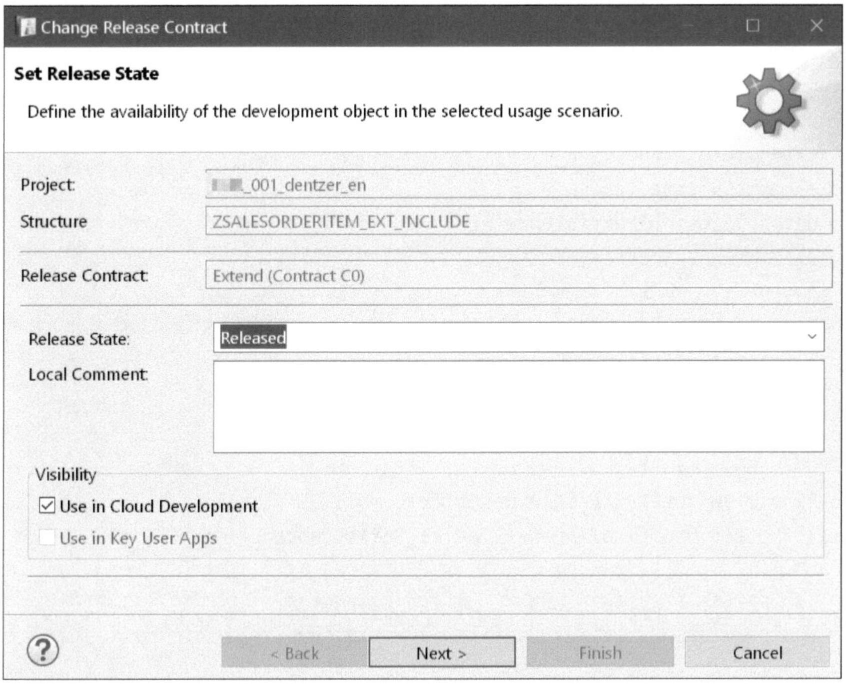

Abbildung 15.3 C0-Freigabe des Structure-Include

```
@EndUserText.label : 'Sales Order Item'
@AbapCatalog.enhancement.category :
  #EXTENSIBLE_CHARACTER_NUMERIC
@AbapCatalog.tableCategory : #TRANSPARENT
@AbapCatalog.deliveryClass : #A
@AbapCatalog.dataMaintenance : #ALLOWED
define table zsalesorderitem {
  key client          : abap.clnt not null;
  key salesorder      : vbeln not null;
  key salesorderitem  : posnr not null;
...
  lastchangedatetime  : last_changed_date_time;
  include zsalesorderitem_ext_include;
}
```

Listing 15.2 Datenbanktabelle »ZSALESORDERITEM« mit dem Structure-Include für Erweiterungen

CDS-Extension-Include

Legen Sie das CDS-Extension-Include `ZE_SalesOrderItem` gemäß Listing 15.3 an. Geben Sie auch dieses im Kontrakt C0 frei.

```
@AccessControl.authorizationCheck: #PRIVILEGED_ONLY
@EndUserText.label:
  'Extension Include View for ZSalesOrderItem'
@AbapCatalog.extensibility: {
  extensible: true,
  elementSuffix: 'ZSI'
  dataSources: ['Persistence'],
  allowNewDatasources: false,
  quota: {
    maximumFields: 1000,
    maximumBytes: 100000
  }
}
@VDM.viewType: #EXTENSION
define view entity ZE_SalesOrderItem
  as select from zsalesorderitem as Persistence
{
  key Persistence.salesorder      as SalesOrder,
  key Persistence.salesorderitem  as SalesOrderItem
}
```

Listing 15.3 CDS-Extension-Include »ZE_SalesOrderItem« für »ZSALESORDERITEM«-Daten

CDS-Extension-Includes im virtuellen Datenmodell sind durch die Annotation `@VDM.viewType: #EXTENSION` gekennzeichnet und tragen das Präfix »E_« in ihrem Namen.

Die Erweiterbarkeit wird durch die Annotation `@AbapCatalog.extensibility` gesteuert. Das CDS-Extension-Include korrespondiert mit dem zuvor eingeführten Structure-Include `ZSALESORDERITEM_EXT_INCLUDE`. Deshalb wird das gleiche Suffix »ZSI« als `elementSuffix` verwendet. Die Gefahr für Namenskollisionen ist bei CDS-Erweiterungen zwar geringer als bei Datenbanktabellen, aber durch das Suffix ist die Zugehörigkeit von Feldern leichter zu erkennen.

Stabile Datenquelle

Wichtig ist die Angabe einer stabilen Datenquelle durch `dataSources: ['Persistence']`. Im Stabilitätskontrakt C0 darf der Name dieser Datenquelle nicht geändert werden, und die Datenquelle muss zumindest auch immer die Erweiterungsfelder des zugehörigen Structure-Include liefern, auch wenn SAP das Persistenzmodell ändert.

CDS-View

Zum Abschluss machen wir den CDS-View `ZI_SalesOrderItem` aus Kapitel 1, »Schritt für Schritt zu Ihren ersten CDS-Views«, zu einem stabilen Erweiterungspunkt. Dazu sind erforderlich:

- die Annotation @AbapCatalog.extensibility
- die Extension-Association _Extension
- die Freigabe nach Stabilitätskontrakt C0

Ergänzen Sie den CDS-View wie in Listing 15.4 gezeigt und geben Sie ihn für den Kontrakt C0 frei.

```
@AccessControl.authorizationCheck: #CHECK
@EndUserText.label: 'Sales Order Item'
@Metadata.ignorePropagatedAnnotations: true
@AbapCatalog.extensibility: {
  extensible: true,
  elementSuffix: 'ZSI',
  allowNewDatasources: false,
  dataSources: ['_Extension'],
  quota: {
    maximumFields: 1000,
    maximumBytes: 100000
} }
define view entity ZI_SalesOrderItem
   as select from zsalesorderitem
   association to parent ZI_SalesOrder as _SalesOrder
      on $projection.SalesOrder = _SalesOrder.SalesOrder
   composition [0..*] of ZI_SalesOrderScheduleLine
      as _ScheduleLine
   association [0..1] to ZI_Product as _Product
      on $projection.Product = _Product.Product
   association [0..1] to ZE_SalesOrderItem as _Extension
   on  $projection.SalesOrder = _Extension.SalesOrder
   and $projection.SalesOrderItem = _Extension.SalesOrderItem
{
...
```

Listing 15.4 CDS-View »ZI_SalesOrderItem« mit Extension-Assoziation

Stabile Datenquelle

Als stabile Datenquelle ist die Extension-Association _Extension angegeben, sodass Erweiterungsfelder oder Assoziationen aus dem CDS-Extension-Include genutzt werden können. Über das CDS-Extension-Include kann der View mit allen Erweiterungsfeldern der ZSALESORDERITEM-Daten stabil erweitert werden. Die Extension-Association selbst wird aber in der Projektionsliste nicht exponiert.

Weitere CDS-Views

Auf die gleiche Weise kann jeder CDS-View erweiterbar gemacht werden, bei dem eine Extension-Association zum CDS-Extension-Include möglich ist, unabhängig davon, wie er definiert wurde. Im konkreten Fall werden dafür die Felder SalesOrder und SalesOrderItem benötigt. Ein CDS-View kann auch mehrere Extension-Associations besitzen, wenn er verschiedene Typen von Daten kombiniert, z. B. Kopf- und Positionsdaten des Auftrags mit Daten des Kunden oder des Materials.

Erweiterung mit Standardfeldern

Der Entwickler eines CDS-Views kann auch andere Datenquellen, besser einen stabilen Aliasnamen von diesen, oder Assoziationen des CDS-Views als stabile Datenquellen angeben. Sinnvoll ist dies aber nur, wenn die Datenquelle bzw. das Assoziationsziel nach dem Stabilitätskontrakt C1 freigegeben ist, denn sonst wäre diese Datenquelle nicht stabil. Auf diese Weise können auch Standardfelder einer stabilen Datenquelle in einen CDS-View aufgenommen werden. Auch bei einer Erweiterung mit einem Standardfeld müssen Sie die Namensregeln für Erweiterungsfelder einhalten, da SAP das Standardfeld in einem späteren Release hinzufügen könnte, was dann zu einer Namenskollision führen würde.

Erweiterung einer analytischen Query

Bei einer analytischen Query ist eine Erweiterung über die Extension-Association nicht möglich, da alle Dimensionsfelder und Kennzahlen vom analytischen Cube-View selektiert werden. Eine Erweiterung ist aber möglich, wenn der Cube-View als stabile Datenquelle der Query annotiert ist. In der Praxis ist die Definition einer eigenen analytischen Query aber oft einfacher.

Neue Datenquellen

Die Verwendung weiterer Datenquellen für Erweiterungsfelder ist in unserem Beispiel durch die Annotation allowNewDatasources: false ausgeschlossen. Weitere Datenquellen können einen negativen Einfluss auf die transaktionalen Eigenschaften oder die Performance des CDS-Views haben, weshalb der Ersteller des CDS-Views dies separat festlegen kann.

15.2.3 Erweiterung des Beispiels

In diesem Abschnitt erläutern wir die Durchführung einer stabilen Erweiterung durch einen Entwickler eines Kunden oder eines Partners.

Erweiterungsdaten

Ziel ist es, die Datenbanktabelle ZSALESORDERITEM und den CDS-View ZI_SalesOrderItem um ein Erweiterungsfeld zu ergänzen. Als Beispiel soll ein Feld dazukommen, das eine Bearbeitungspriorität ausdrückt. Vor der eigentlichen Erweiterung werden eine Werteliste für das Feld und eine Beschreibung der möglichen Werte benötigt. Am einfachsten lässt sich dies durch eine Domäne im ABAP Data Dictionary realisieren.

Domäne, Datenelemente

Legen Sie dazu folgende Entwicklungsobjekte im ABAP Data Dictionary an und aktivieren Sie diese anschließend:

- eine Domäne ZZPRIORITY mit den Festwerten »A«, »B«, »C« und den Texten »Höchste Priorität«, »Wichtig« und »Standard«
- ein Datenelement ZZPRIORITY zu dieser Domäne mit dem Feldbezeichner »Priorität« und dem Kurztext »Priorität für die Bearbeitung«
- ein Datenelement ZZPRIORITYTEXT zur Domäne TEXT60 mit dem gleichen Feldbezeichner und Kurztext

Zugehörige CDS-Views

Definieren Sie nun CDS-Views für die Prioritätswerte und Beschreibungen wie in Listing 15.5 und Listing 15.6 angegeben.

```
@AccessControl.authorizationCheck: #NOT_REQUIRED
@EndUserText.label: 'Processing Priority'
@ObjectModel.representativeKey: 'Priority'
define view entity ZI_Priority as select from dd07l
  association [0..*] to ZI_PriorityText as _Text
    on $projection.Priority = _Text.Priority
{     @ObjectModel.text.association: '_Text'
  key cast( dd07l.domvalue_l as zzpriority ) as Priority,
      _Text
}
where
      dd07l.domname  = 'ZZPRIORITY'
  and dd07l.as4local = 'A'
  and dd07l.as4vers  = '0000'
```

Listing 15.5 CDS-View »ZI_Priority« für die Prioritätswerte

```
@AccessControl.authorizationCheck: #NOT_REQUIRED
@EndUserText.label: 'Priority Description'
@ObjectModel.dataCategory: #TEXT
@ObjectModel.representativeKey: 'Priority'
define view entity ZI_PriorityText as select from dd07t
  association [1..1] to ZI_Priority as _Priority
    on $projection.Priority = _Priority.Priority
  association [0..1] to I_Language as _Language
    on $projection.Language = _Language.Language
{     @ObjectModel.foreignKey.association: '_Language'
      @Semantics.language: true
  key cast( dd07t.ddlanguage as spras preserving type )
        as Language,
      @ObjectModel.foreignKey.association: '_Priority'
      @ObjectModel.text.element: ['PriorityText']
  key cast( dd07t.domvalue_l as zzpriority ) as Priority,
      @Semantics.text: true
```

```
      cast( dd07t.ddtext as zzprioritytext preserving type )
        as PriorityText,
      _Priority,
      _Language
}
where dd07t.domname  = 'ZZPRIORITY'
  and dd07t.as4local = 'A'
  and dd07t.as4vers  = '0000'
```

Listing 15.6 CDS-Text-View »ZI_PriorityText« für die Beschreibungen der Prioritäten

[!]

Selektion von Domänenfestwerten

Die Developer Extensibility in einem Cloud-System erlaubt keinen Zugriff auf die Tabellen DD07L und DD07T, die alle Domänenfestwerte und deren Texte enthalten. Stattdessen können Sie die CDS-Views DDCDS_CUSTOMER_DOMAIN_VALUE und DDCDS_CUSTOMER_DOMAIN_VALUE_T verwenden, um die Festwerte und Texte der Domänen zu lesen, die in einer Softwarekomponente des Kunden liegen.

Überblick des Beispiels

Abbildung 15.4 zeigt die im letzten Abschnitt definierten Erweiterungspunkte:

- das Structure-Include ZSALESORDERITEM_EXT_INCLUDE
- das CDS-Extension-Include ZE_SalesOrderItem
- den CDS-View ZI_SalesOrderItem

Diese werden nun jeweils erweitert.

Erweiterung der Tabelle

Legen Sie als Erstes die Type-Extension ZSALESORDERITEM_EXT_PRIO in ADT als **Structure** an wie in Listing 15.7 angegeben.

```
@AbapCatalog.enhancement.category : #NOT_EXTENSIBLE
extend type zsalesorderitem_ext_include with
  zsalesorderitem_ext_prio
{
  zzpriorityzsi : zzpriority;
}
```

Listing 15.7 Type-Extension »ZSALESORDERITEM_EXT_PRIO« für das Structure-Include »ZSALESORDERITEM_EXT_INCLUDE«

Die Type-Extension erweitert das Structure-Include und damit auch die Datenbanktabelle.

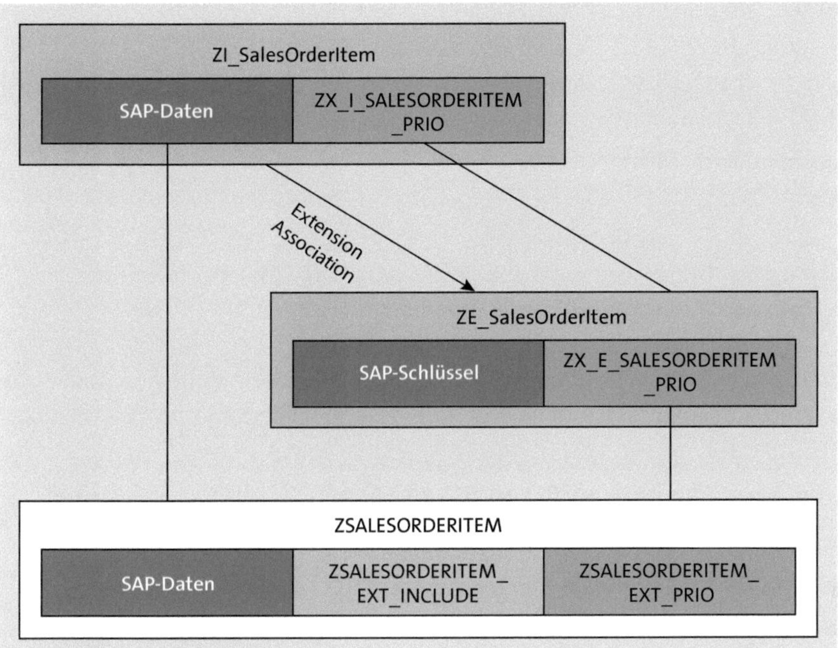

Abbildung 15.4 Erweiterungspunkte und Erweiterungen

Name des Erweiterungsfelds

Verwenden Sie für den Namen Ihres Erweiterungsfelds das Suffix »ZSI«, das im Structure-Include ZSALESORDERITEM_EXT_INCLUDE festgelegt wurde (siehe Listing 15.1). Beachten Sie auch die generelle Regel zur Vermeidung von Namenskollisionen und verwenden Sie Ihren eigenen Namensraum oder »ZZ« als Präfix. Daraus ergibt sich für Ihr Erweiterungsfeld der Name »ZZPriorityZSI«.

[!]

Regel zur Vermeidung von Namenskollisionen

Verwenden Sie für die Namen von Erweiterungsfeldern oder Erweiterungsassoziationen immer ein Präfix, um Kollisionen mit existierenden oder zukünftigen Namen im SAP-Standard zu vermeiden. Bei Assoziationen kann vor dem Präfix noch ein Unterstrich (_) stehen.

Verwenden Sie für Kundenerweiterungen das Präfix ZZ, für Partner deren spezifischen ABAP-Namensraum.

Erweiterung des CDS-Extension-Include

Nun können Sie das CDS-Extension-Include mit einer CDS-Extension erweitern. Legen Sie dazu in ADT eine **Data Definition** ZX_E_SALESORDERITEM_PRIO an wie in Listing 15.8 angegeben.

```
extend view entity ZE_SalesOrderItem with
  association [0..1] to ZI_Priority as _ZZPriorityZSI
    on $projection.ZZPriorityZSI = _ZZPriorityZSI.Priority
{ @ObjectModel.foreignKey.association: '_ZZPriorityZSI'
  Persistence.zzpriorityzsi as ZZPriorityZSI,
  _ZZPriorityZSI
}
```

Listing 15.8 CDS-Erweiterung »ZX_E_SALESORDERITEM_PRIO« des CDS-Extension-Include »ZE_SalesOrderItem«

In der CDS-Extension können Sie eine neue Assoziation anlegen und exponieren. Auch Annotationen an den Erweiterungselementen sind möglich.

CDS-Erweiterungen

Beachten Sie, dass es verschiedene Syntaxvarianten für CDS-Erweiterungen gibt, je nach Typ der erweiterten CDS-Entität:

- für DDIC-basierte CDS-Views: `extend view`
- für CDS-View-Entitäten: `extend view entity`
- für CDS-Abstract-Entitäten: `extend abstract entity`
- für CDS-Custom-Entitäten: `extend custom entity`

Erweiterung des CDS-Views

Schließlich können Sie den CDS-View `ZI_SalesOrderItem` durch die CDS-Extension `ZX_I_SALESORDERITEM_PRIO` erweitern, wie in Listing 15.9 angegeben.

```
extend view entity ZI_SalesOrderItem with
{ @ObjectModel.foreignKey.association: '_ZZPriorityZSI'
  _Extension.ZZPriorityZSI,
  _Extension._ZZPriorityZSI
}
```

Listing 15.9 CDS-Extension »ZX_I_SALESORDERITEM_PRIO« des CDS-Views »ZI_SalesOrderItem«

In diesem Beispiel ist beim CDS-View die Propagation von Annotationen unterbunden. Daher müssen Sie die Fremdschlüsselannotation in der CDS-Extension ergänzen. Damit ist unser vollständiges Beispiel zur stabilen Felderweiterung von CDS-Views komplett.

Um den CDS-View zusammen mit den Erweiterungen anzuzeigen, positionieren Sie den Cursor in einem Editorfenster der ADT auf den Namen des Views und drücken die Taste [F2] (siehe Abbildung 15.5).

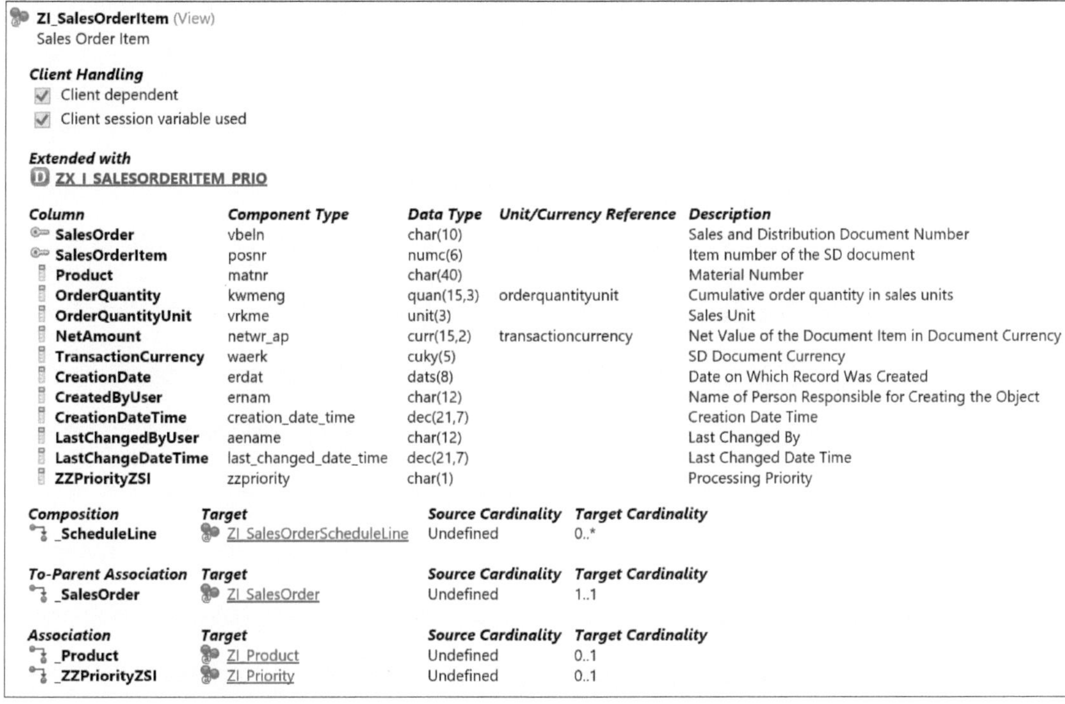

ZI_SalesOrderItem (View)
Sales Order Item

Client Handling
☑ Client dependent
☑ Client session variable used

Extended with
ZX_I_SALESORDERITEM_PRIO

Column	Component Type	Data Type	Unit/Currency Reference	Description
SalesOrder	vbeln	char(10)		Sales and Distribution Document Number
SalesOrderItem	posnr	numc(6)		Item number of the SD document
Product	matnr	char(40)		Material Number
OrderQuantity	kwmeng	quan(15,3)	orderquantityunit	Cumulative order quantity in sales units
OrderQuantityUnit	vrkme	unit(3)		Sales Unit
NetAmount	netwr_ap	curr(15,2)	transactioncurrency	Net Value of the Document Item in Document Currency
TransactionCurrency	waerk	cuky(5)		SD Document Currency
CreationDate	erdat	dats(8)		Date on Which Record Was Created
CreatedByUser	ernam	char(12)		Name of Person Responsible for Creating the Object
CreationDateTime	creation_date_time	dec(21,7)		Creation Date Time
LastChangedByUser	aename	char(12)		Last Changed By
LastChangeDateTime	last_changed_date_time	dec(21,7)		Last Changed Date Time
ZZPriorityZSI	zzpriority	char(1)		Processing Priority

Composition	Target	Source Cardinality	Target Cardinality
_ScheduleLine	ZI_SalesOrderScheduleLine	Undefined	0..*

To-Parent Association	Target	Source Cardinality	Target Cardinality
_SalesOrder	ZI_SalesOrder	Undefined	1..1

Association	Target	Source Cardinality	Target Cardinality
_Product	ZI_Product	Undefined	0..1
_ZZPriorityZSI	ZI_Priority	Undefined	0..1

Abbildung 15.5 Erweiterter CDS-View

CDS-Erweiterungen von SAP

SAP nutzt CDS-Erweiterungen intern in Branchenlösungen oder in landesspezifischen Erweiterungen. Diese werden durch die Annotation `@VDM.viewExtension: true` gekennzeichnet und haben ein Präfix »X_« in ihrem Namen.

15.2.4 CDS-Erweiterungen in Produktvarianten

Developer Extensibility

Das Beispiel der letzten beiden Abschnitte haben wir für die Developer Extensibility vorbereitet und so erweitert, wie dies in der zugehörigen eingeschränkten Sprachversion von ABAP möglich ist. In der SAP Business Technology Platform, ABAP Environment oder in SAP S/4HANA Cloud, public edition mit Developer Extensibility können Sie alle CDS-Views auf diese Art erweitern, die entsprechend freigegeben sind.

Beim Öffnen in ADT können Sie die freigegebenen CDS-Views und andere Entwicklungsobjekte durch einen Filter **api:extend_in_cloud_development** leicht selektieren, siehe Abbildung 15.6.

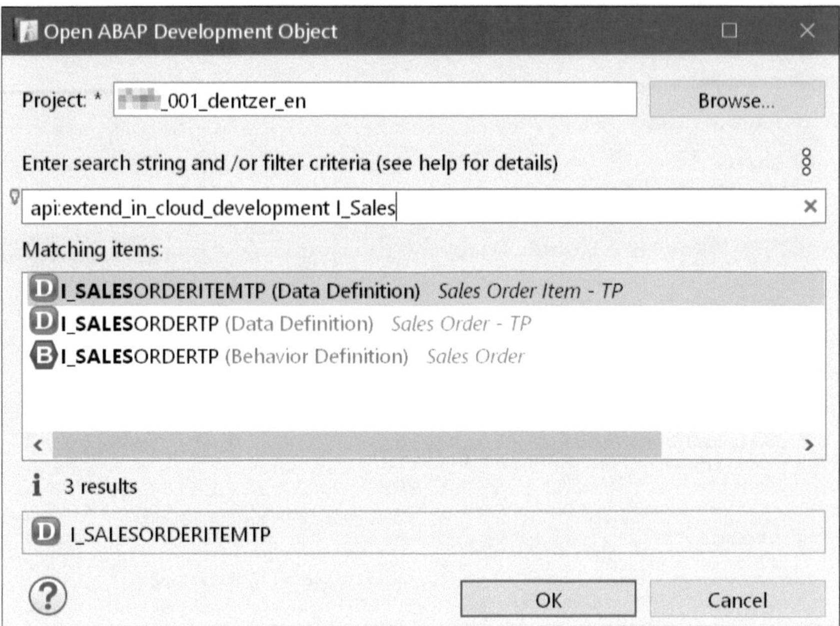

Abbildung 15.6 Öffnen-Dialog der ADT mit Filter auf C0-Freigabe für die Verwendung in Developer Extensibility

Key User Extensibility

Die C0-Freigabe für Key User Extensibility ist auch in ADT sichtbar, z. B. in Abbildung 15.7. Detailinformationen dazu werden zurzeit aber nicht im CDS-View selbst abgelegt, sondern separat in einem spezifischen Repository.

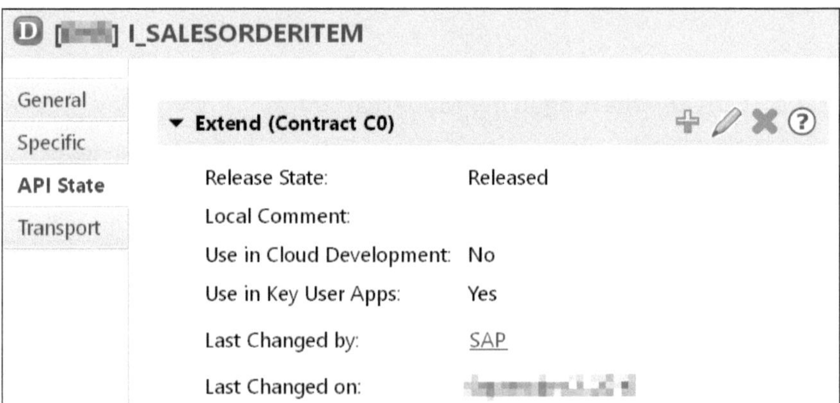

Abbildung 15.7 C0-Freigabe für Key-User-Apps

Technisch verwenden die Key-User-Apps für CDS-Erweiterungen aber die gleiche Vorgehensweise mit einem Structure-Include, einem CDS-Extension-Include und dem CDS-View mit der Extension-Association als stabilen Erweiterungspunkt. Nur werden die Type-Extensions und CDS-Extensions von den Key-User-Apps generiert und verwaltet.

On-Premise Extensibility

Wenn Sie Erweiterungen für eine SAP-S/4HANA-Installation On-Premise oder in der Private Cloud entwickeln, können Sie auch vom Stabilitätskontrakt C0 profitieren, wenn Sie den Lebenszyklus der freigegebenen Objekte beachten und dieselben Erweiterungspunkte nutzen.

15.3 Erweiterungen von transaktionalen Modellen

Im folgenden Abschnitt schauen wir uns nun die Erweiterungsmöglichkeiten von transaktionalen Modellen und deren Objekten an.

15.3.1 Felder an einer Entität hinzufügen

Wir haben bereits gelernt, wie man Felder an CDS-Entitäten erweitern kann. Das Gleiche kann man auch an transaktionalen CDS-Entitäten machen, und beim Lesen über SQL und je nach Implementierung über EML funktioniert das auch wunderbar. Natürlich soll es dann auch möglich sein, diese Felder zu editieren. Auch das funktioniert oftmals automatisch, sofern die implementierte Logik dies unterstützt und z. B. mit `CORRESPONDING` arbeitet.

Beispiel: Felderweiterung

In unserem Beispiel ist dies der Fall, daher erweitern wir im kompletten Stack (bis zur UI-Projektion) zwei Felder in der Kundenauftragsposition. Dazu ergänzen wir die Erweiterung aus Abschnitt 15.2.3, »Erweiterung des Beispiels«, um ein weiteres Feld (siehe Listing 15.10).

```
@AbapCatalog.enhancement.category : #NOT_EXTENSIBLE
extend type zsalesorderitem_ext_include with
  zsalesorderitem_ext_prio
{
  zzpriorityzsi : zzpriority;
  zzpriority2zsi : zzpriority;
}
```

Listing 15.10 Ergänzung der Type-Extension für den Structure-Include der Datenbanktabelle

Wenn die zugehörige Draft-Tabelle das Structure-Include ebenfalls enthält, wie es sein sollte, so wird diese auch entsprechend erweitert.

Als Nächstes erweitern wir die CDS-Views im transaktionalen Stack. Dabei nehmen wir an, dass diese Views wie in Abschnitt 15.2.2, »Beispiel für stabile

Erweiterungspunkte«, gezeigt für Erweiterungen vorbereitet sind, ihre primäre Datenquelle stabil ist und sie nach Stabilitätskontrakt C0 freigegeben wurden (siehe Listing 15.11 und Listing 15.12).

```
extend view entity ZR_SalesOrderItem with
{
  zsalesorderitem.zzpriorityzsi as ZZPriorityZSI,
  zsalesorderitem.zzpriority2zsi as ZZAdditionalPriorityZSI
}
```

Listing 15.11 Erweiterung des Basic-CDS-Views

```
extend view entity ZR_SalesOrderItemTP with
{
  ZR_SalesOrderItem.ZZPriorityZSI,
  ZR_SalesOrderItem.ZZAdditionalPriorityZSI
}
```

Listing 15.12 Erweiterung des transaktionalen CDS-Views

Da die Draft-Tabelle der zugrunde liegenden Entität die Erweiterungsfelder aus dem Structure-Include auch enthält, bleibt die Verhaltensdefinition weiterhin fehlerfrei.

Um die Felder in den OData-Service für die Benutzeroberfläche zu bringen, erweitern wir zuletzt noch den entsprechenden Projektions-View (siehe Listing 15.13). Analog könnten die Felder auch in das Verhaltens-Interface oder den OData-Service für ein Web-API ergänzt werden.

```
extend view entity ZC_SalesOrderItemTP with
{
  ZR_SalesOrderItemTP.ZZPriorityZSI,
  ZR_SalesOrderItemTP.ZZAdditionalPriorityZSI
}
```

Listing 15.13 Erweiterung des CDS-Projektions-Views

Nun sind beide Felder bereits in der Benutzerschnittstelle vorhanden und können in der Liste personalisiert werden. Um diese standardmäßig anzuzeigen, erweitern wir noch die UI-Annotationen entsprechend über eine Metadatenerweiterung (siehe Listing 15.14), die Sie ebenfalls bereits kennen.

```
@Metadata.layer: #CUSTOMER
annotate view ZC_SalesOrderItemTP with
{
  @UI.lineItem: [{position: 80, importance: #HIGH}]
```

```
  @UI.fieldGroup: [{qualifier: 'GeneralData',
                    position: 80, importance: #HIGH }]
  ZZPriorityZSI;
  @UI.lineItem: [{position: 90, importance: #HIGH}]
  @UI.fieldGroup: [{qualifier: 'GeneralData',
                    position: 90, importance: #HIGH }]
  ZZAdditionalPriorityZSI;
}
```

Listing 15.14 Metadatenerweiterung

Beim Editieren werden Sie feststellen, dass das erste Erweiterungsfeld auch im Draft funktioniert und beim Aktivieren des Drafts in der Persistenz gespeichert wird und der Wert nach dem Sichern vorhanden ist. Beim zweiten Feld ist der Wert im Draft gespeichert, aber beim Aktivieren geht der Wert verloren. Das liegt daran, dass wir hier in dem CDS-View ein Aliasing vorgenommen haben und die umgesetzte Logik mit CORRESPONDING hier nicht ausreicht.

Verhaltensdefinition erweitern

Um dies zu erreichen, müssen wir nun auch die Verhaltensdefinition erweitern und das korrekte Mapping dieses einen Felds sicherstellen. Als Voraussetzung für die Erweiterung einer Verhaltensdefinition muss diese (ebenso wie CDS-Entitäten und Tabellen) Erweiterungen erlauben. Dies erfolgt über das Schlüsselwort extensible; auf Ebene der Verhaltensdefinition, sowie aller Entitäten, die erweitert werden können. Für den speziellen Fall des Mappings auf die Datenbanktabelle muss auch das Mapping selbst erweiterbar sein.

In unserem Beispiel ergänzen wir diese Möglichkeit für alle Entitäten wie in Listing 15.15 gezeigt.

```
define behavior for ZR_SalesOrderItemTP alias SalesOrderItem
...
extensible
{
  ...
  mapping for zsalesorderitem
    corresponding extensible;
}
```

Listing 15.15 Verhaltensdefinition erweiterbar

Nun können wir eine Erweiterung für die Verhaltensdefinition anlegen. Wählen Sie hierzu im Kontextmenü der Verhaltensdefinition, die erweitert werden soll, **New Behavior Extension**. Im Dialog vergeben Sie einen Namen und eine Beschreibung für die Erweiterung (siehe Abbildung 15.8). Optional können Sie auch ein Verhaltens-Interface angeben. Das ist wichtig, wenn Sie z. B. in der ABAP-Sprachversion ABAP Cloud arbeiten und nur freigegebene Objekte verwenden können. Da in der Regel nur Verhaltens-Interfaces freigegeben sind, ist mit deren Angabe auch nur diese Sicht für die Erweiterung verfügbar.

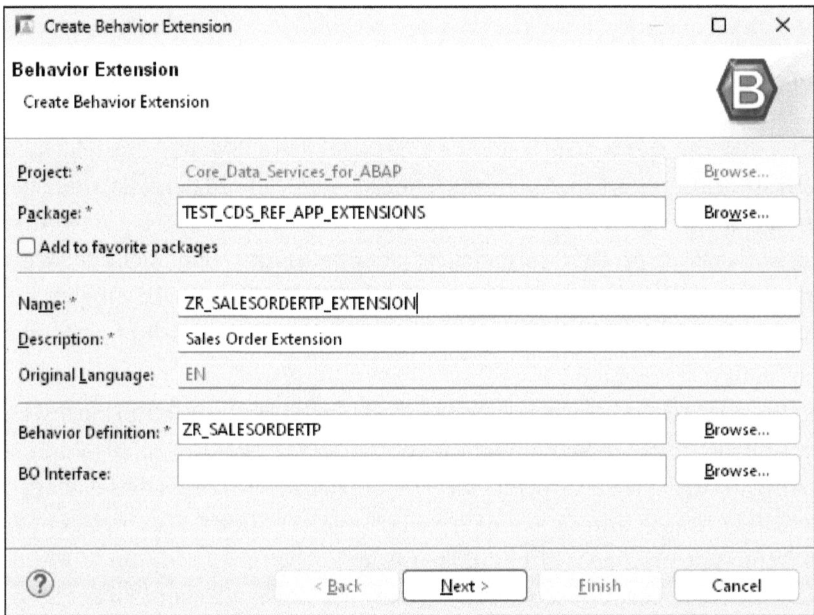

Abbildung 15.8 ADT – Verhaltenserweiterung anlegen

In der Erweiterung können wir nun das Mapping entsprechend definieren, sodass auch das zweite Feld korrekt übernommen und gespeichert wird (siehe Listing 15.16).

```
extend behavior for SalesOrderItem
{
  field ( features : instance ) ZZAdditionalPriorityZSI;
  extend mapping for zsalesorderitem
    {
      ZZAdditionalPriorityZSI = zpriority2zsi;
    }
}
```

Listing 15.16 Mapping zur Verhaltenserweiterung

Entsprechend können wir in der Erweiterung auch jegliche Funktionalität der Verhaltensdefinition auf diesen Feldern nutzen, wie z. B. spezifische Feldkontroller usw., wie in Listing 15.16 angedeutet.

In der Verhaltenserweiterung ist noch viel mehr möglich, verbleiben wir zunächst aber noch bei der einfachen Felderweiterung.

15.3.2 Anwendungslogik ergänzen

In der Regel wollen wir nicht nur Felder hinzufügen, die man editieren und speichern kann, sondern wir wollen diese Felder auch nutzen. Um Anwendungslogik zu ergänzen, helfen generell natürlich immer *Business Add-Ins* (BAdIs) der Anwendung an den entsprechenden Stellen. Im Falle einer Verhaltensdefinition des Typs MANAGED gibt es jedoch noch weitere und bessere Möglichkeiten. Hier kann die Erweiterung auch eigene Determinations und Validierungen ergänzen, sofern dies wiederum in der Verhaltensdefinition erlaubt ist:

```
extensible { with determinations on modify;
             with determinations on save;
             with validations on save; }
```

Bei Erweiterungen von Determinations und Validierungen stellt sich sofort die Frage nach den Determine-Aktionen und insbesondere der speziellen Determine-Aktion Prepare für den Draft. Daher sollte zumindest diese ebenfalls so gestaltet sein, dass sie erweitert werden kann. Dies muss explizit erfolgen über:

```
draft determine action Prepare extensible {...}
```

Hier sollte man auch daran denken, die entsprechende Seiteneffektdefinition, sofern vorhanden, ebenso zu erweitern.

Beispiel: Determination und Validierung erweitern

In unserem Beispiel ergänzen wir nun eine Validierung für die Erweiterungsfelder und nehmen diese auch zugleich in die Prepare-Aktion mit auf. Da wir nun auch in der Erweiterung etwas implementieren müssen, wird ebenso die Angabe einer entsprechenden Implementierungsklasse benötigt (siehe Listing 15.17).

```
extension implementation
  in class zbp_r_salesordertp_extension unique;
extend behavior for SalesOrder
{
  extend draft determine action Prepare
  {
```

```
    validation SalesOrderItem~VerifyPriority;
  }
  side effects
  {
    determine action Prepare
        executed on field CreationDateTime
    affects field _Item.ZZPriorityZSI,
            field _Item.ZZAdditionalPriorityZSI;
  }
}
extend behavior for SalesOrderItem
{
  validation VerifyPriority on save
    { field ZZPriorityZSI, ZZAdditionalPriorityZSI; }
}
```

Listing 15.17 Verhaltenserweiterung – Validierung

[»]

Seiteneffekte erweitern

Aktuell ist es nicht möglich, in der Syntax nur den globalen Seiteneffekt zu erweitern. Daher behelfen wir uns hier als Workaround mit einem nicht änderbaren Feld als Auslöser.

15.3.3 Aktions- und Funktionsparameter und -ergebnis erweitern

Ebenso wie die Entitäten einer Verhaltensdefinition können auch die abstrakten CDS-Entitäten erweitert werden, die als Parameter- und Ergebnisdatentypen von Aktionen und Funktionen genutzt werden. Auch hier gilt wieder, dass in manchen Fällen und bei vorhandener CORRESPONDING-Logik alles automatisch funktioniert, allerdings eher seltener als bei den echten Entitäten. In der Regel wir hier jedoch meist auch Coding benötigt, um auf die Parameter zu reagieren oder das Resultat zu erweitern. Beispiele hierfür wären die Prüfung der eingehenden Parameter und deren Einfluss auf die Implementierung und das korrekte Ergänzen des Resultats. Hier muss die Anwendung zwingend BAdIs bereitstellen, da es aktuell keine modellierten Möglichkeiten gibt.

Beispiel: Ergebnisdatentyp einer Funktion erweitern

In unserem Beispiel haben wir einen einfachen Fall, der automatisch funktioniert, wenn wir uns an die Namensgleichheit halten. Wir erweitern den tiefen Ergebnisdatentyp der Aktion GetSalesOrder und dort den Datentyp für die Kundenauftragsposition entsprechend mit unserem Erweiterungsfeld (siehe Listing 15.18).

```
extend abstract entity ZD_SalesOrderGetItemResult with
{
  zzpriorityzsi : zzpriority;
}
```

Listing 15.18 Erweiterung des Ergebnisdatentyps

Das Ergebnis der Funktion ist nun um ein Feld reicher, und dieses wird durch die existierende implementierte Logik auch bereits korrekt gefüllt. Es ist also kein BAdI o. Ä. notwendig.

15.3.4 Verhalten erweitern

Wie in Abschnitt 15.3.1, »Felder an einer Entität hinzufügen«, bereits angekündigt, ist es möglich, in einer Verhaltensdefinition noch viel mehr zu ergänzen. Im Prinzip steht die komplette Funktionalität zur Verfügung, die im Kapitel 11, »Modellierung transaktionaler Anwendungen«, beschrieben wird. So können wie bereits erwähnt Feldeigenschaften definiert und implementiert werden, neue Aktionen oder Funktionen mit all ihren Eigenschaften ergänzt, Mappings und Seiteneffekte definiert werden usw.

15

Features und Berechtigungen erweitern

Bei Feature-Kontrolle von Feldern oder Aktionen sowie deren Berechtigungsprüfungen stehen in der Signatur der Erweiterungsimplementierung nur die eigenen Felder und Aktionen zur Verfügung. Sofern Aktionen eigene Berechtigungsobjekte prüfen und nicht z. B. über `authorization:update` an die Standardimplementierung delegieren, sollten diese Berechtigungsobjekte auch in den Berechtigungskontext aufgenommen bzw. privilegiert werden. Dies erfolgt über:

```
with privileged mode disabling <AuthorizationContext>;
define authorization context <AuthorizationContext>
  { '<AuthorizationObject>'; ... }
```

Durch die Ergänzung des privilegierten Berechtigungskontexts wird der eigene Berechtigungskontext automatisch ergänzt. Sollte im Ausnahmefall eine Berechtigung nicht privilegiert aufgerufen werden können, kann der eigene Berechtigungskontext wie folgt erweitert werden:

```
extend own authorization context
  { '<AuthorizationObject>'; ... }
```

Events erweitern

Auch Events können in einer Verhaltenserweiterung definiert werden. Empfohlen sind hier die in Kapitel 11 beschriebenen `managed events`. Hierfür ist nichts Weiteres notwendig.

Allerdings gibt es auch Anwendungsfälle eigene Events zu definieren. Um diese dann an der richtigen Stelle auszulösen, ist ein entsprechender Exit in der späten Save-Phase notwendig. Dies kann wiederum ein BAdI sein oder – im Falle vom Implementierungstyp MANAGED – eine eigene Implementierung additional save. Dies wiederum muss in der Verhaltensdefinition erlaubt werden:

```
extensible { with additional save; }
```

Ist dies der Fall, kann nun auch in der Erweiterung einer Entität die bekannte Syntax genutzt und eine entsprechende Handler-Methode implementiert werden. In dieser kann dann z. B. das Event ausgelöst werden.

Beispiel: Aktion hinzufügen

Exemplarisch wollen wir nun einige der Möglichkeiten anhand einer eigenen neuen Aktion zeigen. Hierzu definieren wir eine Aktion, die unser zweites Erweiterungsfeld setzen soll (siehe Listing 15.19). Entsprechend setzen wir dieses auf nicht änderbar und definieren die Aktion mit der bekannten Syntax. Zudem definieren wir für die Aktion entsprechend noch den zugehörigen Seiteneffekt für das korrekte Verhalten der Benutzeroberfläche.

```
extend behavior for SalesOrderItem
{
  action ( authorization : instance, features : instance,
           precheck ) SetAdditionalPriority;
  ...
  field ( readonly ) ZZAdditionalPriorityZSI;
  side effects { action SetAdditionalPriority
                 affects field ZZAdditionalPriorityZSI; }
}
```

Listing 15.19 Verhaltenserweiterung – Aktion hinzufügen

Nach Implementierung der Aktion sowie der gewünschten Funktionen wie Berechtigungen, Features oder Precheck kann diese bereits genutzt werden.

Entsprechend wollen wir diese Aktion nun auch in der Benutzeroberfläche anbieten. Hierzu müssen wir noch analog eine Erweiterung der Verhaltensprojektion anlegen und die Aktion dementsprechend exponieren (siehe Listing 15.20).

```
extension for projection;
extend behavior for SalesOrderItem
{
```

```
  use action SetAdditionalPriority;
}
```

Listing 15.20 Verhaltenserweiterung Projektion – Aktion hinzufügen

Die Aktion ist nun auch im OData-Service vorhanden.

Zuletzt ergänzen wir noch die Metadatenerweiterung um weitere UI-Annotationen, damit die Aktion auch sichtbar und verwendbar wird (siehe Listing 15.21).

```
@Metadata.layer: #CUSTOMER
annotate view ZC_SalesOrderItemTP with
{
  @UI.lineItem:
    [{ position: 80, importance: #HIGH},
     { type: #FOR_ACTION, invocationGrouping: #CHANGE_SET,
       dataAction: 'SetAdditionalPriority',
       label: 'Set Additional Priority' }]
  @UI.fieldGroup:
    [{ qualifier: 'GeneralData', position: 80,
       importance: #HIGH },
     { type: #FOR_ACTION, invocationGrouping: #CHANGE_SET,
       dataAction: 'SetAdditionalPriority',
       label: 'Set Additional Priority' }]
  ZZPriorityZSI;
  ...
}
```

Listing 15.21 Metadatenerweiterung – Aktion hinzufügen

Damit erscheint die Aktion nun als Button in der Benutzeroberfläche und kann entsprechend ausgeführt werden.

15.3.5 Neue Kindentität hinzufügen

Eine etwas umfangreichere Erweiterung ist die Ergänzung um eine eigene transaktionale Entität. Auch diese Erweiterungsmöglichkeit ist aktuell nur für den Implementierungstyp `MANAGED` möglich. Vorausetzung ist die Erlaubnis, im zugrunde liegenden CDS-Datenmodell eine Assoziation vom Typ Komposition zu ergänzen. Dies erfolgt über folgende Annotation:

```
@AbapCatalog.extensibility.allowNewCompositions: true
```

Mehr ist nicht notwendig, außer natürlich, die Erlaubnis in der Verhaltensdefinition Erweiterungen an der entsprechenden Entität vorzunehmen, die wir bereits eingerichtet haben.

Beispiel: Entität hinzufügen

Um eine Entität hinzuzufügen, definieren wir für diese zunächst einmal eine Datenbanktabelle und den dazugehörigen CDS-View. Wichtig für den transaktionalen CDS-View ist die Assoziation zum Kompositionsvater. Wir wollen exemplarisch eine Entität im Kundenauftragskopf mit einer Liste von Gutscheincodes ergänzen.

```
@AccessControl.authorizationCheck: #NOT_REQUIRED
@EndUserText.label: 'Sales Order Discount Codes'
define view entity ZR_SalesOrderDiscountCodeTP
  as select from zsalesorderdis
  association to parent ZR_SalesOrderTP as
_SalesOrder on $projection.SalesOrder = _SalesOrder.SalesOrder
{
  key salesorder          as SalesOrder,
  key discountuuid        as DiscountUUID,
      discount_code       as DiscountCode,
      @Semantics.user.createdBy: true
      createdbyuser       as CreatedByUser,
      @Semantics.systemDateTime.createdAt: true
      creationdatetime    as CreationDateTime,
      @Semantics.user.lastChangedBy: true
      lastchangedbyuser   as LastChangedByUser,
      @Semantics.systemDateTime.lastChangedAt: true
      lastchangedatetime as LastChangeDateTime,
      _SalesOrder
}
```

Listing 15.22 Erweiterungsentität definieren

Um diese nun in den Kompositionsbaum einzufügen, erweitern wir den CDS-View des Kundenauftragskopfs um eine Komposition.

```
extend view entity ZR_SalesOrderTP with
composition [0..*] of ZR_SalesOrderDiscountCodeTP as _
SalesOrderDiscountCode
{
  _SalesOrderDiscountCode
}
```

Listing 15.23 Kompositionsassoziation zur Erweiterungsentität

Nun haben wir die Möglichkeit, die Entität auch in der Verhaltensdefinition als transaktional zu definieren und zu integrieren. Hierzu definieren wir das Verhalten wie für jede andere Entität, und uns steht das komplette Funktionsset zur Verfügung.

Ein Unterschied besteht dann, dass bei der Definition der abhängigen Funktionalitäten wie Sperre, Etag, Berechtigung und Änderungsbelege nur anonyme Abhängigkeiten definiert werden können. Damit bleibt es für die Erweiterung transparent, ob z. B. der Berechtigungsmaster die direkte Vaterentität ist oder eine höher gelegene Entität bis hin zur Wurzel. Diese Modellierung erlaubt der erweiterbaren Anwendung volle Flexibilität, auch nachträgliche Anpassungen des Modells sind möglich, ohne dass dadurch existierende Erweiterungen inkonsistent werden.

Zudem muss die neue Komposition ebenfalls in der Verhaltenserweiterung definiert werden (siehe Listing 15.24).

```
extend behavior for SalesOrder
{
  ...
  association _SalesOrderDiscountCode { create; with draft; }
  ...
}

define behavior for ZR_
SalesOrderDiscountCodeTP alias SalesOrderDiscountCode
persistent table zsalesorderdis
draft table zsalesorderdisd
lock dependent
etag master LastChangeDateTime
authorization dependent
changedocuments dependent
{
  update;
  delete;
  association _SalesOrder { with draft; }
  field ( readonly ) SalesOrder;
  field ( readonly, numbering : managed ) DiscountUUID;
  field ( readonly ) CreatedByUser;
  field ( readonly ) CreationDateTime;
  field ( readonly ) LastChangedByUser;
  field ( readonly ) LastChangeDateTime;
  mapping for zsalesorderdis corresponding
    {
```

```
      DiscountCode = discount_code;
    }
}
```

Listing 15.24 Verhaltensdefinition der Erweiterungsentität

Da das Modell ebenso den Draft unterstützt, müssen wir auch für unsere Erweiterungsentität eine Draft-Tabelle anlegen (am besten wie gewohnt per Quick Fix) und diese hinterlegen. Zudem ist es wichtig, bei den neuen Assoziationen den Draft zu ergänzen.

Beispiel: Entität in der Benutzeroberfläche hinzufügen

Um die neue Entität nicht nur über EML (Entity Manipulation Language) zu nutzen, kann diese analog auch im Verhaltens-Interface oder in Verhaltensprojektionen ergänzt werden. Wir beschränken uns hier auf die Projektion für die Benutzeroberfläche, da wir hiermit die komplette Funktionalität abdecken.

Zunächst müssen wir auch hier das Datenmodell entsprechend erweitern. Also ergänzen wir die Komposition in einer CDS-Erweiterung des Projektions-Views zu einem Projektions-View der Erweiterungsentität (siehe Listing 15.25).

```
@AccessControl.authorizationCheck: #NOT_REQUIRED
@EndUserText.label: 'Sales Order Discount Codes'
@Metadata.allowExtensions: true
define view entity ZC_SalesOrderDiscountCodeTP
  as projection on ZR_SalesOrderDiscountCodeTP
{
  key SalesOrder,
  key DiscountUUID,
      DiscountCode,
      CreatedByUser,
      CreationDateTime,
      LastChangedByUser,
      LastChangeDateTime,
      _SalesOrder : redirected to parent ZC_SalesOrderTP
}
```

Listing 15.25 Projektion der Erweiterungsentität

Wichtig ist hierbei, die Ergänzungen `redirected to parent` und `redirected to composition child` nicht zu vergessen (siehe Listing 15.26).

```
extend view entity ZC_SalesOrderTP with
{
  _SalesOrderDiscountCode : redirected to composition
child ZC_SalesOrderDiscountCodeTP
}
```

Listing 15.26 Kompositionsassoziation zur Erweiterungsprojektion

Damit die neue Entität auch die definierten Operationen der Verhaltensdefinition anbietet, müssen diese in der Projektionsverhaltensdefinition bzw. deren Erweiterung ebenfalls ergänzt werden (siehe Listing 15.27).

```
extension for projection;
extend behavior for SalesOrder
{
  use association _SalesOrderDiscountCode { create; with draft; }
}
...
define behavior for ZC_SalesOrderDiscountCodeTP
{
  use association _SalesOrder { with draft; }
  use update;
  use delete;
}
```

Listing 15.27 Erweiterung der Verhaltensprojektion

Die neue Entität ist nun in der Projektion vorhanden, wie wir feststellen, allerdings noch nicht im OData-Service und dessen Metadaten. Um dies zu erreichen, müssen wir auch die Servicedefinition entsprechend erweitern. Auch hier ist es notwendig, die Erweiterung wie folgt zu erlauben:

```
@AbapCatalog.extensibility.extensible: true
```

Nun können wir eine Erweiterung der Servicedefinition anlegen. Wählen Sie hierzu im Kontextmenü auf der zu erweiternden Servicedefinition **New Service Definition** und vergeben Sie einen Namen und eine Beschreibung. Der **Source Type** wird durch die Referenz bereits als Extension vorgeschlagen.

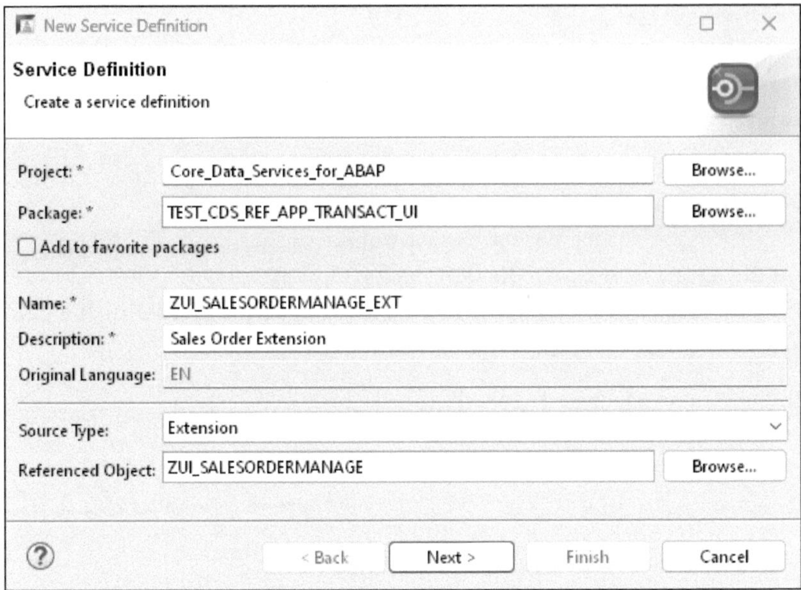

Abbildung 15.9 ADT – Erweiterung der Servicedefinition anlegen

In der Erweiterung der Servicedefinition exponieren wir nun unsere neue Entität entsprechend der bekannten Syntax (siehe Listing 15.28).

```
extend service ZUI_SalesOrderManage with {
  expose ZC_SalesOrderDiscountCodeTP as ZZSalesOrderDiscountCode;
}
```

Listing 15.28 Erweiterung der Servicedefinition

Nun erscheint die neue Entität auch im OData-Service und kann in der Benutzeroberfläche verwendet werden. Um diese z. B. in einer eigenen Facette im Kundenauftragskopf anzuzeigen, ergänzen wir noch die UI-Metadaten in einer Metadatenerweiterung (siehe Listing 15.29).

```
@Metadata.layer: #CUSTOMER
annotate view ZC_SalesOrderTP with
{
  @UI.facet: [
  {
    id:       'SalesOrderDiscountCodes',
    purpose:  #STANDARD,
    type:     #LINEITEM_REFERENCE,
    label:    'Discount Codes',
    position: 40,
```

```
    targetElement: '_SalesOrderDiscountCode'
  }]
  _SalesOrderDiscountCode;
}
```

Listing 15.29 Metadatenerweiterung mit neuer Facette

Um das Beispiel zu komplettieren, fehlt uns nun nur noch die Metadatenerweiterung unserer eigenen neuen Entität (siehe Listing 15.30).

```
@Metadata.layer: #CUSTOMER
@UI.headerInfo.typeName: 'Sales Order Discount Code'
@UI.headerInfo.typeNamePlural: 'Sales Order Discount Codes'
@UI.headerInfo.title.label: 'Sales Order Discount Code'
annotate view ZC_SalesOrderDiscountCodeTP with
{
  @UI.facet: [{
    id:       'SalesOrderDiscountCodeGeneralData',
    purpose:  #STANDARD,
    type:     #FIELDGROUP_REFERENCE,
    label:    'General Data',
    targetQualifier: 'GeneralData',
    position: 10
  },
  {
    id:       'SalesOrderDiscountCodeAdminData',
    purpose:  #STANDARD,
    type:     #FIELDGROUP_REFERENCE,
    label:    'Administrative Data',
    targetQualifier: 'AdminData',
    position: 20
  }]
  @UI.hidden:true
  SalesOrder;
  @UI.hidden:true
  DiscountUUID;
  @UI.lineItem: [{position: 10, importance: #HIGH}]
  @UI.fieldGroup: [
{qualifier: 'GeneralData', position: 10, importance: #HIGH }]
  DiscountCode;
  @UI.fieldGroup: [
{qualifier: 'AdminData', position: 110, importance: #LOW }]
  CreatedByUser;
  @UI.fieldGroup: [
```

15

```
{qualifier: 'AdminData', position: 111, importance: #LOW }]
  CreationDateTime;
  @UI.fieldGroup: [
{qualifier: 'AdminData', position: 112, importance: #LOW }]
  LastChangedByUser;
  @UI.fieldGroup: [
{qualifier: 'AdminData', position: 113, importance: #LOW }]
  LastChangeDateTime;
}
```

Listing 15.30 Metadatenerweiterung der neuen Entität

Über die Funktion **Preview...** in den Service-Bindings für die UI-Services können wir nun unsere neue Entität sehen, im Draft editieren und Instanzen dafür anlegen, ändern und löschen.

Kapitel 16
Testautomatisierung

Motivation

Im ersten Teil dieses Kapitels lernen Sie, wie Sie automatisierte Tests für CDS-Views entwickeln können. Darüber hinaus lernen Sie, wie Sie Unit-Tests für ABAP-Anwendungen entwickeln, die CDS-Views als Datenquellen in Selektionsanfragen nutzen. Im zweiten Teil erläutern wir, wie Sie automatisierte Tests für Ihre transaktionale Anwendungslogik entwickeln.

CDS-Views implementieren einen Großteil der Datenbeschaffungslogik moderner ABAP-Anwendungen. Hierbei kann komplexe Anwendungslogik in die Datenbeschaffung integriert und ihre Ausführung an die Datenbank delegiert werden. Separate Tests der CDS-Views sind dann als Maßnahme zur Qualitätssicherung unverzichtbar. Insbesondere wenn die Logik einzelner CDS-Views komplex ist oder durch die Vielzahl der beteiligten CDS-Views in einem CDS-View-Stack der Überblick über die Gesamtfunktionalität erschwert wird, sollten Sie automatisierte Tests zur kurzfristigen Prüfung und langfristigen Absicherung der von Ihnen implementierten Funktionalität erstellen. Gleiches gilt für Ihre darauf aufbauende, nicht triviale Anwendungslogik in ABAP.

Testautomatisierung nutzen

Automatisierte Tests helfen Ihnen, funktionale Regressionsprobleme, die im Rahmen der Wartungstätigkeit auftreten können, effizient zu identifizieren. Sie sollten daher in eine ausreichende Testautomatisierung investieren.

Aufbau des Kapitels

Dieses Kapitel vermittelt Ihnen in Abschnitt 16.1, »Selektionslogik der Anwendungen testen«, wie Sie die in der Datenbank prozessierte Logik Ihrer Anwendungen testen. In Abschnitt 16.2, »Transaktionale Applikationslogik testen«, richten wir den Fokus auf die Verifizierung Ihrer auf dem ABAP RESTful Application Programming Model basierenden Anwendungslogik.

16.1 Selektionslogik der Anwendungen testen

Im Folgenden wollen wir Ihnen die Möglichkeiten zum Testen der Logik Ihrer CDS-Views und Ihrer Datenselektionen in ABAP vorstellen. Dazu geben wir Ihnen in Abschnitt 16.1.1, »Grundlagen des Test-Double-Frameworks«, zunächst einen Überblick über das Test-Double-Framework, das Sie für die Erstellung automatisierter Tests nutzen können. Im Anschluss stellen wir Ihnen in Abschnitt 16.1.2, »Übersicht über das Testbeispiel«, ein Testbeispiel vor, anhand dessen wir Ihnen den Einsatz des Test-Double-Frameworks erläutern. Dabei zeigen wir Ihnen in Abschnitt 16.1.3, »Implementierung der CDS-Views testen«, wie Sie einerseits die Implementierung Ihrer CDS-Modelle selbst testen können, und andererseits im Abschnitt 16.1.4, »ABAP-Logik mit SQL-Zugriffen auf CDS-Views testen«, wie Sie Ihre ABAP-Logik, die die Daten von CDS-Modellen selektiert, testen können. Zum Abschluss dieses Unterkapitels stellen wir Ihnen in Abschnitt 16.1.5, »Codegenerierungsfunktionen in den ABAP Development Tools«, Codegenerierungsfunktionen der ADT-Entwicklungsumgebung vor, die Sie bei der Implementierung Ihrer Unit-Tests unterstützen.

16.1.1 Grundlagen des Test-Double-Frameworks

Grundlegende Funktionalität

Das *Test-Double-Framework* bietet Ihnen die Möglichkeit, ein stabiles Bett von Testdaten für die angestrebten, wiederholbaren Testausführungen zu definieren. Dazu werden die Datenquellen der zu testenden CDS-Views bzw. die CDS-Views selbst innerhalb der Testausführung durch Stellvertreterobjekte, sogenannte *Test-Doubles*, ersetzt.

Beispielszenario

Abbildung 16.1 zeigt schematisch einen möglichen Einsatzfall für das CDS-Test-Double-Framework.

Stellvertreterobjekte nutzen

Darin wird der zu testende CDS-View D von seinen unmittelbaren Datenquellen, den CDS-Views A und C, entkoppelt bzw. freigeschnitten. Anstelle dieser CDS-Views werden Stellvertreterobjekte in den CDS-View-Stack eingeführt, die während der Testausführung als alleinige Datenquellen des getesteten Views D fungieren. Die in den CDS-Views A, B und C implementierte Logik bleibt dabei unberücksichtigt.

Demnach verifiziert ein solcher Test des CDS-Views D ausschließlich dessen eigene Logik. Die stellvertretenden Datenquellen können Sie dabei mit beliebigen Daten füllen. Damit können Sie nicht nur die Datensätze reproduzierbar für Ihren Testfall fixieren, sondern auch flexibel an Ihre Testbedürfnisse anpassen.

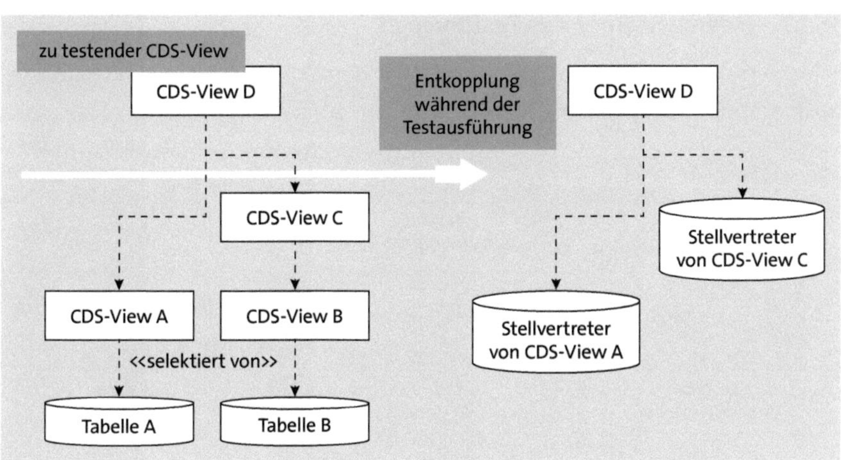

Abbildung 16.1 Stellvertreterobjekte des CDS-Test-Double-Frameworks

Vorteile des Test-Double-Frameworks

Der besondere Vorteil des Einsatzes des Test-Double-Frameworks liegt darin, dass weder der zu testende, produktive CDS-View noch Ihre produktive ABAP-Implementierung oder die Inhalte der zugrunde liegenden Datenbanktabellen der Anwendungen für die Testausführung verändert werden müssen. Alle für den Test erforderlichen Eingriffe finden sich ausschließlich in der Implementierung Ihrer Tests wieder.

Isolation der Testausführungen

Des Weiteren ist zu beachten, dass die durchgeführten Änderungen auf die transaktionale Laufzeit des ausgeführten Tests begrenzt sind und entsprechend technisch von anderen ABAP-Laufzeitsitzungen isoliert vorgenommen werden. Sie können demnach sowohl parallel denselben Test ausführen als auch die produktive Anwendung nutzen, ohne dass sich die entsprechenden Transaktionen aufeinander auswirken.

Spezialisierungen des Test-Double-Frameworks

Entsprechend der im Weiteren betrachteten Anwendungsfälle werden zwei Spezialisierungen des Test-Double-Frameworks unterschieden:

- **CDS-Test-Double-Framework**
  Das CDS-Test-Double-Framework unterstützt eine Testautomatisierung für die in Ihren CDS-Views implementierte Logik.
- **ABAP-SQL-Test-Double-Framework**
  Das ABAP-SQL-Test-Double-Framework unterstützt eine Testautomatisierung Ihrer ABAP-Implementierung, die Daten von CDS-Views (und anderen Datenquellen, wie z. B. Tabellen des ABAP Data Dictionary) selektiert.

Die entsprechende Prüflogik wird dabei jeweils als ABAP-Unit-Test realisiert.

16.1.2 Übersicht über das Testbeispiel

Für die weiteren Erörterungen nutzen wir den Cube-CDS-View der Kundenauftragsposition ZI_SalesOrderItemCube aus Abbildung 16.2.

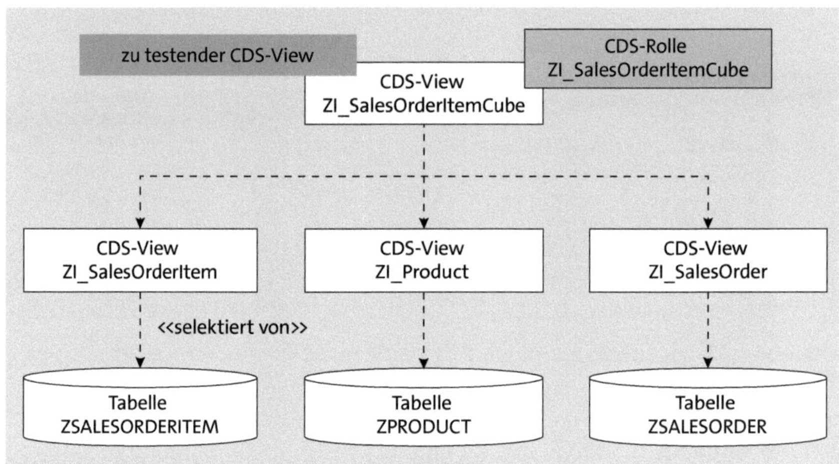

Abbildung 16.2 CDS-Views des Testbeispiels

Details zum Aufbau des Testbeispiels

Listing 16.1 bis Listing 16.5 zeigen Details zu den in Abbildung 16.2 dargestellten CDS-Views sowie der darin dargestellten CDS-Rolle.

CDS-View »ZI_Product«

Listing 16.1 zeigt die Definition des Produkt-CDS-Views ZI_Product, der als Datenquelle für den Cube-CDS-View dient.

```
define view entity ZI_Product
  as select from zproduct
{
  key product as Product,
      product_type as ProductType
}
```

Listing 16.1 CDS-View »ZI_Product«

CDS-View »ZI_SalesOrder«

Listing 16.2 zeigt den CDS-View ZI_SalesOrder, der den Kopf des Kundenauftrags definiert und ebenfalls als Datenquelle für den Cube-CDS-View herangezogen wird.

```
define view entity ZI_SalesOrder
  as select from zsalesorder
{
```

```
   key salesorder     as SalesOrder,
       salesordertype as SalesOrderType
}
```

Listing 16.2 CDS-View »ZI_SalesOrder«

Listing 16.3 zeigt den CDS-View ZI_SalesOrderItem, der die Kundenauftragsposition definiert. Dieser CDS-View ist die primäre Datenquelle des Cube-CDS-Views.

CDS-View »ZI_SalesOrderItem«

```
@AccessControl.authorizationCheck: #CHECK
@EndUserText.label: 'Sales Order Item'
@Metadata.ignorePropagatedAnnotations: true
define view entity ZI_SalesOrderItem
   as select from zsalesorderitem
   association [0..1] to ZI_Product as _Product
     on $projection.Product = _Product.Product
{
   key salesorder          as SalesOrder,
   key salesorderitem      as SalesOrderItem,
       product             as Product,
       @Semantics.quantity.unitOfMeasure: 'OrderQuantityUnit'
       Orderquantity       as OrderQuantity,
       Orderquantityunit   as OrderQuantityUnit,
       @Semantics.amount.currencyCode: 'TransactionCurrency'
       netamount           as NetAmount,
       transactioncurrency as TransactionCurrency,
       creationdate        as CreationDate,
       _Product
}
```

Listing 16.3 CDS-View »ZI_SalesOrderItem«

Listing 16.4 zeigt den Cube-CDS-View ZI_SalesOrderItemCube. Dieser CDS-View reichert die Positionsdaten aus dem CDS-View ZI_SalesOrderItem mit Daten des Kundenauftragskopfs aus dem CDS-View ZI_SalesOrder und des Produktstamms aus dem CDS-View ZI_Product über Join-Verknüpfungen an. Zusätzlich nutzt er eine Währungsumrechnungsfunktion.

CDS-View »ZI_SalesOrderItemCube«

```
@AccessControl.authorizationCheck: #CHECK
define view entity ZI_SalesOrderItemCube
  with parameters
    @Consumption.defaultValue: 'EUR'
    P_DisplayCurrency : vdm_v_display_currency
  as select from          ZI_SalesOrderItem as ITEM
```

```
    left outer to one join ZI_SalesOrder as SO
      on SO.SalesOrder = ITEM.SalesOrder
    left outer to one join ZI_Product as PROD
      on PROD.Product = ITEM.Product
{
  key ITEM.SalesOrder,
  key ITEM.SalesOrderItem,
      ITEM.Product,
      SO.SalesOrderType,
      PROD.ProductType,
      @Semantics.amount.currencyCode: 'TransactionCurrency'
      ITEM.NetAmount,
      ITEM.TransactionCurrency,
      $parameters.P_DisplayCurrency as  DisplayCurrency,
      @DefaultAggregation: #SUM
      @Semantics.amount.currencyCode: 'DisplayCurrency'
      currency_conversion(
        amount             => ITEM.NetAmount,
        source_currency    => ITEM.TransactionCurrency,
        target_currency    => $parameters.P_DisplayCurrency,
        exchange_rate_date => ITEM.CreationDate,
        exchange_rate_type => 'M',
        error_handling     => 'FAIL_ON_ERROR',
        round              => 'X',
        decimal_shift      => 'X',
        decimal_shift_back => 'X'
      )                              as  NetAmountInDisplayCurrency
}
```

Listing 16.4 Cube-CDS-View »ZI_SalesOrderItemCube«

CDS-Rolle »ZI_SalesOrderItemCube«

Der Cube-CDS-View `ZI_SalesOrderItemCube` wird durch eine gleichnamige CDS-Rolle vor einem unberechtigten Zugriff geschützt. Listing 16.5 zeigt die Definition dieser CDS-Rolle.

```
@MappingRole: true
define role ZI_SalesOrderItemCube {
     grant select on ZI_SalesOrderItemCube
     where ( SalesOrderType ) =
     aspect pfcg_auth ( V_VBAK_AAT,
                        AUART,
                        ACTVT = '03' );
}
```

Listing 16.5 CDS-Rolle »ZI_SalesOrderItemCube«

16.1.3 Implementierung der CDS-Views testen

Aufbau des Abschnitts

Bevor Sie mit der Erstellung eines Tests beginnen, sollten Sie sich zunächst Gedanken zum Testdesign machen. Auf Basis des Testdesigns können Sie mit der Implementierung Ihrer Unit-Tests starten. Dabei gibt es jedoch einige Besonderheiten, die Sie berücksichtigen müssen. Diese betreffen unter anderem die CDS-Zugriffskontrollen, Konvertierungsfunktionen und Datenquellen, die Nullwerte zurückgeben. Auf all diese Aspekte gehen wir im Folgenden ein.

Testdesign erstellen

Ziel des automatisierten Testens

Das automatisierte Testen von CDS-Views erfordert ein eigenständiges Design. Darin ist insbesondere festzulegen, welcher Teil der von den einzelnen CDS-Views implementierten Funktionalität überprüft werden soll. Beispielsweise könnte die Überprüfung einer einzelnen Case-Anweisung im Vordergrund stehen. Der Test könnte aber auch zum Ziel haben, die Gesamtfunktionalität bzw. das Zusammenspiel einer Vielzahl voneinander abhängiger CDS-Views eines CDS-View-Stacks zu verifizieren.

[«]

Auswahl der zu testenden CDS-Views

Eine Testautomatisierung mit dem Test-Double-Framework sollten Sie insbesondere dann erwägen, wenn ein CDS-View inklusive seiner Datenquellen komplexe Implementierungsbestandteile beinhaltet. Das Bilden einfacher Projektionen oder der Einsatz von Standard-SQL-Funktionen wie einer Summation (`sum`) bei aggregierten Datensätzen erfordert in der Regel keinen auf dem Test-Double-Framework basierenden Test.

Das Test-Double-Framework unterstützt Sie bei der Implementierung funktionaler Tests. Aufgrund seiner massiven Eingriffe in die Standardselektionslogik der CDS-Views ist es nicht für die Durchführung von Performance-Tests geeignet.

Entkopplungsmöglichkeiten für CDS-Views

Prinzipiell lassen sich mithilfe des CDS-Test-Double-Frameworks beliebige Entkopplungen der zu testenden CDS-Views, sowohl von ihren direkten als auch von ihren indirekten Datenquellen, realisieren. Die dazu durchgeführten Entkopplungsschnitte müssen jedoch stets alle zugrunde liegenden Datenbanktabellen abdecken. Zudem müssen Stellvertreterobjekte für alle unmittelbaren Datenquellen der freigeschnittenen CDS-Views definiert werden. Wenn Sie z. B. einen CDS-View von seinen beiden Datenquellen entkoppeln möchten, müssen Sie für beide Datenquellen Stellvertreterobjekte definieren.

Entkopplungsschnitte

Abbildung 16.3 zeigt Ihnen beispielhaft eine Auswahl zulässiger *Entkopplungsschnitte* für einen zu testenden CDS-View. Die darin skizzierten Entkopplungsschnitte erläutern wir im Folgenden näher:

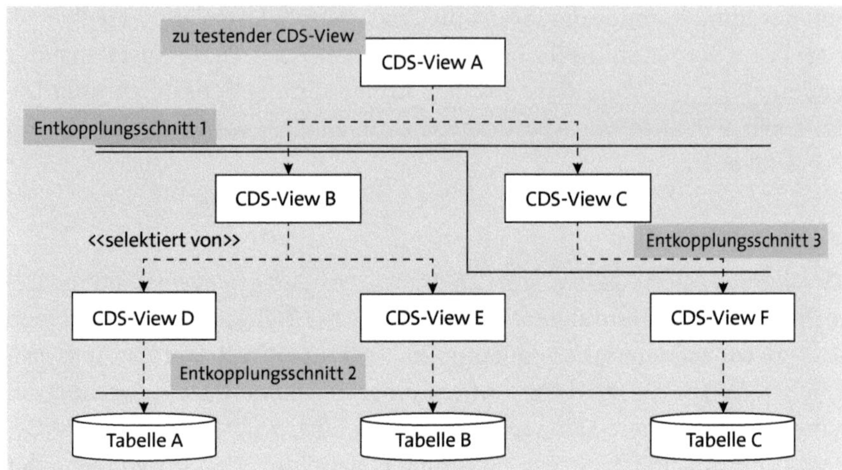

Abbildung 16.3 Mögliche Entkopplungsschnitte für einen zu testenden CDS-View

1. **CDS-Views isoliert testen**
   Mit dem Entkopplungsschnitt 1 wird der zu testende CDS-View von allen seinen direkten Datenquellen entkoppelt. Dieses Vorgehen eignet sich, wenn Sie die innerhalb des betroffenen CDS-Views implementierte Logik isoliert testen wollen. Sie können in der Regel durch eine entsprechende Variation der Inhalte der stellvertretenden Datenquellen alle für Ihre Tests notwendigen Datenkonstellationen simulieren. Zum Beispiel könnten Sie durch eine entsprechende Ausprägung der Testdaten alle When-Zweige einer Case-Anweisung überprüfen.
2. **CDS-View-Stacks testen**
   Mit dem Entkopplungsschnitt 2 werden alle in der CDS-View-Logik konsumierten Datenbanktabellen durch Stellvertreterobjekte ersetzt. Damit können Sie einen Integrationstest definieren, der die komplette Logik des CDS-View-Stacks beinhaltet. Ein derartiger Test ist insbesondere zum Auffinden von Regressionsproblemen, die im Rahmen Ihrer Wartungstätigkeiten für den getesteten CDS-View auftreten können, geeignet. Beispielsweise könnten Sie über den Lebenszyklus des getesteten CDS-Views die im View-Stack eingebundenen weiteren Views abändern oder gar austauschen und dabei über Ihren automatisierten Test sicherstellen, dass die Gesamtfunktionalität erhalten bleibt.

3. **Teile des CDS-View-Stacks testen**
   Mit dem Entkopplungsschnitt 3 werden innerhalb des CDS-View-Stacks gezielt bestimmte Unterbäume durch stellvertretende Datenquellen freigeschnitten. Dieses Vorgehen eignet sich vor allem dann, wenn die dadurch vom Test ausgenommenen Unterbäume bereits individuell für sich getestet werden.

ABAP-Unit-Tests implementieren

Sie können die Test-Double-Funktionalität ausschließlich innerhalb von ABAP-Unit-Tests verwenden.

Globale Testklasse definieren

Um einen derartigen Unit-Test zu implementieren, sollten Sie eine globale Testklasse anlegen, in die Sie eine oder mehrere lokale Unit-Test-Klassen aufnehmen. Listing 16.6 zeigt ein Beispiel für eine solche globale Testklasse ZTC_ZI_SALESORDERITEMCUBE.

```
CLASS ztc_zi_salesorderitemcube DEFINITION
  PUBLIC
  ABSTRACT
  FINAL
  CREATE PUBLIC
  FOR TESTING.
ENDCLASS.
CLASS ztc_zi_salesorderitemcube IMPLEMENTATION.
ENDCLASS.
```

Listing 16.6 Definition und Implementierung einer globalen Testklasse

Granularität der Unit-Test-Klassen

Sie sollten je eine eigene lokale Unit-Test-Klasse für jeden zu testenden CDS-View und für jeden gewählten Entkopplungsschnitt implementieren. Innerhalb dieser lokalen Testklasse können Sie einzelne Aspekte der CDS-Logik in jeweils entsprechend benannten Testmethoden überprüfen.

Lokale Unit-Test-Klasse definieren

Die lokalen Unit-Test-Klassen beinhalten in der Regel die in Listing 16.7 aufgeführten Methoden, die wir im Folgenden genauer betrachten wollen.

```
"!@testing ZI_SALESORDERITEMCUBE
CLASS ltc_zi_salesorderitemcube
  DEFINITION FINAL FOR TESTING
  DURATION SHORT
  RISK LEVEL HARMLESS.
```

```
  PRIVATE SECTION.
    CLASS-DATA: go_cds_test_environment TYPE REF TO
      if_cds_test_environment.
    CLASS-METHODS: class_setup.
    CLASS-METHODS: class_teardown.
    METHODS: setup.
    METHODS: <test_select_1> FOR TESTING.
    ...
    METHODS: <test_select_n> FOR TESTING.
ENDCLASS.
```

Listing 16.7 Definition einer lokalen Unit-Test-Klasse

Testklasse einem CDS-Modell zuordnen

Sie können einem zu testenden CDS-Modell formal eine Testklasse zuordnen. Dazu müssen Sie Ihrer Testklasse den Kommentar `"!@testing <NameOfTestedCDSView>` unter Nennung des zu testenden CDS-Modells voranstellen.

In unserem Fall fügen Sie vor die Definition der lokalen Testklasse `LTC_ZI_SALESORDERITEMCUBE` den Kommentar `"!@testing ZI_SALESORDERITEMCUBE` ein. Damit stellen Sie einen Bezug der Testklasse zum zu testenden CDS-View `ZI_SalesOrderItemCube` her.

Class-Setup-Methode implementieren

Um das CDS-Test-Double-Framework nutzen zu können, müssen Sie dieses in Ihrer Testimplementierung zunächst initialisieren. Dies geschieht in der Class-Setup-Methode Ihrer Unit-Test-Klasse durch den Aufruf der Methode `CL_CDS_TEST_ENVIRONMENT=>CREATE`. Dabei spezifizieren Sie neben dem zu testenden CDS-View auch dessen durch Stellvertreterobjekte zu ersetzende Datenquellen. Die Testumgebung des CDS-Test-Double-Frameworks, d. h. den bei der Testinitialisierung erzeugten Testkontext, sollten Sie in einer globalen statischen Variablen (z. B. `GO_CDS_TEST_ENVIRONMENT`) für die weiteren Zugriffe puffern.

Beispiel: Class-Setup-Methode

Beispielhaft wird in Listing 16.8 das Test-Double-Framework für einen Test des CDS-Views `ZI_SalesOrderItemCube` aus Listing 16.4 initialisiert. Dabei werden Stellvertreterobjekte für die zugrunde liegenden Datenbanktabellen `ZSALESORDERITEM` und `ZSALESORDER` sowie für den CDS-View `ZI_Product` spezifiziert (siehe auch Abbildung 16.2).

```
METHOD class_setup.
  DATA: lt_stub TYPE if_cds_test_environment=>ty_qlast_doubles.
  lt_stub = VALUE #(
```

```
    ( name = 'ZSALESORDERITEM' type ='TABLE' )
    ( name = 'ZSALESORDER'     type ='TABLE' )
    ( name = 'ZI_PRODUCT'      type ='CDS_VIEW' )
  ).
  cl_cds_test_environment=>create(
    EXPORTING
      i_for_entity      = 'ZI_SALESORDERITEMCUBE'
      i_dependency_list = lt_stub
     RECEIVING
      r_result          = go_cds_test_environment ).
ENDMETHOD.
```

Listing 16.8 Class-Setup-Methode: Initialisierung der CDS-Test-Double-Framework-Funktionalität

Setup-Methode implementieren

Die Setup-Methode dient dazu, die Testumgebung für die jeweilige Ausführung einer einzelnen Testmethode vorzubereiten. In der Regel sollten Sie darin alle zuvor in Ihrer ABAP-Sitzung erstellten Datensätze der Stellvertreterobjekte löschen. Dies geschieht durch den Aufruf der Methode IF_CDS_TEST_ENVIRONMENT->CLEAR_DOUBLES, entsprechend Listing 16.9.

```
METHOD setup.
  go_cds_test_environment->clear_doubles( ).
ENDMETHOD.
```

Listing 16.9 Setup-Methode: Vorbereitung der Testausführung

Testmethoden implementieren

Zu Beginn der einzelnen Testmethoden, deren Definitionen den Zusatz FOR TESTING tragen, müssen Sie zunächst die stellvertretenden Datenquellen mit geeigneten Daten für Ihren Test versorgen. Die folgenden Listings zeigen dies.

Beispiel: Testdaten der Datenbanktabelle »ZSALES ORDERITEM«

In Listing 16.10 werden drei Kundenauftragspositionen »10«, »20« und »30« definiert, die den Kundenaufträgen »S1« bzw. »S2« zugeordnet sind und jeweils eines der drei Produkte »P1«, »P2« oder »P3« referenzieren. Diese Testdaten werden dem Stellvertreterobjekt der Datenbanktabelle ZSALESORDER ITEM zugewiesen.

```
DATA: lt_zsalesorderitem TYPE STANDARD TABLE OF zsalesorderitem WITH
  EMPTY KEY.
lt_zsalesorderitem = VALUE #(
  ( client         =  sy-mandt
    salesorder     = 'S1'
    salesorderitem = '10'
    product        = 'P1' )
```

```
    ( client         =  sy-mandt
      salesorder     = 'S1'
      salesorderitem = '20'
      product        = 'P2' )
    ( client         =  sy-mandt
      salesorder     = 'S2'
      salesorderitem = '30'
      product        = 'P3' ) ).
CALL METHOD go_cds_test_environment->insert_test_data
   EXPORTING
      i_data = lt_zsalesorderitem.
```

Listing 16.10 Definition und Übertragung der Testdaten der Datenbanktabelle »ZSALESORDERITEM« in die Testumgebung

Beispiel: Testdaten des CDS-Views »ZI_Product«

Listing 16.11 definiert die in Listing 16.10 referenzierten Produkte. Dem Stellvertreterobjekt des CDS-Views ZI_Product werden darin die drei Produkte »P1«, »P2« und »P3« mit den beiden Produkttypen »T1« bzw. »T2« zugeordnet.

```
DATA: lt_zi_product TYPE STANDARD TABLE OF zi_product WITH EMPTY KEY.
lt_zi_product = VALUE #(
  ( product     = 'P1'
    producttype = 'T1' )
  ( product     = 'P2'
    producttype = 'T2' )
  ( product     = 'P3'
    producttype = 'T1' )
).
CALL METHOD go_cds_test_environment->insert_test_data
   EXPORTING
      i_data = lt_zi_product.
```

Listing 16.11 Definition und Übertragung der Testdaten des CDS-Views »ZI_Product« in die Testumgebung

Für die Datenbanktabelle der Kundenaufträge ZSALESORDER werden keine Testdaten definiert.

[»]

Testdaten definieren

Sie müssen stets nur die Testdaten definieren und den Stellvertreterobjekten zuordnen, die Sie für Ihren Test tatsächlich benötigen. Diese Daten können aus betriebswirtschaftlicher Sicht durchaus inkonsistent sein. Sie können diese entsprechend Ihren Testanforderungen frei wählen. Die von

Ihnen definierten und verwendeten Testdaten haben keinen Einfluss auf die produktiven Daten und werden ihrerseits auch nicht von den produktiven Daten beeinflusst bzw. überschrieben.

Beispiel: Datenselektion ausführen

Nachdem Sie die gewünschten Testdaten für Ihren Test definiert haben, können Sie die eigentliche Selektionsanweisung testen. Wie Listing 16.12 beispielhaft ausführt, greifen Sie dabei programmatisch unmittelbar auf den originalen CDS-View `ZI_SalesOrderItemCube` zu, genauso wie bei Ihrer produktiven Implementierung.

```
SELECT COUNT(*)
  FROM zi_salesorderitemcube( p_displaycurrency = 'EUR' )
  INTO @DATA(lv_count)
  WHERE zi_salesorderitemcube~producttype EQ 'T1'.
```

Listing 16.12 Zu testende Selektionsanweisung

Analyse der Datenselektion

Das bedeutet, dass Sie die Selektionsanweisung für den angestrebten Test nicht speziell instrumentieren müssen. Vielmehr wird die Verarbeitung der Selektion von der ABAP-SQL-Schnittstelle automatisch an die Testdefinition angepasst. Dabei werden die modellierten Datenquellen des CDS-Views durch die zuvor spezifizierten Stellvertreterobjekte ersetzt.

Im vorliegenden Fall umfasst das Selektionsergebnis zwei Datensätze, die Auftragspositionen »10« und »30« und deren zugeordnete Produkte »P1« und »P3«, die den Produkttyp »T1« besitzen. Dies entspricht dem über die Where-Bedingung `...producttype EQ 'T1'` in Listing 16.12 applizierten Filter. Würde diese Bedingung fehlen, würde das Ergebnis alle drei in Listing 16.10 definierten Auftragspositionen beinhalten.

Selektionsergebnis prüfen

Zum Abschluss der Testmethode können Sie das Selektionsergebnis mit dem von Ihnen erwarteten Ergebnis vergleichen. Dazu können Sie eine dafür geeignete Methode der Klasse `CL_ABAP_UNIT_ASSERT` verwenden. Mit der Wahl der Assert-Anweisung können Sie sicherstellen, dass das Ergebnis auch künftig Ihren Erwartungen entspricht.

Beispiel: Prüfung des Selektionsergebnisses

Listing 16.13 demonstriert eine solche Prüfung. Sie enthält den Vergleich des Zählerwerts aus der zuvor durchgeführten Selektion, der in der Variablen `lv_count` gepuffert wird, mit der erwarteten Anzahl an selektierten Datensätzen (»2«).

```
CALL METHOD cl_abap_unit_assert=>assert_equals
  EXPORTING
    act              = lv_count
    exp              = 2
```

```
        level               = if_aunit_constants=>critical
        quit                = if_aunit_constants=>method
      RECEIVING
        assertion_failed = DATA(lv_assertion_failed).
```

Listing 16.13 Prüfung des Selektionsergebnisses

Class-Teardown-Methode implementieren

Nachdem sämtliche Testausführungen beendet worden sind, sollten Sie die Stellvertreterobjekte löschen. Zu diesem Zweck können Sie in der Class-Teardown-Methode Ihrer Unit-Test-Klasse die Methode IF_CDS_TEST_ENVIRONMENT->DESTROY aufrufen (siehe Listing 16.14).

```
METHOD class_teardown.
  go_cds_test_environment->destroy( ).
ENDMETHOD.
```

Listing 16.14 Class-Teardown-Methode: Löschen der Stellvertreterobjekte

Stellvertreterobjekte löschen

Sollten Sie die von Ihnen erzeugten Stellvertreterobjekte nicht explizit löschen, werden diese nach einer vordefinierten Verweildauer bei einer erneuten Testausführung automatisch gelöscht. Wir empfehlen Ihnen jedoch, die Stellvertreterobjekte immer explizit zu löschen.

CDS-Zugriffskontrollen testen

CDS-Zugriffskontrollen im CDS-Test-Double-Framework

Neben der implementierten Logik der CDS-View-Modelle können Sie über das CDS-Test-Double-Framework auch deren CDS-Zugriffskontrollen testen. Sie können dabei die Berechtigungseinstellungen des angemeldeten Benutzers simulieren.

CDS-Zugriffskontrollen im Test-Double-Framework

Sie müssen die CDS-Zugriffskontrollen eines zu testenden CDS-Views explizit einschalten, damit diese im Rahmen Ihrer Tests ihre Wirkung zeigen. Ohne ausdrückliche Aktivierung erfolgen die Selektionszugriffe im Test-Double-Framework standardmäßig privilegiert, d. h. ohne Berechtigungseinschränkungen.

Berechtigungen des Benutzers definieren

Um einen Berechtigungsschutz für Ihren Test einzurichten, definieren Sie in Ihrer Testmethode (der Methode mit dem Zusatz FOR TESTING) zunächst die gewünschten Berechtigungen des Benutzers. In Listing 16.15 wird dazu eine Berechtigungsrolle definiert, die die Leseerlaubnis (ACTVT = »03«) für die Auftragsart (AUART) »T2« des Berechtigungsobjekts V_VBAK_AAT beinhaltet.

```
DATA: lt_role_authorization TYPE role_authorizations.
lt_role_authorization = VALUE #(
  ( object         = 'V_VBAK_AAT'
    authorizations = VALUE #(
      ( VALUE #(
          ( fieldname = 'AUART'
            fieldvalues = VALUE #(
              ( lower_value = 'T2' )
            )
          )
          ( fieldname = 'ACTVT'
            fieldvalues = VALUE #(
              ( lower_value = '03' )
            )
          )
        )
      )
    )
  )
).
```

Listing 16.15 Simulierte Berechtigungsrolle eines Benutzers

CDS-Zugriffskontrollen aktivieren

Diese Berechtigungseinstellungen können Sie anschließend an die Testumgebung übertragen. Dies wird in Listing 16.16 gezeigt. Dabei wird auch die CDS-Zugriffskontrolle durch den Aufruf der Methode IF_CDS_ACCESS_CONTROL_DOUBLE->ENABLE_ACCESS_CONTROL eingeschaltet.

```
cl_cds_test_data=>create_access_control_data(
  EXPORTING
    i_role_authorizations = lt_role_authorization
  RECEIVING
    r_instance            = DATA(lo_ac_data) ).
go_cds_test_environment->get_access_control_double(
  RECEIVING
    rv_access_control_double = DATA(lo_ac_double) ).
lo_ac_double->enable_access_control(
  EXPORTING
    i_access_control_data = lo_ac_data ).
```

Listing 16.16 Setzen der CDS-Zugriffskontrolle für einen Berechtigungstest

Testdaten zur Datenselektion definieren

Im Anschluss legen Sie die Testdaten für die Datenselektion in der Testmethode fest. Soll der CDS-View `ZI_SalesOrderItemCube` aus Listing 16.4 getestet werden, müssen Sie zusätzlich zu den Daten der Kundenauftragsposition aus Listing 16.10 nun auch noch passende Testdaten für die Kundenaufträge in die Testumgebung einbringen, um eine CDS-Rollendefinition gemäß Listing 16.5 sinnvoll testen zu können. Dies geschieht in Listing 16.17. Hierin werden zwei Aufträge »S1« und »S2« mit der zugehörigen Auftragsart »T1« bzw. »T2« erfasst und in die Testumgebung injiziert.

```
DATA: lt_zsalesorder
        TYPE STANDARD TABLE OF zsalesorder
        WITH EMPTY KEY.
lt_zsalesorder = VALUE #(
  ( client         =  sy-mandt
    salesorder     = 'S1'
    salesordertype = 'T1' )
  ( client         =  sy-mandt
    salesorder     = 'S2'
    salesordertype = 'T2' ) ).
go_cds_test_environment->insert_test_data(
  EXPORTING
    i_data = lt_zsalesorder ).
```

Listing 16.17 Definition und Übertragung der Testdaten der Datenbanktabelle »ZSALESORDER« in die Testumgebung

Auswirkung der CDS-Zugriffskontrolle

Mit der in Listing 16.15 definierten Berechtigungsrolle wird dem Benutzer lediglich der Lesezugriff auf den Kundenauftrag »S2« mit dem Typ »T2« gestattet. Eine Datenselektion gemäß Listing 16.18 liefert demnach den Wert »1« für die Variable `lv_count`.

```
SELECT COUNT(*)
  FROM zi_salesorderitemcube( p_displaycurrency = 'EUR' )
  INTO @DATA(lv_count).
```

Listing 16.18 Datenselektion mit Berechtigungsschutz

Wäre die Berechtigungsprüfung ausgeschaltet, würden alle drei Positionen »10«, »20« und »30« der beiden Kundenaufträge »S1« und »S2« selektiert werden. In diesem Fall würde die Variable `lv_count` den Wert »3« erhalten.

CDS-Zugriffskontrollen ausschalten

Mithilfe der Methode `IF_CDS_ACCESS_CONTROL_DOUBLE->DISABLE_ACCESS_CONTROL` können Sie die CDS-Zugriffskontrolle für den zu testenden CDS-View außer Kraft setzen. Damit Sie mehrere voneinander unabhängige Tests mit unterschiedlichen Berechtigungseinstellungen innerhalb einer Unit-Test-Klasse ausführen können, sollten Sie Ihre Setup-Methode zusätzlich mit einem Aufruf dieser Methode ausstatten. Dies wird in Listing 16.19 gezeigt.

```
METHOD setup.
  go_cds_test_environment->clear_doubles( ).
  go_cds_test_environment->get_access_control_double(
    RECEIVING
      rv_access_control_double = DATA(lo_ac_double)
  ).
  lo_ac_double->disable_access_control( ).
ENDMETHOD.
```

Listing 16.19 Erweiterte Setup-Methode

Damit stellen Sie sicher, dass neben den Testdaten auch die Berechtigungsdaten einen wohldefinierten Ausgangszustand für jeden einzelnen Test aufweisen.

[+]

Test-Double-Framework für feingranulare Berechtigungstests nutzen

Durch eine geeignete Variation der simulierten Benutzerrechte und Testdaten können Sie mithilfe des CDS-Test-Double-Frameworks sehr effizient die CDS-Zugriffskontrollen von CDS-Modellen testen.

16

CDS-Views mit Konvertierungsfunktionen für Währungen und Mengeneinheiten testen

Nutzt der zu testende CDS-View eine Funktion zur Konvertierung der Währungs- oder Mengeneinheiten, können Sie das Ergebnis der Umrechnung für Ihren Test vorgeben.

Konvertierungsergebnisse festlegen

Sie legen dazu für jeden Satz von Eingabeparametern der jeweiligen Konvertierungsfunktion das erwartete Ergebnis der Berechnung ab. Während der Testausführung werden die vorgegebenen Konvertierungsregeln bei einem Selektionszugriff automatisch berücksichtigt. Sie führen zu einer Anreicherung der selektierten Datensätze mit den von Ihnen vorgegebenen Ergebnissen der Konvertierungsfunktionen.

Testumgebung initialisieren

Wenn Sie Konvertierungsfunktionen mit vordefinierten Ergebnissen in Ihren Test einbeziehen wollen, müssen Sie den zu testenden CDS-View von seinen direkten Datenquellen trennen. Das heißt, Sie können den Entkopplungsschnitt nicht beliebig wählen. Stattdessen erfolgt die Initialisierung der Testumgebung in diesem Fall ohne eine explizite Angabe von Stellvertreterobjekten gemäß Listing 16.20.

```
METHOD class_setup.
  cl_cds_test_environment=>create(
    EXPORTING
      i_for_entity      = 'ZI_SALESORDERITEMCUBE'
    RECEIVING
      r_result          = go_cds_test_environment ).
ENDMETHOD.
```

Listing 16.20 Initialisierung der Testumgebung bei Entkopplung des zu testenden CDS-Views von seinen direkten Datenquellen

Implizite Generierung von Stellvertreterobjekten

Dabei generiert die Testumgebung implizit die notwendigen Stellvertreterobjekte entsprechend dem vorliegenden CDS-View-Modell. Bei einem Test des CDS-Views `ZI_SalesOrderItemCube` werden demzufolge Stellvertreterobjekte für die CDS-Views `ZI_SalesOrder`, `ZI_SalesOrderItem` und `ZI_Product` automatisch von der Testumgebung angelegt.

Testdaten für die Währungsumrechnung

Um die Währungsumrechnung für einen Test dieses CDS-Views nutzen zu können, müssen Sie die Datensätze des zugrunde liegenden CDS-Views `ZI_SalesOrderItem` mit den Informationen anreichern, die in die Berechnungsfunktion eingehen. Dies sind die Felder Nettobetrag (`NetAmount`), Transaktionswährung (`TransactionCurrency`) und Anlegedatum (`CreationDate`). Diese Felder müssen beim Aufbau der Testdaten mit Werten versorgt werden. Listing 16.21 zeigt exemplarische Testdaten.

```
DATA: lt_zi_salesorderitem
        TYPE STANDARD TABLE OF zi_salesorderitem
        WITH EMPTY KEY.
lt_zi_salesorderitem = VALUE #(
  ( salesorder          = 'S1'
    salesorderitem      = '10'
    netamount           = 11
    transactioncurrency = 'USD'
    creationdate        = sy-datum )
  ( salesorder          = 'S1'
    salesorderitem      = '20'
    netamount           = 22
    transactioncurrency = 'USD'
    creationdate        = sy-datum )
  ( salesorder          = 'S2'
    salesorderitem      = '30'
```

```
    netamount            = 33
    transactioncurrency = 'USD'
    creationdate         = sy-datum ) ).
go_cds_test_environment->insert_test_data(
  EXPORTING
    i_data = lt_zi_salesorderitem ).
```

Listing 16.21 Definition und Übertragung der Testdaten des CDS-Views »ZI_SalesOrderItem« für die Währungskonvertierung

Umrechnungskurse definieren

Die einzelnen Umrechnungssätze können Sie mit der Funktion CL_CDS_TEST_DATA=>CREATE_CURRENCY_CONV_DATA in Ihrer Testmethode erfassen. In Listing 16.22 wird die Umrechnung von »11 USD« in »10 EUR« zum aktuellen Datum im aktuellen Mandanten festgelegt. Die übrigen verwendeten Parameterwerte entsprechen den in der Implementierung des CDS-Views ZI_SalesOrderItemCube in Listing 16.4 verwendeten Konstanten.

```
cl_cds_test_data=>create_currency_conv_data(
  EXPORTING
    output              = 10
  RECEIVING
    curr_conv_test_data = DATA(lo_curr_conv_data) ).
lo_curr_conv_data->for_parameters(
  EXPORTING
    amount              = 11
    source_currency     = 'USD'
    target_currency     = 'EUR'
    exchange_rate_date  = sy-datum
    exchange_rate_type  = 'M'
    client              = sy-mandt
    round               = abap_true
    decimal_shift       = abap_true
    decimal_shift_back  = abap_true
    error_handling      = 'FAIL_ON_ERROR'
  RECEIVING
    test_data           = DATA(lo_cds_test_data) ).
```

Listing 16.22 Definition eines Testdatensatzes für die Währungsumrechnung

Umrechnungskurse in die Testumgebung einbringen

Dieser Datensatz wird in Listing 16.23 über das Stellvertreterobjekt der Währungskonvertierung der Testumgebung bekannt gegeben.

```
go_cds_test_environment->get_double(
  EXPORTING
    i_name   = cl_cds_test_environment=>currency_conversion
  RECEIVING
    r_redsult = DATA(lo_cds_stub) ).
lo_cds_stub->insert(
  EXPORTING
    i_test_data = lo_cds_test_data ).
```

Listing 16.23 Versorgung des Stellvertreterobjekts der Währungskonvertierung mit Daten

Datenselektion ausführen

Aufgrund der Testdatenkonstellation liefert die Datenselektion gemäß Listing 16.24 einen Treffer als Ergebnis. Nur für die Position »10« des Kundenauftrags »S1« ist eine Umrechnungsvorschrift für die Zielwährung »EUR« definiert. Diese ergibt für das damit berechnete Feld `NetAmountInDisplayCurrency` einen Betrag von »10« und erfüllt damit das angewandte Filterkriterium `netamountindisplaycurrency EQ 10`.

```
SELECT COUNT(*)
  FROM zi_salesorderitemcube( p_displaycurrency = 'EUR' )
  INTO @DATA(lv_count)
  WHERE netamountindisplaycurrency EQ 10.
```

Listing 16.24 Datenselektion mit Währungsumrechnung

Wenn Sie statt Währungen Mengeneinheiten umrechnen wollen, können Sie analog vorgehen.

Datenquellen mit Nullwerten testen

Testdaten mit Nullwerten

Während die ABAP-Logik im Regelfall keinen Unterschied zwischen Initialwerten und undefinierten Nullwerten macht, ist dieser Unterschied auf der Datenbankebene signifikant.

Im CDS-Test-Double-Framework können Sie daher gezielt Testdaten mit Nullwerten versehen. Dazu benennen Sie bei der Festlegung der Testdatensätze die Spalten, deren Werte als Nullwerte interpretiert werden sollen.

Beispiel: Testdaten mit Nullwerten definieren

In Listing 16.25 werden exemplarisch zwei Produkte »P1« und »P2« definiert. Das erste Produkt »P1« erhält keinen Wert für den Produkttyp (`ProductType`). Dieser wird infolgedessen implizit ABAP-intern mit dem Initialwert des zugrunde liegenden Datentyps belegt. Für das zweite Produkt »P2« wird dagegen explizit über die interne Tabelle `lt_null_value_field_name` festgelegt, dass das Feld `ProductType` als Nullwert zu interpretieren ist.

```
DATA: lt_zi_product TYPE STANDARD TABLE OF zi_product WITH EMPTY KEY.
lt_zi_product = VALUE #(
   ( product = 'P1' )
).
go_cds_test_environment->insert_test_data(
   EXPORTING
      i_data = lt_zi_product ).
DATA: lt_null_value_field_name
   TYPE if_cds_null_values_config=>ty_element_names.
lt_null_value_field_name = VALUE #(
   ( CONV #( 'PRODUCTTYPE' ) )
).
lt_zi_product = VALUE #(
   ( product = 'P2' )
).
CALL METHOD go_cds_test_environment->insert_test_data
   EXPORTING
      i_data        = lt_zi_product
      i_null_values = lt_null_value_field_name.
```

Listing 16.25 Definition und Übertragung der Testdaten für Produkte mit Initial- und Nullwerten in die Testumgebung

16

Beispiel: Datenselektion mit Nullwerten

Werden die Testdaten der Kundenauftragspositionen gemäß Listing 16.10 festgelegt, liefert die Selektionsanfrage in Listing 16.26 einen Treffer.

```
SELECT COUNT(*)
   FROM zi_salesorderitemcube( p_displaycurrency = 'EUR' )
   INTO @DATA(lv_count)
   WHERE zi_salesorderitemcube~producttype IS NOT NULL.
```

Listing 16.26 Datenselektion mit Nullwerten

Analyse des Selektionsergebnisses

Es handelt sich dabei um die Position »10« des Kundenauftrags »S1«. Dieser Position ist das Produkt »P1« mit initialem Produkttyp zugewiesen. Die Kundenauftragsposition »20« ist nicht Bestandteil des Selektionsergebnisses, da deren zugeordnetes Produkt »P2« einen Produkttyp mit Nullwert aufweist und damit nicht der Selektionsbedingung `zi_salesorderitemcube~producttype IS NOT NULL` genügt. Ebenso entfällt die Position »30« des Auftrags »S2«, da für das dort referenzierte Produkt »P3« kein Testdatensatz angelegt wurde. Damit weist das über eine Left-Outer-Join-Verknüpfung in den CDS-View `ZI_SalesOrderItemCube` eingebundene Feld `ProductType` auch für diesen Datensatz einen Nullwert auf.

16.1.4 ABAP-Logik mit SQL-Zugriffen auf CDS-Views testen

Sie können die Test-Double-Framework-Funktionalität auch zur Prüfung Ihrer ABAP-Implementierungen nutzen, die per ABAP-SQL über CDS-Views Daten von der Datenbank selektieren.

Anwendungsbereich des ABAP-SQL-Test-Double-Frameworks

Das ABAP-SQL-Test-Double-Framework unterstützt neben CDS-Views auch andere Datenbankobjekte (z. B. Datenbanktabellen), für die Sie ebenso Stellvertreterobjekte in Ihrem Test definieren können.

CDS-Views durch Stellvertreterobjekte in ABAP ersetzen

Wie beim Test der internen CDS-View-Funktionen können Sie mit dem ABAP-SQL-Test-Double-Framework die in Ihrer ABAP-Anwendung direkt verwendeten CDS-Views durch Stellvertreterobjekte ersetzen und damit einen stabilen Rahmen für reproduzierbare Testausführungen schaffen. Auch zur Durchführung dieser Tests müssen Sie keinerlei Veränderungen an Ihrer produktiven ABAP-Implementierung vornehmen, um dort die Funktionalität des ABAP-SQL-Test-Double-Frameworks nutzen zu können. Vielmehr erfolgen alle notwendigen Instrumentierungen der Laufzeit innerhalb der sie aufrufenden Unit-Test-Anwendung.

Beispiel: Datenselektion in ABAP

Betrachten wir dazu das Beispiel aus Listing 16.27, das die Definition und Implementierung der lokalen Klasse `LCL_PRODUCTIVE_APPLICATION` zeigt, die getestet werden soll.

```
CLASS lcl_productive_application DEFINITION.
  PUBLIC SECTION.
    CLASS-METHODS: get_sales_order_relevance
      IMPORTING
        iv_sales_order_id    TYPE vbeln
      EXPORTING
        ev_relevance_rating TYPE int4.
ENDCLASS.
CLASS lcl_productive_application IMPLEMENTATION.
  METHOD get_sales_order_relevance.
    SELECT SUM( cube~netamountindisplaycurrency )
      FROM zi_salesorderitemcube( p_displaycurrency =
                                  'EUR' ) AS cube
      INTO @DATA(lv_net_amount)
      WHERE cube~salesorder = @iv_sales_order_id.
    IF ( lv_net_amount GE 100 ).
      ev_relevance_rating = 1.
    ELSEIF ( lv_net_amount GE 30 ).
```

```
      ev_relevance_rating = 2.
    ELSE.
      ev_relevance_rating = 3.
    ENDIF.
  ENDMETHOD.
ENDCLASS.
```

Listing 16.27 Klasse mit der zu testenden Anwendungsmethode

Die darin implementierte Anwendungsmethode LCL_PRODUCTIVE_APPLICATION=>GET_SALES_ORDER_RELEVANCE summiert den Nettobetrag der Kundenauftragspositionen, um die Relevanz eines Kundenauftrags zu bestimmen.

Testumgebung für ABAP-Tests initialisieren

Als Datenquelle dient uns auch in diesem Beispiel der Cube-CDS-View ZI_SalesOrderItemCube aus Listing 16.4. Innerhalb der Testausführung soll dieser CDS-View durch ein Stellvertreterobjekt ersetzt werden. Dafür wird die Testumgebung für den Unit-Test gemäß Listing 16.28 initialisiert.

```
METHOD class_setup.
  DATA: lt_stub TYPE if_osql_test_environment=>ty_t_sobjnames.
  lt_stub = VALUE #(
    ( 'ZI_SALESORDERITEMCUBE' )
  ).
  cl_osql_test_environment=>create(
    EXPORTING
      i_dependency_list = lt_stub
    RECEIVING
      r_result          = go_osql_test_environment ).
ENDMETHOD.
```

Listing 16.28 Class-Setup-Methode: Initialisierung der ABAP-SQL-Test-Double-Funktionalität

[«]

Spezialisierte Test-Double-Umgebungen nutzen

Im Gegensatz zu den Tests der CDS-View-Implementierung, die auf dem CDS-Test-Double-Framework beruhen, nutzen Sie im Rahmen der Implementierung von Tests Ihrer ABAP-Funktionalität spezialisierte Funktionen des ABAP-SQL-Test-Double-Frameworks. Ansonsten gleichen sich die Vorgehensweisen und Implementierungen.

CDS-View mit Parameter testen

Der Cube-CDS-View ZI_SalesOrderItemCube weist die Besonderheit auf, dass er einen Eingabeparameter für die Anzeigewährung P_DisplayCurrency besitzt. Die Testdaten müssen gezielt für einzelne Werte dieses Parameters an die Testumgebung übermittelt werden. Dies geschieht in Listing 16.29 für die Anzeigewährung »EUR«.

```
DATA: lt_zi_salesorderitemcube
         TYPE STANDARD TABLE OF zi_salesorderitemcube
         WITH EMPTY KEY.
lt_zi_salesorderitemcube = VALUE #(
   ( salesorder                  = 'S1'
     salesorderitem              = '10'
     netamountindisplaycurrency = 10 )
   ( salesorder                  = 'S1'
     salesorderitem              = '20'
     netamountindisplaycurrency = 20 ) ).
DATA: lt_parameter_value TYPE
       if_osql_param_values_config=>ty_parameter_value_pairs.
lt_parameter_value = VALUE #(
   ( parameter_name  = 'P_DISPLAYCURRENCY'
     parameter_value = 'EUR' ) ).
go_osql_test_environment->insert_test_data(
   EXPORTING
      i_data             = lt_zi_salesorderitemcube
      i_parameter_values = lt_parameter_value ).
```

Listing 16.29 Definition und Übertragung der parametrisierten Testdaten für den CDS-View »ZI_SalesOrderItemCube« in die Testumgebung

Anwendungsfunktion aufrufen

Die produktive Anwendung können Sie nun mit Ihrer Testmethode testen. Listing 16.30 zeigt dazu ein Beispiel.

```
lcl_productive_application=>get_sales_order_relevance(
   EXPORTING
      iv_sales_order_id   = 'S1'
   IMPORTING
      ev_relevance_rating = DATA(lv_relevance_rating) ).
cl_abap_unit_assert=>assert_equals(
   EXPORTING
      act                = lv_relevance_rating
      exp                = 2
      level              = if_aunit_constants=>critical
      quit               = if_aunit_constants=>method
   RECEIVING
      assertion_failed = DATA(lv_assertion_failed) ).
```

Listing 16.30 Ausführung der produktiven Anwendung und Verifizierung des Ergebnisses

Die in der Methode LCL_PRODUCTIVE_APPLICATION=>GET_SALES_ORDER_RELEVANCE berechnete Summe der Nettobeträge (NetAmount) der beiden Positionen »10« und »20« des Kundenauftrags »S1« aus Listing 16.29 ergibt »30«. Damit soll die erwartete Relevanzbewertung von »2« durch die produktive Methode ermittelt werden. Dies prüft die angewandte Assert-Anweisung.

Analyse des Ergebnisses des Funktionsaufrufs

16.1.5 Codegenerierungsfunktionen in den ABAP Development Tools

Funktionen der ADT-Umgebung

Nachdem wir Sie mit den Grundlagen der Test-Double-basierten Tests vertraut gemacht haben, möchten wir Ihnen nun zwei Funktionen der ADT-Umgebung vorstellen, die Sie bei der Implementierung Ihrer Unit-Tests unterstützen können. In diesem Zusammenhang lernen Sie, wie Sie Testklassen generieren und Testmethoden anlegen.

Testklasse anlegen

Anlegedialog für Testklassen

Über einen spezialisierten Anlegedialog der ADT-Umgebung können Sie eine Testklasse generieren, die bereits die Rumpfimplementierungen der relevanten Methoden aufweist. Selektieren Sie dazu den zu testenden CDS-View im **Project Explorer**. Wählen Sie nun den Eintrag **New ABAP Test Class** im Kontextmenü. Abbildung 16.4 demonstriert dies für den CDS-View ZI_SalesOrderItemCube aus Listing 16.4.

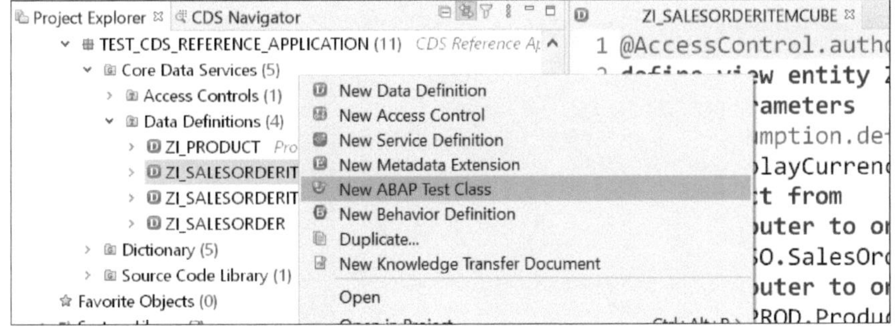

Abbildung 16.4 Testklasse in den ABAP Development Tools anlegen

Nach der Auswahl dieser Funktion erscheint ein Anlegedialog, wie er in Abbildung 16.5 zu sehen ist.

Erster Schritt im Anlegedialog

Im ersten Dialogschritt geben Sie im Feld **Name** einen Namen für die anzulegende Klasse sowie einen beschreibenden Text im Feld **Description** ein. Außerdem geben Sie das Paket, dem die Testklasse zugeordnet werden soll, im Feld **Package** ein. Bestätigen Sie im Anschluss Ihre Eingaben mit **Next >**.

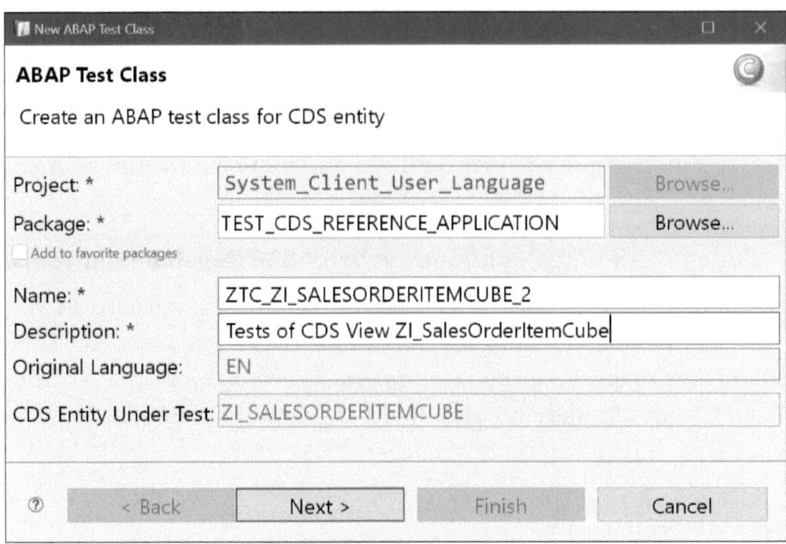

Abbildung 16.5 Erster Dialogschritt bei der Anlage von Testklassen

Entkopplungsschnitt für lokale Tests festlegen

Im nächsten Dialogschritt können Sie den Entkopplungsschnitt festlegen. Um die lokal in einem CDS-View definierte Logik zu testen, wählen Sie dabei die Option **Unit Test** (siehe Abbildung 16.6).

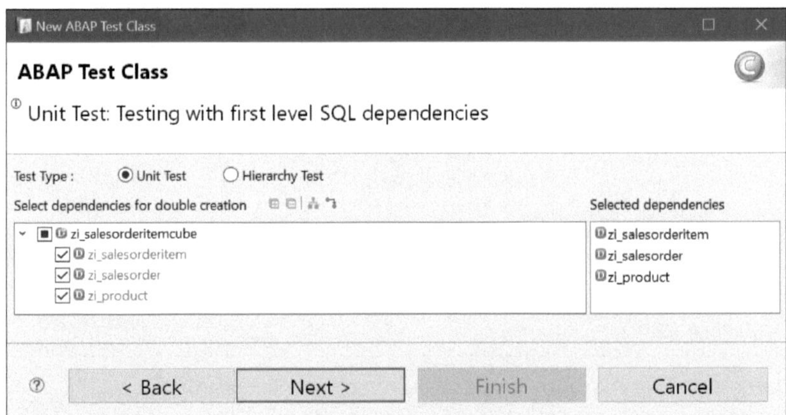

Abbildung 16.6 Auswahl des Entkopplungsschnitts im Anlegedialog für Testklassen

Entkopplungsschnitt für integrative Tests festlegen

Falls Sie den Entkopplungsschnitt flexibel definieren möchten, sollten Sie stattdessen die Option **Hierarchy Test** wählen. Abbildung 16.7 zeigt diese Auswahl. Hier wird der CDS-View `ZI_SalesOrderItemCube` von seinen direkten Datenquellen entkoppelt, den CDS-Views `ZI_SalesOrder` und `ZI_Product`, sowie von seiner indirekten Datenquelle, der Datenbanktabelle `ZSALESORDERITEM`.

In unserem Beispiel wollen wir die zweite Option **Hierarchy Test** nutzen. Bestätigen Sie Ihre Auswahl durch den Button **Next >**.

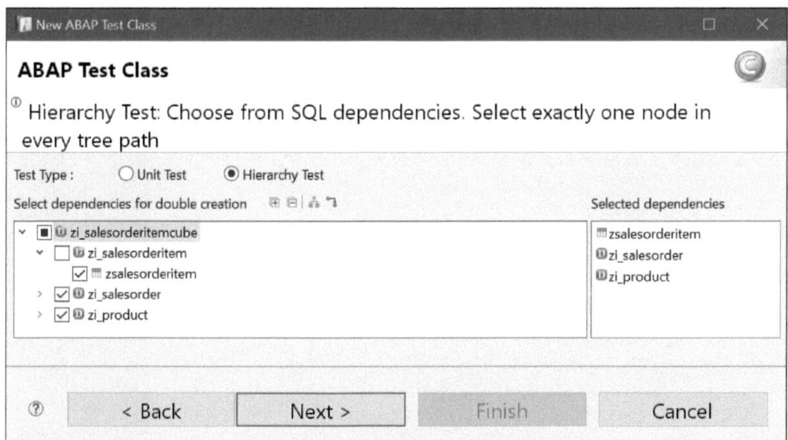

Abbildung 16.7 Flexibler Entkopplungsschnitt für Testklassen im Rahmen von integrativen Tests

Testmethode und -daten erfassen

16

Im daraufhin erscheinenden Dialogschritt können Sie eine Testmethode spezifizieren und die darin zu verwendenden Daten in tabellarischer Form erfassen. Abbildung 16.8 demonstriert diesen Schritt exemplarisch für die im Eingabefeld **Test Method Name** spezifizierten Namen der Testmethode TEST_FULL_AUTHORIZATION sowie einige für die Datenbanktabelle ZSALESORDERITEM erfassten Testdaten. Mit einem Klick auf den Button **Next >** und einer Bestätigung der Anlage mit **Finish** schließen Sie den Anlegedialog ab und stoßen so die Generierung der Testklasse an.

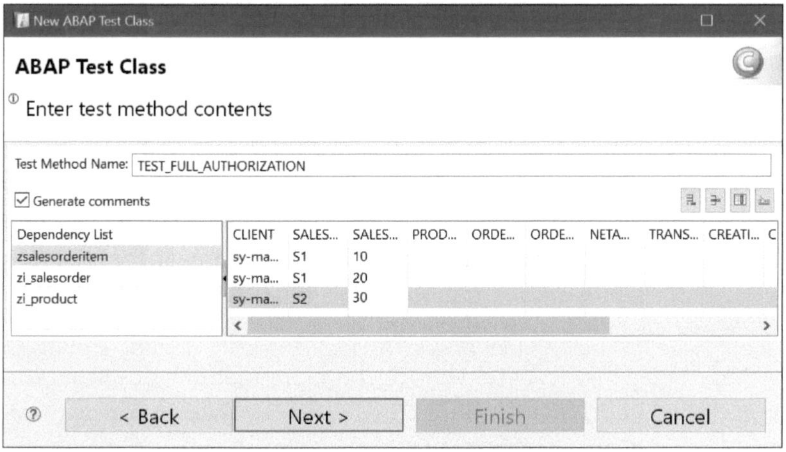

New ABAP Test Class

ABAP Test Class

Enter test method contents

Test Method Name: TEST_FULL_AUTHORIZATION

Generate comments

Dependency List: zsalesorderitem, zi_salesorder, zi_product

CLIENT	SALES...	SALES...	PROD...	ORDE...	ORDE...	NETA...	TRANS...	CREATI...	C
sy-ma...	S1	10							
sy-ma...	S1	20							
sy-ma...	S2	30							

< Back Next > Finish Cancel

Abbildung 16.8 Erfassung der Testmethode und Testdaten

Generierte Testklasse

Die erzeugte Testklasse finden Sie anschließend in der Quellcodebibliothek (Ordner **Source Code Library • Classes**) innerhalb der Sicht **Project Explorer** (siehe Abbildung 16.9).

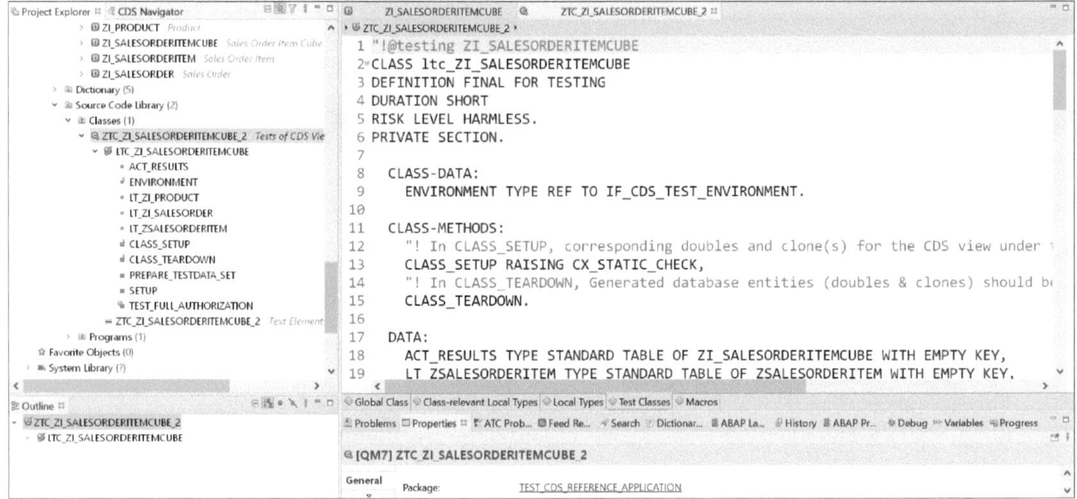

Abbildung 16.9 Testklasse nach Abschluss des Anlegedialogs

Sie beinhaltet bereits mehrere Methoden, z. B. eine Setup-Methode. Daneben berücksichtigt die Implementierung die von Ihnen im Anlegedialog erfassten Angaben, wie z. B. die Liste der zu entkoppelnden Objekte und die anzuwendenden Testdaten sowie die von Ihnen gewählte Testmethode. Sie können dieses Grundgerüst einer Testklasse nun für Ihren Test verfeinern und zielgerichtet ausprägen. Dies zeigen wir Ihnen im folgenden Abschnitt am Beispiel unserer generierten lokalen Testklasse `LTC_ZI_SALESORDERITEMCUBE`.

Testklasse ändern

Quick-Assist-Funktion nutzen

Neben dem Dialog zur geführten Anlage einer Testklasse bietet Ihnen die ADT-Umgebung auch Funktionen, die Sie dabei unterstützen, eine bereits existierende Testklasse zu komplettieren. Platzieren Sie dazu den Cursor im Quelltext der Klassendefinition und drücken Sie die Tastenkombination [Strg] + [1]. Daraufhin erscheint das in Abbildung 16.10 dargestellte Pop-up-Fenster mit der *Quick-Assist-Funktion*.

Testmethoden anlegen

Welche Funktionen in diesem Fenster angeboten werden, hängt sowohl von der bereits bestehenden Klassenimplementierung ab als auch von der Position, von der aus Sie die Quick-Assist-Funktion aufrufen. Im vorliegenden Fall wird Ihnen das Anlegen weiterer Testmethoden angeboten.

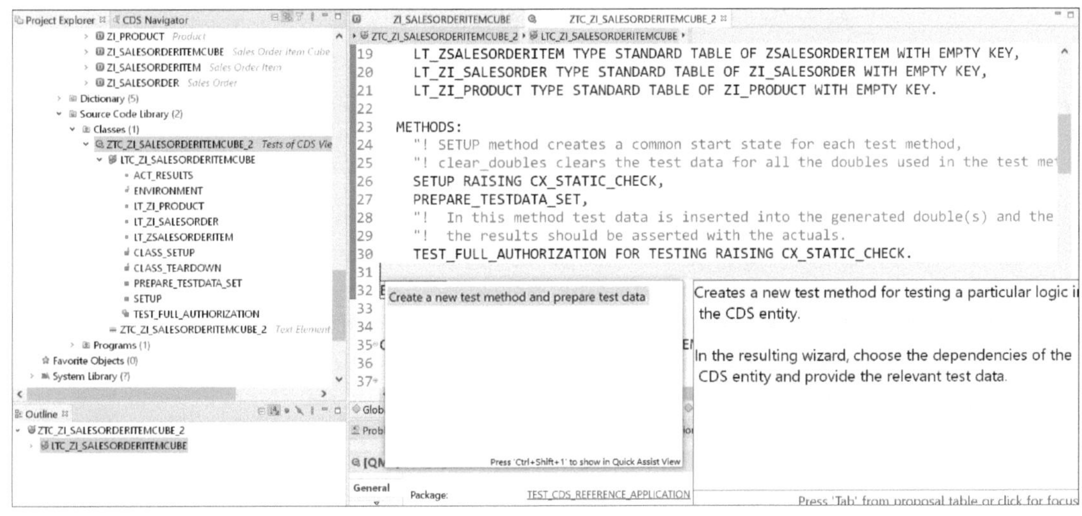

Abbildung 16.10 Quick-Assist-Funktion in den ABAP Development Tools

Wählen Sie diese Option aus, indem Sie doppelt auf den Eintrag **Create a new test method and prepare test data** klicken. Im folgenden Dialog können Sie dann, analog zur Vorgehensweise bei der Anlage Ihrer Testklasse, zunächst den Entkopplungsschnitt auswählen und im Anschluss den Namen der gewünschten Testmethode sowie die erforderlichen Testdaten eingeben.

Quick Assist nutzen

Um die Quick-Assist-Funktion einsetzen zu können, müssen Sie Ihre Testklasse über den Kommentar `"!@testing...` einem CDS-Modell zugeordnet haben. Über die ADT generierte Testklassen sind bereits mit diesem Kommentar ausgestattet.

16.2 Transaktionale Applikationslogik testen

Überblick

Nachdem wir uns im vorangegangenen Abschnitt ausführlich mit den einzelnen Implementierungsschritten zum Testen Ihrer Datenbanklogik beschäftigt haben, wollen wir uns im Folgenden auf die für das ABAP RESTful Application Programming Model spezifischen Testaspekte konzentrieren. Dabei gehen wir insbesondere auf die Besonderheiten ein, die Sie bei der Implementierung entsprechender Unit-Tests beachten müssen. Im Einzelnen gehen wir darauf ein, wie Sie folgende Aspekte Ihrer Applikationslogik testen:

- Verhaltens-Handler (siehe Abschnitt 16.2.1)
- Events und Event-Payloads (siehe Abschnitt 16.2.2)
- lokale Event-Handler (siehe Abschnitt 16.2.3)
- via EML-Schnittstelle exponierte Operationen (siehe Abschnitt 16.2.4)

16.2.1 Verhaltens-Handler testen

Abstrakte Verhaltens-Handler instanziieren

In einer Verhaltensdefinition wird jede Operation in einem Handler implementiert. Der Verhaltenspool bzw. die Verhaltens-Handler sind formal abstrakt und können nur von der ABAP-Infrastruktur instanziiert werden, sodass sie nicht direkt wie gewöhnliche Klassen und deren Methoden getestet werden können. Um diese dennoch testen zu können, müssen Sie den Handler wie folgt instanziieren:

```
DATA <BehaviorHandler> TYPE REF TO <LocalHandlerClass>.
CREATE OBJECT <BehaviorHandler> FOR TESTING.
```

Ferner müssen Sie die Testklasse als lokalen Freund der Handler-Klasse definieren:

```
CLASS <LocalHandlerClass> DEFINITION
  INHERITING FROM cl_abap_behavior_handler
  FRIENDS <LocalHandlerTestClass>.
```

Eine derartige Freundschaftsdefinition wiederum setzt voraus, dass Ihre Testklasse bereits vor den Handler-Klassen im Include für die lokalen Typen definiert wurde:

```
CLASS ltc_behavior_handler DEFINITION DEFERRED FOR TESTING.
```

Wir empfehlen Ihnen, die Definition der Testklasse direkt vor der Definition der zugehörigen Verhaltens-Handler-Klasse zu platzieren.

Mit diesen Vorarbeiten kann nun ein Unit-Test für Ihren Verhaltens-Handler genauso wie für jede andere Methode implementiert werden.

Beispiel: Unit-Test

In einem einfachen Beispiel wollen wir nun exemplarisch einen derartigen Unit-Test für eine Handler-Methode des Kundenauftragskopfs definieren und implementieren.

Einbettung der Testklasse

Wenden wir uns zunächst der Einbettung der Testklasse `LTC_BEHAVIOR_HANDLER` in den zu prüfenden Verhaltens-Handler `LHC_SALESORDER` zu. Diese ist in Listing 16.31 illustriert.

```
CLASS ltc_behavior_handler DEFINITION DEFERRED FOR TESTING.
CLASS lhc_SalesOrder DEFINITION
  INHERITING FROM cl_abap_behavior_handler
  FRIENDS ltc_behavior_handler.
  PRIVATE SECTION.
    METHODS ...
ENDCLASS.
```

Listing 16.31 Testklasse des Verhaltens-Handlers: Einbettung

Definition der Testklasse

Die Testklasse selbst legen Sie nun im Include für die Testklassen an. Definieren Sie darin eine Testmethode VERIFY_ITEM_NUMBER, um den Handler für die Nummerierung der Kundenauftragspositionen zu testen. Da innerhalb der zu verifizierenden Logik Lesezugriffe stattfinden, nutzen wir zur Realisierung eines stabilen Testbetts Stellvertreterobjekte bzw. Test-Doubles für die zugegriffenen CDS-Entitäten. Die entsprechende Referenz go_cds_test_environment auf die Testumgebung IF_CDS_TEST_ENVIRONMENT inkludieren wir in die Definition der Testklasse (siehe Listing 16.32).

```
CLASS ltc_behavior_handler DEFINITION
  FOR TESTING DURATION SHORT RISK LEVEL HARMLESS.
  PUBLIC SECTION.
    METHODS verify_item_number FOR TESTING.
  PRIVATE SECTION.
    CLASS-DATA go_cds_test_environment TYPE REF TO if_cds_test_
environment.
    CLASS-METHODS class_setup.
    CLASS-METHODS class_teardown.
    METHODS setup.
    METHODS teardown.
ENDCLASS.
```

Listing 16.32 Testklasse des Verhaltens-Handlers: Definition

Implementierung der Testklasse

In der Implementierung erzeugen wir zunächst die notwendigen Test-Doubles, instanziieren die Handler-Klasse und rufen dann die zu prüfende Methode LHC_SALESORDER->EARLYNUMBERING_CBA_ITEM auf. Die Rückgaben der aufgerufenen Methode werden schließlich gegen die erwarteten Ergebnisse verifiziert. Listing 16.33 zeigt die entsprechende Implementierung der Testklasse.

```
CLASS ltc_behavior_handler IMPLEMENTATION.
  METHOD class_setup.
    go_cds_test_environment = cl_cds_test_environment=>create_for_
```

```
multiple_cds(
      VALUE #( ( i_for_entity = 'ZR_SALESORDERTP' )
               ( i_for_entity = 'ZR_SALESORDERITEMTP' ) ) ).
    go_cds_test_environment->enable_double_redirection( ).
  ENDMETHOD.
  METHOD setup.
    DATA lt_zi_salesorder TYPE STANDARD TABLE OF zi_salesorder.
    lt_zi_salesorder = VALUE #(
      ( SalesOrder = 'TEST1'
        SalesOrderType = 'T1'
        SalesOrganization = '01'
        DistributionChannel = 'D1'
        OrganizationDivision = '01'
        SoldToParty = 'CUSTOMER1' )
      ( SalesOrder = 'TEST2'
        SalesOrderType = 'T2'
        SalesOrganization = '02'
        DistributionChannel = 'D2'
        OrganizationDivision = '02'
        SoldToParty = 'CUSTOMER2' ) ).
    go_cds_test_environment->insert_test_data(
      EXPORTING
        i_data = lt_zi_salesorder
    ).
    DATA lt_zi_salesorderitem TYPE STANDARD TABLE OF
zi_salesorderitem.
    lt_zi_salesorderitem = VALUE #(
      ( SalesOrder = 'TEST1' SalesOrderItem = '000001' )
      ( SalesOrder = 'TEST1' SalesOrderItem = '000002' )
      ( SalesOrder = 'TEST2' SalesOrderItem = '000042' ) ).
    go_cds_test_environment->insert_test_data(
      EXPORTING
        i_data = lt_zi_salesorderitem
    ).
  ENDMETHOD.
  METHOD teardown.
    IF go_cds_test_environment IS BOUND.
      go_cds_test_environment->clear_doubles( ).
    ENDIF.
  ENDMETHOD.
  METHOD class_teardown.
    IF go_cds_test_environment IS BOUND.
      go_cds_test_environment->destroy( ).
    ENDIF.
```

```
  ENDMETHOD.
  METHOD verify_item_number.
    DATA lo_hc_salesorder TYPE REF TO lhc_salesorder.
    DATA mapped   TYPE RESPONSE FOR MAPPED EARLY   zr_salesordertp.
    DATA failed   TYPE RESPONSE FOR FAILED EARLY   zr_salesordertp.
    DATA reported TYPE RESPONSE FOR REPORTED EARLY zr_salesordertp.
    DATA mapped_expected LIKE mapped.

    mapped_expected-salesorderitem = VALUE #(
      ( %cid = 'CID11'
        salesorder = 'TEST1'
        salesorderitem = '000003' )
      ( %cid = 'CID12'
        salesorder = 'TEST1'
        salesorderitem = '000004' )
      ( %cid = 'CID21'
         salesorder = 'TEST2'
         salesorderitem = '000043' )
       ( %cid = 'CID22'
         salesorder = 'TEST2'
         salesorderitem = '000044' ) ).
    CREATE OBJECT lo_hc_salesorder FOR TESTING.
    lo_hc_salesorder->earlynumbering_cba_item(
      EXPORTING entities = VALUE #(
        ( salesorder = 'TEST1' %target = VALUE #(
           ( %cid = 'CID11' salesorder = 'TEST1' )
           ( %cid = 'CID12' salesorder = 'TEST1' ) ) )
        ( salesorder = 'TEST2' %target = VALUE #(
           ( %cid = 'CID21' salesorder = 'TEST2' )
           ( %cid = 'CID22' salesorder = 'TEST2' ) ) ) )
      CHANGING mapped = mapped
               failed = failed
               reported = reported ).
    cl_abap_unit_assert=>assert_initial( failed ).
    cl_abap_unit_assert=>assert_initial( reported ).
    cl_abap_unit_assert=>assert_equals(
      EXPORTING
        act = mapped
        exp = mapped_expected
    ).
  ENDMETHOD.
ENDCLASS.
```

Listing 16.33 Testklasse des Verhaltens-Handlers: Implementierung

16.2.2 Events und Event-Payloads testen

Unser zweiter Testfall zielt darauf ab, zu prüfen, ob die definierten Events erwartungskonform erzeugt werden. Zudem soll verifiziert werden, dass auch die Event-Payload korrekt gefüllt wird.

Events des ABAP RESTful Application Programming Model

Da Events des ABAP RESTful Application Programming Model asynchron verarbeitet werden, aber in einem Unit-Test nur innerhalb des Tests erzeugt werden sollen und dabei keine produktiven Event-Handler darauf reagieren sollen, bietet die Infrastruktur des ABAP RESTful Application Programming Model spezielle Instrumentierungsmöglichkeiten für das Testen der Events. So können auch für Events Test-Doubles definiert werden, die anstelle der regulären Events ausgelöst werden und dann dedizierten Prüfungen und Verifikationen unterworfen werden können.

Event-Test-Double

Ein entsprechendes Test-Double lässt sich über die Klasse `CL_RAP_EVENT_TEST_ENVIRONMENT` erzeugen. Dabei können Sie angeben, welche Events geprüft werden sollen. Bei Ausführung des Tests liefert das Test-Double-Framework Informationen über die erzeugten Events sowie die Option, deren Payload auszulesen und zu verifizieren. Zudem gibt es noch einige eingebaute Verifikationen, die direkt zu ABAP-Unit-Assertions führen, wie z. B. die einfache Abfrage der Anzahl der erwarteten Events und Instanzen der Events.

Beispiel: Unit-Test

Zur Veranschaulichung der geschilderten Zusammenhänge betrachten wir ein konkretes Beispiel. Hierzu definieren wir zunächst die Testklasse `LTC_EVENTS` im Include für Testklassen. Da wir Events testen möchten, werden wir unser Geschäftsobjekt über die EML-Schnittstelle dergestalt aufrufen, dass diese Events ausgelöst werden. Da wir im Rahmen unseres Tests nun nicht nur Lesezugriffe ausführen, sondern transaktionale Änderungen durchführen und sichern wollen, müssen wir neben unseren CDS-Entitäten nun auch die Datenbanktabellen mit Test-Doubles versehen, damit der Test keine Daten verändert. Zudem nutzen wir natürlich auch Event-Test-Doubles.

Definition der Testklasse

Listing 16.34 zeigt die Definition der entsprechenden Testklasse.

```
CLASS ltc_events DEFINITION
  FOR TESTING DURATION SHORT RISK LEVEL HARMLESS.
  PUBLIC SECTION.
    METHODS event_none    FOR TESTING.
    METHODS event_created FOR TESTING.
    METHODS event_changed FOR TESTING.
    METHODS event_deleted FOR TESTING.
  PRIVATE SECTION.
```

```
    CLASS-DATA go_event_test_environment
      TYPE REF TO if_rap_event_test_environment.
    CLASS-DATA go_cds_test_environment
      TYPE REF TO if_cds_test_environment.
    CLASS-DATA go_osql_test_environment
      TYPE REF TO if_osql_test_environment.
    CLASS-METHODS class_setup.
    CLASS-METHODS class_teardown.
    METHODS setup.
    METHODS teardown.
ENDCLASS.
```

Listing 16.34 Testklasse für Events: Definition

Analyse der Definition der Testklasse

Darin haben wir neben den Referenzen auf die Testumgebungen exemplarisch auch vier Testmethoden definiert, um drei Events separat sowie den Fall, dass keines der Events ausgelöst wird, testen zu können.

Implementierung der Testklasse

Innerhalb der Implementierung unserer Testklasse in Listing 16.35 definieren wir nun zunächst die notwendigen Testdaten über Test-Doubles. Daraufhin führen wir in den einzelnen Testmethoden lesende (`READ ENTITY`) oder ändernde (`MODIFY ENTITY`) Operationen über die EML-Schnittstelle aus und komplettieren die Transaktion über `COMMIT ENTITIES`. Wenn bis hierhin alle gut gegangen ist, wird die Save-Sequenz vollständig durchlaufen und die entsprechenden Events werden erzeugt. Nach der EML-Prozessierung verifizieren wir die Ergebnisse, die das Event-Test-Double jeweils bereitstellt, also konkret ob und welches Event geworfen wurde sowie ob dessen Payload erwartungskonform ist.

```
CLASS ltc_events IMPLEMENTATION.
  METHOD class_setup.
    "RAP event Test-Double
    go_event_test_environment = cl_rap_event_test_environment=
>create(
      VALUE #( ( entity_name = 'ZR_SALESORDERTP'
                 event_name = 'CREATED' )
               ( entity_name = 'ZR_SALESORDERTP'
                 event_name = 'CREATEDWITHSOLDTOPARTY' )
               ( entity_name = 'ZR_SALESORDERTP'
                 event_name = 'CHANGED' )
               ( entity_name = 'ZR_SALESORDERTP'
                 event_name = 'DELETED' ) ) ).
    "Database table doubles
    go_osql_test_environment = cl_osql_test_environment=>create(
```

```
      VALUE #( ( 'ZSALESORDER' )
               ( 'ZSALESORDERITEM' )
               ( 'ZSALESORDERSLINE' ) ) ).
    go_osql_test_environment->enable_double_redirection( ).
    "CDS entity doubles
    go_cds_test_environment = cl_cds_test_environment=>create_for_
multiple_cds(
      VALUE #( ( i_for_entity = 'ZR_SALESORDERTP' )
               ( i_for_entity = 'ZR_SALESORDERITEMTP' )
               ( i_for_entity = 'ZR_SALESORDERSCHEDULELINETP' ) ) ).
    go_cds_test_environment->enable_double_redirection( ).
  ENDMETHOD.
  METHOD setup.
    DATA lt_db_salesorder TYPE STANDARD TABLE OF zsalesorder.
    lt_db_salesorder = VALUE #(
      ( SalesOrder = 'TEST1'
        SalesOrderType = 'T1'
        SalesOrganization = 'O1'
        DistributionChannel = 'D1'
        OrganizationDivision = 'O1'
        SoldToParty = 'CUSTOMER1' )
      ( SalesOrder = 'TEST2'
        SalesOrderType = 'T2'
        SalesOrganization = 'O2'
        DistributionChannel = 'D2'
        OrganizationDivision = 'O2'
        SoldToParty = 'CUSTOMER2' ) ).
    go_osql_test_environment->insert_test_data(
      EXPORTING
        i_data = lt_db_salesorder
    ).
    DATA lt_zi_salesorder TYPE STANDARD TABLE OF zi_salesorder.
    lt_zi_salesorder = CORRESPONDING #( lt_db_salesorder ).
    go_cds_test_environment->insert_test_data(
      EXPORTING
        i_data = lt_zi_salesorder
    ).
  ENDMETHOD.
  METHOD teardown.
    IF go_event_test_environment IS BOUND.
      go_event_test_environment->clear( ).
    ENDIF.
    IF go_cds_test_environment IS BOUND.
```

```
      go_cds_test_environment->clear_doubles( ).
    ENDIF.
    IF go_osql_test_environment IS BOUND.
      go_osql_test_environment->clear_doubles( ).
    ENDIF.
  ENDMETHOD.
  METHOD class_teardown.
    IF go_event_test_environment IS BOUND.
      go_event_test_environment->destroy( ).
    ENDIF.
    IF go_cds_test_environment IS BOUND.
      go_cds_test_environment->destroy( ).
    ENDIF.
    IF go_osql_test_environment IS BOUND.
      go_osql_test_environment->destroy( ).
    ENDIF.
  ENDMETHOD.
  METHOD event_none.
    READ ENTITY ZR_SalesOrderTP
      FROM VALUE #( ( SalesOrder = 'TEST1' )
                    ( SalesOrder = 'TEST2' ) )
      RESULT DATA(salesorders)
      FAILED DATA(failed).
    cl_abap_unit_assert=>assert_initial( failed ).

    COMMIT ENTITIES RESPONSES FAILED DATA(failed_save)
REPORTED DATA(reported).
    cl_abap_unit_assert=>assert_subrc( 0 ).

    go_event_test_environment->get_events( )->verify( )->is_raised_
events_count( 0 ).
  ENDMETHOD.
  METHOD event_created.
    MODIFY ENTITY ZR_SalesOrderTP
      CREATE FIELDS ( SalesOrder
                      SalesOrderType
                      SalesOrganization
                      DistributionChannel
                      OrganizationDivision
                      SoldToParty )
        WITH VALUE #( ( %cid = 'CID_1'
                        SalesOrder = 'TEST3'
                        SalesOrderType = 'T3'
```

16

```
                          SalesOrganization = '03'
                          DistributionChannel = 'D3'
                          OrganizationDivision = '03'
                          SoldToParty = 'CUSTOMER3' )
                        ( %cid = 'CID_2'
                          SalesOrder = 'TEST4'
                          SalesOrderType = 'T4'
                          SalesOrganization = '04'
                          DistributionChannel = 'D4'
                          OrganizationDivision = '04'
                          SoldToParty = 'CUSTOMER4' ) )
      FAILED DATA(failed).
    cl_abap_unit_assert=>assert_initial( failed ).

    COMMIT ENTITIES RESPONSES
      FAILED DATA(failed_save)
      REPORTED DATA(reported).
    cl_abap_unit_assert=>assert_subrc( 0 ).

    go_event_test_environment->get_events( )->verify( )->is_raised_
events_count( 1 ).
    go_event_test_environment->get_event( entity_name = 'ZR_
SALESORDERTP' event_name = 'CREATED' )->verify( )->is_raised_
times( 1 ).

    DATA expected_payload TYPE TABLE FOR EVENT ZR_
SalesOrderTP~Created.
    expected_payload = VALUE #(
      ( SalesOrder = 'TEST3'
        SalesOrderType = 'T3'
        SalesOrganization = '03'
        DistributionChannel = 'D3'
        OrganizationDivision = '03'
        SoldToParty = 'CUSTOMER3' )
      ( SalesOrder = 'TEST4'
        SalesOrderType = 'T4'
        SalesOrganization = '04'
        DistributionChannel = 'D4'
        OrganizationDivision = '04'
        SoldToParty = 'CUSTOMER4' ) ).
    DATA actual_payload LIKE REF TO expected_payload.
    CREATE DATA actual_payload.
    DATA(payload) = go_event_test_environment->get_event( entity_
```

```
name = 'ZR_SALESORDERTP' event_name = 'CREATED' )->get_payload( ).
    FIELD-SYMBOLS <payload> TYPE STANDARD TABLE.
    ASSIGN payload->* TO <payload>.
    actual_payload->* = CORRESPONDING #( <payload> ).
    LOOP AT actual_payload->* ASSIGNING FIELD-SYMBOL(<actual_
payload>).
      CLEAR <actual_payload>-eventraiseddatetime.
    ENDLOOP.
    cl_abap_unit_assert=>assert_equals(
      EXPORTING
        act = actual_payload->*
        exp = expected_payload
    ).
  ENDMETHOD.
  METHOD event_changed.
    MODIFY ENTITY ZR_SalesOrderTP
      UPDATE FIELDS ( SoldToParty )
        WITH VALUE #( ( SalesOrder = 'TEST1'
                        SoldToParty = 'CUSTOMER3' )
                      ( SalesOrder = 'TEST2'
                        SoldToParty = 'CUSTOMER4') )
      FAILED DATA(failed).
    cl_abap_unit_assert=>assert_initial( failed ).

    COMMIT ENTITIES RESPONSES FAILED DATA(failed_save)
REPORTED DATA(reported).
    cl_abap_unit_assert=>assert_subrc( 0 ).

    go_event_test_environment->get_events( )->verify( )->is_raised_
events_count( 1 ).
    go_event_test_environment->get_event( entity_name = 'ZR_
SALESORDERTP' event_name = 'CHANGED' )->verify( )->is_raised_
times( 1 ).
  ENDMETHOD.

  METHOD event_deleted.
    MODIFY ENTITY ZR_SalesOrderTP
      DELETE FROM VALUE #( ( SalesOrder = 'TEST1' )
                           ( SalesOrder = 'TEST2' ) )
        FAILED DATA(failed).
    cl_abap_unit_assert=>assert_initial( failed ).

    COMMIT ENTITIES RESPONSES FAILED DATA(failed_
```

```
save) REPORTED DATA(reported).
    cl_abap_unit_assert=>assert_subrc( 0 ).

    go_event_test_environment->get_events( )->verify( )->is_raised_
events_count( 1 ).
    go_event_test_environment->get_event( entity_name = 'ZR_
SALESORDERTP' event_name = 'DELETED' )->verify( )->is_raised_
times( 1 ).
  ENDMETHOD.
ENDCLASS.
```

Listing 16.35 Testklasse für Events: Implementierung

16.2.3 Lokale Event-Handler testen

Lokale Event-Handler instanziieren

Auch die lokalen Event-Handler sind abstrakt und damit nicht direkt von uns instanziierbar. Wir können die entsprechenden lokalen Klassen und deren Methoden jedoch analog zu den Verhaltens-Handlern über eine erweiterte Create-Object-Anweisung für Testzwecke ansprechbar machen. Zudem muss auch der lokale Event-Handler die entsprechende Testklasse als lokalen Freund definieren.

Test-Doubles für Verhaltensdefinitionen

Ein häufiger Anwendungsfall besteht darin, dass in einem lokalen Event-Handler beim Lesen oder Ändern von Daten (z. B. beim Erzeugen von Folgeobjekten) die das Event auslösende oder eine andere Verhaltensdefinition über EML konsumiert wird. Auch in diesem Fall können wir die konsumierte Funktionalität, die produktive Verhaltensdefinition, durch ein entsprechendes Test-Double ersetzen. Sie können die Klasse `CL_ABAP_BEHV_TEST_ENVIRONMENT` nutzen, um ein Test-Double für eine Verhaltensdefinition zu registrieren. Das Test-Double selbst wird als Klasse realisiert, die das Interface `IF_ABAP_BEHAVIOR_TESTDOUBLE` implementiert. Das Interface `IF_ABAP_BEHAVIOR_TESTDOUBLE` stellt dabei im Prinzip alle Operationen, die die EML-Schnittstelle bietet, als Methode bereit, um diese für Ihren Test zu implementieren.

Weitere Test-Doubles für Verhaltensdefinitionen

Neben dem hier diskutierten sehr einfachen Ansatz für ein Test-Double einer Verhaltensdefinition bietet die ABAP-Plattform noch zwei weitere Möglichkeiten mit erweiterter Funktionalität an, die wir an dieser Stelle nicht weiter vertiefen können. Für weitere Informationen zu diesem Thema möchten wir Sie stattdessen auf die ABAP-interne Dokumentation der Test-Double-Klasse verweisen.

Beispiel: Unit-Test

Nehmen wir an, dass wir die Logik der Event-Handler-Methode ON_CHANGED aus Listing 16.36 verifizieren wollen.

```
METHOD on_changed.
    READ ENTITY ZR_SalesOrderTP ALL FIELDS WITH CORRESPONDING
#( changed ) RESULT DATA(result).
    "do something
ENDMETHOD.
```

Listing 16.36 Zu testende Event-Handler-Methode

Darin werden per EML Daten zu den Instanzen aus dem Event gelesen.

Test-Double der Verhaltensdefinition

Für das Verhalten der darin zugegriffenen Entität ZR_SalesOrderTP definieren wir ein Test-Double und implementieren dessen Lesemethode entsprechend unserer Testanforderungen (siehe Listing 16.37).

```
CLASS lcl_behavior_testdouble DEFINITION FINAL.
  PUBLIC SECTION.
    INTERFACES if_abap_behavior_testdouble.
    METHODS constructor.
ENDCLASS.
CLASS lcl_behavior_testdouble IMPLEMENTATION.
  METHOD constructor.
    if_abap_behavior_testdouble~root_name = 'ZR_SALESORDERTP'.
  ENDMETHOD.
  METHOD if_abap_behavior_testdouble~read.
    "add test double implementation here
  ENDMETHOD.
ENDCLASS.
```

Listing 16.37 Test-Double der Verhaltensdefinition

Testklasse für den lokalen Event-Handler

Definieren und implementieren Sie nun eine Testklasse LTC_EVENT_HANDLER für den lokalen Event-Handler gemäß Listing 16.38. Instanziieren und registrieren Sie darin die Test-Double-Klasse LCL_BEHAVIOR_TESTDOUBLE aus Listing 16.37 in der Setup-Methode.

Rufen Sie im Anschluss innerhalb Ihrer Testmethode die zu testende Handler-Methode LHE_SALESORDER->ON_CHANGED auf.

Beim EML-Zugriff auf die Verhaltensdefinition innerhalb der Handler-Methode wird nun die Implementierung Ihrer Test-Double-Klasse LCL_BEHAVIOR_TESTDOUBLE durchlaufen.

Anschließend können Sie das Ergebnis der Ausführung verifizieren.

```
CLASS ltc_event_handler
DEFINITION FOR TESTING DURATION SHORT RISK LEVEL HARMLESS.
  PUBLIC SECTION.
    METHODS test_changed FOR TESTING.
  PRIVATE SECTION.
    METHODS setup.
    METHODS teardown.
ENDCLASS.
CLASS ltc_event_handler IMPLEMENTATION.
  METHOD setup.
    cl_abap_behv_test_environment=>set_test_double( NEW lcl_behavior_
testdouble( ) ).
  ENDMETHOD.
  METHOD teardown.
    cl_abap_behv_test_environment=>unset_test_double( root = 'ZR_
SALESORDERTP' ).
  ENDMETHOD.
  METHOD test_changed.
    DATA lo_he_salesorder TYPE REF TO lhe_salesorder.
    CREATE OBJECT lo_he_salesorder FOR TESTING.
    "implement test
    lo_he_salesorder->on_changed( changed = VALUE #( ( SalesOrder =
 'TEST1' ) ) ).
    "implement verification
    "...
  ENDMETHOD.
ENDCLASS.
```

Listing 16.38 Testklasse für Event-Handler

16.2.4 Tests über die EML-Schnittstelle

In den vorangegangenen Abschnitten haben wir Ihnen aufgezeigt, wie Sie die Implementierung Ihrer Verhaltensdefinitionen vollständig über Unit-Tests abdecken können. Dabei haben Sie auch die diversen Möglichkeiten kennengelernt, wie Sie EML-Operationen mit Test-Doubles verknüpfen können. Damit sind Sie in der Lage, sämtliche Tests der Schnittstelle Ihrer Verhaltensdefinitionen sowohl als *White Box Tests* als auch *Black Box Tests* zu realisieren. Dies wiederum ermöglicht es Ihnen, nicht nur einzelne Verhaltensdefinitionen automatisiert zu testen, sondern auch komplexere Integrationstests, die das Zusammenspiel mehrere Geschäftsobjekte bis hin zu ganzheitlichen Prozessen abdecken, über EML zu implementieren.

Kapitel 17
Problembehandlung

In diesem Kapitel erfahren Sie, wie Sie Probleme, die im Rahmen der Implementierung und Aktivierung Ihrer CDS-Modelle und Ihrer Modelle des ABAP RESTful Application Programming auftreten können, verhindern bzw. identifizieren und beheben können.

Wie bei jedem anderen Softwareprojekt kann es auch bei der Entwicklung mit CDS zu Problemen kommen. In diesem Kapitel vermitteln wir Ihnen einen Überblick über häufig beobachtete Probleme und mögliche Gegenmaßnahmen.

Kapitelstruktur

Abschnitt 17.1, »Performance-Aspekte«, ist dem Thema Performance gewidmet. In diesem Zusammenhang stellen wir Ihnen verschiedene Aspekte vor, die Sie bei der Entwicklung Ihrer CDS-Views berücksichtigen sollten. Am Ende geben wir Ihnen zudem eine kurze Einführung in die Möglichkeiten der Performance-Analyse. In Abschnitt 17.2, »Mögliche Fallstricke«, werden einige Besonderheiten von Werte- und Typsystemen beschrieben, die bei der Implementierung und Verwendung von CDS-Modellen zu beachten sind. Falls Sie diese Besonderheiten außer Acht lassen, können unerwartete Ergebnisse auftreten.

In Abschnitt 17.3, »CDS-Implementierungsprobleme behandeln«, stellen wir Ihnen verschiedene Prüffunktionen der ABAP Development Tools (ADT) vor, mit denen Sie Problemen in Ihren CDS-Modellen identifizieren und analysieren können. Der Schwerpunkt liegt dabei auf der Behandlung von Problemen bei der Implementierung und Aktivierung von CDS-Modellen. In Abschnitt 17.4, »CDS-Aktivierungsprobleme behandeln«, erfahren Sie, wie Sie Aktivierungsprobleme beheben können. In Abschnitt 17.5, »Anwendungen des ABAP RESTful Application Programming Model analysieren«, greifen wir mit dem ABAP Cross Trace ein Werkzeug auf, das es Ihnen erleichtern soll, das Laufzeitverhalten Ihrer auf dem ABAP RESTful Application Programming Model basierende Anwendungen zu analysieren.

17.1 Performance-Aspekte

Allgemeine Überlegungen

Im Allgemeinen bestimmen zahlreiche Einflussgrößen die Performance-Charakteristika einer Anwendung. Diese Faktoren umfassen nicht nur die implementierte Anwendungslogik, sondern auch die tatsächlichen Interaktionen der Nutzer mit den Anwendungen sowie den Umfang und die Eigenschaften der verarbeiteten und persistenten Daten. Dennoch gibt es einige grundlegende Regeln für die Definition von performanten Anwendungen. Diese sollten Sie beim Entwurf, bei der Implementierung und bei der Pflege Ihrer Anwendungen berücksichtigen. Generell sollten Sie stets darauf abzielen, den Speicherplatzbedarf und den Ressourcenverbrauch Ihrer Anwendungen zu minimieren. Dies gilt auch für CDS-Modelle, die der Datenbeschaffung dienen.

Performante SQL-Logik implementieren

Grundsätzlich sollten Sie Ihre CDS-Modelle immer so implementieren, dass ihre Logik effizient auf dem Datenbanksystem verarbeitet werden kann. In diesem Zusammenhang sollten Sie sich nicht auf mögliche Optimierungen der Ausführungspläne durch den Optimierer der SAP-HANA-Datenbank verlassen. Stattdessen sollten Sie Ihre CDS-Modelle von vornherein stets »SQL-freundlich« definieren.

SQL-freundliche Programmierung

Imperative, prozedurale Programmierlogik sollten Sie nicht unreflektiert aus Ihren ABAP-Programmen in die Datenbankprozessierung überführen. Versuchen Sie stattdessen, einen geeigneten datensatzorientierten, deklarativen Ansatz bei der Implementierung der Selektionslogik Ihrer CDS-Modelle anzuwenden. Außerdem sollten Sie für die Selektionszugriffe in Ihrer Anwendungslogik immer ein auf den Anwendungsfall zugeschnittenes CDS-Modell auswählen und versuchen, die Anzahl der Datenbankzugriffe und die Menge der darin verarbeiteten und übertragenen Daten so schnell wie möglich zu minimieren. Schließlich sollten Sie die Implementierungen Ihrer CDS-Modelle und deren Verwendungen immer sorgfältig hinsichtlich ihrer Auswirkungen auf die Performance und den Speicherverbrauch Ihrer gesamten Anwendung prüfen.

Die im Folgenden ausgesprochenen Empfehlungen sollen Ihnen dabei helfen, performante CDS-Modelle zu definieren und effizient zu nutzen. Weitere Informationen dazu finden Sie auch unter *http://s-prs.de/v9214028*.

17.1.1 Statische View-Komplexität

Die *statische Komplexität* eines CDS-Views wird durch alle modellierten Datentransformationen (z. B. Join-Verknüpfungen und Berechnungen) von der Persistenzebene bis hin zu den Datensätzen, die von dem CDS-View zurückgegeben werden, bestimmt. Die statische Komplexität berücksichtigt demnach sowohl die Implementierung Ihres CDS-Views als auch die Implementierungen aller seiner Datenquellen.

Wiederverwendete CDS-Modelle

Bauen CDS-Views aufeinander auf, kann es dazu kommen, dass die Komplexität unnötig ansteigt. Dies kann z. B. der Fall sein, wenn Basis-CDS-Modelle wiederverwendet werden, die nicht auf den vorliegenden Anwendungsfall hin zugeschnitten sind, sondern auch anderen Zwecken dienen sollen. Die Funktionalität der wiederverwendeten CDS-Modelle kann beispielsweise die Verknüpfung und Berechnung von Feldern umfassen, die für die Realisierung der Funktion des wiederverwendeten CDS-Views gar nicht erforderlich sind.

[+]

Statische Komplexität der CDS-View-Modelle reduzieren

Als Faustregel kann Ihnen dienen: Wählen Sie immer das CDS-Modell mit der niedrigsten statischen Komplexität als Baustein für die Definition abhängiger Views oder als Datenquelle für Ihre Selektionen in ABAP aus. Bei den von SAP ausgelieferten Modellen kann dazu auch die Annotation `@ObjectModel.usageType.serviceQuality...` für eine erste Orientierung herangezogen werden. View-Modelle mit einer niedrigen statischen Komplexität tragen den Annotationswert `#A`. Sie sollten allerdings auch verifizieren, dass die Verwendung des Views als Datenquelle überhaupt vorgesehen ist. Dies wird durch die Annotation `@ObjectModel.supportedCapabilities` und deren Werte `[#SQL_DATA_SOURCE]` (Datenquelle im ABAP) bzw. `[#CDS_MODELING_DATA_SOURCE]` (Datenquelle für CDS-Views) ausgedrückt.

Wenn ein geeignetes CDS-Modell noch nicht existiert, sollte es angelegt werden, auch wenn dies bedeutet, dass die gleiche Logik mehrmals implementiert werden muss.

Assoziationen exponieren

Wie in Abschnitt 2.13, »Join-Verknüpfungen«, bereits erwähnt, sollten Sie die Definition und Exponierung von CDS-Assoziationen erwägen, statt Datenquellen statisch per Join-Verbindung miteinander zu verknüpfen. Auf diese Weise können Sie ein *Reuse-CDS-Modell* bereitstellen, dessen Verwender entscheiden kann, ob die zugehörigen Informationen der Assoziationsziele über Pfadausdrücke abgerufen werden sollen. Wenn die zugehörigen Informationen nicht angefordert werden, wird kein zusätzlicher Join manifestiert. Beachten Sie dabei, dass die reine Definition und Exponierung einer CDS-Assoziation die statische View-Komplexität nicht erhöht.

Einfache Basismodelle

Die Reduzierung der statischen Komplexität ist insbesondere für CDS-Modelle wichtig, die in den unteren und mittleren Ebenen der View-Hierarchien (wieder)verwendet werden. Eine größere Komplexität dieser Modelle trägt unmittelbar zur statischen Komplexität ihrer abhängigen CDS-Views bei. Mit zunehmender Komplexität werden Laufzeitoptimierungen schwieriger und zeitaufwendiger. Daher sollten Sie Join-Verknüpfungen in wiederverwendbaren CDS-Views nur dann etablieren, wenn diese für die Kernfunktionalität dieser Views essenziell sind.

Vorzugsweise sollten Join-Verknüpfungen, falls sie tatsächlich benötigt werden, erst auf der obersten Ebene einer View-Hierarchie implementiert werden. Wenn Sie bereits eine Teilmenge aller Elemente eines Join-Partners in die niedrigeren Ebenen der View-Hierarchie aufnehmen, besteht zudem die Gefahr, dass auf einer höheren Ebene der View-Hierarchie der Zugriff auf zusätzliche Elemente desselben Join-Partners erforderlich sein kann. Dies führt dann zu einer zusätzlichen Steigerung der statischen Komplexität als Folge der Einführung weiterer Join-Verknüpfungen.

Wenn Sie ein ungeeignetes CDS-Modell als Datenquelle wählen, kann sich die statische Komplexität nicht nur durch redundante Join-Verknüpfungen, sondern auch durch die Einbindung anderer für Ihren Anwendungsfall überflüssiger Logik erhöhen. Wenn Sie beispielsweise nur an den Daten einer einzelnen Datenbanktabelle interessiert sind, sollten Sie die Daten direkt aus dieser Datenbanktabelle selektieren. Die Selektion der entsprechenden Datensätze aus einem wiederverwendeten CDS-View, der eine Union dieser Tabelle mit einer anderen Tabelle definiert, ist dagegen nicht effizient.

Neben der Auswahl eines geeigneten CDS-Modells müssen auch die Elemente dieses Modells mit Bedacht ausgewählt werden.

Beispiel: Join-Optimierungen

Dies soll mithilfe des CDS-Views `Z_PerformanceAspectsViewA` aus Listing 17.1 veranschaulicht werden.

```
define view entity Z_PerformanceAspectsViewA
  //used by option 1
  as select from ZI_SalesOrderItem as SOI
  //used by option 2
  left outer to one join ZI_ProductText as PT
    on  PT.Product  = SOI.Product
    and PT.Language = 'E'
  //used by option 3
  association [0..*] to ZI_ProductText as _ProductText
    on $projection.Product = _ProductText.Product
{
  key SOI.SalesOrder,
  key SOI.SalesOrderItem,
      @ObjectModel.text.association: '_ProductText'
```

```
        SOI.Product,
        cast( SOI.Product as abap.char(20))   as CastProduct,
        //option 1
        SOI._Product._Text[1:Language='E'].ProductName
          as ProductNameInEnglish1,
        //option 2
        _ProductText[1:Language='E'].ProductName
          as ProductNameInEnglish2,
        //option 3
        PT.ProductName                         as ProductNameInEnglish3,
        _ProductText
}
```

Listing 17.1 CDS-View »Z_PerformanceAspectsViewA«

Analyse des Beispiels

Nehmen wir an, Sie möchten die Informationen der Kundenauftragsposition mit dem englischen Namen des dieser Position zugeordneten Produkts kombinieren. Sie können dies über den Pfadausdruck `_Product._Text[1: Language='E'].ProductName` realisieren. Dieser Pfadausdruck enthält zwei Assoziationen und verknüpft den Basis-CDS-View `ZI_SalesOrderItem` mit den beiden CDS-Views `ZI_Product` und `ZI_ProductText` aus Kapitel 3, »CDS-Assoziationen«. Der Pfadausdruck kann durch die Wiederverwendung der darin enthaltenen Assoziationsdefinitionen leicht definiert werden.

Um allerdings nur den englischen Namen des Produkts in den CDS-View mit aufzunehmen, empfiehlt es sich, diesen Namen über einen direkten Join des CDS-Views `ZI_SalesOrderItem` mit dem CDS-View `ZI_ProductText` einzubinden. Ein solcher Datenzugriff kann durch die Definition einer direkten To-One-Join-Verknüpfung realisiert werden. Dies wird im Beispiel durch den Ausdruck `PT.ProductName` umgesetzt.

Als Alternative zum expliziten Join könnten Sie auch eine zusätzliche direkte Assoziation `_ProductText` zum Text-CDS-View definieren und in einem Pfadausdruck nutzen. Dazu können Sie den Ausdruck `_ProductText[ 1:Language='E'].ProductName` verwenden.

In den beiden letztgenannten Fällen wird lediglich ein einziger Join ausgeführt. Beachten Sie, dass das Ergebnis im Vergleich zum ersten Pfadausdruck, der zwei Join-Verknüpfungen umfasst, gleich bleibt. Der Grund hierfür ist, dass ein sprachabhängiger Name eines Produkts nur dann existieren kann, wenn auch das Produkt selbst existiert. Daher hat der Verzicht auf die Einbindung des CDS-Views `ZI_Product` in die Join-Logik keinen Einfluss auf das Ergebnis.

Selektionsanweisungen optimieren

Bei der Analyse und Optimierung einer ausführbaren Selektionsanweisung kann der Optimierer der SAP-HANA-Datenbank neben der zu prozessierenden Anfrage nur auf diejenigen Metadaten zugreifen, die von den nativen SAP-HANA-Katalogobjekten (z. B. SAP-HANA-Views und SAP-HANA-Tabellenfunktionen) erfasst werden. Daher sollten die in Ihren CDS-Modellen implementierten Selektionsanweisungen bereits alle Informationen enthalten, die dem Optimierer dabei helfen, einen optimierten Ausführungsplan zur Laufzeit abzuleiten.

In diesem Zusammenhang sollten Sie sich Ihr semantisches Wissen über Ihre Anwendung zunutze machen, z. B. Ihre Kenntnis über die Konsistenzbedingungen und weitere Eigenschaften der persistenten Daten. Zum Beispiel sollten Sie versuchen, Join-Pfade zu verkürzen bzw. zu verdichten und unnötige Berechnungslogik zu eliminieren. Außerdem sollten Sie die Start- und Zielkardinalität von Join-Verknüpfungen und Assoziationen immer explizit angeben.

Falls der SAP-HANA-Optimierer nicht in der Lage ist, den effektivsten Ausführungsplan für eine Selektionsanweisung zu bestimmen, können Sie den Einsatz von Datenbankhinweisen evaluieren. In CDS-Modellen können Sie derartige Hinweise über die Annotation `@Consumption.dbHints` erfassen. Die darin hinterlegten Hinweise werden durch die Implementierungs-Frameworks z. B. SADL in die Selektionsanweisung vom annotierten CDS-Modell übertragen. Allerdings sollten Sie mit der Verwendung derartiger Datenbankhinweise vorsichtig sein: Ihr Anwendungsspektrum ist im Regelfall auf spezielle Selektionsanweisungen zugeschnitten. Die Performance anderer Selektionsanweisungen vom selben CDS-Modell kann sich durch den Einsatz derselben Datenbankhinweise erheblich verschlechtern! Daher sollten Sie vor deren Einsatz stets nach anderen Alternativen suchen, z. B. der Definition anderer besser geeigneter CDS-View-Modelle.

17.1.2 Berechnete Felder

Zwischenberechnungen vermeiden

Wenn Sie On-Bedingungen von Join-Verknüpfungen und Assoziationen, Where-Bedingungen oder Case-Anweisungen definieren, sollten Sie versuchen, darin anstelle von berechneten Feldwerten ausschließlich persistente Feldwerte zu verwenden. Anderenfalls müssen die entsprechenden Feldwerte berechnet werden, um die Vergleiche durchzuführen. Dies kann dazu führen, dass große Zwischenergebnismengen berechnet werden müssen, was wiederum zu erheblichen Performance-Einbußen zur Laufzeit führen kann.

Datenmengen reduzieren

Für eine effiziente Verarbeitung einer Selektionsanfrage sollten die verarbeitenden Datenmengen so früh wie möglich auf ein Minimum reduziert werden. Idealerweise können Filterkriterien, die beispielsweise von einem Anwender in einer SAP-Fiori-Anwendung eingegeben werden, direkt auf die gespeicherten Feldwerte der zugrunde liegenden Datenbanktabellen angewandt werden. Dies setzt jedoch eine entsprechende und einfach auszuwertende Korrelation des CDS-Felds, auf das der Filter angewendet wird, mit dem Tabellenfeld voraus.

Berechnete Felder können dieses unmittelbare Mapping aufheben und damit verhindern, dass Filterkriterien über eine View-Hierarchie nach unten transferiert werden können. Um dieses Problem zu vermeiden, sollte die Berechnungslogik aus den beteiligten CDS-Feldern entfernt werden. Dies erfordert unter Umständen eine Duplizierung von CDS-Feldern, falls die berechneten Felder in den CDS-Modellen erhalten bleiben müssen.

[«]

ABAP-Exits in SADL-basierten OData-Services

In SADL-basierten OData-Services können Sie ABAP-implementierte Exits nutzen, um Filter- und Sortieranfragen auf berechneten Feldern auf persistente Felder zu delegieren. Weitere Informationen zu dieser Funktionalität finden Sie in Abschnitt 11.5.5, »Kalkulierte und virtuelle Felder«, sowie in der SAP-Dokumentation unter *http://s-prs.de/v9214029* und *http://s-prs.de/v9214030*.

Beispiel: Persistente und berechnete Felder

Listing 17.2 veranschaulicht diese Zusammenhänge anhand des darin erfassten CDS-Views Z_PerformanceAspectsView**B**.

```
define view entity Z_PerformanceAspectsViewB
  as select from Z_PerformanceAspectsViewA as BASE
  left outer to one join ZI_ProductText as PT
    on  PT.Product  = BASE.Product
    and PT.Language = 'E'
  left outer to one join ZI_ProductText as CASTPT
    on  PT.Product  = BASE.CastProduct
    and PT.Language = 'E'
  association [0..*] to ZI_ProductText as _CastProductText
    on BASE.CastProduct = _CastProductText.Product
{
  key BASE.SalesOrder,
  key BASE.SalesOrderItem,
      BASE.ProductNameInEnglish2,
      PT.ProductName  as ProductNameInEnglish4,
```

```
        CASTPT.ProductName as ProductNameInEnglish5,
        BASE._ProductText[1:Language='E'].ProductName
          as ProductNameInEnglish6,
        _CastProductText[1:Language='E'].ProductName
          as ProductNameInEnglish7
}
```

Listing 17.2 CDS-View »Z_PerformanceAspectsViewB«

Analyse des Beispiels

Im CDS-View `Z_PerformanceAspectsViewB` werden Join-Verknüpfungen, Assoziationen und Where-Bedingungen mithilfe des persistenten Felds `Product` sowie des per Cast-Operation berechneten Felds `CastProduct` definiert. Das berechnete Feld stammt aus dem CDS-View `Z_PerformanceAspectsViewA` aus Listing 17.1. Wir gehen in diesem Beispiel davon aus, dass die effektive Längenbeschränkung des per Cast-Anweisung berechneten Felds keine relevanten Teile des Produktidentifikators abschneidet. Das heißt, dass die Daten so gepflegt sein sollten, dass der Wert des Felds `Product` stets dem Wert des Felds `CastProduct` entspricht. Aus technischer Sicht wird das Feld `CastProduct` dennoch als berechnetes Feld angesehen. Daher sollten Auswertungen, die auf dem Originalfeld `Product` beruhen, gegenüber den Auswertungen, die auf dem berechneten Feld `CastProduct` beruhen, bevorzugt werden.

Redundante Filterkriterien

Wenn es nicht möglich ist, ein automatisches Durchreichen von Filterkriterien einzurichten, kann es unter Umständen trotzdem möglich sein, die gleichen Filterkriterien an verschiedenen Stellen innerhalb der CDS-View-Hierarchie explizit zu modellieren, um die gewünschte, frühzeitige Reduktion des Selektionsergebnisses zu erreichen.

Filter auf CDS-Tabellenfunktionen

Über CDS-Tabellenfunktionen kann imperative Logik in den CDS-View-Stack eingebracht werden. Ähnlich wie bei der Einbettung von berechneten Feldern kann es vorkommen, dass die Einbettung dieser Logik in die Datenselektion das Durchreichen von Filterkriterien blockiert. Nähere Informationen zu CDS-Tabellenfunktionen finden Sie in Kapitel 7, »Native SAP-HANA-Funktionen in CDS«.

Anzahl der Funktionen und Berechnungen reduzieren

Grundsätzlich können die aufgerufenen Funktionen und durchgeführten Berechnungen die Laufzeit einer Datenselektion erheblich beeinflussen. Sie sollten daher versuchen, die Anzahl der durchgeführten Datenbankoperationen zu reduzieren, indem Sie die Anzahl der zu verarbeitenden Datensätze minimieren. Beispielsweise kann es sinnvoll sein, Einheiten- und Währungsumrechnungen auf voraggregierten Datensätzen durchzuführen, anstatt sie auf der Ebene der einzelnen Datensätze anzuwenden. Bitte beachten Sie jedoch, dass sich die Ergebnisse durch Rundungseffekte unterscheiden können, wenn Sie Ihre Logik entsprechend umstellen.

Persistenzmodell optimieren

Im Prinzip können CDS-Views die in Datenbanktabellen abgelegten Daten beliebig kombinieren und transformieren. Dennoch sollten unnötige Operationen wie Join-Verknüpfungen und Wertekonvertierungen vermieden werden, um eine effiziente Verarbeitung der Daten zu gewährleisten.

Wenn z. B. eng miteinander verzahnte Datensätze über mehrere Datenbanktabellen verteilt sind, sollten Sie prüfen, ob das Persistenzmodell an die erwartete Datenverarbeitung angepasst werden sollte. So könnten Sie verteilt abgelegte Informationen zusammenführen und damit die Anzahl der notwendigen Join-Verknüpfungen zur Laufzeit reduzieren.

Ferner sollten Sie prüfen, ob die Werte in dem Format gespeichert werden, in dem sie tatsächlich interpretiert bzw. bereitgestellt werden. Möglicherweise muss das Persistenzmodell geändert werden, um aufwendige und wiederkehrende Konvertierungen zur Laufzeit zu vermeiden.

17.1.3 CDS-Modelle im ABAP-Coding

Explizite Datenselektion

Bei der Ausführung einer Datenselektion in Ihrer ABAP-Implementierung sollten Sie die Filterkriterien, die gewünschten Felder und die Aggregationsebene immer explizit angeben. Dabei sollten Sie sich auf die Informationen fokussieren, die Sie tatsächlich benötigen. Unbedingte Select*-Anweisungen, die Daten liefern, die in der Folgeverarbeitung nicht verwendet werden, sollten vermieden werden.

Anzahl der Selektionszugriffe reduzieren

Außerdem sollten Sie versuchen, wiederkehrende Ausführungen derselben oder ähnlicher Selektionen von der Datenbank zu vermeiden. Beispielsweise sollten Sie in der Regel vermeiden, einzelne Datensätze in einer Loop-Schleife über `SELECT SINGLE`-Anweisungen zu selektieren. Stattdessen sollten Sie versuchen, alle relevanten Informationen auf einmal abzurufen. Die bereits aus der Datenbank gelesenen Daten sollten Sie ferner in Ihrer ABAP-Implementierung so bereitstellen, dass diese an allen relevanten Stellen verfügbar sind, ohne dass dazu redundante Anfragen an die Datenbank gesendet werden müssen. In diesem Zusammenhang können Sie abseits der Bereitstellung eigener Puffer für einfache wiederkehrende Selektionsanweisungen den Einsatz von Puffern des ABAP Data Dictionary prüfen (siehe Abschnitt 2.20, »Entitätspufferdefinitionen«).

Geeignetes CDS-Modell auswählen

Wenn Sie in Ihrem ABAP-Coding vorhandene Zugriffe auf Datenbanktabellen durch Selektionen von CDS-Modellen ersetzen, sollten Sie immer das

CDS-Modell mit der kleinstmöglichen statischen Komplexität wählen. Prüfen Sie dabei auch, ob die Datenselektion zuvor auf einen Puffer statt auf eine Datenbanktabelle ausgeführt wurde und ob ein solcher Puffer vom CDS-Modell unterstützt wird. Anderenfalls könnten Sie durch die Umstellung auf CDS-Modelle als Datenquelle Performance-Einbußen bewirken.

CDS-Zugriffskontrollen beachten

Bei der Selektion von Daten aus CDS-Modellen sind die CDS-Zugriffskontrollen dieser Modelle ebenfalls zu beachten (siehe Kapitel 5, »CDS-Zugriffskontrollen«). Die ABAP-Laufzeitumgebung wendet die Logik der darin modellierten CDS-Rollen über die ABAP-SQL-Schnittstelle automatisch auf die Datenselektion aus dem geschützten CDS-Modell an. Aus funktionaler Sicht müssen Sie die Datenselektion privilegieren, für den Fall, dass Sie jedem Benutzer uneingeschränkten Zugriff auf die Daten gewähren möchten (siehe Abschnitt 5.3.8, »Standarddatenselektion blockieren«). Aus Performance-Sicht müssen Sie beachten, dass die Logik der CDS-Zugriffskontrollen zur statischen Komplexität der CDS-Modelle beiträgt und deren Performance erheblich beeinflussen kann. Daher ist auch die implementierte Logik der CDS-Zugriffskontrollen hinsichtlich ihrer Auswirkungen auf die Performance kritisch zu prüfen.

17.1.4 Performance-Tests

Sie sollten die Performance Ihrer CDS-Modelle immer mit realitätsnahen (idealerweise produktiven) Daten, Benutzer- und Systemeinstellungen testen. Wenn Sie lediglich Tests mit vollständig berechtigten Benutzern und künstlichen Testdaten durchführen, die im Hinblick auf Inhalt und Menge nicht mit den Produktivdaten übereinstimmen, könnten Sie aus Ihren Tests falsche Rückschlüsse auf die Performance Ihrer CDS-Modelle ziehen.

17.1.5 Analysewerkzeuge

In diesem Abschnitt vermitteln wir Ihnen einen kurzen Überblick über einige Werkzeuge, die Sie für Ihre Performance-Analysen einsetzen können.

Beispiel: CDS-View

Für die exemplarischen Analysen wollen wir einen OData-Service einführen, der auf CDS-Views beruht, die wiederum Daten aus verschiedenen Datenbanktabellen selektieren. In diesem Zusammenhang möchten wir den CDS-View `ZI_SalesOrderItemCube` aus Kapitel 16, »Testautomatisierung«, wiederverwenden. Nutzen Sie diesen CDS-View als Datenquelle und legen Sie darauf aufbauend den CDS-View `ZC_SalesOrderItemCube` so an, wie in Listing 17.3 zu sehen.

```
@Metadata.ignorePropagatedAnnotations: true
define view entity ZC_SalesOrderItemCube
  as select from ZI_SalesOrderItemCube( P_DisplayCurrency : 'USD' )
{
  key SalesOrder,
  key SalesOrderItem,
      Product,
      SalesOrderType,
      ProductType,
      @Aggregation.default: #SUM
      @Semantics.amount.currencyCode: 'TransactionCurrency'
      NetAmount,
      TransactionCurrency,
      @Aggregation.default: #SUM
      @Semantics.amount.currencyCode: 'USDCurrency'
      NetAmountInDisplayCurrency as NetAmountInUSD,
      abap.cuky'USD'             as USDCurrency
}
```

Listing 17.3 CDS-View »ZC_SalesOrderItemCube«

Analyse des Beispiels

Innerhalb der Implementierung des CDS-Views ZC_SalesOrderItemCube wird der Parameter P_DisplayCurrency des CDS-Views ZI_SalesOrderItemCube mit der Konstanten »USD« belegt. Darüber hinaus wird das projizierte Feld NetAmountInDisplayCurrency entsprechend in NetAmountInUSD umbenannt. Zusätzlich wird das Feld USDCurrency eingeführt, das den Währungscode »USD« exponiert.

Beispiel: OData-Service

Legen Sie im nächsten Schritt die Servicedefinition ZUI_SalesOrderItem_Display aus Listing 17.4 an und exponieren Sie darin den zuvor angelegten CDS-View ZC_SalesOrderItemCube unter dem Namen SalesOrderItem.

```
@EndUserText.label: 'Sales Order Item Display'
define service ZUI_SalesOrderItem_Display {
  expose ZC_SalesOrderItemCube as SalesOrderItem;
}
```

Listing 17.4 Servicedefinition »ZUI_SalesOrderItem_Display«

Erstellen Sie im letzten Schritt ein gleichnamig benanntes UI-Service-Binding für die OData-Protokollversion 4. Ändern Sie darin den Namen des inkludierten Service ZUI_SalesOrderItem_Display in SalesOrderItem über die Funktion **Rename** des Kontextmenüs. Aktivieren und publizieren Sie schließlich das Service-Binding. Abbildung 17.1 zeigt das Ergebnis.

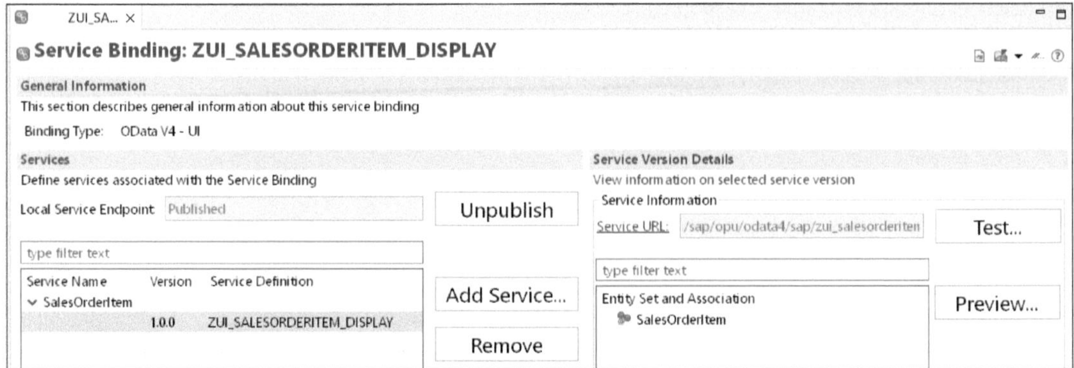

Abbildung 17.1 Service-Binding »ZUI_SalesOrderItem_Display«

Analyse einer OData-Service-Anfrage

Nehmen Sie nun an, dass Sie die Details der Implementierung dieses OData-Service nicht kennen. Sie wollen feststellen, welche SQL-Selektionen im Rahmen einer Serviceanfrage ausgeführt werden.

ABAP-SQL-Trace aktivieren

Aktivieren Sie dazu den ABAP-SQL-Trace in der Transaktion ST05. Nachdem Sie die Transaktion gestartet haben, wählen Sie Option **SQL Trace** durch Markieren des entsprechenden Kontrollkästchens wie in Abbildung 17.2 skizziert.

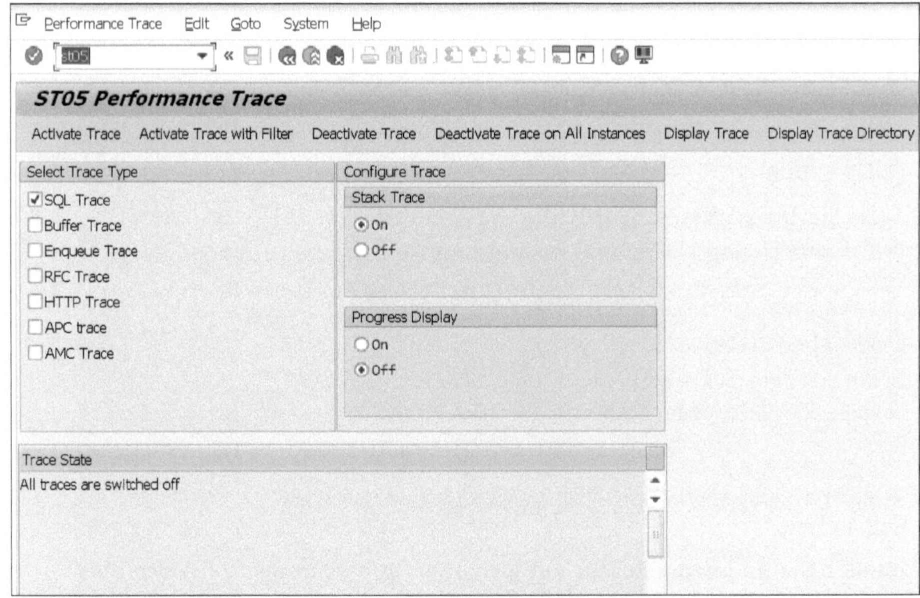

Abbildung 17.2 Selektionsbild des SQL-Performance-Trace

Betätigen Sie nun den Button **Activate Trace with Filter**. Geben Sie im nun erscheinenden Eingabefester den Mandanten **Client** und Benutzer **User**

Name ein, in dem bzw. mit dem die OData-Service-Anfrage ausgeführt werden soll. Aktivieren Sie dann den Trace durch Drücken der [↵]-Taste.

Serviceabfrage ausführen

Führen Sie nun Ihre Serviceanfrage durch. Beispielsweise können Sie den aggregierten Nettobetrag für den Produkttyp »T1« durch die Eingabe der folgenden URL *https://.../sap/opu/odata4/sap/zui_salesorderitem_display/srvd/sap/salesorderitem/0001/SalesOrderItem?$filter=ProductTypeeqT1'&$apply=groupby((TransactionCurrency,USDCurrency),aggregate(NetAmount,NetAmountInUSD))&sap-client=...* in Ihren Browser anfordern.

Trace beenden und visualisieren

Deaktivieren Sie nun den SQL-Trace durch Betätigen des Buttons **Deactivate Trace**. Fordern Sie die Anzeige der aufgezeichneten Interaktionen über den Button **Display Trace** an. Behalten Sie dabei alle Einstellungen in dem sich öffnenden Selektionsbildschirm bei (falls Sie den Trace später anzeigen wollen, müssen Sie das Zeitintervall entsprechend anpassen). Drücken Sie [F8]. Es erscheint das Trace-Ergebnis aus Abbildung 17.3.

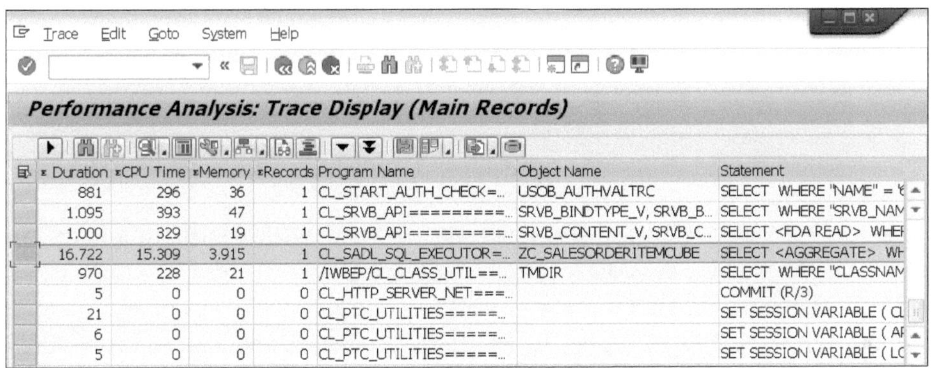

Abbildung 17.3 Trace-Ergebnis

Trace-Ergebnis

Das Trace-Ergebnis beinhaltet alle aufgezeichneten SQL-Zugriffe des ABAP-Anwendungsservers. Es zeigt Ihnen neben der Dauer (**Duration**), der Prozessorzeit (**CPU Time**), dem Speicherbedarf (**Memory**) auch das rufende Programm (**Program Name**), das zugegriffene Objekt (**Object Name**) sowie einen Ausschnitt der SQL-Anweisung (**Statement**) an. Sie können die gesamte SQL-Anweisung sowohl durch einen Doppelklick auf die entsprechende Tabellenzelle als auch durch Betätigen des Buttons [Icon] (**Display Statement**) visualisieren.

Detailierte Selektionsanweisung

Sollten Sie eine der beiden genannten Aktionen auf der in Abbildung 17.3 markierten Zeile durchführen, dann erscheint die Selektionsanweisung aus Abbildung 17.4. Die darin erfasste Selektion auf Ihrem CDS-View `ZC_SalesOrderItemCube` korrespondiert zu der originären OData-Anfrage.

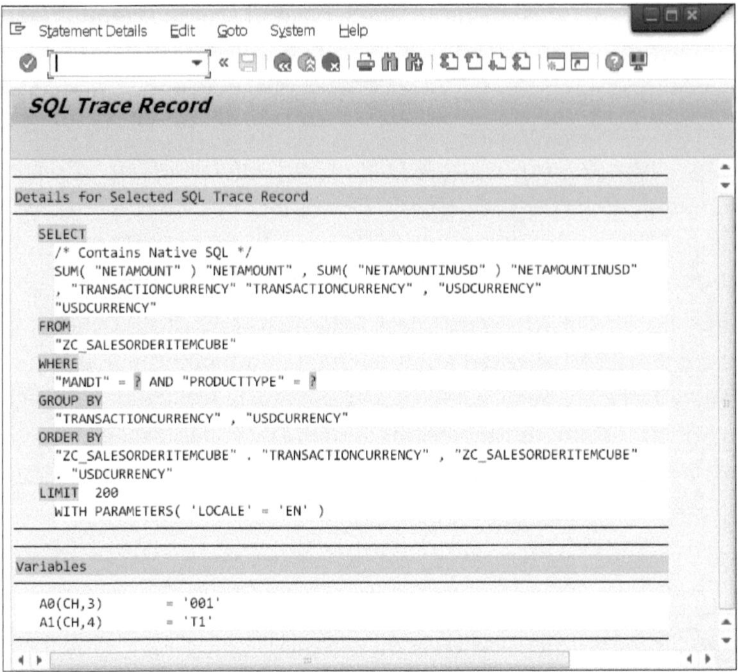

Abbildung 17.4 Aufgezeichnete Datenselektion

Automatische Anreicherung der Selektionsanfrage

Bei genauerer Betrachtung der aufgezeichneten Selektionsanfrage werden Sie feststellen, dass diese mit einer Restriktion (`LIMIT`) der maximalen Zeilenanzahl von »200« sowie einer Sortiervorgabe (`ORDER BY`) über die aggregierten Spalten angereichert ist. Diese Zusätze wurden automatisch durch die SADL-Infrastruktur injiziert.

»Execution Plan« anzeigen

Die illustrierte Selektionsanfrage zeigt Ihnen die unmittelbare Interaktion der applizierten ABAP-Logik mit dem CDS-View `ZC_SalesOrderItemCube`. Sie gibt Ihnen jedoch keinen Einblick in die SAP-HANA-interne Prozessierung Ihrer Selektionsabfrage. Um diese darzustellen, kehren Sie zur Anzeige des Trace-Ergebnisses zurück. Betätigen Sie dort den Button **Display Execution Plan** für die zuvor selektierte Tabellenzeile. Dies öffnet den SAP-HANA-Ausführungsplan aus Abbildung 17.5.

Analyse des Ausführungsplans

Der Ausführungsplan illustriert von unten nach oben, dass zunächst Daten aus den Tabellen `ZPRODUCT` und `ZSALESORDERITEM` gelesen werden. Dabei werden Filter auf den beiden Feldern Mandant `MANDT` und Produkttyp `PRODUCTTYPE` angewandt. Beachten Sie dabei, dass für eine effiziente Prozessierung der Selektionsanfrage auf Datenbankebene idealerweise alle Filter auf persistenten Tabellenfeldern angewandt werden.

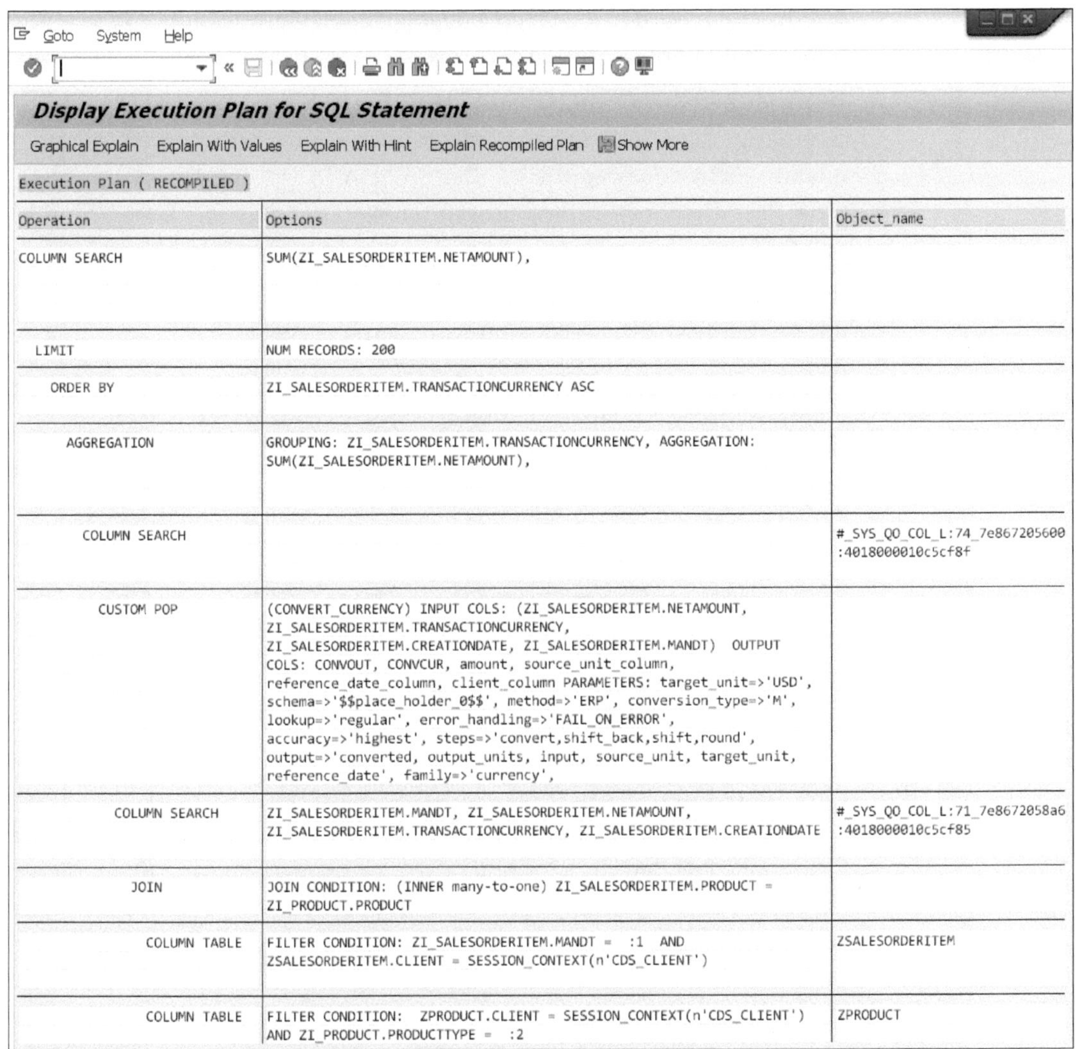

Goto System Help

Display Execution Plan for SQL Statement

Graphical Explain | Explain With Values | Explain With Hint | Explain Recompiled Plan | Show More

Execution Plan (RECOMPILED)

Operation	Options	Object_name
COLUMN SEARCH	SUM(ZI_SALESORDERITEM.NETAMOUNT),	
LIMIT	NUM RECORDS: 200	
ORDER BY	ZI_SALESORDERITEM.TRANSACTIONCURRENCY ASC	
AGGREGATION	GROUPING: ZI_SALESORDERITEM.TRANSACTIONCURRENCY, AGGREGATION: SUM(ZI_SALESORDERITEM.NETAMOUNT),	
COLUMN SEARCH		#_SYS_QO_COL_L:74_7e867205600 :4018000010c5cf8f
CUSTOM POP	(CONVERT_CURRENCY) INPUT COLS: (ZI_SALESORDERITEM.NETAMOUNT, ZI_SALESORDERITEM.TRANSACTIONCURRENCY, ZI_SALESORDERITEM.CREATIONDATE, ZI_SALESORDERITEM.MANDT) OUTPUT COLS: CONVOUT, CONVCUR, amount, source_unit_column, reference_date_column, client_column PARAMETERS: target_unit=>'USD', schema=>'$$place_holder_0$$', method=>'ERP', conversion_type=>'M', lookup=>'regular', error_handling=>'FAIL_ON_ERROR', accuracy=>'highest', steps=>'convert,shift_back,shift,round', output=>'converted, output_units, input, source_unit, target_unit, reference_date', family=>'currency',	
COLUMN SEARCH	ZI_SALESORDERITEM.MANDT, ZI_SALESORDERITEM.NETAMOUNT, ZI_SALESORDERITEM.TRANSACTIONCURRENCY, ZI_SALESORDERITEM.CREATIONDATE	#_SYS_QO_COL_L:71_7e8672058a6 :4018000010c5cf85
JOIN	JOIN CONDITION: (INNER many-to-one) ZI_SALESORDERITEM.PRODUCT = ZI_PRODUCT.PRODUCT	
COLUMN TABLE	FILTER CONDITION: ZI_SALESORDERITEM.MANDT = :1 AND ZSALESORDERITEM.CLIENT = SESSION_CONTEXT(n'CDS_CLIENT')	ZSALESORDERITEM
COLUMN TABLE	FILTER CONDITION: ZPRODUCT.CLIENT = SESSION_CONTEXT(n'CDS_CLIENT') AND ZI_PRODUCT.PRODUCTTYPE = :2	ZPRODUCT

Abbildung 17.5 SAP-HANA-Ausführungsplan der Selektionsanfrage aus Abbildung 17.4

Wäre in unserem Beispiel der vom Service-Konsumenten eingebrachte Filter für den Producttyp »T1« nicht durch den CDS-View-Stack bis auf die Tabelle `ZPRODUCT` durchgereicht worden, wäre die Ausführung nicht optimal. Der Ausführungsplan zeigt weiterhin, dass die Einträge der beiden Tabellen über das jeweilige Feld `PRODUCT` per Join verknüpft werden. Nur wenige Felder der verknüpften Tabellen wie z. B. der Nettobetrag `NETAMOUNT` des CDS-Views `ZI_SALESORDERITEM` werden tatsächlich selektiert. Auf Basis dieses Zwischenergebnisses wird die Währungskonvertierungsfunktion angewandt.

Im Anschluss werden die Beträge über die Aggregierungsfunktion SUM summiert, ehe die Ergebnisliste sortiert wird.

Wenn Sie den Ausführungsplan genauer betrachten, werden Sie feststellen, dass das von der SADL-Infrastruktur injizierte Sortierkriterium USDCurrency effektiv nicht angewandt wird. Der SAP-HANA-Optimierer erkennt demnach, dass diese Spalte einen konstanten Wert definiert, der keinen Einfluss auf das Sortierergebnis hat.

Im letzten Schritt wird die sortierte Liste auf »200« Einträge reduziert, bevor das Selektionsergebnis an den Aufrufer zurückgegeben wird.

[!]

Limit-Einschränkungen können spät angewandt werden

Sie können nicht immer davon ausgehen, dass Sie die Prozessorlast sowie den Speicherverbrauch auf der SAP-HANA-Datenbank durch Anwendung von Limit-Einschränkungen reduzieren können. In vielen Fällen werden Limit-Einschränkungen erst unmittelbar vor dem Transfer der Ergebnisliste an den Applikationsserver angewandt.

Weitere Informationen über die Transaktion ST05 finden Sie in diesem Blog-Post unter *http://s-prs.de/v9214030*.

Datenselektion über die Sicht »SQL Console« ausführen

Anstatt die Datenselektion von Ihrem CDS-View ZC_SalesOrderItemCube indirekt über Ihren OData-Service anzustoßen, können Sie diese auch direkt aus der Sicht **SQL Console** der ADT-Umgebung heraus aufrufen. Öffnen Sie dazu den CDS-View ZC_SalesOrderItemCube im ADT-Editor. Öffnen Sie im Anschluss die Sicht **Data Preview** durch Drücken von [F8]. In der nun erscheinenden Sicht wählen Sie **SQL Console**. Setzen Sie die maximale Anzahl der selektierten Datensätze durch eine entsprechende Eingabe im Feld **Max. Rows** auf »200«.

Selektionsanweisung

Geben Sie nun die Selektionsanweisung aus Listing 17.5 in das Codeeingabefeld ein.

```
SELECT
  SUM( NETAMOUNT ) as NETAMOUNT,
  SUM( NETAMOUNTINUSD ) as NETAMOUNTINUSD,
  TRANSACTIONCURRENCY as TRANSACTIONCURRENCY,
  USDCURRENCY as USDCURRENCY
FROM
  ZC_SALESORDERITEMCUBE
WHERE
  PRODUCTTYPE = 'T1'
GROUP BY
```

```
    TRANSACTIONCURRENCY,
    USDCURRENCY
ORDER BY
    ZC_SALESORDERITEMCUBE~TRANSACTIONCURRENCY,
    ZC_SALESORDERITEMCUBE~USDCURRENCY
```

Listing 17.5 Datenselektion in der Sicht »SQL Console«: Selektionsanweisung

Diese Anweisung entspricht (bis auf die fehlende Limit-Einschränkung) der aufgezeichneten Datenselektion aus Abbildung 17.4.

Datenselektion ausführen

Drücken Sie nun den Button [Run] (**Run**) oder die Taste [F8], um die Selektion auszuführen. Das Ergebnis ist in Abbildung 17.6 dargestellt.

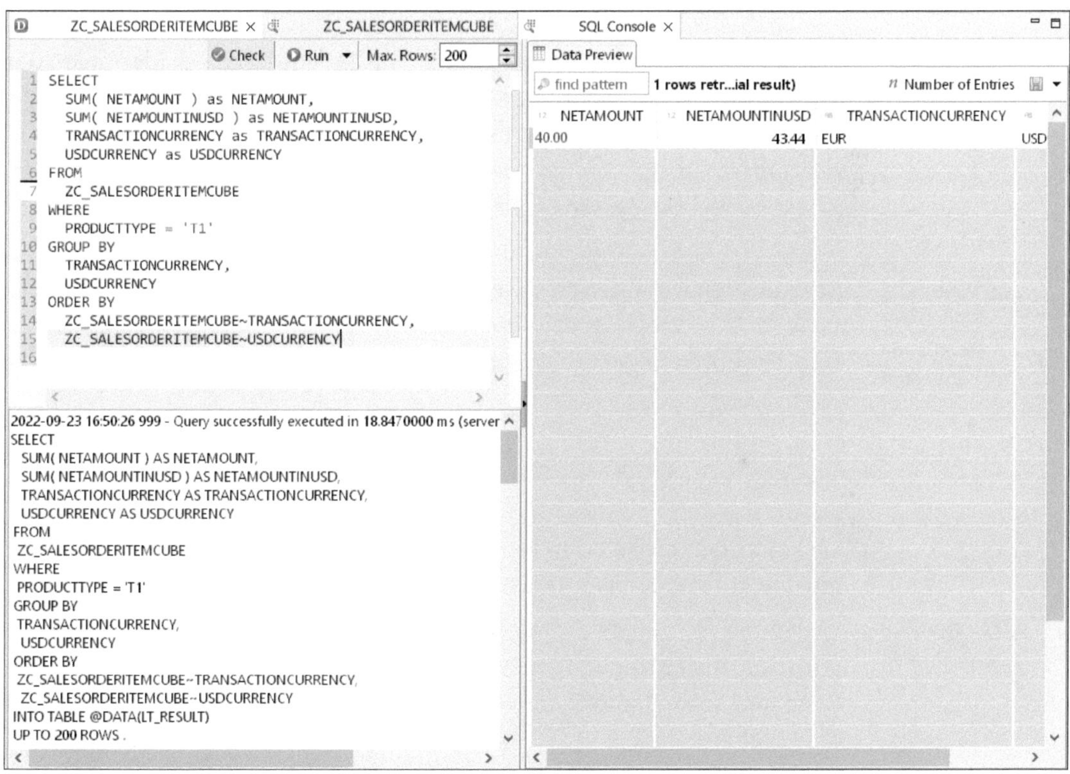

Abbildung 17.6 Datenselektion in der Sicht »SQL Console«: Ergebnis

Laufzeitinformationen

Neben den selektierten Daten, die im rechten Teil unter der Registerkarte **Data Preview** erscheinen, finden sich auch Laufzeitinformationen (etwa 18,8 ms im illustrierten Fall). Diese Informationen können Sie als ersten groben Indikator für die Performance der Selektionsausführung nutzen.

Datenselektionen mehrfach wiederholen

Wenn Sie Performance-Messungen durchführen, sollten Sie durch mehrfache Ausführungen derselben Selektionsanfrage dafür sorgen, dass alle relevanten Puffer bzw. Caches gefüllt bzw. aktualisiert sind. Ansonsten sind die Ergebnisse eventuell fehlerhaft bzw. nicht für Vergleiche geeignet. Beispielsweise werden Sie feststellen, dass die erste Datenselektion in der Sicht **Data Preview** in der Regel mehr Zeit benötigt als die nachfolgenden Ausführungen. Die Zeitdifferenzen können z. B. daraus resultieren, dass bei der ersten Prozessierung der Selektion ein SAP-HANA-Ausführungsplan erzeugt wird, der für die Optimierung der nachfolgenden Ausführungen in den SAP-HANA-Cache übertragen bzw. von dem Cache übernommen wird.

Selektionsanweisung variieren

Mithilfe der Sicht **SQL Console** können Sie die Effekte, die Änderungen der Selektionsanweisungen auf die Performance haben, leicht prüfen. Beispielsweise können Sie Felder und Filter zu Ihrer Selektion hinzunehmen oder daraus entfernen. Sie können auch das CDS-Modell, von dem Sie selektieren, austauschen oder dessen Logik verändern und die Selektion erneut ausführen.

CDS-View »ZC_SalesOrderItemCube« anpassen

Das möchten wir Ihnen an unserem Beispiel aufzeigen. Öffnen Sie den CDS-View `ZC_SalesOrderItemCube` und ersetzen Sie darin das projizierte Feld `ProductType` durch folgende Case-Anweisung:

```
case when ProductType is not initial then ProductType
  else 'T1'
  end as ProductType,
```

Sie liefert den projizierten Produkttyp, falls dieser nicht initial ist, ansonsten den konstanten Wert »T1«.

ABAP-SQL-Trace aufzeichnen

Aktivieren Sie nun den ABAP-SQL-Trace und führen Sie danach die Datenselektion aus Listing 17.5 (mehrfach) erneut aus. Deaktivieren Sie anschließend den Trace und öffnen Sie den Ausführungsplan. Abbildung 17.7 zeigt das Ergebnis.

Analyse des Trace

Im Unterschied zum Ausführungsplan aus Abbildung 17.5 wird der Filter für das Feld `ProductType` nicht mehr auf der Datenbanktabelle `ZPRODUCT` angewandt, sondern auf dem Ergebnis der Join-Operation der Tabellen. Wie bereits erwähnt, ist dies nicht effizient.

Das Beispiel soll Sie dafür sensibilisieren, dass die tatsächliche Prozessierung einer Selektionsanweisung von vielen verschiedenen Faktoren abhängig ist. Insbesondere, wenn Sie Datenbanktabellen, die eine Vielzahl von Datensätzen beinhalten, nutzen, sind Performance-Analysen und -Optimierungen entscheidend für eine erfolgreiche Realisierung Ihrer angestrebten Funktionalität.

Display Execution Plan for SQL Statement

Graphical Explain | Explain With Values | Explain With Hint | Explain Recompiled Plan | Show More

ORDER BY
"ZC_SALESORDERITEMCUBE" . "TRANSACTIONCURRENCY" , "ZC_SALESORDERITEMCUBE" . "USDCURRENCY" LIMIT 200

Execution Plan (RECOMPILED)

Operation	Options	Object_name
COLUMN SEARCH	SUM(ZI_SALESORDERITEM.NETAMOUNT),	
LIMIT	NUM RECORDS: 200	
ORDER BY	ZI_SALESORDERITEM.TRANSACTIONCURRENCY ASC	
AGGREGATION	GROUPING: ZI_SALESORDERITEM.TRANSACTIONCURRENCY, AGGREGATION: SUM(ZI_SALESORDERITEM.NETAMOUNT),	
COLUMN SEARCH		#_SYS_QO_COL_L:80_7ed2774c763:4018000016619fce
CUSTOM POP	(CONVERT_CURRENCY) INPUT COLS: (ZI_SALESORDERITEM.NETAMOUNT, ZI_SALESORDERITEM.TRANSACTIONCURRENCY, ZI_SALESORDERITEM.CREATIONDATE, ZI_SALESORDERITEM.MANDT) OUTPUT COLS: CONVOUT, CONVCUR, amount, source_unit_column, reference_date_column, client_column PARAMETERS: target_unit=>'USD', schema=>'$$place_holder_0$$', method=>'ERP', conversion_type=>'M', lookup=>'regular', error_handling=>'FAIL_ON_ERROR', accuracy=>'highest', steps=>'convert,shift_back,shift,round', output=>'converted, output_units, input, source_unit, target_unit, reference_date', family=>'currency',	
COLUMN SEARCH	ZI_SALESORDERITEM.MANDT, ZI_SALESORDERITEM.NETAMOUNT, ZI_SALESORDERITEM.TRANSACTIONCURRENCY, ZI_SALESORDERITEM.CREATIONDATE	#_SYS_QO_COL_L:77_7ed2774ca09:4018000016619fc4
FILTER	ZI_PRODUCT.PRODUCTTYPE = 'T1' OR ZI_PRODUCT.PRODUCTTYPE = '' OR ZI_PRODUCT.PRODUCTTYPE IS NULL	
JOIN	JOIN CONDITION: (LEFT OUTER many-to-one) ZI_SALESORDERITEM.PRODUCT = ZI_PRODUCT.PRODUCT	
COLUMN TABLE	FILTER CONDITION: ZI_SALESORDERITEM.MANDT = :1 AND ZSALESORDERITEM.CLIENT = SESSION_CONTEXT(n'CDS_CLIENT')	ZSALESORDERITEM
COLUMN TABLE	FILTER CONDITION: ZPRODUCT.CLIENT = SESSION_CONTEXT(n'CDS_CLIENT')	ZPRODUCT

Abbildung 17.7 SAP-HANA-Ausführungsplan der Selektionsanfrage auf dem CDS-View »ZC_SalesOrderItemCube« mit berechnetem Feld »ProductType«

17.2 Mögliche Fallstricke

Feldtypen und -werte

Wenn Sie CDS-Modelle entwickeln und nutzen, müssen Sie sich bewusst machen, dass ein und dasselbe Feld unterschiedliche Typisierungen und Werte über den Anwendungs-Stack (beginnend bei der Datenbank über den ABAP-Applikationsserver bis hin zu externen Serviceschnittstellen und UI-Anwendungen) aufweisen kann. Im Folgenden zeigen wir Ihnen einige ausgesuchte Beispiele, die Sie auf mögliche, daraus erwachsende Implementierungsfehler aufmerksam machen sollen.

17.2.1 Nullwerte

Null- und Initialwerte

Wie bereits erwähnt, unterscheidet die SQL-Logik zwischen Nullwerten und Initialwerten. Dies führt zu einer Reihe von Besonderheiten, die Sie beachten müssen, wenn Sie Nullwerte verarbeiten. Das gilt insbesondere dann, wenn Sie bislang nur wenig Erfahrung mit der SQL-Entwicklung gesammelt haben.

Nullwerte in ABAP

Das Selektionsergebnis in Ihrem ABAP-Coding enthält stets nur Initialwerte statt der Nullwerte. Sie können Ihre Datenselektion über den Zusatz `...INDICATORS NULL STRUCTURE...` jedoch so erweitern, dass diese eine zusätzliche Kontrollstruktur zurückstellt, die Ihnen die Information liefert, ob der zugehörige Wert auf der Datenbank ein Nullwert ist oder nicht. Weitere Informationen zu diesem Thema erhalten Sie im Blog-Post unter: *http://s-prs.de/v9214031*.

Quellen von Nullwerten

In CDS-Views resultieren Nullwerte typischerweise aus Left-Outer-Join-Anweisungen ohne passende Join-Partnern sowie aus Case-Anweisungen ohne explizite Else-Zweige.

Beispiel: CDS-View mit Nullwerten

Ein entsprechendes Beispiel zeigt Ihnen der CDS-View `Z_ViewWithNullValues` aus Listing 17.6.

```
@Metadata.ignorePropagatedAnnotations: true
define view entity Z_ViewWithNullValues
  as select distinct from t000
{
  key '1' as KeyField,
      'A' as FieldA,
      'B' as FieldB,
      'C' as FieldC
} union all select distinct from t000
  left outer to one join t000 as JOIN_TARGET
    on 1 = 2
{
  key '2' as KeyField,
      JOIN_TARGET.logsys as FieldA,
      case 1 when 2 then '' end as FieldB,
      '' as FieldC
```

```
} union all select distinct from t000
  left outer to one join t000 as JOIN_TARGET
    on 1 = 2
{
  key '3' as KeyField,
      JOIN_TARGET.logsys as FieldA,
      '' as FieldB,
      '' as FieldC
}
```

Listing 17.6 CDS-View mit Nullwerten

Analyse des Beispiels

Der CDS-View `Z_ViewWithNullValues` definiert drei Datensätze, deren Feldwerte in Tabelle 17.1 dargestellt sind. Die On-Bedingungen der Left-Outer-Join-Verknüpfungen in der CDS-View-Logik sind nicht erfüllbar (`1 = 2`). Infolgedessen sind die über `join_target.logsys` eingebundenen Werte des Felds `FieldA` stets »null«. Auch die Bedingung `1 when 2` der im CDS-View enthaltene Case-Anweisung ist nicht erfüllbar. Da die Case-Anweisung keinen unkonditionierten Else-Zweig enthält, wird das Feld `FieldB` mit dem Nullwert belegt.

KeyField	FieldA	FieldB	FieldC
»1«	»A«	»B«	»C«
»2«	»null«	»null«	»«
»3«	»null«	»«	»«

Tabelle 17.1 Datensätze des CDS-Views »Z_ViewWithNullValues« aus Listing 17.6

Beispiel: Datenselektionen von einem CDS-View mit Nullwerten in ABAP

Lassen Sie uns nun einige Datensektionen vom CDS-View `Z_ViewWithNullValues` entsprechend Listing 17.7 in ABAP ausführen.

```
SELECT *
  FROM z_viewwithnullvalues
  WHERE fielda EQ 'A'
  INTO TABLE @DATA(lt_null_values_1).

SELECT *
  FROM z_viewwithnullvalues
  WHERE fielda NE 'A'
  INTO TABLE @DATA(lt_null_values_2).

SELECT *
```

```
  FROM z_viewwithnullvalues
  WHERE fieldb NE 'B'
  INTO TABLE @DATA(lt_null_values_3).

SELECT *
  FROM z_viewwithnullvalues
  WHERE fieldc NE 'C'
  INTO TABLE @DATA(lt_null_values_4).
```

Listing 17.7 Datenselektionen in ABAP vom CDS-View »Z_ViewWithNullValues« aus Listing 17.6: Where-Bedingungen

Analyse des Beispiels

Das Ergebnis der ersten Select-Anweisung ist ein einzelner Datensatz, der durch den Wert »1« für das Feld `KeyField` identifiziert ist. Dieses Ergebnis entspricht sehr wahrscheinlich Ihren Erwartungen. Schließlich wird der Datensatz gefiltert, dessen Wert für das Feld `FieldA` der Konstanten »A« entspricht.

Die zweite Select-Anweisung invertiert die vorherige Filterbedingungen und selektiert diejenigen Datensätze, für die das Feld `FieldA` nicht den Wert »A« hat. Eventuell erwarten Sie nun, dass das Ergebnis die zwei übrigen Datensätze des CDS-Views `Z_ViewWithNullValues` umfasst. Tatsächlich werden Sie jedoch feststellen, dass das Ergebnis leer ist. Dies liegt daran, dass die Datensätze für das Feld `FieldA` neben dem Wert »A« nur den Wert »null« besitzen.

Die Ergebnisse der dritten und vierten Select-Anweisung zeigen, dass Initialwerte anders behandelt werden als Nullwerte. So enthält das Ergebnis der dritten Selektion einen Datensatz (`KeyField = 3`) und das Ergebnis der vierten Selektion zwei Datensätze (`KeyField = 2` und `3`).

Vergleiche mit Nullwerten

Um Felder mit Nullwerten vergleichen zu können, müssen Sie die Ausdrücke `IS NULL` bzw. `IS NOT NULL` einsetzen. Ansonsten müssen Sie mit unerwarteten Ergebnissen rechnen, speziell wenn Sie andere Operatoren als `=` einsetzen.

Beispiel: Nullwerte in Funktionen

Nullwerte haben nicht nur einen Einfluss auf Vergleiche, sondern auch auf andere SQL-Funktionen. Dies möchten wir Ihnen anhand des nächsten Beispiels in Listing 17.8 demonstrieren. Darin wird eine Aggregationsfunktion `COUNT DISTINCT` auf den drei Feldern `FieldA`, `FieldB` und `FieldC` des CDS-Views `Z_ViewWithNullValues` in ABAP angewandt.

```
SELECT COUNT( DISTINCT fielda ) AS count_a,
       COUNT( DISTINCT fieldb ) AS count_b,
       COUNT( DISTINCT fieldc ) AS count_c
  FROM z_viewwithnullvalues
  INTO TABLE @DATA(lt_null_values_5).
```

Listing 17.8 Datenselektion in ABAP vom CDS-View »Z_ViewWithNullValues« aus Listing 17.6: Count-Distinct-Anweisungen

Analyse des Beispiels

Wenn Sie die Funktion COUNT DISTINCT auf Felder anwenden, werden Nullwerte ignoriert. Dementsprechend ergibt sich für das Feld count_a der Wert »1« sowie für die Felder count_b und count_c jeweils der Wert »2«.

Nullwerte akzeptieren

Sie könnten geneigt sein, Nullwerte aus Ihren CDS-Views zu entfernen. Sie sollten allerdings beachten, dass die Konvertierung von Nullwerten in wohldefinierte Werte wie Initialwerte über Funktionen wie COALESCE zu erheblichen Performance-Verschlechterungen führen kann. In diesem Zusammenhang sollten Sie auch den Einsatz unkonditionierter Else-Zweige in Case-Anweisungen kritisch hinterfragen, falls Sie diese Nullwerte nicht stabil berechnen (»null preserving expression«).

Wir empfehlen Ihnen, die Existenz von Nullwerten in Ihren CDS-Modellen zu akzeptieren und diese nur dann umzuwandeln, wenn dies funktional nicht vermieden werden kann.

17.2.2 Datentypen

Falls Sie Felder in CDS-Modellen definieren, beruhen deren technische Typisierungen auf dem Typsystem des ABAP-Applikationsservers. Die Typen der Felder der auf der SAP-HANA-Datenbank generierten Artefakte werden daraus abgeleitet. Analog werden auch die *Entity-Data-Model-Typen* (EDM) der Properties der OData-Services, die auf Ihren CDS-Modellen beruhen, prinzipiell aus den ABAP-Typen der ihnen zugrunde liegenden CDS-Felder abgeleitet. Allerdings fließen dabei weitere Informationen wie z. B. CDS-Annotationen in die Ableitungslogik mit ein und bestimmen gemeinsam die Zieltypen.

Sie sollten beachten, dass im Zusammenhang mit der skizzierten Ableitungslogik nicht nur die resultierenden Typen, sondern auch die effektiven Werte der Felder beeinflusst werden.

Beispiel: CDS-View mit unterschiedlich typisierten Feldern

Dies möchten wir Ihnen anhand des CDS-Views Z_ViewWithDifferentDataTypes in Listing 17.9 aufzeigen.

```
@Metadata.ignorePropagatedAnnotations: true
define view entity Z_ViewWithDifferentDataTypes
  as select distinct from t000
{
  key '1' as KeyField,
//    language
      abap.lang'E' as LangE,
//    indicator
      abap.char'X' as CharX,
      @Semantics.booleanIndicator:true
      abap.char'X' as AnnotatedCharX,
      cast( abap.char'X' as xfeld preserving type ) as CastCharX,
//    numeric character
      abap.numc'0123456789' as Numc0123456789,
      abap.numc'0000000000' as Numc0000000000,
      cast( '' as abap.numc(10) ) as CastNumc,
//    character
      abap.char'0000000000' as Char0000000000,
      cast( abap.char'0123456789' as vbeln ) as CastChar0123456789,
      cast( '' as abap.char(10) ) as CastChar,
//    UUID
      hextobin('506B4BC345D41EDBA2AF23A6C9E8193A') as RawUUID,
      abap.char'506B4BC345D41EDBA2AF23A6C9E8193A'  as CharUUID,
      @Semantics.uuid:true
      abap.char'506B4BC345D41EDBA2AF23A6C9E8193A' as AnnotatedCharUUID
}
```

Listing 17.9 CDS-View mit Feldern unterschiedlicher Typisierung

Beispiel: OData-Service mit unterschiedlichen Property-Typen

Der CDS-View Z_ViewWithDifferentDataTypes soll in einem UI-Service auf Basis des OData-V4-Protokolls exponiert werden. Legen Sie dazu zunächst eine Servicedefinition ZUI_ServiceWithDataTypes gemäß Listing 17.10 an.

```
define service ZUI_ServiceWithDataTypes {
  expose Z_ViewWithDifferentDataTypes;
}
```

Listing 17.10 Servicedefinition »ZUI_ServiceWithDataTypes«

Legen Sie im Anschluss ein gleichnamig benanntes Service-Binding ZUI_ServiceWithDataTypes an. Aktivieren und publizieren Sie nun das neu angelegte Service-Binding. Über die Service-URL *.../sap/opu/odata4/sap/zui_ser-*

vicewithdatatypes/srvd/sap/zui_servicewithdatatypes/0001/ können Sie die Metadaten und Daten Ihres OData-Service abfragen. Fügen Sie dazu »$metadata« bzw. »Z_ViewWithDifferentDataTypes« an die URL an.

Analyse des Beispiels: Metadaten

Lassen Sie uns nun einen Blick auf die Typisierung der CDS-View-Felder sowie der daraus abgeleiteten SAP-HANA-View-Felder und der OData-Properties werfen. Tabelle 17.2 vermittelt Ihnen einen Überblick über die Namen und maximalen Längen der Typen, die die verschiedenen View-Felder und OData-Properties besitzen.

Field/Property	CDS-Typ	SAP-HANA-Typ	EDM-Typ
LangE	LANG(1)	NVARCHAR(1)	String(2)
CharX	CHAR(1)	NVARCHAR(1)	String(1)
AnnotatedCharX	CHAR(1)	NVARCHAR(1)	Boolean
CastCharX	CHAR(1)	NVARCHAR(1)	Boolean
Numc0123456789	NUMC(10)	NVARCHAR(10)	String(10)
Numc0000000000	NUMC(10)	NVARCHAR(10)	String(10)
CastNumc	NUMC(10)	NVARCHAR(10)	String(10)
Char0000000000	CHAR(10)	NVARCHAR(10)	String(10)
CastChar0123456789	CHAR(10)	NVARCHAR(10)	String(10)
CastChar	CHAR(10)	NVARCHAR(10)	String(10)
RawUUID	RAW(16)	VARBINARY(16)	Guid
CharUUID	CHAR(32)	NVARCHAR(32)	String(32)
AnnotatedCharUUID	CHAR(32)	NVARCHAR(32)	Guid

Tabelle 17.2 Technische Typisierung der View-Felder und OData-Properties

SAP-HANA-Typen

Wie Sie der tabellarischen Übersicht entnehmen können, werden alle darin aufgelisteten ABAP-CDS-Typen auf den SAP-HANA-Typ `NVARCHAR` abgebildet. Eine Ausnahme stellt lediglich der ABAP-CDS-Typ `RAW(16)` dar. Dieser wird auf den SAP-HANA-Typ `VARBINARY(16)` abgebildet. Dem können Sie entnehmen, dass die SAP-HANA-Datenbank nicht zwischen `NUMC`- und `CHAR`-typisierten Feldern und deren Werten unterscheidet, wohingegen CDS dies tut.

EDM-Typen

In ähnlicher Weise werden `NUMC`- und `CHAR`-typisierte CDS-Felder standardmäßig auf OData-Service-Properties mit dem EDM-Typ `String` abgebildet. Bei genauerer Betrachtung werden Sie allerdings feststellen, dass sich einige

Abweichungen von dieser Regel in unserem Beispiel finden. So wird die OData-Property CharX als String typisiert.

Im Gegensatz dazu werden die beiden OData-Properties AnnotatedCharX und CastCharX als Indikatoren mit dem EDM-Typ Boolean definiert. Das liegt daran, dass das CDS-Feld AnnotatedCharX mit @Semantics.booleanIndicator:true annotiert ist und das Feld CastCharX mit der ABAP-Data-Dictionary-Domäne XFELD typisiert ist, die von der ABAP-Infrastruktur speziell behandelt wird.

Entsprechend wandelt die CDS-Annotation @Semantics.uuid:true das CDS-Feld AnnotatedCharUUID in eine OData-Property mit dem EDM-Typ Guid um. Dagegen wird die OData-Property CharUUID als String typisiert.

Ableitungslogik

Die Ableitungslogik der technischen Typen legt nicht nur die Namen der korrespondierenden Typen fest, sondern auch deren Länge. Dies zeigt sich am CDS-View-Feld LangE, das den CDS-Typ LANG und die Länge »1« besitzt und auf eine OData-Property mit dem EDM-Typ String der Länge »2« abgebildet wird.

Analyse des Beispiels: Daten

Der CDS-View Z_ViewWithDifferentDataTypes aus Listing 17.9 definiert einen einzelnen Datensatz. Dieser wird als solcher im OData-Service, den Sie aus dem Service-Binding ZUI_ServiceWithDataTypes generiert haben, exponiert. Die entsprechenden Werte der CDS- und SAP-HANA-View-Felder sowie der OData-Properties finden Sie in Tabelle 17.3.

Feld/Property	CDS/SAP-HANA	OData
LangE	»E«	»EN«
CharX	»X«	»X«
AnnotatedCharX	»X«	»true«
CastCharX	»X«	»true«
Numc0123456789	»0123456789«	»123456789«
Numc0000000000	»0000000000«	»0«
CastNumc	»«	»«
Char0000000000	»0000000000«	»0000000000«
CastChar0123456789	»0123456789«	»123456789«
CastChar	»«	»«

Tabelle 17.3 Daten der View-Felder und OData-Properties

Feld/Property	CDS/SAP-HANA	OData
`RawUUID`	»506B4BC345D41ED-BA2AF23A6C9E8193A«	»506b4bc3-45d4-1edb-a2af-23a6c9e8193a«
`CharUUID`	»506B4BC345D41ED-BA2AF23A6C9E8193A«	»506B4BC345D41ED-BA2AF23A6C9E8193A«
`AnnotatedCharUUID`	»506B4BC345D41ED-BA2AF23A6C9E8193A«	»506b4bc3-45d4-1edb-a2af-23a6c9e8193a«

Tabelle 17.3 Daten der View-Felder und OData-Properties (Forts.)

SAP-HANA-Feldwerte

Demnach fallen in unserem Beispiel alle Werte der SAP-HANA-View-Felder mit denen der CDS-View-Felder zusammen.

OData-Property-Werte

Unterschiede zu den Werten der CDS-View-Felder gibt es hingegen bei den Werten der OData-Properties: Für OData-Properties, die den EDM-Typ `Boolean` haben, sind die zulässigen Werte »true« und »false«. Entsprechend wird von der ABAP-Infrastruktur für die Properties `AnnotatedCharX` und `CastCharX` der CDS-Feldwert »X« nach »true« konvertiert.

Der EDM-Typ `Guid` erzwingt ein spezielles Wertemuster. Dementsprechend werden in unserem Beispiel auch die Werte der Felder bzw. OData-Properties `RawUUID` und `AnnotatedCharUUID` konvertiert (siehe Tabelle 17.3).

Die OData-Property `LangE` basiert auf dem CDS-Typ `LANG`, dem der Konvertierungsexit `ISOLA` zugeordnet ist. Dieser Konvertierungsexit überführt die ABAP-interne, aus einem Zeichen bestehende Repräsentation des Sprachschlüssels »E« (Englisch) in den aus zwei Zeichen bestehenden ISO-Code »EN« in Großbuchstaben.

Konvertierungsexits

Konvertierungsexits sind ein ABAP-spezifisches Mittel zur Ein- und Ausgabekonvertierung von Feldwerten, das primär die Anforderungen aus SAP-GUI-basierten Anwendungen adressiert. Im Regelfall sind diese an die ABAP-Data-Dictionary-Domäne der Datenelemente geknüpft, die zur Typisierung der CDS-Felder genutzt wird.

Führende Nullen

Standardmäßig werden führende Nullen von `NUMC`-typisierten Werten entfernt (und bei der Eingabeverarbeitung automatisch ergänzt), wenn diese in OData-Services exponiert werden. Daher unterscheiden sich die Werte der OData-Properties `Numc0123456789` und `Numc0000000000` von den ihnen zugrunde liegenden CDS-Feldwerten.

Die entsprechende Logik wird nicht automatisch auf CHAR-typisierte Felder angewandt. Infolgedessen behält die OData-Property Char0000000000 den Wert des assoziierten CDS-View-Felds bei. Wird dem CHAR-typisierten CDS-Feld hingegen der Konvertierungsexit ALPHA zugeordnet, verhalten sich Werte, die nur aus Zahlen zusammengesetzt sind, analog zu den NUMC-typisierten Werten in den OData-Services. Unser Beispiel zeigt dies für die OData-Property CastChar0123456789, deren zugrunde liegendes CDS-Feld mit dem Datenelement VBELN, das wiederum den Konvertierungsexit ALPHA trägt, per Cast-Anweisung typisiert wurde. Konsequenterweise wird dessen Feldwert derselben Konvertierung unterzogen wie der Wert der OData-Property Numc0123456789.

Initialwerte

In unserem Beispiel-CDS-View Z_ViewWithDifferentDataTypes haben wir das Feld CastNumc eingeführt, dessen Wert wir mit einem leeren String belegt haben. Dieser Wert entspricht formal jedoch nicht dem gültigen Wertevorrat des Typs NUMC. Im Speziellen ist dieser Wert nicht der Initialwert des Felds. Vergleiche dieses Werts mit dem Ausdruck IS INITIAL im CDS resultieren daher in einem logischen »false«.

[!]

Unterschiedliche Behandlung von NUMC-typisierten Feldern in ABAP und CDS

Sie sollten sich bewusst machen, dass NUMC-typisierte Werte in Ihrem ABAP-Coding anders behandelt werden als in Ihren CDS-Modellen.

Beispiel: Unterschiedliche Behandlung von NUMC-typisierten Werten

Beispielsweise werden die Werte der Felder CastChar und Numc0000000000 in der CDS-Logik als unterschiedlich angesehen. Wenn Sie indes den gleichen Datensatz in Ihrem ABAP-Coding aus dem CDS-View Z_ViewWithDifferent DataTypes selektieren und dann die Feldwerte miteinander vergleichen, werden diese als gleich betrachtet. So wird folgende If-Bedingung im ABAP als wahr angesehen:

```
if ( Z_ViewWithDifferentDataTypes-CastChar eq
  Z_ViewWithDifferentDataTypes-Numc0000000000 )...
```

[»]

Beachten Sie Typkonvertierungen und Konvertierungsexits

Sie sollten sich mit den unterschiedlichen Typsystemen, die Sie in Ihrer Anwendung nutzen, vertraut machen. Anderenfalls drohen unerwartete Schwierigkeiten. Um diese zu reduzieren, empfehlen wir Ihnen, für ein gegebenes CDS-Feld stets die gleichen ABAP-Typen und die gleichen semantischen CDS-Annotationen zu nutzen. Dabei können Sie von den CDS-Simple-Types (siehe Abschnitt 2.6, »CDS-Simple-Types«) profitieren. Weiterhin sollten Sie Ihren Feldern stets nur gültige Konstanten zuweisen.

17.2.3 Dezimalstellen-Verschiebungslogik für Beträge

CURR-typsierte Felder

Die ABAP-Infrastruktur unterstützt eine optimierte Speicherung von Beträgen. Die entsprechenden Betragsfelder sind mit dem ABAP-Typ CURR verknüpft. Technisch ist dieser Typ eine Spezialisierung des Typs DEC. Er beinhaltet eine ABAP-inhärente Dezimalstellen-Verschiebungslogik für die gespeicherten Werte. Diese führt dazu, dass die Betragswerte in Abhängigkeit der Währung anders persistiert werden als die betriebswirtschaftlichen Aktualwerte.

[!]

Nutzen Sie CURR-typisierte Felder ausschließlich mit zwei Dezimalstellen

Um eine konsistente Behandlung der Betragswerte sicherzustellen, sollten Sie CURR-typisierte Felder ausschließlich mit zwei Dezimalstellen definieren. Falls Sie mehr oder weniger Dezimalstellen nutzen, können unerwartete Ergebnisse auftreten.

Beispiel: CDS-View mit Betragsfeldern

Sie können die Effekte der Dezimalstellen-Verschiebungslogik mithilfe des CDS-Views Z_ViewWithAmountFields aus Listing 17.11 nachvollziehen.

```
define view entity Z_ViewWithAmountFields
  as select distinct from t000
{
  key '1' as KeyField,
      @Semantics.amount.currencyCode: 'CurrencyUSD'
      abap.curr'123.45' as AmountUSD,
      abap.cuky'USD' as CurrencyUSD,
      @Semantics.amount.currencyCode: 'CurrencyJPY'
      abap.curr'123.45' as AmountJPY,
      abap.cuky'JPY' as CurrencyJPY,
      @Semantics.amount.currencyCode: 'CurrencyKWD'
      abap.curr'123.45' as AmountKWD,
      abap.cuky'KWD' as CurrencyKWD
}
```

Listing 17.11 CDS-View mit Betragsfeldern

Analyse des Beispiels

Der CDS-View Z_ViewWithAmountFields definiert einen einzelnen Datensatz. Die drei Betragsfelder (Amountxxx) darin liefern denselben Wert »123.45«. In ABAP und auf der Datenbank wird dieser Wert als dezimalstellen-verschoben betrachtet. Die Betragsfelder sind mit einer Referenz auf ihre jeweilige Währung per Annotation @Semantics. amount.currencyCode... ausgestattet. Die Dezimalstellen der referenzierten Währungen legen fest, ob und wie die Dezimalstellen-Verschiebungslogik angewandt wird. Die referenzierte Währung »USD« (US-Dollar) besitzt zwei Dezimalstellen, die referenzierte Währung »JPY« (japanischer Yen) besitzt keine Dezimalstelle und die referenzierte Währung »KWD« (Kuwait-Dinar) besitzt drei Dezimalstellen.

Beispiel: OData-Service mit exponierten Beträgen

Legen Sie nun eine Servicedefinition `ZUI_ServiceWithAmounts` entsprechend Listing 17.12 an, um den CDS-View `Z_ViewWithAmountFields` in einem OData-Service zu exponieren.

```
define service ZUI_ServiceWithAmounts {
   expose Z_ViewWithAmountFields;
}
```

Listing 17.12 Servicedefinition »ZUI_ServiceWithAmounts«

Definieren Sie ferner ein gleichnamiges UI-Service-Binding `ZUI_ServiceWithAmounts` mit der OData-Protokollversion V4. Aktivieren und publizieren Sie das Service-Binding. Rufen Sie im Anschluss die Daten des Entity-Sets `Z_ViewWithAmountFields` durch einen Serviceaufruf der Form *.../sap/opu/odata4/sap/zui_servicewithamounts/srvd/sap/zui_servicewithamounts/0001/Z_ViewWithAmountFields* ab.

Das Ergebnis der Serviceanfrage ist in Listing 17.13 dargestellt.

```
{"@odata.context":"$metadata#Z_ViewWithAmountFields",...,
"value":[{"KeyField":"1",
"AmountUSD":123.45,"CurrencyUSD":"USD",
"AmountJPY":12345,"CurrencyJPY":"JPY",
"AmountKWD":12.345,"CurrencyKWD":"KWD"}]}
```

Listing 17.13 Beträge im OData-Anfrageergebnis

Analyse des Beispiels

Danach bleibt der Betrag der Property `AmountUSD`, die mit der Währung »USD« verknüpft ist, unverändert. Demgegenüber ist der Betrag der Property `AmountJPY`, die mit der Währung »JPY« verknüpft ist, mit 100 multipliziert worden, verglichen mit dem Wert des zugrunde liegenden Betragsfelds im CDS-View. Das heißt, das Dezimaltrennzeichen wurde um zwei Dezimalstellen nach rechts verschoben. Der Betrag der Property `AmountKWD` mit Bezug auf die Währung »KWD« beträgt hingegen nur ein Zehntel des zugrunde liegenden CDS-Werts. Das Dezimaltrennzeichen wurde demnach um eine Dezimalstelle nach links verschoben.

[!]

Dezimalstellen-Verschiebungslogik mit geeigneten Währungen testen

Die Dezimalstellendefinitionen der referenzierten Währungen legen die Ergebnisse der Dezimalstellen-Verschiebungslogik der Betragsfelder fest. Während die Betragswerte bei Währungen wie »USD« und »EUR« und Verwendung von CURR-Feldern mit zwei Dezimalstellen unverändert bleiben, beeinflusst die Verschiebungslogik Eingabe- und Ausgabekonvertierungen von Beträgen, die mit Währungen wie »JPY« verknüpft sind. Diese Zusammenhänge müssen Sie bei Tests Ihrer Anwendung berücksichtigen. Ansonsten können entsprechende Probleme unentdeckt bleiben!

17.3 CDS-Implementierungsprobleme behandeln

Prüfungen der ADT-Umgebung

Die ADT-Umgebung bietet Ihnen verschiedene *Prüfungen* für Ihre CDS-Modelle an. Diese Prüfungen werden zum Teil bereits ausgeführt, wenn Sie ein CDS-Modell zur Anzeige im CDS-Editor öffnen. Andere Prüfungen werden erst im Rahmen der Pflege und Aktivierung eines CDS-Modells automatisch durchlaufen. Sie haben allerdings auch die Möglichkeit, gezielt bestimmte Prüfungen aufzurufen. Die Prüfungen des CDS-Editors selbst werden dabei immer für die von Ihnen gerade eingegebenen, noch nicht gesicherten Modellinformationen ausgeführt. Der überwiegende Teil der Prüfungen wird jedoch nur auf den bereits aktivierten CDS-Modellen ausgeführt.

Grundsätzlich müssen Sie beachten, dass die von den Prüfungen identifizierten Probleme unterschiedliche Auswirkungen haben können. So können die Ergebnisse der Prüfungen auf schwerwiegende Probleme hindeuten, die zu funktionalen Einschränkungen oder gar zu Problemen bei der Aktivierung Ihrer CDS-Modelle führen. Die Prüfergebnisse können indes auch nur auf potenzielle Probleme hindeuten, also rein informativen Charakter haben.

Struktur des Abschnitts

In Abschnitt 17.3.1, »Syntaxfehler«, beschäftigen wir uns mit syntaktischen Fehlern, die der CDS-Parser meldet. In Abschnitt 17.3.2, »Konsistenzprüfungen der Frameworks«, präsentieren wir Ihnen einige Framework-spezifische Prüfungen.

17.3.1 Syntaxfehler

Beispiel: Syntaxwarnung

Legen Sie einen neuen CDS-View `Z_ViewWithProblemsA` gemäß Listing 17.14 an.

```
@EndUserText.label: 'View with Problems - Very Long Label Text'
define view entity Z_ViewWithProblemsA
   as select distinct from t000
{
   key mandt as KeyField,
       'A' as FieldA
}
```

Listing 17.14 CDS-View »Z_ViewWithProblemsA«: Ausgangszustand

Unmittelbar nach der Eingabe der dargestellten Daten werden Sie eine Syntaxwarnung bemerken. Diese wird in Abbildung 17.8 illustriert.

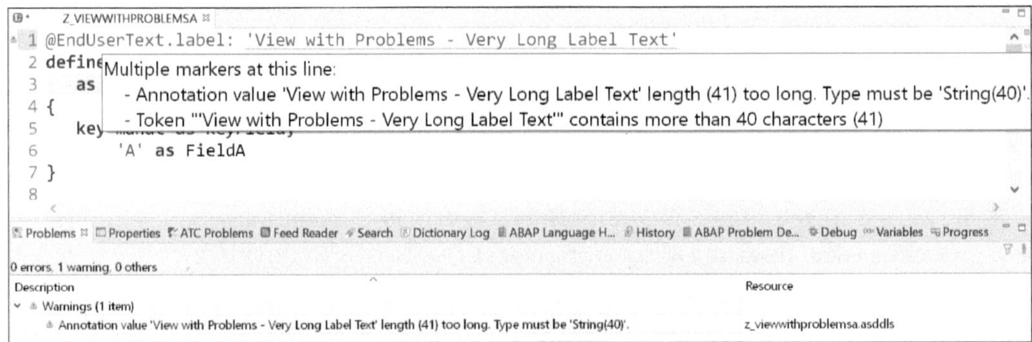

Abbildung 17.8 Syntaxwarnung für den Bezeichnertext

Analyse des Beispiels

Die Syntaxwarnung wird an verschiedenen Stellen in der ADT-Umgebung angezeigt. Im CDS-Editor wird der von der Warnung betroffene Bereich durch Einsatz verschiedener Hinweise markiert: Es finden sich kleine gelbfarbige Icons (⚠ und ▭) am äußersten linken und rechten Rand der View-Anzeige, die die entsprechenden Quellcodezeilen identifizieren. Zusätzlich wird das Syntaxelement, auf das sich die Meldung bezieht, unterstrichen. Wenn Sie Ihren Cursor auf der Markierung oder den Icons platzieren, werden die zugehörigen Meldungen angezeigt. Zusätzlich werden die Meldungen auf der Registerkarte **Problems** angezeigt. Die dort vorzufindende Tabellenspalte **Resource** nennt Ihnen das Objekt, auf das sich die aufgelisteten Meldungen jeweils beziehen. In unserem Beispiel ist dies der CDS-View `Z_ViewWithProblemsA`.

Ursache und Beseitigung der Warnung

Der Text der Warnung weist Sie darauf hin, dass der eingegebene Text die vordefinierte Länge von 40 Zeichen überschreitet. Dies kann zu Problemen in der Übersetzung führen, für die zusätzlicher Platz reserviert werden sollte. Beachten Sie, dass die maximal zulässige technische Länge des Werts der Annotation `@EndUserText.label` in der Annotationsdefinition (siehe

Abschnitt 4.1, »Annotationsdefinitionen«) auf 60 Zeichen festgelegt ist. Demzufolge könnten Sie die Warnung ignorieren, da diese keinen direkten Einfluss auf die Aktivierung oder Funktionalität des CDS-Views selbst hat. Nichtsdestotrotz wollen wir den Annotationstext in »View with Problems« kürzen. Nach dieser Änderung verschwindet die Warnung.

Beispiel: Verwendung undefinierter Annotationen

Fügen Sie nun zu Ihrem CDS-View `Z_ViewWithProblemsA` die drei Annotationen `@ObjectModel.dataCategory:#CUBE`, `@ObjectModel.representativeKey:'KeyField'` und `@MyAnnotation.mySubAnnotation:true` entsprechend den Zeilen 2, 6 und 7 aus Abbildung 17.9 hinzu.

```
Z_VIEWWITHPROBLEMSA
1 @EndUserText.label: 'View with Problems'
2 @ObjectModel.dataCategory:#CUBE
3 define view entity Z_ViewWi    Invalid annotation enum value '#CUBE'
4    as select distinct from t000
5 {
6    @ObjectModel.representativeKey:'KeyField'
7    @MyAnnotation.mySubAnnotation:true
8    key mandt as KeyField,
9        'A' as FieldA
10 }
```

```
Problems | Properties | ATC Problems | Feed Reader | Search | Dictionary Log | ABAP Language H... | History | ABAP Problem De... | Debug | Variables | Progress
3 errors, 0 warnings, 0 others
Description                                                                     Resource
Errors (3 items)
  Annotation 'MyAnnotation.mySubAnnotation' unknown                             z_viewwithproblemsa.asddls
  Annotation 'ObjectModel.representativeKey' used at wrong position (wrong scope)   z_viewwithproblemsa.asddls
  Invalid annotation enum value '#CUBE'                                         z_viewwithproblemsa.asddls
```

Abbildung 17.9 CDS-View mit fehlerhaften Annotationen

Erläuterungen der Fehler

Der CDS-Editor zeigt Ihnen unmittelbar nach der Eingabe durch eine farbliche Hervorhebung an, dass die neu hinzugefügten Annotationen fehlerhaft sind. Auch diese Prüfung erfolgt auf Basis der in den Annotationsdefinitionen spezifizierten Metadaten.

Die im vorliegenden Fall signalisierten Fehler resultieren zum einen aus der Verwendung eines nicht spezifizierten Enumerationswerts `CUBE` für die Annotation `@ObjectModel.dataCategory`. Zum anderen wird die Annotation `@ObjectModel.representativeKey` im Beispiel auf Feldebene verwendet, d. h. außerhalb ihres zulässigen Geltungsbereichs (`Scope`). Schließlich ist die verwendete Annotation `@MyAnnotation.mySubAnnotation` in keiner Annotationsdefinition spezifiziert und gilt daher als unbekannt bzw. unzulässig.

Code-Completion des CDS-Editors nutzen

Die Vervollständigungsfunktion des CDS-Editors, die Sie über die Tastenkombination [Strg] + Leertaste anfordern können, berücksichtigt die Annotationsdefinitionen. Sie sollten diese nutzen, um das Auftreten der dargestellten Fehler von vornherein zu vermeiden.

Aktivierungsfehler provozieren

Ignorieren Sie die Fehlermeldungen und versuchen Sie, Ihren CDS-View `Z_ViewWithProblemsA` zu aktivieren. Daraufhin werden Sie durch ein Dialogfenster darüber informiert, dass der Aktivierungsversuch mit Fehlern abgebrochen wurde. Wie Sie Abbildung 17.10 entnehmen können, wird die entsprechende Fehlermeldung **DDLS Z_VIEWWITHPROBLEMSA was not activated** auch auf der Registerkarte **Problems** dargestellt. Eine ähnliche Meldung **Activation failed ...** finden Sie auch in der Statuszeile der ADT-Umgebung.

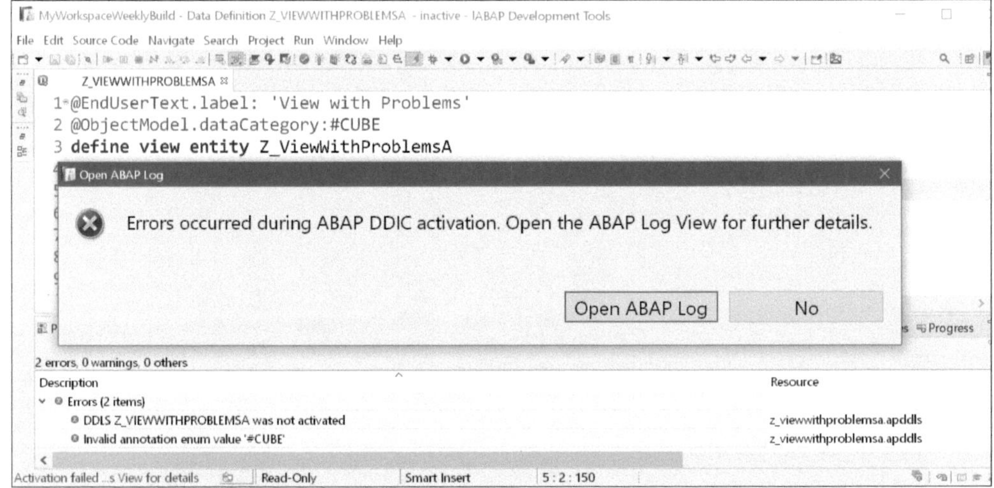

Abbildung 17.10 Aktivierungsfehler im CDS-Editor

Aktivierungsprobleme analysieren

Die Ursache von Aktivierungsproblemen ist nicht immer so offensichtlich wie im dargestellten Fall. Stattdessen bedarf es häufig weiterer Informationen, um die Fehlerquelle zu lokalisieren und den Fehler schließlich abstellen zu können. In derartigen Fällen sollten Sie das Aktivierungsprotokoll auswerten. Sie erreichen dieses über den Druckknopf **Open ABAP Log** im Dialogfenster aus Abbildung 17.10.

Aktivierungsprotokoll: Überblick

Abbildung 17.11 zeigt Ihnen einen Überblick über das Ergebnis Ihres Aktivierungsversuchs.

Aktivierungsprotokoll: Details

Positionieren Sie Ihren Cursor auf dem Link **See log**, um weitere Details anzuzeigen. Betätigen Sie nun die Taste [Strg] und klicken Sie gleichzeitig auf den Link mit Ihrer Maus. Daraufhin erscheint eine Detailsicht des Aktivierungsprotokolls (siehe Abbildung 17.12).

Fehler suchen

Suchen Sie nun nach Einträgen im Aktivierungsprotokoll, die als Fehler gekennzeichnet sind. Wählen Sie dazu die Funktion (**Show Search Toolbar**), um die Suchleiste einzublenden. Geben Sie dann wie in Abbildung 17.12 dargestellt im Feld **Find** den Text »error« ein.

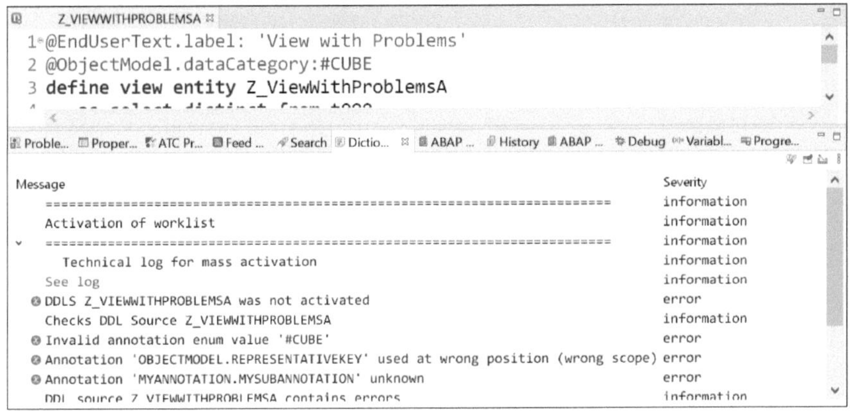

Abbildung 17.11 Überblick über das Aktivierungsprotokoll

Daraufhin werden Sie dieselben Fehlermeldungen finden, die Sie bereits aus der Tabelle auf der Registerkarte **Problems** in Abbildung 17.9 kennen.

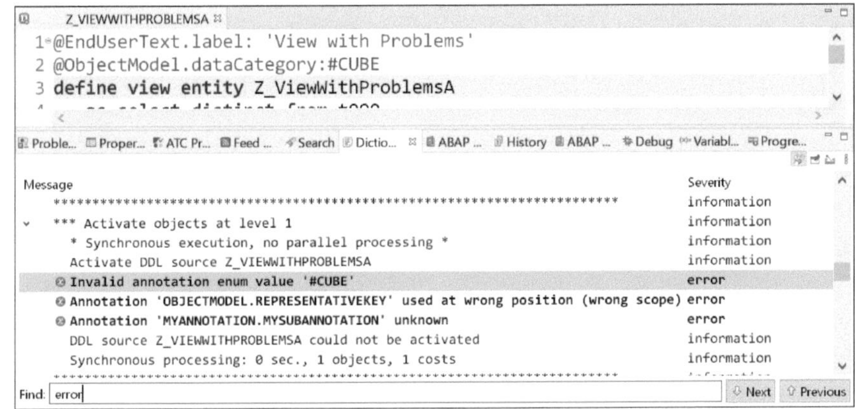

Abbildung 17.12 Details des Aktivierungsprotokolls

Entfernen Sie nun die drei fehlerhaften Annotationen aus dem CDS-View `Z_ViewWithProblemsA`.

17

17.3.2 Konsistenzprüfungen der Frameworks

Beispiel: Prüfungen der CDS-Zugriffskontrollen-Infrastruktur

Nachdem Sie sich mit den generischen Prüfungen der CDS-Infrastruktur vertraut gemacht haben, wollen wir uns nun den Framework-spezifischen Prüfungen zuwenden. Aktivieren Sie den CDS-View `Z_ViewWithProblemsA`, um diese anzustoßen. Das Ergebnis ist in Abbildung 17.13 dargestellt.

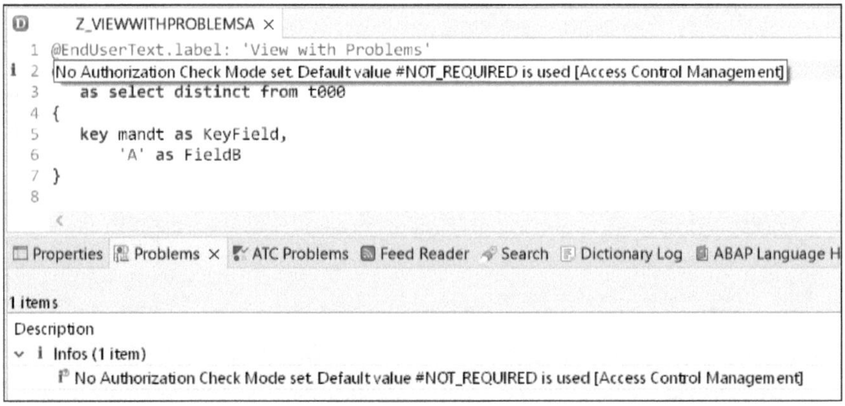

```
Z_VIEWWITHPROBLEMSA ×
1 @EndUserText.label: 'View with Problems'
2 No Authorization Check Mode set. Default value #NOT_REQUIRED is used [Access Control Management]
3     as select distinct from t000
4 {
5     key mandt as KeyField,
6         'A' as FieldB
7 }
8
```

Properties | Problems × | ATC Problems | Feed Reader | Search | Dictionary Log | ABAP Language H

1 items

Description

Infos (1 item)

No Authorization Check Mode set. Default value #NOT_REQUIRED is used [Access Control Management]

Abbildung 17.13 Information bei fehlender Auszeichnung der CDS-Zugriffskontrolle

Analyse des Beispiels

Die darin dargestellte Meldung wird von der Komponente **Access Control Management** generiert. Die entsprechende Quellinformation wird dem Meldungstext am Ende in eckigen Klammern hinzugefügt. Beachten Sie, dass die Meldung die technische Aktivierung des CDS-Views nicht beeinträchtigt. Nichtsdestotrotz sollten Sie prüfen, ob eine Zugriffskontrolle auf Ebene der einzelnen Datensätze erforderlich ist, und diese gegebenenfalls ergänzen. Falls nicht, empfehlen wir Ihnen, das entsprechende CDS-Modell mit der Annotation `@AccessControl.authorizationCheck:#NOT_REQUIRED` auszustatten, um Ihre Entscheidung explizit zu dokumentieren.

Aktivierung der CDS-Modelle

Die Aktivierung der CDS-Modelle kann nur durch Prüfungen des ABAP Data Dictionary verhindert werden. Prüfungen der Frameworks können die Aktivierung der CDS-Modelle generell nicht blockieren. Bei der Aktivierung eines CDS-Modells können dadurch prinzipiell Inkonsistenzen in den durch die Frameworks bereitgestellten Funktionen und abgeleiteten Sekundärobjekten entstehen. Sie sollten daher die im Rahmen der Aktivierung auftretenden Problemmeldungen stets prüfen und deren Ursachen gegebenenfalls korrigieren.

Korrigierter CDS-View

Annotieren Sie Ihren CDS-View `Z_ViewWithProblemsA` nun wie in Listing 17.15 zu sehen.

```
@AccessControl.authorizationCheck: #NOT_REQUIRED
@EndUserText.label: 'View with Problems'
define view entity Z_ViewWithProblemsA
   as select distinct from t000
```

```
{
   key mandt as KeyField,
       'A' as FieldA
}
```

Listing 17.15 CDS-View »Z_ViewWithProblemsA«: dokumentierte fehlende CDS-Zugriffskontrolle

Nach erneuter Aktivierung des CDS-Views wird die Infomeldung ausgeblendet.

Ersetzen Sie nun den Wert `#NOT_REQUIRED` der Annotation `@AccessControl.authorizationCheck` durch `#CHECK`. Nachdem Sie den CDS-View aktiviert haben, erscheint die in Abbildung 17.14 dargestellte Warnung.

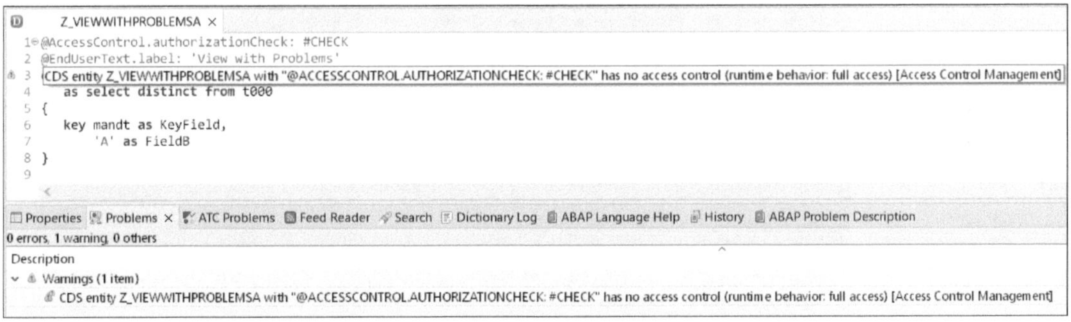

```
Z_VIEWWITHPROBLEMSA ×
1 @AccessControl.authorizationCheck: #CHECK
2 @EndUserText.label: 'View with Problems'
3 CDS entity Z_VIEWWITHPROBLEMSA with "@ACCESSCONTROL.AUTHORIZATIONCHECK: #CHECK" has no access control (runtime behavior: full access) [Access Control Management]
4   as select distinct from t000
5 {
6   key mandt as KeyField,
7       'A' as FieldB
8 }
9

Properties | Problems × | ATC Problems | Feed Reader | Search | Dictionary Log | ABAP Language Help | History | ABAP Problem Description
0 errors, 1 warning, 0 others
Description
Warnings (1 item)
  CDS entity Z_VIEWWITHPROBLEMSA with "@ACCESSCONTROL.AUTHORIZATIONCHECK: #CHECK" has no access control (runtime behavior: full access) [Access Control Management]
```

Abbildung 17.14 Warnung bei inkonsistenter Auszeichnung der erforderlichen CDS-Zugriffskontrolle ohne Laufzeiteffekt

Analyse des Beispiels

Die Warnung besagt, dass entgegen der Dokumentation des CDS-Views keine CDS-Zugriffskontrolle implementiert wurde. Im Ergebnis verhält sich die aktuelle Version des CDS-Views wie dessen Version gemäß Listing 17.14 bzw. Listing 17.15. Das heißt, die Laufzeitzugriffe erfolgen ohne Instanzeinschränkungen.

Setzen Sie daraufhin den Wert der Annotation `@AccessControl.authorizationCheck` auf `#MANDATORY`. Nach einer erneuten Aktivierung erhalten Sie die in Abbildung 17.15 illustrierte Warnung.

Laufzeitfehler

Wie Sie der Meldungstext entnehmen können, wird ein direkter Laufzeitzugriff aus dem ABAP heraus nun zu einem Laufzeitfehler führen. Dies können Sie verifizieren, indem Sie die Sicht **Data Preview** über das Kontextmenü oder durch Drücken von [F8] aufrufen. Daraufhin erscheint die in Abbildung 17.16 dargestellte Fehlermeldung.

```
Z_VIEWWITHPROBLEMSA ×
@AccessControl.authorizationCheck: #MANDATORY
@EndUserText.label: 'View with Problems'
CDS entity Z_VIEWWITHPROBLEMSA with "@ACCESSCONTROL.AUTHORIZATIONCHECK: #MANDATORY" has no access control (runtime behavior: program termination) [Access Control Management]
  as select distinct from t000
{
  key mandt as KeyField,
      'A' as FieldB
}
```

Properties | Problems × | ATC Problems | Feed Reader | Search | Dictionary Log | ABAP Language Help | History | ABAP Problem Description

0 errors, 1 warning, 0 others

Description

Warnings (1 item)

CDS entity Z_VIEWWITHPROBLEMSA with "@ACCESSCONTROL.AUTHORIZATIONCHECK: #MANDATORY" has no access control (runtime behavior: program termination) [Access Control Management]

Abbildung 17.15 Warnung bei inkonsistenter Auszeichnung der erforderlichen CDS-Zugriffskontrolle mit Laufzeiteffekt

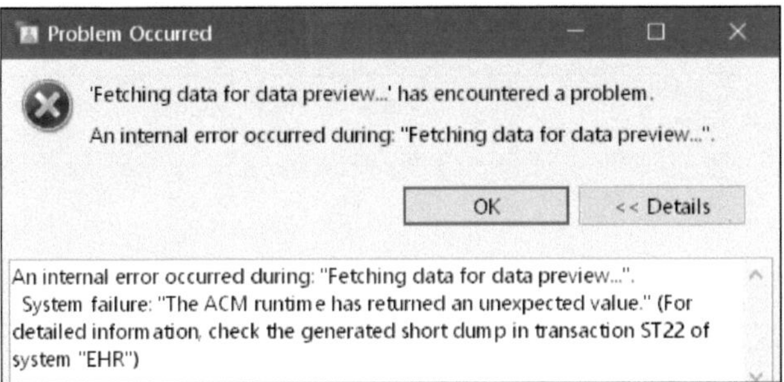

Abbildung 17.16 Laufzeitfehler beim Selektionsversuch vom CDS-View »Z_ViewWithProblemsA«

Beispiel: Prüfungen der analytischen Infrastruktur

Stellen Sie nun wieder den Zustand aus Listing 17.15 her. Annotieren Sie im Anschluss den CDS-View `Z_ViewWithProblemsA` aus Listing 17.15 mit `@AnalyticsDetails.query:true`. Gemäß ihrer formalen Spezifikation wird die Annotation korrekt verwendet. Daher gibt es direkt nach der Eingabe der Annotation auch keinen Hinweis auf das Vorliegen eines Fehlers im CDS-Editor. Wenn Sie den CDS-View `Z_ViewWithProblemsA` nun jedoch aktivieren, erhalten Sie die in Abbildung 17.17 dargestellte Fehlermeldungen in der Registerkarte **Problems**.

Analyse des Beispiels

Die Fehlermeldungen werden ausgegeben, wenn das annotierte CDS-Modell von der analytischen Infrastruktur analysiert wird. Dies erkennen Sie an ihren Zusätzen **[Analytics]**. Trotz des vorliegenden Problems wurde das CDS-Modell erfolgreich aktiviert. Sie können den CDS-View entsprechend als Datenquelle im ABAP sowie im View-Building einsetzen. Allerdings können Sie das CDS-Modell nicht als analytische Query nutzen. Sie sollten daher die Annotation `@Analytics.query:true` aus dem View `Z_ViewWithProblemsA` entfernen.

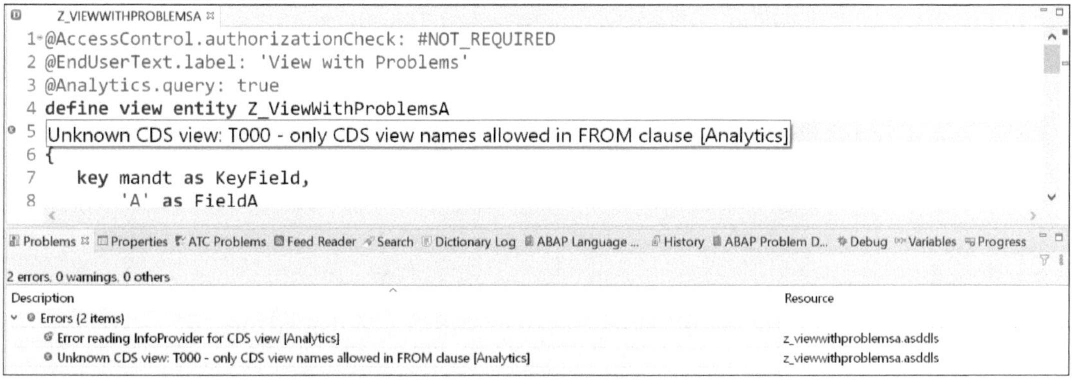

Abbildung 17.17 Fehlermeldungen der analytischen Infrastruktur

Annotationsfehler korrigieren

Häufig werden semantisch fehlerhaft gesetzte Annotationen von der ABAP-Infrastruktur sowie den Frameworks ignoriert. Daher konnten Sie den CDS-View in vielen der zuvor diskutierten Fälle erfolgreich aktivieren und prinzipiell für Laufzeitzugriffe nutzen. Wir empfehlen Ihnen jedoch dringend, allen Problemmeldungen nachzugehen und diese abzustellen. In diesem Zusammenhang sollten Sie prüfen, ob die betroffenen Annotationen einfach entfernt werden können oder gegebenenfalls durch andere Annotationen ersetzt werden müssen. Zuweilen müssen Sie dabei auch zusätzliche Eingriffe in die CDS-View-Logik vornehmen, um die gewünschte Funktionalität realisieren zu können.

Weitere Prüfungen

Neben den Prüfungen der genutzten Annotationen gibt es auch verschiedene Konsistenzprüfungen für andere Aspekte der CDS-Modelle, die von den Frameworks implementiert werden. Diese verhalten sich prinzipiell analog zu den diskutierten Prüfungen. Daher gehen wir hier nicht weiter auf entsprechende Beispiele ein.

Prüfungen anstoßen

Sie können die Prüfungen des ADT-Editors auch explizit anstoßen. Klicken Sie dazu auf den Button (**Check ABAP Development Object**) unterhalb des Hauptmenüs oder drücken Sie die Tastenkombination Strg + F2.

Schwere des Problems beurteilen

Anhand der dargestellten Beispiele können Sie erkennen, dass der Meldungstyp (Fehler, Warnung und Information) nicht immer etwas über die Schwere des Problems und die Dringlichkeit einer Korrektur aussagt. Sie sollten daher grundsätzlich auch Warnungen und Informationen in Ihre

Analyse und Problembehebung einbeziehen. Das gilt auch für Warnungen oder Informationen, die Sie nicht sinnvoll beheben können. Diese Meldungen weisen lediglich auf ein mögliches Problem hin, das von Ihnen überprüft werden sollte. Einige dieser Meldungen können Sie durch Setzen eines entsprechenden Pseudo-Kommentars (dieser wird in den Details der jeweiligen Meldung genannt) unterdrücken.

17.4 CDS-Aktivierungsprobleme behandeln

Einführung

Die in Abschnitt 17.3, »CDS-Implementierungsprobleme behandeln« demonstrierten Fälle zeigten Ihnen lokale Probleme auf, die während der Pflege Ihrer CDS-Modelle auftreten können. Abseits der diskutierten CDS-Syntaxfehler haben die übrigen Inkonsistenzen die erfolgreiche technische Aktivierung der CDS-Modelle dabei nicht verhindert.

Wenn Sie Änderungen an Ihren CDS-Modellen vornehmen, sind möglicherweise mehrere CDS-Modelle parallel umzustellen. In diesem Zusammenhang müssen Sie insbesondere ABAP-Data-Dictionary-relevante Abhängigkeiten beachten, um die intendierte Änderung erfolgreich realisieren zu können. Ansonsten kann es sein, dass Sie Ihre CDS-Modelle nicht erfolgreich aktivieren können. Dies ist speziell dann zu beachten, wenn Sie voneinander abhängige Modelle in unterschiedlichen Systemen entwickeln.

[!]

Fehlende »Selbstheilungsmechanismen« beachten

In diesem Kontext wollen wir Sie darauf hinweisen, dass das ABAP Data Dictionary »Selbstheilungsmechanismen« nur bedingt unterstützt. Demzufolge ist es unter Umständen nicht ausreichend, die Ursache eines inkonsistenten Aktivierungsstands eines CDS-Modells, das aus nicht synchronisierten Änderungen resultiert, zu beheben. Stattdessen kann es notwendig sein, alle betroffenen Modelle gemeinsam zu aktivieren.

Strukturierung des Abschnitts

In diesem Kapitel wollen wir entsprechende Abhängigkeiten und Probleme diskutieren. In Abschnitt 17.4.1, »Online-Aktivierung«, lernen Sie Aktivierungsmöglichkeiten in der ADT-Umgebung kennen. In Abschnitt 17.4.2, »Massenprüfungen und -reparaturen«, stellen wir Ihnen ein Werkzeug vor, das Sie bei der Massenanalyse und -lösung von Aktivierungsproblemen unterstützt.

17.4.1 Online-Aktivierung

Abhängigen CDS-View anlegen

Definieren Sie zunächst eine Abhängigkeitsbeziehung. Legen Sie dazu den CDS-View `Z_ViewWithProblemsB` entsprechend Listing 17.16 an.

```
@AccessControl.authorizationCheck: #NOT_REQUIRED
@EndUserText.label: 'View with Problems'
define view entity Z_ViewWithProblemsB
   as select from Z_ViewWithProblemsA
{
   key KeyField,
       FieldA
}
```

Listing 17.16 CDS-View »Z_ViewWithProblemsB«

Der CDS-View `Z_ViewWithProblemsB` projiziert die beiden Felder des CDS-Views `Z_ViewWithProblemsA` aus Listing 17.15. Aktivieren Sie nun den CDS-View `Z_ViewWithProblemsB`.

Verwendetes Feld im Basis-CDS-View umbenennen

Öffnen Sie im Anschluss den zugrunde liegenden CDS-View `Z_ViewWithProblemsA` im ADT-Editor. Benennen Sie darin das Feld `FieldA` um in `FieldB`. Unmittelbar nach der Eingabe Ihrer Änderung zeigt der CDS-Editor die in Abbildung 17.18 dargestellte Fehlermeldung an.

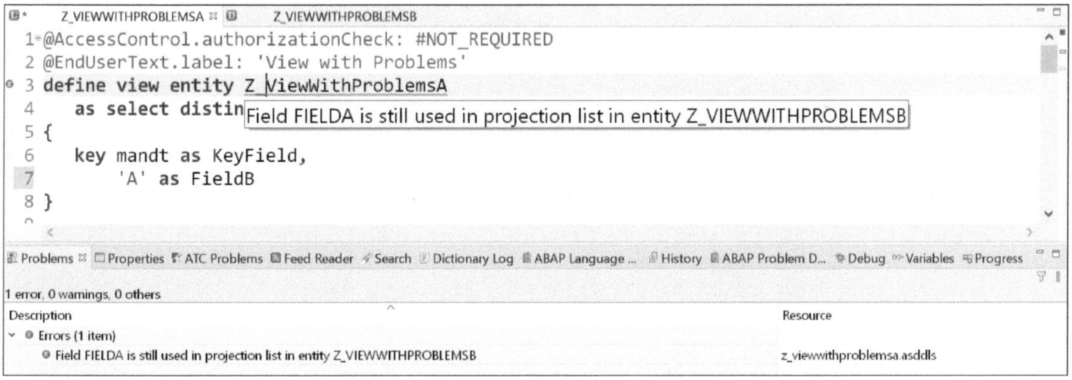

```
@AccessControl.authorizationCheck: #NOT_REQUIRED
@EndUserText.label: 'View with Problems'
define view entity Z_ViewWithProblemsA
   as select distin
{
   key mandt as KeyField,
       'A' as FieldB
}
```

Field FIELDA is still used in projection list in entity Z_VIEWWITHPROBLEMSB

1 error, 0 warnings, 0 others

Description	Resource
Errors (1 item)	
Field FIELDA is still used in projection list in entity Z_VIEWWITHPROBLEMSB	z_viewwithproblemsa.asddls

Abbildung 17.18 Syntaxfehler nach der Umbenennung eines noch verwendeten Felds

In diesem Zustand können Sie den CDS-View `Z_ViewWithProblemsA` nicht aktivieren.

Verwendetes Feld anpassen

Öffnen Sie nun den CDS-View `Z_ViewWithProblemsB` und ändern Sie darin den Feldnamen von `FieldA` in `FieldB`. Obwohl nun der Gesamtzustand der beiden CDS-View-Modelle konsistent ist, werden Syntaxfehler für beide Views angezeigt. Das liegt daran, dass der CDS-Parser objektzentrische Prüfungen ausführt, die andere Objekte lediglich in deren aktivem Zustand mit einbezieht. Falls Sie versuchen, den CDS-View `Z_ViewWithProblems`**`B`** zu aktivieren, stoßen Sie auf einen Aktivierungsfehler.

Aktivierungsproblem lösen

Wenn Sie die Online-Aktivierungsfunktion für Einzelobjekte nutzen, können Sie die skizzierte Umbenennung nur in mehreren Schritten durchführen:

1. Nehmen Sie zunächst das Feld `FieldB`, das als Kopie des Felds `FieldA` definiert wird, als weiteres Feld in den CDS-View `Z_ViewWithProblems`**`A`** auf und aktivieren Sie diesen CDS-View.
2. Stellen Sie die Verwendung des Basisfelds im abhängigen CDS-View `Z_ViewWithProblems`**`B`** auf das neue Basisfeld `FieldB` um. Benennen Sie das lokale Feld um, falls dies gewünscht ist. Aktivieren Sie dann den CDS-View `Z_ViewWithProblems`**`B`**.
3. Entfernen Sie schließlich das Feld `FieldA` aus dem CDS-View `Z_ViewWithProblems`**`A`** und aktivieren Sie diesen View erneut.

Abhängige CDS-Views gemeinsam aktivieren

Die ADT-Entwicklungsumgebung offeriert neben der zuvor diskutierten Online-Aktivierung von Einzelobjekten auch eine Massen-Online-Aktivierung. Dazu müssen die gemeinsam zu aktivierenden Objekte zunächst gesichert werden. Im Anschluss können Sie die Massenaktivierungsfunktionalität durch Klicken auf das Icon (**Activate inactive ABAP development objects**) oder durch Drücken der Tastenkombination [Strg] + [⇧] + [F3] anstoßen. Im nachfolgenden Dialog können Sie dann die zu aktivierenden Objekte auswählen. Im vorliegenden Fall könnten Sie die beiden CDS-View-Änderungen durch Nutzung der Massenaktivierungsfunktionalität erfolgreich aktivieren. Wir wollen diese Schritte an dieser Stelle jedoch nicht durchführen, sondern die im nächsten Abschnitt besprochene Funktionalität nutzen, um die beiden CDS-Views zu aktivieren.

Online-Massenaktivierung

Die Online-Massenaktivierung bietet Ihnen prinzipiell die Möglichkeit, CDS-Modelle, deren Änderungen voneinander abhängen, gemeinsam zu aktivieren. Allerdings deckt die Online-Massenaktivierung nicht zwangsläufig alle potenziellen Änderungsszenarien ab. Dies gilt insbesondere in älteren Releases. Falls Sie derartige funktionale Einschränkungen beobachten, müssen Sie die voneinander abhängigen Änderungen sukzessiv vornehmen. Die einzelnen Zwischenstände müssen Sie dabei jeweils aktivieren, bevor Sie die nächste Änderung vornehmen können. Die entsprechende Vorgehensweise haben wir Ihnen bereits zuvor im Rahmen der Diskussion der Online-Aktivierungsfunktion für Einzelobjekte exemplarisch vorgestellt.

17.4.2 Massenprüfungen und -reparaturen

Transaktion »CDS_REPAIR«: Überblick

Wenn Sie den aktuellen Zustand aller Ihrer CDS-Modelle systematisch überprüfen und gegebenenfalls korrigieren wollen, können Sie das *Core Data Services Repair Tool* (Transaktion `CDS_REPAIR`) verwenden. Die Transaktion `CDS_REPAIR` ist insbesondere dann hilfreich, wenn Sie im Rahmen von Importen, Updates oder Upgrades Aktivierungsprobleme feststellen.

Transaktion »CDS_REPAIR«: Prüfumfang definieren

Im Selektionsbild dieser Transaktion können Sie die zu prüfenden Modelle anhand verschiedener Selektionskriterien eingrenzen. Um die beiden CDS-Views `Z_ViewWithProblems`**A** und `Z_ViewWithProblems`**B** zu prüfen, geben Sie diese im Eingabefeld **Name of a CDS Object** ein. Wählen Sie die Option **Include objects created/modified locally**, um diese beiden lokalen Objekte prüfen zu können (siehe Abbildung 17.19).

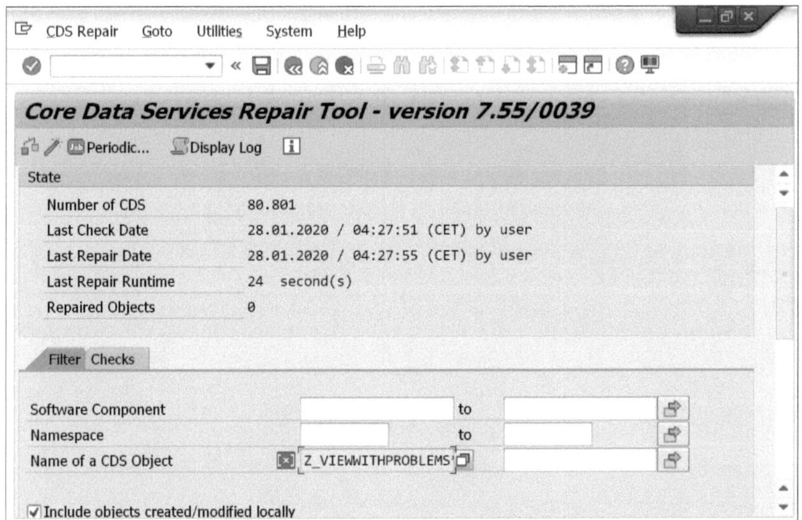

Abbildung 17.19 Transaktion »CDS_REPAIR«: Auswahl der zu prüfenden CDS-Views

Transaktion »CDS_REPAIR«: Auswahl der Prüfungen

Die verfügbaren Prüfungen finden Sie auf der Registerkarte **Checks** (siehe Abbildung 17.20). Behalten Sie die Standardauswahl bei, um alle verfügbaren Prüfungen auszuführen.

Transaktion »CDS_REPAIR«: Prüfungen ausführen

Führen Sie nun die Prüfungen aus. Klicken Sie dazu entweder auf den Button oder drücken Sie die Taste [F8].

Abbildung 17.21 zeigt das Prüfergebnis. Dieses ist entsprechend der verschiedenen Prüfungen strukturiert.

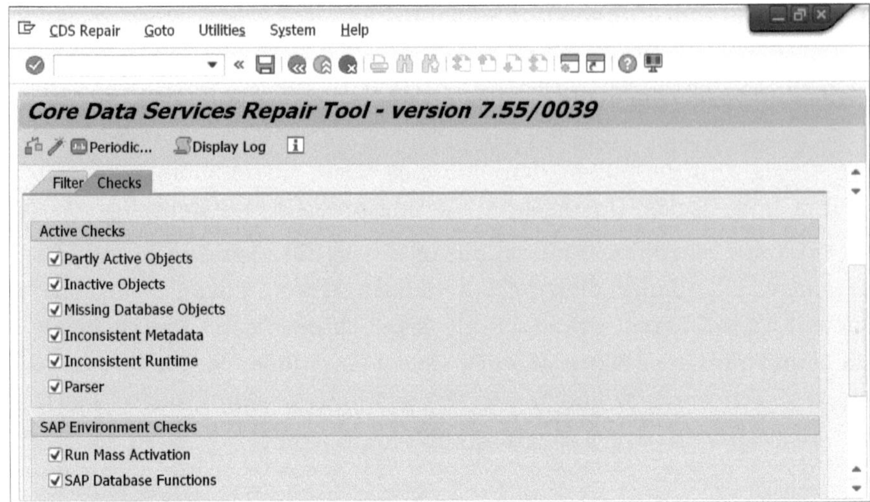

Abbildung 17.20 Transaktion »CDS_REPAIR«: Auswahl der auszuführenden Prüfungen

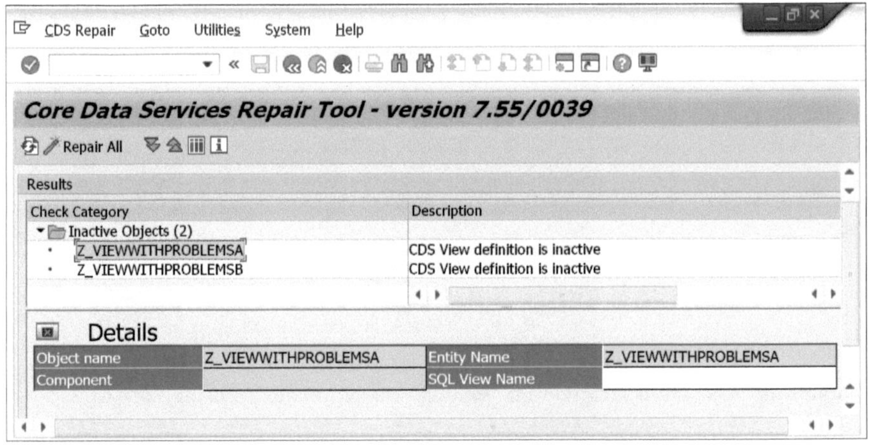

Abbildung 17.21 Transaktion »CDS_REPAIR«: Prüfergebnis

Analyse des Prüfergebnisses

In unserem Fall werden beide CDS-Views als inaktiv (**Inactive Objects**) identifiziert. Dieses Ergebnis korrespondiert mit dem Zustand der CDS-View-Modelle unmittelbar nach dem Umbenennen der lokalen Felder `FieldA` auf `FieldB` und dem anschließenden Sichern. Falls verfügbar, können Sie weitere Detailinformationen durch Doppelklicken auf die aufgeführten CDS-View-Modelle erhalten.

Transaktion »CDS_REPAIR«: Reparaturfunktion

Probleme, die durch eine lokale Massenaktivierung gelöst werden können, können Sie lösen, indem Sie den Button **Repair All** betätigen oder die Tastenkombination ⇧ + F8 auswählen. Abbildung 17.22 zeigt das Ergebnis der Reparaturfunktion.

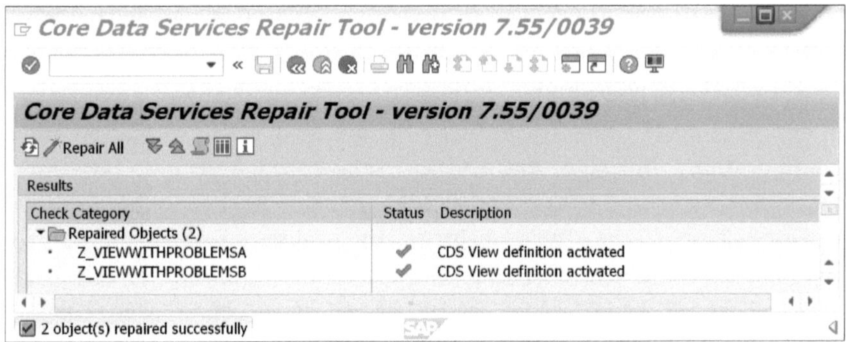

Abbildung 17.22 Transaktion »CDS_REPAIR«: Reparaturergebnis

In unserem Beispiel können Sie die beiden CDS-Views erfolgreich aktivieren, da die Aktivierungslogik in der Transaktion CDS_REPAIR eine spezielle Ausprägung der Massenaktivierung nutzt, die der Aktivierungslogik beim Import folgt. Sie können die erfolgreiche Aktivierung auch validieren bzw. bestätigen, indem Sie die Prüffunktion durch Drücken der Taste F5 erneut ausführen.

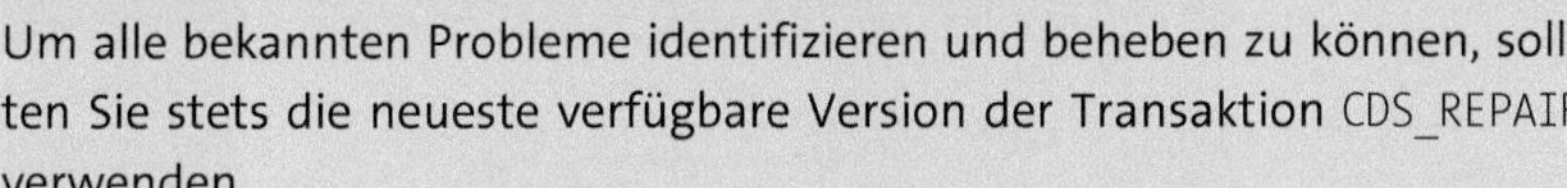

Neueste Version des Reparaturwerkzeugs nutzen

Um alle bekannten Probleme identifizieren und beheben zu können, sollten Sie stets die neueste verfügbare Version der Transaktion CDS_REPAIR verwenden.

17.5 Anwendungen des ABAP RESTful Application Programming Model analysieren

ABAP Cross Trace: Überblick

In der transaktionalen Laufzeit erfolgt die Orchestrierung der Anwendungslogik wie in Kapitel 11, »Modellierung transaktionaler Anwendungen«, beschrieben über die Infrastruktur des ABAP RESTful Application Programming Model. Diese stößt dabei Anwendungs-Exits im Rahmen der Query-Verarbeitung sowie Anwendungs-Handler bei transaktionalen Operationen an. Um die Analyse und Fehlersuche des Laufzeitverhaltens zu erleichtern, können Sie in der ADT-Umgebung *ABAP Cross Traces* einschalten. Diese Traces stehen insbesondere für das ABAP RESTful Application Programming Model und dessen Komponenten zur Verfügung. Allerdings ist diese Support-Funktion nicht auf reine Funktionen des ABAP RESTful Application Programming Model beschränkt. Vielmehr werden auch andere Komponenten wie Business Add-Ins (BAdIs) und deren Aufrufe unterstützt.

Um den ABAP Cross Trace nutzen zu können, müssen Sie zunächst einmal sicherstellen, dass die entsprechende ADT-Sicht vorhanden ist. Wählen Sie dazu im ADT-Menü **Window • Show View • Other... • ABAP Cross Trace**.

ABAP Cross Trace aktivieren

In der Sicht **ABAP Cross Trace** finden Sie die beiden Registerkarten **Trace Configurations** und **Trace Results**. Dort sehen Sie jeweils eine Liste Ihrer ABAP-Projekte. Um den Trace zu aktivieren, legen Sie eine entsprechende Trace-Konfiguration an. Wählen Sie hierzu auf dem relevanten ABAP-Projekt über das Kontextmenü den Eintrag **Create Configuration...** aus. Im daraufhin erscheinenden Pop-up wählen Sie die Komponenten, die Sie mit dem Trace erfassen möchten, und das Trace-Level (siehe Abbildung 17.23). Mit dem Bestätigen Ihrer Eingaben durch Drücken der **OK**-Taste wird der ABAP Cross Trace aktiviert.

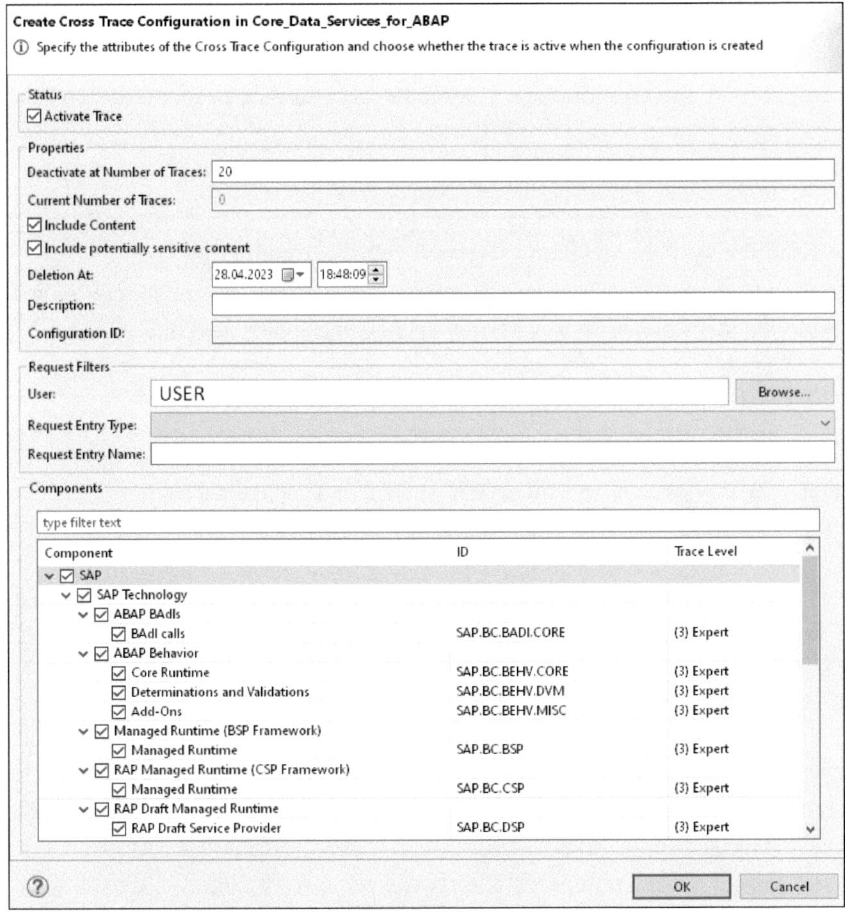

Abbildung 17.23 ABAP Cross Trace: Konfiguration

Interaktionen aufzeichnen

Führen Sie nun die Operationen aus, die Sie gerne analysieren wollen. Während der Ausführung werden die im Trace aktivierten Komponenten, sofern diese zur Laufzeit tatsächlich angesprochen werden, Informationen in den Trace schreiben, die dann zur weiteren Analyse zur Verfügung stehen.

Ergebnis

In der Registerkarte **Trace Results** finden Sie alle Traces, die während der Interaktionen erzeugt wurden. Das Beispiel aus Abbildung 17.24 zeigt die Trace-Informationen für folgende Interaktionen:

- SAP-Fiori-UI (basierend auf einem OData-V2-Service) öffnen
- Query ausführen
- Eintrag in der Liste auswählen und ins Detail navigieren
- In den Änderungsmodus wechseln (dabei wird ein Draft angelegt)
- Feld ändern
- Änderungen sichern (Draft wird aktiviert)

In den Trace-Daten können Sie unter anderem auch erkennen, dass beim Sichern Events ausgelöst wurden und die definierten Event-Handler asynchron ausgerufen wurden.

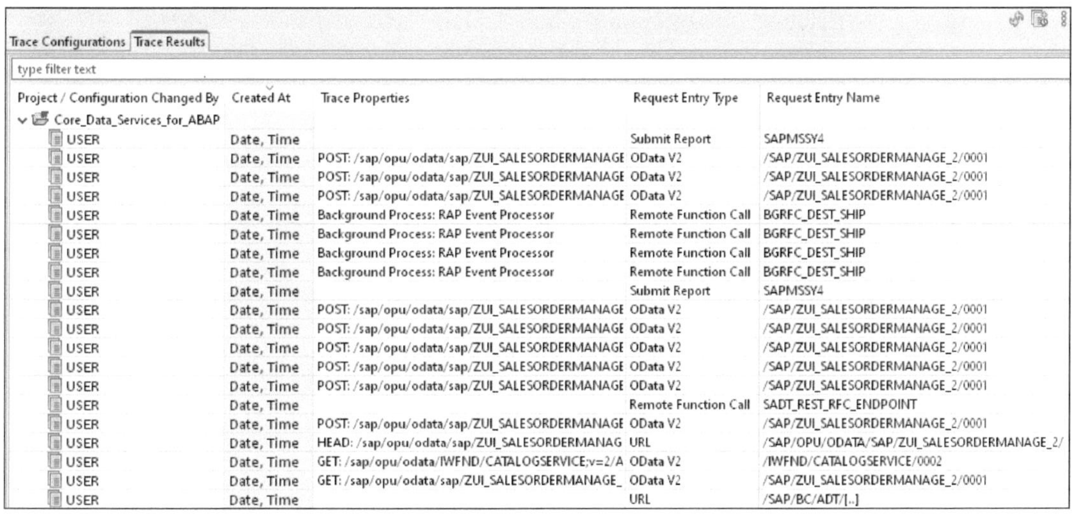

Project / Configuration Changed By	Created At	Trace Properties	Request Entry Type	Request Entry Name
Core_Data_Services_for_ABAP				
USER	Date, Time		Submit Report	SAPMSSY4
USER	Date, Time	POST: /sap/opu/odata/sap/ZUI_SALESORDERMANAGE	OData V2	/SAP/ZUI_SALESORDERMANAGE_2/0001
USER	Date, Time	POST: /sap/opu/odata/sap/ZUI_SALESORDERMANAGE	OData V2	/SAP/ZUI_SALESORDERMANAGE_2/0001
USER	Date, Time	POST: /sap/opu/odata/sap/ZUI_SALESORDERMANAGE	OData V2	/SAP/ZUI_SALESORDERMANAGE_2/0001
USER	Date, Time	Background Process: RAP Event Processor	Remote Function Call	BGRFC_DEST_SHIP
USER	Date, Time	Background Process: RAP Event Processor	Remote Function Call	BGRFC_DEST_SHIP
USER	Date, Time	Background Process: RAP Event Processor	Remote Function Call	BGRFC_DEST_SHIP
USER	Date, Time	Background Process: RAP Event Processor	Remote Function Call	BGRFC_DEST_SHIP
USER	Date, Time		Submit Report	SAPMSSY4
USER	Date, Time	POST: /sap/opu/odata/sap/ZUI_SALESORDERMANAGE	OData V2	/SAP/ZUI_SALESORDERMANAGE_2/0001
USER	Date, Time	POST: /sap/opu/odata/sap/ZUI_SALESORDERMANAGE	OData V2	/SAP/ZUI_SALESORDERMANAGE_2/0001
USER	Date, Time	POST: /sap/opu/odata/sap/ZUI_SALESORDERMANAGE	OData V2	/SAP/ZUI_SALESORDERMANAGE_2/0001
USER	Date, Time	POST: /sap/opu/odata/sap/ZUI_SALESORDERMANAGE	OData V2	/SAP/ZUI_SALESORDERMANAGE_2/0001
USER	Date, Time	POST: /sap/opu/odata/sap/ZUI_SALESORDERMANAGE	OData V2	/SAP/ZUI_SALESORDERMANAGE_2/0001
USER	Date, Time		Remote Function Call	SADT_REST_RFC_ENDPOINT
USER	Date, Time	POST: /sap/opu/odata/sap/ZUI_SALESORDERMANAGE	OData V2	/SAP/ZUI_SALESORDERMANAGE_2/0001
USER	Date, Time	HEAD: /sap/opu/odata/sap/ZUI_SALESORDERMANAG	URL	/SAP/OPU/ODATA/SAP/ZUI_SALESORDERMANAGE_2/
USER	Date, Time	GET: /sap/opu/odata/IWFND/CATALOGSERVICE;v=2/A	OData V2	/IWFND/CATALOGSERVICE/0002
USER	Date, Time	GET: /sap/opu/odata/sap/ZUI_SALESORDERMANAGE_	OData V2	/SAP/ZUI_SALESORDERMANAGE_2/0001
USER	Date, Time		URL	/SAP/BC/ADT/[..]

Abbildung 17.24 ABAP Cross Trace: Ergebnis

Ergebnisdetails

Durch einen Doppelklick auf einzelne Trace-Einträge können Sie sich die jeweiligen Details anschauen. Abbildung 17.25 zeigt den Ausschnitt der Detailinformationen eines Trace-Eintrags unseres Beispiels.

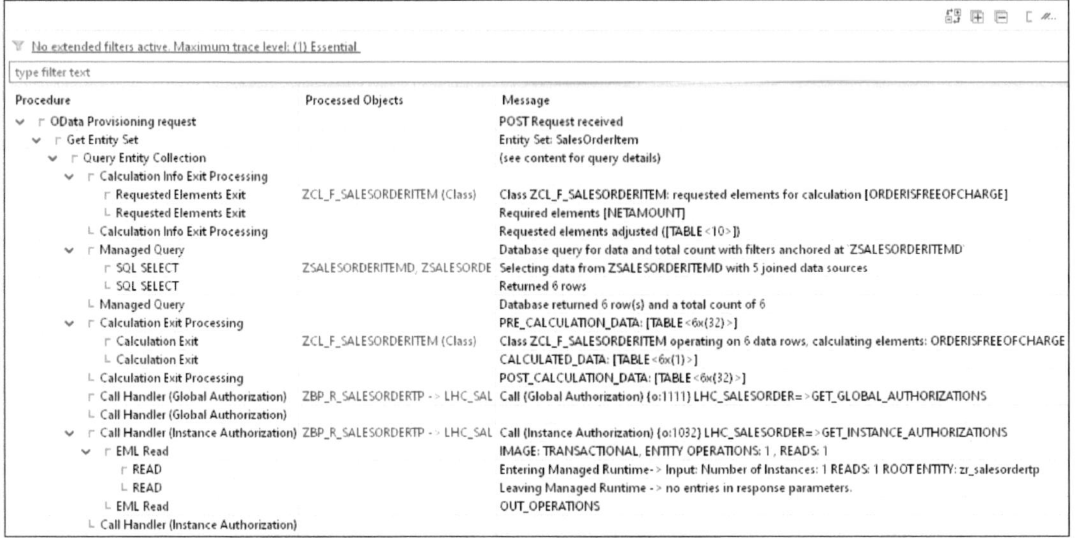

Abbildung 17.25 ABAP Cross Trace: Detailanzeige des Ergebnisses

Weiterführende Informationen zum ABAP Cross Trace finden Sie in der offiziellen Dokumentation in SAP Help: *http://s-prs.de/v9214032.*

Anhang A
CDS-Annotationsreferenz

Im Folgenden finden Sie eine Übersicht über die in diesem Buch vorgestellten CDS-Annotationen als Schnellreferenz. Eine Übersicht über alle verfügbaren CDS-Annotationen finden Sie in der SAP-Dokumentation unter folgendem Link: *http://s-prs.de/v9214004*

Annotationsname	Erläuterung
AbapCatalog	
AbapCatalog.compiler.compareFilter	Instruiert den Compiler, gleichartige Pfade als solche zu behandeln und damit redundante Joins zu vermeiden. Nicht relevant für CDS-View-Entitäten.
AbapCatalog.enhancement	Legt die Erweiterbarkeit einer DDIC Structure und die Rahmenbedingungen dafür fest.
AbapCatalog.entityBuffer.definitionAllowed	Ermöglicht die Definition eines Entitätspuffers.
AbapCatalog.extensibility	Legt die Erweiterbarkeit einer CDS-Entität und die Rahmenbedingungen dafür fest.
AbapCatalog.preserveKey	Sichert die Übertragung der Schlüsseldefinition des CDS-Views auf dessen generierten SQL-View. Nicht relevant für CDS View-Entitäten.
AbapCatalog.sqlViewAppendName	Definiert in einer CDS-View-Erweiterung den Namen der Append-Struktur im ABAP Data Dictionary für den SQL-View des CDS-Views, der erweitert wird. Nicht relevant für CDS-View-Entitäten.

Tabelle A.1 Überblick über ausgewählte CDS-Annotationen

Annotationsname	Erläuterung
AbapCatalog.sqlViewName	Name des vom ABAP Data Dictionary generierten Views auf der Datenbank. Nicht relevant für CDS-View-Entitäten.
AbapCatalog.typeSpec.conversionExit	Definiert den Konvertierungs-Exit eines CDS Simple Type.
AccessControl	
AccessControl.authorizationCheck	Dokumentation des Berechtigungsschutzes einer CDS-Entität. Mögliche Werte sind: ▪ #CHECK ▪ #MANDATORY ▪ #NOT_ALLOWED ▪ #NOT_REQUIRED ▪ #PRIVILEGED_ONLY
AccessControl.privilegedAssociations	Listet Assoziationen auf, für die die Berechtigung auf der Zielentität beim Traversieren nicht geprüft wird. Hinweis: Diese Annotation hat keinen Effekt bei ASQL-Zugriffen, sondern wird nur von der Service Adaptation Definition Language (SADL) interpretiert, bei Zugriffen über OData und entsprechende Navigation Properties.
Aggregation	
Aggregation.default	Legt das Standard-Aggregationsverhalten des annotierten Felds fest und dient der Definition einer Kennzahl (KPI). Mögliche Werte sind: ▪ #AVG ▪ #COUNT_DISTINCT ▪ #FORMULA ▪ #MAX ▪ #MIN ▪ #NONE ▪ #NOP ▪ #SUM Hinweis: Diese Annotation ist der Nachfolger von DefaultAggregation.

Tabelle A.1 Überblick über ausgewählte CDS-Annotationen (Forts.)

Annotationsname	Erläuterung
Analytics	
Analytics.dataCategory	Definiert die analytische Datenkategorie eines CDS-Views. Mögliche Werte sind: ▪ #CUBE ▪ #DIMENSION ▪ #FACT
Analytics.internalName: #LOCAL	Erzwingt stabile Infoobjektnamen in Analytics.
Analytics.query	Definition einer analytischen Query durch den CDS-View. Hinweis: Bei transienten analytischen Queries erfolgt die entsprechende Auszeichnung über CDS-Syntaxelemente.
Analytics.technicalName	Ermöglicht die explizite Vergabe eines ODP-Namens in Analytics.
AnalyticsDetails	
AnalyticsDetails.exceptionAggregationSteps	Definition eines Ausnahmeaggregationsschritts.
AnalyticsDetails.query.axis	Wählt Zeilen oder Spalten für die Anzeige der verschiedenen Feldwerte aus.
AnalyticsDetails.query.display	Definiert die Art der Anzeige des annotierten Felds in einer analytischen Query. Mögliche Werte sind: ▪ #KEY ▪ #TEXT ▪ #KEY_TEXT ▪ #TEXT_KEY
AnalyticsDetails.query.formula	Definition einer Berechnungsformel.
AnalyticsDetails.query.hidden	Blendet ein Feld in der Anzeige aus.
AnalyticsDetails.query.sortDirection	Auswahl einer Sortierung.

Tabelle A.1 Überblick über ausgewählte CDS-Annotationen (Forts.)

Annotationsname	Erläuterung
`AnalyticsDetails.query.totals`	Steuert die Anzeige von Zwischensummen zu einem Feld.
API	
`API.element.releaseState`	API-Status eines Felds.
`API.element.successor`	Nachfolgeelement eines Elements im API-Status Deprecated.
ClientHandling	
`ClientHandling.algorithm`	Algorithmus der Mandantenbehandlung. Mögliche Werte sind: ■ `#AUTOMATED` ■ `#SESSION_VARIABLE` ■ `#NONE` Nicht relevant für CDS-View-Entiäten.
`ClientHandling.type`	Art der Mandantenbehandlung. Mögliche Werte sind: ■ `#CLIENT_DEPENDENT` ■ `#CLIENT_INDEPENDENT` ■ `#INHERITED` Nicht relevant für CDS-View-Entitäten.
Consumption	
`Consumption.dbHints`	Definiert Datenbank-Hints, die bei der Selektion des annotierten CDS-Views an die Datenbank übergeben werden.
`Consumption.defaultValue`	Gibt einen Default-Wert für einen Parameter an.
`Consumption.derivation`	Definiert einen Vorschlagsmechanismus für Felder und Parameter.
`Consumption.filter`	Legt die Art der Filterung eines Felds fest.
`Consumption.hidden`	Verhindert die Exponierung eines Felds oder Parameters in der Signatur eines Service.
`Consumption.valueHelpDefault.display`	Definiert die Standardinterpretation eines Felds als Anzeigefeld in einer Wertehilfe.

Tabelle A.1 Überblick über ausgewählte CDS-Annotationen (Forts.)

Annotationsname	Erläuterung
Consumption.valueHelp Default.binding.usage	Definiert die Standardnutzung eines Felds in einer Wertehilfe. Mögliche Werte sind: ■ #FILTER ■ #FILTER_AND_RESULT ■ #RESULT
Consumption.valueHelp Definition.association	Definition einer Wertehilfe über das Ziel-CDS-Modell einer Assoziation.
Consumption.valueHelp Definition.additional Binding.element	Zusätzliche Verknüpfung eines Felds eines Wertehilfe-CDS-Modells.
Consumption.valueHelp Definition.additional Binding.localElement	Zusätzliche Verknüpfung eines lokalen Felds.
Consumption.valueHelp Definition.entity. element	Definiert das mit dem annotierten Feld verbundene Feld des Wertehilfe-CDS-Modells.
Consumption.valueHelp Definition.entity.name	CDS-Modell, das als Wertehilfe fungiert.
DefaultAggregation	Diese Annotation ist veraltet und wird abgelöst durch die Annotation Aggregation.default mit der gleichen Bedeutung.
EndUserText	
EndUserText.label	Definiert einen sprachabhängigen Bezeichner für einen Simple Type, einen CDS-View, einen Parameter, ein Feld eines CDS-Views oder eine Rolle der CDS-Zugriffskontrolle.
EndUserText.quickInfo	Definiert eine sprachabhängige Beschreibung für einen Simple Type, ein Feld oder einen Parameter eines CDS-Views, die länger als ein Bezeichner ist.
EndUserText.heading	Definiert eine sprachabhängige Beschreibung für einen Simple Type, die als Spaltenüberschrift verwendet werden kann.

Tabelle A.1 Überblick über ausgewählte CDS-Annotationen (Forts.)

Annotationsname	Erläuterung
EnterpriseSearch	
`EnterpriseSearch.enabled`	Definiert das CDS-Modell als Enterprise-Search-Modell.
`EnterpriseSearch.freeStyleField`	Definiert ein Suchfeld im Enterprise-Search-Modell.
`EnterpriseSearch.model`	Definiert das CDS-Modell als Enterprise-Search-Modell. Nachfolger von `EnterpriseSearch.enabled`.
`EnterpriseSearch.modelName`	Name des Enterprise-Search-Modells im Singular.
`EnterpriseSearch.modelNamePlural`	Name des Enterprise-Search-Modells im Plural.
`EnterpriseSearch.navigation`	Definiert Navigationsmöglichkeiten im Enterprise-Search-Modell.
`EnterpriseSearch.responseField`	Definiert Felder im Suchergebnis der Enterprise-Search.
`EnterpriseSearch.resultItemKey`	Definiert die Objektinstanzen des Suchergebnisses der Enterprise-Search.
`EnterpriseSearch.title`	Definiert Titel der Enterprise-Search.
Environment	
`Environment.systemField`	Automatische Belegung der annotierten Parameter mit den entsprechenden ABAP-Systemfeldern, falls die Parameter beim Selektionszugriff über die SQL-Schnittstelle nicht explizit versorgt werden. Mögliche Werte sind: ▪ `#CLIENT` ▪ `#SYSTEM_DATE` ▪ `#SYSTEM_TIME` ▪ `#SYSTEM_LANGUAGE` ▪ `#USER` ▪ `#USER_DATE` ▪ `#USER_TIMEZONE`

Tabelle A.1 Überblick über ausgewählte CDS-Annotationen (Forts.)

Annotationsname	Erläuterung
Hierarchy	
Hierarchy.parentChild	Definition einer Vater-Kind-Hierarchie.
MappingRole	
MappingRole	Definition einer CDS-Mapping-Rolle.
Metadata	
Metadata.allowExtensions	Ermöglicht die Definition von Metadatenerweiterungen für das annotierte CDS-Modell.
Metadata.ignore-PropagatedAnnotations	Unterbindet die Propagation von Elementannotationen.
Metadata.layer	Schichtzuordnung einer Metadatenerweiterung. Mögliche Werte sind: ■ #FOUNDATION ■ #APPLICATION ■ #INDUSTRY ■ #PARTNER ■ #CUSTOMER
MetadataExtension	
MetadataExtension.usageAllowed	Auszeichnung einer Annotation, die in Metadatenerweiterungen genutzt werden darf.
ObjectModel	
ObjectModel.alternativeKey.element	Feldliste eines alternativen Schlüssels.
ObjectModel.alternativeKey.id	Identifikator eines alternativen Schlüssels.
ObjectModel.alternativeKey.uniqueness	Definition der Eindeutigkeit eines alternativen Schlüssels.
@ObjectModel.collectiveValueHelp.for.element	Definiert das Feld, für das das annotierte CDS-Modell als Sammelsuchhilfe dient.

Tabelle A.1 Überblick über ausgewählte CDS-Annotationen (Forts.)

Annotationsname	Erläuterung
`ObjectModel.dataCategory`	Datenkategorie des CDS-Modells. Mögliche Werte sind: ▪ `#TEXT` ▪ `#HIERARCHY` ▪ `#VALUE_HELP`
`ObjectModel.filter.enabled`	Kennzeichnet, dass über das annotierte Feld gefiltert werden kann.
`ObjectModel.filter.transformedBy`	Ein Filter über das annotierte Feld wird über die definierte ABAP-Klasse transformiert.
`ObjectModel.foreignKey.association`	Benennt die Assoziation, die die Fremdschlüsselbeziehung des annotierten Felds darstellt.
`ObjectModel.hierarchy.association`	Kennzeichnet die Assoziation zum zugehörigen Hierarchieknoten-View.
`ObjectModel.lifecycle.enqueue.expiryInterval`	Definiert die Dauer einer Sperre des Entwurfs, falls eine Abweichung zum Standard von 15 Minuten erwünscht ist. Die Dauer muss kompatibel zum Format `dayTimeDuration` angegeben werden (siehe *http://s-prs.de/v702801*).
`ObjectModel.modelingPattern`	Definiert das Pattern, dem der annotierte CDS-View folgt. Mögliche Werte sind z. B.: ▪ `#TRANSACTIONAL_INTERFACE` ▪ `#TRANSACTIONAL_QUERY`
`ObjectModel.representativeKey`	Schlüsselfeld, das den CDS-View repräsentiert.
`ObjectModel.sapObjectNodeType.name`	SAP-Objektknotentyp des CDS-Views.
`ObjectModel.sapObjectNodeTypeReference`	SAP-Objektknotentyp des annotierten Codes oder ID-Felds.
`ObjectModel.sort.enabled`	Kennzeichnet, dass über das annotierte Feld sortiert werden kann.
`ObjectModel.sort.transformedBy`	Eine Sortierung über das annotierte Feld wird über die definierte ABAP-Klasse transformiert.

Tabelle A.1 Überblick über ausgewählte CDS-Annotationen (Forts.)

Annotationsname	Erläuterung
ObjectModel.supported-Capabilities	Definiert, für welche Nutzungen eine CDS-Entität vorgesehen ist.
ObjectModel.text.association	Definiert eine Assoziation zu einem CDS-View der Datenkategorie #TEXT. Dieser View stellt einen oder mehrere (sprachabhängige) Texte für das annotierte Feld zur Verfügung.
ObjectModel.text.element	Verweist auf eines oder mehrere Felder mit einem beschreibenden Text zum annotierten Feld.
ObjectModel.usageType.dataClass	Datenklassifizierung eines CDS-Modells.
ObjectModel.usageType.serviceQuality	Performance-Charakteristika eines CDS-Modells.
ObjectModel.usageType.sizeCategory	Erwartet die Anzahl der prozessierten Datensätze bei einer Selektionsanfrage.
ObjectModel.virtualElement	Kennzeichnet ein Element in CDS, das nicht auf der Datenbankebene berechnet wird. Hinweis: Nicht relevant für CDS-Projektions-Views.
ObjectModel.virtualElementCalculatedBy	Benennt die implementierende Klasse des virtuellen Elements.
OData	
OData.publish	Definiert einen auto-exponierten OData-Service in der Version 2.0.
OData.entityType.name	Name des OData-Entität-Typs bei einem SADL-basierten OData-Service.
Scope	
Scope	Geltungsbereich von Annotationen.
Search	
Search.defaultSearchElement	Definiert die Elemente, die bei einer Freitextsuche berücksichtigt werden.

Tabelle A.1 Überblick über ausgewählte CDS-Annotationen (Forts.)

Annotationsname	Erläuterung
Search.fuzziness Threshold	Definiert den geringsten Grad an Unschärfe, die ein Elemente haben muss, um bei der unscharfen Freitextsuche berücksichtigt zu werden.
Search.ranking	Definiert, wie relevant die Werte eines Elements für das Ranking sind, wenn die Freitextsuchbegriffe mit dem Elementwert übereinstimmen.
Search.searchable	Definiert, ob eine CDS-Entität generell für Suchszenarien relevant ist.
Semantics	
Semantics.amount. currencyCode	Kennzeichnet ein Betragsfeld und gibt das zugehörige Währungsfeld an.
Semantics.boolean Indicator	Das annotierte Feld hat den Datentyp Boolean.
Semantics.businessDate. from	Beginn-Datum eines Gültigkeitszeitraums.
Semantics.businessDate. to	Ende-Datum eines Gültigkeitszeitraums.
Semantics.dateTime	Das annotierte Feld hat den Datentyp Zeitstempel.
Semantics.fiscal.year Variant	Geschäftsjahresvariante; diese legt die Eigenschaften des Geschäftsjahres fest.
Semantics.fiscal.period	Geschäftsperiode.
Semantics.fiscal.year	Geschäftsjahr.
Semantics.fiscal.year Period	Geschäftsjahresperiode, die Kombination aus Geschäftsjahr und Periode.
Semantics.fiscal.quarter	Geschäftsquartal.
Semantics.fiscal.year Quarter	Geschäftsjahresquartal.
Semantics.fiscal.week	Geschäftswoche.
Semantics.fiscal.year Week	Geschäftsjahreswoche.

Tabelle A.1 Überblick über ausgewählte CDS-Annotationen (Forts.)

Annotationsname	Erläuterung
`Semantics.fiscal.dayOfYear`	Geschäftstag.
`Semantics.language`	Kennzeichnet ein Feld, das die Sprache für sprachabhängige Felder in dem CDS-View enthält.
`Semantics.quantity.unitOfMeasure`	Kennzeichnet ein Mengenfeld und gibt das zugehörige Einheitenfeld an.
`Semantics.systemDate.createdAt`	Datum der Datenanlage.
`Semantics.systemDate.lastChangedAt`	Datum der letzten Datenänderung.
`Semantics.systemDateTime.createdAt`	Zeitpunkt (ABAP-Zeitstempel, kurz oder lang) der Datenanlage.
`Semantics.systemDateTime.lastChangedAt`	Zeitpunkt (ABAP-Zeitstempel, kurz oder lang) der letzten Datenänderung.
`Semantics.systemTime.createdAt`	Uhrzeit der Datenanlage; nur sinnvoll in Kombination mit einem Anlagedatum.
`Semantics.systemTime.lastChangedAt`	Uhrzeit der letzten Datenänderung; nur sinnvoll in Kombination mit einem Änderungsdatum.
`Semantics.text`	Kennzeichnet ein Textfeld.
`Semantics.user.createdBy`	Kennzeichnet das Feld, das den User enthält, der die Instanz angelegt hat.
`Semantics.user.lastChangedBy`	Kennzeichnet das Feld, das den User enthält, der die Instanz zuletzt geändert hat.
`Semantics.uuid`	Kennzeichnet das Feld als Universal-Unique-ID (UUID).
UI	
`UI.facet`	Definiert eine Facette für die Benutzerschnittstelle.
`UI.fieldGroup`	Definiert eine Feldgruppe für die Benutzerschnittstelle.

Tabelle A.1 Überblick über ausgewählte CDS-Annotationen (Forts.)

Annotationsname	Erläuterung
UI.headerInfo	Definiert Informationen, die in der Benutzerschnittstelle für die Entität angezeigt werden.
UI.hidden	Definiert, dass ein Feld in der Benutzerschnittstelle nicht sichtbar ist.
UI.identification	Definiert, dass ein Feld standardmäßig in einer Einzelanzeige für die Benutzerschnittstelle sichtbar ist.
UI.lineItem	Definiert, dass ein Feld standardmäßig in einer tabellarischen Anzeige für die Benutzerschnittstelle sichtbar ist.
UI.lineItem.importance	Wichtigkeit einer Tabellenspalte.
UI.selectionField	Definiert, dass das Feld als Standardselektionskriterium sichtbar ist.
UI.textArrangement	Definiert die Darstellung von Texten zu einem Code. Mögliche Werte sind: ▪ #TEXT_FIRST ▪ #TEXT_LAST ▪ #TEXT_ONLY ▪ #TEXT_SEPARATE
VDM	
VDM.lifecycle.contract.type	Gibt einen VDM-internen Kontrakt an, den eine Entität erfüllt bzw. künftig erfüllen soll. Mögliche Werte sind: ▪ #NONE ▪ #PUBLIC_LOCAL_API ▪ #PUBLIC_REMOTE_API ▪ #SAP_INTERNAL_API
VDM.lifecycle.status: #DEPRECATED	SAP-interne Vorbereitung einer Abkündigung.
VDM.lifecycle.successor	Nachfolger bei einer SAP-internen Abkündigung.
VDM.private	Kennzeichnet einen privaten CDS-View des VDM.

Tabelle A.1 Überblick über ausgewählte CDS-Annotationen (Forts.)

Annotationsname	Erläuterung
VDM.usageType	Definiert die angedachte Verwendung von CDS-Entitäten. Mögliche Werte sind: ▪ #ACTION_PARAMETER_STRUCTURE ▪ #ACTION_RESULT_STRUCTURE ▪ #EVENT_SIGNATURE ▪ #TRANSACTIONAL_PROCESSING_SERVICE
VDM.viewExtension	Kennzeichnet eine Erweiterung eines CDS-Views des VDM.
VDM.viewType	Typ eines CDS-Views des VDM. Mögliche Werte sind: ▪ #BASIC ▪ #COMPOSITE ▪ #TRANSACTIONAL ▪ #CONSUMPTION ▪ #EXTENSION

Tabelle A.1 Überblick über ausgewählte CDS-Annotationen (Forts.)

Anhang B
Migration vom ABAP Programming Model for SAP Fiori zum ABAP RESTful Application Programming Model

In der ersten und zweiten Auflage dieses Buchs hatten wir als Grundlage für die transaktionale Laufzeit das *ABAP Programming Model for SAP Fiori*. In dieser Auflage fokussieren wir uns komplett auf das *ABAP RESTful Application Programming Model*.

Letzteres war zum Zeitpunkt der ersten Auflage noch nicht und zum Zeitpunkt der zweiten Auflage nur für den Implementierungstyp `UNMANAGED` verfügbar, der den bis dahin gewählten BOPF-Ansatz nicht abgedeckt hatte und der eher dem Implementierungstyp `MANAGED` entspricht.

Sie werden sich nun verständlicherweise fragen, wie Sie die Vorzüge des neuen und auch in *ABAP Cloud* verfügbaren ABAP RESTful Application Programming Model nutzen können und ob Sie hier Ihre bestehende Entwicklung neu implementieren müssen. Glücklicherweise ist dies nicht der Fall, da die ABAP-Plattform einen Migrationsweg anbietet, um beides zu kombinieren: den bereits erwähnten Implementierungstyp `BOPF MANAGED`.

Der Implementierungstyp ist sowohl für alle Verwendungen des Programmiermodells, wie EML oder die OData-Services, als auch für alle Erweiterungsmöglichkeiten transparent. Daher stehen hier auch alle Features zur Verfügung. Die CRUD-Operationen werden von BOPF behandelt, und die Anwendungslogik der BOPF-Aktionen, -Determinationen und -Validierungen wird entsprechend aufgerufen.

Migration durchführen

Um die Migration zum ABAP RESTful Application Model durchzuführen, wählen Sie im Kontextmenü auf dem BOPF Business Object den Eintrag **RAP Business Object • Migrate...** und starten den Wizard. Zunächst sollten Sie die Migration im Simulationsmodus durchführen (siehe Abbildung B.1) und überprüfen, ob das aktuelle Modell migriert werden kann.

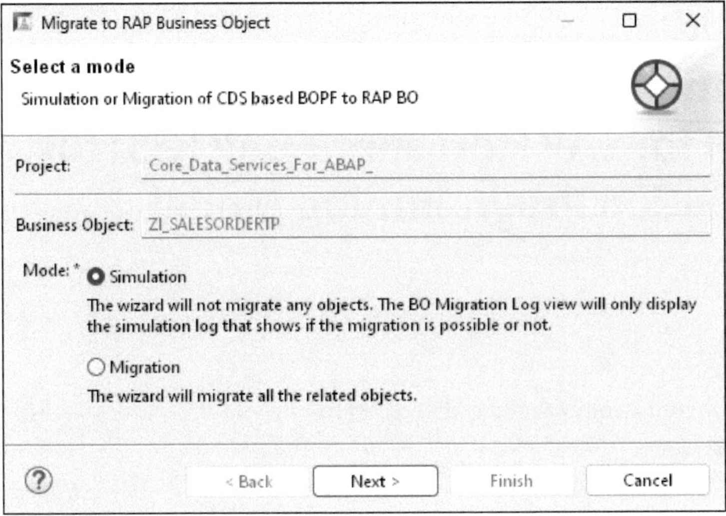

Abbildung B.1 Simulation

Wählen Sie **Next**, die Objektdetails werden ermittelt (siehe Abbildung B.2).

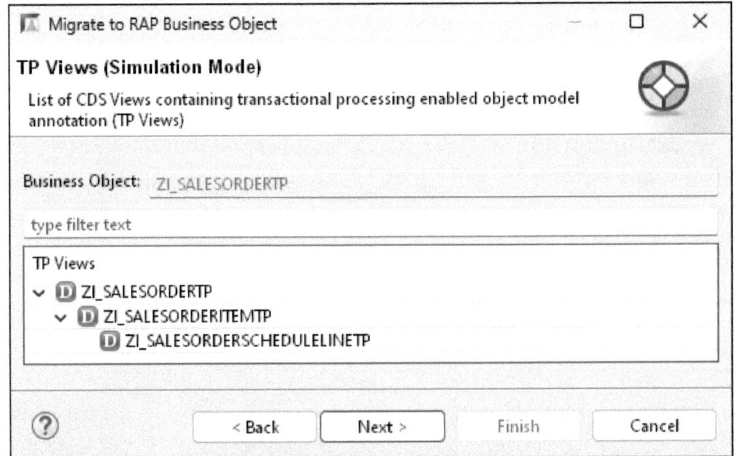

Abbildung B.2 Objektmodell

Consumption-Modelle ermitteln

Im nächsten Schritt werden die auf dem Objektmodell basierenden Consumption-Modelle ermittelt (siehe Abbildung B.3). In unserem Fall haben wir ein Modell des OData-Service für SAP Fiori mit allen drei Entitäten und ein Modell des OData-Service für ein Web-API mit zwei Entitäten verwendet.

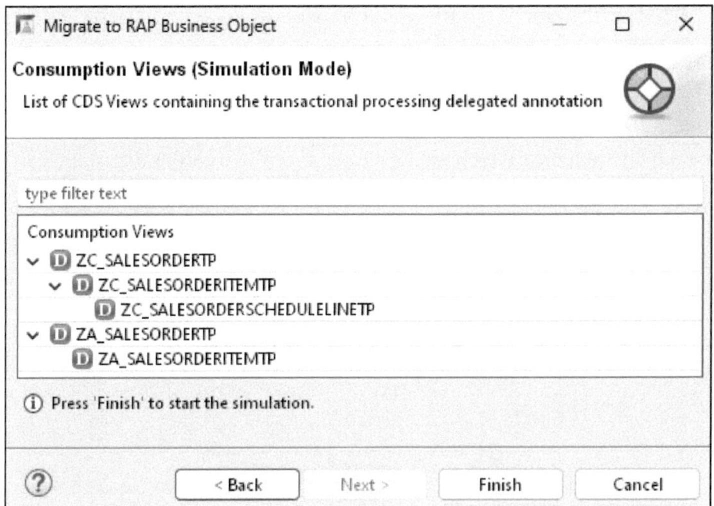

Abbildung B.3 Consumption-Modelle

Prüfung oder Generierung der Artefakte

Klicken Sie auf **Finish**, um die Prüfung der existierenden Artefakte und die Generierung der neuen Artefakte anzustoßen. Als Ergebnis wird ein Log angezeigt (siehe Abbildung B.4).

Abbildung B.4 Migrationslog

Für die angepassten oder generierten Artefakte können Sie über das Kontextmenü und den Eintrag **Compare with previous version** sehen, welche Änderungen an einem vorhandenen Artefakt vorgenommen werden bzw. welche neuen Artefakte auf welche Weise erstellt werden. Abbildung B.5

zeigt z. B. die Umstellung der Wurzelentität, in der sowohl sämtliche Annotationen für das Objektmodell als auch die transaktionale Definition entfernt werden. Die Objektmodellinformationen werden über CDS-Syntax (wie z. B. `composition of` anstelle von `association`) abgebildet. Die transaktionalen Informationen finden sich in der neu erstellten Verhaltensdefinition wieder.

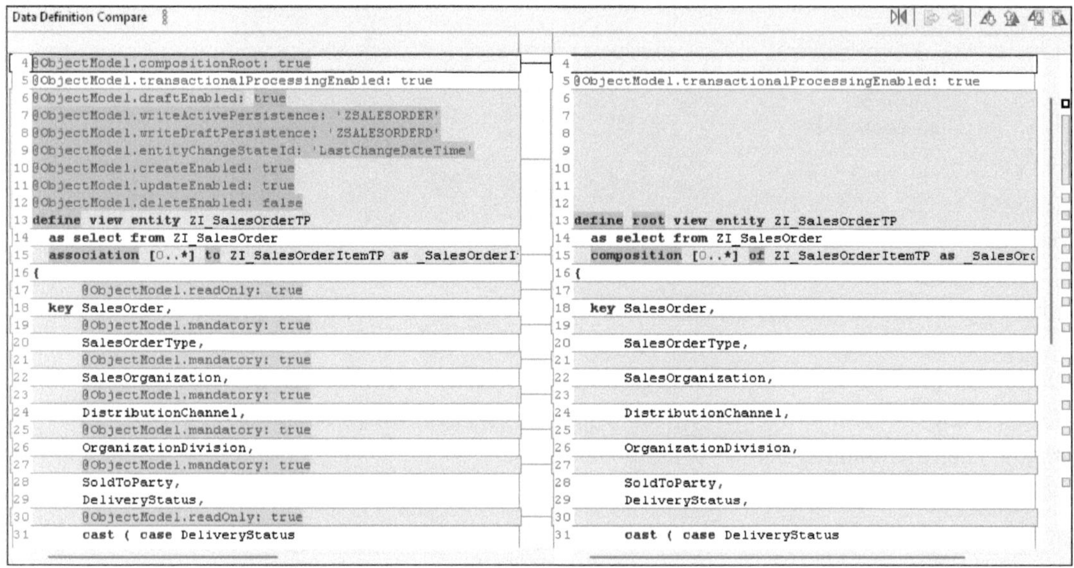

Abbildung B.5 Detailergebnis der Artefakte

Fehlermeldung Sofern Fehler vorhanden sind, gibt es für jeden Fehler eine detaillierte Meldung (siehe Abbildung B.6).

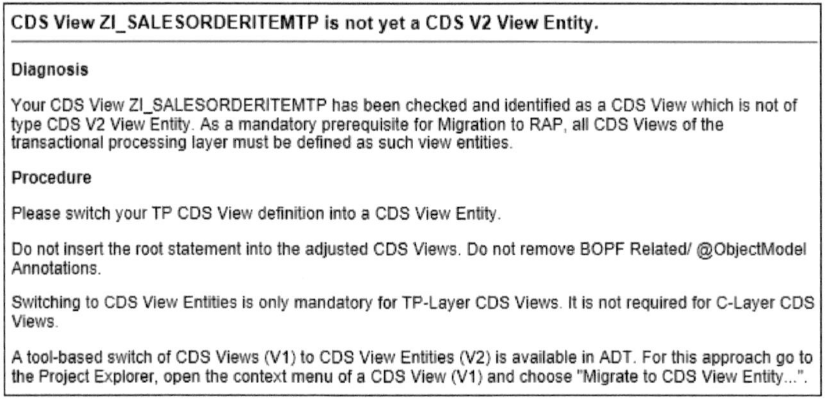

CDS View ZI_SALESORDERITEMTP is not yet a CDS V2 View Entity.

Diagnosis

Your CDS View ZI_SALESORDERITEMTP has been checked and identified as a CDS View which is not of type CDS V2 View Entity. As a mandatory prerequisite for Migration to RAP, all CDS Views of the transactional processing layer must be defined as such view entities.

Procedure

Please switch your TP CDS View definition into a CDS View Entity.

Do not insert the root statement into the adjusted CDS Views. Do not remove BOPF Related/ @ObjectModel Annotations.

Switching to CDS View Entities is only mandatory for TP-Layer CDS Views. It is not required for C-Layer CDS Views.

A tool-based switch of CDS Views (V1) to CDS View Entities (V2) is available in ADT. For this approach go to the Project Explorer, open the context menu of a CDS View (V1) and choose "Migrate to CDS View Entity...".

Abbildung B.6 Detailmeldung

In unserem Fall hatten wir noch CDS-V1-Views, im ABAP RESTful Application Programming Model werden aber CDS-V2-Views für das Objektmodell vorausgesetzt. Dies gilt jedoch nicht für die Servicemodelle, die durch die Migration automatisch umgestellt werden auf CDS-Projektions-Views, die immer der CDS-V2-Syntax folgen. Im besten Fall passt man das Objektmodell vor der Migration an, Fehlermeldungen verhindern in der Regel auch die produktive Migration, d. h., diese Dinge müssen vorab korrigiert werden.

Die Umstellung auf CDS V2 kann, wie Sie bereits gesehen haben, ebenfalls automatisiert erfolgen. In unserem einfachen Fall besteht die Umstellung der drei Views des Objektmodells in der Ergänzung des Schlüsselworts `entity` und dem Löschen von zwei obsoleten Annotationen.

Anzeige der Migrationslogs

Die Migrationslogs werden auch bei jeder Simulation und natürlich auch bei der produktiven Ausführung gespeichert und können über das Kontextmenü am BOPF Business Object über **RAP Business Object • View migration log...** angezeigt werden (siehe Abbildung B.7).

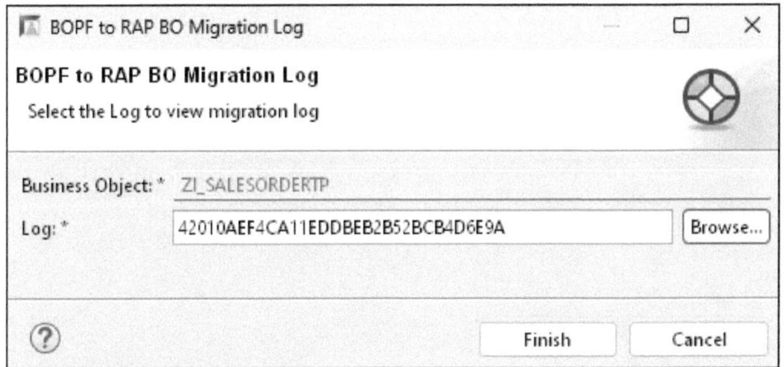

Abbildung B.7 Log anzeigen

Nachdem alle Fehler behoben wurden und die Simulation keine Fehler mehr zeigt, kann die Migration auch produktiv erfolgen. In diesem Fall erfolgt im letzten Schritt noch eine Warnung (siehe Abbildung B.8), da die Migration nicht umkehrbar ist.

Finale Migration des Modells

Mit **Finish** wird das Modell final migriert, und die diversen Artefakte werden anlegt. Im finalen Log, der in Abbildung B.9 dargestellt ist, sind alle Details sichtbar.

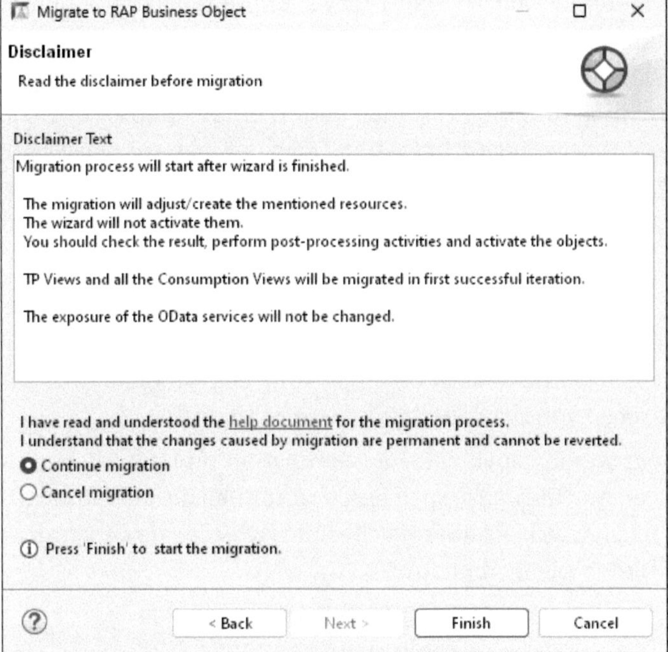

Abbildung B.8 Produktive Migration

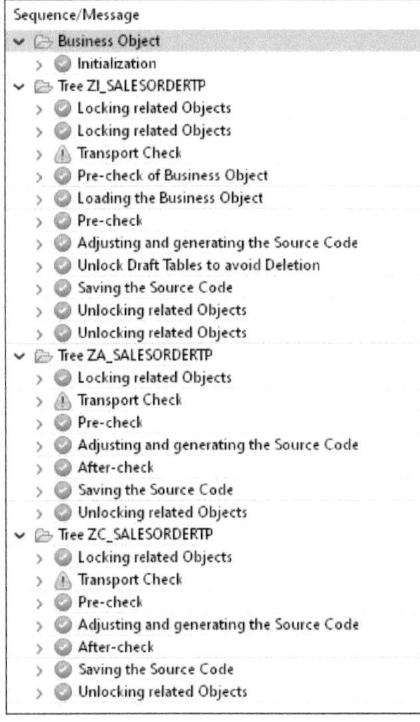

Abbildung B.9 Ergebnis der Migration

Auf eine detaillierte Liste, welchen Ursprung eine Modellinformation aus dem alten Modell hat, verzichten wir hier. Wir geben Ihnen stattdessen einen generellen Überblick darüber, was bei der Migration passiert:

- ObjectModel-Annotationen, die das Datenmodell definieren, werden in der Regel in der neuen CDS-Syntax abgebildet, also z. B. Information zur Wurzelentität (`define root view entity`), Kompositionen (`composition of`) und Vaterassoziation (`association to parent`).
- Aus den CDS-Views der Servicemodelle werden CDS-Projektions-Views mit einem entsprechenden Provider-Kontrakt.
- ObjectModel-Annotationen, die die transaktionalen Eigenschaften des Objektmodells wie statische Features, Persistenz- und Draft-Tabelle usw. definieren, werden zu Syntaxelementen in der Verhaltensdefinition.
- Operationen aus dem BOPF-Modell, die für Verwender sichtbar und relevant sind, werden in die Verhaltensdefinition übernommen, wie beispielsweise Aktionen.
- ObjectModel-Annotationen, die die transaktionalen Eigenschaften des Servicemodells einschränken, werden zu Syntaxelementen in der Verhaltensprojektion.

Die geänderten und erzeugten Artefakte müssen dann noch aktiviert werden: zunächst die CDS-Entitäten (alle gemeinsam) und danach die ABAP-Artefakte, also Verhaltensdefinitionen (ebenfalls alle gemeinsam).

Im Nachgang sind noch einige Anpassungen notwendig. Zum Beispiel müssen globale Berechtigungsprüfungen im Verhaltens-Handler ebenso wie statische Aktionen implementiert werden. Sollten Sie die BOPF-Objekte über den Service Manager verwenden (z. B. für Integrationstests), müssen auch diese auf EML-Zugriffe umgestellt werden.

Alles, was nun in der Verhaltensdefinition definiert und modelliert wird (wie z. B. Aktionen), ist im BOPF-Modell nicht mehr editierbar, sondern wird automatisch bei Aktivierung der Änderungen einer Verhaltensdefinition übernommen. Die Implementierung der Aktion erfolgt dann wie bekannt im BOPF.

Eine Umstellung des OData-Service ist übrigens nicht notwendig, aber auch hier kann (sofern noch kein Service-Bindung verwendet wurde) recht einfach umgestellt werden.

Weitere Details entnehmen Sie bitte der offiziellen Dokumentation des Migrationstools und verfügbaren Blogs.

Die Autoren

Renzo Colle verantwortet aktuell in der zentralen Architekturgruppe das Programmiermodell von SAP S/4HANA. Er hat Wirtschaftsmathematik an der Universität Karlsruhe studiert und ist seit über 25 Jahren bei SAP in unterschiedlichsten Bereichen und Rollen tätig. Seine Laufbahn bei SAP startete er als Entwickler in der strategischen Kundenentwicklung. Danach war er unter anderem im SAP Extended Warehouse Management tätig. In SAP Business ByDesign verantwortete er den Logistikbereich und war leitender Architekt der SAP-ByDesign-Plattform für Cloud-Anwendungen. Als Erfinder des Business Object Processing Frameworks (BOPF) und leitender Architekt des ABAP RESTful Application Progamming Model beschäftigt er sich seit über 20 Jahren mit modellgetriebener Softwareentwicklung und transaktionalen Anwendungen.

Ralf Dentzer arbeitet seit einigen Jahren in der zentralen Architekturgruppe der SAP S/4HANA Suite mit einem Schwerpunkt auf der Verwendung von Core Data Services in SAP S/4HANA. Vor mehr als 25 Jahren begann Ralf Dentzer seine Tätigkeit bei SAP. Er entwickelte Anwendungen im Bereich der Personalwirtschaft für SAP R/3, SAP ERP und SAP Business ByDesign. Danach verlagerten sich seine Aufgaben hin zu Fragen der Gesamtarchitektur für neue Lösungen. Ralf Dentzer studierte Mathematik und promovierte an der Universität Heidelberg. Er ist verheiratet und hat zwei erwachsene Söhne.

Jan Hrastnik ist Mitglied des Architekturteams der SAP S/4HANA Suite und widmet sich dort den Schwerpunktthemen des virtuellen Datenmodells und der Verwendung von Core Data Services in ABAP-Anwendungen. Er arbeitet seit über 20 Jahren in unterschiedlichen Entwicklungsbereichen von SAP. Zu Beginn seiner Tätigkeit unterstützte er zahlreiche Kundenprojekte aus der Automobilindustrie. Im Anschluss daran arbeitete er in der SCM-Entwicklung von SAP Business ByDesign. Seine Tätigkeit konzentrierte sich dabei zunächst auf die Entwicklung der für die Produktionsprozesse erforderlichen Stammdaten, ehe er übergreifende Expertenaufgaben in zentralen Architekturthemen übernahm. Im Anschluss arbeitete Jan Hrastnik an der Employee-Central-Lösung von SAP SuccessFactors und in der nativen SAP-HANA-Anwendungsentwicklung.

Index

A

B

C

D

E

G

H

I

N

O

T

Umfassendes Backend- und Frontend-Know-how

Dieser Leitfaden macht Sie zum echten Fullstack-Profi für SAP-Anwendungen. Von der Datenbank bis zur Benutzeroberfläche – erfahren Sie, was Sie brauchen, um eigene Apps zu erstellen. Sie lernen, wie OData und Core Data Services (CDS) im Backend mit SAP Fiori, SAPUI5 und TypeScript im Frontend zusammenspielen und wie Sie bewährte Frameworks wie das ABAP RESTful Application Programming Model benutzen. Ob für SAP S/4HANA und SAP BTP oder ältere Landschaften: Mit diesem Buch meistern Sie die Fullstack-Entwicklung.

690 Seiten, gebunden, 89,90 Euro, ISBN 978-3-367-10334-8

www.rheinwerk-verlag.de/5956